唐山市地方志办公室　编

新华出版社

图书在版编目（CIP）数据

唐山年鉴. 2018 / 唐山市地方志办公室编.
北京:新华出版社, 2018.9
ISBN 978-7-5166-4321-1
Ⅰ. ①唐… Ⅱ. ①唐… Ⅲ. ①唐山—2018—年鉴
Ⅳ. ①Z522.23
中国版本图书馆CIP数据核字(2018)第222536号

唐山年鉴. 2018
编　　者：唐山市地方志办公室

责任编辑：董朝合　　封面设计：徐　靖
责任印务：冯自勇

出版发行：新华出版社
地　　址：北京石景山区京原路8号　　邮　　编：100040
网　　址：http://www.xinhuapub.com
经　　销：新华书店
购书热线：010-63077122　　中国新闻书店购书热线：010-63072012

印　　刷：唐山十月制版印刷有限公司
成品尺寸：285mm×210mm
印　　张：31.5　　字　　数：1200千字
版　　次：2018年9月第一版　　印　　次：2018年9月第一次印刷

书　　号：ISBN 978-7-5166-4321-1
定　　价：368.00元

《唐山年鉴》主审

张月仙　唐山市人民政府副市长
张文明　唐山市人民政府秘书长
刘远平　唐山市人民政府副秘书长

《唐山年鉴》编辑部

主　　编　果爱民
执行主编　张北环
编　　辑　（以姓氏笔画为序）
王　雪　李雅静　杨玉伟
张北环　郑晓云　赵鹤鸣
曹艳玲

编辑说明

一、《唐山年鉴》是唐山市人民政府主办的重要年刊，是汇集市情信息资料的地方综合年鉴，全面、真实、系统地记载唐山自然、政治、经济、文化和社会等方面的基本情况，逐年编纂出版，国内外公开发行。

二、本卷为《唐山年鉴》2018卷（总第11卷），主要记述全市2017年度的基本情况，客观反映各行各业新变化、新成就、新业绩，为唐山的发展建设提供借鉴，为国内外读者了解、认识唐山提供最新信息，为编史修志积累资料。

三、本卷年鉴采用分类编纂法，大致分为类目、分目、条目三个层次，部分篇内增加子目。有目录、索引两种检索途径，目录在卷前，索引在卷尾，同时有电子版（光盘）随书赠送。

四、本卷年鉴文稿由各承编单位指定专人撰写，经单位负责人审定并加盖公章。部分稿件参考《唐山劳动日报》《唐山晚报》和唐山市委、市政府有关简报及网络信息等。

五、本卷年鉴正文涉及的单位名称，首次出现时用全称，再次出现的采用习惯简称。正文内需要解释的名词或简略语，首次出现时采用括注，再次出现时一般不再括注。

六、本卷年鉴主要数据由唐山市统计局提供，有些数据由供稿单位提供。因统计范围和口径的调整，部分数据不具可比性。“全年”“年内”指2017年，“上年”指2016年。计量单位采用国家法定单位。

12月8～9日，河北省委书记王东峰在唐山调研检查工作。他强调，要认真贯彻落实习近平总书记“三个努力建成”重要指示，深入贯彻党的十九大精神，牢牢把握历史性窗口期和战略性机遇期，撸起袖子加油干，奋力拼搏，唐山市要率先全面建成高质量小康社会和现代化强市。图为王东峰在河钢集团唐钢公司考察。

赵　威　摄

12月16日，中共唐山市委召开全市领导干部大会。省委常委、组织部长梁田庚出席会议并宣布省委决定：王浩任唐山市委委员、常委、书记，焦彦龙不再担任唐山市委书记、常委、委员职务。图为刚刚到任的省委常委、市委书记王浩于17日在地震遗址公园向唐山大地震罹难者敬献鲜花。

闫　军　摄

12月18日，省委常委、市委书记王浩带领市委副书记、市长丁绣峰，市人大常委会主任郭彦洪，市政协主席曹征平等市四大班子党员领导干部赴乐亭县李大钊纪念馆，缅怀革命先烈，重温入党誓词。

吕光宇 摄

省委常委、市委书记王浩等四大班子党员领导干部向李大钊塑像敬献花篮。

吕光宇 摄

省委常委、市委书记王浩等市领导在乐亭调研。

吕光宇 摄

政务活动

3月21日，中国共产党唐山市第十次代表大会在燕山影剧院隆重开幕。焦彦龙代表中共唐山市第九届委员会向大会作题为《奋力争取“三个走在前列”，加快实现“三个努力建成”，为把唐山建成国际化沿海强市而奋斗》的报告。大会主题是：深入学习贯彻落实习近平总书记系列重要讲话精神和治国理政新理念新思想新战略以及视察唐山重要指示要求，动员全市广大党员干部群众，沿着总书记指引的方向，不忘初心，继续前进，奋力争取“三个走在前列”，加快实现“三个努力建成”，为把唐山建成国际化沿海强市而奋斗。

张北男 闫 军 摄

3月20日，省委常委、市委书记焦彦龙，市委副书记、市长丁绣峰等市领导看望出席中国共产党唐山市第十次代表大会的代表们。

闫 军 张北男 摄

中国共产党唐山市第十届委员会第二次全体会议、第三次全体会议分别于7月27日、11月9日举行。

张北男 摄

3月28日～4月1日，唐山市第十五届人民代表大会第一次会议在燕山影剧院召开。全市各条战线人大代表汇聚一堂，共商唐山未来发展大计。

刘洪超 周力平 摄

省委常委、市委书记焦彦龙祝贺郭彦洪当选市十五届人大常委会主任。

刘洪超 周力平 摄

省委常委、市委书记焦彦龙祝贺丁绣峰当选市人民政府市长。

刘洪超 周力平 摄

市十四届人大常委会主任安树彦与市十五届人大常委会主任郭彦洪握手。

刘洪超 周力平 摄

政务活动

3月27～30日，政协唐山市第十二届委员会第一次会议在燕山影剧院召开。

张北男 闫 军 摄

省委常委、市委书记焦彦龙，市委副书记、市长丁绣峰等市领导看望市政协十二届一次会议的参会委员。

张北男 摄

省委常委、市委书记焦彦龙祝贺曹征平当选市政协十二届委员会主席。

张北男 闫 军 摄

市政协十一届委员会主席郭彦洪与市政协十二届委员会主席曹征平握手。

张北男 闫 军 摄

10月18日，中国共产党第十九次全国代表大会在北京开幕。市委副书记、市长丁绣峰，市人大常委会主任郭彦洪，市政协主席曹征平等市四大班子领导及市法检两长集中收看党的十九大开幕盛况直播，聆听习近平同志代表党的十八届中央委员会向党的第十九次全国代表大会所作的工作报告。

闫 军 摄

10月18日，唐山市各界干部群众通过电视、广播、互联网等多种方式，收听、收看党的十九大开幕盛况。

吕光宇 摄

唐山市丰南区532名宣教员经过培训，统一持证上岗宣传党的十九大精神。

周占领 摄

党的十九大代表、唐山路北区祥富里社区党总支书记陈林静（中）深入基层宣传党的十九大精神，用“忙”“简”“爱”概括自己亲临现场的参会感受，用“新时代、新思想、新征程、新目标”等名词对党的十九大精神作深入解读。

吕光宇 摄

政务活动

唐山迁安市非遗传人张文芳用剪纸作品宣传党的十九大精神。 文 进 摄

唐山丰润区文化馆组织文化志愿者皮影队编演节目宣传党的十九大精神，图为两位皮影艺人为群众表演皮影戏《说唱中国梦》。 闫 军 摄

唐山惠民园社区群星艺术团自发组织演唱会活动，向居民们宣传十九大精神。 钱 琨 摄

11月2日，唐山路南区教师进修学校全体党员教师贯彻学习党的十九大精神，在李大钊纪念馆重温入党誓词。 周 勃 摄

唐山芦台开发区广泛开展“彩色周末——十九大精神下基层”巡演活动。 杜庆君 摄

唐山市街头随处可见宣传十九大精神的公益广告牌

政务活动

10月1日，唐山市在南湖世园会一号门广场举行庆祝新中国成立68周年“升国旗、唱国歌”仪式。

郑　勇 摄

消防支队官兵在国庆节当天清晨升起国旗。

赵　亮 摄

10月1日，市委宣传部在凤凰山公园西门举办“升国旗 唱国歌 祖国在我心中”快闪活动。

郑　勇 摄

国庆、中秋长假期间，唐山市大街小巷挂满国旗。

吕光宇 摄

进入12月，唐山市民以多种方式开展纪念毛泽东诞辰124周年活动，图为祥富里社区书法队举办笔会，书写毛泽东经典诗词和语句，表达敬仰之情。

梁赞英 摄

7月28日，唐山市在地震遗址纪念公园内举行向“7·28”大地震罹难同胞和在抗震救灾中捐躯的英雄敬献花篮仪式，以此缅怀41年前逝去的英雄和亲人。市领导及驻唐师级部队主官出席仪式。市长丁绣峰主持仪式。

闫 军 摄

7月28日晚，“英雄的城市·英雄的人民”交响音乐会在唐山大剧院举行。唐山市四大班子领导及各界群众共同观看演出。

吕光宇 摄

7月28日，唐山市民手捧鲜花在地震罹难者纪念墙前祭奠逝去的亲友。 赵 亮 摄

来自全国各地的30多名老兵一起，祭奠在地震中罹难的战友。 赵 亮 摄

9月30日，唐山市在冀东烈士陵园举行向革命烈士敬献花篮仪式。市长丁绣峰主持仪式。 张北男 摄

唐山劳动日报社印刷厂党支部党员在素有“冀东小延安”之称的遵化鲁家峪村探寻诞生于抗日烽火的报社前身——救国报社的革命足迹。 刘大民 摄

8月1日，是抗日民族英雄节振国血沃尤各庄、为国捐躯77周年纪念日。当日上午，由滦县榛子镇党委组织的纪念节振国烈士为国捐躯77周年公祭活动暨主题学术报告会在榛子镇上尤各庄小学举行。 张晓君 摄

经济建设

位于路北区现代休闲农业园区的天善循环高效农业科技示范园项目，占地13.33公顷，总投资1.1亿元。年可消耗农林废弃物1万吨，生产生物有机肥9900吨、生物质燃气2000万立方米。

刘洪超 摄

6月10日，滦县榛子镇麻湾坨村大湾公园落成。投入资金160万元，全部来自村民自发捐助。

董 钧 摄

曹妃甸区唐海镇农民在稻乡畦园生态园用彩色稻种成“大唐曹妃”图案。图为从观景台上俯瞰稻田画。

赵 亮 摄

经济建设

乐亭县建立优质蔬菜、果品基地两万多亩，20余家当地农产品加工企业与北京、天津的农业龙头企业开展产品供销合作。图为工人在乐亭县“环城现代农业园区”蔬菜基地大棚内给西红柿秧整枝。

杨世尧 摄

滦县推进现代高效设施农业建设，发展设施农业种植面积6.5万余亩，带动2万名群众实现增收。图为农民在雷庄镇吉祥种植专业合作社大棚内进行田间管理。

牟 宇 摄

滦县奶牛养殖业实现规模化、产业化、集约化，46个奶牛规模养殖场存栏奶牛7.44万头，奶业年产值14.8亿元。

牟 宇 摄

曹妃甸区八农场鑫诚养殖场被农业部授予“蛋鸡标准化示范场”称号，“鑫唐”品牌成为河北省著名商标，存栏蛋鸡7万只，年产800余吨商品蛋销往京津唐及周边地区。

王育民 摄

经济建设

9月葡萄丰收时节，唐山曹妃甸创新农业生态园“收获”来自各地的订单。一笔7.5万千克的订单最终目的地是“一带一路”沿线国家哈萨克斯坦。

赵 勇 摄

遵化市在推进农业供给侧结构性改革进程中，因地制宜发展食用菌、蒜黄等特色种植，开辟出一条特色农业致富路径。

车 宇 摄

迁安市赵店子镇北代庄村北侧的福顺昌农业生态示范园内，冬季暖意浓浓、花香四溢，吸引唐秦客商和周边市民纷纷前来观光、游玩、采购，每天客流量少时四五百人次，多时千余人次。

张淑香 摄

2017年，唐山市水稻丰收，亩产超过750千克。

赵 勇 摄

位于遵化经济开发区的山东孔圣堂制药有限公司整合圣大（唐山）药业有限公司投资5亿元，利用原企业土地和厂房建设系列中成药生产线。

刘洪超 摄

唐山英良石材有限公司是国内著名石材企业英良石材集团北京公司整体搬迁项目，带动北京20多家石材企业落户海港经济开发区。

闫 军摄

国内北方首个海上风电项目——乐亭菩提岛海上风电场工程年内全面进入风机组装阶段。

刘江涛 摄

华润曹妃甸电厂二期2×1000兆瓦超临界燃煤发电机组工程项目是河北省首个百万发电机组项目，被列为河北省环渤海经济带重点项目之一。年内进入设备安装阶段。

孙胜杰 摄

9月16日，第二十届唐山中国陶瓷博览会在唐山中国陶瓷博览中心开幕。 吕光宇 摄

红玫瑰陶瓷制品有限公司研发“香港回归二十周年献礼瓷”在陶博会上受到关注。该公司1997年曾生产香港回归特首官邸庆典用瓷。

郑 勇摄

杭州G20峰会国宴用瓷设计者许斌（中）最新设计的“蓝印布”系列产品亮相第二十届唐山中国陶瓷博览会。 陈贵申 摄

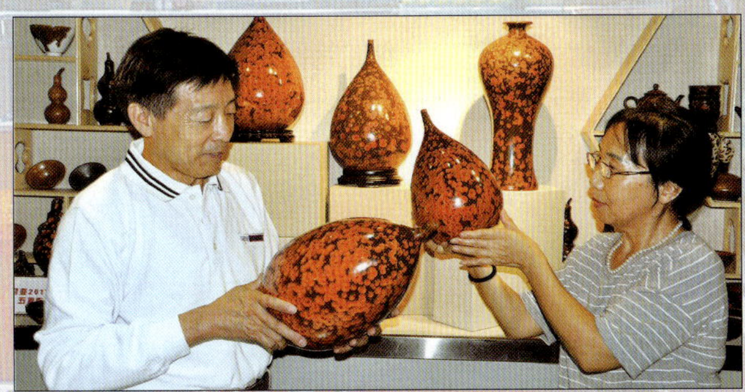

唐山玉春天目陶瓷研究所推出“曜变天目”系列新产品。 陈贵申 摄

陶博会上，外国客商对唐山陶瓷赞不绝口。

吕光宇 摄

6月13日，中车唐山公司研制的“玲龙”号中低速磁浮列车在北京S1线完成第一阶段热滑试验后，开始在石门营出入段线至石龙路站上线调试。

吴可超 摄

8月21日，中车唐山公司研制的“复兴号”高速动车组首次在京广高铁载客运营。

吴可超 摄

12月6日8时22分，中车唐山公司两组新型CRH3A动车组重联而成的D4251次首发旅客列车从西安北站发车，12时53分准时到达成都东站，标志着中国首条穿越秦岭高速铁路——西安至成都高速铁路（简称西成高铁）全线贯通运营。

吴可超 摄

经济建设

11月20日，唐山西外环高速公路南湖收费站恢复通行。南湖交通枢纽建设取得重大进展。 赵　亮　摄

8月31日，中建二局土木公司承建的唐曹铁路南堡跨世纪路特大桥简支拱顺利合龙，为唐曹铁路年内通车提供保证。 赵　勇　摄

设计年装船能力5000万吨的曹妃甸港煤码头三期工程施工现场。 赵　勇　摄

11月11日，中国香港籍40万吨级“意大利”轮靠泊曹妃甸口岸矿石码头。在全国可接靠40万吨船舶的7个泊位中，曹妃甸口岸占据2个，在渤海湾是唯一能停靠40万吨级矿石船舶的港口。 杨世尧　摄

当地时间2月11日，为迎接中车唐山公司研制的地铁列车上线，土耳其伊兹密尔市政府在伊市地铁公司举办车辆上线剪彩仪式，中车唐山公司受到土耳其伊兹密尔市长盛赞。右图为伊兹密尔市市长考扎奥卢等土耳其官员登上列车观摩体验。

汪小兵 摄

唐山高新区爱在云端网络科技有限公司与非洲某公司签署协议，把“宝宝云”数字化平台推向国际市场。

范圣英 摄

9月7日，第五届中日韩灾害管理部长级会议在唐山市召开。河北省人民政府副省长张古江出席开幕式并致辞。

赵 亮 摄

10月24日，英国皇家文法学校师生35人在唐山陶瓷博物馆参观交流，被唐山陶瓷艺术所吸引。

云成林 摄

经济建设

9月，唐山鸿宴饭庄被中国烹饪协会评为2016年度“中国服务十佳品牌”，成为河北省唯一上榜餐饮企业。

闫 军摄

在2017中国技能大赛——全国烹饪及餐厅服务职业技能竞赛中，唐山鸿宴饭庄代表河北省参赛，获得两项分量最重奖项——中式烹调（团体）冠军、中式烹调（个人）冠军。

刘 坤摄

8月8日，2017年中国技能大赛——全国烹饪及餐厅服务职业技能竞赛河北赛区选拔赛暨“鸿宴杯”唐山市第六届烹饪服务创新大赛在鸿宴饭庄举办。

闫 军摄

10月16日，河北省“品美食，游河北”寻味之旅活动在鸿宴饭庄启动。

闫 军摄

4月22日，唐山勒泰中心天幕美食街开业，面积5000平方米、华北最大的LED天幕炫目点亮。

赵 亮 摄

5月22日，振华诚成购物中心从《唐山晚报》上了解到玉田县菜头积压的消息后，派出工作人员到田间地头收菜，低价销售惠及市民。图为市民在振华超市蔬菜卖场购买每千克0.18元的爱心菜头。

梁赞英 摄

春节期间，唐山市在70个连锁门店设立猪肉补贴销售专柜和蔬菜补贴销售专区，开展“省级肉菜惠民补贴销售”活动。

闫 军摄

2月3日，春节后上班第一天，省委常委、市委书记焦彦龙在刚完成改造搬迁的市民服务中心实地检查中心服务运转情况，看望慰问中心一线职工，并就转变机关作风、提升服务质量和办事效率、实现老百姓和企业“双满意”提出要求。

张北男 摄

唐山市民服务中心由原唐山世园会综合展示中心改造而成，是集行政审批、阳光政务、便民服务为一体的综合性“一站式”政务服务平台。

张北男 摄

唐山交警十大队民警在市民服务中心大厅前疏导交通。 赵 亮 摄

5月，位于世博广场的唐山市公共法律服务中心正式开门迎客。集咨询、举报受理、电话办事、电话调查、舆情反馈等为一体的“12348”智能信息语音系统同时开通。左图：工作人员解答市民的法律问题。下图：“12348”值班律师正在接听市民来电。

魏　伟 摄

路北区文化路街道文化楼社区服务站，人称“365帮帮站”，居民遇到什么困难，只需要打一个电话，就有志愿者上门服务。

郑　勇 摄

端午节期间，唐山市各居民社区纷纷组织丰富多彩的惠民活动。图为昌乐社区居民们在进行包粽子比赛。

常 悦 摄

唐山市红十字慈铭志愿者联合碧玉华府社区居委会开展“端午粽香浓 敬老情谊深”活动，为老人们义诊。

刘庄子 摄

2月27日（农历二月初二），唐山常记功臣幸福院拥军爱民展馆内，工作人员张启龙等正在为年逾古稀的革命老功臣们“剃龙头”。

郑 勇 摄

惠民园社区打造亲情社区，让残疾居民倍感温馨。图为网格管理员王一冰、文利娟看望唐山大地震时受伤致残的社区居民姚翠芹。

董 钧 摄

1月11日，路南区红十字会启动“红十字博爱送万家”春节慰问活动，为区内500余户低保户、低保边缘户等送去生活必需品。

董　钧 摄

1月10日，共青团路北区委、路北区文明办发起“衣暖人心 爱心邮箱”暖冬系列活动，第二站走进遵化市万子峪村，为贫困家庭送去面粉、食用油、棉被和衣服。

李　安 摄

3月19日，百姓书屋创办人李小强等众多爱心人士到滦县杨柳庄镇，为该镇冀东抗战堡垒户和贫困户送上爱心款以及新鲜蔬菜、日用品、衣服等。

刘大民 摄

中秋节期间，路南区天道茶城茗众茗茶负责人陈泉携带日常用品在南厂伙伴老年公寓慰问孤寡老人。陈泉年内多次看望这些孤寡老人。

周嘉伟 摄

乐亭县在青少年中营造尊老、敬老良好风尚。图为该县吉祥寺小学孩子们在县光荣院表演新编乐亭大鼓《放飞理想》。

刘江涛 摄

7月12日是“入伏”第一天，唐山市路南区环卫处工作人员将西瓜送到环卫工人手中。

李俊义 摄

8月8日，由丰润区徒步运动协会捐建的环卫爱心驿站正式启用，免费为环卫工人提供常用药品、矿泉水、热水等。

雷秀丽 摄

11月，丰润区福盛园饺子店老板孙小海为附近路段36名环卫工送去热气腾腾的午饭，让环卫工人在寒冬里感受到温暖。

朱大勇 摄

酷暑七月，中交一航局安装工程有限公司曹妃甸项目部多次慰问坚守在一线岗位的农民工。

周佳雄 摄

滦县公安局交警雷庄中队组织民警深入集市，开展道路交通安全宣传教育，倡导村民自觉遵守交通法规。 刘洪超 摄

滦南县市场监督管理局重点整治节期食品市场，执法人员在集市上检查白酒、饮料、糕点等年货时，向群众讲解如何辨别假冒产品。 谢秋实 摄

3月15日，唐山市举行以“网络诚信 消费无忧”为主题的“3·15”国际消费者权益日宣传活动。图为市食药监局工作人员为市民讲授真假中药材鉴别方法。 郑 勇 摄

路南区学院南路司法所工作人员深入辖区境内各居民小区和早市，开展送法到身边活动。 郑 勇 摄

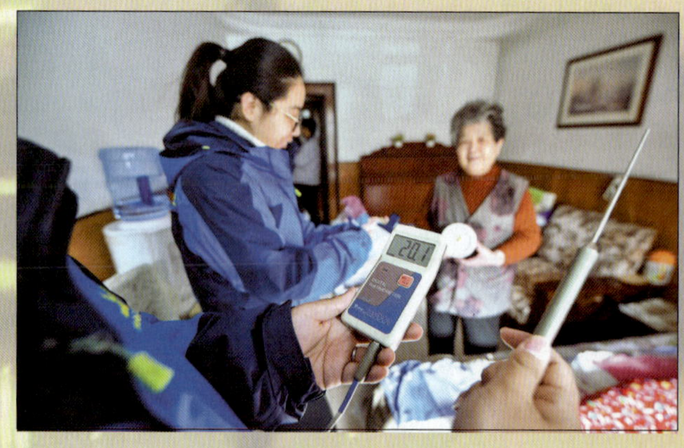

供暖季节，唐山市热力公司职工手持专业设备入户为居民测温。 赵 亮 摄

11月10日，开平区在越河镇罗各庄开展“卫生下乡”活动，普及疾病预防知识、生殖健康知识和计划生育政策法规等，发放宣传资料7000余份。 李 燕 摄

5月20日，“讲文明守秩序树新风·我为文明城市添光彩”主题活动在凤凰山公园西广场启动。图为现场群众纷纷在承诺条幅上签名。

闫 军摄

唐山劳动技师学院10名党员组成志愿服务队，在路北区新立庄社区开展学雷锋志愿服务活动。

杨 剑摄

7月，唐山团市委联合唐山顶津饮品有限公司等单位开展为公交司机、交警送清凉活动，送去藿香正气水及百余箱消暑饮品，慰问炎炎夏日里坚守一线的工作者。

吕光宇 赵 亮摄

获悉国家级贫困县承德市围场满族蒙古族自治县六合店村土豆滞销，唐山师范学院、唐山创e工厂、兴塘二手车市场等60余家爱心单位及众多爱心人士联合发起“大爱无疆 情暖六合 爱心土豆唐山行”活动，共购买土豆45吨。

钱 琨摄

6月21日是中考第一天，唐山市区出现短时强降雨，中考考点龙华中学以及龙华小学门前出现较深积水，导致学生难以进入学校。执勤的市交警支队三大队民警以及路北区城市管理综合执法大队工作人员将数十名学生逐一背进校园。

张　跃　摄

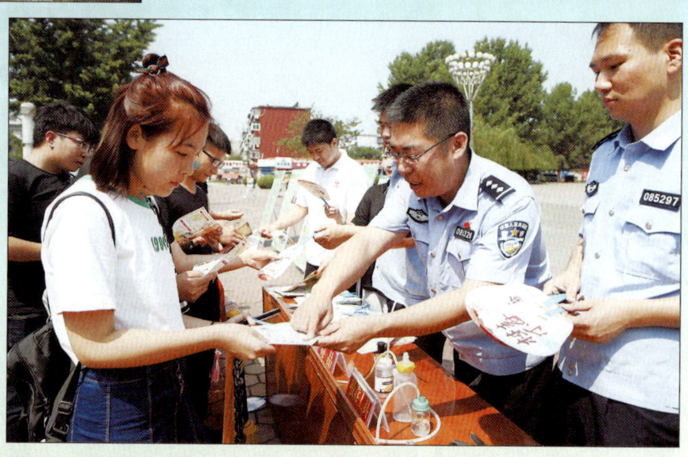

在国际禁毒日，古冶公安分局在林西文化广场开展禁毒宣传活动，展示毒品样品、吸毒工具以及真实案例，让市民在活动中零距离了解毒品的危害。

付卫峥　摄

唐山路南区公安分局举行被盗手机返还仪式，将破获特大盗销手机案中追回的170部手机分批次返还失主。

赵　亮　摄

滦县公安局滦州派出所民警上门为瘫痪在床的困难群众于某办理二代身份证。

唐久平　摄

针对伏季休渔期间所辖渔船全部回港休整的实际，唐山市公安边防支队全面加强在港渔船的安全监管，图为边防民警向辖区渔船看管人员进行安全事项提醒。

卢海鹏 摄

海洋伏季休渔期，唐山海警官兵“休渔不休警”，到码头为渔民宣讲伏季休渔制度的必要性。

李 康 摄

唐山公安消防支队开展深化“条令条例学习月”队列会操，全市6个消防中队、4个消防大队以及支队机关14支代表队参加会操。图为官兵在进行正步展示。

赵 亮 摄

唐山市交警六大队民警深入辖区客运旅游公司开展宣传，并对客运企业、旅游公司客车、旅游车车况、安全设施全面检查，提醒驾驶人文明行车、安全行车。

张海健 摄

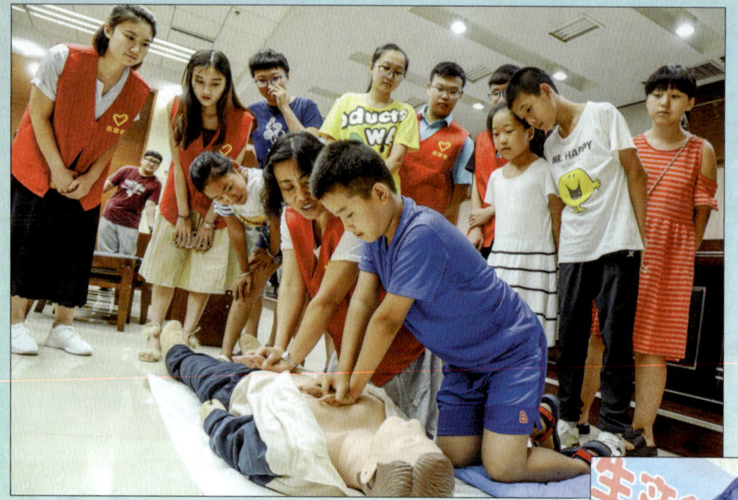

进入暑期，唐山各地开展青少年应急救护知识系列培训，普及应急救护知识。图为古冶区红十字协会志愿者面对面教授孩子们实施心肺复苏。 张 威 摄

唐山市路南区在女织寨乡侯边庄工业园区宣贯《河北省安全生产条例》，结合园区机械加工行业易发机械伤害的特点讲解紧急医疗救护常识。

董 钧 摄

华北理工大学附属医院举行2017级住院医师规范化培训开学典礼暨岗前培训大会。参加培训的全体住院医师宣誓，承诺争做人民满意的好医生。

雪 漫 摄

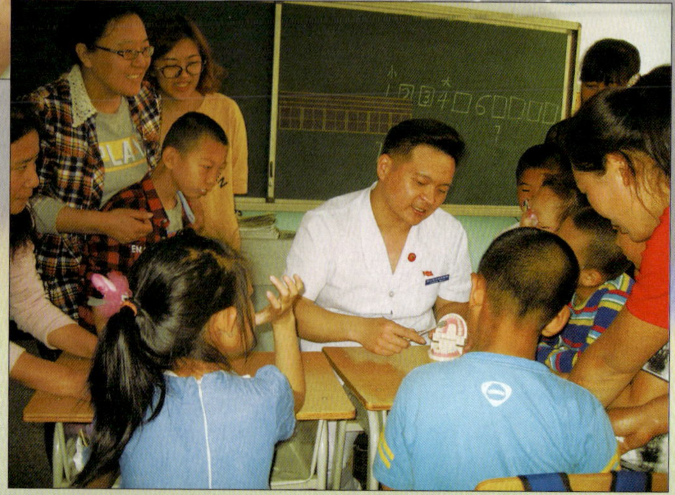

古冶区医院口腔科党员医生董志伟工作之余经常在敬老院、学校义务进行口腔保健讲座和口腔义诊。“七一”前夕，他在容大特教中心为残疾孩子进行口腔义诊和保健宣教。

薛植林 摄

11月28日，唐山市表彰十大文化产业项目和文化产业示范园区、文化产业示范街区、文化创意产业孵化基地，以及首批文化主题酒店。唐山文化产业联盟同日成立。图为在唐山市文化产业发展工作交流推进会上，唐山市十大文化产业项目受到表彰。

郑　勇　摄

唐山图书馆各借阅区人流量每天处于持续增长状态，凉爽、安全、舒适的环境和丰富多彩的各类图书，使这里成为大中小学生及市民看书学习的最佳去处。

吕光宇　摄

唐山市图书馆搬迁至新址后，旧址门前的24小时街区自助图书馆开始运行，市民随时可自助办卡、借阅图书。图为工作人员在为自助图书馆试运行做准备。

赵　亮　摄

唐山市丰润区火石营镇霍庄村77岁的霍洪吉在自家开设免费书屋。“让乡亲们有个地方可以看看书、学点知识”。图为霍洪吉和乡亲们一起读书。

朱大勇　摄

唐山市图书馆在路南区设立永红桥街道图书馆分馆，实现与市图书馆通借通还的“一卡通”服务。

刘丽丽　摄

1月16日，乐亭县图书馆举办“农家书屋飘书香”图书下乡活动，为史庄村村民捐赠图书500余册，内容涉及政策法规、养生保健、医药卫生、文化体育、文学艺术等多个方面。

张博伦　摄

文化建设

9月，首届“京津冀”评剧票友大赛决赛在唐山滦南县举办。 李庆军 摄

唐山市文广新局主办的“新年音乐会”于元旦前夕在燕山影剧院精彩上演。 陈贵申 摄

唐山遵化市群星艺术团参加“庆香港回归20周年CCTV我爱你中华一带一路文化艺术盛典”比赛获得二等奖。 梁赞英 摄

在第八届世界大舞台中国文艺交流走进港澳暨庆祝香港回归祖国20周年文艺汇演中，唐山三支代表队获三金一铜。图为大合唱《潘家峪惨案》表演现场。 安瑞华 摄

滦州古城元宵佳节庙会上。滦州地秧歌、中华传统武术、二人转等民俗文化活动轮番上演。

李　阳　摄

2月5日，唐山湾国际旅游岛第二届新春民俗文化庙会开幕，7000名游客参加。　闫　军　摄

8月开始，唐山市启动为期4个月的公益电影进农村放映活动，安排227个放映队在全市农村放映电影5万余场。8月16日，唐山市丰润区郑八庄村村民在观看电影《勇士》。　杨世尧　摄

唐山劳动日报社年内组建小记者活动中心，在全市范围内常年开展小记者主题实践活动。11月25日，唐山鸿宴饭庄成为唐山劳动日报社首个小记者实践基地。右图为小记者们观看鸿宴厨师的抻面表演。

张　冬　摄

文化建设

唐山丰润区将腰鼓、皮影、剪纸等国家级非物质文化遗产引进校园，既培养学生学习兴趣，也传承和保护非物质文化遗产。图为丰登坞中学学生在排练腰鼓。

朱大勇 摄

路北区举办“非物质文化遗产走进校园”活动，非物质文化遗产项目传承人艾俊波在五十四中学主讲剪纸，并指导学生进行简易剪纸实践操作。

赵 亮 摄

猿功拳武术为唐山非物质文化遗产项目，迁安市猿功门印桥武馆利用暑假开办武术公益课，教孩子们猿功拳。

杨文进 摄

唐山市乐亭县开展形式多样的活动，使当地国家级非物质文化遗产——乐亭大鼓得以更好地传承。

杨世尧 摄

唐山市韩城镇中门庄小学构建以剪纸为特色的校园文化，师生剪纸作品数十人次获国家和省、市大奖，36副剪纸作品被唐山市博物馆永久收藏。图为该校学生在老师指导下学习剪纸。

文 进 摄

丰润区李钊庄镇大漫港小学开辟校园“微农场”，种植甜玉米、黄瓜、豆角等十几种农作物，引导学生参与农事管理，从小养成爱劳动的好习惯。

朱大勇 摄

7月6日，唐师附小举办“人棋大战”，上演真人版的“楚汉争霸”故事。该校有一半以上学生参与象棋活动并申报“象棋特色学校”。一年级选手马韫韬曾获全国业余棋王赛河北赛区六岁组冠军并获“棋王”称号。

杨文进 摄

唐山古冶区习家套小学乡村少年宫为省级乡村少年宫示范校，开设陶艺、电脑制作、棋类、舞蹈等22个活动小组。图为孩子们在陶艺课堂活动。

刘洪超 摄

中国（唐山）工业博物馆年内试运营并免费向市民开放。图为该馆的百年工业之路文化长廊。

吕光宇 摄

4月22日，启新1889首届旅游文化节开幕，唐山知青艺术团在开幕式上演出。

常云亮 摄

5月19日，2017中国旅游日河北分会场暨“精彩唐山·相聚三岛”唐山旅游系列活动在唐山国际旅游岛三贝明珠码头广场启动。

赵 亮 摄

唐山曹妃甸蚕沙口素有北方妈祖圣地之称，4月8日，这里千帆云集，举行首届妈祖女神开海节。

赵 勇 摄

唐山市科技示范园有限公司花卉苗木组培研发中心位于开平区，进行郁金香、风信子、洋水仙等荷兰花卉的组培研发。图为研发中心培养室工作人员正在观察苗木培养情况。

刘洪超 摄

1月15日，由唐山市科协、市教育局共同主办的第32届唐山市青少年科技创新大赛作品终评展示活动在唐山一中体育馆举行。图为参赛选手现场调试科技创新作品。

卜建设 摄

唐山二中机器人代表队“火立方”队参加在澳大利亚悉尼麦考瑞大学举办的“2017FIRST亚太锦标赛”，获大赛“最佳机械设计奖”。

唐立平 摄

8月12日，2017年唐山市“全民健身日”优秀健身项目展示大会在体育公园举行。全市26支队伍、3000余名健身运动爱好者参加展演活动。

闫 军摄

唐山市第二届“市长杯”小学生足球比赛9月举办。唐山市共有足球特色学校127所，其中国家级校园足球特色学校104所。

赵 亮摄

9月29日，唐山市猿功拳研究会在南湖公园举办首届“迎国庆”武术交流大会。

赵 亮摄

秋季，唐山迁安市马兰庄镇举办老年趣味运动会，百余名老年人参加。图为搓玉米比赛现场。

杨文进 摄

8月18日，2017“欢赢杯”中国—拉丁美洲沙滩足球锦标赛在唐山国际旅游岛祥云岛金沙滩景区举办。

闫　军　摄

3月，第十三届全国学生运动会“迁安杯”乒乓球大学组预赛在迁安市九江奥体中心综合馆开拍。

陈　儒　摄

9月9日，“美丽南湖·活力唐山”第二届“捷安特杯”唐山全国自行车公开赛暨河北省全民健身绿色骑行嘉年华在南湖世园会落幕，唐山选手获1金1银2铜。

闫　军　摄

10月29日，以“英雄城市，激情唐马”为赛事主题的2017唐山国际马拉松鸣枪开跑。

赵　亮　摄

生态文明建设

3月24日，唐山市各级领导与唐山市民、驻唐部队官兵一起，冒雨参加全民义务植树日活动。左图为唐山市委副书记、市长丁绣峰参加植树劳动。下图为唐山市各界代表参加全民义务植树日活动。

张北男 郑 勇 摄

春季为森林防火关键期。唐山迁安市在19个镇乡配备半专业专职防火队员和专业灭火器材。图为沙河驿镇防火队员在大龙山巡防。

李晓松 摄

唐山市滦南县在农村小学和乡镇机关事业单位推广“碳纤维电暖器采暖与光伏发电”互补项目，在推进大气污染防治工作同时满足冬季采暖需求。左图为国网滦南县供电公司工人在姜泡村龙子心小学加固碳纤维电暖器供电线路。下图为工人保养用于为校内碳纤维电暖器供电的光伏发电板。

杨世尧 摄

进入供暖季，唐山市路南区气代煤工程为农村送去新能源，更换上新能源供暖的村民再也不用忙着生炉子了。上图为燃气部门安全人员进行安全检查。右图为大洪桥村村民李桂香在用燃气做饭。

付卫峥 摄

华润电力唐山丰润有限公司开展“绿色电厂探秘月”活动，邀请小学生走进电厂，了解节能减排新知识、感受绿色环保新电厂。

徐云楠 摄

迁西县利用境内荒山资源引进京能光伏发电项目建设大型集中式光伏发电站，走出一条国家、地方、企业、农民多方共赢的道路，实现经济效益、社会效益、生态效益多赢的新能源绿色产业发展之路。京能一期年内并网发电，日发电10万～15万千瓦时。

杨文进 摄

10月7日，唐山市环保指挥中心完成改建并正式投入使用。该中心纳入多种监控资源，可以掌握不同污染源的污染物排放及管控措施落实情况。

魏 伟 摄

曹妃甸八农场培养秸秆经纪人，引进大小秸秆打捆机20台，实施秸秆生态循环利用。成捆的秸秆作为饲料、造纸原料和建筑材料销往日本、韩国。

郑永富 摄

唐山市汉沽管理区主动与天津市宁深生物质燃料有限公司和丰南鑫丰热电有限公司联系对接，促成秸秆回收、生物质能源综合利用项目，集中处理玉米秸秆。

陈冰雨 摄

河北天善集团农业生物质循环利用项目位于滦县古马镇，年可处理农林废弃物2万吨，实现销售收入2亿元，利税0.1亿元，安排就业300人。

刘洪超 摄

生态文明建设

唐山市以绿色发展为理念，推广装配式住宅建设，图为工人在丰润区一处环保节能型装配式住宅项目施工现场吊装外墙板。

杨世尧 摄

唐山大世环保科技有限公司研制环保装配式厕所，获得多项国家专利和产品质量认证，技术含量全国领先。图为大世公司为唐山2016世界园艺博览会专门设计的绿色环保装配式厕所。

范圣英 摄

海港经济开发区投资新建生活垃圾、海洋船舶垃圾、船舶污油水综合处理项目，把生活垃圾处理生产成塑料颗粒、有机肥等销售，实现垃圾无害化处理并取得良好经济效益，日处理各类垃圾百余吨。

杨世尧 摄

为宣传保护环境、低碳经济理念，唐山路南区自行车协会骑游队举办“低碳行动，骑行边疆”自行车骑行活动。13名队员从唐山出发，前往东北漠河、北极村、黑河等地。图为5月16日出征场景。

董 钧 摄

9月3日，由灵山慈善基金会益动燕赵基金联合河北公益机构举办的“益动燕赵，为爱同行”公益联动骑行活动在唐山抗震纪念碑广场举办，志愿者倡导低碳环保的绿色出行方式。

李立明 摄

路南区第二实验小学开展“小手拉大手，绿色出行齐步走”活动，由红领巾小讲师们向市民宣讲“绿色出行”的重要意义。

钱 琨 摄

11月6日，2017河北省潘大水库水生生物增殖放流活动在唐山迁西县启动，先后在潘家口、大黑汀水库放流鲢鱼、鳙鱼、草鱼等水生生物苗种18万千克。

文　进　摄

5月8日，工人们对南湖水域水藻集中清理，保护水域生态环境。

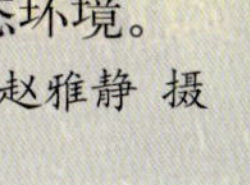
赵雅静　摄

丰润区文明办携手盛唐集团共同举办系列环保公益活动，图为环保志愿者将1500千克环保酵素倒入水体混浊的池塘中净化水质。

文　进　摄

5月15日下午，两只纵纹腹小鸮在迁安龙山被成功放生。一个月前，两只出生10余天的纵纹腹小鸮在路上被市民发现后送到野生动物保护协会专家手中，经过一个多月悉心调养，纵纹腹小鸮具有野外生存能力后被放归大自然。

梁玉水 摄

9月3日，护鸟志愿者田志伟（左）查看救治的黑鹳伤病恢复情况。唐山乐亭县大清河地区沿海滩涂湿地是东亚至澳大利亚候鸟迁徙路径上的重要中停地，每年有数百万只候鸟在此停留觅食。为保护好过境鸟类，田志伟带领护鸟志愿者团队在这片区域内巡逻、观测并宣传推广野生动物保护理念，使得该区域内人为伤害鸟类现象逐年减少，伤病鸟类能够得到及时救助。

杨世尧 摄

10月16日，乐亭大清河盐场野生动物救助站举行金秋放飞活动，宣传野生动物保护知识。中国生物多样性保护和绿色发展基金会、中国野生动物保护协会的专家与志愿者一起放飞7只人工孵化的鸥类鸟和社会各界救助的6只国家二级保护动物鹰隼类猛禽。图为一只伤愈康复的雕鸮重返自然。

兆 阳 摄

9月13日，唐山市林业局执法大队在丰南区林业局、野保协会等配合下，捣毁西刘良村两处非法收购、育肥大量野生鸟窝点，查获黄胸鹀、黄眉鹀、普通朱雀、栗鹀等野生鸟15642只，野生鸟类全部放飞，育肥鸟箱全部被销毁。

王　瑾　摄

11月10日，有“鸟类大熊猫”之称的东方白鹳在曹妃甸湿地觅食。曹妃甸湿地是东方白鹳迁徙中转地，每年10月下旬到12月下旬，鱼虾资源丰富、栖息环境适宜的曹妃甸湿地都会吸引大群东方白鹳长时间停歇，为接下来的长途跋涉储备养分。

杨世尧　摄

唐山南湖优美环境成为鸟类繁衍生息的家园，12月15日，数百只野鸭在南湖龙泉湾嬉戏觅食。

金胜恩　摄

唐山市滦县投入资金推进废弃矿山治理，区域内14座矿山再次获得盎然生机。图为经过治理的滦县椅子山。

车 宇 摄

废弃多年的滦河故道经过治理，成为乐亭县古滦河生态公园。

车 宇 摄

曾是采煤塌陷区的南湖年内添新景，湿地迷宫建成向游人开放。

董 钧 摄

唐山遵化市侯家寨乡禅林寺13株古银杏树为1雄12雌，树龄推算最长2200年，最短600年，雄树取名“龙种”，树龄2170年左右。图为林业管理人员为银杏树测量径围。

闫 军 摄

9月30日，渔民孟庆颂的渔船在海上突遇巨浪，船体进水，危在旦夕。正在三四千米外海域作业的唐山渔民张建伟闻讯割断渔网，驾船前往救援，5名船员全部获救。图为郑志强和孟庆颂感谢救命恩人张建伟。

赞　英　摄

8月8日，唐山市30岁的李铁征与27岁的李雪梅领完结婚证后，就匆匆赶到位于抗震纪念碑广场的采血点，携手加入中华骨髓库，成为造血干细胞志愿者。

刘庄子　摄

唐山路北区东新村街道54岁居民武胜利第102次献血。他连续献血12年，累计献血2.86万毫升。

刘洪超　摄

12月13日，23岁的唐山小伙儿白金文成为中华骨髓库第6977例、河北省第346例、唐山市第16例造血干细胞捐献者。

韩秀平　摄

5月17日，华北理工大学附属医院麻醉恢复室护士孟宗霞为安抚一名刚刚做完全身麻醉普外手术的患儿，将女童抱在怀中，直到孩子完全苏醒。这张画面温馨的照片在微信朋友圈中被大量转发。

华　益　摄

9月，首届中国妇女创业创新大赛总决赛中，华北理工大学赵阳和她的团队研发申报“TA说—共享VR语言教学平台”项目获得最佳创意奖。图为赵阳在领奖台上。

晓　悦　摄

唐山工商银行西山支行营业室会计李丽林坚守岗位32年，办理业务30多万笔无一差错。

孟文铃 摄

唐山籍快艇政治教导员郑伟伟成为10名“东海强军先锋”中唯一的政工干部。

闫　妍提供

在2017全国中老年电视春节联欢晚会上，唐山市年轻主持人赵娜成为4名主持人之一。

杨星星 摄

唐山籍知名经济学家齐守印的《中外财政法律制度比较研究》等3部著作被当今世界知名图书馆之一的美国国会图书馆收藏。

马锴方 摄

唐山高新区检察院检察官时秀元登上中央电视台《中国诗词大会》舞台，从检8年，时秀元主办、协办各类普通刑事案件200余件，无一错案。曾获唐山市第三届政法系统“金牌调解员”等称号。

刘天玥 摄

出生在唐山乐亭县汤家河镇东麦港村的赵春龙，经过多年练习和严格考核，获羽毛球“国际赛事穿线师”资格证书，为中国羽毛球公开赛等重要赛事提供穿线服务。

杨文进 摄

“七一”前夕，玉田县退休老党员贾潮江为国旗护卫队战士义务理发。68岁的贾潮江坚持义务理发54年，其中28年为国旗护卫队提供服务。

李　洋　摄

滦县小马庄镇曹家河漕村村民李淑艳在村里创办幼儿园和敬老院，事迹享誉四邻八乡。

闫　军　摄

唐山市古冶区雷锋精神纪念馆义务讲解员段思序（左一）为前来参观的小学生们讲述雷锋事迹。

车　宇　摄

唐山市收藏家李贵祥将自己收藏的1700余件藏品无偿捐赠唐山师范学院图书馆。

晓　悦　摄

2月，在保加利亚首都索非亚举行的第68届保加利亚“斯特兰扎杯”国际拳击邀请赛上，唐山市迁安九江拳击队女选手尹军花以5：0的较大优势击败对手获得冠军。

8月13日，在天津全运会拳击项目比赛中，唐山迁安九江拳击队选手常园（左）获女子51公斤级比赛金牌，尹军花（右）获女子57公斤级比赛金牌。

岳月伟 摄

7月13日，唐山市选手、象棋特级大师申鹏夺得天津全运会群众比赛象棋专业男子个人组铜牌，成为唐山在本届全运会上获得的首枚奖牌。 杨文进 摄

在全运会8月19日举行的女子跳水团体比赛中，唐山选手张楠与河北队队友程佳雯合作获得团体金牌。 曹 灿 摄

第十三届全运会会歌《光荣和梦想》，由唐山人胡玉兰作词、冯国林作曲，演唱者之一张鹤亦为唐山人。图为张鹤在舞台上演唱。

杨文进 摄

4月19日至7月16日，唐山市61岁“女骑侠”侯晓蔷与骑友一起，用88天时间骑游欧洲26个国家，骑行总里程4300千米。图为侯晓蔷在拉脱维亚骑行途中。

侯晓蔷 提供

11月22日，唐山市航海探险者杨建新驾驶“唐山号”帆船，完成中国首次单人单帆环中国海域探险。航程总计2500海里，历时32天，比计划提前13天，创造中国帆船航海探险新奇迹。

范圣英 徐晓跃 摄

特　载

唐山概况

大事记

年度聚焦

对接京津 协同发展

中共唐山市委员会

唐山市人民政府

政治协商会议唐山市委员会

中共唐山市纪律检查委员会

民主党派·工商联

人民团体

政　法

军 事

城乡建设

环境保护

综合管理

财政·税务

农　业

工　业

开放与合作

口　岸

交　通

邮政·通信

旅　游

科学技术

教 育

文　化

新闻事业

卫　生

体　育

社会·民生

开发区建设 新城建设

县（市、区）

人　物

权威媒体看唐山

报道唐山新闻要目

附　录

地方性法规・统计资料

卷首彩色图版

索　引

封面照片：南湖亲水栈道

CONTENTS

Special Reports

Overview of Tangshan

Memorabilia

Annual Focus

Collaborative Development with Beijing and Tianjin

Chinese Communist Party Tangshan Municipal Committee

Tangshan Municipal People's Congress and Standing Committee

Tangshan Municipal People's Government

Political Consultative Conference Tangshan Municipal Committee

Chinese Communist Party Tangshan Municipal Commission for Discipline Inspection

Democratic Party, Industry and Commerce Association

People' s Organization

Politics and Law

National Defense Construction

Urban and rural construction

Environmental Protection

Integrated Management

Finance • Taxation

Agriculture

Industry

Private Economy

Commerce and Trade Service

Open and cooperation

Port

Finance

Transportation

Post and Communication

Tourism

Science & Technology

Education

Culture

Journalism

Health

Sports

Society and People's Livelihood

Development Zone and New Town Construction

County (City, District)

Character

Authoritative Media to See Tangshan

Highlights in Tangshan News

Appendix

Local regulations • Statistics

Frontispiece

Index

Cover photo: Nanhu waterside path

中共唐山市委第十届四次全体会议上的报告（摘要）

河北省委常委、市委书记 王 浩

（2018年1月14日）

过去的一年，全市上下以迎接党的十九大、贯彻党的十九大精神为主线，以习近平新时代中国特色社会主义思想为指导，认真践行新发展理念，统筹做好改革发展稳定各项工作，全市经济发展稳中向好，转型升级取得实效，生态建设扎实推进，民生福祉持续改善，全面从严治党纵深发展，各项事业发展取得新成绩，为推动高质量发展打下了坚实基础。

全市各级各部门要统一思想认识，切实以党的十九大精神推动思想大解放。要提高政治站位，牢固树立“四个意识”，把思想和行动统一到党的十九大精神和习近平新时代中国特色社会主义思想上来，确保唐山工作的正确方向。要把思想和行动统一到中央经济工作会议精神和习近平新时代中国特色社会主义经济思想上来，把深化供给侧结构性改革各项部署落到实处，着力在“破、立、降”上下功夫，以践行新发展理念推动唐山实现高质量发展。要把思想和行动统一到习近平总书记对唐山的重要指示精神上来，一步一个脚印推动“三个努力建成”不断取得新成效、迈出大步伐，以实际行动向总书记和全市人民交上一份满意答卷。要把思想和行动统一到省委对唐山提出的“两个率先”目标要求上来，把“两个率先”落实到唐山经济社会和党的建设的各方面、各领域，奋力推动唐山各项工作走在全省前列。

实现“三个努力建成”“两个率先”，推动高质量发展，要深刻把握我市比较优势，坚定新时代实现新发展的信心决心。唐山有京津冀协同发展的机遇和优势，要以承接北京非首都功能疏解为重点，真正把历史机遇转化为强大动力、转化为发展强势。唐山有“一带一路”建设的空间优势，要从陆路和海路两个方向攻坚突破，努力把唐山打造成“一带一路”建设的关键节点城市、东北亚开放的“桥头堡”。唐山有庞大的实体经济，要持续转调、精准转调，实现实体经济向中高端迈进、工业由大变强的战略性转变。唐山有良好的资源，要确立“修复、治理、保护、有序”的理念，加快形成节约高效、环境友好、矿地和谐的绿色发展模式。唐山有大美海洋、天然良港，要深入挖掘海洋潜力，深度释放港口潜能，不断培育出蓝色引领的新增长点。唐山有日渐完善的基础设施，要加强资源整合，加快打造立足京津冀、服务环渤海、对接东北亚的现代化国际物流中心。唐山有丰厚的民间资本，要不断优化金融生态，真正让金融业助力新旧动能转换、服务实体经济发展。唐山有深厚的文化底蕴和伟大的抗震精神，要在进一步改变城市形象的同时为转型升级注入新的生机和活力。唐山有敢干善成的企业家队伍和高素质产业工人，要引导企业家把握发展大势，不断解放思想，在新时代征程上建功立业。唐山有一支干事创业的干部队伍，要以永不懈怠的精神状态和一往无前的奋斗姿态，奋力推动全市各项工作迈上新台阶、开创新局面。

今年是贯彻党的十九大精神的开局之年，是改革开放40周年，是决胜全面建成小康社会的关键一年。做好今年经济工作的总体要求是，全面贯彻党的十九大、中央经济工作会议和省委九届六次全会精神，以习近平新时代中国特色社会主义思想为指引，加强党对经济工作的领导，坚持稳中求进工作总基调，坚持新发展理念，以供给侧结构性改革为主线，统筹推进稳增长、促改革、调结构、治污染、惠民生、防风险等各项工作，全力抓实十项重点工作，在推进高质量发展上迈出新步伐，确保贯彻落实党的十九大精神开局之年“开门红”。

实现既定目标任务、走在全省前列，必须扭住重点工作不放松，集中优势兵力打好攻坚战，以重点突破带动和活跃发展全局。一是着力建设生态唐山、实现绿色发展，强化“抓环保就是讲政治、就是抓民生、就是抓转型升级”的意识，突出“清、准、高、快、狠”，下定决心打赢蓝天保卫战，统筹山水林田湖海系统治理，强化生态文明理念，加快构建起绿色低碳循环发展的经济体系。二是着力加快建设环渤海地区新型工业化基地，瞄准新目标、确立新标准、探索新路径、培育新动能、制定新政策，奋力推动唐山制造向唐山智造、唐山产品向唐山品牌、工业大市向工业强市迈进。三是着力推进重大项目建设，强化“以项目看发展论英雄”理念，突出“早”“快”“实”抓项目，推动思想认识、工作重点、政策服务、考核奖惩向项目建设聚焦。四是着力推进“一港双城”建设，坚持高点站位，错位融合发展，加快市区一体，推进城乡统筹，树立经营城市理念，实现港产城融合发展。五是着力推动文化旅游产业融合发展，加快把文化产业培育成重要的支柱产业和新的经济增长点。六是着力发展海洋经济和临港产业，推进陆海统筹发展，向海洋改革要活力，向海洋经济要效益，打造海洋经济强市。七是着力优化营商环境，以“放管服”改革为重点，打造审批事项最少、收费标准最低、办事效率最快、服务水平最优的“四最”唐山品牌。八是着力推动科技创新与新兴产业发展，为唐山未来发展提供强大引擎。九是着力加强人才队伍建设，实施“凤凰英才”计划，靠人才加快新旧动能转换、推动经济转型升级。十是着力在发展中保障和改善民生，办好实事工程，提高就业质量，推进脱贫攻坚，提升公共服务水平，建设平安、法治、和谐唐山。

做好今年经济工作，要把握高质量发展的目标要求，精准高效推动新兴产业增量提速、传统产业改造提升、优化“一港双城”格局、打造沿海临港产业带、繁荣城市经济等各项工作落到实处。要以创新思路定向破解影响发展的关键点、制约点，对重大项目、大气污染治理、“四最”环境品牌等重点难点工作集中攻坚，倾力办好群众关心的惠民实事，推动唐山高质量发展迈出新步伐、取得丰硕成果。要强化目标管理和督导考核，全方位跟踪、全过程调度，推动形成实干务实的鲜明导向，确保中央和省、市委决策部署不折不扣落实见效。

要全面加强党的建设，为推动唐山高质量发展提供坚强保证。要围绕推动高质量发展加强党对经济工作的领导，把好推动高质量发展的正确方向，健全推动高质量发展的工作机制，增强推动高质量发展的能力水平。要大力弘扬创新、一流、务实、高效、担当的优良作风，加大调度督导考评力度，责任落实要清单化，调度督导要常态化，考核奖惩要绩效化。

全市各级党委、政府和广大党员干部要旗帜鲜明讲政治，只争朝夕抓落实，在抓落实中奋力谱写唐山高质量发展的新篇章。要提高政治站位抓落实，思想上要高度自觉，政治上要高度自觉，行动上要高度自觉，以强烈的“四个意识”推动习近平总书记视察唐山重要指示和省委要求落地落实。要勇于创新抓落实，推进理念创新、政策创新、体制机制创新、工作方式方法创新，以创新之策破解万难之事。要事争一流抓落实，有一流的目标定位、有一流的工作标准、有一流的业绩成效，干则必成、干则干好、干则一流。要扑下身子抓落实，切实做到作风要实、措施要实、效果要实。要事不隔夜抓落实，立说立行、雷厉风行，对于看准的事情、定下的决策要立即行动、迅速实施。要尽责担当抓落实，敢于直面问题、正视矛盾，敢想敢干、攻坚克难，善作善成、久久为功，做到为敢于担当者担当，为敢于负责者负责。要团结一致抓落实，把所有的心思凝聚到干事创业上，把所有的工夫下到狠抓落实上，把所有的本领用在加快发展上，不断巩固心齐、气顺、风正、劲足的良好局面。

全市广大党员干部和群众要更加紧密地团结在以习近平同志为核心的党中央周围，以习近平新时代中国特色社会主义思想为指导，在省委、省政府的坚强领导下，以更加昂扬的斗志、更加扎实的作风、更加卓越的工作，奋力开创唐山更加美好的明天。

在唐山市第十五届人民代表大会第三次会议上
政 府 工 作 报 告

唐山市人民政府市长　丁绣峰

（2018年2月8日）

各位代表：

现在，我代表唐山市人民政府向大会作工作报告，请予审议，并请市政协委员和列席会议的同志提出意见。

一、2017年工作回顾

2017年，是我们党和国家历史上具有特殊重要意

义的一年。一年来，作为倍受习近平总书记亲切关怀的英雄城市，我们以迎接和学习宣传贯彻党的十九大为主线，坚定不移朝着总书记亲自为唐山描绘的“三个努力建成”宏伟蓝图阔步前进，谱写了习近平新时代中国特色社会主义思想在唐山大地的生动实践。

2017年，也是市十五届人民政府履职尽责的第一年。一年来，在省委、省政府和市委的坚强领导下，全市上下稳中求进、接续奋斗，全力以赴转方式、调结构、推进供给侧结构性改革，打赢了去产能、稳增长、治污染、惠民生等多场硬仗，开创了经济社会发展新局面。

一是突出项目支撑促投资稳增长，经济发展在转型升级中提速突破。以季度为单元组织项目集中开工和观摩测评，特别是加大新增规模以上工业企业考核权重，进一步强化了抓实抓成项目的实干导向，全市新开工亿元以上项目1007个、完成投资2554亿元，分别增长45.7%和22.2%；新增规模以上工业企业350家，数量位居全省首位。京唐城际、唐曹铁路、唐廊高速等基础设施完成投资1341亿元，迁曹高速一期建成通车。全市地区生产总值达到7106.1亿元、增长6.5%，经济总量跃升七千亿元历史新台阶；全部财政收入完成733亿元、增长20.6%，增速位居全省第一；规模以上工业增加值增长4.7%，一般公共预算收入增长7.1%，固定资产投资增长6.6%，实际利用外资增长8.3%，经济发展实现了稳中有升、稳中提质、进中突破。

二是聚焦供给侧结构性改革优增量调存量，质量效益在动能转换中不断提升。全年化解炼钢产能993万吨、炼铁产能576万吨，切实担当了全省去产能的“唐山责任”。工业投资和技改投资分别增长12.1%、12.7%，钢铁高附加值产品比重提高到21.5%。全市新增科技型中小企业1863家、高新技术企业80家，高铁装备、特种机器人成为京津冀最大的产业基地，高新技术产业增加值增长17.2%。装备制造业增加值增长16.3%，规模以上工业企业利润增长70.7%，新增注册企业数量增长21.5%，实体经济焕发出新的生机活力。农业供给侧结构性改革深入推进，农业产业化经营率提高到69%。

三是释放比较优势抓协同促开放，沿海经济在产业聚集中加速崛起。沿海板块实施亿元以上项目655个，完成投资934亿元。京冀曹妃甸、津冀芦汉两大协同发展示范区增势强劲，中林木材加工园等一批重大产业项目落地开工。曹妃甸国家级石化产业基地规划环评获批，产业项目聚集突破。唐山港整车进口口岸开放运营，内陆港达到10家，全年货物吞吐量5.7亿吨、集装箱吞吐量253万标箱，分别增长10.1%和30.7%。唐山机场旅客吞吐量突破50万人次、增长115.4%，货邮行吞吐量3876吨、增长82%。构建开放型经济新体制试点试验通过国家终期评估，唐钢塞尔维亚钢厂成为我国与中东欧国际产能合作的样板工程。

四是坚持“三城齐抓”增内涵补短板，城乡建设在协调并进中统筹发展。以优质板块拓展产业空间，京唐智慧港、站西片区、南湖CBD规划建设顺利推进，城南经济开发区获批省级开发区。建成中国铁路源头博物馆、中国（唐山）工业博物馆、中国（唐山）陶瓷博物馆等一批城市工业游核心项目，成功举办国际职业教育大会、中国工业旅游产业发展联合大会、唐山国际体博会、第二届中拉沙滩足球锦标赛等赛事展会活动，游客总数、旅游收入分别增长25%和32%，会展业直接收入增长26%，餐饮住宿业营业收入增长13.2%，城市人气活力不断增强。商贸、金融、电子商务等业态蓬勃发展，服务业增加值增长11%。深入开展县城建设攻坚和美丽乡村建设，常住人口城镇化率达到61.64%，122个村获评全国首批绿色村庄。全国文明城市创建实现“三连冠”。

五是强化问题导向破瓶颈治堵点，发展活力在改革创新中持续迸发。深化“放管服”改革，取消调整下放市级权力事项81项，新市民服务中心集中划转、进驻336项审批和服务事项，当场审批办结率提高3倍。市县两级行政审批局实现全覆盖。唐山重装集团与金隅冀东开启战略重组，新城建集团组建运行。扎实开展国家小微企业创业创新基地城市示范，引进京津科技成果和产业化项目49项，省级以上众创空间达到13家。设立并颁发首届“市长特别奖”，激发和弘扬全社会爱唐山、做贡献的正能量。创新化解工业用地遗留问题，盘活工业用地5213亩，305家停产半停产企业实现“腾笼换鸟”。新增主板上市企业2家、“新三板”挂牌企业10家。

六是回应群众关切办实事解难题，民生福祉在普惠共享中显著改善。全市居民人均可支配收入增长8.8%，城镇登记失业率控制在2.83%。棚户区改造1.5万套，204个省挂账房地产遗留问题基本清零，11.5万户居民办理不动产证。西南交大唐山研究生院挂牌招生。新妇幼医院开诊运营，市中心医院部分开诊，全市医疗机构床位提前实现2020年6张/千人的规划目标。基本医疗保险实现跨省就医直接结算。新体育中心开工建设，青少年宫、科技馆达到开放条件，新工人文化宫向社会开放。唐山北立交等8个收费站撤站畅行。4547户贫困人口建档立卡，城乡低保标准全省领先。超额完成大气“国十条”PM2.5浓度比2013年下降33%的目标，气代煤改造6.7万户，森林覆盖率达到37.2%。完成潘大水库、邱庄水库网箱养殖清理，陡河水库围挡封闭，从根本上解决了多年形成的水污染隐患问题。成功创建国家食品安全城市，安全生产形势总体平稳。国防动员、民族宗教、广播电视、新闻出版、外事侨务、妇女儿童、人民防空、老区建设、气象地理、史志档案、老龄、残疾人等各项事业取得新进展。

七是履职尽责转作风抓落实，政府执行力在实干担当中不断提高。树牢“四个意识”，坚持依法行政，认真执行市人大及其常委会决议决定，自觉接受各方面监督，办理人大代表建议339件、政协委员提案536件，按时办复率100%。严格执行中央八项规定，驰而不息整治“四风”，全市“三公”经费下降16.2%。健全完善市政府法律顾问和人大代表、政协委员、群众代表参与决策机制，政府决策科学化、法制化水平有效提升。持续开展“爱唐山、做贡献”主题实践活动和市直部门工作交流会，塑树以业绩贡献为实干导向的激励约束机制，推动形成了政府系统担当尽责、干事创业的正气新风。

各位代表！回顾不平凡、不寻常的2017年，我们更加真切地体会到，有付出就会有收获，幸福都是奋斗出来的。这一年，我们坚决贯彻落实新发展理念，有效应对去产能、调结构、治污染等多重压力挑战，巩固提升来之不易的向好局面，全市发展“稳”的基础更加坚实，“进”的态势更加强劲，唐山步入了加速转型升级、迈向高质量发展的良性轨道。这一年，我们接续释放后世园效应，干成了一批新项目，打造了一批新亮点，城市品位形象得到新提升，百年工业城市越来越开放包容，越来越有生机活力，我们生活、奋斗和成长的家园，处处散发着现代化国际化的气息，彰显着和谐宜居美丽的品质。这一年，我们以责任担当干成了一批大事难事，以改革创新破解了多年没有解决的历史遗留问题，以使命初心回应解决老百姓关心的身边事、具体事，全市各级干部群众对再创唐山发展新辉煌充满信心，780万英雄的唐山人民对唐山美好未来充满期待！

各位代表！奋斗充满艰辛，成就令人鼓舞。我们所做的每一项工作、取得的每一点成绩，无不体现着市委的坚强领导，倾注着市人大、市政协的鼎力支持，饱含着全市上下的实干拼搏。在此，我代表市政府，向辛勤工作在各个岗位上的全市人民，向给予政府工作大力支持的人大代表、政协委员，向各民主党派、工商联和人民团体，向驻唐部队、武警官兵、政法干警，向所有关心支持唐山发展的社会各界朋友，致以崇高的敬意和衷心的感谢！

我们也要清醒看到唐山发展不平衡不充分的问题：经济发展质量效益还不够高、新旧动能转换还不够快，污染治理、公共服务、社会民生等领域还有不少短板，营商环境距离群众和企业的期盼还有差距，我们一定采取有力措施切实加以解决。

二、2018年目标任务和工作安排

2018年是全面落实十九大精神的开局之年，是决胜全面建成小康社会、实施“十三五”规划承上启下的关键一年。前不久召开的市委十届四次全会，向全市发出了“牢记使命，解放思想，干在实处，走在前列，奋力谱写新时代唐山高质量发展新篇章”的号令动员，全面开启了新时代唐山改革发展的新征程。

走进新时代，踏上新征程，我们必须牢记历史使命，坚持以习近平新时代中国特色社会主义思想为统领，把十九大精神和总书记对唐山的重要指示熔铸在思想上、行动中，一步一个脚印扎实前进，加快实现“三个努力建成”，奋力谱写中华民族伟大复兴中国梦的唐山篇章。我们必须强化责任担当，把省委对唐山提出的“率先全面建成高质量小康社会和现代化沿海强市”目标要求，细化到每项任务、量化到每个节点，奋力推动唐山各项工作走在全省前列，在新时代全面建设经济强省美丽河北进程中展现首要首位、首责首任的唐山作为。我们必须时刻践行以人民为中心的发展思想，切实解决百姓关切的就业、就医、就学、养老、医疗、住房、环境等问题，在推动高质量发展中补齐民生短板，让全市人民在爱唐山、做贡献中感受共建共享的唐山温度，收获满满的获得感幸福感安全感。我们必须坚持实字当头、干字为先，紧紧抓住唐山加快新旧动能转换、实现由大到强战略性转变的历史机遇期和窗口期，以十项重点工作攻坚突破带动全局，把唐山的比较优势转化为发展胜势、汇聚成经济强势，以永不懈怠的精神状态和一往无前的奋斗姿态，干出新时代唐山发展的新天地，开创英雄城市的美好未来！

今年政府工作总体思路是：以习近平新时代中国特色社会主义思想为指引，全面贯彻党的十九大精神和总书记“三个努力建成”重要指示，聚焦省委对唐山提出的“两个率先”目标要求，落实新发展理念，坚持稳中求进工作总基调，坚持高质量发展根本要求，以供给侧结构性改革为主线，统筹推进稳增长、促改革、调结构、治污染、惠民生、防风险，全力抓实建设生态唐山实现绿色发展、建设环渤海地区新型工业化基地、重大项目、“一港双城”、文化旅游产业融合、发展海洋经济和临港产业、优化营商环境、科技创新与新兴产业发展、人才队伍建设、保障和改善民生等十项重点工作，奋力谱写新时代唐山高质量发展新篇章。

今年经济社会发展的主要目标是：地区生产总值增长6.5%，一般公共预算收入增长7%，规模以上工业增加值增长5%以上，固定资产投资增长7%，实际利用外资增长5%，社会消费品零售总额增长10%；PM2.5平均浓度下降10.6%以上，每万元生产总值能耗和化学需氧量、二氧化硫、氨氮、氮氧化物减排完成省达任务；城镇和农村居民人均可支配收入均增长8%，城镇登记失业率控制在4%以内。这些指标的设定，既与省达计划和唐山“十三五”规划相衔接，又统筹了“稳”与“进”的平衡、“质”与“量”的协调、“破”与“立”的节奏，有利于经济运行稳控在合理区间，有利于调整优化经济结构、推动唐山高质量发展。

按照市委十届四次全会要求，围绕实现上述目标，重点抓好八方面工作：

(一)聚焦建设现代化经济体系，加快推进唐山产业转型升级和结构优化

一是项目建设提效突破。聚焦“早”“快”“实”抓项目，完善以季度为单元的项目集中开工和观摩测评机制，精准解决供地、供电、供水、环评等问题，提高土地节约集约利用率和项目“亩均效益”，以优质新增量支撑高质量发展。今年217个市级重点项目完成投资1127.4亿元，北京环卫装备生产基地等一批项目竣工投产，通过项目建设新增规模以上工业企业100家以上。唐曹铁路、唐廊高速建成通车，京秦高速二期、迁曹高速二期主体完工，水曹铁路、赤曹公路滦州段等项目加快推进，谋划启动唐秦高速前期工作，推动京沈高速古冶连接线尽快开工，完成京沈高速迁西支线张庄子出口及连接线工程，年内实现通车。加快推动京唐城际、唐曹铁路延伸至海港开发区。深化开发区管理体制、人事薪酬制度等改革，突出项目建设和招商引资主责主业，打造富有创新活力和竞争力的产业发展高地。年内，省级以上开发区主要指标增长15%以上，主营业务收入超千亿园区突破5家。

二是新兴产业提速增量。保持战略定力，以久久为功的长跑思维推进新兴产业增速提高、占比提升，打造高质量发展新优势。精准落实产业基金、金融支撑、产品应用等扶持措施，聚力打造“9+N”产业集群，抓实路北航天国轩二期等100个新兴产业项目，高新技术产业增加值增长13%。瞄准特种机器人、石墨烯应用、轨道交通装备、动力电池等四大产业基地提档突破，全年主营业务收入突破260亿元。其中，以中信重工开诚智能装备、唐山开元企业集团为龙头，组建中国特种机器人产业联盟，建设上下游配套产业集群化发展基地；扶持石墨烯产业集聚创新要素，重点在产品转化应用、聚合产业链上实现突破；依托中车唐山公司吸引轨道交通装备协作企业聚集融合发展，年内落户3-5家配套企业；动力电池产业基地，以产业化量产为目标抓实研发成果转化，年内新增生产及配套企业6-8家，争创全省战略性新兴产业示范基地。

三是传统产业提质增效。传统产业既是唐山“当家吃饭”的产业，也是经济发展的现实支撑。制定出台《加快建设环渤海地区新型工业化基地实施意见》，以“四新”促“四化”，推动传统产业向中高端跃升、向下游产业链延伸。滚动实施“四个一百”项目，打造惠达卫浴、东华钢铁等10个数字化车间，全年完成投资700亿元以上，工业技改投资增长9.5%以上。开展“增品种、提品质、创品牌”行动，新增中国驰名商标2件、名牌产品60个，支持中车唐山公司、三友集团争创中国质量奖，迁安创建全国质量强市示范市。抓好2家省级军民融合产业示范园区建设，推动军民深度融合。把工业设计作为提升产品附加值和产业竞争力的重要抓手，打造“设计+”产业链，举办中国（唐山）工业设计展，唐山工业设计产业园入驻企业30家以上，培育市级设计中心10家，加快建成中国北方有知名度、影响力的工业设计创新基地。

四是现代服务业提档升级。以打造“唐山周末”品牌为目标导向，面向京津客源优化旅游资源配置，促进旅游业快速发展，带动城市转型，塑造唐山开放创新、包容友好、乐居宜游的城市品质。推动工业游、红色游、海岛游、长城游、皇家游等特色文旅产品串珠成链，实施遵化古温泉旅游度假区等超10亿元项目32个，年内旅游收入增长23%以上。发展文化创意、文化体验等新业态，文化产业增加值增长15%。争创省级全域旅游示范市，办好第二届全市旅游发展大会。支持南湖和开滦国家矿山公园联合创建国家5A级景区、国际旅游岛创建国家级旅游度假区。推动唐百大等五大商圈错位发展、丰富业态，建设“夜经济”特色街区，全年服务业增加值增长11%，新增规模以上服务业企业130家以上。支持燕赵财险、唐山银行、唐山农商行提档升级，新引进融资租赁公司2家，中小企业融资服务中心投入运营，新增主板及新三板上市挂牌企业10家，金融业增加值增长12%以上。

五是现代物流业提标创优。突出现代物流业在经济发展中的基础性、战略性作用，围绕打造一批多式联运工程、建设一批重点物流园区、引入一批大型物流企业、发展一批物流集散中心、整合一批物流信息平台，高起点制定产业规划，整合提升资源要素，构建“铁海港公空”立体化物流发展格局，努力打造立足京津冀、服务环渤海、对接东北亚的现代化国际物流中心。年内，推进实施海港远成智慧物流产业城、古冶鼎石物流等重点物流项目，十大省级物流产业聚集区主营业务收入突破千亿元，全市规模以上物流企业达到350家。唐山机场完成旅客吞吐量55万人次、货邮行吞吐量增长17%以上。

(二)围绕“破”“立”“降”深化供给侧结构性改革，提升经济发展质量效益

一是以化解过剩产能破除低端无效供给。严格落实“四个决不允许”要求，坚持完成化解任务、实施减量置换、推进退城搬迁三措并举，确保过剩产能只减不增、真去真退。严控严管严督严查，坚决防止新增违规产能，坚决防止已化解产能死灰复燃。强化生态优先、绿色发展理念，算长远账、整体账、综合账，下定决心，卡定节点，强力推动城市规划区和生态红线控制区钢铁企业搬迁改造，调整优化钢铁产业布局结构、产品结构，抓好首钢京唐二期、河钢宣钢乐亭基地等重大项目建设，丰南纵横钢铁8月份投产运营，年内钢铁产业集中度提高到60%。发挥冀东金隅重组效应，加快地方中小水泥企业整合，提高产业集中度和竞争力。

二是以科技创新支撑新动能加速成长。创新是高质量发展的第一动力。围绕把科技创新变成实实在在的产业活动，抓实“京津孵化、唐山产业化”，年内引进京津等地科技成果转化项目60项以上，新增规模以上工业企业研发机构80家以上、高新技术企业100家、科技型中小企业1000家，全社会研发投入占GDP比重达到1.6%左右。实施“凤凰英才”计划，全面优化创业创新生态系统，大力引进重点行业领军人才和高技能紧缺人才，鼓励创新人才在企业、高校院所双向流动，年内新建特邀院士工作站2家，引进海外高层次人才10名以上。继续开展企业家素质提升工程，制定实施企业家十年培训

计划，组织引导本地企业家打开发展思路、激发创新动力，年内培训重点企业董事长、总经理和高管1000人次以上。

三是以增强制度供给降低实体经济成本。用好国家产业转型升级示范区、小微企业创业创新基地城市示范等支持政策，打好用电、融资、物流、税费等降费减负“组合拳”，全年降低实体经济成本50亿元以上。实施传统产业领军企业和新兴产业创新企业“50+20”培育工程，主营业务收入利润率分别高于同行业0.5个和1个百分点以上。大力破除土地、资金等要素制约，设立10亿元规模的产业引导基金，建立小微企业贷款保证金和应急转贷资金，41宗、1954亩工业用地遗留问题上半年全部销号，加快释放企业转型发展存量动能。

(三)开掘释放大美海洋天然良港优势，打造沿海临港产业带

一是提升港口综合能级。统筹规划“一港三区”功能定位，探索建立资源整合、资产融合、资本聚合的协同开放体制，加快打造世界一流的国际化综合大港。推动唐山港向“一带一路”沿线辐射延伸，开通中欧、中俄国际班列及3条外贸班轮航线，新疆、内蒙古、陕西等地10个以上内陆港揭牌运营，年内唐山港货物吞吐量达到6亿吨、集装箱吞吐量突破280万标箱。坚持前港后产、港产联动，抓好中国五矿混配交易中心等项目建设，冰鲜、水果、肉类等口岸获批运营，全年进口木材150万立方米、整车8000辆。集约利用宝贵的岸线资源，优化码头结构布局，加快京唐港区25万吨级航道建设，曹妃甸港区通用散货三期等7个泊位开放运营。

二是打造曹妃甸增长极。突出曹妃甸沿海开发的龙头带动作用，全力推进金隅·曹妃甸协同发展示范产业园等项目建设，中冶瑞木新材料产业园、新澳肉牛屠宰加工等项目竣工投产，天坛家居、森工木业等50个木材加工贸易项目建成运营，年内曹妃甸区地区生产总值增长8%，规模以上工业增加值增长9%以上，产业投资增长20%以上。京冀曹妃甸协同发展示范区开工京津项目20个以上、完工15个以上。国家级石化产业基地中化旭阳等大型炼化项目开工建设，配套深加工产业链加速布局。综合保税区争创全国第三批跨境电子商务综合试验区，力争自贸区申报取得突破。加快发展船代货代、保税仓储等现代物流业，培育壮大职业教育、科研实训、滨海休闲等城市经济增长点。

三是大力发展海洋经济。海洋经济是唐山转型发展、高质量发展的“蓝海”。坚持生态开发、永续发展理念，集中开展海洋经济普查，高标准编制发展规划，全力培育发展海洋生物医药、海洋航运物流等产业，向海洋要空间要效益。优化海洋开发布局，清理整治近岸养殖，提升发展海洋渔业，新建海洋牧场1-2个。推动海洋高端装备制造、海洋化工等产业率先发展，抓实南堡废盐综合利用一体化等重点项目建设，实现海洋经济“倍增突破”。

四是加快临港产业聚集。优化提升临港工业、滨海旅游等产业布局，充分发挥曹妃甸、乐亭、海港、滦南滨海有港优势，加快发展精品钢铁、现代化工等临港产业，中铁十六局高端装备制造、安通国际多式联运智慧物流园等项目落地开工，境界高清洁燃料二期等项目加快建设。完善提升国际旅游岛服务功能，打响唐山滨海旅游度假品牌。抓实沿海装备制造业重大项目招商专项行动，紧盯游轮游艇、修船业、直升机等重点领域，跟进世界500强、中国制造业500强、央企等行业龙头，年内引进超10亿元沿海装备制造项目5个以上。

(四)优化“双城”空间布局，提升城市现代化国际化水平

一是以打造优质板块拓展内涵增长新空间。高水平建设城南经济开发区，全面启动5.3平方公里起步区建设，中铁未来动力产业园等5个项目落地开工。高品质建设京唐智慧港，完善京唐城际机场站区域生活配套，中海外智慧大厦、通州产业园等项目完成投资10亿元以上。高站位建设站西片区，新建市民政事业服务中心和站西公交枢纽，东汇生活广场等项目竣工投用。高标准建设南湖CBD，重点发展文化旅游、高端商务、创新创意等新业态，打造创新型生态唐山的标志性片区。高起点建设唐山冶金矿山机械厂区域，加快路南老交大片区、丰南国丰北区、开平兴业原址改造，整治提升开平东湖区域，启动龙华东道贯通工程，推动融入主城区。

二是以增添魅力活力做强城市经济新支撑。推动文化旅游融合发展，加快谋划建设中国铁路源头小镇、陶瓷小镇、唐山交大文化园，高标准保护利用汉斯•昆德故居、开滦29号外籍员司别墅、唐山女中旧址，年内建成传承唐山历史文脉、讲述唐山故事的新空间、新经典。提升运营唐山南站—古冶站铁路客运，促进要素流动和人员往来，让历经沧桑的百年铁路重新互联互通、两座百年老站成为铭刻记忆的城市文化地标。谋划建立公共美术馆，完成唐山博物馆改陈提升，5月底前中国（唐山）饮食文化博物馆建成开放，8月底前中国（唐山）房车主题公园投入运营。积极申办全国工业旅游创新会议，9月份举办中国国际房车旅游大会，10月份举办第二届中国工业旅游产业发展联合大会。办好中国唐山评剧艺术节，带动文化产业发展。以市场化理念提升唐山中国陶瓷博览会办会水平，高水平承办首届中国地震科普大会，全年举办中国国际商标品牌节、国际钢铁冶金工业博览会等专业展会70项，会展业直接收入增长20%以上。举办第三届中拉沙滩足球锦标赛、全国公路自行车锦标赛等重大赛事活动10项以上，筹办国际信鸽大赛、世界雪日暨国际儿童滑雪节等特色赛事，年内体育产业增加值突破30亿元。

三是以打通堵点制约推动承载能力新提升。翻修改造龙泽路、胜利路等城市道路，打通国防东道、龙富南道等断头路，加快启动唐古路改造，二环线10月份全线通车。加快推进城中村搬迁，启动实施41个老旧小区改造，完善提升26个小区燃气供热设施，完成既有建筑节能改造337万平方米，改造棚户区3.04万套。大力破解供电设施滞后城市发展的瓶颈制约，年内6座变电站开工、4座变电站投用，站前路高压线迁改入地。补齐会展场馆短板，上半年在南湖区域建成更大体量、更全功能的会展平台。新体育中心体育馆和游泳馆主体完工，新建铁西公园、唐安公园及6个街头绿地游园、2条绿廊绿道，打造市民深呼吸、慢生活、微度假的共享空间。

四是以经营城市理念打造精明增长新模式。健全

完善土地收储制度，合理调控供地节奏和区域，集中开展“批而未征、征而未供、供而未用”土地清理，实现优质资源优质利用。坚持“房子是用来住的、不是用来炒的”定位，一手控房价一手增供给，促进房地产市场健康发展。优化城市资产市场化运作机制，抓好“一区三边”拆后利用和地下空间运用，引入社会资本参与地下管廊二期等项目建设运营，年内市中心区实现环卫一体化。深入推进城管执法体制改革，更新拓展“数字城管”“智慧环卫”功能，着力破解“停车难”“停车乱”问题，在商场、医院等人流车流密集场所建设智能立体停车场，强化背街小巷、城郊结合部等重点区域治理，打造通畅惬意、靓丽宜居的城市环境。

五是以唐山市主城区和曹妃甸滨海新城引领全域协调发展新格局。出台《推进“一港双城”建设实施意见》，7月底前完成“一港双城”空间布局规划，进一步明晰主城区、曹妃甸、各县（市）空间布局和功能定位，实现错位融合发展。高标准修订曹妃甸城市总体规划和专项规划，加快实施新城城市运维中心、富力海时代会展中心等项目，谋划实施铁路编组站、游轮母港、曹妃甸通用机场建设，加快打造港产城融合的现代化滨海新城。培育壮大县域经济，促进产城教融合发展，加强财源建设，提升综合实力，力争涌现更多全国百强县。抓好迁安、滦县新型城镇化试点，启动玉田鸦鸿桥高铁新城建设，打造10个省级特色小城镇。年内县（市）四星级精品公园实现全覆盖，污水集中处理率达到94%。

(五)拓展改革开放深度广度，激发高质量发展新动力

一方面，发挥重点领域改革牵引作用，打响唐山“四最”营商环境品牌。以刀口向内的决心和魄力，下大力减事项、减次数、减材料、减时间，大力推行“最多跑一次”改革和网上审批，打造唐山审批事项最少、收费标准最低、办事效率最快、服务水平最优的“四最”金字招牌。加强社会诚信体系建设，尊重、支持和爱护企业家，构建亲清新型政商关系。深入开展“双创双服”活动，最大限度便企利民，全年新增市场主体10万户以上，民营经济增加值增长7%。推动重点陶瓷企业引进战略投资者，完成省达“三供一业”分离移交任务。推进财政事权与支出责任划分改革，完成新城建集团市场化转型。深化行政管理体制和事业单位改革，加强和规范机构编制管理，优化配置机构编制资源。深化公立医院综合改革，加快推进分级诊疗、医联体建设，让群众在家门口享受优质医疗服务。

另一方面，坚持“引进来”“走出去”并重，全方位扩大对外开放。持续开展承接京津产业转移招商行动，实施滦南（北京）大健康国际产业园等超亿元京津合作项目200个以上，中青旅物流产业园等90个项目落地开工，完成投资300亿元以上。芦台、汉沽聚焦现代家居等优势产业，打造特色产业集群。精准开展以商招商、驻点招商和“凤还巢”工程，充分发挥异地唐山商会带动作用，年内引进省外资金增长10%。推进投资贸易便利化，平行车进口试点、检验检疫综合试验区等创新政策取得突破性进展。出口总值完成554亿元，陶瓷、机电等非钢产品出口比重超过60%。深入开展政府对话、企业合作、民间交流等活动，加快建设华通线缆哈萨克斯坦经济园区等重点项目，年内对外投资额增长5%；新缔结2个国际友好城市，拓展唐山海外“朋友圈”。

(六)抓实乡村振兴战略，做好新时代三农工作

一是推进农业供给侧结构性改革。坚持质量兴农、绿色兴农，创建国家农产品质量安全市，“三品一标”和品牌农产品占比达到55%。严格落实粮食安全责任制，加强流通监管，确保粮食安全。实施省级“粮改饲”试点市项目，大力发展渔业生态健康养殖和休闲渔业。推进农村一二三产业融合发展，提升现代农业园区建设水平，建好迁西花乡果巷国家田园综合体，创建省级以上休闲农业和乡村旅游示范县1个、休闲农业星级企业5个。每个县（市、区）建设1个农产品加工园区，实施玉田中华老字号产业园、丰润蒙牛乳业产能扩容等千万元以上农业产业化项目200个，打造省级农业产业联合体6个，农产品加工业产值增长11%以上。二是加快建设美丽宜居乡村。以垃圾处理、污水治理、厕所改造、村容村貌整治为重点，实施农村人居环境整治三年行动计划，不断提升农村环境质量。加快实施农村饮水安全工程，新建改建农村公路400公里。三是深化农村综合改革。统筹推进农村承包地“三权分置”、农村集体产权制度改革、农垦改革、供销社综合改革等工作，释放农村发展新活力。

(七)坚持生态唐山、绿色发展，打好污染防治攻坚战

一是打赢蓝天保卫战。精准落实“清、准、高、快、狠”五字要求，强力实施“退十计划”，以壮士断腕的决心，下足绣花的功夫，抓好每一天、每一项环保治理，年内PM2.5平均浓度控制在59微克/立方米左右，空气质量综合指数控制在7.0左右，让老百姓享受更多的幸福蓝天。健全完善市县乡村网格化体系，以建筑工地“六个百分之百”为首战，发现一起查处一起，确保令行禁止、铁腕治污。精准实施差异化“双错峰”和应急响应，依据企业环保水平实施阶梯管控、动态管理。扎实开展工业污染源深度治理，强化企业关键工序减排，6月底前完成焦化、铸造、陶瓷企业清洁排放治理，取缔关停“散乱污”企业；9月底前完成燃煤电厂治理；深入开展钢铁企业环保治理提升专项行动，10月底前完成钢铁企业湿法脱硫、烟气脱硝“脱白”。积极推进唐山港疏港运输“公转铁”，规划建设钢铁企业铁路专用线，加快构建海铁联运新体系，充分释放疏港运力潜能，有效破解严重依赖汽运造成的污染和超载问题。年内，秸秆垃圾禁烧、垃圾清洁焚烧发电厂实现县（市、区）全覆盖。

二是统筹推进山水林田湖海生态修复。严守生态红线，全面落实“水十条”“土十条”。深入实施河长制、湖长制，开展清岸、还绿、纳网、提标、增容“五大工程”，确保国控省控河流断面稳定达标、清水长流。强化饮水安全，加强陡河水库、上关水库等饮用水源地保护，全面消除城市黑臭水体，工业园区污水集中处理实现全覆盖。加强港口污染综合治理，提高岸基供电使用率，海洋运输船舶在近海海域一律使用轻质油。强力推进土壤污染防治，完成4家露天矿山生态修复，农业地膜废弃物回收率达到65%。开展国土绿化三年行动，积极创建国家森林城市，年内新增城区绿色空间2.9万亩，完成造林34 万亩，森林覆盖率达到37.9%。

三是最大限度节能减排降耗。严格能源消费总量和强度双控制度，开展重点用能单位“百千万”行动，完成省达削减煤炭总量任务。推进冬季清洁取暖，全面取缔禁燃区内散煤经销网点，实现城中村取暖清洁化。抓好20个资源综合利用和循环化改造项目，节能环保产业增加值增长12%以上。倡导简约适度、绿色低碳生活方式，创建节约型机关和绿色家庭、绿色学校、绿色社区。

（八）顺应人民美好生活需要，增强群众获得感幸福感安全感

一是让群众享受更加普惠均等的公共服务。持续加大民生投入，办好实事工程，确保幼有所育、学有所教、劳有所得、病有所医、老有所养、住有所居、弱有所扶落到实处。回应群众“好入园”“入好园”期盼，实施第三期学前教育行动计划，普惠性幼儿园覆盖率达到70%以上。优化城乡教育资源配置，新改扩建中小学69所，进一步落实好随迁子女入学政策，探索实施弹性离校制度，缓解“择校热”“大班额”；支持西南交大唐山研究生院发展，提升唐山学院、唐山师范学院办学水平，打造职业教育品牌学校和品牌专业。抓好高校毕业生、农民工、城镇就业困难人员等群体就业和退役军人安置，全年城镇新增就业10万人以上。谋划启动人民医院新院区、中医院异地新建项目，利用老妇幼保健院增设儿童医院，打造现代化的120急救指挥调度系统。按照“一年集中攻坚基本脱贫，一年巩固提升动态管理”的思路，年底前完成建档立卡农村贫困人口扶贫脱贫任务。企业和机关事业单位退休人员基本养老金、职工医疗保险同步提标。城乡居民最低生活保障标准分别提高到每人每月605元和每人每年4308元。

二是让群众享受更加丰富多彩的美好生活。弘扬社会主义核心价值观，巩固提升全国文明城创建成果，注重家庭、家教、家风建设。加快落实总书记见证签约的唐山市与乌拉圭政府足球计划协议，推动乌拉圭、北京、唐山三方共建国际足球学校和人才培养交流，打造中乌足球领域双边合作示范项目。在南湖区域建设足球公园，利用中心区公园绿地规划改建20个以上不同制式的足球场，让广大市民体验运动乐趣，打造足球城市。实施群众体育“六边工程”，新建提升健身路径200套以上，群众身边健身站点超过5000个。深入挖掘“冀东三枝花”等优秀地域文化，创作一批唐山特色文化精品。以创建国家现代公共文化服务体系示范区为抓手，深入实施文化惠民工程，推动全民阅读，打造“书香唐山”，年内市中心区首批3个城市书房建成投用。办好南湖春节灯会、唐山国际马拉松等文体活动，让唐山百姓品味多彩人生、乐享健康生活。

三是让群众享受更加和谐顺心的社会环境。守住安全稳定底线，统筹推进安全生产、交通安全、食药品安全等工作，落实消防安全责任制，有效防控风险隐患，坚决杜绝重特大安全事故发生。结合“智慧唐山”建设，扎实推进“雪亮工程”，深入开展扫黑除恶专项斗争，建立健全社会治安防控和公共安全体系，建设更高质量平安唐山。巩固国家食品安全示范市创建成果，打造一批“放心肉菜”示范超市，保障群众舌尖上的安全。建设“中国•唐山防震减灾示范中心”，提升综合防灾减灾救灾能力。搞好第四次经济普查。加强国防教育、国防动员、民兵预备役和双拥优抚工作，营造人人关心国防、支持双拥、崇敬军人的浓厚氛围，巩固军政军民团结局面。积极发展老龄、残疾人、妇女儿童、关心下一代事业，做好民族宗教、广播电视、新闻出版、外事侨务、人民防空、老区建设、气象档案等各项工作。

各位代表！保障和改善民生没有终点，我们一定把群众身边的实事一抓到底，一件接着一件办，一年接着一年干，确保唐山改革发展成果由人民共享，确保老百姓的生活一年更比一年好！

三、努力建设人民满意政府

新时代、新征程，对政府自身建设提出了新的更高要求。我们要牢记责任使命，始终与全市人民想在一起、干在一起，推动唐山这座英雄城市再创辉煌。

一是以正确航向引领思想解放，提升推动高质量发展的能力水平。进一步学懂弄通做实十九大精神，坚决做到信念过硬、政治过硬、责任过硬、能力过硬、作风过硬，真正把“四个意识”践行到岗位上、行动中。深入开展“三个看一看”解放思想大讨论活动，引导政府系统转变观念、开阔视野，以新理念、新思维加快推动唐山转型发展、高质量发展。

二是以事争一流标准改革创新，在应对困难挑战中闯出新路走在前列。坚持高点“选标定位”，跳出唐山看唐山，站位河北争一流，放眼全国敢争比，做到善作善成、久久为功。突出目标需求和问题导向，聚焦影响发展的关键点、制约点，化解老问题，解决新矛盾。强化改革创新意识，着力在发挥市场机制、推进产业转型、发展开放型经济等方面先行先试，塑造更多依靠创新驱动、发挥唐山独特优势的引领型发展。

三是以事不隔夜状态狠抓落实，确保各项工作抓实干成。按照干什么、谁来干、怎么干、什么时间干成，对重项工作逐项列出时间表、路线图，落实专人专责，全方位跟踪、全过程调度，确保定下的事干一件、成一件。大力推行一线工作法，特别是对重大项目建设、大气污染治理、“四最”环境品牌等重点工作，政府系统各级干部既挂帅又出征，一抓到底，实干实效。

四是以锲而不舍韧劲正风肃纪，营造清正清廉清明的政务环境。扎实开展“不忘初心、牢记使命”主题教育，严格落实中央八项规定和实施细则精神，驰而不息整治“四风”，把“三严三实”贯穿于工作生活全过程。坚持依法行政、从严治政，自觉接受人大依法监督、政协民主监督和社会舆论监督。压实全面从严治党责任，加强党风廉政建设，“底线、红线”一起守，“不为、乱为”一起治，树立新时代锐意进取、廉洁高效的政府形象。

各位代表！新时代前程似锦，新征程任重道远。让我们以习近平新时代中国特色社会主义思想为指引，在省委、省政府和市委坚强领导下，撸起袖子加油干，苦干实干拼命干，为加快实现“三个努力建成”、率先全面建成高质量小康社会和现代化沿海强市做出新的更大贡献！

唐山市第十五届人民代表大会第三次会议
关于唐山市2017年国民经济和社会发展计划执行情况与2018年国民经济和社会发展计划的报告（书面）

唐山市人民政府副市长、市发展和改革委员会主任　梁振江

一、2017年计划执行情况

过去的一年，面对严峻复杂的宏观经济形势，全市各级各部门认真学习宣传贯彻党的十九大精神，全面落实中央和省委、省政府一系列决策部署，在市委的坚强领导下，紧紧围绕市十五届人大会一次会议确定的各项目标任务，牢牢把握稳中求进的工作主基调，全力做好稳增长、调结构、促改革、惠民生、优环境各项工作，全市经济社会发展持续向好，动能转换不断提速，社会事业全面进步，计划执行情况总体较好。初步预计：

——全市生产总值增长6.5%，高于计划0.5个百分点。其中，服务业增加值增长10.9%，高新技术产业增加值增长17.2%。

——一般公共预算收入增长7.1%，高于计划0.1个百分点。

——城镇、农村居民人均可支配收入均增长8%，高于计划1个百分点。

——城镇新增就业15.92万人,超过计划6.17万人；城镇登记失业率2.83%，低于控制目标1.67个百分点。

——社会消费品零售总额增长10.4%，高于计划0.4个百分点。

——实际利用外资增长8.3%，高于计划3.3个百分点。

——居民消费价格上涨1.6%，低于控制目标1.4个百分点。

——每万人口发明专利拥有量增长31.3%，超额完成年度计划目标。

——万元生产总值能耗和二氧化碳排放量、PM2.5平均浓度、化学需氧量、二氧化硫、氨氮、氮氧化物排放量均完成或超额完成计划目标；每万元工业增加值用水量14立方米，森林覆盖率37.2%；城镇保障性安居工程住房开工14792套，均完成计划目标。

5项指标与年初计划目标有差距：一是规模以上工业增加值预计增长4.7%，低于计划0.3个百分点，主要是受化解过剩产能和去年10月份以来采取的停限产措施等因素影响；二是固定资产投资增长6.6%，低于计划3.4个百分点，主要是受房地产投资下降和去年10月份以来为保障空气质量而采取的建设项目停工措施的影响；三是研发经费支出占GDP的比重为1.31%，低于计划0.29个百分点，主要是由于我市传统产业占比较大，企业研发投入增长速度偏低。四是常住人口城镇化率同比提高1.23个百分点，低于计划0.72个百分点，主要是受我市城镇化率基数较大以及房价上涨影响农民进城意愿等因素的影响。五是出口总值下降20.4%，主要原因是国内外价格倒挂导致占出口总值60%多的钢铁产品出口大幅下滑。

与此同时，经济社会发展中还存在一些突出问题。一是工业经济下行压力较大。自去年5月份以来，规模以上工业增加值增速逐月走低，钢铁、化工、能源等主导产业增加值增速低位徘徊乃至负增长。二是去产能任务依然较重。随着钢铁市场的持续繁荣、化解产能空间的不断收窄和职工安置难度的上升，去产能难度不断加大。三是治污染任务十分艰巨。大气、水、土壤等污染治理的标准越来越严，工程减排空间越来越小，完成任务需付出更大努力。此外，在社会保障、教育、医疗、食品药品安全等公共服务领域还存在一些短板，对此，我们一定高度关注，并采取有效措施努力加以解决。

二、2018年主要发展目标

2018年，是全面贯彻党的十九大精神的开局之年，是决胜全面建成小康社会、实施“十三五”规划承上启下的关键一年。今年全市经济社会发展的总体思路是：以习近平新时代中国特色社会主义思想为指引，全面贯彻党的十九大精神和总书记“三个努力建成”重要指示，聚焦省委对唐山提出的“两个率先”目标要求，落实新发展理念，坚持稳中求进工作总基调，坚持高质量发展根本要求，以供给侧结构性改革为主线，统筹推进稳增长、促改革、调结构、治污染、惠民生、防风险各项工作，全力抓实建设生态唐山实现绿色发展、建设环渤海地区新型工业化基地、重大项目、“一港双城”、文化旅游产业融合、发展海洋经济和临港产业、优化营商环境、科技创新与新兴产业发展、人才队伍建设、保障和改善民生等十项重点工作，奋力谱写新时代唐山高质量发展新篇章。

今年全市经济社会发展的主要目标是：

——综合经济实力提升。生产总值同比增长6.5%，其中规模以上工业增加值增长5%以上。固定资产投资增长7%，社会消费品零售总额增长10%。实际利用外资增长5%，出口总值完成554.35亿元。一般公共预算收入增长7%。

——发展动能转换提速。服务业增加值增长11%，规模以上高新技术产业增加值增长13%。研发经费支出占

生产总值比重达到1.6左右，每万人发明专利拥有量增长14.3%。常住人口城镇化率比上年提高1个百分点。

——生态环境持续改善。万元生产总值能耗和二氧化碳排放量、化学需氧量和二氧化硫、氨氮、氮氧化物排放量均完成省达任务，PM2.5平均浓度较去年下降10.6%以上；每万元工业增加值用水量13.4立方米，森林覆盖率达到37.9%。

——人民生活稳步提高。城镇和农村居民人均可支配收入均增长8%。城镇新增就业10万人，登记失业率控制在4%以内。保障性安居工程开工30400套。居民消费价格涨幅控制在3%以内。

生产总值增速安排6.5%，兼顾了“速度”与“质量”的平衡，与三次产业支撑相匹配；服务业增加值计划增长11%，规上高新技术产业增加值增长13%，一般公共预算收入增长7%，城乡居民人均可支配收入增长8%，均高于生产总值增速，体现了以提高发展质量和效益为中心的鲜明导向，有利于把各方面的主要精力聚焦到调结构、促转型上，为全面推动高质量发展留出空间。

三、工作重点和主要措施

（一）深化供给侧结构性改革，全面提高经济发展的质量和效益

大力破除无效供给。坚决落实习近平总书记“四个决不允许”重要指示，坚持完成化解任务、实施减量置换、推进退城搬迁三措并举，严格执行环保、能耗、质量、安全等法规标准，运用产能置换指标交易等市场化、法治化手段，探索建立市场出清长效机制，从总量性去产能转向结构性优产能为主，从以退为主转向进退并重，确保年内省达过剩产能任务完成，过剩产能只减不增、真去真退。杜绝新增违规产能，防止“地条钢”死灰复燃。积极稳妥做好企业债务处置和职工安置工作，确保社会大局稳定。

改造提升传统产业。实施传统产业提质工程，编制出台五大主导产业转型升级发展规划，明确转型升级的方向、目标和路径。以新技术、新产业、新业态、新模式，推动产业智慧化、智慧产业化、跨界融合化、品牌高端化，拉长产业链条，提升产品附加值。滚动实施“四个一百”项目，全年完成投资700亿元，年内钢铁高附加值产品比重达到25%，技改投资增长9.5%以上。落实《中国制造2025》和“互联网+”行动计划，推进唐联电子等一批“两化”融合项目，两化融合发展指数达到78。加快推进国家产业转型升级示范区建设，年内形成一批可复制可推广的经验模式。

培育壮大新兴产业。实施创新驱动发展战略，深入推进国家小微企业创业创新示范基地建设，实施新兴产业提速工程，落实加快新兴产业发展的支持政策，编制出台新兴产业发展规划，突出抓好100项新兴产业项目，加快机器人、石墨烯、轨道交通、动力电池等四大新兴产业示范基地建设，打造机器人、新材料、轨道交通装备等“9+N”新兴产业集群，年内新兴产业增加值增长13%，新增规模以上高新技术企业100家、科技型中小企业1000家，新增规模以上工业企业研发机构80家以上。

力促服务业扩容提质。深入实施服务业8个重点行业三年行动计划，年内新增规上服务业企业130家以上，服务业增加值增长11%。推动文化旅游产业融合发展，抓好省级全域旅游示范市创建工作，推进文化旅游精品景区建设，办好第二届全市旅游发展大会等重大活动，打造“唐山周末”旅游品牌，全年旅游接待人数和收入增长18%和23%以上。发展文化创意、文化体验等新业态，文化产业增加值增长15%。提升发展现代物流业，推进10个省级物流产业聚集区建设，大力发展港口物流、铁路物流、钢铁物流、煤炭物流、冷链物流等专业物流，推进资源型产品物流集散中心和物流平台建设，加快打造立足京津冀、服务环渤海、对接东北亚的现代化国际物流中心。培育壮大报春网、唐宋钢铁等本地电商龙头企业，创建国家电子商务示范基地。推进金融业态聚集区建设，金融产业增加值增长12%以上。培育壮大科技服务、商务会展、健康养老等新兴服务业。

大力振兴实体经济。实施质量强市战略，深入开展“增品种、提品质、创品牌”行动，年内新增省级以上名牌产品60项、中国驰名商标2件。开展降费减负专项行动，全年降低实体经济成本50亿元以上。推进国家产融合作试点城市建设，拓宽金融支持实体经济渠道，支持金融机构加大对中小微企业、涉农等领域的贷款支持。实施成长性企业“登台阶”工程和扶助中小微企业专项行动，年内新培育中小微企业2万家、新增规模以上工业企业100家以上，新增“新三板”及以上市挂牌企业10家。制定实施唐山市企业家十年培训计划，以传统产业五十强和新兴产业五十强企业家为重点，努力打造一支优秀企业家队伍，全年培训企业家1000人次以上。

（二）狠抓投资和项目建设，增强经济发展后劲

推进重点项目建设。强化“以项目论英雄”的鲜明导向，开展项目建设“提质增效年”活动，突出抓好217项市重点项目，全年完成投资1127.4亿元，通过完善市领导分包责任制和部门分类推进责任制，实行“周沟通、月督导、季调度”机制，开展季度项目观摩和集中开工活动等举措，确保东海特钢精品冷轧等72个项目开工建设，北京环卫乐亭基地等76个续建项目加快实施，中化旭阳炼化一体化等69个前期项目取得突破。建设和管理好三年滚动项目库和重大项目储备库，保持项目建设压茬推进、滚动发展的良性循环。

推动开发区创新发展。深化开发区管理体制改革，强化开发区在招商引资、项目建设方面的典型引领作用，全面做好招商引资工作，推动开发区产业向中高端转变。年内省级以上开发区直接利用外资和引进省外资金分别达到11亿美元和600亿元以上，主营业务收入、税收等主要指标增长15%以上，主营业务收入超千亿元的园区突破5家。

切实加强要素保障。落实市级重点项目指挥部负责制，着力推进供地、供电、供水、环评等问题解决，积极推动耕地占补平衡，确保全市60%以上的土地指标用于省、市重点项目。健全完善银企对接机制，鼓励金融机构对符合条件的项目加大信贷支持力度，鼓励企业通过上市、发行企业债券等方式多渠道融资。加大力度推行PPP合作模式，积极争取上级各类专项资金支持。强化环境容量指标的协调保障，化解过剩产能腾出的容量优先保障重点项目需要。

（三）推进京津冀协同发展，全方位提高对接合作水平

深化产业对接合作。落实京津冀产业转移指南，充分发挥我市比较优势，积极承接京津产业转移，年内实施京津合作重点项目200个以上，完成投资300亿元以上。加快“京津孵化、唐山产业化”步伐，推进亦庄曹妃甸产业园、北京中关村曹妃甸高新技术成果转化基地建设，年内引进京津科技成果转化项目60项以上。推进品牌及股权合作，确保北京同仁堂中药制剂、中节能环保装备等项目年内投产达效。

狠抓承接平台建设。全力推进曹妃甸和芦台汉沽两个协同发展示范区建设，加快推进与京津签订的各项合作事项的落实落地，确保年内新开工亿元以上京津合作项目50个以上。积极推进京唐智慧港建设，抓好玉田“中华老字号”集群和中医药产业集群、乐亭县北京生物医药产业园和精细化工产业园、滦南县大健康产业园、路南区城南经济开发区等重点园区建设，在有条件的地区设置共建共管共享园区。

提速交通一体化建设。围绕建设京津冀东北部交通运输中心和构建京津唐一小时交通圈，加快重大交通基础设施互联互通，确保唐曹铁路、唐廊高速、京秦高速二期建成通车，迁曹高速二期主体完工，水曹铁路、赤曹公路滦州段等项目加快推进。加快推动京唐城际、唐曹铁路延伸至海港开发区。积极推进唐山港与天津港的战略合作，共同打造北方国际航运中心。

（四）实施乡村振兴战略，提升农业农村现代化水平

推进农业供给侧结构性改革。实施农业供给侧结构性改革三年行动计划，大力发展质量农业、科技农业、绿色农业、品牌农业，健全农业标准体系，全面创建国家农产品质量安全市（县），大宗农产品抽检合格率保持在98%以上，“三品一标”和品牌农产品占比达到55%以上。推进现代农业园区建设，创建10大现代农业产业园和十大田园综合体。推进山区综合开发和林业产业园区建设，完成山区综合开发面积4万亩以上。加快农业产业化步伐，实施蒙牛乳业（唐山）产能扩容等200个农业产业化项目，农业产业化率达到69.5%，农产品加工业产值增长11%以上。

补齐农业农村短板。加强农业基础设施建设，完成28万亩农田的节水改造。完善农业产业技术体系，建设国家级现代农业产业技术体系综合试验站6个、省级9个，建设省级农业科技创新推广示范基地2个，培育科技示范主体1000个。提升农技推广服务能力，试验示范推广新品种、新技术、新模式150项以上，名优新品种、新技术推广普及率保持在98%以上。实施“互联网+”农业拓展工程，全市农产品电商销售额达到15亿元。

深化农村综合改革。落实农村承包地“三权分置”制度，推进农村承包地确权登记应确尽确。深化农村集体产权制度改革，基本完成农村集体资产清查。全面深化供销社综合改革，提高农业社会化服务水平。推进农垦改革，完成柏各庄、芦台、汉沽农产国有土地确权发证工作，建设引领性现代农业产业集团。培育壮大新型经营主体，年内培育市级示范家庭农场40个以上，新增专业大户70个，农业龙头企业6个以上，省级示范农民合作社10个以上。

实施农村人居环境整治。制定实施农村人居环境整治三年行动方案，统筹推进“四化四美”美丽乡村建设步伐，以建设美丽宜居村庄为目标，以农村垃圾、厕所粪污、生活污水治理和村容村貌提升为重点，不断提高美丽乡村建设水平。年内县（市、区）行政区域垃圾处理率达到90%，完成省达改厕任务，农村生活污水管控水平明显提升，行政村主街道硬化率达到90%以上。

（五）狠抓沿海经济发展，打造区域经济增长极

打造世界一流的国际化综合大港。统筹港口规划布局，加快推进各类码头泊位建设，推动唐山港京唐港区23#-25#多用途泊位工程等3个项目开工建设，加快7个泊位改扩建工程，确保唐山港货物吞吐量达到6亿吨，集装箱吞吐量280万标箱。推进地方电子口岸建设，完善唐山港水运口岸功能，力促冰鲜、粮食指定口岸资质获批运营。加快完善内陆港网络布局，大力发展多式联运，积极谋划开通“中欧”、“中俄”国际班列，打开我市向西、向北的陆上通道，拓展唐山港腹地辐射范围，年内新建内陆港10个以上。

加快海洋经济发展。开展海岸线与海洋资源普查，编制出台海洋经济和临港产业发展规划，推动海洋资源科学、绿色、立体开发。优化海洋开发布局，大力发展海洋渔业、海产品深加工、休闲渔业等海洋产业，新建海洋牧场1-2个。大力发展海洋工程装备等海洋先进制造业，培育壮大海洋生物、航运物流等新兴产业，实现海洋经济“倍增突破”，加快建设海洋经济强市。

加快发展临港产业。坚持前港后产、港产联动，加快国家石化产业基地、中日韩循环经济示范基地、综合保税区等“国字号”平台建设，推进精品钢铁、装备制造、精细化工等产业向沿海临港地区聚集，确保中日韩循环经济示范基地温商产业园等项目竣工投产，综合保税区争创全国第三批跨境电子商务综合试验区，年内引进超10亿元沿海装备制造业项目5个以上。

（六）推进“一港双城”建设，提高城市现代化国际化水平

强化规划引领。优化城市空间格局，编制好“一港双城”建设总体规划和土地利用、交通路网、地下管网等规划，科学划定管控边界和开发红线，加强各功能组团土地用途及开发强度管制。高水平编制“一港双城”发展规划，明确发展的总体目标和路径，推进错位融合发展。

增强城市综合承载能力。完善城市基础设施，年内完成龙泽路、胜利路等城市道路的翻修改造工作，打通国防东道、龙富南道等断头路，城市二环线工程完工通车；实施41个老旧小区改造，完善提升26个小区燃气供热设施，荣华道等4座变电站建成投用；实施站前路高压线入地工程，启动地下综合管廊二期工程建设；力争年内完成净水厂一期改造项目，实施东欢坨水源地、东南水厂等工程建设，保障城市用水需求。高水平推进城南经济开发区、京唐智慧港、站西片区、南湖CBD等优质板块建设。深入推进文明城市创建工作，抓好“智慧城市”、“数字城管”建设，提升城市管理精细化水平。深入实施“以克论净”制度，推进“智慧环卫”监控系统规范化运行。

打造现代化滨海新城。围绕港产城融合发展，高标准完成多规合一的曹妃甸全域城市化总体规划编制和专项规划，提升城市科学发展水平。抓好恒大温泉小镇、富力

海时代等一批项目建设，推进华为城市云项目建设，提升城市智能化水平。抓好城区排水管网、道路拓宽改造、新城供暖工程等基础设施项目建设，不断提升城市承载力。加快发展现代物流、商贸流通、金融保险等产业，培育壮大职业教育、科研实训、滨海休闲等城市经济增长点，推进城市产业快速发展。

（七）着力深化改革开放，增强发展动力活力

着力优化营商环境。持续推进放管服改革，进一步减费放权、优化服务，倾力打造“四最唐山”品牌。3月底前编制并梳理行政事业性收费和经营性收费目录清单，6月底前达到省内收费项目最少，9月底达到收费标准全国最低。3月底前梳理出减少和下放的审批事项清单，6月底前实现审批事项全省最少，9月底前实现审批事项京津冀区域最少。推进“最多跑一次”、互联网审批、“38证合一”等7项改革，切实提高审批效能，9月底前达到办事效率省内最快。开展服务品牌创建活动，9月底前达到服务水平省内最优。深入开展“双创双服”活动，全年新增市场主体10万户以上。

深化重点领域改革。深化国有企业改革，健全完善国有资产管理体制，建立监管权利清单和责任清单，落实市级经营性国有资产集中统一监管，积极引入北京金隅等全国知名企业参与我市国有企业改革重组，加快处置低效无效资产，解决历史遗留问题。深化财税体制改革，科学界定、合理划分市以下各级政府财政事权和支出责任，完善转移支付管理等配套制度。深化社会事业改革，有序推进生产经营性事业单位改革，扎实推进医药卫生体制改革。

全面扩大对外开放。深入推进构建开放型经济新体制试点试验工作，进一步破除制约开放的体制机制障碍，精准开展大规模招商引资，实施好“凤还巢”工程，力争实际利用外资增长5%，引进省外资金增长10%。开展“互联网+外贸”行动，推进跨境电子商务综合试验区、平行车进口资质申报，抓好11个外贸基地（出口聚集区），6个出口产品质量安全示范区建设，支持企业建设海外仓，培育服务贸易发展基地，年内陶瓷、机电等非钢产品出口比重超60%。积极开展优势产能国际合作，重点推动唐钢老挝第一钢铁厂等一批项目建设，打造唐山优势产能走出去的示范平台。

（八）加强生态文明建设，打造山清水秀、宜居和谐的美丽唐山

坚决打赢蓝天保卫战。精准制定三年作战计划，出台“退倒十”工作方案，年内PM2.5年均浓度控制在59微克/立方米左右，空气质量综合指数控制在7.0左右。实施重点企业环保治理提升，6月底前完成焦化、铸造、陶瓷等行业企业烟气脱硝治理和汽修、服装干洗等行业的挥发性有机物综合整治。9月底前完成电力企业燃煤电厂湿法脱硫烟气“脱白”治理。10月底前完成钢铁企业烧结机（球团）烟气治理；完成玻璃企业煤改气、煤改电工程，全面提标改造除尘、脱硫、脱硝设施。实施“两错峰”常态化，3月15日起，市中心区及周边钢铁、焦化、电力等重点企业继续实行错峰生产。推进散煤、燃煤锅炉、露天矿山、道路车辆等污染整治行动，稳步推进气代煤、电代煤清洁取暖工作，主城区实现散煤清零。强化日常环境监管，精准执法，保持环境执法高压态势，严惩环境违法行为。强化重污染天气应对，增强重污染天气应急响应措施的科学性、精准性。严格能源消费总量和强度双控制度，开展重点用能单位“百千万”行动，严控新增煤炭消费量，持续降低万元生产总值能耗。

强力推进“碧水行动”。推进还乡河、陡河（石榴河）等重点河流以及潘家口、大黑汀和陡河水库的综合整治，持续改善水体环境质量，全面消除城市黑臭水体。加强工业集聚区污水集中处理设施运行管理，加大近岸海域污染防治力度，实施入海河流综合整治，确保地下水质量考核点位水质级别保持稳定，近岸海域水质优良（一、二类）比例保持稳定不降；强化饮用水源地保护，实施水源地隔离和综合整治工程，城市及城镇集中式饮用水水源水质全部达标。全面落实“河长制”，推动流域综合治理，新增环境综合整治的建制村100个。

扎实开展“净土行动”。完成全市农用地污染面积、分布和污染程度详查，制定轻、中度污染耕地安全利用工作方案，完成曹妃甸区农用地调查评估与修复项目试点工作。全面整治固体废物堆存场所，土壤环境质量总体保持稳定。加大矿山整合、恢复与保护力度，持续推进矿山减量化，加强露天矿山综合整治，着力改善矿山地质环境，完成4家露天矿山生态修复。积极创建国家森林城市，年内新增城区绿色空间2.9万亩，完成造林34万亩，森林覆盖率达到37.9%。

（九）持续改善民生和发展社会事业，不断增强人民群众的获得感幸福感安全感

扩大就业创业规模。实施扩大就业优先战略和更加积极的就业政策，深入开展“就业创业三年行动”，加强对高校毕业生、农村转移劳动力、化解过剩产能涉及人员等群体的就业指导和培训，落实援企稳岗、创业服务、就业援助等政策，确保零就业家庭动态清零，全年新增城镇就业人数10万人，登记失业率控制在4%以内。

加强社会保障工作。全力打好精准扶贫攻坚战，年底前相对贫困村全部完成帮扶任务。统筹推进城乡社会保障体系建设，持续推进社保扩面提质工程，实施全民参保登记，继续提高城乡居民基础养老金、城乡低保对象补助水平。积极推进老龄事业发展，加快市级民政事业服务中心建设，继续加大对高龄补贴制度的推进力度。扩大省内定点单位就医直接结算范围，加快实现职工补充医疗保险和居民大病保险出院即报、即时结算。扎实推进保障性安居工程建设，全年完成2016户农村危房和30400套棚户区改造。

积极发展社会事业。大力发展教育事业，推进各级各类教育均衡发展，缓解“择校热”、“大班额”问题，年内改造农村义务教育薄弱学校31所，新改扩建中小学69所，普惠性幼儿园覆盖率达到70%；推进高校优化提升，支持唐山学院、唐山师范学院两所高校进一步完善硕士点建设。大力发展卫生事业，加快推进分级诊疗、医联体等建设，年内医共体县级覆盖率达到40%以上。大力发展文化事业，加强现代公共文化服务体系建设，深入实施文化惠民工程，争创第四批国家公共文化服务体系示范区。大力发展体育事业，全面落实《乌拉圭足球计划》，办好中拉沙滩足球锦标赛、唐山国际马拉松赛等重要赛事活动，努力把我市打造成为国际国内知名的体育赛事举办地。落实全民健身国家战略，全年新建、更新健身路径200套以

上，健身站点数量达到5000个以上，继续推进体育部门所属场馆以及学校、企业所属场馆免费或低收费开放。深化公共安全体系建设，加强食药品安全监管，抓好重点领域专项整治，统筹推进军民融合、民族宗教、外事侨务、人口计生、妇女儿童、老龄、残疾人和防震减灾、气象、档案、文物等各项事业全面发展。

各位代表，2018年全市经济社会发展任务艰巨、责任重大。我们将在省委、省政府和市委的坚强领导下，以党的十九大精神为指引，自觉接受人大的指导和监督，虚心听取政协的意见和建议，牢记使命、解放思想，干在实处、走在前列，奋力谱写新时代唐山高质量发展新篇章！

唐山市第十五届人民代表大会第三次会议
关于唐山市2017年市本级预算及市总预算执行情况和2018年市本级预算及市总预算（草案）的报告

唐山市财政局局长　郑汉军

各位代表：

我受唐山市人民政府委托，向大会提交2017年预算执行情况和2018年预算（草案）的报告，请予审议，并请市政协各位委员及其他列席人员提出意见。

一、2017年预算执行情况

2017年，在市委的正确领导和市人大的监督指导下，全市上下面对复杂的经济形势和突出的收支矛盾，牢牢把握稳中求进工作总基调，主动适应经济发展新常态，解放思想，深化改革，科学理财，千方百计增收节支，全市和市本级财政收支总体运行较为平稳，为经济社会发展提供了坚实保障。

2017年全市一般公共预算收入完成3803481万元，占预算的100.1%，同比增长7.1%；一般公共预算支出完成6565763万元，占预算的97.5%，同比增长2.2%。政府性基金收入完成2487794万元，占预算的117.6%，同比增长105%；政府性基金支出完成2504254万元，占预算的93.5%，同比增长84.7%。国有资本经营预算收入完成19328万元，占预算的161.8%，同比增长35.6%；国有资本经营预算支出完成2784万元，占预算的36.2%，同比下降83.7%，调入一般公共预算10855万元。社会保险基金预算收入完成3319913万元，占预算的109%，同比增长20%；社会保险基金预算支出完成3294613万元，占预算的100%，同比增长8%。

（一）市本级预算执行情况

1.一般公共预算收支情况。一般公共预算收入完成217727万元，占预算的110.5%，可比增长5.1%（剔除高中及其以上学生缴费收入）；一般公共预算支出完成1349549万元，占预算的96.4%，同比增长7.3%。年底财力超收27947万元，按规定补充预算稳定调节基金。

2.政府性基金预算收支情况。政府性基金收入完成990028万元，占预算的102.3%，同比增长172.8%（主要是土地出让金大幅增长）；政府性基金支出完成705528万元，占预算的98.3%，同比增长63.2%。

3.国有资本经营预算收支情况。国有资本经营预算收入完成5603万元，占预算的100%，同比下降40.6%；国有资本经营预算支出完成3558万元，占预算的99.9%，同比下降50.4%，调入一般公共预算2045万元。

4.社会保险基金预算收支情况。社会保险基金收入完成2178070万元，占预算的110%，同比增长18%；社会保险基金支出完成2000696万元，占预算的100%，同比增长6%。

（二）落实市人大预算决议情况及2017年预算执行效果

按照市十五届人大一次会议有关决议，各级各部门主动作为，攻坚克难，积极发挥调控职能，强化预算执行管理，加强资金监管，各项工作取得新的成效。

——多措并举广辟财源。一是强化财政收入组织。大力推进信息治税，进一步完善综合治税信息共享平台系统；扎实开展综合治税，深入推进车船税检查等8个专项行动，依法强化税收征管；修订《唐山市非税收入稽查办法》，加强非税收入管理，实现应收尽收。全市税收收入完成256.5亿元，同比增长15.3%，拉动全市一般公共预算收入增长9.6个百分点，税收收入占一般公共预算收入比重提高4.8个百分点，收入质量明显改善。二是全力争取上级政策资金。精准把握政策导向，主动搞好项目对接，全年累计获得上级转移支付资金184.7亿元，同比增长2.3%。成功争取到“2017年北方地区冬季清洁取暖试点城市”、全省唯一的国家田园综合体建设试点等项目，全市累计新争取资金47.8亿元，有力地支持了全市经济社会发展。三是积极争取地方政府债券。争取2017年地方政府置换债券3172974万元，有效缓解了全市即期还款压力，大幅降低了债务利息成本；争取地方政府新增债券373100万元，有力地保障了全市重点项目建设资金需求。四是大力推广政府与社会资本合作（PPP）模式。加快推进PPP项目储备库和专家信息库建设，全市有59个项目录入财政部PPP综合信息平台，涉及总投资1000亿元以上。大力推进PPP项目落地，累计签约落地项目13个，涉及总投资200多亿元。其中，唐山世园会项目、唐山大剧院委托运营、遵化沙河水治理等5个项目入选财政部PPP示范项目。

——力促经济转型升级。一是支持产业结构加快调整。在落实国家、省去产能专项奖补资金基础上，市级投入6445万元，支持压减炼钢、炼铁产能，我市超额完成省下达的压减任务。认真落实差别电价政策，征收差别电价资金10283万元，统筹用于产业结构调整和转型升级。二是大力支持创新驱动。科技投入9223万元，支持15个市以上技术研究中心（平台）建设、3家高新技术企业科技进步，加快科技企业孵化培育；支持引进科研和科技人才，不断增强科技对经济发展的促进作用。支持小微企业创业创新，进一步修订和完善资金管理办法，审核拨付双创资金34034万元，有力地推动了大众创业万众创新。三是助力实体经济发展。全面落实国家减税降费政策，全市取消或停征17项行政事业性收费，全年减少企业收费5.2亿元。落实《关于加快推进企业上市工作的补充意见》，对境内外上市企业实施分阶段奖励，投入1385万元，对我市27家不同层次资本市场上市企业实施奖励。四是全力打造经济增长极。投入50976万元，支持曹妃甸港东区7万吨级航道工程和京唐港港区25万吨级航道工程项目，加快港口基础设施建设，支持口岸发展。投入6360万元，支持中国海监唐山维权执法基地建设。出台《关于支持开平区转型升级发展的意见》，对开平区实行“定额分享、超收全返”等财政支持政策，激励区域经济加快发展。

——全面提高民生保障水平。社会保障和就业投入147290万元，保障了城乡居民5.8万人基本生活，进一步健全城乡居民基本养老保险制度，提高基础养老金补贴标准，对企业退休人员给予生活补贴；救助特殊困难家庭3067人，救助经济困难家庭大学、高职学生2.2万人（次），保障贫困重度残疾人基本生活，全面促进就业创业，落实退役士兵安置政策，对21个乡镇（街道）社保公共服务平台建设项目给予补贴。教育投入205188万元，落实城乡义务教育保障经费，资助本科、高职专、中职专家庭经济困难学生，支持唐山学院、唐山幼儿师范高等专科学校等校园建设。医疗卫生投入94856万元，落实城乡居民基本医疗保险和基本公共卫生服务提标资金及计划生育家庭奖扶、特扶和关怀救助政策，健全基本公共卫生服务体系。文化体育投入23596万元，支持市图书馆、群艺馆等公益性文化单位向社会免费开放，建成中国铁路源头博物馆、中国（唐山）工业博物馆，支持地域特色品牌剧目创新、公益性演出和“冀东三枝花”传承，支持体育运动场地建设等。公共安全投入113170万元，推进平安唐山建设，支持优化暑期安保体系，保障治安防控系统、道路交通智能管理系统正常运转，加大安保维稳经费保障力度，提升重大活动安保能力；积极推进司法体制改革，集中力量解决法院执行难问题，全力保障检法两院员额制工资、警察执勤加班津补贴等改革政策落实到位。

——着力推进城乡统筹发展。一是支持城市面貌改善。统筹资金138463万元，支持城市道路桥梁检测，加强城市雨水管网、防汛及消防设施维修，保障园林绿化等基础设施维护养护，加快建设地下综合管廊，实施城市道路翻修改造等。投入65125万元，对公共交通、唐山机场、生活垃圾焚烧、集中供热等公用事业给予补贴，促进城市公共服务水平不断提升。二是支持农业农村发展。投入44687万元，着力支持农田水利基础设施建设，加快推进现代农业园区建设和农业综合开发，支持农业生产发展方式转变、农业产业结构调整，实施农村饮水提升工程，大力推进美丽乡村建设。三是支持生态环境修复治理。统筹资金27600万元，重点支持气代煤电代煤、燃煤锅炉治理、新能源汽车推广、大气污染防治监测能力建设等。争取亚行、世行专项贷款1亿美元，筹备组建大气污染防治股权投资基金。投入45151万元，完成潘大水库、邱庄水库网箱养殖清理，陡河水库围挡封闭等，加强环境监察监测能力建设，促进生态环境不断改善。

——深入推进财政改革。一是健全制度管理。制定《唐山市行政事业单位国有资产管理办法》、《唐山市小微企业创业创新资金管理办法》等一系列文件规定，全面强化资产资金管理。出台《唐山市市以下事权和支出责任划分改革方案》，推动形成权责一致的财政事权和支出责任划分模式。进一步深化党政机关公务用车制度改革，完成公务用车信息化管理平台建设。深入推进绩效预算改革，对2017年纳入项目库的416个项目逐一审核，涉及资金104亿元。二是严格执行管理。坚持无预算不支出，严控预算追加；加快项目资金拨付，提高预算执行率和准确率。坚持存量资金定期清理机制，更好发挥资金使用效益。进一步简化政府采购和投资评审工作流程，全年实现采购额62亿元；评审项目505项，送审金额21.1亿元，审减率5.3%。三是强化风险防控。加强政府债务监督管理，综合采取限额管理、化解存量、置换、偿还等措施，全市政府性债务风险总体可控。强化财政收支运行监管，支持各县（市）区弥补支出缺口、消除风险隐患，促进各级财政健康平稳运行。四是强化监督管理。深入开展“设立‘小金库’等违反财经纪律问题专项清理”和“惠农资金落实不到位问题专项清理”行动，对发现的问题逐一整改到位。组织开展会计信息质量监督检查、税收专项检查、重点项目绩效监督检查等，进一步规范财经秩序。积极推进信息公开，全面落实《河北省预决算公开操作规程实施细则》，主动接受人大和社会监督。

在总结成绩的同时，我们也要清醒看到，财政运行和管理中还存在一些矛盾和问题。主要表现在：财政收入增幅趋缓，可用财力增量有限，财政刚性支出不断增加，收支矛盾依然突出；地区间发展不平衡，个别县（市）区财政运行困难，风险隐患较多；推进财政改革任务艰巨，市场在资源配置中的作用还没有得到充分发挥；个别部门依法理财意识亟待提高，风险防控等工作仍需加强。上述问题我们将高度重视，采取积极有效措施，认真加以解决。

二、2018年预算安排（草案）

今年是全面贯彻落实党的十九大精神的第一年，也是落实新时代发展理念的起步之年，我市经济面临诸多机遇和挑战。一方面，供给侧结构性改革红利逐步释放、新旧动能转换进一步加速、新建项目加快达产见效以及我市钢铁、煤炭等传统主导产业生产经营状况逐步改善，都将为财源建设增添活力。另一方面，随着化解过剩产能、治理大气污染、减税降费等政策的深入实施，加之全市固定资产投资增速放缓、房地产行业不明朗等因素，对财政收入将产生不利影响。综合考虑宏观经济形势及全市税源（费源）变化情况，按照积极稳妥的原则，2018年全市一般公共预算收入计划完成4070000万元，同比增长7%。

根据市委关于经济社会发展的总体部署，预算安排的指导思想是：全面贯彻党的十九大、中央经济工作会议、省委九届六次全会以及市委十届四次全会精神，围绕“三个努力建成”“两个率先”目标，进一步解放思想，深化改革；努力增收节支，优化资源配置；强化绩效管理，加强风险防控，全力支持建设生态唐山实现绿色发展、“一港双城”以及保障和改善民生等十项重点工作，为推动新时代唐山高质量发展提供财力保障。

（一）2018年市本级预算草案

1. 市本级一般公共预算

（1）一般公共预算总收入1840198万元。其中，市本级收入155738万元，上级税收返还94659万元，上级转移支付261637万元，下级上解收入1026480万元，调入资金121684万元，调入预算稳定调节基金180000万元。

（2）一般公共预算总支出1840198万元。其中，补助下级支出310454万元，上解上级支出59255万元，市本级支出1470489万元。

2. 市本级政府性基金预算

（1）政府性基金收入998002万元。其中，国有土地使用权出让金收入750000万元，国有土地收益基金收入40000万元，农业土地开发资金收入2000万元，车辆通行费收入65960万元，港口建设费收入52000万元，污水处理费收入15500万元，城市基础设施配套费收入9700万元，彩票公益金收入等4886万元，上级转移支付57956万元。

（2）政府性基金支出925758万元。其中，城乡社区支出664000万元，交通运输支出168698万元，债务还本支出16460万元，债务付息支出64496万元，社会保障和就业支出5606万元，其他支出6498万元。

（3）调入一般公共预算72244万元。

3. 市本级国有资本经营预算

国有资本经营预算收入5621万元。支出预算4646万元，其中，安排市属国有企业职工家属区“三供一业”分离移交补助3823万元，破产企业职工安置费等823万元；调入一般公共预算975万元。

4. 市本级社会保险基金预算

社会保险基金收入预算2112855万元。其中，保险费收入999778万元，财政补贴收入92334万元，上级补助收入505742万元，利息收入16401万元，其他收入6634万元，下级上解收入124617万元，动用历年结余367349万元。支出预算2112855万元。年末滚存结余956083万元。

（二）重大支出政策及预算安排情况

按照市委十届四次全会要求，全力支持建设生态唐山实现绿色发展、建设环渤海地区新型工业化基地、“一港双城”以及保障和改善民生等十项重点工作，着力推动唐山高质量发展。

——着力支持经济质量提升。围绕实现高质量发展目标，深化供给侧结构性改革，推动转变发展方式和调整产业结构，安排资金81360万元。一是支持发展海洋经济和临港产业。安排资金41500万元，加快唐山港京唐港区、曹妃甸港区航道续建工程，实施航运保障体系建设和维护，不断完善港口功能。安排资金13500万元，支持港口集装箱运输业发展，推动建设综合贸易大港，建设中国海监唐山维权执法基地，加大肉牛和木材等进口，促进临港产业加快发展。二是支持科技创新和新兴产业发展。安排资金7190万元，支持引进、奖励科研机构和科技人才，奖励技术创新企业、科技创业创新服务平台，鼓励企业提高科技研发投入，引进转化技术和科技成果，支持科技型中小企业和创新团队购买科技服务。统筹小微企业创业创新基地城市示范资金，促进小微企业快速发展。三是支持环渤海地区新型工业化基地建设。安排资金3500万元，支持对新兴产业发展有重大影响的技术含量高的产业化项目、产业技术研发项目、示范应用项目、科技成果转化项目，推进工业设计产业规模化、专业化发展。安排资金2209万元，支持企业争创省以上名牌产品、著名商标，实施“质量兴市”战略，促进更多企业上市，推动唐山产品向唐山品牌、工业大市向工业强市迈进。四是支持人才队伍建设。安排资金1500万元，支持人才引进和交流、开展企业经营管理人员培训，实施企业家素质提升工程。安排资金1141万元，对创建省级高技能人才培训基地、省级技能大师工作室进行奖补，支持名师工程、名医名护评选等。五是支持推进重大项目建设。安排资金1500万元，加快推动重大项目前期工作，积极争取上级政策资金试点，增强经济发展后劲。六是支持文化旅游产业融合发展。安排资金5500万元，支持文化事业发展，筹办第二届全市旅游发展大会、第二届中国工业旅游产业发展联合大会、第四届中国国际房车旅游大会，开展旅游宣传，建设完善旅游设施，发展乡村旅游，打造“唐山周末”等特色旅游形象品牌。七是支持优化营商环境。安排资金3820万元，大力发展会展经济，承办国内外知名会展活动，对接京津等地引进资金、技术等先进生产要素。进一步提高政策执行力，落实各项减税降费政策，有效降低企业成本，促进实体经济发展。

——着力推动生态唐山建设。围绕建设生态唐山、实现绿色发展，安排资金61237万元。一是支持打赢蓝天保卫战。安排资金30954万元，加快钢铁行业去产能，编制空气质量限期达标规划，开展工业污染全面达标排放排查及大气污染防治攻坚行动评估，编制重污染天气应急预案，建设大气污染网格化监控系统，实现全市重点工业企业精准监控全覆盖。二是支持山水林田湖生态修复。安排资金23266万元，支持还乡河、石榴河等跨区域重点流域水污染治理、生态修复，加快实施邱庄水库大岭隧洞取水口隔离坝工程，编制河道河长制管理方案；

开展重点湖库生态安全调查评估、集中式饮用水水源状况评估、重点行业土壤污染情况评估等，全力创建国家森林城市，大力推进矿山生态修复。三是支持环境监测体系建设。安排资金2485万元，加强环境监测实验室建设及信息系统运行维护，提升环境监察执法能力。安排资金4532万元，支持地震减灾宣传、气象预报、人工影响天气监测等，启动中国唐山地震减灾示范中心建设，建设唐山二三维基础地理信息数据库，进一步提高生态环境实时监控管理水平。

——着力支持“一港双城”建设。围绕优化城市空间布局，推进港产城融合发展，安排资金836507万元。其中，安排资金16838万元，支持提升城市面貌，实施市管老旧小区基础设施改造提升，改善供水供电等基础设施条件，实施市中心区沿街坡屋顶加固修缮等。安排资金30700万元，用于世园会基础设施补贴，巩固后世园会建设成果和开发利用，不断拓展群众休闲空间。安排资金153768万元，支持提升城市承载能力，翻修龙泽路、胜利路等城市道路，打通国防东道、龙富南道等断头路，推进二环线建设，新建铁西公园、唐安公园及6个街头绿地游园。安排资金78201万元，支持公用事业发展，对公交、机场、热力、垃圾焚烧、餐厨废弃物处理、污水处理等公益项目进行补贴。安排资金543700万元，用于征地拆迁补偿、被征地农民补助、保障性住房建设等。落实支持沿海地区发展、城南经济开发区等激励性政策，给予曹妃甸区、海港开发区往来资金借款10亿元和2.5亿元，安排曹妃甸基础设施建设贴息资金13300万元，促进港产城加快发展，提升城市现代化国际化水平。

——着力保障和改善民生。围绕社会保障、社会事业等公共服务，安排资金409821万元。一是健全社保体系。安排资金112641万元，提高城乡居民最低生活保障标准，全面落实农村五保户、孤儿、残疾人、特困群众救助政策，进一步做好城乡居民基本养老资金保障，落实机关事业单位养老保险改革，支持推动全社会就业创业。安排资金5420万元，用于农村危房改造、养老服务体系建设和市民政服务中心建设等，支持革命老区公共事业发展。二是发展社会事业。安排资金58437万元，落实城乡义务教育保障经费，资助家庭经济困难学生，改善学前和义务教育办学条件，提升职业教育办学质量，支持唐山十中等学校搬迁及唐山师范学院图书馆改扩建和多功能体育馆建设,促进教育事业发展。安排资金135438万元，推进城市公立医院改革，支持市中心区120急救指挥调度系统升级改造，对公立医院实行药品零差率补助，落实计划生育家庭奖扶、特扶和关怀救助政策，完善城乡基本公共卫生服务经费保障机制，足额保障城乡居民医疗保险补助资金，开展唐氏综合征免费筛查，不断提高公共卫生服务水平。安排资金6169万元，支持大剧院运营，开展文化、体育惠民系列活动，促进文化团体发展、剧团新人培养、剧种传承等，提升城市软实力；加快新青少年宫、工人文化宫投入使用，积极筹办中拉沙滩足球锦标赛等大型赛事活动，支持足球运动、体育健身项目，促进文体事业发展。三是加强社会管理。安排资金28029万元，支持政法机关开展禁毒戒毒、社区矫正、司法救助、见义勇为表彰等工作；支持全市“雪亮工程”、检察院“智慧公诉”平台、法院固定刑场、公安局第二看守所迁建和唐山市警训基地建设；支持政法三级网、互联网侦控和道路交通智能管理等系统升级改造，进一步维护社会稳定，推动“平安唐山”建设。安排资金29055万元，加强媒体宣传管理，健全全国文明城长效机制；完善电子政务内外网工程，推进“智慧政务”建设；保障全国第四次经济普查、第七次投入产出调查工作开展。安排资金3823万元，加快推进市属国有企业职工家属区“三供一业”分离移交。四是支持乡村振兴。安排资金30809万元，支持现代农业园区、农业综合开发，加强农业基础设施建设，开展政策性农业保险、动植物有害生物防控等，推进现代农业发展；继续开展村级“一事一议”奖补，加快实施农村饮水安全巩固提升工程，保障村级组织运转，支持应急度汛、水利工程维修养护及滦下灌区生产桥重建，支持我市相对贫困村发展特色产业，开展精准扶贫，着力改善农村面貌和农民生活，持续推进美丽乡村建设。

三、完成2018年预算任务的主要措施

（一）增强资金统筹能力。继续开展综合治税，依法加强税费征管，切实做到应收尽收、应缴尽缴，提高财政收入的总量和质量。密切跟踪政策动向，搞好项目对接，最大限度地争取上级资金。认真落实厉行节约各项规定，加强行政事业单位资产监管，严格控制公用经费等一般性支出，严控项目预算追加，加强工程项目评审，勤俭办好一切事业。

（二）着力助推转型升级。积极创新财政投入方式，通过PPP模式、股权投资、融资租赁、贷款贴息、财政后补助等方式，发挥财政资金“四两拨千斤”作用，撬动金融资本、社会资本投入，支持全市经济社会发展。全面落实国家减税降费政策，主动公开减税降费政策清单，不断优化营商环境，助推供给侧结构性改革。

（三）全面强化风险防控。按照“做小分子，做大分母，严控增量”的原则，逐步缩减政府债务规模，做大财政“蛋糕”，严控债务增量。推进PPP模式在化解政府性债务风险方面取得进展，加大存量债务化解力度。加强对各县（市）区财政收支、预算项目、资金绩效的实时监控，及时识别、预警、处置风险。

（四）深入推进财税改革。继续深化水资源税改革，积极推进环境保护税改革，确保应收尽收。密切关注消费税、车辆购置税、房地产税、个人所得税等税制改革动向，科学制定我市税制改革预案。推进预算绩效管理改革，将绩效理念贯穿于预算编制执行全过程，优化财政资金配置，提高资金使用绩效。

（五）不断强化监督检查。加强财政资金绩效监督，及时发现违规违纪问题。建立健全财政大监督机制、预算执行绩效监控机制和评价结果应用机制，真正把有限的资金用在刀刃上。积极推进财政信息公开，主动接受人大、政协和社会各方面的监督，不断提高财政管理水平。

各位代表，做好今年财政工作，使命光荣、责任重大。我们将在市委的坚强领导和市人大、市政协的监督支持下，坚定信心、保持定力、真抓实干，努力完成全市收支预算和各项工作任务，为奋力谱写新时代唐山高质量发展新篇章做出新的更大贡献。

基本情况

【历史沿革】 唐山，因市区中部的大城山（原名唐山）而得名。商代属孤竹国与山戎国，战国为燕地，汉代属幽州。唐属平州、蓟州，辽金属南京道、中都路、北京路，元为中书省、大都路、永平路，明、清属顺天府、永平府、遵化州。清光绪三年（1877）建乔屯镇，后改为唐山镇。1878 年 7 月 24 日，开平矿务局成立并运营，标志着唐山由此开埠。民国元年（1912 年）政区建制均袭清制，1929 年，直隶省改称河北省。1939 年 1 月 28 日，伪冀东防共自治政府鉴于唐山具有经济、政治上的特殊地位明令唐山设市，初称“唐山市政府”，后改称“唐山市公署”，日本宣布投降后，驻北平的国民党派员接收日伪政权，设置督察专员公署。1946 年 4 月，中共河北省委员会第 132 次会议通过唐山设市，同年 5 月 5 日，唐山市政府成立。1949 年 10 月 1 日，中华人民共和国成立后，唐山市仍为省辖市，辖区 12 个。1955 年 3 月，唐山市第一届二次人民代表大会将唐山市人民政府改为唐山市人民委员会，辖区未变。1958 年 4 月 28 日，国务院批准唐山市划归唐山专区领导。同年 8 月 29 日，河北省第一届人民代表大会第七次会议决定，唐山专员公署驻地由昌黎县迁至唐山市。1959 年 6 月 3 日，经中央决定，唐山市为全国 45 个开放城市之一。6 月 8 日中共河北省委、省人委决定，唐山专署和唐山市人委合并改设唐山市人民委员会。1960 年 4 月 2 日，国务院正式批准撤销唐山专区，原唐山专区管辖的秦皇岛市和迁安、昌黎、乐亭、宝坻、玉田、蓟县、遵化划归唐山市。唐山专区撤销后实际划归唐山市的还有滦县、丰润 2 县（原为市辖区）和柏各庄农场。同时，唐山市改为省辖市。1961 年 5 月 23 日，经国务院批准恢复唐山专区建制。同年 6 月 1 日，河北省人民委员会第 14 次会议通过恢复唐山专区决议。从此，唐山专、市分开，唐山市改为专辖市。1968 年 1 月 6 日，唐山市革命委员会成立，隶属于唐山地区革命委员会。1978 年 3 月 11 日，唐山市改为省辖市。1982 年 10 月，唐山市第七届人民代表大会撤销唐山市革命委员会，建立唐山市人民政府。1983 年 3 月 3 日，国务院批准撤销唐山地区，与唐山市合并，实行市管县体制。同年 5 月 13 日，河北省人民政府通知撤销唐山地区行政公署，5 月 15 日，唐山地区行政公署停止办公。1984 年 12 月 15 日，国务院批准唐山市为全国 13 个“较大城市”之一。1997 年，唐山市面积 13472 平方千米，人口 679.5 万人。辖路北区、路南区、开平区、新区、古冶区 5 区和丰润县、迁安

唐山市行政区划简表

表1

序号	项目 / 单位	街道办	镇	乡	居委会	村委会	备注
1	路南区	9	1	1	84	56	居委会中含7个家委会
2	路北区	11	1	1	169	71	含托管的丰润区1镇43村，不含由高新区托管的1街道办12居8村
3	开平区	5	6		41	134	不含由高新区托管的3居9村
4	古冶区	5	2	3	80	122	
5	丰润区	3	17	3	47	480	不含由高新区托管的1镇35村，不含由路北区托管的1镇43村
6	丰南区	1	12	3	41	444	
7	曹妃甸区	3	5		34	107	
8	遵化市	2	13	12	42	648	
9	迁安市	4	10	7	30	458	
10	玉田县	1	16	4	23	750	
11	迁西县	1	9	8	11	417	
12	滦县	4	10		28	504	
13	滦南县	1	16		20	589	
14	乐亭县	1	10	3	15	473	不含由海港经济开发区托管的1镇60村
15	芦台经济技术开发区	1	1		11	20	
16	汉沽管理区	1	1		7	18	
17	高新技术产业开发区	1	1		15	52	含托管的路北区1街道办12居8村，含托管的开平区3居9村，含托管的丰润区1镇35村
18	海港经济开发区		1			60	含托管的乐亭县1镇60村
合计		54	132	45	698	5403	居委会中含7个家委会

县、乐亭县、滦县、玉田县、迁西县、滦南县、唐海县8县，代管丰南、遵化2个县级市，市政府驻路北区。2002年2月1日，国务院批准（国函〔2002〕7号）：调整唐山市部分行政区划，撤销县级丰南市，设立唐山市丰南区，以原县级丰南市行政区域为丰南区行政区域，区人民政府驻胥各庄镇文化大街58号。撤销丰润县和唐山市新区，设立唐山市丰润区，以原丰润县和新区行政区域为丰润区行政区域，区人民政府驻幸福道32号。2012年7月国务院批准（国函〔2012〕85号）：对唐山市部分行政区划进行调整，撤销唐海县，设立唐山市曹妃甸区。2017年，唐山市辖2个县级市（迁安、遵化），5个县（迁西、玉田、滦县、滦南、乐亭），7个区（曹妃甸、路南、路北、开平、古冶、丰润、丰南），4个开发区（海港经济开发区、高新技术产业开发区、芦台经济技术开发区、汉沽管理区），总面积13472平方千米，辖区面积5478.9平方千米，中心城区规划面积210平方千米，建成区面积117.2平方千米。全市共有45个乡、132个镇、5403个村，54个街道办事处、698个居委会。（见表1）

（韩精精）

唐山市行政区划一览表（实际管辖）（截至2017年12月31日）

表2

县（市、区）名称及政府驻地	辖街道办事处、镇、乡名称	街、镇、乡，居、家、村委会数
路南区 （驻新华西道）	街道办事处：文化北后街（9居）、友谊（10居）、广场（12居）、学院南路（9居、2家）、小山（7居）、永红桥（8居、2家）、钱家营矿区（3家）、惠民道（12居）、梁家屯路（10居） 镇：稻地镇（37村） 乡：女织寨乡（19村）	9街道办事处 1镇 1乡 84居委会（含7个家委会） 56村委会
路北区 （驻新华东道）	街道办事处：文化路（17居）、机场路（17居）、乔屯（11居）、龙东（15居）、东新村（2居）、钓鱼台（18居）、大里（20居）、缸窑（14居）、河北路（8居）、光明（24居）、翔云道（21居） 镇：韩城镇（43村） 乡：果园乡（2居、28村） （注：含托管的丰润区韩城镇1镇43村，不含由高新区托管的1街道办事处12居8村）	11街道办事处 1镇 1乡 169居委会 71村委会
开平区 （驻新苑路）	街道办事处：马家沟（9居）、税务庄（8居）、荆各庄（1居）、陡电（1居）、开平（19居） 镇：开平镇（34村）、栗园镇（1居、19村）、洼里镇（16村）、越河镇（2居、35村）、双桥镇（12村）、郑庄子镇（18村） （注：不含由高新区托管的郑庄子镇3居9村）	5街道办事处 6镇 41居委会 134村委会
古冶区 （驻永盛路）	街道办事处：林西（24居）、古冶（7居）、赵各庄（14居）、唐家庄（11居）、京华（17居） 镇：范各庄镇（5居、32村）卑家店镇（2居、24村） 乡：习家套乡（15村）、王辇庄乡（35村）、大庄坨乡（16村）	5街道办事处 2镇 3乡 80居委会 122村委会
丰润区 （驻幸福道）	街道办事处：燕山路（13居）、太平路（14居）、浭阳（19居、2村） 镇：丰润镇（45村）、沙流河镇（23村）、左家坞镇（29村）、新军屯镇（33村）、丰登坞镇（42村）、王官营镇（27村）、白官屯镇（45村）、火石营镇（38村）、小张各庄镇（10村）、李钊庄镇（24村）、任各庄镇（24村）、石各庄镇（23村）、泉河头镇（18村）、七树庄镇（13村）、杨官林镇（17村）、银城铺镇（1居、15村）、常庄镇（17村） 乡：姜家营乡（12村）、欢喜庄乡（11村）、刘家营乡（12村） （注：不含由路北区托管的韩城镇1镇43村、不含由高新区托管的老庄子镇1镇27村、石各庄镇6村、任各庄镇2村）	3街道办事处 17镇 3乡 47居委会 480村委会
丰南区 （驻正苑大街）	街道办事处：胥各庄（21居） 镇：丰南镇（17居、31村）、小集镇（1居、48村）、黄各庄镇（1居、55村）、王兰庄镇（30村）、大新庄镇（62村）、唐坊镇（18村）、钱营镇（50村）、柳树瞿阝 镇（14村）、黑沿子镇（1居、9村）、西葛镇（18村）、大齐各庄镇（19村）、岔河镇（26村） 乡：南孙庄乡（28村）、东田庄乡（27村）、尖字沽乡（9村）	1街道办事处 12镇 3乡 41居委会 444村委会
曹妃甸区（驻垦丰大街）	街道办事处：希望路（6居）、中山路（5居）、垦丰（12居） 镇：唐海镇（3居、62村）、柳赞镇（5居、5村）、滨海镇（1居、10村）、孙塘庄镇（1居、17村）双井镇（1居、13村）	3街道办事处 5镇 34居委会 107村委会
遵化市 （驻鼓楼东街）	街道办事处：华明路（21居）、文化路（21居） 镇：遵化镇（40村）、铁厂镇（20村）、新店子镇（44村）、党峪镇（22村）、石门镇（34村）、堡子店镇（32村）、东旧寨镇（29村）、马兰峪镇（25村）、东新庄镇（22村）、苏家洼镇（40村）、平安城镇（39村）、建明镇（33村）、地北头镇（17村） 乡：西留村乡（18村）、崔家庄乡（24村）、兴旺寨乡（30村）、小厂乡（23村）、娘娘庄乡（20村）、刘备寨乡（19村）、团瓢庄乡（28村）、西三里乡（19村）、侯家寨乡（19村）、西下营乡＊（14村）、汤泉乡＊（10村）、东陵乡＊（27村）	2街道办事处 13镇 12乡 42居委会 648村委会 ＊为满族乡

续表2-1

县（市、区）名称及政府驻地	辖街道办事处、镇、乡名称	街、镇、乡，居、家、村委会数
迁安市（驻钢城大街）	街道办事处：永顺（10居、23村）、兴安（9居、18村）、杨店子（5居、10村）、滨河（5居、10村） 镇：马兰庄镇（17村）、夏官营镇（28村）、蔡园镇（26村）、建昌营镇（50村）、沙河驿镇（19村）、赵店子镇（15村）、杨各庄镇（37村）、大崔庄镇（21村）、木厂口镇（1居、16村）、野鸡坨镇（21村） 乡：太平庄乡（16村）、阎家店乡（17村）、五重安乡（29村）、上射雁庄乡（24村）、大五里乡（16村）、彭店子乡（18村）、扣庄乡（27村）	4街道办事处 10镇 7乡 30居委会 458村委会
玉田县（驻伯雍西街）	街道办事处：无终街（16居） 镇：玉田镇（7居、73村）、亮甲店镇（44村）、鸦鸿桥镇（52村）、大安镇镇（31村）、窝洛沽镇（63村）、石臼窝镇（28村）、虹桥镇（38村）、孤树镇（36村）、林南仓镇（21村）、彩亭桥镇（19村）、散水头镇（27村）、林西镇（46村）、杨家板桥镇（51村）、唐自头镇（19村）、郭家屯镇（45村）、杨家套镇（25村） 乡：林头屯乡（24村）、潮洛窝乡（24村）、陈家铺乡（42村）、郭家桥乡（42村）	1街道办事处 16镇 4乡 23居委会 750村委会
迁西县（驻景忠东街）	街道办事处：栗乡（10居） 镇：兴城镇（45村）、三屯营镇（38村）、洒河桥镇（26村、1居）、金厂峪镇（19村）、新集镇（36村）、太平寨镇（29村）、东荒峪镇（26村）、罗家屯镇（24村）、滦阳镇（25村） 乡：上营乡（14村）、渔户寨乡（13村）、汉儿庄乡（30村）、尹庄乡（23村）、新庄子乡（12村）、东莲花院乡（16村）、旧城乡（15村）、白庙子乡（26村）	1街道办事处 9镇 8乡 11居委会 417村委会
滦　县（驻滦河西路）	街道办事处：滦河（15居）、古城（10居、34村）、滦城路（56村）、响嘡（1居、51村） 镇：雷庄镇（29村）、榛子镇（2居、59村）、茨榆坨镇（28村）、东安各庄镇（41村）、杨柳庄镇（33村）、油榨镇（39村）、王店子镇（36村）、古马镇（29村）、小马庄镇（37村）、九百户镇（32村）	4街道办事处 10镇 28居委会 504村委会
滦南县（驻崇法大街）	街道办事处：友谊路（19居） 镇：倴城镇（50村）、长凝镇（1居、45村）、柏各庄镇（45村）、胡各庄镇（33村）、扒齿港镇（42村）、司各庄镇（59村）、南堡镇（18村）、青坨营镇（40村）、姚王庄镇（28村）、安各庄镇（29村）、坨里镇（19村）、宋道口镇（65村）、程庄镇（47村）、方各庄镇（29村）、东黄坨镇（17村）、马城镇（23村）	1街道办事处 16镇 20居委会 589村委会
乐亭县（驻东大街）	街道办事处：乐安（15居、22村） 镇：乐亭镇（51村）、汀流河镇（31村）、马头营镇（27村）、新寨镇（27村）、汤家河镇（35村）、胡家坨镇（24村）、阎各庄镇（41村）、姜各庄镇（70村）、毛庄镇（39村）、中堡镇（33村） 乡：古河乡（25村）、庞各庄乡（22村）、大相各庄乡（26村） （注：不含由海港经济开发区托管的汤家河镇1村、马头营镇5村、王滩镇1镇54村）	1街道办事处 10镇 3乡 15居委会 473村委会
芦台经济技术开发区	街道办事处：新华路（4居） 镇：海北镇（2居、20村） 农业总公司（5居）	1街道办事处 1镇 11居委会 20村委会
汉沽管理区	街道办事处：振兴（7居） 镇：汉丰镇（18村）	1街道办事处 1镇 7居委会 18村委会
高新技术产业开发区	街道办事处：高新（12居、8村） 镇：老庄子镇（27村） （注：实际管辖还包括托管的开平区3居9村，丰润区石各庄镇6村、任各庄镇2村）	1街道办事处 1镇 15居委会 52村委会
海港经济开发区	镇：王滩镇（54村） 实际管辖还包括托管的乐亭县汤家河镇1村、马头营镇5村	1镇 60村
全市总计	7区　2县级市　5县　芦台经济技术开发区　汉沽管理区　高新技术产业开发区　海港经济开发区　54街道办事处　132镇　45乡（含3民族乡）　698居委会（含7家委会）　5403村委会	

【地理】 唐山市位于河北省东部，东经117° 31′～119° 19′，北纬38° 55′～40° 28′。东与秦皇岛市隔（滦）河相望，南临渤海，西与北京、天津毗邻，北依燕山隔长城与承德市接壤。总面积13472平方千米，辖区面积5478.9平方千米，中心城区规划面积210平方千米，建成区面积117.2平方千米。2017年，根据土地变更调查汇总预测数据，唐山市土地总面积143.43万公顷，其中农用地92.72万公顷，占全市土地总面积64.65%；建设用地33.25万公顷，占全市土地总面积23.18%、未利用地17.46万公顷，占全市土地总面积12.17%。

【矿产资源】 2017年，唐山市探明各类矿产49种，近30种被开发利用。主要矿种保有资源储量：煤炭51.55亿吨，主要分布在古冶区、开平区、丰南区、路南区、路北区、玉田县；铁矿68.37亿吨，主要分布在迁西县、迁安市、遵化市、滦县、滦南县；金矿2.10万千克，主要分布在迁西县；水泥用灰岩3.72亿吨，主要分布在古冶区、滦县、丰润区；熔剂用灰岩2.67亿吨，主要分布在丰润区、迁安市、古冶区、开平区；制碱用灰岩1.38亿吨，主要分布在古冶区、迁安市、滦县；冶金用白云岩4.74亿吨，主要分布在迁安市、遵化市。

【海洋资源】 2017年，唐山市大陆岸线全长229.72千米，管辖海域面积4466.97平方千米，有6个沿海县区（经济开发区）。海洋资源类型多样，海岸线开发程度较高。截至年底，全市审批海域面积633.45平方千米。具有海岛特征的无居民海岛4个，其中祥云岛办理完毕海岛使用权证书。

（高　宇）

【水资源】 2017年，唐山市降水量556.8毫米，为多年平均降水量的86.4%。全市及遵化与多年平均降水量基本持平，其余各县（市、区）降水量均低于多年平均值，遵化市降水量735.9毫米，为全市最高，比多年平均低0.5%；芦台经济技术开发区降水量440.0毫米，为全市最低，比多年平均低23.4%。全市地表水资源量11.82亿立方米，为多年平均地表水资源量的80.8%；地下水资源量11.17亿立方米，为多年平均地下水资源量的77.8%。扣除重复计算量2.95亿立方米，2017年全市水资源总量20.04亿立方米，为多年平均水资源总量24.16亿立方米的82.9%。全年全市入境水量19.04亿立方米，其中滦河入境水量12.67亿立方米，遵化市入境水量2.23亿立方米，迁安青龙河入境水量4.14亿立方米。全市出境水量3.30亿立方米，其中遵化市出境水量2.46亿立方米，玉田还乡河出境水量0.67亿立方米，丰南区出境水量0.17亿立方米。入海水量3.53亿立方米。

（李志祥）

唐山南湖成为鸟类喜欢的栖息地，图为戴胜鸟喂食。　闫　军　摄

【动植物资源】 2017年，唐山市林地面积50.07万公顷，占全市国土总面积三分之一，森林覆盖率37.2%，排名全省第五，其中北部油松为主的生态公益林10.07万公顷，杨树为主的生态和速生丰产林23.47万公顷。全市果树面积16.53万公顷，果品产量169.5万吨，产值93亿元，在全省排名分别是第五、第三和第二。唐山市是河北省湿地类型齐全、数量较多的设区市之一，湿地总面积24.58万公顷，占全省湿地总面积25.93%，湿地率18.26%。其中，近海与海岸湿地11.12万公顷，河流湿地2.09万公顷，沼泽湿地1.09万公顷，人工湿地10.28万公顷。南湖湿地公园为国家级湿地公园，曹妃甸湿地和鸟类自然保护区为省级自然保护区，滦南嘴东湿地列入全省重点湿地名录。全市有森林公园7家，其中金银滩森林公园、清东陵森林公园为国家级，景忠山公园、腰岱山公园、鹫峰山公园、徐流口公园、山叶口公园为省级。唐山野生植物958种，分属130科487属，菊科、禾本科、豆科、蔷薇科植物种类最多，其中苔藓植物6科7属7种，蕨类植物17科24属38种，裸子植物3科4属4种，被子植物104科452属909种。唐山野生动物530余种，其中鸟类420种，哺乳类80种，两栖类和爬行类较少，分别为8种和23种。全市省级以上重点保护动物91种，其中国家一级保护动物18种，国家二级保护动物、省级重点保护动物73种。

（马树华）

【气候】 2017年，唐山地区年平均气温12.0～13.3℃，全市平均气温12.8℃，较常年偏高1.4℃。其中丰南最高13.3℃，迁西最低12.0℃。与常年相比，遵化、迁安、丰润、滦县以及丰南、乐亭较常年偏高1.5～2.1℃，属异常偏高区域，乐亭偏高最多为2.1℃，唐山、迁西偏高0.7～0.8℃，滦南和曹妃甸气温偏高1.0～1.3℃。全年降水时空分布不均，年降水量448.1～608.0毫米之间，年平均降水量511.5 毫米，较常年（608.1毫米）少83.4毫米，偏少16%；多雨中心主要位于西北部地区，遵化、迁西降水量超过600毫米，乐亭降水量最少，为448.1毫米。与常年相比，全市仅遵化降水接近常年，其他均偏少1～2成，全市平均日照时数2609.0小时，较常年值（2524.2小时）偏多84.8小时。其中市区日照时数2448.4～2842.7小时，年日照时数曹妃甸最多，迁西最少。与常年相比，滦南日照偏少113.6小时以上，其他县（市、区）日照均偏多，曹妃甸偏多最多，偏多251.4小时。全年全市出现暴雨15个站日，丰润、丰南、迁西和滦南各有2个暴雨日，其他县（市、区）1个暴雨日。暴雨过程主要出现在6月21～23日、7月7日、7月21日、8月3日，其中8月3日大暴雨过程呈现降雨量大、范围广等特点，全市平均降水量73.3毫米，最大小时雨强在迁西西莲花苑106.4毫米（区域自动站资料）。2017年入春后，降水偏少、气温偏高，3月初气象干旱范围扩大，3月22～23日全市普降小雨，气象干旱缓解。4月后，月内仅在4日全区普降小到中雨，与常年降水量22～28毫米相比偏少7～10成，属于显著偏少年份，全市气象干旱再次发展。5月21日北部特旱，其余地区重旱。5月下旬，全市多阵雨和雷阵雨，尤其是21～22日首场透雨使旱情得到缓解。夏初降水偏多，6月下旬降水过程后旱情解除。秋季，唐山市气温偏高，降水偏少，平均无降水日数85天。旱情较重地区主要集中在唐山中西部。全年全市上报雷电灾情111起，直接经济损失310.65万元，间接经济损失140.20万元，未发生人员伤亡事故。

（杨　颖）

【人口】 2016年，全市人口759.63万人，经过2017年出生、死亡、迁出、迁入增减变化，截至2017年底全市总人口755.43万人，净减4.20万人，减少5.55‰。城镇人口329.72万人。省内（外）迁入2.53万人，省内（外）迁出3.54万人，迁出比迁入多1.00万人。全年出生10.12万人，其中跨年度出生1.59万人（指历年手持准生证未办理出生登记及政策外出生落户），实际出生8.52万人，出生率11.25‰，高于2016年的10.90‰。全年死亡13.32万人，其中跨年度死亡7.57万人（指跨年度办理死亡登记），实际死亡5.74万人，死亡率7.58‰，高于2016年的2.81‰。全年自然负增长3.20万人，自然增长率-4.23‰。全年全市迁出比迁入多1.00万人，机械变动率-1.33‰。

（赵　红）

【民族】 唐山市是少数民族散居地区。全市52个少数民族，少数民族人口总计35.36万人，占全市总人口4.66%，居全省第3位。少数民族人口中，满族、回族、蒙古族、壮族人口较多。少数民族人口超过万人的县（市、区）有：遵化市、玉田县、丰润区、路北区、丰南区、迁安市、滦南县、迁西县、滦县。唐山市有3个民族乡和2个少数民族占主体镇，全部分布在遵化市，分别是东陵满族乡、汤泉满族乡、西下营满族乡、马兰峪镇和石门镇。全市175个民族村，分布在全市各县（市、区），其中满族村146个、回族村28个、满回联合村1个。2017年全市民族村农民人均纯收入1.09万元，民族乡为8623元，有11个民族村人均收入超过全市人均水平。

【宗教】 唐山市有天主教、基督教、伊斯兰教、佛教、道教五种宗教，信教群众14.8万余人，占全市总人口1.6%，其中天主教3.5万人，基督教3.5万人，伊斯兰教3.1万人，佛教4.2万人，道教0.5万人。市级爱国宗教团体7个，分别为唐山市佛教协会、唐山市道教协会、唐山市伊斯兰教协会、唐山市天主教爱国会、唐山市天主教教务委员会、唐山市基督教“三自”爱国运动委员会、唐山市基督教协会。宗教活动场所175处，其中佛教50处，道教9处，伊斯兰教清真寺22处，天主教40处，基督教54处。全市宗教教职人员521名，其中佛教153人，道教83人，伊斯兰教27人，天主教64人，基督教194人。全市有天主教徒聚居村4个，伊斯兰教徒聚居村6个。

（郑翠玉）

国家领导人在唐山

【张春贤在唐山调研】 2017年7月7～9日，中共中央政治局委员、中央党的建设工作领导小组副组长、中央新疆工作协调小组副组长张春贤在唐山就国企党建工作调研。张春贤到中国中车唐山机车车辆有限公司、中信重工开诚智能装备有限公司等企业视察，了解企业在加强党建方面的做法举措，并在唐山市召开部分国有企业负责人座谈会听取意见建议。张春贤指出，中国特色社会主义最本质的特征和最大的优势是中国共产党领导，坚持党的领导、加强党的建设是国有企业的“根”和“魂”。要在贯彻落实习近平总书记重要指示和国企党建工作会议精神中加强国企党的建设，着力解决好弱化、淡化、虚化、边缘化等问题，发挥好企业党组织的领导核心和政治核心作用，切实将“把方向、管大局、抓落实”要求落到实处。要在供给侧结构性改革中加强国企党的建设，紧紧围绕发展抓党建、抓好党建促发展，把提高企业效益、增强企业竞争力、实现国有资产保值增值作为出发点和落脚点，以企业改革发展成果检验党组织的工作和战斗力。要在建设坚强战斗堡垒中加强国企党的建设，从企业实际出发推进“两学一做”学习教育常态化制度化，发挥好党支部教育管理党员、团结凝聚职工群众的主体作用，真正把基层党组织建设成为攻坚克难、转型升级的坚强战斗堡垒。

【陈昌智在唐山调研】 2017年9月25日，全国人大常委会副委员长、民建中央主席陈昌智在唐山考察调研，并与中共唐山市委统战部、民建唐山市委负责人交流座谈。国家审计署副审计长、民建中央常委秦博勇，中共河北省委常委、中共唐山市委书记焦彦龙，河北省人大常委会副主任宋太平，中共河北省委统战部副部长栗慧英陪同活动。中共唐山市委常委、组织部长、统战部长陈学民代表中共唐山市委和统战部汇报唐山历史沿革、发展进程、经济运行等基本情况，民建河北省委副主委、唐山市委主委王连灵介绍民建唐山市委基本情况，汇报2017年换届后民建唐山市委自身建设、参政议政、社会服务等方面重点工作。陈昌智肯定中共唐山市委对民主党派工作的支持，肯定民建唐山市委的工作。

（石　伟）

深化改革

【深化改革概况】 2017年是全面深化改革向纵深推进的关键年，唐山市落实中央和省委关于全面深化改革的决策部署，破解制约改革发展体制机制障碍，推进各领域改革，一些重点领域和关键环节改革取得进展，实现年初预定目标任务。全年部署160项改革任务，除16项因上级政策原因未启动外，144项完成或达到时间进度要求。全年市委深化改革组召开10次会议，研究审议39个重点改革事项，听取汇报6项，市本级制发改革文件147个。坚持督考合一，抓督察问效，推动改革举措落地见效。坚持项目化推进，对年度工作要点确定改革任务，逐一制定运行图，实行台账管理，倒排工期、挂账督办，做到目标要求、责任分工、完成时限、工作路径、成果形式“五个明确”。市委深改组牵总，市委改革办和各专项小组协调，全程跟进承担改革任务的责任单位，每月一汇总，每季度一次集中调度，解决重点难点问题。强化督察问效，坚持改革推进到哪里、督察跟进到哪里。推行一把手抓改革督察“清单+责任制”做法，各单位一把手至少抓1项改革督察。“回头看”近3年省委深改组审议事项，将245项需承接落实事项纳入督察范围；选取去钢铁产能、解决房地产遗留问题、降低实体经济成本、小微企业“双创”等重点改革任务，通过改革办专员督察、与部门联合督察等形式，逐项跟踪问效，形成33个督察通报，下发40份整改意见书。推行督考合一，形成日常督察与年度改革专项考核相结合评价机制，加大日常督察结果在考核中权重。争取国家和省级改革试点，全年全市争取产融合作试点城市、首批老工业城市和资源型城市转型升级示范区、花香果巷田园综合体试点等国家级改革试点17项，争取大学生创新创业试点城市、首批医联体建设试点、工业转型升级试点示范县等省级改革试点13项，争取试点数量在全省领先。发挥试点突破引领作用，制发《关于加强和改进试点工作的实施意见》，把确定改革试点权限下放到县（市、区），引导各地将试点作为推进改革抓手，推进国家产业转型升级示范区、“双创”示范、构建开放型经济新体制等改革试点。宣传推介试点进展及经验，坚持成熟一项、总结一项、推广一项。开发区优化整合、国际产能合作新机制2个典型案例入选商务部、国家发改委等部委24个面向全国推广复制典型案例；迁安市海绵化改造占地12公顷的君和广场小区入选住建部《海绵城市建设典型案例》，在全国推广；唐山两大库区网箱养鱼清理的生态补偿试点经验在《新华社》刊发；唐山法院跨域立案服务一体化改革试点经验在《人民日报》刊发；协同推动餐厨废弃物资源化利用和无害化处理经验得到省领导批示推广。截至年底，全市72项国家级试点完成37项，62项省级改革试点完成35项，26个试点经验面向全省、全国推广。市委改革办全年编发《改革动态》内刊57期106条信息。在全省率先开设官方改革微信公众平台，全年推送改革类文章信息796篇。在省委改革办《河北改革动态》刊发唐山改革经验信息34条，得分全省第一。在中央改革办《改革情况交流》刊发2篇改革经验，数量占全省三分之二，为全国地级市第一。向“国字头”改革媒体报送改革情况，《中国改革报》10次报道唐山市改革创新做法，在《改革内参》刊发经验文章4篇。

【供给侧结构性改革】 2017年，唐山市委、市政府下好“去、增”两盘棋。提前3个月完成炼钢993万吨、炼铁576万吨压减去产能任务。全市商品房库存1171.03万平方米，去库存化周期16.3个月，处于合理区间。解决购房户“办证难”“入住（回迁）难”问题，为14.97万户居民办理“两证”，3.8万户居民搬进新房。落实去杠杆政策，银行加权平均利率5.57%。培育新动能，围绕增新兴产业、增临港产业、增城市经济、增传统产业、增园区经济、增现代农业，制发支持新兴产业发展政策、降低实体经济企业成本意见、加快培育农业农村发展新动能实施意见、支持企业科技创新促进科技成果转化10条措施等改革政策，促进经济结构加快转型升级。全市新增科技型中小企业1863家、高新技术企业80家，高铁装备、特种机器人成为京津冀最大产业基地，新增上市挂牌企业12家，股权融资51.75亿元，全年落实普惠性减税总额33.7亿元，为小微企业减免增值税5.24亿元，设立“政银保”小微企业贷款保证金1000万元。全年全市高新技术产业增加值增长17.2%，装备制造业增加值增长16.3%，规模以上工业企业利润增长70.7%，新增注册企业数量增长21.5%。

【放管服改革】 2017年，唐山市政府制发《关于2017年第一批向县（市、区）下放设区市行政权力事项和取消调整市政府部门行政权力事项的通知》，下放、取消或调整81项市政府行政权力事项。衔接落实国务院第3批取消中央指定地方实施行政许可事项39项。市、县两级行政审批局提前挂牌运行，将市发改委等22个单位197项行政审批事项划转到市行政审批局，实现“一枚印章管审批”，当场办结率提高3倍。市本级保留行政权力事项1776项，精简比例58%。《中国改革报》《河北新闻联播》均报道唐山市改革经验。实施“二十五证合一、一照一码”改革，扩大电子执照使用范围，降低制度性交易成本，激发市场活力。截至年底，市场主体48.48万户，比上年增长14.35%；全市万人拥有市场主体数量618户，万人拥有企业129户。

【国企改革】 2017年，唐山市制发《唐山市国有企业职工家属区“三供一业”分离移交工作实施方案》《唐山市供水供电供热供气系统物业设施分离移交技术改造标准及费用标准（试行）》等文件，剥离国企办

社会职能，签订正式分离移交协议50.8万户次，超额完成省达目标，其中省试点单位开滦集团全部签订正式协议，完成资产交割。推进北京金隅与唐山重装集团重组，完成《合作框架协议》签订。

【农业农村改革】 2017年，唐山市落实制发《关于完善农村土地所有权承包权经营权分置办法的实施意见》，农村土地承包经营权确权登记颁证、村庄不动产权籍调查综合排名全省第一。推进农村集体产权制度改革，制发《关于稳步推进农村集体产权制度改革的实施方案》，汉沽管理区确定为省级试点。推进农垦改革发展，制发《关于进一步推进农垦改革发展的实施意见》。农村产权流转交易平台全覆盖，全年办理大宗林权和土地承包经营权交易业务8宗，涉及土地500公顷，交易金额6135万元。支持农村股份合作制经济发展，全市农村股份合作制经济组织1234个，带动21.5万农户，年经营收入29.67亿元；全市11家专业合作社被命名为省级示范组织。12个农业县（市、区）纳入国家或省级农产品质量安全（示范）县创建试点，其中曹妃甸区、玉田县率先创建成为全国第一批农产品质量安全县，创建国家农产品质量安全市试点工作在全省排名第一。推进“互联网+”现代农业工作，制发《关于推进智慧农业发展的实施意见》，互联网、物联网、移动互联网、大数据、智能装备等现代信息技术与全市农业产业融合。推进供销社改革，涌现出遵化基层社改造模式、玉田供销社农业合作系列化服务模式、滦南供销社农村综合服务中心模式、丰润农村金融服务利民惠农模式等典型，其中遵化模式在中央改革办《改革情况交流》刊发。

【司法执法体制改革】 2017年，唐山市以提高司法公信力为根本，制发《唐山市检察机关关于全面深化司法责任制改革的实施方案》《唐山市中级人民法院司法人员分类责任规定》等文件，完成司法人员分类管理，全市503名检察官、596名法官入额。制发《关于推进以审判为中心的诉讼制度改革的实施意见》，完善打击犯罪、保障人权机制。在市、县两级城管、交通、农牧等16个领域推进执法改革，选择5个镇（乡）开展试点，全市14个县（市、区）设置39个执法机构，比试点前减少117个，整合综合执法力量，建立协作机制，提高城市综合管理水平，全国文明城市创建实现“三连冠”。

【文化体制机制改革】 2017年，唐山市在全市开展意识形态工作责任制督导检查，推动主体责任落实。加强文化领域行业组织建设，制发《关于加强文化领域行业组织建设的实施意见》，全市保留文化团体、协会75家。健全互联网管理体制，制发《唐山市敏感热点及突发事件互联网应急管理预案》《关于促进移动互联网健康有序发展的实施意见》，提高网信工作统筹协调水平。坚持建管并重，全市400余家单位开通新媒体服务，总面积2300平方米的唐山互联网媒体中心二期在建。唐山市设计制作小游戏学习宣传十九大精神做法在央视《新闻联播》播出。推动唐山文化“走出去”，在中央级媒体推出20余篇文化类专题稿件。传播弘扬优秀传统文化，制发《关于繁荣发展社会主义文艺的任务分工方案》，举行文明校园创建暨戏曲文化进校园活动启动仪式，唐山师院、唐山一中等10所学校定为首批戏曲文化进校园示范校，传承“冀东三支花”等地域文化。推动公共文化服务示范区建设，丰南区、迁安市列入首批省级公共文化服务体系示范区创建名单。推动文化旅游产业融合发展，唐山市旅游文化产品开发有限公司正式成立。举办首届旅发大会、中国工业旅游产业发展联合大会。中国（唐山）工业博物馆、开滦国家矿山公园蒸汽机车博物馆、启新1889文化创意产业园、中国铁路源头游项目、中国唐山陶瓷博物馆等一批有唐山特色的工业旅游文化项目亮相。建设迁西、遵化、迁安3个国家级全域旅游示范区，休闲度假、生态运动、文化体验、现代农业等12大类旅游产品成为市场热点，其中乐丫生态文化主题酒店、遵化穷棒子文化博览园等文化主题酒店投入使用，迁西县花乡果巷小镇被评为国家田园综合体试点项目。承接京津转移文化企业，截至年底承接落地文化产业项目70个，全省排名第一。

【社会民生领域改革】 2017年，唐山市在科技方面建立科技计划管理联席会议制度，制发《唐山市众创空间（科技企业孵化器）认定与扶持实施细则》《唐山市鼓励引进“双创”示范品牌机构实施细则》《唐山市资助大学生创新创业实施细则》《唐山市小微企业专利扶持制定政策实施细则》等文件。在教育方面推动义务教育均衡发展，校长教师交流工作进入常态化、规范化，全年全市校长交流461人，占应交流校长42%；教师交流3206人，促进各类中小学校共享优质教育资源。制发《关于规范幼儿园收费项目调整收费标准的实施方案》，确定幼儿园收费标准并全部调整到位。推进京津冀教育科技协同创新建设，全市13所特教学校与京津优质教育资源实现对接。发展现代职业教育，实施中等职业教育质量提升工程，唐山市职教中心升到名牌一档。推进普惠优质学前教育，在全省学前教育推进会上作典型发言。在医药卫生方面制发《唐山市城市公立医院综合改革财政补偿暂行办法》，将市本级财政投入经费去除离退休人员等费用外，全部作为市直公立医院奖励基金。建立第三方药品耗材招标采购平台，完成第一轮骨科类耗材招标采购，价格下降36.7%。在7所市直属三级医院试点开展DRG收付费改革，被国家卫计委纳入6个国家级DRG收付费改革试点单位共同管理。全年全市医疗机构药占比32.43%，比上年下降4.41%。按病种支付方式改革，新选取102个病种实行按病种收费，提高医保实际补偿比，减少患者经济负担。全市19家定点医疗机构纳入全国异地就医直接结算系统，34家定点医疗机构纳入全省异地就医直接结算系统，唐山市参保人员在京、津所有定点医疗机构实现直接结算。推进医联体建设，建成涵盖5大城市医疗集团、6个县域医共体试点、47个专科联盟、覆盖城乡的新型医疗服务体系。在社会保障方面城乡困难群众重特大疾病医疗救助比例由50%提至80%，救助最高限额由5万元提高至8万元。制发《关于调整我市特困人员救助供养标准的通知》，将全市农村集中、分散供养特困人员基本生活标准分别调整为全市农村低保标准的1.6倍、1.4倍，城市特困人员基本生活标准为城市低保标准的1.5倍。在全国地级市中率先成立防灾减灾救灾委员会，制发《关于推进防灾减灾救灾体制机制改革 提高我市综合减灾能力的实施意见》。制发《关于深化全市农村低保精准认定精准核查机制改革的实施方案》，精准识别农村贫困人口，录入信息精准度居全省第一。

【民主法治领域改革】 2017年，唐山市制定政党协商实施办法，规范政党协商内容、健全政党协商保障机制。推进立法决策与改革决策相衔接，围绕推动经济转型升级、提升城市管理水平、增进人民福祉、改善生态环境及历史文化保护，编制《唐山市2017～2022年立法规划》，调整修订《唐山市2017年立法计划》《清东陵保护管理办法》。建立市政府向市人大常委会报告国有资产管理情况制度，健全国有资产监督机制，规范市人大常委会履行监督国有资产管理职责。推进"三项制度"试点工作，制发唐山市行政执法公示制度、执法全过程记录制度、重大执法决定法制审查办法等文件，全市44个市级执法部门、18个县（市、区）569个执法主体建立三项制度，涉及市本级69个执法主体4236项行政事项，在网站公布，接受社会监督。推进行业协会商会与行政机关脱钩，72家市级行业协会商会脱钩，脱钩率100%；县级行业协会商会注销撤销89家、脱钩94家，脱钩率100%。行业协会商会脱钩完成，在全省考核中评为优秀。推进城乡治理能力建设，制发《推进城乡社区治理和服务创新的指导意见》《加强乡镇政府服务能力建设的实施方案》。创新立体化社会治安防控机制，实现警种和部门联勤联动，推进四级联网视频监控系统建设，全市立案数量比上年下降20%。成立合成作战中心，净化社会治安环境。

【党的建设制度改革】 2017年，唐山市完善干部选拔任用配套制度，建立健全干部选拔任用"1+N"制度体系，即《市委管理干部日常任免工作流程》及市管干部选拔任用动议、民主推荐、考察等办法。探索建立干部干事档案、创新干部考评等经验做法被《改革内参》《中国改革报》《领导科学》等国家级媒体宣传报道。实施领导干部思想政治素质提升工程，举办市管干部学习贯彻党的十九大精神专题研讨班7期，培训领导干部1171名。探索建立容错纠错机制，实行"担当干部优先保护、改革创新优先支持、亮点工作优先奖励"3项措施，被《中国组织人事报》宣传推广。开展"基层党组织建设提升年"行动，制发《唐山市农村城市社区国有企业非公企业社会组织等五个领域基层党组织建设十条标准》，被省委组织部《基层组织建设情况通报》刊发推广。转化885个后进党组织，培树251个优秀党建示范点、36个党建示范区，非公企业和社会组织党组织覆盖率93.45%和94.88%。

【监察体制改革】 2017年，唐山市推进国家监察体制改革试点，围绕监察委核心业务，组建工作专班，推进人员转隶、机构组建。以丰南区为试点，探索形成执纪监督与执纪审查部门分设的工作模式在全省推广。以强力问责督促全面从严治党责任落实，全市"一问责八清理"专项行动整改2.13万件，组织处理267人，纪律处分570人，移交司法42人，问责领导干部484人。基层"微腐败"专项整治累计整改1.88万件，组织处理2533人，纪律处分964人，移交司法39人，问责领导干部258人。全市"三公经费"（公费旅游、公车消费、公款吃喝）下降16.2%。推进市本级巡察机构建设和市、县巡察上下联动，健全巡察工作制度体系，制发《巡察工作规划（2017～2021)》《巡察工作人才库建设管理办法（试行）》等文件，构建市、县巡察责任机制、组织机制、工作机制。市、县两级设立巡察办15个、巡察组64个，在编人员249人，全市建立市、县巡察3项新机制做法被《中国纪检监察报》刊发。实现市一级纪检机构派驻全覆盖，收回原有48家纪检组，采取综合派驻和单独派驻形式，监督覆盖面扩大到79家市直单位。制发《市纪委副书记分管派驻机构工作办法》《关于规范市纪委派驻机构发文工作的通知》《市纪委加强派驻机构管理内部协调会制度》《关于规范纪检组职责权限和管理保障的办法（试行）》等文件，规范派驻机构管理。

（市委改革办）

国民经济和社会发展

【经济概况】 2017年，唐山市地区生产总值7106.1亿元，比上年增长6.5%。其中，第一产业增加值600.7亿元，增长2.2%；第二产业增加值4081.4亿元，增长4.2%；第三产业增加值2424.0亿元，增长10.9%。三次产业增加值结构为8.5∶57.4∶34.1。按常住人口计算，全年人均地区生产总值9.03万元（按年平均汇率折合1.34万美元)，增长5.8%。沿海增长极、中心城市、县域经济三大经济板块地区生产总值分别为665.9亿元增长8.4%、2641.9亿元增长6.8%、3798.3亿元增长5.9%。

全年民营经济增加值4885.9亿元，比上年增长7.1%，占地区生产总值比重68.8%，比上年提高0.2%。

全年全部财政收入733.0亿元，比上年增长20.6%，其中一般公共预算收入380.3亿元，增长7.1%。一般公共预算支出662.6亿元，增长3.1%。其中，教育支出增长14.6%，社会保障和就业支出增长2.3%，节能环保支出增长11.6%。沿海增长极、中心城市、县域经济三大经济板块一般公共预算收入分别为81.8亿元增长1.8%、181.1亿元增长6.1%和117.4亿元增长12.9%。

【农业经济】 2017年，唐山市粮食播种面积47.5万公顷，比上年下降0.7%。粮食产量311.2万吨，比上年增长1.9%。其中，夏收粮食75.3万吨，秋收粮食235.9万吨。粮食亩产436.5千克，增长2.6%。棉花播种面积1.4万公顷，产量1.7万吨，下降16.1%。油料播种面积8.1万公顷，产量33.5万吨，增长4.3%。蔬菜播种面积18.9万公顷，产量1475.0万吨，增长0.6%，其中设施蔬菜（含食用菌）产量559.5万吨，增长0.9%。

全年干鲜果产量257.3万吨（含

果用瓜），比上年下降4.4%，其中板栗产量9.7万吨，增长5.4%。中草药材种植面积1667公顷，比上年增长2.2%。全年人工造林2.1万公顷，森林覆盖率37.2%，比上年提高0.6%。

全年肉类产量77.5万吨，比上年增长2.3%。其中，猪肉产量53.0万吨，增长2.8%；牛肉产量8.5万吨，增长0.1%；羊肉产量1.8万吨，增长1.3%。禽蛋产量37.7万吨，下降1.0%。牛奶产量162.6万吨，下降4.4%。

全年水产品产量54.0万吨，比上年下降6.9%。其中，养殖水产品产量42.4万吨，下降6.8%；捕捞水产品产量11.6万吨，下降7.2%。

年末农业产业化龙头企业187家，比上年增加20家。农业产业化经营率69.4%，比上年提高1.0%。新型农业经营主体单位9064户，比上年增加552户。

【工业和建筑业经济】 2017年，唐山市全部工业增加值3772.6亿元，比上年增长4.5%，其中规模以上工业增加值3518.9亿元，增长4.7%。

在规模以上工业中，国有控股企业增加值增长0.4%，股份制企业增长7.1%，外商及港澳台商投资企业下降1.4%，私营企业增长9.4%。钢铁行业增加值增长0.5%，装备制造业增长16.3%，能源行业增长1.6%，建材行业增长17.6%，化工行业下降3.3%。装备制造业增加值678.9亿元，占规模以上工业比重19.3%。战略性新兴产业增加值414.9亿元，增长19.8%，占规模以上工业比重11.8%。高新技术产业增加值265.0亿元，增长17.2%，占规模以上工业比重7.5%。

全年规模以上工业主营业务收入完成1.25万亿元，比上年增长23.5%。实现利润707.7亿元，增长70.7%。其中，装备制造业利润73.0亿元，增长9.9%；能源行业亏损10.6亿元，比上年减亏1.3亿元；化工行业利润51.9亿元，增长153.3%，钢铁行业利润355.0亿元，增长211.3%；建材行业利润16.4亿元，增长30.6%。

年末规模以上工业企业1540家，其中年内新建投产企业119家。全年压减炼铁产能576万吨、炼钢产能993万吨。

全年全社会建筑业增加值310.1亿元，比上年增长1.0%。

【固定资产投资】 2017年，唐山市全社会固定资产投资5365.3亿元，比上年增长6.5%，其中固定资产投资（不含农户）5305.4亿元，增长6.6%。沿海增长极投资1277.6亿元，增长5.9%；中心城市投资1502.3亿元，增长2.0%；县域经济投资2525.5亿元，增长10.0%。

在固定资产投资中，第一产业投资291.6亿元，增长4.6%；第二产业投资2914.4亿元，增长12.7%；第三产业投资2099.4亿元，下降0.5%。工业投资2922.9亿元，增长12.1%，其中工业技术改造投资1866.9亿元，增长12.7%，占工业投资63.9%。高新技术产业投资690.3亿元，增长20.0%；装备制造业投资904.4亿元，增长16.1%；城市基础设施投资1341.0亿元，增长8.6%。民间投资4210.9亿元，增长14.1%，其中私营企业投资增长27.8%。

全年固定资产投资施工项目3688个，其中本年新开工项目2850个，比上年增长26.6%。在施工项目中，总投资亿元以上项目1521个，完成投资4132.8亿元，分别增长34.0%和11.3%，其中本年新开工项目1007个，完成投资2554.4亿元，分别增长45.7%和22.2%。

全年房地产开发投资357.7亿元，比上年下降22.1%。其中，商品住宅投资272.5亿元，下降15.4%；办公楼投资13.2亿元，增长17.5%。

【贸易经济】 2017年，唐山市社会消费品零售总额2617.2亿元，比上年增长10.4%。按经营地统计，城镇消费品零售额2145.3亿元，增长10.2%；乡村消费品零售额471.9亿元，增长11.0%。分行业统计，批发业零售额418.4亿元，增长11.0%；零售业零售额1997.2亿元，增长9.9%；住宿业零售额18.3亿元，增长12.0%；餐饮业零售额183.3亿元，增长13.6%。

年末限额以上批发和零售企业535家，比上年末增加79家。在限额以上企业商品零售额中，粮油食品类下降2.1%，服装鞋帽纺织品类下降5.4%，日用品类下降10.1%，家用电器和音像器材类下降0.7%，家具类下降12.1%，金银珠宝类增长13.5%，汽车类增长9.1%，中西药类增长11.0%，石油及制品类增长19.0%。

【对外经济】 2017年，唐山市进出口总额673.7亿元，比上年下降4.7%。其中，出口额371.7亿元，下降20.4%；进口额302.0亿元，增长25.8%。

在出口额中，钢材产品出口26.5亿美元，下降44.6%；机电产品出口9.7亿美元，增长29.6%；陶瓷产品出口5.6亿美元，增长3.1%；农产品出口0.9亿美元，增长6.9%。对亚洲出口下降36.9%，对北美洲出口增长21.4%，对欧洲出口增长0.1%。在进口额中，铁矿砂进口31.7亿美元，增长17.4%；煤炭进口5.3亿美元，增长108.4%；机电产品进口2.5亿美元，下降3.7%。

全年实际利用外资16.1亿美元，比上年增长8.3%，其中外商直接投资15.8亿美元，增长10.0%。在外商直接投资中，第一产业下降53.3%，第二产业增长1.9%，第三产业增长54.9%。全年新批准外商投资合同33项，合同外资额3.7亿美元，下降22.6%。年末实有三资企业402家，其中已投产企业180家。

全年对外承包工程业务完成营业额4.9亿美元，比上年增长35.2%。境外投资中方实际投资额4.2亿美元，增长5.0%。

【交通、邮电和旅游】 2017年，唐山市公路通车里程1.8万千米，其中高速公路640千米。唐曹公路改建工程通车。农村公路通车里程1.6万千米，全年改造农村公路538千米。迁曹高速一期工程实现通车，南湖高速口正式开通。

全年公路货物运输量4.1亿吨，比上年增长6.1%；货物运输周转量1049.1亿吨千米，增长8.5%。公路旅客运输量2887.0万人次，增长6.5%；旅客运输周转量25.8亿人公里，增长5.0%。全市拥有客运班线738条，班线客车1499辆，全年新增新型节能环保客车71辆。

年末民用汽车保有量185.0万辆（包括三轮汽车和低速货车1.8万辆），比上年末增长7.5%，其中私人汽车保有量173.0万辆，增长7.5%。民用轿车保有量115.4万辆，增长9.2%，其中私人轿车111.8万辆，增长9.4%。

全年唐山港货物吞吐量5.7亿吨，比上年增长10.1%；集装箱吞吐量253.0万标箱，增长30.7%。三女河机场旅客吞吐量51.9万人次，增长115.4%；货（邮）行吞吐量3876吨，增长82.0%；开通航线16条，通达21个城市。

全年邮电业务总收入70.5亿元，比上年增长5.7%。其中，邮政业务收入15.4亿元（含快递业务收入），增长27.8%；电信业务收入55.1亿元，增长0.9%。年末移动电话用户953.7万户，比上年末减少1.6万户；互联网宽带接入用户193.5万户，增加25.2万户。年末全市许可备案的快递企业及其分支机构320家，完成快递业务量（收件量）8990.1万件，增长38.6%，实现业务收入8.0亿元，增长46.6%。

全年接待国内外游客5603.0万人次，比上年增长25.1%，旅游总收入587.3亿元，增长34.1%。其中，接待国际游客11.7万人次，增长8.6%，旅游外汇收入6698.9万美元，增长53.9%；接待国内游客5591.3万人次，增长25.1%，国内旅游收入582.8亿元，增长34.0%。举办唐山市首届旅游发展大会、中国工业旅游产业发展联合大会。

【金融经济】 2017年，唐山市拥有各类金融机构137家（不含小贷公司）。其中，银行业金融机构43家（含财务公司1家），证券机构20家，期货机构9家，保险机构58家（法人机构1家，市级分(支)公司57家），其他金融机构7家（融资租赁公司6家，资产管理公司1家）。年末拥有小额贷款公司43家。

年末金融机构人民币各项存款余额8748.4亿元，比年初增加468.5亿元，其中住户存款余额5276.1亿元，比年初增加382.8亿元。金融机构人民币各项贷款余额5212.9亿元，比年初增加237.9亿元。

年末拥有上市挂牌公司128家（含境内沪深两市10家，境外主板上市1家，“新三板”40家，区域股权市场77家），新增24家（含境内沪深两市2家，“新三板”10家，石家庄股权交易所12家）。全年直接融资149.8亿元，其中各类债券融资98.0亿元，股权融资51.8亿元。

全年保险业实现原保险保费收入232.6亿元，比上年增长7.4%。其中，财产险业务保费收入62.25亿元，人身险业务保费收入170.32亿元。保险业赔款与给付支出84.0亿元，增长0.2%。其中，财产险赔款与给付支出34.8亿元，人身险赔款与给付支出49.2亿元。

【城市建设与管理】 2017年，唐山市城市道路总长度1841.8千米，人均城市道路面积16.56平方米。市区集中供热面积5903万平方米，新增236万平方米。天然气管线总里程2022千米，增加375千米，扩供用户1.22万户。城市日供水能力111.8万立方米。年末城市排水管道2594.8千米，城市污水处理厂日处理能力89.5万立方米，污水集中处理率97.6%，城市生活垃圾无害化处理率100%。年末建成区绿化覆盖面积1.02万公顷，绿化覆盖率40.79%；建成区绿地面积9345.0公顷，建成区绿地率37.53%；城市公园绿地面积3150.5公顷，人均公园绿地面积15.91平方米。

年末主城区公交运营车辆2130部，其中新能源和清洁能源公交车1943部；公交运营线路141条，新增3条。年末运营载客出租车7451辆。

年内完成银河路上跨京哈铁路桥改造工程，学院路、岳各庄110千伏变电站出线隧道主体完工，首条地下综合管廊工程开工建设。

【教育、科技、文化和体育】 2017年，唐山市拥有普通高等学校10所，在校生12.3万人，其中研究生2994人；本年新招生3.6万人，其中研究生1083人。中等职业学校在校生5.9万人，增长13.7%。普通中学在校生35.6万人，增长5.1%。小学在校生50.9万人，增长0.5%。幼儿园在园幼儿22.5万人，下降1.1%。九年义务教育巩固率97.89%，高中阶段教育毛入学率93.9%。发放各类困难学生生活费、助学金、奖学金2.1亿元，惠及各类学生10.9万人。西南交大唐山研究生院正式挂牌，曹妃甸职业技术学院挂牌招生，唐山师范学院、唐山学院被确定为硕士学位授予立项建设单位。

年末拥有市级以上工程技术研究中心179家，其中省级以上33家；市级以上重点实验室46家，其中省级7家；市级以上产业技术研究院8家，其中省级3家。省级院士工作站26家，进站院士49名。省大型科研仪器设备资源开放共享服务平台入网仪器设备512台套。

年末拥有国家级高新区1个，省级高新区2个，国家级农业科技园区1个，省级农业科技园区10个。高新技术企业290家；国家级科技企业孵化器1家，省级15家；国家级众创空间11家，省级2家。

全年申请专利6712项，比上年增长19.5%；授权专利3677项，增长12.0%。截至年底，有效专利1.44万件，有效发明专利2590件，每万人口发明专利拥有量3.28件。技术合同成交总额50.3亿元。全年组织重大、重点科技项目36项，其中省级项目24项。取得科学技术奖励122项，其中省级42项。

年末拥有艺术表演团体9个，影剧院39个，文化馆、群艺馆15个，博物馆、纪念馆18个，公共图书馆13个。有线广播电视入户率100%。公开出版报纸、期刊19种。不可移动文物点1300余处，可移动文物1.4万余件，世界文化遗产1处，市级以上文物保护单位95处。成功举办第27届全国图书博览交易会唐山会场暨第9届河北省书博会。

年末拥有体育场地799个，体育馆153座，标准游泳池(馆)26个，公共健身器材8742套，人均体育场地面积1.93平方米。全年获全国冠军5个，省年度比赛夺得金牌105枚。举办“一带一路杯”（唐山）国际沙滩足球邀请赛、第二届中拉沙滩足球锦标赛、第二届唐山国际马拉松赛、第二届中国（唐山）国际体育健身休闲产业博览会、全国公路自行车锦标赛等国际国内大型赛事活动。

【卫生、社会保障和公共服务】 2017年，唐山市拥有各类卫生机构9093个。其中，医院173个，乡镇卫生院189个，社区卫生机构151个，农村卫生室6416个。全市卫生机构拥有床位4.3万张。其中，医院3.4万张，乡镇卫生院0.7万张。每千人口医疗卫生机构床位数5.90张。卫生技术人员4.7万人。其中，执业（助理）医师2.0万人，注册护士2.0万人。每千人口执业（助理）

医师2.53人。全年门诊量3836.84万人次，医院次均门诊费用243.9元，比上年下降0.1%。

年末全市城镇职工基本养老保险覆盖人数196.7万人，比上年末增加6.8万人。其中，参保职工141.6万人，参保离退休人员55.1万人。城乡居民养老保险覆盖人数334.9万人，增加0.7万人，其中农村居民参保人数326.3万人。城乡基本医疗保险覆盖人数702.0万人。其中，城镇职工参保159.6万人，居民参保542.5万人。失业保险覆盖人数86.2万人，增加3.5万人。工伤保险覆盖人数110.0万人，其中参加工伤保险的农民工37.7万人。生育保险覆盖人数107.2万人。

全年发放城乡最低生活保障金4.4亿元，保障居民11.8万人，其中城市居民2.2万人，农民9.6万人。城市低保标准每人每月550元，农村低保标准每人每年3912元。

年末全市拥有敬老院75家，床位1.08万张。民办养老机构141家，拥有养老床位1.49万张。居家养老服务中心（站）459个，居委会覆盖率66%；农村互助幸福院5152个，村委会覆盖率95%。社会救助站11家。儿童福利机构集中养育孤儿和社会散居孤儿每月基本生活费分别为1150元和700元。

【环境保护和安全生产】 2017年，唐山市能源消费总量8221.15万吨标准煤，比上年增长0.71%。规模以上工业煤炭消费量7336.4万吨，比上年减少232.2万吨。万元生产总值能耗1.19吨标准煤，下降5.43%；万元工业增加值能耗下降4.35%。

全年环境空气质量二级及优于二级天数205天，比上年增加5天；重度污染以上天数30天，减少7天；细颗粒物（PM2.5）浓度年均值下降10.8%，可吸入颗粒物（PM10）浓度年均值下降6.3%。化学需氧量、氨氮、二氧化硫、氮氧化物排放总量分别为14.33万吨、1.14万吨、20.01万吨和23.06万吨，化学需氧量和氨氮2017年较2015年分别减少4.6%和5%，二氧化硫和氮氧化物2017年较2016年分别减少8%和13.2%。

全年发生各类安全生产事故587起，死亡274人。亿元生产总值安全生产事故死亡人数0.04人，煤矿百万吨死亡人数0.16人，道路交通事故万车死亡人数1.37人。

（翟淑霞）

精神文明建设

【全国文明城市“三连冠”】 2017年是“全国文明城市”总评表彰年，唐山市第三次获评全国文明城市。市委、市政府制发《实施方案》，建立“四个干”责任体系，确保创城工作运行，构建党政主要领导亲自挂帅、“十大创建工作部”齐抓共管、各责任单位协调联动工作格局。聚焦重点难点问题，开展以市容环境、社区环境、交通环境、市场环境、“五小行业”环境为重点的“五大攻坚行动”，全市拆违拆迁370万平方米，清理垃圾51万吨，绿化103公顷；开展“访千楼万家、创文明城市”活动，围绕市民关切重点问题推进创建工作；开展“讲文明守秩序树新风，我为文明城市添光彩”主题实践活动，动员市民从自身做起提升公共文明素养。坚持建设与管理并重，谋划实施大剧院、图书馆、南湖会展中心、体育公园等项目，推广数字化管理模式，提升城市管理水平。通过媒体联动、公益广告、文艺活动等形式，营造全民参与氛围；以典型引领传播榜样力量，开展道德模范、最美人物、唐山好人评选表彰活动；以志愿服务引领社会风尚，推进志愿服务社会化。

“创建全国文明城市 巾帼志愿者在行动”活动。 张北男 摄

【唐山获评首届河北省文明城市】 2017年是首届“河北省文明城市”总评表彰年，唐山市获首届“河北省文明城市”称号。所辖14个县（市、区）中11个获首届“河北省文明城市（城区、县城）”称号，占比全省第一。获奖县（市、区）包括：迁安市（获全国文明城市直接入选）、遵化市（获全省县级市第五名）；古冶区、路北区、曹妃甸区、路南区、丰润区、丰南区（分获全省文明城区第二、四、九、十、十一、十二名）；乐亭县、滦南县、滦县（分获全省文明县城第三、四、七名）。

【文明城市创建常态化】 2017年，唐山市文明城市创建进入常态化，市文明办构建三大制度体系。创建内容制度全覆盖，制发《关于社区环境综合整治长效机制建设的实施意见》《关于城市市场建设管理长效机制建设的实施意见》等制度和办法。推进手段制度全覆盖，建立《文明城市创建督导检查长效机制》《文明单位动态管理量化考核办法》等制度。运转体系制度全覆盖，构建文明委顶层设计、科学部署；文明办统筹协调、督查指导；各工作部行业指导、协调联动；各县（市、区）和基层单位任务明确、抓落实的运转体系。

2017年12月2日，社会公益志愿服务之家揭牌仪式在南湖举行。

文明办提供

【志愿服务组织孵化基地成立】 2017年12月2日，全省首家志愿服务组织孵化基地——唐山市志愿服务组织孵化基地（社会公益志愿服务之家）在南湖揭牌成立，全市20家志愿服务组织首批入驻。唐山市志愿服务组织孵化基地是由唐山市文明办发起创办，唐山市志愿者协会统一管理，为社会公益志愿服务组织提供支撑的志愿服务发展平台。孵化基地成立后，顶层设计全市志愿服务事业，带领全市志愿服务组织和志愿者沿着科学发展轨道前进，为志愿服务组织提供专业指导和服务，孵化培育新志愿服务组织，推动志愿服务事业发展。

【"我为文明城市添光彩"主题活动】 2017年5月，唐山市文明办在全市开展"讲文明守秩序树新风·我为文明城市添光彩"主题活动。"文明交通·你我同行"主题活动，在全市250万机动车驾驶人中开展"文明行车百日无违章"竞赛活动，在党政机关和公交车、出租车行业开展"礼让斑马线·文明我引领"活动，倡导文明交通行为。"小手拉大手·一带六家庭文明行"活动（"一带六"即：通过一个中、小学生，带动爸爸、妈妈、爷爷、奶奶、姥姥、姥爷加入到文明城市创建行列）。"我是文明宣讲员、我和家人共学文明"等活动，把文明礼仪知识带回家，针对身边存在的不文明形象，与家人一起提改进建议，宣传劝阻监督改正。"我为城市代言，我文明、我行动、我快乐"系列活动。"文明每一天·文明礼仪我践行"活动，向780万市民倡议争做文明市民。"都来学雷锋·城市更文明"志愿服务活动，党员志愿者带动市民参与市容环境治理等活动，在公共场所开展公共文明劝导活动，引导市民维护公共秩序。

【"访千楼万家·创文明城市"主题活动】 2017年4月，唐山市文明办在全市开展"访千楼万家·创文明城市"主题活动。活动主要采取各级文明单位分包社区方式，组织干部深入所包社区，与街道、社区干部一道，利用多种形式宣讲文明城市创建意义及与群众自身关系，征询市民对文明城市创建的意见建议，对群众反映的问题建立台账、归档，能解决就地解决，暂时解决不了的与群众沟通。活动征集群众意见建议37万余条，解决突出问题1.58万余件。

【"提质提效、文明服务"创建竞赛活动】 2017年4月，唐山市文明办与市直机关党工委在全市机关和窗口单位开展"提质提效、文明服务"创建竞赛活动。活动以"三比三看"为核心内容：比"三办"（热情办、马上办、办得好），看工作态度；比"三致"（确保细致、力求精致、追求极致），看服务质量；比"三优"（秩序优、环境优、文化优），看管理水平。活动开展后，在市委办公厅、市人大常委会办公厅等61个党政机关和事业单位，市总工会、团市委等12个群众团体中推进。全年评比全市21类窗口行业，特别是所属各级文明单位，表彰625个文明服务示范窗口。

【未成年人思想道德建设】 2017年，唐山市文明办在全市中小学开展中华经典诵读、"学习雷锋，做美德少年"网上签名寄语、清明"网上祭英烈""七一"童心向党、"网上向国旗敬礼"等活动，提高未成年人思想道德素质。加强未成年人活动阵地建设，建设中央、省专项彩票公益金支持的乡村学校少年宫67所，市级财政支持的乡村学校少年宫91所，实现乡村学校少年宫乡镇全覆盖。实施校园周边环境综合整治，加强学校周边商业网点管理，查处各种制售假冒伪劣商品行为，清查取缔校园周边无证经营出版物商店及兜售非法出版物游商地摊，取缔在学校周围200米内开办网吧、电子游戏场所、歌舞厅等娱乐场所，整治校园周边治安秩序，在校园附近设置交通标志标线等交通安全设施。

【以道德模范引领文明新风】 自2008年起，唐山市连续开展5届"道德模范评选表彰和学习宣传"活动，共计评选道德模范52人。2017年，唐山市文明办在全市开展道德模范巡讲活动1.56万余场，建设道德模范主题广场（公园）27处。完善道德模范礼遇制度，在春节、中秋节等节日，采取为道德模范寄送节日贺礼等方式，实现对道德模范礼敬、关爱，做到帮扶常态化、经常化，让先进典型得到社会关爱和崇敬。

【身边好人评选】 2017年，唐山市文明办开展"我推荐、我评议身边好人"活动，动员全市群众推荐、评选和评议日常生活中感人事迹。通过网络、报刊等形式，宣传好人事迹。推广"好人足迹"甬路建设，修建好人甬路1万余米，鼓励市民学好人、做好事，沿着好人足迹向前走。全年全市赵久丰、佟立华、朱艳敏、张立冬4人登“中国好人榜”，李明贵、王秀敏等44人登“河北好人榜”。

【刘文福获第六届全国道德模范提名奖】 2017年11月9日，中国文明网公布第六届全国道德模范及提名奖获得者名单。迁西县福珍全矿业有限公司董事长刘文福获全国道德模范提名奖。刘文福30年来先后捐赠各项爱心款物6200余万元，被乡亲们称为“山沟里的慈善家”。捐款141万元兴建迁西第一中学，捐款58万元改善滦阳镇铁门关村小学办学条件，抵押贷款201万元建设滦阳镇中学教学楼，出资100万元设立扶危济困基金，每年定向捐助孤寡老人和困难家庭大学生。在新农村建设中，为村村通工程和饮水工程累计捐助80余万元，与县内贫困村兴城镇前铺村结成帮扶对子，先后捐赠款物17万元建成高效核桃园6.67公顷，年增收160万元。与县民政部门联系，为全县老复员军人、老伤残军人和老军烈属设立100万元扶贫济困拥军优属基金。逢重要节假日，到驻迁西武警中队和消防大队慰问，先后累计捐款捐物410余万元。

【黄玉珍家庭获全国“最美家庭”】 2017年5月24日，全国妇联召开2017年全国“最美家庭”揭晓会。乐亭县乐安街道黄玉珍家庭被全国妇联评选为全国“最美家庭”。黄玉珍是乐亭县招待所退休干部，丈夫王坤朝是乐亭镇退休干部，夫妻二人都是七旬老人，两个儿子事业有成，儿媳贴心孝顺，一家人和睦融洽，是街坊邻居眼中的幸福之家。黄玉珍家庭将帮助别人当成义务和职责，带头做好事、做善事，热心助人事迹在社区传颂。

【道德讲堂举办超2万场】 唐山市文明办制发《关于做好2017年道德讲堂总堂组织工作和活动安排的通知》，安排部署2017年道德讲堂工作，指导地税、工商、住建、城管、公安、交通、卫生、商务等系统，唐钢、供电等国有大中型企业，华北理工大学唐山学院等大专院校设立系统道德讲堂总堂。将定期举办道德讲堂作为文明单位参评标准，通过日常督导，确保道德讲堂发挥效果。全年全市举办市级道德讲堂总堂活动12场，举办系统道德讲堂总堂和各级道德讲堂2万余场次，参与人员90万人次。

为文明添光彩签名活动。　闫　军 摄

【农村精神文明好风貌】 2017年，唐山市文明办以“十个一”建设（一个村民中心、一个文化广场、一条乡风文明示范街、一批善行功德榜、一套村规民约、一个红白事理事会、一个道德讲堂或文化礼堂、一支志愿者队伍、一支新乡贤骨干队伍、每年评选表彰或复检一次“十星级文明户”或“五好家庭”）为载体，开展文明村镇创建，树立农村精神文明新风。宣传科学文明知识，利用多种形式，营造“树新风、除陋习”氛围。发挥红白理事会、道德评议会作用，制定村规民约，褒扬乡村新风、反对不良行为。组织农民开展文体活动，以百姓剧场、“村里的春晚”等形式，开展歌曲、舞蹈、扭秧歌等活动。开展“十星级文明户”、文明家庭创建等活动，发挥家庭在农村精神文明建设中的基础性作用。截至年底，全市3个乡镇、8个村入选全国文明村镇，15个乡镇、44个村入选省级文明村镇，96个乡镇、306个村被评为市级文明村镇。

【文明旅游志愿服务活动】 2017年4～12月，唐山市文明办在全市开展文明旅游志愿服务活动，推进文明旅游建设。在全市A级旅游景区出入口、游客中心、核心景区等醒目位置设立学雷锋志愿服务站（岗），组织志愿者在景区开展文明宣传、文明引导等志愿服务活动。利用节假日，组织文化志愿者在广场举行以“文明旅游”为主题演出，并开展主题宣传活动，引导市民“文明旅游”。组织志愿者走进社区，向社区居民发放《中国公民国内旅游文明行为公约》《中国公民出境旅游文明行为指南》等资料，增强市民文明旅游意识。在全市各大旅行社设立学雷锋志愿服务站（岗），开展文明引导志愿服务活动。实行出行前告诫游客制度，引导游客守公德、讲礼仪，做到文明游览。在全市星级饭店开展“文明用餐·光盘行动”，宣传节俭用餐新风尚。

（高文龙）

生态文明建设

【生态文明建设概况】 2017年，唐山市制发《唐山市生态文明体制改革实施方案》《唐山市环保机构监测监察执法垂直管理制度改革工作方案》《关于强力推进大气污染综合治理的意见》《大气环境质量限期达标规划提纲》，完成环保机构监测监察执法垂直管理制度改革，调整环保机构隶属关系，重构监测、监察、执法、许可、审批等环境治理制度，提升环境监管水平。全年空气质量达标天数205天，比上年增加5天，PM2.5平均浓度66微克每立方米，较2013年下降42.6%，环境空气质量改善率10.8%，在全省排名第4位。推进地下水超采综合治理，全市13个地下水超采试点县、区全部完成水资源使用权分配方案核定和《县级农业水价综合改革实施方案》编制备案。推进水资源税精准管理，《多方合作试点先行全面提升水资源计量管理质量》经验做法在全省水资源税远程监控信息联网试点现场观摩会议上推广。推进环境污染强制责任保险试点，确定166家第二批环境污染强制责任保险试点企业，预计总保额20亿元，完成首例污染案理赔金额22.78万元。连续两年，投保企业数量、总保费和总保额均在全省和全国领先。推行河长制制度，发布《唐山市河长制工作方案》，确立市、县、乡三级河长组织体系，明确市级河长7名、县级河长144名、乡级河长812名，全市7条（座）河湖设立市级河长、199条（座）河湖设立县级河长、1172条（座）河湖设立乡级河长。探索环境污染第三方治理模式，制发《关于推行环境污染第三方治理的实施意见》，明确六大治理领域，强化政策支持和引导，保障环保企业发展。推进节能削煤降碳，全年单位GDP能耗比上年下降4.20%，单位GDP二氧化碳排放量下降4.70%。

（市委改革办）

【水生态文明建设】 2017年，唐山市水务局清理潘家口、大黑汀、邱庄、陡河4座水库养殖，其中潘大水库库区水面迁西境内拆解网箱4.07万个，陡河水库库区及周边1166.67公顷坑塘养鱼集中清理完毕，邱庄水库库区水面网箱养鱼清理4266箱、围网养殖清理497.6公顷、池塘清理46.8公顷。对陡河水库封闭治理，以开平区、丰润区、滦县为责任主体，市政府安排专人连续9个月驻库督导，组成3个现场组，协调解决施工、设计、监理等问题，完成陡河水库封闭治理。分别在10条主要河流和2座水库不同断面布设33处水质监测点，启动12处水功能区和31处入河排污口立碑。

（李学东）

【海洋生态保护】 2017年，唐山市国土资源局加大海洋环境监测能力建设，海洋自动观测浮标投入使用，全天候监测水文、气象、水质等18项指标，海洋环境监测中心建成运行，初步具备独立监测能力。排查入海污染源，在3次摸排基础上，研究制定整改方案，强化陆源入海污染物监督管理。开展海岸线调查统计，摸清海岸线家底，调查成果通过省评审验收并上报省厅。配合和接受国家海洋督察，累计提供督察资料98批次，配合组织座谈12次，部分问题在督察期间得到解决，实地督察结束后赴北海分局和国家海洋局汇报整改工作，最大限度化解问题。督察意见书下发后，召开全市整改工作会议，市政府主要领导动员部署，科学制定市、县整改方案，推进整改。

（高　宇）

【国家森林城市创建】 2017年是创建国家森林城市关键之年，全市造林2.62万公顷，为省达任务的151.2%，森林覆盖率提高0.7%，超过创建国家森林城市每年森林覆盖率提高0.5%的要求，全市森林覆盖率37.21%。成立创建国家森林城市工作领导小组，制发唐山市创建国家森林城市“1+12+3”系列实施方案、创森攻坚“四个干”运行图等文件，组织“创森”动员大会、启动仪式、推进会、现场会和调度会，建立联席会议和定期调度制度，“创森”工作实现城乡统筹、领域统筹和部门统筹。科学布局生态空间，聘请国家林业局城市森林研究中心编制《唐山市国家森林城市建设总体规划》，先后通过专家评审会、市政府常务会议，确定“两核、三区、七极、百园、千村”的生态脉络建设框架，谋划森林生态、森林产业、生态文化三大体系12项重点工程。到山东青岛、烟台、潍坊学习考察成功经验和先进做法。组织绿化攻坚，抢抓春季、雨季、秋冬季造林绿化有利时机，推进造林重点工程。新造、改造通道绿化面积3333.33公顷；在全省率先启动森林村镇建设，完成村庄绿化421个，绿化面积1400公顷；完成环企绿化666.67公顷，丰润区天柱钢铁、新宝泰钢铁，古冶区三友矿山、唐山不锈钢、启新矿山等环企绿化初具规模；荒山绿化重点突破，北部山区造林1.1万公顷，其中封山育林5400公顷；推进沿海绿化，乐亭、滦南、曹妃甸、丰南等重点沿海区域造林绿化2000公顷；市区新增园林绿地219.52公顷，新增公园绿地73.61公顷，城市建成区绿化覆盖率、绿地率分别为39.4%和36.4%。结合“创森”在全市林业系统开展“大力弘扬塞罕坝精神，争当生态文明建设排头兵”

生态南湖　鸟类乐园。　金胜恩　摄

主题实践活动。在唐山电视台《田野上的新希望》专栏及《唐山劳动日报》刊播相关报道80余篇，开通唐山“创森”专题网站和微信公众号，编印“创森”100问知识手册，组织“创森”知识“六进”活动。启动古树名木普查工作，完成全市259株古树名木、4423株古树群的鉴定、勘察、拍摄和信息采集。

（马树华）

【新能源产业发展】 2017年，唐山市新能源产业初具规模，装机总容量42万千瓦。截至年底，唐山市并网风电项目2个，装机容量7.2万千瓦。累计并网光伏30.5万千瓦，其中屋顶光伏9.871万千瓦；地面光伏电站8个，装机容量20.629万千瓦。垃圾发电方面，全市投产垃圾发电厂1个，装机容量37兆瓦。地热利用方面，唐山基本形成集洗浴、疗养、养殖及供暖为一体的利用格局，地热年开采量260万立方米，供暖面积23万平方米，养殖面积25公顷。

（蒋　斌）

【农村居民清洁取暖】 2017年，唐山市人民政府办公厅制发《关于做好2017年农村地区环保炉具推广工作的通知》，在迁安市、遵化市、迁西县、玉田县、丰润区、滦县的山区村推广清洁燃烧炉具6万台，每个取暖季节煤3万吨。市农牧局制发《关于做好2017年推广太阳能热水及辅助热源取暖（太阳能采暖房）工作的通知》，全年推广太阳能采暖房724户，示范带动农户清洁取暖。推进农村沼气转型升级，发展规模化大型沼气工程，古冶区裕禾秸秆沼气工程一期完工通过验收，规模3000立方米，项目总投资836.3万元，其中中央投资450万元。争取省级预算沼气类试点项目资金300万元，提升遵化市长城种禽有限公司沼气工程优化，实现沼气、沼渣、沼液全价值链开发与循环利用，为全市沼气工程转型升级起示范带动作用。开展秸秆能源化利用示范，全年争取秸秆能源化利用试点项目资金200万元，以乐亭县马头营镇为核心，重点发展秸秆打捆收集、成型燃料加工和收、储、运体系建设，形成区域化秸秆能源利用示范体系，探索唐山市秸秆能源化道路。

（张永春）

【京津冀最大绿色再生资源处理项目落户曹妃甸】 2017年3月31日，曹妃甸区政府与齐合天地集团就齐合天地再生资源综合回收利用项目签约。项目建成后，将成为京津冀地区最大绿色再生资源处理中心。副市长曹全民出席签约仪式并致辞。齐合天地再生资源综合回收利用项目由齐合天地集团有限公司（香港）与台州齐合天地金属有限公司合资建设，总投资10亿元，其中港资8700万美元。集报废汽车和汽车零部件再制造，废五金、废塑料和电子废弃物回收利用为一体，为综合性绿色再生资源处理中心。可实现年销售收入20亿元，利润总额3亿元，上缴税金4500余万元，吸纳相关技术人员1500人。

（刘庄子）

【古冶区生物质发电项目签约】 2017年5月12日，唐山市古冶区与杭州锦江集团就生活垃圾及工业污泥综合处理生物质发电项目签约，标志古冶区城乡垃圾无害化、资源化、减量化处理进入实施阶段。古冶区生活垃圾一直采取无害化填埋方式处理，但新存量不断形成，造成环境隐患。古冶区经过考察、论证和比选，引进杭州锦江集团生活垃圾及工业污泥综合处理生物质发电项目，计划总投资10亿元，通过在垃圾产地建立处理中心，将生活垃圾或污泥做成生物质燃料块后运至厂区燃烧发电，避免垃圾在运输和燃烧过程中产生二次污染。项目一期占地10.67公顷，建成运营后日消耗生活垃圾和污泥处理后生物质燃料1600吨。杭州锦江集团是国内知名现代化大型民营企业集团，2016年综合实力排名中国企业500强第268位、中国民营500强第67位。杭州锦江集团是国内拥有垃圾焚烧电厂最多、累计处理垃圾能力最大的企业集团之一。

（齐福臣）

【北方首个海上风电示范项目在乐亭开工】 2017年，总投资58亿元的中国北方首个海上风电示范项目——乐亭菩提岛海上风电场300兆瓦示范项目主体工程在乐亭县开工建设。海上风电示范项目位于京唐港与曹妃甸港之间的乐亭县海域，由河北建投海上风电有限公司投资建设，项目场址范围面积68.2平方千米，场址区域水深10～27米，场址中心距离岸线18千米，是中国北方在建的第一个海上风电项目，也是渤海核准的第一个同类项目。该项目装机总容量300兆瓦，采用海底电缆接入陆上电网。项目建成发电后，年上网电量8亿千瓦时，可实现销售收入6.8亿元。与相同发电量的火电项目相比，年可节约标煤26.2万吨，减少排放烟尘3539吨、一氧化碳68.8吨、二氧化碳78.7万吨。

（刘江涛）

【全球首套焦炉煤气制乙醇项目迁安投产】 2017年7月2日，由唐山中溶科技股份有限公司研发的全球首套焦炉煤气制乙醇项目在迁安投产运行，每年可节约粮食90万吨。中溶科技是专注于非粮乙醇及其下游产品研发、生产、销售的国家级高新技术企业。该项目是中溶科技继2013年8月建成全球首套1.5万吨煤基乙醇基础上的项目扩产，主要利用自主研发的9项专利和附近蓝海公司、宝利源公司的焦炉煤气，投资8亿元建设年产30万吨全球首套焦炉煤气制乙醇项目。项目一期年产10万吨无水乙醇生产线投料成功，无水乙醇质量纯度99.98%。利用煤气制乙醇变废为宝，保护环境，提高焦炉煤气附加值，并解决与民争粮问题，副产品天然气还可为社会提供清洁能源。

（齐福臣）

组织机构和负责人

【市级主要机构及负责人名单】

中共唐山市第九届委员会

（2017.1～2017.3）

书　记　焦彦龙
副书记　丁绣峰
　　　　丁荣进
　　　　王立彤（2月免）
常　委　史学勃
　　　　刘建国
　　　　刘建立

刘德明
崔　晗
胡国辉
杨　洁（女）
贾文雅
陈学民
张树新（援疆）
李忠娟（女，挂职）
于学强（挂职）
秘书长　付振波

中共唐山市第十届委员会

（2017. 3～2017. 12）

书　记　焦彦龙（12月免）
　　　　王　浩（12月任）
副书记　丁绣峰
　　　　丁荣进
常　委　贾文雅（满族，8月免）
　　　　李彦明（8月任）
　　　　刘德明
　　　　胡国辉
　　　　杨　洁（女）
　　　　陈学民
　　　　张树新（援疆）
　　　　付振波
　　　　孙贵石
　　　　李忠娟（女，挂职，11月免）
　　　　于学强（挂职，11月免，
　　　　　　12月任）
秘书长　付振波

市委工作部门

办公厅
主　任　牛俊武
组织部
部　长　陈学民
宣传部
部　长　杨　洁（女）
统战部
部　长　陈学民
政法委
书　记　贾文雅（满族，8月免）
　　　　李彦明（8月任）

市直机关党工委

书　记　胡国辉（1月免）
　　　　付振波（1月任）
农工委
书　记　空缺
编制办公室
主　任　黄敬东
防范办
主　任　张乙清
接待办
主　任　訾　惠
研究室
主　任　吕志玉（4月免）
　　　　张秀新（4月任）
信访局
局　长　李东升（4月免）
　　　　徐昌盛（4月任）
老干部局
局　长　林　鹏
台　办
主　任　李　庚
党史研究室
主　任　刘胜祥
保密局
局　长　郝仲军
文明办
主　任　李　丽（女，5月免）
　　　　李泽明（6月任）
综治办
主　任　刘云生
党　校
校　长　曹征平（女，4月免）
　　　　丁荣进（4月任）
唐山劳动日报社
社　长、党委书记　侯西岭（5月免，
　　　　3月改任党委书记）
　　　　张秀山（5月任）
广播电视台
台　长、党委书记　张梅艳(女,2月免)
　　　　王树林（2月任）

唐山市第十四届人大常委会

（2017年1～3月）

主　任　安树彦
副主任　秦少清
　　　　张　羽
　　　　王连灵
　　　　曹金华
　　　　李全民
　　　　王金凯
党组书记　安树彦
党组副书记　秦少清
党组成员　曹金华
　　　　李全民
　　　　王金凯
　　　　董天利（1月任）
　　　　王宝兴
　　　　孙贵石（2月免）
　　　　和春军
秘书长　王宝兴

市十四届人大常委会工作部门

办公厅
主　任　王宝兴
研究室
主　任　周玉来
选举任免代表工作委员会
主　任　常庆久
常务副主任　王荣国
法制工作委员会
主　任　高慧东
内务司法工作委员会
主　任　刘水盛
财政经济工作委员会
主　任　周晓杰（女）
城乡建设环境保护工作委员会
主　任　丁玉双
农村经济工作委员会
主　任　王敬武
教育科学文化卫生工作委员会
主　任　张国君
民族宗教侨务外事工作委员会
主　任　易生泉
机关党委
书　记　王宝兴（兼）
专职副书记　许　明
信访办
主　任　张　军

唐山市第十五届人大常委会

（2017年4月1日～）

主　任　郭彦洪（女）
副主任　张艳春（女）
　　　　高瑞华（女）
　　　　毕开艾
　　　　和春军
　　　　魏文忠
党组书记　郭彦洪（女）
党组副书记　安树彦
　　　　张艳春（女）
　　　　秦少清（8月免）
党组成员　毕开艾
　　　　和春军
　　　　魏文忠
　　　　曹金华
　　　　王宝兴
秘书长　王宝兴

市十五届人大常委会工作部门

办公厅
主　任　王宝兴
研究室
主　任　周玉来（9月免）
选举任免代表工委
主　任　常庆久
常务副主任　许　明
法制工作委员会

主　任　　　张国华
内务司法工作委员会
主　任　　　贾东君（女）
财政经济工作委员会
主　任　　　肖克勤
城乡建设环境保护工作委员会
主　任　　　王玉升
农村经济工作委员会
主　任　　　张彩文（女）
教育科学文化卫生工作委员会
主　任　　　潘友忠
民族宗教侨务外事工作委员会
主　任　　　王荣国
机关党委
书　记　　　王宝兴（兼）
专职副书记　白　洁（女）
信访办
主　任　　　张　军

唐山市人民政府

市　　　长　丁绣峰
常务副市长　王久宗（1月免）
　　　　　　胡国辉（1月任）
副　市　长　高瑞华（女、满族，3月免）
　　　　　　李忠娟（女、挂职，12月免）
　　　　　　于学强（挂职）
　　　　　　曹全民
　　　　　　李国忠（3月免）
　　　　　　贾文雅（满族，1月免）
　　　　　　李晓军（1月免）
　　　　　　张月仙（3月任）
　　　　　　孙文仲（3月任）
　　　　　　黄三平（1月任）
　　　　　　梁振江（6月任）
　　　　　　李钦峰(挂职，12月免)
　　　　　　孙　虎(挂职，12月免)
秘　书　长　张会春（4月免）
　　　　　　张文明（4月任）

市人民政府工作部门

办公厅
主任、党组书记　张会春（4月免）
　　　　　　　　张文明（4月任）
发展和改革委员会
主任、党组书记　庞秋原（1月免）
　　　　　　　　张贵宝（2月任，6月免）
　　　　　　　　梁振江（6月任）
教育局
局长、党组书记　刘绍辉（3月改任党组书记）
科技局
局长、党组书记　吕素青（女）
工业和信息化局
局长、党组书记　徐树成
民宗局
局长、党组书记　张　硕（回族）
公安局
局长、党委书记　贾文雅（满族，1月免）
　　　　　　　　黄三平（1月任）
民政局
局长、党组书记　崔敬东（5月免，3月改任党组书记）
　　　　　　　　韦远东（5月任）
司法局
局长、党组书记　张占忠
财政局
局长、党组书记　魏文忠（4月免）
　　　　　　　　郑汉军（4月任）
人力资源和社会保障局
局长、党组书记　毕开艾（4月免，3月改任党组书记）
　　　　　　　　李东升（4月任）
环保局（已垂直管理）
局长、党组书记　张有悦
城乡规划局
局长、党组书记　高怀军
住房保障和城乡建设局
局长、党组书记　李再东（3月改任党组书记）
城管局
局长、党组书记　冀桂梅（女，3月改任党组书记）
交通运输局
局长、党组书记　蔡洪魁（3月改任党组书记）
水务局
局长、党组书记　魏宝明（5月免，3月改任党组书记）
　　　　　　　　李建华（5月任）
农牧局
局长、党组书记　张印勤（3月改任党组书记）
林业局
局长、党组书记　董秀峰（5月免）
　　　　　　　　解桂林（5月任）
商务局
局长、党组书记　王志军（5月免，3月改任党组书记）
　　　　　　　　王德满（5月任）
文化广播电视新闻出版局
局长、党组书记　韦远东（5月免，3月改任党组书记）
　　　　　　　　侯西岭（5月任）
卫计委
主任、党组书记兼爱卫办主任
　　　　　　　　李建新（3月改任党组书记）
审计局
局长、党组书记　王洪江
国资委
主任、党委书记　张洪山
工商局
局长、党组书记　张建波
质量技术监督局
局长、党组书记　路　遇
体育局
局长、党组书记　刘利东
安全生产监督管理局
局长、党组书记　于兴维
食品药品监督管理局
局长、党组书记　潘树文（2月任局长）
统计局
局长、党组书记　郑汉军（4月免）
　　　　　　　　吕志玉（4月任）
粮食局
局长、党组书记　张贺明（5月免，3月改任党组书记）
　　　　　　　　李　丽（5月任）
法制办
主任、党组书记　张国华（4月免）
　　　　　　　　蒋观勇（5月任）
人防办
主任、党组书记　费立志（5月免）
　　　　　　　　周景会（5月任）
金融工作办公室
主任、党组书记　李　轶
行政审批局
局长、党组书记　王文彬（11月任）
旅游局
局长、党组书记　邢京林
地震局
局长、党组书记　郭彦徽（女）
供销合作总社
主任、党组副书记　蔡春奎（3月改任党组副书记）
住房公积金管理中心
主任、党组书记　姜凤武
档案馆
馆长、党组书记　侯永坤（女）

高新技术产业开发区

工委书记　丁荣进

主　　任　庞秋原

海港经济开发区

工委书记　曹全民

主　　任　宗玉田（2月免）

黄玉刚（2月任）

芦台开发区

主任、工委书记　杨玉满（2月免）

韩庆文（2月任）

汉沽管理区

主任、工委书记　许焕庆

唐山清东陵保护区

工委书记　李贵富

主　　任　刘金柱

唐山国际旅游岛

工委书记、主任　王玉国

南湖生态城建设指挥部

总指挥　张文明

唐山市政协第十一届委员会

（2017年1月～3月）

主　席　郭彦洪（女）

副主席　张艳春（女）

刘长锁

胡万宁

杨　方

徐建君

苏铁成

苏春生

张月仙（女）

秘书长　刘镇东

市十一届政协工作部门

办公厅

主　任　刘镇东

研究室

主　任　李笑利

提案委员会

主　任　刘晋波

文史资料委员会

主　任　李治欣（女）

经济建设委员会

主　任　杨兰亭

农业和人口资源环境委员会

主　任　任庆海

教科文卫体委员会

主　任　袁会林

社会法制委员会

主　任　李志安

港澳台侨和民族宗教委员会

主　任　张加力

委员学习管理委员会

主　任　郭宝合

唐山市政协第十二届委员会

（2017年3月～）

主　席　曹征平（女）

副主席　王连灵（女）

刘长锁

胡万宁

白春明

崔武成

李长春

张会春

王福燕（女）

秘书长　李长远

市十二届政协工作部门

办公厅

主　任　李长远

研究室

主　任　刘海峰

提案委员会

主　任　刘晋波

文史资料委员会

主　任　李治欣（女）

经济建设委员会

主　任　马　进

农业和人口资源环境委员会

主　任　周彦东（9月免）

教科文卫体委员会

主　任　袁会林

社会法制委员会

主　任　李　伟

港澳台侨和民族宗教委员会

主　任　李笑利

委员学习管理委员会

主　任　李志安

中共唐山市纪律检查委员会

书　记　刘德明

副书记　侯法显（3月免）

冯慧洁（女）

刘学军

于　峰（3月任）

常　委　鲁振峰

高树敏

刘玉芳

李晓忠

张　爽（女，3月任）

中级人民法院

院　长、党组书记　李彦明（8月免）

牛向阳（10月任党组书记、代理院长）

市人民检察院

检察长、党组书记　赵智慧（1月任党组书记、代理检察长，3月任检察长）

民主党派和工商联

中国国民党革命委员会唐山市委员会

主　委　张月仙（女）

中国民主同盟唐山市委员会

主　委　刘长锁

中国民主建国会唐山市委员会

主　委　王连灵（女）

中国民主促进会唐山市委员会

主　委　王福燕（女）

中国农工民主党唐山市委员会

主　委　高瑞华（女、满族）

九三学社唐山市委员会

主　委　胡万宁

唐山市工商业联合会

主　席　甄德恩

党组书记　王　勇

人民团体

唐山市总工会

主　席　刘建国

党组书记　张喜怀（回族）

唐山市妇女联合会

主席、党组书记　张进霜（女）

中国共产主义青年团唐山市委员会

书记、党组书记　空　缺

唐山市科学技术学会

主席、党组书记　王保国（4月免）

姬保新（4月任）

唐山市文学艺术界联合会

主　席　袁　宁

党组书记　刘宝富

唐山市社会科学界联合会

主席、党组书记　王　力

唐山市残疾人联合会

理事长、党组书记　石洪实（4月免）

董爱民（4月任）

唐山市归国华侨联合会

主　席　胡　平（2月免）

唐山市红十字会

会　长　高瑞华（女、满族）

专职副会长　陈晓星（5月免）

唐山市贸促会、会展办

会长、会展办主任　夏裕萍（女）

中央、省垂直管理部门

唐山市国家税务局

党组书记、局长　张　渤

唐山市地方税务局

党组书记、局长　张福军

唐山市国土资源局

党组书记、局长　全荣哲

唐山市烟草专卖局

党组书记、局长　王友安

唐山出入境检验检疫局

党组书记、局长　董卫国

唐山海关

关　长　许凤仪

唐山海事局

党委书记、局长　刘利军

唐山市气象局

党组书记、局长　赵国石

唐山市盐务管理局

局　长　陈润超（5月任）

唐山无线电管理局

局　长　王海瑞（11月免）

【县（市、区）级主要机构负责人名单】

遵化市

市委书记　李贵富
人大常委会主任　高海柱
市长　董学忠（2月任）
政协主席　崔　明
纪委书记　高庆利
法院院长　董晓宇（2月免）
　　刘永民（2月任）
检察院检察长　李跃明

迁安市

市委书记　张淑云（女）
人大常委会主任　郝可军
市长　韩国强（1月代，2月任）
政协主席　李维林
纪委书记　许俊良
法院院长　王建民（2月免）
　　褚建全（2月任）
检察院检察长　孙玉军

玉田县

县委书记　孙辉福
人大常委会主任　周庆岩
县长　朱文军（1月代，2月任）
政协主席　孙春生（2月免）
　　王跃飞（2月任）
纪委书记　张勇军
法院院长　吕国营（2月免）
　　付春生（2月任）
检察院检察长　周金刚

迁西县

县委书记　贾京磊
人大常委会主任　刘瑞富
县长　史林友（2月任）
政协主席　徐维民（2月免）
　　王　芳（2月任）
纪委书记　郝明东
法院院长　李艳明（2月免）
　　李振岭（2月任）
检察院检察长　郑金宽（2月免）
　　狄泽军（2月任）

滦县

县委书记　许晓娟（女）
人大常委会主任　于光辉（2月免）
　　张志国（2月任）
县长　戚永和
政协主席　孙太和
纪委书记　崔敬民
法院院长　张晓华
检察院检察长　吴锡东（2月免）
　　董晓宇（2月任）

滦南县

县委书记　艾文志
人大常委会主任　徐文辉
县长　侯　旭（2月任）
政协主席　张友利（2月免）
　　谢雪生（2月任）
纪委书记　刘国中
法院院长　冯广东
检察院检察长　郭晓辉

乐亭县

县委书记　董立群
人大常委会主任　孟宪福（2月免）
　　安爱军（女，2月任）
县长　张福林（2月任）
政协主席　于　红（2月免）
　　张国勇（2月任）
纪委书记　孙志东
法院院长　李月臣（2月免）
　　姚凌峰（2月任）
检察院检察长　张世新

曹妃甸区

区委书记　王立彤（2月免）
　　孙贵石（2月任）
人大常委会主任　刘树祥（2月免）
　　韩建民（2月任）
区长　梁振江（6月免）
　　张贵宝（6月代，7月任）
政协主席　王晓谦
纪委书记　韩顺宏
法院院长　李建翔
检察院检察长　周春林

丰南区

区委书记　艾　春
人大常委会主任　李志龙
区长　郝志军（2月任）
政协主席　高树春（2月免）
　　才文举（2月任）
纪委书记　王增典
法院院长　郝金生（2月免）
　　郑金宽（2月任）
检察院检察长　李　瑛（2月免）
　　任宪瑞（2月任）

丰润区

区委书记　李　忠
人大常委会主任　张印久
区长　张宝才
政协主席　杨爱民
纪委书记　刘艳东
法院院长　付春生（2月免）
　　李月臣（2月任）
检察院检察长　冯博元

路北区

区委书记　安晓良
人大常委会主任　汤立祥（2月免）
　　史玉尊（2月任）
区长　李建忠（2月任）
政协主席　史玉尊（2月免）
　　李季莲（女，2月任）
纪委书记　王润达
法院院长　何长柱（2月免）
　　李艳明（2月任）
检察院检察长　魏宝成

路南区

区委书记　詹晓阳
人大常委会主任　孙成海（2月免）
　　刘国忠（2月任）
区长　王卫国
政协主席　贾向东
纪委书记　温学会
法院院长　马明旭
检察院检察长　孙　岩

开平区

区委书记　彭晓明
人大常委会主任　王克先（2月免）
　　宋荣兴（2月任）
区长　张永新（1月代，2月任）
政协主席　周立权（2月免）
　　褚兆利（2月任）
纪委书记　陈　华
法院院长　杨立铭（2月免）
　　宣少川（2月任）
检察院检察长　周立杰

古冶区

区委书记　崔武成
人大常委会主任　谭俊民（2月免）
　　董广俊（2月任）
区长　张雪梅（女）
政协主席　王俊和
纪委书记　骆金凤（女）
法院院长　陈志刚
检察院检察长　李云飞

（孙庆武）

大事记

DaShiJi

1月

1 日中共唐山市委书记焦彦龙、唐山市人民政府市长丁绣峰发表《新年献辞》。

3 日路南区、路北区、高新技术开发区范围内不动产实施统一登记，房屋、土地登记核发一本证书，不再分别登记、办证。

5 日全球知名的国际检验、认证集团必维国际检验集团与唐山鑫丰实业集团合资建设的必维（河北）大宗商品检验有限公司在海港开发区正式投入运营。

6 日河钢唐钢热轧部“一种在线清除蓄热体析炭堵塞的方法”获得国家知识产权局颁发的发明专利证书。

7 日唐山工业职业技术学院党委书记、院长田秀萍获得由中国高等教育学会、中华全国学生联合会、中国青年报社联合主办的2016年“学生喜爱的大学校长”称号，全国 36 名大学校长获奖。

9 日 2016 年度国家科学技术奖励大会在人民大会堂举行。华北理工大学张柳团队与河北医科大学第三医院张英泽团队共同完成的“骨折微创复位固定核心技术体系的创建与临床应用”获 2016 年度国家技术发明二等奖。

△遵化市被国家税务总局授予“全国百佳国税地税合作县级示范区”称号。

△唐山市中医医疗集团成立。

10 日位于文化路 40 号老图书馆门前的 24 小时街区自助图书馆正式启用。

△以传统国学文化、佛教文化的学术研究、教育为主体的龙泉书院成立。

12 日中央纪委驻中华全国总工会纪检组组长、全国总工会党组成员王瑞生在唐山市慰问部分企业、困难职工、农民工和劳动模范。

△唐山举办第五届外国专家“凤凰友谊奖”颁奖仪式暨 2017 年外国专家新春招待会。

△由乐亭县第四实验小学自编自导的课本剧《丰碑》在“2016 年全国中小学校园互联网 + 应用研讨会暨全国中小学校园影视教育成果展示会”中获全国二等奖。

13 日河钢唐钢冷轧部罩式退火生产线应用“罩式退火线生产微合金化冷轧低合金高强钢”工艺方法获河北省知识产权优势培育工程专利奖三等奖。

△丰南区丰南镇张春洲家庭成为唐山市唯一获得 2016 年全国首批“幸福家庭”称号的家庭，全国 100 个家庭获此称号。

18 日市委副书记、市长丁绣峰在唐山银行调研。

19 日由开滦总医院与唐山启奥科技有限公司合作成立的唐山首家“医院 + 互联网”模式运营的医疗机构唐山颐享健康管理医院惠民园门诊部开业。

23 日省委常委、市委书记焦彦龙，省人大常委会副主任宋太平，省政协副主席卢晓光在唐山市走访慰问劳动模范、老党员、特困职工、城镇低保户、优抚对象及驻唐部队官兵，并致以新春祝福。

△市委副书记、市长丁绣峰走访慰问唐山军分区，向部队官兵送去新春祝福，共叙军民鱼水情。

23 日唐山市老人之家揭牌。

24 日唐山市 2017 年春节团拜会在唐山宾馆举行，省委常委、市委书记焦彦龙出席，市委副书记、市长丁绣峰致辞。

△市委副书记、市长丁绣峰，市人大常委会主任安树彦，市政协主席郭彦洪，市委常委、市政府党组副书记刘建立，副市长曹全民，副市长李国忠，副市长、市公安局局长黄三平等走访慰问春节期间坚守一线的干部职工，向他们致以新春的问候，并实地检查市区安全生产工作。

△市委副书记、市长丁绣峰在唐山市民服务中心调研。

2月

3 日唐山市民服务中心搬入新址，省委常委、市委书记焦彦龙检查中心服务运转情况，看望慰问中心一线职工，并就转变机关作风、提升服务质量和办事效率、实现老百姓和企业“双满意”提出要求。

△唐山市组织收听收看全省深化机关作风整顿大会。焦彦龙、丁绣峰、安树彦、郭彦洪、曹征平、丁荣进等市四大班子领导在分会场收听收看。

7 日中共唐山市第九届纪律检查委员会第七次全体会议召开。省委常委、市委书记焦彦龙出席会议并讲话。市四大班子领导成员，市法、检两长出席会议。

△天津市委常委、滨海新区区委书记宗国英，滨海新区区委副书记、区长张勇率天津市滨海新区党政代表团在曹妃甸区考察，省委常委、市委书记焦彦龙陪同考察并主持座谈会，市领导丁绣峰、王立彤、胡国辉、陈学民、于学强、曹全民

陪同考察。

10日中共唐山市委召开2017年第四次常委会议，研究讨论通过《市委、市政府关于加快推进“三个走在前列”的实施意见》《市委2017年工作要点》。省委常委、市委书记焦彦龙主持会议并讲话。

11日中车唐山公司55辆地铁列车在土耳其上线运营。

14日台湾金属制品产业园项目签约入驻迁安经济开发区。

15日市环境保护局首次根据唐山市大气污染防治网格化精准监控与决策支持系统数据统计结果，约谈16家网格化监测点位数据异常偏高工业企业主要负责人。

17日环保部空气质量督查组在唐检查指导工作。市委常委、常务副市长胡国辉出席座谈会，并代表市政府汇报大气污染防治情况。

18日唐山市协和医院与北京友谊医院签署技术合作项目对接协议，建立战略合作关系。

20日市委组织部、市国资委党委联合印发《关于学习贯彻全国全省国有企业党的建设工作会议精神的通知》，安排落实全国、全省国有企业党的建设工作会议和习近平总书记重要讲话精神。

21日下午到夜间唐山地区普降大雪，全区平均降雪量7.4毫米，积雪深度5～9厘米，最大降雪量出现在滦南8.9毫米，积雪深度9厘米。

22日唐山市召开2017年H7N9和重大动物疫病防控工作视频会议，安排部署H7N9和重大动物疫病防控工作。

23日中共唐山市委召开2017年第七次常委会议，学习传达省委管理干部学习贯彻党的十八届六中全会精神专题研讨班和省有关会议精神，研究贯彻落实意见。省委常委、市委书记焦彦龙主持会议并讲话。

24日唐山市组织收听收看省政府《中共中央国务院关于推进安全生产领域改革发展的意见》宣讲电视电话会，市委副书记、市长丁绣峰，副市长、市公安局局长黄三平在分会场收听收看。

25日市卫计委、市科协、市民政局、市体育局、南湖生态城管委会主办的“2017国际罕见病日京津冀万人健走大型公益活动”在南湖生态城举行。

28日“小唐园”成为唐山市志愿服务事业新品牌。

3月

1日唐山市工商局在全市推行企业简易注销登记改革。

1～2日环境保护部副部长黄润秋一行在唐山市调研指导工作。省委常委、市委书记焦彦龙，市委副书记、市长丁绣峰等陪同调研或参加座谈会。

3日唐山籍军官郑伟伟获“东海强军先锋”称号。

△唐山市开展全国“爱耳日”义诊活动。

5日中国质量万里行促进会在唐山市举办“‘3·15’消费者权益保护日进社区”活动。

5～6日福建省政协党组成员、副主席杨根生率团在唐山考察提案办理协商等工作。

6日唐山市召开纪念“三八”国际妇女节表彰暨“注重家庭家教家风”主题报告会。

△全国第十三届学生运动会“迁安杯”乒乓球大学组预赛在迁安市九江奥体中心综合馆举办。

6～8日河北省委原书记、省专家咨询委员会组长叶连松率专家就推动京津冀协同发展在唐山市调研。市委副书记、市长丁绣峰等出席座谈会或陪同调研。

7日唐山市安监局、市总工会、市妇联和团市委联合主办“让农民工兄弟安全工作，平安回家”主题志愿服务活动。

8日“文墨花润——2017年唐山市首届庆‘三八’妇女节女画家作品邀请展”举办。

9日贵州省政协副主席李汉宇一行在唐山市参观考察“锦绣贵州”特色文化旅游产业园区项目。

△唐山市政府与河北银行股份有限公司签署战略合作框架协议。

△“第四届大中城市联合招聘高校毕业生春季招聘会唐山分会场”在唐举办。

9～11日省审计厅党组书记、厅长杨晓和一行在唐山市调研指导审计工作。

10日唐山市召开文明城市创建暨深化机关作风整顿电视电话会议。市委副书记、市长丁绣峰出席会议并讲话。

11日2017年唐山市青少年机器人竞赛举办。

13～14日石嘴山市市长沈左权率领考察团在唐山市考察加强产业合作、内陆港建设等工作。市委副书记、市长丁绣峰陪同。

17日省科学院成果转化示范基地在玉田揭牌。

19日第十三届全国运动会拳击项目女子组第一次资格赛暨2017年“迁安杯”全国女子拳击锦标赛在迁安九江体育中心开赛。

20日国家水利部副部长陆桂华率领国家防总防汛抗旱检查组在唐山市检查防汛抗旱工作。

△唐山市首个装配式住宅小区滦阳新城滦阳锦园项目开工。

21日中国共产党唐山市第十次代表大会在燕山影剧院开幕。省委常委、市委书记焦彦龙代表中共唐山市第九届委员会作工作报告，市委副书记、市长丁绣峰主持大会。市四大班子领导成员及市法、检两长出席会议。

△旭阳东奥炼化成品油质量升级改造项目签约仪式举行，项目落户曹妃甸。

△联合国教科文组织与北京曹妃甸国际职教城在法国巴黎总部签署两项协议。

22日第十五届钢材市场和贸易国际研讨会暨2017中国唐山国际钢铁冶金工业博览会在南湖国际会展中心开幕，市委副书记、市长丁绣峰参加活动。

△唐山市21家企事业单位在燕山大学举办唐山市高层次人才专场招聘会。

23日中国共产党唐山市第十次代表大会在燕山影剧院闭幕。

△2017年河北省青年马克思主义者培养工程大学生骨干春季理论班在唐山师范学院开班，2017年河北春季省属高校团委书记联席会同期召开。

24日省委常委、市委书记焦彦龙，市委副书记、市长丁绣峰等领导参加2017唐山市全民义务植树日活动。

△唐山成联电子商务有限公司与中信银行总行合作搭建的银耐联电子交易平台正式在唐首发。

27～30日唐山市政协十二届一次会议召开。

28日～4月1日唐山市人大十五届一次会议召开。

30日新华石化炼化一体化项目签约活动在唐山南湖举行。市委副书记、市长丁绣峰出席活动并致辞。

4月

1日唐山市第十五届人民代表大会第一次会议闭幕。大会执行主席、主席团常务主席焦彦龙主持大会并讲话。经会议选举，郭彦洪当选唐山市人大常委会主任，丁绣峰当选唐山市人民政府市长，张艳春（女）、高瑞华（女，满族）、毕开艾、和春军（满族）、魏文忠当选唐山市人大常委会副主任，胡国辉、曹全民、张月仙（女）、孙文仲、黄三平当选唐山市人民政府副市长，王宝兴当选唐山市十五届人大常委会秘书长，李彦明当选唐山市中级人民法院院长，赵智慧当选唐山市人民检察院检察长。

2日河北省摄影家协会副主席、河北省艺术委员会主任、唐山市摄影家协会主席成贵民获2016“伯奇杯”全国创意摄影大展“十佳创意摄影师”称号。

6日唐山城南经济开发区框架协议签约活动在唐山南湖举行。中共中央政策研究室原副主任、中国国际经济交流中心副理事长郑新立出席签约活动。市委副书记、市长丁绣峰出席并讲话。

7日唐山市工业与信息化局主办、唐山电信公司承办“唐山G时代，千兆进家庭”活动。唐山市成为全省率先发布千兆宽带城市。

10日唐山市委理论学习中心组举行学习会，传达学习中共中央、国务院关于设立河北雄安新区通知和中共中央总书记习近平讲话精神。省委常委、市委书记焦彦龙主持会议并讲话，市委副书记、市长丁绣峰传达《中共中央、国务院关于设立河北雄安新区的通知》，市委副书记丁荣进传达习近平讲话精神，市四大班子领导出席会议。

11日唐山市召开钢铁去产能汇报会，听取全市和相关县（市、区）钢铁去产能情况汇报，研究部署下步工作。省委常委、市委书记焦彦龙主持会议并讲话。市委副书记、市长丁绣峰等出席会议。

△唐山市10户家庭入选2016年度河北省文明家庭。

12～13日全国人大常委会委员、教科文卫委员会副主任委员严以新带领调研组调研唐山市贯彻《中华人民共和国防震减灾法》实施情况，并与唐山市有关方面人员进行座谈。市人大常委会主任郭彦洪等参加相关活动。

13日市委副书记、市长丁绣峰在高新区调研重点项目建设情况。

14日唐山市政府办公厅发布《关于进一步促进房地产市场平稳发展的实施意见》，从4月14日起，唐山市实行住房限购政策。

16日唐山市召开2016年度县（市、区）委书记抓基层党建工作述职评议会议。省委常委、市委书记焦彦龙主持会议并讲话。市委副书记、市长丁绣峰，市人大常委会主任郭彦洪，市政协主席曹征平，市委副书记丁荣进，市委常委及市委党的建设（基层组织建设）工作领导小组成员出席会议。省委组织部派员到会指导。

18日河北省委第一巡视组向唐山市委反馈巡视整改回头看暨换届风气专项巡视情况。

△省委常委、市委书记焦彦龙在曹妃甸区调研贯彻落实中共中央总书记习近平视察唐山重要指示要求和市第十次党代会精神。市委副书记、市长丁绣峰等领导一同调研。

△唐山学院与中软国际启动“教育部‘产学研’合作协同育人项目”。

19日市委副书记、市长丁绣峰主持召开2017年第六次曹妃甸石化产业基地建设领导小组会议。

△市委副书记、市长丁绣峰会见中国林业集团公司总经理、党委书记宋权礼。

22日唐山市召开唐曹铁路保通车誓师动员大会。市委副书记、市长丁绣峰出席会议并讲话。市委常委、常务副市长胡国辉主持会议。市委常委、曹妃甸区委书记孙贵石等出席大会。

22～23日全国人大代表、台湾同学会会长、全国台联理事陈云英等43人在唐山市考察联谊。省委统战部常务副部长邹平，省委统战部副部长吴晓琳，省台联会长王耀冀，市委常委、组织部长、统战部长陈学民会见参访团。

24日中共唐山市委全面深化改革领导小组召开第十二次会议。省委常委、市委书记、市委全面深化改革领导小组组长焦彦龙主持会议并讲话。

△高新区盾石磁能科技公司GTR飞轮储能技术与产品应用获第七届中国国际储能大会“中国储能产业最佳飞轮储能示范项目奖”。

25日唐山市组织收听收看全省第四次县（市、区）委书记工作交流会。会议以电视电话会议形式召开。省委常委、市委书记焦彦龙，市委副书记、市长丁绣峰，市人大常委会主任郭彦洪，市政协主席曹征平在省主会场参加会议。市委副书记、高新区党工委书记丁荣进等市四大班子领导在唐山市分会场收听收看。

26日2017年首届奇石文化艺术博览会在盛华冀东古玩城举办，20个省市奇石藏家携带特色玉石、玛瑙等1000余品种在唐山参展。

28日唐山市政府召开第十五届一次全体（扩大）会议暨廉政工作会议，市长丁绣峰主持会议并讲话。

△河北省唐山环境监测中心挂牌运行。

5月

1日市委副书记、市长丁绣峰督导检查文明城创建工作，调研城市公共设施利用使用情况。

3日滦南县在“第九届中国绿色生态农业发展论坛”上被评为“中国绿色生态蔬菜示范县”“中国生态农业先进县”。

△唐山市高新区推荐选送的“錾刻艺术与创意设计人才培养项目”入选2017年国家艺术基金艺术人才培养项目。

4日中车唐山公司获得美国东南宾夕法尼亚费城双层车订单，这是中国轨道交通装备首次进入北美干线铁路市场。

6日省委常委、市委书记焦彦龙带领市四大班子有关领导在路南区、路北区和开平区调研中心城区城市建设工作，实地查看重点项目谋划建设情况，协调解决存在困难和问题。

7日市委副书记、市长丁绣峰赴丰润区就项目建设、入企帮扶、城市发展、环保治理等工作调研，实地察看重点项目推进情况，现场协调解决存在问题。

8日北京、曹妃甸旅游发展战略合作签约仪式在曹妃甸渤海国际会议中心举行，曹妃甸成为首个与北京进行区域旅游合作的县区。

9日省委常委、市委书记焦彦龙就抓好实体经济发展、推动重大项目建设、维护社会稳定等工作在丰南区调研。

△在河北省民俗文化颁奖会议上，乐亭县庞各庄乡马各庄村被评为河北省第三届民俗文化名村，成为唐山市唯一入选村庄。

△唐山百川集团投资15亿元打造的全国首家“渔”文化主题乐园——多玛乐园大型游乐项目完成主体工程。

10～13日2017年“一带一路杯”（唐山）国际沙滩足球邀请赛在唐山国际旅游岛祥云岛金沙滩景区举行，匈牙利队夺冠，中国队获亚军，智利队和捷克队分获比赛三、四名。

11日华北理工大学轻工学院8支学生参赛队伍在2017年美国（国际）大学生数学建模竞赛中获国际二等奖5项、三等奖3项。

△在杭州天台举办的2016中国旅游总评榜颁奖典礼上，清东陵景区获2016年度中国景区旅游人气奖。

13日总投资58亿元的中国北方首个海上风电示范项目——乐亭菩提岛海上风电场300兆瓦示范项目主体工程在乐亭县开工建设。

△中车唐山公司研制的第三批40辆出口土耳其六轴铰接式地铁车辆，经“海上丝绸之路”运抵土耳其伊兹密尔港卸船后运抵地铁车辆段Halkapinar车场开始安装，中国首次出口欧洲市场95辆地铁车辆全部交货。

15日全国高血压防治微机网络唐山工作中心在市交通海扶医院挂牌成立。

16日省委副书记、省长许勤在唐山市会见塞尔维亚总理武契奇一行。

△迁西县被确定为首批河北省工业转型升级试点示范县（市、区）。

△唐山市正式入夏，比常年入夏时间（5月29日）提前13天。

17日唐山联通沃创客SYP项目组与合作单位共同研发的全球首款农田智慧监测仪在丰润区田美农场试商用。

17～19日市委副书记、市长丁绣峰率领唐山市代表团参加2017中国·廊坊国际经济贸易洽谈会取得成功。

19日唐山工业互联网创新创业基地入选共青团中央第三批“全国青年创业示范园区”。

△唐山市首家B型保税物流中心——唐山港京唐港区保税物流中心建设项目通过验收，具备正式运营条件。

△2017中国旅游日河北分会场暨“精彩唐山·相聚三岛”唐山旅游系列活动在唐山国际旅游岛三贝明珠码头广场启动。

21日以“畅跑曹妃甸、共创文明城”为主题的2017“曹发展”杯曹妃甸湿地半程马拉松邀请赛在渤海会议中心举办。

22日5时开始，唐山地区出现2016年入夏后首场降水天气。市人工影响天气办公室抓住有利时机开展人工增雨作业。

23日唐山市竞赛队伍在2017年河北省机器人竞赛中获得一等奖13个、二等奖11个、三等奖10个。

24～25日全国司改背景下刑事公诉面临的新问题、新挑战及对策研讨会在唐山市召开。

25日河北省科学技术奖励大会上，唐山市获得省科学技术奖42项，其中科技进步奖39项、技术发明奖2项、自然科学奖1项，获奖总数居全省设区市第一位。

26日省委常委、市委书记焦彦龙会见全市获全国公安系统英雄模范立功集体代表。市领导丁绣峰、郭彦洪、曹征平、丁荣进、贾文雅、杨洁、付振波参加会见。副市长、市公安局长黄三平主持会见活动。

27日省委常委、市委书记焦彦龙就重点项目建设、临港产业发展、开发区体制改革等在海港经济开发区调研。

6月

1～2日副省长徐建培在唐山调研。市领导丁绣峰、杨洁、孙贵石、李忠娟、曹全民等陪同。

1～3日第27届全国图书交易博览会唐山会场暨第9届河北省书博会在南湖国际会展中心举办。

5日唐山松下环境保护奖励基金再添本金100万元，表彰裴树来等31名2016年度唐山松下环境保护奖励基金获奖者。

6日全省农村文化礼堂和社区文化家园现场学习观摩活动在唐山市举行。

7日市委副书记、市长丁绣峰巡视部分高考考点。副市长曹全民、市政府秘书长张文明一同巡视。

8日金隅·曹妃甸协同发展示范产业园项目签约仪式在唐山南湖举行。市委副书记、市长丁绣峰出

6月3日，第27届全国图书交易博览会唐山会场暨第9届河北省书博会在南湖国际会展中心落幕。图为书博会期间市民选购图书。　刘洪超　摄

席签约仪式并致辞。市委常委、曹妃甸区委书记孙贵石，副市长孙文仲，北京金隅集团党委书记、董事长姜德义等出席签约仪式。

△京津冀三地人民银行支持唐山（曹妃甸）协同发展座谈会暨签约仪式在曹妃甸渤海国际会议中心举行。

10日唐山青年创业创新大赛正式启动。

11～13日省政协副主席卢晓光率省政协调研组就三屯营镇行政管理体制改革在迁西县调研。市政协副主席张会春参加调研汇报座谈会。

13日河北省2017政银保合作签约暨产融合作银企对接活动在唐山举行。

△中车唐山公司研制的“玲龙号”中低速磁浮列车在北京S1线完成第一阶段热滑试验后，开始在石门营出入段线至石龙路站上线调试。

15日“唐山高速封闭查询系统”正式上线试运行。

△唐山2017年首次高温天气出现，到15时30分，市区最高气温38.1℃。

16日唐山市未成年人阳光心理培育中心在唐山师范学院教育学院揭牌。

17日国务院正式批准唐山港为汽车整车进口口岸。这是全省首个汽车整车进口口岸，也是国家汽车整车进口口岸首次布局河北。

△西藏阿里地委委员、宣传部长索南才旦率西藏阿里新闻宣传工作考察团在唐参观考察。

19～21日全省第四期巾帼志愿服务骨干培训班在唐山举办，市妇联干部、巾帼志愿服务组织带头人、巾帼志愿者骨干、社区专业社工等百余人参加培训。

20日天津市宁河区委书记王洪海率党政代表团在唐山参观考察，并就推动津冀协同发展示范区规划建设等内容座谈交流。

△唐山一中被命名为“河北省全民科学素质教育基地”。

22日副省长王晓东在唐山调研外资外贸工作。石家庄海关、省商务厅、省出入境检验检疫局领导及唐山市领导丁绣峰、孙贵石、曹全民等陪同调研。

△中华全国总工会副主席、书记处书记、党组成员焦开河一行在唐山督查中央关于工会改革试点方案重点任务完成情况和新时期产业工人队伍建设改革方案落实情况。省总工会党组书记、常务副主席常增月，省总工会党组成员、副主席万小明，副市长孙文仲，市总工会主席刘建国陪同调研。

△河北省陶瓷艺术技能学术委员会成立。

23日第十三届中国超级模特大赛唐山赛区选拔赛在振华诚成购物中心启动。

24日省委组织部组织机关党员干部在乐亭县李大钊纪念馆举行“七一”党日活动。省委常委、组织部部长梁田庚，省委常委、市委书记焦彦龙参加活动。

24～28日“向旺安梨汁杯”2017年全国公路自行车锦标赛暨全国青年公路自行车锦标赛在唐山举办。

26日2017年重点高校研究生社会实践服务活动在遵化市正式启动。清华大学11名博士研究生在开滦集团、遵化市人民医院等10家单位进行为期6周的社会实践服务。

27日全省学前教育推进会在唐山召开。副市长曹全民出席并致辞。

28～29日国务院副秘书长、国家信访局局长舒晓琴在唐山市就去产能、化解房地产遗留问题调研。省委常委、市委书记焦彦龙，省委副秘书长、省信访局局长刘志鹏陪同调研。市领导丁绣峰、丁荣进、贾文雅、胡国辉、黄三平陪同调研或参加座谈。

29日在北京举办的全国食品安全宣传周上，唐山市被国务院食安办授牌命名为国家食品安全示范城市，成为全国首批15个获此称号城市之一。

△唐山市交警部门推进机动车号牌管理改革，推广应用全国统一机动车号牌选号系统和机动车号牌制作管理信息系统。带有“二维码”的新型号牌亮相唐山。

7月

1～3日“永远跟党走”2017中国（唐山）首届红色收藏品交流博览会举办。

1～6日“古韵新风”庆祝中国共产党诞辰96周年——唐山书协首届临帖展举办。

2日全球首套焦炉煤气制乙醇项目在迁安投产运行。

3日副省长徐建培就科技创新工作在唐山市玉田县调研，市领导丁绣峰、梁振江陪同。

△中国农业大学动物医学院北粮“教学实习基地”在芦台经济开发区北粮农业股份有限公司揭牌，首批40名中国农业大学本科生正式入驻北粮公司。

4日省人大常委会党组书记、常务副主任范照兵一行在唐调研。市人大常委会主任郭彦洪陪同调研。

△教育部副部长孙尧就职业教育发展在唐调研。

4～6日国际职业技术教育大会在唐山市南湖国际会展中心举行。国务院副总理刘延东发来贺信。大会通过标志性成果文件《国际职业技术教育大会唐山声明》。

5日在国际职业技术教育大会上，联合国教科文组织授予唐山市“特别贡献奖”。

6日中林·曹妃甸木材产业园项目签约仪式在唐举行。

△全省首台柴油车尾气处理液加注机落户唐山曹妃甸。

7日全省人大城建环资工作座谈交流会在唐召开。省人大常委会党组副书记王增力出席会议并讲话。

8日京津冀体育产业协同发展高峰论坛在南湖国际会展中心举行。

△第二届京津冀徒步大会在唐举办。

8～10日第二届中国（唐山）国际体育健身休闲产业博览会在唐举行。

9日全国山地户外产业高峰论坛在南湖国际会展中心举办。

△江南大学设计学院暑期实践团队在唐进行暑期实践活动。

11日唐山市中院《网上立案工作办法》正式施行。

13日唐山市选手、象棋特级大师申鹏在天津全运会群众比赛象棋决赛专业男子个人组比赛中获铜牌。

13～14日唐山市疾病预防控制中心与河北省疾病预防控制中心共同组成河北省卫生应急防疫队参加“2017年京津冀卫生应急联合演练”。

14日省委常委、市委书记焦彦龙，市委副书记、市长丁绣峰等市领导在唐山国际旅游岛调研。

18日“中国企业家资本之道唐山论坛”在唐举办。

△省传统文化教育学会教育基地和善行唐山志愿者之家玉田工作站在玉田县八里铺村传统文化培训基地成立。

19日曹妃甸区举办城市产业招商推介会，19个项目现场签约，总投资258.6亿元。

20日全国首单京津冀协同发展债务融资工具在招商银行唐山分行落地。

21日“廉卿依旧——2017国际张裕钊流派书法邀请展暨张裕钊书法研讨会”在唐举办。

22日国务院督查组在唐检查降成本工作。

△“彩色周末”全民健身活动展演在市体育公园开幕。

△河北省医学会病理学分会教学与教改学组和头颈学组成立大会暨京津冀协同发展学会和学科建设座谈会在唐举行。

23日“世达杯”省青少年男子甲组足球锦标赛在唐山师范学院学院路校区和十一中足球场同时开幕。

△2017年“迁安杯”中国中学生跆拳道联赛总决赛在迁安市奥体中心开赛。

26日城建重工（唐山曹妃甸）新能源汽车科技有限公司生产的首台纯电动厢式新能源物流车下线，标志该公司正式投产。

27日中共唐山市第十届委员会第二次全体会议举行。省委常委、市委书记焦彦龙代表市委常委会作题为《沿着习近平总书记为唐山指引的方向扎实前进》的报告。市委副书记、市长丁绣峰对经济工作进行部署。全会审议通过《中国共产党唐山市第十届委员会第二次全体会议决议》。

△市委宣传部、市民政局和唐山军分区政治工作处联合主办“唐山市最美退伍兵”发布仪式。市委副书记丁荣进，市委常委、宣传部长杨洁，副市长、市公安局局长黄三平，唐山军分区副司令员王玉宝为10名获奖退伍兵颁奖。

△现代评剧《小英雄雨来》作为全国基层院团戏曲会演入选剧目，在中国评剧大剧院（全国地方戏演出中心）上演。

28日唐山市在地震遗址纪念公园举行向唐山“7·28”大地震罹难同胞和在抗震救灾中捐躯的英雄敬献花篮仪式。

△“英雄的城市·英雄的人民”交响音乐会在唐山大剧院举行。省委常委、市委书记焦彦龙，市委副书记、市长丁绣峰等市四大班子领导及各界群众共同观看演出。

△唐山大地震文化研究中心成立。

28～30日省委常委、市委书记焦彦龙及市领导丁绣峰、郭彦洪、曹征平、丁荣进、付振波等分别慰问驻唐部队官兵或优抚对象。

28日～8月16日省委省政府第十环境保护督察组在唐山市开展环境保护督察。

29日“中国人寿杯”第二届唐山“7·28”环南湖半程马拉松赛在唐山南湖举行。

△中超球队华夏幸福青少年足球培训基地落户唐山。

30日“欢乐冰雪，共享冬奥”河北四季冰雪推广暨千人亲子体验活动在唐山市勒泰欧悦真冰场举行。

8月

2日唐山市召开大气污染综合治理现场观摩调度会议。市委副书记、市长丁绣峰出席会议并讲话。

3日唐山市委理论学习中心组学习贯彻习近平总书记在省部级主要领导干部专题研讨班开班式上讲话精神。省委常委、市委书记焦彦龙主持会议并讲话。

3～4日全省食品安全示范城市创建和农产品质量县创建工作推进会在唐山召开。副省长徐建培出席会议并讲话。市委副书记、市长丁绣峰等参加活动。

9日市委副书记、市长丁绣峰会见中国五矿集团总经理、党组书记，中冶集团董事长、党委书记国文清一行。

△在中国品牌节上，唐山水松缘生物科技有限公司获最佳分享经济示范企业称号。

10日全省工业转型升级现场观摩调度会在唐山遵化市召开。副省长李谦参加企业观摩并主持调度会。

△全市审计机关审计质量建设工作会议暨第五届审计科学发展论坛召开。市委副书记、市长丁绣峰等出席会议。

10～11日河北省委书记、省人大常委会主任赵克志在唐山市调研，强调贯彻落实新发展理念，加快产业结构战略性转变。省委常委、市委书记焦彦龙，市委副书记、市长丁绣峰，市委常委、秘书长付振波参加调研。

13日在天津全运会拳击项目比赛中，唐山市迁安九江拳击队选手常圆获女子51公斤级比赛金牌，尹军花获女子57公斤级金牌。

△在2017“鄂尔多斯”首届中国围棋大会上，唐山女棋手戴一鸣与陕西棋手胡陆组合在混双锦标赛众多职业、业余棋手组合中夺得冠军。

14日市委全面深化改革领导小组召开第十七次会议。省委常委、市委书记、市委全面深化改革领导小组组长焦彦龙主持会议并讲话。市委全面深化改革领导小组相关成员出席会议，市人大常委会主任、市政协主席列席会议。

15日首趟满载100个35吨开顶箱集装箱煤炭列车从山西抵达唐山港京唐港区。至此，煤炭汽运集港作业在京唐港区成为历史。

△国家统计局唐山调查队组织市、县专业人员完成夏播农作物面积遥感测量首次自主无人机飞行工作。

16日唐山市组织收听收看全省深化医药卫生体制改革工作电视电话会议。市委副书记、市长丁绣峰在唐山市分会场出席会议并作发言。副市长曹全民、梁振江在唐山市分会场出席会议。

17日中共唐山市委召开2017年第14次常委会议，传达学习省委书记、省人大常委会主任赵克志在唐调研时的讲话精神，听取贯彻落实全省两个专项工作推进会议精神和唐山市工作开展情况汇报。省委常委、市委书记焦彦龙主持会议并讲话，市委常委出席会议。市人大、市政府、市政协有关领导列席会议。

△在天津全运会游跑两项全能项目决赛中，唐山市选手裴丽洁获得女子组冠军。

18日省委常委、市委书记焦彦龙赴芦台经济开发区和汉沽管理区，就发挥毗邻京津、沿海有港两大优势，推动京津冀协同发展，加快重点项目建设等进行调研。

△2017“欢赢杯”中国—拉丁美洲沙滩足球锦标赛在唐山国际旅游岛祥云岛金沙滩景区开赛。乌拉圭体育总局地区项目司司长巴布洛·埃尔南德斯，副省长王晓东，市委副书记、市长丁绣峰等出席开幕式。开幕式由副市长曹全民主持。

△市中医医院与老挝友谊医院结成技术合作医院。

19日在天津全运会女子跳水团体比赛中，唐山选手张楠与队友合作，为河北省夺得1枚团体金牌。

20日曹妃甸区省级院士工作站挂牌。

21日第三方机构竞争力智库联合北京甲子征信公司在京发布《中国城市小康经济指数报告2016》。全国655个城市中达到全面建成小康社会经济发展目标城市164个，唐山及迁安市榜上有名。

△中车唐山公司研制的“复兴号”高速动车组首次在京广高铁担当G65次列车载客运营。

21～22日副省长张古江就去产能职工安置工作在唐山调研，实地察看河钢集团唐钢公司、新宝泰钢铁公司，并主持召开去产能职工安置工作调度会。市委常委、市长丁绣峰出席调度会。

22日2017“欢赢杯”中国足协中国—拉丁美洲沙滩足球锦标赛完成赛程。闭幕式上，中国足协执委汪大昭、副市长李钦峰分别为冠军球队颁发奖牌和奖杯。秘鲁队安德鲁斯·拉恩斯获“最有价值球员”，乌拉圭队蒂亚戈·比利亚塞尔获“最佳射手”，墨西哥队豪尔斯·巴里奥斯获“最佳门将”，中国队刘易斯获“欢赢之星”。

23日中共唐山市委全面深化改革领导小组召开第十八次会议，审议通过《唐山市关于深入推进城市执法体制改革改进城市管理工作的实施方案》《关于深化市属国有企业负责人薪酬制度改革的实施意见》和《关于推进传统媒体和新兴媒体融合发展的实施意见》。省委常委、市委书记、市委全面深化改革领导小组组长焦彦龙主持会议并讲话，市委全面深化改革领导小组相关成员出席会议，市人大常委会主任、市政协主席列席会议。

△市政府召开会议，约谈未按期完成工业集聚区污水集中处理设施建设任务的5个县（市、区）主要负责人，督促整改，促进工作。市委副书记、市长丁绣峰出席会议并讲话。

23～24日由唐山市人民政府主办，唐山市旅游局和迁安市、迁西县、遵化市承办的“悠游山水、寻味唐山”2017首届唐山市旅游发展大会举办，8个项目签约，计划总投资596亿元。

25日省委常委、市委书记焦彦龙就推进“大众创业、万众创新”工作在路南区、路北区和高新技术产业开发区调研。

△唐山市召开文明城市创建工作调度会议。市委副书记、市长丁绣峰等领导出席会议。

△曹妃甸首届稻花节暨柏各庄农场稻田认养启动仪式在曹妃甸区唐海镇爱东农业水稻种植基地举行。

26日“唐山市2017年第三季度重点项目集中开工活动”在迁西县主会场举行。市委副书记、市长丁绣峰讲话并宣布项目开工。

△唐山市农村气代煤项目集中开工仪式在路北区韩城镇薛庄村举行，唐山市气代煤改造工程全面铺开。市委常委、常务副市长胡国辉出席开工仪式。

27日唐山市首届“市长特别奖”颁奖仪式在南湖会展中心举行，11人（团队）获得唐山市首届“市长特别奖”，9人（团队）获得“市长特别奖”提名奖。省委常委、市委书记焦彦龙出席颁奖仪式，市委副书记、市长丁绣峰出席并致辞，市政协主席曹征平，市委副书记丁荣进及市四大班子相关领导出席颁奖仪式。

△《唐山市国家森林城市建设总体规划》通过专家组评审。

△天津全运会群众组“我要上全运”全民健身网络赛棋类项目线下总决赛收官，唐山棋手赵岩获国际跳棋（百格）成人男子组冠军，董晶获国际跳棋（百格）成人女子组亚军。

△唐山市进入气象意义的秋天，连续5天平均气温低于22℃，比常年（9月8日）偏早12天。

28日省委常委、市委书记焦彦龙围绕城市规划建设、城市经济发展、重点项目建设等工作在乡镇调研。市委副书记、市长丁绣峰等领导一同调研。

△全省首个由市级检察院向环保局派驻的检察室——唐山市人民检察院驻市环保局检察室成立。

29日首届京津冀服务外包协同发展论坛在唐山南湖会展中心酒店开幕。河北省政府副省长王晓东出席论坛并致辞。京津冀三地市县和园区代表、328家重点企业代表近800人参加论坛。

30日唐山市政府与国网冀北电力公司签署“十三五”电网发展战略合作协议。省委常委、市委书记焦彦龙出席签约仪式。市委副书记、市长丁绣峰，国网冀北电力有限公司总经理、党委副书记田博致辞并代表双方签署协议。

△在天津全运会女子水球项目决赛中，唐山市选手张漯与队友合作获得金牌。

31日中共唐山市委召开议军会议，学习贯彻习近平总书记系列讲话精神，研究部署唐山市国防后备力量建设任务，进行党管武装述职讲评，推动各项工作再上新台阶。省委常委、市委书记、市军分区党委第一书记焦彦龙主持会议并讲话。市领导郭彦洪、曹征平、丁荣进、刘德明、胡国辉、杨洁、陈学民、李彦明、付振波、李忠娟、黄三平，唐山军分区领导吴小潭、程建国出席会议。

△唐山市生命科学学会联合体成立，为唐山市首家学会联合体。

△唐山市丰润区公安分局刑警大队林荫路中队民警赵久丰登上敬业奉献类“中国好人榜”。

9月

1日唐山九江体育中心被命名为“国家唐山九江体育训练基地”，为全国首家政企联办的国家级综合体育训练基地、河北省唯一国家级综合体育训练基地。

△迁西栗蘑被评为“中国地理标志保护产品”。

5日唐山市首家社区人大代表联络站在路北区机场路街道祥富里社区成立。

6日开滦总医院被中华医学会临床药学分会授予“中华医学会临

床药学分会首批临床药师学员培训中心”称号，全国首批通过单位74家。

△民政部副部长顾朝曦在唐山市考察。省委常委、市委书记焦彦龙，市委常委、秘书长付振波，副市长、市公安局局长黄三平陪同。

7日第五届中日韩灾害管理部长级会议在唐山市召开。会议由中国国家减灾委员会秘书长、民政部副部长顾朝曦主持，日本内阁府副大臣福田峰之、韩国行政安全部次官柳熙寅分别率团出席会议，中日韩合作秘书处代表应邀参会，中方代表团由民政部、外交部、公安部、国土资源部、水利部、农业部、中国地震局、中国气象局、国家海洋局等国家减灾委成员单位代表组成。副省长张古江出席开幕式并致辞。市委副书记、市长丁绣峰，副市长、市公安局局长黄三平，市政府秘书长张文明出席会议或陪同考察。

△国家海洋督察组（第二组）下沉唐山市开展督察并召开工作汇报会。国家海洋督察组（第二组）副组长、下沉一小组组长郭明克出席会议并讲话。市委副书记、市长丁绣峰出席会议并汇报唐山市海洋工作情况。

△唐山港集团2017年在西北布局的第一个内陆港——鄂尔多斯鑫聚源内陆港正式投入运行。

△首届“京津冀评剧票友大赛”决赛在滦南县拉开帷幕。

8日第十三届全国运动会在天津闭幕，唐山参赛选手在竞技类项目中获6枚金牌（3枚个人项目金牌和3枚团体项目金牌）、6枚铜牌（5枚个人项目铜牌和1枚团体项目铜牌），在群众组比赛中获1枚金牌、1枚银牌和1枚铜牌。

△唐山市与内蒙古乌兰察布市在乌兰察布（集宁）七苏木中欧班列枢纽物流基地举行曹妃甸港乌兰察布内陆港揭牌仪式。

11日唐山一中被评为“宋庆龄少年儿童科技发明示范基地”。

△全国群众体育先进及体育系统先进表彰大会在天津召开，迁安市九江线材有限责任公司副董事长、河北省拳击协会主席赵玉乔获评“2013～2016年度全国群众体育先进个人”，并受到习近平总书记接见。会上，迁安九江线材拳击队获得“全国体育系统先进集体”称号。

△唐山港乌鲁木齐联宇内陆港正式开通运行，为河北省在新疆首个内陆港项目。

12日种植面积150余公顷中药育苗基地落户丰润区王官营镇田各庄村的丰润禾盛源生态农业科技开发有限公司，为华北地区最大中药育苗基地。

13日唐山迁安市五重安乡万宝沟村入选2017年全国改善农村人居环境示范村，是唐山市唯一入选村庄。

△河北省首届绿色金融主题论坛在唐山金融中心开幕。

13～14日河北省老科协会长、省委原常委、省纪委原书记臧胜业率调研组在唐山市就老科技工作者协会基层组织建设情况进行调研。

14日新型CRH3A动车组在中车唐山公司下线。

△河钢唐钢入选国家工业和信息化部第一批绿色制造体系示范工厂。

15日市委副书记、市长丁绣峰会见德国图赫集团董事长弗洛·施密特一行。

16日第二十届唐山中国陶瓷博览会在唐山中国陶瓷博览中心开幕。中国轻工业联合会副会长兼秘书长、中国陶瓷工业协会理事长杜同和宣布开幕。市委副书记、市长丁绣峰致辞，市委副书记丁荣进，市人大常委会副主任魏文忠，副市长曹全民、李钦峰，市政协副主席白春明等出席开幕式。曹全民主持开幕式。

△中国（唐山）工业博物馆进入试运营阶段并迎来首批观众。

△唐山骨质瓷唐山市陶瓷行业杰出工匠暨“唐山骨质瓷”地理标志集体商标颁奖仪式在唐山中国陶瓷博览中心举行。

17日第二十届唐山中国陶瓷博览会人才技术交流大会暨第七届河北省沿海经济隆起带高级人才洽谈会在唐山市民服务中心广场举行。市委副书记、市长丁绣峰出席会议并致辞。

19日京唐铁路（唐山段）暨机场站开工动员大会在唐山市高新区举行。省委常委、市委书记焦彦龙宣布开工。市委副书记、市长丁绣峰，京津冀城际铁路投资有限公司董事长郝伟亚致辞。

20日国内首创“河北省水产重点技术集成示范与推广”项目课题——“海水池塘工程化循环水养殖技术示范项目”通过验收，该项目由唐山市水产技术推广站承担、唐山海都水产食品有限公司实施。

△副省长李谦在唐山调研并参观中车唐山机车车辆有限公司、中信重工开诚智能装备有限公司生产车间及展厅，副市长孙文仲陪同调研。

△唐山恒隆港务股份有限公司在北京挂牌“新三板”，股票代码871242。该公司是2017年唐山市第二家、曹妃甸区第一家在“新三板”挂牌的企业。

20～21日全国人大常委会预算工委副主任刘修文率调研组在唐山市就税收立法和预算法实施情况开展调研。市人大常委会副主任魏文忠、副市长孙虎出席座谈会或陪同调研。

21日国家安全监管总局党组书记王玉普就安全生产大检查工作在唐山市督导调研。

△中国·唐山陶瓷博物馆正式开馆。市委副书记、市长丁绣峰出席开馆活动并宣布开馆。

△全国检验检疫煤炭实验室检测技能比武在河北检验检疫局京唐港办事处举行，副市长曹全民出席开幕式并讲话。

24日2017第二届中国迁安国际万人徒步大会在迁安长城山野绿道举行。

25～29日第十一届全国矿山救援技术竞赛在开滦举行。

27日开平区人民检察院环境综合整治巡回检察室揭牌，为唐山市成立的首家环境综合整治巡回检察室。

28日中国北方首个海上风电项目——乐亭菩提岛海上风电场工程全面进入风机组装阶段，75台4兆瓦海上风电机组组装陆续展开。

10月

1日唐山市在南湖世园会一号门广场举行庆祝新中国成立68周年“升国旗、唱国歌”仪式。省委常委、市委书记焦彦龙，市委副书记、市长丁绣峰，市人大常委会主任郭彦洪，市政协主席曹征平等市四大班子领导，驻唐师级部队军政主官，市检察院检察长和其他厅级干部出席。丁绣峰主持仪式。

6日唐山丰润区人民医院口腔科医生王小苗在上海虹桥火车站跪地抢救昏迷老人，成为新晋“网红”。

7日唐山市环保指挥中心完成改建并正式投入使用。中心纳入多种监控资源，可以掌握不同污染源污染物排放及管控措施落实情况。

9日滦南渔民张建伟勇救5名遇险船员。

11日市委副书记、市长丁绣峰与国开行河北分行行长常思勇一行座谈交流。市委常委、常务副市长胡国辉主持座谈会。副市长孙文仲、梁振江，市政府秘书长张文明出席。

12日曹妃甸区政府与中化集团、旭阳控股战略合作备忘录签署活动在曹妃甸区置业大厦举行。市委副书记、市长丁绣峰出席活动并讲话。

△华北理工大学副教授、硕士生导师赵阳牵头组建的参赛团队代表河北省妇联系统参加首届中国妇女创业创新大赛总决赛及中国妇女创业创新论坛，参赛项目“TA说——共享VR语言教学平台”跻身30强，并获得大赛最佳创意奖。

13日唐山市政府与北京市基础设施投资有限公司、京津冀城际铁路投资有限公司签署战略合作框架协议。

15日唐山市与中科院大连化学物理研究所签署建设洁净能源化工产业示范基地战略合作框架协议。

19日城市二环路西环线工程主体竣工并正式通车。

25日市人大常委会主任郭彦洪主持召开第七次主任会议。市人大常委会副主任张艳春、高瑞华、毕开艾、和春军、魏文忠，党组成员曹金华，秘书长王宝兴参加会议。

26日中国工业旅游产业发展联合体成立预备会议在南湖国际会展酒店举行，会议联合45个国内工业旅游城市和工业企业共同发起成立中国工业旅游产业发展联合体。

△中车唐山公司研制的世界首列商用型氢燃料混合动力100%低地板现代有轨电车在中国工业旅游产业发展联合大会上首次投入商业载客运营。

27日中国工业旅游产业发展联合大会开幕式在南湖国际会展中心举行。省委常委、市委书记焦彦龙，省文化厅党组书记王离湘，市委副书记、市长丁绣峰，市人大常委会主任郭彦洪，市政协主席曹征平，国家旅游局规划财务司副司长李卫宁，市委副书记丁荣进，中国旅游协会副会长苏波，国家工业和信息化部工业文化发展中心主任罗民以及市四大班子相关领导出席开幕式。省旅游发展委员会主任那书晨主持。

△以“汇车凤城，乐享驾趣”为主题的第二届中国（唐山）国际汽车工业展览会在唐山南湖国际会展中心开幕。

28日第二届河北迁安“轩辕黄帝文化研讨会”在迁安市举行。全国各地专家学者和有关人士260多人围绕“迁安与灿烂的孤竹文化”展开研讨。

29日2017唐山国际马拉松赛在唐山抗震纪念碑广场鸣枪开跑。市委副书记、市长丁绣峰，省体育局副巡视员陈飞，市委常委、宣传部长杨洁，市人大常委会副主任魏文忠，副市长曹全民、黄三平，市政协副主席李长春，市政府秘书长张文明参加活动。

△唐山市创建国家森林城市活动在开平区双桥镇陡河水库汇水区造林绿化现场启动。市委副书记、市长丁绣峰，市委常委、常务副市长胡国辉等出席活动并在现场义务植树。

30日为降低机动车污染物排放，持续改善空气质量，唐山市人民政府下发唐政通字〔2017〕18号文件《关于实行冬春季机动车限行的通告》。

30～31日市十五届人大常委会举行第七次会议。市人大常委会主任郭彦洪主持会议并讲话。市人大常委会副主任张艳春、高瑞华、毕开艾、和春军、魏文忠，秘书长王宝兴和委员共35人出席会议，出席人数符合法定人数。

11月

1日唐山（忻州）同庆丰李家坪站内陆港在忻州市五寨县李家坪同庆丰煤炭运销有限公司揭牌。

3日中国五矿集团公司与曹妃甸港集团股份有限公司、河钢集团、首钢集团、中国远洋海运集团在北京签约，以增资扩股方式在曹妃甸港共建亿吨级中国五矿曹妃甸国际矿石交易中心。

4～5日由市国资委、市工商联主办的“唐山融商融智企业管理总裁研修班”第三期培训班在市金融中心举行，全市国有、民营企业近百名企业家参加培训。

6日经唐山市政府研究决定，市中心城区集中供热管网开始升温供热。各县（市、区）结合实际启动升温供热工作。

△河北省农业厅与唐山市政府在迁西县联合开展2017年河北省潘大水库水生生物增殖放流活动。

9日中国共产党唐山市第十届委员会第三次全体会议在燕山影剧院召开，深入学习宣传贯彻党的十九大精神。市委委员62人、市委候补委员10人出席全会。

△唐山市“关注消防，平安你我”“119”消防宣传月活动启动。

10日首届“中华老字号”发展大会在玉田县召开。全国政协委员、国家质检总局原副局长、中国检验检疫学会会长魏传忠，中国商业联合会党委原副书记、老字号工作委员会主任安惠民，市委副书记、市长丁绣峰等出席大会。

△零时起，唐山市北立交收费站停止收取车辆通行费。

△中国学前教育峰会暨中国学前教育用品博览会在南湖国际会展中心开幕。全国政协教科文卫委员会副主任、教育部关心下一代工作委员会主任李卫红出席开幕式并作主旨演讲。

△唐山市工业设计协会在启新水泥工业博物馆展厅揭牌成立。

△唐山市第四届残疾人室内运动会开赛。

△唐山市首个未成年人观护基地——“检护青春”观护基地在路北区机场路街道团结里社区成立。

11日市人才交流中心组织中车唐车公司、河北美客多食品有限公司、唐山学院、唐山师范学院等6家单位参加“2017年京津冀留学归国人员专场招聘会暨网络视频招聘会”。

△唐山女书法家协会主席张焕

11月26日，第六届清东陵徒步大会举办，京津冀地区及山东、辽宁等地77家户外俱乐部万余人参加。 贺 齐 摄

国当选为河北省女书法家协会副主席。

13日唐山市路北法院刑二庭首创案件视频审理模式，公开审理一起寻衅滋事案件。为全市首例利用三方视频系统公开审理的案件。

15日唐山市旅行社协会成立大会暨第一次会员大会举行，通过《协会章程》（草案）和《会费管理办法》（草案）等，产生协会领导机构。

16日唐山—日本关东、关西集装箱航线全面开通，“仁建唐山”集装箱班轮同日首航。

17～19日省人大常委会委员、财经委副主任委员、财经工委主任赵文海率省人大视察组在唐山视察开发区建设发展情况。市人大常委会副主任魏文忠陪同视察。

18日省安委办安全生产巡查动员电视电话会议在唐山召开。省安委办安全生产第三巡查组组长李永志出席会议并讲话，市委副书记、市长丁绣峰主持会议并讲话。

20日唐山市24部纯电动公交车投入运行。

23日唐山旅游惠民一卡通正式发行。

24日唐山市召开个体私营企业党委成立暨第一次代表大会，市个体私营企业党委成立。

25日唐山市举行第四季度重点项目集中开工活动，120个项目开工建设，总投资395.7亿元。

△唐山鸿宴饭庄正式成为唐山劳动日报社首个小记者实践基地。

26日第六届清东陵徒步大会在国家AAAAA级景区、世界文化遗产地清东陵举办，来自京津冀地区以及山东、辽宁等地77家户外俱乐部的1万余人参加。

28日在第二届全国工业旅游创新大会上，国家旅游局命名表彰十大“国家工业遗产旅游基地”，开滦国家矿山公园作为河北省唯一景区当选。

30日唐山市非公有制经济商（协）会党委成立。

△唐山市人民政府与石嘴山市人民政府在石嘴山市举办唐山·曹妃甸港石嘴山内陆港揭牌仪式，曹妃甸港设立首个宁夏内陆港。

12月

1日国家发展改革委副主任兼国家统计局局长、党组书记宁吉喆在唐山市调研。省委常委、市委书记焦彦龙，市委副书记、市长丁绣峰等领导参加调研。

△唐山港（乌海）内陆港揭牌暨唐山港集装箱列车开通仪式在内蒙古乌海市乌达工业园区举行。乌海市市长高世宏、副市长林涛，唐山市副市长孙虎等为内陆港揭牌。

2日市委副书记、市长丁绣峰实地检查消防和道路交通安全工作情况。

△唐山市志愿服务组织孵化基地（社会公益志愿服务之家）成立。

3日中共唐山市委召开常委会（扩大）会议，研究审议《唐山市深化国家监察体制改革试点工作实施方案》《市委市政府关于开展全市重点工作大督查的意见》。省委常委、市委书记焦彦龙主持会议并讲话，市委常委出席会议，市人大、市政府、市政协有关领导列席会议。

4日唐山市召开重点工作大督查动员部署会议。省委第五督查组出席会议，组长左晓龙讲话。省委常委、市委书记焦彦龙作动员部署，市委副书记、市长丁绣峰主持会议，市人大常委会主任郭彦洪、市政协主席曹征平及在唐的市党政领导班子成员出席会议。

△唐山市组织收听收看全省扶贫脱贫工作电视电话会议。

△市委副书记、市长丁绣峰在原唐山女中校址、开滦外籍员司29号房和中国铁路源头博物馆等地调研工业旅游项目。

5日全省网信系统党的十九大精神宣讲唐山站活动在唐山互联网媒体中心举办。

△中共唐山市委召开县（市、区）委书记座谈会，学习贯彻党的十九大精神，总结分析2017年工作，研究谋划2018年工作重点。省委常委、市委书记焦彦龙出席会议并讲话，市领导丁绣峰、郭彦洪等出席会议。

6日曹妃甸保税区取得进口汽车检测CMA证书。

△中车唐山公司研制的两组新型CRH3A动车组重联担当D4251次列车从西安北站首发，12时53分准时到达成都东站，国内首条穿越秦岭的高速铁路——西安至成都客运专线全线贯通运营。列车运行时间由16小时缩短到4小时左右。

8～9日省委书记王东峰在唐山调研检查工作。省领导焦彦龙、童建明、张古江陪同调研，市领导丁绣峰、付振波等参加调研。

11日中共唐山市委召开常委会（扩大）会议，传达学习习近平总书记关于进一步纠正“四风”、加强作风建设重要批示精神和省委书记王东峰在唐调研检查时的讲话精神，研究唐山市贯彻落实意见。

13日市委副书记、市长丁绣峰在路北区调研新兴产业发展情况。

△市委副书记、市长丁绣峰主持召开市政府第八次常务会议。常务副市长胡国辉，副市长曹全民、

孙文仲、黄三平、孙虎，市政府党组成员崔晗、卢宏秋等出席会议。

14日中共唐山市委召开常委会（扩大）会议，研究审议《中共唐山市委唐山市人民政府关于贯彻落实中央八项规定实施细则的实施办法》，听取市委巡察办关于九届省委第三轮巡视工作动员部署暨培训会议、巡视巡察工作座谈会议精神汇报，研究唐山市贯彻落实意见。

15日市委副书记、市长丁绣峰主持召开市政府工作务虚会议，总结梳理2017年工作完成情况，分战线逐项研究谋划2018年需要抓好的主要指标、重大项目和重点工作。

△第四届京津冀协同创新共同体高峰论坛暨曹妃甸科技发展创新驱动说明会在曹妃甸区召开。

16日中共唐山市委召开全市领导干部大会。省委常委、组织部长梁田庚出席会议并宣布省委决定：王浩任唐山市委委员、常委、书记，焦彦龙不再担任唐山市委书记、常委、委员职务。焦彦龙、王浩分别讲话。丁绣峰主持会议并讲话。

17日省委常委、市委书记王浩就围绕学懂弄通做实十九大精神、落实省委书记王东峰对唐山提出的要求在曹妃甸区调研。市委副书记、市长丁绣峰一同调研并参加有关活动。

18日省委常委、市委书记王浩带领市委副书记、市长丁绣峰，市人大常委会主任郭彦洪，市政协主席曹征平等市四大班子党员领导干部在乐亭县李大钊纪念馆缅怀革命先烈，重温入党誓词。

△由深圳品质宝电子商务公司进口价值2.4万欧元的法国红酒从曹妃甸综合保税区通关出区进入市场，成为唐山市跨境电子商务第一单货物，也是河北省首批通过河北省电子口岸以全自动无纸化模式通关的货物。

19日省委常委、市委书记王浩在路北区祥富里社区考察调研。

△省政协副主席郭华率部分省政协常委、委员在唐山市视察清洁取暖工作，推动省政协2017年1号提案落实见效。市委副书记、市长丁绣峰，市政协副主席张会春，市政府秘书长张文明陪同视察。

△唐山市人民医院与中国电信股份有限公司唐山分公司共同签署唐山市人民医院医疗集团区域信息化互联互通平台战略合作协议，在全市组建以市人民医院为核心，涵盖50余家单位的资源共享、合作共赢医联体，覆盖人口700万人，成为唐山市乃至河北省规模最大的医疗联合体。

20日省委常委、市委书记王浩在市人大常委会、市政协机关调研走访，并与领导班子成员座谈交流。

△ 2017品牌年度人物峰会在海南国际会展中心举行颁奖典礼。唐山企业家、河北三鑫实业集团董事长、“中国硫酸软骨素应用之父”周立新获“2017中国品牌年度人物•软骨素应用终身成就奖”单项奖。

21日市委副书记、市长丁绣峰就唐曹铁路建设现场办公，协调解决工作中的困难和问题，慰问一线建设者。

△小记者主题实践活动的重要载体——《唐山晚报•成长周刊》创刊。

22日省委常委、市委书记王浩在市十五届人大二次会议各代表团驻地看望出席会议的人大代表，勉励代表们以高度的责任感和使命感履行好代表职责，确保大会圆满成功。市领导丁绣峰、郭彦洪等领导一同看望。

△唐山市召开县（市、区）党政主要负责人座谈会。省委常委、市委书记王浩主持会议并讲话。市领导丁绣峰、郭彦洪等出席会议。

△京东“互联网＋医药生态”医药供应链解决方案推介会在唐山市召开，河北美康太平医药公司与京东物流现场签署《京东云仓战略合作协议》，并举行河北省首家京东“医药物流云仓”揭牌仪式。

23日唐山市第十五届人民代表大会第二次会议在燕山影剧院召开。大会执行主席、主席团常务主席郭彦洪主持会议。大会执行主席、主席团常务主席王浩、丁绣峰、郭彦洪、丁荣进、张艳春、高瑞华、毕开艾、和春军、魏文忠、王宝兴参加大会。

24日丰润区光明小区居民方润涛两次徒手攀四楼营救幼童，人称“神勇哥”。

25日中车唐山公司档案目标管理晋升为河北省档案目标管理六星级，成为2017年河北省唯一一个被认定为六星级企业。

26日中国地震局党组书记、局长郑国光等领导在省长助理江波等陪同下在唐山市调研指导防震减灾工作。市委副书记、市长丁绣峰，副市长梁振江陪同调研。

△中共唐山市委召开常委会(扩大）会议，传达学习中央经济工作会议、省委九届六次全会精神及省委书记王东峰在唐调研检查时的讲话精神，研究唐山市贯彻落实意见。

△省委常委、市委书记王浩就抓大气污染治理工作、打赢蓝天保卫战在路北区调研。市委常委、常务副市长胡国辉一同调研。

△唐山市召开领导干部警示教育大会。市委副书记丁荣进出席会议并讲话。市委常委、市纪委书记刘德明通报典型案例，市委常委、宣传部长杨洁出席会议，市委常委、组织部长、统战部长陈学民主持会议。

27日省委常委、市委书记王浩就开发区规划建设、城市精细化管理、楼宇经济发展等在路南区调研。

28日省委常委、市委书记王浩在滦县调研以项目建设推动高质量发展情况。市委常委、秘书长付振波一同调研。

△省委常委、省纪委书记梁惠玲在唐山市调研。市委常委、市纪委书记刘德明陪同调研。

△市委副书记、市长丁绣峰主持召开市政府第九次常务会议。

△唐山市中心医院、新妇幼医院、南湖医院3家医院全面开诊运营。市委副书记、市长丁绣峰在市中心医院、新妇幼医院实地检查实事工程进展情况，并慰问医护人员。

29日中共唐山市委召开常委会（扩大）会议暨全面深化改革领导小组第二十次会议，研究贯彻落实省委书记王东峰在唐调研讲话精神的分工方案、全市10个重点工作组筹建等工作，审议《唐山市产融合作试点工作实施方案》等改革文件，研究部署相关工作。省委常委、市委书记王浩主持会议并讲话。

△唐山市扶贫脱贫工作电视电话会议召开。市委副书记、市长丁绣峰出席会议并讲话。

30日唐山迁安市食品制药产业知名品牌示范园区通过专家组验收，成为唐山市首个“省级品牌示范园区”。

年度聚焦

NianDuJvJiao

国际职业技术教育大会

【国际职教大会概况】 2017年7月4～5日，国际职业技术教育大会（简称国际职教大会）在唐山召开。国务院副总理刘延东致信大会，希望各国共同努力，把握全球趋势，立足本土实践，积极推动职业教育发展及2030年教育目标的实施，为增进人民福祉、促进全球可持续发展作出新贡献。联合国教科文组织第38届大会主席斯坦利・穆通巴・希玛塔，教育部副部长孙尧，副省长徐建培，中国联合国教科文组织全委会秘书长杜越，唐山市委副书记、市长丁绣峰，市委常委、曹妃甸区委书记孙贵石，副市长曹全民、李钦峰，市政府党组成员崔晗等出席大会开幕式。开幕式由杜越主持。全世界80多个国家和地区教育官员、职教领域专业机构和国际组织代表、联合国教科文组织官员、国内外专家学者以及企业界代表参加。

【世界职业技术教育培训基地落户曹妃甸】 2017年7月4日，国际职业技术教育大会上，联合国教科文组织将北京曹妃甸国际职教城确定为“世界职业技术教育培训基地”，并为其颁发“战略合作单位”奖牌。北京曹妃甸国际职教城2016年2月开工建设，规划占地19.7平方千米，总投资规模380亿元，全部建成后可容纳17所职业院校，聚集20万人口。北京曹妃甸国际职教城通过走国际化高端路线，与多个国家教育机构、知名学府达成战略合作协议，促进国际化办学与国际交流，引进国际先进教学理念与教育成果，优化中国职业教育，同时致力于将中国职业教育推向世界，扩大中国职业教育影响力。

【《国际职业技术教育大会唐山声明》形成】 2017年7月5日，国际职业技术教育大会闭幕式上，宣读并通过标志性成果文件《国际职业技术教育大会唐山声明》。《唐山声明》中发布“新版技能议程”，建议成员国在预测和评估技能需求、发展惠及全民技能、提升技能和资格认证的透明度和认可度、推动不同职业更好地利用技能支持创业等方面谋划战略、开展行动，努力在支持国际合作、提供地区间知识共享和同侪学习平台、加强职业技术教育与培训领导力、增强创新能力和在全球传播有助于职业技术教育发展的有益实践等方面发挥更加重要的作用。全世界80多个国家和地区教育官员、职教领域专业机构和国际组织代表、联合国教科文组织官员、国内外专家学者以及企业界代表参加闭幕式。

7月4日，国际职业技术教育大会在唐山市召开。 刘洪超 摄

附：从上海到唐山——新版《上海共识》：齐心协力实现《教育2030》

国际职业技术教育大会声明：回顾《上海共识》，2015年通过的《关于职业技术教育与培训的建议书》，《教育2030行动框架》，有关职业技术教育与培训的可持续发展目标及联合国教科文组织发布的《职业技术教育与培训战略》，强调职业技术教育与培训在推动实现可持续发展目标和《教育2030》方面的潜力，指出《教育2030》行动框架对职业技能的重视程度，以及第三届国际职业技术教育大会以来在制定国家职业技术教育政策和加强协调方面取得的重要成就，承认随着绿色经济和数字社会的兴起，带来了发展和社会方面的新挑战，建议联合国教科文组织成员国政府和其他职业技术教育利益相关方考虑落实新版《技能议程》。此次《唐山声明》议程围绕四个重点领

域：预测和评估技能需求；发展惠及全民的技能；提升技能和资格认证的透明度和认可度；推动不同职业更好地利用技能，支持创业。联合国教科文组织总干事将支持成员国落实新版《技能议程》，包括通过联合国教科文组织国际职业技术教育培训中心及其网络提供支持。联合国教科文组织将加强国际社会的积极参与，鼓励成员国开发自己的评估和监测体系，来衡量落实新版《技能议程》的进展。

【唐山获联合国教科文组织“特别贡献奖”】 2017年国际职业技术教育大会上，联合国教科文组织决定授予唐山市“特别贡献奖”，联合国教科文组织第38届大会主席斯坦利•穆通巴•希玛塔颁发“特别贡献奖”奖牌。作为国际职业技术教育大会东道主，唐山市竭尽全力，为大会提供良好条件和细致服务，为与会嘉宾提供良好生活和工作环境，受到嘉宾们称赞。会议期间，大会探讨技能在可持续发展中作用、技能促进青年就业与创业、技能促进社会公平与性别平等、技能促进流动性、中国职业技术教育与培训政策和经验等系列相关问题。唐山通过这次机会与联合国教科文组织成员国建立起友好合作关系。

【国际职业技术教育交流与合作协议签订】 2017年国际职业技术教育大会期间，与会人员与国内外嘉宾对接商洽，取得成效。唐山工业职业技术学院、张家口机械工业学校、石家庄工程技术学校等10所职业院校与德国、法国、加拿大、韩国、埃及、葡萄牙等18个国家达成师资培训、专业建设合作意向，唐山工职院与斯里兰卡、巴基斯坦、肯尼亚、埃及教育部达成互派教师和留学生意向，唐山劳动技师学院与葡萄牙代表洽谈残疾人技能培训交流与合作事项。唐山工业职业技术学院与中华职教社就共同举办“中华职业大学”达成共识，唐山实验中专、丰南职教中心、保定市职教中心等8所院校与天津职业大学、江西旅游职业学院、北京求实职业学校等职业院校和企业签署合作办学协议。北京曹妃甸国际职教城与多家单位签订合作办学协议，天津职业大学和北京曹妃甸职教城投资有限公司，天津职业大学、新西兰太平洋酒店管理学院、新开普电子股份有限公司和曹妃甸职业技术学院，金荣整形美容医院和唐山实验中等专业学校分别签订合作办学协议。

【“匠心筑梦”文艺晚会】 2017年7月5日晚，国际职业技术教育大会“匠心筑梦”文艺晚会在唐山大剧院举行。联合国教科文组织第38届大会主席斯坦利•穆通巴•希玛塔，中国联合国教科文组织全委会秘书长杜越，教育部全职委副主任刘延申，唐山市副市长李钦峰与参会国内外宾客共同观看演出。晚会分“凤凰之约”“职教风采”和“匠心筑梦”3个板块10个节目，唐山市16个职业院校600多名师生参加演出。舞蹈《冀东秧歌》、皮影舞蹈《皮影俏娃娃》、评剧《乾坤带》、乐亭大鼓《白璧歌》既突出唐山特色，又融合国际元素；茶艺、插花、礼仪、空乘、厨艺、武术表演及服装发艺设计，展示唐山市职业技术教育风采；《民族舞蹈串烧》和大型歌舞《节日欢歌》，舞出职业教育前景。

【中外宾客夸赞“小唐园”】 国际职教大会期间，共青团唐山市委招募选拔50名唐山师范学院外语系“小唐园”成员，派驻到南湖国际会展中心、唐山站、三女河机场等地，提供导览引领、外围接待、语言翻译等志愿服务。“小唐园”们得体谈吐、周到服务，受到了宾客和工作人员好评。联合国教科文组织国际职业技术教育与培训中心教学组专家Kamal Armanious先生对“小唐园”曹柏文贴心服务表示满意，并主动赠予标有联合国教科文组织标志的U盘。

【唐山国际影响力增强】 2017年国际职业技术教育大会具有规格高、范围大、专业强、影响广的特点，为唐山提供与国际国内职业教育官员和专家学者交流合作的平台，也在世界舞台展示唐山市形象，来自网络、新媒体、纸媒、电视等46家各级各类媒体参与大会宣传报道，刊发稿件432篇次，直播累计浏览量达到23万人次。其中，《人民日报》刊发题为《从〈上海共识〉到〈唐山声明〉变革的时代，世界重新审视技能》的报道文章，中国教育电视台等国家级媒体也对大会报道，《今天，全世界81个国家和地区对唐山刮目相看》《刚刚，唐山再次吸引全世界的目光》等宣传文章被各级网络媒体转载，引起强烈反响。

（石　夫　鲍　雯）

唐山中国陶瓷博览会

【陶博会概况】 2017年9月16～20日，第20届唐山中国陶瓷博览会（简称陶博会）在唐山中国陶瓷博览中心举行。本届陶博会由中国国际贸易促进委员会、中国轻工业联合会、中国建筑材料联合会和河北省人民

联合国教科文组织专家Kamal Armanious先生与“小唐园”曹柏文互赠礼物并合影。

刘　伟　摄

9月16日，第20届唐山中国陶瓷博览会开幕。 王大勇 摄

政府主办；由中华人民共和国商务部支持，中国陶瓷工业协会、中国建筑卫生陶瓷协会、中国经济联络中心协办，特邀韩国陶瓷技术院、印度—中国工商商会、哥伦比亚—中国商会协办；由唐山市人民政府和中国国际贸易促进委员会河北省委员会承办。本届陶博会共设标准展位867个，比2016年增加39个。筹委会先后在多家媒体宣传唐山陶博会形象，并利用中心展区及市中心多处LED屏、馆内外墙体、场外广场等平台宣传参展企业和产品，为大会现场烘托氛围。新华社、《人民日报》《经济日报》、中央电视台等30多家新闻单位40多名记者到会，对陶博会集中报道。

【陶瓷精品荟萃】 第20届唐山中国陶瓷博览会参展商310家，比上年增加18家，参展品牌名企比例在70%以上，新产品比例在90%以上，参展陶瓷产品涵盖国内外日用瓷、建筑瓷、卫生瓷、艺术瓷等，共计数十个系列上千个品种，全面展示当今世界陶瓷工业发展最高水平和陶瓷艺术最新成果。设立世界陶瓷精品展区，韩国、孟加拉、爱沙尼亚、加拿大等国（境）外27家陶瓷企业参展。惠达卫浴、意中陶卫浴、“红玫瑰”香港回归20周年骨质瓷具等纷纷亮相展会，充分展示唐山市“中国北方瓷都”的风采和实力。

【中外客商参观采购】 第20届唐山中国陶瓷博览会到会国内外客商和来宾4000多人，专业采购团组14个，其中国外团组8个，国（境）外采购商人数达200余人，比上年增长20%。会上签订大量陶瓷贸易合同，无论是外贸成交还是内贸经销合同，都比上年有所增长，均创历届最高水平。在历时5天的展览中，参观购物者络绎不绝，日客流量3万人次。据不完全统计，陶博会期间全市约有15万余人参观陶瓷展览或参加各类展会活动。

【第五届中国陶瓷名家名作展】 2017年9月17日上午，第五届中国陶瓷名家名作展暨2017年陶瓷作品评比颁奖典礼在中国陶瓷博览中心举行，本次评比活动由河北省陶瓷玻璃行业协会、唐山市人民政府、中国陶瓷工业协会主办，唐山市贸促会、唐山市会展服务有限公司承办。大赛共设金奖、银奖、铜奖3个奖项，吸引全国66名陶瓷艺术大师携200余件作品参展。典礼上，主办方代表为27位获得金奖陶艺大师颁发奖状和证书。

【“百花百鸟”主题陶瓷创意作品展】 2017年9月16～20日，第三届河北唐山“百花百鸟”主题艺术陶瓷创意作品展在唐山中国陶瓷博览中心举办。此次作品展由河北省陶瓷玻璃行业协会、唐山市贸促会、唐山市艺术陶瓷协会主办，展出作品由陶瓷艺术家们历时一年精雕细琢创作完成。本次专题创意活动，旨在进一步弘扬传统陶瓷文化，形成陶瓷创意发展氛围，鼓励唐山艺术陶瓷传承与创新发展，提高艺术陶瓷创意水平。“百花”作品以郭沫若《百花齐放》诗歌为蓝本，采用彩虹艺术创作，根据不同器型，运用明快、艳丽的红色色系配制成百花创意。“百鸟”作品由著名艺术家冯霖章携学生创作，手法多样，注重工艺与美术融合，装饰景致和创作主体巧妙搭配，工笔与写意有机结合，使作品富有特色。

【台湾精品陶瓷展】 第二十届唐山中国陶瓷博览会中同时举办台湾精品陶瓷展，突出两岸文化交流，展出面积710平方米，来自“两岸情经贸交流协会”的台湾群臻陶艺、东方空间文化艺术事业有限公司（台华窑）等16家精品陶瓷企业参加，台湾著名艺术家杨丽丽青花为代表的数百件台湾精品亮相，涉及桧木木雕、柴烧、天目瓷、汝窑瓷器、琉璃等工艺精品及文创产品，集中展现台湾工艺及创意设计。

（王大勇）

【陶瓷博览会人才技术交流】 2017年9月17日，第20届唐山中国陶瓷博览会人才技术交流大会暨第七届河北省沿海经济隆起带高级人才洽谈会举办。大会安排京津冀高层次人才交流洽谈会、海内外高层次人才智力技术项目洽谈会、第二届京唐先进功能材料高峰论坛、第十一届环渤海人才网络招聘大会、技术项目对接签约仪式5项主要活动。参加本届大会现场洽谈交流活动企业160家，发布岗位需求3670个，唐车公司、三友集团、开滦集团、河钢集团矿业公司、曹妃甸港集团等支柱企业和重点建设项目单位到场，吸引清华大学、北京大学、南开大学、燕山大学等京津冀重点高校1000余名研究生和3000余名紧缺专业本科生、技能人才、海外高层次人才到场洽谈。

【14个先进技术项目签约】 2017年9月17日，第20届唐山中国陶瓷博览会人才技术交流大会暨第七届省沿海经济隆起带高级人才洽谈会举行技术项目签约仪式。唐山市委常委、组织部长、统战部长陈学民，市人大党组成员曹金华，市政府副

市长梁振江，市政协副主席胡万宁出席签约仪式。本届大会征集全市104家企事业单位智力技术项目需求115项，经相关单位与专家团队会前点对点对接、会上洽谈交流，共有精品钢铁、装备制造、新材料、生物医药、节能环保、现代农业等领域14个先进技术项目达成合作意向，现场签约。

【环渤海人才网络招聘大会】“2017·第十一届环渤海人才网络招聘大会”于9月15日～10月15日举办，800家企业参会，提供岗位1.2万个。唐山人才网携手河北人才网、北京人才网、北方（天津）人才网、大连人力资源网等10家专业网站，实现“一网登录，十网查询”。促成2283人与唐山市企业达成意向，包括博士35名、硕士112名、紧缺专业本科生1073名、其他各类人才1063名。涵盖唐山急需的10多个专业领域，其中机械工程专业205人、材料学专业17人、环境科学专业21人、电力系统及自动化专业287人、化学工程与工艺专业57人、能源与动力工程专业43人、计算机应用及软件工程287人。

【中国陶瓷官网新品发布会举办】2017年9月16日，第20届唐山中国陶瓷博览会召开之际，中国陶瓷官网举办新品发布会，面向全行业发布6个细分服务产品，标志官网正式迈入生态化服务全新阶段。发布的6个产品包括：银兴陶电子交易平台、陶瓷大师、陶瓷礼购、陶瓷快讯、陶瓷会刊、陶瓷名录，体现平台“以大交易为核心、大产品为支撑、大数据为引领”的独特定位，打造“全产业链服务、全业务环节服务”核心竞争优势，通过“PC端+移动端应用”立体服务架构，满足日用陶瓷、艺术陶瓷、建筑陶瓷、卫生陶瓷、工业陶瓷等各领域、全产业链企业多维需求。发布会同期，官网还开设特装展台，供用户在台下进行深度应用体验、互动沟通。

【地理标志保护产品使用单位增加】2017年9月16日，唐山骨质瓷唐山市陶瓷行业杰出工匠暨“唐山骨质瓷”地理标志集体商标颁奖仪式在唐山中国陶瓷博览中心举行。仪式上宣布，唐山增加9家陶瓷企业为“唐山骨质瓷”地理标志保护产品使用单位，分别为：唐山市绮丽陶瓷有限公司、唐山市兴兴陶瓷有限公司、唐山市路北区卢升陶瓷厂、唐山市大聚缘骨质瓷厂、唐山市艺海陶瓷有限公司、唐韵科技公司、唐山市高新技术产业园区曹妃骨质瓷厂、唐山克莱斯科骨质瓷制造有限公司、唐山市路北区郁金香陶瓷制品经销处。“唐山骨质瓷”2013年3月被列入国家地理标志保护产品名录，正式成为国家地理标志保护产品。另经专家评审和大众推选，张惠峰等14人被评为唐山市陶瓷行业杰出工匠，关长志等15人被评为唐山市陶瓷行业杰出能手，“中东风情”餐具等24件产品被认定为2017年唐山陶瓷优秀新产品。

【“瓷茶对话”亮相陶博会】2017年9月16日，“侨宝杯”全国星级茶馆首届茶席大赛“瓷茶对话”在陶博会期间举办。大赛由唐山市政府、中国国际贸易促进委员会河北省委员会、唐山贸易促进会、全国茶馆等级评审委员会共同主办，由唐山茗羽贸易（茶业）有限公司、碧波斋画廊联合承办。以“瓷茶对话”为定位，关注世界不同地缘文明环境下瓷茶艺术存在与发展，内容涉及茶席、茶器、茶品及非物质文化遗产民间艺术等。此次大赛受到全国茶界人士及茶友关注，投票参与人数突破12.6万人次，组委会精选出全国前30强茶席，在唐山中国陶瓷博览中心现场布展，组织专家及大众评委评定，综合评选出一、二、三等奖。活动承办单位唐山茗羽贸易（茶业）有限公司董事长王丽军向“春蕾计划”捐赠1万元，用于资助25名贫困女童。市妇联向茗羽公司颁发唐山市“春蕾计划”爱心使者证书。

（鲍　雯）

陶博会各类精美展品令参观者流连忘返。　王大勇 摄

第27届全国图书博览交易会

【书博会概况】2017年6月1～3日，由国家新闻出版广电总局和河北省政府共同主办，由河北省新闻出版广电局、唐山市政府和河北出版传媒集团承办的第27届全国图书博览交易会唐山会场暨第9届河北省书博会（简称书博会）在唐山南湖国际会展中心举办。国家新闻出版广电总局副局长吴尚之，河北省委常委、唐山市委书记焦彦龙，河北省副省长徐建培以及唐山市委、市政府有关领导出席开幕式。人民文学出版社、中国大百科全书出版社、中国美术出版总社、安徽少年儿童出版社、江苏少年儿童出版社、浙江少年儿童出版社、中国少年儿童新闻出版总社、清华大学出版社等86家全国知名出版

第27届全国图书交易博览会暨第9届河北省书博会6月在唐山举办。

刘洪超 摄

单位和7个省（市、自治区）代表团参加。展出图书5万余种，观众累计3万余人次，销售图书5万余册，销售额150余万元。

【4个展区体现书博会特色】 第27届全国图书博览交易会唐山会场暨第9届河北省书博会设置少儿图书展、精品图书展、“记忆·唐山故事”——唐山元素出版物展、唐山非物质文化遗产展4个展区。其中，“少儿图书展”是本届书博会最大亮点，在历届书博会中第一次被单独规划为专业展区展示，展区规划面积4000平方米，以明快亮丽色彩、生动活泼图案使展区整体呈现童趣满满的梦幻世界，邀请全国各大专业少儿出版社参展，主要展出少儿类精品图书、电子出版物及文创产品，同期举办多种少儿类、亲子类文化活动。“精品图书展区”主要展示各大出版社精品图书，并举办作家、学者、文化名人见面会、读书会、新书发布会等相关活动。“唐山元素出版物展区”主要展出反映唐山近代工业文化、优秀地域文化以及由唐山籍作家创作的书籍和音像制品。“唐山非物质文化遗产展区”主要展出皮影、泥塑、剪纸、制陶、铁艺等最具唐山本土特色的非遗项目与产品，并举行技艺展示、互动交流等相关活动。

【书博会主题活动】 书博会期间组织多项主题活动。樊登读书分享会，由樊登读书会创始人樊登在唐山大剧院与众多唐山书友开展读书分享活动，樊登与观众分享《你就是孩子最好的玩具》《未来简史》两本书，以睿智幽默、旁征博引、倡导互动风格，对两本书深刻解读，樊登还为樊登读书会唐山分会、驿站授牌，并为阅读大使颁发樊登读书会全民阅读贡献证书。“重温经典——名家名篇朗诵会”以朗诵、演唱、演奏等不同艺术形式，展示《将进酒》《兵车行》《海燕》《当你老了》《再别康桥》等近20篇古今中外名篇佳作和中国近代现代作品。“书博大篷车·美丽河北行”唐山站活动由河北省委宣传部、河北省新闻出版广电总局主办，唐山市委宣传部、唐山市文广新局协办，河北新闻网、开滦（集团）有限责任公司、唐山市新华书店有限责任公司承办。“唐山红领巾读书社”以激发全市青少年阅读热情，提升青少年文学素养为目的，以“阅读”为切入点，在新形势下创新少年儿童思想政治引领工作，加强少年儿童综合素质的培养。“唐山红领巾读书社”微信公众号3月底正式上线，总关注量4万人，每天图文阅读人数平均6000人，组织开展的各类线下活动超过5万个家庭参与。

【“唐山元素”书博会受青睐】 本届书博会上，作为东道主，“唐山元素”出版物及非物质文化遗产展示成为会场内一大看点。“记忆·唐山故事”——唐山元素出版物展区共征集书籍1000余种2500余册、音像制品150余种，非物质文化遗产展区征集26个市级以上非遗项目和数十种文创产品。在唐山元素出版物展区内，有介绍唐山百年辉煌工业历史的典籍，有深入研究乐亭大鼓、唐剧等唐山地方曲艺的文献，有系统阐述唐山风物的地方志，也有展现新唐山凤凰涅槃的珍贵影集，由唐山籍作家创作、具有唐山元素的书籍和音像制品等出版物不胜枚举。此外，展区装潢布置弥漫唐山味道，“小山”“交通大学唐山学校”等唐山特有历史文化符号均能在此出现。在唐山非物质文化遗产（文化创意产品）展区内，皮影、泥塑、剪纸、制陶、铁艺等非遗项目与产品亮相，同时举行技艺展示、互动交流等相关活动，让参与者与非物质文化遗产零距离接触。

【唐山书城获“最美新华书店”称号】 第27届全国图书交易博览会上，中国新华书店协会举行《中国新华书店社会责任报告书》发布暨“最美新华书店”授牌活动，唐山书城被评为“最美新华书店”。为庆祝新华书店成立80周年，弘扬新华书店品牌，中国新华书店协会组织全国“最美新华书店”评选。经过网络投票和专家评审，从全国150多家参评门店中评选出80家门店，河北省东华书店、唐山书城、石家庄儿童书城以唯美的空间环境、多元的业态组合、丰富的文化活动入选。唐山书城2014年11月升级改造，并开设微信订阅号和服务号2个公众号，读者可以查询10万种在售图书，实现线上线下结合，成为城市文化地标。

【张景生家庭入选全省“十佳书香家庭”】 在第27届全国图书交易博览会上，表彰奖励河北省第三届全民阅读“书香系列”“十佳书香家庭”，曹妃甸区十农场张景生家庭成为唐山唯一入选家庭。张景生与书报为伴30多年，在劳动之余笔耕不辍，在《唐山劳动日报》《唐山晚报》《河北农民报》《河北科技报》等20多家报纸杂志发表各类新闻稿件和文学作品近500篇，先后获河北省首届群众文学大赛三等奖、“情系曹妃甸，共筑中国梦”全国文学赛二等奖等诸多奖项，其妻子、儿女在他影响下，也利用劳作、学习之余读书，并在自家成立读报小组，给几十位乡亲提供学习科技知识、了解市场信息和文化交流的平台。

（石　夫　鲍　雯）

职业教育与城市发展高层对话会

【高层对话会概况】 2017 年 9 月 25 ～ 26 日，由中华职业教育社与唐山市市委、市人民政府联合主办的“2017 职业教育与城市发展高层对话会”（简称高层对话会）在唐山市举办。全国人大常委会副委员长、中华职业教育社理事长陈昌智出席开幕会议并做主旨讲话。唐山市市委书记焦彦龙致欢迎辞，教育部职成司司长副会长王继平讲话。中华职业教育社党组书记、总干事方乃纯与唐山市人民政府市长丁绣峰为中华职业教育社在唐山市设立的“职业教育促进经济社会发展试验区”铜牌揭幕。河北省人大常委会副主任宋太平，河北省中华职业教育社主任、国家审计署副审计长秦博勇出席开幕会。对话会期间，陈昌智理事长先后考察唐山工业职业技术学院、唐山市职教中心和首钢京唐公司。对话会由中共唐山市委统战部、唐山市教育局、唐山工业职业技术学院承办。会上，首都经贸大学党委副书记孙善学、广西自治区中华职业教育社主任钱学明、国家教育行政学院职教中心主任邢晖、中国机械工业教育协会副理事长陈晓明、唐山市工业职业技术学院院长田秀萍围绕职业教育服务城市转型发展的最新理念，职业教育、产业、城市发展互动发展的唐山经验等议题发言。与会专家与唐山市相关委办局、职业院校负责人和相关企业代表就职业教育促进城市发展的唐山经验和促进校企合作、产教融合途径及做法进行对话。28 个省（区、市）职教战线和企业代表 220 余人与会。

【陈昌智做主旨讲话】“2017 职业教育与城市发展高层对话会”上，全国人大常委会副委员长、中华职业教育社理事长陈昌智做题为《推动职业教育改革创新　服务城市转型发展》的主旨讲话。他指出，党中央、国务院高度重视城市发展，多次召开会议研究部署城市工作，凸显出城市发展在国家大局中的重要地位，地方政府要为职业教育发展提供更好的政策环境，把职业教育纳入统筹发展规划的全局，政府搭台，校园对接产业园，建立职业院校人才供给与产业部门人才需求之间的沟通对话机制；市场导向，专业链匹配产业链，紧跟科技发展前沿，密切关注城市行业企业发展的新趋势；激发活力，学校融入社区，做到“双轮驱动”，由以学历教育为主向学历与非学历并重转变，推动职业教育改革创新，更好地服务城市转型发展。

【唐山职教状况】 到 2017 年，唐山市有高等职业院校 5 所、中等职业院校 35 所。多年不断加大投入，连续 7 年举办展示周和宣传月活动，平均每年投入 5 亿元，通过异地搬迁、新建改造重组等方式改善办学条件。撤销招生少、就业难度大专业，开设符合现代产业发展需求的电子商务、新能源汽车等专业，省级骨干专业占全省总数 13%。引导职业院校通过合作办学等多种形式推进校企合作。加强与京津交流，有 10 所学校与京津 12 所院校签订协议，与德国、美国等国多所学校建立双向交流机制。

【“唐山经验”成为焦点】 2017 年 9 月 26 日，“2017 职业教育与城市发展高层对话会”专门安排职教发展“唐山经验”专题对话会，之前中华职业教育社常务理事、首都经贸大学党委副书记孙善学做《职教助力唐山转型发展新征程》专题报告，唐山工业职业技术学院副院长马良军做《开放办学　精准对接　服务区域　转型发展》专题报告，专门介绍唐山市职业教育及唐山工业职业技术学院职业教育发展历程、经验及成果。唐山市副市长曹全民做唐山市经济社会及职业教育发展专题报告，市教育局、市财政局、市工信局、市人社局、市发改委相关负责人分别谈唐山职教发展的做法、经验和成果，就专家们关心问题和提出建议进行研讨交流。在校企合作路径与经验专题对话会上，曹妃甸港集团股份有限公司、唐山三友集团有限公司、唐山市拓又达科技有限公司及唐山工业职业技术学院党委书记、院长田秀萍分别从企业、学校角度谈校企合作开展情况和对唐山市校企合作政策的认识和期待，回答专家提问，与专家们深入交流。“唐山经验”成为整个对话会重点，贯穿会议始终。与会专家认为，“唐山经验”既有宏观市级层面的，也有院校和企业微观层面的，唐山市政府统筹力度之大、学校落实措施之实均不多见，无论从宏观层面还是微观层面，唐山经验值得推广，唐山模式值得学习、借鉴。

【职教与城市发展方向路径探讨】 在“2017 职业教育与城市发展高层对话会”上，与会领导和专家除分享职业教育“唐山经验”外，全国政协委员、民建广西区委主委、广西壮族自治区中华职业教育社主任钱学明做《职业教育供给侧改革亟待加强需求侧管理》专题报告，中华职业教育社理事、社专家委员会副主任、国家教育行政学院职教中心主任邢晖做《职业教育的共治共赢》专题报告，中华职业教育社专家委员会副主任、中国机械工业教育协会副理事长陈晓明做《从产业变革看城市发展与职业教育协同优化》专题报告。与会专家在两场专题对话会上就职业教育发展方向和路径进行深入交流与探讨。

【唐山借势宣传扩大影响】“2017 职业教育与城市发展高层对话会”规格高、专业强、影响广，既为唐山提供与全国职业教育官员和专家学者交流合作的平台，又成功展示唐山市的形象。对话会邀请新华社、新华网教育频道、《中国教育报》、中国青年网、中华儿女报刊社、北京中华职业教育网、《教育与职业》杂志社、《光明日报》《北京政协报》《燕赵都市报》《河北工人报》《唐山劳动日报》《唐山晚报》、唐山电视台、唐山电台、环渤海新闻网等 16 家国家、省、市级媒体采访，各媒体根据各自角度，对本次对话会以及职业教育“唐山经验”“唐山模式”予以报道，刊发文字、视频、音频等多种形式稿件 20 余篇。其中，《人民日报》《中国教育报》、中国青年网等刊发的新闻被各级网络媒体转载，广泛传播。

（石　夫）

对接京津 协同发展

DuiJieJingJin XieTongFaZhan

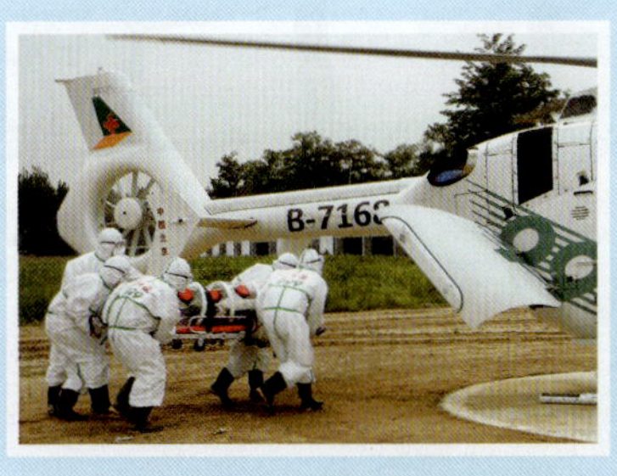

综 述

【唐山融入京津冀协同发展大格局】 2017年，唐山市把握历史机遇，发挥比较优势，强化平台支撑，促使一批大项目落地，促进一批大合作开展，全市深度融入京津冀协同发展大格局。项目合作拉动投资增长，以抓京津项目合作为突破口推进京津冀一体化进程，累计与京津合作亿元以上项目440多项，总投资5700多亿元，其中中粮糖业曹妃甸100万吨精炼糖、石墨烯产业化基地、东方顶佳牧业现代化养猪场等项目相继竣工投产。平台支撑加速产业聚集，以园区平台为支撑，将曹妃甸区打造成京津冀对外开放窗口、新型工业化基地，将芦汉两区打造成对接天津"桥头堡"，还以玉田县、乐亭县、滦南县等与京津合作优势明显县区（园区）为抓手培育对接新平台。交通服务推动一体化，唐山港先后与70多个国家和地区160个港口实现通航；推进以唐山科技中心、融通清科科技企业孵化器、石墨烯家众创空间等为重点创业服务平台建设，京津冀钢铁联盟协同创新研究院落户迁安市；推进与京津高校、科研院所、科技型企业合作项目40余项；教育系统对接京津教育签约项目141个；全市二、三级医院与京津知名医院共签署技术合作协议47个，开展合作项目59个，开展远程医疗会诊1380例。生态协同守护绿水蓝天，化解过剩产能，推进生态环境治理，担当全省去产能的"唐山责任"，清理潘家口、大黑汀水库库鱼8397.6万千克，拆解网箱4万余箱，重新修订《重污染天气应急预案》，组织编写《唐山市生态建设与环境保护"十三五"规划》。

【协同发展示范区建设推进】 2017年，唐山市协同发展示范区仍以京冀曹妃甸协同发展示范区和津冀（芦汉）协同发展示范区为主，在曹妃甸示范区，金隅·曹妃甸协同发展示范产业园、中林集团曹妃甸木材产业园等项目签约，LNG接收站应急调峰保障工程开工，北京城建重工新能源汽车竣工投产。全年签约亿元以上与京津合作项目105项，新开工亿元以上与京津合作项目27项，完成投资43.45亿元。在津冀（芦汉）协同发展示范区，先行试验区范围基本确定，产业合作推进，芦台与天津华舜汽配、北京东方诚国际钢结构等京津企业签约，汉沽与东丽区签署战略合作协议，引进天津家具、制冷、商用厨具等项目30多项。年内芦汉两地新开工亿元以上与京津合作项目31项，完成投资26.16亿元。

【唐山与两大公司签署战略合作框架协议】 2017年10月13日，唐山市政府与北京市基础设施投资有限公司、京津冀城际铁路投资有限公司签署战略合作框架协议。市委副书记、市长丁绣峰，北京市基础设施投资有限公司总经理、京津冀城际铁路投资有限公司董事长郝伟亚，京津冀城际铁路投资有限公司总经理苗子簃出席。京投公司是国内唯一全面覆盖地铁、市郊铁路、城际铁路、国有铁路四层轨道网络国有企业。京津冀铁投公司由京津冀三地政府和中国铁路总公司共同发起设立，负责统筹推进区域内城际铁路项目规划、投资、建设、运营和资源开发。三方签约后，京投公司和京津冀铁投公司与唐山市实际需求结合，按照"优势互补、互利共赢、协同推进"原则，提供城市轨道交通、城际铁路全面解决方案。丁绣峰、郝伟亚、苗子簃代表三方在协议上签字。

【唐山高新区通州产业园签约】 2017年10月26日，唐山高新区通州产业园启动暨入驻企业签约活动举行，高新区管委会与北京市通州区投资促进局、中关村科技园区通州园管委会签署战略合作协议，在高新区京唐智慧港建设通州产业园。市委副书记、市长丁绣峰出席活动并会见北京市通州区委常委、副区长洪家志。此次签约活动除签署在京唐智慧港建设通州产业园战略合作协议外，高新区还与北京中天城投企业策划有限公司签署委托招商协议，与北京双泰气动设备有限公司、大陆天瑞激光工程有限公司等8家企业签署入驻协议，涉及高端装备制造、激光设备、软件开发等领域，均为高新技术产业项目，并有多项技术填补国内空白。

【第四届京津冀协同创新共同体高峰论坛】 2017年12月15日，第四届京津冀协同创新共同体高峰论坛暨曹妃甸科技发展创新驱动说明会在曹妃甸区召开。京津冀三地科学技术领域权威专家学者、科技企业代表、科技园区代表、科研院所及服务机构负责人等350余人参加，就京津冀地区科学技术创新和协同发展建言献策。论坛以"科技创新、协同发展"为主题，研讨新一代信

曹妃甸区在首钢京唐公司组织开展应急管理现场观摩，提高企业应急管理水平。 王彩波 摄

息技术、新材料与新能源、节能环保与高端装备等产业领域最新技术趋势，开展学术交流和最新成果展示。论坛上，北京市政曹妃甸制造基地项目、北京图森未来智慧物流项目、京粮集团冷链仓储物流项目、贺祥机电陶瓷机械人项目等22个项目现场签约，涉及总投资179.05亿元。

【首届京津冀服务外包协同发展论坛】 2017年8月29～30日在唐山南湖会展中心酒店举办。河北省副省长王晓东出席论坛开幕式并致辞，商务部服务贸易和商贸服务业司司长冼国义、河北省商务厅厅长李石、北京市商务委员会副主任倪跃刚、天津市商务委员会副主任朱伟山、唐山市副市长曹全民出席。京津冀三地市县和园区代表、328家重点企业代表800人参加论坛。本届论坛以“融合发展 创新提升”为主题，由河北省商务厅、北京市商务委、天津市商务委和唐山市人民政府共同主办，京津冀服务外包行业协会、会展业协会，以及唐山市商务局、唐山市路南区人民政府、石家庄市会展业管理办公室承办。论坛采取“1+3+1”模式，包括一个主论坛和“楼宇经济与虚拟园区”“综合服务平台和服务外包产业集聚”“会展经济与城市服务业结构转型”3个分论坛，期间举办项目洽谈及河北会展服务业展览展示活动。

产业对接

【产业对接概况】 2017年，唐山市深化与京津产业合作，全市实施亿元以上与京津产业合作项目208项，完成投资293.93亿元。其中，续建项目54项，完成投资125.17亿元；新开工项目106个，完成投资118.43亿元；完工项目48个，完成投资50.33亿元。冀东水泥与北京金隅股份成功重组，首钢二期一步工程全面复工建设，海德润保健品医疗器械生产项目完成设备调试，华电曹妃甸煤码头三期工程完成任务过半。

【唐山百家企业与京津专家交流对接】 2017年6月28日，由唐山市人社局主办、市人才交流中心承办的唐山市人才技术项目交流对接会举行，北京科技大学、北京工业大学、天津工业大学等京津重点院校及科研院所23名大数据、物联网、人工智能等领域专家参加，与玉田工业产业园区、丰南经济产业园区、迁西工业园区等6家产业园区以及亚特重工、华洋自动化、正欣实业等百余家唐山企业交流对接，5个项目达成合作意向。5个项目分别为，丰南临港经济开发区与北京工业大学杨旭东教授就3D打印开发项目展开合作，博世德医疗器械有限公司与北京科技大学肖文栋教授就可穿戴计算机与智慧健康项目达成合作意向，达润达机械设备制造（集团）有限公司分别与天津工业大学张永刚教授、北京科技大学宗燕兵教授就工业废水污染物去除和转化以及冶金资源循环高效利用2个项目达成合作意向，唐山和美贸易有限公司与北京工业大学刘显武教授就建筑节能材料项目洽谈合作。

【承接京津产业转移招商专项行动推进会议】 2017年11月8日，唐山市召开承接京津产业转移招商专项行动推进会议，市委副书记、市长丁绣峰出席会议并讲话。丁绣峰强调，各级各单位要以党的十九大精神为指引，掀起新一轮招商引资和项目建设热潮，以招商引资新突破开创经济发展新局面，以项目建设新增量释放转型升级新动能，为建设现代化经济体系提供有力支撑。副市长曹全民主持会议。市政府秘书长张文明出席。曹全民就做好下步工作提出明确要求。市商务局主要负责人宣读《唐山市承接京津产业转移招商专项行动实施方案》。乐亭、玉田、汉沽、芦台及高新区作交流和表态发言。

【芦台与宁河合作秸秆回收发电】 2017年秋冬季，芦台经济开发区与天津市宁河区共同开展大气污染综合治理，通过建立联动体系，将芦台开发区1.34万公顷土地全部纳入宁河区大气污染监控体系，芦台8000公顷耕地农作物秸秆由宁河区回收用于生物质发电。为加强大气污染管控，两地实现高清摄像头全覆盖，进行实时监控。建立秸秆禁烧微信群，发现着火点实时通报，及时处置。秸秆回收利用采取市场化运作、政府补贴形式，将芦台大面积种植水稻、棉花、玉米等农作物收割后秸秆回收，运送到宁河区宁深生物质燃料公司用于燃烧发电，并享受宁河区相关政策。

【全国山地户外产业高峰论坛】 2017年7月9日在唐山市举办，全国各地230多名户外组织机构代表、体育及旅游等相关单位代表、与会旅游界及户外界经理人、各景区经营者、户外行业组织者与从业者等参加会议。论坛邀请全国山地户外产业领域专家学者、企业家、俱乐部负责人等，围绕山地产业规划、体旅融合、行业协同发展、户外行业创新领域发展等热点话题进行演讲和对话。本次论坛由中国登山协会、唐山市人民政府主办，市体育局、市旅游局、辽宁省登山户外徒步运动协会、唐山市登山户外运动协会、北京京展佳会国际会议展览有限公司承办，喀尔沃户外品牌、河北栗源食品有限公司、唐山阳光户外俱乐部协办。

【玉田借力京津打造特色产业集群】 2017 年，唐山市玉田县抓住京津冀协同发展机遇，通过借力京津，加大招商力度，建强发展载体，打造优势产业集群，促县域经济发展。全县在建千万元以上项目 122 个，其中新开工亿元以上项目 31 个，竣工亿元以上项目 23 个。北京朝阳区食品药品协会 18 家食品加工企业组团与玉田达成合作意向，在农产品加工园建设总投资 15 亿元以上的园中园，年内完成选址。立足全县产业基础，先后建设循环经济、钢结构、新型建材、中华老字号、中医药等产业园，延伸产业链条，壮大企业规模，实现产业集聚发展。全县 40% 以上规模以上工业企业与京津 52 家高等院校、科研院所建立长期稳定合作关系，共建科研创新基地 35 个，引进转化高新技术、科研成果 144 项。按照“突出重点、择优扶强”的原则，实施龙头带动战略，扶持优势企业做大做强。

【首届京津冀装配式钢结构建筑发展研讨会】 2017 年 9 月 22 日，作为承接北京非首都功能转移系列活动之一，首届京津冀装配式钢结构建筑发展研讨会暨唐山投资环境说明会在唐山召开。副市长曹全民出席会议并致辞。唐山市先后承担 6 项国家级装配式建筑结构体系研究项目，成立唐山市绿色建筑产业技术研究院，组建二十二冶集团、冀东发展集成房屋公司等一批国家、省级研发中心。逐步构建起“政府推动、市场主导、科技支撑、项目示范”的装配式建筑发展模式，全市累计建成装配式建筑 271 万平方米。

全方位合作

【全方位合作概况】 2017 年，唐山市与北京、天津在社会各领域全面推进合作。教育合作中，22 所小学与北京优质小学成为友好学校，20 所中学与北京优质中学开展合作办学，市属 8 所高校与京津高校开展联合办学或与京津企业进行校企合作，曹妃甸职教城中等试验专科学校、景山学校初高中部正式开学。卫生合作中，全市二、三级医院与京津知名医院签署技术合作协议 49 个，开展合作项目 62 个，建立覆盖全市 14 个县（市、区）的远程医疗服务系统，开展远程医疗会诊 1380 例，安贞、妇产医院在曹妃甸合作办医挂牌开诊。人才交流与社保对接，年内邀请 54 名京津专家在唐指导，解决技术难题 13 项，15 位博士后与 15 家企业达成合作意向 21 项。推动 2523 家定点医药接入省内异地门诊就医直接结算，34 家医疗机构接入省内异地住院直接结算，城乡居民医保 8 月 18 日与国家异地就医结算系统对接成功。

【京冀（曹妃甸）人力社保服务中心成立】 2017 年 11 月 9 日，北京市人社局、河北省人社厅、唐山市人社局、曹妃甸区人社局“两地四方”在曹妃甸区共同举办京冀（曹妃甸）人力资源和社会保障服务中心揭牌仪式。服务中心成立后，京冀两地人力社保部门形成“一个整体”，在曹妃甸北京企业只需进一个门、到一个窗口就可以了解京冀两地政策、获得两地服务，涉及两地社保业务可直接办理，不需再往返奔波北京、河北。该中心由“两地四方”共同建立，为疏解北京非首都功能过程中转移至曹妃甸北京企业就近提供人力社保服务，协调解决企业落地发展过程中遇到问题，支持北京企业在曹妃甸发展。

【全国首单京津冀协同发展债务融资工具落地】 2017 年，由招商银行唐山分行承销的全国首单京津冀协同发展债务融资工具——唐山曹妃甸发展投资集团有限公司 2017 年度第一期中期票据在银行间市场落地。本期中期票据发行规模 10 亿元，期限 5 年，票面利率 6.98%，第三个计息年度末附设发行人调整票面利率选择权和投资者回售选择权。曹发展中期票据是全国首单京津冀协同发展债务融资工具。曹妃甸区政府及区属企业长期以金融信用为根本，至2017年底未有一笔不良信用记录。

【京津冀中小学图书馆合作与发展论坛】 2017 年 4 月 7 日在唐山市举办。此次论坛主题为利用大数据、开展大阅读、提升核心素养，加快中小学图书馆建设，推动京津冀地区基础教育均衡、可持续、协同发展。论坛采取专家讲座、经验交流等形式，探讨如何推动和促进京津冀地区中小学书香校园建设，在新情境、新内容、新社群模式下促进阅读与课程紧密结合，通过大数据、云技术等新技术在中小学图书馆工作中运用，推进全学段、全学科、全覆盖“大阅读”等内容。会议期间，与会人员现场观摩唐山市路南区第二实验小学、第一幼儿园、开滦十

7月13～14日，唐山市疾病预防控制中心参加“2017年京津冀卫生应急联合演练”。 侯 奇 摄

中和丰南区第一实验小学。唐山市多年重视中小学图书馆工作，先后被评为全国、全省中小学图书馆工作先进单位，到2017年底，全市建有规范化图书馆1095个、省一级图书馆500个，全国最美校园书屋1个、河北省最美校园书屋4个。

【北京与曹妃甸签署旅游发展战略合作协议】 2017年5月，北京、曹妃甸旅游发展战略合作签约仪式在曹妃甸渤海国际会议中心举行，曹妃甸成为首个与北京进行区域旅游合作区。根据协议，京曹两地开通旅游直通车，设计特色旅游线路，使北京旅游线路延伸至曹妃甸。《北京曹妃甸旅游发展战略合作协议》签署后，京曹两地建立旅游协调工作机制，针对旅游产业发展等问题交流与探讨，协调解决旅游合作问题，使京曹两地在旅游资源、产品、市场、信息、客源等方面实现共享。协议明确，北京旅游委协调京津冀旅游资源交易平台为曹妃甸旅游资源交易和旅游项目投融资提供服务，推进曹妃甸旅游产业资源流动和配置升级。同时，北京旅游委支持曹妃甸在北京开展旅游项目招商活动，共同推出两地旅游精品线路、包装旅游产品。

【滦南（北京）大健康国际产业园项目集中签约】 2017年6月15日，总投资150亿元的滦南（北京）大健康国际产业园项目举行集中签约仪式，同仁堂（集团）、北方大陆、美宝高科等24家北京保健品企业落户滦南。滦南（北京）大健康国际产业园规划面积10平方千米，引进国内外大健康领域新型产业项目，配套建设总部及功能医学科技孵化中心、国际标准认证中心、药食同源中心、大数据与电子商务展示交易中心及金融服务中心，逐步建成以药品为主，保健食品、医疗器械、保健品为辅，为全国医药产业提供物流中转基地的国际化综合性产业园区。按照京冀“共建、公管、共享”思路，北京迁入企业继续保留“北京身份”，企业名称不变，注册地不变，食品生产许可内容不变，产品批准文号不变，仍由北京食品药品管理局实施许可、认证和日常监管。

【会展业投资说明会暨项目签约仪式】 2017年7月25日，承接北京非首都功能转移系列活动之一——唐山会展业投资说明会暨项目签约仪式在南湖会展中心举行，副市长曹全民出席。21个北京会展行业企业签署相关协议，包括在南湖国际会展中心设立会展企业创新中心，以及20家会展设计、咨询、工程多个行业类型会展企业入驻国际会展产业园。

【京津冀体育产业协同发展高峰论坛】 2017年7月8日在唐山市举行。副市长曹全民出席并致辞。论坛邀请北京大学中国体育产业研究中心执行主任何文义、国家体育总局体科所体育社科研究中心主任鲍明晓、首都体育学院休闲与社会体育学院院长董杰、北京华奥星空科技发展有限公司副总经理李燕明作主题演讲。京津冀三地体育部门负责人、专家学者、知名企业及河北省各市体育局负责人，唐山市各县（市、区）体育部门及体育协会负责人200余人参加论坛。在论坛上同时举行京津冀体育产业资源交易平台签约仪式。北京市体育局、天津市体育局、河北省体育局共同与北京产权交易所和北京华奥星空科技发展有限公司创建运营的北交所体育产业资源交易平台签署《委托协议》，正式启动筹建京津冀三地统一体育产业资源交易平台。

【京冀协同发展圆梦助学基金成立】 2017年9月12日，获得唐山市首届“市长特别奖”的京冀曹妃甸协同发展示范区管委会李宏宇等13名北京挂职干部，将20万元奖金捐献给团市委希望工程，成立京冀协同发展圆梦贫困学子助学基金。该基金全部用于2018年和2019年唐山市“圆梦行动”专项活动，帮助唐山市特别是曹妃甸区贫困大学新生入学。资助标准为贫困家庭大学新生每人5000元，共计资助40人。李宏宇、李苓、孙学军、冯皂凡、瞿向阳、唐红伟、刘贵、潘贤虎、彭玉春、张巍、李强、柯鹏、石韧13名北京干部2016年11月从北京到曹妃甸区挂职。

【京津冀鲁联合招聘会举办】 2017年9月28日，河北省人社厅主办、唐山市人社局承办“京津冀鲁联合招聘会”举办。本次活动以“为深化跨省劳务协作，促进以去产能分流职工和高校毕业生等各类求职者实现就业”为主题，现场开展用人双方对接交流活动。河北能源职业技术学院、唐山劳动技师学院等多所院校200多名毕业生参加招聘。国家电网、中信集团、海尔集团等159家用人单位进场招聘（其中京津鲁企业43家、河北省企业116家），提供招聘岗位3646个，涉及金融、销售、制造、管理等200多个行业，进场求职人数4500余人，发放宣传资料8000余份，1108名求职者与用人单位达成初步就业意向。

（李国印 鲍 雯）

京冀协同发展圆梦贫困学子助学基金成立，图为捐赠仪式现场。 杨 硕 摄

中共唐山市委员会

ZhongGongTangShanShiWeiYuanHui

综 述

【市委第九届委员会全委会和常委会】 2017年1月4日，中国共产党唐山市第九届委员会第十一次全体会议召开。全会审议有关事项，决定于2017年3月下旬召开中国共产党唐山市第十次代表大会。全会由市委常委会主持。市委委员、候补委员出席会议。市纪委委员列席会议。3月17日，中国共产党唐山市第九届委员会第十二次全体会议召开。全会审议有关事项，决定3月21～23日召开中国共产党唐山市第十次代表大会。全会由市委常委会主持。市委委员、候补委员出席会议。市纪委委员列席会议。年内，中共第九届唐山市委常委会召开市委常委会扩大会议10次。

【市委第十届委员会全委会和常委会】 2017年3月23日，中国共产党唐山市第十届委员会举行第一次全体会议。焦彦龙受中国共产党唐山市第十次代表大会主席团委托主持会议并讲话。第十届市委委员、候补委员出席会议。第十届纪律检查委员会委员列席会议。7月27日，中国共产党唐山市第十届委员会第二次全体会议召开。11月9日，中国共产党唐山市第十届委员会第三次全体会议召开。年内，中共第十届唐山市委常委会召开市委常委会扩大会议30次。

（邹永臣　吴丙新）

【供给侧结构性改革】 2017年，唐山市委推进供给侧结构性改革，加快推动新旧动能转换和产业转型升级。完成“三去一降一补”（去产能、去库存、去杠杆、降成本、补短板）任务。完成省达压减炼钢产能993万吨、炼铁产能576万吨任务，去产能涉及3.4万名职工全部妥善安置，确保企业和社会大局稳定。全市商品房销售860万平方米，建成商业用房实际利用率75%以上，房地产库存去化周期保持在合理区间。新增直接融资149.8亿元，银行加权平均利率达到5.57%。落实减税降费各项政策措施，全年降低企业税费34.4亿元，百元主营业务收入成本比上年降低0.6元。加快补齐生态环保、公共服务和科技创新等方面短板，科技型中小企业、高新技术企业、科技小巨人企业分别达到5992家、290家、364家。发展新兴产业，年内，战略性新兴产业完成增加值414.9 亿元，占全部规模以上工业增加值11.8%，比上年增长19.8%，高于规模以上工业增加值增速15.1个百分点，全市战略性新兴产业企业466家，比上年增加27家。壮大临港经济，沿海板块实施亿元以上项目655个，完成投资934亿元。唐山港向“一带一路”沿线辐射延伸，货物吞吐量5.7亿吨、集装箱253万标箱，比上年分别增长8.6%和27.9%，跻身全国沿海港口第4位，加快由货物集疏大港向综合性贸易大港转变。城市经济发展提速，南湖CBD、站西片区、京唐智慧港、城南经济开发区等重点城市经济项目加快实施，涌现出唐山金融中心、百川大厦等一批税收超亿元、超千万元经济楼宇。增强传统产业活力，高附加值和高技术含量钢材产品增势明显，镀层板、电工钢板、涂层板产量分别比上年增长14.7%、10.7%和1倍。规模以上工业企业实现利润707.7亿元，超越2012年589亿元历史最高水平，

12月10日，路南区惠民道街道兴泰里小区首批不动产权证向居民集中发放，工作人员上门办公，解答居民有关问题。　吕光宇 摄

增长速度达70.7%，提高增长质量。园区经济提档升级，主营业务收入超千亿元园区3个、五百亿元至千亿元8个。推进现代农业，农业产业化经营率69%。引进培育新项目、新企业，以季度为单元组织项目集中开工、观摩测评活动，全年新开工亿元以上项目1007个，新登记市场主体10万户。做大做强现有企业，实施“企业登台阶计划”，增加规模以上工业企业350家、规模以上服务业企业228家，均居全省首位。增加主板上市企业2家、“新三板”挂牌企业10家。

【京津冀协同发展战略融入】 2017年，唐山市委强化顶层设计和政策、规划对接，依托京津信息、科技、市场、金融等资源优势加快产业聚集。建设协同发展平台，京冀曹妃甸协同发展示范区新开工亿元以上项目20项，完成投资25.4亿元，金隅·曹妃甸协同发展示范产业园等一批战略性项目签约。签署津冀（芦·汉）协同发展示范区合作框架协议，规划48.7平方千米作为共建区域，与天津华舜汽配、北京东方诚国际钢结构等一批京津企业签约，芦汉两地新开工亿元以上京津合作项目31项。高新技术产业开发区与通州区共建通州产业园项目启动。承接京津产业转移和功能疏解，全市实施亿元以上京津项目400项，完成投资350亿元，推广冀东集团与北京金隅股权重组经验，推进唐重唐冶与金隅冀东集团重组合作。深化与京津在教育、旅游、医疗、文体等方面合作，实施滦南（北京）大健康国际产业园等功能疏解项目26项，完成投资54.7亿元。加快推进以高新技术产业开发区创业中心、唐山科技中心等为重点创业服务平台建设，京津冀钢铁联盟协同创新研究院落户迁安，全年引进京津科技成果和产业化项目49项。推进交通一体化建设，建设唐曹铁路，迁曹高速一期建成通车，水曹铁路完成投资25亿元，京秦二通道、唐廊高速在建，京唐城际铁路唐山段暨机场站开工建设。

【生态文明建设】 2017年，唐山市委改善大气质量，推进减煤、治企、控车、抑尘、治矿、增绿6个攻坚行动，超额完成大气“国十条”PM2.5浓度比2013年下降33%目标。按照省委九届六次全会关于生态文明建设部署要求，启动“打赢蓝天保卫战”各项工作，制定唐山市退出74个空气质量重点监测城市倒数前10名工作方案，把扬尘治理实现“六个100%”（工地沙土100%覆盖、工地路面100%硬化、出工地车辆100%冲洗车轮、拆除房屋工地100%洒水压尘、暂时不开发空地100%绿化）作为“打赢蓝天保卫战”第一步，集中攻坚突破，空气质量持续好转。开展水污染防治“碧水行动”，综合整治滦河、陡河、还乡河、沙河等重点流域，提升水质，强化水源地保护，清理潘家口、大黑汀和邱庄水库网箱养鱼，完成陡河水库封闭工程，加强环城水系、城区河道日常管理，消除城市建成区黑臭水体。开展土壤污染防治“净土行动”，建设县（市、区）级高标准垃圾处理厂，市中心区污水处理厂污泥无害化处置率100%。开展“利剑斩污”、打击非法转移倾倒处置危险废物、环境执法督查等专项行动，全年立案各类环境问题2171件，立案处罚1.03亿元。加强生态修复治理，坚持取缔关闭、停产整治、修复绿化并举，67家停产整治矿山全部停产到位，完成7家矿山修复绿化工程。完成80个村庄环境综合整治任务，改善农村生活环境。开展“绿色唐山”攻坚行动，全年造林绿化面积2.52万公顷，森林覆盖率37.2%，在全省率先实现省级园林城市全覆盖。

【改革深化】 2017年，唐山市委召开市委深化改革领导小组会议10次，审议改革事项39个，推进160项重点改革任务和74项国家级、省级改革试点工作，完成中央、省委各项改革任务。深化“放管服”改革，取消、下放、调整市级权力事项81项，行政审批事项精简率25%。深化行政管理体制改革，精简市级机关内设机构136个，精简比例20.76%。深化国资国企改革，整合重组市级投融资平台，合并组建新城建集团，规范唐山港口实业、唐齿、唐运等国有大型企业现代企业制度建设。推进农村承包地“三权分置”改革、农村承包地确权、农村产权流转交易市场建设、农村股份合作制经济发展等工作。推进国家级试点改革任务，制发《关于建设国家产业转型升级示范区的实施意见》，入库项目592个，争取国家和省各类资金1.76亿元、企业债券10亿元。构建开放型经济新体制综合试点试验通过国家终期评估，国家小微企业创业创新基地示范出台20项奖补项目实施细则（办法），全年增加中小微企业2万余家，市级以上众创空间、科技企业孵化器突破50家，万人口发明专利拥有量增长29.2%。

【民生改善】 2017年，唐山市委改善群众生活水平，棚户区改造1.5万套，204个省挂账房地产遗留问题基本清零，11.5万户居民办理不动产证。全年城镇增加就业15.9万人，城镇登记失业率2.83%。企业职工养老、失业、工伤、医疗、生育等社会保险均超额完成省达任务。唐山北立交等8个收费站撤站畅行。4547户贫困人口建档立卡，城乡低保标准全省领先。全市城镇和农村居民人均可支配收入分别达到36415元和16229元，增长率均为8%。提升公共服务质量，全年新建、改扩建公办幼儿园45所，改造农村薄弱学校49所，西南交大唐山研究生院挂牌招生。推进全国分级诊疗试点，基本医疗保险实现跨省就医直接结算，新妇幼医院开诊运营，市中心医院部分开诊，全市医疗机构床位提前实现原定2020年每千人6张床规划目标。新体育中心开工建设，新工人文化宫、青少年宫、科技馆达到开放条件。创新和加强社会治理，深化平安唐山、法治唐山建设，成功创建国家食品安全城市，有效防范金融、房地产等领域风险，推进信访维稳、社会治安、安全生产、食品药品安全等工作，完成维稳安保等重点任务，社会大局持续和谐稳定。

【文旅产业发展】 2017年，唐山市委宣传普及社会主义核心价值观，开展“善行河北·大爱唐山”主题道德实践活动，全国文明城市创建实现“三连冠”。中国铁路源头博物馆、中国（唐山）工业博物馆、中国（唐山）陶瓷博物馆等一批城市工业游核心项目建成运营，举办国际职业教育大会、中国工业旅游产

业发展联合大会、唐山国际体博会、第二届中拉沙滩足球锦标赛等赛事展会活动，游客总数、旅游收入分别增长 25% 和 32%，会展业直接收入增长 26%。

（张　超　米广丰）

市委办公厅

【市委办公厅概况】 2017 年，唐山市委办公厅贯彻落实省委、市委工作部署，推动“精准落实年”活动，提升工作站位、标准、效率，筹备召开全市第十次党代会，推进国际化沿海强市建设、重点项目建设、文明城创建、机关作风整顿、涉军维稳等重点工作，确保市委运转和决策落实。办公厅负责改革、信息、保密工作位列全省优秀优胜档次，机关党建工作经验在全省党委办公厅（室）系统推广。市委办公厅被授予“全省党委中心组学习服务工作先进单位”“市直机关党建考评优秀单位”“创建现代文明机关先进单位”“工会工作先进集体”“书香机关”等称号。

【学习型机关建设】 2017 年，唐山市委办公厅通过市委理论中心组学习、集中交流、支部研讨、党员自学等形式，组织党的十九大精神、党章党规等理论学习，开展供给侧结构性改革等重大决策部署专题学习，推进“研读领导讲话，提高综合文稿水平”等业务学习，全年组织集中学习 12 次、十九大精神宣讲 1 次，全厅党员撰写各类体会文章 58 篇。搭建“每月一讲”、案例研讨、比武练兵、机关通讯等学习交流平台，引导党员干部弄通习近平新时代中国特色社会主义思想的基本内涵和科学要义，提升全厅理论素养和业务能力，涌现出综合一处和综合调研处“112”素质提升工程等典型。开展“学习习近平总书记‘五个坚持’、做党性坚强的办公厅人”等主题活动，引导党员干部把绝对忠诚体现在履职尽责、真抓实干上，从办文、办事、办会等方面展现办公厅人忠诚担当政治品格。建立流动书屋，采购理论书籍 1000 余册，印发学习资料 800 余份，编发《机关通讯》12 期。健全学习考评管理机制，每月汇总印发各处室学习情况，年终组织述学评学，营造比学赶超氛围。

【市委文稿信息服务】 2017 年，唐山市委办公厅起草各类文稿 520 余篇 300 余万字。《市委第十次党代会报告》等多篇文稿得到领导肯定；向中办、省委报送信息 601 篇，中办采用 35 篇，4 篇信息专报习近平总书记；省委采用 180 篇，6 篇专报获省领导批示；12 期内刊得到市领导批示。围绕市委决策部署，选定临港产业发展等 15 个专题，厅务会成员和县级干部牵头开展调查研究，向市委提供一批建议。围绕加快“三个努力建成”“两个率先”开展调研，赴苏州、杭州、宁波等地学习考察，形成 4 份调研报告，为市委科学决策提供依据。畅通社情民意收集渠道，全年受理网络问政平台、人民网留言、省委书记群众直通车等民情信息 131 件，办结率 100%。

【统筹枢纽作用发挥】 2017 年，唐山市委办公厅建立完善“牵头抓总”协调机制，统筹调度市委重大决策落实、重要文稿起草、重要会议活动协调、重要文件报送等工作。落实四大班子秘书长联席会议制度，统筹安排市委主要领导活动。全年组织全市性会议 33 次、市委常委会 34 次，服务市委主要领导调研 33 次。发挥督查作用，制定市委 2017 年度重点任务运行图，对涉及市委大事、重点项目和民生工程建立台账，推动市委决策部署落地见效。制发《精准抓落实办法（试行）》，将省市委主要领导批示交办事项全部列入督查范围。组织各种督查活动 189 次，呈报督查专报 34 期，向省、市提交综合报告 35 份，提出意见建议 96 条，协调解决各类问题 231 个；56 件领导批办事项全部办结，承办人大代表建议、政协委员提案办结率、满意率均为 100%。开展全市“不作为、乱作为、慢作为”专项清理，受理问题 3520 个，整改完成率 100%。市委 4 项工作入选市直“对标赶超争先进位”优秀成果。

【改革攻坚形成特色】 2017 年，唐山市委办公厅按照中央和省委改革部署，制发唐山 2017 年改革工作要点，明确各领域改革主攻方向、重点任务和路线图、时间表。组织筹备市委深改组会议 10 次，研究议题 39 个，听取汇报 6 项，推动化解过剩产能、产融合作试点、农村集体产权制度等重点领域改革。落实各单位改革主体责任，推行一把手“清单 + 责任制”做法，对改革事项月通报、月调度，促进改革落地见效。全年部署 160 项改革任务，除 13 项因上级政策原因未启动外，147 项全部完成，形成 72 条特色改革经验。在全国首创改革群众联络员制度被中央改革办和中央政策研究室专题刊发。在全省率先开设官方改革微信公众平台，推送改革类文章信息 796 篇。对接“国字头”改革媒体，《中国改革报》《改革内参》14 次刊发唐山市改革经验。“新旧动能转换助推高质量发展”被评为中国改革 2017 年度入围案例。

【市委办公厅服务保障】 2017 年，唐山市委办公厅结合机关内设机构改革，重新修订处室职责、流程和制度，探索建立“生产线”管理模式，对 68 项重点工作全部建立工作流程图。规范公文核发，制发《关于进一步规范公文办理程序的实施意见》，全年核发公文 240 件，比上年精简 9%；向省委报备规范性文件 33 件，审核把关各县（市、区）、各部门报备文件 340 件。公文运转畅通，拟办中央、省级文件、请示报告 993 件，办理市委领导批示 1851 件，印发市本级文件 10 万余份，交换文件信函 19 万余份，印刷文稿 9 万余份。发挥密码通信主渠道作用，传输办理电报 6.15 万份，实现“零停留、零差错、零事故”；在全国“两会”、暑期、维稳等重大活动和中央、省领导在唐期间，传输办理电报 3230 份，密码保障服务到位。提升保密工作水平，推进保密教育经常化、制度规范化、检查刚性化、装备现代化和队伍专业化建设，全年培训机关干部 5800 余人次，组织保密专项检查 12 次，消除失泄密隐患 40 余起，处理相关责任人 104 人，完成重要会议活动保密服务保障。值班应急工作规范高效，坚持 24 小时双岗值守，全年处理紧急突发事件 20 件，办理上报卡 224 期、值班报告 374 期、请示报告 71 期，处理群众来电来访 3000 余次，“值守应急三卡一体督办落实制度”入选市直“对标赶超争先进位”优秀成果。制定落实《关于加强和规范市委办公厅公务接待工作的规定》，全年接待领导及来宾118批855人次。改版唐山公务信息网站，全年网上制发非密级公文1284份，下发公文简报936份。落实老干部政治、生活待遇，组织老干部集中学习25次，陪同老干部诊病治疗80余人次、健康查体24人次，走访慰问50余人次，装修改造老干部活动室，为老干部提供服务。制定《市委办公厅系统办公用品、办公家具、办公设备配备规范及标准》，加强预算、核准和审计，“三公”经费压减8%，公车维护支出比上年减少20%。

【市委办公厅队伍建设】 2017年，唐山市委办公厅推进“两学一做”学习教育常态化制度化，谋划“不忘初心、牢记使命”主题教育，利用“党员活动日”“警醒日”组织赴西柏坡参观等实践活动8次。开展深化作风整顿、“精准落实年”等活动，召开“牢记总书记嘱托，树立工作高标准，干出发展新业绩”专题民主生活会，县级干部确定162条履职标准，制定83项整改措施。选派3批8名工作人员赴省委办公厅跟班锻炼，选派2批工作人员赴烟台、淄博对标学习。发扬担当实干精神，采取月台账、季调度、半年汇报、年底亮点工作展评等措施，用结果检验工作实绩。推动联系服务群众常态化，开展志愿帮扶，为市特教学校、市儿童福利院等特殊群体送温暖。结合“美丽乡村”建设，为滦县芦苇庄村等地群众解决道路硬化、村庄绿化等问题。

【市委办公厅法制建设】 2017年，唐山市委办公厅提升学法、遵法、用法和依法行政水平，建立党委中心组法治专题集中学习制度，班子成员带头学法。完善和落实科级干部任职前法律知识水平测试制度，全年组织《宪法》《行政诉讼法》《行政复议法》《行政处罚法》《保密法》等国家法律法规学习3次，组织法律知识考试1次。形成依法行政机制，实行厅务会同时研究、工作调度同时部署、谈心谈话同时提醒“三同时”制度。落实重大决策合法性审查，做到事前有谋划、事中有商量、决定有记录。将各项工作纳入法治化轨道，教育引导全厅依法行政、秉公执法，营造依法行政工作氛围。年内，全厅没有发生违法案件，没有不作为、乱作为、越权行政情况。

（张　超　陈美娟）

组　织

【组织概况】 2017年，唐山市有基层党组织2.28万个，其中基层党委863个、党总支部1142个、党支部2.08万个，党员总数57.43万人。组织系统提升党的建设和组织工作质量，全市各级领导班子召开“牢记总书记嘱托、树立工作高标准、干出发展新业绩”专题民主生活会，每名干部聚焦“履职标准是什么、工作差距有什么、整改提高干什么”，拟定自身履职标准，将“称职”“优秀”标准具体化。市委常委、市人大常委会主任、市政协主席，市政府副市长全程参加指导所联系县（市、区）和分管部门生活会，市纪委、市委组织部派出28个督导组指导把关14个县（市、区）、5个开发区和78个市直单位民主生活会。成立全市重点工作大督查协调小组及办公室，组建7个督查组，组长由县级干部担任，副组长由县级后备干部担任，督查学习宣传贯彻党的十九大精神，领导班子和领导干部践行履职标准、精神状态、工作作风、工作成效等情况，督查环境污染防治和生态修复、钢铁煤炭水泥等六大行业去产能、项目建设、精准扶贫精准脱贫、安全生产、社会稳定等重点任务落实情况。实行“一责双查”，被督查单位落实重点工作不力而督查组未及时发现，或虽发现但未盯紧解决的，市委在追责被督查单位领导同时，追责督查组组长、副组长。年内，市“四个干”抓落实机制被新华社《国内动态清样》《改革内参》刊发，“牢记总书记嘱托、树立工作高标准、干出发展新业绩”专题民主生活会被中组部《组工信息》《河北日报》头版刊发，国企党建、城市党建做法在全省会议作经验介绍，干部考评、基层组织标准化建设等工作被《中国组织人事报》《领导科学》《省委基层组织建设通报》刊发。

【十九大精神学习宣传贯彻】 2017年，唐山市委组织部举办市管干部学习贯彻十八届六中全会精神研讨班5期，普遍轮训全市副县级以上干部。印发《关于在全市党员干部中组织开展党的十九大精神学习培训的通知》和《关于在全市基层党组织和广大党员中深入学习宣传贯彻党的十九大精神的通知》，分期分批对市管干部轮训，每期5天，年内完成4期，培训干部579名。指导各地各单位组织科级干部轮训、农村（社区）干部培训，以“三会一课”（党员大会、党支部委员会、党小组会，党课）为主要形式，组织全体党员学习培训。年内为中共中央组织部、中共河北省委组织部选调学员284人次，组织全市3.2万名公务员和参公人员注册为河北干部网络学院学员，在线学习十九大精神。推进十九大精神进企业、进农村、进机关、进校园、进社区，开展“送宣讲、送辅导、送教材、送党课”活动，组建以各级领导干部为骨干的7162人宣讲队伍，开展宣讲2万余场次。举办各级各类党务干部、党员“双育工程”、新发展党员专题培训100余班次。发放《习近平新时代中国特色社会主义思想学习纲要》等辅导材料，确保每个基层党组织至少一套《习近平谈治国理政》（第二卷），每名党员至少一本新《党章》。开展“我到基层讲党课”活动，组织党员干部、“两代表一委员”（党代表、人大代表、政协委员）、先进模范人物等开展党课辅导1.8万场次。

【三级领导班子换届】 2017年，唐山市县、乡两级领导班子换届均于2月份结束，4月份完成市级领导班子换届。换届后，县（市、区）党政领导班子中，有乡镇党政正职经历占50.2%，较换届前提高7.8%；全日制大学本科以上学历占28%，较换届前提高2.5%；40岁左右年轻干部占19.9%，较换届前提高10.2%。乡镇领导班子换届后，35岁左右干部占党政领导班子成员总数24.08%，班子平均年龄较换届前降低2.33岁；全日制大学本科以上学历达到24.01%，较换届前提高9.61%。在选配领导班子中，统筹考虑干部年龄、性别、学历、经历、专业结构，选配市委委员67人、候补委员13人、市纪委委员41人，提名和选举市人大常委38人，确定市第十二届政协常委71人。对“两代表一委员”开展四轮审核，根据管理权限，考察“两代表一委员”初步人选，并分别征求纪委、公安、环保、税务等15个部门意见，经审核把关，确定497名市第十次党代会代表、519名市第十二届政协委员、532名市第十五届人大代表。

【干部队伍建设】 2017年，唐山市委组织部调整干部17批393人次，其中提拔使用109人次（正县级39人、副县级66人、市属企业正职4人），平职交流75人次，政策性安置8人次，机构更名重新任职50人次，兼任职务7人次，省管干部市管职务任免33人次，挂职干部任免31人次，因到龄、调出、违纪等原因免职80人次。创新干部选任方式。在县（市、区）领导班子换届中，对副书记、常务副县长等重要岗位人选，通过知情人推荐和面试，每个县（市、区）提出后备人选2人，市委常委会集体面试，现场投票推荐，从中择优使用10名干部。在市委办公厅、市政府办公厅、市城乡规划局县级干部调整中，采取“一述两推”方式，在民主推荐会议上述职演讲，再经会议推荐和谈话推荐，选拔出12名县级干部。市委制定《关于建立“四个干”抓落实机制的实施意见》，围绕“干什么、怎么干、谁来干、什么时间干成”4个要素，把“三个努力建成”目标细化为9类33项总体目标和113项量化指标，指导各级各单位逐级对接，制定“四个干”运行图和干部干事清单，科级以上干部全部建立干事档案。实行“五问考察”法，即问亮点，看干出哪些突出政绩；问举措，看采取哪些措施，破解哪些难题；问成效，看取得哪些实效，群众评价如何；问贡献，弄清亮点工作分管领导、协管领导和直接负责人；问虚实，甄别业绩虚实，厘清政绩归属，考准考实干部实绩。委托第三方调查机构——国家统计局唐山调查队开展社会民意调查，按10%权重记入考核结果，提高考核结果准确性。对全市十大亮点工作中做出突出贡献市管干部直接评为优秀等次，对主要业务工作在全省考核落后市直单位，取消班子和一把手评优资格。干部监督管理，执行市委《重大决策部署贯彻落实情况约谈办法（试行）》，对重点任务落实不力等10种情形，启动约谈、警示提醒，对整改落实情况跟踪督导，会同市委督查室联合督考，督考结果作为确定领导班子考核等次依据。结合市委首轮巡察开展选人用人专项检查，理顺开发区科级干部、事业单位领导人员管理，完成市直部门内设机构改革。落实干部选拔任用工作全程纪实制度，严防“带病提拔”“带病上岗”，倒查核实2016年度受到撤销党内职务或撤销行政职务以上处分10名乡科级领导干部选拔任用过程。加强领导干部监督，完成市管干部个人有关事项集中申报，随机抽查比对165人，对25名领导干部进行经济责任审计。

【基层组织建设】 2017年，市委组织部加强基层党组织标准化建设，分别制定农村、城市社区、国有企业、非公企业、社会组织5个领域基层党组织建设10条标准，指导各县（市、区）、市直机关工委、市教育局党组、市卫生局党组、市国资委党委分别制定相关领域基层党建工作标准，加强各领域党的基本组织、基本队伍、基本阵地、基本活动、基本制度、基本保障建设。抓后进整顿和典型培育，对倒排15%确定的885个农村和社区软弱涣散基层党组织进行台账管理，安排324名县级领导干部分包，组织县乡干部驻地帮扶，年底前基本实现转化。开展党建示范点创建，重点培树251个优秀党建示范点、36个党建示范区，发挥辐射带动作用。评选“百名好支书”“百名好党员”，启动“星耀唐山”宣传，运用电视、网络、微信等不同媒体，每周播出一期，宣传先进基层党组织书记、优秀党员干部、创新创业人才，年内宣传31期。指导各县（市、区）制订完善村“两委”干部绩效考核管理办法，集中培训村“两委”干部、基层党务工作者5200人次。强化“大学生村官”管理，全年考入公务员队伍、事业单位149人，81人在换届中进入乡镇领导班子。完成全市57.8万名党员及2300余个党组织信息采集。依托远程教育网络、唐山共产党员网、党员教育频道、“唐山先锋”微信公众号等平台，推送教育信息5000余篇（条），播放课件113部，其中《种石得玉》被中组部评为优秀课件。推进各领域基层党建，制定《市属国有企业党建工作考核评价办法》，强化国企党建。开展“百日攻坚”行动，全市非公企业和社会组织党组织覆盖率分别达到93.45%和94.88%。制定《唐山市2017年基层党建重点工作“三清单”》，把问题、任务、责任“三清单”分解到部门、明确到个人，落实基层党建工作责任。

【人才强市战略】 2017年，唐山市委组织部引进“两院”（中国科学院、中国工程院）院士2人，引进海外高层次人才11人、硕士以上人才897人，全市人才资源总量148万人，其中研究生1.05万人（博士822人），全市常年聘用国内外专家1800余人，各类人才有效发明专利2486件，市级以上知识产权优势企业55家。引进人才智力，编制《2017年紧缺人才需求目录》，发布海外人才持有最新创新创业项目300项。唐山航天万源科技有限公司等4家单位设站申请获批，纳入省级院士工作站建设序列。全市累计建设省级院士工作站26个，进站院士49人；建立市级特邀院士工作站27个，柔性引进“两院”院士99名。全年组织院士活动65次，开展项目合作154项，获知识产权85项。创建留学人员创业园、海内外高层次人才曹妃甸创业园、高层次人才创新创业园，吸引留学人员在唐创业。留学人员创业园累计入驻企业48家，在孵企业18家，孵化毕业企业30家，在孵企业留学人员22人。举办“第21届陶博会人才技术交流大会”“河北省沿海经济隆起带高级人才洽谈会”“博士后科技服务基层·唐山行”“国家千人计划专家滦南行”等活动，全年开展柔性引智活动9批次，邀请国内外专家102人次在唐服务，解决技术难题33项。培养本土人才，创建2个高技能人才培训基地和1个技能大师工作室，全市高技能人才培训基地、大师工作室累计分别达到11个和12个，创建数量居全省第一位。全年增加高技能人才2.1万人，培训“金蓝领”高技能人才1209人。3家企事业单位获批建立博士后创新实践基地，全市企业博士后科研工作站、博士后创新实践基地累计分别达到13家和11家，培养博士后36人，完成科研项目86项。全年打造科技创新团队22个，认定40名省级创新英才，全市市级以上科技创新团队累计达到69个，培养创新人才100名。立足改造提升传统产业、培育壮大新兴产业，实施企业家素质提升工程，采取“引智进来”“带企出去”现身说法等多种方式，加强企业家队伍培训，全年培训企业家1350人次。举办唐山市首届“市长特别奖”评选活动，中车唐山机车车辆有限公司团队等11团队（人）获“市长特别奖”，唐山银行股份有限公司等9个团队（人）获“市长特别奖”提名奖。

（孙庆武）

宣　传

【宣传概况】 2017年，唐山市通过发挥市、县、乡三级中心组示范作用，组织专题集中学习党的十九大精神，学习宣传习近平新时代中国特色社会主义思想，唐山市被省委宣传部评为“党委（党组）理论学习中心组学习服务工作先进单位”。开展“六进”（进机关、进乡村、进社区、进学校、进企业、进单位）宣讲活动，组织7162名宣教员在农村社区开展“理论+”宣讲，做法被新华社、央视新闻联播刊播，网络学习宣传十九大精神做法在中央电视台宣传推介。印发《关于进一步加强和改进新形势下高校宣传思想工作的意见》，推进社会主义核心价值观宣传教育，创办全省首个“道德剧场”。建设时代楷模馆，推出一批各行各业先进典型，唐山市4人入选“中国好人”、39人入选“河北好人”、2人获评省道德模范称号，百姓医生韩文宝被多家中央媒体宣传报道。策划组织党的十九大、习近平总书记视察唐山一周年、全国文明城市创建、大气污染防治、机关作风整顿等系列主题宣传，结合体博会、书博会、唐山首届旅游发展大会、国际马拉松赛、工业旅游大会等经贸文化活动以及社会各界关心关注热点问题，召开新闻发布会18场。年内，在中央、省主要新闻媒体刊播稿件6200余篇（条），位居全省前列。建成包括283个群1万余人微信矩阵，“唐山发布”微信公众号、腾讯企鹅号、新浪微博号发布信息6400余条，总阅读量6700万次，单条最高阅读量25万次。互联网媒体中心二期完工，自媒体联盟在原有20家基础上新入驻10家。市网信办获“全省网络宣传工作先进单位”“互联网舆情工作先进集体”“微信矩阵工作先进集体”等7项省级称号。组织开展以“歌唱祖国 礼赞英雄”“宣传十九大，文艺进万家”“一县一区一特色，一团一会一品牌”等系列主题文化惠民活动，增强“唐山大舞台”“唐山大讲堂”品牌效应，全年组织较大型群众文化活动1300余场（次），农村数字电影放映6万余场，惠及城乡群众100万余人（次）。举办“第27届全国书博会暨第9届河北省书博会”，全国86家出版单位和7个省（市、自治区）代表团参加。评剧《喊一声妈妈》等8部作品获全省“五个一工程”奖，市委宣传部被省委宣传部授予“组织工作奖”。成立唐山文化产业联盟，加强企业联合、平台聚合、资源整合、商机契合，在唐山市产生效益京津文化企业，以及京津与唐山合作建设文化产业项目70个，在全省各地市排名第一。唐山市在全国文明城市总评中获全国第8名，保持“全国文明城市”称号，迁安市入选“第五届全国文明城市”，唐山市及11个县（市、区）分获“省级文明城市、县城、城区”称号。市文明办被评为“全国未成年人思想道德建设工作先进单位”，4所学校被评为“全国文明校园”。唐山市在全省率先成立唐山市志愿服务组织孵化基地（唐山社会公益志愿服务之家），截至年底，有20家社会公益组织入驻。

【理论宣传】 2017年，唐山市委宣传部印发《关于2017年中心组专题学习安排的通知》《关于贯彻〈中国共产党党委（党组）理论学习中心组学习规则〉的实施办法的通知》，编印《2017年全市干部理论学习读本》，安排部署全市各级党委中心组理论学习。全年围绕“‘3·23’赶考精神”“中共中央、国务院关于设立河北雄安新区的通知和习近平总书记讲话精神”、习近平总书记关于领导干部责任担当和实干论述等内容，组织市委理论学习中心组专题学习10次，全年向中心组成员提供书目27本，编发《中共唐山市委中心组理论学习参考资料》29期。围绕学习宣传党的十九大精神成立3个宣讲团，开展领导干部带头宣讲、报告会式宣讲和“走基层”宣讲，组织7162名宣教员在农村社区开展“理论+”宣讲活动，开展基层宣讲3万余场次，受众50余万人次。落实意识形态工作责任制，召开意识形态风险点研判会，系统梳理错误思想观点和有害信息，全年对全市意识形态工作责任制落实情况督导检查3次。

【社会宣传】 2017年，唐山市委宣传部宣传普及社会主义核心价值观，开展“最美人物”发布、“‘3·23’赶考日”“升国旗、唱国歌，祖国在我心中”“微型党课大家讲，微型党课网上行”活动，在中宣部《党建》杂志、党建网、人民网、中国文明网上刊登《微党课点亮党教大舞台——河北省唐山市开展微党课竞赛活动侧记》。宣传先进典型，百姓医生韩文宝被中央电视台、《人民日报》《光明日报》等多家媒体报道，韩宏升、韩守君被评为全省“最美退伍兵”，市第五医院“六姐妹”护理组获“2016年河北年度十大新闻人物”称号，韩文宝、戚杰获“第六届河北省道德模范”称号。制发《2017“美丽河北·最美唐山”主题宣传活动实施方案》，推选“最美志愿者”“最美保安”“最美古建筑”等最美人物和最美景物13项。围绕社会主义核心价值观、文明城市创建、“英雄城市、英雄人民”等内容，运用多种载体开展社会宣传，在市内主要道路设置永久性“图说社会主义核心价值观”展板600块，设计制作“中国梦”“美丽河北”“大爱唐山”等公益广告20万余块，安装、设置公益广告1.7万块，各类媒体播放公益广告810余条。开展以“弘扬时代主旋律 放飞青春梦想”为主题“贯彻十九大精神 唐山最美人物进校园”活动，邀请韩文宝、郑久强、安立春、张立冬等“唐山最美人物”走进高校，举行“唐山最美人物十九大专场报告会”。开展“迎

冀东油田举办党的十九大精神“全国日报联展”，展出全国重点报刊46种60余份。 骆洪梅 摄

庆十九大 传承红色基因”红色旅游经典景区研学活动，组织全市青少年学生开展参观红色旅游经典景区、向革命先烈敬献一次鲜花、开展一次征文活动、组织一次主题班会、组织一次知识竞赛等活动。年底，组织开展“贯彻党的十九大精神 助力乡村振兴战略”文化科技卫生“三下乡”集中示范活动，市县两级26家“三下乡”成员单位参加。

【文化产业】 2017年，唐山市委宣传部组织编印《文化产业政策汇编》，收集整理关于加快文化产业发展法律、法规及规范性文件37个，为加快文化与相关产业发展提供政策支撑，全年全市新谋划重点文化产业项目58个，总投资831亿余元。开展与京津文化产业转移对接，与北京文资办签订文化产业合作框架协议，参加北京文资办等单位主办“2017中国（北京）文化金融峰会暨C20文创产业投融资峰会”。5月，组织相关县（市、区）和重点项目参加第十四届中国（深圳）国际文化产业博览交易会，期间举行河北省重点文化产业项目发布推介签约仪式，唐山市丰南区荣程特色文化艺术聚集区、遵化市满族皇家文化特色小镇、唐山国际旅游岛中国记忆文化村3个文化产业项目签约，签约金额23亿元。推选40余个文化产业项目，编印《2017唐山文化产业项目推介招商手册》，重点宣传推介展示招商。11月，召开文化产业发展工作交流推进会，命名唐山市十大文化产业项目和文化产业示范园区、文化产业示范街区、文化创意产业孵化基地，通报2017唐山城市民谣歌曲大赛获奖名单，命名首批文化主题酒店，成立唐山文化产业联盟。推进“文化＋融合”发展，“乐丫生态文化主题酒店”、遵化“穷棒子文化博览园”等文化主题酒店投入使用，迁西县“花乡果巷”小镇被评为国家田园综合体试点项目。组织省“十大文化产业项目”“优秀文化企业三十强”、文化发展专项、产业引导资金申报，丰南区通达文化创意产业园项目被评为“十大文化产业项目”，迁安思文科德金属包装有限公司、唐山文化旅游投资发展集团有限公司被评为“优秀文化企业三十强”。

【文艺宣传】 2017年，唐山市委宣传部制发唐山市《迎接党的十九大胜利召开全市文艺工作实施方案》，开展以“歌唱祖国 礼赞英雄”为主题系列文艺活动，收集精选文学作品200余件，《陪你长大》《我是一棵树》等6首原创歌曲入选京津冀百名音乐家优秀作品20强，歌曲《中华好家风》入选央视特别节目“歌声中的中国”。启动唐山创建文明校园暨“戏曲文化”进校园活动，全市举办“戏曲文化进校园”较大型培训、演出活动80余场。创办唐山“道德剧场”，组织“核心价值观”主题性演出60余场次，“道德剧场”成为全省首个围绕社会主义核心价值观和公民道德建设、助力文明城市创建平台。举办《英雄的城市、英雄的人民》歌曲征集和唐山《城市名谣》歌曲征集活动。组织唐山评剧名家戏曲艺术培训，培训师生500余人。发挥“唐山大舞台”“文化讲堂”等文化阵地作用，展演30余场优秀作品，举办20余场文化专家讲座。开展唐山百名文艺家“宣传十九大，讴歌新时代”主题宣传系列访谈活动，组织“思想精深、艺术精湛、制作精良”相统一文艺精品创作生产，精选出宣传十九大，讴歌新时代诗歌、散文、快板等各类文学作品300余件，在《唐山文学》《唐山劳动日报》刊发。组织“宣传十九大，讴歌新时代”主题歌曲征集展播活动，评选出优秀原创歌曲30余首，在长城新媒体展播，10余个省、市词曲作家应征参加。开展“宣传十九大，文艺进万家”千场巡演活动，党的十九大文艺宣传队演出700余场。举办“热舞扮靓文明城，传承中华好家风”群众性广场舞蹈展演。

【新闻舆论宣传】 2017年，唐山市委宣传部在市直主要新闻媒体统一宣传“喜迎十九大”“砥砺奋进的五年”“学习宣传贯彻党的十九大精神”“在习近平新时代中国特色社会主义思想指引下——推动唐山高质量发展”等内容，在重点版面、新闻节目、网站首页推出一批专题报道、系列报道和动态报道，反映各地各部门学习宣传贯彻党的十九大精神思路举措和进展成效，报道各地各部门工作动态和进展成效，刊发各类宣传稿件100余篇。组织“习近平总书记视察唐山一周年”新闻宣传，市直媒体推出《唐山答卷》《唐山逐梦》等特刊。集中宣传报道全市系列重大会议活动，完成市第十次党代会、全国文明城市创建、首届“市长特别奖”评选、大气污染防治攻坚行动及中拉沙滩足球赛、工业旅游产业发展联合大会等重要活动、重点工作报道，在市级媒体推出一批新闻报道和理论文章。组织召开2018年度重点党报党刊发行工作会议。

【中国梦宣传活动】 2017年，唐山市委宣传部制发《“中国梦·唐山篇章”宣传教育2017年工作方案》，开展“中国梦·唐山篇章”主题宣传教育，举办第四期“中国梦·唐山篇章——我为英雄城市添光彩”365百姓故事汇群众宣讲活动，获全省“优秀组织单位奖”。在唐山广播电视台开设《文明让城市更美好 中国梦·唐山篇章——我为英雄城市添光彩”365百姓故事汇》专栏，群众收听量76万余人次，中宣部《党建》网、中国文明网、《河北日报》、河北新闻网、环渤海新闻网、“唐山发布”进行宣传报道。开展“中国梦·唐山篇章——英雄城市 大爱唐山”微电影、微视频作品征集活动，征集微电影10个、微视频23个。开展“中国梦·唐山篇章——我为英雄城市添光彩”第四期诗词楹联颂党恩活动，收到各界报送诗词作品361首、楹联作品211件。承办“中国梦·唐山篇章——我为文明城市添光彩”“美丽河北 文化行走——第二届万人健步走·文明唐山”大型户外活动，唐山市“最美人物”代表等3000人参加活动。开展“升国旗、唱国歌，祖国在我心中”主题活动，全市四大班子领导及社会各界群众代表1200余人参加升国旗仪式。

（戴振辉）

【对外新闻宣传】 2017年，唐山市委宣传部围绕京津冀协同发展和市委、市政府推进工业经济转型升级、现代服务业提速增效、环境质量持续改善、文明城市常创常新等重点工作以及体博会、书博会、职教会、旅发会、马拉松赛等重大赛会活动，组织对外新闻宣传，全年在中央、省主要新闻媒体刊播新闻稿件4800余篇（条），在中央主要新闻媒体刊播稿件1600余篇（条）。其中，《人民日报》刊发《唐山：文明看得见》《唐山世园会展馆“闭幕不闭园”助力城市转型》，新华社刊发《“三个努力建成”引领唐山加快经济转型升级》《河北唐山：努力打造京津冀协同发展样板》，《河北日报》刊发《唐山：文明城市创建常创常新》《唐山全面提速“三个努力建成”》等多篇稿件在社会上反响良好，为助推全市经济社会发展营造有利舆论环境。

【城市形象宣传】 2017年，唐山市委宣传部以“英雄的城市、英雄的人民”为主题，以展示唐山生态之美、人文之美、发展之美为主线，组织拍摄制作城市形象宣传片，并利用电视、网络、社会阵地及重大活动之机加强对外传播，树立唐山新形象。服务市领导、市直部门外出考察招商，服务全市性重大活动，编印《英雄城市，美丽唐山》摄影画册、《唐山概览》宣传图书、《英雄城市——唐山》宣传折页等基础性外宣品。借助电视、网络传播力量加大城市形象推介，推出一批视频、图文形象宣传作品。央视《英雄城市唐山，想不到的美》旅宣片和网络微博、微信版《厉害了，我的城》《美美哒，我的景》等“H5”（第5代HTML）作品，助推现代化滨海城市建设。

（付海滨）

【网络宣传管理】 2017年，唐山市网信办加强网络管理和网上宣传，加强舆论调控管控和应急处置，推动全市各县（市、区）、各单位建设政务新媒体平台，形成政务新媒体传播矩阵，全年全市400余家单位开通“今日头条号”“腾讯企鹅号”，截至年底，“唐山发布”微信公众号“粉丝”超过40万人，累计发布信息1800余条，累计阅读1500万次，单条最高阅读25万次。“唐山发布”新浪政务微博发布信息3000余条，总阅读超过2600万次，累计“粉丝”28万人，较上年增长50%。“腾讯企鹅号”“今日头条号”等5个传播平台发布信息6400余条。在唐山“两会”、创建全国文明城、党的十九大等重要活动期间，唐山市网信办统一动员，全媒体均开设“共建文明唐山·共享唐山文明”等新闻专题，属地相关网络媒体累计发稿900篇，自媒体联盟制作多幅公益广告动图，投放在每篇信息置顶位置，每日点击曝光超20万次，累积曝光超2000万次，属地各媒体平台重点推出文明公约插图，综合展示突破1000万幅。组织“中国网事·感动河北”活动，在全市各县（市、区）、各新闻单位选出48例人物事迹予以宣传。在舆情监测过程中，网信办网研中心舆情监测人员依靠舆情软件、人工搜索、县区上报3种方式获取舆情，年内，监测到各类涉唐信息1.6万余条，其中敏感信息1400余条。全年撰写各类舆情产品70余期，发送重要舆情预警短信、微信200余条。落实网络安全责任制，建立应急响应与处置机制，印发《唐山市网络安全事件应急预案》和《唐山市关于做好关键信息基础设施网络安全保障工作方案》。开展“网络安全宣传周”活动，通过市内新闻媒体、社会宣传和新媒体渠道，普及《网络安全法》和网络安全知识，增强全社会网络安全防范意识。

（王　凯）

统一战线

【统战概况】 2017年，唐山市委统战部指导加强机关建设，推动建立健全民主集中制、民主评议、中心组学习、调研议政、一支一案、机关年度考评等各项制度。指导各民主党派建立领导班子谈心会制度，以“坚持中国共产党的领导，增强四个意识、坚定四个自信”为专题，各民主党派集中于9月分别召开谈心会。完善“双月学习会”制度，理论学习与工作研究、实地调研相结合，明确一次一主题，研讨党派组织发展、领导班子谈心、议政调研等内容，增强工作针对性和实效性。推进组织发展，落实《河北省民主党派组织发展工作规程》，坚持政治标准和能力标准并重原则，严把人选身份关、质量关，年内发展成员160人。截至年底，全市各民主党派有基层组织167个，成员3836人。在省委统战部表彰宣传、信息、理论研究和实践创新单项工作中，唐山市全部受到表彰，在省委综合考核中获第二名。

【民主党派活动】 2017年，唐山市委统战部在各民主党派开展“不忘合作初心，继续携手前进”主题活动，组织各民主党派召开“双月学习会”、专题交流会10余次，举办民主党派基层组织负责人、参政议政骨干等各类培训班20期。提升制度建设水平，落实深化改革任务，结合唐山市实际起草《关于加强政党协商的实施办法》，经市委全面深化改革领导小组研究审定，市委办公厅印发执行。推进年度政治协商计划，协调“两办”印发《唐山市2017年度政治协商计划》，按照时间节点组织落实，年内协助组织召开各类协商会、座谈会、通报会8次，就市党代会报告、政府工作报告、全市党风廉政及反腐败工作情况以及市级重要人事安排等方面听取各民主党派、工商联和无党派代表人士意见建议，所提意见建议得到相关市领导重视和肯定。巩固党派自身建设，创新建立履职档案，在各民主党派市委常委、委员、支部主任以上干部和民主党派各委员会负责人，市级以上人大代表、政协委员中建立民主党派干部履职档案，掌握各民主党派干部参政议政、社会服务、爱岗敬业等情况，成为了解、检查党派干部干事成效以及培养发现优秀人才载体。截至年底，建成履职档案302份。

【民族宗教建设】 2017年，唐山市委统战部开展“宗教中国化大家谈”活动，以“如何坚持中国化方向”为主题，收到全市宗教界上层人士和宗教教职人员稿件130篇，从中择取84篇稿件辑录《思想智慧火花集锦》。集中进行爱国主义教育，组织全市性宗教团体班子成员和骨干教职人员30余人赴云南、甘肃等地学习考察，与当地宗教团体交流，到爱国主义教育基地参观。组织“践行中国化、喜迎十九大”主题摄影活动，收到各类作品150余篇。参与公益慈善活动，各宗教团体开办爱心诊所、爱心超市，开展捐资助学、慰问孤寡老人等活动，捐款捐物价值200余万元。推进稳控工作，强化组织协调，发挥市宗教工作领导小组办公室作用，完善联席会议制度，定期分析研判形势，研究解决工作中存在问题，下发重要时期和宗教敏感时期维稳工作通知，制定工作预案，落实工作举措。研判宗教领域问题，7次召开领导小组办公室办公会议，专题研究部署抵御渗透、查处非法宗教活动。召开宗教界学习新修订《宗教事务条例》座谈会，五大宗教团体负责人表态发言，与市民宗局共同举办新修订《宗教事务条例》培训班，各县（市、区）统战民宗工作负责人以及各宗教团体骨干教职人员200余人参加。协调帮助解决宗教场所配套服务等问题，得到宗教界人士和信教群众肯定。

【统战经济联络活动】 2017年，唐山市委统战部搭建平台，助力民营企业发展，联系组织商会、企业与金融机构等对接，帮助民营企业融资5000余万元。联合华北理工大学、唐山邮储银行开展产融结合调研，探索供应链金融模式，帮助中小微企业解决融资难问题。与华北理工大学联合开展“民企招聘周”活动，提供就业岗位2.8万个。组织各职业学院开展民企在职人员培训、用工定向委培，为企业提供人力资源支撑。召开民营企业构建亲清新型政商关系座谈会，参与全市营商环境集中整治行动和社会诚信建设，筛选推荐100名民营企业家为市纪委营商环境监督员，聘请民营企业家担任法院陪审员。实施非公经济人士素质提升工程，举办“年轻一代企业家素质提升培训班”，开展全市工商联系统读书学习活动，年内培训企业家3000余人次，3名民营企业家在全省“年轻一代民营企业家理想信念报告会”发言。培树典型，加强与传统媒体和新媒体联系，累计宣传报道40余人次。加强工商联自身建设，完成市、县两级工商联换届，市工商联、总商会班子成员均全票当选，举办县（市、区）工商联主席、党组书记及商会会长、秘书长培训班。推进“四好”商会和“五好”县级工商联建设，10个县级工商联参与国家级和省级“五好”县级工商联评选。成立唐山市非公经济商（协）会党委，加强党对非公经济组织领导。

【统战对外交流活动】 2017年，唐山市委统战部发挥海联会、黄埔同学会、侨商会等平台作用，加强与海外人士联系与交流，扩展联络资源。接待中国台湾同学会考察团、全德华侨华人总会、奥地利欧中科技文化交流协会等海外团组在唐参观考察，邀请唐山籍海外侨胞参加“圆梦中华·创业河北海外华商和高层次人才河北行——走进唐山”活动，达成向澳大利亚出口河豚项目合作意向，年内办理相关手续，促成日本太阳诱电和GE公司锂离子超级电容器在中车集团试用。走访深圳、广州唐山商会，组织唐山市非公人士赴深圳参加冀港澳中小企业恳谈交流活动，与省内及港澳相关企业达成合作意向。市侨商会与中加商贸创新联盟、美国加州河北商会等海外商会签订友好合作协议。推动在澳唐山籍海外人士成立澳大利亚唐山总商会，为唐山市国际经贸往来、招商引资、招贤引智服务。组织非公经济人士投身“千企帮千村”精准扶贫活动，多次赴承德结对帮扶建档立卡贫困村，投入帮扶资金600余万元。争取省委统战部支持，协调落实“泛海助学行动”，资助残疾学生696人，发放助学金348万元。

【党外人士安排】 2017年，唐山市人大、政府、政协领导班子及12个市政府工作部门配备党外干部，符合不低于三分之一比例要求。县级人大配备党外干部全部符合要求，8个县（市、区）政府配备党外副职，11个县（市、区）政协各配备2名党外副职，3个县（市、区）政协配备1名党外副职。按照省、市人大政协换届工作要求，与市委组织部配合，完成换届人选推荐提名，市人大、政协代表、委员和常委党内外安排比例符合中央和省委规定。加大对党外人士教育培训力度，落实党外代表人士教育培训改革和发展纲要实施意见要求，市本级举办13个培训班，培训1470余人次，各县（市、区）举办各类培训班67期，培训3180余人次。

【党外知识分子管理】 2017年，唐山市委统战部在党外知识分子中部署开展践行社会主义核心价值观“聚合力 促转型 服务创新发展”主题活动，开展“建功立业报党恩、同心共筑中国梦”主题征文、“不忘合作初心、继续携手前进——学习十九大精神”知识答题等活动。拓宽工作领域，重点对律师、会计师、税务师、新媒体从业人员、网络意见人士和社会组织、中介组织从业人员调查摸底，建立新社会阶层人士统战工作联席会议制度，制定《关于加强新的社会阶层人士统战工作推进方案》，通过座谈联谊、重点约访、走访等形式开展教育引导，建立工作档案，加强线上互动、线下沟通。

（姜英楠）

保　密

【保密概况】 2017年，唐山市国家

唐山市在全社会普及保密知识，图为乐亭县在县城主要街区举办“保密在你身边”巡回展览。 陈 庆 摄

保密局结合唐山保密实际，确定“提质提效”主题，协调各县（市、区）和市直各单位力量，推进保密教育经常化、保密制度规范化、保密检查刚性化、保密装备现代化和保密队伍专业化“五化”建设，全系统未出现失泄密问题，整体工作在全省保密系统年度评价中保持优秀等次。加强队伍专业素质建设，开展“保密论坛”“岗位练兵”和专家授课等活动，年内组织保密专兼职干部业务培训75次。贯彻中央和省对保密机构队伍建设要求，推动保密机构编制工作，市直单位均设置专兼职保密干部，市局及下属单位增加行政和事业编制13个。

【保密教育培训】 2017年，唐山市国家保密局以党政干部和涉密人员为重点，开展保密形势、保密常识技能、保密法规和警示教育，扩大培训范围和规模，参训人数5800余人次，50余名中管、省管领导干部带头参加培训。组织保密专家送教上门16次，保密警示教育基地现场教学35批，为党员领导干部和涉密人员发放《保密行为手册》5100余册。加强保密社会宣传，在市电视台播放保密公益广告1.2万余条次，录制保密宣传片《密件》在环渤海新闻网播出，“12·4”法制宣传日发放宣传品3.5万余份。组织保密常识进校园、进社区活动。

【保密执法检查】 2017年，唐山市国家保密局依法治密管密，严格执法执纪，组织各类保密检查。指导和推动市直机关单位开展保密自查自评，围绕建立责任制、健全管理制度、加强重点部位管理等内容提出要求。坚持“有案必查、有错必纠、惩教结合，依法行政，严肃执法”，会同纪检、组织部门对部分县（市、区）和市直单位进行保密约谈，向有关部门提出违规违纪问题人员处理建议。

【保密技术装备建设】 2017年，唐山市国家保密局增强保密防护、监管、监测能力，加强保密技术检查装备和各类信息监管平台建设。通过下发装备配备目录、组织产品推介会等形式，指导涉密单位配齐技术装备。完成销毁中心修缮改造和安防工程，全年销毁各类涉密载体150余吨。

【保密机制建立】 2017年，唐山市国家保密局遵循《保密法》各项规定，结合保密实际，推进保密工作制度化、规范化。完善基础工作制度，规范细化定密管理、涉密网络管理、涉密人员管理制度，秘密载体、敏感信息运行各环节有章可循，形成从秘密产生到销毁一整套工作制度。在全市18个县（市、区）和开发区、155家市直单位推行保密工作责任书制度。

（杨晓天 张 虎）

信 访

【信访概况】 2017年，唐山市信访局落实“三责”（明责、尽责、问责）机制，以“控增量、减存量”为重点，受理“市以上访”案件95%以上及时妥善化解，全市信访形势总体平稳可控，“市以上访”人次总量较上年下降30%，进京、赴省集体访2项指标在全省倒排位次后移。完成全年信访工作目标，打牢“一个基础”，围绕强基层、打基础，突出抓好信访源头治理、信访事项受理办理、群工中心规范化建设和运行管理，降低信访存量，控制信访增量。确保“两个退出”，加强进京“非访”治理和进京赴省越级访治理，确保全年进京“非访”、进京越级访退出“全省前五”。打造“三个信访”，开展“责任落实年活动”，以落实《信访工作明责尽责问责实施办法》，打造“责任信访”；推进依法治访，以法律思维和法治方式化解信访问题，打造“法治信访”；创新“互联网+信访”工作模式，建立健全大数据平台，打造“阳光信访”。突出“四个强化”，以“解决问题”为核心，强化积案攻坚化解，强化领导接访包案，强化重点领域整治，强化敏感期工作，推动案结事了、息诉罢访。健全信访隐患排查预警、信访事项听证、人民建议征集、督查督办、考核评价机制“五项机制”。创建“忠诚、干净、担当、实干、服务、奉献”“六型队伍”。全年收到群众感谢信300余封、锦旗20余面。

【信访源头治理】 2017年，唐山市信访局加强信访稳定风险评估、重大决策和执政行为纠偏，实现由事后处置向事前预防转变，由被动处理向主动解决转变，由治标向标本兼治转变。围绕非法集资、土地征占、涉军群体等重点领域开展专项治理，专门成立群众工作专班，排查问题隐患，实现标本兼治。强化信息预警，下发《每日信访要情》169期，处理中央、省《迎接党的十九大信访信息每日专报》中涉及唐山问题26个，推送、办理访情信息，跟踪问效，推动信访问题化解在基层。

【信访积案化解】 2017年，唐山市信访局加强和规范联合接访，健全完善群众工作中心职能，落实信访事项窗口单位分类调处、群工中心联合调处、党政领导重点调处“三级调处”机制，市级信访中心接待调处信访问题4569个。领导干部包案督访常态化，定期梳理重点信访事项，交由领导分包，灵活采取约访下访、协调调度、督办落实等方式解决，其中市领导分包154个重点案件全部办结，息诉罢访140个。组织信访积案化解“百日攻坚”行动，对未息诉罢访信访积案梳理建账，明确领导包案，落实化解责任，加强协调调度，实行挂账督办，400个纳入台账积案息诉率80%。在处置房地产遗留问题上，坚持党政同抓、市县共促、连续攻坚，化解90%“回迁难、办证难”等问题，国务院副秘书长、国家信访局长舒晓琴在唐山市调研时给予肯定，在全国推广唐山经验，唐山做法在《人民信访》《河北信访》刊发。

【信访秩序规范】 2017年，唐山市信访局以法治思维法治方式处理信访事项，制定相关责任部门“信访责任清单”，明晰相关权责要求及办理程序。推行“诉访分离”，对涉法涉诉和有关投诉类等问题，引导信访人通过法定途径反映。召开现场会，利用传统媒体和新兴媒体进行宣传。依法使用训诫、警告、行政拘留、刑拘等方式处置违法上访人员，引导合法上访表达诉求。加强敏感期信访工作，筑牢属地吸附稳控、沿途检查劝返、驻京查控接回“三道防线”，实现进京涉军访、规模性进京聚集访、极端滋事访“零”发生。

【涉军信访稳定】 2017年，唐山市信访局保障涉军工作稳定，对全市7.4万名军队退役人员逐一排查摸底，分类建账立卡，明确工作责任，按照其诉求对应相关政策，查找历史欠账，发放资金6388万元，政策落实实现“清零”。采取定期督导、政策宣讲、选树典型、走访慰问、帮扶解困等措施，全市涉军信访维稳工作渐趋稳定。

【国家信访局局长舒晓琴在唐调研】 2017年6月28～29日，国务院副秘书长、国家信访局局长舒晓琴在唐山市就去产能、化解房地产遗留问题调研。省委常委、市委书记焦彦龙，省委副秘书长、省信访局局长刘志鹏陪同调研。市领导丁绣峰、丁荣进、贾文雅、胡国辉、黄三平陪同调研或参加座谈。调研中，舒晓琴主持召开座谈会，听取唐山市委、市政府关于钢铁去产能和解决房地产遗留问题工作情况汇报，对唐山市取得成绩和创造经验给予肯定。舒晓琴先后在丰南区国丰钢铁集团、贝氏体钢铁（集团）有限公司了解化解过剩产能和职工安置情况，在路南区梁屯路街道、和泓阳光社区和高新区益民园社区，入户了解化解房地产遗留问题，在唐山市群众工作中心接谈部分来访群众，面对面做疏导化解工作，并带案指导网上信访事项办理。

6月29日，国家信访局局长舒晓琴在路北区祥富里社区调研。信访局提供

（李泮兴）

政策研究

【政策研究概况】 2017年，唐山市委市政府研究室起草专题报告32篇，参与起草市委、市政府文件22个，撰写有关市领导讲话、改革试点汇报、工作方案等综合文稿58篇，编发《呈阅件》《调研内参》23期，编辑《新唐山》《唐山经济》各6期，文稿在省政府办公厅、省委政策研究室、省政府研究室《内部通报》《政研与决策》等内刊刊发5篇，得到省领导批示12篇、市领导批示18篇，领导批示率93.7%，重点调研课题成果转化率90%，为省、市领导掌握情况、决策部署提供参考依据。年内，完成市第十次党代会秘书处简报组工作，形成会议记录120份，编发简报27期。完成唐山工业博物馆新兴产业区布展和唐山市规划馆调展，起草《中国工业博物馆建设经验对我市相关工作的启示》，完成战略性新兴产业馆布展2万字大纲文字任务。参与唐山城市规划馆“英雄城市再创辉煌”板块图片和文字说明调展。推进全市“放管服”（简政放权、放管结合、优化服务），研究制发《全市简政放权评估问效工作方案》《全市完善清单管理制度工作方案》《全市扩大综合行政执法改革试点工作方案》等7个市政府文件，协调解决基层问题129件。

【前瞻性调研】 2017年，唐山市委市政府研究室形成前瞻性调研报告19篇，省领导批示10人次，市领导批示20人次。围绕“如何促进港口高质量发展，把唐山港打造成国际一流强港”，撰写《唐山港口发展情况分析报告》；围绕加快港口和物流业发展，撰写《关于加快发展我市现代物流业的报告》《关于把曹妃甸区建成港产城一体化发展现代化滨海城区的调研报告》，市委主要领导分别作出批示，成立唐山市港口发展领导小组。围绕推进唐山市“双创”工作，撰写《关于赴呼和浩特、石嘴山、南昌考察国家小微企业创业创新基地城市示范工作的报告》，市政府专门召开会议研究部署，细化14项重点工作，制定13条措施，报告所提12条建议被采纳。围绕相关重点工作撰写《唐山陶瓷产业发展情况报告》《关于市“放管服”改革的调查与建议》《关于唐山市城市建筑第五立面建设情况的调查与建议》《国内部分小微企业创业创新基地城市示范工作的经验做法》，市委主要领导和相关市政府领导分别作出批示。撰写《关于进一步加快我市机器人产业发展的调查与建议》《解码遵化转型崛起之路》《关于我市市场主体发展情况的调查与建议》等6篇调研报告，以专报或《调研内参》形式呈报相关市领导。

【经验性调研】 2017年，唐山市委市政府研究室完成经验类调研报告13篇，省领导批示7人次，市领导批示11人次。总结撰写《规范村务权力运行的有益探索》《重振实体经济的"遵化之路"》《钢铁去产能的"唐山实践"》等3篇调研报告，省委政策研究室分别以《送阅件》或《政研与决策》形式报省领导参阅。围绕玉田县做大做强科技型企业，建设科技强县撰写《以"四位一体"打造"科技玉田"》，省政府研究室以《专报》形式呈报省领导，省长许勤、副省长徐建培及市长丁绣峰分别作出批示，省政府办公厅以《内部通报》形式全文印发，8月2日，市政府在玉田县召开"全市科技创新现场交流会议"，10月20日，玉田县政府在省"落实加快推进科技创新若干措施电视电话会议"上发言。围绕遵化市盘活闲置资产，依托既有企业加快转型升级撰写《柳暗花明又一村》，市委主要领导作出批示，5月8日，市政府在遵化市召开全市盘活闲置资产、推动转型升级现场会，8月10日，省政府在遵化市召开全省工业转型升级观摩调度会。围绕加快新旧动能转换撰写《驰而不息久久为功——路北区全力推进战略性新兴产业大发展》，市委主要领导作出批示。

【国家级改革试点服务】 2017年，唐山市委市政府研究室选派6名工作人员，参与国家产业转型升级示范区、构建开放型经济新体制综合试点和国家小微企业"双创"基地3个国家级试点建设。建设国家产业转型升级示范区，制定《河北唐山产业转型升级示范区建设方案》，报省政府审核通过，制发《关于建设国家产业转型升级示范区的实施意见》《唐山市加快传统产业转型升级工作要点》等5个文件，谋划23项申请列入2018年中央预算内投资计划项目并上报国家发改委，确定12项向上级争取支持政策。构建开放型经济新体制综合试点试验，起草《唐山市构建开放型经济新体制综合试点试验工作情况汇报》，研究制定《唐山市开放型经济新体制综合试点试验工作"四个干"运行月报表》，筛选18个构建开放型经济新体制典型案例并汇编成册，完成商务部等5部委委托第三方评估机构中期评估验收工作，提出需要省支持财税、融资、环保、用地等8个方面30条具体政策建议。国家小微企业"双创"基地示范，建立主要指标月汇总制度，撰写阶段性工作汇报4篇，制发18个实施细则（办法），征集项目、拨付资金，征集典型案例12个。

【内刊编发】 2017年，唐山市委市政府研究室完善《新唐山》和《唐山经济》两本内刊栏目设置。创办《深入学习宣传贯彻党的十九大精神》《树立工作高标准、干出发展新业绩》等专栏，增强刊物政策性、权威性和指导性。学习借鉴国内同类刊物通行做法，改版刊物封面，调整内文版面，提升刊物内在品质和外在形象。年内，《新唐山》和《唐山经济》免费赠阅交流全国200余个地级以上城市和市内600家单位，提升刊物影响力。

（甄庆民）

党史研究

【党史研究概况】 2017年，唐山市委党史研究室推进县区二卷本编写，开展社会主义时间段历史跟进研究和"纪念唐山地方党组织成立95周年"等活动，落实"四个干"工作机制，推进党史编研和宣教。年内，出版书籍2部，启动编写书籍1部。县（市、区）党史部门出版二卷本3部、三卷本1部、年鉴6部、大事记及跟进研究类书籍6部。全市围绕重大纪念日开展大型展览、英烈事迹巡展、诗词朗诵会、党课下基层、编发内刊、刊发纪念文章、赠送书籍光盘等党史宣教活动，扩大党史宣传范围，发挥党史部门资政育人、服务社会作用。结合机关作风整顿建立完善相关制度21项，加强机关作风和干部队伍建设。5月，省委党史研究室主任张福建在唐山市调研时指出："唐山许多工作已形成优势、亮点和品牌，走在了全省前列。"

【党史研究著作编写】 2017年，唐山市委党史研究室两次督导县级《党史二卷》本编写出版，针对工作难度大县（市、区）专项调度。年内，迁西县、乐亭县、迁安市《党史二卷》正式出版，曹妃甸区《党史二卷》送出版社。截至年底，8个县级单位完成二卷出版任务。滦南县、丰润区、路北区《党史二卷》完成送审稿，唐山市《党史三卷》完成初稿。推动县（市、区）开展《党史一卷》重修和《党史三卷》编写启动工作，滦南县、古冶区《党史三卷》启动编写，乐亭县《党史一卷》完成初稿，滦南县《党史一卷》完成送审稿，遵化市《党史一卷》出版发行。迁西县、迁安市、古冶区各出版资政类书籍1部。

【党史资料征编】 2017年，唐山市委党史研究室推进《唐山党史人物（新民主主义革命时期）》编写出版工作，年内完成两次调度，两轮审改，年底正式出版。《中共唐山年鉴》（2017年卷）3月以市委办名义印发征集编纂通知，年内完成稿件征集和编纂，年底出版发行。《中共唐山年鉴》连续出版16卷本。年内，从中央党史研究室、中共党史出版社和中央文献出版社等单位选购一批有参考价值、研究价值和存史价值的党史书籍，侧重收集、选购《党史三卷》相关图书资料，开展党史资料征集工作，充实党史资料室。乐亭县、遵化市、滦县、古冶区出版发行《年鉴2017年卷》，路北区、滦南县完成《年鉴2017年卷》初稿。乐亭县出版发行《年鉴2016年卷》和《乐亭党史文苑》第五辑。丰润区、丰南区、路南区征集整理大事记资料。丰润区抢救、挖掘珍贵党史资料530余万字。

【党史宣传教育】 2017年，唐山市委党史研究室围绕纪念唐山地方党组织成立95周年开展重大党史事件纪念活动。为纪念"中共唐山地方组织成立95周年"，落实省、市5部门联合印发的《关于在全省党员干部群众和青少年中深入开展“学党史、感党恩、跟党走”主题教育的意见》要求，6月底，拍摄制作完成4集“党史大讲堂”专题片——《壮丽征程》，影像资料包括“中共唐山地方组织的建立与早期活动”“中共唐山地方组织创始人邓培革命的一生”“毁家纾难的抗日中坚——魏春波烈士的慷慨人生、冀东人民抗日大暴动”等。“七一”前夕，面向全市下发光盘1500余张，在“唐山党史网”开设《唐山党史大讲堂》专栏播出，该项工作被评为唐山市直机关“亮点工作”。启动编辑出版《唐山红色旅游》，实地调研全市红色旅游资源，8月，与市旅游局联合印发征集图文资料通知。年内，完成资料上报、整理、编辑和设计编排。围绕“李大钊就义90周年”“中国共产党成立95周年”“抗战胜利72周年”，开展相关纪念宣传活动，编发纪念专刊6期。为纪念“冀东人民抗日大暴动80周年”，面向全市印发论文征集通知。利用“唐山党史网站”和唐山党史官方微信、官方微博开展宣传，拓宽党史宣传范围，提高党史社会影响力。迁西县、迁安市编研出版红色宣传书籍各1部。乐亭县、迁安市、丰润区、迁西县、遵化市、古冶区等地开展大型展览、英烈事迹巡展、诗词朗诵会、党课下基层、赠送党史书籍等活动。

（袁卫东）

老干部服务管理

【老干部服务管理概况】 2017年，唐山市委老干部局加强离退休干部思想政治建设和党组织建设，引导退休干部发挥余热，搞好服务管理，加强自身建设。全年省、市领导对老干部工作做出指示和批示16次。年内，唐山市老年大学被全国老龄工作委员会评为全国“敬老文明号”，被中国老年大学协会评为“全国老年教育宣传工作先进单位”。4月4日，《中国老年报》头版头条刊发题为《唐山：社团社区离退休干部党支部全覆盖》报道。截至年底，全市有离退休干部11.27万人，其中离休干部3665人、退休干部10.9万人。市管离退休干部7.96万人，省部属单位管理离退休干部3.29万人。市管离退休干部中离休干部2648人、退休干部7.71万人，其中老红军1人，享受副省级医疗待遇3人，担任过唐山市正厅级实职8人，担任过唐山市副厅级实职80人。

【离退休干部思想政治建设】 2017年，唐山市委老干部局推进“两学一做”学习教育常态化制度化，通过开展集中宣讲、知识竞赛、参观学习、专题辅导等学习教育活动，贯彻落实《中共唐山市委组织部、中共唐山市委老干部局关于进一步加强社区离退休干部党组织建设工作的通知》（唐老干通〔2016〕6号）。优化路北区区级离退休干部党支部示范点建设，在各县（市、区）建立试点，打造路北区祥荣里社区、乐亭县中堡镇、丰南区丰南镇、迁安市安顺社区等一批先进典型。

【离退休干部待遇落实】 2017年，唐山市委老干部局组织44名副厅级以上离退休干部和市直部分离退休干部党支部书记赴迁安市、滦县参观考察部分工农业生产项目。征订《老人世界》杂志7.66万份。为无工资收入离休干部遗属发放生活补助143万元，报销参保费用8.2万元，为162名无工资收入离休干部遗属办理免交冬季取暖费手续。发放特困帮扶资金14万元，帮扶救助特困离退休干部80名。11月22日，制发《关于完善特困离退休干部帮扶制度的意见》（唐老干〔2017〕9号）。走访易地安置离休干部，发放慰问金5.7万元。提高13名移交地方政府安置军队离休干部和27名军队离休干部遗属生活补贴标准，补发2016年生活补贴7.6万元。

【离退休干部正能量传播】 2017年3月5日，唐山市委老干部局印发《关于组织离退休干部开展“畅谈十八大以来变化、展望十九大胜利召开”活动的实施方案》（唐老干〔2017〕2号），召开“建言十九大”座谈会213场次，老干部参与6176人次，征集意见建议572条。开展“看发展、说变化”主题征文活动，收到投稿500多篇，出版《唐山发展我点赞》500册。全市各级关工委和“五老”（老干部、老战士、老专家、老教师、老劳模）依托32个法制教育报告团、16个法制教育咨询站，开展宣讲、报告活动86场次，受教育人数11.6万人次。唐山市老促会协调市、县两级财政投入老区帮扶资金2529万元，带动社会各界支持以及农民自筹资金总计9451万元，完成老区帮扶项目315个，141个精准帮扶困难户全部实现当年脱贫。

【离退休干部学习阵地建设】 2017年，唐山市16个县（市、区）中，建有老干部活动中心16个、老年大学14个。全市各级老年大学投入办学经费110万元，新增校舍面积2569平方米，改善阵地设施和环境。唐山市老年大学招生6600人次，开设教学班160个，与市文联和部分高校合作，充实教师库，根据实际需求新开设7个专业。市老干部活动中心对全市各地各单位老干部活动中心基础设施建设、人员经费、活动开展和工作中遇到困难问题进行调研。

【老干部队伍建设】 2017年，唐山市委老干部局推行“四个干”抓落实机制，9名市管干部干事档案中填写事项按进度要求全部完成。年内，老干部局组织人员奔赴全市16个县（市、区）和19个市直单位开展专题督导调研活动，就“加强老干部工作组织领导”等7个重点问题研究论证，形成调研报告。实施内设机构改革，市局安置管理处与保健服务处合并为服务管理处。开展主题党日系列活动，组织全体党员赴遵化鲁家峪抗日纪念馆、沙石峪两处爱国主义教育基地参观学习。滦县制发《滦县科级领导班子和科级干部综合考评办法》，将离退休干部工作纳入年度考核目标。

（戴会利）

党　校

【党校概况】 2017年，唐山市委党校组织安排全校集中学习和各支部集体学习28次。组织开展全校迎“七一”微型党课竞赛活动，在全市微型党课竞赛中获二等奖。完成职代会、工会和妇委会换届，发挥群团组织作用，组织校内教职工开展“书香校园”、观看爱国影片、道德讲堂等教育活动，开展捐赠图书、捐助贫困家庭等公益活动。年内，唐山市委党校举办各类培训班54个，累计培训学员8000余人次。其中，学习十八届六中全会精神轮训班5期，培训学员1400人；全市县级领导干部学习贯彻党的十九大精神专题研讨班8期，培训学员1433人；在职研究生班5个，培训学员275人；与市纪委、市委组织部联合举办“大钊讲堂”2期，国家监察学院原副院长李永忠和中国红色文化研究会会长、《求是》杂志原副总编刘润为作《全面从严治党的里程碑——学习〈准则〉与〈监督条例〉》和《红色文化与文化自信》专题报告，培训学员374人；承办市委组织部、市委宣传部、市工商联等部门班32个，培训5000人次。全年召开校委会、校长办公会44次，组织校委理论中心组集体学习12次，开展校委理论中心组“‘3•23’赶考日”主题教育、“四个意识”专题教育、党的十九大精神和《党章》修正案专题学习研讨等活动。

【党校师资培训】 2017年，唐山市委党校组织20名教师参加中国人民大学举办的党校教师综合素质提高班，5名教师参加省委党校师资培训班，2名教师参加省社会主义学院统战理论培训班，2名教师参加京津冀协同发展培训班，18名教师参加中国人民大学举办的十九大精神研讨班。加强年轻干部培养，落实《加强年轻干部培养实施办法》，举办年轻干部技能大赛，完成年轻干部年度考核评比，举办青年教师讲堂3次，选派5名青年教师参加“唐山精神”课题组，增加青年教师教学实践机会；选派2名年轻干部分别到市委市政府研究室和遵化市建明镇西铺村挂职学习；组织年轻干部参加省委党校有奖书评征文等活动。通过公开招聘和正常调动方式，新进事业编制人员10名，参照人员1名，优化干部教师队伍的专业知识结构和年龄结构。

【党校精品课程打造】 2017年，唐山市委党校挖掘唐山精神，开展红色教育，成立“李大钊精神”“开滦特别能战斗精神”“穷棒子精神”“沙石峪精神”和“唐山抗震精神”5个课题组，通过调研、搜集资料、召开系列座谈、现场实地考察、反复修改课件、上台试讲检验等环节，打造“唐山精神”系列精品课程。其中，《穷棒子精神及其在乡村振兴战略中的当代价值》课件在课堂反响较好，《弘扬李大钊精神 增强党性修养》课件分别被中组部、省委组织部列入全国、全省干部教育培训好课程推荐目录，在中国干部网络学院、河北干部网络学院上线播放。

【党校理论宣传和理论研究】 2017年，唐山市委党校在中央和省市党代会、全会等重要节点，组建宣讲团宣讲，并在《唐山劳动日报》、环渤海新闻网等媒体上发表系列评论解读文章。10名教师参加省委组织部组织的下基层讲党课活动。在《唐山劳动日报》和环渤海新闻网发表评论文章25篇。编辑出版《唐山党政干部论坛》4期，开辟《学习贯彻十八届六中全会精神》和《学习贯彻党的十九大精神》专栏，刊登理论文章32篇。组织收听收看省委讲师团网络宣讲8次。全年发表论文75篇，其中国家级核心期刊6篇、省级刊物43篇。编辑出版著作4部，分别是《供给侧结构性改革的理论与实践》《中国梦——从历史走向未来》《培育和践行社会主义核心价值观》《东部主义与西部映射：西部社会学初探》。完成课题46项，其中省（部）级课题8项。完成国家发改委课题《促进重点地区重点行业重点群体就业对策研究》、民政部课题《农村社区建设与社会福利事业发展良性互动机制研究》、河北省社科基金项目《“四个干”语境下落实机制研究》《供给侧结构性改革下我省扩大中等收入群体的路径和机制研究》。发挥智库作用，围绕市委、市政府中心工作，完成决策参考课题8项，其中《让“英雄的城市”成为唐山响亮名片研究及建议》等3篇调研报告上报有关市领导，《推动唐山农业供给侧结构性改革》得到市委副书记丁荣进批示。

【党校基础设施建设与后勤管理】 2017年，唐山市委党校以政府购买服务方式，引进专业化物业服务队伍，完成学员楼管理及校园卫生绿化后勤社会化改革。改进食堂管理，提升用餐质量，巩固和完善食堂社会化改革成果。对照市财政局对党校国有资产出租检查出的问题，落实房屋出租整改要求，规范国有资产出租管理，确保国有资产保值增值。针对校园基础设施陈旧现状，争取市级财政支持，获批200万元资金用于综合楼修善、体育场所建设、校园围墙修建等工程；更新改造西楼东侧地下暖气管网和学员楼地下管道，实施学员楼、食堂屋顶防水及食堂吊项、墙面地面装修，综合楼厕所更换便池等维修改造工程。贯彻《安全保卫工作实施细则》，执行《门禁制度》，修订领导带班和干部值班制度，遵守值班纪律，分析排查信访和治安消防隐患，保证校园安全稳定。

【县级党校业务指导】 2017年，唐山市委党校召开县（市、区）党校常务副校长座谈会，听情况摆问题找对策。贯彻落实《河北省市县党校办学水平评估办法》，专项调研县级党校办学水平，遵化市委在听取调研意见后，搬迁遵化市委党校校址，提升党校硬件水平。举办全市党校系统师资培训班，培训市县两级党校教师103人。组织各县（市、区）党校教师40人次参加中国人民大学举办的党校教师综合素质提高班、能力技巧提升班和党的十九大精神专题研讨班，提升教师授课能力水平。组织开展全市县级党校第三届优秀科研成果奖、科研工作组织奖评审工作。组织县级党校参加全省党校系统“有奖书评”活动，同时在全市党校系统开展这一活动。开展决策服务专题研究报告征集评比活动。组织开展全市党校系统“学习贯彻党的十九大精神”理论研讨征文活动。

（唐雅静）

机构编制

【机构编制概况】 2017年，唐山市机构编制委员会办公室（简称唐山市编办）推进行政管理体制改革、行政审批制度改革和事业单位分类改革等重点领域体制机制改革，控制和优化机构编制资源绿色配置，“两学一做”学习教育制度化常态化，加强机关自身建设。承担行政职能事业单位改革、事业单位清理规范、创新公立医院人员编制管理、控编减编、打造“阳光下的云上编办”试点等多项重点工作。年内，被省委、省政府评为“省级文明单位”，被市委评为“2016年度优秀领导班子”，被市直机关工委评为“2017年党建优胜单位”，获“2016年唐山世界园艺博览会组织委员会先进单位”称号。

【行政管理体制改革】 2017年，唐山市编办完成市级机关内设机构改革和精简人员编制任务，印发《关于市级机关内设机构改革和精简人员编制的实施方案》《关于市级机关内设机构改革中科级干部安置消化实施意见》。66个参改部门精简编制574名，总体精简比例15.51%。内设机构精简136个，总体精简比例20.76%。精简科级领导职数324名。完成66家参改部门（单位）内设机构职责调整，从精简收回编制中，分配给14个县（市、区）行政编制283名、事业编制122名，分配给35个市直部门行政编制121名、事业编制20名。对44个部门和单位753项行政权力事项进行流程再造。完成经济发达镇行政管理体制市级改革试点扩面工作年度目标，遴选迁安市马兰庄镇、遵化市建明镇、滦县茨榆坨镇、玉田县窝洛沽镇4个经济发达镇开展市级试点扩面工作。推进市、县环保机构垂管体制改革，将丰南区、遵化市、迁安市等9个县（市、区）环保局机构编制统一上收，上收行政编制98名，财政性资金基本保证事业编制370名，财政性资金零补助事业编制285名。完成开发区机构改革，调整后唐山市有省级以上开发区18家，核定内设机构100个，平均5.6个。调整京冀曹妃甸协同发展示范区管理体制，京冀曹妃甸协同发展示范区由唐山市委、市政府派出机构调整为河北省委、省政府派出机构，委托唐山市委、市政府管理。理顺唐山国际旅游岛管理体制，唐山国际旅游岛党工委、管委会不再委托海港经济开发区管理，独立行使相应的经济社会事务管理权。打造“政区合一”管理体制，调整唐山曹妃甸经济技术开发区管理体制，采取曹妃甸区委、区政府与曹妃甸经济技术开发区合署办公模式。推进综合行政执法改革试点工作，确定在城市管理领域、交通运输等行业和有关乡镇开展综合行政执法改革试点，推进一个行业一支执法队伍，执法队伍由24个规范为16个，14个县（市、区）均设置城市管理综合执法机构。审核、批复14个县（市、区）试点工作方案，批准14个县（市、区）在交通运输、文化旅游、公共卫生、商务、安全生产等领域开展行业综合执法，组建39个行业执法机构，比试点前156个（包括内设机构和事业单位）减少117个。推进司法、纪检等领域改革，审核市、县两级检察院、法院机关内设机构设置方案并报送省检察院、省高院。推进深化监察体制改革试点工作，在编制划转方面，市本级检察机关划转编制46名，划转比例25.27%；14个县（市、区）检察机关划转编制286名，划转比例平均为26.73%；内设机构设置方面，市纪委监委内设机构23个，比转隶前30个机构减少7个；14个县级纪委监委设立内设机构229个，比转隶前262个机构减少33个。

【简政放权】 2017年7月6日，唐山市政府办公厅印发《关于2017年第一批向县（市、区）下放设区市行政权力事项和取消调整市政府部门行政权力事项的通知》，决定下放、取消、调整81项市政府行政权力事项，其中向县（市、区）下放23项，取消9项，调整49项，并在市政府门户网站、市机构编制网公布。2015～2017年，市本级累计自行下放和取消行政权力事项145项，其中向县（市、区）下放74项、取消22项、调整规范49项。市级权力事项由4227项削减到1819项，减少2408项，精简比例为57%，成为河北省自行下发权力事项最多设区市。年内，完成两批国务院、省政府取消下放行政权力事项衔接，衔接取消39项，衔接下放1项。衔接取消下放两批国务院、省政府清理规范行政审批中介服务事项43项，唐山市对应取消41项、调整2项。截至年底，市政府部门保留行政许可中介服务事项45项，纳入市政府部门行政许可程序技术性服务事项16项。推行行政审批标准化建设，按照“法无授权不可为，法定职责必须为”原则，晒出“权责清单”，市本级保留行政权力事项1776项，精简比例58%。市本级40个部门确定部门主要职责518项（不含涉密事项）。在全省率先公布《市政府部门保留的行政许可中介服务事项清单》，保留市本级行政许可中介服务事项56项，规范行政审批中介服务行为，破除中介服务垄断和切断利益关联。公布《河北省市级行政许可事项通用（唐山市2016年版）》，保留行政许可事项231项。公布《唐山市市级公共服务事项清单》和《唐山市政务服务事项目录清单》406项，涉及46个部门和单位，包括事项名称、实施部门、设定依据、服务对象、承办处室、联系方式、收费标准及办事指南等内容。推进群众办事创业证明事项清理，清理42个市直部门，梳理汇总各类证明事项95项。

【市、县两级行政审批局组建】 2017年，唐山市编办按照省、市关于设立行政审批局改革工作安排部署，组织市、县编办负责人赴银川、成都等市实地考察，借鉴衡水、石家庄等地市经验，制发《关于唐山市市县（市、区）行政审批局组建方案》。年内，完成县（市、区）行政审批局组建方案审批，报省编办备案。9月14日、15日市级审批局组建方案分别经市编委会、市委常委会审议通过，以市委、市政府办公厅名义印发《唐山市市、县(市、区)行政审批局组建方案》，将市发改委等22个部门和单位197项行政审批事项划转至市行政审批局，由市行政审批局负责直接实施。10月27日，印发《唐山市行政审批局（唐山市政务服务中心管理委员会、唐山市公共资源交易监督管理办公室）主要职责内设机构和人员编制规定》。年内，市、县两级行政审批局全部挂牌运行。

【“放管服”专项清理】 2017年，唐山市编办在“放管服”（简政放权、放管结合、优化服务）改革不到位问题专项清理工作中，梳理出问题2431件，其中取消下放审批事项方面问题191件，取消调整职业资格许可方面22件，商事制度改革不到位方面54件，清单管理制度改革不到位方面861件，“双随机、一公开”方面307件，推行三项制度方面486件，优化投资建设项目审批流程方面342件，清理各类不合理证明方面168件。对梳理出的问题，按照省分类处理意见和问题性质，追责问责2537个问题直接责任人员和党组织，其中纪律处分3人、诫勉谈话98人、批评教育765人、免予处分1620人；通报批评党组织43个、党员领导干部6人，责令2个党组织做出书面检查。

【事业单位分类改革】 2017年，唐山市编办承担行政职能事业单位改革试点工作。按照中央编办和省编办要求，将《唐山市承担行政职能事业单位改革试点方案》向中央编办和省编办报备，经市委、市政府研究同意，以市编委名义印发《唐山市承担行政职能事业单位改革试点实施方案》。迁安市、迁西县2个试点县（市）按照时间节点，印发本级《实施方案》。改革市本级单位33个，其中12个只转职能不转机构，10个职能整合到主管部门转为内设机构，1个保留职能单独设置为政府工作部门。市本级通过置换增加行政编制186名，核减市本级财政补助事业编制279名。增加1个市政府工作部门机构限额。协调组织、人社部门制定《关于事业单位清理规范和试点改革中人员消化安置方案》。

【公立医院人员编制管理改革】 2017年，唐山市编办完成市直13所公立医院人员使用控制数核定备案批复，核定人员使用控制数1.94万名（含实有在编人员保留事业编制5314名），收回公立医院空余编制2011名。4月14日，市编办、市人社局、市卫计委联合印发《关于创新公立医院人员编制管理市直试点单位人员过渡工作的通知》，各公立医院于5月份全部完成编外人员向控制数过渡，全市向控制数过渡人员7402人。5月26日，市编办、市人社局、市卫计委联合印发《关于做好市直公立医院实行人员使用控制数管理后有关工作的通知》，13家公立医院纳入改革试点，完成全市创新公立医院人员编制管理改革试点相关工作。

【市直事业单位清理规范】 2017年，唐山市编办根据河北省《关于进一步开展省直事业单位清理规范工作的意见》精神，市、县两级同步开展事业单位清理规范工作。4月26日，以市委、市政府办公厅名义印发《关于进一步开展市直事业单位清理规范的实施方案》，界定事业单位名称和职责范围，厘清事业单位职责边界，减少事业单位数量，全市减少事业单位238个，其中市本级减少50个。核减事业单位编制，除高等学校、中小学、公立医院、专业公共卫生机构、纯公益性科技文化事业单位外，全市精简事业编制7918名，精简比例14.7%，超出省规定比例4.7个百分点，其中市本级精简3080名，精简比例16.6%。补充加强重点领域，精简收回编制中，充实基层420名，加强重点领域1247名。

【检验检测机构改革试点】 2017年9月4日，河北省编办下发《关于确定2017年检验检测机构整合改革试点的通知》，批复唐山市为2017年全省检验检测机构整合唯一市级改革试点。年内，整合市食药监局所属市食品药品检验中心（药品不良反应监测中心），市农牧局所属畜牧水产品质量监测中心、蔬菜质量监测中心、农作物种子管理检验站、土壤肥料站，市粮食局所属粮油质量检测中心，市林业局所属林果花质量监督检验管理中心4个主管部门7个事业单位承担的所有食品药品检验检测职能，组建唐山市食品药品综合检验检测中心（挂唐山市畜牧水产品质量监测中心牌子），其中市食药监局所属市食品药品检验中心、市农牧局所属畜牧水产品质量监测中心、市粮食局所属粮油质量检测中心机构、职能、编制、人员整建制合并。省编办于11月14日下达批复，同意组建唐山市食品药品综合检验检测中心，挂“唐山市畜牧水产品质量监测中心”牌子，为市政府所属事业单位，机构规格副处级，主要负责市本级强制性和公益性食品药品检验检测以及县级不便于开展的检验检测工作。

【事业单位登记管理】 2017年，唐山市编办制发《关于做好2016年度事业单位法人年度报告工作的通知》，对事业单位年度报告审查统计后，将报告传送国家局网站公示，公示事业单位年度报告327家。重点为国税、地税和国土、工商、质监等部门分局办理统一社会信用代码证书，增加初领证书单位73家，变更证书单位13家。增加初始登记单位5家，变更登记35家。开展事业单位法人和机关群团信息排查纠错，按照省部署，制发《关于做好事业单位法人和机关群团信息排查纠错工作的通知》，对市本级事业单位法人和机关群团信息进行排查纠错，指导县（市、区）排查纠错，将全市事业单位法人和机关群团信息排查纠错情况形成报告报送省局，促进登记管理信息规范化建设。

【机构编制管理】 2017年，唐山市编办制发《关于进一步规范机构编制管理有关事项的通知》《关于切实做好严控编制和人员的通知》《关于在全面深化改革中进一步加强机构编制管理的通知》，规范机构编制管理，涉及职能调整，机构、编制和领导职数增减的，统一由机构编制部门审核，按程序报批。执行不该设的机构不设，确需设立按照“撤一建一”原则，确保机构数量不增；不该增的编制不增，确需增加在总量内调剂解决，确保编制总量不增。实行编制动态管理，整合职责相近、规模过小单位，精简收回编制；对职能弱化或不饱满单位，相应核减编制；对长期不开展工作单位，撤销并收回编制。

【控编减编】 2017年，唐山市各级机构编制部门控制机关、事业单位编制和人员，财政供养人员和编制总量只减不增，超编单位和超编人员全部消化解决，控制编外人员。截至年底，全市机关事业单位在编人员较2012年底减少1.66万人，其中财政供养人员减少1.15万人。市、县、乡三级均整体不超编。

【“阳光下的云上编办”试点打造】 2017年，唐山市编办加入中央编办机构编制云平台应用试点，成立市长、市编委主任丁绣峰任组长的工作推进领导小组，召开市编委会议，审议通过《唐山市开展机构编制信息化试点打造阳光下的云上编办工作推进方案》，在全市范围内打造“阳光下的云上编办”，实现机构编制管理过程中文件电子化、工作数据化、数据规模化、功能实用化、管理规范化、过程透明化。年内，全市累计录入机构编制文件4.46万份、权责清单3.6万余条。9月14日，召开应用推进会议，明确试点工作转入云平台应用阶段，制发全国首份《机构编制云平台日常管理办法》。开通机构编制云手机APP，云平台日访问量1300余人次，调阅文件150余份，调用信息450余条次，全市机构编制系统运用云平台辅助机构编制管理成为常态。年内，3次在全国机构编制信息化培训班上介绍唐山市工作经验，陕西渭南、山东临沂、湖南长沙、山西晋中等30个地市编办学习考察。7月上旬，省编办在唐山市举办机构编制信息化技术专项培训班，现场观摩“阳光下的云上编办”工作，中央编办、省编办领导对唐山试点工作给予肯定。12月29日，中央编办发信肯定唐山市开展机构编制云平台应用试点，打造“阳光下的云上编办”工作。

（王　胜）

台　务

【台务概况】 2017年，唐山市新增台资企业2家，项目总投资3亿元。唐山市出口台湾地区钢材、机电设备、陶瓷等各类产品价值11.37亿元，引进台湾地区大宗机电设备等价值8843.65万元。唐山市13家各类企业23人次赴台开展经贸活动，接待台湾“中国统一联盟”“中华团结自强协会”及“台湾大学生河北夏令营”等百余名台胞在唐参观考察。

【对台经贸合作】 2017年，唐山市台办按照中央以经促政对台经济工作方针，开展对台招商引资，参加第十五届冀台（张家口）经济合作洽谈会、第二十届唐山中国陶瓷博览会等经贸招商活动。协助高新、海港、南堡等经济开发区赴台开展专项招商活动，扩大与台湾有关行业协会联系，提高招商针对性和实效性。联系唐山市重点台资企业，走访中佑铸造（唐山）有限公司、唐山润良商贸有限公司（大润发）、唐山大亚链条有限公司等台资企业，与台商和管理人员座谈，掌握第一手资料，并在申请政府行业补贴、讲解有关具体政策方面给予企业支持和帮助。

【台资企业】 2017年，唐山市新增迁安鼎泰五金制造有限公司制钉项目和唐山宝岛妇儿医院2家台资企业。迁安鼎泰五金制造有限公司制钉项目总投资2亿元，占地4公顷，主要生产气枪钉、订书钉、斜角钉、油毡钉、码钉、U型钉、直排钉等各种规格外贸钉，项目于2017年6月开工建设。唐山宝岛妇儿医院总投资8000万元，是北京宝岛妇产医院全资子公司，为该院在大陆首家连锁医疗机构。

【对台交流交往】 2017年，唐山市台办开展多领域深层次唐台交流合作，突出唐山特色打造对台交流品牌。在科技、文化交流方面，协助唐山市人民医院集团、市城管局、唐山市人民医院宁养院、唐山市红十字会等单位赴台在相关领域交流。接待百余名台胞在唐山市参加交流活动，接待台湾明道大学董事长汪大永、南港软体工业园区总干事杨东升、台北市两岸发展交流协会理事长黎明松、北京宝岛妇产医院副总经理许怀仁等台湾教育及商界人士在唐考察洽谈。

【涉台稳定】 2017年，唐山市台办维护台湾同胞合法权益，调处涉台纠纷，加大唐山市涉台稳定工作力度。构建和优化涉台稳定工作体系和应急处置机制，明确各县（市、区）专人负责，启动涉台稳定周报告制度。在解决具体纠纷方面，协助台商董赐安解决与唐山湾国际旅游岛管委会征地纠纷，使其拿到补偿款项，当事双方对调处结果表示满意。

【对台宣传】 2017年，唐山市台办服从服务于全市经济社会发展大局，宣传唐山发展变化、产业资源优势，完成年初制定工作任务。接待台湾媒体记者在唐采访拍摄，开展发放入岛宣传品工作，通过参加经贸洽谈会、接待来访媒体记者、组团赴台交流等多种方式向台湾同胞发放各类宣传资料3000余份，宣传唐山形象，扩大唐山在岛内知名度和美誉度。

【涉台教育】 2017年，唐山市台办结合学习贯彻党的十九大精神，向干部群众宣传中央对台方针政策和工作部署，加强涉台教育“进机关、进社区、进校园”工作。在机关举办台湾形势报告会，宣讲习近平总书记关于对台工作论述；在社区利用社区娱乐室、社区展板等加强涉台教育，扩大受众群体；在校园结合学校实际和学生特点，将涉台教育融入爱国主义教育之中，提高涉台教育效果。

【台湾“中国统一联盟”代表团在唐参访】 2017年4月17～24日，应省台办邀请，由“中国统一联盟”主席戚嘉林、第一副主席李尚贤率领的台湾“中国统一联盟”代表团一行32人在河北参访。17～19日，代表团在唐山市参观南湖生态公园、唐山城市展馆、隆达骨质瓷有限公司、启新1889水泥工业博物馆和遵化清东陵。18日晚，国台办政党局副局长赵钢在唐看望代表团成员，省台办巡视员赵淑兰、唐山市委副书记丁荣进分别介绍河北省和唐山市基本情况。

【台湾大学生河北夏令营在唐参观】 2017年7月6～8日，“中华和谐交流协会常务理事兼国际委员会”主委徐永辉博士率“台湾大学生河北夏令营”一行29人在唐山市参观考察。在唐期间，台湾师生参观清东陵、曹妃甸置业大厦新规划展厅和开滦国家矿山公园。7日，台湾师生在曹妃甸唐山工业职业技术学院参访，工职院领导、师生代表与台湾师生座谈，工职院院长田秀萍向台湾大学生介绍学校“校企合作”等具体办学和教学模式，解答台湾师生问题。参访过程中，台湾师生参观智能机器人、动车实车、3D打印技术以及陶瓷作品，了解曹妃甸由来、发展和变迁过程以及唐山工业基础与历史。

【台湾媒体记者在唐采访】 2017年8月，参加台湾媒体河北长城文化之旅活动的9家台湾媒体及3家大陆媒体15名记者在唐采访拍摄，参访地处长城沿线的迁西县、迁安市，参观迁西喜峰口雄关大刀园等长城抗战遗址，了解国民革命军第二十九军在喜峰口罗文峪抗击日军历史，实地考察迁安现代农业产业园发展情况。此次以长城文化为主线开展两岸媒体交流，通过媒体在岛内报道，加深台湾同胞对唐山了解。

【台湾形势报告会举办】 2017年12月21日，唐山市台办、市直机关工委与市政协港澳台侨民宗委联合举办台湾形势报告会，邀请北京联合大学台湾研究院副院长李振广作专题辅导报告。市直各单位主管党务工作负责人、专职党务干部，市政协港澳台侨民宗委委员，市政协、各民主党派、工商联机关工作人员，各县（市、区）委台办主任或统战部主管副部长参加报告会。李振广结合自己多年工作经验和研究成果，以《当前国际形势与两岸关系》为题，分析当前国际形势和两岸关系。

（付寅杰）

2017年唐山市委重要文件

表3

文件号	文件标题
唐发〔2017〕19号	中共唐山市委、唐山市人民政府关于印发《推进安全生产领域改革发展的实施办法》的通知
唐发〔2017〕17号	中共唐山市委、唐山市人民政府关于印发《唐山市生态文明体制改革实施方案》的通知
唐发〔2017〕16号	中共唐山市委、唐山市人民政府关于贯彻《“健康中国2030”规划纲要》的实施意见
唐发〔2017〕15号	中国共产党唐山市第十届委员会第三次全体会议决议
唐发〔2017〕9号	中共唐山市委、唐山市人民政府关于推进防灾减灾救灾体制机制改革全面提升综合减灾能力的实施意见
唐发〔2017〕8号	中共唐山市委、唐山市人民政府关于建设国家产业转型升级示范区的实施意见
唐发〔2017〕7号	中共唐山市委、唐山市人民政府关于强力推进大气污染综合治理的意见
唐发〔2017〕6号	中共唐山市委、唐山市人民政府关于深入推进农业供给侧结构性改革加快培育农业农村发展新动能的实施意见
唐字〔2017〕4号	中共唐山市委关于印发《中共唐山市委常委会议事决策规则》的通知

2017年唐山市委办公厅重要文件

表4

文件号	文件标题
唐办发〔2017〕22号	中共唐山市委办公厅、唐山市人民政府办公厅印发《唐山市关于完善农村土地所有权承包权经营权分置办法的实施意见》的通知
唐办发〔2017〕16号	中共唐山市委办公厅、唐山市人民政府办公厅关于印发《唐山市生态环境保护责任追究暂行办法》的通知
唐办发〔2017〕15号	中共唐山市委办公厅、唐山市人民政府办公厅关于印发《唐山市关于落实食品安全党政同责的实施意见》的通知
唐办发〔2017〕14号	中共唐山市委办公厅、唐山市人民政府办公厅关于印发《全市重点项目集中开工观摩和测评办法》的通知
唐办发〔2017〕13号	中共唐山市委办公厅、唐山市人民政府办公厅印发《关于推进传统媒体和新兴媒体融合发展的实施意见》的通知
唐办发〔2017〕7号	中共唐山市委办公厅、唐山市人民政府办公厅关于印发《唐山市环保机构监测监察执法垂直管理制度改革工作方案》的通知
唐办发〔2017〕8号	中共唐山市委办公厅、唐山市人民政府办公厅关于推行法律顾问制度和公职律师公司律师制度的实施意见
唐办字〔2017〕36号	中共唐山市委办公厅、唐山市人民政府办公厅关于印发《唐山市健全落实综治维稳领导责任制实施办法》的通知
唐办字〔2017〕24号	中共唐山市委办公厅关于印发《唐山市总工会改革方案》的通知
唐办字〔2017〕23号	中共唐山市委办公厅、唐山市人民政府办公厅关于印发《唐山市四大班子领导帮扶成长性企业加快发展工作方案》的通知
唐办字〔2017〕16号	中共唐山市委办公厅、唐山市人民政府办公厅关于印发《唐山市实行河长制工作方案》的通知
唐办字〔2017〕12号	中共唐山市委办公厅、唐山市人民政府办公厅关于印发《唐山市科技型中小企业倍增计划（2017-2020年）》的通知
唐办字〔2017〕11号	中共唐山市委办公厅印发《关于繁荣发展社会主义文艺的任务分工方案》的通知
唐办字〔2017〕3号	中共唐山市委办公厅、唐山市人民政府办公厅关于加快发展我市人力资源服务业的意见

唐山市人民代表大会及常务委员会

TangShanShiRenMinDaiBiaoDaHuiJiChangWuWeiYuanHui

综　述

【人大法定职能履行】 2017年3月28日～4月1日，唐山市十五届人大召开一次会议，12月23日，召开唐山市十五届人大二次会议；十五届人大常委会全年召开常委会会议11次、主任会议11次，围绕全市经济社会发展阶段性特征中问题，听取和审议“一府两院”工作报告20项，组织或配合开展11部法律法规的执法检查，开展专题询问1次，接受备案并审查规范性文件11件，开展专题调研13次，作出决议、决定8项。依法选举产生76名唐山市省十三届人大代表。全年修订地方性法规1部，废止1部，初审1部。落实重要工作和重大事项请示报告制度，全年向市委呈报请示、报告43件。坚持党管干部原则和依法行使任免权相统一，落实市委推荐任命人员与常委会组成人员见面、表态发言、颁发任命书和宪法宣誓制度，全年任免国家机关工作人员93人次。

【人大重大部署贯彻落实】 2017年，唐山市人大常委会强化计划和财政执行监督，专题听取审议市政府《上半年计划执行情况的报告》，提出5个方面审议意见。建立预算审查前听取人大代表和社会各界意见机制，制定财政预决算相关事项备案、报告工作规程。全年审查、审议预算执行和审计工作报告5次，批准市政府2017年市本级预算调整方案，市政府整改2016年市本级预算执行及其他财政收支问题，追缴入库财政收入2.62亿元。助推经济转型升级。就强化科技驱动、大众创业万众创新、等7个方面开展专题调研，提出意见建议40余条。围绕重点项目建设、京津冀协同发展等，组织人大代表开展视察，提出意见建议60余件。加强政府性债务和国有资产监管，把市本级政府性债务列为持续监督重点，主任会议专题听取情况报告，提出5方面意见。组织开展市属国有资产管理情况专项调研，制定市政府向市人大常委会报告国有资产情况办法，为加强国有资产管理提供制度保障。

【人大监督】 2017年，唐山市人大常委会关注生态文明建设，通过开展环境保护执法检查、听取审议市政府专项工作报告、组织专题询问，对环境保护工作实施组合式监督。实地检查重点企业或重点项目29个，就大气和水污染防治、“散乱污”企业治理等11个问题，现场询问市政府及9个部门主要负责人，市级媒体刊播询问实录和监督工作纪实。人大常委会听取审议市政府贯彻执行省湿地保护条例情况专项工作报告，配合省人大开展《环境保护公众参与条例》《关于促进农作物秸秆综合利用和禁止露天焚烧的决定》执法检查，十五届人大三次会议把大气污染防治情况报告列为审议内容。关注民生热点问题，针对群众反映义务教育阶段“城乡发展不平衡”“大班额”等问题，组织开展义务教育“一法一办法”执法检查，提出解决学校布局、经费保障、教师配备等问题意见，市政府制发《统筹推进县域内城乡义务教育一体化改革发展及任务分解的意见》，制定义务教育学校建设近期规划，并把落实情况纳入政府工作督导重点。对市政府落实农村饮水安全专题询问意见情况持续跟踪监督，解决水质采样检测车购置不到位等问题。专题听取市政府保障房建设和使用管理、创建国家食品安全城市等情况的报告，组织代表视察“十件实事”落实情况，配合省人大开展省农民工权益保障条例执法检查。强化司法工作监督。围绕推进法院执行体制改革，听取审议市法院2015年以来执行工作情况的报告，提出16条审议意见，市法院采取完善唐山法院执行网、加强信用惩戒等措施，加大执行工作力度。听取和审议市“两院”预防和惩治未成年人犯罪工作情况的报告，建议执行涉罪未成年人特殊保护规定，加大教育、惩处、感化、挽救、宣传力度。关注社会安全稳定，市县两级人大联动，就防洪法贯彻实施情况开展执法检查，实地踏查行洪河道、水库、排灌站等防洪工程200余处，梳理问题13个，提出拓宽投入渠道、完善防洪体系、提升监管水平、增强全民防洪意识等意见，促进防洪规划编制、小型病险水库除险加固、城市防洪工程建设等问题解决。专题听取和审议市政府依法履行社会治安管理职责情况的报告，助推“平安唐山”建设。加强人大信访工作力度，召开观摩座谈会，受理人民群众来信来访548件次、网上信访106件次，促进社会和谐稳定。

【人大代表依法履职】 2017年，唐山市人大常委会拓宽代表履职平台，扩大人大代表对常委会工作参与面，全年邀请60余名人大代表列席常委会会议，组织240余名人大代表参加集中视察、执法检查等活动。推进代表之家（联络站）建设并加强运行管理，全市建成代表之家232个、联络站701个，实现全市乡（镇、街道）全覆盖，为闭会期间代表学习交流、联系选民、服务群众打造常态化平台，得到省人大肯定。在全市人大代表中开展“访民情、汇民智、解民忧、促发展”主题实践活动，走访选民近万人次，征集群众意见建议500余条，帮扶贫困群众2000余户，提供帮扶资金1500余万元。筛选“振兴唐山实体经济”等20件代表建议，实行主任会议和专门委员会重点督办，主任会议、常委会会议两次专题听取办理情况报告。市十五届人大一次会议后，收到代表建议372件，问题得到解决和基本解决261件，得到采纳并逐步落实95件，受政策、权限等因素制约暂时无法解决、向代表作出解释说明16件。提升代表素质能力，采取专家辅导、老代表介绍履职经验等形式，分两期对全体代表进行履职能力培训。健全落实常委会组成人员联系基层代表制度，制定代表履职考核等6项管理办法，宣传优秀代表事迹，激励代表依法履职尽责。

【人大常委会和专门委员会建设】 2017年，唐山市人大常委会制发《唐山市十五届人民代表大会关于加强自身建设决定》和《常委会组成人员履职规定》，依法重新修订《常委会议事规则》《专题询问办法》等20余项制度。开展“下基层、听建议、看亮点、创新路”大调研活动，主任会议成员牵头组成6个专题调研组，深入县乡人大调查研究，赴上海、深圳等市人大对标学习，制定“全链条式”监督、专家咨询库管理等7个方面制度文件。重视专门委员会机构人员建设，健全工作机制、完善工作职责、规范议事规则，建立秘书长、专委会主任联席会议制度。主任会议定期听取研究专门委员会工作，在立法、重大事项决定、对“一府两院”工作监督和代表建议督办中，发挥专门委员会人才、专业优势和职能作用。开通“唐山人大”微信公众号。

人大立法

【人大立法概况】 2017年，唐山市人大常委会编制《唐山市2017～2022年立法规划》，调整2017年立法计划。发挥人大立法主导作用，健全立法联系点、专家顾问、双组长等工作机制，法规文本公开征求群众意见，推进科学立法、民主立法、依法立法。围绕加强世界文化遗产清东陵文物保护管理，组织修订《清东陵保护管理办法》；适应国家居住证制度改革要求，废止《唐山市暂住人口管理条例》；贯彻中央、省新要求和立法法规定，组织修订《唐山市地方立法条例》，提交十五届人大三次会议审议；为保障群众房地产交易中合法权益，修订并初审《唐山市房地产交易管理条例（修订草案）》。就唐山市旅游业促进条例等5个立法项目开展立法调研，配合上级人大完成省优化营商环境条例等16部法律法规草案的征求意见和立法调研。唐山市立法工作经验在全省人大工作座谈会上交流发言。加强法治宣传教育，督导落实“七五”普法工作规划，开展预算法、防洪法、义务教育法、环保法等法律知识培训。支持并参与第四个“国家宪法日”暨全国法制宣传日等活动。

【《唐山市城市绿化管理条例（修订）》实施】 2017年3月1日，《唐山市城市绿化管理条例（修订）》正式实施。《唐山市城市绿化管理条例（修订）》于2016年8月22日唐山市第十四届人民代表大会常务委员会第二十七次会议通过，经2016年12月2日河北省第十二届人民代表大会常务委员会第二十四次会议批准，于2016年12月15日公布。

【《清东陵保护管理办法》修订颁布】 《清东陵保护管理办法（修订）》于2017年9月6日唐山市第十五届人民代表大会常务委员会第六次会议通过，经2017年12月1日河北省第十二届人民代表大会常务委员会第三十三次会议批准，于2017年12月4日公布，自2018年1月1日起施行。

【《唐山市暂住人口管理条例》颁布废止】 《唐山市人民代表大会常务委员会关于废止〈唐山市暂住人口管理条例〉的决定》于2017年9月6日唐山市第十五届人民代表大会常务委员会第六次会议通过，经2017年12月1日河北省第十二届人民代表大会常务委员会第三十三次会议批准，于2017年12月4日公布施行。

人大重要会议

【市十五届人大一次会议】 2017年，河北省人大常委会确定唐山市第十五届人民代表大会代表名额为540名，实际分配到14个县（市、区）和驻唐解放军武警部队代表名额为533名（包括市直下派参选79名），预留机动名额7名。各县（市、区）和解放军武警部队共15个选举单位分别召开人民代表大会和军人代表大会，选举产生唐山市第十五届人民代表大会代表533名，1名代表李国忠调离，代表资格审查委员会进行代表资格审查后，确认唐山市第十五届人民代表大会代表532名。唐山市十五届人大一次会议于3月28日～4月1日举行。应出席会议代表532名，实际出席会议代表522名。大会听取和审议《唐山市人民政府工作报告》；审查和批准《唐山市2016年国民经济和社会发展计划执行情况与2017年国民经济和社会发展计划（草案）的报告》，批准《2017年国民经济和社会发展计划》；审查和批准《唐山市2016年市本级预算及市总预算执行情况和2017年市本级预算及市总预算（草案）的报告》，批准《2017年市本级预算》；听取和审议《唐山市人民代表大会常务委员会工作报告》；听取和审议《唐山市中级人民法院工作报告》；听取和审议《唐山市人民检察院工作报告》。会议表决通过《关于唐山市人民政府工作报告的决议》《关于唐山市2016年国民经济和社会发展计划执行情况与2017年国民经济和社会发展计划的决议》《关于唐山市2016年市本级预算及市总预算执行情况和2017年市本级预算及市总预算的决议》《关于唐山市人民代表大会常务委员会工作报告的决议》《关于唐山市中级人民法院工作报告的决议》《关于唐山市人民检察院工作报告的决议》6项决议，会议表决通过唐山市第十五届人大各专门委员会主任委员、副主任委员、委员名单。大会依法选举郭彦洪为唐山市第十五届人大常委会主任，张艳春、高瑞华、毕开艾、和春军、魏文忠为唐山市第十五届人大常委会副主任，王宝兴为唐山市第十五届人大常委会秘书长；依法选举丁绣峰为唐山市人民政府市长，胡国辉、曹全民、张月仙、孙文仲、黄三平为唐山市人民政府副市长；依法选举李彦明为唐山市中级人民法院院长，赵智慧为唐山市人民检察院检察长；依法选举唐山市十五届人大常委会委员。市十五届人大常委会组成人员和市政府市长、副市长分别向宪法宣誓就职。会议期间收到代表10人以上联名提出议案11件，议案审查委员会依照有关法律法规审查11件议案，认为11件议案中除少部分属于县（市、区）管辖工作外，大部分属于市“一府两院”职权范围内具体工作，不属于市人民代表大会职权范围内事项，不符合议案成立要件，不能作为议案处理。按照《中华人民共和国地方各级人民代表大会和地方人民政府组织法》和《唐山市人民代表大会议事规则》有关规定，11件议案转为代表建议、批评和意见，连同大会期间收到365件代表建议、批评和意见，会后由市人大常委会交由市“一府两院”以及其他有关机关和组织办理，办结后由承办单位答复代表。

【市十五届人大二次会议】 2017年，唐山市十五届人大一次会议实有市人大代表532名。一次会议后，有9名市人大代表出缺（魏占华、郑志宇、张华、焦彦龙、王建伟、贾文雅、张小军、陈涛、刘其森），相关选举单位补选市人大代表2名（王浩、牛向阳）。截至十五届人大二次会议前，唐山市第十五届人民代表大会实有代表525名。12月23日，唐山市第十五届人民代表大会第二次会议在燕山影剧院举行。会议应出席代表525名，实际出席490名，符合法定人数。会议选举产生唐山市出席河北省第十三届人民代表大会代表76名。

【市人大常委会会议】 2017年1月3日，唐山市十四届人大常委会举行第三十一次会议。会议表决通过人事任免事项，并举行宪法宣誓仪式。决定任命：胡国辉为唐山市人民政府副市长，黄三平为唐山市人民政府副市长。

1月23日，市十四届人大常委会举行第三十二次会议。会议表决通过人事任免等事项。决定接受李晓军辞去唐山市人民政府副市长职务请求。

3月10日，市十四届人大常委会举行第三十三次会议。会议经过表决，通过市人大常委会关于召开市十五届人大一次会议的决定，市十五届人大一次会议建议议程和主席团、秘书长建议名单，市十五届人大一次会议议案审查委员会组成人员和计划预算审查委员会组成人员建议名单，市十五届人大一次会议列席人员名单，市人大常委会工作报告（草稿）和市人大常委会代表资格审查委员会关于市十五届人大代表代表资格审查结果的报告。会议表决通过人事任免事项。任命陈秋霞等26人为唐山市人民检察院检察员，马瑞杰、许永波为唐山市冀东地区人民检察院检察员，李志喜、李竞智为唐山海港经济开发区人民检察院检察员。

4月17日，市十五届人大常委会举行第一次会议。会议经过审议表决，补选郭彦洪为河北省第十二届人大代表。

4月19日，市十五届人大常委会举行第二次会议。会议经过审议表决，决定接受杨崇勇辞去河北省第十二届人大代表职务，并报省人大常委会备案、公告。

4月28日，市十五届人大常委会举行第三次会议。会议听取秘书长王宝兴关于《唐山市人大常委会2017年工作要点（草案）》起草说明，表决通过《唐山市人大常委会2017年工作要点》。听取研究室主任周玉来关于《唐山市第十五届人民代表大会常务委员会关于加强自身建设的决定（草案）》说明、关于《唐山市人民代表大会常务委员会议事规则（修正草案）》说明，表决通过《唐山市第十五届人民代表大会常务委员会关于加强自身建设的决定》和《唐山市人民代表大会常务委员会议事规则》。会议表决通过唐山市人大常委会人事任免事项。任命张国华为法制工作委员会主任，贾东君为内务司法工作委员会主任，肖克勤为财政经济工作委员会主任，王玉升为城乡建设和环境资源工作委员会主任，张彩文为农业和农村工作委员会主任，潘友忠为教育科学文化卫生工作委员会主任，王荣国为民族宗教侨务外事工作委员会主任，王敬武为副秘书长。批准任命孙岩为路南区人民检察院检察长，魏宝成为路北区人民检察院检察长，周立杰为开平区人民检察院检察长，李云飞为古冶区人民检察院检察长，任宪瑞为丰南区人民检察院检察长，冯博元为丰润区人民检察院检察长，李跃明为遵化市人民检察院检察长，周金刚为玉田县人民检察院检察长，周春林为曹妃甸区人民检察院检察长，张世新为乐亭县人民检察院检察长，孙玉军为迁安市人民检察院检察长，狄泽军为迁西县人民检察院检察长，董晓宇为滦县人民检察院检察长，郭晓辉为滦南县人民检察院检察长。

5月27日，举行市第十五届人大常委会第四次会议。会议听取市长丁绣峰《关于提请决定任命市政府组成人员的说明》和《关于提请李忠娟等同志任职的议案》《关于提请张文明等同志任职的议案》。会议经过审议和表决，决定任命新一届市政府组成人员。决定任命李忠娟(挂职)、于学强(挂职)、李钦峰(挂职)、孙虎(挂职)为唐山市人民政府副市长，。任命张文明为唐

2017年3月28日～4月1日，唐山市第十五届人大会议举行。　周力平 摄

山市人民政府秘书长，张贵宝为发展和改革委员会主任，刘绍辉为教育局局长，吕素青为科学技术局局长，徐树成为工业和信息化局局长，张硕为民族宗教事务局局长，黄三平为公安局局长，韦远东为民政局局长，张占忠为司法局局长，郑汉军为财政局局长，李东升为人力资源和社会保障局局长，张有悦为环境保护局局长，高怀军为城乡规划局局长，李再东为住房和城乡建设局局长，冀桂梅为城市管理局局长，蔡洪魁为交通运输局局长，李建华为水务局局长，张印勤为农牧局局长，解桂林为林业局局长，王德满为商务局局长，侯西岭为文化广播电视新闻出版局局长，李建新为卫生和计划生育委员会主任，王洪江为审计局局长，张洪山为国有资产监督管理委员会主任，张建波为工商行政管理局局长，路遇为质量技术监督局局长，刘利东为体育局局长，于兴维为安全生产监督管理局局长，潘树文为食品药品监督管理局局长，吕志玉为统计局局长，李丽为粮食局局长，李轶为金融工作办公室主任。会议向被任命人员颁发任命书，举行向宪法宣誓仪式。

6月22～23日，市十五届人大常委会举行第五次会议。会议听取和审议市政府《关于2016年度市本级预算执行和其他财政收支的审计工作报告》《关于唐山市2016年市本级决算及全市总决算的报告》，表决通过市人大常委会《关于批准唐山市2016年市本级决算的决议》。会议经过审议，表决通过市政府《关于依法履行社会治安管理职责情况的专项工作报告》以及市人大常委会对于此项工作报告的审议意见、市人大常委会执法检查组关于检查《中华人民共和国防洪法》和《河北省实施〈中华人民共和国防洪法〉办法》实施情况的报告、《唐山市2017～2022年立法规划》和《唐山市2017年立法计划（调整）》、唐山市人大常委会《关于设立唐山市第十五届人大常委会代表资格审查委员会的决定》和唐山市第十五届人大常委会代表资格审查委员会组成人员名单。表决通过唐山市第十五届人大常委会选举任免代表委员会组成人员名单。会议表决通过人事任免事项，向接受任命的部分政府组成人员颁发任命书，举行向宪法宣誓仪式。决定任命梁振江为唐山市人民政府副市长。决定任命梁振江为发展和改革委员会主任，冯慧洁为监察局局长，蒋观勇为政府法制办公室主任，周景会为人民防空办公室主任。决定免去张贵宝发展和改革委员会主任职务。任命吕景利、陈志刚、刘子珍、权硕朝、杨志勇为唐山市人民检察院检察委员会委员，李瑛、吴锡东为唐山市人民检察院检察员，于宝忠、张洋为唐山高新技术产业开发区人民检察院检察委员会委员。会议传达学习全省人大工作座谈会精神。

9月5～6日，市十五届人大常委会举行第六次会议。会议听取和审议市政府《关于唐山市2017年上半年国民经济和社会发展计划执行情况的报告》、市政府《关于唐山市2017年上半年市本级预算执行情况的报告》。会议经过审议，表决通过《清东陵保护管理办法（修订草案）》《关于废止〈唐山市暂住人口管理条例〉的决定》、市政府《关于乡村旅游业发展情况的专项工作报告及市人大常委会审议意见》、市中级人民法院《关于2015年以来执行工作情况的专项工作报告》及市人大常委会审议意见、市人大常委会执法检查组关于检查《中华人民共和国义务教育法》和《河北省实施〈中华人民共和国义务教育法〉办法》实施情况的报告。表决通过省人大代表辞职事项。会议表决通过人事任免事项，向接受任命人员颁发任命书，并举行向宪法宣誓仪式。任命薄泉水为唐山市人大常委会副秘书长，石海涛、么树军为唐山市人大常委会副秘书长。免去周玉来唐山市人大常委会研究室主任职务，李智利唐山市人大常委会副秘书长职务。

10月30～31日，市十五届人大常委会举行第七次会议。会议传达学习党的十九大主要精神和10月26日全市领导干部大会精神，初审《唐山市房地产交易管理条例（修订草案）》。会议经过审议，表决通过市政府《关于贯彻实施〈河北省湿地保护条例〉情况的专项工作报告》、市政府《关于强化科技驱动推动大众创业万众创新专项工作报告》、市人大常委会执法检查组《关于检查〈中华人民共和国环境保护法〉实施情况的报告》，开展环境保护专题询问。会议表决通过人事任免事项，决定接受李彦明辞去唐山市中级人民法院院长职务的请求，报唐山市人民代表大会备案；任命牛向阳为唐山市中级人民法院副院长，决定为代理院长。向接受任命人员颁发任命书，举行向宪法宣誓仪式。

11月24日，市十五届人大常委会举行第八次会议。会议审议市政府《关于2017年市本级预算调整方案及备案事项的报告》，表决通过市人大常委会《关于批准唐山市2017年市本级预算调整的决定》。会议审议并表决通过市人大常委会《关于深入学习宣传贯彻中国共产党第十九次全国代表大会精神的决议》。会议表决通过人事任免事项，决定任命王文彬为行政审批局局长。向接受任命人员颁发任命书，举行向宪法宣誓仪式。

12月19日，市十五届人大常委会举行第九次会议。会议听取并审议市政府关于市十五届人大一次会议代表建议、批评和意见办理情况的报告，听取并审议市政府关于《2016年度市本级预算执行及其他财政收支情况的审计工作报告》中有关问题整改情况的报告。会议表决通过市中级人民法院、市人民检察院《预防和惩治未成年人犯罪工作开展情况的专项工作报告》以及市人大常委会对以上报告的审议意见，市人大常委会代表资格审查委员会关于个别代表代表资格审查结果的报告。会议表决通过市人大常委会《关于召开市十五届人大二次会议的决定》、市十五届人大二次会议建议议程、市人大常委会主任会议《关于提请市十五届人大二次会议主席团、秘书长建议名单的议案》。会议表决通过人事任免事项，决定免去李忠娟（挂职）、李钦峰（挂职）、孙虎（挂职）唐山市人民政府副市长职务。

12月29日，市十五届人大常委会举行第十次会议。市人大常委会主任郭彦洪主持会议并讲话。市人大常委会副主任张艳春、毕开艾、魏文忠，秘书长王宝兴和委员27人出席会议。会议表决通过省人大代表辞职事项。

人大检查调研

【**执法检查防洪情况**】2017年4～6月，唐山市人大常委会采取市县两级联动方式，对市政府贯彻实施《中华人民共和国防洪法》和《河北省实施〈中华人民共和国防洪法〉办法》情况开展执法检查。成立由市人大常委会主任、副主任为组长，部分市人大常委会委员、农委委员、市人大代表和专家学者为成员的执法检查组，5月上旬，召开执法检查动员大会，5月16～19日，市人大常委会主任郭彦洪及副主任张艳春、高瑞华、毕开艾、何春军、魏文忠分别率领执法检查组，赴路北区、滦县、遵化市和曹妃甸区，通过听汇报、座谈交流、发放调查问卷、实地查看防洪工程等形式检查。执法检查报告经6月市人大常委会第五次会议审议通过，市政府在规定时间内研究办理，部分建议得到落实。

【**执法检查义务教育**】2017年6～8月，唐山市人大常委会《义务教育法》“一法一办法”执法检查组对全市贯彻《义务教育法》《河北省实施〈义务教育法〉办法》开展执法检查。成立由市人大常委会主任、副主任为组长的执法检查组，6月13日，召开义务教育“一法一办法”执法检查动员会。在自查自纠基础上，6月26～29日，市人大常委会主任郭彦洪及副主任张艳春、魏文忠，秘书长王宝兴分别带领部分市人大常委会委员、市人大教科文卫专委委员、教育专家学者组成的执法检查组，分赴8个重点县（市、区），听取政府及有关部门情况汇报，深入义务教育办学机构、教师培训中心，开展执法检查。8月14日，市人大常委会主任郭彦洪带领教科文卫工委相关人员赴迁西明察暗访。6个县（市、区）人大常委会按市人大执法检查方案对本辖区进行检查，执法检查实现全覆盖。市人大执法检查报告提交第六次常委会审议通过后转交市政府办理，对发现问题提出限期整改要求。市政府以唐政函〔2017〕134号文件形式予以答复。

【**生态环境专项检查**】2017年8～10月，唐山市人大常委会对市政府贯彻实施《中华人民共和国环境保护法》情况开展执法检查并进行专题询问。成立由市人大常委会主任、副主任为组长，部分市人大常委会委员、城建环资委委员、省市人大代表和专家学者为成员执法检查组，9月召开执法检查和专题询问动员培训大会。在各县（市、区）自查自纠基础上，9月19～21日，市人大常委会主任郭彦洪及副主任张艳春、和春军，党组成员曹金华，秘书长王宝兴分别带领组成3个执法检查组，赴6个县（市、区）听情况、看实地、查落实、找问题、提建议、督整改，重点对钢铁、水泥、煤炭、建材重污染企业污染物排放情况、秋冬季大气污染综合治理攻坚行动、主城区气代煤电代煤推进情况、省督察组交办问题整改情况和“散乱污”企业专项整治、扬尘综合治理情况开展执法检查。执法检查报告经10月份市人大常委会第七次会议审议通过，市政府在规定时间内研究办理，落实部分建议。市人大常委会第七次会议专题询问唐山市环境保护工作开展情况，11名常委会委员、人大代表结合唐山市环境保护工作实际，围绕社会普遍关注环境保护工作中面临主要问题，就“如何保障环境保护工作规划落实到位”“在改善农业生态环境、恢复露天矿山地质环境上有何举措”等问题进行询问，将专题询问问题实录通过新闻媒体向社会公布，将环保执法检查和专题询问工作纪实刊发省、市新闻媒体。

【**人大代表培训调研**】2017年6月7～9日、7月11～13日，唐山市人大常委会分两次举办第十五届人大代表培训班。市人大常委会主任郭彦洪、副主任张艳春分别作动员讲话，市人大常委会副主任毕开艾、和春军、魏文忠，秘书长王宝兴，市十五届人大代表、相关县（市、区）人大常委会负责人等550余人参加培训。7～12月，市人大常委会开展“面对人大工作新形势新任务新要求怎么看、怎么干”大讨论活动。8月1日，召开机关全体干部大会，就学习贯彻市委十届二次全会精神，安排部署大讨论活动。市人大常委会开展“下基层、听建议、看亮点、创新路”主题调研活动。围绕推进立法精细化提高立法质量、加强县乡人大“代表之家”“代表联络站”建设、加强人大系统信息化建设、建立“全链条式”监督、健全重大事项报告制度、开展履职评议、专家咨询库管理7个方面内容，赴各县（市、区）及部分乡镇实地调研，并赴相关省市学习考察。制定《唐山市人大常委会关于加强人大代表之家（联络站）建设的指导意见》《唐山市人大常委会关于加快推进全市人大机关信息化建设的实施意见》《唐山市人大常委会关于加强和改进监督工作 开展“全链条式”监督的意见》《唐山市人大常委会关于对政府工作部门主要负责人开展履职评议的暂行办法》《关于健全人大讨论决定重大事项制度 各级政府重大决策出台前向本级人大报告的实施意见》《唐山市人民代表大会常务委员会专家咨询库管理办法》。围绕推进立法精细化、提高立法质量，制定5项新工作制度，即《唐山市人民代表大会法制委员会议事规则》《立法规划和立法计划编制工作规则》《立法听证工作规则》《立法联系点管理办法》《立法专家顾问规则》，健全完善立法工作制度。12月27日，召开大讨论成果总结汇报会，市人大常委会主任郭彦洪出席会议并讲话。市人大常委会副主任张艳春主持会议，副主任毕开艾、魏文忠，党组成员曹金华，秘书长王宝兴出席会议并作汇报发言。

【**代表之家创建**】2017年，唐山市人大常委会推动全市代表之家（联络站）创建。9月27日，召开全市县乡人大工作暨代表之家（联络站）建设现场推进会，市人大常委会主任郭彦洪出席会议并讲话，副主任张艳春、毕开艾、和春军，党组成员曹金华，秘书长王宝兴出席会议。各县（市、区）人大常委会主任、分管副主任、办公室主任、代表科长、部分乡镇人大主席（街道人大办主任）及市直相关部门负责人参加会议。截至年底，全市建设代表之家232个、代表联络站701个，各县（市、区）所有乡镇和街道实现代表之家（站）建设全覆盖，实现代表进家（站）全员化。

【**人大代表集中视察活动**】2017年11月14～15日，唐山市人大常委会组织三级人大代表集中视察。召开全市人大系统学习贯彻市委十届三次全会精神暨三级代表集中视察动员会，贯彻党的十九大和市委十届三次全会精神，部署人大代表“访民情、汇民智、解民忧、促发展”主题活动和三级人大代表集中视察。市人大常委会主任郭彦洪等率部分驻唐全国和省、市人大代表分赴路南区、路北区、古冶区、开平区、丰润区、丰南区集中视察，了解全市转型升级重点项目建设、推进京津冀协同发展、营商环境建设、政府为群众办“十件实事”落实情况、“美丽乡村”建设，以及大气污染和环境治理等情况。

7月4日，省人大常委会党组书记、常务副主任范照兵一行在唐山调研。
姜存军 摄

【上级人大执法检查】 2017年6月8～9日，河北省人大常委会财经委副主任委员、财经工委主任赵文海率执法检查组，就唐山市贯彻落实《河北省国土保护和治理条例》工作情况开展执法检查，市人大常委会副主任魏文忠陪同检查，副市长李钦峰出席汇报座谈会。6月26～28日，省人大常委会城建环资委主任委员、城建环资工委主任姬振海率省人大固体废物污染环境防治“一法一条例”执法检查组在唐山市执法检查，市人大常委会主任郭彦洪等陪同检查。11月16日，省人大常委会委员、农工委主任李广恩率省人大执法检查组在唐山市检查贯彻《河北省关于促进农作物秸秆综合利用和禁止露天焚烧的决定》情况，市人大常委会副主任张艳春出席检查组座谈会。

【上级人大调研活动】 2017年4月12～13日，全国人大常委会委员、教科文卫委员会副主任委员严以新带领调研组，在唐山市就《防震减灾法》贯彻实施情况开展调研，并与市有关部门座谈。省人大及相关部门负责人陪同调研，市人大常委会主任郭彦洪、市人大常委会党组成员曹金华、副市长曹全民参加相关活动。7月4日，省人大常委会党组书记、常务副主任范照兵，秘书长赵曙光就加强人大工作、改善营商环境在唐山调研，范照兵一行考察迁安镇人大代表之家、迁安“中唐·天元谷”文化旅游综合体等项目和唐山开元电器集团，听取唐山市人大常委会工作汇报和市政府改善营商环境工作汇报，并与部分省人大代表交流座谈，市人大常委会主任郭彦洪等陪同调研。7月7日，全省人大城建环资工作座谈交流会在唐山市召开，省人大常委会党组副书记王增力出席会议并讲话，省人大城建环资工委主任姬振海主持会议，市人大常委会副主任和春军就唐山市人大城建环资委员会加强和改进监督工作作交流发言。9月，全国人大华侨委员会率北美侨领代表团一行10人在唐山市参观考察，市人大常委会副主任高瑞华全程陪同。10月16日，省人大常委会委员、省人大法制委副主任委员袁刚率立法调研组一行9人在唐就《河北省中医药发展条例（修订草案）》开展调研，市人大常委会主任郭彦洪陪同并参与调研座谈，市人大常委会法工委组织市发改委、市农牧局、市人社局、市食药监局、市科技局、市法制办、市卫计委主管负责人，市中医院负责人、企业负责人、从业者代表等20余人参加座谈讨论。10月20日，省人大常委会选任代工委主任刘建合率省调研组在唐山市调研省推进县乡人大工作和建设经验交流会精神贯彻落实情况，市人大常委会主任郭彦洪，市委副书记丁荣进，市人大常委会副主任毕开艾、秘书长王宝兴出席座谈会或陪同调研。12月28～29日，省人大常委会副主任王雪峰带领省人大财经委调研组，在唐调研国民经济和社会发展计划及财政预算情况，市人大常委会主任郭彦洪陪同调研并主持座谈会议，市委常委、常务副市长胡国辉代表唐山市汇报情况。

（董玉洁）

2017年市人大重要文件索引

表5

文件号	标　　题
唐人常字〔2017〕12号	唐山市人大常委会关于同意撤销滦县设立县级滦州市行政区划调整方案的意见
唐人常字〔2017〕29号	唐山市人大常委会关于同意唐山市人大建设研究会成立登记的意见
唐人常办字〔2017〕76号	唐山市人大常委会办公厅关于印发市人大常委会《关于加强人大代表之家（联络站）建设的指导意见》的通知
唐人常办字〔2017〕80号	唐山市人大常委会办公厅关于印发《唐山市人大常委会关于加快推进全市人大机关信息化建设的实施意见》的通知
唐人常办字〔2017〕87号	唐山市人大常委会办公厅关于印发《唐山市人大常委会关于加强和改进监督工作 开展“全链条式”监督的意见》的通知

唐山市人民政府

TangShanShiRenMinZhengFu

综　述

【政府常务会议】 2017年，唐山市政府召开常务会议10次，其中第十四届政府常务会议1次，第十五届政府常务会议9次。

3月13日，召开第十四届政府第34次常务会议。会议研究讨论拟提请市十五届人大一次会议审议《政府工作报告》《唐山市2016年国民经济和社会发展计划执行情况和2017年国民经济和社会发展计划（草案）的报告》《唐山市2016年市本级预算及市总预算执行情况和2017年市本级预算及市总预算（草案）的报告》，研究讨论2017年拟为群众办的实事及《唐山市建设工程施工现场扬尘污染防治办法》《唐山市建设工程施工现场扬尘污染治理工作考核办法》《唐山市建设工程施工现场扬尘管理标准》《唐山市政府投资项目招标代理机构选择和信用评价办法（试行）》，研究部署全市安全生产工作，研究有关公务员违纪处理问题。

5月10日，召开第十五届政府第1次常务会议。会议研究《唐山市居住证实施办法（试行）》、民用天然气价格调整事宜、《唐山市政府非税收入稽查办法》《唐山市城镇污水处理费征收使用实施细则》《唐山市行政事业单位国有资产管理办法（草案）》《唐山市市级行政事业单位国有资产处置实施办法（草案）》《唐山市市直行政事业单位国有资产收入征收管理办法（草案）》，集体学习《行政单位国有资产管理暂行办法》《事业单位国有资产管理暂行办法》《河北省行政事业单位国有资产管理办法》。

6月5日，召开第十五届政府第2次常务会议。会议研究《唐山市政府关于解决房地产开发遗留问题的指导意见》《唐山市政府关于支持开平区转型升级发展的意见》《唐山市贯彻<健康中国“2030”规划纲要>行动计划》《关于加强困境儿童保障工作的实施意见》《关于加快会展业发展的实施意见》。

6月21日，召开第十五届政府第3次常务会议。会议研究拟提交市人大常委会审议《唐山市2016年市本级决算及全市总决算的报告》、拟提交市人大常委会审议《2016年市本级预算执行和其他财政收支情况的审计工作报告》，研究部署唐山市今年防汛工作，研究拟提交市人大常委会审议《清东陵保护管理办法(修订草案)》，研究《唐山市燃气管理办法(草案)》。

8月9日，召开第十五届政府第4次常务会议。会议研究全市安全生产工作，研究讨论《唐山市关于加强重点水库长效管理与生态环境建设的指导意见》《唐山市进一步做好计划生育特殊家庭关怀扶助工作的实施方案》《唐山市天使投资基金管理暂行办法》《唐山市科技风险投资基金管理暂行办法》《关于贯彻落实支持农业转移人口市民化若干财政政策的意见》，研究废止《唐山市政府投资建设项目审计监督办法》，研究有关公务员违纪处理问题。

9月1日，召开第十五届政府第5次常务会议。会议研究《唐山市土壤污染防治工作方案》、拟提请市人大常委会审议《唐山市2017年上半年市本级预算执行情况的报告》、拟提请市人大常委会审议《关于唐山市2017年上半年国民经济和社会发展计划执行情况的报告》，研究《唐山市国家森林城市建设总体规划》《关于加强全市绿化建设管理的指导意见》《关于解决工业用地遗留问题的指导意见》《全市重点项目集中开工、观摩和测评办法（修订）》，研究追认李玉丰为烈士事宜。

9月26日，召开第十五届政府第6次常务会议。会议研究拟提请市人大常委会审议《唐山市房地产交易管理条例（修订草案）》，研究《唐山市人民政府关于在市场体系建设中建立公平竞争审查制度的实施意见》《唐山市人民政府关于推进快递业创新发展快速发展的若干措施》《关于实施房屋建筑和市政基础设施政府投资工程总承包指导意见（试行）》，研究全市食品安全工作。

11月8日，召开第十五届政府第7次常务会议。会议研究拟请市人大常委会审议《关于2017年市本级预算调整方案及备案事项的报告》，研究《关于促进工业设计产业发展的意见》《市本级政府投资项目管理暂行办法》《关于提高政府投资项目审批效能的意见》《唐山市人民政府法律顾问团工作规则》，研究政府规章、规范性文件清理工作和有关公务员违纪问题。

12月13日，召开第十五届政府第8次常务会议。会议研究讨论《关于扩大开放积极利用外资的意见》，研究全市安全生产工作，研究讨论《唐山市推进装配式建筑发展的若干政策措施》，研究修订《唐山市中心区物业管理工作实施办法》，集体学法：市中级人民法院行政庭庭长作关于“行政行为法律风险防范”方面的讲座，书面学习《河北省安全生产条例（2017年3月1日实施）》，研究讨论《关于做好就业创业工作实施办法》，研究讨论《唐山市公立医院综合改革医疗服务价格改革方案》。

12月28日，召开第十五届政府第9次常务会议。会议研究2018年唐山市国民经济和社会发展主要指标安排建议，研究讨论《关于实施创新驱动发展战略加快新兴产业发展的实施意见》，研究全市环境保护工作，《唐山市城镇职工生育保险实施办法》《唐山市城镇职工基本医疗保险实施办法》《唐山市公务员医疗补助办法》。

【经济转型升级发展】 2017年，唐山市突出项目支撑促投资稳增长，经济在转型升级中提速发展。以季度为单元组织项目集中开工和观摩测评，加大新增规模以上工业企业考核权重，全市新开工亿元以上项目1007个，完成投资2554亿元，分别比上年增长45.7%和22.2%；新增规模以上工业企业350家，数量位居全省首位。京唐城际、唐曹铁路、唐廊高速等基础设施完成投资1341亿元，迁曹高速一期建成通车。全市地区生产总值7106.1亿元，比上年增长6.5%，经济总量7000亿元；全部财政收入733亿元、比上年增长20.6%，增速位居全省第一；规模以上工业增加值增长4.7%，一般公共预算收入增长7.1%，固定资产投资增长6.6%，实际利用外资增长8.3%，经济发展实现稳中有升、稳中提质。

【供给侧结构性改革】 2017年，唐山市围绕供给侧结构性改革优增量调存量，质量效益在动能转换中提升。全年化解炼钢产能993万吨、炼铁产能576万吨。工业投资和技改投资分别增长12.1%、12.7%，钢铁高附加值产品比重提高到21.5%。全市增加科技型中小企业1863家、高新技术企业80家，高铁装备、特种机器人成为京津冀最大产业基地，高新技术产业增加值增长17.2%。装备制造业增加值增长16.3%，规模以上工业企业利润增长70.7%，注册企业数量增长21.5%。推进农业供给侧结构性改革，农业产业化经营率提高到69%。

【沿海经济发展】 2017年，唐山市沿海板块实施亿元以上项目655个，完成投资934亿元。发展京冀曹妃甸、津冀芦汉两大协同发展示范区，中林木材加工园等一批产业项目落地开工。曹妃甸国家级石化产业基地规划环评获批，产业项目聚集突破。唐山港整车进口口岸开放运营，建成内陆港10家，全年货物吞吐量5.7亿吨、集装箱吞吐量253万标箱，分别增长10.1%和30.7%。唐山机场旅客吞吐量突破50万人次，比上年增长115.4%，货邮行吞吐量3876吨，比上年增长82%。构建开放型经济新体制试点试验通过国家终期评估，唐钢塞尔维亚钢厂成为中国与中东欧国际产能合作样板工程。

【城乡建设统筹发展】 2017年，唐山市拓展产业空间，推进京唐智慧港、站西片区、南湖CBD规划建设，城南经济开发区获批省级开发区。建成中国铁路源头博物馆、中国（唐山）工业博物馆、中国（唐山）陶瓷博物馆等一批城市工业游核心项目，举办国际职业教育大会、中国工业旅游产业发展联合大会、唐山国际体博会、第二届中拉沙滩足球锦标赛等赛事展会活动，游客总数、旅游收入分别增长25%和32%，会展业直接收入增长26%，餐饮住宿业营业收入增长13.2%，增强城市人气活力。发展商贸、金融、电子商务等业态，服务业增加值增长11%。开展县城建设攻坚和“美丽乡村”建设，常住人口城镇化率61.64%，122个村获评全国首批绿色村庄。全国文明城市创建实现“三连冠”。

【重点领域改革创新】 2017年，唐山市推进“放管服”（简政放权、放管结合、优化服务）改革，取消调整下放市级权力事项81项，新市民服务中心集中划转、进驻336项审批和服务事项，当场审批办结率提高3倍。市县两级行政审批局实现全覆盖。唐山重装集团与金隅冀东开启战略重组，新城建集团组建运行。开展国家小微企业创业创新基地城市示范，引进京津科技成果和产业化项目49项，省级以上众创空间13家。设立并颁发首届“市长特别奖”，弘扬正能量。创新化解工业用地遗留问题，盘活工业用地347.53公顷。增加主板上市企业2家、“新三板”挂牌企业10家。

【民生福祉改善】 2017年，唐山市居民人均可支配收入增长8.8%，城镇登记失业率2.83%。棚户区改造1.5万套，204个省挂账房地产遗留问题基本清零，11.5万户居民办理不动产证。西南交大唐山研究生院挂牌招生。新妇幼医院开诊运营，市中心医院部分开诊，全市医疗机构床位提前实现2020年每千人6张目标，基本医疗保险实现跨省就医直接结算。新体育中心开工建设，青少年宫、科技馆达到开放条件，新工人文化宫向社会开放。唐山北立交等8个收费站撤站。4547户贫困人口建档立卡，城乡低保标准全省领先。超额完成大气“国十条”PM2.5浓度比2013年下降33%目标，气代煤改造6.7万户，森林覆盖率37.2%。完成潘大水库、邱庄水库网箱养殖清理和陡河水库围挡封闭，解决水污染隐患问题。创建国家食品安全城市，安全生产形势总体平稳。国防动员、民族宗教、广播电视、新闻出版、外事侨务、妇女儿童、人民防空、老区建设、气象地理、史志档案、老龄、残疾人等各项事业取得进展。

【政府执行能力提高】 2017年，唐山市人民政府坚持依法行政，执行市人大及其常委会决议决定，接受各方面监督，办理人大代表建议339件、政协委员提案536件，按时办复率100%。执行中央八项规定，整治“四风”，全市“三公”经费下降16.2%。健全完善市政府法律顾问和人大代表、政协委员、群众代表参与决策机制，提升政府决策科学化、法制化水平。开展“爱唐山、做贡献”主题实践活动和市直部门工作交流会，建立以业绩贡献为实干导向的激励约束机制。

【唐山两项竞争力位列全省第一】 2017年，在两大权威部门——中国社会科学院和《经济日报》发布《中国城市竞争力第15次报告》中，唐山综合经济竞争力、宜居竞争力两

大指标双双位列全省第一（见表6、表7）。这是唐山市以习近平总书记要求唐山“努力建成东北亚地区经济合作窗口城市、环渤海地区新型工业化基地、首都经济圈重要支点”为方向，转变发展方式、调整经济结构、推进供给侧结构性改革的结果。

（郑晓云）

2017年河北省城市宜居竞争力排名表

表6

城市	家居竞争力		
	指数	全国排名	省内排名
唐山	0.455	122	1
秦皇岛	0.443	133	2
石家庄	0.365	171	3
承德	0.343	180	4
廊坊	0.317	190	5
沧州	0.244	228	6
保定	0.19	253	7
张家口	0.181	260	8
邯郸	0.133	278	9
衡水	0.039	288	10
邢台	0	289	11

2017年河北省城市综合经济竞争力排名表

表7

城市	家居竞争力		
	指数	全国排名	省内排名
唐山	0.165	37	1
石家庄	0.145	46	2
沧州	0.105	69	3
廊坊	0.099	79	4
邯郸	0.094	88	5
保定	0.09	98	6
邢台	0.063	166	7
衡水	0.058	187	8
秦皇岛	0.057	192	9
承德	0.055	207	10
张家口	0.05	224	11

综合协调

【综合协调概况】 2017年，唐山市政府办公厅贯彻落实省市工作部署，提升参谋协调服务水平，完成全年各项工作任务。文稿起草方面，提高综合文稿质量，全年起草、审核把关各类重要文字材料790余件450万字，提升以文辅政能力和水平。公文处理方面，贯彻执行《唐山市人民政府办公厅公文处理工作规程》《发文运转流程及审批程序工作制度》《公文处理限时办结制度》《公文运转工作细则》等制度规定，办理上级和外埠来文来电3050余件，受理下级请示、报告2561件，均未发生压件、误办、漏报及失泄密现象，全年核发各类文件981件，均符合规范。会务活动方面，执行中央和省市有关规定，压缩会议（活动）次数，简化会议规模，组织市政府常务会议10次，研究议题65项，承办其他会议和重要活动90余次，比去年减少10%；完成各项政务接待190余批次1500余人次，全年接待费用比年初预算节约4.38%。信息服务方面，围绕全市中心工作提高信息工作质量和效率，全年编发本级信息151期，向国办和省政府办报送信息700余条，被省、市领导批示33次，被国务院办公厅采用信息19条。提案承办方面，承办全国、省、市人大代表建议、政协委员提案923件，按时办复率和答复函规范化率均100%，人大代表建议和政协委员提案中所提问题得到解决和基本解决占总数65%，得到吸收采纳并列入规划逐步落实占33%，人大代表、政协委员满意率99%。督查督办方面，围绕市政府8个方面31项重点工作，实施挂图作战、“指尖办公”、现场督办，促进重点工作落实，办理省、市领导批示和交办事项331件，市政府主要领导工作批件1010件，市长群众来信1131件，处理唐山市政务调度群信息3万余条。公共服务和应急值守方面，全年市民公共服务热线受理群众各类诉求42.8万余件，立案交办10.3万件，抽查回访群众满意率80%。完善应急和保障体系，制发《唐山市“十三五”时期突发事件应急体系建设规划》《唐山市突发公共卫生事件应急预案》，全年处理较大突发事件65个，协调处置市政府门前各类信访事件448批次1.6万余人次。

【重点项目协调】 2017年，市政府支重办推进压煤村庄搬迁工作。古冶区小赤口搬迁利用稳沉采煤沉陷地回填方式，提升土地利用率，解决新村址用地难题，年内完成新址建设。东欢坨压煤村庄搬迁，促成路北区政府和开滦集团达成一致意见，制定《安置补偿方案》，并签署搬迁框架协议。丰南区北新庄子村庄搬迁采取异地安置补偿方式，逐户签订补偿协议并拆迁，全村204户700余人5月底全部签订搬迁协议，汛期到来前完成旧村址拆迁任务并搬迁离开。古冶区西街村搬迁争取用地指标，实施异地平房搬迁模式，实现"最易接受、矛盾最小、搬迁资金最少"搬迁模式。支持高速公路建设，迁曹高速公路一期工程起于沿海高速，终于曹妃甸工业装备制造区，全长29.466千米，概算投资30.16亿元，年内路基填方完成100%，桥涵完成97.5%，基层完成97.5%，面层完成78.1%。迁曹高速公路二期工程起于京哈高速公路迁安支线与京哈高速公路交叉处，向南跨越唐港高速，接沿海高速丁庄户枢纽互通，长63千米，估算投资约74亿元，年内完成迁安市拆迁安置补偿方案，滦县、滦南县完成签订征地及地上附着物"包干"协议。京秦高速公路二期工程全长38.399千米，途径唐山市辖内遵化市平安城镇及玉田县大安镇、孤树镇、彩亭桥镇、玉田镇和郭家屯乡，年内填方完成总量37.70%，涵洞完成总量82.44%，隧道完成总量48.82%。遵化市完成全部厂企、民房拆迁，及电力通信线路迁改。玉田县基本完成部分电力通信线路迁改、厂企、民房拆迁等工作。唐廊高速公路路基填方完成46.72%，桥涵完成45.2%，完成丰南区境内全部民房、厂企迁改任务，路北区境内除210座坟在迁，其余民房、厂企全部完成拆迁。

【政府督查】 2017年，唐山市政府办公厅落实市政府8个方面31项重点工作，为群众办理10件实事，保障和改善民生，通过国务院第四次大督查等国家、省来唐督导检查11次，办理省政府全体会、省政府常务会、省长办公会、省政府专题会以及省政府领导同志批示交办事项88件，办理市领导批示和交办事项243件、市政府主要领导工作批件1010件，其中重点督办件453件，办结399件，办结率87.2%。建立《市长群众来信工作台账》，全年收到市长群众来信1131件，向相关部门或县（市、区）政府交办302件，有286件按期办结，办结率94%。处理唐山市政务调度群信息3万余条，提高政府执行力。组织全市重点项目建设、大气污染防治、安全生产隐患等专项督查行动70余项（次）。建立《全市重点工作任务工作台账》和《实事工程工作台账》，定期通报工作进展情况，形成督查事项专报10期。针对市领导关注市工人文化宫、新妇幼医院、市中心医院、市食品药品综合检验检测中心、新奥体中心、工业博物馆、青少年宫科技馆以及唐曹铁路建设等专项工作，按照实地盯办、专题会议调度、现场协调解决问题等多种方式督办落实。

7月12日，工人在唐曹铁路曹妃甸区境内的跨唐曹高速公路引线大桥施工。 杨世尧 摄

【项目建设协调】 2017年，唐山市政府办公厅协助市领导推进项目建设，对全市年初确定首钢二期、纵横钢铁、河钢乐亭基地、曹妃甸石化基地等重大投资项目定措施、定责任、定目标，落实领导分包项目责任制，每周通报进展，每月一调度，针对项目存在环境容量、土地指标等问题，逐项盯办和协调落实。组织赴县（市、区）现场办公、调研60余次，破解制约县（市、区）、企业难题，推进滦南大健康产业园、燕化永乐、宝乐立体车库等一批项目和京唐城际、唐曹铁路、唐廊高速等基础设施建设。督导协调项目落地难专项清理工作，基层存在1700余项问题全部完成整改。以季度为单元组织项目集中开工和观摩测评，形成推动项目建设合力。牵头研究制定《市促进工业设计产业发展的意见》，推动谋划建设唐山市工业设计产业园区，促进工业设计产业集群发展。研究制定《市本级政府投资项目管理暂行办法》《关于提高政府投资项目审批效能的意见》，提高政府投资项目决策精准性，精简项目审批流程。年内，全市新开工亿元以上项目1007个，完成投资2554亿元，分别增长45.7%和22.2%。

【结构性改革协调】 2017年，唐山市政府办公厅在化解过剩产能中，通过周通报、月调度、一线督导和督查巡查等方式落实部门责任，倒逼企业去产能，提前完成省达年度去产能任务。推动"放管服"改革，组织起草和印发《唐山市2017年深化"放管服"改革工作要点》《省政府"放管服"改革专项督查迎查工作方案》，取消调整下放市级权力事项81项，新市民服务中心集中划转、进驻336项审批和服务事项。牵头组织制定《实施创新驱动发展战略加快新兴产业发展的实施意见》，全年高新技术产业增加值完成265亿元，增长17.2%。起草印发《唐山市小微企业创业创新基地城市示范若干政策措施补充政策》等系列文件，支持有基础县（市、区）率先打造双创示范亮点。推进市属企业改革重组，协助市领导推动冀东发展集

团、唐山北方瓷都陶瓷集团、唐山重型装备集团与北京金隅股份有限公司重组，增强企业发展活力。协调制定《唐山市人民政府关于扩大开放积极利用外资的意见》。组织举办第二十届唐山中国陶瓷博览会、首届旅发大会、中国工业旅游产业发展联合大会，开展中原游客体验新唐山、京津冀自驾游等40余项活动，均达到预期效果，增强城市发展活力，提升唐山对外形象。组织申报国家转型升级示范区，唐山市入围全国首批、河北省唯一一个国家产业转型升级示范区，提升城市经济发展质量和效益。

【生态环境改善协调】 2017年，唐山市政府办公厅在环境保护和节能减排中发挥协调作用，协助筹建环保指挥中心，统筹调度，定期研判，实时监控，实现资源整合利用。协助市政府领导建立大气污染综合治理联席会议制度和推进机制，制发《关于强力推进大气污染综合治理的意见》和16个专项实施方案。牵头成立检查组，开展“洁城”、散煤清零等6个方面专项行动，治理挥发性有机物企业170家，取缔燃煤锅炉67台，立案处理48起，查封违法企业7家。围绕扬尘治理、机动车污染治理、挥发性有机物综合治理及严控垃圾秸秆焚烧、餐饮露天排放等问题，办公厅牵头成立检查组，赴料场、搅拌站、采石场等区域开展专项检查。推进重点流域水污染防治，实施治理工程18项，督导县（市、区）拆解网箱4.5万余个，清理围网养鱼面积1600余公顷，解决引滦入津、入唐水源污染隐患问题。研究制定《唐山市人民政府关于加强水库长效管理与生态环境建设的指导意见》，形成水库管理长效机制。

【城乡建设协调】 2017年，唐山市政府办公厅协调启动城市总规修编和市中心区总体城市设计编制，指导推动全市10个特色小城镇和305个“美丽乡村”建设规划编制，协调市直部门完成南湖中央商务区、新体育中心方案设计。启动城市执法体制改革，形成“两级政府、三级管理、四级网络”城市管理体系。督导市城管局完成10条新建道路绿化工程，协调相关区升级改造8个城市公园、游园，城市新增园林绿地300公顷、绿廊绿道30千米。协调督导新开工棚户区改造1.48万套，年内建成7955套，提升住房保障能力。组织县城建设攻坚行动，督导各县（市、区）实施103个公共设施建设项目，完成投资3.6亿元。按照省统一部署成立房地产处遗办公室，省处理房地产遗留问题督办台账204个项目、19.58万套住宅全部达到销号标准，提前超额完成省达目标。违建整治拆除375.85万平方米，督导市中心完成6万余户气代煤改造，市中心区散煤取暖实现清零。开展工业用地遗留问题专项行动，47个工业项目用地问题纳入处置范围，14个重点项目地块手续完成审批。

【省市专项整治活动落实】 2017年，唐山市政府办公厅按照市委统一部署，市政府办公厅牵头负责组织推进全市政事政企政会不分问题清理，研究制定《唐山市推进政事不分政企不分政会不分问题清理工作方案》，从市有关部门抽调人员，先后召开不同形式推进会议20余次，赴各县（市、区）、市直各单位开展专项督查5次，发现“三不分”问题1686个，9月30日前全部完成整改，其中组织处理1件、纪律处分1件、移交司法1件、批评教育1165件、免于处理518件。建立长效机制，督导各责任单位修改原有26项制度，新建立各类制度规范48个，完成上级交办各项工作任务。按照2017年5月4日省委巡视组反馈意见，市政府办公厅作为干部作风建设专项整改小组牵头单位，按照省委巡视工作领导小组、省委巡视组要求集中整改，10个方面问题按期整改到位。

【办公厅干部队伍建设】 2017年，唐山市政府办公厅提拔调整科级干部13人，内部公开选拔录用人员7人。落实上级决策部署，全年清理规范外单位借调人员30人，完善《干部借用选调工作暂行规定》，推动办公厅干部管理规范化和科学化。完成内设机构改革和精简编制工作，整合办公厅工作力量。完善干部考核制度，坚持平时考核与年度考核并重，实现考核工作经常化、制度化。严格干部管理与监督，开展档案专项审核回头看、重大事项填报、科级干部身份证件信息统计和出国政审备案等工作。加强干部培训，组织全厅227人完成河北干部网络学院培训学习，197名干部完成唐山公务员在线学习，14人通过专业技术人员继续教育培训考核。

【政府内部协调管理】 2017年，唐山市政府办公厅机关“三公经费”支出比上年下降9%，节约用水9.2万吨，节约用电5万度，全年安全保障会议1430次，保障安全行车总里程49万千米，节约燃油5692升。机关生产基地全年生产蔬菜15万千克、鸡蛋3.4万千克、鱼类1万千克、肉类1.1万千克，满足市直机关各食堂需求。开启机关事务智慧管理模式，机关事务信息化管理平台建成运行，通过平台可完成办公用品支领、设施设备保修、公务用车申请、会议中心预定、机关用餐预定、固定资产增减等工作内容，实现食堂卡网络充值、办公楼门禁管理等功能，提升后勤管理科学化、精细化水平。推进全市公共机构节能，按照国务院《公共机构节能条例》和省公共机构节能要求，组织督导全市各级公共机构落实节能制度、开展节能宣传、能源审计和既有建筑节能改造，推广节能应用新产品、新技术，推进国家节约型公共机构示范单位创建。全市公共机构人均综合能耗下降2.4%以上，超额完成省达任务和市定目标。完成唐山市公务用车信息化管理平台建设，公务用车均安装北斗卫星导航系统，保管186家市直单位（不含市检、法两院）1298辆公务用车纸质和电子档案，内容涵盖车辆所需基本信息，供实地或网上查阅，对接“全省一张网”信息化管理系统，实现公务用车全时、全域、全车辆监管。

（郑晓云）

政务公开

【政务公开概况】 2017年，唐山市市民服务中心A区接待群众110万人次，办件54.2万件；受理固定资产投资项目51件，办结40件，总投资金额167.1亿元，总占地面积

238.24万平方米；办理集中收费项目41件，收缴相关费用8648.43万元。累计开展延时服务825余件(次)，预约上门服务260余人（次），代办服务1370件（项）。市不动产登记中心窗口获省级文明行政流动红旗，2家进驻单位获市级文明行政流动红旗。各窗口收到企业和群众赠送锦旗29面、表扬信183封。年内，编制并向社会公布2016年度《政府信息公开工作报告》，督促各级各部门按时发布《政府信息公开工作报告》，更新完善《唐山市人民政府信息公开指南》，重新修订并公开《唐山市政府信息公开申请表》。细化分解省政府《2017年政务公开工作要点》，制定印发唐山市《2017年政务公开重点工作任务及责任分解方案》，明确相关部门开展政务公开工作内容、标准、责任人员和时限。按省要求，将政务公开工作明确写入市政府领导分工，市委组织部批复将政务公开工作纳入市委年度综合考核评价指标体系。与市政府督查室组成政务公开考核组，实地督导考核各职能部门、各县（市、区），提升唐山市政务公开工作水平。年内，市行政审批管理办公室获“河北省工人先锋号”称号。

【新市民服务中心建设】 2017年1月22日，唐山市民服务中心（A区）正式运行，占地2.1万平方米，进驻中心部门（单位）从23个增加到40个，增加73.9%；进驻事项从244项增加到277项，增加13.5%；进驻工作人员450人。新中心设置不动产登记服务区、住房公积金及维修资金业务服务区、企业注册登记服务区、建设项目服务区、社会事务服务区、公安便民服务区、公用事业服务区、金融服务区8个功能区，构建集行政审批、阳光政务、便民服务为一体综合性“一站式”政务服务平台。

【唐山市行政审批局组建】 2017年，唐山市行政审批管理办公室（唐山市公共资源交易管理办公室，简称审管办）与市编办组成考察组赴衡水、邢台、邯郸、石家庄等地学习调研，起草《唐山市行政审批局工作方案》，并经市委常委会审议通过，9月15日，以“两办”名义印发《唐山市市、县（市、区）行政审批局组建方案》（唐办字〔2017〕31号），10月27日，以市政府办公厅名义印发《唐山市行政审批局（唐山市政务服务中心管理委员会、唐山市公共资源交易监督管理办公室）主要职责内设机构和人员编制的规定》（唐政办发〔2017〕6号）。11月17日，唐山市行政审批局挂牌试运行。11月24日，唐山市第十五届人大常委会第八次会议通过任命王文彬为唐山市行政审批局局长。

【审管办“放管服”改革】 2017年，唐山市审管办重新梳理进驻中心277项事项办理流程，编制完善《进驻中心事项办事指南》（业务指导规范），经过梳理，进驻中心事项办理环节平均简化18.51%，要件数量平均精简12.38%，平均办理时限压缩率62.40%，当场办结率由8%提高到24%。根据国家、省、市法律法规相关规定条文变动，修改《唐山市固定资产投资项目联合审批实施办法》。起草并以市政府文件印发《关于提高政府投资项目审批效能的意见》（唐政字〔2017〕118号），在政府投资项目审批流程基础上，从立项批准、规划许可、施工许可、竣工验收4个阶段简化优化流程，创新办理方式，提高审批效率。成立唐山市推进“互联网+政务服务”工作领导小组，以市政府文件印发《唐山市人民政府关于印发唐山市加快推进“互联网+政务服务”工作实施方案的通知》（唐政发〔2017〕12号），以市政府办公厅文件印发《唐山市人民政府办公厅关于印发唐山市“互联网+政务服务”工作“四个干”运行图的通知》（唐政办字〔2017〕169号）等，召开由各县（市、区）主管领导、市直各部门主管领导参加的“互联网+政务服务”工作调度部署会议，部署市级5类23项、县级3类12项具体任务。年内，市级政务服务平台上线试运行。

【公共资源交易市场化改革】 2017年，唐山市审管办通过电子政务外网实现市、县公共资源交易平台全部与省平台互联互通，13个县（市、区）建立副科级全额拨款事业性质公共资源交易平台，并全部通过省验收。全市各交易中心全部按照省要求，统一实行交易受理、交易组织、交易评审、交易见证“分段式”运行机制，达到公共资源交易规范化要求。依托省统一公共资源交易服务平台，建立市、县两级公共资源交易信息平台网站，实现省、市、县交易平台资源共享。推进公共资源交易系统部署和应用，实现政府采购、工程建设、土地（矿产）、产权等进场项目网上办理。参照省公共资源交易监督办与省卫计委通过互联网VPN（虚拟专用网络）方式，将省公共资源交易平台与省药品和耗材采购平台进行数据对接，通过省公共资源交易平台直接将药品和耗材采购数据信息上传国家公共资源交易平台，将唐山市公共资源交易平台与市药品和耗材采购平台进行数据对接。截至年底，完成购置防火墙设备并通过与省级平台VPN测试。

【审管办信息宣传】 2017年12月23日，《中国政府网》刊登新华社文章《河北唐山推行“一枚印章管审批”过去近9个月跑完的手续现3天办好》；2月13日，《河北新闻联播》节目播出“唐山市民服务中心推开一扇门，办成百家事”专题报道；7月17日，《中国改革报》第二版刊登《推开一扇门 办成百家事 河北省唐山市强力推进政务服务改革纪实》。年内，《唐山劳动日报》刊发《推开一扇门 办成百家事 市民服务中心广受群众赞誉》《市审管办转变机关作风营造良好营商环境》等4篇文章，《唐山晚报》刊发《唐山市民服务中心整治“不作为、慢作为、乱作为”》《数十个部门或单位进驻唐山市民服务中心 今后您办理这些事项都要去这里》2篇文章。

【审管办内部协调管理】 2017年，唐山市审管办制发《唐山市民服务中心A区管理办法（试行）》（唐政办字〔2017〕28号）《唐山市民服务中心A区工作规范》，推行上下班电子考勤、每日四次巡查、月评红旗窗口等制度，选树20位文明服务标兵。公安局、住房公积金中心、路北地税等单位实行早会、提前上岗等制度。坚持立行立改，发布查处通报151期，其中通报迟到、早退252人次，串岗、闲聊、玩手机、吃

零食等违纪现象167人次。针对3、4月份“炒房潮”引起房产交易量激增导致交易异常现象，采取身份证实名取号、优化办理流程、改善窗口设置、增加工作人员、开展延时服务、增加安保人员等措施，抑制卖号和占位行为，确保房产交易大厅正常运转。职工食堂向办事群众开放，开通免费WiFi，提供免费纯净水、急救药箱、雨伞、轮椅等服务，发挥唐山发展、服务百姓需求作用。

（何　欣）

依法行政

【依法行政概况】 2017年，唐山市人民政府法制办公室推进法治政府建设，开展领导干部学法、政府法律顾问制度建设、重点领域立法、合法性审查、规范性文件备案清理、行政执法监督、行政复议应诉等工作，为实现“三个努力建成”、建设国际化沿海强市提供法治保障。落实《唐山市政府领导干部学法制度》，全年提请市政府常务会议集体学习《行政单位国有资产管理暂行办法》《事业单位国有资产管理暂行办法》《河北省行政事业单位国有资产管理办法》等法律法规。组织以《唐山市房地产交易管理条例（修订草案）》为主题的法治沙龙研讨活动，搭建政府工作人员与政府法律顾问沟通交流平台。按照上级要求，清理与“放管服”改革政策相抵触或不符合生态文明建设、环境保护要求地方性法规、规章和规范性文件，经清理，停止实施100件，拟修改3件，保留322件，清理结果经市政府常务会审议通过并以正式文件下发。健全完善政府法律顾问制度，制发《政府法律顾问团工作规则》，11月，举行市政府法律顾问聘任仪式。建立《政府法制工作重大疑难问题会商评审制度》，围绕市委、市政府关注重点难点问题和复杂疑难案件，整合市法制办法制资源，借助政府法律顾问开展咨询、研讨，提出法制参考。参与并推动解决唐山市二环路涉及唐钢后屯矿纠纷、联通科工贸公司申请破产等涉法涉诉问题和矛盾30余件，为政府提供法制服务。按照“有件必备、有备必审、有错必纠”原则，履行合法性审查程序和规范性文件“三统一”（统一登记、统一编号、统一公布）制度，确保政府重大行政决策于法有据，年内，审查以市政府为合作一方合同文本32部，审核《唐山市残疾人免费乘坐公交车实施办法》等文件120余部，办理征求意见件90余部，完成《唐山市政府质量奖管理办法》等10部规范性文件备案审查。审查国有土地使用权收回、土地闲置等具体行政决策行为16件，为政府投资合作、治理大气污染、解决房地产遗留问题等一系列关系唐山市经济社会民生各方面决策事项提供法律保障。根据全省统一安排，开展“规范执法行为优化营商环境”主题征文活动，15篇论文获奖，其中一等奖1篇、二等奖5篇、三等奖4篇、优秀奖5篇。

【政府立法】 2017年，唐山市法制办围绕市房地产市场、公共服务、文物保护、生态治理等与群众生活相关重点领域，坚持科学民主立法，提高立法质量。完成《清东陵保护管理办法》《唐山市城市房地产交易管理条例》《唐山市燃气管理办法》3部法规规章制定修订。

【行政执法行为规范】 2017年，唐山市落实行政执法“三项制度”（行政执法公示制度、执法全过程记录制度、重大执法决定法制审核制度）改革试点相关工作，截至年底，市本级69个市直行政执法主体涉及行政许可、行政处罚、行政强制、行政征收、行政收费、行政检查等相关职能总计4236项，全部在市政府法制网站公布，全市参加改革试点的44个执法部门、2.34万名执法人员配备音像记录设备1.56万台（套），均印制行政执法工作手册。落实重大行政处罚审查备案制度，全年审查接收重大行政处罚报备案件50余件，纠正行政执法机关不作为、乱作为现象，截至年底，具有市本级行政处罚主体资格单位103家。按照职责权限，配合市检察院开展“两法衔接”（行政执法与刑事司法衔接）工作，印发《关于进一步加强两法衔接案件信息录入工作的通知》（唐政办字〔2017〕194号），检查督导各县（市、区）和市直各部门就涉嫌犯罪案件和行政处罚案件信息录入工作，全年“两法衔接”平台录入行政处罚案件3.37万件，移送涉嫌犯罪案件100件，移送其他行政执法机关案件31件，行政处罚和移送案件录入率100%，实现行政执法与刑事司法无缝对接和全面覆盖。加强行政执法资格监督管理，组织开展2017年度行政执法证件及执法监督证件清理，全市注销334个行政执法和执法监督证件。落实行政执法主体资格制度和行政执法人员持证上岗制度，年内，组织全市1589名新增行政执法人员参加法律知识培训考试，955人考试合格。9月，市法制办与中国政法大学联合举办法制综合能力提升培训班，全市各级政府法制工作人员69人参加培训。

【行政复议和行政应诉】 2017年，唐山市法制办畅通行政复议受理渠道，受理并办理行政复议案件，提高办案质量，维护人民群众合法权益。年内，办理行政复议申请132件，立案受理112件，审结87件，案件按时办结率100%。推进行政机关负责人出庭应诉制度，未发生违法收集证据、不按期应诉和举证、拒不出庭应诉等问题。全年协调、组织以市政府为被告行政诉讼案件55件，全市发生应由行政机关负责人出庭应诉案件47起，出庭应诉46起，出庭应诉率97.87%，行政机关负责人出庭应诉率在全省处于领先地位。7月，唐山市承办全省行政复议实务培训班第一片区培训工作，全市各级在职行政复议人员参加实务培训。

（聂建宾）

电子政务

【电子政务概况】 2017年，唐山市电子政务管理办公室推进项目建设，加强资源整合与业务协同，提升网站和热线服务功能，保障系统运维与网络信息安全。加强“中国唐山”网站内容实时更新，累计更新信息5.5万余条，制作《2017唐山两会》《河北营商环境集中整治》等专题专栏，提升“中国唐山”网站公众参与度。推进政府网站群建设，建设24个子站，实现政府各部门间网站信息共享，提高网站运行维护效率，网站运行更加安全可靠。普查和整改网站，将唐山市政府类网站由244个关停并转至73个，完成国办和省政府关停并转任务。第十五届政府门户网站绩效评估中“中国唐山”门户网站在全国300余个地市级政府网站中位列第49名，全省排名第一。拓宽热线受理渠道，开发“唐山12345”手机客户端软件，拓展微信公众号诉求受理功能，在引导舆论和拓宽服务受理渠道方面发挥作用。开通“企业服务110”，解决相关诉求52件，得到相关企业肯定。实时预警群众反映热点难点问题及突发事件，刊发《热线周报》53期，为研判事态发展趋势、做出处置方案提供资料。与唐山广播电台、《唐山劳动日报》等5家媒体合作，制作媒体互动78期。突出“抓受理，强办理”，采取跟踪督办、现场调查、协调会议等方式，提高办理质量。年内，市县两级市民公共服务热线受理群众各类诉求42.8万余件，立案交办10.3万余件，协调解决难点问题234件，抽查回访满意率75.93%，收到群众感谢电话、信件、锦旗270余件（次），发挥服务群众和稳定社会作用，解决人民网“省长留言”诉求，受到省政府办公厅肯定，并在省内进行经验交流推广。

【政务应用系统建设】 2017年，唐山市电子政务管理办公室政府数据中心项目将原有HADOOP平台1.0版本升级至2.0版本，数据交换平台由虚拟服务器升级迁移到物理服务器，组成HADOOP集群，提升信息资源交换能力，完善管理和监控功能，满足数据业务即时交换需求，提高可靠性及稳定性。4月，“信用唐山”网站正式上线运行，进行功能优化和页面改版，完善信用双公示网上报送系统，更新信用红黑榜功能，实现各相关单位可随时上传数据，公众可通过网站进行查询。全年信用信息共享平台向省信用平台报送信用信息数据36万余条，与市工商局、市质监局、市公安局等30个市直部门交换数据867万余条。修改和完善政府办公自动化（OA）系统，对全市400多个系统用户进行年度授权和绑定，完成软件升级任务。组织两轮系统培训，对使用中出现的各种问题及时进行远程处理和上门服务，保证各单位正常使用。

【网络安全保障】 2017年，唐山市电子政务管理办公室优化政务外网网络架构，结合三级等保测评结果，完成电子政务外网整体网络切割，实现核心设备双机热备、安全产品双机部署、物理线路冗余保障，互联网出口带宽达到1GB，在网络速度及数据安全等方面，保障电子政务外网安全稳定运行。实施政务内网安全加固，重新梳理网络拓扑、安全产品部署、路由策略等，优化和提升内网网络架构。落实信息安全巡检机制，采取定期巡检、实时监控等手段，加强网络及信息安全保障，成功应对勒索病毒等入侵行为，保证重要时节网络运行安全。

（李　英）

外事侨务

【外事侨务概况】 2017年，唐山市人民政府外事侨务办公室（简称市外侨办）贯彻党和国家外事政策，为“第五届中日韩灾害管理部长级会议”“2017唐山国际马拉松”“健康快车2017自驾车光明行”等国际会议及活动提供服务保障，全年接待国外团组23批（次）外宾518人次，涉及36个国家，其中接待外国政要1人（塞尔维亚时任总理武契奇）。另接待港澳来宾128人次。年内，办理外国人入境邀请函242批437人次、申办邀请确认函19批47人，涉及30余个国家人员。为支持企业人员“走出去”开展对外经贸活动，按照《唐山市民营企业人员APEC商务旅行卡办法》等有关规定要求，帮助28家企业管理人员48人申办APEC（亚太经济合作组织）商务旅行卡。处理玉田县鸦鸿桥西美酒店美籍人员死亡和唐山英之辅语言培训中心英国外教自杀等涉外事件。按时完成外交部、省外办临时交办涉朝企业、涉朝船运调查情况上报工作。8月9日，召开全市外事工作会议，组织与会人员学习出国审核审批程序和外国人邀请等有关政策要求，规范外事工作纪律、工作流程。

【因公出国（境）团组审核审批】 2017年，唐山市外侨办在因公出国（境）团组审核审批中，按照中共中央办公厅、国务院办公厅转发《外交部、中央外办、中央组织部、财政部关于进一步规范省部级以下国家工作人员因公临时出国的意见》（中办发〔2013〕16号），中共河北省委办公厅、河北省人民政府办公厅《关于进一步规范国家工作人员因公临时出国工作的通知》（冀办发〔2013〕40号）等文件规定执行，起草并以市委、市政府办公厅名义下发《关于调整规范我市国家工作人员因公临时出访审核审批程序的通知》（唐办字〔2017〕20号），对年度计划报审程序、事先报告程序、审核程序、审批程序、出访报告报送程序5个方面做出调整和规范。全年审核审批因公出国（境）和赴港澳团组56批116人次，其中党政人员出访85人次，随省直部门组团出访23批28人次，随国家部委和外省市组团1批1人次，赴港澳团组8批11人次。

【境外唐山籍公民和机构安全保护】 2017年，唐山市为保护境外唐山籍公民和机构的安全和合法权益，根据省外办《关于印发建立〈境外河北籍公民和机构安全保护工作协调管理小组机制〉和〈关于新形势下进一步加强境外河北籍公民和机构安全保护工作的指导意见〉的通知》（冀政外字〔2017〕25号）要求，于9月成立以市领导为组长，由市外办、市委宣传部、市发改委、市公安局、市安全局等13个市直部门为成员单位“境外唐山籍公民和机构安全保护工作协调管理领导小组”，起草《境外唐山籍公民和机构安全保护工作协调管理领导小组机制》，明确工作职责、工作制度、职责分工、工作原则、工作要求、保障措施等，以市政府办公厅名义下发，为唐山市实施统一指挥、协调处置境外涉及唐山籍公民和机构重大事件提供保障。

【友城交往】 2017年，唐山市外侨办借助“2016年第三次中国——中东欧地方领导人会议”在唐山市举办契机，以河钢塞尔维亚钢厂项目为牵引，发展唐山市与塞尔维亚斯梅代雷沃市建立友好关系。3月，应斯梅代雷沃市邀请，市政府代表团赴该市访问，实地了解该市相关情况，并同该市领导会面，就交流合作和两市结好等事宜洽谈，增进彼此了解和互信。推进与英国林肯市合作“校际连线”项目，两市“结

4月17日，美国波士顿牛顿公立学校师生参观北京景山学校曹妃甸分校。

刘 叶 摄

对子”学校开展视频、互访等多种形式活动。加强与美国锡达拉皮兹市联络，开展友城结好20周年相关活动，双方互通信函，以此祝贺，并就双方保持友城关系表达深化发展意向。深化与日本北九州市友好往来，政府代表团、北九州市环境局环保专家代表团多次互访，就年度合作重点、日方专家派遣、赴日研修及深化两市在环保领域务实合作等进行多轮交流，2月，在唐山市举办中日环保专家技术研讨会。4月，西日本中国企业联合会代表团在唐山市考察曹妃甸，介绍西日本关西地区产业特点和行业特点，与曹妃甸相关负责人座谈交流，并与曹妃甸签订合作备忘录。8月，参与中日友协、日中友协联合举办“庆祝中日邦交正常化四十五周年中日友好城市初中生乒乓球赛”。

【侨务政策宣传】 2017年，唐山市外侨办组织县（市、区）侨办工作人员进行政策培训，解读界定归侨侨眷身份、“四侨”（归侨学生、归侨子女、华侨在本市内的子女和侨眷高级知识分子子女参加普通高考、中考和成人高考）考生等有关政策，确保落实政策规范精准。以小册子、宣传栏、黑板报等形式，宣传中央、省、市有关政策，引导归侨侨眷明政策、知法律、守规矩。

【侨务温馨送暖】 2017年，唐山市外侨办组织各县（市、区）侨办走访慰问归侨侨眷重点户、贫困户等180户，投入慰问经费8.2万元。筹集慰问救济款2.6万元，直接慰问侨户20户。落实建档立卡扶贫户救济工作，按照每户补助2000元标准，救济贫困户40户。开展归侨侨眷创业项目评估，7个归侨侨眷创业项目获得通过，争取项目资金13.7万元。将身患重疾路北区杜立军、遵化市王永明2个家庭列为重点扶助对象，并上报省侨办，争取困难补助款，为王永明、杜立军等4户重大疾病归侨侨眷家庭每户补贴5000元。

【侨益维护】 2017年，唐山市外侨办按照相关政策为2名“四侨”考生办理出证手续。依据政策继续协助归侨职工办理生活补贴手续，累计为17名退休归侨办理手续，发放退休归侨补贴1.92万元。引导归侨、侨眷运用法律武器维护自身合法权益，营造依法护侨社会氛围，全年接待归侨、侨眷来信来访124人次。

（金春波）

方志编纂

【方志编纂概况】 2017年，唐山市地方志办公室开展市志编修、年鉴编辑、地情书编写、志鉴服务等工作，发挥职能作用，依法修志，完成第二轮《唐山市志（1987～2005）》和《唐山年鉴（2017卷）》编纂任务。唐山市委常委、常务副市长胡国辉、唐山市政府秘书长张会春等领导对方志工作作出批示：“方志办克服人员少、任务重等困难，在驻村帮扶工作中积极主动作为，受到基层群众的好评，方志工作也取得了新成绩，值得肯定和表扬。”年内，唐山市方志办获“为党委政府决策服务成绩突出奖”“地方志网站建设突出奖”“全省方志成果报送工作成绩突出奖”3项表彰，编辑出版《唐山年鉴（2017卷）》以全省最高分获“河北省年鉴评比优秀奖”。

【市志编纂】 2017年，唐山市地方志办公室在完成《唐山市志（1987～2005）》审核稿基础上，组织编辑向各承编单位征求意见，按照承编单位反馈意见修改完善志稿。组织编辑开展自校、互校，重点查数据、查史实是否有误，查同一内容前后是否矛盾。根据拟定标准，筛选正文重要内容核补大事记，确保大事、要事前后呼应。整理志稿外相关资料，编写凡例、组织机构繁简对照表、编后记，整理市志编委会、主修、主审、总编室、编纂人员、提供资料人员名单，以及志首、志中照片。对志稿进行串稿、核改，对重点篇章、重点内容、重要意见、各项数据、新补充内容反复核实求证。截至年底，完成市志专家评审稿排版、印刷，并送达市四大班子领导和国家、省内外专家。评审稿25编，文字总量300万字。

【年鉴编纂】 2017年，唐山市地方志办公室按照国务院《地方志工作条例》和省、市编纂出版地方年鉴工作要求，完成《唐山年鉴（2017卷）》编纂出版任务，实现“一件一卷，公开出版”。9月，《唐山年鉴（2017卷）》由新华出版社出版发行，全书120万字，内设《卷首彩页》和《特载》《唐山概况》《大事记》《年度聚焦》《对接京津协同发展》《党政机关》等38个栏目。增加《年度聚焦》栏目，卷首彩页增加“习近平总书记在唐山”“唐山市2016年加快‘三个努力建成’十大突出工作”内容，突出年度特色和地域特色。全书刊载唐山市2017年政治、经济、文化、社会等各方面情况和资料，为社会各界读者宣传唐山、认识唐山、研究唐山、建设唐山提供资料。年内，在全省方志系统年鉴类评比中，《唐山年鉴》获第一名；在全国6000千余部年鉴评比中，《唐山年鉴（2017卷）》获优胜奖，是河北省所有地级市中唯一获奖年鉴。

【方志服务社会】 2017年，唐山市地方志办公室按照市委、市政府决策需要，调查研究唐山市地情资料，服务全市中心工作，在唐山市开发重点工业旅游项目中，用史实研究成果佐证旅游资源，推动旅游事业发展，年内完成《唐山开埠考》《唐廷枢——唐山城市建设发展第一人》《唐胥铁路为中国铁路之源简论》《周学熙——唐山近代工业中兴巨擘》《深度挖掘清东陵旅游资源的几点思考》《唐山长城故事》6篇史志研究论文。

【"一纳入八到位"目标落实】 2017年，唐山市地方志办公室落实中指组"一纳入八到位"（把地方志工作纳入国民经济和社会发展规划、各级政府工作任务之中，做到认识到位、领导到位、机构到位、编制到位、经费到位、设施到位、规划到位、工作到位）任务，协调各县（市、区）方志部门落实目标，年内，20次深入各县（市、区）方志部门落实盯办，截至年底，全市13个有编纂志书任务县（市、区），完成出版或具备出版条件志书10个。年鉴编纂实现全覆盖，所有完成志书编纂县（市、区），全部启动综合年鉴编纂工作。

【《慷慨悲歌冀东魂》出版发行】 2017年12月，由唐山市地方志办公室参与修订文献图集《慷慨悲歌冀东魂》正式出版发行。《慷慨悲歌冀东魂》（修订版）文献图集在唐山市老年摄影家协会会长郑文忠发起策划主题展览《慷慨悲歌冀东魂》基础上修订而成，全书收集上千幅历史图片，反映冀东地区人民抗战功绩，400个页码，分《艰苦卓绝的冀东抗战》《冀东抗战英烈》《冀东抗战群英谱》《铭记历史》4个部分，卷首收录毛泽东、朱德、彭德怀、林伯渠、萧克等革命家为纪念冀东抗战或冀东烈士所做题词。12月20日，《慷慨悲歌冀东魂》修订版举行发行仪式，同时举办弘扬冀东抗战精神研讨会，冀东烈士孔庆同之子孔九龄、八路军四纵政委邓华之女邓欣、冀热辽军区司令员李运昌之子李志仁等数十位冀东抗战英雄后代参加。图集编撰者向抗战英雄子女代表和相关纪念馆、博物馆代表赠书，图集副主编王建忠、刘力勤分别以《日军地图上的冀东抗战》和《冀东抗战中狼牙山式的英雄群体》为题作宣讲。

【方志信息化建设】 2017年，唐山市地方志微信公众号（tangshandifangzhi）正式开通，是唐山市地方志办公室官方平台。市地方志办公室安排专门人员负责"唐山地方志"网站和"唐山方志"微信公众号日常维护和信息更新，通过两个网络平台，报道、展示全市方志工作动态和工作成果，传播唐山地域文化，与其他地区方志部门交流工作经验，为社会提供史志资源和共享服务。

（郑晓云）

2017年唐山市政府重要文件

表8

文件号	标　　题
唐政字〔2017〕30号	关于印发唐山市城乡规划委员会议事规则的通知
唐政字〔2017〕37号	关于支持开平区转型升级发展的意见
唐政字〔2017〕54号	关于印发唐山市政府质量奖管理办法的通知
唐政字〔2017〕64号	关于加强重点水库长效管理与生态环境建设的指导意见
唐政字〔2017〕65号	关于印发贯彻落实省政府支持农业转移人口市民化若干财政政策的意见的通知
唐政字〔2017〕91号	关于加快农产品加工业发展的实施意见
唐政字〔2017〕92号	关于加强全市绿化建设管理的指导意见
唐政字〔2017〕129号	关于扩大开放积极利用外资的意见
唐政发〔2017〕15号	关于加强困境儿童保障工作的实施意见
唐政发〔2017〕19号	关于在市场体系建设中建立公平竞争审查制度的实施意见
唐政发〔2017〕20号	关于促进工业设计产业发展的意见
唐政发〔2017〕21号	关于印发唐山市人民政府法律顾问工作规则的通知

续表8

文件号	标　题
唐政发〔2017〕23号	关于做好就业创业工作的实施意见
唐政发〔2017〕24号	关于印发《唐山市中心区物业管理工作实施办法》的通知
唐政发〔2017〕25号	关于印发唐山市城镇职工基本医疗保险实施办法的通知
唐政发〔2017〕26号	关于印发唐山市城镇职工生育保险实施办法的通知
唐政发〔2017〕27号	关于印发唐山市公务员医疗补助实施办法的通知
唐政令〔2017〕2号	关于废止《唐山市政府投资建设项目审计监督办法》的决定

2017年唐山市政府办公厅重要文件

表9

文件号	标　题
唐政办发〔2017〕1号	唐山市人民政府办公厅关于推行环境污染第三方治理的实施意见
唐政办发〔2017〕2号	唐山市人民政府办公厅关于印发唐山市残疾人免费乘坐公交车实施办法的通知
唐政办发〔2017〕3号	唐山市人民政府办公厅关于衔接落实国务院第三批取消中央指定地方实施行政许可事项的通知
唐政办发〔2017〕5号	唐山市人民政府办公厅关于推进唐山市足球改革发展的实施意见
唐政办发〔2017〕6号	唐山市人民政府办公厅关于印发《唐山市行政审批局（唐山市政务服务中心管理委员会、唐山市公共资源交易监督管理办公室）主要职责内设机构和人员编制规定》的通知
唐政办发〔2017〕7号	关于印发《唐山市小微企业创业创新基地城市示范若干政策措施补充政策》的通知
唐政办发〔2017〕8号	关于开展工业“三品”专项行动营造良好市场环境的实施意见
唐政办字〔2017〕26号	唐山市人民政府办公厅关于建立健全鸟类等野生动物保护工作长效管理机制的意见
唐政办字〔2017〕58号	唐山市人民政府办公厅关于唐山市2017年城镇绿化工作的实施意见
唐政办字〔2017〕80号	唐山市人民政府办公厅关于2017年全市山区综合开发的实施意见
唐政办字〔2017〕91号	唐山市人民政府办公厅转发市文广新局等部门关于推动文化文物单位文化创意产品开发实施意见的通知
唐政办字〔2017〕134号	关于进一步调整全市小额贷款公司设立审批及变更工作的指导意见
唐政办字〔2017〕147号	唐山市人民政府办公厅关于推动非户籍人口在城市落户的实施意见
唐政办字〔2017〕162号	唐山市人民政府办公厅关于印发《唐山市天使投资基金管理暂行办法》和《唐山市科技风险投资基金管理暂行办法》的通知
唐政办字〔2017〕208号	唐山市人民政府办公厅关于进一步加强“地沟油”治理工作的实施意见
唐政办字〔2017〕277号	唐山市人民政府办公厅关于进一步改革完善药品生产流通使用政策的实施意见

政治协商会议唐山市委员会

ZhengZhiXieShangHuiYiTangShanShiWeiYuanHui

综　述

【政协概况】 2017年，唐山市各级政协组织贯彻落实中共唐山市委各项决策部署，通过开展协商议政、调研视察等履职活动，强化政治引领，坚定正确政治方向，深化协商民主理念，探索实践经常性协商，开展常委会协商，组织专委会协商，履行政治协商、民主监督、参政议政职能。坚持民主监督，提升提案工作水平，推进委员视察，开展民主评议。服务民生，践行履职为民，反映民意关注民生，建言保障民生，汇聚力量支持民生。促进团结民主，突出党派团体作用，和谐民族宗教关系，推进文史工作，巩固发展统一战线。加强自身建设，强化委员管理，启动智库建设，健全工作制度，提升机关效能，提升履职能力。全年召开全体会议1次、常委会议3次。

【市政协十二届一次会议】 2017年3月27～31日召开，出席会议委员应到519名，实到504名。会议期间，听取和讨论省委常委、市委书记焦彦龙代表中共唐山市委所作讲话，听取并通过政协唐山市《第十一届委员会常务委员会工作报告》和《唐山市第十一届委员会常务委员会提案工作情况的报告》，听取并赞同市长丁绣峰所作《政府工作报告》，赞同《唐山市2016年国民经济和社会发展计划执行情况》与《2017年国民经济和社会发展计划（草案）的报告》，赞同《唐山市2016年市本级预算及市总预算执行情况》和《2017年市本级预算及市总预算（草案）的报告》，赞同《唐山市中级人民法院工作报告》《唐山市人民检察院工作报告》和其他报告。选举产生新一届市政协主席、副主席、秘书长及常务委员。曹征平当选政协唐山市第十二届委员会主席，王连灵、刘长锁、胡万宁、白春明、崔武成、李长春、张会春、王福燕当选为政协唐山市第十二届委员会副主席，李长远当选政协唐山市第十二届委员会秘书长，71名委员当选政协唐山市第十二届委员会常务委员会委员。

9月30日，市政协主席曹征平就“美丽乡村”建设在联系点迁西县旧城乡后河东寨村调研。 政协提供

【市政协十二届一次常委会】 2017年4月19日，唐山市政协召开十二届一次常委会议。市政协主席曹征平，市政协副主席王连灵、胡万宁、白春明、崔武成、李长春、张会春、王福燕，市政协秘书长李长远及常委72人出席会议。各县（市、区）政协主席、市政协副秘书长、各部门负责人等列席会议。会议由曹征平主持。会议通过有关人事任免事项，政协唐山市第十二届委员会各专门委员会主任、副主任及委员名单，市政协2017年工作要点，市政协2017年度协商计划，《政协唐山市委员会常务委员会工作规则》《唐山市政协智库建设实施办法》《唐山市政协委员管理暂行办法》。

【市政协十二届二次常委会】 2017年8月1日，市政协召开十二届二次常委会议。市政协主席曹征平出席并讲话。市政府副市长梁振江应邀出席会议。市政协副主席、民建唐山市委主委王连灵，市政协副主席、民盟

唐山市委主委刘长锁，市政协副主席、九三学社唐山市委主委胡万宁，市政协副主席白春明、崔武成、李长春、张会春，市政协副主席、民进唐山市委主委王福燕，市政协秘书长李长远及常委74人出席会议。各县（市、区）政协主席、市政协副秘书长、市政协机关党委专职副书记、市纪委派驻人大、政协机关纪检组有关人员、市政协机关有关人员列席会议。会议由曹征平、李长春分别主持。会议审议通过《关于深化“放管服”改革，优化唐山市营商环境的调研报告》，通过人事任免事项，听取关于十二届市政协调整委员的说明并审议通过调整委员名单。

【市政协十二届三次常委会】 2017年9月13～14日，市政协十二届三次常委会议在遵化市召开。市政协主席曹征平出席会议并讲话。市政协副主席、民建唐山市委主委王连灵，市政协副主席、民盟唐山市委主委刘长锁，市政协副主席、九三学社唐山市委主委胡万宁，市政协副主席白春明、崔武成、张会春，市政协秘书长李长远及常委70人出席会议。各县（市、区）政协主席，市政协办公厅调研员、副秘书长、机关党委专职副书记、市纪委派驻人大、政协机关纪检组有关人员、市政协机关有关人员列席会议。会议由曹征平、张会春分别主持。会议听取关于遵化市经济社会发展情况介绍，听取关于唐山市发展乡村旅游工作报告，审议通过《发展乡村旅游业，打造农村新业态》调研报告，表决通过人事任免事项，审议通过《政协唐山市委员会常务委员会关于授权主席会议对严重违纪违法政协委员及时作出处理的决定》，听取《关于撤销李德忠等三名十二届市政协委员资格的说明并审议通过撤销委员资格的决定》。

参政议政

【政协提案办理】 2017年，唐山市政协十二届一次会议以后，收到委员提案592件，经审查立案580件，立案率97.97%，完成率100%，对提案办理反馈意见满意度98%。按照政协年度协商计划和总体工作部署，围绕市委市政府中心工作、市政府为民办实事工程和社会热点问题遴选重点提案，由主席会议审定重点提案10件，各副主席分包督办，带队走访承办单位，全年召开重点提案办理协商座谈会12次，与承办单位主要负责人面对面协商沟通，促进科学决策。与市政协经常性协商议题相衔接，将《关于深化“放管服”改革，优化我市营商环境的建议》和《发展乡村旅游业，打造农村新业态》协商成果以建议案形式报市政府。组织提案者对提案承办单位按“办理态度”和“办理结果”进行满意度量化评价，促进提案承办取得实效。围绕中央、省委、市委全会精神，准备100多个提案参考题目，协助委员精准选题，引导委员撰写提案，建立和完善委员联络沟通机制并常态化运行，通过培训、约访、座谈、视察调研等形式，扩大委员知情明政渠道。与唐山电视台协办《政协委员关注》栏目，全年播出26期。年内，市政协被评为“河北提案工作”先进单位。

【经常性协商模式】 2017年，唐山市政协打破常规例会协商局限性，提高协商质量和效果，探索和实践经常性协商模式。关注市委、市政府工作中心和重点，由主席办公会议确定协商议题，深入调研，形成系列调研成果后协商座谈。年内，分别以“构建亲、清新型协商关系”“三城齐抓的创新与实践”为主题组织协商活动，省委常委、市委书记焦彦龙，市长丁绣峰等参与议题确定并全程出席协商会议，和与会委员代表交流互动，当场解决具体问题，推动协商成果转化，多个相关市直部门参加协商会议，会后在新闻媒体开辟专栏、专版或做专题访谈报道协商成果。

【常委会协商和专委会协商】 2017年，唐山市政协以“深化‘放管服’改革、优化营商环境”为主题开展协商，与会委员和专家学者建言，对如何破解“放管服”改革中协同、服务、效能、监管、知晓之题给出答案。十二届三次常委会以“发展壮大乡村旅游、打造农村新业态”为主题开展协商，分析唐山市乡村旅游发展现状，提出规划先行、完善政策、软硬齐抓、科学管理等推动唐山市乡村旅游发展系列建议。两次专题协商均形成常委会议建议案报市委市政府，市党政主要领导研阅建议案并批转给相关部门，要求在具体工作中采纳落实。《人民政协报》报道唐山市政协常委会专题协商工作成果和经验，在业内引起反响。围绕群众关心关注热点难点问题，就发展清洁能源、发展临港产业、安置去产能企业职工、推动“唐山交大”文化园区建设、加快唐山市会展业发展等内容开展专委会协商5次，提出多项有针对性和可操作性意见建议。年内，唐山市政协各参加单位和政协委员关注深化改革重点领域和人民群众关切问题，通过调研形成各类调研报告600余件。由市政协主席、副主席带队，就发展城市经济、加快会展业发展等情况开展专项视察9次，助推解决一批群众关心关注问题。

【政协文史宣传】 2017年，唐山市政协根据唐山实际，开展“一会、一书、一网、一刊、一堂、一栏”工作，推动文史研究交流合作。启动《唐山城市发展史》编纂，系统梳理唐山城市发展脉络。征编出版《唐山——中国铁路之源》，全面系统记述唐山铁路发展史。启动拍摄专题片《冀东大暴动》，赴多地采访大暴动亲历者和革命烈士后代。筹建唐山市政协文史馆，打造集收藏、展示、研究等功能于一体综合性文化场所。

政协重要活动

【构建“亲”“清”新型政商关系会议】 2017年6月26日，唐山市政协召开专题协商议政座谈会，围绕“落实习近平总书记要求，构建‘亲’‘清’新型政商关系”议政建言。省委常委、市委书记焦彦龙，市委副书记、市长丁绣峰出席会议并讲话，市政协主席曹征平，市委副书记丁荣进，市委常委、秘书长付振波，副市长孙文仲等出席会议。会议由曹征平主持。中信重工开诚智能装备有限公司董事长许开成、河北钢铁集团九江线材有限公司董事长赵玉江、河北新华联合冶金控股集团董事局主席孙纪木、乐亭县发展改革局局长吴万颖等企业、商会负责人和市政协委员发言，市直有关部门负责人参加。

【“‘三城’齐抓探索与实践”会议】2017年10月11日，唐山市政协召开协商会议，围绕“城市建设、城市经济、城市管理‘三城’齐抓的探索与实践”议政建言。省委常委、市委书记焦彦龙，市委副书记、市长丁绣峰出席会议并讲话。市政协主席曹征平，市委副书记丁荣进，市委常委、常务副市长胡国辉，市委常委、秘书长付振波，市政协副主席刘长锁、胡万宁、白春明、崔武成、李长春、张会春、王福燕，市政协秘书长李长远等出席会议。会议由白春明主持。曹征平介绍市政协“三城”齐抓调研成果。天津大学规划设计院总规划师王旭春、华北理工大学经济学院原院长刘家顺、市委党校教研室主任李霞、上海世博会有限公司副总经理许永顺等专家学者、企业负责人和市政协委员发言。胡国辉就“三城”齐抓工作讲具体意见。市直有关部门、各区主要负责人参加会议。

【福建省政协考察团在唐考察】2017年3月5～6日，福建省政协党组成员、副主席杨根生率团在唐山市考察提案办理协商等工作。在唐期间，考察团一行实地考察唐山市规划展览馆、开滦国家矿山公园和启新1889博物馆。在考察座谈中杨根生表示：“唐山提案办理工作特色鲜明、亮点频现、成绩突出，特别是将提案办理工作与市委、市政府中心工作相结合，在经济、文化、生态文明建设等方面的提案督办工作经验和做法值得学习和借鉴。”

【贵州省政协在唐考察】2017年3月9日，贵州省政协副主席李汉宇一行在唐山市考察“锦绣贵州”特色文化旅游产业园区项目规划建设情况。李汉宇在与唐山市政协领导座谈中表示：“唐山历史文化底蕴深厚，经济发展态势良好。希望‘锦绣贵州’项目在唐山能够尽快规划建设，早日结出硕果，把贵州的山水、民俗、饮食文化、传统产品介绍给唐山人民，成为支持贵州生态保护、经济建设的窗口。同时也希望两地进一步加强交流合作，相互借鉴经验、吸取能量，带动更多好项目落地。”在唐期间，考察团一行在路南区实地考察项目筹备情况。

【山东省政协考察组在唐参观考察】2017年7月19日，山东省政协副主席、党组成员陈光率山东省政协考察组在唐山市参观考察。市政协副主席张会春陪同考察。考察组一行参观市规划展览馆、地震遗址公园，了解唐山市区位优势、城市规划建设和震后经济社会发展等情况。陈光对唐山市经济社会发展所取得成就给予肯定：“唐山市委、市政府带领全市人民在习近平总书记提出的‘三个努力建成’总目标指引下，树立新的发展理念，着力推进供给侧结构性改革，在环境保护、生态治理、科技创新等方面积极主动进行大胆实践和探索并取得成效。衷心希望山东与唐山进一步加强交流与联系，在文化、经济等各个领域广泛开展合作，实现互利共赢。”

【天津市政协考察团在唐考察】2017年8月10日，天津市政协副主席高玉葆一行在唐山市参观考察，市政协副主席张会春陪同考察。考察团一行考察市规划展览馆、2016唐山世园会会址、开滦国家矿山公园和启新1889文化创意产业园区，了解唐山市人文历史、风土人情和震后经济社会发展等情况。高玉葆对唐山市近年来经济社会发展取得成就给予肯定：“在废墟上建立起来的新唐山发展迅速，尤其近几年来，在环境保护、生态治理、科技创新等方面取得的成绩有目共睹。衷心希望天津与唐山能够进一步加强交流与联系，在文化、经济等各个领域广泛开展合作。”

（刘海峰　李志平）

2017年市政协重要文件

表10

文件号	标　　题
唐协办字〔2017〕6号	关于2015年度机关考评结果的通报
唐协办字〔2017〕9号	关于内设机构改革和精简人员编制的报告
唐协办字〔2017〕10号	关于政协“委员之家”配备家具、设备的经费申请
唐协办字〔2017〕11号	关于印发《唐山市政协公务接待实施方案办法》的通知
唐协办字〔2017〕14号	开展创建“书香机关”读书活动方案
唐协办字〔2017〕18号	关于调整十二届市政协委员的通知
唐协办字〔2017〕23号	关于做好市政协十二届二次会议大会发言工作的通知
唐协办字〔2017〕24号	关于对市政协委员（常委）2017年度履职考核的通知
唐协办发〔2017〕1号	关于印发《唐山市政协党组2017年深化机关作用整顿推进方案》的通知
唐协办发〔2017〕2号	关于建立省、市政协委员活动小组的通知
唐协办发〔2017〕2号	关于建立省、市政协委员活动小组的通知

中共唐山市纪律检查委员会

ZhongGongTangShanShiJiLuJianChaWeiYuanHui

综　述

【纪检监察概况】 2017年，唐山市纪检监察机关谈话函询1483人，批评教育1112人，诫勉谈话377人，在全省较早实现第一种形态（党内关系要正常化，批评和自我批评要经常开展，让咬耳扯袖、红脸出汗成为常态）占比过半，全年占比达到62%，其他三种形态（党纪轻处分和组织处理要成为大多数，对严重违纪的重处分、作出重大职务调整应当是少数，而严重违纪涉嫌违法立案审查的只能是极少数）比例分别为28%、6%和4%。立案审查案件2511件，涉及2947人，结案2475件，党政纪处分2643人，分别比上年增长6.8%、10.4%、5.7%和8.2%；其中处分县处级干部65人，实现县（市、区）市管干部立案审查全覆盖；移送司法机关67人，消除县（市、区）纪委自办第四种形态案件空白点。开展“天网2017”行动，追回在逃人员2人，省纪委主要领导两次提出表扬。制发相关党内规范性文件45个。

【市纪委九届七次全会】 2017年2月7日，中共唐山市第九届纪律检查委员会召开第七次全体会议。省委常委、市委书记焦彦龙出席会议并讲话，市委常委、市纪委书记刘德明主持会议并代表市纪委常委会作题为《坚决落实全面从严治党要求，以优异成绩迎接党的十九大召开》工作报告。会议强调，做好年内党风廉政建设和反腐败工作，推进作风建设，保持惩治腐败高压态势，用好问责这个管党治党制度利器，推选市县两级代表委员，加强纪检机关自身建设。开展全面从严治党和纪检监察工作，贯彻落实《关于新形势下党内政治生活的若干准则》和《中国共产党党内监督条例》要求，把握维护党中央权威，执行政治纪律和政治规矩等8个方面问题。审议通过《中共唐山市第九届纪律检查委员会第七次全体会议决议》。

【党建巡查监督】 2017年，唐山市纪委在从严治党中协助市委修订完善主体责任清单，采取日常督、台账记、半年查、年终考、巡察再聚焦办法督促检查，发现和解决各类问题139个。围绕《新形势下党内政治生活若干准则》和《党内监督条例》落实情况，开展各类监督检查42次，解决问题109个。聚焦“党的领导弱化”“党的建设缺失”“全面从严治党不力”等问题，市县两级纪委巡察156个单位，发现问题同时向被巡察单位和分管市领导反馈，共性问题通报全市。监督检查中央和省、市重大决策部署执行情况，围绕压减产能、大气污染治理、文明城创建等重点工作，查处落实不坚决、不到位等问题52个，保障政令畅通。开展换届纪律专项监督检查，回复党风廉政意见893人次。结合“两学一做”（学党章党规、学系列讲话，做合格党员）教育常态化制度化，组织“图说准则条例”专题教育，挖掘唐山抗震精神中蕴含廉洁因子，运用《大钊讲堂》《以案说廉》《三昧真火》《红色警戒线》等廉政宣传平台，引导党员干部增强政治意识、法纪意识、廉洁意识。协助市委总结十八大后唐山市全面从严治党工作，分析研判政治生态状况，为市委把握形势及决策提供参考。

【监督体系建立】 2017年，唐山市纪委加强纪律建设，构建全覆盖、无死角监督网络，年内处置问题线索6277件。推进纪检体制改革，在县（市、区）纪委推行执纪监督部门，主动发现问题数量上升32%。实现市一级党和国家机关派驻监督全覆盖，结合驻在部门特点，建立监督制度217项，督促党组（党委）加强教育、管理和监督。完善巡视巡察上下联动机制，明确县级巡察工作领导小组组长由同级党委书记担任，全市通过巡察发现问题线索411件。通过科学摆布执纪监督、派驻监督、巡察监督力量，形成监督体系，监督各级党组织和党员干部，减少消极腐败问题发生。按照学条例、查风险、明底线要求，组织2.3万名党员干部量身制定个性化纪律清单，使遵循党规党纪成为党员日常习惯。

【“四风”问题查处】 2017年，唐山市纪委破解隐形“四风”（形式主义、官僚主义、享乐主义和奢靡之风）发现难、查处难问题，创新监督手段，采取“县区交叉互查、实时统一调度、市级交办督办”模式，引入第三方监督机构，构建税务、财政、审计、公安、信访等“大数据”互通共享机制，发现问题线索占比78%，查实率66%。建立与工商联、“企业服务110专线”互通机制，设立200个“四风”监测点和100名“四风”监督员。开展常态化监督检查，在春节、端午、中秋等时间节点提出纪律要求，集中发送提醒短信微信，并邀请媒体全程跟拍明察暗访，面向社会公开曝光。年内，全市立案查处“四风”问题237件，党政纪处分270人，组织处理140人，通报32批112起。

协助市委、市政府制发《关于贯彻落实中央八项规定实施细则的实施办法》，细化30条具体举措，为全市党员干部划出“红线”。分析“四风”问题新表现新变化，查找制度建设“短板”，督促职能部门修订完善公务接待、公务用车、办公用房、婚丧喜庆简办等方面制度，堵塞管理漏洞。

【反腐败协调机制确立】 2017年，唐山市纪委采取班子成员联系督导、强化互查直查倒查、完善考核指标等措施，改进纪律审查方式。健全反腐败协调机制，发挥纪法衔接平台作用，做好线索移送移交。针对查处重大典型案件开展警示教育，剖析产生原因，提出整改建议，发挥治本功能。树立以人民为中心理念，重视群众反映强烈问题，综合分析信访举报和纪律审查情况，联合检察、公安、审计等部门，针对清洁型煤、人防工程、农业保险等领域开展专项治理，累计查处违纪违法问题508个，党政纪处分536人，挽回经济损失1.86亿元，其中清洁型煤领域专项治理作为全省4项创新性做法之一，在省纪委全会上印发推广。强化扶贫领域监督执纪问责，为全市4547个贫困户、1.02万名贫困人口建立监督台账，发现低保政策、涉农资金落实方面问题线索3487件，涉及资金7800余万元，党政纪处分268人，其他处理2873人，移送司法机关8人。打击“村霸”，围绕横行乡里、欺行霸市、阻挠工程等问题，查处涉恶村“两委”班子成员22人。提升案件质量，落实《监督执纪工作规则》，推行执纪主体、处置程序、权力制衡、安全措施、纠偏机制“五规范”，在全省案件质量评比中获市本级、县级以及综合排名3个第一名，执纪审查违规问题“记录、退回、通报、考评”纠偏机制和推动案件质量提升做法被省纪委转发全省学习。落实纪律审查安全责任制，开展纪律审查和“走读式”谈话安全检查82次，全年未发生重大安全事故。

【“一问责八清理”专项行动】 2017年，唐山市纪委按照省委统一部署，成立以市委书记为组长的领导机构，在全市开展“一问责八清理”专项行动，治理“放管服”改革不到位、项目落地难、政事政企政会职责不分、谋取不当利益、落实治霾措施不力、惠农政策不落实、招投标不规范、设立“小金库”等违反财经纪律问题，以及不作为、乱作为、慢作为8方面问题，全市发现具体问题2.14万个，纳入整改范围2.13万个，年内全部整改完成；组织处理267人，纪律处分570人，移交司法570人，其他处理1.53万人；问责党组织747个，问责党的领导干部484人；清理制度2449项，保留1260项，修改553项，废止636项，新建2026项。

【基层“微腐败”专项整治】 2017年，唐山市纪委专项整治基层“微腐败”，在重点领域、重要岗位和关键环节，重点整治以权谋私、处事不公、作风不实、滥用职权等问题，发现具体问题2.13万个，纳入整改范围1.88万个，年内全部整改完成；组织处理2533人，纪律处分990人，移交司法39人，其他处理1.69万人；问责党组织85个，问责党的领导干部252人；清理制度1192项，保留574项，修改554项，废止64项，新建956项。

【纪委队伍建设】 2017年，唐山市纪委制定市县两级改革试点工作台账，建立专门工作机构加强对县级改革试点工作指导，确保市县两级监察体制改革、县级监委和县级党委巡察机构建设同步推进。制定《规范化管理执行体系（试行）》，包括执纪监督、执纪审查、案件审理、组织人事等8个方面118项工作标准、机制制度，以及103个工作流程图，实现职责清晰、程序固化、标准统一。制发《关于推进市属院校纪律检查体制改革的实施意见》，增强县级纪委对乡镇纪委领导。加大教育培训力度，组织纪检监察干部参加市以上业务培训665人次，实现县级纪委和派驻（出）机构领导班子培训全覆盖。强化激励引导，建立干部业绩档案，完善干部选拔机制。在各审查组、巡察组设立临时党支部，防止出现党员“脱管”现象。坚持不遮丑、不护短，严肃查处纪检监察干部违纪问题，给予党政纪处分8人、组织处理2人。

【省委常委、省纪委书记梁惠玲在唐山调研】 2017年5月17日，河北省委常委、省纪委书记梁惠玲在唐山市调研“一问责八清理”专项行动和基层“微腐败”专项整治工作。省委常委、市委书记焦彦龙一同调研。市委常委、市纪委书记刘德明，市委常委、秘书长付振波参加调研或相关活动。调研期间，梁惠玲深入农村、企业、县区纪委机关，与市、县、乡干部群众座谈交流，听取落实“两个责任”工作情况汇报。焦彦龙汇报唐山市委落实全面从严治党主体责任情况。刘德明作唐山市关于党风廉政建设和反腐败工作情况汇报。

（边　宇）

5月17日，省委常委、省纪委书记梁惠玲在唐考察调研。　张　晔　摄

民主党派·工商联

MinZhuDangPai GongShangLian

中国国民党革命委员会唐山市委员会

【民革概况】 2017年，中国国民党革命委员会唐山市委员会（简称民革唐山市委）有基层组织14个，民革党员313名，其中全国政协委员1人、省人大代表3人、省政协委员4人、市人大代表3人、市政协委员20人。发展新党员16人，平均年龄37岁，全部为大学以上文化程度，4人具有中级及以上技术职称，具有民革特色4人，拥有硕士学位4人。11月，在“民革全国组织建设社会服务参政议政工作表彰会”上，民革唐山市委会被评为“参政议政工作先进集体”，党员贾秀敏被评为“参政议政工作先进个人”。在团结报社2017年新闻舆论工作表彰会上，民革唐山市委被评为“优秀先进集体”。民革市委会全年围绕扶贫、助残、助学、义诊、法律咨询等领域开展社会服务活动40余场次，为贫困学生、特教学校、农村（社区）困难群众捐款捐物总价值超15万元。

【民革组织建设】 2017年，民革唐山市委选派骨干党员49人次参加省社院、民革河北省委会和市委统战部组织各类培训，提升党员履职能力和水平。完善机关制度建设，建立民主党派成员履职档案并实行动态化管理。按照民革省委会要求，推进路北一支部“民革党员之家”和路北三支部“示范性支部”建设。开展“观故居，走多党合作之路”专题教育活动，市委会组织基层支部负责人、中青年骨干党员赴北京什刹海宋庆龄故居、江西南昌“八一”起义纪念馆、乐亭县李大钊故居和李大钊纪念馆接受爱国主义和民革传统教育。号召各支部开展“不忘合作初心，继续携手前进”主题教育活动，曹妃甸支部赴滨海镇王翠兰烈士纪念馆参观并向纪念馆捐款5000元，丰润支部组织青年党员赴火石营镇火西村义务种植苹果树50余棵，其他基层支部分别组织党员参观丰润潘家峪惨案纪念馆、迁西喜峰口大刀园、迁安白羊峪长城抗战遗址，接受革命传统教育。唐山民革微信公众号全年推送文章48篇，年内出版《唐山民革》季刊4期，在《人民日报》《人民政协报》《团结报》《河北日报》等刊登信息20篇，在“新华网”“团结网”“民革中央网”“人民政协网”“河北省人民政府网”等网络媒体发布各类信息40条。

10月25日，唐山民革老党员参观唐山规划展览馆。　胡　浩　摄

【民革参政议政】 2017年，在唐山市政协十二届一次全会上，民革界别政协委员提交集体提案9份、委员个人或联名提案79份。驻会副主委米振煦代表民革市委会在大会上以《大力推广建筑住宅产业化，全面加快唐山转型升级步伐》为题发言。委员李健在党派联组会议上以《京津冀医疗一体化发展的问题和对策》为题发言，得到时任市委书记焦彦龙批示“要进一步围绕此问题做好调研，建言献策，保障向推进京津冀一体化医疗宏观层面提出建议意见的可行性”。12名民革界别市政协委员全部被评为“优秀政协委员”。民革市委会提案《推广清洁能源，实现秋冬季精准治霾》和党员张静撰写《关于京津冀交通协同发展中唐山交通一体化建设的提案》被市政协列入重点督办10件提案。3篇调研报告被市委统战部选入《2017年唐山市各民主党派、工商联及无党派代表人士参政议政重点调研成果汇编》。党员贾秀敏就“朝鲜煤炭进口问题”撰写信息和姚强撰写“建议尽快将‘飞

单’背后的‘影子银行’纳入监管”被中央统战部《零讯》采用，贾秀敏撰写信息得到时任中央政治局常委、国务院副总理张高丽批示。唐山电视台就提案工作开展情况采访党员米振煦、张静、李健，在《政协委员关注》栏目播出。

【民革社会服务】 2017年，唐山市民革党员为民革河北省委“精英·博爱”小学贫困女童捐款1.49万元；捐书法作品19幅、绘画作品12幅、艺术品5件，折合人民币10余万元。民革市委主委、唐山市副市长张月仙带队，组织科技支部、路北工委、古冶支部、妇女专委会等在古冶区大庄坨乡开展送医送药下乡和医保新政策宣传活动，为当地村民送去医疗服务，受益群众300余人。市委会与路北工委在“六一”前夕走访慰问路南区培智学校，捐赠价值2500元学习用品。路北工委与路北一支部为多年帮扶贫困学生捐助大学学费5000元，并在节期为学生家庭捐赠500元慰问金和米面油等生活物品。古冶支部为唐山容大特教中心慰问残障儿童捐赠价值2000元图书。丰润支部为贫困学子资助学费600元。曹妃甸支部为区特教学校捐款5000元。科技支部联合路北工委、妇女专委会在路南区南刘屯村开展医保政策宣传及口腔眼科义诊活动，并邀请市医保局居民医审处处长宣讲相关政策。医卫支部组成专家医疗队赴迁西县兴城镇陈庄子村下乡义诊，并赠送价值600余元药品，受益群众百余人。民革市委委员、路南工委主任、口腔医学博士李健联合曹妃甸支部赴曹妃甸区幼儿园和唐山二幼开展“迎六一”儿童牙齿健康讲座，并赠送儿童专用牙膏牙刷。路北四支部开展慰问开滦离退休干部职工演出活动。丰南支部与唐山联合救助行动公益网、丰南区妇联举办“牵起爱心之手，共享一片蓝天”关爱孤残人士大型公益活动。

（裴莉珊）

中国民主同盟唐山市委员会

【民盟概况】 2017年，中国民主同盟唐山市委员会（简称民盟唐山市委）有基层组织27个，盟员756名。年内发展盟员39人，90%以上具有中高级职称。根据工作需要，调整唐山市工人医院、开滦集团、唐山八中3个支部主委。在民盟河北省第十二次代表大会和民盟第十二次全国代表大会上，主委刘长锁当选为民盟河北省委副主委、民盟中央委员。年内，完成新一届市政协委员提名、推荐、考察等工作，6名盟员当选新一届市人大代表，24人担任新一届市政协委员。盟市委社情民意信息工作获省盟表彰，多篇信息被省委统战部采纳。盟员李怀伦《构建华北水资源管理体系，优化雄安新区水环境建设》获河北省“统一战线喜迎党的十九大胜利召开优秀征文”一等奖。

【民盟参政议政】 2017年，唐山市政协全会期间，民盟市委提交集体提案14份，7份提案被评为优秀提案，占表彰提案总数五分之一。会议期间，民盟省委副主委，民盟市委主委刘长锁代表民盟市委以《关于转换经济发展动能，推进供给侧改革的建议》为题发言。在河北省政协十一届二十四次常委会上，刘长锁以《发展生物质能推进农村能源结构优化》为题发言。年内，民盟市委课题组分别赴哈尔滨、松原、长春、成都等地调研，完成民盟省委《大数据产业现状、问题及对策建议》《关于强力推进我省“三去一降一补”的对策建议》《优化金融环境，促进我省“家庭农场”发展的建议》《关于改善我省营商环境的思考及建议》《关于制约快递业发展的问题研究和对策》5篇调研报告，完成市委统战部课题《建立现代化学徒制度，加快唐山经济转型》《关于强化产业创新促进经济转型发展的建议》《关于京津冀协同发展中打造唐山“休闲农业”品牌的建议》3篇调研报告。全年收到盟员提案298篇。

【民盟社会服务】 2017年，民盟唐山市委组织教育、医疗、农业科技等方面盟员专家分赴迁安、迁西、滦县等地开展社会服务“三下乡”活动。在迁西县东莲花院乡五海猕猴桃庄园启动“乡村振兴行动计划”，主委刘长锁为基地揭牌并向基地赠送科技光盘和图书，副主委刘玉祥进行技术培训并向当地群众发放化肥和技术资料。在迁安五重安乡卫生院，医疗专家针对卫生院人才队伍基础薄弱、基础设施落后、医疗设备陈旧老化、诊室设置不合理、病例书写不规范、医疗人员业务水平低、医院收治病人积极性差等问题进行专题培训，华北理工大学医学支部组织专家进行义诊。在滦县簸箕掌村，民盟市委连续3年组织盟内农业技术专家和市直机关支部骨干盟员，将文化、技术、卫生对接服务“三农”，协调解决农业生态园建设和发展实际问题，簸箕掌村及簸箕掌农业科技专业合作社向盟市委赠送锦旗，并授予盟员刘玉祥、张秋梅“荣誉村民”称号。

【民盟农村教育烛光行动】 2017年，民盟唐山市委帮扶碑子院小学农民工子女，这项活动连续实施9年，“六一”儿童节前夕，与碑子院小学师生举行活动，组织学生在大钊公园举行入队仪式，并赴唐山市动物园参观。民盟市委在遵化市小厂乡洪山口“九年一贯制”学校举行农村教育“烛光行动”捐赠仪式，河北省政协副主席、民盟河北省委主委边发吉，民盟唐山市委主委刘长锁参加活动，唐山新东方学校向洪山口学校捐助价值25万元教师培训课程，北京四中网校唐山分校向遵化二中、遵化新店子中学、遵化洪山口学校授北京四中合作校铜牌并捐赠价值126万元教学软件，唐山一中向洪山口学校捐赠50台电脑，民盟市委向洪山口学校捐赠价值1.5万元200册图书和文体用品。

【民盟盟务活动】 2017年春节前夕，民盟唐山市委领导及机关专职干部走访和慰问老盟员。“三八”妇女节组织女盟员参观北京妇女儿童博物馆，了解各个历史时期中国妇女儿童生存状态、地位变化、文化习俗、杰出人物和社会贡献。教师节组织盟员集体观看爱国主义教育影片。协助承办《乡音·乡情——韩溪八十五岁艺术人生暨捐赠文献资料展》及“刘冠伟艺术展”。组织各支部主委参观考察河钢唐钢南区，了解现代钢铁企业工厂环境、生产过程、企业文化。协调安排省民盟副主委张伟东等率省民盟美术院书画家赴迁安市参观写生，接待和参与盟省委副主委张福成、盟省委农业委员会主任韩京生、盟省委文化委员会主任樊雅丽赴迁西县花乡果巷和滦县鸡冠山田园综合体建设考察调研活动，接待民盟省委参政议政部冯俊生、温辰光在唐山调研活动。发挥《唐山盟讯》和唐山民盟网站宣传作用，全年编印《唐山盟讯》4期，编印盟员通讯录。

（王海岩）

中国民主建国会唐山市委员会

【民建概况】 2017年，中国民主建国会唐山市委员会（简称民建唐山市委）有会员1077人，平均年龄53.7岁，具有大学以上学历862人，占全部会员数83.9%。设4个工委、5个总支、7个直属支部、45个支部，设8个专委会，分别是参政议政委员会、企业家会员工作委员会、妇女会员工作委员会、组织和宣传工作委员会、社会服务工作委员会、文学和艺术工作委员会、老龄会员工作委员会、法律援助中心，机关设办公室、组宣处、经研处3个处室。年内，发展会员53人，具有本科以上学历41人，其中硕士8人、博士1人，经济界42人，19人具有中级以上技术职称。全年组织100余名会员参加民建中央、民建省委和市委统战部组织各项培训。年内，组织新会员赴西柏坡、组织教师会员赴乐亭李大钊纪念馆接受爱国主义和革命传统教育。12月18日，组织50名会员参加统战系统学习贯彻中共十九大精神辅导培训。在《唐山民建》开辟专栏，学习宣传贯彻中共十九大精神。开展“不忘合作初心、继续携手前进”专题教育活动，组织55名基层会员赴苏州调研考察，举办“不忘合作初心，继续携手前进——庆祝中国共产党成立96周年”会员书画展。发挥《唐山民建》、唐山民建QQ群、微信群和唐山民建网站宣传和窗口作用，全年出版《唐山民建》6期，报送民建省委、市委统战部各类信息稿件百余篇。杨晓明撰写《西藏阿妈仓公益医疗队：草原上的格桑花》在《中国统一战线》10月刊登。在民建河北省委宣传工作会议上，民建唐山市委以《围绕中心 把握大局 以坚强的思想政治工作推动会务开展》为题书面发言，路北区工委作为基层单位介绍区工委宣传工作主要做法及期刊《相承》编辑经验。在民建河北省委基层工作交流会上，开滦总支做以《创建“三型”组织 打造“团结之家”》为题发言。

【民建参政议政】 2017年，民建唐山市委在市政协十二届一次会议期间，提交集体提案15件、民建委员个人提案52件，主委王连灵代表民建唐山市委以《借势京津冀协同发展优化招商引资方式助推产业升级》为题发言，刘君君、杜恩宏、戴建明等10余名政协委员接受《唐山劳动日报》、唐山电台等新闻媒体采访，集体提案《关于南湖生态城下步发展的几点建议》被列为唐山市政协2017年重点提案，刘君君就此提案接受唐山电视台采访。制定《民建唐山市委参政议政工作评比表彰办法》《民建唐山市委反映社情民意信息工作评比表彰办法》，研究修改《民建唐山市委调研和提案招标细则》和《调研和提案工作规范（试行）》，加强调研和提案工作制度化、规范化。年内，主委会成员赴泸州学习调研新农村建设、农业产业发展、生态环境保护和建设、城市建设与管理等问题，并与泸州民建进行会务交流。主委王连灵带队赴兴隆市、秦皇岛市等地考察调研农村土地流转、养老产业发展情况，副主委辛卫华、胡世宁带队赴雄安新区调研整体规划、经济发展等情况，副主委刘凤海带领企委会委员赴黑龙江省及河北省沧州市调研资源型城市转型、发展方式转变、资源环境保护、投资发展环境、产业互动等问题，副主委鲍万同带领社会服务委员会委员赴遵化清东陵调研文化遗产保护、旅游产业发展。年初，召开基层单位负责人工作会议，协调推进完成参政议政、社情民意量化指标。年内组织专题调研7次，向省、市提交社情民意和参政议政文章200余篇，多篇稿件被上级采用，刘冬撰写《关于有效发挥政府网站作用的建议》被《零讯》刊登，胡世宁《关于盐业体制改革的几点建议》被民建中央采用，胡世宁、刘君君、杜恩宏、李树新、王宏刚、谢欢撰写提案被省政协十一届二十二次常委会选用。在省政协十一届二十三次常委会上，主委王连灵撰写《关于推动“三去一降一补”的建议》作为重点提案与主管副省长面对面交流，并在河北卫视电视议政节目中接受采访，胡世宁、戴建明、杜恩宏、范海志、景凌飞、常琳撰写提案被该次常委会选用。李旭红、刘君君、许瑞、范伟撰写提案被省政协十一届二十四次常委会采用。李旭红撰写《加快特色小镇培育 提升城市经济活力》建议刊登上唐山统战专报。于倩《集成创新打造企业孵化平台推动民营中小微企业快速可持续发展》建议和张洁《助力分级诊疗建设 促进新医改持续深化》建议刊登于《唐山劳动日报》。年内，民建各基层单位分别组织调研活动，华北理工大学支部赴曹妃甸就渔村渔民生活情况、渔业发展现状开展调研，开平区工委组织会员赴遵化、乐亭及保定等地调研红色旅游产业发展，路南工委企委会和路北工委二支部、六支部自费组织赴重庆、西安调研并形成调研报告。履行民主监督职责，市委会领导参加中共唐山市委、市政府召开征求意见会、情况通报会。民建各级特约监察员分别参加有关民主评议、专题考察等活动，通过会议、提案、调研等多种形式，履行民主监督职能。

【民建社会服务】 2017年春节前夕，民建唐山市委“爱心基金”出资1万元帮助会内20名特困会员。6月，下发“爱心月”通知，收到会员捐款15.08万元。路北二支部王明尧、康民、田利忠、韩易达拍卖个人藏品进行募捐，由王立军、鲍万同、周汉青、韩易达、王森、刘双琦6名会员拍得，筹得善款2.96万元，全部捐献给“爱心基金”，该做法得到全国人大常委会副委员长、民建中央主席陈昌智肯定。“助残日”前夕，“爱心基金”出资2000元，捐助思达自闭症学校“蓝色行动”公益活动，“六一”前夕出资8000元，帮扶乐亭新寨中心小学20名贫困学生，8月，“爱心基金”所持资金83.14万元全部转由市慈善总会代管。年内，组织会内会员交纳特殊会费10.18万元帮扶黔西县花溪乡安作村。副主委鲍万同为兴隆挂兰裕镇15名学生、15个贫困户捐助资金3.6万元。会员赵庆春、刘慧宾、杨满、张腾嘉参加开平区工商联系统赴兴隆县贫困村精准扶贫活动，捐赠肥料价值15万元。路南工委四支部组织会员在遵化市黄土岭村开展“智汇民建力量 奉献诚挚爱心”活动，向10余户贫困老红军发放帮扶生活用品。路北三支部主委赵福春在唐山女性创业创新联盟为唐山师范学院大学生举办《经济活动需谨慎》法律知识讲座。路北工委四支部开展慰问春蕾女童活动，赠送学习用品和慰问金。高新区支部在玉田县窝洛沽镇起家营村开展“走进精准扶贫户”慰问活动，为20户贫困家庭赠送慰问物资价值5万元。路北工委五支部主委王翠清为唐山学院经管系2017级新生举办礼仪知识讲座。农业总支在遵化沙石峪村对100余名农民进行农产品种植及加工培训。在“让善行温暖家庭•让爱心助力成长，2017‘双百馨行动’”中，丰润支部会员王诚印捐助善款50万元资助100名大学生。丰南总支田胜民捐助5000元支持北京心灵之声残疾人艺术团。

【民建中央主席陈昌智在唐考察调研】 2017年9月25日，全国人大常委会副委员长、民建中央主席陈昌智在国家审计署副审计长、民建中央常委秦博勇，河北省委常委、唐山市委书记焦彦龙，省人大常委会副主任宋太平，省委统战部副部长栗慧英陪同下在唐山考察调研，并与中共唐山市委统战部、民建唐山市委有关人员交流座谈。中共唐山市委常委、组织部长、统战部长陈学民，民建河北省委专职副主委范社岭等参加座谈。会上，陈昌智听取陈学民代表中共唐山市委和统战部关于唐山历史沿革、发展进程、经济运行等基本情况汇报，听取王连灵对民建唐山市委基本情况及2016年换届后自身建设、参政议政、社会服务等方面汇报。9月28日，民建市委会召开委员扩大会，传达贯彻陈昌智在唐讲话精神。

（王丽萍）

中国民主促进会唐山市委员会

【民进概况】 2017年，中国民主促进会唐山市委员会（简称民进唐山市委）有会员458人，基层组织33个，其中工委3个、支部29个、小组1个。发展新会员22人，其中硕士7人，平均年龄37.7岁。赴广西北海及河北承德、廊坊等地开展专题调研活动，形成《完善现代物流体系，促进区域经济健康发展》等6篇调研报告。10月12日，主办“秋韵墨缘”喜迎中共十九大召开暨唐山开明书画院成立书画作品展。主委王福燕在民进中央网站《开明视点》栏目发表署名文章《大辂椎轮，引领时代》。年内，民进唐山市委获“民进全国机关工作先进集体”“民进坚持和发展中国特色社会主义学习实践活动先进集体”称号，被民进河北省委评为参政议政一等奖、社情民意工作一等奖。王丽娟、赵红霞被民进河北省委评为“机关工作先进个人”。参加“我与民进共成长”主题征文活动，吴金星文章获民进中央三等奖、民进省委一等奖，王丽娟文章获民进省委一等奖，赵红霞文章获民进省委二等奖。全年民进会员获国家、省、市、区级各项奖励100余项。王瑞敏、习瑾昆被评为“省政府特殊津贴专家”，张景义当选为中国康复医学会全国医疗专业委员会副主任委员和中国中西医结合学会疡科专业委员会全国委员，在人民卫生出版社出版专著一部，张朝发获12项发明专利，冯玉娟分别被河北农业大学和唐山学院聘为“客座教授”，高杰多篇作品入选全国美术作品展。

【民进参政议政】 2017年，民进唐山市委实行调研课题认领机制，市委会认领中共唐山市委“唐山融入一带一路建设及参与国际产能合作”“多措并举做好去产能职工安置工作”“加快北部山区生态恢复”“加速产业聚集推动我市园区经济发展”4个课题，就认领课题在各县区调研，并赴河北承德市及广西南宁市、北海市调研，完成4篇调研报告。建设参政议政队伍，5月举办参政议政及社情民意培训班，提高提案及社情民意信息撰写质量，实行新会员加入民进组织前提交一份社情民意信息制度。民进市委与民进省委就“完善现代物流体系，促进区域经济健康发展”和“公共文化服务体系建设”开展省、市联合调研，形成两篇调研报告。唐山“两会”期间，提交集体提案13份，23名政协委员提交个人提案49份，3名人大代表提交建议6份，主委王福燕代表民进市委以《大力实施工业强市战略》为题发言，在各民主党派、工商联联组会议上，李富平、张伟、陈迟分别围绕环境、法律、电信设施保护发言，由郝志华执笔集体提案《关于加快推进唐山融入京津冀高等教育协同发展步伐》被列为市政协重点提案。省政协委员杨方、

10月12日，唐山民进开明书画院成立暨“秋韵墨缘”书画作品展开展。

民进提供

王黔平、李治欣，省人大代表彭冲在省“两会”上建言献策，杨方代表唐山市政协以《多措并举，科学施策，切实做好去产能职工安置工作》为题发言。就高校网络借贷、生态环境保护、“三去一降一补”等民生问题反映社情民意50余篇，多篇被民进中央、省政协、民进省委采纳。郝志华《唐山本地高校在校企合作中存在的问题及建议》被《唐山专报》采用并报市委市政府领导参阅。承办民进省委学习实践活动总结会议和全省参政议政年会。

【民进社会服务】 2017年，民进唐山市委打造彩虹行动社会服务品牌。1月3日，赴唐山截瘫疗养院开展慰问活动，赠送新唐装41件价值8200元，年历、春联和食品18箱。1月10日，组织书画界会员赴丰润区燕山路街道欣园社区开展“春联万家”活动，为社区居民书写春联200余副、福字200余个和字画20余幅。7月20日，组织医务界专家在丰南区黄各庄镇五相庄村义诊慰问。12月1日，在迁西县洒河桥镇安家峪村开展文化、教育、医疗“三下乡”彩虹行动，副主委、金童教育集团董事长彭冲向村小学、幼儿园捐赠图书1600余册价值3.44万元，医疗专家为村民义诊，免费发放药品价值6000元，王福燕等看望村里2名参加解放战争、抗美援朝老军人。响应民进中央“书香彩虹——安龙行动”图书捐赠活动，会员捐赠图书3000余册，其中，副主委、金童学校校长彭冲捐赠图书2000册。

（王丽娟）

中国农工民主党唐山市委员会

【农工党概况】 2017年，中国农工民主党唐山市委员会（简称农工党唐山市委）发展新党员11名，截至年底，农工党唐山有基层组织19个、党员507名。年内，被农工党中央授予“坚持和发展中国特色社会主义学习实践活动优秀地市级组织”“《前进论坛》征订工作先进集体”等称号；被省委会评为“法制宣传周”“环境与健康宣传周”“国际科学与和平周”先进集体，获理论征文先进组织工作奖，社会宣传工作一等奖；市委会被市政协评为“优秀提案单位”，获市委统战部信息宣传工作一等奖、宣传工作先进单位等多项奖项。协和医院支委会被农工党中央评为“宣传信息工作先进基层组织”，王丽华、戴秀华被农工党中央授予“坚持和发展中国特色社会主义活动先进个人”。组织骨干党员50余人赴中央社会主义学院参加“不忘合作初心，继续携手前进”主题宣讲暨骨干党员培训班，38名参训党员撰写心得体会文章。参加农工党省委“议政建言巡讲”唐山站活动，选派社情民意信息骨干党员参加市委统战部全市议政调研骨干培训班和宣传信息培训班，提升党员参政能力和思想水平。加大信息宣传力度，全年编发农工简报91期、专题简报26期，刊发稿件404篇，其中中央级媒体96篇，省级以上媒体249篇。王大力、贾敬苹分别获农工党中央理论研究优秀论文一、二等奖，冯丽娜被评为“省委会社会宣传工作先进个人”。

【农工党参政议政】 2017年，农工党唐山市委确定年度重点调研课题，组织各级政协委员、基层骨干党员开展专项调研考察16次，完成《加强慢性病综合防控，提升全民健康素质》等调研报告8篇，其中2篇被《唐山统战专报》采用，得到市领导批示。市委会提交《关于做好公立医院去编制化改革工作的几点建议》被农工党中央采纳，作为集体提案上报全国政协十二届五次会议。市政协十二届一次会议上，市委会围绕唐山经济社会发展和改善民生等话题建言献策，提交政协提案46件，其中集体提案35件、个人提案11件。会议期间，副主委王宗英代表市委会以《创新驱动，精准融合，加快推进我市现代化养老服务体系建设进程》为题发言，市委会获市政协“优秀提案单位”等多项表彰。开展社情民意工作，全年上报社情民意信息98条，60余条被相关部门及各级媒体采用。多条建议得到落实，《关于加强医疗垃圾处置监管的建议》被《零讯》采用，得到国务院副总理刘延东批示。《充分发挥医保个人账户基金在全民健康中的作用》建议助推《关于调整基本医疗保险和生育保险有关规定的通知》落实。参加市委、市政府、市人大、市政协、市委统战部及有关部门举行协商会、座谈会、情况通报会、各种调研活动，列席市委、市政府、市人大、市政协有关会议，围绕唐山市经济建设、重大决策、社会民生等问题提出意见和建议。

【农工党社会服务】 2017年，农工党唐山市委组织社会服务活动31场次，副主任医师以上级别医疗专家党员近300人次参与，赠送药品、物品价值6万余元，直接受益群众万余人次。开展“名医大讲堂”活动，以医疗帮扶基层群众，组织基层支委会（支部）在基层卫生院、中小

6月20，农工党在中央社会主义学院举办“不忘合作初心，继续携手前进”主题宣讲暨骨干党员培训班。 于德胜 摄

院校、企事业单位、居民社区开展健康巡讲活动14场次，摆放宣传展牌50余块，发放宣传资料7000余份，5000余人次受益。在“中国环境与健康宣传周”和“国际科学与和平周”期间，组织市内7所三甲医院和专科医院党内30余名医疗专家在翰林雅居社区和丰润区新军屯镇万邦悦城小区为群众查体诊病，围绕“服务百姓健康、远离慢性疾病”为主题举办健康知识讲座，发放环境保护、健康保健等宣传资料900余份，摆放展牌8块，近千人次受益。组织人民医院支委会为康复村居民免费义诊查体，赠送米面油等慰问品价值万余元。联合市民宗局、市司法局、市科协等单位，走进遵化石门镇满族聚集地，为少数民族群众免费义诊咨询，发放300余册健康知识宣传册，500余人次受益。结合群众关心社会热点话题，丰富健康短信内容，发送健康常识、健康心理、健康生活方式和疾病防治等内容信息。各基层组织开展特色活动，其中疾控中心支委会组织9次，开滦集团支委会组织8次，疾控中心、二院、人民医院、市中医院、开滦集团等支委会多次联合开展活动，利用自身优势和资源，开展“服务百姓健康 远离慢性疾病”巡讲、“规范化诊疗”专家巡讲、“爱耳日”健康宣传、“肥胖症”健康宣传等义诊慰问、医疗技术帮扶活动。

【农工党党员岗位建功】 2017年，农工党唐山市委党员张智勇完成两年“援非”任务，获刚果（金）卫生部颁发证书，获河北省“美丽河北·最美医生”和“唐山最美医生”称号。李玉红被评为“美丽河北·最美护士”。王斌在省内率先开展新术式治疗糖尿病足，填补省内空白。李翔宇被评为河北省“三三三人才工程”人选。王艳霞率队获省民歌大赛一等奖。甘建辉当选为省医学会疼痛学分会常务委员。

【中央社会主义学院培训班举办】 2017年6月20～22日，农工党唐山市委组织市委委员、新党员、骨干党员50人赴中央社会主义学院举办“不忘合作初心，继续携手前进”主题宣讲暨骨干党员培训班，市委会主委高瑞华，副主委王相群、王大力、贾敬苹带队参加培训。培训班邀请经济学博士、中央党校经济学教研部教授、博士生导师杨秋宝，历史学博士、中央社会主义学院统战理论教研部主任李金河，中国政党制度研究中心副秘书长、中央社会主义学院统战教研部副主任兼基础理论教研室主任孙信分别以《当前国内宏观经济形势分析》《多党合作与政治协商制度》《习近平总书记对统战工作的重要论述》为题做专题报告。

（于德胜）

2月16日，九三学社唐山科技五支社成立。 孙素娜 摄

九三学社唐山市委员会

【九三学社概况】 2017年，九三学社唐山市委发展新社员34名，具有高级职称人员20名，占59%；具有硕士以上学历20人，其中博士4人。截至年底，社员总人数710名。2月16日，社市委分别成立科技四、科技五支社。理工大学医学支社、电厂支社和金隅冀东支社完成届中调整。5月23日，社市委成立青年工作委员会和创新创业工作委员会。12月7日，九三学社第十一次全国代表大会上，社市委主委胡万宁当选九三学社第十四届中央委员。6月15～17日，九三学社河北省第八次代表大会上，社市委主委胡万宁当选为九三学社河北省第八届委员会副主委，社市委副主委梁英华当选为社省委第八届委员会常委，社市委副主委李存龙、王春燕、张桂芳、徐卫国当选为社省委第八届委员会委员。社市委主委胡万宁当选为社省委监督委员会主任委员，社市委常委张卉芳当选为监督委员会委员。社员孟英当选为河北省工商联新一届副主席。年内，在社中央和社省委表彰大会上，社市委被社中央评为“坚持和发展中国特色社会主义学习实践活动全国先进集体”，科技一支社、科技二支社、华北理工大学医学支社3个基层组织被社省委评为“坚持和发展中国特色社会主义学习实践活动全省先进集体”，陈秀梅、张广增、范红辉3名社员被社省委评为“坚持和发展中国特色社会主义学习实践活动全省先进个人”。

【九三学社专题培训】 2017年，九三学社唐山市委开展专题学习6次。召开社内人大代表、政协委员履职工作培训会议，明确代表和委员履职参政规范要求，建立履职档案，规范和督促人大代表和政协委员履职尽责。与社衡水市委共同举办“社员之家”平台培训班，唐、衡两地50余名基层组织负责人及机关工作人员参加。围绕《如何抓好信息宣传》《如何撰写社情民意》《对标十九大，迈向新时代的建言献策》等主题开展集中培训，与社廊坊市委共同举办学习交流会议。参加中共唐山市委统战部“各民主党派骨干议政班”、全市统战系统宣传信息培训班、社中央“社员之家”平台试点骨干培训班、社中央省级以下机关专职干部培训班。举行新社员见面会，主委胡万宁向新社员介绍社的性质、历史、职能和社市委工作情况和《九三学社章程》相关内容，组织新社员参加“参政议政宣传工作表彰会暨骨干社员培训班”，学习调研报告、《零讯》信息等参政议政稿件写作方法。

【九三学社宣传报道】 2017年，九三学社唐山市委宣传报道全社参政议政、社会服务、社务活动开展情况，全年在省级以上媒体刊发稿件287篇次，其中《团结报》发表1篇、人民政协网发表1篇、团结网发表14篇、社中央网站发表100篇。向社省委上报理论研究课题5项，立项2项。发表征文45篇，其中煤研基层委员会2篇分别被社中央和省社院论文集采用。社市委被九三学社河北省委评为“2016～2017年度宣传工作先进集体一等奖”，连续5年获社省委宣传工作一等奖。

【九三学社参政议政】 2017年，九三学社唐山市委市级以上人大代表提交个人议案8份、联名议案5份，向市政协提交大会发言1份、集体提案29份，市级以上政协委员提交个人提案48份。社市委主委胡万宁《深入推进公立医院改革》提案被全国政协评为“优秀个人提案”，集体提案《深入推进依法行政，改善和优化政务环境、营商环境、投资环境》建议被确定为市政协重点提案，委员李存龙、王春燕、范红辉提交个人提案被评为“优秀提案”，社市委被评为“优秀提案单位”，张颖被评为“优秀提案工作者”。社市委被九三学社中央评为“2013～2017年度参政议政工作先进集体”，胡万宁、范红辉、王元杭、张颖被社中央评为“参政议政工作先进个人”。围绕公共文化事业及现代农业发展，“美丽乡村”建设、精准扶贫工作和健康产业发展等内容开展专题调研活动5次，完成调研报告35篇。上报社情民意、献计献策稿件134份。社市委被九三学社河北省委评为“信息工作先进单位二等奖”，张颖被九三学社河北省委评为“社情民意优秀工作者”。

【九三学社社会服务】 2017年，九三学社唐山市委开展捐资助教活动4次，“六一”儿童节前夕，社市委赴丰南区小集镇辉坨中心小学开展助学捐赠活动，为学校捐赠价值15万元电脑、桌椅和价值1万元图书。曹妃甸区支社开展“春蕾女童捐助”活动，为区新立小学40名贫困学生捐赠助学善款及学习用品价值1.8万元；师范学院支社赴承德市围场县腰站镇六合店村开展文化帮扶公益活动，为该村农家书屋捐书400余册，为贫困户捐款1500元；高新区支社社员孟英联系长江商学院和唐山市教育局发起成立长江商学院公益助学基金并出资10万元，在唐山捐助贫困学子23名。社市委在曹妃甸区九农场和迁西县旧城乡后河东寨村开展义诊活动，捐赠价值1.2万元农业科技书籍。医疗支社、地质支社、曹妃甸区支社、华北理工大学医学支社、丰南区支社等基层组织分别结合各自实际开展义诊活动，发放健康知识宣传单，赠送药品价值3000余元。

【九三学社社务活动】 2017年，九三学社唐山市委“三八”节安排心理健康讲座，教师节组织教师社员参观“美丽乡村”建设情况，重阳节组织退休社员赴唐山尚禾源农业开发有限公司调研、考察。各基层组织开展社务活动，唐钢基层委员会、医疗支社、冀东油田支社、丰南区支社、地质支社5个支社联合召开座谈会；唐山师范学院支社运用微信网络平台等自媒体技术，开展主题学习宣传月活动，制作宣传图片200余张；丰润区支社协同高新区支社联合开展企业调研及参政议政培训活动。

【九三学社社员获奖】 2017年，九三学社唐山市委社员孟英荣获“2017年河北省五一劳动奖章”。杨春燕被唐山市妇联授予“三八红旗手”称号。年内，社员获省市级以上科技进步奖励者37人次，获各类嘉奖100余人次。胡万宁获省科技进步一等奖，张志勇获省科技进步二等奖，杨俊泉、沈玉龙获省科技进步三等奖；胡万宁、梁英华、陈建立获市科技进步一等奖，薛承景、田园、孙旖获市科技进步二等奖；杨光受到市教育局年度记功奖励。

（孙素娜）

唐山市工商业联合会

【工商联概况】 2017年，唐山市工商业联合会（简称唐山市工商联）执委会有执委205名、常委101名。截至年底，市工商联下设14个县（市、区）工商联组织及145个乡镇工商联分会，会员7417人。年内，召开唐山市工商业联合会（总商会）第十七次代表大会和唐山市工商联（总商会）第十七届一次执委会，选举产生唐山市工商联（总商会）新一届领导班子，选举产生第十七届执行委员205名、常务委员会委员101名、不驻会班子成员30名。成立唐山市非公有制经济商（协）会党委，直属商会和商会团体会员29家。唐山市中小企业创新发展商会等5家商（协）会获评省级“四好”商会，迁安市工商联等10个县级工商联被确认为国家级和省级“五好”县级工商联。

【工商联参政议政】 2017年，唐山市工商联优化民营经济发展环境，与市委、市政府办公厅共同开展全市营商环境问卷调查，调研报告得到市委书记王浩批示和肯定，召开企业家座谈会，打造唐山市“四最”（审批事项最少、办事效率最高、投资环境最优、市场主体和人民群众获得感最强）营商环境品牌。针对经济新常态下民营经济发展面临新情况、新问题开展调查研究，为全市民营经济健康发展建言献策，年内报送政协提案30篇，其中1篇被评为“十佳提案”，市工商联被市政协评为“提案优胜单位”。

【光彩事业】 2017年，唐山市工商联引导民营企业开展“千企帮千村”活动，对口帮扶承德市4个县95个贫困村，通过产业帮扶、技术帮扶、公益帮扶等多种方式，助残助教助力发展，回馈社会。截至年底，提供帮扶资金180余万元，制定旅游文化发展、人才就业培训、农业技术培训等帮扶措施。引导民营企业参加市内扶危济困、拥军拥属工作，春节期间，部分县（市、区）工商联核心企业捐款捐物200万元以上，用于特困群体，推动唐山市精准扶贫。

【工商联经济交流活动】 2017年，

唐山市工商联联系异地唐山商会，走访15家，联谊30家，形成唐商网络格局。依托唐山异地商会在宁波、安徽等地开展企业家联谊和经济推介活动，组织商会在曹妃甸、乐亭、滦县等地开展经济对接活动。举办“迎家人，叙乡情”唐商新春联谊会，20余家异地商会会长、秘书长80余人参会。组织21家装备企业参加“2017义乌国际装备博览会”，引进国际先进装备和技术，促进装备制造技术推广和产品销售。举办中国唐山五金博览会。举办首届河北玉田机械工业暨机电产品交易会，省内外协会及全国各地230余家企业参展，交易金额3000万元。

【科技进民企活动】 2017年，唐山市工商联开展民营企业科技创新促发展活动，为企业寻求技术、项目支持。与市发改委、工信局联合举办“科技进民企——创新创业政策解读宣讲专题培训会”，60余家企业、商会参加培训。与市人社局举办唐山市智能装备人才技术项目交流对接会，邀请清华大学、北京科技大学等知名高校和科研院所专家，就国家首批产业转型升级示范区建设、搭建高层次人才智力平台等内容进行项目路演和交流对接，77家企业参会，现场达成12个项目合作意向。

【工商联多项服务】 2017年，唐山市工商联协助商会、企业与金融机构对接，帮助民营企业融资5000余万元。联合华北理工大学、唐山邮储银行开展创新中小微企业融资服务专题调研，提出探索政府支持下商会融资体系建议，帮助中小微企业解决融资难问题。与华北理工大学联合开展“民企招聘周”活动，吸引民营企业800余家，提供就业岗位2.8万个。与唐山市各职业学院合力实施在职人员培训、民企用工定向委培计划，带领10家企业到唐山劳动技师学院交流对接。发挥“唐山市仲裁委员会非公经济民商事纠纷仲裁工作站”“市工商联非公企业法律咨询服务中心”作用，聘请民营企业家担任法院陪审员。

【工商联教育培训】 2017年，唐山市工商联在民营企业中开展主题为“守法诚信、坚定信心”非公经济人士理想信念教育实践活动，在“省联年轻一代民营企业家理想信念报告会”上，唐山市企业家孟英发言。实施非公经济人士素质提升工程，邀请专家学者辅导授课。举办唐山市工商联学习宣传贯彻十九大精神促进“两个健康”座谈会，50余名民营企业家代表交流座谈。整合利用资源，组织“中国职业经理人大讲堂”“清华大学融商融智总裁研修班”“国际标准化的发展与中国制造讲座”“新形势下PPP项目高级实战研修班”“唐山市年轻一代企业家素质提升培训班”。举办全市工商联系统读书学习活动，建立常态化、标准化、规模化培训机制，年累计培训企业家3000余人次。发挥民营企业家示范带动作用，从转型升级、企业管理、文化建设、光彩事业等多方面选树典型，在唐山电视台《聚焦民企》栏目、《唐山劳动日报》相关专栏、《唐山商会》会刊专题报道，联系《中华工商时报》《河北日报》、长城网等国家、省级媒体，宣传报道唐山企业家，各媒体报道中信重工开诚智能装备有限公司、唐山贺祥机电股份有限公司、河北瑞兆激光再制造技术股份有限公司等企业40余次。

【商会建设】 2017年，唐山市工商联加大商会组建力度，印发《唐山市工商联直属非公有制经济领域社会团体管理办法》，对行业商会筹备、发起、成立、管理等方面提出规范化要求。与行业、区域龙头企业联系，挖掘、培育商会“领头羊”，同时与民政部门协调，简化商会审批手续，发挥商会在行业自律、招商引资、会员服务、回馈社会等方面作用，提升商会整体建设水平。截至年底，市工商联直属商会和商会团体会员达28家。6月6日，由唐山市工商联、路北区科技局主办，市中小企业创新发展商会承办“问道董咖——实体企业革命性转型实战研讨会”在唐山宾馆举行，吸引近200家中小微企业参加，涉及商贸、流通、互联网、餐饮服务、绿色农业、机械制造等多个行业。通过研讨培训，商会还计划以项目孵化、产融结合的方式，对近30家中小企业进行扶持。

【唐山市中小企业创新发展商会2017研讨会】 2017年3月2日，在唐山盛世花园酒店正式举办，唐山市工商联主席甄德恩，市发改委、工信局、金融办、民政局等相关单位负责人，沧州银行唐山分行、河北银行唐山分行负责人，唐山市自媒体联盟秘书长杜保辉，市中小企业创新发展商会会长李国杰，商会经济顾问黄岩、徐志玲、严伟及全体商会会员参加会议。会上对先进商团，创新商团，模范副会长，模范理事、优秀秘书、优秀会员予以表彰。

（史晓涵）

3月2日，唐山市中小企业创新发展商会2017研讨会召开。　工商联提供

人民团体

RenMinTuanTi

唐山市总工会

【总工会概况】 2017年，唐山市有基层工会1.43万家，会员200万人。推进“新农合”组织工会建设，全市建立农业合作社工会86个，发展农民工会员3583人。推进县级工会规范化建设达标创优工作，14个县（市、区）工会全部达到省总“回头看”标准，其中优秀县（市、区）9个，优秀率64%。培训基层工会干部，举办4期新任工会主席、工会干部、开发区（园区）工会干部和乡镇（街道）工会工作者培训班，培训720人。以职工之家评选活动为载体，推动职工之家建设，基层工会建家达标率85%。10个乡镇（街道）被评为市级示范乡镇（街道）工会，21个乡镇（街道）被评为省级示范乡镇（街道）工会，3个开发区被评为省级示范经济开发区工会。2名基层工会主席被评为第二届“河北省职工信赖的工会干部”。年内，唐山市总工会推进工会机构改革，市总机关行政编制内设机构由9个减至7个，机构精简22.2%，人员编制精简16.36%，事业编制精简30.33%。截至年底，《市总工会改革方案》确定6个方面24条86项改革举措中，完成70项改革任务。14个县（市、区）全部下发《改革方案》，各开发区（管理区）落实《市总工会改革方案》涉及到改革创新工作任务。投入资金308万元推进工会网上办公、宣传、服务体系建设，市总、各县（市、区）及部分重点大企业工会全部开通微信公众号，视频会议系统、办公自动化（OA）系统实现省、市、县（市、区）、企业互联互通。遵化市、丰润区办公自动化（OA）系统实现与乡街试点联通。全市网宣员、网评员队伍500余人，开展网上系列活动，微信粉丝量累计20万人次。年内，工会11项创新和调研成果获奖，其中一等奖3项。

【职工建功立业】 2017年，唐山市总工会推进京津冀协同发展劳动竞赛，组织开展提升传统产业、重点项目建设、技术创新、高端制造业、职工技能素质提升等主题劳动竞赛，参赛职工120万人，国有企业单位覆盖面100%，规模以上非公企业覆盖面70%以上，唐山市开展大气污染防治专项劳动竞赛和曹妃甸港内陆港群建设劳动竞赛被省总工会命名为“重点劳动竞赛”和“重点项目竞赛”。推动岗位练兵、技术比武和“五小”（小发明、小创造、小革新、小设计、小建议）活动，全市规模以上企业开展练兵比武和技能大赛180场次，参加职工46.5万人次。开展“金牌工人”“能工巧匠”和优秀创新成果评选活动，全市评选“金牌工人”10人、“能工巧匠”30人，评选职工优秀技术创新成果70项。组织参加全总主办“2017国际创新创业博览会”，4项成果获“职工双创示范奖”。参加省总工会主办“河北省职工创新成果展演”，展出成果165项，新型卸船机教学模型、高强汽车钢冷轧生产工艺技术创新两项成果获展演“十大金奖”称号。全市新建创新工作室50个，累计建成创新工作室280个，吸纳高技能职工6000余名，年内，产生较高价值创新成果3100余项，李征创新工作室被全国总工会命名为“全国示范性劳模和工匠人才创新工作室”，13个创新工作室被省总命名为“河北省职工创新工作室”。截至年底，全市有国家级创新工作室4个，省级创新工作室38个。推行职工技能培训专项集体合同制度，全市规模以上企业合同签订率60%，全年培训职工25万人，被省总工会评为河北省工会工作创新一等奖。弘扬和培育工匠精神，组织开展“超级工匠 唐山骄傲”系列宣传活动。加强典型劳模宣传，评选推荐全国五一劳动奖章4个、全国五一劳动奖状1个、工人先锋号2个，评选推荐河北省五一劳动奖章16个、奖状7个、工人先锋号23个。开展劳模献爱心公益行动，组织省以上劳模为困难劳模捐款20余万元，40名企业家劳模“一对一”结对帮扶。

【职工服务】 2017年，唐山市总工会加大对城市困难职工帮扶解困力度，帮助3152名在档管理困难职工解困脱贫。以集体项目、压减产能项目、经济效益突出项目为重点，推进创业就业扶持专项行动，投入扶持资金716.99万元，实现创业项目127个，完成年度任务141%，帮助256名困难职工实现创业就业。开展“暑期送清凉”活动，慰问一线职工40万人，发放防暑降温物品价值786.5万元。创新帮扶方式，开展以“新时代、新梦想、新作为”为主题困难职工子女有奖征文、困难职工游世园会等活动，年内，为246名困难职工子女发放助学金37.9万元。开展送温暖活动，救助省、市级困难劳模503人，发放救助金413.6万元，全市各级工会春节、元旦筹集资金3500余万元，走访慰问困难企业183家，慰问困难职工1.1万户，受益职工群众3万余人

2017年暑期，市委常委、总工会主席刘建国为一线职工送清凉。
总工会提供

次。第七期职工重大疾病医疗互助活动补助、救助6396人次，发放补助、救助金1927.86万元。第八期医疗互助活动59.43万人参加，筹集互助金2375.76万元，职工参与率35%，参与率和完成率均处全省前列。全年投入资金1330万元，发放工会会员卡109万张，完成省达任务，资金沉淀量2.8亿元，拓展合作商家340家，两项免费保险受理理赔案件1.04万笔，支付赔款金额536.3万元，赔付率99.4%。推进县级职工服务中心建设提档升级，投入建设资金465万元，14家县级职工服务中心中有9家达到省级示范化标准，示范化率64%。遵化市、丰润区、路南区、古冶区在乡镇、街道建立职工服务站。投入资金10万元，新建市级职工书屋示范点5个。拓展服务职工渠道，新建“爱心妈妈小屋”58个，建成“环卫职工工间休息室”14个，设置“环卫职工爱心休息室”37个。

【职工维权维稳】 2017年，唐山市总工会贯彻落实《河北省企业民主管理条例》，做好供给侧结构性改革过程中职工维权工作，维护职工民主政治权利、劳动经济权益，构建和保持全市和谐劳动关系。开展“民主管理进私企活动”和厂务公开民主管理示范单位创建，全市1.13万家单位建立职代会制度，1.05万家单位建立厂务公开制度，建制率90%，157家单位建立职工董事制度，176家单位建立职工监事制度，建制率85%，市总工会被评为“全国厂务公开先进单位”。推进集体协商提质增效，全市建立集体协商制度建会企业1.19万家，签订率81%，覆盖职工115.8万人，其中百人以上企业3049家，建制率91%。完成全总劳动关系监测信息直报点工作，建立涉及煤炭、钢铁、制造等行业22家企业样本点，上报监测数据。构建法律维权服务工作体系，全年排查化解各类矛盾652件，接待职工来信来访299件，调处劳动争议51件，提供法律援助83件。推进基层工会开展法人资格登记工作，1489家工会进行统一社会信用代码登记。开展“安康杯”竞赛，全市参赛单位4650家，参赛职工88万人。全市劳动安全卫生专项集体合同签订率保持在75%以上。开展送安全知识到一线、送培训到校园等特色活动，全市全年培训职工10万名，维护职工群众生命健康权益。

（孟　晖）

共青团唐山市委

【团市委概况】 2017年，唐山市有基层团委696个、团总支299个、团支部1.54万个，各级团组织有专职团干部1.24万人、团员30.43万人。年内，共青团唐山市委以中国共产党纪律处分条例、网络新媒体应用、中长期青年发展规划等为主要内容举办全市团干部培训班5场，覆盖团干部1350余人次。贯彻落实“学习总书记讲话　做合格共青团员”教育实践各项要求，组织开展宣讲会、报告会、青年读书班等学习活动366场、主题团课278场、专题组织生活会1.76万场。启动“共青团员先锋岗”创建活动，推报全国团员先锋岗1个、省级团员先锋岗3个。开展不合格团员处置和团组织整顿，摸底排查后整顿不合格团支部329个，限期改正不合格团员775名。指导唐山金融团工委等11家单位完成选举换届，每月对市县两级团的领导机关专职干部配备信息进行更新确认。印发《关于严格我市团的组织生活的若干规定的通知》《关于做好2017年全市发展团员调控工作的通知》《关于进一步做好我市团费收缴、使用和管理工作的通知》等文件，落实团员发展、团费收缴等团内规章制度，编印《基础团务知识手册》1000册。

【团市委党的十九大精神宣传教育活动】 2017年，共青团唐山市委下发《关于在全市开展“青春喜迎十九大·不忘初心跟党走”主题宣传教育工作的通知》和《关于组织全市广大团员青年认真学习宣传贯彻党的十九大精神的通知》，举办“不忘初心跟党走”唐山市纪念五四运动98周年主题团日活动和全市学习宣传贯彻党的十九大精神青年读书班。在全市少先队组织开展“喜迎十九大、我向习爷爷说句心里话”主题活动300余场次，在全市企事业单位团组织和青年职工中启动“岗位建功十三五·青春献礼十九大”系列活动，联合市网信办开展“青春喜迎十九大·共筑网络强国梦”五四系列主题活动。十九大开幕当天，组织全市各级团组织通过电视、网络等途径收看实况。在全市各青年志愿服务组织和青年志愿者中启动“学习贯彻十九大　小唐园在行动”青年志愿者集中活动月，开展系列志愿服务活动120余场次，覆盖青年志愿者4000余人次。组建“共青团学习贯彻党的十九大精神”宣讲团，在14个县（市、区）宣讲。录制《团唐山市委党的十九大精神学习视频》，组织各基层团支部和少先队员集中观看。举办“不忘初心　牢记使命”学习宣传贯彻党的十九大精神知识竞赛，覆盖企业、县（市、区）、学校等各类青年群体。

【青少年品牌活动】 2017年，共青团唐山市委下发《2017年度全市共青团系统开展学习贯彻习近平总书记系列重要讲话精神“青年读书班”活动的通知》，部署各县（市、区）、直属企事业单位推进专题学习，开展培训宣讲活动47场次，覆盖青年6690人。围绕社会主义核心价值观、“中国梦”宣讲、文明城创建等主题，开展各层级红领巾小讲堂活动200余场。开展“星级小讲师”评选，千余名小讲师升级为“星级小讲师”。承办河北省青年马克思主义者培养工程大学生骨干班，200名全省各高校大学生参加。以中国特色社会主义和中国梦宣传教育为主要内容，结合中华传统文化，在全市开展各种规模18岁成人仪式、14岁集体生日等活动40余场，万余名青年学生参加。

【新媒体引导青年】 2017年3月，共青团唐山市委开通“唐山红领巾读书社”微信公众号，线上开设“有声读物”“名师导读”“微国学”“家教园”活动内容信息专栏，发布《宝葫芦的秘密》《海底两万里》等经典有声读物200余期，发布“家教园”“微国学”等内容图文知识册500余期，线下配套开展“城市的秘密”“艺术进校园”等活动30余场。截至年底，公众号粉丝数达15.7万人。在官方网站发布工作动态、基层信息等254篇。利用官方微博在“五四”“六一”等时间节点发布“砥砺奋进的五年”“青春喜迎十九大”等话题微博146条。利用“唐山青年”微信公共平台发布就业创业、团青快讯、生活常识等信息800余条，制作《学“习”时刻》《一封信给年轻的你》《习大大“五四”对你说》等原创网络文化产品。以线上答题形式，开展“我是光荣的少先队员”唐山市少先队基础知识竞赛、学习习近平总书记系列重要讲话精神“四进四信”大学生有奖问答等活动，33万人次参与。

【共青团改革】 2017年，共青团唐山市委制发市、县共青团改革方案。成立团市委改革工作领导小组，以团中央、团省委改革方案为依据，结合全市实际，经团省委评估和市委全面深化改革领导小组会议审议，《共青团唐山市委改革方案》于8月22日由市委办公厅印发。全市14个县（市、区）全部印发共青团改革方案。推进少先队、中学共青团及高校共青团和学联、学生会组织改革。推进少先队改革，联合市教育局印发《唐山市少先队改革实施方案》。推进中学共青团改革，接待团中央、团省委学校部下沉基层干部在辖区内13所中学走访调研，组织召开中学共青团基本情况座谈会11场，联合市人社局、市编委办、市教育局联合制发《唐山市中学共青团改革实施方案》。推进高校共青团和学联、学生会组织改革，召开唐山共青团落实高校思想政治工作会议精神暨学校共青团改革专项推进会，了解存在问题，征询意见建议，督促指导各高校制发本校共青团和学生会组织改革实施方案。

【青年创客培育计划实施】 2017年，共青团唐山市委开展创业教育、交流座谈、专家指导、政策宣讲等活动110余场，覆盖创业青年5000人以上。青年创业小额担保贷款帮助60余名青年申请最高10万元、最长3年贴息担保贷款，协助云度信息科技有限公司等3家青创企业申请200万元小微企业贴息贷款。完善孵化基地建设运营，构建18家低成本、开放式、多功能且有公益性质团属青创空间，其中获国家级认定5家、省级认定15家，吸纳在孵创业项目489个，覆盖创业青年3800余人。开展青年创新创业大赛，参与创业青年1000余人。组织试点县（市、区）学习“京冀青年创新创业云平台”课程，唐山市8个县（市、区）累计组织学习46次，惠及700余名青年。联合相关部门举办唐山市青年职业技能竞赛，设置青年陶瓷创新创意、青年点钞技能、青年安全生产管理岗位技能等6个分赛，1200余名职业青年参加。在企业组建10个“青年创新工作室”，由35岁以下青年高级专业技术人才担任带头人，完成30余项青年科技攻关项目。开展“师徒传帮带”等活动120余场，覆盖青工2000余名。筛选500余名企事业优秀青年建立“青年人才库”。完善青年文明号创建活动机制，实行3年制管理模式，认定2017～2020年度市级青年文明号集体105家。组织大型青年就业招聘会10余场，提供就业岗位1000余个，吸引1800余名青年应聘。与人社部门签订青年见习基地共建协议，在符合条件青商会员、青联委员所属企业中挂牌建立青年见习基地，参与企业超过200家，提供见习岗位2200余个，实现青年上岗见习1380人。实施新兴青年群体筑梦计划，开展“筑梦唐山·起舞凤凰城”新兴青年群体交流活动2场，认定唐山市新兴文艺青年创作基地2个。

【“增绿减霾·蓝天碧水净土”行动】 2017年，共青团唐山市委开展“京津冀晋蒙青少年增绿减霾共同行动”“最美红绿配”“爱心公益林”“助力全域旅游　打造绿水青山”青年贡献林、“增绿减霾　蓝天碧水净土”青年亲子林、“我为英雄城市添绿色”主题活动月等不同主题义务植树活动10余次，通过微信平台开展“我为汽车种棵树”活动，栽植树木2.26万余株，绿化面积20余公顷。建立青少年生态环保组织，促进青少年生态环保社团发展，培育丰润区绿色环保社团、滦县“滦河之子”环保社团、华北理工大学“红烛社”、唐山益行家公益组织绿色环保志愿服务队等40余个生态环保社团。

【共青团助力脱贫攻坚行动】 2017年，共青团唐山市委整合小型公益服务组织资源，形成公益“心”联盟，结合“青春守护点对点”行动，为600名贫困留守儿童募集资金54万元。开展希望工程圆梦大学、“不忘初心　携爱前行”系列捐助、公益基金成立等助学活动，全年累计筹集、发放社会捐款223万余元，资助贫困儿童2603人次，新建希望小学1所。实施青年电商培育工程，培训农村青年1380人，开展各类电子商务培训班20期，组织青年深入电商基地实践教学4次。推报9名青年成为省青年电商联盟成员，7家电商公司入选省青年电商见习就业基地。推报1人获评“中国青年电商新锐”。推报3名青年获“全国农村青年致富带头人”称号，推报1名青年获“CCTV年度‘三农’人物”

称号。联合市委宣传部和市农工委寻找唐山市“最美农村好青年”活动，选树10名“最美农村好青年”和10名“优秀农村好青年”。组织丰润区、丰南区、迁安市团委帮扶承德3个对口支援贫困县，捐赠价值5万元爱心物资，实施共同培育羊肚菌种植、加强产业经济发展建设、扶持电商平台建设等帮扶措施。

【唐山青年志愿者行动】 2017年，共青团唐山市委组织唐山市青年志愿者围绕文明城市宣传、文明交通引导、文明旅游宣传、社区环境治理、弱势群体关爱等内容，组织开展“都来学雷锋 城市更文明”——“小唐园”助力全国文明城市创建特别行动、讲文明守秩序树新风 我为文明城市添光彩——“小唐园”在行动等多项志愿服务活动，5000余名青年志愿者参与。启动“志青春·‘小唐园’在你身边”唐山青年志愿者特别行动，集中开展阳光助残、文明引导、医疗环保等志愿服务活动110余场次，覆盖青年志愿者5000余人。组织3676名青年志愿者服务于国际职业教育大会、2017中拉沙滩足球赛、京津冀服务外包协同发展论坛、陶博会、旅游大会、国际马拉松赛等大型活动。截至年底，全市有注册青年志愿者79.8万人，信用时数42.2万小时，位居全省前列。在《中国青年报》3版、《唐山劳动日报》头版刊发《“小唐园”成唐山青年志愿者服务新品牌》文章，打造“小唐园”志愿服务品牌。

【“青年中心”和“青年之声”服务体系建设】 2017年，共青团唐山市委成立曹妃甸大学城青年中心为第二家市级青年中心，推动46家青年中心在云平台上线，推报惠民园社区青年中心等5家集体获评首批全省示范性“青年中心”综合服务平台。截至年底，全市建成青年中心197家。制发《2017年唐山“青年之声”工作推进方案》，利用“青年之声”网络视频直播技术，召开全市共青团网络新媒体工作会暨2017年团务工作部署会，近200名团干部通过“青年之声”PC页面端及“微邦”移动端在网络上收听收看会议直播。对“青年之声——艺术进校园 助力文明城”活动视频直播，观看人数2400余人次。开展“青年之声 讲述青春故事”名家讲师进校园、“食品安全 你我同行”中小学食品安全科普知识竞赛、服务青年就业专场招聘会等线下活动。唐山市“青年之声”工作年终综合考评排名全省第三。推报丰润团区委获评全国“青年之声”建设工作典型县区，成为全国10家获该称号单位之一，是河北省唯一一家获该称号县区级团委。

12月1日，团市委在丰南区特殊教育学校启动“学习贯彻十九大‘小唐园’在行动”青年志愿者集中活动月活动，图为青年志愿者与孩子共画国旗党旗。
胡俊巍 摄

【校园欺凌与违法犯罪防治】 2017年，共青团唐山市委联合相关部门制发《关于在全市开展防治校园欺凌和违法犯罪“五防、五育、五创”活动的实施意见》，下发《全市防治校园欺凌与违法犯罪专项行动工作方案》。编发《预防校园欺凌和违法犯罪指导读本》3500本，发放至全市16所中小学。联合市检察院、市教育局在全市范围开展“预防校园欺凌——法治进校园”巡讲活动46场。命名“防治校园欺凌与违法犯罪”市级示范校10家、县（市、区）农村小学15家，设置警示教育展室，配备法治教育辅导员。开展防治欺凌我怎么做、模拟小法庭、支持型友谊拓展等活动206场次。承办全省“防治校园欺凌与违法犯罪——共青团与人大代表、政协委员面对面”会议，团市委作典型发言。

【青少年事务管理】 2017年，共青团唐山市委引导青年社会组织开展“彩虹计划”系列服务活动78场次，推报丰润区环保社团、向日葵公益联盟、唐山市华洋自动化有限公司参加在张家口举办的团中央增绿减霾项目发布会。年内，培育高新区凤凰社会工作服务中心1家社工机构，组织全市65名专兼职团干部、社会组织骨干成员报考社会工作者职业资格，其中23名工作人员取得社工资格。通过购买社会服务方式举办“12355”家长课堂、青少年禁吸戒毒警示教育、阳光“12355”考前减压、强心理——青少年自护课程等活动30余场次，累计服务学生及家长1000余人。推报唐山市3个青少年社工服务项目参加河北省“阳光计划”青少年公益服务项目评选，获一等奖2个、二等奖1个，获政府购买社会服务资金支持2.5万元。

【学校团组织活动】 2017年，共青团唐山市委开展大中专学生志愿者暑期文化科技卫生“三下乡”社会实践活动，组建实践团队179支，2000余名大学生志愿者参与。组织全市各高校学生参加2017年“挑战杯”河北省大学生课外学术科技作品竞赛，获得特等奖1个、一等奖6个。成功申报“唐山市青少年科技创新大赛”项目为全国中学中职科技创新示范竞赛项目，获2万元资金支持。与全市各技工院校联络，调研摸底技工院校共青团工作基本情况、特色及亮点工作、团工作现状、存在问题和改进工作意见建议。首次承办全省高校团委书记联席会，接待北京团市委和部分首都高校团组织负责人在唐开展调研活动，暑期北京团市委派出大中专学生“三下乡”队伍11支在唐调研生态环保、旅游发展、能源利用等内容。

【普通青年直接联系机制】 2017年，共青团唐山市委建立完善“8+4”（机关干部每年在机关工作8个月、在基层工作4个月）“4+1”（机关干部每周在机关工作4天、在基层工作1天）“1+100”（每名专职团干经常性联系百名团员）工作机制，组织团市委机关全体干部成立8个工作组，每个工作组对接2个县（市、区），在所联系地开展十九大精神集中宣讲、共青团改革攻坚督导检查、青年文明号实地考核。沟通配合团中央2人、团省委1人在丰南区、滦县、路南区团委进行为期4个月的下沉基层工作。推进专挂职团干部联系100名普通青年，召开市、县两级共青团“1+100”工作推进会15场，发布专题简报12期。组织开展“最美青春故事”分享、“1+100”团干部集中服务青年月等活动480余场次，覆盖团员青年2万余人。截至年底，全市“1+100”数据库录入团干部971人，累计联系青年4.25万人，开展线上线下活动1.21万场，发布精华分享、基层感悟8303篇，获点赞评论11.01万个。在丰南区、中车唐山机车车辆有限公司等地开展调研督导活动15场，同团县（市、区）委主要负责人、基层专兼职团干部和企业、学校等各领域团员青年代表交流座谈10次。面向初中、高中、本专科院校学生开展青少年学生价值观状况调研，收集电子问卷400份，提交专题调研报告1篇。

【团属青年组织作用发挥】 2017年，共青团唐山市委加强青联建设，承办“省青联志愿行——走进唐山活动”，推报李阳、张雪等6名青年代表为市政协第十二届委员会委员。开展“共青团与人大代表、政协委员面对面”活动，召开市级座谈会2场，走访青年社会组织、高校学生社团15个，发放调研问卷300余份，形成调研报告7篇。组织青联委员对接承德围场县2个省级重点贫困村、隆化县1个省级重点贫困村30户在校学生困难家庭。加强少先队建设，召开全市少先队工作座谈会。联合市教育局开展少先队辅导员说课大赛。以假期开展读一本红色经典图书、发现一个家风故事等系列活动为基础，根据各地各校实际，开展多样开学第一节队课活动，全市开展活动610余场，3万余名少先队员参活动。

（冯　帆）

唐山市妇女联合会

【妇联概况】 2017年，唐山市妇女联合会（简称唐山市妇联）确定七大类68项具体任务，统筹指导全市妇女工作，7项特色工作走在全省乃至全国妇联系统前列，美丽庭院创建工作全省领先，唐山市妇女小额担保贷款发放总额位居全省第一。家庭教育经验做法在全国推广，全市妇联组织及家教基地开展公益讲座、亲子互动等实践活动1400场次，6万人次参与。省级“示范妇女之家”总数59个，累计争取省妇联项目资金530万元，为全省最多。建立婚姻家庭纠纷调解机制，创建平安家庭，维护社会和谐稳定。市巾帼家政服务中心建立“1+1+1”（服务体系+市场动作+政府支持）服务模式，国家商务部服务贸易司司长冼国义在唐考察调研时给予肯定。年内，市妇联获“全国维护妇女儿童权益先进集体”“全国巾帼建功先进集体”“河北省社会治安综合治理先进集体”“省实施妇女儿童发展规划先进集体”等市以上称号13项，连续四届蝉联省级文明单位，连续9年被市委考评为优秀领导班子，在全省妇联系统2017年度考核中被评为“优秀等次”。年内，市妇联按照全国妇联、省妇联改革方案要求，形成《唐山市妇联改革方案》，完成妇联内设机构改革和精简人员编制工作。推进乡镇妇联组织区域化建设，全市235个乡镇（街）妇联完成换届选举，选举出专兼职妇联主席235人、专兼职妇联副主席922人、执委2403人，吸纳3560名妇女进入乡级妇联组织。打造5个省级乡镇（街）妇联区域化建设示范点，全部通过省妇联审核验收。推开村（社区）“会改联”换届选举，6月，全市省“示范妇女之家”60个试点村（社区）全部通过召开妇女代表大会，进行差额选举，完成妇代会改建妇联换届选举。市妇联制发《农村（社区）妇代会改建妇联工作实施方案》，11月，全市3231个村（社区）完成妇代会改建妇联换届选举，选举产生村（社区）妇联主席3231名、专兼职副主席5205名、执委8272名。

【巾帼创业创新能力提升工程】 2017年，唐山市妇联实施巾帼创业创新行动，成立妇女创业创新联盟，依托联盟创办女企业家转型升级创新、女大学生创业、创客新人、家庭创业孵化4个训练营。依托市女企协、女大学生创业实践基地、巾帼众创空间等开展创业孵化训练。借助社会各方资源，帮联盟成员解决创业难题，搭建创业平台。开展综合培训、专家指导、创投融资、展会洽谈等服务活动86场次，直接服务创客新人1200余人次，增加女性创客团队和新人186个，吸纳带动2200余名妇女就业。围绕现代农业、巾帼家政、乡村旅游、家庭手工4个产业，举办妇女创业创新能力提升培训班560场次，培训学员2万人次。争取省妇联职业技能培训项目2个，获批资金5.5万元。创建巾帼现代农业科技、巧手脱贫等各类“妇”字号示范基地100余个，其中省级以上示范基地59个。依托百名巾帼创业讲师团，开展手工技能、现代农业、电子商务等创业就业培训1200余场次，10万余名妇女参加学习。组织开展百场家政技能培训活动，培训人数5000人，向京津冀输出劳务人才600余人。推动京津冀女企业家合作发展，促成京津冀、新疆等市内外女企业家合作项目9个。搭建项目产品展示平台，唐山市选送《共享VR语言教学平台》项目作为全省唯一入选项目代表河北省参加“全国妇女创业创新大赛”，获全国最佳创意奖。推进妇女创业小额担保贷款工作，制发《关于深化唐山市巾帼创业示范园和巾帼创业示范岗创建活动的实施方案》，为520名创业妇女发放妇女创业担保贷款4502.5万元，位列全省妇联系统首位。助力巾帼脱贫攻坚，各类巾帼基地优先为贫困妇女提供岗位、技术培训、资金救助，动员各级妇联干部、女企业家、爱心人士与贫困妇女结对互助，帮助1000余名相对贫困妇女实现就业增收。争取河北省妇女儿童基金会和盖天力医药控股集团支持，获赠销售价值69.6万元“盖天力 爱心强骨”80箱，向全市5000余名妇女儿童奉献爱心。捐助298个革命老区村1400余名贫困妇女、孤寡老人和1200余名流动留守儿童。

【美德家庭和美丽庭院创建】 2017年，唐山市妇联推进家庭建设，以注重家庭、家教、家风为主线，培育和弘扬社会主义核心价值观，开展美德家庭和美丽庭院创建工作。开展好家风家规家训征集活动，征集整理好家规、好家训364条。命名表彰“十佳母亲”和“十佳孝老敬亲好儿媳”。宣传优秀典型，依托典型示范和创建活动，带动全市10万个家庭直接参与，评选2.8万个传承好家风典型家庭，其中宋国忠等4个家庭被评为全国“最美家庭”，高淑环等8个家庭被评为河北省“最美家庭”，万颖等4名女性成为“燕赵榜样母亲”。评选出市级最美家庭100户。推进廉政文化进家庭，围绕“孝、诚、勤、和、美、廉”编印台历、挂历4500册，发放至城乡家庭。创建美丽庭院，年内，市妇联以2017年全市美丽乡村建设22个市级精品村和1个市妇联帮扶村为示范，拨付30万元资金予以奖补，辐射带动305个省级重点村，推进美丽庭院创建常态化。开展寻找“美丽河北·十佳百优美丽庭院”评选活动，评选出30户有唐山乡村特色美丽庭院。推进村民讲习所建设，迁西县妇联创办村民讲习所做法在中国妇女报社和北京大学中外妇女问题研究中心联合开展的妇女工作创新案例评选展示活动中，被评为“妇女工作十大创新案例”。实施“千场家庭教育公益讲座工程”，扩大目标人群覆盖率。实施流动课堂项目，组织家庭教育公益讲师进学校、进村庄、进机关厂企“三进”活动。实施“每周一讲”项目，在市家庭教育指导中心每周六固定时间开展公益讲座、交流互动活动。实施家庭教育和儿童心理咨询项目，安排专业心理咨询师免费预约咨询，帮助儿童及家长解决个案问题。实施媒体家长学校项目，运行市网络家长学校，每天安排专家在线公益咨询2小时。

【妇联维权维稳体系构建】 2017年，唐山市妇联建设维权机制，推进妇女群众利益表达、婚姻家庭矛盾纠纷调解、家庭暴力预防制止、心理健康疏导服务、困难妇女救助工作。年内，接待处理来信来电来访260件次，办结率100%。开展“法治唐山巾帼行动”，启动“三八妇女维权周”，以《反家庭暴力法》实施一周年和《河北省妇女权益保障条例》颁布实施为契机，开展“三八妇女维权周”集中宣传活动，发放购物袋、明白纸、宣传画册等宣传品2万余份。开展“木兰有约”法治宣讲走基层活动，市妇联与市女法官协会、女检察官协会、女律师协会联合，招募30余名法官、检察官、律师组成宣讲团，在全市范围组织开展“木兰有约”法制宣传活动20余场，针对不同群体解读反家暴、妇女权益保护条例、妇女婚姻财产权益以及预防和制止校园欺凌等方面法律内容，直接受益群众3000余人。开展微信平台宣传，依托唐山女性微信公众平台开办“普法微课堂”，发布原创普法微课文章100期。调解婚姻家庭纠纷，深化妇女信访代理工作，联合综治办、法院、公安局、司法局、民政局成立“唐山市婚姻家庭纠纷人民调解委员会”，各职能单位根据工作实际，设立婚姻家庭纠纷调解阵地，招募专兼职婚姻家庭纠纷调解人员开展婚调工作。依托各级妇联维权干部和维权志愿者队伍，建立覆盖城乡婚姻家庭调解员队伍，公开招募律师、心理咨询师、婚姻家庭咨询师等专业人员150余人组成专家服务团，为基层开展调解培训、法律咨询和心理辅导等服务。启动实施“幸福女人工作坊”公益项目，联合华北理工大学心理学院专家，举办幸福女人沙龙和幸福女人读书会活动。年内，各级妇联组织调解婚姻家庭纠纷1800余件。建设妇女维权机制，推进政策法规性别平等评估机制建设。发挥人大女代表、政协女委员作用，以提案议案形式，提升妇女权益保障力度。市妇联提交市政协《关于“加强对女性社团组织引领，强化社会和谐稳定群众基础”的建议》引起市委领导重视。组织基层妇联干部参与河北省妇女儿童权益保障条例调研座谈，提出合理化建议7条。

【妇联民生保障】 2017年，唐山市妇联实施妇女儿童困境帮扶行动。联合社会多方力量，实施“春蕾计划”，在“三八”“六一”和暑期等时间节点集中开展宣传救助活动，开展东方春蕾爱心基金系列慰问活动、宝升昌迁西三中春蕾班成立仪式、春蕾书屋揭牌仪式等活动，针对老区重点帮扶村、留守流动儿童、省示范妇女之家春蕾女童进行助学，使一批贫困女童继续学业。年内，全市妇联系统组织捐资助学帮扶春蕾女童3751人次，涉及资金244.05万元。联合民政等部门开展贫困母亲救助活动，为363名贫困母亲发放救助金11.11万元。市妇联为342户贫困家庭发放救助款物价值15万余元。联合市老促会慰问老区贫困儿童家庭、革命母亲，争取春节、元旦慰问资金6万元，走访慰问全市195户老区重点帮扶村中全部“革命母亲”及贫困儿童家庭。推进妇女健康公益项目。争取贫困妇女“两癌”（乳腺癌、宫颈癌）救助金40万元，救助贫困妇女40名。开展“母亲健康快车”项目，举办健康知识宣传和义务体检活动50余场次，直接服务妇女群众3000余名。开展农村妇女“两癌”检查项目，为近4万名妇女提供免费筛查服务。将“推广免费婚前医学检查和新生儿产前免费唐氏筛查，关爱孤儿和病残、流动留守等困境儿童”纳入2017年市政府工作报告，在全市启动实施免费唐氏筛查项目。

（朱国平）

唐山市科学技术协会

【科协概况】 2017年，唐山市科学技术协会（简称唐山市科协）管理基层组织有46个市级自然科学学会（协会、研究会），有团体会员473个，个人会员1.61万人。指导管理14个县（市、区）科协、14家企业科协、4家院校科协、24家园区科协。年内，围绕全市工作大局，在科协系统深化改革、服务科技工作者、提高全民科学素质等方面取得突破，以市委办公厅名义印发《唐山市科协系统深化改革方案》（唐办字〔

2017〕25号），以市委办公厅、市政府办公厅名义制发《唐山市科协所属学会有序承接政府转移职能试点工作实施方案》（唐办字〔2017〕28号），举办"全国科技工作者日""全国科普日"系列宣传、第32届唐山市青少年科技创新大赛等多个特色活动，成立第一家横向学会联合体。8月14日，以市委办公厅名义制发《唐山市科协系统深化改革方案》（唐办字〔2017〕25号），在全市制发《关于做好发展科协个人会员工作的通知》，制定个人会员入会标准，发展市级个人会员1170名（省达任务610名），完成省达任务191%。开展基层科协组织建设，唐山市除开平区、滦南县、乐亭县均建有乡镇、街道科协组织，截至年底，全市有136个乡镇科协、37个街道科协。

【科协服务科技工作者】 2017年，唐山市科协组织"全国科技工作者日"活动，走访看望基层一线科技工作者代表，省科协副主席张建辉赴中车集团唐山分公司慰问。组织寻找"最美科技工作者"活动，邀请技术研究中心主任李明高参加省"最美科技工作者"大会。召开"全国科技工作者日"座谈会，全市21名科技工作者代表参加。培养科技工作者，印发《关于选树培养六个方面带头人的通知》，确定培养选树科学普及带头人、建言献策带头人、科技创新带头人、为科技工作者服务带头人各100人，转型升级带头人、青少年科技教育带头人各50人。组织推荐评选优秀科技工作者，评选出李索海等20人为第六届唐山市优秀科技工作者，评选出唐山市青少年科技创新标兵20人、优秀科技教师40人，推荐上报4名第十三届河北省青年科技奖候选人，市人民医院孙国贵获此称号。推进"互联网+科协"工作，升级改造"唐山科普在线"网站，建立唐山市科协微信、微博，打造建设集联系网、工作网、服务网于一体网上"科技工作者之家"。市财政拨付25万元建设改造资金，完成硬件购置。在唐山新科技馆建设"唐山市科技工作者之家"。

【科协学会改革】 2017年，唐山市科协制发《关于印发2017年度学会项目管理办法的通知》，明确标准，通过项目促发展促进学会能力提升；印发《关于开展市科协所属学会会员之家建设工作的通知》，制定会员之家创建标准，督促学会创建会员之家。成立两个学会综合体，由市抗癌协会、市中西医结合学会、市营养学会等6家学会组成唐山市第一家横向学会联合体。市医学会、市预防医学会等与河北省医学会对接成立唐山市健康科学学会纵向联合体。组建智库人才专家库，拟定《唐山市科协智囊专家库管理办法》，智囊专家库下设工程技术、农业科技、医药科技、综合学科4个分团22个专业专家组，有专家138名。成立2家新学会，完成3家学会改选换届，扩大科协组织覆盖面。全年开展学术讲座、学术报告、学术年会等活动105场次，受益人数1.37万人次。

【全民科学素质提高】 2017年，唐山市科协推进唐山新科技馆建设，将市总工会职工服务中心地上6层及负1层部分空间用于建设新科技馆，建筑面积2.58万平方米，投资1.4亿元。建设"科普e站"，制发《唐山市科协科普e站建设方案》，确定建设遵化市食用菌协会等3个省级科普示范e站，迁西县休闲农业协会等30个乡村e站，路北区草场街社区等10个社区e站，唐山一中等15个校园e站。推动"科普中国"落地应用，在迁西县、路北区、路南区完成推广"科普中国"落地宣传牌挂牌工作，覆盖410个村、230个社区。开展主题科普活动，与市教育局、市科技局、市环保局、市农牧局、市发改委联合开展"全国科普日"活动，全市参与群众12万人次。搭建科普大讲堂，组织科普讲座20余场。举办推进现代农业转型升级培训班和基层科普典型培训班，组织"流动科技馆"巡展，完善唐山市科普地图。推进青少年科技教育，举行第32届唐山市青少年科技创新大赛终评展示，收到创新成果1654项。组织参加2017年河北省机器人竞赛，全市获一等奖13个、二等奖11个、三等奖10个，其中唐山市第十二中学"WER"队伍和迁西县第三实验中学综合技能队伍分别获得本组一等奖，与唐山二中代表队一起代表河北省参加第十七届中国青少年机器人竞赛，分获2个二等奖、1个三等奖。举办2017年唐山市青少年机器人竞赛，30余所中小学校300名中小学生参赛。

【首家学会联合体成立】 2017年8月31日，唐山市生命科学学会联合体在市人民医院召开成立大会，大会通过该学会联合体章程，选举出主席团名单，确定轮值主席及秘书长名单。唐山市生命科学学会联合体是唐山市第一家横向学会联合体，由市抗癌协会、市中西医结合学会、市营养学会、市老年保健医学研究会、市老年保健协会、市女性健康科普协会6家学会联合成立。

【青少年科技创新大赛】 2017年1月15日，市科协、市教育局共同主

8月31日，唐山市生命科学学会联合体成立大会会场。　　肖　婷　摄

办第32届唐山市青少年科技创新大赛终评作品展示活动在唐山一中举行。全市有23个代表队350名青少年、37名教师参赛，100名科技辅导员和家长观摩。大赛收到1654项创新成果，经过初评，有256项青少年科技创新成果和37项辅导员科技创新成果参加终评评审和展示，涉及数学、计算机科学、物理等13个学科。

【省科协健康科学学会联合体成立】 2017年10月27日，河北省科协健康科学学会联合体召开成立大会。该学会联合体是唐山市成立第二家学会联合体、第一家纵向学会联合体，由唐山市医学会发起，联合河北省医学会、唐山市糖尿病防治协会、唐山市心理咨询师协会和唐山市健康管理协会5家学会共同成立。

【"全国科普日"活动】 2017年9月17日，唐山市"全国科普日"活动在银泰城启动，活动主题为"创新驱动发展，科协破除愚昧"，分为魔幻科技展、系列联合行动、分会场3大板块8个大项27个小项活动。市人大副主任魏文忠、市政协副主席张会春出席启动仪式，2000余人参加。"全国科普日"期间开展创新驱动成果展、科技项目体验、科学破除愚昧专题展映、科普文艺演出、科普专家咨询、科普线上线下、科普旅游等各种活动，全市参与群众12万余人次。

（肖　婷）

唐山市社会科学界联合会

【社科联概况】 2017年，唐山市社会科学界联合会（简称唐山市社科联）有所属学会（协会、研究会）8个，全市各县（市、区）社科联基层组织均挂牌成立。年内，社会科学发展研究申报立项课题372项，有3项课题成果获省级以上领导批示，经专家评审课题立项115项。12月20日，市社科联组织年度立项课题结题评审，结项课题113项，其中，优秀课题38项、一般课题75项、不予结项课题2项。

【社科普及周活动】 2017年6月23～29日，以"坚定走好新路，建设国际化沿海强市，迎接党的十九大胜利召开"为主题唐山市第十二届社会科学普及周启动。市（县、区）社科联和全市社科团体组织开展各类活动。市图书馆学会举办"地方文献展览"和"文化大讲堂·唐图讲堂"公益讲座，市书画家学会开展"迎接党的生日"书画进社区，省社科普基地开滦国家矿山公园开展"小小讲解员"活动，开平区、迁安市、曹妃甸区、滦南县等县（市、区）开展多种形式科普周活动。

【社会科学优秀青年专家评选】 2017年，唐山市社科联与唐山市委宣传部联合发文《关于组织唐山市第十一届社会科学优秀青年专家评选的意见》，经过专家评选，赵艳霞等4人获"优秀青年专家"称号，评选结果在《唐山劳动日报》和环渤海新闻网进行公示。此次评选活动落实市委《关于进一步繁荣发展哲学社会科学的意见》，贯彻加强中国特色新型智库建设精神，建立"优秀人才脱颖而出、人尽其才"机制，建设高素质社科人才队伍。

【新型智库建设】 2017年，唐山市社科联服务党委政府科学决策、民主决策、依法决策，发挥"思想库、智囊团"作用。3月，制发《2016年唐山市开展新型智库建设工程的实施方案》。截至年底，全市各类研究机构、院校转化社科成果550余项，4项成果得到市级以上领导签批，3项成果得省级以上领导签批。

【社科联基层组织新网络构建】 2017年，唐山市社科联推进县（市、区）社科联建设，落实省委办公厅、省政府办公厅《关于加强新时期社会科学界联合会工作的意见》中关于"进一步加强社科联的组织建设，积极推动基层社科联工作"精神，加强对县（市、区）社科联的建设与指导。截至年底，全市各县（市、区）级社科联均挂牌成立，完善和健全全市社科联组织网络。

【社科研究与活动】 2017年7月，唐山市社科联汇集2015～2016年度社会科学工作者基础理论研究和应用基础研究成果，由唐山市社会科学界联合会编纂、河北省社会科学重要学术著作出版资助项目《唐山市经济社会发展对策研究》由燕山大学出版社出版。

【唐山大地震文化研究中心成立】 2017年7月，在唐山大地震41周年之际，唐山大地震文化研究中心成立，并举行"唐山大地震文化研究中心"揭牌仪式。发掘整理大地震中文化体系，探索人类防灾减灾之路，对唐山大地震发生以及抗震救灾工作经验进行历史性总结。

（侯建敏）

唐山市文学艺术界联合会

【文联概况】 2017年，唐山市文学艺术界联合会（简称唐山市文联）围绕年内重大事件开展"歌唱祖国、礼赞英雄""中国梦、唐山篇章"音乐、美术、书法等多种艺术形式主题展览展示活动，围绕元宵节、端午节、中秋节、重阳节等传统节日开展笔会、诗会等欢庆纪念活动，围绕"三八"妇女节、"六一"儿童节等节日开展书画作品邀请展、文艺晚会等活动。通过系列主题活动，弘扬社会主义核心价值观，弘扬中华传统文化，丰富人民群众业余文化生活。开展学习宣传贯彻党的十九大精神系列活动，依托市属文艺家协会和学会，组织成立5支十九大精神文艺宣传小分队，在路北区祥富里社区等地开展十九大精神主题演，倡导各县（市、区）文联成立文艺小分队。11月11日，与省文联结合，在李大钊故居广场开展十九大精神宣讲和文艺演出。组织市音协、作协、书协、唐山文学院等机构开展十九大精神主题文艺创作。

【文艺志愿服务活动】 2017年，唐山红玫瑰女子合唱团在华北理工大学演出。市楹联学会会员在路北区祥富里小学为学生讲解对联起源、意义、规则等基础知识，并将10部楹联专著捐赠给学校。作家杨永贤为唐山市少年儿童捐赠图书《寓言故事集》。市摄影家平遥国际摄影大展作品汇报展在常记共产主义大院展出，为养老院老人展示摄影文化。开展"曲艺进社区"活动，在凤凰山公园举行"乐亭大鼓名家演唱会"和"庆祝中国共产党成立96周年曲艺专场”。市音协19名协会主席团成员及各学会会长在“国学村”迁西县马家沟村体验生活和创作采风，在马家沟村村民广场和数百名村民联欢。开展书画、摄影志愿服务等活动，在“庆祝建党96周年唐山市美术、书法作品展览”和“庆祝建军90周年书画摄影展”展出期间，艺术家现场为参观者提供志愿服务，讲解书画鉴赏和创作知识。

【文艺交流活动】 2017年，唐山市文联打造文艺品牌，中国·唐山作家写作营连续举办9届，国际标准舞大赛连续举办7届，少儿绘画大赛连续3届，首届唐山市“中恒杯”歌手大赛举办，“新时代、新歌声”新年歌会在唐山大剧院举办，北京、天津、山西以及省内20余支合唱团参加活动。在运行“走出去”“请进来”机制方面，“请进来”方面有“重温经典——名家名篇朗诵会”“翰墨澄怀——京唐书法精品交流展”“心象无疆——徐鸣·邱白双人展”、陈冬至和李燕华国画作品展等展览展示；“走出去”方面在北京国艺美术馆举办“翰墨澄怀”河北唐山北京西城书法精品展，市音协红玫瑰合唱团赴央视录制合唱春晚，应邀在国家大剧院演出；在为本土艺术家办展方面，举办市书协第六届理事会理事作品展、庆祝建党96周年——唐山画院国画院作品展、孟凡书新作画展、首届唐山女艺术家精品展、唐山师范学院美术系2017届毕业生作品展、郑久兴·张和平摄影艺术展览暨唐山摄影论坛等展览展示百余次，搭建平台，扩大交流，提升唐山文化影响力。

【文艺人才培养和文艺精品生产】 2017年，唐山市文联通过“文艺+”方式与中小学校、企业、村镇建立合作关系，挂牌“文艺培训基地”，与市第十二艺术特色高中、祥富小学、玉田县刘现庄村等签订协议，举办音乐、书法、美术、曲艺等艺术培训，与保利大剧院合作组建少年合唱团。通过开展作品研讨会、老艺术家艺术人生座谈会、文艺论坛、文艺家作品展览、文艺大赛、老艺术家收徒帮传带等多种形式，推动文艺人才涌现和文艺作品创作生产。恢复成立唐山文学院，实施签约作家机制，为作家提供创作平台，推进人才培养工程和精品创作工程。成立唐山市文联系统期刊联盟，为唐山文联系统期刊交流经验、互学互鉴打造展示平台。设立“唐山文学奖”，奖励优秀作者、作品。

（张　蕊）

唐山市归国华侨联合会

【侨联概况】 2017年，唐山市有归侨215人，市侨联委员46名，基层侨联18个。唐山市归国华侨联合会（简称唐山市侨联）推进“两学一做”学习教育常态化、制度化，深化机关作风整顿，研读习近平总书记系列讲话，把党建工作列入议事日程，推进党风廉政建设。印发《关于认真学习宣传贯彻党的十九大精神的通知》，开展学习党的十九大精神宣讲活动。组织机关工作人员赴沧州市侨联对标学习，加强干部网络学院学习培训，组织市、县两级侨联干部6人次参加中国侨联、河北省侨联组织的干部培训班。参加全省侨联系统经济科技工作经验交流会并作典型发言，得到省侨联肯定。结合中国侨联、省侨联改革方案精神和唐山市工作实际，以市委办公厅名义制发《唐山市侨联改革方案》。筹备市侨联换届，与市委统战部联合印发《关于做好归（华）侨、华人、侨眷和留学人员调查摸底工作的通知》。就新侨摸底和基层组织建设等工作赴滦南、开平、玉田等县（市、区）开展调研。年内，乐亭李大钊纪念馆、唐山地震遗址纪念公园被中国侨联确定为“中国华侨国际文化交流基地”，成为海内外侨胞了解唐山、了解冀东文化窗口。年内，编发《侨联简报》17期，向省侨联报送侨情专报4篇，在各类媒体刊发稿件60余篇次。

【海内外交流】 2017年，唐山市侨联接待全德华侨华人总会、奥地利欧中科技文化交流协会、乌干达河北商会、旅菲各校友会联合会等海外侨团组织，就体育文化交流、乌干达唐山姆巴莱工业园建设、推动中菲友好交流等内容进行沟通。接待加拿大华人、台湾明道大学总校长汪大勇，促成台湾明道大学与唐山学院合作开展国际办学。邀请唐山籍海外侨胞18人参加“圆梦中华·创业河北海外华商和高层次人才河北行——走进唐山”活动，达成唐山市河豚鱼养殖基地向澳大利亚出口河豚鱼项目实质性合作。促成与河北隆霆进出口贸易股份有限公司达成红酒贸易合作意向。玉田县侨联引进唐山中加房地产有限公司和林溪谷农业科技有限公司项目。推动在澳唐山籍海外人士成立澳大利亚唐山总商会，借助乡情、亲情纽带，为唐山市国际经贸往来、招商引资、招贤引智服务。市侨商会与中加商贸创新联盟、美国加州河北商会等海外商会签订友好合作协议。通过柬埔寨亚太总商会沟通联系，柬埔寨暹粒省省长表示愿与唐山市建立友好城市关系。年内，市侨联随河北省侨联出访美国、加拿大等国家，组团赴云南保山、腾冲等侨乡侨联拜访，组织市侨商会会员参加第五届海外侨商沧州行活动，接待北京市侨联和北京华商会领导和企业家在唐山市考察产业转移投资相关事宜。

【世界华人学生作文大赛】 2017年，唐山市侨联组织16个县（市、区）和部分市属学校2万名学生参加第十八届世界华人学生作文大赛，选送稿件8821篇，862篇作文获奖，其中开平区西尚庄小学四年级学生高歌作文《吃醋》获特等奖，另有71篇获一等奖、252篇获二等奖、538篇获三等奖，849名教师被授予辅导奖，市教育局、市侨联获大赛组织奖。

【侨联群众活动】 2017年，唐山市侨联在“三·八”妇女节期间组织侨界女性接受情感专家培训，在“五·四”青年节期间组织侨界青年参观曹妃甸工业区、华北理工大学和唐山工业职业技术学院，中秋节举办茶话会，重阳节组织侨界人士参观“南湖民俗文化园”。利用暑期留学生回国时间，组织部分在乌克兰、意大利、日本、韩国等国家有留学和工作经历的留学生开展交流活动，勉励留学生把握国家“一带一路”建设机遇，借助海内外资源优势，服务全市对外开放和招商引资工作。

【侨联参政议政】2017年，唐山市侨联围绕社会热点、难点问题组织侨界人大代表、政协委员撰写建议、提案15条，其中《关于增加惠农资金使用透明度的建议》被市人大农经委列为重点督办建议。向全国人大代表推荐唐山市华侨《关于雾霾治理，落实环保法，加快制定排放标准，重点治理挥发性有机物（VOC）排放的建议》，建议提交后得到环保部回应。针对美籍华人张振堂对PVC手套生产工艺流程创新，向市领导反映有关情况，得到市政府主要负责人重视，责成市科技局和工信局予以支持。

【服务侨胞】2017年，唐山市侨联在春节和元旦期间走访慰问归侨、侨眷以及侨商企业170户（家），中秋节走访空巢归侨、侨眷9户。实施"送蛋糕""送健康""送欢乐""送关爱""送亲情"等惠侨举措，对归侨、侨眷从精神和生活上给予关心照顾。每月举办侨友俱乐部活动，使老归侨老有所乐。协助唐山市侨商会常务副会长马海明向唐山侨界慈善助困基金捐赠5.28万元定向救助款。促成中国华侨公益基金会向迁安市中医院和滦县中医院捐赠总价值192万元司迈等离子双极电切电凝系统。为遵化市癌症患者、归侨王永明向省侨联争取6000元资金救助，协助迁安市太平庄乡贫困群众李昀峰之女申请中国华侨公益基金会"小水滴新生基金"项目资助。

（武海涛）

唐山市残疾人联合会

【残联概况】2017年，唐山市有各类残疾人51.7万人。其中，视力残疾5.4万人、听力残疾12.5万人、言语残疾7000余人、肢体残疾16.7万人、智力残疾4.1万人、精神残疾3.5万人、多重残疾8.8万人。年内，唐山市着手构建"市—县（市、区）—乡（社区）—村（街道）—残疾人家庭"五级残疾人工作网络。14个县（市、区）和219个乡（镇、街道）成立残联组织，4844个行政村以及477个社区建立残协，掌握18.77万名残疾人基本信息和需求。全市各级残联均完成年度工作任务，发展残疾人事业，改善残疾人民生。

【残疾人民生保障】2017年春节、元旦期间，唐山市残联开展"送温暖"活动，投入资金248.5万元，慰问贫困残疾人6000余户。累计筹资7642万元，落实残疾人免费乘坐公交车、贫困重度视力（听力）残疾人家庭减免有线电视基本收视维护费、机动轮椅车燃油补贴、困难残疾人生活补贴和重度残疾人护理补贴"两项补贴"，以及助学、托养等方面相关政策，惠及残疾人12万人次。落实"对重度残疾人城乡居民基本养老保险费按最低档100元标准由政府代缴"政策，落实"重度残疾人参加城乡医疗保险个人缴费部分财政代缴"政策以及"9项医疗康复项目"纳入城镇职工基本医疗保险、城乡居民医疗保险报销范围，各级财政为残疾人缴保险费及发放基本养老金费3970万元，受益残疾人12.6万人次。各级残联筹资1267万元，采用"量体裁衣"模式，为3万余名残疾人提供精准康复服务。市财政投入经费228万元为472名0～6岁残疾儿童提供抢救性康复训练。为1800名严重肇事肇祸精神病患者提供医疗救助，维护社会稳定。

【残疾人就业培训】2017年，唐山市各级残联通过巡回培训、扶贫基地专项培训、家庭手工业扶持指导、居家就业培训等形式，组织各类专题培训72场次，免费培训2141人次；举办农村实用技术巡回培训班105期，免费培训4581人次。通过就业推介会、就业援助月、残联转介服务，定向培养、家庭手工业培训、基地扶持等形式增加城镇残疾人就业750人，扶持农村残疾人就业1015人。筹措资金133.6万元，开发残疾人公益性岗位200个，为200名残疾人提供每人5000元创业启动资金。年内，健全完善"互联网+"人才培训、激励、扶持机制，帮助1120名残疾人实现互联网就业、创业。市残联培训业务骨干教师50人，县级残联对560名残疾人实施电商（电子政务）培训，建立残疾人手工艺品网络销售平台3个，累计扶持240余名残疾人实现互联网就业。

【残疾人特殊教育服务】2017年，唐山康复教育中心作为全省办学规模最大地市级残联所属事业单位，发挥康复项目定点机构作用，全年康复训练各类残疾儿童245人，助听器和人工耳蜗康复训练有效率100%，16名智力障碍儿童升入普小（幼）接受普通教育。为提高残疾人家庭康复训练水平和心理支持，开办"残疾儿童家长学校"，并纳入市妇儿工委工作支持项目，全年培训25期1200人次。唐山康复教育中心为有学习能力且无法入校学习的5名重度残疾儿童少年开展"送教上门"服务。选用《上海辅读教材》，为学生量身制定教学计划，选拔57名"送教上门"志愿者，坚持每周至少一次上门送教，每次4学时，累计"送教上门"320次。7月4日，中国残联教就部副主任李东梅在唐山市调研指导，并对唐山市残疾人工作给予肯定。

【残疾人群众性文体活动】2017年，唐山市残联把残疾人体管中心场馆向残疾人及社会公众开放，全年接待参加体育健身1000余人次。申报省级残疾人体育示范点4个，省级以上残疾人体育健身示范点23个，累计培训健身指导员340人次，指导残疾人参与体育锻炼4万人次。年内，唐山市残联与社会志愿组织"共享阳光 让未成年孩子快乐成长""我是你的眼 带你去旅行""点亮心灯 与你同行""感受新唐山 畅游大南湖"等公益性活动，帮助400余名残疾人走出家门融入社会，参与志愿者700余人次。全市各级残联组织残疾人群众性书画作品展、健身活动趣味比赛、文艺演出、游园等活动52场次，3000余名残疾人参与。

【"一县一品"活动品牌打造】2017年，唐山市残联开展"一县一品"特色品牌创新主题实践活动，制定《关于开展"一县一品"特色品牌创新活动实施方案》，要求各县（市、区）残联通过"创特色，树品牌"方式，开展"特色项目"，打造具有本地特色"品牌"活动。指导各县级残联制定实施方案，编纂印发《唐山市残联系统"一县一品"特色品牌创新活动实施方案》，"环渤海新闻网"《唐山劳动日报》《唐山快报》等多家新闻媒体和党内刊物对活动进行宣传报道。河北省残联理事长朱立杰专门作出批示："唐山市'一县一品'特色品牌创建活动，全方位、多角度聚焦残疾人事业发展重点，创意很好。充分体现了唐山残联系统强烈的责任感和担当精神。希望通过创建活动，形成一批特色品牌，培树一批示范典型，为推动全省残疾人事业发展做出贡献。"9月14日，省残联简报以《打造"特色"品牌推动工作整体上水平——唐山市残联开展"一县一品"特色品牌创建活动》为题，专刊介绍唐山市残联系统"树立工作新标准、干出发展新业绩"经验做法，供全省各地残联学习借鉴。

【"助残宣传月"活动】 2017年，唐山市残联将"助残日"拓展为"助残月"，印发《致全市广大残疾人朋友的一封公开信》，制作"百米宣传文化长廊"，组织文艺汇演13场次，举办手工制品义卖6场次，举办趣味运动会1场次，慰问贫困残疾人1.2万人次，免费发放生活学习用品3万余件，接受社会志愿者服务5000余人次。河北省残联理事长朱立杰专门对唐山市"助残月"活动作出肯定性批示："活动成果丰硕，特别是总结迅速。""助残月"活动获唐山市"十大亮点"工作评选一等奖，被收录至《唐山2017年亮点工作汇编》，"网易""今日头条"《善立方》《唐山劳动日报》等20余家新闻媒体进行报道。

【省残疾人就业创业洽谈会唐山分会场活动】 2017年3月23日，由唐山市残疾人联合会、唐山市人力资源和社会保障局主办，唐山市残疾人劳动就业服务中心、唐山市人才市场承办的"河北省残疾人就业创业洽谈会唐山分会场"活动在唐山市民服务中心举办。唐山市民服务中心为此次洽谈会开设专场，提供1200平方米招聘服务大厅，为每个招聘单位提供单独洽谈区，并统一制作招聘海报，通过洽谈区电子展示屏发布信息，方便残疾人了解招聘单位基本情况和招聘岗位。活动前期，各地残联开展宣传活动，发布信息，吸引有就业创业需求的残疾人参加洽谈会。活动当天，唐山博玉骨质瓷有限公司、宏强现代新型服务发展集团、肯德基、海尔集团等56家用人单位进场招聘，提供残疾人需求岗位360余个，涉及文员、话务员、收银员、按摩技师等20余个工种，230余名残疾人入场求职，52名残疾人与用人单位达成初步就业意向。唐山、秦皇岛地区残疾人通过现场设立的网络视频招聘系统与石家庄主会场，廊坊、张家口、邯郸分会场用人单位进行线上交流。招聘现场提供就业咨询、求职登记、职业能力测评、医疗保障、手语翻译等服务。

【"书法助残创业"活动】 2017年12月12日，由中国残联就业服务指导中心、中国关工委公益文化中心、河北省残联就业服务指导中心、唐山市书协支持，唐山市残联、唐山市文联、中国社会艺术协会榜书委员会、北京恒天云景文化发展中心主办，唐山市残联康复教育中心、中国书法"两径双成"教育总部共同承办的中国书法"助残创业"工程第一期公益培训班开学典礼在唐山残联举行。书法"助残创业"工程和第一期公益培训班有87名残疾人学员，为国家开放大学书法学院开展"特殊群体"书法教育探索经验。

【残疾人事业知识竞赛】 2017年10～11月，唐山市残联在全系统举办"学习宣传贯彻党的十九大精神，加快发展残疾人事业"知识竞赛，全市各县（市、区）、开发区（管委会）和唐山康复教育中心的16支笔试队伍参赛。经过初赛笔试环节，6家参赛队进入决赛，古冶区残联代表队获冠军，路南区残联、玉田县残联两支代表队获亚军，唐山康复教育中心、迁安市残联、滦南县残联3支代表队获季军。

【市第四届残疾人室内运动会】 2017年11月10日，唐山市第四届残疾人室内运动会在市残疾人体育管理中心训练馆举行。全市各县（市、区）、开发区（管委会）以及唐山康复教育中心、唐山市聋哑学校的19支代表队263名运动员参加举重、飞镖、乒乓球、羽毛球、篮球等项目比赛，决出金牌24枚、银牌23枚、铜牌23枚。比赛激发残疾人参加"全民健身计划"热情，提高全市残疾人体育运动竞技水平。

【首届十佳"最美唐山·最美残疾人"网络评选】 2017年7月，唐山市残联组织首届十佳"最美唐山·最美残疾人"网络评选活动。活动得到全市各县（市、区）残联响应，古冶、丰南、丰润、路南、玉田、遵化、乐亭、曹妃甸、路北等县（市、区）及唐山康复教育中心上报残疾人先进事迹，录制视频材料。全市推选出23名优秀残疾人入围参评，通过唐山官网《唐山发布》公众微信平台进行网络投票，历经10天投票期，刘国成、么虹亦、邹兴超等10名残疾人获唐山市首届十佳"最美唐山·最美残疾人"称号。

（陆宁宁）

唐山市慈善总会

【慈善总会概况】 2017年，唐山市慈善总会按照"汇聚慈善力量，救助困难群众，缓解社会矛盾，促进文明和谐"工作理念，开展扶贫、济困、扶老、助残活动。全年募集慈善款物价值7960.8万元，救助支出资金7893.37万元，救助困难群众1.08万人次。开展"慈善一日捐"活动接收到市直党政机关、企事业单位和驻唐部队（武警）、驻唐金融机构捐赠善款53.96万元。按照《关于做好元旦春节期间扶贫慰问活动的通知》要求，市慈善总会开展扶贫济困募捐项目宣传及善款接收工作，接收善款10.46万元。组织"帮一点"定向募捐和冠名基金活动，唐山冀东眼科医院有限公司定向捐助"光明行动"慈善基金120万元，唐山恒辉医疗服务有限公司定向捐助"天使基金"10万元和价值149万元助听器，北京残疾人福利基金会"刘伟拥抱基金"捐款50万元，北京领先福聪医疗科技有限公司捐赠价值100万元人工耳蜗，唐山市妇幼保健院免除1.14万元耳蜗植入手术费，唐山聆之语听力语言康复中心免费提供5.4万元康复训练费。

【慈善救助】 2017年，唐山市慈善总会开展慈善助医活动，与唐山冀东眼科医院启动"光明行动"慈善助医基金100万元，使908名白内障患者得到治疗。与北京残疾人福利基金会"刘伟拥抱基金"、河北省残疾人福利基金会共同启动"圆梦光明行”慈善助医活动，“刘伟拥抱基金”捐款50万元，帮助唐山市190名斜视、弱视青少年患者得到医治。与市卫计委、市残联、市妇幼保健院、北京领先福聪医疗科技有限公司、唐山聆之语听力语言康复中心共同组织“让孩子听到美妙声音”救助活动，为10名听障儿童进行免费医治和康复训练。与中国移动公司、河北省慈善总会、天津泰达国际心血管病医院合作实施中国移动爱“心”行动公益项目。滦南县、迁安市、遵化市、丰南区及路北区5个筛查点免费筛查唐山市162名贫困先心病儿童，43名符合医治条件患儿全部得到免费手术治疗。与唐山厚德康复医院共同发起“希望之光”脑瘫患儿救助项目，对低保家庭脑瘫患儿实施免费康复治疗。与唐山恒辉投资有限公司共同开展“恒辉天使”耳聋耳鸣援助项目，帮助1000名有听力障碍、听力严重下降人群重新恢复听力。按照中华慈善总会要求，实施“格列卫”“达希纳”助医赠药项目，为唐山、承德、秦皇岛等市2776人次实施价值7200.05万元的“格列卫”“达希纳”药品救助。与省慈善总会、海宁新飞电器有限公司共同开展“新飞净水器”公益救助活动。海宁新飞电器有限公司向唐山市无偿捐赠净水机1000台，价值480万元。

【慈善助学活动】 2017年6月，唐山市慈善总会、市民政局联合各县（市、区）慈善协会开展“寒门学子进校园”助学活动，救助城乡低保家庭一本在校生、一本新生、二本新生、专科新生753人，发放助学金236.5万元，其中市慈善总会筹措142.2万元。组织策划“高俊忠助学小组助学金发放仪式”，为39名贫困学子捐款4.68万元，帮助完成大学梦。应唐山市援疆工作前方指挥部要求，市慈善总会为新疆维吾尔自治区且末县贫困学生捐赠3万元善款和价值2万元衣物，用于改善该地贫困学生学习生活条件。省慈善总会、河北晶龙集团在迁安市赵店子镇三港湾中心完全小学实地考察，把该小学列入晶龙集团“捐助百所希望小学”工程第10批援建工作候选学校，河北晶龙集团拟捐赠善款20万元，用于改善农村小学危旧校舍。

【慈善助老扶幼活动】 2017年，唐山市慈善总会为市综合福利院儿童捐赠2万元，帮助福利院儿童过儿童节。市民政局、市慈善总会联合各县（市、区）慈善协会走访慰问全市229名农村籍抗日老兵，发放慰问品价值8万元。改善聋哑儿童学习生活环境，走访慰问“聆之语”听力语言康复中心，捐赠慰问金1万元。元旦、春节期间，市民政局、市慈善总会联合开展“慈善暖千家”助困活动，经各县（市、区）申报审核，市、县两级慈善组织对全市1000户特困家庭给予救助，每户发放救助金1000元，发放善款100万元。

【阳光慈善】 2017年，唐山市慈善总会主动年检评估和年度审计，邀请唐山宏利会计师事务所有限责任公司对2016年财务运行情况进行年度审核，审计结果在《唐山慈善》杂志和“唐山慈善网”公示。重新制定《唐山市慈善总会业务招待费管理规定》《唐山市慈善总会财务管理规定》等规定，确保捐赠款物管理、使用在阳光下操作，做到公开透明。坚持每月在慈善网公示捐款名单、每季在《唐山慈善》杂志公示捐款名单、每半年在报刊公示救助人员名单，接受社会群众监督。

【慈善宣传】 2017年，唐山市慈善总会与《唐山劳动日报》《唐山晚报》、唐山电视台、唐山电台等主流新闻媒体建立合作关系，宣传慈善理念，激发公民慈善意识，提高公民社会责任感。利用“唐山慈善网”、《唐山慈善》杂志等宣传平台，完善并改版“唐山慈善网”，开设手机网站、手机APP、网站二维码。结合“慈善暖千家”助困、“寒门学子进校园”助学、走访慰问农村籍抗日老兵等慈善项目进行重点宣传，运用媒体影响力强化宣传效果，增强社会公众关心慈善、支持慈善、参与慈善热情。

（高　靖）

唐山市红十字会

【红十字会概况】 2017年，唐山市红十字会开展以“捐出您一天的收入，奉献您的一份真情”为主题“博爱一日捐”活动，全市红十字系统募集善款251.83万元，其中市本级35.03万元。截至年底，市红十字会所属县级红十字会14个，基层红十字组织285个，红十字会会员11.23万余人，红十字志愿者1.44万人。年内，全市新建红十字基层组织26个，其中，古冶15个、路北6个、遵化5个。发展团体会员单位3个，发展红十字会员1.6万名。理顺县（市、区）红十字会管理体制，11月初，市编办对各县（市、区）编办理顺红十字会管理体制情况进行督导。11月27日，市委改革办印发《关于对理顺县级红

2017年，“圆梦光明行”青少年眼疾救助行动启动仪式，北京残疾人福利基金会转赠善款。　张　超 摄

十字会管理体制工作进行督察的通知》。11 月 28 ～ 30 日，市委改革办和红十字会组成联合督查组，在县（市、区）进行专项督察。

【红十字志愿服务】 2017 年，唐山市红十字会新组建 2 支志愿者服务队，增加红十字志愿者 525 人。截至年底，市本级红十字志愿者服务队扩展到 13 支，涵盖社区服务、临终关怀、应急救援等多个领域。累计发展志愿者 1.43 万人，其中注册志愿者 1724 人。5 月，开展“第四届我市最美红十字志愿者”评选表彰活动。12 月 2 日，“唐山红十字志愿者之家”入驻市志愿服务组织孵化基地，是市文明办批准首批入驻者之一。

【红十字社会救助】 2017 年，唐山市红十字系统共募集善款 426.61 万元，其中“博爱一日捐”活动捐款 251.83 万元。开展“红十字博爱送万家”活动，全市红十字系统支出救助款物 190.94 万元。8 月 26 日，唐山哈雷车主会向唐山市红十字会捐款 10 万元，定向用于“圆梦助学行动”。开展贫困肾病患者透析救助项目，发放救助金 47.33 万元救助 439 人次。开展“圆梦助学行动”，发放助学金 11.25 万元，资助 100 名大学生和 25 名中学生。通过执行“天使计划”，发放救助金 136.5 万元，救助贫困白血病患儿和先心病患儿 46 名。

【红十字应急救护培训】 2017 年，唐山市红十字会与教育、地震、民政等部门合作，打造红十字应急救护品牌。年内，培训救护师 68 人，截至年底，唐山市有卫生救护培训师 304 人，建立师资档案数据库。开展高校大学生应急救护培训工作，以河北能源职业技术学院作为高校应急救护重点培训学校，8 月，对该校 62 名教师进行集中培训；9 月，对该校 2000 余名新生进行普及性培训。联合市教育局督导唐山学院、唐山师范学院和唐山职业技术学院新生开展应急救护培训，全年培训大学新生 1.35 万名。分 15 批次组织 1206 名大学生急救员培训和考核。开展红十字应急救护培训活动，5000 余人参加普及性培训。为绿城物业、保利大剧院、唐山跑团等多个单位或团体培养红十字救护员 200 余人。发挥红十字生命健康安全体验教室作用，年内接待参观体验 50 余批次 2600 余人次。5 月，路南区湖滨花园社区红十字救护志愿服务队代表唐山参加河北省红十字会第四届应急救护大赛，获大赛“三等奖”。

2017年8月，中韩红十字青少年交流营活动。　红十字会提供

【红十字宣传】 2017 年，唐山市红十字会宣传贯彻落实修订后《中华人民共和国红十字会法》，全市红十字系统开展学习宣传活动，组织专题培训班，并利用网络、展板、明白纸等多种形式宣传，提升社会知晓率。5 月 7 日，市红十字会与市文明办、市广播电视台联合举办“英雄城市　大爱唐山”——唐山市纪念第 70 个世界红十字日暨《中华人民共和国红十字会法》宣传活动。市政协副主席李长春出席活动，并与志愿者一起向市民发放《中华人民共和国红十字会法》及宣传材料。9 月 9 日，开展主题为“急救与家庭意外伤害”“世界急救日”宣传活动。9 月 5 日，唐山市红十字会在路北区外国语小学梧桐校区举办“急救与家庭意外伤害”亲子讲座，100 余名学生和家长参加活动。

【红十字“三献”活动】 2017 年 6 月 11 日，唐山市红十字会与市献血办、市卫计委联合举办以“我能做什么”为主题的“世界献血者日”宣传活动。在造血干细胞捐献方面，向省分库送交血样 583 人份，动员 53 人，高分辨检测 18 人，成功捐献 2 例，累计捐献 16 例。全市成功捐献 16 例中，开滦系统 5 例、河北联合大学 3 例。在遗体器官捐献方面，简化遗体捐献申报程序，为捐献者及家属提供便捷服务。培养红十字器官捐献协调员 15 名，在全市 23 家二级以上综合医院中，组建 87 名器官捐献信息员队伍。年内，办理遗体器官捐献登记手续 17 份，接收遗体 5 例、眼角膜 1 例。截至年底，全市累计办理遗体器官捐献手续 334 份，接收遗体 76 例、器官 1 例、角膜 1 例。

【中韩红十字青少年国际交流营承办】 2017 年 8 月 7 ～ 11 日，由河北省红十字会主办，唐山市红十字会承办的“2017 中韩红十字青少年国际交流营”活动在唐山市举办。活动期间，组织营员参加研学游、陶艺体验、生命健康教育、家访及参观等系列活动。活动受到韩方和省红十字会肯定。韩国赤十字社庆尚北道支社以感谢信形式，向河北省红十字会致谢。

【甘肃省红十字会代表团在唐考察交流】 2017 年 5 月 12 日，甘肃省红十字会秘书长袁博一行 8 人，在河北省红十字会业务部副部长王燕京陪同下在唐考察交流。代表团实地考察唐山市红十字生命健康体验教室，双方就“三救”“三献”及志愿服务等工作进行交流。

（李怡然）

政法

ZhengFa

综　述

【维护全市安全稳定】 2017年，中共唐山市委政法委员会（简称市委政法委）推进平安唐山、法治唐山和政法队伍建设，服务保障经济社会发展。完成“两会”“一带一路”峰会、暑期警卫等系列维稳安保任务，实现政法维稳综治工作有序发展，推动综治中心建设和综治信息化建设、矛盾纠纷多元化解、司法体制改革、政法机关党建，在全省百余个基层政法单位获中央、省级部门表彰奖励。年内，政法委综合协调维稳、综治、反恐、护路、防范和公安、国安、武警等部门合力完成系列维稳安保任务，确保首都安全和全市稳定。开展非访治理、赴省访专项整治、积案化解、初信初访办理4项攻坚战，全市涉法涉诉信访形势总体平稳可控。召开全市暑期工作会议，制定暑期工作方案和任务分解表，踏查铁路沿线安保情况，启动重要时期护路模式，消除铁路危桥隐患。

【社会治理创新】 2017年9月19日和12月3日，全国、全省社会治安综合治理表彰大会相继召开，唐山市8个集体和10名个人受到表彰，乐亭县连续3次被评为“全国平安建设先进县（市、区）”，被授予全国社会治安综合治理最高奖项“长安杯”。落实综治维稳领导责任制，根据中央、省文件精神印发唐山市《综治维稳领导责任制实施办法》，综治、维稳、财政、人社等部门联合印发《2017年市直部门（单位）考评奖励办法》，推进唐山市综治维稳工作落实。推进矛盾纠纷多元化解，组织开展3次矛盾纠纷排查化解专项攻坚行动，全部建立明细台账，推进行业性、专业性调解组织建设，在国土、住建、民政等9个领域建立146个行业性、专业性调解组织。总结推广市医调委“第三方”调解经验、丰南“两化”模式，全市累计化解各类矛盾纠纷1万余件，化解率97.3%，工作受到中央综治办和省委、省政府肯定。强化社会面治安管控，开展“2017凤城百日攻坚会战”“平安夏日行动”“秋季安保会战”等专项行动，打击犯罪行为。推动综治中心和综治信息化建设，完善顶层设计，制定综治中心建设总体方案，推进综治中心建设整体发展。年内，唐山市被确定为2018年国家“雪亮工程”建设重点支持城市。

【法治唐山建设】 2017年，唐山市委政法委落实依法治市要求，融合改革创新与执法办案，提高司法效能，坚持依法依规按程序办事，推进法治唐山建设。加强司法规范化建设，贯彻落实《领导干部干预司法活动、插手具体案件处理的记录、通报和责任追究规定》《司法机关内部人员过问案件的记录和责任追究规定》及《关于进一步规范司法人员与当事人、律师、特殊关系人、中介组织接触交往行为的若干规定》（简称“三个规定”），专项检查市检察院、市中院2016年办结3.5万个案件，发现违反“三个规定”问题1件，并督促整改到位。推进司法体制改革，市中院完成人员分类管理，首批入额法官全部调整到审执一线办案，制定《司法人员分类责任规定（试行）》《规范院庭长行使审判监督权规定》《综合考评实施办法》等规章制度，开展第二批员额法官遴选。市检察院印发《全面深化司法责任制改革实施方案》，在全省司法责任制改革集中督查活动中，市检察院名列第一。推进基层法治创建，将滦县列为法治创建活动联系点，打造基层法治创建样板。研究制定唐山市《法治唐山建设2017年重要任务责任分工方案》（唐法治办〔2017〕1号），提出49项法治唐山建设举措，明确牵头单位和责任部门，完成全市法治建设顶层设计。市法治宣传教育工作领导小组研究起草国家机关“谁执法谁普法”普法责任制《实施方案》《责任清单》《考核办法》《考核评价标准》等规范性文件。

【政法队伍建设】 2017年，唐山市委政法委结合“两学一做”学习教育，落实从严治警要求，加强政法队伍思想、能力、作风建设，有多个集体、个人获全国、全省荣誉。丰南区公安局被评为“全国优秀公安局”，玉田县公安局刑事侦查大队、交警支队特勤大队被评为“全国优秀公安基层单位”，路北区张国昉等5名民警被评为“全国优秀人民警察”；市中院3个集体和9名个人被省高院授予二等功；市检察院4个集体、6名个人受到省级以上表彰，新增1人入选全省检察业务专家；市司法局被人力资源和社会保障部、司法部联合表彰为“全国司法行政系统先进集体”。依托网络大讲堂、专家讲座、干部网络学院等载体，组织干警学习贯彻习近平总书记系列讲话精神，开展政治纪律、政治规矩教育。加强业务素质培训，开展全员读书增智活动，强化工作人员在经济、文化、政治、法律、生态文明建设等各个领域知识学习，提升队伍整体素质。实施干警教育培训5年计划，指导市直政法各部门结合各自工作特点，制定培训计划，开展岗位练兵和技能训练，增强干警岗位业务能力和履职尽责能力。加强领导班子建设，组织各级政法领导班子从坚持贯彻执行民主集中制等方面进行系统学习，监督政法领导干部履行“一岗双责”，推进党风廉政建设。落实从优待警政策。慰问因公牺牲干警家属和身患重病人员，发放特困干警补助金60余万元，提高干警体检标准。推广丰南区辅警管理经验做法，按照《关于规范和加强全省公安机关警务辅警人员管理使用工作》相关要求，调研全市警务辅警管理中存在难点问题、管理成本与司法效率，为创新辅警规范化管理统一模式推广打下基础。

（李泽君）

公　安

【公安概况】 2017年，唐山市公安系统立刑事案件2.11万起，破获案件1.16万起,抓获作案成员6622人；查获犯罪集团158个，抓获涉案成员720人；受理行政案件312.38万起，查处案件309.5万起，查处违法人员306万人次。年内，全系统4个单位立集体二等功，6名民警立一等功，33名民警立二等功，5名民警获“全国优秀人民警察”称号，丰南区公安局被评为“全国优秀公安局”，交警支队特勤大队、玉田县公安局刑事侦查大队被评为“全国优秀公安基层单位”。

【国家安全和社会稳定维护】 2017年，唐山市公安局建立完善以信息化为支撑的合成作战中心、派出所勤务指挥中心、警卫综合指挥中心，与美团点评、360企业安全集团签署战略合作协议，整合“天网”“云计算”“大数据”等应用平台,开展“百日攻坚会战”“平安夏日行动”“秋季安保会战”等系列活动，破获涉案110千克省内首起跨国走私可卡因毒品案件，开平“4•04”抢劫杀人案，滦南“12•23”、迁西“5•03”、乐亭“5•04”故意杀人案，涉及28省市的玉田“5•12”非法制造、买卖枪支弹药案，“李杰、王丽平特大网络贩枪案”，环京津系列高速扎胎盗窃案，河南籍冒充军人电信诈骗案，“9•9”特大抢劫金店案等大案要案。打掉滦县97人盘踞唐山沿海10余年黑社会性质犯罪集团，开平李宝勇、路北王宝居、遵化张卫平等一批渗透基层政权涉恶集团。拓展警务协作领域，创立“京津冀川”警务协作模式，解决彝族籍犯罪异地打处区域性问题，与新疆警方建立反恐协作机制，建立“秦唐沧”警务协作夯实暑期安保基础，启动与全国同级城市公安协作机制。建成指挥中心，投入使用49个标准化、规范化警务站，全部配套高清视频监控、车辆识别系统以及相关硬件设施，全年核查车辆349万余辆、人员1061万余人。年内，完成43项190场次各类大型活动安保任务。

【动态治安管控】 2017年，唐山市公安局围绕“人、地、物、事、场所”等治安要素，应用“互联网+”微警务开展日常管控，推进安全稳定风险隐患大排查和“百日攻坚”行动，消除危险隐患和死角盲区。开展旅馆和出租房清理，实施旅馆人脸识别全覆盖，取缔无证旅馆423家。排查娱乐场所、寄递物流、开锁废旧等特种行业场所，查破黄赌案件863起，收缴508台赌博机并集中销毁。推动“实兵地网”与“视频天网”结合，开展“控街面、保平安”“满天星”“夜鹰出击”“街衢亮剑”专项行动和“警民万人大巡逻”活动，控制现行发案，出动巡逻警力82.4万人次，发动“红袖标”治安志愿者186.9万人次。实施路南区域企业分局和属地分局警务一体化机制，优化警力资源配置。开展一系列交通秩序整治行动，查处各类交通违法行为398.9万起。开展智能交通建设，市中心区268个路口全部实现信号机自适应联网控制，102国道率先在全省建成公路防控体系。不间断开展重点行业领域消防安全检查，累计检查单位5.42万家，发现并督促整改隐患12万处。推进缉枪治爆专项行动，查破涉枪涉爆案件160起，处理186人，收缴枪支477支、子弹6万余发、雷管1.8万枚。加强易制爆危险化学品管理，对11家存在问题单位下发整改通知书，易制爆危险化学品来源流向备案率100%，安装易制爆信息系统41家。加强烟花爆竹禁限放管控，查处烟花爆竹案件206起，处理213人。

【公安服务民生】 2017年，唐山市公安局“平安唐山”微信公众号实现在线查询身份证进度以及重名查询。搭建“唐山交通安全微发布”公众号，开通“交管‘12123’”手机APP。开启开锁业名录管理新模式。实现出入境证据办理微信、支付宝缴费服务。7个警种26项审批事项集中进驻唐山市民服务中心，55项政务服务事项目清单录入河北政务服务网。5月23日，制发《唐山市居住证实施办法（试行）》。全市各级公安机关互联网站公布各类警务信息1.71万条，利用“阳光警务”查询系统向社会公开行政处罚文书1.06万份，行政复议文书64份，市局各警种办理行政许可事项42.96万项，公开行政许可项目79项、行政检查结果79项、行政强制结果8项。构建“交、巡、治、刑”和派出所多部门联动体系，保障重点项目建设安全，查处阻工案件27起。开展“春雷”“猎鼠”“云端2017”“猎狐”等系列专项行动，保障金融环境安全，侦破丰润“5.5亿钱立军特大非法吸收公众存款案”等经济犯罪案件303起，抓获犯罪嫌疑人420人,涉案金额77亿余元。开展“净化餐桌”“农资打假”“网络销售假药”等专项行动，保障食品药品安全，侦破“杨志网络销售假劣烟酒案”“刘金龙非法经营销售假药案”等案件85起，抓获犯罪嫌疑人99人，捣毁制假售假黑窝点91个,涉案金额1848.65万元。推进“利剑斩污”专项行动，护守生态环境安全，破获“野鸡坨镇非法倾倒危险废物污染案”“高新区某机械制造公司非法处置危险废物案”等案件104起，抓获犯罪嫌疑人177人，查处黑加油点39处、黑加油车6辆。巡查海上环境，查扣盗砂违法船只86艘，缴纳罚没款2926万元，铲除规模性盗砂团伙。

【公安队伍建设】 2017年，唐山市公安局投资50万元建设“党员活动中心”和“警察荣誉中心”，举办首场“忠诚使命·红色传承”警察荣誉仪式典礼以及“榜样力量·寻找身边的典型”“9·30”烈士纪念日、“十一”国庆升国旗等活动，增强队伍荣誉感和职业归属感。举办“春训秋考”工作骨干培训班，推进现场执法执勤“五个一工程”(编纂一套现场执法执勤操作指引、开展一次现场执法执勤全员轮训、选树一批现场执法执勤先进标兵、制定一套现场执法执勤装备标准、健全一套现场执法执勤工作机制)，制发《现场执法执勤行为规范》和《办案指南》，组织学习规范执法视频演示片200余场次，开展警情处置对抗演练26次。制发《关心关爱民警二十项措施》，走访慰问英烈和因公牺牲民警家属20余次，为51名抚助对象、39名特困干警发放各类抚恤金、慰问金97.84万元。组织开展纪律作风检查、机关作风整顿、基层“微腐败”专项整治等活动，发现查纠各类问题167个，约谈12个单位24人。

【大案要案破获】 2017年，唐山市公安局破获多起大案要案。2月23日，唐山市公安局联合玉田县、乐亭县公安局，破获河南上蔡周口籍系列冒充军人诈骗案，抓获犯罪嫌疑人5人，冻结资金40余万元，中央电视台专题报道该案。4月，侦破全市首例涉气污染刑事案件，迁西县大有炉料厂违规将脱硫塔排气筒管道改至地面水池处排放含一氧化碳废气，造成白庙子村村民2人中毒死亡、2人中毒住院，唐山市公安局与迁西县局联手，抓获涉案犯罪嫌疑人3名。4月21日，唐山市公安局与丰润区局联手将利用网络侵犯公民个人信息贩卖获利犯罪嫌疑人穆某某、张某某、黄某、潘某某抓获，破获唐山市首起网络侵犯公民个人信息案。5月，市公安局与玉田县公安局联合作战，破获涉及全国28省区特大网络非法制造、买卖枪支、弹药案，抓获马林等犯罪嫌疑人10名，捣毁制造窝点1处，收缴制造工具2台、模具12个、枪支16支、枪弹5749发、半成品200余公斤以及各类枪支零部件若干。9月5日，市公安局会同滦县公安局打掉杨国全圈海占地、欺行霸市，盘踞唐山10余年黑社会性质犯罪组织，抓获杨国全等84名犯罪嫌疑人，破案49起，涉案金额近3亿元。9月11日，唐山市公安局与迁安市公安局联手侦破迁安“9·9”黄金抢劫案，抓获犯罪嫌疑人翁某，被抢价值70余万元黄金饰品全部追回。9月19日，市公安局打掉盘踞唐山市3个月的四川凉山彝族籍“涉艾”人员钻窗入室、撬盗保险柜盗窃团伙，抓获犯罪嫌疑人6名，清查吸毒人员6名，收缴海洛因158.04克及大量赃物，破案30余起。10月，唐山市公安局与玉田、丰南、丰润等分局、县局配合，辗转河北邢台、吉林四平、黑龙江鹤岗、伊春、哈尔滨、佳木斯、七台河等多地，行程5000余千米，抓获犯罪嫌疑人11名，打掉2个跨区域系列高速扎胎盗窃团伙，查扣涉案车辆2台，破案120余起，中央电视台新闻直播间播报。11月18日，市公安局侦破新中国成立以来全省罕见特大跨国走私贩卖毒品案件，抓获罗本等5名犯罪嫌疑人，缴获可卡因毒品110余千克，切断一条由南美洲进入中国的跨国走私贩毒海上路线。公安部、省公安厅电贺，并在唐山召开现场会推广“唐山经验”。

5月26日，唐山市公安局徒步方队分列式和特警极限体能科目演练。

石 局 摄

【大型活动安全保障】 2017年，唐山市公安局累计投入警力1.8万余人次，完成中欧沙滩足球锦标赛、中拉沙滩足球锦标赛、中日韩灾害管理部长级会议、全国公路自行车锦标赛、唐山南湖春节灯会等43项190场次大型活动安保任务。

【警营开放活动】 2017年1月10日，唐山市公安局在指挥中心联勤指挥大厅举行主题为“公安‘110’，为民保安宁”警营开放暨“媒体和群众见面会”活动。活动期间，介绍非警务报警分流工作情况，正确拨打“110”方法，防拐、防盗、防骗知识安全注意事项，展示特种枪械。“110”“122”“119”等接处警一线民警代表与80余名志愿者及儿童、10余家主流媒体20余名记者进行互动。

【警察荣誉仪式首场典礼】 2017年4月26日，唐山市公安局举办“忠诚使命·红色传承”人民警察荣誉仪式。仪式分“《昨天》——民警光荣退休”“《今天》——从警特定年限纪念”“《明天》——新民警入警宣誓”3个篇章，穿插诗朗诵、歌曲演唱、舞蹈等文艺演出。市人大、市政协及市委有关部门负责人应邀出席，唐山市公安局、县（市、区）分局民警和离退休干部代表400余人参加仪式。省、市新闻媒体记者现场报道。

【凤城百日攻坚会战】 2017年4～9月，唐山市公安局开展凤城百日攻坚会战，从严打整治、治安管控、信访维稳、创城攻坚、作风整顿5条战线发力，打防管控并举，实现“发案少、破案多、社会稳、形象好”工作目标。会战期间，全市接报警8.79万起，比上年下降7.9%；刑事立案6262起，比上年下降11.6%，破案3582起，比上年提高58.9%；

4月26日，唐山市公安局举办“忠诚使命·红色传承”人民警察荣誉仪式。

石 局 摄

打掉各类团伙142个，抓获各类网上逃犯1651人，日均抓逃18.3名，抓获原（现）任渗透基层组织犯罪嫌疑人22人。

【市公安局获全国优秀称号】 2017年5月19日，在全国公安系统英雄模范立功集体表彰大会上，丰南区公安局被评为“全国优秀公安局”；玉田县公安局刑事侦查大队、交警支队特勤大队被评为“全国优秀公安基层单位”；路北分局大里派出所所长张国昉，滦南县公安局刑事侦查大队案件审核中队中队长周伟，古冶分局党委委员、副局长金卫忠，丰南区公安局大新庄派出所所长董旭军，高新技术产业园区分局副局长兼刑侦大队大队长苗宏伟等被评为“全国优秀人民警察”。张国昉作为省英模代表团成员赴京参加表彰大会，受到党和国家领导人接见。

【“6·26”国际禁毒日宣传】 2017年6月26日，唐山市公安局开展以“无毒青春，健康生活”为主题“6•26”国际禁毒日宣传活动。活动中，开放禁毒教育基地，组织唐山师范学院、华北理工大学学生代表、各界群众、禁毒青年志愿者参观戒毒人员心理矫治、劳动康复、实物展厅、室外活动等场所，发放公益宣传画300余张、法律手册200余本。《唐山劳动日报》、唐山广播电视台等新闻媒体现场采访报道。

【“满天星”巡控专项行动】 2017年7月1日～12月31日，唐山市公安局组织开展为期6个月的“满天星”巡控专项行动。行动中，发起“夜鹰出击”“街衢亮剑”“警民万人大巡逻”、集中清查设卡等阶段性战役，全市累计出动巡逻警力45.57万人次、治安志愿者97.06万人次、巡逻汽车11.84万辆次，盘查可疑人员57.49万人次，检查可疑车辆41.99万辆次，打击现行违法犯罪案件359起，抓获现行违法嫌疑人484名。

【枪爆物品集中销毁】 2017年7月4日，唐山市公安局在唐山钢铁集团有限责任公司举行集中销毁枪爆物品仪式，集中统一销毁收缴的260支气枪、22支猎枪、26支自制火药枪、670支仿真枪、571把管制刀具、34支弓弩以及经省厅批准销毁的906支公务用枪。

【出入境自助服务厅建成】 2017年8月10日，唐山市公安局建成公安出入境自助服务厅，投入建设资金300余万元，公共服务面积500平方米，集智能化、现代化、人性化于一体，为群众提供预受理、续签、制证、查证、缴费、查询、取证等高效便捷服务，截至年底，发放护照1.29万证次，发放往来港澳通行证和大陆居民往来台湾通行证2.1万证次，港澳台自助签注9347证次。

【路南区域警务一体化试点建设】 2017年10月30日，唐山市公安局制定《关于建立路南区域警务一体化试点的实施意见》，启动路南区域警务一体化试点建设，组建路南区域警务一体化指挥部，路南分局局长任指挥长，南湖分局、开滦分局、友谊分局局长任副指挥长，在路南行政区划内所有公安机关人员及人民警察、辅警，除党务、纪检、干部人事之外全部警务工作由区域警务合作指挥部统一指挥、统一调度，路南、南湖、开滦、友谊4个分局实行合成作战模式。

【“三大会战”成果展】 2017年12月28日，唐山市公安局在市抗震纪念碑广场开展“百日攻坚会战”“平安夏日行动”“秋季安保会战”成果展览。各县（市、区）自选辖区广场、公园、农村大集等场地，开展悬挂条幅、放置展板、发放材料、播放视频、返还赃物、展示装备等宣传活动。活动中，市县两级公安机关展示“三大会战”成果展板200余块，发放各类宣传资料6万余份，向群众返还案值300万元赃物。《河北法制报》《唐山劳动日报》《唐山晚报》、唐山电视台、凤凰网及各县（市、区）电视台等新闻媒体对活动宣传报道。

（赵 红）

检 察

【检察概况】 2017年，唐山市检察机关开展各类检察专项活动45项，举办集中宣传宣讲活动600余次，辐射企业1.7万余家，查办职务犯罪168件，挽回经济损失1.1亿元，涌现出路北区院“金融检察”、开平区院“环境巡回检察”等一批服务品牌，工作成效得到相关领导和群众肯定，工作经验在《检察日报》头版头条刊发。全系统21名个人、9个集体受到省级以上表彰，2人获最高检表彰，市院首次获评“全国文明单位”。

【检察维护社会稳定】 2017年，唐山市检察机关打击危害国家安全、公共安全和人民群众人身财产安全犯罪，依法逮捕3132人，追捕79人，起诉5959人，追诉587人。监督立案杨某某黑社会性质组织犯罪案，逮捕48人。打击破坏环境资源犯罪，依法逮捕49人，追捕6人，起诉160人。落实宽严相济刑事政策，不捕 872 人，不诉 480 人。对 329 件申请监督的民事行政裁判及 145 件刑事上诉案件释法说理，实现案结事了。开展息诉工作，接待群众访 4687 人次。落实司法救助，向 34 名案件当事人发放救助金 30.8 万元。针对办案中发现市场管理、土地征用、矿产开发等领域存在问题，向政府提出决策建议 10 件。开展惩治“村霸”和宗族恶势力犯罪专项活动，查办村“两委”成员职务犯罪 6 人。强化青少年犯罪预防，专设工作基地，对青少年学生开展宣讲活动，参与校园欺凌专项治理，开展“法治进校园”巡讲 105 场，省检察院在唐山市召开现场会，推广唐山经验。

5月24日，全国司改背景下的刑事公诉面临新问题、新挑战及对策研讨会在唐山召开。 王巍 摄

【检察法律监督强化】 2017 年，唐山市检察机关惩防职务犯罪，立查贪污贿赂犯罪 199 人，其中大案 114 件、处级以上要案 24 件。查办冀中能源集团公司原董事长王某某、张家口市政府原党组成员李某受贿等一批专案。立查渎职侵权犯罪 66 人，其中涉重特大案件 44 人。开展洁净型煤补助领域渎职犯罪专项查办，立查 27 人，挽回经济损失 1700 余万元。对 2000 余名公职人员开展警示教育，对总投资 62 亿元 19 项重点工程立项预防，提出检察建议 40 件。细化刑事诉讼检察，市院“两法衔接”信息共享平台与全市 539 家行政执法单位联网，监督移送犯罪线索 21 件。加强立案监督，在 38 个公安派出所设立派驻检察室，监督立案 330 件。强化侦查监督，提前介入 157 件重大案件，纠正侦查活动违法 963 件。严格技术证据审查，纠正错误鉴定 13 件。强化审判监督，纠正审判活动违法 634 件，提出刑事抗诉 98 件。强化刑事执行检察，纠正社区矫正及监外执行违法 242 件，纠正减刑、假释、暂予监外执行决定不当 229 人。开展专项监督，将 50 名未交付执行罪犯收监。纠正刑罚执行活动违法 203 件，查处职务犯罪 9 人。规范开展羁押必要性审查，提出检察建议 181 件，年内 2 个案件被评为“全国优秀案件”。规范开展重大刑事案件讯问合法性核查，工作经验被最高检转发。做实民事行政检察，提出再审检察建议 23 件，提出抗诉 15 件，提请省院抗诉 75 件，对执行活动提出检察建议 160 件。抗诉并被市中级人民法院支持某女婴接种疫苗致残赔偿案，被最高检拍成教育影片推广宣传。制发《办理破坏环境资源领域刑事附带民事诉讼案件暂行规定》，为全省首创。依法开展公益诉讼，向财政、环保等部门发出诉前检察建议 13 件，督促迁安市国土部门落实对某钢铁公司行政处罚，为国家挽回损失 3889 万元。

【检察官员额配置动态管理】 2017 年，唐山市检察机关落实人员分类管理，两级检察院选拔 496 名检察官入额，占编制 35.1%，全部安排在办案岗位。落实检察官、检察辅助人员和司法行政人员单独职务序列。实施员额配置动态管理，建立检察官退出员额机制。推进办案责任制，制定检察委员会、检察长和检察官权力清单，利用统一业务应用系统随机分案。两级院检察长每人出庭公诉疑难复杂案件 2 件以上，工作经验被省院转发。构建案件质量监管体系，利用信息化系统监控办案流程，实施司法瑕疵责任追究，对每起案件都进行质量评查，检察长、纪检监察和部门内部交错监督。在省委政法委对司法改革落实情况督导检查中，唐山检察机关在全省检察机关排名第一。

【检察队伍建设】 2017 年，唐山市检察机关加强两级检察院党组和机关党组织建设，配合省院开展政治巡视。开展 50 项业务实训，涵盖全部业务领域。完成 2 项国家级课题研究，在知名期刊发表论文 27 篇。市院获评档案管理 AAAAAA 级单位，“唐山检察云”完成省市县三级联通，实现对司法办案、队伍管理、检务保障信息化管理。修订、制定 37 项管理制度，规范党建、队建、纪律作风和日常管理，5 个县（市、区）院被评为“全省文明单位”。在全国检察机关基层院建设会议上，市院作经验交流。推行不起诉案件公开办理，建立逮捕案件公开审查制度，邀请人大代表、政协委员、律师代表观摩公开办理案件 200 余件，组织人民监督员监督案件 29 件。利用新媒体公开法律文书 3965 份、案件信息 7694 件。市检察院被中央政法委确定为队伍建设联系点。

【全国公诉会议在唐召开】 2017 年 5 月 24 日，全国司改背景下的刑事公诉面临新问题、新挑战及对策研讨会在唐山召开。最高检副检察长孙谦出席会议并讲话。最高检检委会专职委员、公诉厅厅长陈国庆主持会议，省院检察长童建明出席会议。最高检公诉厅及部分内设机构有关人员，各省级检察院、军事检察院、新疆生产建设兵团检察院主管公诉副检察长和公诉部门负责人，卞建林、陈卫东、龙宗智等法学专家，全国人大代表高瑞华、全国政协委员胡万宁、最高检特约检察员黄卫东等参加研讨。

【省检察院领导在唐调研】 2017 年

8月9日，河北省检查院党组副书记、常务副检察长史建明一行在唐山调研指导，考察机关建设。调研组视察案管大厅、检察文化长廊、院史馆和电子检务运维中心，看望干警，听取工作汇报，对唐山检察工作给予肯定。

（姚兆亮）

审 判

【审判概况】 2017年，唐山市两级人民法院受理各类案件12.21万件，新收案件比上年增加4735件，结案11.41万件，结案率93.41%，比上年上升1.4%。其中，市中级人民法院受理各类案件4.22万件，新收案件比上年增加1642件，结案3.84万件，结案率90.99%。收结案件数量均位列全省中级人民法院第一。年内，全市法院有5个先进集体和9名个人获省级以上表彰，市中院连续两年被中央文明委评为“全国文明单位”。路南法院连续15年保持“全国优秀青少年维权岗”称号。中院民二庭法官赵阳利被评为“全国法院办案标兵”。年内，唐山市中级人民法院接受人大监督和政协民主监督，主动向人大及其常委会报告工作。开展代表、委员联络工作，邀请人大代表、政协委员视察法院、旁听庭审、见证执行等活动1576人次，办理、反馈代表、委员建议和提案5件，全部按时办结。依法接受检察机关法律监督，办理抗诉案件和检察建议，加强协调配合，维护司法权威。

【刑事审判】 2017年，唐山市两级法院审结各类刑事案件5030件，判处罪犯7033人。从严惩处严重危害社会安全犯罪，审结故意杀人、抢劫、绑架、涉毒等严重刑事犯罪案件141件。从严惩处涉众型经济犯罪，审结集资诈骗、电信诈骗、非法吸收公众存款等案件98件。从严惩处职务犯罪，审结贪污贿赂、失职渎职等案件410件，完成对6名厅级干部职务犯罪案件审理。

【民商事审判】 2017年，唐山市两级法院审结各类民商事案件7.72万件，注重案结事了，调解撤诉率47.18%。其中，依法审结人身损害、交通事故、劳动争议等案件1.73万件，审结婚姻家庭、抚养继承等案件9928件，审结土地流转、征地补偿等案件752件，审结买卖、租赁等合同案件3.33万件，审结涉企纠纷案件1064件。依法保障公民、法人和其他组织合法权益，化解矛盾，促进社会和谐。

【行政审判】 2017年，唐山市两级法院监督支持依法行政，审结各类行政案件3199件。推进实质化解行政争议，依法开展行政和解，当事人主动撤回起诉134件。落实行政机关负责人出庭应诉制度，行政机关负责人出庭应诉67人次。依法维护赔偿请求人合法权益，办理国家赔偿案件27件。参与“七五”普法宣传，开展“送法进政府、进企业、进校园”活动，宣讲培训52次5万余人次。发布年度行政审判白皮书，深化行政与司法互动，推动法治政府建设。

【案件执行】 2017年，唐山市两级法院解决执行难问题，执结案件2.34万件，执结到位金额26亿元。深化集中执行常态化机制，组织开展系列集中专项行动900余次，拘传、拘留“老赖”2400余人次，曝光失信被执行人信息1.23万条，移送涉嫌“拒执罪”案件25人，1978名失信被执行人迫于压力主动履行义务。依托京津冀法院执行协作机制查控财产，异地执结案件3000余件。推行网络司法拍卖，网拍195场次，成交金额3.45亿元，为权利人节省佣金1035万元。中院课题组撰写《唐山法院审执分离体制改革成效及展望》被纳入法治蓝皮书《中国地方法治发展报告》司法公正篇。

【审判服务社会】 2017年，唐山中级人民法院制发《为推进京津冀协同发展、加快“三个努力建成”、把唐山建设成国际化沿海强市提供司法保障和服务的指导意见》，为产业对接、环境治理等协同发展项目提供司法保障。成立涉军案件合议庭，化解在军队和武警部队停止有偿服务过程中出现各种纠纷，保证军队财产不流失、群众利益不受损。建立府院联动机制，处理破产案件，全年审结公司债务清算、企业破产重整案件56件。在依法保障债权人和企业职工利益基础上，促进淘汰落后产能，帮助困难企业重整。发挥环境资源“三审合一”（知识产权民事、刑事、行政案件统一集中审理）审判优势，审结环境资源类案件124件，受理中华环保基金会提起首例公益诉讼案件。发挥司法审判优势，保护入唐企业合法权益，保障重点项目落地，为首钢京唐公司、唐曹铁路等重点企业和项目开通司法绿色通道。加强知识产权司法保护，明晰权利边界，规范竞争行为，审结知识产权纠纷案件43件，助力新旧动能转换。防控金融风险，保障企业正当融资，审结民间借贷、金融借款等案件1.31万件。围绕“对内服务审判，对外服务群众”，推进诉讼服务中心建设提档升级，实现

2017年，唐山佳华煤炭化工有限责任公司破产清算债权人会议现场。
石钟苑 摄

从网上预约立案到网上立案实质性跨越，完成全省首例跨域网上立案，《人民日报》等多家媒体予以报道。加大司法公开力度，多项指标均达100%，在全省190家法院参加的阳光司法指数评估中，丰南法院排名第一，遵化市、丰润区法院均进入前10名。升级改造高清数字化法庭299个，网络直播庭审案件2.03万件，比上年上升243%。依托乡镇法庭深化多元化纠纷解决机制，化解因征地补偿、村庄规划、村委会换届所引发敏感性、群体性纠纷1600余件。

【法院司法改革】 2017年，唐山市中级人民法院确立法官办案主体地位，构建以员额法官为主导新型审判团队，实现“让审理者裁判、由裁判者负责”。入额院庭长全部编入审判团队，实现优质审判资源向一线倾斜。规范审判监督权，加强案件质量评查，组建专业法官会议，规范审委会讨论范围和呈报程序。推动基层法院内设机构改革，将扁平化管理和专业化建设相结合，15家基层法院内设机构改革全部完成，内设机构压缩率50%。加强与公安、检察、司法、安全等政法机关协调配合，细化庭前会议、非法证据排除和法庭审理“三项规程”，推进庭审实质化，市中院、丰南法院、遵化法院被省法院确定为试点单位。推进刑事案件认罪认罚从宽试点工作，审理案件243件245人，保障受害人及其家属得到精神抚慰和经济赔偿。推进法院信息化发展，完成三、四级网络扩容，推进电子卷宗随案同步生成、庭审巡查和智能庭审等六大系统应用，服务法官办案、服务群众诉讼、服务司法决策，提升审判质效。全市法院法定审限内结案率96.16%，比上年上升1.45%，缩短平均审理天数。

【法院队伍建设】 2017年，唐山市中级人民法院健全绩效考评机制，调动法官办案积极性，员额法官年均办案200件。开展庭审观摩、岗位练兵、优秀法律文书评选等活动，提高法官驾驭庭审和制作法律文书能力，全市法院系统10篇案例入选最高法院优秀案例。履行全面从严治党主体责任，推进党风廉政建设和反腐败斗争。开展“一问责八清理”、基层“微腐败”专项整治和“不作为、乱作为、慢作为”专项清理工作，综合运用监督执纪“四种形态”，惩治司法腐败，查处违纪违法干警17人。

【房地产回迁案件强制执行行动】 2017年，唐山市委部署解决房地产开发遗留问题，市法院制发《关于解决房地产开发遗留问题的实施意见》，成立专门立、审、执协调领导小组，会同属地政府，在全省率先启动房地产回迁案件强制执行行动，累计协调处理房地产项目42个，组织大型征拆行动6次，完成6地11处1395平方米房屋强制拆迁。省委《工作情况交流》刊载唐山法院做法，要求各地学习借鉴。

【首例环境公益诉讼案件】 2017年，中华环境保护基金会向市中院提起对迁安轧一钢铁集团有限公司大气污染环境民事公益诉讼，是唐山市依法受理首例环境民事公益诉讼案件。案件受理后，市中院两次组织双方当事人召开庭前会议，并告知负有监管职责的迁安市环境保护局，督促环保局履职。通过法院审理，原、被告双方达成一致意见，共同委托3名有资质专家对超标排污所产生大气环境治理费用出具专门意见。被告投入资金实施深度治理，逐项整改，在线监测数据全部达标。

【京津冀法院立案一体化】 2017年4月，京津冀法院立案工作一体化会议在唐召开，唐山中院、路北法院和丰润法院被最高人民法院确定为京津冀跨域立案试点法院。“跨域立案一体化”是服务于京津冀协调发展国家重大发展战略具体措施，是打造全国跨域立案、全国立案一体化示范区域举措。结合京津冀地域实际，打造京津冀地区立案规范化、标准化，统一领导、统一标准、统一平台、统一范围、统一要求、统一流程，使京津冀立案一体化具有可操作性和可复制性。市中院加强组织领导、制度建设、信息化保障和宣传引导，加强交流与合作，解决进程中遇到各种问题，完成“跨域立案一体化”相关工作

（田文斌）

司法行政

【司法行政概况】 2017年，唐山市律师事务所138家，执业律师1242人，年办理各类律师事项2.39万件。公证处13个，公证员57人，年办理各类公证事项3.18万件。基层法律服务所82个，基层法律服务工作者283人，年办理基层法律服务事项4081件。司法鉴定机构21个，鉴定人231人，年办理司法鉴定事项1.01万件。法律援助中心15个，年办理法律援助案件4710件。公共法律服务中心13个。年内，律师行业制发《关于深化律师制度改革的实施意见》和《关于推行法律顾问制度和公职律师公司律师制度的实施意见》，全市46个政府机关开展公职律师试点工作，公职律师62人；律师协会与司法行政机关脱钩分离，维护律师执业权利中心和投诉受理查处中心挂牌成立。公证行业在全省率先完成改制，滦县、玉田县两个行政体制公证处改为事业体制。规范升级基层法律服务行业，遵化市11家法律服务所整合为7家，法律工作者由33人消减为26人，查处法律服务市场无证执业、超范围执业等问题，取缔无证执业场所1家。司法鉴定行业预防、处理信访投诉案件工作受到上级机关肯定，并在全省司法鉴定投诉处理工作交流会上作典型发言。选任人民监督员63人，正式在市、县两级检察机关开展监督检查工作。完成最后一次国家司法考试唐山考区组织工作，为2018年国家统一法律职业资格考试实施奠定基础。年内，唐山市司法局被人力资源和社会保障部、司法部联合表彰为“全国司法行政系统先进集体”，被评为市级文明单位和依法行政工作优秀单位。唐山市法律援助中心被评为“第五届全国法律援助中心先进集体”，2名工作人员获部级称号，原市法律援助中心主任郝建宁在司法部与新华社共同举办“砥砺奋进的五年司法行政故事”主题宣传活动中获评“新时代最美法律服务人”。

【法治宣传教育】 2017年，唐山市司法机关完善法治宣传教育工作领导机构。制发《唐山市“法治九建”指导标准细则》，起草国家机关“谁执

法谁普法”责任清单。开展领导干部、公务员、青少年、农村群众等重点人群普法活动，完成各项普法任务，全年开展各类主题宣传教育活动35项。8月，省人大在唐山市专题视察，对唐山市“七五”法治宣传教育工作给予肯定。年内，遵化市、滦南县2个县（市）和丰南区杨贵庄村等5个村分别被推荐为“全国法治县（市、区）创建活动先进单位”和“全国民主法治示范村”。

【社会矛盾纠纷排查化解】 2017年，唐山市司法机关组织开展7次专项矛盾纠纷排查化解活动，建立疑难纠纷调处机制，诉前调委会在各县（市、区）全部建成投入使用。在全市18个县（市、区）、6004个村居调委会配备手机软件“民调通”，制发《关于加强全市行业性、专业性人民调解规范化建设的意见》。年内，全市累计建立“品牌调解室”20个，出版《人民调解工作典型案例选编》第二册，与司法部案例库工作契合，组织开展全市人民调解员业务技能大赛，增强队伍能力和水平。全年全市累计排查调处各类矛盾纠纷2.23万件，调解成功率97.5%，无因调解不当引发民转刑案件。

【特殊人群管理帮扶】 2017年，唐山市强制隔离戒毒所收治强戒人员321人，解除145人，在册256人。市强制隔离戒毒所落实监管制度和责任，强化教育戒治质量和安全生产管理，规范执法程序和执法行为，建设卫生所、社区矫正中心等功能场所，稳定职工队伍。管理和帮扶社区矫正、刑满释放人员，对违反规定人员提出警告等处分134人次，依法提请收监5人，与诚成青少年社会工作服务中心合作，建立全省首家地市级社区矫正心理矫治服务站，路北区、曹妃甸区、迁安市、遵化市等县（市、区）建成社区矫正中心，完善社区矫正监管与服务体系。全年全市接收社区服刑人员2709人，解除矫正2602人，在册4482人，重新犯罪率保持在0.17%以下，在2017年度全省社区矫正工作联合执法检查评比中获第三名。加大刑满释放人员过渡性安置帮教力度，全市建立安置帮教基地20家，全年接收刑满释放人员3382人。

【法律服务】 2017年，唐山市司法机关服务经济发展，为土地招拍挂、“一区三边”（城市或县城建成区，铁路边、高速公路边和国省干道边）违法建筑集中整治、回迁房和保障房安置分配、公益性选岗等提供法律建议服务和现场公证监督。降低法律援助门槛，扩大法律援助覆盖面，保障和改善民生，法律援助办案量较上年增长30.47%。市级公共法律服务中心建成并投入使用，规范各县（市、区）公共法律服务中心服务，“一个窗口受理、一站式办公、一条龙服务”模式达到全省领先水平。“12348”法律热线电话改造升级为公共法律服务智能语音系统，可同时接入多部法律咨询热线电话。“唐山公共法律服务”网站和微信公众号同步上线运行，2017年全省法律援助工作培训班在唐山市举办，与会人员参观市公共法律服务中心。律师进驻各级群众工作中心，维护社会和谐稳定，年内，市本级累计接待群众法律咨询1310批次1466人次，减轻信访压力，化解信访矛盾。

（李　媛）

仲　裁

【仲裁概况】 2017年，唐山仲裁委员会受理案件120件，审结案件122件（含旧存案件），结案率85.3%，其中，以裁决形式结案49件，占总结案率40.2%，比上年下降率为17%，以调解、撤回仲裁请求形式结案73件，占总结案率59.8%，比上年调解率提高15%。年内标的额为5.96亿元，较上年提高153.62%。年内当事人向中级人民法院申请撤裁仲裁裁决无一起撤销。依据《仲裁法》法定条件，聘任仲裁员181名，其中高级法官25名、资深律师83名、专家学者73名，占比分别为13.81%、45.86%、40.33%。创立仲裁调解中心，市仲裁委员会与乐亭法院、丰南法院、遵化法院、路北法院联系，推进仲裁进驻，设立仲裁服务窗口。年内，受理、审结路北法院分流案件13起。

【金融领域仲裁】 2017年，唐山仲裁委员会多次走访农行唐山分行，采用“致金融机构一封信”形式，加强与银行联系，推进仲裁在金融领域创新，年内受理数起农行案件。农行在其部分放贷合同中引入仲裁条款，实现农行案件选择仲裁方式常态化。

【仲裁员纪律监督】 2017年，唐山仲裁委员会没有仲裁员违纪行为，没有发生案件上访事件。年内，仲裁员纪律委员会提出实行仲裁员年检制度、试行纪律委员会成员列席庭审制度、实行仲裁案件质量评估制度、健全投诉受理和调查机制、实行约谈制度、建立违纪责任追究制度等9项制度，健全仲裁系统廉政制度。

【仲裁员年检】 2017年，唐山仲裁委员会开展首次仲裁员年检工作，年检时间为5月9日～6月30日，7月4日召开年检总结会议。年检中发现存在7项问题，收集仲裁员提出19项建议，纪律委员会提出6方面工作建议，仲裁机关在全年工作中逐件予以落实。

【仲裁理论研究与学习交流】 2017年，唐山仲裁委员会仲裁员赵国来撰写题为《论构建和完善我国仲裁庭制度》学术论文在《唐山法学》2017年第1期刊登，全文字数1万字。3月4～9日，唐山仲裁委员会参加上海仲裁高级研讨会活动，学习外地仲裁调解经验；5月16～19日，参加省司法厅组织赴广西南宁、北海两地仲裁委员会考察；10月28日，参加中国仲裁论坛；12月27日参加全国仲裁年会；10月20～26日，参加政法大学主办仲裁秘书业务培训班。针对如何提高仲裁文书制作水平问题，11月10日，邀请曾任北京仲裁委员会秘书处负责人、北京律师彭立松（唐山仲裁委员会仲裁员）开办“仲裁裁决书的制作与秘书处核阅裁决书应注意事项”专题讲座。

【优秀仲裁员评选】 2017年12月22日，召开2017年度优秀仲裁员表彰大会，授予刘振东、彭立松、赵富力、祝瑞英特殊贡献奖，授予黄建文、冀小山、陶运和、王大明、王恩民、杨洪宝、于有志、张树亮、赵国来、郑国平“优秀首席仲裁员”称号，授予薄立岩、陈书云、郭涛、侯剑锋、蔺和刚、钱勇、王斌、杨华、杨文领、张宝良、张浩显著进步奖，授予郭宝琴、郝秀娟、侯春来、蒋占金、李会珍、李同庆、刘光耀、彭强、苏胜、唐凤芝、邢淑英、闫静、杨士兴、杨泽斌、于幼禾、张东文、张冬云、张伟、祝明钊“优秀仲裁员”称号，并颁发证书。

【省司法厅在唐调研】 2017年4月12日，河北省司法厅副厅长梁洪杰、省司法厅政策法规处处长刘志朝一行7人在唐山仲裁委员会调研指导仲裁工作。唐山市司法局副局长何承荣陪同调研，唐山仲裁委员会主任吴铁汉、副主任兼秘书长张国华、副主任郁红祥及各处室负责人参加调研活动。调研组就仲裁机构性质、仲裁员选拔与任用、仲裁员信息公示、宣传瓶颈、五证合一困境解决办法和成立河北省仲裁协会等事项进行交流。

（吴铁汉　高　洋）

4月12日，省司法厅调研组在唐山仲裁委员会调研。　王柱琦　摄

监狱管理

【监狱管理概况】 2017年，河北省监狱管理局冀东分局（简称冀东监狱）推进依法治监，实现无差错办案。推进教育改造工作，各项指标全部达到部颁标准。开展各项主题教育活动，增强队伍素质。在党的十九大期间，冀东监狱在安排部署各项工作中，坚持全员参与，全警投入，完善制度，改进措施，落实“分局领导双人值班”“监狱领导狱门值日”“全体干警停止休假”等超常规举措，确保监管、信访、舆情3项安全。两级班子成员定期在基层联系点调研指导，两级警务督察组定期在基层督导检查。监控指挥中心明确123条规范性事项，值班干警实时对照检查安保工作。年内，冀东监狱第15次被评为“省级文明单位”。

【监狱执法】 2017年，冀东监狱推进刑罚执行网上办案平台建设，协调唐山市中级人民法院、唐山市人民检察院，优化协同执法办案模式。深化监区干警协同办案模式，办理1657件减刑、假释、暂予监外执行案件，全部符合法定程序和法定条件。衔接省监狱管理局新计分考核罪犯实施细则，制定落实“三审核、一见面、一公开”举措，罪犯新旧考核折抵数据正确率100%。发挥唐山工人医院托管南盐医院优势，加大狱内巡诊力度，推行内部集中就诊模式，保证病犯及时治疗，罪犯伙食费、实物量及营养水平全部达到或超过部颁标准。

【监狱教育改造】 2017年，冀东监狱贯彻司法部“治本安全观”，制定实施师资力量“全警化”、个别教育“实效化”、心理教育“常态化”、常规教育“电教化”为内容的“四化”措施，推行常规思想教育、专题思想教育双轨运行模式，干警直接教授思想教育课320课时，及格率和获证率均达100%。培育三级心理咨询师504人、二级心理咨询师51人，完成罪犯心理测试2792人次，开展个体心理咨询607人次，新入监犯心理测试评估率100%。配置干警个别谈话音像信息采集系统90套，制作“心灵寄语”407条，制作《心灵之声》50余期。通过“四化”措施提高教育改造实效性，顽固犯、涉邪教罪犯转化率均保持在90%以上，相关工作得到省委政法委表彰。

【第八监狱布局】 2017年11月16日，按照省司法厅、省监狱管理局党委安排部署，开展第八监狱接收、关押改造女犯工作，制定工作思路，研定建设方案，统筹推进基础设施建设、职能机构设置、干警调配与培训、罪犯分流与接收、劳务加工项目调整、行政后勤保障6个方面22项重点工作。截至年底，16项基础建设项目在建，监区干警及罪犯整建制分流完成，干警优化配置到位，90名女警赴省女子监狱跟班培训结束，达到接收女犯监管改造要求。

（刘美平）

武　警

·唐山市支队·

【市支队概况】 中国人民武装警察部队河北省总队唐山市支队（简称唐山市支队）编制等级为团级，部队主要担负河北省监狱管理局冀东分局第一、第二、第四、第五、第七、第八监狱和唐山监狱7个目标看押任务，丰南、曹妃甸、滦南、乐亭、滦县、迁西、迁安、遵化、玉田、丰润、唐山市第一看守所11个目标看守任务和“处突”、反恐、城市武装巡逻等任务。2017年，市支队调整44名干部，4名战士考学提干，发展97名党员，454名官兵立功受奖，236名士官选晋。部队全面建设呈现稳中有进发展态势。年内，原一大队被总队表彰为先进大队，滦县中队、原一中队被总队表彰为基层建设标兵中队，五中队、六中队、丰南中队、乐亭中队、遵化中队、迁安中队被总队表彰为“基层建设先进中队”。

【市支队政治引领】 2017年，唐山市支队组织一期基层干部网上理论轮训，开展荐书活动，帮助基层建好用好网络学习室和图书室。每月落实推门听课、官兵评课和编写精品教案等制度，开展职能使命、形势任务和“四反”（反渗透、反心战、反策反、反窃密）教育，邀请市国安局专家在市支队作隐蔽斗争形势报告。落实“日提示、周预警、月分析”预防制度，加强教育引导，防控网络舆情。突出政治环境建设，弘扬大钊精神、抗震精神和南盐精神。规范营区政治环境建设，开展读红色书籍、唱红色歌曲、讲红色故事、看红色影片、编红色短信、写红色格言“六红”活动。开展职能使命、形势任务和“四反”教育，确保官兵忠诚。

【市支队练兵备战】 2017年，唐山市支队按照实战化训练要求，开展实地实装训、实情实际训、实案实兵训，3000余人次参加首长机关工训轮换、勤训轮换、预提指挥士官集训、特勤排“魔鬼周”极限训练等“七类集训”，开展“学方案、讲方案、研方案、练方案”实案化练兵，增强部队整体训练水平。组织新兵训练，年内，总队组织预提指挥士官集训千人比武中，唐山市支队获团体第三名，特战骨干比武竞赛中获干部指挥专业第1名，支队党委为取得优异成绩战士记功、嘉奖，树立训练有为导向。开展“学、查、找、补”活动，纠治执勤隐患197处，解决市第一看守所、玉田看守所AB门建设不达标等问题，促成市第二看守所新建开工、乐亭看守所新建立项。全年动用多名兵力，完成189起临时押解勤务，实现连续17年执勤安全无事故。完善方案体系，规范反恐力量编成和编携配装，做好前指带实兵战备拉动，《党的十九大期间战备工作流程》被总队刊发推广，提升常态战备水平。

【市支队保障效能提升】 2017年，唐山市支队修订完善后勤保障各类预案，健全指挥体系，充实唐山片区预储点战备物资储备，完善警民联储联供联保运行机制。开展“岗位大练兵、专业大比武”活动，年内，依托培训平台为基层输送各类后勤专业人才98名。结合每季按纲建队考评组织专业兵考核，4次组织战地卫勤、运输油料和野炊保障演练，投入400余万元用于基层建设，提升后勤保障。协调地方政府和目标单位经费150余万元，为县（市、区）中队建设车库和改善官兵生活条件。拿出10余万元，组织官兵赴有资质医院进行身体检查，建立健康档案，确保官兵身体康健。加强与驻地银行、超市、加油站、车辆维修点、运输公司、军粮供应站、医院等单位联系，签订保障协议，发挥社会服务保障功能，满足官兵多样化保障需求。新兵到队前，投入10余万元补充完善新训生活设施，为新训工作提供后勤保障。做好基层伙食管理，开展“伙食管理互比互评及军粮专项检查活动”。开展安全行车、枪弹隐患专项治理，推进军械库改造和车库建设，拓展军械和车辆综合管理系统功能，防范车辆违章等问题发生。

【市支队安全基础稳固】 2017年，唐山市支队把握安全底线，遵守十一条“禁酒令”，推行“无后果”责任追究，推进“安全大检查”“百日安全竞赛”等活动，组织7次安全隐患排查，整治内部关系、人员管控、车辆管理、枪弹安全、禁酒治酒、失密泄密和预防自杀等问题，全年纠治隐患195条，处理违纪官兵19人，形成群防群治局面，被武警部队评为“暑期百日安全竞赛优胜单位”。

【唐山国际马拉松安保】 2017年10月，唐山国际马拉松期间，市支队出动兵力XX人次，完成开（升旗）闭幕式安保、武装巡逻、定点警戒、反恐“处突”、机动备勤等任务，协助公安民警处置各类情况，应对“十一”假日期间大客流，安保官兵表现得到各级领导和游客肯定。

（李国才　邱　杨）

·公安消防支队·

【公安消防支队概况】 唐山市公安消防支队为副师级建制单位，下设1个特勤大队、1个培训基地、1个战勤保障大队，辖20个消防大队、28个中队。2017年，市公安消防支队加快立体火灾防控体系建设，完成各项重大消防安保任务。全年接警出动1124次，出动车辆2313辆，出动警力1.23万人，抢救被困人员321人，疏散被困人员349人，抢救财产价值710.86万元，其中火灾491起，直接经济损失1078.29万元。比上年火灾起数下降45.2%，直接财产损失下降47.22%。年内，印发《关于进一步做好当前火灾防控工作的通知》《唐山市人民政府办公厅2017年今冬明春火灾防控工作方案》《唐山市消防安全稳定风险隐患大排查行动实施方案》等10份指导性文件，全市消防部队无违法违纪案件事故发生，部队内部安全稳定。

【国务院考核唐山消防】 2017年5月4～5日，由文化部机关服务局副局长步士忠带队的国务院考核组，检查考核唐山市2016年度消防情况。省文化厅副巡视员梁扉、省消防总队总队长魏捍东、省消防总队

2017年，市支队开展实地实装训练，战士在车内进行战法研究。

石　钟　摄

防火监督部部长杜东升、省安监局副处长王军及唐山市市政府领导胡国辉、黄三平等陪同核。在迎检筹备段，公安消防支队召开3次协调会，成立8个帮扶指导小组，对市消防安全委员会40个成员单位实地帮扶50余次。推动市消防安全委员会组织集体调阅行业部门档案3次。全市消防工作得到考核组肯定。

【总队党建工作推进会承办】 2017年8月25～26日，省消防总队在唐山市公安消防支队召开党建工作推进会。公安部消防局副政委詹寿旺、省公安厅巡视员张士良、省消防总队政委刘心元、政治部主任李志良以及唐山市副市长、市公安局党委书记、局长黄三平等出席会议。全省各市消防支队政治委员、政治处主任、河北省消防总队培训基地相关负责人及基层党建试点单位政治主官参加会议。詹寿旺与河北省政府党组成员、公安厅党委书记、厅长刘凯进行座谈，就加强消防、部队建设和党建工作交流意见。

【消防支队岗位练兵】 2017年4月，唐山市公安消防支队在河北省消防总队组织春季体能对抗赛中获团体总分第二名，其中精英队获精英对抗科目团体总分第二名，迁西中队获县（市、区）政府专职消防队团体总分第一名。11月，在总队组织夏季技能对抗赛中，燕山路中队获现役队组第二名。8月1日，市公安消防支队在乐亭境界实业有限公司举行大型石化企业灭火救援综合演练，调集11个执勤中队、1个战勤保障大队和2个企业专职消防队以及公安、卫生、供水、环保、安监等部门30余辆车180余人参加，提升部队实战和联动能力。8月29日，市公安消防支队在特勤大队举办全市微型消防站比武竞赛，市县两级政府和公安机关主管领导现场观摩，提升唐山市抗御各类灾害事故和灭火救援整体能力。

【消防支队基础建设和装备保障】 2017年，唐山市公安消防支队投入1000余万元改造部分基层中队营房。投入150万元改造利用原战勤保障大队，建设一座350平方米蔬菜大棚和5000平方米菜地，为支队官兵提供蔬菜。将原报废车库改造成支队车辆修理所和泡沫灭火剂储备库。年内，投入车辆装备建设资金4376万元，购置2部进口底盘城市主战消防车、1部大功率排烟消防车、30台防爆灭火消防侦察机器人、8辆机器人运输车和8000余件套灭火救援及防护器材。

【火灾隐患排查】 2017年，唐山市公安消防支队开展火灾隐患排查整治，督促人员密集场所落实消防安全管理主体责任。在全市重点单位、“九小场所”（小学校或幼儿园、小医院、小商店、小餐饮场所、小旅馆、小歌舞娱乐场所、小网吧、小美容洗浴场所、小生产加工企业）、住宅社区等场所推广“三查一清两桶水”（检查规范用火、用电、用气，定时清理安全疏散通道，随时备用两桶灭火用水）制度。全市重点单位全部按照标准建成微型消防站，社区建成微型消防站340个，建成率97%。年内，全市检查单位4.53万家，发现火灾隐患或违法行为9.71万处，督促整改火灾隐患或违法行为9.68万处，临时查封场所357处，责令“三停”（停产停业、停止施工、停止使用）单位358家，罚款1225.97万元，拘留123人。全年全市未发生有较大恶劣影响火灾事故。

【消防宣传】 2017年，唐山市公安消防支队开展“全民消防我代言”活动，聘请400余个各行业团体和个人为唐山消防代言，扩大消防知识宣传广度和深度。在市区2万余辆共享单车上悬挂消防知识提示卡片，受到部局总队领导肯定。推出“二十四节气系列消防宣传提示电子海报”。在省市级主流媒体刊发、播放新闻报道320余篇，发送微博微信135条，信息推送量20万人次。在市级媒体开办4个专栏，实现报纸有报道、电视有画面、广播有声音。

（于景华）

·唐山市公安边防支队·

【边防支队概况】 2017年，唐山市公安边防支队（简称边防支队）提高部队正规化建设水平，通过打造丰南大队等试点单位，带动提升支队正规化建设整体水平。建立常态化督导检查机制，开展日常网上督察、现场督察、交叉督察120余次，发现整改问题360余个，加强重大任务期间和人、车、枪、酒、密等重点环节督导检查，预防事故案件。全年争取地方保障经费XX万元，为部队发展提供支撑。投入340余万元为基层办实事10余件。推进营房建设进度，黑沿子、南堡所搬迁入住，上级下达有编无房单位重点推进计划指标项目全部落实建设用地。增加摩托艇XX艘、装备车辆XX辆，配发多功能执勤执法器材XX套，提升装备保障水平。

【边防支队安保任务完成】 2017年，唐山市公安边防支队做好北戴河暑期安保和党的十九大期间边防安保等任务。暑期边防支队各级出动警力XX万次、车辆XX台次，检查人员36.2万人、车辆15.5万辆，抓获网上逃犯11人、涉毒人员24人，缴获冰毒136.15克。党的十九大召开期间，支队各级完善应急“处突”预案6类19种，想定实兵演练脚本4套，组织开展“处突”拉动演练40余次，抓获网上逃犯5名，收缴管制刀具25把、钢珠弹1600余发。

【边防辖区稳定】 2017年，唐山市公安边防支队建设立体化防控体系，将边防辖区纳入全市“天网工程”，深化人防、物防、技防建设。年内侦破贩毒案件6起，抓获犯罪嫌疑人9名，缴获冰毒总净重1252.93克，其中“‘9·1’贩卖毒品案”是省厅毒品目标案件和总队自侦自办首起跨省重大贩毒案件，创全省边防部队破获成批量毒品案件战果之最。部署开展出海船舶边防治安管控专项整治行动，开展集中港湾清查行动8次，查处边防行政案件157起、违规船舶82艘次，处罚渔船民104人次，妥善处置涉渔纠纷49起。推进“固边3号”“固边4号”“忠诚亮剑·2017”等专项行动，全年抓获网上逃犯38人，打击处理各类违法犯罪嫌疑人116人。

【边防支队爱民固边战略】 2017年，唐山市公安边防支队开展全警大走访活动，走访群众1.06万户次3.13万人次。对辖区贫困村、贫困户、孤寡老人、残疾人、困难儿童等弱势群体进行再摸排、再识别，完善

公安边防支队开展“秋季净港”沿海船舶集中清查行动，现场检查出海船舶。 卢海鹏 摄

“一帮一”“多帮一”等惠民措施，帮助37名困难儿童和孤寡老人纳入社会救助体系。推进模范区域创建，创建爱民固边模范系列63个，形成连点成片爱民固边模范区域品牌效应。推行南堡所流动党支部、高尚堡所“务工者之家”等经验做法，化解劳资纠纷10余起，帮助农民工要回工资260余万元。

【蚕沙口妈祖庙会安保】 2017年4月15～20日，唐山市曹妃甸区柳赞镇举办妈祖庙会，庙会客流量10余万人。唐山边防支队党委研究制定安保方案，从各单位抽调安保警力50人，保障庙会活动正常进行。

【“秋季净港”沿海船舶集中清查行动】 2017年，唐山市公安边防支队提升部队沿海船舶管控能力，摸清辖区出海船舶、渔船民基础底数及风险隐患。开展“秋季净港”沿海船舶集中清查行动，年内累计检查船舶372艘，检查出海人员1587人，查处边防行政案件33起，处罚船舶17艘、船民25人。抓获网上逃犯1名，收缴管制刀具2把、信号枪1支、滑膛弹弓1支、钢珠1000余发。

（韩清涛）

·水电一支队·

【水电一支队概况】 中国人民武装警察部队水电第一支队（简称水电一支队）是水电部队驻北方唯一支队，主要担负“拱卫京畿，辐射东北、华北”的应急救援使命。2017年，支队推广“集中备课、交叉授课、战士评课”教育方式和“1+5+2”教育模式（5分钟战士小讲堂、30分钟授课辅导、10分钟课后讨论），组织“四会教员”（会讲、会做、会教、会做思想工作）授课比赛、党史军史知识竞赛、建军90周年歌咏比赛等强军风采系列活动，1名士官受邀参加武警部队“十大标兵士官”颁奖典礼演出，二中队报告文学《幸福暑期》被多家军地媒体刊载，全年在《武警报》《解放军杂志》《中国军视网》等媒体上稿26篇，三级网新闻上稿2899篇。向迁安市政府争取50余公顷野外练兵场地，组织冬季野营拉练、“卫士-17”演习、驻地河道治理练兵，培养“四会”教练员90人，编写教案75份，拍摄示教录像16部。补充配备主战装备XX台套、保障装备XX台套，检修恢复装备XX台套，补充各类战备物资XX台套；建成启用干部、士官公寓，救济困难官兵18人，慰问困难党员和患病官兵22人。

【水电一支队应急力量建设】 2017年，水电一支队开展抢险救援工作，推进常态化战备教育、形势任务教育和重大任务反思总结，坚持每天不间断对机关、大队战备值班监控查询，每周交班会讲评值班秩序，每月组织不打招呼拉动，提升战备秩序，《扭住练兵备战不松劲》通讯在《武警报》二版头条发表。通过完善营区训练设施、设置野外练兵场地、承担河道治理练兵任务等，巩固核心军事能力。设置军事训练“龙虎榜”，每月评选训练尖兵，每半年组织军事考核，每年举办军事体育运动会，《军事体育竞赛情况报告》被总队党委转发。针对履行雄安新区抗洪、道路工程保障抢修抢建专项任务，制定完善各类预案17份、抢险和抢修作业技术指导案4套，邀请指挥学院教授现场指导教学32学时，依托沙盘、三维立体电子地图和指挥信息系统，组织针对性演练4次。支队在总队组织的技术教员培训和实地作业考核中获第一名。

【水电一支队基层建设】 2017年，水电一支队落实指挥部基层建设工作会议精神，制定《支队党委按纲指导计划》、大中队《按纲建队计划》，每季度组织按纲建队考评和评比，每周交班会对口讲评基层经常性工作落实情况，规范党委机关抓建基层秩序。遴选4名机关干部赴大中队任职，通过应用性培训、以会代训、任务中锤炼方式，开展岗位大练兵，提高自身建设能力。建立机关股室与中队挂钩机制，开展帮扶活动，安排13名营团职干部在大队蹲点，针对连续5年未入先进中队的，指定常委“一对一”挂钩帮带。2个重点帮建中队进入先进行列，四中队连续7年被指挥部表彰为“标兵中队”。

【水电一支队安全管理】 2017年，水电一支队以总部、指挥部通报的安全事故案例为反面教材开展警示教育。开展“暑期百日安全竞赛”等活动，投入30余万元完善营区电子围栏、营门安防设施、楼顶安全护栏、楼层灭火器材等安全设施。每季度召开安全形势分析会，梳理机关、基层4个方面6类22个重点安全隐患，按照“认账领责、限期整改、专人督导、检查验收”步骤逐一整治清零。开展“我为中队找隐患”“我为安全献一计”等群众性创安活动，形成人人参与、群防群治局面。采取技术测查和人工清查相结合方式，清理电脑、移动存储介质、办公室文件柜、库房等，累计清理电子文档1000余份、纸质资料268份、书籍528册、光盘46张，梳理装订各类资料30余套。

（徐　鑫　唐合富）

军事

JunShi

唐山军分区

【军分区战备训练】2017年，唐山军分区推进常态化战备值班，完善战备设施，修订战备方案，结合节假日和重要战备期组织应急拉动演练。调整组建市县国防设施保护委员会，普查辖区军事设施。开展新大纲试训，加强理论研讨，聘请专家授课，组织探索性训练，形成考核评估量化标准。指导14个县（市、区）人武部和直属武装部开展年度军事训练，参与完成中部战区"一带一路"国际合作高峰论坛军队安保任务，指挥遵化市、迁西县民兵配合地方政府完成辖区山林火灾扑救。组织人防系统专业理论考核，实地考察玉田县人防疏散地域，研究探讨规范人防工作。对接255医院，完成唐山、承德、秦皇岛、张家口4个地区军校考生军检任务。

【军分区国防动员和后备力量建设】2017年，唐山军分区按照"市建营、县建连、乡镇建排、村建班组"要求，加强民兵应急分队建设，重点指导5个县（市、区）加强海上民兵应急力量建设。调整完善国防动员组织领导和工作运行职能，组织业务骨干培训，开展国防动员潜力统计调查，完成战部部队跨区机动、进驻乐亭靶场等重大军事活动交通保障，提升国防动员质量。组织126名专武部长进行武装工作业务培训，提高专武干部管武装、建武装能力。提高大学生征集比例，开展兵役登记、宣传发动、大学生预征等工作，在驻唐10所高校成立国防后备大学生连，统一设立国防后备兵员管理办公室，《解放军报》《中国国防报》刊发军分区做法，完成年度兵役征集任务，大学生征集比例66.9%。推进军民融合，助推建立高新技术产业开发区、曹妃甸装备制造园区两个军民融合产业示范园区，32家企业获批省军民融合型企业。

【军分区拥政爱民】2017年，唐山军分区结合全民国防安全教育日和庆祝建军90周年开展国防教育，邀请国防大学专家为市四大班子领导和国动委成员单位领导讲授国防形势，组织开展国防教育"五进"（进机关、学校、企业、社区和村镇）活动，在电视台开设《国防时空》栏目，增强军地领导国防观念和国防意识。联合市双拥办和国教办开展现役军人困难家庭救助和"先进国防教育基地""最美军嫂""国防教育示范学校"评选活动，"八一"前组织慰问唐山市截瘫疗养院和常记功臣养老院，筹资支援玉田县赵腰铺村"美丽乡村"建设，会同市双拥办、民政局开展"全国文明城"和省级双拥模范城争创工作，5个县（市、区）被河北省表彰为双拥模范城（县）。组织驻唐部队和民兵预备役人员参与脱贫攻坚、捐资助学、参建帮建，承担反恐维稳、抢险救灾等任务，增进军政军民团结。

【军分区基层建设】2017年，唐山军分区干休所完成综合配套整治和急难项目建设，改善老干部休养环境。国防训练基地承接多项军地保障任务，发挥军事效益和社会效益。严格民兵装备仓库和士兵队管理秩序。推进安全稳定工作，定期召开安全稳定工作会议，逐级签订责任状，建立健全安全防范体系。开展"学法规、用法规、守法规"和"百日安全"活动，开展全军安全大检查，排查安全隐患，整改问题。清查枪弹，对民兵装备仓库逐库逐室、逐枪逐弹核查，排查领导干部、离退休老干部及遗孀、遗属，清查各类库室、空闲房屋、杂品库等。推进安全督导检查和突击检查，落实制度规定，牢固部队安全发展基础。

【军分区综合保障】2017年，唐山军分区停止有偿服务，军地联动依法合规推进停偿工作。规范后装保障和管理秩序，制发财务、物资采购、装备维修等管理规定，加大公务车维修、油料监管和公务接待等易超难管经费审核力度。展开经济适用住房专项清理整治，逐一核实军职以上和师职以下干部经济适用住房超面积情况。实行物资集中采购，压减行政消耗性开支。做好物业、卫勤、油料等保障性工作，组织军车、驾驶员年审和服装请领发放，提高后装综合保障能力。

（王建朝）

河北陆军预备役炮兵第七十二师

【七十二师概况】2017年，河北陆军预备役炮兵第七十二师（简称七十二师）完成部队调整改革，完成转隶交接，部队建设总体保持平稳。年内，七十二师学习贯彻党的十九大精神，开展"赞颂新成就，喜迎十九大"专题教育活动，采取收看电视直播、集中传达学习、专家辅导授课、编印《学习动态》等方式推进学习。《以"九学"促实学，迅速兴起学习贯彻十九大精神热潮》

文章在战区陆军《学习简报》头条刊发，《官兵学有所用，部队建有所循》文章在《人民陆军报》《预备役方阵》专栏刊载，某团《扭住关键环节、讲求知行合一，扎实推进十九大精神向实践深化转化》报道被战区陆军预备役管理组转发。组织学习军委《关于全面深入贯彻军委主席负责制的意见》和两级陆军《措施》(《陆军全面深入贯彻军委主席负责制的措施》《战区陆军全面深入贯彻军委主席负责制的措施》)。学习《关于新形势下党内政治生活若干准则》《关于深入贯彻党的十九大精神以严格执纪执法推动全面从严治党和依法治军落实的通知》，围绕“三对照三查纠”(对照坚决维护核心要求，查纠绝对忠诚方面的差距；对照全面彻底肃清要求，查纠两个清理方面的差距；对照关键少数特殊要求，查纠担当自律方面的差距)开展专题民主生活会，落实“三会一课”(支部党员大会、支部委员会、党小组会，上党课)、双重组织生活和学党章、过党日、交党费等基本制度。

【七十二师练兵备战】 2017年，七十二师落实战备值班规定，结合指挥体制转变和任务行动转换，修订完善战备方案，定期组织战备值班培训，常态落实战备应急拉动，确保部队反应迅速、指挥顺畅。适应陆军部队军事训练特点，开展军事理论研究，多篇研讨文章被战区陆军选用。定期组织首长机关训练，通过聘请外教帮训、骨干带头领训、主要科目精训和阶段考核促训，提高部队军事训练水平。组织“练三基、强三能”(基础理论、基本技能、基础体能，智能、技能、体能)活动，组织全师官兵集中强化训练，储备训练骨干，1人在战区陆军预备役部队参谋骨干集训考核中获第4名。建设常备应急分队，利用部队整组配备人员，依托训练基地集中强化训练，结合任务需要开展军地联演联训，提高部队应急行动能力。

【七十二师部队管理】 2017年，七十二师针对改革过渡期在位干部少、官兵思想活，安全管理燃点多、触点低实际。加强安全教育，开展“学法规用法规守法规”活动和“整顿思想、整顿秩序、整顿作风、整顿纪律”专项教育整顿，开展“五清”(人、车、枪弹、涉密、危险品)活动，突出重点敏感时节，抓好人员、车辆、枪弹、营院和涉密载体等重要目标管控，保持部队自身安全。落实安全制度，坚持每周五安全检查、每月末安全讲评、每季度安全形势分析，落实出早操、上下班、请销假等日常制度，建立安全风险评估、安全隐患排查、安全责任追究等安全管理制度。常态开展安全检查，组织解决“三类人员”(伤病残、滞留部队、失管失控)问题、枪炮弹药清理清查、信息安全保密专项整治。结合改革期间基层建设特点，解决基层建设矛盾和官兵现实困难，保持正规战备、训练、工作和生活秩序。

【七十二师政治生态建设】 2017年，七十二师开展《中国共产党廉洁自律准则》《中国共产党纪律处分条例》学习，传达学习中央军委、陆军和战区陆军有关违规违纪案件问题通报，强化警示效应。推进“两个清理”(思想清理、组织清理)，开展专题形势教育，组织专项检查抽查。推进基层“微腐败”专项清理整治，做法得到战区陆军纪委肯定。按照战区陆军党委统一部署，师纪委、安全委、政法委牵头联抓“10个行业系统”(训练行业、干部行业、兵员行业、财务部门行业、营房行业、卫生行业、军需行业、油料行业、工程行业、装备行业)专项清理整治，成立领导小组，建立运行机制，督导各行业系统自查自纠、挂账销号，转化行业风气，在干部管理、士官选改、经费使用、物资采购等重点领域公开透明。

【七十二师后勤装备保障】 2017年，七十二师落实党委理财制度，编制年度预算，压减行政消耗性开支，规范物资采购流程，提高经费使用效率。推进停止有偿服务工作，运用法制手段，克服困难，关停部分项目。开展被装发放、车辆管理、营房维护、卫勤服务等日常后勤保障工作，提高装备保障能力，落实武器弹药管理制度。开展危险源安全专项检查，清理核查重大风险目标，组织装备器材弹药清仓查库，加强综合训练基地管理。落实日常装备管理制度，保持武器装备状态。

(颜　静)

2017年，七十二师组织新兵役前训练。　颜　静　摄

国防教育

【国防教育概况】 2017年，唐山市国防教育办公室（简称市国教办）在全市开展“最美军嫂”推选活动，各县（市、区）和驻唐部队推荐17名军嫂参加评选，经过网络投票、综合评审，市委宣传部、市民政局、唐山军分区政治处授予孟如明、叶海贤、董大伟、李华、杨鸽、毕桂榕、赵彦霞、王雪颖、刘艳杰、杨海玲10人唐山市“最美军嫂”称号。9～10月，组织大学生“爱我中华•强我国防”学习贯彻党的十九大精神主题演讲大赛，7所高校组织选手参加。12月18日，在唐山宾馆举办全市社区国防教育经验交流活动，总结交流各地开展社区国防教育的经验，研究推进全市社区国防教育健

康发展措施办法，听取路北区祥富里社区等6个单位交流发言，各县（市、区）及开滦、唐钢、三友等企业国教办主任和社区代表70余人参加活动。年内，唐山市孟如明被评为河北省“最美军嫂”，刘艳杰、杨海玲被评为河北省“美丽军嫂”；唐山学院陈凯，唐山工业职业技术学院孙志鹏、张宇婷、胡硕（组合），唐山学院裴羿赢分获河北省大学生“爱我中华·强我国防”学习贯彻党的十九大精神主题演讲大赛二等奖、三等奖和优胜奖。

【国防教育重点活动】 2017年4月8日，唐山市国教办举办世界军事形势与中国国家安全专题报告会，邀请国防大学教授李莉作题为《世界军事形势的新发展和中国国家安全的新挑战》专题报告。唐山军分区司令员吴小潭、政委史学勃，市人大常委会副主任和春军，市政协副主席李长春出席报告会，市直有关单位负责人、驻唐部队部分官兵，唐钢集团民兵连，基层专武干部等600多人参加报告会。2016年4月～2017年5月，承办“国防教育示范学校”评选活动，经过评审委员会评审，报相关领导批准，玉田县第一中学、唐山市第十二中学、遵化市铁厂中心小学等39所学校被命名为“唐山市国防教育示范学校”。玉田县第一中学、唐山市第十二中学、迁安市五重安乡旭阳学校、唐山市路北区裕华道第一小学、滦南县第一实验小学被命名为“河北省国防教育示范学校”。6～8月，在全市组织建军90周年全民国防知识竞赛活动，全市下发学习宣传资料5万余份，33.45万名干部群众、青少年学生和驻军官兵参加活动。

【国防教育基本建设】 2017年3～6月，唐山市国教办在40处国防教育基地中评选“唐山市先进国防教育基地”，经过考评筛选，命名唐山市国防训练基地等13处基地为“唐山市先进国防教育基地”。5～9月，联合市委党校、市教育局在全市开展优秀国防教育教案评比活动，各单位推荐上报教案52篇，评选出一等奖5篇、二等奖10篇、三等奖15篇、优秀奖22篇。围绕庆祝建军90周年、纪念《国防教育法》颁布施行16周年、第17个全民国防教育日等主题，协调唐山电视台《国防时空》栏目制作播出《强军路上好军嫂》《平凡老兵张铁成》《退伍不褪色 新业立新功》《当兵让我一生都光荣》《丰南武装部国防教育进企业进学校》《路南区开展国防教育法宣传活动》《我市举办第十七个全民国防教育日主题宣传活动》《少年儿童圆梦军营 国防教育助力成长（一）（二）》等51期节目。

【全民国防教育日主题宣传活动】 2017年9月13日，唐山市国教办联合市教育局、路北区人武部在唐山学院举办“第十七个全民国防教育日主题宣传活动”，800余名大学生接受爱国主义和国防教育。活动以“赞颂辉煌成就，赓续红色基因，支持改革强军”为主题，通过组织展览、发放材料、现场咨询方式，引导学生铭记人民解放军历史，强化参与国防教育和支持国防建设自觉性，增强爱国爱军和参军服兵役热情。活动中，国防大学刘熙武为大学生做《中美架构下的中国国家安全》报告。

（史海英）

双拥共建

【双拥共建概况】 2017年，唐山市爱国拥军促进会创建省级双拥模范城，下发创城通知，印发实施方案，加强督导检查，规范档案资料，打造工作亮点。唐山市第11次被命名为河北省双拥模范城，乐亭县、迁安市、遵化市、滦县4个县（市、区）被命名为省双拥模范县。开展走访慰问暖心活动，为庆祝中国人民解放军建军90周年，“八一”期间全市开展走访慰问活动，市四大班子领导和县、乡两级党政领导走访慰问驻唐部队和残疾军人等重点人员。推进基层双拥建设，制定《社区双拥工作站建设规范》，在驻军单位或优抚对象多的城镇和农村社区建立双拥工作站，其它社区设立双拥工作联络点，全市建成工作站151个、联络点4260个，形成市、县、乡、村四级双拥工作服务网络。

【省创建双拥模范城考评组在唐考评】 2017年9月15～17日，省考评组由省民政厅党组副书记、副厅长郑晓铭带队，考评唐山市省级双拥模范城创建工作，市委副书记丁荣进、军分区司令员吴小潭、市政府副市长黄三平等陪同。省考评组对唐山市双拥工作给予肯定，认为唐山市双拥工作“重视程度高、大局意识强、工作措施实、爱民意识浓、宣传形式活”。

【“唐山最美退伍兵”评选活动】 2017年7月27日，唐山市委宣传部、民政局和唐山军分区政治工作处联合主办的“唐山市最美退伍兵”发布仪式在唐山青少年宫举行，表彰10名退役军人典型。评选活动开展后，唐山市各县（市、区）推荐上报30名事迹突出退役军人。经过申报推荐、宣传报道、综合评选、组织审定等环节，韩宏升、韩守君、刘建凯、李民、马义清、徐利鑫、李志刚、王青海、李宏伟、喻庆山10名退伍老兵获唐山市“最美退伍兵”称号，唐山市委常委、宣传部

2017年，“唐山市最美退伍兵发布仪式”现场。 陈天荣 摄

9月30日，唐山市在冀东烈士陵园举行向革命烈士敬献花篮仪式。

陈天荣 摄

长杨洁为获奖退伍军人颁奖。社会各届代表、驻唐部队官兵600人参加颁奖仪式。

【双拥宣传和推选展示活动】 2017年，唐山市爱国拥军促进会在《中国双拥》杂志、《河北双拥》杂志、《唐山劳动日报》刊发通讯、典型经验10篇，在唐山电视台《新闻频道》播出退伍兵事迹短片4期。河北瑞兆激光再制造技术有限公司总经理韩宏升、河北众邦泵业有限公司总经理韩守君被评为“美丽河北——最美退伍兵”，韩宏升被评为“河北省首届军民融合十大人物”，韩守君被《中国双拥》杂志评选为“2016中国双拥年度人物”。

【向革命烈士敬献花篮仪式】 2017年9月30日，唐山市向革命烈士敬献花篮仪式在冀东烈士陵园举行。省委常委、市委书记焦彦龙，市委副书记、市长丁绣峰，市人大常委会主任郭彦洪，市政协主席曹征平，市委副书记丁荣进等市四大班子领导同全市各界代表出席仪式。丁绣峰主持仪式。仪式结束后，市领导与各界群众一起瞻仰冀东烈士纪念塔。烈士家属和老战士代表、驻唐部队官兵和武警官兵、市直机关干部、公安干警、在校学生等50余名社会各界群众代表参加敬献花篮仪式。

（韩精精 郝正圆）

人民防空

【人民防空概况】 2017年，唐山市人民防空办公室提高内部管理军事化水平，细化工程建设管理，提高指挥通信保障能力，搭建宣传格局基本框架，推进人民防空整体建设。2月9日，军分区司令员吴小谭组织全市人防系统进行年度训练考核，检验人防办实战能力。11月29日，常务副市长胡国辉带政府有关部门负责人在人防办检查调研，对人防工作给予肯定。

【人防指挥通信】 2017年，唐山市人民防空办公室提升信息综合保障能力，完成人民防空方案编订，推进人防常备队、直属队、应急队、志愿者队伍建设，按计划多次组织具有实战背景演习演练，提升遂行任务能力。增加警报器XX台，提高中心城区警报音响覆盖率，结合“7·7”警报试鸣日组织群众疏散演练，提高市民防范意识。着眼多维全域构建融合互补指挥通信系统，升级地面站，实现唐山XX个站点加入卫星链路，后期作为省办主站的备份，为保障突发情况提供信息保障。加强便携卫星站建设，信保中心验收便携卫星站项目，经学习培训和考核，所有人员均达到准确连接设备线路、熟练操作对星、快速联通视频会议等具体作业水平，提高信息保障能力。

【人防工程建设】 2017年，唐山市人民防空办公室推进人防工程建设，提升城市防护能力、战时人员物资掩蔽和服务民生水平。受理结建审批项目37个，批建人防工程XX万平方米，验收人防工程17个，面积XX万平方米，增加人防工程质量监督项目12个，增加人防工程质量监督面积XX万平方米，完成年初制定相关任务目标。解决项目落地难和房地产遗留问题，清理自2012年11月至2017年底结合民用建筑修建防空地下室行政审批事项334项，涉及项目单位334家，解决中心区房地产遗留办证难和入住难项目53个，截至年底全部办结销号，实现审批、早期人防工程管理、地下空间开发兼顾人防创新等方面创新。按期完成市政府交办城市地下空间开发利用调研，摸清唐山市城市地下空间开发利用现状及潜力情况，按时上报调研报告，为唐山市城市地下空间开发利用提供依据。建立内控管理制度，强化人防资金和资产管理，成立人防办内部控制工作领导小组，完成《唐山市人民防空办公室内部控制规范手册（试行）本》和《唐山市人防办财务管理制度》编制。开展完工项目审计、在建工程转固定资产工作，在建设项目配合相关部门完成各种手续，未开工项目配合相关部门完成政府采购手续，提升财务管理精细化水平。

【人防宣传教育】 2017年，唐山市人民防空办公室举办“人防”职工进社区宣传讲座30余次，扩大人防宣传普及率，强化人防宣传意识，起到“人人都是宣传员”宣传效果。推进市、县（市、区）人防宣教场所建设，根据《河北省人民防空办公室关于督办县级宣教场所建设进度的通知》要求，推进市（县、区）宣教场所攻坚行动督导。截至年底，路北区、路南区、古冶区、丰南区、滦南县、开平区、玉田县7个（县、区）完成建设任务，按计划推进其他县（市、区）级人防宣教场所建设。“人防历史资料抢救收集工作”受到河北省人防办肯定，开展人防历史资料抢救收集工作，查阅历史相关资料89份，收集记载人防发展历程资料55份。推进“人防宣传进企业”活动，进企业设立人防宣传橱窗，张贴宣传标语，协调企业把人防知识培训纳入员工年度培训计划，达到“日常身边宣传”和“集中培训宣传”双重效果。

（蒋金玲）

城乡建设

ChengXiangJianShe

城乡规划

【**城乡规划概况**】2017年，唐山市城乡规划局完成《唐山市城市总体规划（2017～2035年）纲要初步方案并向市政府汇报。通过政府采购方式，确定天津大学城市规划设计研究院编制《唐山市中心城区总体城市设计》，年内进入前期调研及初步方案设计阶段。唐山市规划建筑设计研究院编制完成《唐山市中心城区局部地块控制性详细规划调整》，方案经市规委会审议通过。开展市中心城区商业设施布局研究，使城市商业逐步达到总量合理、布局科学要求。开展市中心城区物流仓储设施布局研究，重点考虑物流仓储用地和以批发为主、具有较强物流仓储功能的市场设施用地。开展市中心城区震后居住小区改造利用研究，探索合适的改造模式，为改造利用提供指导。组织开展市商务区选址及城市设计，研究商务区建设，提出最佳选址区域。开展市中心城区大学搬迁后校园再利用研究，提出搬迁后校园开发和改造利用方案。

【**城市重点项目建设**】2017年，唐山市城乡规划局开展《唐山南湖中央商务区核心区设计方案》国际公开征集活动，7家国内外设计团队参与，根据市领导及专家意见，组织天津大学规划设计院对所有设计方案优点进行整合、深化、完善，设计方案向市委、市政府主要领导汇报，设计单位完成城市设计导则编制工作。老交大文化园规划设计，年内完成中期成果。26块足球场选址方案完成，选址方案于2017年10月25日经市规委会审议，根据领导及专家意见，进入修改完善阶段。

【**县（市、区）规划及镇（乡）、村规划**】2017年，唐山市城乡规划局落实《2017年全省城乡规划和村镇建设工作要点》部署重点，督导开展各县（市、区）城乡总体规划实施评估，推动城乡总体规划实施满两年县（市）开展总体规划实施评估工作，完成2市5县控规全覆盖编制备案，督导开展10个特色小城镇总体规划修编工作。督导“美丽乡村”规划编制，按照《唐山市2017年美丽乡村建设实施方案》要求，对全市305个“美丽乡村”建设规划编制予以技术指导，年内完成规划编制156个。督导各县（市、区）制定完善各专项规划，重点制定完善综合防灾减灾、公共服务设施、地下空间开发利用、海绵城市、停车设施、地下综合管廊等专项规划。督导各县（市、区）全面开展城市设计，出台城市设计技术导则。督导所有县（市、区）启动规划建设职教园区。完成第五批传统村落推荐，督导各县（市、区）规划主管部门调查本辖区范围内村庄，截至年底，上报省厅3个传统村落。完成日常审查，迁安市白羊峪和迁西景忠山、青山关、五虎山、喜峰口5个省级风景名胜区总体规划审查年内完成，丰润区王官营镇、火石营镇、左家坞镇、欢喜庄乡4个乡镇总体规划专家论证会组织工作完成。唐山LNG外输管道复线项目线路路由走向及阀室选址规划意见完成，中俄天然气选址进入审查阶段。

【**规划局执法**】2017年，唐山市城乡规划局开展规划卫片执法，对住建部批转174个变化图斑位置、用地性质、建设情况等相关信息梳理研究，形成“一定位，二定性，三查处”三步走工作模式。制定“三项制度”（执法公示制度、执法全过程记录制度、重大执法决定法制审核制度的实施方案），制定“双随机一公开”工作实施方案、随机抽查工作计划，更新全局执法“一单、两库”，完善“双随机一公开”工作细则。做好行政复议和应诉工作，落实行政复议、行政应诉工作制度，处理复议案件6件、行政应诉案件34件。组织承办27件人大建议和40件政协提案。

【**群众信访接待**】2017年，唐山市城乡规划局3次邀请信访群众代表召开项目信访协调会，介绍项目规划方案，解答有关问题，取得群众理解和支持。做好日常信访咨询，全年受理群众来信来访30余批次500余人次，接听群众咨询电话100余个，受理答复信息公开104件，答复市民公共服务热线提出问题150个，组织约访10次，参加由市委、市政府及市信访局组织的信访案件协调会10余次。

【**规划管理体制建设**】2017年，唐山市城乡规划局开放规划设计市场，研究起草《唐山市关于创新机制提高规划设计水平的实施意见》，针对规划编制和方案设计制定《唐山市城乡规划方案征集管理规定》和《唐山市城乡规划编制任务管理规定》，报市政府审议。加强审批制度管理，制定《建筑方案审查标准》《建筑面积预测量管理办法》《工程项目规划条件核实管理办法》《规划公示管理办法》《住宅区配套设施验收办法》《规划许可证遗失补办操作规程》《信息公开工作制度等》，使项目审批有据可依。科学出具规划条件，提高规划条件水平，除明确容积率、绿地率、建筑密度等刚性条件外，其他重点技术要求同步提前明确，重要地段推行带城市设计出让土地，重要节点带建筑方案出让土地，确保土地公开竞争和城市形象提升同步实现。坚持集体决策分级审查制度，建设项目审批实行集体决策、分级把关，增强规划审批科学性、民主性。实行市规委会、规划部门分级审议制度，市政府、规划部门两级审批制度。建立网上审批制度，提高行政审批效率，建立全流程规划管理业务模型，形成完整、规范、科学规划管理业务体系。2017 年出具规划条件 103 项、核发选址意见书 63 项、核发用地许可 132 项、核发工程许可 206 项、建设方案审查 221 项、竣工核实 128 项，批后验线、巡查管理 281 项。市行政审批服务中心窗口接待、回复各类电话及现场咨询 3500 余人次。

城南经济开发区女织寨乡檀庄区域征收搬迁现场。　　赵　亮　摄

【规划管理信息系统投入运行】 2017 年，唐山市城乡规划局推进各分局规管系统调试运行，制发《唐山市城乡规划局关于推进各分局规管系统正式运行工作的实施方案》《唐山市城乡规划局关于加强〈规管系统首页面功能管理办法〉执行力度的通知》《唐山市城乡规划局关于开展规划分局网上审批工作的函》。细化规范各分局规管系统培训、验收，授权各分局启用行政审批专用章，促进各分局规管系统规范运行，11 月各分局全部纳入网上审批，实现城乡规划局规划服务、审批网上运行。通过建立网上审批制度，提高行政审批效率，全局机关和分局所有审批项目均纳入到网上平台办理，实现全局、全程、全业务网上审批，全程监控、限时办结。建立规划综合数据库，包括基础空间数据、规划审批数据、规划成果数据、规划档案数据，为规划审批管理人员提供信息支持和方便的信息获取手段。

【规划展览馆建设】 2017 年初，唐山市城乡规划局组建成立规划展览馆领导班子，并划分行政综合部、展览陈列部、讲解接待部和工程技术部 4 个职能部门。建立健全《行政管理规定》等多项规章制度。结合 2017 年市政府工作报告、统计年报，经上级部门审核后，对一、二、三层部分展项更新调整，更新全馆数据，更换部分展面图片，调整总规沙盘影片内容，对 2016 年加快“三个努力建成”突出工作展区和道德模范展墙重新布展，设计、施工展陈面积 310 平方米。全年接待参观团队 496 个，参观总人数 2.5 万人次，完成中央政治局委员张春贤参观等重要政务接待任务多次。

【规划建筑设计研究院成果】 2017 年，唐山市规划建筑设计研究院累计完成项目 450 项，完成总产值 1.33 亿元。包括唐山市城南经济开发区控规及市政专项规划、京唐智慧港空间发展战略研究及控制性详细规划、万科城市之光方案及施工图设计、唐山南湖橡树湾住宅、唐山市民中心加固装修改造、唐山市中心城区综合管廊工程二期设计、曹妃甸区集中供热长输工程一期施工图设计、新疆特克斯市政改扩建工程、沧州恒大童世界市政道路及配套工程、滦南县美丽乡村全过程咨询、唐海县城雨污分流测绘等。唐山市规划建筑设计研究院在国内 30 个省市有设计业务，在新疆、贵州、湖南等省 20 个大中型城市有固定设计市场，参与全国投标项目 1031 项，仅在贵州市场配合设计项目有建筑面积 100 多万平方米。年内通过高新技术企业第二次申报，科研创新成为发展常态，年内获实用新型专利 2 项，申报省住房和城乡建设厅科研项目 2 项获奖励资金 2.6 万元，通过省专家鉴定并获河北省建设行业科技进步奖 2 项，获河北省建设行业科学技术进步三等奖 2 项，参编河北省工程建设标准 1 项。

（马增朋）

建　筑

【建筑概况】 2017 年，唐山市新办建筑企业资质 40 家，其中新办三级资质 27 家、劳务资质 12 家，不分级 1 家。全市建筑业企业 849 家，其中特级企业 2 家、一级企业 49 家、二级企业 275 家、三级企业 321 家、不分级企业 89 家、劳务企业 109 家。全年全社会建筑业增加值 310.1 亿元，比上年增长 1.0%，支柱产业地位巩固。

【建筑企业管理】 2017 年，唐山市住建局印发《开展全市建筑领域“打非治违”专项整治行动实施方案》，排查建筑工程领域违法发包、肢解工程、转包、非法分包、挂靠等违法行为，做到监管“零容忍”。6 月和 8 月，两次治理检查市中心区工程建设项目，督导各县（市、区）住建部门“打非治违”专项行动。市中心区检查建设项目 56 项 96 个标段，督导检查 17 个县（市、区）建设项目 46 项 55 个标段，对检查发现的项目经理不在现场履职、未按月动用预储金支付农民工工资、劳务公司漏缴农民工工资保证金等问题约谈企业负责人，限期整改，全年约谈18个工程项目16家建设（开发）单位、27家施工（劳务）企业负责人。9月，摸排督查路南、路北辖区内36个项目工地“两个拖欠”（拖欠工程款、拖欠农民工工资）问题隐患，限期整改未按节点缴存农民工工资项目。全市建筑业企业信用管理纳入全省建筑业企业信用综合评价平台系统。信用综合评价平台核实32家企业420条信息，对工程招标和企业监管提供帮助。通过信用记录管理系统，与局属部门信息共享，不定期通报违规企业，协同监管和联合惩戒失信行为。开展城市建成区，高速铁路沿线安全保护区、高速公路和国省干道沿线建筑控制区及违规项目整治，全年完成治理22项277.41万平方米，加强对未批先建项目巡查和处罚，立案和移交10个未取得施工许可擅自施工项目。解决建筑领域“两个拖欠”问题。以春季开工为节点，检查市中心区56个项目，共追缴预储金2.82亿元、保证金4104.4万元。整体调度以往存在拖欠投诉问题的建设单位和施工企业，化解以往拖欠投诉32件，全部撤案销账。处理发生拖欠的28个项目所涉及17家建设单位、26家施工企业，解决老项目拖欠问题，新开工项目无拖欠。全年全市共缴存预储金13.2亿元，发放农民工工资6.7亿元，账户余额6.5亿元，收缴保证金3.27亿元。

【代建项目建设】 2017年，唐山市代建项目完成投资1.16亿元，支付建设资金1.04亿元，工程建设质量均合格。新青少年宫、工人文化宫、殡仪馆3个项目建成投入使用，进入工程结算审计阶段；新妇幼保健院项目年底建成开诊；第五医院新建病房楼竣工验收；民政事业服务中心项目完成基坑施工；市中心医院项目退出代建合同，正式移交中信集团。

【工程质量安全】 2017年，唐山市监督房屋建筑工程1777项2236万平方米，纠正质量问题518项，下发整改通知118份、暂缓施工通知书19份，立案移交42起，提升建筑施工质量。全市108项工程获市级结构优质工程，其中71项获省级结构优质工程。市住建局自主研发隐蔽工程网上通知系统达到国内先进水平，在全省推广。落实“党政同责，一岗双责”“管行业必须管安全”规定，与相关机构、企业签订安全生产责任状。10月，在唐城壹零壹三期、丰润浭阳阳雅园施工现场召开全市建筑施工安全生产观摩会，督促警示现场安全。全年全市监管在建工程521项2933万平方米，直接监管1317万平方米，未发生重大安全生产事故。

【建筑施工扬尘治理】 2017年，唐山市住建局印发《开展全市商品混凝土搅拌站大气污染综合整治工作方案》《关于混凝土搅拌站落实治霾不力问题专项清理工作责任实施方案》，执行《唐山市绿色混凝土企业评比标准》，督导企业强化对商品混凝土搅拌站生产易造成环境空气污染问题综合整治。1、2、5月，分3个阶段组成专项督导组深入市中心区巡查，赴各县（市、区）督导。按照省委、省政府和环保部督查组反馈信息，现场督导开平区唐钱楼小区附近搅拌站和安信混凝土有限公司等解决存在问题，针对安信混凝土有限公司料仓未封闭问题，责令停产，并在15日内对物料传送带及堆料场完全封闭。截至年底，全市127家商品混凝土搅拌站（市中心区18家，县区属地管理109家）中，31家停产，94家（市中心区9家，县区85家）运转。通过强化全市施工扬尘综合整治，建筑工地达标率97%，中心区达标率100%；实际运转94家混凝土搅拌站全部按要求整治合格。

【建筑节能】 2017年，唐山市竣工绿色建筑面积259万平方米，完成省达35%目标任务；增加节能建筑810万平方米，累计竣工节能建筑1.07亿平方米，城镇节能建筑占城镇现有民用建筑比例59.5%，超额完成省达45%目标任务。全面执行居住建筑节能75%设计标准和民用建筑绿色建筑标准，在全省率先编制实施节能75%设计审查要点。开展建筑能效提升示范工程，启动曹妃甸生态城先行启动区1号地一期被动房项目开工8.8万平方米，建筑面积15.15万平方米，是全省最大规模被动房示范项目。市住建局直接负责德源里、祥瑞里、祥和里、吉庆里4个小区47.87万平方米既有居住建筑节能改造，项目实施后，居民冬季供暖室内温度平均提升5℃以上。

【建筑科技】 2017年，唐山市2个项目列入住建部科技示范工程，32个项目列入省住建厅科研项目计划，数量居全省前列。其中，7个科研项目和13个科技示范工程项目列入省建设科技研究项目指导性计划，12个工程项目列为省第二十三批建筑业新技术应用示范工程计划项目。年内，全市14个科研项目获批2017年度省级建设科技研究补助资金21万元。年内，唐山市政府出台《推进装配式建筑发展的若干政策措施》，省住建厅发布实施由冀东发展集团参与编纂的《装配式低层钢结构住宅技术规程》。截至年底，市住建局组织编制实施标准8部，其中国家标准3部、地方标准5部，为装配式项目建设提供技术支撑。全市在建装配式住宅项目7个，建筑面积25.24万平方米，其中建筑面积12万平方米的浭阳新城项目、华润万橡府装配式住宅项目在建，燕东新民居20栋低层钢结构住宅项目主体完工进入装修阶段。截至年底，全市有装配式建筑产业基地6个（其中国家级3个、省级3个）；预制混凝土构件生产企业6家，年生产能力97万立方米；钢构件生产企业15家，年生产能力400万吨；木构件生产企业1家，年生产能力1万立方米。11月，唐山市被住建部认定为国家首批装配式建筑示范城市，唐山惠达卫浴、中国二十二冶集团、冀东发展集成房屋公司3家企业成为国家装配式建筑产业基地。丰润区、高新区成为省2017年度农村装配式低层住宅建设试点县。

（王文礼　姚明富）

房地产

【房地产概况】 2017年，唐山市房地产开发企业注销50家，实有658家，其中新成立38家。年内新开工商品房建筑面积305.4万平方

马驹桥保障性住房小区图景。　　住建局提供

米，比上年增长136%，其中住宅验收1359.97万平方米，比上年增长38.4%，非住宅验收387.99万平方米，比上年增长1.51%。市区共核发商品房预售许可证115个，预售面积523.6万平方米，其中市中心区核发商品房预售许可证89个，预售面积186.5万平方米。截至年底，市中心区开发企业成规模出租商业用房65万平方米，投入使用商业楼、办公用房和商业型公寓实际使用率75%以上。全市商品房成交791.1万平方米，比上年减少15.27%，存量房成交241.7万平方米，比上年增长22.6%。市中心区办理商品房合同备案1.94万件，二手房交易手续1.45万件，租赁手续394件，在建工程抵押21件，二手房资金托管1件。市中心区有12家房地产经纪机构备案，房地产估价机构备案初审15家。

【保障性安居工程】 2017年，唐山市棚户区改造新开工21.48万套，占省达目标100.7%，建成0.8万套，占139.8%。年初，市政府将“市中心区分配入住公租房3000套”列入为群众办好实事之一，截至年底，分配入住3061套，占实事任务102%，其中旭安园项目分配入住1961套，河联园项目分配入住1100套。3000套公租房采购到位，12月7日全部分配入住，房源为市保障性安居工程投资建设有限公司建设的旭安园和瑞安园小区内经济适用住房和限价房，采购费用9.79亿元。市中心区配售经济适用住房21套，限价房1207套。唐山市住建局联合发改委、财政局、国土资源局对3个项目7115套政府投资公租房进行盘活处置，完成公租房“销号”，其中孙家庄项目4887套、女织寨项目883套、马驹桥项目1345套。截至年底，全市累计开工建设（筹集）公租房（含廉租房）3.96万套，分配3.86万套，分配率97.3%。年内，市中心区开展2次公租房分配摇号仪式，分配公租房0.54万套，完成“2013年底前政府投资公租房2017年底前要完成分配90%”目标，解决城镇低收入家庭及外来务工人员住房困难问题。与国家开发银行、农业发展银行签订83个贷款项目，总授信267.58亿元，截至年底，累计发放贷款221.79亿元，放款额度居全省首位，占全省17.7%。

【房产经营管理】 2017年，唐山市政府办公厅相继出台《关于进一步促进房地产市场健康发展的实施意见》《关于继续做好房地产市场调控工作的通知》，采取商品住房限购、加大加快住房用地及住房供应、加强市场监管和商品房销售管理、严格住房公积金政策、完善差别化信贷、规范商品房销售价格管理、落实地方政府责任等多种调控举措。市住建局会同多个部门联合印发《关于进一步加强房地产市场调控有关事宜的通知》《关于开展整顿防范房地产开发销售专项行动的通知》，市政府各有关部门协调联动，优化房地产市场环境。检查在建、在售商品房项目，查处违法预售开发企业27家；修订《唐山市城市房地产交易管理条例》，10月30日通过市人大常委会初审；出台《关于执行〈唐山市商品房预售资金监管办法〉的若干意见》，明确和细化监管程序。对市中心区资金监管项目98个，监管建筑面积190.44万平方米，重点监管额度57.23亿元，监管资金43.23亿元；完善梳理房屋交易与产权管理工作流程，实现与不动产登记机构关联业务有序衔接和房地产信息互通；解决房地产市场遗留问题，完成西北片区回迁安置小区、银安雅园、荷花上院、红梅公寓、国际花园等情况复杂项目竣工验收工作。为兰亭乐府、东城世嘉等项目办理施工许可证。住宅维修资金清收项目17个，清收维修资金1.08亿元，与开发企业签署维修资金交存协议项目9个，涉及维修资金1亿元。加强房地产中介机构管理，引导房地产经纪机构备案登记，为备案房地产经纪机构开通网上签约功能做好前期准备工作。建立房地产估价报告日常抽查制度，纠正房地产估价过程中违法违规行为。年内查处违规中介机构4家，1家涉及合同诈骗房地产中介机构移交公安部门依法处理。

【物业管理】 2017年，唐山市物业管理企业总计819家，其中本地企业760家，外地企业59家。管理项目958个，总建筑面积1亿平方米，其中住宅项目741个，建筑面积9175万平方米，非住宅项目217个，总建筑面积862平方米，从业人员3.9万人，业主大会71个。截至年底，全市住房专项维修资金归集总额5.99亿元，总支出1.72亿元；物业管理相关规定完善，《唐山市中心区物业管理实施办法》、唐山市《普通住宅小区物业服务等级标准》相继出台，起草唐山市《住宅专项维修资金管理办法》；依据国务院《关于第三批取消中央指定地方实施行政许可事项的决定》，全部取消物业企业资质审批和监督检查，完善唐山市物业管理系统录入工作；调整物业项目备案程序管理。取消物业协会对招投标工作审查环节和“物业企业系统录入”证明材料，提高工作效率，扩充专家库。年内全市共发布前期物业服务公开招标36项，总建筑面积443.58万平方米。搭建物业服务企业沟通平台，邀请多家企业负责人参与“唐山物业大家谈”活动，就物业管理行业相关问题展开讨论交流。9月，迁安市晨曦家园组织行业住宅小区文化建设现场观摩会，40余家百余人参加观摩，先后2次组织物业管理小区消防演练观摩会，参训企业190家次，参训人员260人次。推进物业服务创先争优活动，全市有13个项目获市优称号，11个项目获省级优秀项目称号，2个项目获“省优十佳”。创建文明城期间对全市8个区、269个社区、1212个物业管理小区创建工作进行156天督导，治理私搭乱建、乱围乱种，饲养家禽等行为，完善修复、增建基础设施，改善住宅小区居住环境。配合市国资委开展国企“三供一业”（水、电、热、物业企业）分离移交，开滦集团与热力公司、燃气集团移交协议，物业管理移交与各属地政府协议年内进入洽谈阶段。

【直管公房管理】 2017年，唐山市直管公用住宅总计售出9.57万套，未售1734套。直属住宅小区95个，其中老旧小区83个，总计收缴物业费、共用部位维修费、未售旧公房租金1681.67万元，收缴率82.4%，为缓解市直属小区公有住房租金和维修费标准低造成小区管理、维修资金缺口问题，经市政府批准，未售旧公房租金按使用面积计算，平均由每平方米2元调整到3.5元，7月1日起施行。为保证住户房屋正常使用，市住建局所属10个房管所完成屋面翻修大、中修工程4570平方米，混凝土挑檐改造、板缝空腔防水、更换外给水管道等，总计8495米。“110”应急联动接居民报修2800余次，出动维修、抢修人员8000余人次。2481栋楼层主体结构和附属设施检查完成。年内，34个市直管小区组织出动5000余人次，清理小区面积75万余平方米，其中清理垃圾杂物3600余车，清理乱堆乱放、乱围乱种及拆除私搭乱建4770余处，修补硬化地面1.3万余平方米，绿化面积1.4万平方米；直管小区节能改造启动，签订改造协议2535户，占总改造户33%，完成双层玻璃改造9003扇，占总改造量34%；截至年底，住宅小区供水管网改造26个小区，绿化、硬化恢复率90%，市中心区主干道两侧房屋顶加固改造工程启动。

【房屋征收】 2017年，唐山市加强全市房屋拆迁征收动态信息管理，强化对市区征收项目监督指导。年内，按照国家安置补偿政策，对路南区、路北区《关于省机市机楼已搬迁215户居民货币化安置方案》《城南经济开发区国有土地上房屋征收补偿安置方案》《关于西南交大公房部分居住人享受直接购买安置房政策的请示》等7个方案提出修正意见。对开平区四街及路北区2个国有土地上房屋征收补偿方案给予备案，对路南、路北、丰润区办理拆迁许可手续未完成的6个老拆迁项目作出批准延期1年决定。根据拆迁人申请，经审议依法作出行政裁决1件，推进拆迁项目实施。依被拆迁人申请，答复28个信息公开事项。完成25件被拆迁人提起行政诉讼答辩及5件行政复议答复工作。

（王文礼 李春波）

城市管理与执法

【城市路网建设】 2017年，唐山市城市管理局加快城市路网建设，改观道路通行状况，市民交通出行更加便捷。翔云道、光明北路、龙富南道、长虹道、高新西道等道路完工，竹安路、站前路南延实现主路竣工，朝阳道西延、西山道西延工程贯通，二环路西环线正式通车。3座人行天桥主体完成，提前12天完成银河路上跨京哈铁路桥改造工程，保障京哈客运专线安全正常运行。

【市政设施维护】 2017年，唐山市城市管理局深化“出门即上班”理念，落实随坏随修快速应急保障机制，对各类破损设施即时发现即时处理，完善市政专业考核机制，加大市政维护经费使用的督导检查力度，促进市政设施完好率提升。城区道路设施完好率95.29%，排水管道完好率96.90%，排水明沟完好率86.02%，路灯设施完好率96.67%，桥梁设施完好率92.16%，排水泵站完好率98.21%。

【城市环卫管理】 2017年，唐山市城市管理局推进“洁净城市”建设，智慧环卫系统投入运行，实现“互联网+”环卫一体化作业新模式。中心区机械化清扫率70%以上，清扫保洁18小时以上。全年转运处理生活垃圾59.3万吨，无害化处理率保持100%。餐厨废弃物资源化利用和无害化处理中心保持高效运转，全年处理餐厨垃圾10.03万吨。加强智慧环卫建设，唐山智慧环卫管理系统主要包括餐厨废弃物无害化处理资源化项目综合监管系统、环卫车辆综合监管系统、处置终端综合监管系统、后台管理系统、监控中心和基础平台建设，截至年底，所有平台建设完成，改造作业车463辆，实现作业轨迹跟踪监控。

【城市夜景亮化】 2017年，唐山市城市管理局督导缇香公馆、勒泰城、

“靓丽、繁华、宜居、和谐”的新唐山。 董钧摄

环卫洗扫车清扫道路。　　城管局提供

凤凰湖畔二期项目完成亮化工程，16个小区路灯设施改造完毕，建设路中华灯完成整体亮化升级，市中心区400栋单体建筑亮化实现集中控制，构建城市景观眺望系。

【精细化管理考核】 2017年，唐山市城市管理局调整各区各有关单位设施量数据，参照市财政局核定设施量摸底比兑，重新修改完善设施量数据库，更新包括位置、权属、管理级别、考核项目等内容的考核资料数据库，完善考核信息抽取系统，加快考核信息抽取速度，提高考核工作效率。全年组织市中心区城市精细化管理月度考核12次，丰润、丰南、古冶季度精细化管理考核4次，每月汇总考核成绩，发布考核通报6期。

【“数字城管”建设】 2017年，唐山市城市管理局“数字化城管”系统受理城市管理案件115.6万件，结案108.7万件，结案率93.9%，及时派发率100%。坚持“周通报”长效机制，分析整理数字化城管系统数据，印发周报355期、分析报告59期。对业务单位情况实行月考核，形成考核通报60期。修订完善热线投诉受理、反馈工作机制、24小时值班制，健全完善层级受理制和重热点案件快速处理机制，举报受理和办理工作质量提升。全年受理群众举报电话3685件，受理率100%，解决社会各界市民群众关心的热点、难点问题，维护群众利益。创建全国文明城期间，累计发现、派发、处置专项案件2.83万余件，联合市文明办、市委督查室，23天内治理“无主”井盖110个，保障市民出行安全。

【城管执法】 2017年，唐山市城管局城管执法系统开展7个专项行动，累计规范门前“三包”商户1890余家，治理流动商贩600余人次，查处违规小广告748起，收缴违规宣传单2万余张，拆除社区私搭乱建6279平方米，更换、修复墙体广告画面986处。集中力量取缔长期占据纪念碑广场违规经营团伙，全方位助力唐山争创全国文明城市。城市执法体制改革提速，完成城市管理机构综合设置，城管执法人员实现统一着装，13名县处级干部、141名科级干部完成业务轮训，组织全市城管执法系统科级以下执法人员及协管员2377人集中轮训，14项行政处罚权陆续移交划转。推动执法重心下移，赋予各区在市容环境、城市规划、园林绿化、市政设施、工商行政等管理方面相对集中、独立的行政处罚权。初步形成“两级政府、三级管理、四级网络”城市管理体系。

【火车站站前地区管理】 2017年，唐山市城管局实施治理举牌喊站、欺诈诱骗、违法营运、社会秩序、站前环境5个专项行动，强化站区管理服务，搭建起长途客运“零换乘”、大学生返校、旅客出行信息咨询服务平台。完成春运、新生入学、征兵入伍等20多次重大活动保障任务，为来唐宾客留下美好“第一印象”。

【城市外环管理】 2017年，唐山市城管局在城市外环线推行“人工保洁+机械化清扫洒水降尘一体化”作业模式，清扫作业面积97.2万平方米，治理环线黄土裸露1968平方米，补植乔灌木8389株。集中修复5座桥梁及外环破损路面，维修总面积3.2万平方米。

【收费站撤站】 经省政府同意、市政府批准，唐山市原北出口立交桥收费站于2017年11月10日零时起停止收取车辆通行费，12月7日完成主体拆除和路面恢复清理。2018年1月5日，河北省住建厅、财政厅、物价局下发《关于停止收取唐山等市县城市路桥车辆通行费的通知》（冀建综〔2018〕1号），要求所有城市路桥收费项目停止收费。截至1月8日零时起，由市城管局负责的西环、东环和银河路收费站以及由唐山路桥投资公司经营的东出口收费站全部停止收取车辆通行费，人员处置、资产清算、设施拆除等工作有序推进。

【“一区三边”违法建设整治】 按照省委、省政府统一部署，2017年8月，唐山市启动“一区三边”违法建设整治专项行动，调查摸底，拆除存量违建，完善防控长效机制，遏制新增违建，实施拆后利用，取得阶段性成果。全市上报省台账431.23万平方米违法建设全部查处到位。其中，应拆除417万平方米全部清零；新增摸排拆除142万平方米，拆除率92.8%。拆除违规设置广告塔1256座。完成省下达2017年拆除存量违法建设70%任务，通过省考核组考核验收。

（何江峰）

公用事业

·城市供电·

【城市供电概况】 国网唐山供电公司是隶属于国网冀北电力有限公司的国有大型供电企业，承担唐山地区经济发展、人民生活用电及向华北电网输电任务，供电最大距离东西、南北均为150千米，供电面积

1.35万平方千米，供电人口740万人。2017年，唐山地区并网运行电厂59家，装机容量8614.1兆瓦，其中火电装机7761.2兆瓦、水电装机475.5兆瓦、风电装机72兆瓦、太阳能装机305.4兆瓦。自备电厂装机1418.8兆瓦。唐山电网110千伏及以上变电站309座，其中北京超高压公司500千伏变电站9座，唐山供电公司所属变电站362座。电网变电总容量3891.1万千伏安，输电线路745条段9246.1千米。全年供电量656.5亿千瓦时，比上年增长0.9%。售电量625.2亿千瓦时，比上年增长0.9%。李征劳模创新工作室被中华全国总工会命名为“全国示范性劳模和工匠人才”创新工作室，李征被授予“美丽河北·最美工匠”、2017年度“国网工匠”称号，入选第十三届全国人大代表；营销员工梁凤敏在国家电网公司第六届供电“服务之星”暨营销专业“班组微讲堂”劳动竞赛中总成绩第十二名，获“优秀服务之星”称号；公司2个班组获河北省“工人先锋号”，4名职工获河北省“五一劳动奖章”；公司获国家电网公司QC成果二等奖1个、三等奖3个，被评为“河北省质量管理小组活动优秀企业”；公司青年志愿服务队帮扶康复村56名截瘫患者项目被列入全国优秀志愿服务示范项目。年内获评“河北省劳动保障守法诚信优秀等级企业”，为冀北公司范围内唯一入选供电企业。

【电网建设提质提速】 2017年，国网唐山供电公司完成锡盟—山东、锡盟—泰州、扎鲁特—青州3项特高压工程属地协调任务。投产裕丰500千伏输变电、澜湾220千伏输变电等14项重点工程，线路长度141.48千米，变电容量386万千伏安；提前完成迁曹铁路曹妃甸西牵引站配套工程。110千伏上石河、南堡东等遗留工程年内在建。开工110千伏及以上项目9项，线路长度322.09千米，变电容量71万千伏安。加快配电网标准化建设，公司入选国家电网公司100家配电网标准化建设改造创建活动达标单位。完成92项小城镇（中心村）电网改造升级工程和377项机井通电工程，公司被国家电网公司命名为新一轮农网改造升级“两年攻坚战”工作先进集体。曹妃甸公司10千伏线路绝缘化改造项目、滦南公司10千伏低电压改造项目入选国家电网公司“百佳工程”。完成车轴山、韩城等21座220千伏站和10个县级公司本部业务10G骨干传输网切改。

【国网安全管理】 2017年，国网唐山供电公司贯彻国家电网公司安全生产35条措施和冀北公司本质安全100条细则，明确安全目标，压实安全责任。推进“1136”本质安全工程建设，特色做法获2017年度河北省管理创新一等奖，年内被国家电网公司授予“十九大保电先进集体”称号。开展安全大检查、基建现场反违章专项行动，加强隐患排查风险治理，召开风险布控会44次，安全稽查队“飞检”959人次，查处违章276起，罚款20.42万元，发布电网风险预警207项，现场安全管控加强。实施生产大修、技改资金精准管理，完成跨越京哈铁路输电线路隐患专项治理，安全基础建设加强。依托4G电力无线专网技术，将变电站巡检机器人应用于防汛应急演练，提升应急保障水平。

【电力服务社会】 2017年，国网唐山供电公司建立优质服务周管控协调机制，加强各专业协同配合，推动营配调贯通和末端融合，提升抢修效率。畅通“绿色通道”，优化业扩报装流程，平均接电时长缩短1.2天。以城市核心区及重要交通枢纽、高速公路沿线服务区为重点，建设充电站46座、充电桩278台，实现全市高速公路服务区充电站全覆盖。开展便民服务宣传，年内公开电力信息6961条。开展“零投诉”评比活动，11个营销班站、5个抢修班组实现“零投诉”。打造“全能型”乡镇供电所示范项目，滦县雷庄镇供电所、玉田彩亭桥镇供电所被国家电网公司命名为五星级供电所。配合政府做好冬季清洁能源采暖试点城市建设。促成冀北地区首家空港陆电项目签署战略合作框架协议，推动唐山港集团有限公司高压港口岸电、滦南县113所中小学“煤改电”两个国家电网公司电能替代示范工程实施。全年累计实现替代电量21.47亿千瓦时，完成年度指标114%。开展营业普查和用电检查，累计查处违约及窃电2435户，追补电费783.2万元，追补违约使用电费1289.52万元。推广费控应用系统，对重点客户实施“一户一策”风险防范措施，电费回收率100%。深化大数据应用，开展指标、流程关联监测，提出针对性管理建议18项。推进事中审计，累计完成各类工程审计312项，涉及付款金额3.69亿元，审减结算资金154.71万元，有效规避企业经营风险。

【供电企业建设】 2017年，国网唐山供电公司党委开展“现场+课堂”学习，赴大钊故乡重温入党誓词，强化宗旨教育；赴曹妃甸对接地方经济发展和项目建设，做好服务支撑。公司班子成员分赴基层一线宣讲，各级党组织利用微信群、公众号、“三会一课”、主题网站等形式推动党的十九大精神进基层、进班组、进现场。各级领导班子深入联系点专题巡讲190余次，发放学习用书1万余册，党支部组织集中学习500余次，撰写心得3000余篇。唐山德宁供电有限公司正式成立并在曹妃甸化学园区增量配电试点业务招标中中标。218个国有企业移交“三供一业”供电改造项目年内推进，公司17个住宅小区供水、供暖和物业改造项目全部签订正式分离移交协议。完成电建公司建筑工程施工总承包三级资质升级，客户工程管理中心投入运行。

【电力影视发展】 2017年5月25日，第十二届“中电传媒杯”全国电力行业优秀影视作品、2016年度“中国电力新闻奖（影视）”作品决赛暨颁奖在北京举行。国网唐山供电公司拍摄的《我可以看着你》获第十二届“中电传媒杯”全国电力行业优秀影视作品微电影类一等奖，《光耀凤城》获宣传片类二等奖，滦县公司《夜色》获MV类三等奖，玉田公司《都在乎》获微电影类三等奖。

【无线专网建设】 2017年8月17日，国网唐山供电公司首次利用4G无线专网与变电站智能巡检机器人结合，公司内网任何一台计算机均能实现机器人远程控制和监视。无线专网采用1.8G赫兹频段TD-LTE技术，频率为1785～1790兆赫兹。通过两期投产，建立17座基站，平均覆盖半径1.5～2千米，有效覆盖面积超过110平方千米。利用唐山核心网，远程接入承德、张家口、秦皇岛、廊坊等地5座基站，实现省公司层面核心网集中、基站分散建设的集约建网模式。唐山供电公司作为冀北公司智能巡检机器人试点应用单位，配置集中使用型机器人6台，设置于兴城、稻地2个运维班，负责其管辖范围内29座变电站智能巡检任务，实现智能巡检机器人远端监控与操作。

【李征劳模创新工作室】 2017年11月16日，中华全国总工会命名一批“全国示范性劳模和工匠人才”创新工作室，唐山供电公司李征劳模创新工作室入选。工作室创建之初，旨在围绕变电运维领域安全生产、技术改造、人才培养等方面开展技术创新和管理创新，为一线优秀人才成长搭建平台。截至年底，工作室取得职工创新成果138项，获省部级奖项45项、地市级奖项82项，获国家专利102项，发表论文133篇。所获奖项中全国电力行业优秀质量管理成果一等奖5个、二等奖1个，国网公司优秀QC成果一等奖1个、二等奖1个，全国电力职工技术成果奖二等奖2个，河北省优秀质量管理成果奖29个。工作室研发创新成果创造经济效益和避免经济损失4700多万元。

（高子静）

·城市供热·

【城市供热概况】 2017年，唐山市中心区实现唐山热电、陡河热电、西郊华润热电三期、丰润热电4个热源主管网互联互通。其中，投资近3亿元实施陡河电厂配套供热管网扩容连通改造工程，将陡河电厂剩余358万平方米供热能力全部输出；实施续建骏安园马驹桥保障性住房配套供热管网工程，将铁路以西区域纳入集中供热；实施北郊电厂配套管网工程，提升市中心区供热承载力，2017～2018年采暖季供热扩供2.67万户；实施老旧供热管网改造工程，更新一次管网8条、二次管网23.5千米，改造15个小区1.35万户78万平方米老建筑供热管网，老旧小区供热效果改善。依托“大数据采集、大环网运行、大区间调度、大智能控制”，构建“智慧供热”平台，实现6个热源厂联网调节供热，做到按需供热、节能供热、高效供热。全市县城以上城区在网供热面积1.37亿平方米，集中供热和清洁供热面积1.36亿平方米，集中供热和清洁供热普及率99.27%。截至年底，市区集中供热面积5903万平方米，增加236万平方米，扩供2.67万户。全市供热企业入户测温10.1万余户，解决低温问题505户，各级供热主管部门累计随机入户测温7008户，涉及1481个小区、109所幼儿园、231所中小学、115家医疗机构和62家养老机构，个别室温不达标问题全部整改到位。编制《供热突发事故应急处置预案》，制定16种各类故障状态供热系统保障方案，市中心区设立10支抢险队伍，供热期间24小时全天候应急待命。热力总公司开通30部供热服务热线，将客户服务终端延伸至供热所站，确保供热问题及时解决。

（王文礼　姚明富）

·城市供气·

【城市供气概况】 2017年，唐山市有燃气企业197家，运营燃气管网5229千米，其中天然气高压、次高压管线670千米，天然气中低压管线4167千米，焦炉气次高压管线98千米，焦炉气中低压管线294千米。全市天然气管线总里程2022千米，增加375千米。投资2994万元，续建两座5000立方米液化天然气储罐项目，年内完工；投资1288万元，随新建道路同步铺设燃气管线7条；投资2970万元，更新10条道路老旧燃气管网，改造7个小区9089户居民室内燃气管网；完成燃气扩供1.22万户。8月1日起，《唐山市燃气管理办法》正式实施。年内9座无证加气站整改到位，其中燃气集团5座加气站年内取得燃气经营许可合规运营，2座加气站转为市公交公司自用站，风井新奥CNG加气站拆除，迁安华润加气站关停整改。全市完成气代煤改造6.7万户，燃气管线全部入户，壁挂炉安装到位，按时完成省达任务。

（王文礼　姚明富）

·城市供水·

【城市供水概况】 2017年，唐山市实现安全供水7952万吨，供水水质综合合格率99%以上，用户服务办结率、用户安装及时率及管网抢修及时率均99%以上。总投资1.08亿元净水厂一期工程落地开工建设。推进应急备用水源建设，在原有水源地谋划建设13眼应急备用水源井，形成每日6.1万立方米应急供水能力。启动智慧供水平台项目建设，实施新技术，完成银河路大口径输水管线改造任务。年内，在全国100个城市供水服务社会满意度调查中，唐山名列全省第一、华北地区第三。截至年底，唐山市自来水公司可用两种水源，地表水源来自陡河水库，地下水源来自67眼水源井，拥有水厂9座，其中原水厂1座，地下水厂4座，地表水厂2座，转输水厂2座，日供水能力53.5万立方米。供水管网总长度1064千米，形成地下地表水源共用、互为补充的环状供水系统，供水普及率100%，服务面积200平方千米，保障着市中心区百余万居民和2万工商业户生活、生产供水需求。

·城市排水·

【城市排水概况】 2017年，唐山市城市排水系统保持全国行业领先地位，市区污水处理一级A标准稳定常态化运行，全年处理污水总量1.47亿吨，出水水质合格率100%。冀东水泥污泥焚烧项目达产达效，日焚烧污泥130吨，污泥100%妥善处置。再生水回用规模扩大，全年回用量5119.45万吨，回用率35.1%，远超全国平均水平。全年处置含水率污泥23.26万吨，污泥妥善处置率100%，提前完成“十三五”规划整体要求。提升工艺效能，西郊厂“浮泥清除装置”获年度优秀案例。各厂利用专项资金实施技术改造154项，包括丰润厂投资1.9万元“空压机余热的利用”、北郊厂更新加药管线提高絮凝剂使用效率、东郊厂缩短消解时间至45分钟测定CODCR结果等。推进防汛基础设施建设，建华道、河茵路雨水管网改造，新华道排水干线及收水设施改造、银河路雨水泵站等6项重点防汛工程完成，市区10座立交桥水位自动监

净水厂一期改造项目施工现场。　　城管局提供

控系统安装到位，解决市中心区部分区域积水严重问题，全面提高城市防汛应急保障能力。

·城市出行·

【城市出行概况】 2017年，唐山市公共交通总公司营运车辆2130部，运营线路141条，年运行里程9208.9万千米，年客运量2.19亿人次，公交出行分担率20.36%。公交线网覆盖路南、路北、高新、开平、丰南、丰润、古冶等区。全年购置环保公交车70部，新能源和清洁能源公交车占比91%，其中空调车配置率78%，公交车辆整体状况提升。年内，2路获“全国巾帼文明岗”称号，26路获2017年度“唐山市巾帼文明岗”称号，210路获2017年度“河北省工人先锋号”称号，46路驾驶员汪亚娟被评为全国巾帼建功标兵，21路驾驶员刘萍被评为唐山市女职工建功立业标兵。总公司通过省级安全生产标准化二级企业复审验收，通过省A级诚信企业评估验收，是河北省第一家客运行业申报诚信A级企业评定单位，也是第一家通过验收单位。连续11次获全国安康杯竞赛先进单位。

【公交线网优化】 2017年，唐山市公共交通总公司开通线路3条，分别是红星美凯龙专线1路、红星美凯龙专线2路、古冶直达1路，优化线路13条，推进公交进小区、进商圈、进厂企，开通定制公交和购物巴士，形成运营多元化局面，满足群众出行需求。

【信息智能建设】 2017年，唐山市公共交通总公司完成场站视频监控系统和巡更系统验收并正式投入使用，提升场站安保和消防管理水平。更新智能调度系统核心服务器、备份服务器、相关存储设备及备份软件，保证系统稳定运行。建设完成80座功能先进的新型电子站牌，完善掌上公交系统，截至年底，掌上公交系统客户端可以查询131条常规运营线路车辆实时信息，独立用户数81万人，日登陆量8万次。

【公交场站建设】 2017年，唐山市公共交通总公司拥有场站17处，总面积38.40万平方米。自主完成风井充电站改扩建，新建古冶林西、卑家店充电站，确保现有和未来NG公交车及新能源公交车能源供应。年内，完成北郊枢纽站首批2个充电桩以及理工北校区充电站建设。

（何江峰）

·城市园林绿化·

【城市园林绿化概况】 2017年，唐山市增加绿化覆盖面积、绿地面积和公园绿地面积分别为293.59公顷、274.96公顷和42.27公顷。全市植树102万株，其中市区44.5万株，县（市、区）57.5万株。10条新建道路绿化工程全部完成。8个城市公园、游园完成品质升级。建成绿廊绿道30千米。在首届河北省园博会上，唐山展园获造园艺术综合奖银奖。参加第七届全国菊花精品展、京津冀菊花联展等4个菊花展赛，获1枚金奖、5枚银奖和3枚铜奖。全年参加联合审批各类许可事项45件，其中开口破路、验收和绿化设计审图分别为9件、2件和34件，未发生超时默许、责任追究、审批投诉现象。接待来人来电咨询法规业务60余次，咨询人员满意率100%。

【园林科研】 2017年，唐山市城管局申报省建设科技研究指导性计划3项，其中“新优彩叶树种选育技术研究与示范”和“水肥调控措施对月季生长及开花品质的影响研究”年内展开。“云杉弱株复壮与科学养护管理模式研究”“旋覆花在园林种植上的应用研究”“京津冀地区动物园几种关键生态技术研究”等8个科研项目在省住建厅立项，其中4个分别获省住建厅科技进步一、二、三等奖，“2016年唐山世界园艺博览会用花引种、生产、应用综合技术研究”等2个课题完成验收鉴定，并获省科学技术一等奖；“工业污染区园林植物选择及绿地景观结构研究与应用”“唐山市泡桐丛枝病发病规律调查和防治方法研究”等6个课题年内开展研究。编写并审定完成《唐山市标本菊生产技术规程》，提升全市园林科研水平。

【动物园植物园建设】 2017年，唐山动物园后续工程基本完成，增加河马馆、灵猴馆供暖设施，改造鹦鹉馆地面，并对百鸟园实施环境丰容；为提升园区绿化景观水平，治理黄土裸露，栽植苜蓿2.3万平方米、野花组合7000平方米，改善绿地面积3万平方米，栽植乔木和灌木7.9万多株，绿化覆盖面积29万平方米以上；新修泄洪渠300余米，改进虎馆、鸵鸟馆等重点区域排水能力，提升防汛水平；截至年底，园区共引进动物58种1009只。全年接待游客19万余人。唐山植物园新挂树木名牌1000余个，热带植物馆科普展厅增加植物化石展示，热带、亚热带坚果类植物种实（菩提子）展示。加强世园会期间栽植牡丹、郁

迁安西部森林生态绿道。　　李　瑛　摄

金香、景天等地被花卉养护管理，确保花卉生长健壮，开花整齐。完成裸露地面生态修复，新植黑心菊、蛇莓等地被花卉5.6万平方米，草坪5.26万平方米。

【园林精细化管理】 2017年，唐山市城管局按照《唐山市绿化养护工作月历》《唐山市园林管理质量等级标准》，定期召开全市园林管理工作会议，安排部署园林植物修剪、植保、施肥、浇水、病虫害防治、卫生保洁等园林养护管理工作。加强巡视督导，通过电话、微信、文字方式落实指导、督导结果。加大生物防治和设施维护、公园绿地树木补栽及黄土裸露治理力度，全年全市各专业绿化队伍补植乔灌木1.15万株、地被6.33万平方米，修剪树木50万株。重点道路树木采取及时修剪、树干输液、树下灌根、施肥浇水等措施进行复壮，采取样板引路，以点带面方式，打造以建设路、新华道、北新道和长宁道4条道路绿化为样板的景观大道和以植物园、凤凰山公园、大钊公园为样板的精品公园，带动全市园林绿地养护管理水平提升。

【病虫害防治】 2017年，唐山市城管局成立专业病虫害防治队伍，指导全市病虫害防治，安排专项资金用于购买农药，发放至各区及相关单位。加大生物防治力度，在全市范围内分两次释放周氏啮小蜂茧6亿只，主要用于美国白蛾及鳞翅目毒蛾科、舟蛾科、灯蛾科等食叶害虫防治。投资购买黏虫板、黏虫带、诱虫灯等设备，用于防治蚜虫及鳞翅目害虫的成虫，防治效果显著。

【社会绿化】 2017年，唐山市城管局依照国家、省、市绿化工作部署要求，征求各级、各部门意见并反复研究讨论，形成《关于加强全市绿化建设管理的指导意见》。编制完成《唐山市创建国家生态园林城市实施方案》，并按照国家园林城市（县城）新标准绘制公园绿地服务半径覆盖率图，为全市创建国家生态园林城市提供技术依据。按照省住建厅《关于进一步加强城镇古树名木资源保护工作的通知》要求，对全市城市规划区和风景名胜区范围内古树名木进行第二次普查、登记，督导检查全市26家责任单位城市绿化任务完成情况。围绕城市主次干道、重要出入口、滨河景观带等重点框架和节点，在建与完成公共游园建设22个，增加城市出入口、路口街角绿地112块，建设绿廊绿道19千米。

（何江峰）

住房公积金管理

【住房公积金概况】 2017年，唐山市住房公积金管理中心履行编制、执行住房公积金归集、使用计划，负责记载职工住房公积金缴存、提取、使用等情况，负责公积金核算，审批住房公积金提取、使用，负责公积金保值和归还，编制住房公积金使用计划执行情况的报告，承办住房公积金管理委员会决定的其他事宜。中心下设贷款中心和路南管理部、路北管理部，以及丰润分中心、丰南分中心、开平分中心、古冶分中心、迁安分中心、滦县分中心、滦南分中心、乐亭分中心、曹妃甸分中心、玉田分中心、遵化分中心、迁西分中心、南堡分中心、海港分中心14个分中心，机关设有机关党委（机关纪委）、办公室、财务人事处、政策法规处、归集提取管理处、住房贷款管理处、资金管理处、会计核算处、审计处、科技信息处10个处室。中心与下设分支机构实行“统一决策、统一管理、统一制度、统一核算”管理模式。截至2017年底，全市住房公积金制度覆盖5742个单位60.57万人。2017年归集公积金69.6亿元，职工提取37.73亿元，发放个人住房贷款49.06亿元。累计归集公积金525.81亿元，归集余额270.58亿元；职工累计提取公积金255.23亿元；累计发放个人住房贷款371.42亿元，个贷余额240.14亿元，支持16.82万户家庭改善住房条件；个贷使用率88.75%，唐山住房公积金个人住房贷款市场占有率45.21%。在全省11个设区市中，唐山中心累计发放个人住房贷款总额、个贷余额、个贷使用率、个贷市场占有率、累计提取总额均位居第一位，累计归集总额和归集余额位居第二位。按国家规定，中心在增值收益中累计上缴财政19.32亿元，专项用于市、县两级廉租住房建设补充资金。

【公积金管理体制完善】 2017年，唐山市住房公积金管理中心开展“管理提升年”活动，制定《关于开展管理提升年活动的实施方案》，通过健全完善内部控制、稽核监督、考核评价、业务运营、资金安全、客户服务、队伍建设，优化提升“系统推进、程序驱动、节点控制、持续改进”精细化管理体系，把“精、准、细、严”落实到管理每个环节。制定36项任务分解措施，确定牵头领导和责任处室，把具体任务逐项分解落实到各个环节、岗位，加强督导检查，纳入年终考核，确保活动取得实效。开展精细化管理评审，从各分中心、管理部基层一线开始，通过初步评审、专项评审、综合评审“三级评审”模式，逐级开展评审，在评审中明确评审原则和评审目标，围绕适宜性、有效性、合规性原则，确保精细化管理体系与运行管理实际相适应。通过评审，结合内外环境和工作需求，及时调整各项制度规定，健全完善精细化管理体系。

【公积金服务】 2017年，唐山市住房公积金管理中心按照住房城乡建设部相关规定，规范住房公积金信息系统数据，提高住房公积金信息资源组织和利用水平，满足住房公积金信息系统建设和发展需要，与市工、农、中、建、交等11家银行全部进行联网支付结算，实时获取银行结算数据，实现资金、业务和财务信息自动平衡匹配。按照住建部综合服务平台建设导则和有关要求，建设完成住房公积金综合服务平台，主要包括门户网站、网上大厅、自助终端、服务热线、手机短信、手机客户端、官方微信和官方微博8种服务渠道。通过“12329”短信平台发送电子对账单，对账单载明缴存职工2017年个人住房公积金账户状态、月缴存额以及账户余额信息，使职工及时了解本人账户信息，扩大住房公积金制度社会影响，增强住房公积金管理透明度。

【公积金宣传】 2017年10月，住建部委托广东省住建厅策划一期《住房公积金信息》专刊，总结全国住房公积金制度5年发展成就。住建部在全国342个公积金中心中遴选10家中心作为业务管理优秀典范在专刊上予以宣传。其中，将唐山市住房公积金管理中心住房公积金精细化管理工作经验以《上下求索谋突破 精细管理写春秋》为题进行介绍。

【个人住房贷款调整】 2017年，唐山市住房公积金管理中心根据上级有关要求，结合全市实际，对住房公积金贷款有关政策作出调整，住房公积金个人贷款申请人属于购买首套自住住房，首付比例不得低于30%；住房公积金个人贷款申请人属于购买第二套住房，首付比例不得低于60%；暂停办理异地贷款、装修贷款、父母为子女购房贷款业务，停止办理商业贷款转公积金贷款业务；暂停办理贷款购房首付提取住房公积金业务；借款人还款能力不足时，仅限于其父母作为共同还款人参与共同还款。

【全国异地转移接续】 2017年，唐山市住房公积金管理中心为适应住房公积金缴存职工异地流动，跨城市转移接续住房公积金业务需求，推进“互联网+政务服务”，全市按照住房城乡建设部要求，正式接入全国住房公积金异地转移接续平台，通过该平台，异地转移住房公积金账户信息和资金只需在转入地即可完成办理，缴存职工可享受住房公积金“账随人走、钱随账走”便利。

（王亚楠）

城镇化建设

【城镇化建设概况】 2017年，唐山市发布《关于积极推动农村人口向城镇有序转移的实施方案》，滦县、滦南县被确定为河北省第二批新型城镇化试点地区，迁安市开展国家第三批新型城镇化综合试点工作。印发《关于深入推进县城建设攻坚行动实施方案》，以“一补三化”（公共设施补短板，产城教融合化、环境容貌整洁化、建设改造精品化）为重点，确定25项县城重点攻坚任务和103个公共设施建设项目，计划总投资114.31亿元，2017年完成41.5亿元，当年投资完成率103%。印发《全市2017年度重点镇基础设施建设项目的通知》，要求各重点镇根据实际，优先建设重点道路、给排水、供热、供气和垃圾污水处理等基础设施项目。全市40个重点镇年内确定基础设施建设项目76个，竣工56个，完成投资6.9亿元，占全年投资计划115%。全市10个小城镇纳入全省特色小城镇重点培育。截至年底，全市常住人口城镇化率61.64%。

【农村危房改造】 2017年，唐山市农村危房改造开工率100%。5月、6月，市住建局实地督导检查全市14个县（市、区）农村危房改造，印发《通报》督促整改。11月开展全市扶贫领域农村危房改造专项治理行动，清理全市2015年以后实施农村危房改造户。开展全市农村房屋安全隐患排查整治专项行动，特别对现有建筑质量差、主体结构损坏严重、超负荷使用农村房屋和处于山边、水边、地质灾害易发区、煤炭采空区等区域房屋，以及2011年以后全市实施农村危房改造的特困农户住房重点排查和整治，对发现未列入农村危房改造政策农房，由乡镇及村委会督促所有权人修缮加固，消除农房安全隐患不留死角。

【村镇污水和垃圾处理】 2017年，唐山市住建局协助省住建厅完成2016年省级村镇污水处理和城乡垃圾处理工作绩效评价。5月，现场督导全市确定的13个镇级污水处理厂。谋划全市15个国家级重点镇、镇区人口在1万人以上及有条件的镇建设污水处理设施项目，提高污水处理能力。转发省住建厅推广学习金华市农村生活垃圾分类和资源化利用经验通知，组织编制实施方案。开展非定点垃圾堆放点排查整治工作，3月，与市环保局等5部门联合发出排查通知，6月底前15个县（市、区）全部排查完成，并建立台账和录入信息。

【农村面貌改造提升】 2017年，唐山市开展美丽宜居村镇示范、田园建筑申报及绿色村庄创建、开展农村人居环境示范村创建活动，由市美丽办、市财政局推荐迁安市五重安乡万宝沟村入选全国人居环境整治示范村。全市122个村庄列入住建部全国第一批绿色村庄名单，年内对2017年度新增371个村庄组织申报。完成本市2016年度全国农村人居环境信息系统录入，12月组织开展2017年度人居环境调查录入布置工作。

【历史文化名镇名村保护】 2017年，唐山市将遵化市马兰峪镇、官房村和迁安市建昌营镇建立历史文化名镇名村及传统村落保护工程项目库和布局规划、保护建设情况上报省住建厅，争取专项补助资金支持。市住建局配合市规划局，开展历史规划街区划定及历史文物确定工作，完成省住建厅有关迁安市大崔庄镇白羊峪村、大五里乡山叶口村和滦县滦州镇、响嘡镇、王店子镇、滦州古城列入全国特色景观旅游名镇村名单调查问卷工作。

（王文礼 姚明富）

环境保护

HuanJingBaoHu

综　述

【整体环境质量】 2017年，唐山市环境空气质量持续改善，细颗粒物（PM2.5）浓度每立方米66微克，比上年下降10.8%，较2013年下降42.6%，超额完成国务院“大气十条”到2017年下降33%目标。全市空气质量综合指数7.96，比上年下降3.90%；优良天数205天，比上年增加5天，重污染以上天数30天，比上年减少7天。10～12月，全市PM2.5浓度每立方米69微克，比上年下降37.3%；重污染以上天数6天，比上年减少17天，下降73.9%。水环境质量持续向好，潘家口、大黑汀、陡河水库等重点水库及主要河流水质改善，国、省控主要河流断面三类及以上优良水体比例达77.8%，城市集中式饮用水水源地和地下水水质良好，近岸海域良好以上水质比例100%。年内，唐山市出台量化问责办法，公开约谈10个县（市、区）负责人21次，通报批评有关单位和责任人7次，全市因环保监管不力等问题被问责371人次；清理上报治霾不力问题4680件，问责31个单位、29人次。

【产业结构偏重造成污染围城】 2017年，唐山市全社会煤炭消费总量7770万吨，其中规模以上工业煤炭消费量7568万吨，单位面积煤耗强度全国最大。市中心区及周边还有40多家重污染企业，对中心区污染物贡献率70%左右。重型车运输污染严重，全市保有重型柴油车8.6万辆，物料运输导致的机动车尾气排放、损毁道路、飘洒扬尘污染严重，占污染物比重达30%以上。环境监管“最后一公里”问题没有完全解决，存在工作职责不清、工作责任没有压实、协调联动不够等问题，散煤燃烧、“散乱污”企业、散料堆场和道路扬尘、露天焚烧秸秆垃圾等点、面源污染问题未彻底解决，城市精细化管理水平有待提升。

全年全市空气质量优良天数增加，图为唐山的蓝天白云。　赵　亮　摄

【北方地区冬季清洁取暖试点城市】 2017年5月，财政部、住房和城乡建设部、环境保护部、国家能源局联合开展北方地区冬季清洁取暖试点申报工作，采取竞争性评审方式选拔试点城市，中央财政支持试点城市推进清洁方式取暖替代散煤燃烧取暖，并同步开展既有建筑节能改造，鼓励地方政府创新体制机制、完善政策措施，引导企业和社会加大资金投入，实现试点地区散烧煤供暖全部“销号”和清洁替代，形成示范带动效应。6月4日，财政部、住房和城乡建设部、环境保护部、国家能源局在北京召开“北方地区冬季清洁取暖试点城市”竞争性评审会，唐山市入选国家北方地区冬季清洁取暖试点城市。按照试点城市中央财政奖补政策，试点示范期为3年(2017年6月～2020年5月)，每年中央财政奖补资金5亿元，3年累计15亿元，推动全市优化能源消费结构，改善空气质量。

【80台燃煤锅炉拆除】 2017年4月28日上午10时，唐山市按照河北省淘汰取缔燃煤锅炉和“散乱污”企业要求，举行淘汰取缔燃煤锅炉和“散乱污”企业集中行动，全市80台锅炉统一拆除。水利厅副厅长张宝全，省空气质量强化督导组组长付强，副市长孙文仲现场督导路北区蓝天家园小区燃煤锅炉拆除。全市被拆除80台锅炉共59蒸吨，年可减少燃煤8204吨，减排二氧化硫53.6吨、氮氧化物39.5吨、烟

尘 24.7 吨。截至年底，全市累计淘汰或清洁能源置换燃煤锅炉 6424 台 1.28 万蒸吨，年可减少排放二氧化碳 787.8 万吨、烟尘 1.82 万吨、二氧化硫 2.58 万吨、氮氧化物 2.24 万吨，取缔“散乱污”企业 285 家。

【“治霾神器”登陆唐山】 2017 年 5 月 20 日，清洁能源供热新产品——“奇威特”燃气空气源吸收式热泵在唐山使用。该热泵是利用天然气与空气融合的制热技术而打造的清洁能源供热新产品，在全国尚属首例。燃煤取暖是导致冬天雾霾严重的主要因素，“奇威特”燃气空气源吸收式热泵采用燃气热泵机组，单台年节约标准煤 55.434 吨，减少二氧化碳排放 136.922 吨，相当于种植 1.95 万棵树。热泵天然气消耗量只有传统锅炉 45% 左右，二氧化硫排放浓度、氨氧化物排放浓度、颗粒物浓度只有国家锅炉标准 18%、13.5%、11.5%，其制热效能是普通产品 1.8 倍，投资运行成本降低 50%。热泵采暖机组主要用于居民小区、办公楼、学校、酒店等需要供暖场所，热水机组主要用于学校、宾馆、酒店、洗浴中心等需要大量热水场所。

【机动车尾气排放超标首张罚单开具】 2017 年 10 月 3 日，唐山市环保局、公安局联合行动，依据法律法规处罚大货车尾气排放不达标车辆。交警利用机动车尾气移动式激光遥感监控设备检测车辆，实现实时、在线、快速多点、移动灵活检测，筛出疑似车辆，再由环保和交警人员处理。市环保部门对机动车尾气排放现场监督检测，公安交管部门依法处罚上路行驶超标排放车量，并使用全国统一处罚代码，开启“环保取证，公安处罚”新模式，环保部门当天检测大货车十几辆，其中一辆货车尾气排放超标，被交警部门依法处以罚款 100 元不计分处罚，是全市大货车尾气超标首张罚单。

【24 部纯电动公交车投入使用】 2017 年 11 月 20 日，唐山市购置首批 24 部纯电动公交车投入运行。上线运营公交车为金旅牌纯电动车，无发动机噪声、无尾气排放，更加节能环保。全市购置新能源车（包括纯电动、气电混合、油电混合）累计 541 辆、天然气清洁能源车 1402 辆，新能源和清洁能源车辆在公交车中比例达 90%。

11月24日，曹妃甸湿地管理处救助站工作人员集中放飞13只接受救治的野生鸟类，其中包括国家一二级保护动物东方白鹳等。 刘晓静 摄

【野生动物保护长效机制建立】 2017 年，唐山市政府出台《关于建立健全鸟类等野生动物保护工作长效管理机制的意见》，明确鸟类等野生动物保护工作长效管理指导思想和目标任务，确定保护优先、依法依规、属地管理和全社会参与 4 项基本原则，落实属地管理责任、建立部门和区域协调联动机制、实行有奖举报制度、健全执法与信息员队伍、规范野生动物人工繁育和经营行为、完善野生动物收容救护体系、划定野生动物保护红线区、探索政府购买服务模式、落实野生动物疫源疫病监测防控、严厉打击乱捕滥猎和非法经营野生动物违法犯罪活动 10 项工作重点。全市成立由市政府分管市领导为组长，20 个相关职能部门为成员的鸟类及野生动物保护工作领导小组，制定加强组织领导、健全管理机构、落实经费保障、广泛普及宣传、加强督导调度 5 项保证措施，并建立保护野生动物有奖举报制度，具体规定举报内容、举报方式、举报办理、举报奖励。

【野生鸟类保护行动】 2017 年，唐山市破获违法收购、运输、贩卖野生动物案件 28 起，解救放飞野生鸟 7 万余只，拆除粘网 1.6 万多米，收缴诱捕器 36 台套，销毁催肥养鸟笼（箱）4700 多个，刑拘 10 人，取保候审 5 人。年内制发《关于加强候鸟保护的通告》《关于划定野生动物禁猎区的通知》等规范性文件，市本级及各县（市、区）设立有奖举报制度，各执法部门依法查处违法行为。全市自然生态环境逐年改善，珍贵鸟种又重现唐山，全市发现鸟类 17 目 52 科 347 种，其中包括丹顶鹤、东方白鹳等国家一级保护鸟类 13 种，国家二级保护鸟类 55 种。年内，野保协会以摄影展和图片形式开展“爱鸟周”巡展活动，受教群众达万余人。大清河救助站救助国家、省重点保护野生鸟类黑鹳、大天鹅等 360 多只。

大气污染治理

【大气污染治理概况】 2017 年，唐山市加快产业结构和产业布局调整，淘汰火电落后产能 6.7 万千瓦，化解炼钢产能 993 万吨、炼铁产能 576 万吨，化解焦炭产能 397 万吨，化解煤炭产能 50 万吨。制定《唐山市城市工业企业退城搬迁改造专项实施方案》，完成国丰钢铁北区等 11 家重污染企业关停搬迁。年内建设环保指挥中心，以 6 个国控点位为重点，以 15 个省控点位和 594 个网格化监测点为支撑，整合环保监控系统，包括 262 家企业 1079 个排放口在线监测，60 家企业烟气黑度视频监控，15 家企业 152 套工况监

控，55家企业机动车门禁监控和公安天网系统1800多个监控，以及建筑工地、洒水车和渣土车监控系统，统一平台、统筹调度。每日组织城管、住建、交通、气象、公安等部门研判会商，通过手机APP和微信指挥平台点对点下达管控指令，降低污染。实施全民“洁城”、餐饮治理、散煤清零、挥发性有机物治理、道路和车辆管控、精准治霾6个专项行动，261家挥发性有机物企业治理完成，34台新发现燃煤锅炉取缔，立案处理93起，查封违法企业29家，停产限产企业28家，移交公安机关24人。年内，25家焦化企业脱硫、脱硝设施建设完成，治理挥发性有机物111家，整治241家重点企业料场，184家1434个点位建立无组织排放全口径清单，逐企明确标准，完成整治。开展环保部大气司重型柴油车排放污染监控试点建设，启动建设机动车门禁、号牌识别和流量统计系统，利用尾气遥感监测技术监测车辆排放，实现重型车辆运输管控。全市4212家“散乱污”企业整治完成。

【企业“两错峰”管理】 2017年，唐山市内企业实施“两错峰”（错峰生产、错峰运输），核查、评估、打分钢铁企业36家，划分等级，科学确定停限产比例，避免“一刀切”。对焦化、水泥等12个行业1661家企业“一厂一策”明确错峰生产要求，筛查区域内钢铁、焦化等大宗原材料及产品运输重点用车企业，制定错峰运输方案，利用重型车监控系统监督企业错峰运输执行情况。完成环保部强化督查交办整改事项，累计交办问题3462件，完成整改3461件，销号率99.9%。

【燃煤污染治理】 2017年，唐山市加快农村散煤综合治理，实施气代煤、电代煤改造6.7万户。实施大唐丰润热电、华润热电机组挖潜改造，增加集中供热面积。淘汰燃煤锅炉或实施清洁能源置换锅炉2570台，提标改造锅炉35台。完成320台轧钢行业煤气发生炉和78台非轧钢行业煤气发生炉淘汰取缔或清洁能源置换。加强煤质抽检，开展2017～2018年秋冬季劣质煤管控攻坚行动及劣质散煤管控“百日会战”，全市实际经营散煤销售网点749家，抽检覆盖率100%。

【工业污染治理】 2017年，唐山市在111家（省达72家）企业实施挥发性有机物深度治理项目，对241家重点企业料场实施整治，对184家1434个点位建立无组织排放全口径清单，逐企明确标准。4212家“散乱污”企业整治完成，其中关停取缔2481家、整合搬迁4家、整治改造1727家。

【扬尘污染治理】 2017年，唐山市实施停产治理有证露天矿山67家，7家责任主体灭失露天矿山迹地修复绿化完成。加强建筑工地扬尘管控，市区渣土车全部密闭运输，完成建筑施工扬尘治理项目任务419个，重点建筑工地监控系统安装率100%。市中心区、县城建成区全面取缔露天烧烤，城区餐饮饭店全部安装油烟净化设施，推广油烟在线监测。

【移动源污染管控】 2017年，唐山市完成新能源汽车推广6336辆，强制报废老旧车辆2.76万辆。全市所有储油库、加油站安装油气回收装置，10月1日起全市禁售普通柴油和低于国Ⅳ标准车用柴油。联合公安、交通部门执法监测重型柴油车排放情况，现场处罚超标车辆。开展环保部大气司重型柴油车排放污染监控试点建设，启动建设机动车门禁、号牌识别和流量统计系统，利用尾气遥感监测技术监测车辆排放，实现对重型车辆运输管控。

环境综合治理

【水污染治理】 2017年，唐山市推进重点流域治理，其中滦河流域争取国家和省专项资金4亿元，完成潘大水库网箱养鱼清理，清理网箱4.1万个、库鱼4198.8万千克，从源头解决引滦入津入唐水污染隐患问题。还乡河流域完成丰润区城区管网雨污分流改造工程、2个村庄生活污水治理工程和4个乡镇生活垃圾治理工程，清理沿岸8家养殖企业。沙河流域争取省级专项资金5000万元，完成遵化污水处理厂提标改造工程、城区管网疏通工程、经济开发区污水管网工程以及沙河河道网箱养鱼清理工程，实施遵化城区管网雨污分流改造工程和水平口生态治理工程。陡河流域，实施古冶区石榴河综合治理工程和农村污水治理工程。全市17条主要河流29个断面实施跨界断面水质考核，年内扣缴超标县区生态补偿金6510万元，用于水环境综合治理。加强饮用水源地保护，完成陡河水库封闭工程，建设围挡95.65千米，配套建设数字监控管理系统、警示牌、界桩等辅助工程。清理陡河水库周边1168.07公顷坑塘养鱼和邱庄水库4266箱网箱养鱼，实施陡河水库周边农村生活污水和垃圾处理工程，清理集中式饮用水源保护区内违规项目31个。市内自然保护区、水源地保护区、风景名胜区划定畜禽养殖禁养区，重要水源涵养区、水土

春到南湖分外美。　　董　钧　摄

保持区、湖滨岸带、自然保护区、水源保护区、风景名胜区和纳入生态红线区域禁止相关开发行为。完成陡河水库、潘家口水库、大黑汀水库、邱庄水库库区养鱼清理工程，清理库鱼5.35亿千克，清理沙河河道网箱1.1万箱，保持重点水库和河流水质整体良好。年内10座污水处理厂（日处理污水49.3万吨）完成提标改造，7个县区实施污水管网改扩建，增加管网近20千米，10个工业集聚区15个子园区全部建成污水集中处理设施。1519家规模化养殖场和养殖小区完成治理，治理率80.37%，完成省达考核目标80%；清理还乡河和陡河沿岸畜禽养殖场9家，搬迁和关闭畜禽养殖禁养区内畜禽养殖场32家。

【土壤污染防治】 2017年，唐山市制发《唐山市土壤污染防治工作实施方案》，梳理曾经从事过有色金属冶炼、石油加工、化工、焦化、电镀、制革、制药、铅酸蓄电池等行业生产企业和生活垃圾填埋场、危险废物处置企业用地等疑似污染地块，建立唐山市疑似污染地块名单。确定布点核实点位2970个，确定疑似污染地块17个，筛选确定土壤环境重点监管企业60家。制订《固体废物堆存场所整治方案》，整治尾矿、煤矸石、粉煤灰、冶炼渣、工业副产石膏、铬渣、赤泥、电石渣，以及脱硫、脱硝、除尘等产生固体废物堆存场所。会同市公安局、市卫生计生委开展打击涉危险废物违法犯罪专项行动，发现问题116家，其中责令整改66家，行政处罚43家，移送移交7家。按照省环保厅统一安排部署，自6月17日～12月31日开展打击非法倾倒处置危险废物和危化副产品雷霆行动，排查涉危险废物单位269家，限期整改128家，停产整改4家，关停取缔1家。加强进口废物加工利用企业监管，打击洋垃圾入境，约谈辖区内6家进口固体废物加工利用企业，企业主动上交剩余进口量共计4.33万吨。按照省环保厅要求，全市范围摸排“五废”（电子废物、废轮胎、废塑料、废旧衣服、废家电拆解）再生利用行业，取缔废塑料企业56家、废橡胶企业15家。加强土壤污染治理修复制度建设，编制《唐山市土壤污染治理与修复规划》，组织60家重点监管企业开展土壤环境监测，落实《污染地块土壤环境管理办法（试行）》，排查出疑似污染地块18块，年内开展评估与修复，防止未开展风险管控、治理修复地块再开发利用。开展土壤污染源头预防，组织遵化市、迁西县、迁安市、滦县、丰润区、开平区、古冶区和玉田县编制矿山开发土壤环境保护规划并实施。开展打击涉危险废物违法犯罪专项行动和打击非法倾倒处置危险废物和危化副产品雷霆行动，责令整改194家，行政处罚51家，移送公安机关5家。推广测土配方施肥、有机肥替代化肥等技术，全市测土配方施肥技术推广面积61.8万公顷，缓释肥示范面积6.67万公顷，有机肥应用面积4.73万公顷，控制化肥使用量增长。开展土壤污染治理与修复试点，全市争取中央土壤污染防治专项资金5400万元，开展曹妃甸区西北部十分场、十一分场、八分场农用地调查评估与修复项目。

【新建项目污染管控】 2017年，唐山市落实环境影响评价制度，确保所有新、扩、改建项目符合国家产业政策、区域主体功能定位和环保准入要求，新建项目污染物等量或减量替代，增产不增污。完成6个行业10家企业清洁化生产改造、10家污水处理厂提标改造及配套管网建设、14个省级以上工业集聚区污水集中处理设施建设。

【地下水污染治理】 2017年，唐山市对焦化、电镀等典型行业企业开展地下水环境质量状况调查，开展加油站地下储油罐防渗改造，全市1126个加油站有648个完成防渗改造，完成率57.5%。开展纳污坑塘专项整治，拉网式排查全市纳污坑塘，31个重点纳污坑塘全部完成治理。

【近岸海域水环境保护】 2017年，唐山市开展入海排污口及入海河流清查，清查出入海排污口（排水口）6个、入海河流21条，其中8条纳入常规监测，另外13条河流列入2018年常规监测计划。

【生态区环境保护】 2017年，唐山市按照《河北省生态保护红线划定方案》划定结果，划定生态红线总面积1089.42平方千米，占唐山市国土面积7.67%。开展“绿盾2017”自然保护区违法违规开发建设活动整治专项行动，加强对河北乐亭菩提岛诸岛自然保护区、曹妃甸湿地和鸟类自然保护区2个省级自然保护区监督管理。加强畜禽养殖污染防治，划定禁养区92个1073平方千米，32家禁养区内养殖场关停或搬迁，1519家规模化养殖场和养殖小区治理完成，治理率80.37%（省达指标80%）。80个建制村农村环境综合整治完成，生活污水处理率、生活垃圾无害化处理率、饮用水卫生合格率和畜禽粪便综合利用率4项指标全部达到水质考核要求。

义务植树在唐山蔚然成风，图为古冶区69家单位2000多名机关干部栽种树木4000余株。 代海山 摄

【辐射安全监管】 2017年，唐山市开展辐射事故应急演习，促进辐射管理规范化、制度化。强化现场监察执法，检查企业430家，报废放射源112枚，及时消除辐射安全隐患，全市辐射环境质量总体良好，环境辐射水平保持在天然本底范围内。核技术利用项目电离辐射及电磁辐射环境水平总体情况良好，无重大辐射事故发生。根据污染源清单，全市3407家涉气企业纳入重污染天气应急响应范围，“一厂一策”修订完善重污染天气应急预案，明确企业停限产、点面污染等各类污染源管控措施。年内启动重污染天气预警响应13次（均为Ⅱ级），预警时间1282小时。组织各地进行环境风险评估并按要求编制突发环境事件应急预案，企业突发环境事件应急预案备案221个，其中较大风险等级22个，年内处置突发环境事件3起。

环保机制建设

【环保机制建设概况】 2017年，唐山市建立科学精准治霾体系，通过研判提前发布预警，主动采取减排措施9次，启动II级应急响应7次，共计应对16轮重污染过程，规避12轮重污染过程，重污染天比环保部预判减少12天，实现削峰降速，遏制重污染天气形成。市政府成立环境保护督查工作领导小组办公室，建立督导巡查机制，统计、通报、督促国家、省交办问题整改和环境治理重点任务进度，实行靶向性督导调度机制，年内环保部督查交办问题3462件，省秋冬季大气污染综合治理攻坚行动专项督察及执法检查交办问题1287件，全部完成市级整改销号备案。成立14个副县级干部为组长的督查组，累计发现处理问题430件。全年立案2625件，立案处罚金额1.21亿元，打击环境违法行为。

【环境执法交办问题整改】 2017年，唐山市接受省专项执法交办问题720件，完成整改715件，销号率99.3%；省专项督察交办问题567件，完成整改566，销号率99.8%。保持执法高压态势，累计立案处罚2171起，处罚金额1.03亿元，其中市级立案处罚165起，处罚金额2596万元；县级立案处罚2006起，处罚金额7744万元，移送行政拘留案件248起，行政拘留137人。联合公安部门执法225次，移送涉嫌违法犯罪案件8起。保持问责高压态势，出台量化问责办法，先后对10个县（市、区）主管领导公开约谈21次，对有关单位和责任人通报批评7次，因环保监管不力等问题被问责371人次，清理上报治霾不力问题4680件，问责31个单位、29人。

蓝天白云下的市中心区。　　董　钧　摄

【环保服务能力提升】 2017年，唐山市所有审批事项全部实行网上申报审批，实现环保行政审批内网办理规范高效、实时监控和外网申请简单便捷、时效跟踪、减少跑办等功能，全年办结各类审批要件261件，所有办件均在承诺时限内办结。按照《排污许可证管理暂行规定》，组织开展火电、钢铁、水泥等10个行业排污许可证核发工作，共发放排污许可证180家，其中电力15家、钢铁85家（含轧钢）、水泥49家、焦化9家、造纸18家、平板玻璃2家、氮肥制造2家。加强与环保部和省环保厅对接，明确专人全程跟踪跑办曹妃甸工业区石化基地规划环评、渤海钢铁等全市重点项目，为全市经济社会发展保驾护航。

【环保机制健全】 2017年，唐山市出台量化问责办法，因环保治理任务推进不力以及上级环保督查问题整改进度缓慢，公开约谈相关县（市、区）及有关单位责任人，因环保监管不力等问题被问责371人次。年内成立唐山市人民检察院驻唐山市环保局检察室，是河北省首个由市级检察院向环保局派驻检察室，构建全市“检察＋行政”全新生态检察格局，增强行政执法与刑事司法衔接，形成检察环保协作监管合力。全年立案2625件，其中涉及查封扣押37件、按日计罚6件、停产限产60起，移送行政拘留115件，移送涉嫌环境违法犯罪案件5件。将钢铁、焦化、水泥、化工、污水处理等环境风险高、易发生污染事故及发生污染事故后危害大行业整体纳入试点。2017年，全市环责险投保数量163家，超额完成年初上报省环保厅投保企业数量指标（160家），投保率101.88%。总保额23.77亿元，总保费2180.89万元，居全省第一位。全市出险数量3起，出险率2.19%。

【环境宣传】 2017年，唐山市开通“唐山环保微发布”微信公众号，加大环保法律法规、环境质量公报、全市空气质量排名和重污染天气应急响应以及环保重点亮点工作新闻宣传力度，扩大公众知情权。组织召开全市纪念2017年“环境日”暨唐山松下环境保护奖励基金设立20周年会议，表彰2016年度松下环保奖励基金获得者，并在新闻媒体公布获奖者名单。

（马东辉　冯征莉）

综合管理

ZongHeGuanLi

经济管理

【经济管理概况】 2017年，唐山市发改委制发《关于推进机关规范化建设实施方案》，推进6个方面、62项工作，构建制度化运行机制。围绕专项资金申请、日常监管等领域，组织委内14个处室查找风险点33个，制发《关于加强和规范专项资金项目申请暨日常监管若干规定》，制定《市发改委岗位廉政风险监控表》，提出防范措施35条。开展“学条例、查风险、明底线——我的纪律清单”活动，正科级实职干部上墙公示《纪律清单》，公开“晒权力”“晒工作”，明确分管领域廉政风险点，制发推进重点工作进度表，跟踪考核、按期要账。利用到基层、企业调研和重点项目稽查等机会，开展服务对象满意度调查，向相关企业和单位寄送或发放《履职情况反馈卡》600多份，收到反馈“四风”问题8件、意见建议52条，全部整改到位。组织理论中心组集体学习23次，党组书记为全体党员干部讲授专题党课2次，邀请专家学者授课4次，班子其他成员讲党课10次。

【产业结构调整】 2017年，唐山市发改委加快供给侧改革。完成钢铁去产能任务，落实省去产能工作部署，将化解任务分解落实到具体企业和装备，并跟踪督办，全年化解炼钢产能993万吨、炼铁产能576万吨，4家钢铁企业实现产能出清；化解煤炭产能50万吨，关停7台6.7万千瓦发电机组，完成省达各项化解任务。推动新兴产业培育，制发《实施创新驱动发展战略加快新兴产业发展的实施意见》，推进航天国轩、中信开诚机器人等100个新兴产业重点项目建设，全年高新技术产业增加值完成265亿元，比上年增长17.2%，增速全省前三，高于规模以上工业增速12.5%。推动企业技术中心建设，全市市级及以上企业技术中心150家，其中国家级6家、省级92家、市级52家。推动传统产业转型升级，组织申报国家转型升级示范区，唐山市入围全国首批、河北省唯一一个国家产业转型升级示范区；起草《关于建设国家产业转型升级示范区的实施意见》及4个配套文件，建立“双周通报、每月会商”工作机制，围绕转型升级4个重点示范领域，推进重点工作，完成年度目标任务。聚焦五大支柱产业，逐县区、逐企业调研，支持企业提升装备、技术水平，推动产品升级和产业链升级。发展现代服务业，推进省级物流产业聚集区建设，2017年入园企业1430家，实现主营业务收入1250亿元、利税43.7亿元。推进物流业重点项目建设，唐山公路港（一期）等20个重点项目完成投资30亿元。全年全市第三产业增加值完成2424亿元，增长10.9%，占GDP比重34.1%，对经济增长贡献率达61.8%，超过一、二产业增加值之和；全年新增规模以上服务业企业228家，居全省首位。推进现代农业发展，加强农业基础工程建设，全年争取中央预算内资金1.1亿元，省级配套资金2355万元，支持千亿斤粮食工程等项目建设。推进农村产业融合发展，乐亭县入选国家级农村产业融合发展示范县。

城建重工（唐山曹妃甸）新能源汽车下线。　　杨世尧 摄

【计划管理】 2017年，唐山市发改委编制2017年全市国民经济和社会发展计划，经市人大十五届一次会议审议通过并印发实施。监测评估年度计划执行情况，定期向市委、

市政府和市人大汇报进展情况，研究提出相关对策建议。做好中财办经济运行直报点相关工作，全年起草上报经济分析报告7期、专题调研报告2期。统筹协调煤、电、油、气、运等生产生活要素，完成迎峰度夏、迎峰度冬等任务，保证取暖季天然气供应，制定并及时启动应急预案，落实“压非保民”各项措施，建立天然气供需台账，实时开展协调调度，保障经济社会发展基本需要。

【沿海经济活力增强】 2017年，唐山市发改委发挥职能作用推进产业聚集，加快国家级石化产业基地等重点园区平台建设，推动项目和生产要素向沿海集聚，全年沿海地区实施亿元以上项目467项，总投资4209.2亿元，完成投资1211.5亿元。推进综合贸易大港建设，曹妃甸港区集装箱码头2个新建泊位对外开放，曹妃甸综合保税区码头2个多用途泊位通过省开放验收并投入使用，整车进口口岸正式获批，京唐港直达日本关东、关西外贸集装箱航线正式开通，内陆港达10家，正式加入“中国—东盟港口城市网络”。全年唐山港累计完成货物吞吐量5.73亿吨，增长10.1%；集装箱吞吐量253万标箱，增长30.72%。

【重点领域合作】 2017年，唐山市发改委推进产业合作，实施亿元以上京津合作项目234项，总投资2420.5亿元，完成投资348.7亿元。其中，承接京津产业转移项目208项，总投资2112.3亿元，完成投资293.9亿元。推进平台建设，京冀曹妃甸协同发展示范区新开工亿元以上项目20个，完成投资25.4亿元；签约亿元以上京津合作项目91项，总投资1261亿元。津冀（芦·汉）协同发展示范区新开工亿元以上合作项目31个，完成投资26.2亿元。推进重大铁路工程项目建设，全年铁路建设项目累计完成投资96.5亿元，其中唐曹铁路完成投资65.2亿元，实现单线基本贯通；水曹铁路完成投资25亿元，控制性节点工程全面启动；京唐城际完成投资6.3亿元，土地组卷完成。推进社会领域协同发展，实施各类功能疏解项目26项，总投资308.2亿元，完成投资54.7亿元。北京工美高级技工学校等一批搬迁项目签约落户，曹妃甸职业技术学院正式开学，对接京津教育签约项目237个；与京津知名医院签署技术合作协议47个，开展医疗合作项目61个。

【改革深化与招商引资】 2017年，唐山市发改委深化“放管服”改革，全年下放审批权限11项。配合行政审批局组建，将发改委相关审批事项全部按时划转到新组建的市行政审批局，并开展业务培训，确保各项工作平稳过渡。推进居民用天然气销售价格改革、城市供水价格改革和农业水价综合改革，完成年度改革任务。开展招商引资，组织或参加“‘5·18’廊坊国际经贸洽谈会”“国际产能合作项目对接洽谈会”“河北省重点合作项目签约仪式”和“2017中国发展高层论坛‘河北之夜’活动”等，促成合作项目签约。做好借用国外贷款项目工作，利用1200万美元世行贷款项目按计划进展。全年全市实际利用外资16.1亿美元，增长8.3%。开展国际产能合作，推进唐钢集团尼日利亚钢厂并购、神鹰科技匈牙利彩涂钢板等项目。

【大气污染防治攻坚战】 2017年，唐山市发改委制发《唐山市2017～2018年采暖季钢铁行业错峰生产方案》，组成多个督导组专项督导各相关重点行业。推进重点领域节能削煤降碳和资源循环利用，通过开展能效领跑者创建、实施煤电节能升级改造、推进低品位工业余热暖民工程等多种措施推进节能，全年全市单位GDP能耗比上年下降5.43%，单位GDP二氧化碳排放量下降5.93%，全市煤炭消费量比上年净削减232.2万吨，完成省达任务目标。推进国家餐厨废弃物资源化利用和无害化处理试点项目建设，通过国家三部委终期验收。健全完善约束性资源使用权交易机制，制发《唐山市关于实施约束性资源使用权交易的意见》和用能权及钢铁产能交易管理办法，推广用能权、用煤权和钢铁产能交易，合计为曹妃甸石化产业基地等重点项目解决煤炭减量替代指标149万吨。

【物价监督检查管理】 2017年，唐山市发改委加强商品房销售价格备案管理，落实房地产调控政策，强化商品房销售价格备案管理，全年完成商品房销售价格备案59次，涉及建筑面积146.7万平方米。优化营商环境，制发《关于在市场体系建设中建立公平竞争审查制度的实施意见》，落实阶梯电价和省降低电价政策，降低实体经济成本，全年降低企业用气负担2900万元、用电负担6070万元。实施收费目录清单动态管理，加强价格检查，降低企业制度性成本。加强成本监审，全年审核自来水、景区内运输、热力等行业成本8亿元。

【民生和社会事业发展】 2017年，唐山市发改委支持各项社会事业发展，全年累计争取社会发展领域中央预算内投资7551万元，支持教育、卫生、文化、旅游等20个社会事业项目建设，推进唐山师范学院图书馆扩建等项目审批。推动城乡统筹发展，推进曹妃甸匠谷小镇等8家省级特色小镇建设，全年完成投资45.13亿元。组织召开河北唐山—巴州且末对口帮扶工作座谈会和且末县特色农副产品专题宣传推介会，签订《河北唐山市对口支援帮扶巴州且末县战略合作框架协议》《红枣产业发展帮扶协议》，支持湛普镇世坪村40万元用于便民服务中心建设。重点流域水污染治理、北戴河及相邻地区环境综合整治和引滦水源保护工程等均完成年度目标。

（陈敬明）

重点项目管理

【重点项目管理概况】 2017年，唐山市353个重点项目投资1686.1亿元，超年度计划29.7%，其中125个项目开工建设，102个项目建成投产，33项省重点项目完成投资235.6亿元，完成年计划142.6%。省、市重点项目完成情况位于全省前三。在重点项目带动下，全市固定资产投资完成5305.4亿元，比上年增长6.6%，总量全省第二、增速全省前三。紧盯首钢二期、纵横钢铁、河钢乐亭基地、曹妃甸石化基地等重大产业支撑项目，每周一通报、每月一调度，针对项目存在环境容量、土地指标等问题，逐项盯办、协调

深圳景田食品饮料有限公司景田饮用水北方生产基地项目。 钱西发 摄

落实。首钢二期主体施工完毕，河钢乐亭基地、纵横钢铁启动建设，曹妃甸石化基地规划环评取得国家环保部批复。全年发改委以项目开工活跃项目全局，先后在3月、5月、8月、11月底，组织4次集中开工活动，曹妃甸恭城科技传感器、迁安杰普特丝网等388个项目开工。通过优化项目审批流程，推进土地、资金等建设要素向急需开工项目集中，促进项目开工。

【项目观摩活动】 2017年，唐山市发改委在4月、6月、10月和年底组织全市重点项目观摩活动。把各县（市、区）、开发区分成ABC三类，在测评现场，用视频影像和数字比对展示项目进展，市四大班子领导和各县区部门负责人现场打分，当场公布结果，排名后两位的县（市、区）负责人当场表态发言。全年观摩项目150个，总投资1034.6亿元。

【重点项目考核】 2017年，唐山市发改委修订完善重点项目观摩测评办法，将新增规模以上工业企业数等纳入考评指标，全年新增规模以上工业企业350家，数量居全省首位。创新市级重点项目月调度机制，成立17个督导组，每月赴项目建设现场拍照打分，月调度会议上通报县区排名，以督导考核倒逼项目开工建设。

【项目要素保障】 2017年，唐山市发改委帮助项目单位和企业排忧解难，先后40多次带领市直相关部门深入县区、企业，现场解决制约难题90多个，推动重大项目实施。建立重大前期、重大开工、重大在建、重大升级改造项目月调度机制，突出重点、挂账督办，完成年度目标任务。开展“项目落地难”专项清理，查找上报相关问题1793项并全部整改。加强招投标管理和项目稽查，保障项目建设过程依法规范。破解资金难题，促进项目建设，争取上级专项资金支持，全年为项目单位争取中央及省预算内资金3.6亿元；推进企业债券发行，总额16亿元的金融控股集团公司债券获批发行，全市累计发行企业债券15支，融资190亿元，居全省首位；推广应用PPP融资模式，30个项目入选河北省重点PPP项目，总投资296.5亿元。做好内资企业进口设备免税工作，帮助5个项目获得免税确认，免税总额1500多万美元。

（刘红梅）

统计管理

【统计管理概况】 2017年，唐山市统计局提出精准服务的工作理念，推进现代化服务型统计，为全市经济转型升级、社会协调稳定提供统计服务。全年全局为市委、市政府提供统计专报30余篇，报送统计分析和各类信息160余篇，国家局内网采用6篇，省局内网采用84篇，得到市领导批示18篇，给各级政府决策提供依据。把提升统计数据质量定为全年重点，健全数据质量管理体系，健全统计数据质量责任追究制，建立统计机构主要领导、分管领导、专业岗位统计数据责任体系，完善统计数据质量齐抓共管、上下联动、部门互动责任制和评审制。承担“推进特色小镇建设”“深化商事制度改革”“大气污染防治”三个项目中的相关工作。按照2017年统计深化改革工作内容，制发《唐山市统计局关于全面做好全市2017年深化改革相关工作的通知》（2017〔17〕号），对统计局深化改革工作具体项目内容、推进措施、完成目标、完成时限等提出具体要求。

【统计数据质量提高】 2017年，唐山市统计局完善各专业统计数据质量管理制度，规范统计数据质量管理流程，建立统计数据质量追溯机制。完善统计质量控制体系，建立县级数据评估机制、指标评估机制、专业数据评估机制等，完善数据质量评估控制体系，评估地区生产总值、农林牧渔业增加值、规模以上工业增加值等宏观指标，健全相关数据审核评估体系，科学评估相关外部数据，增强统计数据真实性、可信性。探索源头数据净化方法，按照“由埋头做表向做实基础数据转变，由注重统计内部数据向协调外部数据转变”原则，对所有指标现状、历史数据、发展趋势以及在全省位次、比重等情况把好数据源头质量关，做到即报、即审、即验、即究。在基层推行电子台账，细化工作流程，分解责任，明确目标，实施首席责任人制度。完善数据质量责任追究制度，完善《统计数据求真求实行动实施方案》，建立统计数据质量管理责任追究制度，分级负责统计数据质量，从市局到县、乡层层建立岗位责任制，市局实行专业处长负责制，具体负责专业人员全程负责数据质量。逐级审批对外提供的数据资料，查清出现问题原因，明确责任。加强“部门联审”，建立信息资料交换平台，联合发改、住建、金融、工信、商务、环保、运输、电力等部门加强对相关统计数据的评估。

【统计服务】 2017年，唐山市统计局建立经济预警监测机制，每季度召开一次经济形势分析会，跟踪监测全市主要经济指标基础数据；拓展各专业联系重点企业的数量，建立信息反馈渠道和上报形式，提供即时准确信息。针对主要指标难以完成年初目标任务的形势，先后5次发布预测预警信息，提升统计信息价值。建立“积极参与、主动服务”运行机制，参与市委、市政府重大战略谋划，在实施过程中跟踪主动服务。根据党委、政府换届后领导变动较大情况，编印《简明统计知识读本》，提炼、总结、归纳统计常识、主要经济指标解释和统计法规。建立唐山转型升级监测评价机制，开展全面建成小康社会、大气污染防治、新型城镇化、乡镇经济综合实力、战略新兴产业等统计评价工作，引导转型升级、科学发展。建立产能调整、耗钢产业建设、新开工项目全程跟踪监测制度，特别是唐山煤炭削减监测和唐山节能工作监测，成为统计对外服务两大品牌。建立统计调研课题服务机制，组织各专业围绕全市中心工作开展统计调研，建立专题课题组制度，开展调查研究。组织由统计、科技、工信三家为成员的联合调研组，就R&D经费投入情况开展专题调研，形成题为《实现2020年研究与试验发展（R&D）投入强度2.5%目标的对策建议》调研报告。建立服务社会延伸机制，加大信息公开力度，及时公布劳动就业、住户调查、文化产业、房地产市场等民生信息。在《唐山劳动日报》《新唐山》杂志、中国唐山政务公开网、环渤海新闻网等媒体开辟统计数据专栏，加强数据解读和解疑释惑，普及统计知识，引导正确舆论导向，推进统计公开透明，使社会各界正确理解和使用统计数据。

【普查调查】 2017年，唐山市统计局组织各专业执行国家调查制度，按照调查方案抓落实，完成各项统计调查任务。1月1日，农业普查进入正式登记阶段，在规定时限内完成164万农户入户登记任务。开展数据审核、评估、改错、复核等工作，确保普查数据的时效性，通过省级验收。谋划第四次全国经济普查前期准备工作，组建经济普查筹备机构，召开3次第四次经济普查工作专题会议和培训会议；总结农业普查经验和第三次经济普查做法，开展全方位的前期调查研究；落实经费，编制完成“四经普”预算。做好社情民意调查，开展委托调查5项，自主调查2项，回收有效问卷1.86万份。

【统计法制建设】 2017年，唐山市统计局联系统计工作实际，落实“三项制度”改革，制定“唐山市统计局行政执法公示制度”“统计执法全过程记录制度”“重大执法决定法制审核制度”3项制度，形成“行政执法事项清单”“行政执法双随机抽查事项清单”“重大执法决定法制审核事项清单”“行政执法音像记录事项清单”“行政执法人员清单”“公共服务事项清单”6个清单，“统计执法双随机抽查流程图”等5个流程图，形成“行政执法服务指南”，规范“统计执法检查和行政处罚类文书”样式，2017年8月制发《唐山市统计局“三项制度”工作手册》。在局外网增设行政执法公示栏目，并按照要求进行事前、事中、事后公示。按照市委和市政府要求，唐山市统计局成立“双随机”（在监管过程中随机抽取检查对象，随机选派执法检查人员）抽查领导小组及办公室，制订《统计执法“双随机”抽查规范事中事后监管的实施办法》《统计执法全过程记录实施办法》等，明确“双公示”（指行政许可、行政处罚等信用信息作出决定后上网公示制度）工作牵头部门、工作负责人及联络员，在市局内外、网站建立“双公示”专栏，向“信用唐山”网站推送“双公示”信息。利用法制宣传日，开展统计普法宣传活动。以宣传《统计法》《统计法实施条例》、纪念《统计法》颁布为主要内容，挂出宣传横幅3条，摆出宣传展板2个，接受群众咨询230多人次，发放宣传材料3000份。

【统计信息化建设】 2017年，唐山市统计局通过使用移动采集终端（PDA）完成第三次全国农业普查数据采集工作。在第三次全国农业普查数据采集阶段，由普查员手持移动采集终端（PDA）进行现场登记，并通过移动互联网将数据直接传送到数据处理平台，提高工作效率。加强网络基础建设，全市统计互联网出口线路带宽由100M提高到150M，市局至县级统计部门（不包括芦台、汉沽）线路带宽由12M提高到14M，开通市局至芦台、汉沽统计部门4M专线线路，完成市统计局至县级统计部门专线广域网连接。结合信息系统等级保护整改工作，在网络系统各区域之间部署防火墙、防病毒等安全管理系统，配置日志服务器，加强网络监管，提高网络管理水平。

（刘国宏 苏全辉 陈玉海）

审计管理

【审计管理概况】 2017年，唐山市审计和调查442个单位，查出违规资金23.29亿元、管理不规范资金416.64亿元、损益（收支）不实资金91.07亿元，审计处理处罚82.60亿元，其中应上缴财政12.92亿元，应减少财政拨款或补贴21.78亿元，应归还原渠道资金3.93亿元，应调账处理金额43.97亿元。经审计，促进财政增收节支28.16亿元，其中上缴财政7.61亿元，减少财政拨款或补贴20.38亿元，归还原渠道资金0.17亿元，核减投资额21.95亿元。向纪检监察、司法以及其他部门移送处理事项71件，落实、处理31件；提出审计建议986条，被采纳并用于问题整改979条，促进建立健全管理的长效机制14项。市审计局领导班子连续5次被市委考评为优秀，2次被评为“全国文明单位”和“省级文明单位”，连续6年被评为“全市依法行政先进单位”，被评为全省审计系统“创建竞赛优胜单位”，省市领导先后19次给予批示和表扬，收到锦旗和表扬信9件。市本级财政预算执行审计、华北理工大学新校园重点项目审计、审计制度建设、“三个争创”活动4项工作被评为市直机关“争先进位、对标赶超”先进成果，受到通报表彰。其中，财政预算执行审计被评为全市10项最佳成果之一。

【省审计厅领导在唐调研】 2017年3月9～11日，省审计厅党组书记、厅长杨晓和在唐山市调研指导审计工作，听取市审计局和部分县（市、区）审计局主要负责人关于2016年审计工作完成情况和2017年审计工作计划安排的汇报，征求对省厅工作的意见建议；跟踪审计迁安市审计局和迁西县重点建设项目现场，征求当地党委政府对审计工作的意见建议，看望基层一线审计人员。杨晓和对唐山市审计成绩给予肯定。

【全市审计工作会议】2017年2月10日，唐山市审计工作视频会议召开，会议落实全国、全省审计工作会议和全市经济工作会议精神，总结2016年审计工作，安排部署2017年审计任务。市委常委、常务副市长胡国辉出席会议并讲话，市审计局党组书记、局长王洪江作《务实创新进取守正努力开创新形势下审计工作新局面》的工作报告。会议通报表彰2016年度全市审计机关"三个争创"活动（争创优秀审计项目、争创优秀审计能手、争创优秀审计团队）中的先进人物，组织市局班子成员和各县（市、区）局负责人签订《党风廉政建设责任书》。

【政府重点投资项目审计】2017年，唐山市审计局完成华北理工大学新校园建设项目、唐山世界园艺博览会基础设施和道路建设管网工程等102个政府投资重点建设项目竣工结（决）算审计，全程跟踪审计陡河水库水源地治理封闭围挡工程等5个重点项目，审减工程投资22.94亿元，揭示个别建设项目高估冒算、招投标不规范、项目审批手续不规范等问题，确保财政资金安全高效使用。市领导多次对政府投资审计工作作重要批示。

【财政预算执行审计】2017年，唐山市审计局按照《审计法》《预算法》要求，组织审计15个预算单位、57个市级重点建设项目、1个国有企业，延伸审计8个县区。通过审计，揭示8个方面23类87个问题，查出问题资金28.56亿元，提出具体整改意见39条，促进财政资金的规范使用，审计工作得到市人大常委会和市政府常务会肯定。

【重大政策措施落实情况跟踪审计】2017年，唐山市审计局在全面覆盖基础上，重点开展"三去一降一补"（去产能、去库存、去杠杆、降成本、补短板）及大气污染防治资金政策措施落实、简政放权、"放管服"（简政放权、放管结合、优化服务）改革、"气代煤、电代煤"等专项跟踪审计，审计230多个单位，揭示30多个突出问题，涉及财政资金600多亿元，促进国家重大政策措施和市委、市政府工作部署落实。市长丁绣峰、常务副市长胡国辉对市审计局上报的"双代"（气代煤、电代煤）跟踪审计报告给予肯定。

【上级授权委派审计】2017年，唐山市审计局在河北省统一部署的经济责任异地交叉审计中，抽调精干力量组成4个审计组，利用近2个月时间，对省厅授权3名高校主要负责人和1名区委书记实施经济责任异地交叉审计，发现23类145个问题，16个问题移送相关部门处理，提出合理化建议18条。《中国审计报》和省厅《审计简报》分别刊登审计组成员典型事迹和审计工作经验做法。在省厅委派扶贫审计任务中，抽调30余名业务骨干组成3个审计组，利用两个半月时间，首次审计邢台市平乡县、新河县、广宗县2015～2017年度扶贫政策落实及扶贫资金分配管理情况，揭示存在的违法违规、损失浪费等问题，促进中央和省、市关于精准扶贫、精准脱贫各项重大决策部署落实到"最后一公里"。审计结果得到省厅领导肯定，并被审计单位认可。

【"三个争创"活动】2017年，唐山市审计局开展争创优秀审计项目、争创优秀审计能手、争创优秀审计团队"三个争创"活动，通过推荐评比、优中选优，综合评出季度优秀审计项目28个、优秀审计能手46名、优秀审计团队18个。按照优中选优原则，评出全市审计机关2017年度优秀审计项目16个、优秀审计能手16名、优秀审计团队16个。与市人社局联合制发《表彰通报》，颁发"奖励证书"，在全市审计机关营造进取向上、实干奉献氛围。省厅党组书记、厅长杨晓和要求全省审计系统学习借鉴唐山经验。

【审计局帮扶村】2017年，按照全市统一安排部署，唐山市审计局帮扶丰南区王兰庄镇王道庄村"美丽乡村"建设。在市审计局党组统筹协调支持下，新修街道2344平方米，主街道铺油1560平方米，铺设便道砖2806平方米、路缘石1000延长米，整饰临街立面（垒砌院墙加抹灰）1577平方米，修建排水沟2710延长米，完成洁厕改造6座，清理垃圾杂物4000立方米，绘制农村文化墙200平方米，新建800平方米文化广场供村民娱乐。

（孙亚东）

工商行政管理

【工商行政管理概况】2017年，唐山市工商局受到上级领导批示表扬17次，被市委、市政府评为加快"三个努力建成"十大突出工作先进单位，是全市前进10个以上名次的3个单位之一。在市直机关工委主办"砥砺奋进、英雄唐山"歌咏比赛中，市工商局获第三名。第四次蝉联全国文明单位称号。推进商事制度改革，扩大"多证合一"改革成果，企业注册登记实现"三十八证合一、一照一码"。推进企业登记全程电子化改革，不涉及前置审批经营项目的内资有限责任公司设立实现登记全程电子化，市工商局与邮政快递公司对接，在市民服务中心工商窗口设立快递业务，为企业提供申请材料和营业执照快递服务。推进简易注销改革，为市场主体建立市场退出机制，年内办理简易注销登记8608份。深化企业住所（经营场所）登记改革，除国家政策法律法规限制和生产制造业等具有安全性特殊要求行业领域外，企业注册不再需要提供住所（经营场所）证明材料，年内全市按企业住所（经营场所）申报制办理营业执照4.72万个。助力小微企业创业创新，推进小微企业名录建设，为企业提供信息化服务，全年全市通过小微企业名录系统公示相关扶持小微企业发展政策信息76份。全年全市新登记市场主体10.01万户，比上年增长-1.01%，其中企业2.15万户，比上年增长15.24%；个体户7.77万户，比上年增长-3.97%；农专社975户，比上年增长-39.96%，超额25.2%完成市委、市政府全年新登记市场主体8万户任务，市场主体总数48.48万户，比上年增长14.35%。其中，企业10.10万户，比上年增长18.37%；个体户37.54万户，比上年增长13.39%；农专社8409户，比上年增长11.20%。全市万人拥有企业129户，比上年增长18.6%。

【信用监管】2017年，唐山市工商局开展市场主体公示信息专项行动，

截至6月30日，全市应报送公示2016年度报告市场主体40.32万户，报送公示33.98万户，全市市场主体年报公示率84.26%，其中内资企业年报公示率90.22%，比上年增长0.19%，外资企业年报公示率96.90%，个体户年报公示率82.68%，农专社年报公示率85.28%。截至年底，公示案件信息2509件（条），公示率99.88%。推进“双随机、一公开”监管，市政府成立由副市长曹全民任组长，51个市直部门主管负责人为成员的“双随机、一公开”工作领导小组，51个成员单位中47个有“双随机”抽查职能，全部建立“两库”，制订抽查清单和实施细则。截至年底，全市开展跨部门“双随机”抽查20次，检查市场主体83户。市工商局开展“双随机”抽查4次，抽查结果按规定公示。推进国家企业信用信息公示系统运用和失信联合惩戒，全年2名失信执行人在办理登记时被系统识别。向相关部门出具2户企业和1名法定代表人列异和处罚情况，荣誉申报受到影响和限制。

【市场环境净化】 2017年，唐山市工商局开展整治不正当竞争突出问题专项行动，重点查处公共服务、医疗、金融、教育、建筑装饰装修等行业开展不正当竞争案件，查处不正当竞争案件225起，罚没417.5万元。开展保护商标专用权行动，打击食品、药品、保健品、化妆品等领域商标侵权行为，查处商标侵权案件93起，罚没款190万元。专项整治虚假违法广告，查处违法广告案件40件，罚没125万元。推进网监执法专项行动，截至年底，全系统检查网站6840家，责令整改网站589家，责令关闭网站93家，行政约谈第三方平台49次，立案查处网络违法行为案件47起，罚没61万元。开展“红盾治污”专项行动，抽检散煤经营网点808户次975个批次，抽检覆盖率100%；抽检成品油经营主体867家1341个批次，抽检覆盖率80%。加强执法，全市系统立案查处不合格散煤案件460起，罚没137.9万元，查扣、没收散煤159吨，取缔无照散煤经营网点8户。立案查处不合格油品案件156起，罚没259万元。专项查处无照经营，年内全系统出动执法人员2.78万人次，检查经营主体4.43万户次，查处无照经营1168户，罚没253万元，补办营业执照648户，变更登记410户，注销登记93户，发放整改通知书232份，规范亮照经营116户。开展“红盾护农”专项行动，立案查处各类农资案件71起，结案43起，罚没44万元。开展合同格式条款专项整治，年内出动执法人员2600余人次、执法车辆827台次，依法检查企业2305户次，搜集合同文本1712份，纠正涉嫌违法违规格式条款53条，下达责令整改通知书61份，约谈企业110次，下达行政建议书65份，立案16起，结案16起，罚没7.15万元。

【打击传销】 2017年，唐山市工商局强化打击传销宣传教育，全系统开展宣传活动248场次，印发宣传海报、打传警示、宣传单10万多份，设置宣传展牌、广告牌150块次，悬挂宣传横幅227条，宣传标语340条，发送打传警示和公益广告短消息50万条次，在850辆公共汽车和1100部社区电梯持续数月播放打击传销宣传2万多条次。开展专项打击行动打击网络传销，出动执法人员2130人次、车辆620多台次，检查宾馆、饭店和出租房屋5256个次，全市传销活动得到遏制，未发生传销群体事件。

【“12315”品牌效应】 2017年，唐山市工商局开展红盾质量维权行动，监管流通领域商品，重点抽检家用电器、服装纺织、装饰装修材料、汽车配件、儿童和老年人用品等人民群众关注商品，检查经营主体2.24万户次，规范企业经营问题1362个，抽检各类商品677批次，查办各类案件688起，罚没583万元，规范经营行为，净化消费环境。推进消费升级助力专项行动，实施“5588”工程，全系统建成放心消费示范单位117家，放心消费进景区成效明显，全市14家AAAA级、AAAAA级旅游景区全覆盖。创建维修行业星级服务示范店，评选出维修行业星级示范店42家。加强“12315”热线平台建设，3月15日，唐山市工商局正式开通“12315”微信公众号服务平台，平台内容包含“12315”工作职责、消费者投诉举报受理范围、消费警示、“12315”受理数据等相关内容，全年“12315”公众平台（微信公众号）发布数据分析6件、典型案例16起、消费警示8件，通过报纸、电台等新闻媒体刊登数据分析及消费警示等新闻稿件32件。举办“‘12315’消费维权开放日”活动，邀请消费者代表、各行业经营者代表和唐山市各大新闻媒体记者参加，现场参观和体验“12315”热线接听和处置，现场公布《唐山市工商行政管理局2016年度消费维权工作报告》大数据，行政约谈参会企业，通报某些企业在经营过程存在问题，帮助企业自觉纠正和停止不当行为或违法行为，此次活动先后在7家媒体、6家网站刊登消息16条。截至年底，全市“12315”系统受理消费者咨询建议和投诉举报4.92万件。其中，咨询4.07万件；投诉6539件，办结率98.9%；举报1986件，办结率99.19%；为消费者挽回经济损失587.21万元。

【工商职能作用发挥】 2017年，唐山市工商局推进商标兴企专项行动，争取国家工商总局商标局在市民服务中心设立商标代办窗口，商标注册费用从1500多元直降至300元，截至年底，窗口受理咨询3500多人次，受理申请885件，为企业节省注册费用106万元。发展唐山品牌，申办“2018年中国国际商标品牌节”。全年新注册商标4000件，总数2.43万件。全年新增丰润生姜等5件地理标志商标和“德润农”1件驰名商标，总数分别达14件和47件，分列全省第一和第二位。开展融资活企专项行动，发挥动产抵押、股权质押、商标专用权质权登记等职能作用，帮助企业融资869亿元。推进党建促企专项行动，请示批准成立中共唐山市个体私营企业委员会。

【赵永存获“最美消费维权人物”提名奖】 2017年，赵永存获2016年度全国“最美消费维权人物”提名奖。赵永存为华北理工大学法学副教授、河北东明律师事务所兼职律师、唐山市政协委员、唐山市政府法制专家咨询委员会委员、唐山市路南区消费者协会理事。担任唐山市路南区消费者协会免费法律顾问、开平区工商行政管局法律顾问，无偿为消费者提供法律咨询与援助，被唐山市消费者协会、唐山市路南区消费者协会聘为消费维权监督员。开办消费者权益保护法讲座30多场次，培训工作人员、企业负责人、经营者及消费者万余人，参加唐山市消费者协会调解工作，帮消协解决投诉疑难案件。多次到农村、部队、企业、学校、社区等场所和区域宣讲消费维权知识，引导消费者健康消费、科学消费、理性消费，依法维权。多次受邀为唐山市私营企业经营者讲解法律知识，并现场释疑解惑。多次获“唐山市消费者协会‘3·15’消费维权特别贡献奖”，被唐山市委、市政府评为“优秀调解员”。

附：2017年度消费维权典型案例

经营者擅自使用用户信息、手机号办理业务案 2016年11月，消费者宋某偶然发现其名下中国电信公司3个手机号码及自己个人信息均被电信公司私自用来给他人办理宽带业务，消费者投诉至唐山市消协，要求电信公司赔偿。市消协受理后，找到该电信公司市级公司，发现消费者名下宽带是在滦县办理，市消协联合滦县消协赴滦县电信合作营业厅调查了解情况。经过调解，投诉双方达成一致协议，由该营业厅赔偿消费者各项损失3500元。

买到过期食品反被指责案 2017年11月9日，消费者杜某在唐山某商场买到过期饼干，找到超市相关人员反映情况反遭指责，杜某投诉至唐山市消协。消协受理后，向超市有关负责人了解情况，并组织双方到消协调解。经核实，消费者当时购物后没离开商场，从吃饼干到发现饼干过期这一过程都是在商场内发生，消协工作人员认为消费者有权就此事依法向超市索赔。超市负责人同意消协结论，就超市工作人员之前对消费者不当指责向杜某道歉，双方达成和解协议，由经营者赔偿消费者经济损失1000元。

美容过敏致纠纷案 2014年8月19日，消费者赵某在唐山某商场美容院接受按摩服务中，美容院人员推荐赵某购买其他美容护理项目。8月，赵某在该美容院前后消费4000多元办理多种美容护理项目，期间1个项目交款后因赵某原因无法继续接受服务，赵某提出退款，美容院一直未退，2017年初赵某做护理后当晚脸部红肿并出现红点，在药店购买防过敏药涂抹，第二天找到美容院，美容院负责人未给出解决方案，之后多次电话联系美容院要求解决问题，一直未得到满意答复，投诉至唐山市消费者协会。消协受理后，找到美容院负责人了解核实情况，并组织调解，赵某要求退还未做项目款项和其他已做项目剩下的钱，美容院不同意全部退款，消协工作人员认为美容院服务导致消费者人身安全受到损害，理应承担相应民事责任，消费者有权要求终止服务并要求退款，最终美容院负责人同意按消费者要求退款。

预付卡消费陷阱争端案 2017年3月23日，消费者袁某在路北区某商场购物，被某美容美体店工作人员邀请进店参加抽奖并做全身按摩，袁某随后支付1.69万元用于全身经络按摩。当晚胸前出现红肿、发痒、刺痛等症状，到医院诊治被鉴定为接触性皮炎。袁某找商家要求退还全部费用，但商家拒绝，袁某投诉至路北区消费者协会。路北区消协又陆续接到同是对该店的另2位消费者投诉。路北区消协联系该店负责人并核实情况，经营者拒绝调解。消协工作人员联合该店所在辖区工商分局劝解经营者，经营者同意退还3位消费者办卡费用。

办卡容易退卡难案 2017年4月，消费者张某在丰南某健身中心办理2180元时效期2年的健身卡。销售人员在办卡时告知张某，健身中心2017年5月18日正式营业，5月18日之前健身，健身中心不会开卡也不产生费用，并承诺可以随时退卡。5月1日，张某健身时，因健身中心刚刚装修完毕装修材料味道过大无法健身，便协商退卡，销售人员不予退卡，张某投诉至丰南消协。消协工作人员了解事情经过后劝解商家，最终销售人员为张某全额退款。

地暖分水器漏水获赔案 2017年3月6日，消费者曹某向迁安消协高新区分会申诉：2月6日中午，家里地暖分水器崩裂，致使家里被水浸泡，直接经济损失30万元，与商家协商一月后未果。迁安市消协勘察了解情况后确定损失程度在10万～15万元左右。3月8日，组织双方就赔偿额度调解达成协议，由商家一次性赔偿消费者曹某各种经济损失13万元。

奶粉勺子起纠纷案 2017年2月28日，消费者曹某在唐山某超市购买新生宝宝奶粉，导购人员失误将容量大于该段奶粉的奶粉勺给消费者，消费者按照说明比例为孩子冲调奶粉近两个月时间内，孩子出现便秘、腹泻相互交替现象，曹某多次带孩子到唐山妇幼保健院就诊。4月23日，消费者再次去商场买同款奶粉，发现导购人员给的勺子比之前要小，经追问导购承认之前给错，曹某用小勺给孩子按照规定比例冲奶一段时间后，孩子逐渐正常。消费者找到商场索赔，商场又找到厂家，但就赔偿问题一直未能协商一致，曹某投诉至唐山市消协。消协受理后调解，商场负责人愿意承担消费者合理的支出损失，补偿消费者。

商家违约拒退货案 2017年6月24日，消费者匡某在唐山某家具商场订购一套包括床、床头柜和衣柜的家具，双方约定消费者预交2万元定金，商家8月10日前送货。8月10日，经销商只将床送过去，其他都没到货，并且床异味很大，找到经销商提出退货，经销商拒绝退货，消费者又找到商场负责人要求退货，商场协调后答复依旧，消费者投诉至唐山市消协。消协受理后，调查核实情况后组织双方调解，最终商场同意消费者退货要求，为消费者退还全部定金。

手镯有瑕疵换新案 2017年2月14日，消费者张某在唐山某商场7500元购买一款带镂空文字金手镯，佩戴20多天后手镯断掉，找到商场专柜协商要求换货。商场专柜负责人表示无法换货，只能焊接修复或按照旧金回收价回收，折现后消费者再补差价换新款，赵某遂投诉至唐山市消协。消协受理后，找到商场负责人了解情况，消协工作人员指出这款手镯制作工艺存在瑕疵，经营者应当承担责任，负责人认同消协说法，达成和解协议由商场为消费者更换同款手镯。

问题农药祸薯秧赔偿案 2017

年10月25日，乐亭消协接到消费者投诉，9月底从乐亭县某农药店购买农药用于红薯种植，使用后红薯发生烂秧情况造成经济损失。找到药店协商，药店不承认农药存在质量问题，消费者投诉至乐亭消协。乐亭消协工作人员接到投诉后现场堪查，情况属实，找到药店负责人调解，商家同意为消费者一次性赔偿经济损失4万元。

（曹东平）

国有资产管理

【国有资产管理概况】 2017年，唐山市国资委12家企业（含冀东、新城建集团）资产总额1665亿元，比上年下降4.17%；负债总额1094亿元，比上年下降8.97%；资产负债率65.71%；净资产571亿元，比上年增长6.6%；累计实现营业收入257亿元，比上年增长15.82%；实现利润总额16.9亿元，比上年增加26.4亿元。重点参股企业冀东发展集团资产总额600亿元，比上年增长0.71%，净资产148亿元，比上年增长4.24%，资产负债率75.26%；累计实现营业收入188亿元，比上年增长28.43%；实现利润5.2亿元，比上年增加24亿元。新城建集团（汇总数）资产总额724亿元，比上年下降9.18%，净资产255亿元，比上年增长4.13%，资产负债率64.85%；累计实现营业收入3.88亿元，比上年下降10.78%；实现利润2.8亿元，比上年增加3亿元。

【国资监管制度制定】 2017年，唐山市国资委完成监管企业年度财务预决算审计审核及企业负责人年度经济责任审计。完成资产评估项目核准（备案）10笔、产权转让项目5笔，办理产权登记93项、抵押担保2项。做好经营性国有资产集中统一监管前期准备工作，结合各部门反馈意见，向市政府报送唐山市市级经营性国有资产集中统一监管实施意见（征求意见稿），待市政府审定印发后实现唐山市经营性国有资产统一监管。健全完善国资监管制度，制发《市属企业投资监督管理办法》等规范企业投资经营行为、加强国资监管方面的制度。起草《唐山市人民政府国资委以管资本为主推进职能转变方案》等推动监管方式转变方面的文件。

【国企改革推进】 2017年，唐山市国资委促成《唐山市政府与北京金隅股份公司关于唐山重装股权重组之框架协议》《关于唐山重型装备集团有限责任公司之股权转让框架协议》《启动资金支付及担保协议》3个协议签订。9月底，金隅冀东集团筹集资金一次性补缴唐重（唐冶）拖欠企业各类人员社会保险费7700万元，唐重（唐冶）重组工作取得进展，进入唐重清产核资、审计评估阶段。市国资委拿出初步方案促成陶瓷重组，制定《关于引进战略投资者系统解决国有陶瓷企业困难的方案》，在双方签订《合作框架协议》基础上，通过设立“合资公司+托管”模式推进，年底前完成战略重组方案制定，并签定重组框架协议。市国资委组建新城建集团，起草上报《市属融资平台整合重组框架方案》。8月17日，平台重组方案经市委常委会研究通过，批准成立新城建集团和整合重组领导小组及工作专班。9月4日，市政府下发关于将城投、建投、南湖投、金发集团合并成立新城建集团的通知。9月20日，新城建集团办理工商注册登记，年底前建立现代企业制度，实现平台公司市场化转型。

【“三供一业”分离移交】 2017年，唐山市国资委先后制发《唐山市供水、供电、供热、供气系统、物业设施分离移交技术改造、人员标准及费用标准（试行）》等6个标准。与开滦集团等移交企业对接沟通，共同现场踏勘，研究解决各类问题，协调各县区政府、市直部门、接收单位与移交企业签订“三供一业”正式分离移交协议，完成分离移交工作。截至年底，全年签订正式协议42份，涉及198个家属区13.33万户，50.80万户次（供水13.44万户、供电12.20万户、供热12.58万户、供气1.55万户、物业11.03万户），完成总任务量109%；签订框架协议22份，涉及17.54万户，59.74万户次（供水14.04万户、供电13.07万户、供热14.70万户、供气1.49万户、物业16.44万户），完成总任务量115%。

【国企重点项目建设】 2017年，唐山市国资委监管企业完成投资20.01亿元，涉及项目19个，包括新开工项目6个、续建项目9个、股权类4个。其中，唐山港集团津唐港口合作经营集装箱业务盈利明显，三港池北岸集装箱码头改造顺利，东南防波堤工程开工建设。城投集团南富庄棚改二期工程、西广场公共交通枢纽项目进度加快。建投公司引进京津冀城际铁路投资基金战略投资者，推进唐曹铁路项目。

【国资委党建】 2017年，唐山市国资委在全系统推进“两学一做”学习教育制度化、常态化，开展“基层党组织建设提升年”活动和精神文明创建活动。在加强企业领导班子建设方面，配合市委组织部考核市属8家重点骨干企业领导班子及63名负责人，完成2家监管企业、6名负责人考核，年内调整班子成员25人次。依托清华大学开展企业领导人员履职能力培训，邀请中央党校、军事科学院等专家教授在唐开展国企党建工作培训。

【信访稳定及安全生产】 2017年，唐山市国资委解决华新集团、唐陶集团唐陶厂、德顺隆陶瓷厂、市轧钢厂179名职工安置遗留问题，占全部安置职工人数95%。为唐陶集团、汇达集团等所属困难企业近4万名各类人员借支临时性生活救助金、医疗保险费7589万元，请示市政府集中解决汇达、陶瓷等困难企业727名职工因企业欠缴社会保险费不能办理退休手续问题。截至年底，完成中央、省、市交办信访件63件，信访量比上年下降11.27%，其中国家29件、省27件、市7件。及时受理率100%，按期答复率100%。完成市民公共服务热线交办事项243件，全部按期反馈并跟踪回访反映人，结案率100%。开展安全生产督导检查、汛期安全生产督导和2017年“安全生产月”活动，确保党的十九大召开等重大活动期间企业安全稳定。

（杨　月）

安全生产监督管理

【安全生产监督管理概况】 2017年，

唐山市发生各类安全生产事故587起，比上年减少103起，下降14.9%；死亡274人，比上年减少14人，下降4.9%。其中发生较大事故1起，比上年减少3起；死亡4人，比上年减少18人。工矿商贸企业发生生产安全事故15起，死亡20人。道路运输发生事故385起，死亡254人。其中，生产经营性道路运输事故发生109起，死亡93人。火灾事故发生187起，无人员死亡。农业机械未发生事故。

【安全生产责任落实】 2017年，唐山市先后召开市委常委会、市政府常务会、安委会扩大会、专项调度会21次，研究部署安全生产工作。市委、市政府主要领导对安全生产工作做出重要批示43次，市政府主管领导安排部署安全生产，市级领导多次带队深入县（市、区）和重点企业检查安全生产。市政府与各县（市、区）、各县（市、区）与乡（镇）、政府与部门、部门与企业逐级签订安全生产目标管理责任书3500余份。按照“党政同责、一岗双责、齐抓共管、失职追责”和“管行业必须管安全、管业务必须管安全、管生产经营必须管安全”的要求，压实各级党委和政府领导责任、部门监管责任、企业主体责任。将安全生产目标管理完成情况纳入对各县（市、区）和市直有关部门领导班子和领导干部业绩考核，实行“一票否决”。依法立案查处职责范围内发生的10起生产安全事故，处理87名责任人，其中行政处分28人、追究刑事责任2人，实施行政罚款606.09万元。

【安全生产大检查】 2017年，唐山市成立102个专项督导执法组，会同各县（市、区）开展安全生产大检查和隐患排查整治攻坚。全市累计出动执法人员5.63万人次，检查企事业单位4.29万家次，查处各类问题和隐患5.77万项，关闭取缔企业125家，停产整顿企业21家，罚款1639.7万元。启动约谈机制和企业内部问责机制，倒逼企业落实安全生产主体责任，共约谈企业主要负责人56人次，处罚企业主要负责人140人次、罚款53.7万元，处罚企业其他人员40人次、罚款18.35万元，责令企业启动内部问责机制处罚75.16万元。

【安全生产基础建设】 2017年，唐山市新增安全生产标准化达标企业314家，累计达到安全标准化相应等级企业1830家。组织2935家企业开展安全生产风险辨识分级管控建设，建立A、B级风险数据库，856家企业完成隐患排查治理体系建设，1275家企业完成安全生产诚信等级评定。9月30日，在首钢迁钢组织全市推广安全生产“能源隔离管理方法”现场会，制发《唐山市推广安全生产“能源隔离管理方法”试点工作方案》《“能源隔离管理方法”指导书》，确定83家煤矿及非煤矿山、危险化学品、冶金建材、涉氯涉氨企业为试点企业。编制《唐山市生产安全事故应急预案》等15套政府预案和部门预案，完成应急预案备案企业2239家、重大危险源备案企业199家，指导重点单位开展应急演练3500多场，参演人数25万余人次。

5月17日，曹妃甸区安监局在曹妃甸港口集团通用码头分公司开展观摩执法活动。 曹安健 摄

【安全生产教育培训】 2017年，唐山市安监局组织对县、乡政府换届后的分管领导和安监局长、乡镇长进行安全生产专题培训，累计培训533人，同时对251名安监站长进行安全生产专题培训，对266名乡镇（街道）安全生产监管执法人员进行执法资格培训。全年培训企业主要负责人、安全管理人员、特种作业人员和班组长4.42万人，培训其他从业人员32.66万人。

【烟花爆竹市场检查】 2017年，唐山市安监局在全市范围内开展烟花爆竹“打非”专项行动，查处非法生产、运输、储存、销售烟花爆竹的违法违规行为，取缔整治非法生产、经营、储存的作坊和窝点，累计出动执法人员7000余人次，排查物流、商贸等企业及闲置房、出租屋等重点部位5万余处，查处非法烟花爆竹储存窝点91个，收缴鞭炮3125.8万头、组合烟花3.04万箱，查扣非法运输烟花爆竹车辆6辆；治安案件立案292起，治安拘留241人；刑事案件立案4起，刑事拘留6人，罚款88人。

【危险化学品治理】 2017年4月1日，唐山市组织全市危险化学品安全综合治理工作调度会议，制发《唐山市危险化学品安全综合治理实施方案》，动员部署全市危险化学品安全综合治理工作。成立由市政府分管安全生产工作的副市长任组长、市政府22个部门分管安全生产工作负责人为成员的危险化学品安全综合治理工作领导小组，统筹协调全市危险化学品安全综合治理工作。截至年底，完成人口密集区危险化学品生产企业搬迁工程、巩固油气输送管道安全隐患整治攻坚战成果等4项工作。

【主题志愿服务活动】 2017年3月1日，唐山市安监局制发《关于组织开展“让农民工兄弟安全工作平安回家”主题志愿服务活动的通知》，活动从3月1日开始，12月31日结束，4.1万余人次志愿者参加活动，组织宣讲980余场次，发放宣传资料25万余份，受教育人数不低于170万人次，中国报道网、国家安全生产卫星宣教平台、长城网、《燕赵都市报》《河北安全生产》、唐山广播电视台、《唐山劳动日报》等40余个国家、省、市级媒体予以报道。12月份，“让农民工兄弟安全工作平安回家”主题志愿服务活动被河北省精神文明办等8部门评为优秀志愿服务项目，形成唐山市安全生产志愿服务活动品牌。5月4～5日，唐山市安监局与唐山市安全生产协会、河北安全生产杂志社唐山工作站、唐山医疗救护培训中心联合举办两期以“学技能、提素质、保安全”为主题的应急救护知识技能培训活动，全市安全生产协会理事单位和部分会员单位安全生产管理部门负责人等120人参加培训。中国报道、长城网、唐山广播电视台等多家媒体现场报道。

【“12350”举报电话】 2017年，唐山市发动各方资源，采取网格化管理模式，利用文化墙、网络平台、宣传车、宣传栏、村广播站、户外大屏等多手段、多渠道宣传“12350”举报电话，完善安全生产社会监督机制，提升群众知晓度和参与度，安全隐患举报率比上年同期提高17.3%。

【安全生产应急救援技能竞赛】 2017年6月16日，唐山市安监局在开滦应急救援基地组织开展2017年全市生产经营单位安全生产应急救援技能比武竞赛，全市18个县（市、区）及唐钢、三友等市属以上企业的21支队伍311人参加竞赛。通过危化生产、冶金、非高危企业单人综合技能、双人综合技能比武和体能测试项目角逐，最终评选出9个单项和团体一、二、三等奖。

【安全生产题材优秀宣传作品征集】 2017年5月，唐山市安监局、市文明办、市教育局、市文广新局、市总工会、市妇联、团市委联合开展安全生产题材优秀宣传作品征集评选活动。本次活动征集书法、绘画、视频、摄影、手抄报（宣传画、漫画）等作品808幅（部），经专家评审，评选出一等奖12个、二等奖20个、三等奖40个、优秀奖100个。其中微电影《世上无难事》、专题片《铿锵的足音》、公益广告《志愿者在行动》等近百部作品在河北省获奖。

【首届青年安全生产管理岗位技能竞赛】 2017年10月16～20日，唐山市安监局、团市委、市妇联、市总工会、市人社局、市旅游局和唐山银监分局联合举办首届“展技能风采、闪青春光芒”青年安全生产管理岗位技能竞赛。全市冶金、危化、矿山等行业领域193名安全生产管理人员参赛。竞赛分为理论笔试、现场抢答、隐患排查、案例分析和现场应急救援指挥5个环节，全面考验选手“记、查、写、做”4个能力。28人被市安监局表彰为优胜个人，10人被团市委授予“唐山市青年岗位能手”称号，5人被市总工会核准后授予“唐山市技术能手”称号。

【“安全生产公益宣传年”活动】 2017年3月9日，唐山市安全委员办公室制发《关于在全市开展“安全生产公益广告宣传年”活动的通知》，为行业部门和企业管控媒体播出安全生产公益广告提供政策依据。参与安全生产公益宣传的有市内各电视台、报刊，全市52块户外广告大屏，22块商业LED电子屏，17家出租车公司4530辆车顶灯广告系统，1800辆公交车和2300辆长途客车车载视频播放、字幕显示系统，全市218个公交站点自动报站系统，交警市区路况诱导系统，高速与国道路况信息电子提示牌，学校、医院、商场、车站等人员密集场所音视频播放平台，沿街商铺字幕广告，农村广播站。全市每天播放安全生产公益广告片5000余次，累计时长900小时；发送安全生产字幕提示广告125万条（次），累计时长1700小时。

（刘凯文）

食品药品监督管理

【食品药品监督管理概况】 2017年，唐山市查处各类食品药品案件1718起，罚没款合计1408.6万元，其中移交司法机关19起。唐山市委、市政府制发《关于落实食品安全党政同责的实施意见》，调整成立以政府主要领导为主任，32个职能单位领导为委员的食品安全委员会，完善食品安全风险会商联席会议、信息共享等工作机制。构建“同频共振”市县联动机制，事权划分清单化、监管责任网格化、现场检查标准化、监督抽检制度化、监管行为痕迹化，形成上下贯通、权责明确、运行高效的运行体系。构建“示范引领”企业诚信机制，利用唐山市食品药品安全监管信用平台，公开检查、处罚、检验等诚信信息7.2万条，分4批命名市级诚信示范单位460家，在市级主流媒体曝光典型案件30起。构建“多元渠道”群众参与机制，逐社区、逐村庄设置科普宣传栏、粉刷科普宣传墙30万平方米，利用灯杆、交通护栏等打造食品安全宣传大道5条，全年受理群众投诉举报2934件。6月29日，国务院食安办授予唐山市“国家食品安全示范城市”称号。8月3～4日河北省政府“双安双创”（国家食品安全示范城市、农产品质量安全市）工作推进会议在唐山召开。唐山市餐厨废弃物“收运处”一体化受到国务院食安办、省政府肯定，并列入全省年度重点工作安排予以推广。

【唐山获评国家食品安全示范城市】 食品安全示范城市创建是一项系统工程，涉及各县（市、区）、开发区、管理区，市直十几个部门，创建指标达36类79项。自2014年创建，唐山市食安办采取月调度、月排名、月通报办法，完成36类79项工作任务，探索出“全域创建、全程监管、全民共享”新模式。2017年2月18日～4月6日，唐山市分别以总分第一成绩通过省级和国家综合评议，5月1～2日通过国家聘请第三方评审组暗访明察，5月8日国家评审组29名专家和消费者代表全票表决通过唐山市为国家食品安全示范城市。6月29日在北京，国务院食安办向唐山授牌，市长丁绣峰代表唐山市领取“奖牌”，唐山成为全国15个获此称号城市之一。全市公众食品安全综合满意度由创建前的72.04%提升到82.24%，提高10.2%。

【省“双安双创”工作推进会】 2017年8月3～4日，“全省食品安全示范城市创建和农产品质量安全县创建工作推进会”（简称全省“双安双创”工作推进会议）在唐山召开。会议现场观摩唐山市“双安双创”工作成果，举办全省试点市、县“双安双创”成果展，总结交流各地创建经验，部署下步工作。副省长徐建培出席会议并讲话。市委副书记、市长丁绣峰及副市长曹全民、张月仙出席会议并参加相关活动。

【智慧监管】 2017年，市食药监局推动“互联网+”与监管工作融合，应用移动互联、远程控制、大数据、智能终端等新一代互联网技术促进“智慧监管”。提升入市、入厨快检筛查系统，截至年底，全市1485家餐饮单位配备快检设备，大型以上餐饮单位和300人以上单位食堂实现全覆盖，采购食品检测率由原定不低于30%提至不低于50%。在全省率先引导全市132家市场和超市标配食品快检室并开展“公众开放日”活动，全年开展入市自检17.81万批次，接待群众7.15万人次，免费为群众检测蔬菜水果等食用农产品5.15万批次。试点推进全程追溯系统，在食品生产环节借助省局“飞行检查”校验唐山市5家乳制品企业电子追溯系统，推动河北香宇肉制品有限公司成为河北省首家全部产品（含散装）实现电子追溯的肉类制品企业，另有2家肉制品生产企业、1家食用油生产企业、2家酒类生产企业建立电子追溯系统。在食品流通环节，打造荷花坑农产品批发市场“二维码”电子追溯系统和凤凰世嘉标准化菜市场农产品索证索票电子化管理系统，实现证照、购货凭证、快检信息等集中管理、“一扫即查”。在餐饮环节，选取7家餐饮单位试行餐饮食品安全电子监管平台，实现店内每道菜品主辅料来源、进货时间、生产日期、检验检疫等情况可查可溯。推进透明共治系统，建立全市“四品一械”（药品、餐饮食品、保健食品、化妆品、医疗器械）企业基础数据库，搭建唐山市食品药品安全信用平台提供查询服务，公开企业相关信息6.30万条。推广“药安食美”社会共治平台，下载安装人数增至2.88万人，初步实现餐饮单位后厨视频监控与“药安食美”平台对接，通过手机客户端能实时查看餐饮单位加工制作全过程效果。

【节期食品安全监管】 2017年春节期间，市食药监局组织全市各级监管部门开展以米面粮油、肉制品、水产品、乳制品、酒类、保健食品、饮料、调味品等为重点品种，以集贸市场、商场超市、旅游景区、城乡结合部、农村地区等为重点区域的春节期间食品安全大检查行动。在生产环节，排查节日热销食品、酒类等重点食品生产企业隐患，打击无证生产和非法添加行为；在流通环节，专项整治水产品、调味品、水果、酒类等，利用食品快检室快检132家农产品批发市场、农贸市场、标准化菜市场和大中型超市；在餐饮环节，统计春节期间提供年夜饭餐饮服务提供者，落实承办百人以上年夜饭餐饮服务提供者登记造册258家。组织元旦、春节期间专项抽检，节期抽检各类食品166批次，在节前全部公示抽检结果，对监督抽检不合格者予以惩处并组织企业做好问题食品召回工作。适时召开新闻发布会，向社会公布2016年度违法案件查处情况，邀请新闻媒体跟踪入企检查，直接曝光问题隐患，倒逼食品生产经营者自觉依法经营。建立节假日投诉举报有效处理机制，制定《值班期间投诉举报受理及处置流程》，建立投诉稽查快速反应机制，确保群众反映问题在第一时间解决。

【食品标签标识专项整治】 2017年4月，市食药监局印发《唐山市食品药品监督管理局开展食品标签标识专项整治的工作方案》，在全市食品生产领域组织开展为期5个月的食品标签标识专项整治。检查获证企业产品标签标识，集中清理和规范委托加工食品和分装食品标签标识，打击利用标签标识造假违法行为。通过5个月专项整治，唐山市食品生产环节标签不合格家数由88批次降到34批次。基本消除宣称食品具有疾病预防及治疗功能、生产“山寨”食品等恶意混同他人食品标签标识、自主标识内容不真实、伪造冒用他人品牌的违法行为。

【“放心肉、菜超市”标准制定】 2017年3月～2018年3月，市食药监局开展“放心肉菜示范超市”创建工作，将“放心肉菜示范超市”创建纳入市委、市政府实事工程，让群众在身边买到放心肉菜。要求参加创建超市必须达到“三项标准”（必须有健全的内部食品安全管理机构；必须建立从采购到销售全程质量控制体系，实现“放心肉菜”全程可追溯；必须建立食品安全快速检测室，每日自检数量不少于“放心肉菜”品种30%），做到“五项公示”（公示“放心肉菜”承诺书和相关管理制度；每份小包装“放心肉菜”要加贴标签，注明名称、产地等信息；公示肉类产品检验检疫证明，进口“放心肉菜”公示入境货物检验检疫证明；实时显示冷藏设备具体温度；每天公示“放心肉菜”快速检测结果）。各示范超市所在地监管部门按照创建标准，每月开展不少于1次的监督检查和抽检，并公开监督检查和抽检结果。截至年底，创建2家国家级、8家省级“放心肉菜示范超市”。

【网络订餐食品安全监管】 2017年，市食药监局将网络订餐监管作为提升餐饮质量安全工作年度重点，调研百度、美团、饿了么三大第三方网络交易平台，通过线上监测线下核查方式，检查全市在三大网络订餐平台进行网络订餐的2052家餐饮服务提供者，并于“3·15”前期集中约谈网络交易平台唐山地区负责人，要求履行审核义务，落实相关法律法规要求，配合监管部门加强网络餐饮服务管理。印发《关于进一步加强网络餐饮服务监管工作的通知》，规范网络餐饮服务监管工作责任和相关工作制度，明确入网餐饮服务提供者必须具备实体店，必须取得食品经营许可证或小餐饮登记证。网络订餐第三方平台提供者应当审查入网餐饮服务提供者食品经营许可证或小餐饮登记证等材料，如实记录并及时更新。在全市启动网络餐饮服务监管专项整治，严查网络订餐第三方平台提供者，全年全市立案查处网络订餐第三方平台违规提供者6起，结案6起，罚没款32.6万元，移交南京食品药品监管局1起。

【餐饮单位食品快检】 2017年3月

执法人员检查餐饮单位明厨亮灶情况。 杜 芳 摄

29日，市食药监局印发《关于进一步推进食品安全快速检测工作的通知》，提升快检检测率，将检测率由原定不低于30%提至不低于50%，其中生鲜肉瘦肉精批批检；增加规范快检室，各县（市、区）每年至少推进5家（各开发区、管理区至少2家）餐饮服务提供者配备快检设备，并在增新基础上规范提升餐饮单位快检室建设；规范实施快检工作，日常监管中通过检查试纸消耗情况、检测记录、检测人员操作熟练程度等，查看落实情况。对不按规定开展检测单位，强化监督检查频次和监督抽验力度；将快检工作纳入年度考核，作为市对县食品药品安全工作考核评分依据。

【高速食品安全监管】 2017年，市食药监局联合交通运输部门开展打造"食品安全快速大道"活动，利用2017～2018年两年时间落实高速路服务区第一责任人责任，强化服务区食品安全自律意识，落实食品安全操作规范，提高服务区食品安全保障能力和水平。联合交通运输管理部门及服务区属地管理部门召开动员部署会、调度会、联席会5次，建立符合自身实际食品安全保障长效机制和风险自查报告制度，做到"有组织、有机构、有方案、有措施、有督导、有检查和有经费保障"。指导并规范3对服务区推行"五常"（常组织、常整顿、常清洁、常规范、常自律）"6T"（天天处理、天天整合、天天清扫、天天规范、天天检查、天天改进）"4D"（整理到位、责任到位、培训到位、执行到位）等企业内部管理制度常态化，落实食品安全各项制度并规范档案管理，做到"有章可循、有章可依、有章可查"。按照验收方案要求，实地规范、检查3对服务区现场创建情况。截至年底，路南、滦县、玉田3对服务区完成创建标准，通过省局验收。

【大健康国际产业园落户滦南】 经北京市局、河北省局联合发文请示，国家总局批复滦南县为北京保健食品外迁企业异地监管区域，为滦南县承接北京相关产业转移提供政策支撑。2017年6月15日，总投资150亿元，规划面积10平方千米的滦南（北京）大健康国际产业园项目签约，唐山市副市长曹全民及北京市局、河北省局、唐山市局相关负责人出席签约仪式。园区引进国内外大健康领域新型产业项目，配套建设总部及功能医学科技孵化中心、国际标准认证中心、药食同源中心、大数据与电子商务展示交易中心及金融服务中心，逐步建成以药品为主，保健食品、医疗器械、保健品为辅，为全国医药产业提供物流中转基地的国际化综合性产业园区。北京同仁堂、北方大陆、美宝高科等24家保健食品企业落户滦南，辐射周边3000万人口。

【药品生产企业监管】 2017年，市食药监局强化药品生产企业质量"第一责任人"意识，提升药品生产监管工作水平和服务效能，深入17家企业帮助查找重点环节存在问题，约谈4家出现偏差实验室，分析查找比对中存在问题，制定整改措施。做好GMP认证指导和认证后质量监管，召开5家拟认证企业调度会，动态掌握认证筹备情况及质量管理情况，分析研讨难点问题。梳理、分析全市56家药品生产企业（单位）日常监督检查及抽验检测相关信息，采取飞行检查、联合交叉跟踪检查及GMP跟踪检查等方式，现场检查21家药品生产企业，全过程检查阿胶产品和中药饮片生产。立案未整改到位24个违法违规问题，实行一企一案一档。指导重点企业规范化质量管理，指导帮扶、监管服务10家重点企业及医药技改项目，完成GMP认证缺陷项目整改落实和21个上市品种工艺核查及抽验等工作。就京冀曹妃甸协同发展示范区产品互认及监管等方面问题，提出建议上报市政府。

【药品零售企业GSP认证】 2017年6月，市食药监局针对部分药品经营企业存在《药品经营质量管理规范认证证书》与《药品经营许可证》内容不符问题，在全省率先制发《关于进一步规范药品零售企业GSP认证管理的意见》，填补药品零售企业GSP认证变更程序空白。意见中规定，企业在GSP认证过程中发生《药品经营许可证》事项变更的，应在拟变更前15日主动书面报告有关情况，并在履行变更手续后3日内申请撤回认证申报材料，本次认证程序结束后7日内重新申报GSP认证；存在变更注册地址、仓库地址，以及在原注册地址或仓库地址进行房屋重建,药品零售企业（单体）变更法定代表人，药品零售连锁企业实施或取消委托采配等情况变更的，应在变更后2个月内重新申请GSP认证；经营类别、经营范围、企业名称发生变更的，应在《药品经营许可证》发生变更后7日内申请《药品经营质量管理规范认证证书》变更；药品零售连锁企业总部质量管理关键要素发生重大变化时，应参照《关于实施药品批发企业质量管理体系关键要素重大变化备案的意见》有关规定备案。

【个体诊所用药安全大检查】 2017年，市食药监局按照国家食药监总局和省局部署，6月在全市开展为期5个月的城乡结合部和农村地区药店、诊所集中整治，成立专项整治领导小组，制定工作方案和推进计划，统一调配人力物力，实行分级分组包片的网格化管理，重点查处零售药店、诊所非法渠道购进销售药品、违法回收销售回收药品、购进销售假劣药品、超范围经营药品、违规销售第二类精神药品、非法购进配制销售医疗机构制剂等问题，并把未按规定开展自查、日常管理水平低、购销渠道不规范的药店列为重点检查对象。在主抓城乡结合部和农村地区药店、诊所的基础上，将整治范围扩大到辖区内全部药店，实现药品经营企业100%覆盖检查。全市共检查3012家零售企业、1824家诊所，发现问题5049条，立案20起，罚没款合计2.95万元，对存在严重问题4家药品经营企业作出撤销、收回《药品经营质量管理规范》处罚决定。

【针对非法医疗美容“亮剑”行动】 2017年3月起，市食药监局在全市范围内开展打击非法医疗美容“亮剑”专项行动，制发《关于开展严厉打击非法医疗美容“亮剑”专项行动的通知》，制订专项检查方案，由市稽查局牵头，检查范围为市辖区内开展医疗整形美容服务医疗机构，包括医疗美容医院（门诊部、诊所）、医疗机构内设医疗美容科室和其他可能涉及提供医疗美容服务单位。重点检查植入性整形材料及美容注射针剂，特别是微整形涉及一次性注射填充材料，以及按照毒性药品管理的注射用A型肉毒毒素。在“亮剑”专项行动中，市局联合公安部门拉网式排查取得医疗资质医疗美容单位28家、未取得医疗资质从事生活美容服务单位22家；查处违法销售及使用假美容针剂案件3起、移送公安机关3起；立案查处医疗美容行业使用违法药械案件16起，其中移送公安机关8起，执行行政罚款15.63万元。

【食品药品检验检测】 2017年，市食药监局按照“食品检验高起点，药品检验要争先，药品不良反应检测工作保前三”要求，开展食品药品检验和药品不良反应监测。截至年底，收检药品705批，完成705批，不合格品种22批，不合格率3.1%，完成省下达药品检验任务。录入食品国抽样品15批，全部出具检验报告，合格率100%；省抽样品628批，省抽任务628批次，完成率100%，不合格率3.5%；市抽样品222批，全部出具报告，不合格率2.7%。深入医院、药品生产企业现场督导不良反应监测工作，全年上报药品不良反应报告4852份，上报医疗器械不良事件报告1339份，接收化妆品不良反应报告631份。

【食品药品综合检验检测中心组建】 2017年底，经省编办批准，唐山市撤销农牧局所属畜牧水产品质量监测中心、食药监局所属食品药品检验中心（药品不良反应监测中心）、粮食局所属粮油质量检测中心3个事业单位，将以上3个事业单位和唐山市农牧局所属蔬菜质量监测中心、农作物种子管理检验站、土壤肥料站以及唐山市林业局所属林果花质量监督检验管理中心4个事业单位的检验检测职能整合，组建唐山市食品药品综合检验检测中心，挂“唐山市畜牧水产品质量监测中心”牌子，为市政府所属事业单位，机构规格相当于副县级，主要负责市本级强制性和公益性检验检测以及县级暂不具备条件开展的检验检测工作。

【1052家无证网络订餐商家下线】 2017年，唐山市食药监局攻难补漏，消除监管死角死面，1052家无证网络订餐商家被下线，全市网络订餐平台餐饮店铺许可证件公示率95%以上。全覆盖检查易发保健食品非法会销场所，责令整改176家。全面启用网格化监管系统，集成化电子监管地图初步成型。市局对各乡镇（街道）、县级局对各行政村（居委会）加大抽查力度，覆盖面100%。建立线上线下全方位宣传格局，打造“食药安全唐山行”品牌。推动各社区和行政村庄完成30万平方米食药安全科普宣传栏、宣传墙设置，利用灯杆、交通护栏等打造食品安全宣传大道5条。构建起集电话、信函、网络、来访“四位一体”的群众参与网络，受理群众投诉举报比上年增长101%。

【1485家餐饮单位配备快检设备】 2017年统计，唐山市有1485家餐饮单位配备食品安全快检设备，大型以上餐饮单位和300人以上单位食堂实现全覆盖。市食品药品监管局自2011年率先在省内推行餐饮单位食品安全快速自检，发挥筛查把关、降低食品安全风险作用。2017年，餐饮服务提供者配备的食品快速检测箱上包含生鲜肉瘦肉精、熟肉制品亚硝酸盐、食用油酸价和过氧化值、酒类甲醇、水发水产品甲醛、果蔬农药残留及消毒液有效氯7项必检项目，采购食品及食品原料品种检测率由原定不低于30%提至不低于50%，其中生鲜肉瘦肉精做到批批检验。为让快速检测设备发挥实效并长期保持，食药监局通过检查试纸消耗情况、检测记录、检测人员操作熟练程度等查看落实情况。对不按规定开展检测单位强化监督检查频次和监督抽验力度。

附：2017年度食药监典型案例

北京三快科技有限公司唐山分公司未审查入网食品经营者许可证案 2017年4月12日，唐山市食药监局检查北京三快科技有限公司唐山分公司，发现该公司在未对入网食品经营者实名登记并审查许可证情况下，从事外卖送餐服务。依法予以处罚，罚没款7.24万元。

唐山水船长饮品有限公司生产纯净水致病性微生物含量超过食品安全标准限量案 2017年9月18日，唐山市食药监局根据检验报告，发现唐山水船长饮品有限公司生产饮用纯净水铜绿假单胞菌不符合食品安全国家标准。依法没收违法所得并处以罚款，罚没款5.30万元。

河北国建高速公路投资管理有限公司玉田服务区（北区）生产经营超范围、超限量使用食品添加剂食品案 2017年8月25日，唐山市食药监局根据检验报告，发现河北国建高速公路投资管理有限公司玉田服务区（北区）提供的花卷铝残留量不符合食品安全国家标准。依法没收违法所得，并处以处罚。罚没款5.01万元。

唐山市康诚生物科技有限公司东进医药分公司销售劣药“全蝎”

案　2017年2月20日，唐山市食药监局根据检验报告，发现唐山市康诚生物科技有限公司东进医药分公司经营的全蝎性状不符合规定。依法没收违法所得并处罚款。罚没款10.4万元。

河北亨烨医药有限公司销售假药“柴胡”“麸炒枳实”案　2017年6月29日，唐山市食药监局根据检验报告，发现河北亨烨医药有限公司经营柴胡、麸炒枳实性状不符合规定。依法没收违法所得并处罚款。罚没款5.09万元。

唐山市路北区新华道名媛舍宾女子美容俱乐部未经许可经营未取得医疗器械注册证的第三类医疗器械等产品案　2017年5月3日，唐山市食药监局在医疗美容行业专项整治中，发现名媛舍宾女子美容俱乐部经营英文标识“Aesthe Fill V line”（蛋白线）等2种三类医疗器械未依法注册，并发现该美容俱乐部未取得医疗器械经营许可。依法没收违法经营医疗器械并处以罚款5万元。

唐山市钰丰商贸有限公司生产经营不符合食品安全标准食品案　2017年4月28日，迁安市市场监督管理局根据检验报告，发现钰丰商贸有限公司经营木耳、云耳铝残留量不符合食品安全国家标准。依法对该公司予以处罚，罚没款10万元。

姜楠无证经营药品案　2017年9月29日，遵化市市场督管理局根据举报，发现姜楠销售立普妥、波立维等药品。经查姜楠不能提供“药品经营许可证”，经营药品为正规厂家生产合格药品，货值金额1.45万元。依法予以取缔，没收违法药品并给予处罚，罚没款7.26万元。

玉田康达口腔诊所使用过期医疗器械案　2017年3月6日，玉田县市场监督管理局在检查玉田康达口腔诊所时，发现当事人使用过期医疗器械分离剂，多聚甲醛干髓材料超过保质期。依法没收违法使用过期医疗器械及材料并处以罚款2万元。

滦县茨榆坨镇卫生院使用未依法注册医疗器械案　2017年7月18日，滦县市场监督管理局接到举报，检查滦县茨榆坨卫生院，发现所使用X射线成像系统未取得注册证号。依法予以处罚，罚没款5万元。

（杜　芳）

质量技术监管

【质量技术监管概况】 2017年，在省政府组织的市级政府质量考核中，唐山市列全省第三名，进入省级考核A类等次。迁安获批筹建“全国质量强市示范城市”，为省内首批获批的县级市。高新区焊接机器人产业国家级知名品牌示范区通过总局验收。市质监局继续获省委、省政府“文明单位”称号。市政府修订《市政府质量奖管理办法》，制定《唐山市质量品牌提升行动方案》，通报表彰获市政府质量奖和首次获省名牌、服务名牌企业，发放各类名牌奖励资金420万元、标准化奖励资金66.9万元。全年全市新增省政府质量奖（组织奖）2家、省政府质量奖（个人奖）3名、名牌产品51项、优质产品40项、服务名牌企业33家、质量效益型企业9家。截至年底全市有省政府质量奖（组织奖）8家、省政府质量奖（个人奖）3名、名牌产品177项、优质产品109项、服务名牌企业67家、质量效益型企业24家。全市95家企业聘任首席质量官，提升质量控制能力。指导企业围绕质量改进与提升，成立一批QC小组，形成各项成果188个（现场型74个、攻关型52个、管理型10个、创新型26个、质量信得过班组26个），为企业增收3.4亿元。

【知名品牌创建】 2017年，唐山市知名品牌创建示范区取得多项第一。国家高新区被命名为“全国焊接机器人制造产业知名品牌创建示范区”，成为全国首家以机器人产业命名的品牌示范区。该示范区推出焊接机器人、数控切割机器人、激光视觉焊缝跟踪系统等在全国同行业领先、市场占有率第一的产品，各相关企业参与制定、修订国家标准6项，制定产业联盟标准1项，获河北省名牌产品15件，焊接机器人产业规模位居中国第一、亚洲第三。迁安高新技术产业开发区被命名为“河北省食品制药产业知名品牌创建示范区”，是河北省首批正式命名示范区（全省2家），园区企业拥有国家标准23项、专利243项，有省级技术中心5家，拥有中国驰名商标2件、省著名商标4件、河北省名牌产品8项、优质产品2项。迁西县获批筹建“河北省迁西板栗产业知名品牌创建示范区”，玉田县获批筹建“河北省农产品加工产业知名品牌创建示范区”，全市获批筹建数量7家，获批筹建数和建成数均居全省第一。

【首届市政府质量奖评比】 2017年，市政府质量奖开评，中车唐山机车车辆有限公司、首钢京唐钢铁联合有限责任公司、惠达卫浴股份有限公司、冀东普天线缆有限公司获市政府质量奖（组织奖）。唐山港口实业集团有限公司企管部经理李慧哲、唐山中陶卫浴制造有限公司总经理夏剑石、唐山市百货大楼集团有限责任公司运营部长石宝生、唐山国亮特殊耐火材料有限公司总经理董

2017年，唐山市首届政府质量奖组织奖颁奖现场。　郭德斌　摄

国亮、唐山翔宇家具有限公司总经理于克奇获市政府质量奖(个人奖)。

【地理标志保护产品增加】 2017年，唐山市“迁安桑皮纸”“柏各庄大米”地理标志保护产品通过国家检验检疫总局验收，全市地标产品增至7个。指导“滦县苹果”“迁西栗蘑”“曹妃甸湿地蟹”“唐山河豚”4个产品申报地理标志保护产品。新增26家企业使用“唐山骨质瓷”“滦县花生”“乐亭甜瓜”地理标志，释放地理标志保护产品品牌红利。

【企业标准化建设】 2017年，唐山市质监局鼓励和引导企业按国际标准和国外先进标准组织生产，完成采标认可、采标标志24项，其中消费品采标3项。制定、修订国家标准30项、行业标准30项、省级标准17项、市级标准23项。指导金利海生物柴油获批国家循环经济标准化试点单位，是河北省首家试点单位。新增省级标准化试点9个，其中农业标准化试点2个、省级服务标准化试点4个、省级技术标准创新族研制项目1个、首批企业标准化示范单位2个。3个省级服务试点、2个托盘标准化物流试点、2家标准化良好行为企业全部通过验收。发放市级标准化补助资金67万元。评选10家首届“唐山市标准化创新突出单位”。唐山市3家企业获“河北省标准化创新突出企业”称号，占全省总数33%。

【计量保障惠民生】 2017年，唐山市质监局完成36家重点用能单位能源计量数据采集工作，全市累计完成128家，居全省首位。4月1日，计量强制检定停止收费，全年检定强检计量器具25.23万台（件)，免收检定费用2788.3万元。完成考核新建计量标准21项，全市14家法定计量技术机构共建立社会公用计量标准298项，66家企事业单位建立社会公用计量标准246项。

【特种设备安全运行】 2017年，唐山市特种设备安全生产形势稳定，特种设备安全生产零事故。开展打非治违、隐患排查整治攻坚、安全大检查、危化领域特种设备安全治理等专项行动，发现安全隐患692处，整治657处，督办35处。向全市16个县（市、区）通报各类严重安全隐患270个。强化电梯安全监管，制定河北省首个《电梯维保单位星级评定考核办法》。推动“96365”电梯应急救援处置中心平台运行，接受咨询268次，解救被困人员168人次。电梯雇主险投保率100%，电梯责任险投保率70%，继续居全省首位。

【工业产品质量监督】 2017年，唐山市质监局组织300家获证企业开展年度自查并现场实地抽查。针对西安地铁劣质电缆事件，开展全市电线电缆生产企业专项监督检查，实地检查12家电线电缆获证企业，组织抽检电线电缆产品39批次，全部合格。实地检查全部65家危险化学品及包装物获证企业，累计抽查九大类消费品189家企业283批次产品，抽检合格率100%。年内国家监督抽查7类产品9个批次，省抽查26个批次产品，合格率均100%。

【质监系统打假治劣】 2017年，唐山市质监局开展春季农资打假、建材市场秩序整治等专项整治行动，检查企业1383家，查处违法案件18起。开展建材产品“质监利剑”专项执法行动，打击非法生产“地条钢”和使用“地条钢”轧制建筑用钢材企业，排查全市37家获证企业，未发现有使用“地条钢”作为原料的行为。加强“12365”投诉举报处置指挥中心建设，受理投诉、举报93起，解答群众业务咨询3505起；接办省局转办案件11起，反馈率100%。明确芦台散热器产品为市级区域性质量提升重点，对辖区内51家在产采暖散热器生产企业建档。对缺陷汽车产品召回，召回现代途胜汽车661辆、长安奔奔汽车22辆。

【质监认证监督】 2017年，唐山市质监局开展检测机构专项监督检查活动，检查73家检测机构，注销4家机构资质认定证书，暂停1家机构检测业务。组织全市191家检验检测机构在全省率先完成网上业务数据统计填报。组织机动车安检机构110名授权签字人业务考试，组织全市69家检验检测机构开展能力验证活动。加强强制性认证产品监管，检查企业194家。

【唐山在全省“质量强省”战略考核中升级】 2017年，省政府公布“质量强省”战略市级政府质量工作考核结果，唐山市由上一年度B类档次跻身至A类档次，受到省委、省政府通报表彰。除市级政府质量工作考核成绩外，此次同时揭晓的还有省政府质量奖和其他省级质量奖项。唐山获评2项省政府质量奖（组织奖）、3家省标准化创新突出企业、62项省名牌产品、21家省服务名牌、11家省质量效益型企业、35项省优质产品。至此，唐山市有省政府质量奖7个、省名牌产品160项、省优质产品97项、省服务名牌41项、质量效益型企业19家。

（唐大亮）

国土资源管理

【国土资源管理概况】 2017年，唐山市国土资源局推进农村宅基地和集体建设用地确权登记发证工作，地籍调查村庄4680个，数据入库村庄3703个，分别完成任务总量的91.3%和72.2%，综合评比居全省第一。按照市委、市政府部署，开展工业用地处理遗留专项行动，制发解决遗留问题的《指导意见》《专项行动方案》，确定问题项目47个477.83公顷，盘活出让346.67公顷，占总任务73%。贯彻省、市解决房地产遗留问题政策要求，推进“办证难”小区确权颁证工作，采取上门办证、批量受理、流程再造和压缩时限等措施，提高办证效率。全年市中心区不动产证日均登记能力提升到1000件以上，为市中心区（路南区、路北区）4.9万套房屋办理首次登记，为居民办理分户登记2.9万本。按照市政府部署要求，完成国土窗口搬迁，窗口服务事项全部进驻市民服务中心，调整窗口数量和人员轮换模式，实现窗口收发件一站式办理和网上限时。落实下楼服务、延时服务和预约服务等措施，全年累计办理窗口审批服务事项1647宗，全部在规定时限内办结。

【项目用地保障】 2017年，唐山市国土资源局调整完善土地利用总体规划，市中心区和16个县（市、区）调整完善方案按时获省政府批复，并报省厅备案。开展土地整治专项行动，省厅印发自行开垦耕地用于占补平衡政策后，启动相关核查核实和报备工作，全市占补平衡实现突破，指标储备总量 4133.33 公顷，居全省首位，保障未来 3 年建设用地报批需求。加大新增建设用地报批力度，全年全市累计报批 2800 公顷，省达指标全部报批。在土地储备和供应两侧构建“一个渠道进水、一个池子蓄水、一个龙头放水”的土地资源配置机制。拓展土地储备范围，建成运行市级储备土地管理系统，全年入库土地 166.67 公顷。确立土地市场竞争机制，吸引多家全国排名前 10 房地产企业进唐山参与竞争，市局累计竞价出让土地 45 宗 126.67 公顷，实现出让收入 98 亿元。

【节约集约用地】 2017 年，唐山市国土资源局推进工矿废弃地复垦利用，盘活利用现有资源成为用地重点，首批确定 466.67 公顷工矿废弃地复垦利用任务，年内累计立项 446.13 公顷，验收 176 公顷。加大批而未供土地供应力度，2012 ～ 2016 年转用征收土地供地率 59.2%。启动市中心区基准地价更新，开展全市国家级开发区节约集约评价和城市建设用地节约集约利用更新评价，促进土地节约集约利用。动态监测地价，全市 2016 年度国家级地价动态监测工作在全国 105 个城市综合评比中排名第一，实现连续 3 年排名全国第一。

【耕地资源保护】 2017 年，唐山市国土资源局把耕地保护放在首位，市、县、乡、村层层签订耕地保护责任书，落实耕地保护制度和耕地保护责任。划定永久基本农田，按照“北退南保”思路，划定永久基本农田 45.11 万公顷，高出省达任务 4000 公顷，保护率 80%，累计签订保护责任书 4837 份，设立标志牌 651 个。推进高标准基本农田建设，“十二五”17.33 万公顷任务验收 15.07 万公顷，“十三五”6.43 万公顷任务分解下达，稳定耕地数量，提升耕地质量。

【矿产资源管理利用】 2017 年，唐山市国土资源局加强矿业权市场建设，全年完成矿业权变更、延续、转让等 67 个，实现市级矿业权价款收入 9778 万元、省级矿业权价款收入 1183.5 万元。贯彻矿产资源监督管理方式改革，在勘察开采信息系统公示 34 个探矿权人和 281 个采矿权人信息，规范勘察开采行为。编制矿产资源总体规划，《唐山市矿产资源总体规划（2016 ～ 2020 年）》编制完成，进入修改完善阶段；8 个涉矿县区总体规划初稿通过省厅初步审核。推进找矿突破战略行动，争取省地勘专项资金项目 2 个，计划投入勘查资金 312.7 万元。

【矿山环境整治】 2017 年，唐山市国土资源局开展露天矿山污染整治，通过关停取缔、整合重组等方式，全市矿山数量从 780 家减少到 397 家。将关闭取缔的 343 家露天矿山纳入修复范围，240 家完成勘查设计，66 家完成治理。按省部署，将露天矿山深度整治纳入市“1+16”方案及“一问责八清理”范围，市政府组成 14 个督导巡查组，深入各县（市、区）开展综合督导，67 家整治矿山停产到位，按标准实施整治，2017 年 7 家修复绿化任务提前 1 个月完成治理。

【用海服务保障】 2017 年，唐山市国土资源局调整用海类型，为河钢基地等一批重点用海项目提供服务保障。完成 2016 年度海籍变更和海域、海岛动态监视监测，全市各类用海总面积 7.13 万公顷，较 2015 年底增加 0.26 万公顷。规范海域使用金征收，明确海域使用金征收各级分成比例，化解重大海洋生态修复项目资金不足问题。开展海洋经济调查，市政府成立调查领导小组，印发调查实施方案，涉及全市 8262 家单位，全部完成清查。

【海洋生态保护】 2017 年，唐山市国土资源局加大海洋环境监测能力建设，海洋自动观测浮标投入使用，全天候监测水文、气象、水质等 18 项指标，海洋环境监测中心建成运行，初步具备独立监测能力。排查入海污染源，在 3 次摸排基础上，研究制定整改方案，强化陆源入海污染物监督管理。开展海岸线调查统计，摸清海岸线家底，调查成果通过省评审验收并上报省厅。配合和接受国家海洋督察，累计提供督察资料 98 批次，配合组织座谈 12 次，部分问题在督察期间得到解决，实地督察结束后赴北海分局和国家海洋局汇报整改工作，最大限度化解问题。督察意见书下发后，召开全市整改工作会议，市政府主要领导动员部署，科学制定市、县整改方案推进整改。

【地理信息管理】 2017 年，唐山市国土资源局推进“数字唐山”项目建设，初步建成全市地理信息资源交换共享和统一对外发布信息平台，被评为 2017 年度“国家优秀地理信息工程银奖”。推进各县（市）数字城市建设，完成滦县、迁安数字城市预验收。按照市政府要求，编制完成三维数字城市建设方案，为唐山市城市总体规划修编提供保障。召开“全市地理信息年度大会”，指导行业协会建设，促进地理信息产业发展。

【国土资源执法】 2017 年，唐山市国土资源局结合卫片执法检查，开展清理违法占地专项行动，经省厅 10 次实地核查，整改到位率 88%，其中耕地整改率 82%。推进土地例行督察发现问题整改工作，2016 ～ 2017 年度限期整改任务分别完成 99.1% 和 82.8%，综合排名全省第三。推动执法重心下移，强化基层日常执法巡查，在全省国土系统率先开展无人机执法巡查。2017 年唐山市国土资源局被国土资源部评为全国国土资源执法监察工作先进集体。抓打击盗采和安全生产，市政府制发《关于进一步明确工作职责严厉打击非法违法采矿活动的通知》，明确县区政府主体责任和乡镇政府监管责任，强化国土资源执法监管共同责任机制的制度保障。开展“打非治违”专项行动、安全生产事故隐患大排查大整治和安全生产大检查等活动，杜绝因违法开采引发安全生产事故，通过国家和省安委会安全生产督导检查。开展陆域巡查、海上巡航和“海盾”“碧海”等专项执法行动，实现管辖海域和岸线以下陆域执法巡查全覆盖，海监基地码头工程具备停靠条件。

（高　宇）

水务管理

【水务管理概况】2017年，唐山市引滦调水5.59亿立方米，其中城市用水0.72亿立方米、农业用水4.87亿立方米。落实水资源管理制度，分解下达水资源管理制度三条红线指标，全市万元工业增加值用水量12.49立方米。完成7个大中型灌区取水许可手续申报、办理。加强重点行业水资源配置管理，核查26家焦炭企业取水许可手续，核发40家钢铁企业取水许可证。下达2017年度全市计划用水指标26.11亿立方米，完成11家用水单位水平衡测试，推进节水载体建设，创建12家市级节水型企业、11个节水型社区、9个节水型公共机构。持续保持全国节水型城市称号。完成滦下、陡河灌区2个渠首项目建设。对250个年许可水量10万立方米以上用水户取水井实现远程监控。

【水利工程建设】2017年，唐山市水务局完成防洪除涝重点工程项目28项，重点水利基建项目1项，其他水利建设项目27项，其中水利工程维修养护项目、水量在线监测站建设项目完工，乐亭县滦河防洪小埝及险工治理项目、农田水利设施维修养护项目、地下水超采综合治理项目、山洪灾害防治非工程措施项目达省进度要求。水利工程质量建设取得进展，迁西、遵化4座水库大坝完成安全鉴定。

【农村饮水】2017年，唐山市委、市政府把农村饮水安全列入“实事工程”。完成204个村11.5万人饮水安全巩固提升工程，分别占任务的102%和115%。新增24个集中供水村，为180个村安装消毒设施，超额完成实事任务。采取合并运营、单独运营、委托第三方等方式，解决11个农村水质检测中心运行管理问题。

【水利改革】2017年，唐山市政府成立农业水价综合改革领导小组，制发《唐山市农业水价综合改革实施方案》，完成13个试点县、区县级农业水价综合改革实施方案编制、评审、市级批复和省级备案。成立13个县级农民用水户协会、40个乡（镇）级农民用水户分会、436个村级农民用水户分会并建立水费收缴台账，落实改革面积3.93万公顷，完成年度改革任务。完成非农用水户核查、移交、水量核定及农业水资源税纳税人认定、核查和建档，3226户非农用水户纳入征收系统，认定农业纳税人2.2万户。完成13个县、区水权确权方案编制、审查和报备，完成水权量核定、水权证发放、造册建档。完成迁西县、遵化市水权方案编制。

【河长制建立并实施】2017年6月30日，唐山市、县、乡三级河长制工作方案出台，其中市级方案1个、县级方案19个、乡级方案208个。市、县、乡三级河湖名录确定。市级设立市级总河长2名，由市委书记和市长担任，明确市、县、乡三级总河长348名、河长969名；全市7条（座）河湖设立市级河长、199条（座）河湖设立县级河长、1172条（座）河湖设立乡级河长。建立制度体系，先后制发《唐山市河长制名单公告制度》等8项制度，建立市级管总、县乡分级负责的责任机制和激励问责奖惩机制。竖立省级河道（滦河）公示牌298块、市级河道公示牌882块、县乡级河道公示牌2763块。建立河长制工作体系，市级河长制办公室获编制部门批准成立，各县（市、区）组建河长制办公室。

【水务项目谋划】2017年，唐山市水务局谋划上报中小河流治理、江河支流治理、小型病险水库除险加固等中央建设资金项目，总投资17.84亿元。11个中小河流治理项目列入国家相关规划，总投资5.37亿元。完成争取2018年国家投资的6项水利项目前期工作，储备项目投资4.87亿元。实施迁西、迁安等5条省重点小流域水土流失综合治理项目和丰润区市级水土保持工程，全市治理水土流失面积88.6平方千米。加强水土流失预防监督管理，强化生产建设项目水土保持事中、事后监管，加强矿山水土保持专项监管，开展露天非金属矿山环境深度整治专项行动。

【防汛】2017年，唐山市汛期平均降水量449.7毫米。根据各级领导班子人员调整情况，调整市、县两级防汛抗旱指挥部成员，建立以行政首长负责制为核心的防汛抗旱责任体系，实行政府领导、部门负责人、技术参谋相结合的“三位一体”防汛责任制，落实县、乡、村三级群防体系。市领导焦彦龙、丁绣峰、付振波、张月仙等人赴分包县（市、区）和防洪重点部位检查防汛设施，排除隐患。市政府召开多次防汛工作调度会，安排部署防汛工作，组成13个检查组，在全市范围内开展全面检查48次。修订《唐山市防汛抗旱应急预案》《唐山市城市防洪预案》，储备市级防汛物资61种，总价值1825.20万元，县级物资储备总价值698.47万元。落实防汛抢险常备队员3.4万人、后备队员3.43万人。加强与驻唐武警水电一支队联系，开展防汛培训和演练。

【依法治水】2017年，唐山市水务局利用“世界水日”“中国水周”并结合日常执法宣传水法律法规，梳理29项水行政执法事项，编制执法流程图，整理执法清单。打击非法采砂“飓风行动”，出动执法人员1366人次，查处非法采砂事件28起，回填平整土方2.09万立方米。开展河湖执法专项检查活动，市、县两级开展检查1256次，巡查水域面积470平方千米。开展非法自备井封闭专项工作，关闭非法自备井3眼。

【水库移民】2017年，唐山市水务局落实大中型水库移民后期扶持政策，推进后扶项目建设进度，强化后扶资金监督管理，排查化解移民矛盾隐患，水库移民稳定。抽验迁西、遵化等5 个县（市、区）28个项目，完成17个县（市、区）资金管理使用审计。实施潘、大、桃水库移民遗留问题处理方案，1531个公益性项目完工，74个非公益性项目大部完成。

（李学东）

无线电管理

【无线电管理概况】2017年，唐山无线电管理局办理行政许可审批事项20件，审批18家单位3851部台站，其中超短波台站162部、GSM-R基站1座、指配船舶呼号台1个、微波站

10 座、公网基站 3661 座、广播电视台站 16 座。换发执照 1516 份，核验电台执照 358 份，核发电台执照 512 份。全年收取各类频率占用费 185.58 万元，增收频占费 3.19 万元。监管 2013 ～ 2015 年设台的 21 家单位 61 部固定台站。

【违法设台专项整治】 2017 年，唐山无线电管理局以高压态势继续整治违法设台，在与公安部门联合行动中，7 天打掉 8 起“黑广播”。全年打击和查处“黑广播”“伪基站”等违法设台案件 33 起（“黑广播”案件立案处理 17 起，移交公安部门处理 15 起，“伪基站”1 起移交公安部门处理）。从全年查处的“黑广播”案件来看，犯罪分子为逃避查处，播放时间大多在傍晚，且郊县案件有上升趋势，为查处工作带来难度。

【“一带一路”高峰论坛无线电管控】 2017 年，按照省无线电管理局高峰论坛无线电管控工作部署，唐山无线电管理局确保用频安全，实现唐山辖区管控工作零干扰。此次管控启用固定监测站 17 座、移动监测车 2 辆、便携式设备 4 套、小型接收机 8 套部，出动人员 48 人次、监测车 21 次，行程 3152 千米，监测总时长 4125 小时，排除可疑信号 15 个，查获“黑广播”8 套。

【无线电频谱使用评估】 2017 年，唐山无线电管理局结合全市社会经济发展情况，从空间环境、城市板块、经济发展 3 个层面开展无线电频谱使用评估数据采集工作。出动工作人员 112 人次，行程 6200 千米，调用 17 座固定监测站，测试全市建成区 551 平方千米内 1188 千米道路，采集运营商基站信息 5.99 万条，数据 1000G，初步掌握唐山市相关频谱资源实际使用和台站工作情况，增强频谱资源使用效率和事中事后监管效能，提高全市无线电台站规范化管理水平。

【《中华人民共和国无线电管理条例》落实】 2016 年 12 月 1 日，《中华人民共和国无线电管理条例》正式实施，在条例发布第一时间，唐山无线电管理局联系唐山广播电台、唐山电视台、《唐山劳动日报》、环渤海新闻网等媒体全文转载发布。围绕新条例结合打击“黑广播”工作宣传对违反无线电管理条例的罚则。发挥“5·17”世界电信日、安全生产月、高考期间和无线电管理宣传月等时机，扩大宣传途径，推进宣贯工作。通过条例宣贯规范行政执法流程，完善频率管理台站制度，明确行政处罚自由裁量基准，健全无线电发射设备管理和专用频率保护机制，为推进无线电管理依法行政创造条件。

【各类支援保障及比赛任务完成】 2017 年，唐山无线电管理局响应省无线电管理局安排，先后选派 4 人分别参加新疆库尔勒“国家军事比赛 -2017”和天津第十三届全运会无线电安全保障工作。孙辉在全国第二届 CRAC 无线电监测技术比赛中与其他队员一起获第一名，为河北争得荣誉。

【重要敏感时段无线电安全保障】 2017 年，唐山无线电管理局根据省无线电管理局“十九大无线电安全保障部署大会”精神和保障实施方案要求，制定十九大期间保障实施方案，成立保障小组，根据监测情况及时执法检查，出动人员 23 人次、移动监测车 7 台次，查获“黑广播”2 起，没收设备 2 套，查获违规使用对讲机案件 2 起，没收对讲机 7 部。在唐山国际马拉松比赛期间，出动保障人员 10 人、监测车 2 台，完成保障任务。

（王 琳）

档案管理

【档案管理概况】 2017 年，唐山市档案馆第八次被评为省级“文明单位”，获评全省档案系统宣传征订先进单位，被市直工委评为创建现代文明机关先进单位、唐山市模范职工小家和市直机关优秀妇女组织。6 月 9 日，市档案馆新馆正式开馆。全年市馆接收档案 3178 件，县（市、区）档案馆接收档案 2.74 万卷（件），市、县馆藏档案 209.99 卷 171.02 件，资料 16.8 万册。市、县两级档案馆征集社会上有价值档案，优化馆藏结构，先后征集到国内灾害社会学专家王子平教授著作手稿、郑百芹十九大会议资料等珍贵档案，迁西开展“城市记忆”工程，征集图片资料 100 余幅。按照国家局 5 年内完成全市 234 卷 25.84 万件明清、民国、革命历史重点档案目录基础体系建设任务进度要求，全年市馆上报革命历史档案 2289 件目录，数据抽查合格率 100%。市档案馆加强档案安全保护一体化管理平台建设，在全省率先采用档案实体管理电子标签和档案库房轨道移动摄像、应急管理视频对讲、高压细水雾灭火系统 4 项先进技术，开展 RFID（射频识别）档案实体管理电子标签建设，全年粘贴 37.08 万卷（件）档案电子标签，可实时监控和追踪档案位置，实现档案信息和出入库智能管理。迁安投资 49 万元检测及维修馆内消防设施。市档案馆建立健全档案安全防控机制确保档案安全，通过省安全检查组检查。按照国家局《归档文件整理规则》，全市各级档案部门组织培训 20 次 2000 余人，推进档案目标管理认定和复查工作。市检察院通过省档案局档案工作目标管理最高 AAAAAA 级认定，是全市首个 AAAAAA 级单位，迁西、滦县、乐亭、古冶、滦南 5 个县、区检察院晋升为 AAAAA 级单位，乐亭县法院和滦县公安局晋升为河北省档案目标管理 AAAAA 级单位，烟草全系统完成 8 家单位 AAAA 级认定和 2 家单位 AA 级晋升，市馆与市环保局联合发文，完成全市环保机构监察执法垂直管理制度改革档案移交。按照《唐山市市直机关事业单位“十三五”档案工作目标管理认定复查规划》，复查档案目标管理认定满 5 年单位，全年复查 25 个市直单位及 244 个县直单位，立卷合格审查 118 个市直单位，合格率 95%。制定《唐山市归档文件整理办法实施细则》，统一全市档案整理标准，完成国家档案局对市档案馆、迁安、滦县落实 2014 年《档案行政执法检查反馈意见书》检查后整改。为落实国家局《城市社区档案管理办法》，市档案局（馆）人员深入各县（市、区）所属 20 多个社区，现场指导社区档案收集、整理和档案室软硬件建设，推动社区档案室规范化建设，截至年底，全市建成 192 个规范社区档案室。

唐山市新档案馆年内落成，6月正式开馆。 马鹏程 摄

【档案服务率提升】 2017年，唐山市档案局完成全国文明城复检、创建省级文明城市、陶瓷博览会等系列重大活动档案资料整理并接收进馆，世园会3178件文书档案接收进馆。中车唐山机车车辆有限公司通过省档案局档案工作目标管理最高6星级认定，继冀东油田、唐山供电公司、开滦集团之后成为第四家6星级企业；国投京唐港公司晋升4星级，市热力总公司晋升3星级。按照《唐山市企业“十三五”档案工作目标管理认定复查规划》，年内完成大唐国际唐山热电公司等3家5星级和唐山城建投资公司3星级认定复查。围绕农业农村改革发展，根据土地确权档案工作特点，遵化、滦南、曹妃甸、古冶、汉沽等县（市、区）档案业务指导人员入镇、村，开展“全方位、全天候、全覆盖”指导服务，确保本地确权工作整体进度。各县（市、区）加强村级档案室规范化管理。年内，市、县两级馆藏民生档案23.08万卷，部分县（市、区）设置独立民生档案库房，优先开展民生档案数字化扫描和对外提供利用。推荐迁安市档案馆为“民生档案查阅中心”试点单位，路南制定《拆迁档案管理暂行办法》，跟踪指导拆迁档案资料收集整理，曹妃甸数字化扫描全部拆迁档案。市、县两级全年接待档案查阅利用者2.17万人次，查阅档案3.92万卷次1.61万件次。

【档案馆建设】 唐山市新档案馆投资1.79亿元、建筑面积1.45万平方米。2017年完成全部档案老馆点库、标注、装箱、新馆标注、搬迁、上架等工作，完成新馆档案安全保护一体化管理系统、机房、业务能力、密集架、仿真复制、修裱修复等大小26个项目政府采购及安装调试。5月7～12日市档案馆搬迁新馆，期间搬迁档案39.5万卷，总计6533箱。6月9日，新馆正式开馆并对外提供服务。国家局、省局、市政府11位领导到馆检查指导工作，接待淄博、邯郸等10个市档案局考察学习。推进县（市、区）新档案馆建设，年内，乐亭新档案馆建设完成项目立项，具备2018年开工条件，滦县、丰润、玉田新馆选址，其余县区均将档案馆建设列入本县区“十三五”规划及发改委“三年滚动计划”。

【档案信息化】 2017年，唐山市市、县两级档案数字化率75%，为全省第一，其中市档案馆数字化34.1万卷2387万页，数字化率96.5%，路北、开平、丰润、迁西4个馆数字化率100%，路南、曹妃甸、丰南、乐亭4个馆数字化率90%以上，迁安、滦县、遵化4个馆数字化率60%以上。市档案馆加快档案信息化管理平台建设，完成标准化网络办公、档案资源管理、电子档案查阅、电子公文交换、电子档案移交接收、档案信息利用中心等系统软件开发，进入测试阶段。

【档案编研开发利用】 2017年，唐山市档案局联合市委宣传部、市直机关工作委员会、市委党校共同承办“铁肩担道义——李大钊档案文献展”，截至年底，接待各机关企事业单位和社会各界群众参观3000余人次。自主研发全国首创青少年成长动画片《共同的记忆》和青少年成长档案VR游戏《小小档案员》，帮助青少年了解成长档案，培养收集成长档案意识，全年接待参观体验500余人次。出版《唐山市大事记（1984～1997）》、制作《兰台筑梦——唐山市档案馆搬迁纪实》电视专题片和《唐山档案》画册等，各县（市、区）编辑出版《迁安抗日的那些人和事》《中共乐亭县历史》《冀东革命斗争史》《唐山市丰南区（县、市）历届人民代表大会第一次会议资料汇编（1994～2007）》《柏各庄农垦六十年》等档案编研成果。向省档案学会报送124项档案优秀服务成果，其中获奖50项，获奖数量和获奖率均为全省第一。为国家和省档案学会举办理论交流研讨活动征集论文53篇，征集“河北省首届档案工作者年会”论文9篇、全国青年档案工作者学术论坛论文5篇。参加河北省档案事业发展论坛，市燃气集团作大会发言。

【档案宣传平台构建】 2017年，唐山市档案局利用“6·9”国际档案日和“12·4”全国法制宣传日开展档案法制宣传，组织档案宣传教育和主题征文活动。与市直机关工委联合举办“健康工作、快乐生活、活力机关”家庭建档工作培训会，64个单位160余名机关干部参加。组织第四届“全市十佳家庭档案”评选表彰活动，召开“十佳家庭档案”代表座谈会。购买国家档案局制定的档案法宣传挂图，参加《中国档案报》档案法律法规知识问答活动。组织200名《唐山晚报》小记者参观市新档案馆。在国家、省、市三级电视、电台、报纸、杂志等媒体集中报道宣传新馆搬迁开馆、青少年体验中心、李大钊档案文献展、国家档案局执法检查、献礼党的十九大等活动，全年在各级媒体刊发信息稿件412余篇，在全省各地级市量化考核中总分排名第一。

（刘忠宁）

财政·税务
CaiZheng · ShuiWu

财　政

【财政概况】 2017年，唐山市一般公共预算收入完成380.3亿元，比上年增长7.1%；全市一般公共预算支出656.6亿元，比上年增长2.2%，保证市委、市政府重大决策部署和重点民生支出需求。唐山市财政局年内先后获“全国财政信息先进单位”“全省绩效管理考评工作先进单位”“唐山市优秀领导班子”等称号。全年53项工作、117人次获市以上表彰奖励，继续保持“全国文明单位”称号。

【财政支持经济转型升级】 2017年，唐山市财政局落实国家减税降费政策，全年为企业减税29亿元，取消或停征17项行政事业性收费，全年减少企业收费5.2亿元。根据《唐山市2017年综合治税工作实施方案》，重点开展房地产行业税收治理、道路货运业税收委托代征、股权转让税收治理、拆迁企业政府补偿税收治理、契税税收治理、车船税治理、行政事业单位国有资产出租出借专项核查、水资源税治理8项专项行动。落实《关于加快推进企业上市工作的补充意见》，对境内外上市企业实施分阶段奖励，投入1385万元，奖励全市27家不同层次资本市场上市企业。在落实国家、省去产能专项奖补资金基础上，市级投入6445万元，支持压减炼钢、炼铁产能，超额完成省下达压减任务。落实差别电价政策，征收差别电价资金1.03亿元，统筹用于产业结构调整和转型升级。支持创新驱动，全年科技投入9223万元，支持15个市以上技术研究中心（平台）建设、3家高新技术企业科技进步，加快科技企业孵化培育；支持引进科研和科技人才，增强科技对经济发展促进作用。支持小微企业创业创新，修订和完善资金管理办法，审核拨付资金3.4亿元，推动大众创业万众创新。投入5.1亿元，支持曹妃甸港东区7万吨级航道工程和京唐港港区25万吨级航道工程项目，加快港口基础设施建设，支持口岸发展。投入6360万元，支持中国海监唐山维权执法基地建设。出台《关于支持开平区转型升级发展的意见》，对开平区实行“定额分享、超收全返”等财政支持政策，激励区域经济加快发展。年内，“营改增”、水资源税、矿产品资源税从价计征3项税制改革被河北省评定为全优单位，其中市“营改增”扩围涉及建筑业、房地产业、金融业和生活服务业4类行业纳税人共2.9万户，水资源税有2233户申报纳税，入库1.86亿元税款。

【财政推进多渠道筹融资】 2017年，唐山市财政局累计获上级转移支付资金184.7亿元，比上年增长2.3%。争取到“2017年北方地区冬季清洁取暖试点城市”、全省唯一国家田园综合体建设试点等项目，累计新争取资金47.8亿元，支持全市经济社会发展。争取2017年地方政府置换债券317.3亿元，缓解全市即期还款压力，降低债务利息成本；争取地方政府新增债券37.3亿元，保障全市重点项目建设资金需求。推广政府与社会资本合作（PPP）模式，加快推进PPP项目储备库和专家信息库建设，全市有59个项目录入财政部PPP综合信息平台，涉及总投资1000亿元以上。推进PPP项目落地，累计签约落地项目13个，涉及总投资200多亿元。其中，唐山世园会项目、唐山大剧院委托运营、遵化沙河水治理等5个项目入选财政部PPP示范项目。12月12日，唐山市在全省率先开通PPP项目信息公开平台（PPP项目全生命周期管理系统），集存储信息、信息公开、动态监管等功能于一体，当年录入项目104个。遵化市、滦县分别获评2017年度首批省、市级农业综合开发创新园区试点项目县。其中，遵化市被评为2017年度首批“农业综合开发省级创新园区试点”项目县，获财政投资4000万元；滦县被评为2017年度首批“农业综合开发市级创新园区试点”项目县，获财政投资2000万元。唐山市获批河北省大学生创新创业试点城市，获省级专项建设资金465万元，用于支持全市大学生创新创业活动，激发大学生创新创业活力。

【财政支持城乡发展】 2017年，唐山市财政局统筹资金13.85亿元，支持城市面貌改善，支持城市道路桥梁检测，加强城市雨水管网、防汛及消防设施维修，保障园林绿化等基础设施维护养护，加快建设地下综合管廊，实施城市道路翻修改造等。投入6.51亿元，对公共交通、唐山机场、生活垃圾焚烧、集中供热等公用事业给予补贴，提升城市公共服务水平。投入4.47亿元，支持农田水利基础设施建设，推进现代农业园区建设和农业综合开发，支持农业生产发展方式转变、农业产业结构调整，实施农村饮水提升工程，推进“美丽乡村”建设。

支持生态环境修复治理，统筹资金2.76亿元，重点支持气代煤、电代煤、燃煤锅炉治理、新能源汽车推广、大气污染防治监测能力建设等。争取亚行、世行专项贷款1亿美元，筹备组建大气污染防治股权投资基金。投入4.52亿元，完成潘大水库、邱庄水库网箱养殖清理，陡河水库围挡封闭等，加强环境监察监测能力建设，促进生态环境不断改善。

财政局工作人员审批年度预算报告。 财政局提供

【财政保障民生改善】 2017年，唐山市社会保障和就业投入14.73亿元，保障城乡居民5.8万人基本生活，健全城乡居民基本养老保险制度，提高基础养老金补贴标准，补贴企业退休人员生活，救助特殊困难家庭3067人，救助经济困难家庭大学、高职学生2.2万人次，保障贫困重度残疾人基本生活，全面促进就业创业，落实退役士兵安置政策，补贴21个乡镇（街道）社保公共服务平台建设项目。教育投入20.52亿元，落实城乡义务教育保障经费，资助本科、高职专、中职专家庭经济困难学生，支持唐山学院、唐山幼儿师范高等专科学校校园建设。医疗卫生投入9.49万元，落实城乡居民基本医疗保险和基本公共卫生服务提标资金及计划生育家庭奖扶、特扶和关怀救助政策，健全基本公共卫生服务体系。文化体育投入2.36亿元，支持市图书馆、群艺馆等公益性文化单位向社会免费开放，建成中国铁路源头博物馆、中国（唐山）工业博物馆，支持地域特色品牌剧目创新、公益性演出和“冀东三枝花”传承，支持体育运动场地建设等。公共安全投入11.32亿元，推进平安唐山建设，支持优化暑期安保体系，保障治安防控系统、道路交通智能管理系统正常运转，加大安保维稳经费保障力度，提升重大活动安保能力；推进司法体制改革，集中力量解决法院执行难问题，保障检法两院员额制工资、警察执勤加班津贴补贴等改革政策落实到位。1月25日，出台《餐厨废弃物财政补贴资金管理办法》，安排市本级财政补贴资金467.2万元，按照每吨320元标准，对路南、路北、高新、开平、古冶、丰润、丰南、曹妃甸8区餐厨废弃物规范收集、运输和处置管理工作提供资金补贴。4月18日，市财政局出台《唐山市农业转移人口市民化奖励资金管理办法》，科学测算分配奖励资金，确保资金安排合理、使用规范，加快推进农业转移人口市民化进程。

【依法理财水平提升】 2017年，唐山市财政局推进信息治税，完善综合治税信息共享平台系统；开展综合治税，推进车船税检查等8个专项行动，依法强化税收征管；修订《唐山市非税收入稽查办法》，加强非税收入管理，实现应收尽收。全市税收收入完成256.5亿元，比上年增长15.3%，拉动全市一般公共预算收入增长9.6个百分点，税收收入占一般公共预算收入比重提高4.8个百分点。健全制度管理，制定《唐山市行政事业单位国有资产管理办法》《唐山市小微企业创业创新资金管理办法》《对外开放专项资金管理办法》等文件，强化资产资金管理。压减会议费、培训费等一般性支出，全市和市本级“三公”经费比上年分别下降16.2%和3.1%。坚持存量资金定期清理机制，发挥资金使用效益。简化政府采购和投资评审工作流程，全年实现采购额62亿元，评审项目505项，送审金额21.1亿元，审减率5.3%。加强政府债务监督管理，综合采取限额管理、化解存量、置换、偿还等措施，全市政府性债务风险总体可控。强化财政收支运行监管，支持各县（市、区）弥补支出缺口、消除风险隐患，促进各级财政健康平稳运行。开展“设立‘小金库’等违反财经纪律问题专项清理”和“惠农资金落实不到位问题专项清理”行动，对发现问题逐一整改到位。组织开展会计信息质量监督检查、税收专项检查、重点项目绩效监督检查等，规范财经秩序。推进信息公开，落实《河北省预决算公开操作规程实施细则》，主动接受人大和社会监督。

【财政改革】 2017年，唐山市财政局出台《唐山市市以下事权和支出责任划分改革方案》，形成权责一致财政事权和支出责任划分模式。深化党政机关公务用车制度改革，完成公务用车信息化管理平台建设，全市5632辆公务车相关信息全部录入平台。推进绩效预算改革，逐一审核2017年纳入项目库416个项目，涉及资金104亿元。8月23日，全市举办第一期小微企业财务管理专题讲座培训班，小微企业会计人员、财务主管、经营管理人员代表共385人参加培训，培训主要涉及《小企业会计准则》《如何利用信息管理使企业利润最大化》等项内容。

【财政队伍建设】 2017年，唐山市财政局落实市委“四个干”抓落实机制，全年传阅办理各级来文4700余件，呈报上级公文375件，组织和筹备市委财经领导小组会议3次，办理人大、政协议案提案105件。落实公文限时办结制度，改进督查督办机制，确保全年各项重点工作按时保质完成。开展“每日一题”等财政业务知识学习活动，6人被评为省级业务能手。加强专业技术人员管理使用，11人晋升专业技术职务。

（刘　烨）

国家税务

【国税概况】 2017年，唐山国税系统完成总局口径税收收入447.5亿元，占年初计划130.4%，比上年增长52.5%。其中，中央级完成248.4亿元；市以下公财收入完成128.9亿元，占年初计划120.5%，比上年增长67.1%。全市增值税完成316.5亿元，比上年增长49.2%；消费税完成7.6亿元，比上年增长8.1%；企业所得税完成102.2亿元，比上年增长83.4%；车辆购置税完成21.2亿元，比上年增长13.5%。首次签订《税收收入质量责任状》，实行任务与质量双考核。落实税收优惠政策，全年办理减免抵退税149.7亿元。年内以93.74分获全省纳税人满意度调查第二名，比上次提升4位；绩效成绩排名上升4位，列全省第五；系统内1家单位获“全国巾帼文明岗”，1家单位和4人受到总局表彰，2人受到国家信访局表彰，6家单位获省级“文明单位”称号，68家单位和部门133次被省局授予“文明执法”流动红旗，市局获河北省“五一劳动奖状”。

【国税税收改革】 2017年，“放管服”（保证简政放权能够真正落地）改革红利释放。唐山市国税局推出“说理式”《税务行政处罚文书模板》被省局推广；落实国务院6项减税新政做法与成效，省市电视台均予以报道；《以“四个加速”助力外贸、以“放管服”助力企业》主题文章在《经济日报》发表。

【国地税合作】 2017年，唐山市国、地税组织开展“意见大走访、税宣千企行”“单车共享、税收同行”等115次联合宣传活动。遵化、曹妃甸建成共建办税服务厅，遵化率先建成联合共建“云办税厅”和24小时自助办税区；其他县（市、区）实现互设办税窗口、互派办税人员，13个县（市、区）实现共同进驻政府行政服务厅。管理执法“双剑合璧”，联合制定税收风险管理工作计划，共同应对343户高风险企业，增加税款2.1亿元；联合成立专业化服务团队，为大企业提供个性化服务551户次；在非正常纳税人认定、个体定额核定、选案稽查方面开展合作。信息聚合“通畅无阻”，建立以“金税三期”系统为主、综合治税平台为辅交互渠道，联合采集第三方涉税信息118万余条，交换涉税信息33万余条。干部交流“互学互帮”，制定《联合开展干部交流总体实施方案》，14个单位各派1名干部到纳服岗位挂职锻炼，交流面73.7%。

【国税税收管理】 2017年，唐山市国税局以玉田县为试点，协调地方政府及市场监管、地税、社保、统计等部门，10月份在全省率先实施市场主体退出“扎口”管理，通过“一表申请、一窗受理、并联审批、限时办结、统一出件”，实现“五证联合”注销，《中国税务报》《河北日报》均予报道。实现跨省异地经营企业预缴税款就地电子缴库，主动协调人行唐山市中心支行和有关商业银行，就京津冀异地缴税业务先行先试，9月份实现直接从北京开户银行扣缴税款，在曹妃甸就地入库，税库银协作经验在《金融时报》介绍。依据省局《转变税收征管方式提高税收征管效能工作实施方案》《纳税人分类分级管理实施办法》，在路南区局试点探索推进征管方式转变，取得初步成效。研发新建项目税源管理系统于11月份上线运行，实现重点项目信息查询统计、项目建设影响税收测算、完工项目创税统计和大企业个性化服务等功能。搭建风险分析讲评平台，开展“风险管理大讲堂”。开展风险应对质量管理，全年调度30多次，市、县两级回退任务1842户次，回退率10%，增加评估收入3.4亿元，《河北国税简报》予以宣介。

【国税风险防范】 2017年，唐山市国税局组织风险应对1.90万户次，入库评估收入9.9亿元，比上年增加3.6亿元，居全省首位。聚焦打虚打骗，做好总局和省、市级重点税源企业检查，对张家口“2•25”案涉唐企业开展专案检查，对区域性涉税违法行为实施精准打击，持续整治发票违法行为，成立市公安局派驻市国税局、地税局联络机制办公室，增强打击力和震慑力，防止重大案件发生。全年检查各类纳税人1210户，纳入重大案件审理19户，移交公安处理8户，纳入“黑名单”联合惩戒12户，入库查补收入5亿元，居全省前列。

【国税服务便民惠民】 2017年6月1日，唐山市国税局推行“智慧云厅2.0”，纳税服务实现智能化、全能化。预约办税得以优化，升级改造预约叫号系统，与全省联网，实时提供各办税厅候办信息，为纳税人预约办税提供方便，全年通过电话预约办税2774户次，主动发起错峰预约办税5696户次。信用管理优化，落实守信激励与失信惩戒措施，推行“征信互认、银税互动”，全年有67户纳税人分享1.3亿元信用贷款。辅导培训优化，围绕营改增和“一带一路”建设，开展业务大辅导，邀请专家、教授举办专题讲座，确保行业税负只减不增，助力企业“走出去”。全市组织集中培训106场，培训纳税人3.9万人次，针对税负上升企业开展入户辅导665户。制作《燕赵导税之税务登记》等动漫宣传片，在滦县纳税人学堂网络在线直播，增强宣传与辅导效果。

【国税队伍建设】 2017年，唐山市国税局依规依程序选拔科级干部30名，交流调整科级干部48名，消化科级干部超职数配备。分批组织基层业务骨干到市局重要岗位锻炼，遴选工作人员6名；组织机关和基层一把手赴江西省税务干部培训中心井冈山基地开展“增强党性观念、提升履职能力”培训，组织分局长赴辽宁税务高等专科学校进修；启动“朝阳行动”，举行新录用公务员入职仪式，开办青年夜校，建立与青年干部谈心制度；全年组织各类脱产培训30期，2152人次参加，在全省练兵比武中获团体优胜奖。市局4篇经验文章被市《作风整顿简报》采用，市委副书记丁荣进在全市作风整顿会议上予以表扬。出台《推进国税系统党建工作的实施方案》《推进全面从严治党向基层延伸的实施方案》等相关文件19个，为

"两个责任"落实提供指引。开展"基层组织建设年"活动，市局班子成员深入22个基层联系点开展3轮调研督导，举行44场党员代表座谈会，纠改3类10项突出问题。举办全面从严治党主体责任专题培训，特邀市委组织部领导讲解"全面从严治党主体责任是什么、做什么、怎么做、达到什么标准"，提升从严治党能力。开展"调研式"巡察回访和常规巡察，实现19个县（市、区）局巡察全覆盖，首次将巡察对象延伸到税务分局党支部。开展"一问责、八清理"和治理基层"微腐败"专项行动，加强纪律审查，问题线索处置率100%。综合运用监督执纪手段，依纪依规处理25人次。

（孙志勇）

地方税务

【地税概况】 2017年，唐山市地税系统组织各项收入319.63亿元。其中，税收收入完成183.06亿元，比上年增长16.13%；社保费完成117.64亿元，比上年增长7.77%；教育费附加等其他6项收入完成18.93亿元，比上年增长35.1%。税收收入中，公共财政预算收入完成127.55亿元，比上年增长11.26%。年内，市地税局经全国文明委审核保留"全国文明单位"称号，13个县（市、区）地税局被评为"省级文明单位"，市地税局党组被唐山市委授予"优秀领导班子"称号。

【税源清理】 2017年，唐山市地税局以钢铁行业为重点，加大对与经济关联密切的企业所得税、资源税、城建税征管力度，全年3项合计增收16.97亿元。年内，制定《城镇土地使用税指引实施方案》《土地增值税清算指南》，发挥控税系统软件作用，推进房地产交易税收管理制度化，加大涉地税收管理力度，新增应税土地面积700万平方米，城镇土地使用税、土地增值税、房产税、契税合计增收7.02亿元。与市财政局、保监会对全市26家保险机构代收代缴情况进行拉网式清查，入库车船税5.64亿元，比上年增收1.04亿元。提高全员全额扣缴申报质量，推进年所得12万元以上纳税人自行申报工作，累计入库个人所得税26.68亿元，比上年增收3.22亿元。落实《2017年综合治税工作实施方案》，联合市国税局与财政、国土、住建、规划等22个部门共治税源，在房地产行业、股权转让、车船税等多个领域开展综合治税专项行动，全年征收入库税款13.15亿元。年内立案检查214户企业，对127户企业开展发票违法活动专项检查，查处涉税金额30万元以上大案要案42件，全年稽查系统查补入库各项税费2.88亿元。清缴陈欠深挖税源，紧盯欠税症结，执行分类分级和台账式管理，加大欠税企业曝光、约谈力度，落实《税收强制执行操作指引》，全年累计清缴欠税2.92亿元，加收滞纳金4844.16万元。

【地税征管体制改革】 2017年，唐山市地税局与市财政、水务部门联合下发《关于推广安装水资源计量远程监控设备工作实施方案》，共同在全市推广水资源远程监控系统，实现对水资源税计税依据精确计量。年内，全市征收水资源税5.44亿元，继续保持全省第一。"互联网+"方面，在全省率先实现人社、地税社保费"金三"系统联网征缴，推广应用微信缴纳社保费平台，使企业和自由缴费人随时随地办理缴费业务，全年实现缴费5011人（户）次，入库费额3711.23万元，被省电视台专题报道。落实以风险管理为导向的征管改革，12个试点县级局全部改革到位，提高风险应对能力，全系统完成风险应对1.60万户，入库税款9.03亿元，加收滞纳金1.1亿元。

【国地税特色合作】 2017年，唐山市地税局与市国税局梳理唐山特色合作事项，确定多部门联合注销等年内重点工作任务，采取联合部署、共同督导方法，确保国地税合作步调一致，共同推进。全市19个县（市、区）局中，2个单位实现共建办税服务大厅，17个单位互设办税窗口、互派办税人员，13个单位共同进驻政府行政大厅，探索"云办税厅"和24小时自助办税区建设，打造"实体办税+网络办税"一体化合作服务新样本。双方对合作事项进行逐项梳理和对接，年内将非正常户管理、注销登记、房地产开发企业税收一体化管理等一并整合，并通过协同风险应对，国地税共计入库税款2.05亿元，通过联合稽查入库税款、罚款、滞纳金925万元。

【地税便民服务】 2017年，唐山市地税局优化营商环境，制定并实施《营商环境集中整治行动方案》，推进办税理念、办税制度和办税手段改革。落实便民举措，推广省地税局"12366"手机APP和"一人一窗一机双系统"国地税通办等新办税模式。实施大企业个性化服务，走访千户集团成员企业1465户，评估并约谈企业清缴税款9900余万元。落实税收优惠政策，年内为小微企业、高新技术企业、困难企业减免各项税款2.51亿元。与国税部门联合，开展税收服务"一带一路"政策宣传活动，共同撰写《关于我市钢铁行业经济税收情况的调研报告》。组织开展纳税服务岗位比武练兵、窗口单位创建竞赛等活动，完善办税服务厅智能化考核指标，提升全局纳税服务水平。在2017年纳税人满意度评价中，唐山市地税局综合得分位列全省第二。

【地税队伍建设】 2017年，唐山市地税局编印全系统《党建工作指南》，制定《基层党建工作标准化考核细则》，制作15个党建工作流程图，开展"强基工程"，规范基层党组织工作。在系统内开展业务培训9期次，1000余人次受训。在高校分别为正科级干部和省局人才库人员举办提升培训班，内外结合，提高人员素质。举行全市地税系统基层分局长业务达标考试，113名分局长参考，11名缺考和不及格人员进行补考。绘制战略地图，对照战略目标编制常用绩效指标库，按季度召开绩效指标讲评会议，组织各部门主要负责人结合指标运行情况分析点评，从优势、劣势、机会、威胁4方面对全局绩效工作全面分析。强化内控机制，制定《关于加强内控机制建设的实施意见》，将内控管理贯穿到税收业务全过程，为风险防控、规范管理提供重要依据。试运行内部控制监督平台，组织平台流程模拟演练1025次，测试研讨245个指标。

（吕　品）

农业

NongYe

综 述

【农业概况】 2017年，唐山市实现第一产业增加值600.7亿元，比上年增长2.2%；农村居民人均可支配收入1.62万元，比上年增长8%，居全省首位；农业产业化经营率69.4%，比上年增加1个百分点。全市粮经饲比例由2016年55∶41∶4调整到53∶42∶5。全市调减籽粒玉米3.13万公顷，调减棉花3200公顷，调增全株青贮玉米1193.33公顷，调增花生5866.67公顷，调增杂粮杂豆1600公顷，调增马铃薯、蔬菜、食用菌、中药材及其他经济作物9133.33公顷。全市改造、新建高端设施蔬菜2.34万公顷，创建市级以上标准化蔬菜精品园区78个，其中省级以上33个。建设供京津基地4万公顷，实现借力发展、协作共赢。全市落实万亩"粮改饲"示范区6个，落实面积4466.67公顷。落实千亩"粮改饲"示范片30个，涉及奶牛养殖企业30个，落实面积3066.67公顷。全年发展和改造果树1.37万公顷，果品种植面积16.53万公顷，总产量169.5万吨，产值93亿元。全市林下经济增加3733.33公顷，林木育苗增加4600公顷。全市食用菌生产规模1040公顷，比上年增长10%；中药材3000公顷，增加2200公顷；新发展花卉400公顷，总面积4266.67公顷，促进山区沟域经济和林下经济发展。年内实施"八吨奶"工程，奶牛平均单产7.4吨。创建部、省、市级标准化畜禽养殖示范场360家，肉牛、肉羊饲养量分别为84万头和230万只，肉牛、肉羊规模养殖比例40%。推行渔业生态健康养殖，建成农业部健康养殖示范场34家，带动池塘生态健康养殖面积2.8万公顷，开工建设生态开发型海洋牧场2处，祥云湾海域海洋牧场示范区、乐亭县海域兴乐海洋牧场示范区均被评为国家级海洋牧场示范区。

【农业产业化经营】 2017年，唐山市农业产业化经营率69.4%，市级以上农业产业化重点龙头企业367家，其中省级71家、国家级5家。市级以上龙头企业实现销售收入376.5亿元，实现利润26.3亿元，出口创汇2.15亿美元，上缴税金6.5亿元。全市新注册农民合作社962家，总数8166家，其中国家级示范社23家、省级示范社87家、市级示范社215家。制定《关于培育发展农业产业化联合体的实施意见》，培育打造7家农业产业化联合体示范点。河北栗源食品有限公司、曹妃甸惠通水产科技有限公司被评为第二届河北省十大农产品企业品牌，玉田包尖白菜被评为河北省十佳农产品区域公用品牌，曹妃甸大米、曹妃甸河豚、遵化板栗、遵化香菇被评为河北省名优农产品区域公用品牌。全市农业品牌总数280件，其中中国驰名商标10件，国家地理标志证明商标13件，国家地理标志认证产品4件，国家地理标志保护产品4件，河北省著名商标134件。市产业办被省政府农业产业化办公室评为2017年度支持返乡下乡人员创业创新工作先进单位。在北京中国国际农产品交易会上，滦南海都食品有限公司"嘴东"牌水产品获"2017年度最具影响力水产品企业品牌"称号，玉田"慈玉"牌包尖白菜获农交会"金奖"。

【农业产业化项目建设】 2017年，唐山市实施县乡领导干部分包项目责任制，全市实施农业产业化重点项目200个，其中投资10亿元以上重点项目12个，当年计划投资80亿元，实际完成投资85亿元，占年度计划106%。新开工项目102个，竣工项目55个。重点推进9个省级重点项目和33个市级重点项目，完成年度投资计划。加强项目观摩拉练，评选出滦县鸡冠山生态农业产业园区等10个优秀重点项目。

【农产品加工业发展】 2017年，唐山市制发《关于加快农产品加工业发展的实施意见》，在玉田县、遵化市召开全市农产品加工业发展现场会。强化目标考核，把规模以上农产品加工企业总产量值与农林牧渔业总产量值比值纳入对各县（市、区）党政领导班子绩效考核内容。全市农产品加工业产值505亿元，比上年增长15.4%。

【农业农村创业创新】 2017年，唐山市开展农村"双创"（创业创新）活动，组织8个项目参加由农业部主办的首届全国农村创业创新创意大赛。在河北省预选赛中，唐山市6个项目晋级，河北金土生物废弃资源肥料化项目、迁西归巢部落风情园项目入选全国半决赛，在全国总决赛中，河北金土生物农业废弃资源肥料化项目获大赛成长组唯一金奖，项目负责人受到中共中央政治局常委、全国政协主席汪洋（时任国务院副总理）接见。

【农村改革】 2017年，唐山市推进农村承包地确权登记颁证，全市完成2次公示无异议面积占应确权总面积99.47%，完善土地承包合同份数占总任务量96.43%，建立登记簿份数占总任务量96.93%。聘请第三方完成对第一批4个县（区）确权登记成果的市级核查。制发《关于完善农村土地所有权承包权经营权分置办法的实施意见》，推进全市农村土地“三权分置”改革。年内办理大宗林权、土地经营权交易业务8宗，涉及土地500公顷，交易金额6135万元，实现农村产权交易和抵押贷款两个“零突破”。全市培育10个农村土地股份合作社，发展农村股份合作制经济组织54个，总数1240个，带动农户21.5万户。11家农民合作社被命名为省级股份合作制示范组织，全市省级示范组织总数达22家。试点推进农村集体产权制度改革，制定《关于稳步推进农村集体产权制度改革的实施方案》，确定汉沽管理区为省级试点。落实市委、市政府《关于进一步推进农垦改革发展的实施意见》，曹妃甸区成立农业发展集团有限公司，注册资金5000万元；汉沽成立农垦发展有限公司，注册资金1000万元。农垦国有土地使用权确权登记发证完成权籍调查面积2713.33公顷。国有农场办社会职能改革移交机构124个，移交人员3793人，移交资产6.71亿元，移交债务6.09亿元。推进集体林权制度改革，流转林权121宗，森林保险面积8.67万多公顷。开展国有林场改革，科学制定市级改革方案，组织相关县（市、区）制定具体实施方案。改革后，9个国有林场4个界定为公益一类事业单位、4个界定为公益二类事业单位、1个为企业性质国有林场。全市完成二次公示无异议面积占应确权总面积99.47%，完善土地承包合同份数占总任务量96.43%，建立登记簿份数占总任务量96.93%，均超过农业部提出当年完成95%以上要求。河长制工作体系全面建成，市、县两级河长制办公室组建完成，市、县、乡三级河长制工作方案如期出台，明确三级总河长348名、河长969名，河湖管理会议、信息报送、河湖信息共享等7项制度及时出台，安装3943块四级河长公示牌；13个农业水价试点县（市、区）全部成立县、乡、村三级农民用水户协会，完成水权确权方案编制、水权量核定、水权证发放和造册建档工作；完成非农用水户核查、移交、水量核定，水量核定在全省领先。

【农业调研与宣传】 2017年，唐山市开展农业农村改革发展典型调研活动，形成20余篇调研报告，遴选6篇上报省农工办。以《牢记总书记嘱托努力打造农业强市》为题，全面总结党的十八大以来唐山农村经济社会发展新变化新成就，被《河北“三农”工作要情》刊发。围绕玉田县农产品加工园区建设、乐亭县杨家埝村“美丽乡村”建设等形成调研报告，呈报市委、市政府分管领导并得到批示。在国家级媒体刊发稿件4篇，在《唐山劳动日报》刊发稿件10余篇。报送稿件20余篇，其中《唐山市签订第一笔农村产权抵押贷款业务》等被《河北“三农”工作要情》采用；编印《农业农村工作信息简报》20期、《统筹城乡发展简报》12期。开通“唐山三农”微信公众平台，发布图文消息近400条。

【新型农业主体发展】 2017年，唐山市农村土地流转面积11.87万公顷，土地流转率23.8%。全市建设国家、省、市、县四级园区总数151个，其中国家级示范区2个（玉田县、曹妃甸区）、省级园区10个、市级园区64个、县级园区151个。入驻园区主体907个，形成“园区+公司（合作社）+基地+农户”的现代农业园区产业化经营模式，带动周边农民43万人，园区内人均可支配收入2.04万元，比全市平均水平高出36%。全市发展观光休闲农业企业582家，其中，省级以上星级企业59家，年接待游客600余万人次，产业收入9.7亿元。迁安、迁西、丰南评为国家休闲农业与乡村旅游示范县，迁西喜峰口板栗园、乐亭丞起生态园评为国家休闲农业五星级企业。推进“互联网+”在休闲农业星级企业经营管理中普及应用，普及率100%，提高休闲农业档次。打造全省唯一的迁西县花乡果巷田园综合体，成为全国首批田园综合体，建成后带动就业3500人，为项目区增收8.14亿元，项目区人均可支配收入增加8000元以上。全市家庭农场1080个，省级示范家庭农场30个，市级示范家庭农场72个，专业大户5717个，农民合作社发展到5000多家，形成市、县、镇、村“四位一体”农民合作社服务体系，合作社年经营服务收入100多亿元。农业农村电商主体发展到22家，农产品网上交易额10亿元。

【科教兴农】 2017年，唐山市依托8个省现代农业产业技术体系综合试验站和基层农技推广补助项目，建设3个省级、15个县级科技创新和示范基地。建成基层农技推广技物配套农业服务模式50个。13个省级、市级园区与京津冀科研院校实现对接。建立市级农业物联网公共服务

“公司+农户”模式，引导农民种植中草药带动农民增收致富。
朱大勇 摄

平台和部分县级农业物联网平台。唐山移动互联网农技推广平台（北京农管家）有1200名农业专家进驻，注册用户超过10万。正在建设或投入运营的农业电商平台20多家，网上交易额10亿元，位居全省前列。全市81个基层农技推广区域综合站和114个乡镇动物防疫站建成投入使用，村村设立农民技术员和动物防疫员，形成覆盖全市的市、县、乡、村四级农技推广服务网络。建设基层农技推广技物配套服务模式试点50个。全市累计培育新型职业农民8734人，其中2017年2500人。开展农业技术培训、技术咨询、技术指导、技术服务等活动，每年普训农民100多万人次。

【农业基础设施建设】 2017年，唐山市节水灌溉1.33万公顷，开展土地治理9526.67公顷，完成迁安、遵化、迁西、玉田和滦县5条省重点小流域水土流失综合治理以及丰润区（市级）水土保持项目，全市治理水土流失面积88.6平方千米。全市投资5.17亿元，实施地下水超采综合治理，改善灌溉面积2.45万公顷，年压减地下水能力4200余万立方米。丰南、滦南、开平实施冬小麦节水技术1.87万公顷。推广测土配方施肥、有机肥替代化肥、统防统治、绿色防控等技术，农药化肥实现零增长。推广降解地膜，建设农膜回收网点5个，地膜回收率60%。全市建永久青贮池169.3万立方米、压块站59处，秸秆综合利用率96%。年内累计推广清洁炉具37万台，推广煤改电、煤改气、煤改太阳能、煤改地热等1.20万户，推广洁净型煤40万吨，全市年可节煤25.4万吨，减少排放二氧化碳66万吨、二氧化硫2540吨。全市农机总动力770万千瓦，增加大型机械设备300台（套）以上，主要农作物耕种收综合机械化作业水平86%，比全国平均高12%，比全省平均高10%。小麦、水稻、玉米、花生4类粮油作物耕种收综合机械化率分别为99%、91%、78%、87%。

【农产品质量安全提升】 2017年，唐山市政府提出全市整域创建国家级农产品质量安全市，坚持质量与发展并重，保障农产品质量安全。全市12个农业县（市、区）全部纳入国家或省级创建试点，其中曹妃甸区、玉田县率先创建成为全国第一批100个国家农产品质量安全县，乐亭县纳入第二批国家创建试点，群众对农产品质量安全满意度70%以上。年内，组织申报制（修）订农业地方标准18项，建设各类标准园（示范场）97个。通过“三品一标”认证农产品415个，认证企业270家，“三品一标”农产品和品牌农产品面积占比51%。创建农业品牌286个，认证无公害农产品254个，认证绿色食品产品80个，认证地理标志产品4个。12个县级农产品检测机构中有6个通过计量认证，滦县、曹妃甸区、丰南区、滦南县通过“双认证”。全市农产品抽检合格率98.9%，参加2017年全省农产品检测技能大赛，4项赛事获3项冠军、1项亚军。唐山市“智慧农安”监管平台完成初期开发并上网运行，其中“唐山市农产品质量管理与追溯系统”和“唐山市食用农产品合格证”在全国“双安双创”成果上进行展示。全市初步实现“农业物联网”一张图，运用卫星地图将监管对象全部纳入其中；“监管责任系统”一张网，信息化监管责任图将监管责任逐级明确到人；“质量管理与追溯系统”一条链，应用现有的电脑、手机等设备和二维码、互联网等技术，将农产品的相关信息的即时采集上传、快速查询、质量追溯。组织开展违禁物质、农兽药残留、重金属、投入品安全等检测活动，开展“农药及农药使用”“瘦肉精”“生鲜乳违禁物质”“兽用抗菌药”“水产品违法添加物质”“农资打假”“畜禽屠宰”等专项整治行动，打击各种违法行为。

【国土绿化】 2017年，唐山市完成造林2.62万公顷，森林覆盖率37.21%，完成省达任务151.2%。聘请国家林业局城市森林研究中心编制《唐山市国家森林城市建设总体规划》，确定“两核、三区、七极、百园、千村”的生态脉络建设框架，重点谋划森林生态、森林产业、生态文化3个体系12项重点工程。新造、改造通道绿化面积3333.33公顷；全省率先启动森林村镇建设，完成村庄绿化421个，绿化面积1400公顷；完成环企绿化666.67公顷，丰润区天柱钢铁、新宝泰钢铁，古冶区三友矿山、唐山不锈钢、启新矿山等环企绿化初具规模；荒山绿化重点突破，北部山区完成造林1.1万公顷，其中封山育林5400公顷；沿海绿化推进，乐亭、滦南、曹妃甸、丰南等重点沿海区域造林绿化2000公顷；市区增加园林绿地219.52公顷，增加公园绿地73.61公顷，城市建成区绿化覆盖率、绿地率分别为39.4%和36.4%。全年义务植树1200万株，建立义务植树基地50处，义务植树尽责率85%以上。

【“美丽乡村”建设】 2017年，唐山市围绕12个专项行动谋划实施项目2762个，规划建设10个重点片区和305个重点村，实现片上美丽、点上精彩。按照宜工则工、宜农则农、宜商则商思路，培育一批田园综合体和特色小镇、亮点村庄。迁西县花乡果巷成为全省唯一入选“全国田园综合体试点”；滦县老陈营村走“绿化+”路子，建成“氧吧小镇”；乐亭县杨家埝村做足“文化+”文章，形成“农耕+文化+旅游”产业链条，实现村美与民富有机统一。全市农村集中开展“三清一拆”整治行动，基本实现干净、整洁、有序。完善农村环境长效管护机制，以农村生活垃圾治理为重点，18个县（市、区）配备保洁员1.8万人，工资全部纳入县级财政预算。按照“人口集中居住、产业聚集发展、集约节约用地、公共服务提升”思路，打造农村新型社区。古冶、乐亭、迁西辖区的3个省级中心村建设示范点进展顺利。盘活农村闲置的房屋资产，加快农宅合作社发展，全市农宅合作社17家，其中5家被评为省精品农宅合作社。

【农业标准化】 2017年，唐山市无公害农产品认证产品254个，认证企业144家，认证面积8.53万公顷。绿色食品认证产品80个，认证企业37家，认证面积2.73万公顷。地理标志产品认证产品4个，面积2.33万公顷。“三品一标”农产品和品牌农产品占生产总量或面积比重51%。年内组织申报制（修）订农业地方标准18项。参与制（修）订农业地方标准460项，其中国家行业标准4

乐亭县“环城现代农业园区”育苗温室。 杨世尧 摄

项、省级标准86项、市级标准370项。按照唐山市人民政府《关于实施现代农业发展九大创新行动的意见》要求，与市财政局联合下发《关于组织申报2016年度农产品“三品一标”补贴资金项目的通知》，为丰南、曹妃甸、芦台、汉沽、开平等非直管县区落实2016年度农产品“三品一标”认证补贴资金项目8.3万元。

【家庭农场培育】 2017年，唐山市实施家庭农场认定备案制度，各县（市、区）依据《唐山市家庭农场基本条件和认定标准》，实地核查辖区内家庭农场，认定备案，在市、县两级建立家庭农场名录，实行台账跟踪制度。组织县（市、区）将家庭农场相关信息录入农业部农村经营管理情况统计系统，全市录入725条家庭农场信息。引导家庭农场到工商部门登记注册，成为市场经济主体，特别是引导专业大户升级为家庭农场并在工商部门登记注册，全市在工商部门注册登记的家庭农场852个，其中个人独资企业216个、个体工商户636个。开展省级示范家庭农场补助项目申报，经市、县两级组织筛选、评审、申报，全市4个家庭农场承担2017年度省级补助项目，获补助资金90万元。培育省、市级示范场，制发《关于开展2017年度省级示范家庭农场申报工作的通知》《关于开展市级示范家庭农场创建活动的通知》，组织开展省、市两级示范家庭农场申报，引导县（市、区）按照“生产有规模、产品有标准、经营有记录、设施有配套、管理有制度”5有标准，培育示范典型。组织开展2016年度省级示范家庭农场补助项目绩效评价工作，全市8个家庭农场承担省级补助项目全部完成验收，补助资金120万元全部拨付到位。8个家庭农场年收入860万元，项目实施后，年增加收入215万元，增加利润90万元。

【土地托管服务】 2017年，唐山市农村土地托管服务组织发展到220个，托管服务面积3万公顷。滦县百信、玉田集强等土地托管服务组织土地托管面积均达到万亩以上。其中，滦县百信土地托管服务范围扩展到滦南、迁安、卢龙、昌黎、抚宁等5个县、市的11个乡镇，据测算，其土地托管服务使亩均增产10%左右，每亩节约成本30～60元。开展全程社会化服务试点，提高农业生产效率，实施滦县农业生产全程社会化服务试点项目，全程社会化服务面积1.87万公顷。

【农垦改革试点】 2017年，唐山市成立农垦改革发展工作领导小组，由主管副市长任组长，政府副秘书长及市农牧局局长任副组长，31个市直单位为成员，吸收曹妃甸区、芦台经济开发区和汉沽管理区为成员，领导小组办公室设在市农牧局。制定起草《关于进一步推进农垦改革发展的实施意见》，明确指导思想和基本原则，在企业改革目标中，确定按现代企业制度要求，柏各庄、芦台、汉沽3个农场完成企业化改革，分别组建现代农业企业集团，重点培育柏各庄现代农业企业集团上市，制定工作措施。

【农村资金专业合作社监管】 2017年，唐山市14个县（市、区）开展农村资金专业合作社（以下简称资金合作社）试点工作，开业经营并纳入监管范围42家，比上年底减少2家（迁西有金、吉利资金合作社因经营不景气，经县监管部门审核同意退出试点，债权债务清理完毕）。入社社员1.54万户，比上年底减少1900户。吸纳社员股金、互助金总额5.95亿元，向社员投放资金余额4.4亿元，主要用于农业生产3.5亿元，用于农产品流通加工0.5亿元、其他0.4亿元，分别占投放资金余额79.5%、10.3%、9.1%；资金合作社盈利1601万元，比上年减少219万元，下降12%。监管特点包括资金规模和投放资金余额呈下降态势，季末全市资金合作社资金规模和投放资金余额分别比上年底减少5500万元和1420万元，分别下降9%和3.1%。收回借款和资金占用费有难度，季末有7家资金合作社投放资金逾期，呆滞资金66笔金额832万元，不良资金占比15.1%。

【农业综合执法】 2017年，唐山市11个农业综合执法机构全部被评为全国农业综合执法规范化建设先进单位，全市达标率100%，玉田、遵化被评为全国农业综合执法规范化建设先进单位，迁安市农业综合执法大队被评为全国农业综合执法示范窗口单位。加强基层畜牧兽医综合规范化建设，全市有丰南、乐亭、滦南、海港区4个县（市、区）组建畜牧兽医综合执法大队。遵化、滦南、玉田、曹妃甸、丰润、迁安、迁西将畜牧兽医执法职能整合归并到农业综合执法大队。全市出动执法人员1.12万人次，检查门店7380个，种植业、畜牧兽医和渔业共立案163起，结案163起，罚没款78.26万元。化解农资纠纷181起，比上年增加11起，协议赔偿56.12万元，挽回经济损失183万元。全市未发生行政复议案件，维护农民合法权益。

【土地流转】 2017年，唐山市培育迁安市奥宸土地股份专业合作社等10个农村土地股份合作社试点，印发通报予以认定。截至年底，全市土地流转面积12.21万公顷，土地流转率24.3%，全市1.33公顷以上规模流转面积 8.77 万公顷，占流转总面积 71.8%；录入 3.33 公顷以上规模流转合同 4.06 万份，涉及耕地面积 2.16 万公顷，占土地规模流转面积（3.33 公顷以上）33.38%；迁安、玉田等 13 个县（市、区）出台工商资本租赁农地监管和风险防范文件。与市财政局联合印发《关于鼓励县级财政出台土地流转奖补政策的通知》。

【信息化建设】 2017 年，唐山市建立市级农业物联网公共服务平台和部分县级农业物联网平台。唐山移动互联网农技推广平台（北京农管家）有 1200 名农业专家进驻，注册用户超过 10 万个。年内在建或投入运营农业电商平台 20 多家，网上交易额 15 亿元。

（李秀娟　肖春印　张永春）

种　植

【种植概况】 2017 年，唐山市粮食作物播种面积 47.53 万公顷，总产量 311.2 万吨，比上年增加 5.7 万吨，增幅 2%。全市油料播种面积 8.05 万公顷，总产量 33.5 万吨。全市瓜菜播种面积 20.93 万公顷，总产量 1575 万吨，比上年略增。全市建设国家级现代农业示范区 2 个（玉田县、曹妃甸区），省、市、县三级现代农业园区总数 159 个，其中省级园区 15 个。累计完成投资 267.8 亿元。

【种植业结构调整】 2017 年，唐山市按照《唐山市农业结构调整三年行动计划》，实施千亿斤粮食田间工程，建设粮油标准园，推进农机农艺、良田良制、良种良法相结合，集成配套技术同步实施，巩固提升粮食综合生产能力。粮食亩产量 436.5 千克，比上年增加 11.2 千克，增幅 3.4%。各地探索粮粮、粮菜、粮果等两茬或多茬种植新模式，创新种植模式 20 多项，促进农民增收，遵化在幼树下发展旱稻 1400 公顷，丰润发展中药材育苗 73.33 多公顷，乐亭发展两茬甜玉米、豌豆 - 甜玉米种植模式 1000 多公顷，曹妃甸水稻乳芽抛秧种植模式面积 2000 公顷，滦县青贮玉米 - 萝卜（白菜）、马铃薯 - 白菜等两茬种植模式 2666.67 公顷，丰润李钊庄镇发展“上茬玉米、下茬芥菜”两茬作物种植模式近 1000 公顷。

【种植新品种推广】 2017 年，唐山市推广种植优良品种，借助 3.11 万公顷小麦节水项目推广“河农 6425”“河农 6409”“轮选 987”“济麦 22”“良星 99”等优良品种，优良品种增加到 70% 以上，滦县、滦南等县区从零开始调增强筋小麦 2866.67 公顷；玉米以推广“郑单 958”“纪元 1”“纪元 128”“强硕 68 系列”“华农 866”等为主，优质高产品种占 60% 左右。全市推广种植高油、高油酸花生“花育 23”“冀花系列”等品种 2.2 万公顷。玉田引进天津优质杂交青萝卜“七星”新品种，与北京、天津、辽宁、广东等蔬菜批发市场、超市产销对接，订单销售量 3580 吨。全市改造、新建高端设施蔬菜 2.47 万公顷，创建市级以上标准化蔬菜精品园区 70 个。以乐亭万事达、玉田黑猫王、滦县郎红、滦南姚王庄绿源和丰南后打蔬菜基地等为核心，建设供京津基地 4.04 万公顷。

【冬小麦节水项目实施】 2017 年，唐山滦南、乐亭、滦县、玉田 4 县推广地下水超采综合治理冬小麦节水稳产配套技术项目 1.87 万公顷，物化补贴小麦节水品种 420 万千克，优化全市小麦品种结构，突出小麦节水稳产、优质安全。年内制发《唐山市 2017 年度地下水超采综合治理冬小麦节水稳产配套技术项目实施方案》，先后制定冬小麦节水项目分包制度、项目责任书，落实市包县、县包乡镇、镇包村机制，市县签订责任书。4 个分包组跟踪指导项目实施情况，要求所供种子质量达到 GB4404.1-2008 小麦良种标准，种子全部包衣，供种企业对提供种子质量负责到底。供种开始后县农牧局统一组织项目村对企业供种按规定留样备检，样品由县农牧局统一送市种子检验机构备检。农牧局落实“属地管理”责任，从供种企业资质和种子生产经营档案入手，对照检查种子标签和使用说明，查清种子来源和去向，实现可追溯管理。市种检站对全市供种企业补贴品种所有种子批次全覆盖扦样，做好扦样笔录，随机抽查检验。全市两家企业所供每个品种每个批次种子，出库前 5 日内将加工出库信息上报市种检站，待扦样员扦取种子样品后方可出库。全市范围内安排 3 ～ 5 个试验点，对项目节水品种对比试验，各试验承担单位填写《唐山市节水小麦品种示范试验记载档案》。

【蔬菜生产】 2017 年，唐山市建成乐亭绿昕蔬菜精品园、滦南弘亚有机精品园、丰南鑫湖草莓精品园、遵化亚太生态精品园、遵化正和伟业食用菌精品园 5 个蔬菜精品园，引进优新品种 86 个，全面应用水肥一体化、绿色防控、物联网管理等先进技术，在乐亭绿昕园区玻璃温

植株高、产量高、品质好、效益高的“蔬菜树”成为“摇钱树”。

刘江涛　摄

室及8个高标准温室内安装云洋大数据系统，应用面积2.3万平方米，遵化正和伟业园区食用菌深加工项目建设基本完工。丰南天合亿育苗基地建设智能联动智能温室和高标准育苗温室，引进先进育苗设备及技术，培育优质种苗1400万株，邀请中国农业科学院研究员、蔬菜工厂化种苗生产专家尚庆茂2次进基地指导育苗，建立天合亿团队微信群，天津、北京及东北等地物资供应、技术服务人员和本地蔬菜种植户314人参与。供京津蔬菜基地发展壮大，4万公顷供京津蔬菜基地建设完成4.04万公顷，完成目标任务101%，各基地生产形势良好，白菜、西红柿、黄瓜、辣椒、栗蘑等优质蔬菜销往京津高端市场。

【**病虫害防治**】2017年，唐山市病虫害发生面积286.25万公顷次，防治268.1万公顷次，挽回粮食损失39.67万吨，占全市粮食总产量12.7%。蔬菜上重点推广防虫网、“四诱”（性、食、色、光）技术、熊蜂授粉、释放天敌等绿色防控技术。建立植保站+农药（械）企业+新型经营主体三方合作机制。全市绿色防控覆盖率30%以上，主要作物专业化统防统治覆盖率38%以上。全年农药使用量4320.55吨，比基数减少262.95万吨（基数4583.5吨），下降5.7%，实现农药零增长目标。

（张永春）

林　果

【**林果概况**】2017年，唐山市造林2.62万公顷，为省达任务151.2%，森林覆盖率提高0.7个百分点，超过创建国家森林城市每年森林覆盖率提高0.5个百分点要求，全市森林覆盖率37.21%。全年新发展和改造果树1.37万公顷，果品种植面积16.53万公顷，总产量169.5万吨，产值93亿元。实施荒山绿化、沿海绿化、通道绿化、村庄绿化等8个重点造林绿化工程，制定造林绿化督导问责方案和考核办法，实行日排名、周通报制度，每天在市政府政务调度微信群公布各县（市、区）造林进度，通报批评连续排名后三位，约谈连续2次被点名通报县（市、区）政府负责人，全年全市义务植树1200万株，建立义务植树基地50处，义务植树尽责率85%以上。

【**林业富民产业**】2017年，唐山市发展和改造果树1.37万公顷，果品种植面积16.53万公顷，总产量169.5万吨，产值93亿元；林下经济增加3733.33公顷，达到4.87万公顷。全市在建林果类项目42个，总投资99.2亿元，谋划24个，计划投资26.2亿元。全市有国家级林果龙头企业7个、省级龙头企业24个，国家级示范合作社6个、省级示范合作社19个、省级观光采摘园67个，林果产业有中国驰名商标8件。迁西县获中国特色农产品优势区和全国经济林产业区域特色品牌建设试点单位，迁西板栗公园获国家林业局批复建设，迁西花乡果巷、遵化亚太观光园、玉田玉泉山生态园等现代林业产业园区成为新兴产业。全市高标准山区综合开发3533.33公顷，涌现出滦县鸡冠山农业生态园等一批先进典型。唐山市政府与中林集团签署《战略合作框架协议》，以中林·曹妃甸木材产业园项目为切入点发展木材产业。全市完成林木种苗育苗5400公顷，其中新育4600公顷，奠定全市林业生产基础。全市发展花卉400公顷，花卉总面积4266.67万公顷，在第九届中国花卉博览会上，参展的特色花卉矮文竹获银奖。

【**森林资源管护**】2017年，唐山市使用采伐指标6000立方米，占年度采伐额度46.2%，森林资源采伐消耗呈现减少趋势。全市依法依规审核审批建设工程征占用林地项目21个，保障京唐城际铁路、迁曹高速等重点工程开工。防治森林病虫害，开展虫情监测、联防联治、群防群治，重点防治美国白蛾疫点，防治面积6.27万公顷次，其中飞防作业2.27万公顷、树冠喷雾3.67万公顷，其他措施防治3333.33公顷，没有出现严重虫灾。全年依法检疫各种苗木6560余万株，防范有害生物传播和蔓延。

【**湿地和鸟类保护**】2017年，唐山市在全省率先出台《关于建立健全鸟类等野生动物保护工作长效管理机制的意见》，发布鸟类保护通告，签订湿地及野生动物保护责任书。启动滦南嘴东湿地和鸟类保护区建设，与省林业厅、世界自然基金会、保尔森基金会签订合作协议，组织科考和规划制定。市人大常委会对全市贯彻实施《河北省湿地保护条例》情况专题审议，肯定湿地保护工作。

【**林业综合执法**】2017年，唐山市制定11个清单、7个流程图、3个执法文书样本、1个指南及6个全过程记录规定，林业行政执法更加规范，在全市依法行政考核中为优秀等级。全年受理信访案件29件，信访总量比上年下降46%，林业林区稳定。与工商、公安等部门联合开展“金盾”“金剑”“金钺”“金网”等专项整治行动，查处各类涉林案件219起，查处率97%以上。森林公安局办理刑事案件总量及百名民警办案率位居全省第一位。

【**林果产业科技**】2017年，唐山市继续实施林果专家对接新型经营主体计划，引进一批研究板栗、核桃、苹果、梨等专业首席专家，给予资金支持，进驻市科技中心。完善与大专院校、科研院所合作机制，河北农业大学与唐山友顺农业开发有限公司开展林果教学科研生产合作，建立“产学研”基地。“三不一增”板栗嫁接技术在遵化、迁西、迁安推广，得到农民认可，全市推广各类名优果树面积4933.33公顷。与中国林科院合作实施曹妃甸滨海盐碱地绿化技术研究与示范项目，栽植抗盐碱乡土树种垂柳、馒头柳4133株，成活率95%以上，建设盐碱土原土绿化美化示范基地。

【**林业改革**】2017年，唐山市推进集体林权制度改革，流转林权121宗，森林保险面积8.67万公顷。开展国有林场改革，科学制定市级改革方案，组织相关县制定具体实施方案。改革后9个国有林场4个界定为公益一类事业单位、5个界定为公益二类事业单位，确定公益一类事业编制211人、公益二类事业编制115人，按期完成定性、定编和纳入财政预算等主体改革任务。创新林业发展体制机制，出台《支持新型经营主体发展林果产业的实施办法》，放活林地经营权和收益权，吸引社会资本投资林业发展，社会资本年内投资造林在百亩以上332家，其中千亩以上53家，新型经营主体造林面积超过全市造林总面积55%。涌现出玉田玉泉山“合作社+农户+科研机构”、滦县鸡冠山“公司+合作社+科研机构+基地”等模式，社会资本投资林业产业发展势头良好。

【野生动物保护长效机制】 唐山市鸟类资源丰富，是候鸟迁徙重要国际通道。2017年2月16日，市政府率先在全省出台《关于建立健全鸟类等野生动物保护工作长效管理机制的意见》，明确鸟类等野生动物保护工作长效管理指导思想和目标任务，确定保护优先、依法依规、属地管理和全社会参与4项基本原则，部署落实属地管理责任、建立部门和区域协调联动机制、实行有奖举报制度、健全执法与信息员队伍、规范野生动物人工繁育和经营行为、完善野生动物收容救护体系、划定野生动物保护红线区、探索政府购买服务模式、落实野生动物疫源疫病监测防控、严厉打击乱捕滥猎和非法经营野生动物违法犯罪活动10项工作重点。市政府成立由分管市领导为组长，20个相关职能部门为成员的唐山市鸟类等野生动物保护工作领导小组，制定加强组织领导、健全管理机构、落实经费保障、广泛普及宣传、加强督导调度5项保证措施，出台保护野生动物有奖举报制度，就举报内容、举报方式、举报办理、举报奖励做具体规定。

【花乡果巷项目入选国家田园综合体试点】 2017年7月8日，迁西花乡果巷田园综合体项目在河北省同类项目评选中成为唯一国家田园综合体试点项目，每年获5000万元中央财政资金支持和2000万元省财政资金支持，资金支持连续3年。迁西花乡果巷田园综合体项目位于迁西县东莲花院乡，规划总面积3.5平方千米，园区面积1200公顷，计划总投资21.5亿元。依托燕山山区自然风光和林果资源，以“山水田园，花香果巷，诗画乡居”为规划定位，打造特色鲜明、宜居宜业、惠及各方的国家级田园综合体。年内，在西山梨花坡富贵牡丹园探索出“安梨+油用牡丹+二月兰”共生模式，被中科院植物研究所确定为油用牡丹示范基地。通过建全利益分配机制，核心区12个村近万名农民年均增收8000元以上，实现多方共赢，良性循环。

【迁西板栗复合栽培系统入选第四批中国重要农业文化遗产】 2017年8月，迁西板栗复合栽培系统入选第四批中国重要农业文化遗产。迁西县板栗复合栽培系统是一个古老历史遗产，有2000多年历史，《诗经》《战国策》《左传》《本草纲目》等古代书籍中多有记载，境内100～200年生大栗树到处可见，新立庄、汉儿庄、栗树湾子等地有多棵300～500年生老栗树，仍枝繁叶茂，常胜峪村有一棵600年生古栗树。板栗复合栽培系统具有重要生态功能——水源涵养、土壤改善、水土保持、生物多样性保护等。通过撩壕整地形成的“围山转”山地综合治理模式，创造乔灌草结合的立体空间景观，具有较强水土保持功能，对维护区域生态安全具有重要作用。

【国家森林城市建设总体规划通过专家组评审】 2017年8月27日，《唐山市国家森林城市建设总体规划》在北京通过专家组评审。由中国工程院院士尹伟伦任组长的专家组认为，创建国家森林城市既是改善唐山生态环境、提升唐山百姓生态福利措施，更是唐山推进京津冀生态建设协同发展的有益行动。国家林业局宣传办主任程红希望唐山在创建国家森林城市过程中，真正把森林进城办好，把森林围城做好，把森林乡村建设搞好。丰富唐山生态文化，让百姓在创建森林城市过程中实实在在得到好处，真正有获得感。

【“三北”防护林工程评估】 2017年10月26～28日，国家林业局三北局局长张炜、中国工程院院士曹福亮等一行15人，就“三北”防护林工程40年总结评估在唐山市进行专题调研。调研组赴迁西县国家板栗公园、“三北”防护林工程造林示范点，遵化市五虎岭山地综合开发工程、清东陵生态林保护工程等现场实地调研，召开座谈会听取工作汇报。评估调研组对唐山市“三北”防护林工程体系建设所取得成就给予好评，认为唐山造林、护林、管林经验值得向全国推广。1986年，唐山市列入“三北”工程区，经历二期、三期、四期工程建设，2017年处于五期工程建设阶段。“三北”防护林工程累计完成人工造林30.77万公顷，封山育林6.31万公顷，全市森林覆盖率从1986年不到13%提高到目前37.2%，2010唐山市被全国绿化委员会授予“全国绿化模范城市”称号。全市干鲜果品总产量从1986年4.74万吨增长到169.5万吨，果品总产值从5000万元增长到93亿元，分别提高35倍和180倍，果品产业成为农民增收致富支柱产业。

（马树华）

畜 牧

【畜牧概况】 2017年，唐山市肉、蛋、奶总产分别为77.5万吨、37.7万吨和168万吨。全市引入社会投资1.1亿元用于奶牛场改造升级，99%以上奶牛场采用TMR饲喂技术设备，50%以上采用卧床技术，奶牛小区全部转型为牧场，泌乳牛群比例50%以上，成年母牛年平均单产7.4吨以上，完成年初任务目标。全市肉牛、肉羊饲养量分别达到86.09万头和224.89万只。全市创建部级示范场4个、省级示范场2个、市级示范场50个，全市有部、省、市级畜禽标准化示范场352家，其中部级示范场39家，省级示范场76家，市级示范场237家。

【畜禽粪污综合治理】 2017年，唐山市基本完成禁养区内畜禽养殖场关停和拆迁，各县（市、区）均出台畜禽养殖禁养区专项整治方案，划定92个禁养区，关停或搬迁禁养区内养殖场32家。全市备案1890家养殖场（区）粪污处理设施改造工程完成1481家。全市有机肥生产企业20家，年生产能力90万吨。全市完成畜禽规模养殖场粪污处理设施配套建设养殖场453家，畜禽养殖场粪污处理设施配建率80%以上，畜禽粪污资源化利用率65%以上。

【疫病防控】 2017年，唐山市完成春、秋季重大动物疫病集中强制免

宏远家庭牧场养殖的奶牛。　　杨世尧 摄

疫，重大动物疫病得到有效防控。组织制定《唐山市2017年度病死畜禽无害化处理厂和收集体系建设验收办法（试行）》，实施病死畜禽无害化处理。开展疫病应急演练，加强基础设施建设，提升疫病防控能力和水平。

（张永春）

水　产

【水产概况】 2017年，唐山市水产品产量54万吨。落实苗种生产许可证制度，加强苗种生产管理，不定期检查增殖放流苗种供应单位，规范苗种生产单位生产、用药、销售记录，杜绝违规用药。引进美国科纳湾、普瑞末及“中科一号”“桂海一号”“科海一号”、澳洲银鲈等10多个优良品种示范推广，为全市水产养殖注入活力。全市170多家海水苗种生产单位投入生产，育苗生产规模和苗种产量扩大，全年生产各类虾苗264亿尾，其中南美白对虾247亿尾，生产海参苗种5.49亿头、河蟹苗种400千克。

【池塘生态养殖】 2017年，唐山市落实海水池塘养殖面积1.8万多公顷，其中中国对虾6396公顷、日本对虾1792公顷、南美白对虾3430.4公顷、海参养殖4187公顷；落实淡水池塘养殖面积1.6万公顷，其中南美白对虾5843.13公顷。全市海淡水池塘多品种立体生态健康养殖面积2.73万公顷，其中海参养殖面积4186.67公顷，收获海参6876吨。丰南区泥鳅养殖形成以合作社+基地+农户模式，平均亩产泥鳅2000～2500千克，效益1.5万～2万元，全市泥鳅精养面积146.67公顷。玉田县中华鳖养殖规模扩大，存塘万只以上中华鳖养殖场150个，养殖面积106.67公顷，存塘优质种鳖8万多只，年孵化稚鳖110万只，成为北方地区中华鳖优质苗种主要供应基地。

【工厂化养殖】 2017年，唐山市海水工厂化养殖面积203万平方米，养殖企业由重规模要效益向重科技要效益转变。曹妃甸区惠通水产科技有限公司进行“南美白对虾工厂化高效生态多茬接续养殖技术示范”，2～5月份实施的关键技术内容示范初见成效，6万平方米水体收获成品虾38万千克，单位水体单茬虾产量6.5千克，实现利润200多万元。全市反季节南美白对虾和日本对虾养殖面积37万平方米，养殖产量1300多吨，养殖区域主要集中在曹妃甸、乐亭、海港等地。

【浅海养殖】 2017年，唐山市按照国务院提出的促进海洋渔业持续发展指导意见，开发全市滩涂浅海渔业资源，年内扇贝养殖面积2万公顷，收获扇贝8.68万吨。重点发展以扇贝筏式养殖、魁蚶底播养殖为主要品种的浅海立体综合养殖模式，实现浅海水域立体综合利用。依托海洋牧场建设项目，开展浮筏式牡蛎养殖、浮筏式海藻培育、海底筑巢式鱼礁海参放养实验等，创造适合海洋生物栖息繁殖的优良环境，推动全市浅海开发利用。

【渔业资源增殖放流】 2017年，唐山市利用上级财政资金303万元，在全市近海海域增殖放流中国对虾苗种7246.38万尾、三疣梭子蟹幼蟹457.15万只。11月6日，承办“2017年河北省潘大水库水生生物增殖放流活动”，先后放流优质鲢鱼、鳙鱼、草鱼苗种18万千克。利用涉海工程渔业生态修复资金1390万元，在全市近海海域增殖放流中国对虾、三疣梭子蟹、海蜇、鲆鲽类等苗种8.18亿单位。

【健康养殖示范场创建】 2017年，唐山市根据《河北省农业厅关于开展2017年全国水产健康养殖示范创建活动的通知》制发《唐山市2017年水产健康养殖示范创建工作方案》，分解任务到县区，引导现有水产健康养殖示范场升级改造。通过改善提升生产设施，完善各项生产管理制度，规范操作生产，全市无公害水产养殖基地、健康养殖示范场、水产养殖大户建档率100%。年内创建市级以上健康养殖示范场5家，带动全市生态健康养殖规模化发展，池塘生态健康养殖面积2.73万公顷。

【海洋牧场建设】 2017年，唐山市在建海洋牧场2处，分别是唐山祥云湾海域国家级海洋牧场示范区和乐亭县海域兴乐国家级海洋牧场示范区。全年投资4300万元，完成兼顾生产性人工鱼礁投放21.2万空方。累计完成投资1.68亿元，累计投放兼顾生产性人工鱼礁88.7万空方。唐山海之都海洋牧场人工渔礁建设许可通过省级审批。

（张永春）

休旅农业

【休旅农业概况】 2017年，唐山市休旅农业接待游客612万人次，产业收入3.2亿元以上，从业人员3.6万多人，其中农民3.1万人。迁安市、迁西县和丰南区成为国家休闲农业和乡村旅游示范县，全市获省级美丽休闲乡村5个、省级美丽田园4个、省级十佳休闲观光园区企业1个，全市发展休闲观光企业586家，其中省级以上星级企业74家，遵化市尚禾源、迁西县喜峰口板栗园和乐亭县丞起生态园被评为国家级五星级企业。

【休旅行业规划】 2017年，唐山市农牧局研究制定市、县（市、区）、乡镇（街道）三级休旅农业发展规划，明确“一心、两带、三区、多园”休闲观光（生态）农业发展空间布局。“一心”即以唐山城区6个行政区为核心的农业高新技术展示、城市生态园林和田园农业采摘区；“两带”即以遵化、迁西、迁安为核心的山区生态农业和自然历史观光农业带，以唐海、乐亭、滦南为核心的滨海特色养殖、精品果菜、海岛湿地休闲农业带；“三区”即北部燕山生态农业区、中部平原集约农业区和南部滨海特色农业区；“多园”即在各县（市、区）因地制宜建设农业生态园、农业观光采摘园、农事活动体验园、民俗旅游村等，创建休闲农业品牌（示范点、星级企业、最美乡村、美丽田园）。

【休旅农业管理】 2017年，唐山市在培育休闲观光企业、打造精品线路基础上，与传统农耕文化、科普教育、养生养老、信息技术、节庆活动和“美丽乡村建设”等融合，打造休闲观光农业品牌。培育典型模式，建立遵化亚太企业模式，探索“合作社＋村委会”运行机制，拓展产业功能，强化一二三产融合，丰富农业特色，带动产业发展，扩大农民就业。建立迁安亚滦湾企业模式，探索园区运行机制，强化基础设施建设，丰富休闲元素，拓展观光、体验功能，提高游客数量。建立迁西喜峰口板栗园企业模式，探索企业运行机制，加强网络平台建设，推介企业新产品、新技术和新模式，宣传扩大企业知名度，提高农民收入。

（张永春）

水　利

【防汛】 2017年，唐山市汛期平均降水量449.7毫米。建立以行政首长负责制为核心的防汛抗旱责任体系，实行政府领导、部门负责人、技术参谋相结合“三位一体”防汛责任制，落实县、乡、村三级群防体系。全市组成13个检查组，开展检查48次。修订完善《唐山市防汛抗旱应急预案》《唐山市城市防洪预案》等工作预案。全年储备市级防汛物资61种，总价值1825.20万元，县级物资储备总价值698.47万元。落实防汛抢险常备队员3.4万人、后备队员3.43万人。加强与驻唐武警水电一支队沟通联系，组织开展防汛培训和演练。

载重30千克以上植保无人机试飞成功。　张　旭　摄

【抗旱】 2017年，唐山市旱情呈现范围大、时段长，春旱、夏秋连旱特点。市相关部门随时关注土壤墒情和临时饮水困难情况，及时掌握和反馈旱情，科学预测旱情发展变化。争取并落实抗旱资金380万元，全部完成2016年度抗旱项目，2017年抗旱应急项目实施方案获批复，部分抗旱应急项目建成并发挥效益。

【农田水利】 2017年，唐山市完成2016年度地下水超采综合治理项目，完成投资5.17亿元，改善灌溉面积2.45万公顷，压减地下水超采能力4221.07万立方米，11个县区的15个项目全部完工。年内5个地下水超采综合治理项目实施，完成2016年度滦下灌区、陡河灌区续建配套和节水改造项目以及玉田、滦南、遵化、滦下农田水利维修养护项目。

【农村饮水】 2017年，唐山市委、市政府再次把农村饮水安全列入“实事工程”，全年完成204个村、11.5万人的饮水安全巩固提升工程，分别占任务102%和115%。年内增加24个集中供水村，为180个村安装消毒设施，超额完成“实事”任务。采取合并运营、单独运营、委托第三方等方式，解决11个农村水质检测中心运行管理问题。

（李学东）

农业机械

【农业机械概况】 2017年，唐山市农机总动力775万千瓦，落实补贴资金6600多万元，增加各类农业机械4000多台（套）。截至年底，全市主要粮油作物耕种收综合机械化作业水平86%。小麦、水稻、玉米、花生4个粮油作物耕种收综合机械化率分别为99%、94%、84%、89%。推广农机深松整地技术，完成3.6万公顷。推广应用农机作业远程监控智能技术，400多台深松作业机具全部加装北斗监控终端，提高农机作业智能化管理水平。通过召开现场演示会、举办技术培训班等多种形式，加大高效植保、玉米（籽粒）收获、花生收获、秸秆机械化综合利用、多功能施肥播种、智能导航等多项新机具、新技术推广普及力度。玉田、滦南组织开展小麦、玉米、马铃薯、花生等主要作物全程机械化示范，探索全程机械化技术模式和机具配套方案，加快农机农艺融合步伐。

【农机服务与维修】 2017年，唐山市有固定资产20万元以上农机大户

900个、农机专业合作社160多个，农机服务组织完成作业面积26.67万公顷，占总作业面积20%以上。全市农机二级维修厂点15个，新建区域性维修中心1个，农机维修厂点总数1068个。全市设立农机质量投诉机构19个，全部应用农机质量投诉信息系统，投诉体系建设基本完善。年内，组织开展执法检查37次，检查规范农机维修及配件供应厂点285个，增加二级农机维修厂点3个。受理投诉案件16起，调处16起。全市审核认定报废农机回收拆解企业11个，报废老旧农机64台，其中拖拉机24台，联合收割机40台。全市完成拖拉机和联合收割机注册登记1713台、年度检验1911台，驾驶证核发612本，完成省下达任务指标。乐亭县获农业部"平安农机"示范县称号，2人被评为全国"农机安全监理示范岗位标兵"。改进监管方式，取消拖拉机和联合收割机驾驶许可考试费，在全省首家实现全免费管理。落实农机保险补贴政策，与财政、保监部门联合下发《唐山市政策性农机保险实施方案》，市本级和部分县区保险补贴资金列入年度财政预算。

（张永春）

农业科研

【农业科研概况】 2017年，唐山市农业科学研究院组织申报省、市级项目5项，申报省、市地方标准2项，申报国家专利2项，承担各级各类科研项目25项。新争取国家级项目3个，其中农业科研仪器设备更新项目，资金到位158万元，仪器招标工作完成，部分仪器安装检验完毕；国家蔬菜育种创新基地项目获批，初步设计工作完成；国家特色蔬菜产业技术体系唐山试验站获批，年内进行辣椒和生姜等特色蔬菜产业方面研究、推广。全年完成科研项目现场检测3项，有6个科研项目完成合同任务并验收结题。年内获奖成果4项，其中"早熟优质草莓新品种选育及配套栽培技术体系开发与应用"获河北省山区创业三等奖，"农林弃物高效栽培食用菌产业技术开发与示范"获唐山市科技进步二等奖，"主要茄科蔬菜病毒病综合防治技术与应用"获唐山市科技进步二等奖，"唐山秋瓜新品种'秋分一号'推广"获市政府科技成果推广一等奖。

【农科重点项目平台建设】 2017年，唐山市玉米、花生、食用菌、食用豆、大宗蔬菜、特色蔬菜6个国家农业产业技术体系综合试验站分别在乐亭、遵化、滦南、滦县、玉田、丰润及唐山周边的昌黎、平泉、宣化等地区建立科技示范基地，年内完成玉米种业关键技术创新与应用，全程机械化高效生产技术研究与应用，食用豆、食用菌、花生新品种筛选及新技术研发与示范，蔬菜农药化肥双降技术集成与示范，蔬菜水肥药一体化技术集成等体系任务，示范面积共计4000公顷。农科院新申请加入5个国家农业科学实验站，承担14项监测任务，年内签订任务合同，各项监测年内继续。

【新型经营主体服务】 2017年，唐山市农科院按照市政府"百名农业科技专家对接百家农业经营主体活动实施方案"要求，与农业科技园区、农民合作社、农业龙头企业等新型经营主体建立联系，提供技术服务和支持，16名科技人员与滦南华以农场、琛海食用菌公司、丰润区美丽三野合作社、开平金地绿色生态园、丰南区后打弓蔬菜专业合作社等23家新型经营主体继续对接，提供技术服务，年内引进推广新品种14种、新技术26项，提供技术指导和咨询180多次，参加培训人员400余人。农科院选派3名专家作为产业创新团队成员开展食用菌、花生、蔬菜方面农业新技术、新成果引进及推广，指导基层农业生产者和农民专业合作社构建农作物无公害标准化生产技术新模式，建立粮油、蔬菜生产管理应急性技术服务长效机制，开展农业技术培训和田间技术指导等。

【农业科技培训】 2017年，唐山市农科院举办各种技术培训班和现场会30余场次，开展田间技术指导240余次，培训咨询人数2.2万余人。依托"农管家"网络平台，发布玉米、设施蔬菜、食用菌等技术讲座视频15个，时长1200余分钟，累计视频点击率33万次，回答农民各种提问600余个，"粉丝"数量2.2万余人。

【农业科技创新】 2017年，唐山市农科院发挥示范基地"示范、带动、辐射"作用，通过自建、租赁、合作共建示范基地等方式建立新成果展示现场，通过召开各种现场会，实现科研成果和先进实用技术集中演示，辐射带动周边企业及农户，加快自研科技成果转化为现实生产力。全年示范、推广新成果18项，其中高产、优质新品种14个，分别是玉米"唐科82""3569""DL116"、花生"唐花9""唐科225""1146""V8"、小麦"唐麦8"、小豆"唐红2010-12""唐红73"、瓜类"唐杂6号""8号秋瓜"、番茄"唐粉108"、甜瓜"唐甜10号"。高产、高效栽培和病虫草害防治新技术4项，分别是特色蔬菜精细化管控技术、姜瘟病防治技术、农林弃物高效栽培食用菌技术、番茄主要病害绿色防控根施技术。

（王雪霏）

省农业厅帮助或协助农民做好专业化统防统治。　　杨世尧 摄

工业

GongYe

综 述

【工业经济稳定运行】 2017年，唐山市工业整体运行平稳。市政府印发《唐山市市县两级领导入企帮扶方案的通知》《唐山市“四大班子”领导帮扶成长性企业加快发展工作方案》，实施破解企业发展瓶颈、弥补创新短板等10项精准帮扶措施。印发《唐山市产融合作试点工作实施方案》，帮助成长性企业融资6亿元，促成煤炭产销协议量1500万吨，305家停产半停产企业通过腾笼换鸟实现转型升级，省工信厅专门在遵化召开现场会推广唐山经验。市工信局协同相关职能部门，累计降低实体经济成本51.1亿元，全面落实大用户电力交易政策，组织两期电力直接交易，为83家企业降低电费1.4亿元。启动建立工业经济服务平台、“企业家之家”微信公共平台，服务领导决策和企业发展能力愈发精准，统筹稳增长和错峰生产关系，通过保首月、促首季、抓“双过半”，确保全市工业平稳运行。全市规模以上工业完成增加值3518.9亿元，比上年增长4.7%，高于全省1.3个百分点；实现利润707.7亿元，比上年增长70.7%，连续20个月保持50%以上增速，超历史最高水平。全市营业收入超百亿元企业21家，超500亿元企业3家，分别比2016年增加4家和1家。

【新旧动能加速转换】 2017年，唐山市完成项目投资712亿元，完工205项，高附加值钢材产品比重21.5%，钢铁深加工产业消耗本地钢材占比27.03%，分别较2016年增长5.3和0.8个百分点。全年工业和技改投资分别完成2922.9亿元、1866.9亿元，比上年分别增长12.1%和12.7%，总量均居全省第一位，增速分居全省第一、第三位。印发《关于开展工业“三品”专项行动推动转型升级的实施意见》。三友集团列入全国工业品牌培育示范企业，晶玉科技、中车唐山公司等被评为国家技术创新示范企业，7家企业被认定为省级技术创新示范企业。140个项目列入省新产品新技术开发项目计划，18项产品被认定为2017年度首台（套）重大技术装备产品，20家企业通过省数字化车间认定。37家企业入围省“专精特新”中小企业，占全省16.9%，居全省之首。认定规模以上企业研发机构363家，规模以上企业建立研发机构比例23.6%，中车唐山公司被评为首批省级制造业创新中心试点单位。在全省率先出台《关于支持工业设计产业发展的指导意见》，在启新1889设立唐山工业设计产业园区，指导成立唐山工业设计协会，中车唐山公司作为全省唯一一家企业入围全国工业设计中心，亚特专用汽车旅居车等4项产品获2017年第三届河北省工业设计奖产品设计金奖，2项产品获得优秀奖。

【“双创”示范有序推进】 2017年，唐山市发挥市“双创”（创业创新）办职能，组织成员单位制定20个奖补项目实施细则（办法）、12个项目申报指南，构建“1+1+N”政策保障体系，编印《“双创”政策汇编》，向县区及企业发放5000余册。引入北京华普亿方打造的唐山创业创新基地投入运营，引入企业团队10家；与苏州欧富朗合作成立唐山首家电子商务服务外包产业园，入驻企业26家；引入颐高集团合作建设金卓颐高电子商务产业园，入驻企业（团队）45家。全年全市新增创业创新基地31个，面积418万平方米，累计35个，入驻小微企业1395家，宝升昌等5个基地被认定为省首批小型微型企业创业创新示范基地，数量位居全省第一位。新增市级公共服务平台22个，累计69个，服务中小微企业7.4万家次，成联公司被评为国家中小企业公共服务示范平台。组织100余名企业家参加长江商学院EMBA高端教育培训、人大企业管理专题讲座、北京浪潮集团游学等系列活动，举办短训班和讲座培训4期，参训企业家1350人次。全年新增中小微企业2.15万户，比上年增长18.7%，完成市达目标任务143%；新增入统规模以上企业349家，占全省20%，居各地市之首，超市达目标219家。“双创”示范各项指标均超额完成年度目标任务。全市民营经济完成增加值、上缴税金比上年分别增长7.1%、32.4%，分别占全市GDP和财政收入68.8%、66.0%，其中财政收入占比较2016年提高5.9个百分点。

【绿色发展持续深化】 2017年，唐山市压减焦炭产能398万吨，完成省达任务111%，占全省总任务量49.2%。清理取缔生产“地条钢”企业29家，并通过国家和省检查验收。纵横丰南搬迁改造等产能置换方案通过省政府网站公示。237家重点企业完成大型料堆场棚化、仓化改造，完成省达燃煤工业锅炉改造三年行动计划任务，涉及搬迁改造任务的10家企业年内全部关停到位；推广应用新能源汽车6036标准车，完成省达任务163%，位居全省第一；督导检查停限产企业315家次，帮助548家企业免于停限产；唐钢、东方雨虹获评首批国家级绿色工厂，占全省31.8%，全市万元工业增加值能耗比上年降低4.35%。强化民爆行业安全监管，压实安全生产责任制，组织与有关县（市、区）及民爆企业层层签订安全生产责任书和承诺书，开展隐患排查整治，提出整改意见或建议239条，整改完成率100%，先后被评为河北省民爆行业安全监管先进单位、市级民爆行业主管部门安全生产工作优秀单位。开展农村电力安全整治，排查隐患40多万条，整改率98%以上，被评为保护电力设施先进单位。

【信息化发展领跑全省】 2017年，唐山市全市“两化”（信息化和工业化）融合指数达到76，比2016年提高2个百分点。在制造业与互联网融合、工业云与大数据应用等项目培育上，领跑全省并相继成为国家级试点示范。17家企业获得国家“两化”融合贯标试点企业，6家公司被评为省级试点示范企业，3个项目被评为省级工业云与工业大数据试点项目，成联公司“互联网＋冶金炉料”项目成为全省唯一入选工信部制造业与互联网融合试点示范项目，3个项目入选国家服务型制造试点项目，占全省37.5%。引进国家级“两化”融合领军企业上海明匠、神州数码、深圳广通落户唐山，与上海明匠合作“两化”融合基金投资主体框架完成。在物联网、智能设备、锂离子电池、元器件等领域谋划实施重点项目40项，沃特玛新能源汽车钢壳圆柱体磷酸铁锂电池、河北零点生产新型稀土锂离子动力电池、唐钢云计算等项目年内投产或试生产，电子信息行业主营业务收入、利税比上年分别增长25.3%和36.9%。智慧政务领域应用、网格化城市管理系统等取得实效，网络与信息安全保持稳定，市中心区、县（市、区）主城区公共区域实现WIFI全覆盖，在全省工作评价中被评为一类地区。唐山市成为全省唯一获“2017中国新型智慧城市惠民服务优秀城市奖”城市。

（范伯超）

【4家企业跻身《财富》中国500强】 2017年，财富中文网发布最新《财富》中国500强排行榜，唐山市4家企业登榜。其中，庞大汽贸集团股份有限公司跻身百强，名列第97位；唐山三友化工股份有限公司、唐山冀东水泥股份有限公司、开滦能源化工股份有限公司分列第377、471、489位。河北跻身这一榜单企业共12家，唐山占全省三分之一。该榜单由《财富》（中文版）与中金公司财富管理部合作编制，考量全球范围内最大的中国上市企业在过去一年业绩和成就。2017年企业上榜年营收门槛为113.23亿元，首次突破百亿元。

【多家企业入围中国企业500强】 2017年，中国企业联合会、中国企业家协会发布“2017中国企业500强”榜单，唐山市5家企业上榜，另有多家企业入选“2017中国制造业企业500强”“2017中国服务业企业500强”。入围“2017中国企业500强”5家企业是：开滦（集团）有限责任公司排名第98位，河北津西钢铁集团股份有限公司排名第205位，庞大汽贸集团股份有限公司排名第225位，唐山瑞丰钢铁（集团）有限公司排名第245位，唐山港陆钢铁有限公司排名第436位。7家入围“2017中国制造业企业500强”企业是：河北津西钢铁集团股份有限公司(87位)、唐山瑞丰钢铁(集团)有限公司（111位）、唐山港陆钢铁有限公司（209位）、唐山三友集团有限公司（310位）、唐山国丰钢铁有限公司（316位）、河北天柱钢铁集团有限公司（409位）、唐山东华钢铁企业集团有限公司（466位）。3家入围“2017中国服务业企业500强”企业是：庞大汽贸集团股份有限公司（90位）、唐山百货大楼集团有限责任公司（304位）、唐山港集团股份有限公司（411位）。中国企业500强榜单入围门槛为283.11亿元，较上年500强提高39.65亿元，提高幅度为自2002年发布中国企业500强以来最高。

【6项产品获评“美丽河北”名牌产品】 2017年，河北省质监局与省委宣传部联合组织开展“美丽河北·最美名牌产品”推选展示活动，推选产生10个“美丽河北·最美名牌”和50个“美丽河北·优秀名牌”，唐山市6项产品入选。惠达卫生陶瓷获得“美丽河北·最美名牌产品”，亚洲时代陶瓷生产的“asianere”牌骨质瓷精品手绘、唐山鼎热太阳能科技有限公司生产的“鼎热”牌太阳能热水器、唐山市燕南制锹有限公司生产的燕南牌钢锹、蓝贝酒业集团有限公司生产的蓝贝啤酒、河北栗源食品有限公司生产的栗源牌甘栗仁5项产品获“美丽河北·优秀名牌产品”称号。

【中国企业家资本之道唐山论坛举办】 2017年7月18日，由唐山北大校友会主办、唐山市人民医院慧治分院承办的“中国企业家资本之道唐山论坛”在唐山市举办。中国金融投资专家翟山鹰结合中国金融资本实践，在论坛上讲解商道智慧与资本运营之道，现场回答企业家们如何运用资本之道破解资金短缺及解决财务、税务、法务等难题提出的问题，同时进行募资路演。唐山北大校友会负责人介绍，中小企业生存和发展遇到不少困难，要想在激烈市场竞争中不断提升综合竞争能力，就必须不断优化产业结构，特别是通过金融资本运作助推企业转型升级，使企业从困境中走出来，脱胎换骨，破茧成蝶。150多名企业家参加论坛。

【唐山市工业设计协会成立】 2017年11月10日，唐山市工业设计协会在启新水泥工业博物馆展厅揭牌成立，副市长孙文仲出席活动并讲话。协会有20家会员单位和71名个人会员，其中国家级工业设计中心1家（中车唐山机车车辆有限公司），省级工业设计中心6家。协会以团结、联合唐山市设计行业及相关行业企事业单位、高校科研院所、社会团体和从事、支持工业设计工作的各界人士为己任，创建工业设计服务平台，开展唐山市工业设计资源协作、信息交流、宣传推广、教育培训、技术服务、政企沟通，促进唐山工业设计整体水平提升，支持全市经济发展。

【3人获评“全省杰出（优秀）首席质量官”】 2017年，河北省首届杰

出（优秀）企业首席质量官评选中，唐山市3名企业管理者中选。唐山市实施质量强市战略，通过推行“首席质量官”制度，鼓励和引导企业建立卓越绩效管理模式，推广和应用先进质量管理方法，提升企业质量管理水平，增强企业质量竞争能力，到2017年底，全市165家企业实现首席质量官聘任，数量居全省前列。此次评选中，唐山中陶卫浴制造有限公司夏文华获“全省十大杰出首席质量官”称号，唐山国丰钢铁有限公司李占新、蓝贝酒业集团有限公司乡锦辉获“优秀首席质量官”称号。

（鲍　雯）

信息化和工业化融合

【“两化”融合概况】 2017年，唐山市贯彻落实《国家信息化发展战略纲要》《“十三五”国家信息化规划》《河北省信息化发展“十三五”规划》，围绕国家和省政策要求以及唐山市委、市政府工作部署，以新一代信息技术与经济社会融合创新为主线，以“互联网+制造业”创新创业为重点，持续推进信息化与工业化深度融合（简称“两化”融合），获得“中国新型智慧城优秀惠民城市”称号。全年全市谋划实施“两化”融合项目118项，比上年增长16.7%；总投资90.8亿元，比上年增长6.1%，其中固定资产投资67.6亿元。118个项目中，超亿元项目17项。年内完工项目40项，实际完成投资55亿元。全市纳入国家“两化”深度融合项目5项，国家贯标试点企业累计17家，省级“两化”深度融合项目11项，争取“两化”融合专项资金1000余万元。全市“两化”融合发展指数76，数字化设计工具普及率55%，关键工序数控化率41.5%，“两化”融合整体工作居全省领先水平。

【“两化”融合政策引领】 2017年，唐山市围绕国家《中国制造2025》和省《关于加快制造业与互联网融合发展的实施意见》等“两化”融合政策，结合传统产业转型升级“两化”融合特点制定《唐山市2017年信息化工作要点》，明确2017年100项“两化”融合项目、工业云与大数据应用示范、服务型制造示范培育、示范企业培育、公共服务平台能力建设、“两化”融合管理体系贯标、服务体系搭建7项重点工程，以全面推进大数据、智能化、移动互联网、云计算为重点的网络信息技术产业快速发展为核心，制定《唐山市贯彻落实河北省〈加快发展“大智移云”的指导意见〉工作方案》。两个文件制定为全市各县（市、区）“两化”融合工作明确发展方向和工作重点。其次结合县区实际，将100项“两化”融合项目工作纳入市政府“四个一百”重点工作任务，以“四个干”机制推进，并强化督导与考核。

【“两化”融合企业培育】 2017年，在唐山市级“两化”融合100个项目中，围绕国家和省“两化”融合发展方向重点推进大数据与云计算应用、制造业与互联网融合、服务型制造、制造业“双创”等工作，对申报国家和省级重点项目采取专家指导和路演相结合方式，从企业申报方向、项目架构、推进措施等方面指导，提高项目申报成功率，带动全市企业实施“两化”融合项目积极性和主动性。通过典型示范引领，提高企业生产效率，推动产业结构优化升级，提升企业核心竞争力。重点推进工业云与大数据应用项目10个，其中冀东、成联、佳源3家公司项目被评为省级2017年工业云与工业大数据试点项目。推进制造业与互联网融合项目27个，24个项目入围省级重点项目库，占全省22%，总数居全省第一，其中英莱科技等8个项目入围省重点跟踪项目。推进服务型制造项目6个，其中冀东水泥“互联网＋供应链一体化项目”、唐山成联“耐火材料公共服务平台”、唐宋大数据“钢铁产业大数据监测预警公共服务平台”3个项目被评为国家级2017年服务型制造示范项目（平台），占全省50%。培育制造业“双创”项目8个，其中冀东水泥“水泥行业互联网+供应链云平台”项目被评为国家2017年制造业“双创”平台试点示范项目。组织贯标试点及评估，东海钢铁等6家企业被列入国家“两化”融合贯标试点企业，累计数量17家，排名全省第一。以产业园区为重点，组织全市350余家规模以上企业参与“两化”融合整体性评估。

【“两化”融合发展环境优化】 2017年，唐山市针对全市重点“两化”融合项目建立服务体系，组建支撑队伍，加强宣传培训，优化“两化”融合发展环境。建立“两化”融合重点项目库，搭建“两化”融合工作调度微信平台，采取月调度和专家义诊相结合方式，推进100项“两化”深度融合重点项目建设，针对重点项目由国家级“两化”融合专家带队深入企业，从顶层架构、推进路径等方面指导，每半年对100项“两化”融合项目分县区进行专家义诊，促进项目实施，帮助企业解决问题。搭建“两化”融合市场服务体系，引进国家级“两化”融合领军企业落户唐山，上海明匠、神州数码、深圳广通3家公司注册，上海明匠合作“两化”融合基金投资主体框架完成，神州数码和沈阳机床厂组建“智能云科”公司在唐山建立智能加工中心完成调研。全市6个项目入围省“制造业+互联网”试验示范项目经验案例集，成联公司在全省大会发言，冀东、佳源2家公司项目方案入围全国工业云推进工作经验案例集。举办2期2017年河北省“制造业+互联网”百县推广活动，培训企业500余家。组织全市工业企业开展工业控制系统信息安全自查，重点检查唐钢、开滦、唐车等10个企业30个重要工业控制系统，提升全市工控安全保障能力。

【“智慧唐山”建设推进】 2017年，唐山市年初印发全市2017年信息化工作要点，引导全市信息化建设思路和重点。对人社局社保卡一卡通项目、市政法网升级扩容改造项目、智慧农业云平台、智慧旅游云平台、唐山大数据应用产业园区等信息化项目从项目规划、技术方案、资金预算和实施等方面分析指导。根据省“大智移云”实施方案制定全市“大智移云”实施方案，待征求意见后印发。推动“智慧唐山”一期工程建设，完成“智慧唐山”整体规划体系优化设计，用开放式设计方法完成“智慧唐山”一期工程项目可研报告、初步设计方案优化，“智慧唐山”一期工程设计工作全部结束。完成“智慧唐山”一期工程建设主体和合作伙伴资源对接。完成运作模式优化设计，提出基于总集成商的整体建设运作模式，体现“政府主导、企业主体、市场化运作、联盟化推进、社会化参与”特点，体现“保持政府对关键平台体系建设的控制能力，保持政府对技术标准、数据资产、信息安全的控制能力，保持政府对后续产业培育机会的控制能力”原则。“智慧唐山”一期工程前期准备工作全部完成，具备正式推进实施条件。

【“智慧唐山”建设技术交流合作】 2017年，为推动“智慧唐山”建设项目建设与运营，推动唐山市大数据产业发展，推进大数据应用紧跟国内先进趋势，唐山市组成主管市长带队的代表团参加第三届贵阳数博会，参加中国国际大数据产业高峰论坛，参观了主题展览。应邀参加“2017大数据领创智能时代——数字中国”主题论坛高端对话，向与会嘉宾介绍“智慧唐山”工业大数据发展规划和项目建设情况，并先后与华为、浪潮、神州数码和深圳广通等业内领军企业高管洽谈，就推进“智慧唐山”建设和大数据产业发展领域的合作等议题进行对接，形成合作共识，扩大唐山在国内智慧城市和大数据领域知名度和影响力。会后，结合全市实际情况，针对有关项目前期遇到问题和今后工作思路进行分析，形成相关考察报告上报市政府。

【工业信息服务平台向县区延伸】 2017年，唐山市在不断积累数据资源和完善功能模块后，工业信息服务平台实现包括1500多家规模以上企业、2.3万多家工业企业在线数据上报，以此为基础，对数据在底图上通过数字、报表、图表和热力图等方式可视化展现，使行业管理部门和决策者对全市工业基础和运行情况宏观把握，同时研究谋划向县区延伸，设置县区一级线上直报体系，年内召开由各县区主管领导参加的调度会，为下一步开展工作做前期准备，技术人员开发相关系统和模块，同时开发经济运行预警和领导辅助决策功能，打造可以支撑工业领域服务应用和开发的产业公共服务平台。

【新型智慧城市评价】 2017年，唐山市按照国家发改委等部门《关于组织开展新型智慧城市评价工作务实推动新型智慧城市快速发展的通知》要求，组织开展全市新型智慧城市评价工作。经全市47个部门历时20天配合协作，完成国家新型智慧城市评价8项一级指标、21项二级指标、54项三级指标分项填报汇总和唐山市新型智慧城市优秀实践案例申报材料编制，按上级规定时限正式完成上报。从各地自评情况看，唐山市以73.76分居全省第一，唐山市评价工作得到省和国家有关部门肯定。

【智慧城市与大数据高级研修班】 2017年，唐山市按照河北省人社厅《关于印发河北省专业技术人才知识更新工程2017年省级高级研修项目计划的通知》要求，组织选题“智慧城市与大数据应用研修班”申报，获得举办省级高级研修班批准。向全省各地市发放通知后，各地市相关企业及工信系统高级专业技术人员80余人报名参加研修班，9月18～22日，研修班在唐山市如期举办。研修班由改革解决、前沿研究、技术培训、实践案例、现场教学5个模块组成，邀请中国航空工业集团信息技术中心首席顾问、研究员宁振波等10余位业内领军专家学者授课，并组织学员到中车唐山机车车辆有限公司等智能制造企业现场参观学习，最后提交研修论文。

【智慧养老应用试点示范项目申报】 2017年，为推动全市智慧养老产业发展，唐山市按照省工信厅等3部门联合下发的《关于组织开展智慧健康养老应用试点示范工作的通知》要求，组织各县区及企业开展申报工作，筛选符合要求项目，指导企业及所在街道梳理项目并准备材料，经过市工信局联合民政局、卫计委初审，推荐唐山市路北区福明养老服务中心等2个项目上报，经过省厅专家评审和现场考察，福明养老智慧街道项目年内推荐到工信部。

（张占峰）

电子信息产业

【电子信息产业概况】 2017年，唐山电子信息产业呈现平稳发展态势，由于河北零点新能源、中太等新企业纳入统计，主营业务收入和利税大幅提升，受原材料价格上涨和市场需求等因素影响，出口进一步下滑。全年电子信息行业完成主营业务收入75.05亿元，比上年增长16.90%；实现利税13.22亿元，比上年增长19.46%；完成出口交货值5.11亿元，比上年下降20.33%。主要产品产量完成：多晶电池组件59万千瓦，其中出口6.79万千瓦；电子元件生产34792万只，其中出口22442万只；锂电池25.95万千瓦时。紫光国芯、汇中股份、海森电子等10家企业先后成功上市。一批项目陆续开工建设和竣工投产，电子信息产品和软件产品不断更新换代，逐步形成系列产品。行业总体实力和综合竞争力增强。

【电子信息产品制造业】 2017年，唐山电子产品主要涉及太阳能光伏产业、智能仪器仪表、锂离子电池、石英晶体器件等，其中部分产品达到国内或国际先进水平，占有一定市场份额。全年电子信息产品制造业完成主营业务收入62.78亿元，比上年增长16.43%；实现利税9.20亿元，比上年增长6.44%；完成出口交货值5.11亿元，比上年下降20.33%；从业人员6055人，比上年增长2.18%。河北零点新能源拉动全市电子产品制造业主营业务收入增长。进口原材料价格上涨，出口销量萎缩等原因导致出口交货值大幅下滑。

【软件产业】 2017年，唐山市软件产品主要集中在嵌入式应用软件、系统集成、平台系统和行业应用软件外包服务等，软件开发和系统集成占比较大。全市具有计算机信息系统集成资质企业18家，其中三级资质11家、四级资质7家，达意科技、盾石信息技术、微尔等13家企业年内取得资质或通过复审。明天科技年内取得CMMI（软件能力成熟度模型）三级资质认证。2017年，全市88项软件产品通过测试，丰富全市软件产品种类。软件和信息技术服务业全年完成主营业务收入12.27亿元，比上年增长19.33%；实现利税4.02亿元，比上年增长

65.92%；从业人员2145人，比上年下降23.20%。唐钢微尔云计算、启奥基于“互联网+”的血液安全保障云服务平台等项目的建设，拓展全市软件产业发展领域。

【信息产业重点项目建设】 2017年，唐山市在物联网、智能设备、锂离子电池、元器件等领域谋划40项重点项目，项目总投资54.90亿元。沃特玛新能源汽车钢壳圆柱体磷酸铁锂电池、河北零点生产新型稀土锂离子动力电池、唐钢云计算、启奥基于“互联网+”的血液安全保障云服务平台、唐宋钢铁在线监测预警信息公共服务平台5个项目年内部分生产或试生产。沃特玛新能源汽车钢壳圆柱体磷酸铁锂电池项目建设具备自动化和柔性化特征生产线，一期建设年产1GW/h圆柱32650钢壳磷酸铁锂动力电池项目完工。启奥基于“互联网+”的血液安全保障云服务平台项目分两期建设，一期工程年内结束，包括购置服务器、计算机、信息安全设备、研发测试软硬件150台（套），建设献血员云服务中心、血液管理信息系统及安全运营中心、临床合理用血系统及运营服务中心、血液应急保障服务中心，进入试运行阶段。唐宋钢铁在线监测预警信息公共服务平台以产业大数据为基础，立足钢铁行业和产业链，综合运用大数据及互联网技术，首期项目完成并经过测试上线，服务钢铁生产型企业51家，产生经济收入189.36万元，引进高级技术人员7人。另外，唐山紫光建设物联网费控管理终端及智能电表项目、海泰600MW高效率晶硅太阳能光伏组件研发及产业化项目等按计划推进。

（刘　建）

煤炭（开滦）

【开滦概况】 2017年，开滦企业经济总量保持相对稳定，原煤产量3318万吨，精煤产量790万吨，自产商品煤量2315万吨，商品煤销量2319万吨，焦炭产量697万吨。营业收入1400亿元，企业利润4.5亿元，超额完成省国资委考核目标。煤炭基础产业巩固发展，煤化工产业推动产业链向高端延伸，现代服务业不断优化提升，产业层次和发展水平提高。去产能完成年度目标任务110.53%。“三供一业”（供水、供电、供热，物业管理）分离移交年底前全部签订移交协议。法人治理结构、组织机构调整及专业领域改革取得成效。安全发展理念全面贯彻落实，杜绝重大及以上伤亡事故和重大非伤事故，百万吨死亡率0.2。坚持以员工为中心发展理念，年度实事工程全部兑现，节能减排任务目标完成，在岗员工人均工资增长10%以上。

【开滦提质降本增效】 2017年，开滦强化生产调控，优化产品结构，严格质量管理，原煤生产和洗选效率比上年分别提高1.7%和0.3%，煤炭、煤化工等主要产品实现稳产保量。把握市场走向，及时调整营销策略，全年涨价增收5.8亿元，开发新用户45家增收3.11亿元。强化资金管控，全年压缩投资12.61亿元，优先保证安全、生产及民生投入，企业资金安全得到保障。用足用好相关政策，争取到去产能奖补、产能指标置换等资金4.45亿元。推动精细管理，强化成本管控，多渠道开源节流，全年综合节电创效3500多万元，减少设备外购资金8000多万元，节约设备修理费用7400多万元，管理费用比上年节支4.6亿元，商品煤综合成本总额比预算节支5.3亿元。强化扭亏增盈，全年开滦集团4个生产经营单位比上年减亏1.01亿元。

【开滦产业结构调整】 2017年，开滦煤炭产业坚持去产能与增动能相结合，深挖资源潜力，优化设计，简化系统，提高安全高效建设水平，回采工作面单产比计划提高3.22%，综合单进保持上年度水平，全年煤炭产业比上年增利9亿元。煤化工产业应对环保限产政策，优化煤焦与化工产品结构，推动产业链向高端延伸，聚甲醛、己二酸项目实现优质高产，己二酸产品取得欧盟质量安全认证销往国外，中浩公司跻身国家级高新技术企业，自主研发锅炉用醇基燃料实现量产，甲醇汽油和醇基燃料销售收入比上年提高200%，全年煤化工产业盈利1.03亿元。现代服务业发展提速，发展实体物流、物流金融和国际贸易，巩固物流规模，防范贸易风险，物流产业收入和利润分别完成782亿元和9241万元。依托矿业工程公司平台，在山西、内蒙古、甘肃、新疆以及印度、吉尔吉斯斯坦等国内外10个矿井开展托管运营和管理技术服务，输出人员1300多人，创收1.4亿元。加大招商引资力度，拓展开放合作广度，与中煤科工、蒙能集团、北京唐姆建材等企业签订战略合作协议，引进项目资金7亿元。文化旅游产业项目建设和商业化运作步伐加快，蒸汽机车观光园和铁路源头项目建成投运，成为全国工业旅游大会亮点，开滦国家矿山公园入选全国十大工业遗产旅游基地、最美中国榜和唐山市十大最美景区。金融产业注重板块协同，拓展业务领域，强化风险防控，提高发展质量，全年实现利润2亿元，比上年增长5%。热电产业加强发供电运营管理，加快项目跑办和对外创收，开滦售电公司取得售电业务资质，全年创收844万元，拓展国内外电厂维保市场，实现创收1900万元。

【开滦企业改革】 2017年，开滦贯彻中央全面深化改革工作部署，加强顶层设计，加大推进力度，激发企业活力。强化资本运作，开滦股份非公开发行股票实现融资19亿元，加大低效无效资产清理力度，调整优化存量和增量股权结构，滦宝公司实现退出，股权转让增值1346万元。推行现代企业制度，引进首名外部董事，开滦集团法人治理结构更加健全完善；明确开滦集团和各二三级单位职能定位，科学调整组织机构，推行机关机构改革和劳动用工改革，总部机关管理职能部门减少至19个，各级机关减少管技岗位人员645人；集团劳动用工总量减少3614人，累计节约工资性支出1.86亿元。推进物资、设备、销售、后勤服务等专业领域改革，调整理顺酒店餐饮服务业和物流贸易管理体制，全年物资储备资金比上年下降469万元，设备调剂利用节支1.07亿元；后勤服务综合创效8891万元，补贴费用比上年减少3510万元。将化解煤炭过剩产能、“三供一业”分离移交纳入改革重点，加强沟通协调，调整优化方案，全年削减产能

189万吨，累计分流安置职工1.30万人，签订完成24个“三供一业”移交项目协议，完成总任务的98%，拨付移交资金7.12亿元，为企业轻装上阵创造条件。

【开滦技术创新管理创新】 2017年，开滦实施创新驱动战略，围绕煤炭产业升级和资源挖潜、煤化工产业链延伸、“两化”融合、“互联网+”等开展技术创新创效。集团首个超薄极复杂智能化开采工作面在钱家营矿投入生产，唐山矿充填开采工作面平均日产达到1000吨，唐山区域5个矿井被命名为“国家级绿色矿山”。全年组织科技创新项目174项，36项科研成果获市级以上科技进步奖，15项成果被国家知识产权局授予专利权。依托现代信息化管理手段，构建物资ERP 管理系统、电商采购等具有企业特色的管理模式，健全完善绩效评价、全面风险、内部审计等管理体系，提升企业管理水平。2017年，获得省级管理创新成果52项、省煤炭行业管理创新成果65项。

【开滦安全管理】 2017年，开滦强化安全管理，健全机制，落实责任，开展安全体检、隐患排查、专项整治等活动，抓安全教育培训、班组安全管理、职业安全健康保障体系建设，全年排查治理各类隐患7265件，“三类岗位人员”培训6154人，员工职业健康体检率90%以上。推进标准化建设，提升应急救援能力，东欢坨矿、钱家营矿、吕家坨矿、范各庄矿、云飞公司晋级全国一级安全生产标准化矿井，开滦集团在全国矿山救援技术竞赛中获团体全能、医疗急救、模拟救灾3个一等奖。

【开滦节能减排】 2017年，开滦落实国家环保政策和河北省“1+18”大气污染治理工作部署，加大环保督查与考核力度，推进燃煤锅炉治理、焦化厂脱硫脱硝治理、煤场焦场治理等重点工作，强化污染源监测监控。吨原煤生产综合能耗完成6千克标准煤，炼焦工序单位能耗完成131.43千克标准煤，完成省政府下达的考核任务，开滦集团被评为全国煤炭行业节能减排先进企业。

【开滦民生工程】 2017年，开滦保障改善民生，推进员工实事工程，发放助学金36.31万元，救助困难员工子女188人次；投入665万元，帮扶救助困难职工9224人次；投入创业就业扶持资金298万元，组织参加企业和社会化转岗再就业培训1900多人。妥善解决员工合理诉求，依法化解信访积案，进京赴省访比上年降低20%。履行国企社会责任，推进精准扶贫攻坚，开滦集团对口帮扶的531户贫困户，年内有245户脱贫。

【地方煤矿整合】 截至2017年底，开滦集团公司负责范围内的唐山、张家口蔚县、承德区域地方煤矿有20处矿井，其中唐山2处、张家口蔚州12处、承德6处。在20处矿井中，托管矿井1处，兼并重组矿井19处，列入省政府化解过剩产能退出规划矿井10处。唐山区域整合重组地方煤矿2处，即唐山鑫汇煤炭有限公司、唐山市爱国煤矿，2处矿井均处于“双停”状态，尚未取得采矿许可证，整合重组无实质进展。承德区域整合重组地方煤矿6处，其中生产矿井1处，即托管矿井鑫发矿业公司，正常生产；技改矿井2处即平安矿业、兴程矿业；“双停”矿井3处，即隆盛矿业、双兴矿业、博盛矿业。张家口蔚州区域存续整合煤矿12处，其中生产矿井1处、批准技改矿井6处、“双停”矿井5处，12处矿井中，除冀鑫矿和单侯矿北井外，均列入河北省去产能规划，12处矿井均处于停产状态。

【全国矿山救援技术竞赛在开滦举办】 2017年9月25～28日，第十一届全国矿山救援技术竞赛开滦举办。国家安全监管总局党组成员、副局长、国家安全生产应急救援指挥中心主任孙华山，中华全国总工会书记处书记、党组成员石岱，河北省人民政府副省长李谦，国家煤矿安监局副局长桂来保，共青团中央青年发展部部长杨松，唐山市委副书记、市长丁绣峰等出席。全国32支代表队320名指战员参加。本次竞赛设置理论考试、综合体能、呼吸器操作、指挥员战术运用等7个竞赛项目和1个表演项目，旨在以赛促训，带动基层安全生产应急救援队伍日常训练，促进运用新技术、新装备，提升矿山应急处置能力。

（沈振庭）

冶　金

【冶金概况】 钢铁工业作为唐山第一支柱产业，形成主辅行业门类齐全、上下游产业链完整的现代化钢铁工业体系，生产出高强汽车板、高级别管线钢、耐指纹家电板、钢板桩、高强抗震钢筋、高品质齿轮钢等多类型优质产品，用于汽车、家电、船舶、铁路、电力、机械制造、建筑等多个行业和领域，畅销全国各地并远销美国、日本、德国等多个国家和地区，成为国内最大型钢、棒线材、板带材、焊管等产品生产和集散基地。2017年，唐山市冶金工业抓住京津冀协同发展战略机遇，在全面完成化解产能任务基础上，以装备大型化、生产智能化、产业高端化、服务信息化为主攻方向，推进钢铁产业结构调整和转型升级，提升产业核心竞争力和可持续发展能力，把钢铁工业打造成为环渤海地区新型工业化基地的战略支撑产业，实现钢铁大市向钢铁强市跨越。全年主要产品稳定增长，经济效益提升，全行业平稳发展，保持对全市工业经济支撑作用。有规模以上黑色金属冶炼及压延企业132家，直接间接从业人员60万人，资产5329亿元。冶金矿山行业拥有规模以上黑色金属矿采选企业148家，资产1357亿元。全市保有铁矿资源储量37亿吨，主要分布在北部迁安市、迁西县、遵化市和滦县至滦南一带。

【冶金工业数据】 2017年，唐山市钢铁行业产铁8919万吨，比上年增长1.8%；产钢9120.3万吨，比上年增长4.6%；产材11925.7万吨，比上年增长5.1%。全市规模以上钢铁企业累计完成工业增加值1264.5亿元，比上年增长0.5%，占全市规模以上工业35.9%。黑色金属矿采选业完成增加值746.2亿元，比上年增长2.3%，占全市规模以上工业21.2%。经济效益大幅提高，全市规模以上钢铁企业实现主营业务收入6704.9亿元，比上年增长36.4%；实现利润355亿元，比上年增长

211.3%。黑色金属矿采选业实现主营业务收入1024.5亿元，比上年增长18.8%；实现利润193.3亿元，比上年增长2.5%。

【冶金行业管理】 2017年，唐山市开展全市31家钢铁行业规范企业动态调整工作，经专家对31家钢铁企业现场核查，全部达到工信部规范条件要求，对一家申请加入钢铁行业规范企业的钢企申报材料上报省工信厅，年底前省厅初审全部通过，工信部材料审核全部通过。加强行业运行监测分析，坚持"每日监测、及时调度、重点分析"制度，关注钢铁行业产品价格、原材料价格变化和企业主要装备开工情况，及时调度重点行业原材料成本、产品市场投放量、需求量、库存量、原材料产品库存量、利润等情况。在市场大幅波动时及时分析预警，对下步走势分析判断，为领导决策和企业生产经营提供依据。完成工业信息服务平台钢铁行业入统工作，规模以上钢铁企业基本信息全部入统，通过信息平台直报数据自动汇总，为行业逐月监测分析研判和实时动态监管提供可靠保障。

【冶金技术改造成果】 2017年，唐山市引导钢铁企业通过高新技术和先进适用技术，特别是信息化技术实施全方位技术改造，炉外精炼、动态仿真、自动化炼钢等先进技术成熟应用。京唐钢铁二期一步工程项目、河北纵横集团丰南钢铁有限公司联合重组暨城市钢厂搬迁改造项目、河钢产业升级及宣钢产能转移项目等沿海临港项目均在河北省政府网站公示获批并在建。从推广节能减排技术角度重点推进烧结机烟气脱硫、余热余压回收、高效喷煤、焦炉干法熄焦、转炉负能炼钢工艺，推广普及应用干法除尘、蓄热式燃烧等节能技术，鼓励引导钢铁企业推广采用高炉富氧喷煤、热送热装、煤气综合利用、循环节水等节能节水新技术，降低企业能耗和水耗。全市重点钢铁企业TRT发电、焦炉煤气发电、高炉煤气发电等综合利用项目装机容量2945.8兆瓦，年发电146亿千瓦时，吨钢综合能耗581.25千克标准煤，吨钢耗新水3.55立方米，处于行业内较高水平。

【冶金产品结构优化】 2017年，唐山市以洁净钢平台建设为重点，完善工艺流程，提高铁水预处理和炉外精炼比例，改善钢材品质和精度，强化钢铁产品标准与建设标准、制造标准相衔接。加大创新、研发和投入力度，鼓励钢铁企业适应高端市场需求，开发生产优质机械用钢、造船用钢、高强汽车板、高强钢筋、钢板桩等专用钢和特殊钢，加快产品升级换代，提高单位产品价值率，满足建筑、机械、造船等下游产业对钢材品种品质需求。唐钢高强冷轧汽车板、首钢京唐超薄家电板和高强度管线钢、首钢迁钢无取向硅钢和取向硅钢、津西含硼含铬H型钢和钢板桩、建龙志威科技高合金模具钢、东华高强度抗震钢筋等产品相继投放市场。优质H型钢、热轧板材、冷轧薄板、涂层板、电工钢等优质钢材产量上升，普通中小型钢、普通钢筋、普通棒材、窄带钢等传统产品增速放缓。

【冶金过剩产能化解】 到2017年底，唐山市钢铁冶炼企业由58家减至40家，累计压减炼钢产能4469万吨、炼铁产能2553万吨，仅2016～2017年全市就压减炼钢产能2112万吨，占全省50.5%，占全国18.4%，其中，2017年压减炼钢产能993万吨、炼铁产能576万吨，承担起全国冶金去产能的"唐山责任"。

【冶金产业链条延伸】 2017年，唐山市印发《关于鼓励发展钢铁深加工产业的实施意见》和《唐山市鼓励发展钢铁深加工产业奖励办法（试行）》，把延伸产业链、提升价值链作为转型升级重中之重，加大钢铁深加工项目建设。全年全市谋划实施钢铁深加工项目100项，总投资55亿元，累计完成投资167亿元，项目投达产后年增销售收入930亿元、利税100亿元，年增耗本地钢1764万吨。年内项目完工30项，项目达产后，可年增销售收入52.6亿元、利税6.9亿元，年耗钢84万吨。到2017年12月底，全市高附加值钢材产品比重21.5%，比2016年提高5.38个百分点；全年钢铁深加工产业消耗本地钢材占全市粗钢产量比重27.03%，比2016年提高0.82个百分点。

【津西获评"全国厂务公开民主管理示范单位"】 2017年，全国厂务公开民主管理工作经验交流暨先进单位表彰电视电话会议上，唐山津西钢铁公司被授予"全国厂务公开民主管理示范单位"称号。截至2017年，津西钢铁公司先后获"全国厂务公开民主管理工作先进单位""全国模范职工之家""全国双评双爱先进企业""河北省AAA级劳动关系和谐企业""河北省职代会星级单位""河北省厂务公开民主管理先进单位"等称号。

（王义波）

·河钢集团唐钢公司·

【河钢唐钢概况】 河钢集团唐钢公司（简称河钢唐钢）是全国特大型钢铁企业，河钢集团旗下重点骨干企业，始建于1943年，是中国碱性侧吹转炉发祥地。2017年，国家供给侧结构性改革持续深化、冶金行业压减产能、钢铁企业经营效益跃升。河钢唐钢聚焦"市场"和"产品"，实施组织结构扁平化变革，全面推动客户结构调整和产品升级，主要经营目标全部实现，企业综合竞争力提升，产铁1385.7万吨，产钢1507.04万吨，产钢材1428.18万吨；实现营业收入670亿元，比上年增长56%；实现利润15.1亿元，比上年增长171%。主要产品为板、棒、线、型四大类，包括高强度汽车板、热轧薄板、冷轧薄板、镀锌板、彩涂板、中厚板、不锈钢、棒材、线材、型材等，精品板材占比达产品总量70%以上，产品广泛用于汽车、家电、机械制造、基建工程、桥梁建设等领域。年内，再次获河北省"文明单位"称号。

【河钢唐钢市场开发和客户端优化】 2017年，河钢唐钢坚持把市场和客户摆在企业经营核心位置，围绕"以客户结构调整推动产品升级"这一主线，开拓市场、对接客户、提升营销工作质量效率，带动内部工作改善和提升。全年开发高端直供用户68家，重点用户销量完成310万吨，比上年增长180%。聚合多方面营销资源，从董事长、总经理、事业部经理、厂部长、营销专业人员等多个层面拜访用户、调研市场，推进高端客户开发。汽车板事业部通过吉利、菲亚特、北汽福田、上汽4家汽车主机厂认证，家电板方面与三星、西门子等国际知名企业建立认证对接，高端马口铁基料实现对国内三大瓶盖生产企业全面供货。卷板事业部开发重点客户45家，重点客户销量超全年目标38%，与中车集团建立合作，耐大气腐蚀热轧板带通过认证。中厚板事业部开发高端直供用户36家，为珠港澳大桥等120多个国内外重点工程供应钢材53万吨。长材事业部开发重点客户10家，棒材产品直供2022年冬奥会重点基建配套项目，履带用钢通过美国卡特彼勒公司现场审核和辽鞍集团试用。在市场开发同时持续优化客户结构，有的放矢研究市场策略、用户策略，抓好核心市场渠道和客户关系建立，重点开拓终端直供户、大客户及战略用户，推动终端直供用户增量和客户群体高端化，清理贸易商和三方直供用户107家，一对一直供比完成37.2%，比上年提高13个百分点。年内，被奥克斯空调评为“优秀合作伙伴”，中厚板公司被上海建工授予“金牌供应商”称号。

【河钢唐钢产品结构升级】 2017年，河钢唐钢走产品高端路线，全面推进品种结构高端化。全年开发新品种50个，研发型产品占比84%；汽车板、家电板产量分别完成171万吨、79万吨，比上年分别增长94%和58%；重点产品产量420万吨，超额完成年度目标；品种钢产量720万吨，品种钢比例达到60.6%，比上年提高8.3个百分点。借助河钢东大产业技术研究院等科研力量，以汽车板、家电板为重点，攻克制约产品升级的关键共性问题，开发打造适应市场需求的红旗产品、特色产品、主打产品，推动装备和技术优势向产品优势转化，多个产品开发成功并实现批量生产，冷轧汽车钢DP1180实现试制，QP980、DP980具备小批量生产能力，800兆帕级以下双相钢、低合金高强钢等具备批量稳定供货能力，锂电池壳用钢实现稳定生产和批量供货，直接用于国内新能源汽车制造；中厚板高强钢Q690D、Q550D实现小批量供货，高建钢实现Q460以下级别钢种全覆盖，桥梁用钢实现Q420以下级别钢种生产及供货，模具钢实现多个高端品种量产，填补公司模具钢生产空白，船板海工用钢完成厚度至50毫米的E40产品试制，管线钢完成X65、X70等高端品种试制，X60级别以下品种实现批量接单。

【河钢唐钢成本费用控制】 2017年，河钢唐钢加强资金与成本管理，强化经营意识，降本增效。全年实现挖潜增效46亿元，吨钢增效305元。持续强化标准成本考核，改善日清日结系统运行效果，摸索每条产线、工序成本构成，促进标准成本符合率提高，管控钢铁主业成本；加强资金集中管控，按照“不挪用生产资金，不形成新增贷款”要求，严控非预算、超预算项目支出，加强资金管理；提高市场响应速度和经营意识，以经营视角统筹规划全公司坯料平衡，抓住废钢市场价格机遇，增加废钢采购量与使用量，全年增效8亿元；关注采暖季错峰生产阶段产品与原料市场变化，主动调整产线生产结构、原料与产品库存结构，优化产品投放区域；深化挖潜增效和降费攻关，拓展物流降费空间，全年吨钢物流成本完成320元，实现挖潜增效4亿元；以市场化手段调整战略采购、错峰采购、招标采购等策略，提高物料保供和采购创效水平；压减非生产性开支，控制各类费用，主要归口费用全年支出比上年降低7.6亿元，吨钢减少50元。

【河钢唐钢组织结构扁平化变革】 2017年，河钢唐钢实施以产线为独立市场单元、以事业部制为主要内容的组织结构扁平化变革，形成“产销研用”协同、公共平台支撑、工作重心下移格局。搭建适应市场需要的扁平化组织架构，设立机构和人员到产线的汽车板、卷板、中厚板、型线事业部，明确事业部经营主体和销售主体地位，引导下属各部门推动各级各类人才向事业部和产线聚集，为各事业部抽调选派业务骨干超过500人，专家、专业技术和操作技能岗位聘任指数向产线倾斜10%。构建“产销研用”协同机制和公共支撑平台，调整优化市场、技术、质量等部门管控模式，组织销售、研发、工艺人员及质量工程师在事业部框架下协同推进各项工作，使公司“产销研”资源配置更加集中、协同配合更加密切。搭建公共支撑平台，统筹设备、检修、物流、自动化等专业资源，围绕事业部和产线需求开展服务，各单位各部门管理重心向产线下移。健全与事业部制相适应的绩效评价体系，完善绩效考核方式，将重点客户销量等关键指标下发到产品事业部，实行部门与事业部关键指标挂钩考核，促进公共平台和“产销研”资源在事业部框架下融入与协同，推行以宽带薪酬为主导的岗位绩效工资制，将关键待遇向关键产线倾斜，年内公司薪酬晋升指数向关键岗位倾斜幅度10%以上。

【河钢唐钢设备管理】 2017年，河钢唐钢秉承“受控、高效、零缺陷”设备管理理念，推进设备全生命周期管理系统建设，强化设备基础管理，完善各生产线设备功能，严控采购资金管理，保证各生产线设备稳定运行。全年，采购资金9.96亿元，资金占用8708万元，机械电气类事故故障时间431.39小时，功能精度达标率98.5%。加强环保设备管理，加大对环保设备现场检查，组织各生产单位开展全方位摸底排查，发现问题及时安排整改，各区域环保设备运行良好，各种排放均符合《环境保护法》要求，满足绿色环保生产的要求；加强点检维修管理，按照点检标准及点检周期对环保设备、设施进行日常巡检及专业点检，对于检查出的问题有针对性制定检修计划和措施，加强重点环保设备检修，做到专人负责监督、检查，确保其正常运行，确保环保设备与主体设备同步运行率保持100%。

【河钢唐钢四大支撑体系建设】 2017年，河钢唐钢推进技术、质量、人才、信息自动化等涉及产线和产品的四大支撑体系建设，为对接市场、对接客户提供体系支撑和基础保障。技术支撑，成立汽车板、卷板、中板、型线4个产品研究所，直接配置到各个产品事业部，共同推进品种开发、用户应用技术研究等工作；发挥河钢东大技术研究院、普锐特、奥钢联等外部技术团队作用，围绕关键产线深化“产学研”合作，推动公司装备优势不断向产品优势转化，“宽厚板连铸坯重压下关键工艺与装备技术的开发及应用”项目获河北省科技进步一等奖。质量支撑，围绕满足高端客户需求，不断完善质量管理体系建设，推广先进质量管理方法，优化公司级订单设计（ODS）、高级计划排程（APS）、质量管控（QMS）等信息化系统功能，逐步实现客户质量要求在产线全流程精确控制。人才支撑，加大高端人才引进力度，围绕汽车板研发、产品营销、信息自动化、互联网等领域，从国内知名企业和科研院所引进数十名优秀人才；打通内部人才成长渠道，拓宽质量代表、客户经理、作业长等关键岗位晋升通道，激发各类人才潜能；深化专家制度改革，搭建专家研修平台，实行专家年度创新报告制度，发挥专家队伍引领作用。信息自动化支撑，推进二期信息化项目建设，实施冷轧1号镀锌线自动化系统升级改造，实现信息自动化体系深度延伸和广泛覆盖；以高强汽车板项目被列为中国制造2025试点为契机，启动实施10余项典型产线智能制造项目。

【河钢唐钢优质名牌产品】 2017年4月13日，河钢唐钢连续热镀锌钢带DX53D+Z、深冲用冷轧低碳钢带DC04、低合金高强度冷轧钢带HC340LA3项产品获冶金产品实物质量“金杯奖”。冶金产品实物质量“金杯奖”是中国钢铁工业协会组织评定的唯一一项钢铁产品奖项。此外，在2017年度“实施用户满意工程”奖项评选中，河钢唐钢获评“全国用户满意企业”，连续热镀锌钢带和冷轧低碳钢带2项产品被评为“全国用户满意产品”。

【河钢唐钢助力国家重点工程】 2017年，河钢唐钢重视对接重点工程，深入国家重点工程和城市地标项目现场调研走访，了解终端用户需求，发挥“产销研用”一体化优势，对接雄安新区市民服务中心工程项目，为雄安新区第一个工程项目定制优质HRB400E抗震螺纹钢。实际生产过程中，针对该工程时间紧、任务重、规格多、批量小特点，开辟“绿色通道”，根据用户提报需求计划优先排产，全过程实行高标准质量管控，提前做好供货标牌打印准备工作，确保产品如期按要求交货。兴延高速公路是2022年冬奥会及2019年延庆世界园艺博览会重点基础设施配套项目之一，全长42千米，因穿越隧道，对建筑用钢材质量要求极高。为此，市场和技术人员深入兴延高速公路项目工地现场了解用户需求，推介河钢唐钢产品和服务，双方于9月末签订首个供求订单。生产过程中，根据用户对用钢质量、强度具体需求，实现冶炼、轧制、包装质量全程跟踪，确保高品质产品及时交予用户使用。

【河钢唐钢智能制造】 2017年4月13日，在中国自动化产业年会暨中国自动化产业世纪行活动上，河钢唐钢智能制造试点示范项目被评为中国自动化领域十大最具影响力工程项目，为冶金行业唯一入选企业。6月6日，在河北省工业和信息化厅举办的“制造业＋互联网”试点示范项目经验推广大会上，河钢唐钢“高强汽车板智慧工厂”项目获评“河北省制造业与互联网融合发展示范项目企业”。公司智能制造体系架构初步形成。

【河钢唐钢非钢产业发展】 2017年，河钢唐钢非钢板块完成营业收入200亿元，其中外部营业收入70亿元，比上年增长80%，占总营业收入的35%；负担14亿元人工成本后实现利润3亿元，提前完成集团下达的完全消纳非钢产业人工成本目标。实施体制机制变革和管理改善，探索试行工资总额预算管理，适度下放气体公司和唐龙（唐昂）公司薪酬管理自主权，激发企业经营管理活力；推行非钢系统作业长负责制，建立完善75项服务标准，增强全系统自主管理能力，唐龙（唐昂）公司连续7个月实现设备零事故，气体公司、青龙炉料公司、能源科技分公司实现利润均超过5000万元；成立能源科技分公司，对环保及能源动力系统实施资源整合，实现集中化、专业化、市场化管理；年内完成涉及8300余户居民、19个小区的移交业务，为公司减轻社会负担；扩大非钢产品出口，唐龙（唐昂）公司出口矿渣超细粉40多万吨，时创高材公司出口欧洲、亚洲多个地区耐材产品2000多吨，重机装备公司出口印度、俄罗斯等地轧辊2000多吨，惠唐乐港公司出口以色列等多个国家钢材深加工产品。

【河钢唐钢新兴产业发展】 2017年，河钢唐钢整合物联宝、郅易达、智郡社区等项目资源，成立唐山惠唐物联科技有限公司，引进一批高层次、高技术领军人才，以供应链管理、大宗物流、城市服务三大核心业务为依托，整合唐山市大宗商品物流、城市服务、供应链管理等领域市场资源，发展平台增值服务、汽车后市场服务、团餐团采、O2O平台等业务，提升供应链及物流效率，降低供应链及物流成本，将该公司打造成面向城市和企业的综合服务提供商。年内该公司外部交易额超过10亿元，公司工程项目线上招标降费超过40%，汽运业务招标降费7%。整合信息、自动化技术资源，推进智能制造，建成一批业内领先的智能制造项目，无人天车技术及智能调度系统用于1580毫米热轧产线热轧成品库；发展循环经济和新能源产业，哈斯科公司被授予“全国工业固废综合利用科技成果转化平台冶金渣综合利用示范基地”称号，首个屋顶分布式光伏发电项目在高强汽车板公司建成投用，年发电400万千瓦时。

【河钢唐钢基础管理强化】 2017年，河钢唐钢组织各单位学习借鉴加拿大多法斯科工厂经验，倡导并建立快节奏、高效率生产组织模式。铁前系统应对环保限产和原料保供等因素影响，开展工艺技术对标，完善高炉基本操作制度，改善高炉利用系数，全年保持均衡稳定生产局面；炼钢系统开展提高废钢比攻关，逐步打通低铁耗条件下炼钢工艺路径，全年累计消耗废钢170万吨，吨钢铁耗从1000千克降低至830千克，通过增加废钢使用量提高钢产量125万吨；轧钢系统开展机时产量攻关，提高产线作业率，3条热轧卷板产线机时产量比上年提高30～50吨。推进作业长负责制，落实作业长制年度推进方案，坚持每月开展现场辅导、调度会及研修会，同时在体系建设、标准化作业等方面着力，逐步实现作业长制与产线管理运行深度融合。推进财务共享体系建设，“财智云”平台上线运行，收款、挂账、付款、报销等业务全部纳入网上审批，提高劳动效率，自动付款在原有基础上实现全覆盖，做到公平公正。

【河钢唐钢环保管理】 2017年，河钢唐钢持续强化环保管理，加大节能环保设施升级改造和生产全过程全工序控制力度，利用信息化管理手段强化污染源管理，造福于唐山市民和企业职工。年内，开展“焦炉烟气多污染物协同控制技术及示范”等大气治理专项课题，推进重点污染源和高架源在线监测，在线监测数据达标率100%。开展厂容环境综合治理，加强对哈斯科等外围单位环保检查，提升公司厂容环境和环保管理水平，适应环保治理新要求和环保督察新常态，持续加强与各级环保部门政策沟通，提前谋划、统筹实施采暖季错峰生产应对方案，化解环保限产减利因素。

【微尔云计算中心与地方研究院签订战略合作协议】 2017年10月23日，河钢唐钢微尔云计算中心与唐山市互联网产业研究院签订战略合作框架协议，双方以信息共享、优势互补为原则，以建设新型智慧城市、提升云计算服务水平为目标，携手建立业务支持和合作关系。唐山市互联网产业研究院E创空间是集创业孵化、新兴技术领域研究、资本引入、人才引入、人才输送、科技转化产品等综合功能为一体的“互联网+”产业综合实体。微尔云计算中心是由河钢唐钢投资兴建的唐山市首个云计算中心，也是唐山地区唯一符合国家级A类机房标准和国际Uptime Tier III+设计标准的云数据中心，可为用户提供基础设施、宽带资源、数据中心、云服务、智能运维、容灾备份、安全服务等立体化、一站式解决方案。双方达成战略合作，微尔云计算中心为唐山市互联网产业研究院E创空间入驻的中小微企业提供云计算服务，帮助该院扩展创业孵化服务规模、优化服务结构，让用户体验定制化、智能化云数据中心服务。

【唐钢成为国家首批绿色制造体系示范工厂】 2017年，河钢唐钢被国家工业和信息化部评为首批绿色制造体系示范工厂。唐钢坚持绿色发展理念，建立物质循环、能源循环及废弃物再资源化生产体系，全面推进节能、节水、降耗及资源综合利用等方面技术进步，使资源和能源利用效率及污染物排放等指标达到业内先进水平。经自评价、第三方评价机构评价、省级工业和信息化主管部门推荐、专家论证、复核以及网上公示等环节，最终被确定为国家第一批绿色制造示范企业。此外，河钢唐钢还曾获“中国生态文化示范企业”“中国钢铁工业清洁生产环境友好企业”等多项称号。

【中国钢铁工业科技工作先进单位】 2017年 11月10日，中国钢铁工业协会、中国金属学会联合公布《关于表彰中国钢铁工业科技工作先进单位和优秀个人的决定》。河钢唐钢被授予“中国钢铁工业科技工作先进单位”称号，首席专家李梦英获得“中国钢铁工业优秀科技工作者”称号。本次评选，经各会员单位推荐、专家委员会评选、公示，钢铁工业科技创新大会筹备工作领导小组研究，全国有45家单位获“中国钢铁工业科技工作先进单位”称号，101人获“中国钢铁工业优秀科技工作者”称号，36人获“中国钢铁工业优秀科技管理工作者”称号。

（张　琴）

·首钢京唐钢铁联合有限责任公司·

【首钢京唐公司概况】 2017年，首钢京唐钢铁联合有限责任公司（简称“首钢京唐公司”）贯彻落实河北省、唐山市各项要求，围绕“抓顺稳、优结构、强经营”工作主线，坚持改革创新，增强经营意识，强化“制造+服务”能力建设，夯实基础管理，统筹项目建设，全面从严治党，实现“四个一流”目标。全年产生铁833.5万吨、钢坯833.1万吨、热轧卷835.2万吨、成品钢材810.1万吨，全年自发电60.43亿千瓦时。克服内外因素影响，二期项目总体进入厂房主体结构施工阶段，其中3号干熄焦7月31日按期投产，3500毫米中板利旧改造项目8月30日一次热试成功。

【国内外冶金行业交流】 2017年3月6日，新日铁住金工程技术株式会社执行董事内田亲司郎一行6人在首钢京唐公司开展能源技术交流。4月6～7日，布雷卡集团联合董事长亚历克斯·福特·布雷西亚、佩德罗·布雷西亚·莫雷拉等一行10人在集团公司领导等陪同下在首钢京唐公司参观考察。7月31日～8月1日，宝马集团副总裁Thomas Schmid一行3人在首钢京唐公司参观。11月30日，普锐特冶金技术（中国）公司首席执行官施耐德博士一行3人在首钢京唐公司座谈交流。年内，土耳其ERDEMIR集团、加拿大ACADIA制铁公司、达涅利集团、浦项ICT公司、西马克全球服务事业部、雷诺日产联盟等上游供应商及下游客户相关人员先后在首钢京唐公司参观并开展交流。3月22日，昆山京群焊材科技有限公司总经理陈国栋一行3人在首钢京唐公司参观访问。3月26～27日，江苏沙钢集团董事局总裁龚盛一行13人在首钢京唐公司参观交流。年内，宝钢湛江钢铁有限公司、中冶集团、京粮集团等单位领导在首钢京唐公司参观。9月4日，首钢与台湾中钢开展第七届技术交流活动。

【京唐公司改革】 2017年，首钢京唐公司优化管理体系，改革管理模式，推进薪酬制度改革。健全职务评聘机制，畅通高技术高技能人才职业发展晋升通道。推进中层领导人员年薪制、岗位工资二步套改，全面优化绩效考核分配政策。通过智能化改造、分产线精细对标、用工模式调整等措施，全员实物劳动生产率年人均1007吨钢，比上年提高91吨钢。优化治理结构，修订公司章程，修订完善党委会、董事会和经理层议事规则，健全党组织参与企业重大问题决策程序和工作机制。

【京唐公司创新创造】 2017年，首钢京唐公司统筹推进“蓝精灵”、职工创新工作室、合理化建议等群众性创新活动，建立全员创新平台。规范职工合理化建议管理和评审流程，调动职工全员参与企业管理积极性，收到合理化建议2605条，奖励实施 2267 条，取得显著经济效益；完善职工创新工作室建设管理体制机制，通过组织达标验收、开展广泛交流等措施加大创建力度，完成攻关课题 342 项，解决现场难题 630 个，培养出一批技术领军人才。全年申请专利 265 项，专利授权 129 项，其中发明专利 49 项。

【京唐公司工艺稳定攻关】 2017 年，首钢京唐公司持续推进工艺过程稳定攻关，围绕产品制造、产品交付、客户服务、质量成本等方面设立 32 项评价指标，提高产品质量稳定性和过程控制能力，增强产线制造能力。“双相高强度冷轧钢板及钢带”“连续热镀锌钢带”被评为“冶金行业品质卓越产品”，“镀层带”“热轧薄宽带钢”获评“河北省名牌产品”。

【京唐公司体系认证】 2017 年，首钢京唐公司开发新产品 40 个牌号，开展认证项目 121 项。其中，汽车用超高强钢生产出 1200 兆帕级产品，热成形钢 PH1500 通过认证，汽车板完成 28 家车企 1015 个零件的认证，认证用户、产品档次向高端迈进，通过奔驰产线审核。非汽车板完成 93 项产品认证并实现稳定供货。通过 ISO9001 和 IATF16949 质量管理体系换版认证审核，成为国内首家取得新版汽车质量管理体系证书钢铁企业。通过 JIS、CE 等三方认证，镀锡板 ISO22000 食品安全管理体系通过德国莱茵国际专业认证机构审核。

【京唐公司智能制造】 2017 年，首钢京唐公司推进“两化”深度融合。球团智能过程控制系统上线运行，填补国内技术空白。加强门禁信息化建设，厂区 1 号门实现车辆自动识别功能。工程信息管理平台上线，实现工程进度实时监控和分析。标准成本预测系统完成搭建，为经营决策提供数据支撑。汽车衡远程值守项目升级改造，实现高效计量。自主开发计量设备管理信息化系统、协作单位管理系统、物品携出票信息化管理系统、信息化私有云平台，改造 ITSM 系统，提升管理效率。烧结智能控制无人操作项目使作业率改善，初步测算年经济效益 1400 万元。混匀料场无人化项目实现对混匀作业区混取、混堆 3 台大机远程操作。智能仓储项目提高库区吞吐能力和现场工作人员安全性，降低设备磨损，每年经济收益 500 万元。

【京唐公司精益管理】 2017 年，首钢京唐公司推进现场及设备精益管理，建立三级标准体系，实现主产线标准全覆盖。全年评选优秀改善提案 239 件，改善设备微缺陷 6315 项，解决清扫困难源 1723 项，治理污染发生源 1546 项、粉尘点 16 个，1697 台套设备完成 4MY 管理交接工作。实施第五期精益六西格玛项目 149 个，优良率 85%，支撑管理流程设计和产品开发，培养具有精益管理思维、善于运用精益管理工具优秀人才，55 人通过中质协六西格玛注册黑带考试，13 人通过中质协注册黑带认证。初步形成较为完善的首钢京唐公司风控体系，发布内部控制手册，修订完善公司级制度 255 项，达到企业运行风险防控要求。

【京唐公司履行社会责任】 2017 年，首钢京唐公司履行国企社会责任，实施“绿色行动计划”，贯彻落实节能目标责任制，全年执行空气重污染预警或空气质量保障措施 25 次 59 天，在唐山市 2017 ～ 2018 年采暖期错峰生产方案实施期间，首钢京唐公司红黄绿环保综合绩效第三方评价获得最高分。年内取得全国钢铁行业第一张新版排污许可证，成为“中国 2017 年重点用水企业水效领跑者”入围企业，1 号 5500 立方米高炉、3 号 300 吨转炉获得全国重点大型耗能钢铁生产设备节能降耗“冠军炉”称号。炼铁、原料除尘器提标改造通过环保部门验收，全年烟（粉）尘排放量 3527 吨，比 2016 年降低 120 吨；二氧化硫排放量 3356 吨，比 2016 年降低 119 吨。

【京唐公司获得称号】 2017 年，首钢京唐公司获第五届“全国文明单位”“河北省管理创新示范企业”、河北省冶金行业质量管理活动“优秀企业”“河北省标准化创新突出企业”、中粮包装控股有限公司年度“优秀供应商”等称号，炼铁作业部 1 号高炉获“全国工人先锋号”称号。首钢京唐公司被中国企业文化研究会评为 2012 ～ 2017 年度品牌文化建设“标杆企业”，获中国首届企业自媒体大会企业新媒体“金锐奖”，焦化作业部被首届（2017）中国制造 100 年论坛授予“中国制造 100 年煤化工行业精益标杆”证书。王震获全国钢铁行业“优秀共青团员”称号。王海龙在中德焊接对抗赛中获得熔化极气体保护焊决赛第二名。吴礼云获“国企楷模·北京榜样”十大人物称号。胡娜获“首都市民学习之星”称号。

【京唐公司科技成果】 2017 年，首钢京唐公司获得冶金科学技术奖 4 项，其中“煤－煤气混烧锅炉双尺度低 NOx 燃烧技术的研究与应用”项目获二等奖，“大型 KR 高效低耗智能化铁水脱硫成套技术集成与创新”“钢铁材料的高温氧化特性及其在碳钢板带表面质量控制中的应用”“冷轧处理自动化控制系统的研发与应用”3 个项目获三等奖。获得国家级、冶金行业管理现代化创新成果奖 4 项。其中“以行业引领为目标的冶金企业智慧能源体系的构建与实施”项目获第二十四届国家级企业管理现代化创新成果二等奖，“面向市场一贯制钢铁产品推进管理体系构建与实施”“以行业引领为目标的冶金企业智慧能源体系的构建与实施”2 个项目获冶金行业管理现代化创新成果一等奖，“基于大型高炉检测控制可靠性的高效化管理”获二等奖。获得河北省、唐山市科技进步奖 5 项，其中“低成本海水淡化集成优化技术”“冷轧薄规格高强汽车板稳定生产及质量控制集成技术的开发与应用”2 个项目获河北省科技进步二等奖，“低成本海水淡化集成优化技术”“冷轧薄规格高强汽车板稳定生产及质量控制集成技术的开发与应用”2 个项目获唐山市科技进步一等奖、“大型钢铁企业电力微网高级分析与智能化技术”获三等奖。

（姜　文）

· 中国二十二冶集团 ·

【二十二冶概况】 中国二十二冶集团有限公司（简称二十二冶）隶属于世界企业 500 强的中国冶金科工集团有限公司，以工程总承包、房地产开发为主营业务，并从事国际工程、钢结构制造、技术装备制造、设备租赁、机电设备安装等相关业务。具有房屋建筑和冶炼工程施工总承包特级资质，矿山工程、市政公用工程、机电安装工程施工总承包壹级资质，化工石油工程、电力工程施工总承包贰级资质，公路工程施工总承包叁级资质，地基与基础工程、钢结构工程、机电设备安装工程、炉窑工程、管道工程专业承包壹级资质，工程设计建筑行业、冶金行业甲级资质，房地产开发贰级资质，拥有独立对外经营权。下设与主营业务相匹配专业公司，拥有适应工程建设需要的勘察、设计、科研机构和各类施工机械。拥有年产能力50万吨、以生产工业与民用建筑钢结构产品为主3座现代化大型工业园，是中国钢结构协会授予的国家钢结构制造特级企业。中国二十二冶集团百余项工程分别获得国家建筑业鲁班奖、国家优质工程奖、全国用户满意工程及样板工程奖等，部分工程创全国同类工程最短工期施工纪录，主要建筑产品列入《中华之光名牌产品》大典。2017年，二十二冶从业人员6763人，其中各类中高级专业技术人员2037人，技能人才2119人。是国家钢结构工程技术研究中心制造分中心、国家住宅产业化基地、河北省企业技术中心、河北省重型装备预应力制造工程技术研究中心，有中冶集团工程技术中心2个；建立以企业技术中心为龙头的创新体系，有省市公司级各类创新工作室5个；有国家级工法6项、省部级工法59项，授权专利485件（其中发明专利84件），主编国家级标准1项，主编地方标准2项，参编国家级行业标准8项，参编行业、地方、协会标准13项；具有完整质量保证体系和科学管理制度，在全国同行业中率先通过质量、环境和职业安全健康管理体系认证。二十二冶集团为全国“重合同、守信用”企业、国家AAA级信用等级企业、全国建筑工程名牌企业、全国优秀施工企业、全国质量管理先进企业，曾先后获得全国“五一”劳动奖章、全国文明单位、中央企业先进集体、国务院国资委先进基层党组织、中国企业文化建设先进单位等称号，并获得国家重大技术装备成果奖、国家技能人才培育突出贡献奖。

唐山市青年文明号开放周活动在二十二冶启动。　王厚亮 摄

【王琳获侨联优秀创新人才奖】 2017年2月9日，在中央企业侨联三届四次全委（扩大）会议上，二十二冶集团精密锻造公司副总经理王琳获中央企业侨联首届归侨侨眷及留学人员“优秀创新人才奖”。王琳在中国中冶“三五”重点科研专项“万吨级多向模锻液压机研制及锻造工艺研究”项目中任首席专家，负责项目组织实施及研发。120兆牛多向模锻压机于2016年热试成功，达到国际一流水平，属国内首台套设备，打破这一行业国际垄断。此外，王琳还在中冶工程技术中心科研项目“40兆牛多向模锻自动化生产线”项目中负责液压控制系统研发，完成40兆牛多向模锻压机生产线热试，实现多向模锻技术产业化，使国内多向模锻技术达到新高度。

【10项工程获省优质工程奖】 2017年3月22日，二十二冶集团10项工程获河北省建设工程安济杯奖（省优质工程）。10项工程分别为：东光县世家官邸二期5号、6号、11号、12号楼工程，呼伦贝尔市规划馆工程，呼伦贝尔市科技馆工程，内蒙古呼和浩特市蒙西文化广场C栋楼工程，邢台旭阳化工2×4万吨苯酐工程，河源市商业中心水母剧场工程，承德御龙湾A4地块一期工程，毕家上流社区安置房项目C区工程，西局综合楼项目，中冶蓝城西区项目。河北省建设工程安济杯奖（省优质工程）是河北省建筑行业工程质量最高奖项。

【阿尔及利亚官员调研二十二冶项目】 2017年4月19日，阿尔及利亚国家总理阿卜杜勒·马利克·塞拉勒调研中国二十二冶集团承建的奥兰4万人体育场项目。塞拉勒总理一行与项目部相关管理人员友好交谈，并进入奥兰体育场施工现场考察，对项目施工组织情况、形象进度等详细询问，对体育场项目进展及中冶集团其他完工项目表示满意。8月21日，阿尔及利亚奥兰省新任省长穆鲁德及奥兰省政府秘书长、住房局等政府官员视察奥兰4万人体育场一期工程，进工地慰问烈日下施工的工人。11月30日，阿尔及利亚体育部部长阿里率国会议员代表团30余人考察中国二十二冶集团承建的奥兰4万人体育场一期、二期工程。奥兰省省长穆鲁德陪同考察。

【国内首个装配式混凝土建筑国家标准实施】 2017年6月1日，中国二十二冶集团参编的国内首个装配式混凝土建筑国家标准《装配式混凝土建筑技术标准》(GB/T51231-2016) 正式实施。《装配式混凝土建筑技术标准》最大特点是技术体系覆盖包括建筑集成设计、结构系统设计、外围护系统设计、设备与管线系统设计、内装系统设计、生产运输、施工安装、质量验收在内PC建造全专业、全过程。二十二冶集团参编生产运输和施工安装两大部分内容。国家倡导装配式建筑、绿色建筑后，二十二冶先后承接唐山市丰润湮阳五区、丰润湮阳二区、曹妃甸环保产业园、万科金域华府及适用于“美丽乡村”建设低层装配式住宅项目。

【央视采访俄罗斯项目】 2017年9月5～15日，中央电视台中文国际频道（CCTV-4）《远方的家》栏目组以“一带一路”为主题，走进俄罗斯圣彼得堡，专题采访二十二冶承建的玛林斯基庄园别墅工程和叶赛宁小镇保障性住房工程。《远方的家》摄制组先后在二十二冶集团俄罗斯分公司总部、玛林斯基庄园别墅工程施工现场、叶赛宁小镇保障性住房工程施工现场走访，对俄罗斯市场开发、在建工程建设情况、属地化经营以及中外籍员工生活等方面专题采访。采访期间，圣彼得堡市费多洛夫镇镇长及俄方业主对项目建设给予高度评价。

【凤凰国际传媒中心获国际大奖】 2017年9月22日，在加拿大温哥华举行世界桥梁与结构协会2017年结构颁奖会，完全由中国自主设计和建造、中国二十二冶集团施工总承包的凤凰国际传媒中心获素有世界结构界“奥斯卡”之称的唯一国际杰出结构工程大奖。此项工程先后获全国优秀工程勘察设计行业建筑工程一等奖、中国建筑学会科技进步奖、建筑创作奖、世界建筑“WAACA建筑技术进步奖”优胜奖、建设部华夏建设科学家技术奖、中国勘察设计协会创新杯BIM设计大赛金奖、中国钢结构金奖、北京市结构及建筑长城杯双金杯、全国首批绿色示范施工示范工程、中施企协科学技术奖技术创新成果一等奖等奖项，并曾获评全国建设工程建设优秀QC小组成果。

【2022年冬奥会保障项目中标】 2017年11月1日，二十二冶集团接连中标2项2022年冬奥会第一批保障项目，分别为张家口市公安消防支队崇礼区大队特勤消防站建设项目、张家口市崇礼区食品药品检验检测实验室项目。2个项目涉及奥运消防和食品安全领域，既是张家口区域经济快速发展的需要，同时对保障冬奥会期间各国运动员及来宾食品安全有重要作用。

【2项工程入选中国建设工程鲁班奖】 2017年11月6日，中国建筑业协会纪念鲁班奖创立30周年暨2016～2017年度创精品工程经验交流会在北京钓鱼台国宾馆举行。二十二冶集团参建的宁夏国际会议中心工程、珠海横琴新区市政基础设施建设Ⅰ标段城市综合管廊工程入选中国建设工程鲁班奖（国家优质工程）。二十二冶集团被评为创建鲁班奖工程优秀企业，二十二冶集团总工程师刘瑄、技术质量部副部长张修权被评为创建鲁班奖工程先进个人，北京天润公司刘德明、项目管理公司刘晓江被评为创建鲁班奖工程荣誉项目经理。

【首批国家装配式建筑产业基地认定】 2017年11月9日，二十二冶集团被住房和城乡建设部认定为首批国家装配式建筑产业基地。全国认定30个城市为第一批装配式建筑示范城市，195个企业为第一批装配式建筑产业基地。二十二冶集团2012年被住房和城乡建设部授予“国家住宅产业化基地”，装配式住宅研发设计和技术装备处于行业领先水平，形成装配式混凝土和钢结构设计、研发、生产、施工、咨询、安装为一体的产业化发展模式，从建筑工程研发设计咨询到项目总承包，从构配件、钢构件生产到绿色建筑、住宅开发全产业链模式，二十二冶集团形成装配式混凝土和钢结构住宅产业化生态圈。

【5项工程获国家优质工程奖】 2017年11月10日，二十二冶集团承建包钢稀土钢板材有限责任公司2030毫米冷轧一部工程、唐山盛世花园酒店工程、河源市商业中心一期工程、凤凰国际传媒中心工程、唐山金融大厦工程分获“2016～2017年度国家优质工程奖”。国家优质工程奖是中华人民共和国优质产品奖（简称国家质量奖）的一部分，是工程建设质量方面最高奖励，评选范围涵盖建筑、铁路、公路、化工、冶金、电力等工程建设领域各个行业，评定内容从工程立项到竣工验收形成工程质量各个工程建设程序和环节，评定和奖励（颁发奖牌和奖状）单位为建设、设计、监理、施工等参与工程建设相关企业。

【第十九届中国专利优秀奖获得】 2017年11月17日获悉，中国二十二冶集团申报发明专利“大吨位压力机架的吊装方法”获第十九届中国专利优秀奖。此项专利以“提吊倒装”技术为核心，开发大型设备原位安装技术，公布大吨位压力机架吊装技术方案及工艺流程，是大型设备整体安装核心及关键技术，属于原创性技术。其突出优点是适用于在狭小空间或高空、地下等施工场合进行起重作业，保证（特）重型设备吊装工作可以在密闭厂房内进行，并可充分利用厂房内起重设备，降低对大型吊具依赖，降低吊装成本，实现重型设备安装过程的高效、节约、环保。此项专利中技术方案在内蒙古北方重工垂直挤压大口径厚壁无缝钢管工程等项目中成功应用，经济和社会效益显著。

【美国钢结构协会认证】 2017年12月22日，二十二冶集团继获得欧盟CE（EN1090-2\ISO3834）认证、美国ASME认证之后，再次获得第三个系列国际认证——AISC（美国钢结构协会）认证，证明企业施工实力和技术水平。美国AISC认证包括BU（建筑钢结构）、SBR（简单桥梁）、P2（复杂油漆）3项资质认证。通过认证后，公司管理水平与国际市场需求接轨，为承接国外生产施工项目打下基础。

（王厚亮）

装备制造

【装备制造概况】 到2017年底，唐山市规模以上装备制造企业521家，比上年新增26家；资产总额1210.6亿元，比上年增长8.4%；实现主营业务收入1739.4亿元，比上年增长7.8%；实现利润总额73.0亿元，比上年增长9.9%，全年规模以上装备制造业完成增加值678.9亿元，比上年增长16.3%，高于全市工业平均增速11.6个百分点，占全市规模以上工业增加值的19.3%，贡献率69.7%，拉动全市工业增长3.3个百分点。2017年全市装备制造业完成投资904.4亿元，比上年增长16.1%，高于全市工业12.1%的平均增速，占工业投资总额30.9%。

2017年唐山装备制造重点产品生产情况

表11

产品名称	计量单位	2017年产量	增长速度%
电动机	万千瓦	52.3	3168.8
工业机器人	套	2074.0	2665.3
城市轨道车辆	辆	746.0	757.5
建筑工程用机械	台	1769.0	205.5
锂离子电池	万只	2445.4	184.5
改装汽车	辆	12125.0	80.0
输送机械	吨	37496.5	63.3
工业自动调节仪表与控制系统	台(套)	17321.0	41.4
印刷专用设备	吨	1488.5	40.8
电力电缆	万千米	45.1	39.2
水泥专用设备	吨	31242.9	22.1
减速机	台	4203.0	20.0
矿山专用设备	万吨	103.8	17.6
电焊机	台	135100.0	14.9
试验机	台	633.0	8.2
包装专用设备	台	931.0	7.3
环境污染防治专用设备	台（套）	237.0	4.4
动车组	辆	432.0	-11.5

【装备制造重点项目】 2017年，唐山市装备制造业投资总额和增速均高于上年，其中轨道交通装备项目、新能源汽车项目、智能装备项目、产品提档升级项目、智能化改造项目增多。轨道交通装备项目中高速车系统集成制造新模式项目位于丰润区，总投资2.6亿元；唐山市玉滨铁路配件有限公司机客车配件项目完成投资1亿元，云创铁路机械配件制造有限公司铁路配件项目完成投资5000万元，唐山创想轨道交通设备有限公司轨道交通设备及零配件制造项目完成投资1300万元，3个项目均具备投产条件。新能源汽车项目中奇瑞万达贵州客车股份有限公司新能源汽车生产项目完成投资1.4亿元，完成物流车间钢结构安装施工，新能源车间进入钢结构施工阶段；北京城建重工专用车及新能源汽车零部件生产基地项目一期投资6.5亿元，进入试生产阶段，二期项目筹备中；唐山百盛机械设备有限公司混合动力汽车双离合变速器零部件项目完成投资500万元。智能制造装备项目中唐山零零壹电子科技有限公司智能巡视机器人产业基地项目完成投资150万元，施工图设计完成；唐山恭成科技有限公司传感器科技产业园项目完成投资2.68亿元；河北艾驰生物科技有限公司高端精密医疗器械仪器及配套诊断试剂研发生产项目完成投资1.5亿元，高精端仪器制造车间完成土建主体工程及内部装修；唐山宝乐智能科技有限公司智能化立体停车场制造项目总投资1.71亿元，全部完成投资并投产，年产钢结构智能化立体停车场2万个。产品提档升级项目中河北华通线缆集团股份有限公司石墨烯复合半导电屏蔽电缆升级研发及产业化项目完成全部投资，进入设备调试阶段；唐山正兴电子衡器有限公司物联网电子衡器项目完成投资3000万元；玉晟鑫(唐山)机械设备制造有限公司石油钻井平台及采矿设备加工厂建设项目完成全部投资，调试设备。智能化改造项目中唐山华鼎机械制造有限公司轿车用手动、自动变速箱壳体制造装备技术改造项目完成投资1700万元，购买全套数控设备；唐山亚特专用车智能生产线技改项目完成投资600万元；河北建支铸造集团有限公司智能化工厂应用示范项目完成投资1550万元，进入设备安装调试阶段。

【轨道交通装备制造业发展加快】 2017年，唐山市政府加大高铁装备、机器人、石墨烯、动力电池等产业推进力度，轨道交通装备项目增多，除中车唐山公司高速车车体制造新模式、高速车系统集成制造新模式、时速400千米高速动车组研制等项目外，创想轨道交通设备及零配件等一批配套项目实施。整车产品向标准动车组和城际轨道交通装备调整，研制出时速400千米高速综合检测列车、时速250千米谱系化城际动车组、时速350千米“复兴号”中国标准动车组、时速350千米新型高速卧铺动车组和时速160千米动力集中动车组等20余种创新产品。配套产业集群优势明显，唐山华达、华达华丰、腾达配件、天正科技、创想轨道、惟思得、新誉、坦达、威奥9家A类零部件和47家B类C类零部件配套企业入驻动车城，全市配套企业67家，主要生产机车用电线电缆、铝制部件、自动制动阀、橡胶零部件、电控设备等动车部件和普通轨道交通装备部件。产业链延长，涉及行业增多，对地方经济拉动力增强，2017年12月，丰润区轨道交通装备产业被纳入第四批全国产业集群区域品牌建设试点，丰润区装备制造（轨道交通装备）产业集群成长为主导产业特色鲜明、发展水平和规模效益居行业领先地位的现代产业集群。

【机器人产业影响力提升】 2017年，唐山市以焊接机器人和特种机器人为特色，发展壮大唐山松下、中信重工开诚智能、开元机器人、开元特焊、贺祥机电、英莱科技等一批机器人企业。焊接设备及机器人产品持续保持全国第一市场地位，特种机器人以履带式、水下、巡检、管道、钻孔探测五大平台为载体，开发出消防灭火侦查、危险场站巡检、铁路列检等20多种单品，国内市场占有率90%，《科技日报》2017年11月10日刊发《最危险的地方，我们上！——开诚智能消防机器人守护生命安全》，央视《新闻联播》和《朝闻天下》报道中信重工开诚智能装备有限公司防暴消防灭火机器人参战全国危化品救援技术竞赛消防演练现场等相关新闻。全年中信重工开诚智能装备有限公司实现销售收入10亿元，在国内特种机器人行业排名第一。唐山成为中国最具竞争力的特种机器人产业基地，2017年生产机器人2074台，比上年增长2665.3%。

【动力电池和驱动电机市场规模提升】 2017年，唐山沃特玛电池、零点科技动力电池、普林亿威动力总成等项目投产，锂离子电池和动力总成产量增长，产业发展势头良好，全年全市生产锂离子电池2445.4万只，比上年增长184.5%，生产驱动电机52.3万千瓦，比上年增长3168.8%。航天国轩（唐山）年产10亿AH动力电池项目一期竣工投产，增强唐山动力电池配套能力和水平，项目由航天万源国际（集团）有限公司与合肥国轩高科动力能源有限公司2家上市企业在唐山成立航天国轩（唐山）新能源科技有限公司开发建设，利用国轩高科研发平台实力，全面共享国轩高科先进研发成果和实验检测平台，借助航天万源多元化战略布局，打造国内一流、国际领先的智能化动力电池生产基地。

【首台防爆轮式巡检机器人问世】 2017年，中信重工开诚智能装备公司自主研制首台防爆轮式巡检机器人，应用于中石化华南分公司斗门站，防爆轮式巡检机器人本体搭载智能双视云台（高清摄像头、红外热成像）及油气检测传感器，具有音视频分析及成品油泄漏检测、自主导航、精准定位、自动充电等功能，主要应用于Ⅱ类爆炸环境中，可代替工人进行设备及环境巡检，提升场站安全管理水平，使输油站朝着无人化、智能化方向发展，符合国家“科技强安”发展战略。防爆轮式巡检机器人是定制化产品首例，由中国石化销售有限公司华南分公司与开诚智能联合研制，代替人工从事高危环境巡检工作，将巡检人员从强度大、危险、重复枯燥劳动中解脱出来，提升危化行业场站安全管理水平，且巡检效率提高75%。

【首台铁路列检机器人应用】 2017年，开诚智能装备有限公司根据客户实际需要研制出国内首台铁路列检机器人。应用于北京铁路局路内列检作业场。这种新型高速运动系统巡检机器人采用智能化、模块化设计，实现对铁路通用车辆制动系统试验作用结果进行智能采集、判定、记录与追溯，取代传统人工确认的作业方式，大幅度减轻列检作业人员劳动强度，提高作业效率，缩短技检时间。

【冀东装备公司获2项国家级称号】 2017年6月18日，在厦门召开2017年度建材机械行业标准化工作会议，唐山冀东装备工程股份有限公司获得“2016年度建材机械行业标准化工作先进集体”称号和“中华人民共和国国家标准制定单位”称号。同时，冀东装备运营管理部副部长李雨森获“2016年度全国建材机械行业标准化工作先进工作者”称号。作为中国建材机械工业骨干企业、国内一流矿山和砂石骨料装备供应商和服务商，冀东装备公司重视技术创新和标准化工作，制定相关产品企业标准，参与多项国家建材机械行业标准、国家标准制定、审核。冀东装备公司年内另获中国建材产业发展联盟“建材工业30年创新企业”称号。

【首届河北机械工业暨机电产品交易会】 2017年8月27～28日在“中国印刷机械之乡”——唐山市玉田县举办。交易会邀请国家印刷机械检测中心、天津商业大学设计学院专家教授和河北省包装业商会、山东临沂贸促会、无锡市包装技术协会等省内外商协会以及全国各地230多家企业参展，展出产品种类1200余种，倍加福、亚德客、美国ETD、奥普士等国内外知名展商带来行业先进设备、解决方案等，现场签订合同82份，交易金额2850万元，另有多家企业与展商达成签约意向。

（王 斌）

·中车唐山机车车辆有限公司·

【唐车概况】 2017年，中车唐山机车车辆有限公司（简称唐车公司）实施国际化发展战略，践行客户导向思维，提升公司核心竞争力，拓宽企业发展空间。截至年末，唐山公司在册员工10138人，其中高级专业技术职称577人，中级职称1159人，博士研究生11人，硕士研究生888人。公司下设26个职能部室，9个生产单位，6个事业部，10个子公司（全资子公司5个、控股子公司2个、参股公司2个、托管公司1个），占地面积218.79万平方米，建筑面积97.16万平方米。公司资产总额257.1亿元，其中流动资产188.18亿元，固定资产净额50.26亿元。设备总台数7470台（套），进口设备948台（套）。全年实现销售收入150亿元，净利润10.88亿元。截至2017年12月31日，唐车公司固定资产净值50.26亿元，拥有固定资产总数2.30万项。年度新增固定资产1895项，价值8.12亿元，工装923项，价值7849.06万元，其中新增设备1858台（套）、房产5.5万平方米。

【唐车产品制造】 2017年，唐车公司公司动车线完成5个项目生产，新造动车组54标准列，完成动车组检修108标准列。截至2017年末，累计交付高速动车组485标准列。碳钢线完成11个项目生产，其中时速160千米动力集中动车组完成首列试制交付。全年累计新造碳钢车51辆，累计检修客车735辆。城轨车生产涉及5个新造项目、1个检修项目，其中新造项目累计完成125列。

【唐车产品销售】 截至2017年底，唐车公司全年签订31列CRH3A动车组销售合同、6列CRH380BL动车组销售合同、23列CR400BF（8辆编组）动车组销售合同、10列CR400BF(16辆编组）动车组销售合同，累计签约额136.86亿元。签订138组动车组高级修销售合同，签约额28.01亿元。签订159辆新造碳钢车销售合同，签约额5.77亿元。签订954辆检修普通客车销售合同，签约额9.11亿元。签订厦门地铁2号线156辆B型地铁车辆订单，签约额8.5亿元，签订秦皇岛山海旅游铁路项目车辆订单，签约额0.17亿元。签订美国费城55辆不锈钢双层客车销售合同，签约额1.61亿美元。签订加拿大蒙特利尔24辆不锈钢双层客车销售合同，签约额5050.74万美元。

【唐车市场开拓】 2017年，唐车公司正式迈入时速250千米动车组和时速350千米“复兴号”动车组市场。开拓天津、石家庄、福建、台州等城市市场，中标武夷山有轨电车1号线一期工程PPP项目，实现公司PPP业务首单突破和现代有轨电车国内市场首单突破。中标台州市域铁路S1线一期PPP项目，并实现公司时速140千米市域铁路车辆首单突破。2017年，公司在丹麦哥本哈根注册成立“丹麦中车唐山机车车辆服务有限公司”，负责公司产品技术咨询、市场开拓、销售及服务等相关工作，不断拓展公司市场空间。

【唐车产品研发平台建设】 2017年，唐车公司搭建列车综合性能试验台、车体静强度试验台等涵盖整车级、系统级、部件级、材料级试验的16个试验平台。公司工程试验中心正式获得中国合格评定认可国家委员会（CNAS）认可，具备按ISO17025国际准则开展检测的技术能力。开展高速动车组车轮多边形形成机理及控制措施研究，承担中国铁路总公司相关课题，获得主机厂中唯一一个A级成果。自主进行CJ-3城际动车组、福州地铁，低噪声及振动设计，低噪声指标达到国际先进水平。自主研发城轨车辆承载式防撞击司机室结构，一次性通过撞击试验验证。开展40种材料及部件有害物质释放量测试，完成25型车及CRH3AG动车组典型制造工序车内空气质量测试、CRH380BL/CRH380B动车组厂外运营车内空气质量测试；完成中车标准《轨道交通车辆挥发性有机化合物管控》征求意见稿编制，确定材料、零部件及整车挥发性有机化合物管控限值及测试方法。开展微轨交通系统工程化研制，完成第一代个人智能无人驾驶新型交通模式车辆研制、试验线建设和信号控制系统开发，具备根据客户需求定制开发和工程实施能力。

【唐车制造技术平台建设】 2017年，唐车公司完成天津基地不锈钢车体生产线及台州项目规划、公司东扩区4#线电气化改造、漆房及磷化线环保治理等建设项目。推进车体智能制造国家课题研究，机器人打磨、激光投影定位、工装智能化等技术在公司生产工作中得到应用。开展新工艺新方法研究，实现搅拌摩擦焊技术突破并应用于批量生产，开展水性漆、无涂装铝合金车体新技术研究。编制完成《贴面胶合板采购技术规范》等33项企业标准。持续推进标准生产线建设，完成动车组装“2+6+5+5”生产模式打造、总装配二厂工艺布局调整及搬迁工作。推进动车组三级修节拍化生产，实现产能从月产6列到12列的提升。完成美标焊接体系、欧标粘接体系认证。牵头梳理并优化动车组检修工艺技术体系框架，完成四级管理流程优化。

【唐车新产品研发】 2017年，唐车公司新产品研发重点是高速动车组研制、国际市场产品研制、普通铁路客车产品的研制、城轨车辆研制和内燃车辆研制。在高速动车组研制中，以时速350千米长大编组中国标准动车组、时速250千米中国标准动车组、时速400千米跨国互联互通高速动车组、时速160千米中国标准动车组研制为主。国际市场产品研制重点是美国费城动力集中双层不锈钢动车组项目、加拿大蒙特利尔双层客车项目、古巴客车等。普通铁路客车产品重点研制接触网检测车和铁路运输车组。城轨车辆研制重点是武夷山100%低地板现代有轨电车项目、福州地铁2号线项目、厦门地铁2号线项目、新一代B型地铁车辆样车研制、微轨交通系统工程化研制和新一代燃料电池系统开发。内燃车辆研制主要是时速160千米动力分散式内燃动车组样车研制、500千瓦内燃动力包研制和动力系统研究。2017年，唐车公司申报国内专利314项，其中发明专利168项，通过PCT途径申请专利19项。获得国内授权专利99项，其中发明专利43项。获得海外授权专利4项，其中美国授权专利2项、欧洲授权2项。

【唐车质量管理】 2017年，唐车公司搭建质量数据统计分析平台，围绕制造过程质量数据链，重点梳理、重组SAP系统（企业管理系统平台）QM（质量管理）模块属性，实现字段录入标准化和录入规则统一化；按维度分类筛选QM（质量管理）属性，实现质量数据交汇，建立统计逻辑；利用分层法和排列图法，在系统中以柱状图和折线图形式呈现制造过程质量数据。基于MOM（制造运营管理系统平台）建立质量要素管理平台，强化过程控制，规范质量要素（人、机、料、法、环、测）日常监督检查，在制造源头上预防质量问题发生，实现质量要素信息化、标准化管理。依据IRIS（国际铁路行业标准）管理体系对技术过程的管理要求，围绕新造产品建立工程质量门和里程碑审核方法，在设计、工艺阶段提前介入管理，实现质量管理前移。2017年，公司多标一体经营管理体系优化QC小组（质量管理小组）获“2017年全国优秀质量管理小组”称号，公司质量管理部总体室获“2017年全国质量信得过班组”称号，公司服务事业部南京南服务站、调试厂电气二班获“2017年河北省质量信得过班组”称号，公司首次申报并获得唐山市政府质量奖。

【唐车基础管理】 2017年，唐车公司以IRIS（国际铁路行业标准）体系为框架，整合多个管理体系，搭建多标一体经营管理体系。重点优化项目管理核心流程，编制项目管理手册，搭建以windchill（产品生命周期管理）为载体的项目信息管理平台，对公司一、二、三级制度文件升版优化，发布1376个四级制度文件。先后通过环境、职业健康安全、能源、“两化”融合等体系第三方认证。公司经营管理体系优化项目获得第39次全国QC优秀质量成果奖，公司获得中车管理创新一等奖。完成信息化平台顶层设计，在决策方面搭建BI（运营数据分析系统）商务智能系统，建立公司级数据仓库；在技术平台方面建立以windchill（产品生命周期管理）为载体的产品全生命周期数据管理平台；在业务执行方面以SAP（企业管理系统平台）为载体增加客户关系管理、供应商协同管理两个模块；在生产执行方面，MOM（制造运营管理系统平台）系统在车体、组装等工序上线；在运维检修方面，建立车辆健康管理系统。2017年完成经营管理体系内部审核、管理评审等项工作，并通过中联认证中心（北京）

有限公司第二次监督审核，保持认证注册资格。

【唐车人才队伍建设】 2017年，唐车公司建立健全员工职业发展体系，推进各层次人才引进、培养与开发，全年引进博士等各类人才200余人。截至年末，公司拥有集团核心技术、管理、技能人才195名，拥有公司专家、拔尖人才775人。推进国际化人才选拔培养，全年选派88名员工参加集团公司国际化人才培训。加大专家人才对外推荐申报力度，年内累计向上级部门推荐院士后备人才1人、中国青年科技奖1人、茅以升铁道工程师奖1人，获评河北省政府特殊津贴1人、河北省“三三三人才”第三层次人选2人，推荐全国交通技术能手1名、河北省突出贡献技师3人、河北省技能大师工作室1个，侯志刚团队获首届唐山市“市长特别奖”。

【唐车售后服务】 2017年，唐车公司运维服务以“客户导向 正视问题 勇于担当 敢于亮剑”为引领，致力于产业优化，拓展服务市场。立足公司发展战略构建运维技术体系，搭建运维信息化平台，围绕产品全寿命周期管理，实现运维技术信息化、规范化、标准化管理。拓展配件销售产业，以配件销售业务为核心，搭建配件营销平台，与上海铁路局集团公司合作建立上海动车组配件物流中心，整合局企双方动车组配件供应链上下游资源，减少动车组配件库存资金占用。推进标准化售后服务站建设，从技术、管理、文化三个方面入手，强化软硬件建设，对《中国中车股份有限公司动车组标准化售后服务站管理规范》要求的12项业务重新优化，实现各售后服务站信息、文件、安全、人员、物料、资产、作业、供方、培训、沟通、应急、文化12项业务标准化管理。2017年高速动车组百万千米故障率降至0.6件，较2016年度下降29.8%，城轨地铁年度载客运营项目故障数每列0.148件，完成公司每列0.3件指标。

（刘振宇）

【唐车公司获美国费城双层车大单】 2017年5月4日，唐山公司收到美国东南宾夕法尼亚交通局发来的合同书，正式获得费城双层车订单。这份采购合同总价11亿元，包括动力集中动车组45辆不锈钢双层控制头车和中间拖车，后续可增购10辆，服务于费城及周边地区通勤交通。这是中国轨道交通装备首次出口北美干线铁路市场。在出口美国费城双层车项目上，中车唐山公司拥有雄厚技术实力和丰富产品经验。1989年，公司出口美国3台上游型蒸汽机车，在美国康涅狄格州河谷铁路运营。1998年，公司研制出中国首列双层内燃动车组，开行“庐山号”城际旅游专列。2015年，公司出口埃及212辆高强度低碳不锈钢客车车体，技术指标达到国际铁路联盟UIC566标准，在开罗、亚历山大、阿斯旺等城市间投入运营后，受埃及社会各界好评。

【唐山造磁浮列车在京开跑】 2017年12月30日，北京首条磁浮交通示范线S1线开通试运营，由中车唐山公司研制的10列中低速磁浮列车在石厂到金安桥之间7站6区间载客试运营，全程运行仅需16分钟。S1线是北京首条中低速磁浮交通示范线，一期工程线路全长10.236千米，西起门头沟石厂站，东至石景山区苹果园站，是北京西部居民出行交通线路，2017年10月正式完工，首批10列中低速磁浮列车全部由中车唐山公司研制生产，采用6辆编组，设计时速100千米，满载定员1302人。中低速磁浮列车具有爬坡能力强、安全可靠、建设维护成本低等诸多优点。

【“国家级工业设计中心”落户唐车】 2017年12月1日，在武汉举办的首届中国工业设计展览会上，中车唐山公司轨道车辆设计中心被国家工信部正式授牌“国家级工业设计中心”，该公司创新研制最新型“可变编组新型动车组”同时获得优秀作品奖。工信部自2013年开始每两年对国家级工业设计中心进行一次认定。经工信部认定，中车唐山公司轨道车辆设计中心工业设计创新能力强、特色鲜明、管理规范、业绩突出，发展水平居全国先进地位。中车唐山公司工业设计中心成立于2010年1月，拥有各种试验仪器设备960台套，员工505人，其中大学本科以上、高级专业技术职务人员占总人数94.8%，长期承担轨道车辆新产品设计开发和既有产品优化设计任务，包括高速动车组、铁路客车、城轨车辆、城际动车组、磁浮车等80多个系列200多个品种。

【氢燃料电池有轨电车唐山开跑】 2017年10月26日，中车唐山公司研制的世界首列商用型氢燃料混合动力100%低地板现代有轨电车，在唐山中国工业旅游产业发展联合大会上首次投入商业载客运营。唐山市将唐山南站、开滦矿山公园、启新1889工业园及南湖风井组成“中国铁路源头游”工业旅游线路，线路起始站南湖2016站，途经开滦

10月26日，中车唐山公司研制的世界首列商用型氢燃料混合动力100%低地板现代有轨电车在唐胥铁路载客运营。 郑 勇 摄

1878站、启新1889站，最终返回南湖2016站，运营全程13.84千米，有轨电车一次快速加氢只需15分钟，可持续行驶40千米，最高运行时速70千米。唐胥铁路是中国最古老铁路，136年前建成的唐车公司是中国最古老铁路工厂，用世界最先进有轨电车载着游客体验唐山工业文明，“车”与“路”将同根同源的百年工业遗迹串联，这也是唐山造城轨车辆首次服务家乡。

建　材

【建材概况】 2017年，唐山市规模以上建材企业187家，其中水泥企业34家，卫生陶瓷企业17家，水泥制品企业47家，黏土砖瓦及建筑砌块企业11家，耐火材料企业22家，防水、隔音和隔热材料制造企业10家，平板玻璃企业3家，主要产品有水泥、陶瓷、水泥制品、砖（瓦）、玻璃、耐火材料、石膏、轻质建材等。全年全市规模以上企业实现主营业务收入434.1亿元，比上年增长22.5%；累计完成工业增加值134.6亿元，比上年增长17.6%；实现利润16.4亿元，比上年增长30.6%。

【水泥产销情况】 2017年，唐山市规模以上企业水泥产量下滑，累计生产水泥2442.8万吨，比上年减少604.3万吨。累计生产水泥熟料1468.7万吨，比上年减少13.7万吨。累计产销率97.61%，比上年提高10.45个百分点。其中，通用水泥企业产销率97.63%，比上年提高11.27个百分点；特种水泥企业产销率97.34%，比上年下降6.57个百分点。12月份全市通用水泥价格在88～306.49元之间波动，全年累计平均价格221.61元，比上年上涨42.44元，涨幅23.69%。12月份熟料价格在181.21～262.98元之间波动，全年平均价格220.29元，比上年上涨61.42元，涨幅38.66%，涨幅收窄5.46个百分点。

【水泥行业经济效益】 2017年，唐山市规模以上水泥企业应收账款比上年上升，12月份统计，全行业应收账款比上年上升14.42%，升幅加大23.97个百分点。其中，通用水泥上升4.85%，升幅加大13.68个百分点；特种水泥企业下降72.85%，降幅收窄28.32个百分点。熟料生产企业上升1390.64%，升幅加大1146.91个百分点。全年主营业务收入环比增长2.94%，增幅收窄7.08个百分点，比上年增长38.56%，增幅加大1.32个百分点。其中通用水泥企业环比增长2.24%，增幅收窄7.63个百分点，比上年增长33.39%，增幅加大1.11个百分点；特种水泥企业环比增长9.64%，增幅加大0.34个百分点，比上年增长57.18%，增幅加大0.05个百分点。全行业全年实现利润比上年增长25.36%，增幅收窄10.16个百分点；主营业务收入利润率5.44%，平均每吨盈利13.11元。

【金隅冀东整合民营企业】 2017年，唐山金隅冀东集团整合丰润、古冶等6个县（市、区）10家民营水泥熟料生产企业，与全部民营企业组团在山东淄博实地考察水泥企业整合工作，借鉴淄博整合经验，金隅冀东就整合地方水泥熟料企业提出政府主导，金隅冀东牵头，区域内民营熟料生产企业全部参与，共同组建唐山市水泥产业投资管理有限公司的整合方案。通过几轮“一对一”征求意见和对《方案》多次修改，民营企业均支持组建唐山市水泥产业管理有限公司。

【水泥全行业实行错峰生产】 2017年，按照《唐山市秋冬季重点行业错峰生产方案》要求，除承担居民供暖、协同处置城市生活垃圾及有毒有害废弃物等任务的生产线原则上不进行错峰生产之外，其余全部水泥企业执行错峰生产。全市只有唐山冀东水泥股份有限公司唐山分公司、唐山冀东启新水泥有限责任公司、唐山冀东水泥三友有限公司、唐山六九水泥有限公司、唐山燕南水泥有限公司、唐山燕东水泥有限公司、唐山泓泰水泥有限公司和唐山飞龙水泥有限责任公司因承担居民供暖或协同处置城市生活垃圾等原因未停产。

（李文海）

化　工

【化工概况】 唐山市化工行业构建成盐化工、煤化工等多元发展格局，打造出三友集团、中润煤化工、首钢京唐西山焦化等一批在国内同行业中具有较大影响大型骨干企业。全市化工行业拥有规模以上企业155家，2017年，实现工业增加值224.9亿元，占全市规模以上企业工业增加值6.4%。年内全部规模以上化工企业实现主营业务收入814.4亿元，实现利润51.9亿元，比上年分别增长23.8%和153.3%。分别占全市规模以上企业主营业务收入和实现利润的6.6%和10.7%。

【化工行业增加值下降】 2017年，唐山市化工工业增加值累计完成224.9亿元，比上年下降3.3%。其中：石油加工炼焦及核燃料制加工业工业增加值累计完成100.3亿元，比上年降低13.9%。化学纤维制造业工业增加值累计完成17.1亿元，比上年增加6.9%。医药制造业工业增加值累计完成3.6亿元，比上年增加2.6%。化学原料和化学制品业工业增加值累计完成65.3亿元，比上年下降0.1%。橡胶和塑料制品业工业增加值累计完成38.6亿元，比上年增加12.4%。

【化工行业效益增加】 2017年，唐山市化工行业155家规模以上企业中亏损企业29家，比上年减少9.4%，2016年为32家亏损。主营业务收入814.4亿元，比上年增长23.8%。实现利润51.9亿元，比上年增长153.3%。（见表12）

【化工产品产量相对稳定】 2017年，唐山市化工行业入统6大类主要产品产量有4种产品比上年增长，分别为烧碱、农用氮磷钾化学肥料、初级形态塑料、塑料制品。焦炭、纯碱产量比上年下降，降幅分别为6.3%和1.0%。（见表13）

【化工行业规划进展情况】 2017年，唐山市围绕将化工产业打造成为全市重要主导产业，加快曹妃甸国家级石化产业基地建设目标，加快推进基地规划环评、总体规划报批，重点推进新华炼化、旭阳炼化等项目建设，启动燕山石化搬迁曹妃甸项目。远景规划是，曹妃甸石化产业基地在2020年具备3000万吨级以上炼油能力、400万吨级以上芳

2017年唐山化工行业主要经济指标

表12 单位：万元

指标名称	企业单位数	主营业务收入		利润	
	本月止累计(个)	本月止累计	增长%	本月止累计	增长%
石油加工、炼焦和核燃料加工业	22	3419168.9	20.7	176157.3	223.9
化学原料和化学制品制造业	67	1157143.2	30.6	81877.2	96.3
医药制造业	9	50375.2	9.3	10168.3	-173.8
化学纤维制造业	2	1467297.2	22.7	196622.1	158.2
橡胶和塑料制品业	55	852380.9	12.8	54275.9	16.8

2017年唐山化工主要产品产量

表13

产品名称	计量单位	本月累计	去年同期	增长速度%
烧碱(折100%)	万吨	54.00	51.20	5.5
纯碱(碳酸钠)	万吨	344.80	348.40	-1.0
农用氮磷钾化学肥料	万吨	30.20	27.50	9.8
初级形态的塑料	万吨	38.00	36.50	4.1
塑料制品	万吨	54.6	54.1	0.9
焦炭	万吨	1959	2213	-6.3

烃产业规模，向世界一流石化产业基地发展。年内，新华石化2000万吨炼化一体化项目、中化旭阳1500万吨炼化一体化项目跑办前期工作，石化基地进入产业加速聚集阶段。

【三友集团差别化粘胶短纤维项目】 河北省重点项目，也是集团产业转型升级、做优循环经济重点项目。项目总投资23.2亿元，规划建设2条年产10万吨生产线，用于生产阻燃、着色等功能性、差别化纤维。三友集团按照“产业调强、产品调优、效益调高”思路，依托三友化纤国家高新技术企业、纤维素纤维新产品研发基地等技术支持，应用65项专利和12项自主研发新技术，自主设计制造核心设备，装备水平行业领先；自主开发碱站自控技术，自动化程度国际领先；行业首家应用16效闪蒸技术，年节汽20万吨、节电750万千瓦时，盈利能力达行业平均水平1.6倍。截至2017年底，累计完成投资24.4亿元，土建主体（不含道路、绿化等）施工基本完成，安装整体完成60%。

【唐山境界实业甲醇制高清洁燃料项目】 项目新增建筑面积3.88万平方米，建设两套年产25万吨甲醇制高清洁燃料设备及油品储运部分、辅助设施及设备设施，建设轻烃合成生产区、油品分离生产区、空压站、产品罐区、变电站、配电室、机控室等生产及辅助建筑物；采用MTG技术，购置合成油反应器等设备1台（套），引进色谱仪2台（套），达到年产50万吨规模。工程总投资18.96亿元，截至2017年底，完成投资11.2亿元。

【三友集团在全国发明展获奖】 2017年，在第二十二届全国发明展览会上，唐山三友集团5项专利成果参展并获奖，获得两金三铜。该集团先后参加过7次国际、全国发明展，累计获得27个奖项，其中金奖9项、银奖6项。全国发明展览会是国内外规模最大发明展示交流活动之一，发明展览会上，三友集团“扁平粘胶纤维的生产方法以及生产过程中使用的喷丝头”和“弧板式大口径PE管道带压修复结构及其修复方法”2项获金奖，为河北省唯一金奖获得单位；“利用氯碱尾料和氨碱尾料生产纯碱的方法”“微悬浮法聚氯乙烯糊树脂生产过程中回收氯乙烯单体的设备”“由有机硅低环开环操作生产DMC原料的方法”3项获铜奖。这5项成果均为推动绿色、循环、低碳发展的前沿技术，对国内粘胶、纯碱、氯碱、有机硅行业质量效益发展具有较强引领示范作用。

（李建伟）

陶 瓷

【陶瓷概况】 2017年，唐山市规模以上陶瓷企业30家，完成工业增加值23.33亿元，比上年增长6.3%；产销率101.9%，比上年增加1.6个百分点；实现主营业务收入66.39亿元，比上年增长8.5%；实现利润3.15亿元，比上年增长36.4%；完成出口交货值27.69亿元，比上年上升18.3%。2017年卫生陶瓷制品产量2352.3万件，比上年下降4.9%。陶瓷行业在全市规模以上工业中占比较小，全年增加值在全市规模以上工业占比仅为0.66%，对全市贡献和拉动作用不大，但在全省行业中占比较大，工业增加值、利润分别占省同行业56.9%和81.4%。总体分析，卫生瓷规模大、占比高、效益好、发展稳健，国内外市场波动不大，产品价格略有回升，利润大幅提高。日用瓷国内外市场继续萎缩，行业整体亏损6798.9万元，运营形势不容乐观。但隆昌瓷业逆势而上，2017年实现销售收入8000万元，成为唐山骨质瓷排头兵企业。特种陶瓷受国家电网和国外市场影响，订单不足，利润下降，4家企业整体亏损1428.2万元。

【国家级陶瓷出口示范区申报】 2017年，唐山市在做好省级陶瓷出口示范区相关工作基础上，依据国家质检总局文件精神，借鉴河北检验检疫局领导和专家意见，充实完善国家级示范区申报材料，10月底，市政府出函，正式向河北检验检疫局呈报申报材料，等待国家专家组验收。携手德国莱茵集团组织示范区内卫浴企业CE认证研讨会，助力唐山多家陶瓷企业取得CE证书，打开进入欧盟市场大门。4月份，开展国外技术性贸易措施调查，共调查企业6家，其中包括2家卫生陶瓷和4家日用陶瓷企业。加强预警信息发布，发布《进出口陶瓷质量安全风险监测信息》17 期，为企业及时了解国外技术性贸易措施提供信息支持。向企业提供最新标准法规。国家标准《食品安全国家标准——陶瓷制品》GB 4806.4-2016 于 2017 年 4 月 19 日正式实施，替代国家标准 GB 12651-2002，示范区将搜集到最新版本标准及时传达给入区企业，并总结归纳新旧标准变化在第一时间告知企业。建立唐山市陶瓷企业经贸摩擦预警点。开展陶瓷企业培训，讲授陶瓷行业外观设计专利与侵权行为判定、专利侵权纠纷案件处理、出口国法律法规、如何做好产品检验检测等内容，并参观唐山检验检疫局国家级陶瓷检测实验室。

【陶瓷检测实验室获 CSA 集团授权】 2017 年 8 月，唐山检验检疫局与 CSA 集团检测认证战略合作授牌仪式暨北美认证技术研讨会在唐山百川研发中心举行。该局国家陶瓷检测重点实验室成为国内首家 CSA 集团授权陶瓷检测（APD）实验室。CSA（Canadian Standards Association）成立于 1919 年，是加拿大最大安全认证机构，也是全球著名安全认证机构之一，CSA 认证标志被全球数十亿产品采用。CSA 集团中国卫浴产品首席签证官洪瑞泽在会上解读北美市场法规、产品标准与产品认证等内容。企业代表就所关心问题与相关工作人员进行探讨。北美市场历来是唐山卫生陶瓷出口主打市场，出口量 2.1 亿美元，占唐山卫生陶瓷总出口量 51%。

【首届唐山市陶瓷行业创业创新大赛】 2017 年，唐山市陶瓷协会、市工信局、市总工会、团市委联合举办“佳德杯”首届唐山市陶瓷行业创业创新大赛，经过企业推荐、专家评选，在 270 多件套产品中，评选出 100 种“2017 陶瓷新品”，并于第 20 届唐山中国陶瓷博览会期间举办 2017 唐山陶瓷新品展，集中展现新时代唐山陶瓷独特设计理念、创作手法和装饰手法。参赛作品均为参赛企业或个人具有知识产权新设计，获奖产品允许生产企业标注“唐山市陶瓷协会监制”。

【地理标志集体商标使用企业评选】 2017 年，唐山市开展“唐山骨质瓷”地理标志集体商标使用企业评选和“唐山骨质瓷”地理标志产品企业抽查。唐山市绮丽陶瓷等 9 家企业获准使用国家工商总局核准注册“唐山骨质瓷”地理标志集体商标使用权。市陶瓷协会、市工信局、市工商局共同组织专家对 20 多家“唐山骨质瓷”地理标志产品专用标识使用企业抽查，加强“唐山骨质瓷”地理标志产品专用标识推广使用与管理。

（陈建国）

【环保陶瓷新品种研制成功】 2017 年，两种主要利用工业废料制成的陶瓷品种在唐山研制成功。发明者路北区滦瓷陶瓷技术研究所所长王占一把这两种陶瓷命名为重结晶骨质瓷和重结晶尾矿利用瓷。重结晶骨质瓷是利用废瓷重新破碎、烧制而成，其中废瓷含量占绝大部分；重结晶尾矿利用瓷是利用唐山存量巨大的铁矿尾矿烧制而成，釉料也用尾矿制成，其中尾矿利用茶叶沫釉和尾矿利用色釉获得国家专利。钢铁和陶瓷是唐山两大传统产业，这两种陶瓷产品研制成功，解决废瓷和铁矿尾矿占地、污染问题，同时降低陶瓷原料成本。

（吴润国）

电　力

【电力概况】 2017 年，唐山地区并网运行电厂 59 家，装机容量 8614.1 兆瓦，其中火电装机 7761.2 兆瓦、水电装机 475.5 兆瓦、风电装机 72 兆瓦、太阳能装机 305.4 兆瓦。自备电厂装机 1418.8 兆瓦。唐山电网 110 千伏及以上变电站 309 座，其中北京超高压公司 500 千伏变电站 9 座、唐山供电公司所属变电站 362 座。电网变电总容量 3891.1 万千伏安，输电线路 745 条段，总长 9246.1 千米。全年供电量 656.5 亿千瓦时，比上年增长 0.9%。售电量 625.2 亿千瓦时，比上年增长 0.9%。10 个县级公司售电量完成 219.6 亿千瓦时，比上年增长 11.7%。综合线损率 4.8%，比上年降低 0.01 个百分点。

【社会用电量增长】 2017 年，唐山全社会用电量累计完成 761.4 亿千瓦时，比上年增长 0.9%。第一产业用电 13.9 亿千瓦时，比上年增长 16.51%。第二产业用电 644.5 亿千瓦时，比上年降低 0.8%。第三产业用电 60.4 亿千瓦时，比上年增长 13.0%。第二产业用电占全社会用电量的 84.6%。按行业类别分：农、林、牧、渔业用电 13.9 亿千瓦时，比上年增长 16.5%。工业用电 639.0 亿千瓦时，比上年降低 0.9%，其中轻工业用电 22.6 亿千瓦时，比上年增长 11.1%，占工业用电量比重为 3.5%；重工业用电 616.4 亿千瓦时，比上年降低 1.3%，占工业用电量比重为 96.5%。建筑业用电 5.5 亿千瓦时，比上年降低 5.8%。交通运输、仓储、邮政业用电 21.8 亿千瓦时，比上年增长 17.1%。信息传输、计算机服务和软件业用电 2.9 亿千瓦时，比上年增长 9.2%。商业、住宿和餐饮业用电 14.6 亿千瓦时，比上年增长 10.4%。金融、房地产、商务及居民服务业用电 7.2 亿千瓦时，比上年增长 17.1%。公共事业及管理组织用电 13.9 亿千瓦时，比上年增长 8.8%。城乡居民生活用电 42.6 亿千瓦时，比上年增长 6.9%，其中乡村居民生活用电 21.4 亿千瓦时，比上年增长 5.3%；城镇居民生活用电 21.2 亿千瓦时，比上年增长 8.6%。

【地区发电量小幅增长】 2017 年，唐山市累计完成发电量 388.9 亿千瓦时，比上年增长 5.3%。按隶属关系分：省统调及以上发电企业发电 292.4 亿千瓦时，比上年增长 8.8%；非统调电厂发电 96.5 亿千瓦时，比上年降低 4.2%。按电厂性质分：公用电厂发电 303.2 亿千瓦时，比上年增长 8.2%；企业自备电厂发电 85.7 亿千瓦时，比上年降低 3.8%。按发电类型分：火电厂发电 381.8 亿千瓦时，比上年增长 4.9%；水电厂发电 3.0 亿千瓦时，比上年降低 18.8%；风电厂发电 1.4 亿千瓦时，比上年增长 0.5%；太阳能发电 2.7 亿千瓦时，比上年增长 400.5%。

【电网建设】 2017 年，唐山供电公司完成 110 至 220 千伏基建工程投资 8.96 亿元，35 千伏农网基建工程投资 1.34 亿元。年内投产裕丰 500 千伏输变电、澜湾和郭家屯扩建、柳南破口裕丰 3 项 220 千伏工程，扩建步步川、王辇庄、高新区、吉王庄、上石河、南堡东、梁各庄、河沿庄 110 千伏工程，以及胥田一线破口董代庄、澜湾配套 10 项 110 千伏工程，共计投产变电容量 386 万千伏安，线路 141.48 千米。优化唐山电网网架结构，供电保障能力增强。

【差别电价政策落实】 2017 年，唐山市按照《国务院办公厅转发发展改革委关于完善差别电价政策意见的通知》精神，对全市高耗能企业淘汰类和限制类生产设备生产用电以及未按期完成环境污染治理任务企业执行差别电价政策，全年共计执行差别电价电量 7.30 亿千瓦时，收取差别电价电费 1.16 亿元。

【电力体制改革推进】 2017 年，唐山市德宁供电有限公司正式成立并在曹妃甸化学园区增量配电试点业务招标中中标，迈出电网公司控股、以混合所有制方式发展增量配电业务步伐。218 个国有企业移交“三供一业”供电改造项目年内推进，全市有 83 家企业参与电力市场交易，全年完成交易电量 35.86 亿千瓦时，降低用户购电成本 1.4 亿元。

【唐山与国网冀北电力公司签署电网发展协议】 2017 年 8 月 30 日，唐山市政府与国网冀北电力公司举行“十三五”电网发展战略合作协议签约仪式。省委常委、市委书记焦彦龙出席。市委副书记、市长丁绣峰，国网冀北电力有限公司总经理、党委副书记田博致辞并代表双方签署协议。国网冀北电力有限公司党委书记、副总经理郑林及唐山市领导胡国辉、付振波、孙文仲等参加签约仪式。

（刘春波）

·陡河发电厂·

【陡电概况】 陡河发电厂（简称陡电）隶属于中国大唐集团公司大唐国际发电股份有限公司，在役 6 台燃煤发电机组，总装机容量 130 万千瓦。2017 年，完成 3、7、8 号机组电力业务许可证变更，6 台机组全部获得“河北省北网 2017 年符合参加电力直接交易准入资格”，发电量完成 61.65 亿千瓦时，其中争取市场电 6.8 亿千瓦时，利用小时完成 4743 小时，较 2016 年增加 599 小时；在唐山市住建局、热力公司投资 5000 万元实施管网改造后，供热面积较 2016 年增加 300 万平方米，总量 1260 万平方米，年供热量累计完成 429 万吉焦，创历史新高。投资近 1 亿元煤场及料场棚化工程于 5 月竣工，改造后无组织颗粒物排放量为年 2.98 吨，较改造前下降 91.48%，具有良好的环境效益。截至 2017 年 12 月 31 日，连续安全生产 5000 天，全年未发生非计划停运和环保通报事件，完成党的十九大召开保电等任务。陡河发电厂负责的唐山北郊 2×350MW 热电联产项目实现烟囱到顶、主厂房封闭等节点目标。陡河发电厂拟原址建设两套世界上单机容量最大的 9H 级燃气热电机组，总装机容量 1552MW，该项目年内纳入《河北省“十三五”电力发展规划》，取得唐山市发改委同意原址开展前期工作批复。

【陡电获评全国文明单位】 2017 年，陡河发电厂首次被评为“全国文明单位”，获得“第六届全国电力行业设备管理工作先进单位”、河北省“安全生产诚信 A 级企业”等多项称号。“火力发电厂垂直布置回转式空预器电机维修方法”获国家发明专利，这是该厂首次获得此类专利。“适用于翻车机推车器的方便检修滑道”和“可移动式布袋除尘器的布袋清灰器”获国家实用新型专利。

（王　伟）

石油（冀东油田）

【冀东油田概况】 中国石油天然气股份有限公司冀东油田分公司（以下简称冀东油田）主营业务包括油气勘探开发生产、油气集输处理与销售以及机械制造、物资供应等为油工程技术服务业务。下设 23 个二级单位（分公司）、16 个机关处室、4 个直属部门。2017 年，面对国际油价持续低迷、国企改革持续深化、投资规模持续压减等艰难发展环境，冀东油田职工苦干实干，攻坚克难，抓好以勘探开发为重点的各项工作，生产经营、改革发展、合规管理、党的建设等各方面工作取得成效。2017 年，生产原油 136 万吨、天然气 3.64 亿立方米，油气当量 165 万吨。冀东油田获“全国企业文化建设优秀单位”“河北省文明单位”等称号。

【油气勘探】 2017 年，冀东油田增加 PD 储量（证实已开发储量）301 万吨。南堡 1 号构造南堡 1-68 井在东三段试油获得高产，发现千万吨级规模储量区；南堡 4 号构造南堡 4-88 井发现 44 米 /25 层厚油层；南堡 2 号构造南堡 203X20 井发现超百米厚油层；并获得工业油流。沙三Ⅳ、Ⅴ油组高 166X5 井压裂获得日产 30.46 立方米高产油流，高 187X5 井沙三 1 段发现油层，试油获得日产 30.47 立方米高产油流。深化以火成岩、致密砂岩储层预测为重点的天然气基础地质研究，精细刻画有利岩性圈闭，优选优势储层发育区。开展老井测试、改造等工程技术评价，精细新井井位论证，明确南堡 5 号构造、南堡 2 号构造天然气成藏规律。推进秦皇岛探区辽西南洼及秦南凹陷烃源岩研究，开展辽中凹陷北斜坡构造岩性油藏勘探潜力研究，解剖构造成藏关键要素，开展区带经济评价，确定 2 口探井井位。

【油田开发】 2017 年，冀东油田提升开发水平，开展 28 个区块精细油藏描述工作，覆盖地质储量 2.15 亿吨。扩展新区，强化老区调整，新建原油生产能力 22.5 万吨。加强老区综合治理，实施水井措施 322 井次、二氧化碳吞吐 231 井次、氮气泡沫堵水 42 井次，开发指标稳定向好，自然递减率连续 4 年实现负增长。持续开展地质大调查，覆盖 84 个断块的 1.53 亿吨储量，占注水开发油藏 98.3%。加强采油精细化管理，推广应用耐磨衬里油管、防污染管柱，优化举升设计。实施油水井压裂 96 口，阶段增油 2.5 万吨。完成带压作业 124 井次，减少放压排水量 4.9 万立方米。推行不洗井检泵作业 148 井次，增油 1128 吨。强化动态监测，开展环空产液剖面测试 26 井次，实施油水井分层压力监测 48 井次。

【油田科技】 2017 年，冀东油田承担国家和中国石油天然气集团公司级科研项目 10 项，开展冀东油田级重大、重点技术攻关项目及子课题

219项，获省部级科技进步奖6项、授权发明专利5项、计算机软件著作权9项。冀东油田机械公司获河北省高新技术企业资格认定，“新远”真空加热炉入选中国石油天然气集团公司优势产品名录。油气勘探方面，加强油气成藏模式和富集规律研究，完善中深层岩性油气藏勘探理论；建立火山岩岩性识别技术体系，明确南堡5号构造沙河街组火山岩、南堡潜山和南堡凹陷深层砂岩是南堡深层天然气勘探重点目标区；油藏精细评价和油藏动用技术研究取得成果，为生产建设提供优质效益储量；调谐频率储层厚度预测技术实现由定性预测砂岩范围向定量预测厚度转变，完善低级序断层优化组合解释技术。油田开发方面，油藏压裂后三维地质建模与二次开发后期剩余油描述技术取得进展，形成三维岩石力学场构建技术、复杂断块地应力场数值模拟技术、扇三角洲储层精细对比技术，提高油藏精细描述技术及工程技术攻关应用水平。信息化建设方面，完成智慧化冀东油田总体架构和初步工作方案，明确共享数据环境、统一技术平台、助力专业应用任务目标，推进数据库建设，数据资源治理常态化，管理4081口井静态动态数据、各类成果文档17.3万份，数据中心主库初现雏形；注重与生产经营管理业务融合，自主开发8个应用软件系统；推广实施A2、A5、A6、A11及ERP应用集成等项目，A5、ERP2.0系统上线运行；升级改造网络基础设施，建成806核计算能力、136T存储容量云计算平台。

【油田安全环保】 2017年，冀东油田重新修订各层级HSE职责，对118人进行待岗培训，4家承包商单位停工整顿或取消市场准入资格。治理油气管线、海管海缆等重大隐患56项。推进环境治理工程，钻井修井废弃物实现集中处理。研究推广井下作业环境保护新技术，平均单井固体废弃物量下降90%。开展大气污染综合治理攻坚行动，推进节能减排，节能5934吨标准煤，氨氮、二氧化硫、氮氧化物排放量均低于控制指标。强化安全风险分级管理和隐患排查治理双重预防机制建设，开展安全风险辨识活动，常态监督和特殊时段监督并重，保证重点领域、关键环节可控受控，完善突发事件总体应急预案和19个专项应急预案，开展应急演练104次。推进基层站队标准化、安全环保免检单位建设，创建标准化站队96个，达标率73.3%。

【油田企业管理】 2017年，冀东油田全面降本增效，与中国石油天然气集团公司预算控制亏损指标相比减亏。控制投资总量，年度总投资规模压减12.6%，强化投资过程控制，推行区域总承包、网电钻井等措施，节约钻井投资，优化工程设计、强化设计概算管理、实施修旧利废，节约工程投资。控制成本费用支出，开展措施效益评价，叫停低效无效措施65井次，优化简化措施方案80井次，优化联合站功能，实施场站停运、区域停掺等措施，提高管理效率，降低系统运行能耗。挖潜增收创效，加强原油价格走势预测，高销低储，自用气定额管理，优化天然气运行模式，实施适应性工艺改造，提高装置负荷和效率，减少自耗气650万立方米。挖油气处理潜能，增产轻烃2000吨。推行公车集中管理，公开拍卖处置超标车辆，公车用量下降16.5%。基层单位强化自主维修、小改小革，节约成本支出2000多万元。法人企业拓展外部市场，机械公司、瑞丰公司、东升公司外部市场收入分别比2016年增加3091万元、767万元和728万元。开展“强化合规管理年”活动，新建和修订制度46项。

【冀东油田队伍建设】 2017年，冀东油田坚持党管干部原则，优化班子结构，从严选拔干部，44名功勋员工、劳动模范及35岁以下优秀青年走上科级干部岗位。举办23期干部培训班，培训干部履职能力。试行专业技术岗位序列，聘任10名一级、二级技术专家，完善三级工程师选聘方案。给青年技术骨干“搭台子”“压担子”，在冀东油田级及以上科研攻关项目中，有180名青年技术骨干担任项目长、课题长。推行机关与基层“双向挂职”锻炼和科研、生产单位横向岗位交流，27名优秀青年人才在实践中得到历练并成长，推荐中国石油天然气集团公司石油科学家培育对象2人、青年科技英才培养人选5人。职称评定政策向生产、科研一线技术岗位人员倾斜，提高一线技术岗位人员待遇，205名技术人员走上工程师、助理工程师、技术员等岗位。完善技能晋级体系，增设首席技师、助理技师等级，61名优秀操作人才取得助理技师以上职业资格。加大技能培训力度，开展岗位练兵，带动队伍整体素质提升，涌现23名劳动模范和技术能手。举办井下作业等7项技能竞赛，评选97名优秀技能人才。在中国石油天然气集团公司油气田开发专业技能大赛上，获2枚银牌、6枚铜牌。一线生产岗位产生冀东油田技术革新成果30项、发明创造成果5项，中国石油天然气集团公司优秀职工创新成果3项，冀东油田职工创新工作室达到44个。

【冀东油田和谐企业创建】 2017年，冀东油田推进矿区改革，在保证矿区服务质量前提下，组织“三供一业”（供水、供电、供气及物业服务业务）分离移交，水、电、暖业务移交完成总量70%，推进市政设施、医疗业务社会化改革。完善配套功能，改造生活区安全防范监控、消防、客服系统以及维修排污管道及供电、防水基础设施。食堂实行统一管理，提升一线员工就餐质量。调整班车时间，优化运行路线，解决员工家属通勤不便问题。平价维修保养员工私家车，做到便民、利民、惠民。解决群众困难和合理诉求，深化平安油区创建，重点阶段维护稳定信访工作受到中国石油天然气集团公司嘉奖。改进服务质量，做好离退休服务，落实养老、医疗待遇。完善“窗口”服务标准，调整服务大厅工作时间，搭建“微信快讯”服务平台，实施便民伞、便民意见箱和便民车等人性化项目。协调解决房产管理历史遗留问题，办理石油家园、石油馨苑等小区不动产权证书，打通公积金贷款政策通道，缓解部分员工购房资金压力。关注员工身心健康，加强全员健康体检管理，落实带薪休假制度。与16家三甲医院建立稳定医疗合作关系，畅通患病员工到大医院就诊绿色通道，聘请26名专家在冀东油田诊疗4578人次。医疗、工伤、失业保险待遇全面落实，关注弱势群体，动态建档、精准帮扶，筹集资金帮扶困难员工245人次。组织全员参加唐山市职工重大疾病医疗互助活动，66人获补助23万元。开展爱心志愿、应急救助、义务互助等个性化关怀活动，营造崇德向善氛围。老年大学保持7个专业课程，组织健康讲座、文艺会演等活动7场次。2个社区被唐山市创建文明城市办公室确定为示范点，援建帮扶1个贫困村。

（刘东宇）

黄金（金厂峪）

【金厂峪概况】 河北金厂峪矿业有限责任公司（以下简称金厂峪）前身为河北金厂峪金矿，隶属于中国黄金集团有限公司七大板块之一的中金黄金股份有限公司，为中金黄金股份有限公司全资子公司，资产总额10.09亿元，注册资本人民币1.50亿元。公司经营范围为金矿采选、金冶炼、铁矿石采选、矿山机械修理、矿山救护服务。自2013年进行采选扩能改造后，日处理量3000吨，黄金产量自2015年连续3年超过1吨。至2017年12月31日，公司在册职工780人，其中领导班子6人，中层管理人员44人，技术人员126人。在近60年发展历程中，金厂峪公司累计生产黄金41.47吨，上缴利税3.11亿元。2017年，完成采矿量119.37万吨，处理矿量121.73万吨，原矿品位每吨1.09克，黄金产量1140.14千克。

【金厂峪安全环保】 2017年，金厂峪树立安全发展、绿色发展、科学发展理念，不断强化“安全第一、生命至上”理念，履行安全环保主体责任，建立健全安全管理层级，一把手负总责、亲自抓，各分管领导及管理人员共同抓，坚持“党政同责、一岗双责”，加强现场管理，施工队管理逐步规范，教育培训力度不断加大，工程技术人员作用充分发挥，形成领导担当、各负其责局面。开展安全大检查，检查频次增多，力度加大，遏制习惯性违章，全年开展各种形式安全大检查12次，接受国家级安全检查3次，接受省、市、县等各级安全检查9次，对检查出的隐患问题全部整改落实到位。通过大检查，提升安全管理水平，完善工作机制，贯彻制度要求，强化安全生产确认制和顶板分级管理，杜绝安全事故发生。加强环境治理和监测，治理固体废物、废水、废气“三废”，绿化美化废石排土场和申家峪尾矿库堆积坝外坡12.31公顷，通过道路洒水降尘、改造选矿厂布袋除尘器等防止二次扬尘，设置环境监测站每周监测水质，年内2次外委水质监测，检测结果全部达标。加大安全环保投入，全年用于安全环保投入1350.5万元，未发生安全环保事故，被河北省安全生产协会授予“2017年度安全生产先进单位”称号。

【金厂峪地质探矿】 探矿工程是黄金企业生命线工程，是企业长远发展的保障。2017年，金厂峪加强组织领导，加大地质探矿力度和探矿资金投入，整理历史图件，总结历史资料，研究成矿规律，形成本企业自己认识和见解。2017年地质探矿项目完成坑探工程2825米，坑内钻探2617米，投入探矿资金482.95万元，探获矿石量26.58万吨，金属量672.74千克，平均品位每吨2.53克，完成探矿增储任务。

【金厂峪节能降耗】 2017年，金厂峪公司完成省、市、县节能减排主管部门安排各项任务，配合省、市节能监察部门完成水、电在线监测。生产过程中，引进新技术，淘汰落后产能，推行“自动化换人，机械化减人”。削峰填谷，节约电能，统筹调整生产作业时间，将供风、通风、排水、辅助生产设备及选厂压滤、破碎等可间断作业工段作业时间集中在低谷或平段，降低企业用电成本。实施科技创新，开展合理化建议、小改小革、修旧利废活动，完善生产系统，降低人工成本，压减工程费用，大宗物资实行招投标采购，降低业务招待费，改革公务用车，全年通过成本管控节约成本349.14万元，通过调整生产组织实现增产增收530余万元。

【金厂峪信息化建设】 2017年，金厂峪新增网络监控33路，完成化验室、家属区、1000吨日选矿厂氰化车间监控改造及尾矿库通信系统改造，满足生产、安保需求。申家峪尾矿回水回收工程安装自动化系统，重新回收利用尾矿废水，缓解水资源紧张难题。对东沟监控系统进行模拟转数字化改造，达到公安安防并网要求。3000吨日选矿厂完成自动化监控系统改造，自动化设备实现并网运行。

【金厂峪社会责任落实】 2017年，金厂峪开展“两学一做”“党员亮身份”“党员示范岗”“六比六看”“3+1”党支部结对共建等系列主题实践活动，发挥党支部战斗堡垒作用和党员先锋模范作用，增强企业凝聚力，为提质增效增力量，为党旗添光辉。履行社会责任，救护队全年参加对外事故救援3起，抢救遇险人员4名，与周边矿山签订救护协议61份，增加收入125.7万元，为企业减负同时得到社会赞誉。2017年11月3日，金厂峪救护队通过河北省质量标准化考核验收。为员工办实事办好事，制定实施工程技术人员子女就学陪读办法，解决其后顾之忧。关爱员工身体健康，开展重大疾病医疗互助活动，为员工申请缴纳医疗互助金3.02万元，为患重大疾病员工申请一次性救助金1.51万元。为考上初中、高中、大学员工子女发放奖励资金5.15万元。重新修建塑胶球场，为员工业余生活提供休闲娱乐环境。

（高敬云）

地质勘探

·河北地质二队·

【地质二队概况】 河北省地矿局第二地质大队组建于1984年，由冀东指挥部、地质十五队、地质十六队合并而成，为主要从事地质找矿、地质技术服务、矿业开发和工勘施工的综合性地勘单位，隶属于河北省地矿局省直公益一类事业单位。截至2017年底，有在职职工418人，各类技术人员229名，其中中高级专业技术人员152名，硕士以上学历人员及各类国家注册工程师50多名，享受政府特殊津贴专家2名。大队机关共设置12个管理科室、16个生产经营单位（地质矿产处、城市地质处、水土污染防治处、岩土工程处、工程环境处、矿山环境研究所、地理信息处、勘察工程处、水文地质环境处、地热海洋处、地质调查处、探矿工程处、物探工程处、化验室、基建工程处、雄安新区办事处）。主要从事地质勘查水文地质、矿山环境恢复治理、工程地质、环境地质、城市地质、地质灾害评估及防治、地理信息等为地方社会经济发展提供的地质技术服务。地质二队拥有甲级、一级资质17项，主要包括固体矿产勘查，液体矿产勘查，水文地质、工程地质、环境地质调查，地质钻（坑）探、地质灾害危险性评估，地质灾害治理工程勘查、设计、施工、监理，地理信息系统工程、工程测量，不动产测绘、隧道工程专业承包、地基与基础工程专业承包、岩土工程勘察等。拥有乙级资质19项，主要包括区域地质调查、地球物理勘查、地球化学勘查、遥感地质调查、地质实验测试（岩矿鉴定、岩矿测试、岩矿试验）、土地规划资质等，共有地勘、工勘、地灾、测量、化验等专业设备1000多台（套）。

【**地质二队勘探成果**】 到2017年底，地质二队累计探明提交铁、金、锰、铜等矿产地70余处，潜在经济价值超过1万亿元，探明铁矿资源储量超过37亿吨，占到河北省已探明铁矿储量40%。其中，探明滦县司家营铁矿累计提交资源储量32亿吨，为亚洲已探明储量第一大铁矿。先后获全国五一劳动奖状、全国首届百强地质队、中华全国总工会“工人先锋号”、全国地质勘查行业先进集体、全国“安康杯”竞赛优胜班组、河北省地质找矿成果特别突出单位、河北省文明单位等各类称号170余项。位列首届“中国百强地质队”矿产勘查类排序第22位。完成的滦县司家营铁矿南区深部普查项目被中国地质学会评为全国“2012年度十大地质找矿成果”。为GB/T13728-92《铁矿地质勘探规范》国家标准和《掘进材料工》国家职业标准起草编制单位。

【**雄安新区会战参加**】 2017年，地质二队参加雄安新区大会战，80多名技术骨干在现场夙兴夜寐，一个月内完成雄安新区工程地质勘查5900米总工作量项目任务，在河北省地矿局中排名第三，为雄安新区建设提供坚实地质技术支撑，全队有17人受到局党组表彰，地质二队获“雄安新区工程地质勘查大会战先进单位”称号。主动服务京津冀协同发展、生态文明建设和美丽河北建设，融入国家“一带一路”战略，主动服务山水林田湖草生态保护和修复工程，发挥技术专业优势，融入唐山地方经济发展，拓展地质工作服务领域，在转型升级中求发展提能力，在服务唐山供给侧改革、“一港双城”建设以及建设绿色生态唐山等各项工作中体现地质先行的公益性地勘队伍形象。

【**地质勘查精准对接**】 2017年，地质二队转变工作对象，从单一型调查或勘查向综合性地质调查勘查转变，完成年内最大市场项目——三河市煤矿采空区地面塌陷地质灾害调查与风险区划，首次参与河北省北口、东杏河1∶5万区域地质调查项目。转变地质成果，由过去提交一个报告、一张地质图和一些附表，向按城市规划要求提供地质工作成果转变，为丰润区2家矿山整合区编制矿山整合储量核实报告，启动唐山市近20家矿山上半年动态监测，开展唐山市、秦皇岛市及唐山8个县区矿产资源总体规划编制。转变地质工作内容，从固体矿产向清洁能源矿产和战略新兴矿产、大宗紧缺矿产并重转变，完成卢龙坟坨铌钽铍等稀有金属矿预查、司家营研山铁矿有限公司采场补充勘查工程等项目，矿产勘查由粗放型向精准服务型转变。全年完成钻孔58个，总进尺1.29万米。

【**水环地质技术服务**】 2017年，地质二队开展地灾、矿环项目60余项，地灾监理项目70余项，提交地灾、压矿调查报告，矿山恢复治理设计及方案，土地复垦方案等技术成果报告100余份，提交开滦东欢坨煤矿矿山地质环境修复与土地复垦方案，承接迁西县地质公园规划项目，从地质技术服务上助推唐山市转型升级、绿色发展。承揽海港区通宝焦化场地和滦南县东方焦化场地污染调查项目是二队首批水土污染调查项目，为治理土壤和地下水污染提供技术支撑。

【**地理信息服务**】 2017年，地质二队与丰南区国土资源分局合作，使用国土资源执法监察巡查无人机开展低空航摄及遥感技术监测，在河北省首开先河，实现监察区域全覆盖、无死角。举办唐山市国土资源监察巡查现场推广会，推广地质二队与丰南国土局合作成果，《中国国土资源报》《燕赵都市报》及唐山市各新闻媒体予以报道，引起社会各界关注。年内完成唐山市迁安、遵化、滦县、丰润等县（市、区）土地整治项目规划设计编制等200余个测绘项目。成功中标千万以上唐山市丰润区农村集体确权项目。

【**勘查开发与实验技术服务水平提升**】 2017年，地质二队开展昌黎碣石山片区地热资源调查评价、唐山市平原区地热资源勘查等项目设计工作，提高全队地热资源调查研究水平。自筹资金开展水源热泵加新风系统示范项目建设，在一个区域推广地热资源应用，以示范项目为样板，探索地热资源开发、运营、管理于一体的地热能开发利用产业化新模式。在化验室设备及化验场地升级改造方面投入近千万元，具备化验有机、无机、水土、海水等多项检测指标技术能力，完成津石高速、首都地区环线高速等7个土工实验项目。成为国标《土壤颗粒组成的测定筛分法和沉降法》验证单位，增加土壤分析领域话语权。在新一批“全国土壤污染状况详查检测实验室名录”登录中，地质二队成为河北省4家单位之一，在2018～2020年“重点行业企业用地调查项目”中抢占先机。

【**工勘发展品牌优势**】 2017年，地质二队抓住国家产业结构调整契机，重点跟进唐山地区大型厂矿企业对环保项目需求，承接东海钢铁、三友化工、文丰钢厂、唐钢等大批桩基工程项目，发挥传统桩基施工优势，拓展“劲性复合桩”节能环保技术业务区域，开展滦南联旭建材有限公司矿渣粉生产线桩基工程和河北宁富石油建设年产360万吨矿渣粉项目2个大型项目。在矿山工程方面完成河钢黑山铁矿750水平巷道工程，在地灾治理方面开展辽宁北票地灾治理工程项目和承德兴

地质二队实施的滦县椅子山燕山矿山环境治理技术攻关试验成果。

呼思乐 摄

隆地灾治理项目施工。在采空区、岩溶治理方面，完成营涝公路汪庄西梁塌陷段采空区注浆治理工程。年末中标河钢产能升级及宣钢产能转移1500万吨项目。在工程勘察及物探检测方面，地质二队持续参与国家地下水监测工程（河北省部分），为水资源开发与保护提供专业地质技术支撑。完成乐亭钢铁工程勘察项目、唐山市自来水公司5眼水源井工作量以及多条高速公路工程勘察，为服务地方发展和产能升级提供技术保障；与信誉好、回款快、实力雄厚的东海特钢、恒大地产等企业合作，完成8个大型桩基检测项目，与中铁公司、临港开发区等国有大型基建队伍合作，涉足大德锂电池项目、沃天福太阳能项目地质雷达勘查土方量等新领域，全年完成静载试验600余组、低应变检测5000多根，勘查总进尺14万多米。

【矿山环境修复治理】 2017年，地质二队依托国家政策，在山水林田湖草系统治理方面加速矿山环境修复治理步伐。在将椅子山试验区做成全省亮点同时，继续探索用土地置换划转模式突破新增复垦土地验收瓶颈，缓解政府耕地占补平衡压力，以燕山矿山环境治理技术攻关试验项目为依托，与华北理工、滦县国土局等达成《矿山复绿发展园规划协议》意向，推广试验成果。全年累计承揽邢台隆尧治理三期、滦县矿山边坡环境综合治理工程、三河煤矿采空区地质灾害调查与风险区划等11个施工及技术服务项目。谋划推进玉田13家矿山地质环境综合治理工程勘查、设计、施工总承包项目，以整体打包运作模式实施，开创河北省地矿局矿山治理新模式。持续打造邢台及滦县、三河、玉田等地矿山和京昆高速沿线环境治理样板示范区，将试验成果以点带面辐射全省，参与唐山、秦皇岛、张家口、保定及邯郸地区大气污染防治、地灾防治、矿山环境治理及生态修复等项目。由地质二队独创的边坡飘台复绿技术成功申请国家专利，一举解决高陡边坡在矿山环境治理中的难题。中共河北省委、河北省人民政府下发《关于改革和完善矿产资源管理制度 加强矿山环境综合治理的意见》（冀字〔2018〕3号）中，特别将河北地质二队矿山环境治理新技术、新方法作为示范典型予以推广。

【地质二队影响力增强】 2017年，地质二队矿山治理新模式得到省、市、县三级政府肯定。参展业内颇具威望的2017年中国国际矿业大会，单独设置参展区，重点展示在矿山环境治理、地热资源开发、工程施工等方面专业优势，吸引众多中外参观者驻足交流。地质科技创新成果多，1项技术获国家实用新型专利，2项成果获评省级优秀报告，2个项目分获省局地质科技成果一等奖、二等奖。获“市级文明单位”“省级文明单位”等称号，蝉联4届省级文明单位。2017年，地质二队驻承德县东小白旗乡槽碾沟村扶贫工作组遵守驻村工作纪律，推进精准扶贫，开展贫困户走访帮扶、民情包资料收集发放、贫困人口建档立卡“回头看”等工作，为村小学生捐物助学，为村民修建生活垃圾堆放场，推动光伏发电等扶贫项目，驻村扶贫工作组组长朱彦宾被省委组织部授予“全省扶贫脱贫优秀驻村第一书记”称号，万峥获省委组织部“2017年第三季度优秀省直驻村干部”称号。

（徐 宁）

·河北地质五队·

【地质五队概况】 河北省地矿局第五地质大队（简称地质五队）隶属于河北省地质矿产勘查开发局，始建于1955年，集地质勘查、地质灾害防治、环境地质、矿山建设、测绘等专业于一体。建队后长年在冀东地区开展地质找矿勘查工作，累计发现评价矿产地350余处，矿产种类30余种，提交地质报告400余份，勘查和评价大型矿床16个、中型矿床18个。先后获全国五一劳动奖状、全国地质勘查行业先进集体、河北省文明单位、振兴唐山先进单位等称号。至2017年底，全队有职工968人，其中在职职工560人，各类技术人员374名，其中中高级专业技术人员248名。22名技术人员入选省地矿局“55”人才库，1名技术人员被评为唐山市市管专家。下设12个职能科室和23个二级单位，拥有国土资源部、住房和城乡建设部等部门颁发的各类勘查、施工、设计、监理等甲级资质12个、壹级资质3个，乙级资质14个、贰级资质2个，丙级资质1个；拥有大型设备800余台（套），是河北省首批通过三大管理体系认证的地勘单位。2017年，开拓地质工作新领域，将产业结构调整、转型发展、拓宽服务领域及科研管理创新作为重要工作，将稀有贵金属、新能源找矿、地灾防治、矿山建设及矿山环境恢复治理、海洋地质、土地复垦、市政施工、港口建设作为重点，保持地质勘查与工勘施工稳步发展，实现以资源保障为主向资源环境并重保障转变。

【产业结构调整】2017年，随着国家环保政策升级，大规模压钢减煤、限产限能，加之地质勘查资质取消，给地勘行业带来诸多挑战，地质五队适时调整产业结构，主动融入地方经济建设，继续加大在海洋地质、土地复垦、生态修复等领域人、财、物投入，调整产业结构。年内，实施“全国第一次海洋经济调查（唐山）”“唐山岸线生态修复研究”“唐山市区及县市城区集中式水源保护区勘界及标志标识规范设置项目”和“2017年度全省地面沉降调查与监测项目”；成功中标并实施“唐山市古冶区王辇庄乡工矿废弃地复垦利用项目”，该项目完成后可新增耕地59.10公顷，新增耕地率88.30%，助力古冶区盘活废弃闲置用地，提升土地利用效率，改善生态环境；参与京津冀协同发展六河五湖综合治理与生态修复工程，先后完成“赤城县潮白河流域白河综合治理二期工程钻探施工”“张家口市尚义县东洋河、鸳鸯河治理工程钻探施工”“张家口市永定河上游综合治理工程钻探施工”等项目，提升京津冀区域生态环境品质、拓展京津冀生态环境空间。

【地质服务领域拓宽】2017年，地质五队承担和实施各类项目24个，重点开展“河北省迁安市长城金矿深部详查”项目，发现品位较高样品多分布于岩脉及岩脉附近白云岩中，成为冀东地区金矿成矿规律研究中的重要发现。先后提交《迁安市松木庄铁矿（周官营铁矿）深部地质普查报告》和《迁安市北屯北铁矿深部及外围地质普查报告》。新增省厅地勘项目1个，即“河北省卢龙县亮甲峪一带1:5万化探异常查证”。成功申请省局科研项目“冀东高板河—清河沿一带中上元古界地层成矿规律研究”和地勘项目“河北省兴隆县马头牛金多金属矿普查及找矿潜力评价”。发挥资质、人才优势，在地灾防治、测绘、土地整理、三权确权等方面为地方政府提供技术服务。全年完成地灾、压矿、矿山环境恢复治理、土地复垦、土地开发整理、矿业权评估等项报告139份，先后实施矿山地质环境综合治理项目7个、地质灾害治理工程监理项目4个、地质灾害治理工程项目7个、测量项目17个，实施唐山市部分区县农村宅基地、集体建设用地使用权调查、高标准基本农田验收以及“唐山湾生态城航飞测绘”项目。依托赞比亚基地和印尼分公司开拓工勘和地勘市场，先后承揽“中国援助赞比亚航空物探地球化学和地质填图技术合作项目”化探样品采集工作，“津巴布韦炸药生产厂建设项目1:500和1:5000地形图测量”“印尼德龙镍业工业园二期工程岩土勘察”“印尼铜金矿勘查项目”等。

【工勘施工创新发展】2017年，地质五队以矿山建设为核心，不断延伸、延长与河钢集团、中金集团等大型企业的合作领域，先后中标“河北钢铁集团迁安红山铁矿有限公司新回风井井筒掘砌工程施工”和“河北钢铁集团迁安红山铁矿有限公司主井溜矿系统和负425米运输水平掘砌工程施工”项目，相继实施“庙沟铁矿露天转井下主井溜破掘砌工程”“峪耳崖金矿地下采掘工程和飞跃分矿采掘工程A标段”“凌源日兴矿业井下掘进工程”“陕西略阳铧厂沟金矿1190矿段采掘及盲竖井延深掘砌和井筒装备安装工程”等矿山建设项目，实现由纯粹矿山井巷施工向技探采一体转型发展。同时走出去开拓新市场空间，签订《新疆哈密天生圈铁矿露天开采工程合同》。在市政施工和港口建设方面，承担合同额2.35亿元的“迁建乐亭县中心渔港综合项目一期工程（防波堤、护岸工程）”项目及“沧州渤海新区黄骅港综合港区物流园区PPP项目一期软基处理四标段工程”等建设项目。

【地质五队建设】2017年，地质五队通过开展专题党课、党风廉政建设座谈会、反腐倡廉教育报告会，组织观看廉政教育片和法律法规考试等形式，推进全面从严治党向基层延伸，开展“一问责八清理”专项行动和作风整顿，贯彻落实中央八项规定精神，持而不息地反对和纠正“四风”。开展精神文明建设，组织诗词楹联颂党恩和“坚持知行合一 增强四个意识”主题征文活动，组织青年志愿服务队参加“关爱自闭症儿童”和“爱唐山 做贡献”志愿服务活动，走访慰问一线党员职工和离退休老党员、老职工，开展“送衣物、献爱心”为扶贫村村民捐衣物活动，共捐赠衣物800余件。通过多种形式和手段开展宣传，运用“互联网+”，通过微信群、微信公众号及时更新信息，扩大地质五队社会影响力。结合扶贫村松树台实际情况，出资建设27公顷经果林园区，扩建食用菌棚，增加村民务工机会和收入。出资修建东大梁道路、杨三线至村部部分道路及被雨水冲毁的道路，捐资安装光伏发电装置，为各自然村安装路灯50盏，出资修建村文化长廊并捐赠2000余套图书，为村小学捐赠课桌椅40套，为贫困户送去慰问捐助金及物品。

（王秀芬 李宗敏）

纺 织

【纺织概况】2017年，唐山市在统规模以上纺织企业39家，其中亏损企业10家，总资产266.3亿元，比上年增长11.8%；总负债160.38亿元，比上年增长1.5%；完成工业增加值25.92亿元，比上年增长10.7%；实现营业收入237.13亿元，比上年增长26%；实现利润21.42亿元，比上年增长138.5%；完成出口交货值24.02亿元，比上年增长10.1%；实现产销率99.8%，比上年下降0.1个百分点。全年生产纱7.7万吨，比上年增长14.9%。生产化学纤维56.3万吨，比上年增长2.9%。纺织行业逐步复苏向好，进口纱线与国内价格基本持平，棉纺企业实现全部复产。中高端纱线产销两旺，价格大幅提升，行业利润成倍增长。

【纺织技改项目】2017年，唐山市纺织行业技改项目3项，分别为唐山三友远达纤维有限公司年产20万吨功能性、差别化粘胶短纤维项目，新溶剂绿色纤维素纤维中试线项目；唐山三友集团兴达化纤有限公司年产5万吨硫酸钠浓缩及200万方/年中水回用项目。总投资27.5亿元，累计完成投资3.2亿元，全部达产后预计新增销售收入32.7亿元，新增利税5.7亿元。

（石味诗）

医 药

【医药概况】 2017年，唐山市在统规模以上医药企业9家，其中亏损企业2家，总资产13.5亿元，比上年增长30.9%；总负债7.18亿元，比上年下降24.3%；完成工业增加值3.59亿元，比上年上升2.6%；产销率92.3%，比上年下降4.5个百分点；实现主营业务收入7.95亿元，比上年增长10.3%；与上年相比实现扭亏转盈，利润1.02亿元；完成出口交货值0.76亿元，比上年下降20.8%。受新版GMP认证、仿制药一致性评价等宏观政策和市场不景气影响，整体行业低位运行，企业订单不足。全行业因太阳石（唐山）药业计提固定资产减值1.28亿元影响逐渐削弱。

【生物医药产品在国内处于领先地位】 2017年，英诺特（唐山）生物有限公司取得流感三联卡、呼吸道九联卡、优生优育系列等55个产品注册证，其中有4个产品为国内独家生产，技术发展水平在河北省医疗器械行业中处于领跑地位，设计产能位居国内同行业前三名。间接免疫荧光技术平台是全国独家。艾驰生物科技有限公司取得80个生化试剂产品注册证，启动争取全自动生化分析仪200及全自动化学发光分析仪100、200、360型生产许可证，80个化学发光检测试剂盒、120个生化检测试剂盒产品注册证工作。

【滦南（北京）大健康产业园启动】 2017年，唐山市滦南（北京）大健康产业园在北京市经信委、食药监局、保健品企业协会和河北省工信厅、省食药监局等行业主管部门支持与推动下，西部控股与滦南县政府共同打造，成为承接京津产业转移示范平台，是北京产业功能外溢，实现异地监管标杆性项目。项目总投资额150亿元，5年建设期，北京同仁堂、北方大陆、美宝高科等24家北京外迁项目与滦南县签订投资合作协议。

（石味诗）

【周立新获终身成就奖】 2017年12月20日，2017品牌年度人物峰会在海南国际会展中心颁奖。唐山企业家、河北三鑫实业集团董事长、“中国硫酸软骨素应用之父”周立新获“2017中国品牌年度人物·软骨素应用终身成就奖”。本届品牌年度人物评选活动以“2017，谁为中国赢得尊敬？”为主题，围绕品牌、年度、人物、贡献4个总体标准，突出品牌理念、年度推崇、人物标识、卓越贡献四大核心元素。品牌年度人物峰会在颁奖词中对周立新评价是：“他凭借独有的敏锐洞察力，跳出产业看产业，进行前瞻性的未来创业方向规划，组建硫酸软骨素生产厂，开始制造特异性康复骨关节炎的硫酸软骨素复合制剂。从1999年至今，累计出口创汇逾亿美元，被行业内人士誉为‘硫酸软骨素应用之父’”。“中国十大首席品牌官”及30余个行业内品牌人物奖项一同揭晓，唐山市水松缘生物科技有限公司总经理丁涛获“2017中国（新兴行业）品牌年度人物”称号。

（鲍 雯）

食 品

【食品概况】 2017年，唐山市在统规模以上食品企业143家，按照主要门类划分，农副产品加工业企业109家，食品制造业企业20家，酒、饮料制造业企业14家，其中亏损企业14家，较上年下降3家。总资产226.36亿元，比上年增长14.7%；总负债107.5亿元，比上年增长18.9%。完成工业增加值76.96亿元，比上年增长9.7%；实现营业收入301.1亿元，比上年增长9.4%；实现利润16.04亿元，比上年下降4.9%；完成出口交货值13.86亿元，比上年下降2.6%；实现产销率98.9%，比上年上升1.5个百分点。食品主要产品产量：精制食用植物油4.94万吨，比上年增长87.9%；饲料109.4万吨，比上年增长0.2%；乳制品783万吨，比上年增长2.6%；酒40.58万千升，比上年下降8.6%；饮料72.81万吨，比上年增长33.9%；小麦粉30.3万吨，比上年增长69.3%；鲜肉、冷藏肉12.2万吨，比上年增长19.6%。

【国家级食品安全城市创建成功】 2017年6月29日，在北京举办的全国食品安全宣传周上，唐山市被国务院食品安全办授牌命名为国家食品安全示范城市，成为全国首批15个获此称号城市之一。“社会认可、群众满意”是国家食品安全示范城市的创建标准，唐山市在创建过程中，始终从群众最关注、最急需解决的热点、难点问题入手，潜心打好服务民生“一张牌”，完成36类79项创建指标，全市群众食品安全总体满意度由2015年的72.04%提升到76.19%。

【“放心肉、放心菜超市”创建活动】 2017年，唐山市委、市政府将此次创建活动列入为民办10件实事工程。明确3项标准，即必须有健全的内部食品安全管理机构；必须建立从采购到销售全程质量控制体系，实现“放心肉菜”全程可追溯；必须建立食品安全快速检测室，每日自检数量不少于“放心肉菜”品种30%。鼓励企业探索“统一采购、统一查验、统一检测、统一配送”等新型流通模式，建立“放心肉菜”电子追溯系统并配备电子查询设备，方便群众查询“放心肉菜”生产、流通、检验等详细信息。实施5项公示并动员群众监督，即设立管理公示栏，公示“放心肉菜”承诺书和相关管理制度；小包装“放心肉菜”加贴标签，注明名称、产地等信息；公示肉类产品检验检疫证明，进口“放心肉菜”公示入境货物检验检疫证明；实时显示冷藏设备具体温度；公示“放心肉菜”快速检测结果。市县联动强化动态管理，县级食药监管部门负责指导“参创超市”制定完善食品安全管理制度，全面建立“参创超市”食品安全信用档案，对照创建标准逐项检查企业整改落实情况。市食品药品监督管理局负责调度全市创建活动，参加创建超市全部纳入食品安全年度抽检计划，覆盖率100%，建立“放心肉、放心菜超市”动态管理机制，企业管理不到位不予挂牌。

【食品工业企业诚信管理体系培训会】 2017年10月，唐山市工信局会同市人社局共同举办食品企业诚信体系建设培训会，邀请专家讲授食品企业诚信体系建设、HACCP食品安全管理体系建设等内容，全市14个县区104人参会，围绕《食品工业企业诚信管理体系》（GB/T 33300-2016）最新标准、食品生产企业电子记录与追溯系统、新旧标准对比等内容，通过老师授课、现场提问等方式，系统学习食品工业企业诚信体系建设背景、重要性，与其他管理体系的区别，以及具体建立体系过程等主要内容，了解诚信体系建立的目的及作用，培养和增强企业诚信意识。

【**食品技改项目**】 2017 年，唐山市食品行业实施技改项目 9 项，总投资 15.57 亿元，完成投资 4.46 亿元，全部达产后预计新增销售收入 10.1 亿元，新增利税 1.57 亿元。遵化市美客多集团肉鸡屠宰深加工项目、遵美味食品有限公司真空低温油浴（VF）脱水果蔬（果蔬脆片）项目均纳入 2017 年河北省工业企业技术改造专项资金项目，分别申请技改资金 310 万元、460 万元。滦县伊利乳业有限责任公司建成液态奶数字化车间，成为全市企业装备智能化领头企业，获得奖励资金 70 万元。

（石味诗）

盐　业

【**盐业概况**】 唐山盐区是全国重要海盐产区之一，辖内有原盐生产企业 10 个，食盐定点生产企业 7 个。2017 年，生产原盐 216.2 万吨，销售原盐 185 万吨；生产食盐 18 万吨，销售食盐 14.5 万吨；生产溴素 6230 吨。年内，盐业企业变动，丰南区涧河盐场由于河北丰南纵横钢铁有限公司占地，占用盐场所有盐田，原盐生产停止，食盐车间搬至丰南区黑沿子镇内。滦南县嘴东开发区管委会决定，将原滦南县恒丰盐业有限公司与滦南县昌升盐业有限公司合并，成立滦南正一制盐有限公司。

【**盐业体制改革**】 2017 年，是盐业体制改革的攻坚年。唐山市盐务局贯彻落实国务院及河北省盐业体制改革相关工作精神，以保障食盐质量安全和供应安全为核心，继续推进改革各项相关措施落地。推进盐业结构调整，引导企业立足自身产业基础，明确发展目标，强化创新驱动。协助盐区企业开展多种经营，不断优化产品结构，实施“增品种、提品质、创品牌”的“三品”战略，按照新准入标准和要求对设备升级改造，在保证普通食盐供应基础上扩大中高端食盐产品供给，打造天然、绿色、健康海盐特色品牌，满足群众消费需求。引导企业针对生产中薄弱环节，制定稳产增产措施，维护唐山盐区原盐产能。推进盐业科技进步，推广地下卤水提取技术。加强食盐储备管理，做到食盐最低库存量不低于该企业上一年度月均食盐销售量，确保食盐供应渠道和价格稳定。

7月，唐山海港开发区长芦大清河盐场2017年春盐收获结束，收获春盐28万吨。
杨世尧 摄

【**盐政管理**】 2017 年，唐山市盐务局制定《唐山市盐务管理局关于推进行政执法公示制度执法过程全记录制度重大执法决定法制审核制度的实施方案》《唐山市盐务管理局行政执法公示制度》《唐山市盐务管理局执法过程全记录制度》《唐山市盐务管理局重大执法决定法制审核制度》等制度文件，同时细化完善各制度实施方案，确保在盐业体制改革过渡时期食盐生产质量安全。清理与《国务院关于印发盐业体制改革方案的通知》（国发〔2016〕25 号）要求不一致文件，为贯彻落实国务院盐务体制改革精神，做好盐业“放管服”工作清除障碍。建立行政执法信息平台，完善网上执法办案、信息查询系统。对行政执法进行事前、事中、事后公开。落实《河北省法治政府建设情况报告制度》，加强行政负责人出庭应诉、履行人民法院生效判决、提高行政应诉能力等专项建设。

【**盐业队伍建设**】 2017 年，唐山市盐务局借盐业机构改革、京唐港盐政所归属之际，加强盐政执法队伍建设。全面实行盐业执法人员持证上岗和资格管理制度，25 名执法人员全部信息录入河北省行政执法监督平台，制定《唐山市盐务管理局执法人员清单》并向社会公示。强化执法培训，有计划、有组织地培训盐政执法人员盐业法规知识和业务。加强执法队伍组织建设、思想建设和作风建设，打造纪律严明、作风过硬、秉公执法、业务精通的盐政执法队伍，提高市场管理与执法人员管理市场、保障市场、服务市场能力。加强盐业法制宣传教育，组织开展盐业普法宣传活动，扩大普法宣传覆盖面。

【**盐业市场秩序整顿**】 2017 年，唐山市盐务局强化执法巡查力度，加大打击私盐力度，发挥稽查大队执法队伍主体作用，开展多层次、高密度、形式多样的专项整治，保持盐政管理高压态势。配合省盐务局落实区域治理责任制，实行逐级负责、层级管理，确保辖区内不发生重大盐业违法案件。落实涉企行政执法检查“双随机 一公开”抽查机制，落实涉企行政执法便民利企措施，多举措确保全市人民食用合格碘盐，保持盐业市场稳定。

（刘　瑶）

民营经济

MinYingJingJi

综 述

【民营经济指标】 2017年，唐山市民营经济完成增加值4885.8亿元，比上年增长7.1%，占全市地区生产总值的68.8%。利润总额1302.8亿元，比上年增长10.6%；实现营业收入18879.8亿元，比上年增长11.0%；上缴税金483.7亿元，比上年增长32.4%；民营经济单位个数达到40.7万个，从业人员248.7万人，比上年增长7.0%；完成固定资产投资3028.2亿元，比上年增长8.7%。民营经济增加值、上缴税金占全市GDP和财政收入的比重分别为68.8%和66.0%。

【民营企业】 2017年，唐山市民营企业4.6万家，民营企业从业人员125.6万人，比上年增长2.2%。其中，规模以上民营工业企业1444家，比上年增长0.8%。实现总产值7878.5亿元，比上年增长5.5%；完成增加值2294.3亿元，比上年增长7.5%；实现利润总额406.0亿元，上缴税金210.7亿元，分别比上年增长12.8%和47.7%；劳动者报酬162.2亿元，比上年增长9.2%。

【个体经济】 2017年，唐山市个体经济户数36.2万家，比上年增长16.1%；个体经济从业人员123.1万人，比上年增长12.4%；完成增加值1221.5亿元，比上年增长5.9%；实现营业收入4768.5亿元，比上年增长10.5%；利润总额398.3亿元，缴纳税金37.8亿元，分别比上年增长13.8%和18.0%；工资支出237.6亿元，比上年增长6.6%。

【民营工业】 2017年，唐山市民营工业单位个数6.0万户，比上年增长7.1%，占全市民营经济单位数15.0%；完成增加值2971.5元，比上年增长9.5%，占全市民营经济增加值60.8%；实现营业收入11119.5亿元，比上年增长10.6%，占全市民营经济营业收入60.2%；利润总额776.7亿元，比上年增长9.9%，占全市民营经济利润总额59.6%；上缴税金277.5亿元，比上年增长36.9%，占全市民营经济上缴税金57.4%。

（张向群）

【民营外贸】 2017年，唐山市民营企业出口29.11亿美元，比上年下降38.7%，占全市出口总额53.3%；进口27.29亿美元，比上年增长12.9%，占全市进口总额61.4%。全市民营企业中666家有出口实绩，出口前10位企业是：唐山燕山钢铁有限公司3.77亿美元、河北华通线缆制造有限公司1.49亿美元、唐山中红普林塑胶有限公司1.36亿美元、唐山梦牌瓷业有限公司1.11亿美元、唐山泽腾商贸有限公司7971万美元、唐山市丰润区一和贸易有限公司7047万美元、唐山泰格国际贸易有限公司6005万美元、唐山曹妃甸泛洋国际物流有限公司5956万美元、唐山中陶实业有限公司5620万美元、创技健身器材（唐山）有限公司5362万美元。全市进口企业中159家有进口实绩，进口前10位企业是：唐山燕山钢铁有限公司10.42亿美元、唐山瑞丰钢铁（集团）有限公司6.65亿美元、迁安市九江线材有限责任公司2.94亿美元、唐山凯荣国际贸易有限公司1.52亿美元、河北纵横集团板材有限公司1.02亿美元、河北港湾贸易有限公司8015万美元、唐山市来巍贸易有限公司5747万美元、庞大汽贸集团股份有限公司4462万美元、唐山天柱钢铁集团有限公司3884万美元、唐山曹妃甸木业股份有限公司3751万美元。

（陈君君）

【民营卫生医疗】 2017年，唐山市政府引导鼓励和服务社会办医，加快培育、打造一批具有竞争力的品牌服务机构，推进社会办医向高水平规模化方向发展。投资2800万元的唐山爱尔眼科医院、投资1500万元的血液透析中心和投资20.8亿元的唐山南湖医院等重点项目开业运营。截至年底，全市民营医疗机构5164家。全市二级以上医疗机构67家，其中民营医疗机构11家；全市二级以上医疗机构床位2.82万张，其中民营医疗机构床位2552张；全市民营医院89家，百张床以上民营医院12家，占民营医院总数13.5%。

（王义岩）

【民办教育】 2017年，唐山市教育局鼓励社会力量兴办教育，审批设立唐山实验学校、唐山奇石艺术学校、唐山金名学校3所学校。截至年底，全市有民办学校1341所，全日制在校学生（含幼儿园）10.1万人，教职工1.7万人。1月，省民办教育协会召开全省民办教育工作座谈会，唐山市教育局参加座谈会并发言。7月，曹妃甸职业技术学院建成并挂牌招生，填补唐山市民办高校空白。

【民办学校规范发展】 2017年，唐山市教育局组成2016年度民办中等学校年检组，年检民办中等学校29所，其中年检合格学校22所。实地检查民办初中、高中和中专学校17所，抽查非学历中等教育机构。责令整改公办学校参与举办民办学校及办学条件较差的民办学校6所。华北理工大学轻工学院丰润校区、长宁专修学院、天成专修学院3所省管民办学校接受省教育厅民办教育年检，并得到肯定。

【国家、省民办教育协会负责人调研】 2017年5月，中国民办教育协会秘书长王文源，河北省民办教育协会会长闫春来，河北省民办教育协会常务副会长、秘书长刘桂玲在唐山市金桥教育集团调研。先后走访金桥小学、金桥家有儿女幼儿园、金桥中专、金桥道尔顿国际学校和金桥中学5所学校，召开座谈会，就金桥教育集团办学结构、发展战略、教学方式等方面提出指导性意见。市教育局长、党组书记刘绍辉看望王文源秘书长一行。

（骆礼鹏）

【省政银保合作签约暨产融合作银企对接活动】 2017年6月13日，由省工信厅、省财政厅、人行石家庄中心支行、河北银监局联合主办的河北省2017政银保合作签约暨产融合作银企对接活动在唐山市举行。省工业和信息化厅与23家金融机构签署合作协议，签约金融机构承诺支持工业企业9312亿元、支持中小微企业10132亿元。省工业和信息化厅厅长、党组书记龚晓峰等出席会议并讲话，市委常委、副市长李忠娟出席活动并致辞。活动中，发布项目1000余个，并介绍相关基金情况，组织金融机构、证券公司、保险公司、投资（基金）公司、担保公司与80多家企业现场对接洽谈。成联电商、唐山钢铁谷、河北银行、中国银行河北省分行等分别介绍在产融合作方面经验。

【唐山民营企业与京津专家交流对接】 2017年6月28日，由唐山市人社局主办、市人才交流中心承办的唐山市人才技术项目交流对接会在新华联铂尔曼大酒店举行。北京科技大学、北京工业大学、天津工业大学等京津重点院校、科研院所23名大数据、物联网、人工智能等领域专家参加，与唐山市玉田工业产业园区、丰南经济产业园区、迁西工业园区等6家产业园区以及唐山亚特专用汽车有限公司、唐山华洋自动化有限公司、唐山正欣实业集团有限公司等百余家民营企业交流对接。此次活动以“智汇唐山”为主题，旨在加快推进京津冀协同发展进程，为人才、科技、项目对接搭建平台，为唐山市转型升级增添动能。会上，专家将技术优势明显、市场前景看好、符合唐山市产业转型升级方向的14个优秀项目现场路演推介，并与企业负责人交流问答。路演结束后，意向企业与专家对接，最终5个技术项目达成合作意向。

【“企业成长与创新管理”培训班举办】 2017年10月27日，为加快培育一批稳增长、调结构和促转型的成长型企业，唐山市人才交流中心依托唐山市驻北京中关村引才引智工作站，邀请北京知名企业人力资源总监郭红保在唐山市民服务中心举办“企业成长与创新管理”培训班。本次讲座围绕成长型企业人才优化、绩效薪酬设计的对象划分、各类人员如何进行绩效考核与薪酬发放4个方面讲解。参会人员表示，此次培训内容全面、系统、针对性强，重点解决企业人力资源管理难题，为健全现代企业人力资源管理制度、提升企业竞争力发挥作用。唐山市驻北京中关村引才引智工作站9月份成立，为加强京唐两地人才交流机构合作，连续推出“唐山市智能装备人才技术项目交流对接会”“滦南县电子商务人才培训班”“企业成长与创新管理”培训班等多场活动，促成12个项目达成合作意向，培训农村电子商务人才和企业经营管理人才200余人。

【唐山非公有制经济商（协）会党委成立】 2017年11月30日，唐山召开非公有制经济商（协）会党委成立大会。成立该委员会，是贯彻党要管党、从严治党，实现“两个覆盖”（组织覆盖、工作覆盖）重大举措，对唐山非公有制经济发展及非公有制经济人士成长起保障作用。党委将加强自身建设，健全各项工作制度，提高工作标准和制度化、规范化水平，扩大非公有制经济商（协）会党建影响力。组织所属商（协）会党支部学习党的各项路线、方针、政策，开展理想信念教育实践活动，引导监督非公有制企业依法执业、诚信从业。帮助商（协）会健全章程和管理制度，参与社会治理、提供公共服务、承担社会责任。同时发挥桥梁纽带作用，在商（协）会和民营企业调查研究，调动其参与党建工作积极性。

（张向群）

服务与管理

【服务与管理概况】 2017年，唐山市落实《关于促进民营经济又好又快发展的实施意见》和《关于降低实体经济企业成本的意见》等文件，开展“降成本、减负担”活动。编印《惠企政策汇编》免费发放企业，组织900余人开展民营经济政策宣讲活动，采用多种形式培训企业家2000余人。制发《关于印发唐山市市县两级领导入企帮扶方案的通知》，持续开展百家成长性企业登台阶工作，精准破解企业发展难题，为争取“三个走在前列”，加快“三个努力建成”，建设国际化沿海强市注入新动能。市工商业联合会在民营企业中开展以“守法诚信、坚定信心”为主题的非公经济人士理想信念教育实践活动，激发和弘扬企业家精神，引导企业家爱国敬业、遵纪守法、创业创新、回报社会，形成唐山特色工作经验，在省年轻一代民营企业家理想信念报告会上，唐山市企业家孟英作典型发言。实施非公经济人士素质提升工程，组织非公经济人士参加唐山市统战系统学习宣传贯彻党的十九大精神报告会，邀请知名专家学者辅导授课，加强对党的十九大精神理解。举办唐山市工商联学习宣传贯彻十九大精神促进“两个健康”座谈会，50余名民营企业家代表交流座谈，为助推全市民营经济发展提供内生动力。扩大整合利用资源，组织“中国职业经理人大讲堂”“清华大学融商融智总裁研修班”“国际标准化的发展与中国制造讲座”“新形势下PPP项目高级实战研修班”“唐山市年轻一代企业家素质提升培训班”，满足企业家提高能力、开阔视野需求；举办全市工商联系统读书学习活动，丰富机关干部和非公经济人士思想内涵。

2月21日，市工商联组织"迎家人、叙乡情"唐商新春联谊会。

史晓涵 摄

年内，通过实施多层次、多维度教育培训，建立起常态化、标准化、规模化培训机制，年内培训企业家超过3000人次。发挥优秀民营企业家示范带动作用，从转型升级、企业管理、文化建设、光彩事业等多方面选树典型，挖掘其先进事迹和成长经验，在唐山电视台《聚焦民企》栏目、《唐山劳动日报》《民企航标》专栏、《唐山商会》会刊作专题报道，同时联系《中华工商时报》《河北日报》、长城网等国家级、省级媒体，宣传报道唐山优秀企业家。年内，各媒体报道中信重工开诚智能装备有限公司、唐山贺祥机电股份有限公司、河北瑞兆激光再制造技术股份有限公司等企业40余批次。

【工商联经济交流活动】 2017年，唐山市工商业联合会联系异地唐山商会，全年走访民营企业15家，与30家民营企业开展联谊活动和经济推介活动，组织商会走进曹妃甸区、乐亭县、滦县、玉田县多次开展经济对接活动。举办"迎家人，叙乡情"2018年唐商新春联谊会，20余家异地商会会长、秘书长80余人参会，传达市委、市政府对民营企业家的关心关怀，促进"凤还巢"工程开展。组织21家装备企业赴义乌参加"2017义乌国际装备博览会"，加快唐山市引进国际先进装备和技术，促进装备制造技术推广和产品销售。举办中国唐山五金博览会取得成功。举办首届河北玉田机械工业暨机电产品交易会，省内外协会及全国各地230多家企业参展，交易金额3000万元。

【工商联科技进民企活动】 2017年，唐山市工商业联合会围绕落实习近平总书记视察唐山讲话精神和省市关于加快科技创新、建设创新型唐山决策部署，持续开展民营企业科技创新促发展活动，为企业寻求技术、项目支持。与市发改委、工信局联合举办"科技进民企——创新创业政策解读宣讲专题培训会"，60多家企业、商会参加培训。与市人社局共同举办唐山市智能装备人才技术项目交流对接会，邀请清华大学、北京科技大学等知名高校和科研院所专家，就国家首批产业转型升级示范区建设、搭建高层次人才智力平台等内容开展项目路演和交流对接，参会企业77家，现场达成项目合作意向12个。

【融资与法律服务】 2017年，唐山市为17家民营企业提供转贷资金1.92亿元，节约企业成本124万元；为30多家中小微企业办理"助保贷"1.75亿元，带动其他形式融资2200多万元。为22家企业提供信保基金贷款担保2000余万元。唐山市工商业联合会协助商会、企业与金融机构对接，累计帮助民营企业实现融资5000余万元。联合华北理工大学、唐山邮储银行开展创新中小微企业融资服务专题调研，提出探索政府支持下商会融资体系建议，帮助中小微企业解决融资难问题。与华北理工大学联合开展"民企招聘周"活动，参与招聘民营企业800余家，提供就业岗位2.8万个。与唐山市各职业学院联合实施在职人员培训、民企用工定向委培计划，带领10家企业在唐山劳动技师学院交流对接。发挥"唐山市仲裁委员会非公经济民商事纠纷仲裁工作站""市工商联非公企业法律咨询服务中心"作用，聘请优秀民营企业家担任法院陪审员，为民营企业发展提供法律保障。

【小微企业创业创新基地】 2017年，唐山市工信局"双创"示范工作制定奖补项目实施细则（办法）20个、项目申报指南和《唐山市推进小微企业创业创新基地城市示范工作领导小组议事规则》12个，"双创"示范工作投入资金48.96亿元，"创业、就业、创新"三大指标超额完成任务。百川创业创新中心、宝升昌全球创客创业创新基地等5家创业基地被认定为河北省第一批小型微型企业创业创新示范基地；新百工众创空间、互联网E创空间晋升为国家级众创空间。引入北京华普亿方集团打造的唐山创业创新基地投入运营，与苏州欧富朗电子商务有限公司合作成立唐山首家电子商务服务外包产业园，入驻企业26家；引入中国电子商务百强颐高集团合作建设的金卓颐高电子商务产业园，建设5000平方米电商运营中心，入驻企业（团队）45家。

【中小企业经营管理人员培训班】 2017年4月25～28日，唐山市工信局和北京华普亿方集团共办唐山市中小企业经营管理者培训班。华普亿方集团相关专家集中为唐山市70户中小企业董事长、总经理及高管人员等企业负责人讲解企业经营管理创新方法，提高企业核心竞争力，助力唐山市地方经济发展及产业转型。本次唐山中小企业经营管理者培训班是为贯彻落实《唐山市企业经营管理人员素质提升培训指导意见（2016～2018年）》（唐政办函〔2015〕281号），提升中小微企业经营管理人员素质和创新能力，实施中小企业管理能力提升工程，推动中小企业建立现代企业制度，推动中小企业管理创新，促进中小企业结构调整，转变发展方式。专家们为唐山中小企业经营管理者专门安排相关课程。通过理论学习+能力训练+实训实践的学习方式，采用国际先进培训方法取得最佳培训效果，改变教室授课为主体传统形式，强调互动性和实用性，增加学员参与感和体验感。结合PBGS、行动导向教学法、案例研讨等国内外先进教学方式，以科学手段保证

4月25日，唐山市中小企业经营管理人员培训班现场。 孙天顺 摄

培训质量。通过现场答疑解惑，剖析学员在企业经营管理中出现的问题，增加学员对课程的兴趣和理解，让参与者学有所获。

（史晓涵 张向群）

重点民营企业

【中信重工开诚智能装备有限公司】 成立于1991年，公司主要生产特种机器人、矿山传动及自动化两大产业270余种产品，覆盖消防、救援、反恐、军工、矿山、石化、电力、海工作业、地铁、城市综合管理等众多领域。2017年，实现营业收入5.29亿元，上缴税金5448.6万元，实现净利润1.75亿元。公司拥有发明专利7项、实用新型专利20余项、外观专利6项。年内，公司投资10亿元建设特种机器人研制中心、远程控制中心、培训及体验中心、检测中心、展示及综合服务中心五大中心，项目占地面积4.67公顷，总建筑面积6万平方米，项目达产后，年产特种机器人1.5万台，实现产值100亿元。

【唐山东方雨虹防水技术有限责任公司】 成立于2013年8月，是北京东方雨虹防水技术股份有限公司（东方雨虹）全资子公司，注册资金1.5亿元，占地18.30公顷，员工231人。2017年，资产总额8.1亿元，销售收入13亿元，上缴税金5100万元。年产SBS、APP、自粘等各类防水卷材4000万平方米，以及水性涂料4万吨、砂浆20万吨、沥青涂料2万吨、聚氨酯涂料10万吨、EPS保温板4万立方米。“雨虹”商标为中国建筑防水行业首个“中国驰名商标”，市场占有率16.85%，产品主要应用于房屋建筑、城市道桥、地铁及城市轨道、高速铁路、水利设施等众多领域，在人民大会堂、鸟巢、水立方等标志性建筑和高铁、地铁等国家重大基础设施建设项目中均有使用。

【唐山三孚硅业股份有限公司】 成立于2006年10月，位于河北省唐山市曹妃甸区南堡工业区，注册资金1.50亿元，占地24.27公顷，员工700余人，年产三氯氢硅、硫酸钾等23万吨，是一家以三氯氢硅、四氯化硅、氢氧化钾、光纤级四氯化硅、硫酸钾制造销售为主营业务的沪市A股上市企业。2017年，实现营业总收入10.7亿元，净利润1.42亿元，上缴利税1亿元。获得“河北省创业功臣”“唐山市工业转型发展暨民营企业二次创业优秀企业”“唐山市民营经济创新发展先进企业”、河北省首批“专精特新”中小企业等称号。

【唐山通宝停车设备有限公司】 1996年从事智能立体车库行业，2004年成立唐山通宝停车设备有限公司，成为中国建材集团旗下股份公司。注册资本5000万元，占地6.67公顷，职工800多人，专业从事机械式立体停车设备研究、设计、生产制造、安装调试、售后维护保养、停车设备和技术进出口。2017年，营业收入3.28亿元，上缴税金1830万元，总资产3.59亿元，具备年产5万车位生产能力，生产规模和制造水平均居行业领先地位。产品涵盖升降横移式、停车转盘等九大类50多种产品，销售网络覆盖全国以及部分海外地区，连续5年在全国同行业中销售排名第一，连续5年成为机械式停车设备优秀企业，为客户提供停车管理系统及停车设备相关产品配套、客户服务和技术支持。

【唐山新宝泰钢铁有限公司】 成立于2002年，位于河北省唐山市丰润区七树庄镇。2017年，总资产40.45亿元，营业收入70.31亿元，上缴税金3.60亿元。集烧结、炼铁、炼钢、轧材、钢铁渣复合粉为一体，铁、钢、材配套生产能力300万吨。公司分别与河北理工大学轻工学院、唐山工业职业技术学院、唐山劳动技师学院建立合作关系，成立唐山市企业技术中心、河北省工业企业研发机构，并于年底成功申请国家高新技术企业。公司通过环境管理体系、质量管理体系及职业健康管理体系三体系认证。年内，公司投入1.6亿元治理环境及升级改造环保设备，打造“绿色新宝泰”，建设美丽花园式工厂。

（张向群）

开诚智能装备有限公司机器人生产车间。 龚 新 摄

商贸服务

ShangMaoFuWu

商贸流通

【商贸流通概况】 2017年，唐山市社会消费品零售总额2617.2亿元，比上年增长10.4%。农村市场增速高于城镇市场，城镇消费品零售额2145.3亿元，增长10.2%；乡村消费品零售额471.9亿元，增长11.0%。批发零售业持续向好，批发业实现零售额418.4亿元，比上年增长11.0%；零售业实现零售额1997.2亿元，比上年增长9.9%。住宿餐饮业增长较快，住宿业实现零售额18.3亿元，增长12.0%；餐饮业实现零售额183.3亿元，增长13.6%。限额以上企业消费品零售额整体增长，限额以上批发零售额523.7亿元，均增长3.4%，行业冷热不均，其中出行类商品销售较好，石油及其制品类比上年增长19.0%，汽车类增长9.1%；消费升级类商品增长不一，限额以上金银珠宝类增长13.5%，中西药品类增长11.0%，化妆品类增长0.6%，家用电器和音像制品类下降0.7%，书报杂志类下降14.4%，体育、娱乐用品类下降16.5%，通信器材类下降20.7%。

【货源组织与市场供应保障】 2017年，唐山市指导各商贸流通企业开展产销衔接，拓展货源渠道，丰富商品种类，繁荣节日市场。引导百货大楼、华盛、华润万家、瑞莎、大润发等大中型商贸流通企业根据各节日消费变化，调整节日商品结构，做到品种丰富多彩，档次结构合理，上市均衡有序。督导百货大楼、华盛、华润万家、大润发、瑞莎等大中型超市和荷花坑、君瑞联合农贸等农副产品批发市场加大与居民生活密切相关的米、面、油、肉、蛋、菜、奶等生活必需品的货源储备，做到数量充裕，质量可靠，价格适宜，满足居民节日消费需求。据对百货大楼、华润万家、沃尔玛、大润发、银泰百货等16家大中型商超统计，唐山市春节黄金周期间实现销售6.7亿元，比上年增长9.6%；国庆黄金周期间实现销售8.1亿元，比上年增长8.6%。

【春节肉菜补贴销售】 2017年，唐山市商务局采取“政府委托、企业运作、政府给予适当补贴”方式，指导唐山百货大楼集团有限责任公司、唐山华润万家生活超市有限公司、唐山华盛超市有限公司、唐山瑞莎实业集团有限公司、唐山润良商贸有限公司、唐山家万佳超市有限公司、丰润区永和超市、古冶区腾达超市8家商贸流通企业80个连锁门店，设立猪肉补贴销售专柜和蔬菜补贴销售专区，在路南区、路北区、开平区、高新区、丰南区、丰润区、古冶区、滦南县等地以低于投放任务承办企业当日同品种蔬菜价格20%以上投放蔬菜，以每市斤低于投放任务承办企业当日同品种猪肉价格1元以上投放猪肉，蔬菜品种以大白菜、圆白菜、白萝卜、胡萝卜、洋葱、土豆为主，视情况辅以蒜薹、豆角、青椒、尖椒、韭菜、芹菜、西红柿、黄瓜等，肉类均为鲜猪肉。销售专柜、专区统一悬挂、张贴“河北省惠民补贴肉菜销售点”标志，明确补贴价格、数量等相关信息。活动中，共补贴销售猪肉410吨，销售额1145万元；补贴销售大白菜、圆白菜、白萝卜、胡萝卜、土豆、洋葱等蔬菜品种1067吨，销售额709万元，带动企业整体销售4.43亿元。通过省级肉菜补贴销售，有效稳定节日期间肉菜市场价格，

1月17～26日（农历腊月二十至二十九），唐山市商务局组织全市8家商贸流通企业70个连锁门店开展“省级肉菜惠民补贴销售”活动。
郑　勇　摄

使居民感受到政策实惠。

【商贸流通企业“双创”试点】 2017年,唐山市商务局分别制定《唐山市促进商贸聚集区发展实施细则》《唐山市支持商业连锁业发展实施细则》《唐山市鼓励电子商务发展实施细则》,以及《唐山市会展业奖补资金申报指南》《唐山市小微商贸服务业创业创新培训奖补资金申报指南》等文件,并组建专家评审组评审申报项目。到年底,全市有44个项目通过评审,其中2016年12个项目共716万元奖补资金全部下发,其他通过评审项目拟定奖补资金2179万元。年内,商贸聚集区发展到21个,1.156万户小微企业入驻,小微商贸企业开展电子商务比例32%,小微商贸企业连锁化率30%。举办各类展会50场,3000余家小微企业参展。

【典当拍卖行业发展情况】 截至2017年底,唐山市典当法人企业数量50个,法人企业所属分支机构18个,从业人数352人。全市典当企业资产总额14.77亿元,典当业务笔数4891笔,典当总额15.3亿元,主营业务收入2752万元。全市有拍卖企业44家,从业人数254人,其中注册拍卖师68人。全年累计拍卖成交场次311场,累计成交额24.8亿元。

【首届“中华老字号”发展大会】 2017年11月9日,由中国商业联合会中华老字号协会主办的首届“中华老字号”发展大会在唐山市玉田县召开。北京、天津、上海、广东等16省市“老字号”协会、商会负责人,国内150余家“中华老字号”及相关企业负责人参加会议。会上举行《中华老字号生产加工集聚区和文化旅游观光基地》授牌仪式,颁发“中华老字号生产加工集聚区和文化旅游观光基地专家组成员”证书。宣布玉田县为“中华老字号发展大会永久承办地”并颁发匾额,确定大会每两年召开一届。宣布成立“中国检验检疫学会中华老字号和民族品牌保护技术委员会”,并举行“中国商业联合会中华老字号协会与中国检验检疫学会共建‘五位一体’中华老字号全程质量提升支撑体系”签约仪式。北京东来顺、北京一得阁、苏州采芝斋等10家“中华老字号”企业与玉田县达成合作意向并签订投资或战略合作协议,总投资额15亿元。到2017年底,有20家“中华老字号”企业签约落户玉田。“中华老字号”基地共包括国家级农产品加工园区和经济技术开发区2个园区,用以承接食品类和非食品类老字号入驻。

【唐山百货大楼获全国绿色商场称号】 2017年,商务部公布首批绿色商场创建单位名单,唐山百货大楼榜上有名,成为唐山市首家、全国首批绿色商场创建单位。绿色商场指运用环保、健康、安全理念,坚持绿色管理,实施节能降耗、倡导绿色消费,保护生态环境,合理利用资源的实体零售企业,与传统商场、购物中心相比,绿色商场具有三方面优点:一是节能环保意识更强,能源分项计量更精确,能源使用效率更高。二是设备设施整体布局更合理,消防安全、污水排放、环境卫生等管理更完善,节能减排效果更明显。三是通过绿色供应链整合,实现商品包装减量化、服务个性化和垃圾回收便利化,引导顾客消费绿色化。

【全国汽车销售领域首张罚单开出】 2017年9月,唐山市商务稽查人员在商务执法过程中,经调查取证后,对唐山市某一汽大众4S店违反《汽车销售管理办法》行为作出经济处罚。据了解,这是唐山市汽车销售领域首张罚单,也是全国商务执法在汽车销售领域首张罚单。《汽车销售管理办法》(商务部令2017年1号)7月1日实施后,唐山市商务稽查执法人员学懂法条、吃透执法要点,通过走访宣传、调研,提高消费者对《汽车销售管理办法》的知晓度、关注度。在调查群众举报线索过程中,执法人员发现丰南区某一汽大众4S店展厅内未以适当形式明示销售汽车、配件及其他相关产品价格和各项服务收费标准,违反《汽车销售管理办法》第十条规定,执法人员按规定全程记录、取证,依照《汽车销售管理办法》对其作出罚款1万元行政处罚。

【76家汽车4S店签署守法经营承诺书】 2017年11月1日起,唐山开展为期一个月的汽车销售领域专项执法检查,76家汽车4S店在全市汽车行业监管工作会议暨《汽车销售管理办法》培训会上签署守法经营承诺书。专项执法检查通过查验票据等方式,重点检查企业是否仍然存在群众反映集中的违法违规行为,一旦发现加收出库费、加价售车、强制购买保险、变相收取续保押金、交付汽车时不交付随车凭证等违法行为,即依据《汽车销售管理办法》予以处理。商务主管部门强化日常监管,对企业存在的违法、违规行为,依法、依规、依自由裁量权标准作出处罚。对检查过程中发现问题屡教不改的、“12312”举报投诉电话反映集中的企业在媒体公开曝光。

【成品油市场秩序专项整治】 2017年9～12月,唐山市在全市范围内开展成品油市场经营秩序专项整治活动,商务系统组织开展各类执法检查240多次,出动人员1200多人次、车辆300多辆次,在全市加油站、储油库进行多轮次拉网式检查。公安部门牵头下发《关于开展“打击黑加油站点、黑加油车”专项行动工作方案》,明确由公安部门依法对无证照违法建设经营的加油站(点)和流动加油车违法销售油品行为进行打击,震慑违法分子。全市共查处黑加油点275个、黑油罐车68辆,抽检油品油样1126个,查处销售不达标油品行为124起,排除安全隐患653起,收缴油品400多吨,处理涉案人员46人。

(王　晔　陈君君)

电子商务

【电子商务概况】 2017年,唐山市把发展电子商务作为引领内贸流通升级、培育经济新动能的抓手,实施“农村电子商务全覆盖”“电子商务进社区”“小微企业创业创新基地城市示范工程”等战略,增强电商竞争力,拓展电商应用领域,涌现一批国内行业领军企业和具有较强区域带动能力的电商平台。全年全市电子商务交易额3200亿元,网络零售额350亿元。电子商务市场主体超过2500家,阿里巴巴注册会员达到18万户。有国家电子商务示范

唐山成联电子商务有限公司创办运营的唐山电商众创空间，是河北省首家电商主题众创空间。 范圣英 摄

企业1家、省级示范企业和示范基地10家。报春电商、唐宋数据、达意科技、华发教育先后在“新三板”挂牌上市，股权融资合计2.1亿元。电子商务发展成为释放市场活力，促进新业态成长，推动大众创业万众创新，增加就业等方面的主力军。

【农村电子商务全覆盖体系形成】 2017年，按照省政府要求，唐山市各县（市、区）形成以县级人民政府为责任主体、各地商务主管部门牵头、其他相关部门配合的领导责任制，制发《农村电子商务全覆盖实施细则》，将省厅各项要求落到实处，全市累计建设完成村级电子商务服务站4988个、县级公共服务中心16个、县级仓储物流中心13个，实现农村电子商务全覆盖，解决农民买难卖难问题。2017年8月，遵化市30万千克香蕉梨滞销，“大槐树”和“遵化购”两家企业开展入村收购和网络销售，仅一周时间就通过网上平台销售13万千克。乐村淘、农语实业、河北联业等本土农村电商平台推进迁西板栗、遵化银白杏、迁安红梨、乐亭甜瓜等特色农产品进城，外销北京、天津、辽宁、江苏等省市，迁西板栗网销量稳定在40万件，销售额3000余万元。2017年，全市农产品网络销售额4426万元，农民网购金额2.19亿元。

【成联电商跻身国家级电商示范企业】 2017年，商务部公布2017至2018年度电商示范企业入选名单。唐山市高新区成联电商入选，是唐山第一家入选的电商企业，也是河北省仅有4家上榜企业之一。成联电商作为唐山市第一家电子商务企业，自2002年起步，在15年发展历程中，探索解决传统行业发展共性难题有效路径，加速B2B电商与传统企业融合发展进程，在全国首创“产业B2B官网模式”，立足行业细分领域，建设服务于传统行业产业链上下游的B2B电商官网平台——中国耐材之窗网、中国陶瓷官网、中国物流官网，分别成为中国耐火材料行业协会、中国陶瓷工业协会及中国物流与仓储配送协会唯一指定官方网站。为国内外100多个国家和地区耐材、陶瓷、物流行业近40万用户提供服务。2017年3月，成联电商与中信银行合作推出“银耐联”电子交易平台，实现用户在平台内交易支付，解决了账款延迟问题，累计实现交易额10亿元。

【“遵化购”电商平台上线】 2017年4月28日，“遵化购”电商购物平台正式上线，“遵化购”电商项目总投资6000万元，分三期完成，致力于打造遵化特色农产品、手工艺品以及服饰、日用百货等各色产品和同城化服务的电子商务平台，主营业务囊括一二三产。年内，项目投入2000余万元，研发出一套全国领先的网络购物平台和物流配送系统，有商家100余家、自营企业20户、商品2045种，涉及农、林、牧、副、渔等各个行业，覆盖遵化城区及周边地区。全部建成后，预计平台日浏览量超过2万人次，平台交易额10亿元。

【京东首个“前店后仓”体验中心】 2017年9月，京东首个“前店后仓”体验中心落户唐山市路北区普洛斯物流园区，商贸物流业搭上互联网快车。“前店后仓”体验中心，即在城市本地开设网购仓库，同时在仓库旁边开设体验中心，这是京东集团为满足三四线城市日益增长消费需求、推进电商渠道下沉的销售新模式。1000平方米体验中心包含体验区、销售区两大功能区，展示家电等商品，京东集团与合作商家举办各类销售活动，唐山市民可享受线上线下双向服务。

【当当网在曹妃甸落户】 2017年5月4日，由当当网开办的河北省首家线下综合实体店——“当当邻舍”在唐山曹妃甸生态城文创街区开业。“当当邻舍”是集图书、文创、餐饮于一体的文化休闲阅读场所，依靠“互联网+”，当当实体书店既弥补传统书店时空限制，又突出线下社交和文化体验。“当当邻舍”有图书1万余种，通过网络系统可预订图书110万余种，实行与当当网线上书店同价经营。与传统书店最大的不同在于，“当当邻舍”根据不同人群消费需求类别配备书籍，真正对接读者群体的阅读口味。

【跨境电子商务第一单】 2017年12月18日，由深圳品质宝电子商务公司进口的价值2.4万欧元法国红酒从曹妃甸综合保税区通关出区进入市场。这是唐山市跨境电子商务第一单货物，也是河北省首批通过河北省电子口岸以全自动无纸化模式通关的货物。作为河北省首家综合保税区，曹妃甸综合保税区具有发展跨境电商独特优势，规划建设跨境电商产业园，经过不断建设完善，海关、国检联合查验系统和电子口岸、X光机等硬件设施齐备，并与河南保税物流集团、大龙网、敦煌网、京粮点到网等多家大型电商企业达成合作意向。

（齐　盈　陈君君）

粮食流通

【粮食流通概况】 2017年，唐山市粮食安全责任制考核全省排名第一，市粮食局被省局评为2017年度统计工作先进单位，完成危仓老库和军供设施维修改造任务，粮食储备规模达到历史较高水平，完善粮食应急保障机制，保持全市粮油价格和市场基本稳定。启动小麦最低收购价收购，收购小麦7.4万吨。推进科学保粮项目建设，推广唐山国储库“内环流控温”储粮先进经验。军供粮油合格满意率100%，河北军粮销售突破6000万元。开展“大快严”专项行动，确保储粮安全。开展安全生产大检查，确保安全无事故；与国家局、省局同步开展“深化改革转型发展”大讨论活动，确保思想行动统一，为粮食事业转型发展积蓄力量。

【粮食宏观调控和应急保障】 2017年，唐山市6个县区9个库点启动小麦最低收购价收购，执行小麦收购质价政策，保护粮农利益，增加企业效益。落实粮食储备计划，按时完成省储2.74万吨粮食、市储2万吨粮食轮换任务，粮食储备规模达到历史较高水平。在粮食应急保障机制落实中，完成153家涉粮企业库存量核定，实现全市268个应急供应网点城乡全覆盖，保持全市粮油价格和市场基本稳定。履行统计职能，完成日常统计和专项统计调查任务，被省局评为2017年度统计工作先进单位。

【粮食安全责任制考核和依法管粮】 2017年，唐山市粮食局会同17个单位和部门完成省对市和市对县粮食安全责任制考核，唐山市排名全省第一。规范粮食执法行为。编制三项制度清单，编汇行政执法制度，使粮食行政执法有章可循、有法可依。开展“双随机一公开”监管工作，完善执法随机抽查机制，完成以政策性粮油监督为主的各项检查。检查粮食库存，开展小麦托市、储备粮轮换、夏秋粮收购（重点是小麦托市收购）和统计执法等专项检查，共查出和解决问题52件，确保政策性粮食数量真实，质量良好，储存安全。

【粮安工程建设】 2017年，唐山市完成危仓老库和军供设施维修改造任务，26个危仓老库维修库点全部竣工，完成投资1.05亿元，新增仓容13.85万吨，维修仓容42.58万吨，超额完成省核定唐山市任务。改造提升5家军供站点低温储藏库，助推总投资5242万元的京唐港嘉海粮油等一批社会项目落地竣工。提升粮油质量建设水平，争取各级投资532万元，高标准建成市粮油质检中心，完成60台套设备购置和调试，通过省质检局试验室资质认证，具备国家和省要求的全检能力，完成库存粮扦样53个、夏秋粮扦样118个，增强粮食安全质量监管职能。推进科学保粮项目建设，推广唐山国储库“内环流控温”储粮先进经验，各企业自筹资金，对现有库房进行内环流控温绿色保粮新技术改造，全面实行低温低氧、电子测温等安全储粮技术，科学保粮率100%。

【军改期间军粮供应】 2017年，在部队调整、人员变化过程中，唐山市各军粮供应机构支持军改工作，主动对接，灵活施策，精准服务，将做好军粮供应作为一项政治任务完成，军供粮油合格满意率100%。以丰润军供站为试点探索开展主副食综合供应的集约化保障模式，把河北军粮作为军民融合发展主要载体，拓展经营范围，河北军粮全年销售突破6000万元，1家企业成为省军粮定点加工企业。

【粮食系统安全稳定】 2017年，唐山市粮食局集中检查，确保储粮安全，共检查政策性粮食承储企业17家，排查出各类安全隐患12件，全部完成整改。开展安全生产大检查，确保安全无事故，明确8大类65项具体检查内容，涵盖粮食企业所有工作和管理各个领域、环节，市局4次召开安全生产专题会议予以部署，大检查坚持做到“全覆盖”，横向到边，纵向到底，不留死角，确保安全责任制的落实。

【省局领导在唐山调研督导】 2017年12月13日，省粮食局局长张宇在唐山市调研督导粮食系统学习贯彻党的十九大精神及重点工作进展，以及2018年工作谋划情况，唐山市副市长张月仙陪同调研。张宇一行实地调研玉田粮库历史陈列馆区建设和唐山国储库储备粮管理情况，并听取市粮食局工作汇报。市粮食局党组书记、局长李丽汇报唐山市粮食安全责任制考核、秋粮收购、安全生产、“深化改革转型发展”大讨论等工作情况。6月30日，省粮食局副局长刘荷香带领省仓储科技处、省粮油质量检测中心负责人在唐山检查指导粮食安全生产及消防、防汛工作，市粮食局局长李丽全程陪同检查。检查组在玉田粮库检查安全储粮情况，并检查库区防汛物资准备、消防水池蓄水、药具库及配电设施管理等情况。

（孙国岭）

供销合作

【供销合作概况】 2017年，唐山市供销社系统实现商品购进323.66亿元，比上年增长47.25%；完成商品销售366.2亿元，比上年增长44.02%；实现利润1.94亿元，比上年增长70.08%。唐山市供销社第三次获得“全国供销合作社系统先进集体”称号。全市供销社系统以实施“基层组织建设提升年”“企业效益增长年”“项目建设攻坚年”三大活动为抓手，推进“六个三”工程，即坚持“三为”方向，坚持为农业、农村、农民服务的根本宗旨，做到为农、务农、姓农；找准三个定位，成为引领农民合作的“主力军”，推动农村现代流通的“主渠道”，开展农业社会化服务的“主阵地”；把握三条标准，将“党委政府认可，服务实力强大，农民群众满意”作为检验综合改革成效的最终标准；用活三个手段，运用市场思维、市场机制、市场办法做大做强供销社事业；实现三项突破，在创新组织架构、转变经营方式、提升服务功能上实现突破；打造三个供销，打造实力供销、活力供销、魅力供销，推进供销合作事业再创辉煌，当好全国行业改革排头兵。

【供销体制综合改革】 2017年，唐山供销社开展“基层组织建设提升年”活动，夯实基层基础。全市177个基层社提升思想观念、建设水平、经济实力、服务能力、管理水平，

全部达到“四有”（有牌子、有场所、有人员、有规章制度）建设标准。发展农民合作社7488个，打造具有唐山特色的“184”供销农民合作社联合社发展模式，注册成立唐山市新合作农机合作社联合社，在全省率先实现新型基层供销社、农民合作社联合社、农村产权交易中心三个“全覆盖”，提升为农服务实力和能力。全市有2个县级社被全国总社评为百强县级社，5个基层社被评为标杆社，4个农民合作社被评为示范社，入选数量均居全省之首。市供销社综合改革得到全国总社、省社肯定，市供销社主任蔡春奎应全国总社邀请，在北京供销社干部培训班和“海南农交会”介绍唐山经验，传递唐山声音。“唐山供销·社区生鲜店”模式得到省供销社主任任民高度评价，要求在全省供销系统推广。市供销社多年来首次被市委考核为优秀单位，经验做法被《法制日报》《农民日报》《河北日报》《中华合作时报》等媒体刊登80余次。

【供销合作集团运营】 2017年，唐山供销社开展“企业效益增长年”活动，把加强唐山供销合作集团管控运营作为重中之重，按照现代企业模式，健全供销集团管控运营体系。专门聘请国内资深专业咨询团队进驻，为集团制作人力资源管理体系框架，制定薪酬和绩效考核方案，通过“资产大清底、人员大清理、财务大检查”三项活动，逐步解决供销社多年来遗留的资产、人员、内部体制、经营机制等问题，完善“大资本、大财务、大人力”管控体系，打造具有核心控制力和核心竞争力的现代企业集团。唐山旅游文化产品开发有限公司5月10日正式营业，占地3300多平方米，推介全市地理标志产品、国家及省级名优商品、文化旅游资源，展示展销具有唐山记忆、唐山符号、唐山味道的旅游文化产品30大类150多种，年内接待20万人次。唐山惠农网络运营公司新组建村级助农服务站123家，通过“供销·惠农通”微商城，线上销售农产品180余种。建立集“工业品下乡、农产品进城、废旧物资回收”于一体的现代流通网络，全市有24个农资配送中心、2260个农资配送网点，优质化肥供应量占市场份额70%以上，1372家日用消费品连锁网点形成覆盖城乡的物流配送和连锁经营网络。

【盐业供销改革】 2017年，唐山供销社将盐业体制改革融入供销社综合改革工作大局推进，通过整理、统计、分析，摸清全市盐业管理机构、盐业企业整体情况，成立“唐山市盐业体制改革领导小组”，起草《唐山市市级监管体制改革实施方案》，明确主要任务，确立食盐储备制度。12月21日，市政府组织召开全市盐业监管体制改革推进会议，对全市盐改工作提出具体要求和时间节点，并派出3个督导组，赴各县督导落实。截至12月28日，全市12个县（市、区）县级盐业监管体制改革实施方案全部出台，完成省下达唐山市任务。

【供销开放办社】 2017年，唐山供销社提高开放办社水平。经市供销社考察认定和推荐，唐山乐丫实业股份有限公司与省供销社签署股权合作协议，成为全市唯一一家暨入社（省供销社）又入团（省新合作集团）的河北省农业产业化重点龙头企业。引入社会资本参与供销社企业经营和股权改造，唐山供销集团分别与中储粮、北京亚粮集团、天津阳光地产、河北荣硕公司、唐山圣大农科、唐山圣昊农科等系统外企业合作，开发建设农业大数据、农产品物流、新生活购物广场、迁西梨花坡牡丹产业园、大豆油脂代加工、中央大厨房等16个涉农项目，先后引入社会资本10亿多元。与农行、农发行、中行、建行、人保财险等签订战略合作协议9份。与中储粮油脂公司、唐山圣昊农科合作的大豆油脂精炼加工项目，日加工大豆油300吨，年销售额3.2亿元。联合各级供销社相互投资入股，转变单纯上下级业务指导模式，联合全国总社、省社、县（区）社相互投资入股，共同开发项目9个，实际投资1750万元。唐山供销集团与全国总社共同推进废旧汽车拆解、轮胎生产等项目，与省社共同投资打造迁西冀通农产品市场，与县（区）社共同投资建设丰润生姜交易市场，年洗姜量10万吨，成为当地特色农业亮点，带动当地生姜特色产业发展。

【供销发展新体系构建】 2017年，唐山供销社坚持服务“三农”，密切与农民利益联结，在土地托管、农村电商、产权流转、金融服务等领域开展为农服务活动，构建多方位、全过程、系列化的服务体系。市农村产权交易中心和12个县级中心年内运营，成功办理全省第一宗2000万元林权证抵押贷款，率先实现农村产权交易和抵押贷款两个“零突破”，年内完成14宗业务，涉及流转交易土地774公顷，交易金额9323万元，另有6宗业务办理中。唐山市农业开发投资公司“农开投”平台成为支持全市农业经营主体发展的现代农业融资平台，在解决农业经营主体贷款难、抵押难、担保难，融资渠道窄、成本高等方面发挥作用，年内有45个涉农项目进入储备库，与5家农业经营主体签订正式合作协议，累计涉及合同资金9300万元，实际投入资金2150万元。扶持乐亭圣大中央大厨房项目，发展冻干食品及熟食业务，年销售额达2000万元以上；扶持古冶区兴达养殖农民专业合作社扩建项目，奶牛规模存栏量由350头增至650头，年产鲜奶4380吨。

【金融惠农与社会化服务】 2017年，唐山供销社与农业银行唐山分行合作，在全国首创“农权贷”金融惠农服务新模式，打造“交易鉴证、抵押登记、抵押担保、产权评估、履约保险、银行贷款、风险补偿、资产处置”为一体的唐山特色惠农模式。以“农户个人贷”形式，为滦县吉祥养殖专业合作社办理40万元信用贷款。新建10家“供销金融超市”，推进迁西县供销社“政银社互保”金融惠农试点工作，发放板栗收购贷款7笔，金额400多万元。推广复制“集强模式”“百信模式”，全系统托管土地面积3.1万公顷。加快农村综合服务中心建设，12个县级农村综合服务中心年内全部完成组建，农村综合服务站2677个，成立专业电子商务公司11个，发展乡村电商服务站1232家。

【项目立社激发新动能】 2017年，唐山供销社开展“项目建设攻坚年”

活动，以项目建设为突破口，全年谋划建设“花乡果巷”田园综合体核心区、百家生鲜店进社区、翔云大厦、再生资源循环利用园区、丰润区生姜市场、阳光新生活购物广场、报废汽车回收拆解等重点项目，涉及投资34.6亿元。“花乡果巷”田园综合体核心区项目占地3.5平方千米，总投资21.5亿元，年内接待游客超30万人次，入围国家田园综合体试点，是河北省唯一入选项目，为全国田园综合体试点提供借鉴和示范。依托集团旗下农产品销售公司，整合网络资源，打造“农产品直采直销”模式，实施“唐山供销·社区生鲜店”项目，计划两年内在唐山市区建立“唐山供销·社区生鲜店”100家，构建从田间到餐桌的产业链条，实现连接农民“菜园子”、丰富市民“菜篮子”的流通模式，2017年在唐山市区建立30家社区生鲜店，被列为2017年的市政府实事工程，获2017年市直机关“亮点工作”一等奖，被省社领导誉为“改革的实践样板”。翔云大厦项目总投资1.92亿元，1～10层建设唐山市农村综合服务中心，11～25层改建中，唐山市食品药品综合检验检测中心年内在建。

（齐春怡）

烟草专卖

【烟草专卖概况】 唐山市烟草专卖局（公司）是隶属于河北省烟草专卖局（公司）的国有大型卷烟经营企业，实行“统一领导、垂直管理、专卖专营”管理体制，采取一套机制两块牌子的政企合一管理模式，担负唐山市卷烟销售和市场管理职能。2017年，公司下辖13个直属单位、16个内设机构，从业员工883人。全年坚持稳中求进总基调，紧扣“稳销量、提结构、保税利”总目标，制定科学投放策略，狠抓经济运行调控和品牌培育，销量、结构均实现稳步提升，合理消化社会库存，零售价格趋于稳定，卷烟经营利润得到提升，增强零售客户经营信心和动力，整体市场状态平稳向好。全年销售卷烟25.12万箱，年人均卷烟销量8.05条，实现销售额58.49亿元，实现税利14.93亿元，上缴税金11.03亿元。

【涉烟案件侦办】 2017年，唐山市烟草专卖局完善联合打假领导小组机构，与河北海警支队二大队建立反海上走私协作机制，加大对互联网涉烟交易的侦查。全年完成国标网络案件5起，刑拘21人，逮捕15人，判刑14人，其中“1·14”案件涉案金额4.5亿元。深化零售市场合理布局，加大对无证户、“僵尸”户、一户多证等现象治理力度，强化许可证后续监管和服务措施。全年查处涉烟案件1203起，其中5万元以上案件43起；查获非法卷烟1763万支，其中真烟1197万支，假烟421万支，走私烟144万支；查获非法加工烟叶、烟丝12吨，涉案值合计1230万元。

【烟草销售终端建设】 2017年，唐山市烟草专卖局推进自律互助小组建设，印发《致广大零售户的一封信》9.9万份，制作宣传展板1650块，开展自律互助小组长培训58场、组员培训1209场。开展市县、县县及小组之间明察暗访工作，将小组建设、价格执行与创建文明城相结合，与综合执法及食药监大队开展联合检查，借助社会力量推进小组建设与价格执行。全市建成自律小组1689组，其中城网473组、农网1216组，覆盖零售客户2.76万户，占总数100%。

【烟草物流建设】 2017年，唐山市烟草专卖局以打造一流物流园区为目标，创建“现场性、安全性、实效性”精益管理模式，完成贴标机自主改造及研发等4项精益课题，异型烟分拣线正式投入使用，效率达每小时2800条。物流费用率、人均卷烟配送效率等指标均位于全省前列，客户满意度由93%提升到96.89%。

【烟草局法治与安全】 2017年，唐山市烟草专卖局开展法治宣传教育，规范行政许可、行政处罚、行政检查等执法行为，确保行政权力规范、公开、透明、高效运行。组织案卷、合同“双评查”活动，开展公正文明执法专项检查，提升依法行政和风险防控水平，连续两年被市政府评为依法行政优秀单位。强化安全生产责任落实，推进隐患排查治理体系建设，加强安全技术应用，为机动车安装行车记录仪，新装人车分离门禁系统。加强安全教育培训，强化应急值守和应急预案演练，年内组织安全培训6次、应急演练3次，开展安全检查62次，全年未发生安全生产伤亡责任事故，被市安监局评选为“市属以上企业安全生产目标管理优秀单位”。

【烟草局党建】 2017年，唐山市烟草专卖局以“围绕中心任务抓党建，通过党建促中心任务”为主线，制定《基层党组织“三会一课”制度实施细则》，加强考核督导，严肃党内政治生活。举办先进典型事迹报告会，组织参观李大钊纪念馆，开展党规党纪知识答题、党员志愿服务等主题活动，设立常记共产主义养老院、丰润潘家峪、遵化沙石峪、唐山运河警示中心4家教育基地，与市燃气集团、公交公司联合开展党建共建，被市直机关工委评为亮点工作。在2017年度市直机关工委“七一”表彰中，1人被评为优秀党员，1人被评为优秀党务工作者，1个党支部被评为先进基层党组织。

（常月杰　孟　丽）

石油产品经销

·中石化唐山分公司·

【中石化唐山分公司概况】 中国石化销售有限公司河北唐山石油分公司是唐山地区最大的成品油销售企业，建立起布局合理、设施完善、遍布城乡的销售网络和服务体系。公司机关位于唐山市路北区学院路18号，公司下辖14个县（区）公司，1个易捷配送中心，任各庄、坨子头、京唐港3座油库，总库容16万立方米，在营加油站219座，员工1700多名，经营范围包括汽油、柴油及非油品业务。2017年全年油品销售量98.36万吨，销售总量排名全省第一；非油品营业额3.92亿元，创历史新高。全年安全生产和环保工作未发生上报等级事故及备案事故。公司被上级公司评为“改善经营管理优秀地市公司”，被中国石化文联、体协评为“群众文化体育工作先进单位”。在省公司“比学赶帮超”工作中，共获得各类红旗27面，排名全省第一，获得全省“标杆单位”称号。

【油品销售量效兼顾】2017年，中国石化唐山分公司利用上级公司营销政策，密切监控市场变化，及时应对，打谈结合，推动市场竞争回归理性。开展油（品）非（油品）互促、加油免费洗车等营销活动。利用柴油联名卡、卡积分等优惠政策，相继开发多个用油大客户。“油惠通”业务保持全省领先，全年开展“7+1”户外营销活动613场，“油惠通APP”推广累计新增客户63万户，微信“粉丝”新增客户55.5万户。利用传统充值卡，结合加油电子券新功能，与人保、邮储银行、北人冀通等单位开展联合营销。通过组织摸排，投送信息、人力、物力及专业知识支持，协助政府部门开展市场整顿，净化市场环境。开发天然气新业务，全年累计销售突破20万立方米。

【非油品销售创新高】2017年，中国石化唐山分公司借助中央仓优势，调整门店商品要货流程和周期，提升单品数，提升货架丰满度和门店销售能力，到12月末，店均单品数达到503种。压缩烟草销售，控制团购销售，提升经营质量。打造重点门店，南海便利店累计营业额1887万元，500万元门店15个，100万元门店96个。持续打造“三专”商品，做强卓玛泉、赖茅酒、枸杞等自有核心商品和特色商品。开发新业务，邮政代收费完成1.18亿元；建成投营9座汽服站，累计营业额647万元；对市区首批30座站点广告位进行重新设计规划，实现广告收入11.75万元。改造便利店31个，提升便利店整体形象。

【唐山中石化安全生产】2017年，中国石化唐山分公司严格落实安全生产责任制，坚持“一岗双责”，强化“管业务必须管安全”的责任意识。加强施工现场和直接作业现场管理，查处“低老坏”恶习。加强油气回收设备检修维修，年内迎接环保部、省环保厅、市县环保局等高频次检查。按照省公司要求，推进在营站地罐交接工作，各级各类油品抽检全部合格。公司在省公司年度HSE（健康、环境和安全三位一体）考核中综合排名第一，在全省HSE知识竞赛获得团体第一。

【唐山中石化基础建设】2017年，中国石化唐山分公司坚持重点先行、以点带面，加强基础工作，抓住薄弱环节、要害部位和重点岗位，推动各项制度落实，开展相关培训。开展加油站对比查看竞赛活动，在全省片区经理和站长团队竞赛比武中均获得团体第一。坚持“一站一档、一站一策、一站一责”，推进库站运营能力评价体系建设。开展加油站“基础管理提升月”“优质服务月”活动，强化线上线下督查，客户满意度排名全省第三。开展油库竞赛活动，油库规范化管理和“岗位练兵”竞赛综合排名全省第一。

【唐山中石化网络发展】2017年，中国石化唐山分公司把网络发展作为企业生命工程和饭碗子工程，利用省公司政策，抢抓机遇，对部分社会加油站探索实施“他有我管”新模式，网络创新发展取得突破，全年完成创新发展站51座，其中，短租短付站8座，“他有我管”站43座，销量呈现出稳步增长势头，成为全省唯一完成网络创新发展任务的公司，在省公司年度工作会上进行经验交流，得到省公司领导高度评价。

（费凌燕）

·中石油唐山分公司·

【中石油唐山分公司概况】中国石油天然气股份有限公司河北唐山销售分公司主要承担中国石油在河北地区的加油站经营与管理、加油站网络投资开发建设、品牌树立与维护等工作。总部设在唐山市西山道119号，设有7个机关部门、29个管理团队，全年销售成品油44万吨。分公司秉承“奉献能源、创造和谐”企业宗旨，发扬“爱国、创业、求实、奉献”企业精神，履行经济、政治、社会三大责任，致力于提质增效、创新发展。面对国内成品油价格冲高回落，市场需求增速放缓，地炼低价资源充斥辖区，市场竞争异常激烈形势，迎难而上、敢于担当，在释放品牌影响力中扩大直批销售规模，在服务地方经济发展中激活零售销售优势，在推进多元化发展中提升非油业务业绩，在打造精细管理平台中全面提升经营效果，在突出党建引领作用中凝聚推进发展合力，在推进唐山建成国际化沿海强市进程中发挥应有作用。

【油品升级换代】2017年，中石油唐山分公司围绕唐山市做强城市经济、沿海增长极、县域经济的契机，致力于成品油销售做大做强，通过实施市场情报监测、客户需求抢夺、核心客户保障、固定客户培育和政策沟通衔接“五个强化措施”，提升直批销售质量。做强客户开发，开展“县域精细营销”，狠抓资源保障，通过优化资源组织衔接运力，提升资源运作、保供能力，年内全面完成国六升级。

【油品惠民优惠销售】2017年，中石油唐山分公司服务地方经济转变发展方式，调整经济结构，推进供给侧改革需要，践行“中国石油”责任，打造促销品牌，回馈社会、反哺客户，启动“逢五逢十”汽油主题促销活动，开展价格直降和卡优惠组合营销，下半年配合电子券营销，形成专有促销品牌。激励促进增量，连续启动三四季度纯枪销售劳动竞赛，分增幅、分销量区间进行奖励，使加油站全员明确增量增收、多劳多得政策导向。规范现场管理，开展低效站“一站双查”和“点穴式”检查，并对查摆问题予以整改。组织机关全员开展常态化检查，发挥零售运营中心监督平台作用，提升现场管理水平。

【站级“放心店”打造】2017年，中石油唐山分公司按照唐山市打造“城市名片”整体规划，将加油站美化成白天的景点、晚间的亮点，助力城市品位提升。依托加油站便利店店面亮化升级、规范货品陈列和提升促销氛围等促销手段，不断提升加油站便利店店销能力，实现店内销量业绩攀升，打造为民服务的“放心店”。中原站、唐山站、丰力站3个便利店获得全省年度先进称号，新投运石油家园便利店，建成首家店外店。完善“走出去”营销模式，通过外部推介提升形象，商品推介会的主题、品类、形式更加丰富。发展车润车辅业务，完成车用油社会渠道经销商融合，深挖系统内部需求，通过层层分解、一客一议，提高车润销售额度。

【唐山中石油安全环保】2017年，中石油唐山分公司落实主体责任，推进“党政同责、一岗双责、失职追责”安全责任制，签订《质量安全环保责任书》，各级领导干部制定个人安全行动计划，员工做出承诺，推动全员安全环保责任落实。抓环保治理，迎接国家环保督导组检查、集团公司环保督导检查，未发生任何例外事项。突出质量管理，落实油品质量管理规定，油品接卸环节严格按照手指口述操作，全年迎接国家抽检1次、属地工商局质量抽检36次，合格率均为100%。实现安保目标，在党的十九大召开期间升级严控期，组织24小时值班，严格责任值守。遵照“安全、质量、进度”六字方针，落实项目经理负责制，对加油站进行双层罐和一体化改造，使之全部安全受控运行。落实散装汽油销售规定，加大基层安保力量，抽调机关男员工到偏远站值守，通过省公司和地方政府的11次随机抽查。

【唐山中石油精细管理】2017年，中石油唐山分公司适应宏观经济发展速度由高速向中速转变要求，科学控本降费，量化分解，定额管理，关注“水电暖纸车”等可控费用。每月开展经营活动数据分析，与兄弟单位和同行业开展数据对标对表，对业务规范性操作进行业务指导，每周开展量价费数据分析，科学指导直批和纯枪业务运行。优化绩效考核与工效挂钩，增量保效，超额完成控员计划。加强信息安全和保密管理，成功应对勒索病毒攻击，在全省同行业受损最少，保障公司安全运营；强化信息支撑，实施“天眼”工程，全面升级加油站监控系统，进行全流程监控，有效规避经营管理风险。

（张学志）

物流业

【物流业概况】2017年，唐山市把发展现代物流业作为转方式、调结构的重要抓手，以省级物流产业聚集区开发建设为切入点，不断拓展物流领域、创新物流模式、加速产业集聚、狠抓项目建设，使物流业成为全市经济发展新亮点。加大投入，强化重大基础设施建设，公路、铁路、海运、空运等基础设施承载能力增强，物资集散疏运能力提高。到2017年底，全市公路通车总里程1.83万千米，路网面积密度为每百平方千米135千米，公路货运量4.13亿吨，客运量2887万人次。铁路营业里程1266千米，铁路营业里程密度每百平方千米9千米，铁路货运量2.8亿吨，客运量1121万人次。唐山港完成货运吞吐量5.73亿吨，比上年增长10.12%，总量居全国沿海港口第三位、世界港口第五位，增速居全国规模以上港口首位；集装箱吞吐量253万标箱，比上年增长30.72%。唐山三女河机场开通11条航线，通达国内15个城市，全年旅客吞吐量51.9万人次，货邮行吞吐量3876吨。多元、立体、快捷高效的现代综合交通运输体系初具规模，为发展多式联运奠定坚实基础。

【物流业聚集发展】唐山市在曹妃甸、迁安、遵化、丰润、丰南、海港、路南、路北、滦县等9个县（市、区）建设10个省级物流产业聚集区，占全省总数近三分之一，居全省首位。截至2017年底，全市10个省级物流产业聚集区实现主营业务收入1250亿元，实现利税43.7亿元。迁安市北方钢铁物流产业聚集区、唐山海港物流产业聚集区、唐山丰润区北方现代物流城被评为2017年全国优秀物流园区。先后引进浙江物产集团、天津物产集团、广东物资集团、普洛斯物流等一批世界500强和国内物流百强企业入驻园区，初步呈现出物流要素聚集、资源配置优化、公共服务完善的态势。同时，每季度对园区投资、主营业务收入、税收等予以督导调度，加强园区考核。

【物流标准化建设】2017年，唐山市物流业推广应用立体数字仓库、物品托盘、GPS定位等先进物流技术手段，推进传统物流业加快向现代物流业转型，优势物流企业加快向信息服务、咨询服务、金融服务等领域拓展，先进物流业态不断涌现。开滦国际物流、公路港物流、佳源集团等一批规模化集约化经营、一体化运作、全程化服务的现代物流骨干企业成长壮大。全市有A级物流企业15家，其中AAAAA级4家；5星级仓库1个，4星级仓库5个。唐山成联电子商务有限公司、唐山联辉托盘租赁有限公司等30家物流企业物流标准化试点项目建成并通过验收。完善“物流唐山”“托盘唐山”等公共信息服务平台建设，实现“车、货、库”物流配送要素资源有机结合。通过物流标准化建设和现代化手段应用，促进物流企业之间有效衔接，实现物流业一体化运作。

【物流专业化运作】2017年，唐山市提升全市冷链物流、港口物流和医药物流等专业化发展水平，打造优势品牌。打造冷链物流品牌，推进农产品、快消品等供给侧改革，重点抓圣大冷链物流、金田冷链物流等为代表的乐亭农产品冷链物流园建设。打造港口物流品牌，加快建设国际化沿海强市，京唐港区B型保税物流中心年内完成验收，海港中东欧产品保税仓储配送基地（一期）完工。打造医药物流品牌，依托路北医药物流园建设，鼎诚、华润、美康、乐仁堂等一批重点医药物流企业做大做强。通过物流行业细分和品牌建设，实现物流业专业化运作，促进技术水平提升和运行效率提高。

【物流项目建设】项目建设是推进物流产业发展的动力与支撑，2017年，唐山市不断加大物流项目投入，重点谋划实施金卓家居建材物流中心、冀通山区农特产储运交易市场、唐山公路港物流、中国北部机电五金博览集散中心、普洛斯物流、高速动车组物流中心、海港中东欧产品保税仓储配送基地、鑫之源物流有限公司、鸦鸿桥现代物流中心、唐山金杰钢铁仓储物流等一批重大物流项目，通过实施大项目、好项目，推进全市物流业发展。

（李　洋）

【国家物流标准化试点城市通过验收】唐山市通过两年多试点工作，到2017年底，30家物流标准化试点企业带动社会总投资2.5亿元，新建、改造标准化仓库面积18.8万平方米、自主零售门店519个，试点企业拥有托盘总量7.5万片，其中标准化托盘7.4万片，占总量98.6%，比试点前提高46个百分点，标准化托盘租赁率78.27%。综合试点企业供应链带托运输率21.9%，物流成本比试点前降低17%，物流效率比试点前提高29%，货损率降低67%。唐山市物流标准化试点年内通过省商务厅验收考核。

（宋　鹏）

餐　饮

【餐饮概况】 2017年，唐山市承办全国钻级酒家酒店等级评定委员会第五届国家钻级酒家年会暨唐山餐饮服务业招商大会，举办第六届唐山市烹饪服务技能创新大赛，命名路南区繁花音乐酒馆等23家酒店为唐山市首批文化主题酒店。组织开展“食尚唐山·首届唐山美食联盟南湖站”活动，评选出“唐山十大美食名店”“最受欢迎的唐山十大名菜”“最受欢迎的唐山十大名吃”“唐山百家餐饮名店”。唐山市餐饮服务行业选手在2017年中国技能大赛——全国烹饪及餐厅服务职业技能竞赛全国总决赛、中国技能大赛——全国烹饪及餐厅服务职业技能竞赛（河北赛区）暨“鸿宴杯”第六届唐山市烹饪服务技能创新大赛取得好成绩。鸿宴饭庄棋子烧饼被中国烹饪协会评选为“中国地域十大名小吃”。

【首批唐山市文化主题酒店】 2017年，中共唐山市委宣传部、市商务局在全市范围内联合组织开展文化主题酒店创建活动。11月24日，为路南区繁花音乐酒馆等23家酒店予以命名。首批唐山市文化主题酒店有：繁花音乐酒馆、满庭芳酒店、新华大酒店、荣园文化主题酒店、亚朵轻居、爱丽森商务酒店、唐山师范学院生活馆、乐丫生态文化主题酒店、桃园食府饭店、尚禾源传统文化主题餐厅、穷棒子文化博览园、紫雁饭庄、通源国际大酒店、和合婚庆文化广场、景然生态园、滦州小筑文化酒店、龙翔水上餐厅、郝鸿来火烧—滦州文化主题餐厅、丞起观光园生态餐厅、呔宴杂鱼饺子馆、青春show文化主题酒店、滨海渔村饭店、丰舍瓷文化酒店。

【“食尚唐山·首届唐山美食联盟南湖站”活动】 2017年5月27日～6月5日，在南湖世园会1号门前广场举办。活动以“游在唐山、吃在唐山；地方风味，尽享其中；全球味道、食全食美”为主题，挖掘唐山市饮食资源，展示传统和创新饮食精华，弘扬本地特色餐饮文化，聚集城市人气，培育品牌美食，打造系列唐山美食名片，满足群众需求，发展唐山旅游和美食。518家本地及国际、国内餐饮企业及关联商家参加，5000多个特色菜点、风味小吃参加展销、展示。通过线上线下评审打分、网上投票、专家委员会审核，最终评出鸿宴饭庄等10家餐饮企业为“唐山十大美食名店”，大唐凤凰园餐饮娱乐有限公司“极品烤鸭”等10道菜品为“最受欢迎的唐山十大名菜”，郝鸿来火烧餐饮公司（滦县）“郝鸿来火烧”等10款吃品为“最受欢迎的唐山十大名吃”，丰南宾馆贵宾楼等100家餐饮企业为“唐山百家餐饮名店”，厨兴源餐饮有限公司出品“奇味黄鱼”等100道菜品为“唐山百道名菜”，路北长城大酒店“香麻大饼”等100道小吃为“唐山百款名吃”，丰源吉祥馄饨店等22家小吃店为“唐山小吃名店”。

7月19日，唐山首届烘焙原料食品博览会在南湖国际会展中心举办。

于　倩　摄

【第六届唐山市烹饪服务技能创新大赛】 2017年8月，中国技能大赛——全国烹饪及餐厅服务职业技能竞赛（河北赛区）暨“鸿宴杯”第六届唐山市烹饪服务技能创新大赛举办。参赛选手246名，其中唐山市选手190名，创唐山乃至河北历次烹饪及餐厅服务职业技能竞赛人数最多。通过理论和实际操作比拼，唐山市选手获金牌94块、银牌77块、铜牌14块，中式烹调和中式面点选手晋升国家高级技师3名、技师24名、高级工102名，餐厅服务选手晋升河北服务大师7名、高级服务员9名。

【全省烹饪技艺大赛获佳绩】 2017年，唐山市组织餐饮企业参加全省烹饪技艺大赛暨名优特小吃展演系列活动。唐山市获冀字号老店3家、冀字号名店14家（早餐名店4家、小吃店3家、夜宵店3家、农家乐4家）、冀字号名吃5道、冀字号名菜18道、冀字号名点5道。鸿宴饭庄制作的“白玉鸡脯”“煨肘子”分获冀字号名菜第一、二名，大唐凤凰园餐饮娱乐有限公司制作的“干熁塔目鱼”获冀字号名菜第三名，唐山劳动技师学院烹饪教研室主任张东芸制作的“特色盘丝饼”获冀字号名点第一名。唐山参赛成绩和名次遥遥领先。唐山市中国烹饪大师王新民获先进个人奖，唐山市饭店与餐饮行业协会获优秀组织奖。

【“第五届国家钻级酒家年会”承办】 2017年8月2～4日，由中国商业联合会、唐山市人民政府支持，全国酒家酒店等级评定委员会和唐山市商务局联合主办的“第五届国家钻级酒家年会”举办。此次年会主题是“共谋创新之举、共享发展之机、共创餐饮品牌”，深入研究餐饮业消费升级趋势，交流国家钻级酒家等级评定工作经验，举办分别以“创新与匠心”“传承与发展”“品牌与升级”为主题的平行论坛。全国400多家餐饮企业，20多个省市商务主管部门负责人和40多个专家学者共600多人参会，商务部、中商联领导出席会议，唐山市百家国家级钻级酒家100多人参会。年会期间举办“唐山市餐饮服务业招商大会”。勒泰中心等4家商业综合体、6家中华老字号企业参加年会餐饮供应链展览展示会，宣传唐山市商业综合体招商引资政策，展示唐山市企业优质产品。市商务局获“地方酒家酒店等级评定机构突出贡献奖”，古冶区商务局等3个单位获“地方酒家酒店等级评定机构优秀组织奖”，大唐凤凰园餐饮娱乐有限公司唐丰路分公司等12家国家级钻石酒家获“国家级钻石酒家示范店”称号，鸿宴饭庄“煨肘子”等28道名菜获“国家级钻石酒家镇店名菜”称号，时建国获“国家级钻石酒家等级评定工作功勋人物”，杨继昭等28人获“国家级钻石酒家优秀管理者”称号，杜增福等7人获“国家级钻石酒家等级评定工作先进个人”称号，何宝良等11人获“国家级钻石酒家优秀评审员”称号。

【唐山餐饮在全国技能大赛获奖】 2017年11月，以“弘扬工匠精神，备战世界技能大赛”为主题的2017中国技能大赛——全国烹饪及餐厅服务职业技能竞赛在辽宁省盘锦市举行。唐山鸿宴饭庄获得两项分量最重奖项——中式烹调（团体）冠军、中式烹调（个人）冠军。本次大赛由中国烹饪协会、中国就业培训技术指导中心、中国财贸轻纺烟草工会全国委员会、共青团中央青年发展部主办，盘锦市政府承办。全国各省（市）、自治区58支队伍、230名烹饪及餐厅服务行业技能人才参赛。唐山鸿宴饭庄代表队由中国烹饪大师何宝良带队，3名选手、1名助手参加中式烹调热菜、冷菜、面点3项比赛，李树兵、张静分别以排名第一、第二的成绩获得中式烹调项目金奖，万晓义获中式烹调银奖。大唐凤凰园餐饮娱乐有限公司选手崔雅丽、徐应子获餐厅服务总决赛金牌。

【鸿宴饭庄获“中国服务十佳品牌”】 2017年，河北省首批唯一的“中华老字号”餐饮服务企业——唐山鸿宴饭庄被中国烹饪协会评为2016年度“中国服务十佳品牌”，为河北省唯一上榜餐饮企业。80年历史使鸿宴饭庄拥有一批中国烹饪大师、名师，其中获得“全国五一劳动奖章”“全国技术能手”“全国最佳厨师”“全国优秀厨师”“燕赵金牌技师”“河北省十大金牌工人”等称号员工有30多人。鸿宴饭庄曾获首批中华餐饮名店、中华老字号、国家特级（五钻）酒家、AAA级河北省劳动关系和谐企业、“河北省五一奖状”、河北省服务质量奖等百余项奖项，并被定为河北省冀菜研发基地、河北省非物质文化遗产。先后被国家相关部门评选出中国名菜14道、中华老字号百年名菜2道、中华（中国）名小吃3种、河北名菜名点13道。

【棋子烧饼成“中国地域十大名小吃”】 2017年12月7日，揭晓“中国地域十大名小吃”仪式暨2017年中国烹饪协会小吃专业委员会年会在福建省沙县召开。唐山鸿宴饭庄棋子烧饼获“中国地域十大名小吃”称号，唐山市郝家火烧餐饮有限公司郝家火烧获“中国地域十大名小吃”入围品牌。此次推荐评选活动由中国烹饪协会组织开展，按照中国地理区划六大地区，以省为单位，每省评选10个，31个省、自治区、直辖市310个小吃品种入选。

（宋　鹏　陈君君）

家　政

【家政概况】 唐山市妇女儿童活动中心是全国妇联命名的“优秀妇女儿童活动中心”，连续8年被唐山市直机关党工委评为文明单位。中心是河北省人社厅、财政厅批准的省级示范性家政服务员培训输出基地，是唐山市人社局批准的再就业培训基地，重点面向下岗、失业妇女和农村剩余女劳动力开展各类家政服务实用技术、职业技能培训，2017年，开办免费培训班40期，免费培训下岗、失业妇女3000人次，支持、帮助8家加盟家政企业开展自主培训4000多人次。更新观念、转变作风，送政策、送培训到农村妇女家门口，培训合格的颁发国家职业资格证书并推荐就业，使2000名妇女受益。年内承办唐山市商务局、民政局、总工会、市妇联共同举办的唐山市第三届家政服务技能大赛暨河北省家政服务大赛唐山赛区选拔赛。从场地布置，物料准备，考试命题，比赛评判全程负责，通过比赛，选拔出21名选手参加河北省家政服务技能大赛选拔赛。

【陈玉珠获评河北省“最美福嫂”】 2017年10月，在河北省委宣传部、省妇联共同开展的2017“美丽河北·最美福嫂”推选展示活动中，唐山市2名个人、1个集体受到表彰。此次活动评选出“美丽河北·最美福嫂”10名、“美丽河北·最美福嫂”候选人10名、“美丽河北·最美福嫂”推选展示活动组织先进单位6个。其中，唐山市知心大姐家政服务公司陈玉珠被推选为最美福嫂，唐山恒达物业服务有限公司熊金秀被推选为最美福嫂候选人，唐山市妇联城乡部被评为推选活动组织先进单位。

（刘晓光）

会　展

【会展概况】 2017年，唐山会展业有室内展览面积5.1万平方米，相关从业人员1500余人。唐山市会展行业管理部门为唐山市贸促会（会展办），负责组织以陶博会为核心的各项会展筹备和赴国内外知名展会参展活动，指导、监督、协调全市各项会展工作，通过多条途径承接外来展会，改善展览环境，培养各类展览人才。年内举办会展活动66个，展览面积60万平方米，其中国际性会展活动8个、全国性会展活动19个、地方性会展活动39个。会展业带动收入62亿元人民币，会展业直接收入比上年增长20%以上。唐山市会展业规模在河北省稳居前三名。在唐山会展业吸引作用下，唐山南湖国际会展中心、唐山国际会展中心两个核心区域周边酒店业发展迅速，初步形成唐山新的中央商务区，同时带动民航、铁路、出租车等城市交通基础设施发展。通过会展业，国际贸易、物流、金融等产业构成主导唐山市服务业的产业链条，会展活动带来人流、物流、信息流推动城市第三产业发展，城市交通在每次大型会展活动举办时出现高峰，增收效果明显。展品覆盖的陶瓷、钢铁、房产、建材、家居、机械、服装、食品、旅游、动漫等产业同步提升。报刊、网站、广播电视等媒体为各类展会提供服务，逐步建立并完善唐山会展综合性宣传平台。

【中国唐山国际钢铁冶金工业博览会】 2017 年 3 月 22 ～ 25 日，第十五届钢材市场和贸易国际研讨会暨 2017 中国唐山国际钢铁冶金工业博览会在南湖国际会展中心举办。展会由唐山市人民政府主办，中国钢铁工业协会、中国金属学会、全联冶金商会、冶金工业规划研究院、唐山市贸促会、唐山市钢铁工业协会、报春钢铁网、唐山会展服务有限公司承办。国家有关部委、国内外专业机构、协会组织、钢铁生产及流通企业 460 多人参会。同期举办 2017 中国唐山国际钢铁冶金工业博览会，展览面积 1 万平方米，特装展位 27 个，标准展位 82 个，参展企业 104 家，其中有北京、天津、上海、重庆、江苏、浙江、安徽等省市外地企业 47 家，占参展商 45%。会议期间，还组织召开第十四次中国东盟钢铁交流会、跨国钢材采购洽谈会、钢铁出口研讨会。

【河北省教育装备展示会】 2017 年 4 月 8 ～ 9 日，由河北省教育装备行业协会主办的“2017 年河北省教育装备展示会”在唐山南湖国际会展中心举行，旨在展示优质教育装备产品，为新产品新技术推广应用搭建校企交流试用平台，促进教育装备在学校教育教学中发挥支撑和引领作用。云幻科教 3D 投影机智慧教室方案作为优质教育装备产品在此次展会亮相。参观人员表示，3D 技术进入课堂，使课堂教学更加创新更具吸引力，让教育变得更有智慧。

【第十三届中国唐山国际汽车博览会】 2017 年 4 月 25 日～ 5 月 1 日，第十三届中国唐山国际汽车博览会在唐山国际会展中心举办。本届车展总规模 4.5 万平方米，参展品牌 60 多个，涉及 130 多个商家，参展车辆 800 余台，累计接待观展客户 33 余万人次，现场成交量 4355 辆，成交金额超过 4 亿元，其中庞大集团车展期间累计销量 2227 辆。展会期间销售日产汽车 445 辆、广汽传祺 233 辆，德系宝马、奔驰、奥迪受热捧，仅奔驰就销售 226 辆。

【首届京津冀（唐山）散热器采暖博览会】 2017 年 6 月 16 ～ 18 日在唐山南湖国际会展中心举办，由唐山芦台经济技术开发区采暖散热器协会主办，山东隆达国际会展有限公司、唐山市馨兰广告有限责任公司承办。本届博览会以“创新 绿色 发展 共享”为主题，总展出面积 9600 平方米，参展企业 234 家，折合国际标准展位 690 个。吸引国内外专业观众及市民 2 万余人次进场参观洽谈。展会期间实际成交额 1200 万元，意向性成交金额 2900 万元，成交品种主要为散热器、电采暖设备等。

【第二届中国（唐山）国际汽车工业展览会】 2017 年 10 月 27 ～ 30 日在南湖国际会展中心举办。由中国汽车流通协会、中国国际贸易促进委员会唐山市委员会、百瑞国际会展集团有限公司共同发起主办，浩特瑞（唐山）展览有限公司承办。本届展会以“汇车凤城，乐享驾趣”为主题，倡导绿色环保、低碳高效的汽车工业创新科技，谋求人类与自然和谐共存。展会坚持展出精品、品牌齐全、国际高端办展理念和特色，全面展示汽车工业新产品、新技术、新理念，展览展示面积 2.3 万平方米，参展品牌涵盖奔驰、宝马、奥迪等 60 余个品牌 500 余款车型。展会期间接待观众 8.2 万人次，接受车辆订单 2550 辆。车展期间河北电视台、唐山电视台、唐山广播电台、《唐山晚报》《唐山劳动日报》《唐山广播电视报》《燕赵都市报》及环渤海新闻网、长城网等 40 余家媒体予以报道。

【中国（唐山）两净博览会】 由中国质量检验协会主办，山东隆达国际会展有限公司、唐山市馨兰广告有限责任公司联合承办的 2017 中国（唐山）两净博览会于 10 月 14 ～ 16 日在唐山举办。总展出面积 1.2 万平方米，参展企业 256 家，折合国际标准展位 800 个。海尔集团、海尔空调设备有限公司、上海浩泽净水科技发展有限公司等 10 多个省市知名企业应邀参展，国内外专业观众及市民3万余人次进场参观洽谈。本届博览会是由专业展览公司与权威行业机构共同打造的空净、新风、净水领域高级别行业会议，全面展示中国空气净化、新风系统及净水设备行业成就，促进行业间交流，推进行业创新发展。

【中国·唐山陶瓷博物馆开馆】 2017 年 9 月 21 日，中国·唐山陶瓷博物馆正式开馆。市委副书记、市长丁绣峰出席开馆活动并宣布开馆。市委常委、宣传部长杨洁，市政府党组成员崔晗出席开馆活动。崔晗致辞。中国·唐山陶瓷博物馆坐落于唐山陶瓷发源地弯道山区域内，由路北区投资兴建，建筑面积 7169 平方米，总投资 1.2 亿元，是唐山首家以陶瓷为主题的专业博物馆。

（王大勇）

第二届中国（唐山）国际汽车工业展览会10月份在南湖国际会展中心举办。

王大勇 摄

开放与合作

KaiFangYuHeZuo

对外贸易

【对外贸易概况】2017年，唐山市进出口完成673.7亿元，比上年下降4.7%。其中出口完成371.7亿元，比上年下降20.4%；进口完成302.0亿元，比上年增长25.8%。外贸3项指标均居全省第二位，列石家庄市之后。进出口占全省20%，增速低于全省平均水平14.4个百分点，低于全国平均水平18.9个百分点；出口占全省17.5%，增速低于全省平均水平25.9个百分点，低于全国平均水平31.2个百分点；进口占全省24.2%，增速高于全省平均水平8.3个百分点，高于全国平均水平7.1个百分点。

【钢材出口大幅下降】2017年，钢材国内外价格严重倒挂，企业不愿意或不能出口。唐山市钢材出口比上年下降44.6%，下降额为21.3亿美元。唐山市机电、陶瓷、农产品等主要非钢产品出口均实现增长，但钢材出口大幅下滑，且逐月走低，使得全市出口总额持续下降。

【国际贸易摩擦加剧】2017年，钢材、卫生瓷、日用瓷、化工产品均面临多国贸易摩擦，唐山市出口频遭国际反倾销困扰，澳大利亚、美国、巴勒斯坦等6个国家和地区对唐山市产品进行反倾销调查，涉及钢材企业12家，涉案金额1250.42万美元；工具箱（柜）企业6家，涉案金额606.67万美元；手动叉车及配件企业1家，涉案金额4.43万美元。

【民营企业仍为外贸主力军】2017年，唐山市“三资”企业、国有企业、民营企业出口分别为5.91亿美元、19.80亿美元和28.96亿美元，占全市出口总额比重分别为10.8%、36.2%和53%，比上年增长分别为负17%、16.7%和负38.4%；进口分别为10.41亿美元、6.77亿美元和27.28亿美元。占全市进口总额比重分别为23.4%、15.2%和61.4%，比上年增长分别为31.3%、65.5%和13.0%。

乐亭“拉美产业园”内的实宝来游乐设备有限公司正在加工出口古巴的游乐设备。 刘江涛 摄

【出口市场格局】2017年，唐山市对亚洲出口30.36亿美元，比上年下降36.9%，占出口总额的55.6%，其中对东盟出口11.55亿美元，比上年下降50.3%。对欧洲出口5.18亿美元，比上年增长0.1%，其中对欧盟出口4.38亿美元，比上年下降2.3%；对中东欧出口3118万美元，比上年增长9.2%。对拉丁美洲出口4.99亿美元，比上年增长13.8%；对北美洲出口7.14亿美元，比上年增长21.4%。对非洲出口5.94亿美元，比上年下降11.3%。对大洋洲出口1.06亿美元，比上年增长20.2%。五大出口国家分别是：韩国6.97亿美元，比上年下降6.8%；美国6.13亿美元，比上年增长17.8%；越南3.49亿美元，比上年下降36.1%；菲律宾2.82亿美元，比上年下降44.6%；日本2.33亿美元，比上年增长3.9%。

【铁矿砂、煤炭进口增长】2017年，唐山市铁矿砂进口31.74亿美元，比上年增长17.4%，占进口总额的71.4%；煤炭进口5.27亿美元，比上年增长108.4%，占进口总额的11.9%；机电产品进口2.47亿美元，比上年下降3.7%，占进口总额的5.6%；纸浆进口1.44亿美元，比上年下降21.9%，占进口总额的3.2%。

上述产品进口额合计占进口总额的92.1%。五大进口国家分别是：澳大利亚23.34亿美元，比上年增长20.2%；巴西7.73亿美元，比上年增长32.0%；美国2.36亿美元，比上年增长57.6%；南非1.84亿美元，比上年增长32.4%；俄罗斯1.49亿美元，比上年增长127.9%。

【外贸新模式推进】 2017年，唐山市跨境电商、外贸综合服务企业、跨境电商公共海外仓等贸易新业态、新模式快速发展，加速释放对外贸易新功能。12月18日，由深圳品质宝电子商务公司进口价值2.4万欧元法国红酒从曹妃甸综合保税区通关出区进入市场，成为唐山市跨境电子商务第一单货物，也是河北省首批通过省电子口岸以全自动无纸化模式通关的货物。曹妃甸综合保税区抓住跨境电商产业发展机遇，规划建设跨境电商产业园，海关、国检联合查验系统及电子口岸、X光机等硬件设施齐备，并与河南保税物流集团、大龙网、敦煌网、京粮点到网等多家大型电商企业达成合作意向。

【8家企业获省外贸品牌优势企业认定】 2017年，在河北省商务厅公布的第三批“河北省外贸品牌优势企业”名单中，唐山市8家企业榜上有名，分别是唐山市燕南制锹有限公司、乐亭县铸升金属制品厂、河北华通线缆集团股份有限公司、唐山贺祥机电股份有限公司、唐山珍珠甘栗食品有限公司、唐山广野食品集团有限公司、唐山尚禾谷板栗发展有限公司、迁西县金地甘栗食品有限公司，获得第三批省外贸品牌优势企业认定。截至2017年底，唐山市有18家企业入列“河北省外贸品牌优势企业”。各外贸品牌优势企业加强品牌、技术、质量、服务等各方面建设，增强国际竞争优势，在唐山市外贸领域起到引领带动作用。

（崔小强　陈君君）

国际经济合作

【国际经济合作概况】 2017年，唐山市累计核准对外投资项目13个，中方协议投资额4.18亿美元。到12月底对外承包工程新签合同20份，新签合同额20.3亿美元，比上年增长22.1%，完成营业额4.9亿美元，比上年增长35.2%。全市对外投资额攀升，超亿美元项目涌现。九江线材投资2.5亿美元在澳大利亚建立矿产品生产供应基地和资源储备基地，长期、稳定提供国内急需短缺矿产品和原材料，降低企业生产成本，获得最大收益，成为唐山市最大对外投资项目。

【对外投资区域日益多元】 2017年，唐山市对外投资布局更加合理，构建立足亚洲、进军欧美、辐射全球投资版图。全年对澳大利亚、加拿大、塞尔维亚3个地区投资，中方协议投资额占比分别为77%、9.8%和5.9%，分列目标地区前三位，空间布局持续向好。与国有企业相比，民营企业具有从机制到效率的多种优势，在走出去过程中更灵活。全市对外投资主体民营企业占比86%，其中装备制造业占比31%，装备制造业参与国际产能合作能力提升。

【优质企业跨国并购】 2017年，唐山市企业通过跨国并购提升核心竞争力，加速国际化发展，获取一批优质技术资源，为唐山市产业升级创造机遇和条件。唐山开元电器集团通过并购德国钢管制造百年企业瑞卡公司，短时间内在项目组织、产品设计制造、营销网络、人才培养等方面得到提升。

【境外园区建设推进】 境外产业园区是唐山市近年来鼓励企业“抱团出海”主要模式，有利于形成产业集群效应，带动唐山市优势产能产业链出海。2017年，唐山市华通线缆公司在哈萨克斯坦卡拉干达州建设经济园区，总投资5800万美元。项目建成后，形成以电线电缆生产制造、钢铁冶炼为主业，上下游相关装备制造企业及相关产业共同发展的小型经济带，对转移唐山市优势产能具有示范和带动作用。

【5位外国专家获颁“凤凰友谊奖”】 2017年1月12日，唐山市举办第五届外国专家“凤凰友谊奖”颁奖仪式暨2017年外国专家新春招待会。市委、市政府主要领导为5名获“凤凰友谊奖”外国专家颁发证书和奖杯，市人大常委会副主任王金凯、市政协副主席苏春生出席招待会。获得2016年度“凤凰友谊奖”5名外国专家分别是：中车唐山机车车辆有限公司高级调试专家多美尼克、住友建机（唐山）有限公司总经理生岛正明、唐山丰石汽车配件有限公司总经理藤野晴也、唐山爱信齿轮有限责任公司常务副总经理中岛伸之、路北区阿斯顿英语培训学校教务长爱德华•迪亚兹。来自美国、德国、加拿大等11个国家70名外国专家代表和国际友人参加招待会。在唐山市工作的外国专家累计有4人获国家“友谊奖”，25人获河北省“燕赵友谊奖”，34人获唐山市“凤凰友谊奖”。

【“万赞百货”韩国精品馆成立】 2017年9月2日，韩国万赞商贸有限公司在丰南通达韩国城“万赞百货”成立韩国精品馆，同时，丰南通达集团与韩国万赞商贸有限公司联合举办中韩探讨新兴产业合作对接会。韩国精品馆建筑面积2.4万平方米，总投资3000万元人民币，安排就业岗位800人。主要经营韩国进口化妆品、生活用品、饰品、保健品、服装、皮革、皮草、箱包等世界各地特色商品。货源来自一线厂家。

【盾石建筑公司又签海外订单】 2017年，唐山盾石建筑工程有限责任公司与太平洋工程技术株式会社就“太平洋菲律宾水泥公司海岸线到厂区的皮带机项目”签署合作协议。该项目合同额1486.4万元人民币，合同内容主要包括总长2千米7条皮带机设计及一台600吨堆料机设计和供货。双方初次合作是2013年的堆、取料机制作项目，合同额118.88万美元。此次项目合作是盾石建筑进军海外市场的又一成果。

（李松玲　陈君君）

招商引资

【招商引资概况】 2017年，唐山招商引资工作融入京津冀协同发展和“一带一路”国家战略，重点围绕新旧动能转换，谋划重大产业项目，明确主攻领域、主攻国家（地区）和主攻企业，通过引进外来资本、技术和理念，掀起新一轮招商引资热潮。全年全市实际利用外资16.07亿美元，完成省达唐山市年度利用外资目标任务100.4%，比上年增长8.3%，总量居全省第1位，占全省实际利用外资总量18%。全市新设外商投资企业34家，比上年增长26%；投资总额14.4亿美元，比上年增长2.7%;合同外资4.41亿美元。

【利用外资结构优化】 2017年，唐山市87个有外资到位项目中，三次产业项目分别到位外资1717万美元、116313万美元和39886万美元，占比分别为1.1%、72.4%、24.8%，二产项目所占比重仍然偏大。三产项目数和到位外资额比上年分别增长75%和55.6%，水污染治理、城市环境卫生管理、批发零售等多个行业均有外资到位，使唐山市利用外资呈现多元化趋势，结构明显优化。钢铁、化工、房地产等三大传统利用外资行业合计到位8.4亿美元，占总量52.2%。

【香港在唐山市投资最多】 2017年，在唐山市实际投资排名第一位的是香港，占全市引进资金总量的74%，其余投资额排名前4位的分别为日本、美国、泰国、加拿大，分别占引进资金总额11.2%、3.1%、2%和1.9%，投资前5位合计14.8亿美元，占全市引进资金总量的92.1%。

【开发区成为利用外资主战场】 2017年，唐山市有外资到位的87个项目中，55个来自河北乐亭经济开发区等17个省级以上开发区，合计到位12.9亿美元，项目个数和到资额分别占全市总量63.2%和80.3%。其中河北迁西经济开发区、河北丰南经济开发区等6个省级以上开发区到资超亿美元。

【新批项目合同外资增长】 2017年，唐山市新设立外商投资企业34家，比上年增加8家，投资总额14.4亿美元，合同外资4.41亿美元；合同外资增加企业6家，合同外资增加1.84亿美元，滦南县玖龙纸业新上生产线一个项目增资9400万美元。大项目为合同外资主力，年内新批企业合同外资超千万美元的唐山曹妃甸恭安永泰消防科技有限公司等10家企业合计合同外资3.81亿美元，占新批合同外资总量86.19%。利用外资领域有所突破，新设立的中旭鑫盈、京冀协同发展示范区基金管理有限公司实现唐山市在类金融领域利用外资突破，拓展唐山市利用外资领域。承接京津外资产业转移成为新亮点，吸引北京东邦门业有限公司、伦登风机科技（天津）有限公司2家外商投资企业转移唐山市，成为贯彻京津冀协同发展外资企业成功转移范例。

【全国开放型经济新体制综合试点试验城市】 经党中央、国务院同意，唐山市、济南市、南昌市、漳州市、东莞市、防城港市，以及浦东新区、两江新区、西咸新区、大连金浦新区、武汉城市圈、苏州工业园区等12个城市、区域，被列为开展构建开放型经济新体制综合试点试验城市，两年左右形成构建开放型经济新体制可供复制推广的经验。唐山市是全省唯一入选城市，也是唐山首次与上海浦东、广东东莞、江苏苏州等先进发达地区并列，站在国家新一轮开放前沿。试点工作启动后，唐山市围绕构建“市场配置资源新机制、经济运行管理新模式、全方位开放新格局、国际合作竞争新优势”目标，坚持问题导向，不断探索创新，以开放促改革，以改革促开放，完成试点试验4项任务，基本形成对内开放与对外开放并举，“引进来”与“走出去”并重，贸易与投资结合，国际与国内产业联动，市场资源有机融合的开放发展新局面。2017年，唐山推动开发区优化整合、推进国际产能合作新机制2个典型经验和做法面向全国复制推广，得到时任国务院副总理汪洋肯定。

（高　琪　陈君君）

区域经济合作

【区域经济合作概况】 2017年，唐山市开展承接京津产业转移招商专项行动后，共签订正式投资协议270个，计划总投资1170.27亿元，占任务的117.03%。其中落地开工项目107个，投资总额307.76亿元，占任务的30.78%。从投资规模看，107个落地开工项目中，投资额10亿元以上7个，5亿～10亿元9个，1亿～5亿元58个，亿元以下33个，占比分别为6.54%、8.41%、54.21%和30.84%。从产业类型看，107个落地开工项目中，二产项目80个，总投资248.4亿元；三产项目27个，总投资59.36亿元。其中新能源、新材料、互联网、生物制药、信息技术等新型产业项目12个，总投资43.65亿元。

【承接京津产业转移招商专项行动推进会议】 2017年11月8日召开，市委副书记、市长丁绣峰出席会议并讲话。丁绣峰强调，各级各单位要以党的十九大精神为指引，迅速掀起新一轮招商引资和项目建设热潮，以招商引资新突破开创经济发展新局面，以项目建设新增量释放转型升级新动能，为建设现代化经济体系提供有力支撑。各县（市、区）要强化机遇意识，迅速行动，主动出击，以坚定决心和务实举措打好招商引资攻坚战。

【24家企业入驻汉沽】 2017年6月28日，由唐山市人民政府、全国工商联厨具业商会主办，市商务局、汉沽管理区承办的“推进协同发展打造特色园区北方商用厨具科技园投资环境说明会暨项目签约仪式”在汉沽管理区举行。副市长李钦峰、全国工商联厨具业商会执行会长杨宝利等出席仪式。北京、天津、上海、江苏等地24家企业与汉沽管理区签署投资协议，入驻北方商用厨具科技园，项目涉及航天装备、酒店厨具、食品机械、生物健康等多个行业类型，协议总投资63.5亿元，其中直接利用外资3000万美元。

【唐山机场与金鹿公务航空签约】 2017年6月，唐山机场与金鹿公务航空签约，成立以唐山机场为固定运营基地的唐山FBO，唐山机场正式开启公务机业务，乘坐飞机可不受航线、航班时刻等限制，实现“私人订制”。FBO是Fixed Base Operator的英文缩写，中文意为固定基地运营者，由3部分组成，公务机专用候机楼、机库和停机坪，FBO能够把公务机空中服务和地面服务有机结合，给客户提供整体服务，也有利于飞机运营和维护，是公务飞行市场走向成熟标志之一。金鹿

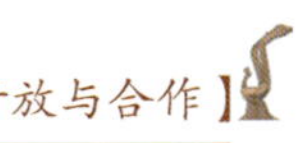

6月28日，"推进协同发展打造特色园区北方商用厨具科技园投资环境说明会暨项目签约仪式"在汉沽管理区举行。 王建波 摄

公务是中国最大FBO服务网络运营商，有深圳、三亚、海口、长沙、西安、广西（南宁、桂林）和杭州8家FBO投入运营，是中国唯一形成FBO连锁规模运营商。唐山FBO是金鹿公务在京津冀一体化背景下在全国设立的第9家网点。

【会展业投资说明会暨项目签约仪式】 2017年7月25日，承接北京非首都功能转移系列活动之一——唐山会展业投资说明会暨项目签约仪式在南湖会展中心举行，副市长曹全民出席。签约仪式上，21个来自北京的会展行业企业签署相关协议，包括在南湖国际会展中心设立会展企业创新中心，以及20家会展设计、咨询、工程多个行业类型会展企业入驻国际会展产业园。

【首届京津冀服务外包协同发展论坛】 2017年8月29日在唐山南湖会展中心开幕。副省长王晓东出席论坛并致辞，商务部、省商务厅、北京市商务委员会、天津市商务委员会以及唐山市领导出席。论坛以"融合发展，创新提升"为主题，由河北省商务厅、北京市商务委、天津市商务委和唐山市人民政府共同主办，京津冀服务外包行业协会、会展业协会，以及唐山市商务局、唐山市路南区人民政府、石家庄市会展业管理办公室具体承办。论坛包括一个主论坛和"楼宇经济与虚拟园区""综合服务平台和服务外包产业集聚""会展经济与城市服务业结构转型"3个分论坛，期间举办项目洽谈及河北会展服务业展览展示活动。

【20个京津产业转移项目签约】 2017年11月，唐山市汉沽管理区承接京津产业转移招商专项行动项目签约，北控医疗健康集团、京东商城物流等20个京津产业转移项目集中签约，协议总投资66.4亿元。签约项目投资领域涵盖生产、物流、会展服务、金融服务、医疗健康等多个方面，并呈现出"两多两高"特点。产业聚集项目多，涉及装备制造业项目5项、文创会展业项目2项、食品加工产业2项、印刷包装项目2项、现代物流产业1项。大体量项目多，投资10亿元以上项目3项，分别是天津市星石投资公司投资16亿元的星石装备制造产业园项目、京东商城投资18亿元的华北物流基地项目、北控医疗健康产业集团投资20亿元的战略合作项目。科技含量高，涉及科技型企业较多，其中天津瑞力克工程机械公司石油管道工程钻具及施工环保处理设备、天津博皓达机械设备公司自动化机械设备、北京普瑞新材料科技公司新型金属靶向涂层材料等产品均拥有国内外领先自主核心技术，极具市场竞争力。现代服务业档次高，北控医疗健康集团打造覆盖全区医疗服务体系，京东商城重点发展电子商务、仓储、物流等产业，打造华北地区结算中心。

（高　琪　陈君君）

对口帮扶支援

【对口帮扶支援概况】 2017年，唐山市安排第八批援疆干部人才29名（含支援二师37团、38团各1人），其中党政干部9人、教师7人、医生13人，是唐山市派出援疆干部人才最多的一批。5月，组织召开唐山且末两地对口帮扶交流座谈会，签订《唐山市对口支援帮扶巴州且末县战略合作框架协议》，根据协议制定"一对一"全面对口帮扶机制，选取唐山12个经济条件较好县（市、区），对口帮扶支援且末县12个乡（镇），同时对口帮扶全县51个有贫困人口村。8月，副市长曹全民带队，市发改委、财政局等部门以及曹妃甸区、迁安市等县（市、区）主管领导参加，在西藏阿里地区对接考察，并现场分别就2018年开展"一对一"对口帮扶工作进行对接交流。年内，唐山市先后协助新疆且末县政府及农二师37团、38团在唐山筹办4场招商引资项目发布会，推介且末，发布招商项目，推出富有南疆特色农副产品。在对口支援三峡库区方面取得阶段性成果。

【项目援疆】 "十三五"期间，唐山支援且末县固定资产投资项目64个，总投资1.33亿元，其中2016年、2017年合并实施援疆项目47个，计划投资4235万元，投资额度及项目数量不仅在巴州（8县1市）位居前列，也是唐山历年援疆最多一年。截至2017年底，47个项目全部完工，项目开工率、竣工率、验收率100%，通过自治区绩效考核。其中，投资1500万元河北第二小学主体完工，改善当地办学条件；投资470万元河北福利院竣工验收，为且末县增加50张床位养老能力；完成富民安居工程340套，援疆资金每套补助1万元，改善贫困户住房条件；投资600万元，实施5个村乡村环境治理，人居环境改观；投资1500万元，完成29个精准扶贫项目，为15个村2399户6949贫困人口提供脱贫致富支持；投资225万元，实施基层村民服务中心项目，加强基层基础建设。为发挥援疆资金最大效益，在对14个村精准扶贫项目实施过程中，结合且末县实际，创造性提出“援疆资金入股、建档贫困户持股、合作社集中经营”的产业扶贫新模式，投资650万元，使13个村912户贫困户长期受益。

【医疗卫生援疆】 2017年，唐山市13名援疆医生在骨外、泌尿、神经、妇科、儿科、皮肤、中医、病理、核磁、心内等多个专业领域诊治病人1.3万余人次，参与手术448台次，抢救危重患者128人次，规范诊疗技术流程123项，开展无创呼吸等35项新技术、新项目，填补当地医院技术空白，举办学术讲座67次。协助当地医院新成立骨科和皮肤科，重组提升中医科、妇科，打造特色（专业）科室。且末县人民医院患者转院人数比上年下降59%，经济收入提高25%。全体援疆医生深入基层、面向群众，为交通不便边远乡镇群众下乡义诊13次，受益群众3200余人。援疆医生联系协调，投资20余万元建立唐山市人民医院与且末县人民医院远程会诊系统，年内进行方案设计以及关键设备招投标。

【智力援疆】 2017年，唐山市7名援疆教师共任课1636课时，讲授公开课28人（次），与14名民汉教师结对进行教研教改，有针对性参与家访143人次，业余辅导学生480人次。在语文、英语、数学等学科授课上，创造性提出“激情激励法、一课一清法、兴趣引导法”等先进教学模式，激发学生学好国语信心和本领，用知识引导、用感情感化、用耐心改变，所授班级平均分数均明显提升。

【产业援疆】 且末县2017年种植红枣1.34万公顷，总产量3万多吨。唐山市援疆前线指挥部把开拓红枣销售渠道作为产业援疆重点，协助且末县政府召开推介会，为且末县节省广告费用160多万元。到年底，且末红枣在唐山30家超市、商场等实体店以及部分电商商家销售，平均日销售量超过1000千克。

【其他援疆项目】 2017年，唐山市坚持“绿色援疆”“生态援疆”发展理念，针对且末恶劣生态环境实际，争取计划外援疆资金100万元，列入年度政府财政预算，用于建立唐山援且干部人才永久性防沙治沙基地，首批规划面积100公顷。经过市援疆办、市援疆前线指挥部以及全体援疆干部人才共同努力，为良种场困难群众捐赠化肥8.3万吨，价值3万多元；捐献米、面、油等生活用品，价值11万多元；联系唐山爱心企业瑞慈医疗有限公司，为且末人民医院捐赠医疗器材设备，价值20余万元；协调共青团唐山市委联合青年企业家捐赠羽绒服450件、电脑25台，价值20多万元；开展贫困学生资助行动，每年为品学兼优的贫困高考生提供资助，协调落实援疆资金72万元，用于资助在内地就读大学生63名；29名援疆干部人才自费3万元，资助21名新入学大学生。邀请唐山当地农业专家专程在且末为农民授课10课时，受益群众1000余人次。

11月17日，唐山慈瑞医疗投资有限公司向且末县人民医院捐赠价值20万元的医疗设备。 杨文进 摄

【新疆且末县特色农副产品推介会】 2017年5月22日，新疆维吾尔自治区且末县特色农副产品推介会在唐山市召开，介绍且末县招商项目基本情况及红枣产业发展情况。河北省唐山市农合联农产品销售有限公司与新疆且末小宛有机农产品有限责任公司签署新疆且末红枣销售意向协议，且末红枣在唐山全面销售。

【对口援藏】 2017年，唐山市重点负责援建西藏日土县日土村边境小康示范村任务，年内开展班公湖旅游开发、民俗博物馆、县城周边生态绿化等项目。推动日土县高原生态农业规划编制，规划高原生态农场、温室蔬菜种植、养殖基地建设等。发挥唐山“北方瓷都”优势，以PPP模式与日土县政府合作，注册独资“阿里莲华之宝文化艺术有限公司”，到年底实现产值2000余万元，直接安排当地群众就业30余人。争取计划外援藏资金50万元，用于建设唐山·日土两地文化产业交流基地。

【对口支援三峡库区】 2017年，唐山市按照《全国对口支援三峡库区合作规划（2014～2020年）》要求，安排2017年对口帮扶资金40万元，用于建设丰都县湛普镇世坪村便民服务中心项目，项目建成后满足1414名群众健身活动需求。

【东方国际学校在承德帮扶】 2017年，唐山市东方国际学校国际部40多名学生前往承德市隆化县旧屯满族乡碾子沟村小学，将400多册图书，100多件笔记本、文具、书包和体育器材等送给当地同学，并结成“一对一”帮扶对象。东方国际学校曾于2016年捐款2万多元为该校修缮房屋、建图书馆，改善教学环境。

（吴中杰）

港口发展

【港口发展概况】 唐山市拥有4467平方千米海域面积和229.7千米海岸线，分别占全省64.3%和47.4%，具有渤海湾内最佳建港自然条件。唐山港作为全市战略核心资源，规划港口岸线190千米，下辖京唐港区、曹妃甸港区和丰南港区。京唐港区自1989年启动建设，1992年获批国家一类开放口岸；曹妃甸港区自2003年启动建设，2012年实现口岸开放，可接卸40万吨级超巨型矿石船舶；丰南港区2016年底启动建设，2017年建设防波堤、航道等基础设施。到2017年底，全港共建成矿石、煤炭、杂货、LNG、原油等生产性泊位126个，使用岸线58.9千米，有68个泊位实现对外开放。2017年，完成货物吞吐量5.7亿吨，比上年增长10.12%。其中外贸吞吐量2.91亿吨，比上年减少0.96%；煤炭吞吐量1.77亿吨，比上年增长23.84%；矿石吞吐量2.48亿吨，比上年增长1.87%；石油、天然气及制品吞吐量1825万吨，比上年增长3.28%；钢铁吞吐量5691万吨，比上年增长8.52%；集装箱吞吐量253.03万标箱，比上年增长30.72%，其中外贸吞吐量4万标箱。货物吞吐量居全国沿海港口第四位，世界港口第六位。

【"一带一路"北方交汇点战略地位确立】 唐山港是东北亚地区通往欧亚大陆桥距离最近起点之一，借助"一带一路"建设空间优势，唐山市推动海陆通道建设，发展多式联运，打通连接世界的新型贸易之路。航线网络日臻完善，唐山港开通至釜山、关东、关西港3条外贸集装箱班轮航线，以及至大连、天津等港多条外贸内支线，航线通达70多个国家和地区150余个港口。铁路布局优势明显，唐山境内有京哈、大秦、京山、唐呼、京秦客专5条骨干铁路，以及迁曹、汉南、滦港等支线铁路，另有唐曹、水曹等铁路在建，全市铁路网密度为每百平方千米9千米，是全国铁路网密度较高地区之一。蒙冀铁路通车形成经由港口覆盖西北、连通蒙俄、直达欧洲的国际陆上大通道。港口腹地不断延伸，唐山市陆续在包头、乌鲁木齐等地建成10个内陆港，腹地向西北延伸5000千米，内陆地区年集装箱集疏港总量突破15万标箱。以唐山港为龙头，以内陆港为节点，以海铁多式联运为脉络的国际物流大通道形成，唐山港成为"一带一路"北方交汇点。

【口岸功能和平台带动作用释放】 唐山港建港初期主要定位为中国能源、原材料等大宗物资集疏大港，煤炭、铁矿石占全港货物进口总量均在90%左右，围绕拓展港口功能、加快打造产业开放新平台，陆续取得粮食、废旧物资、活畜、肉类、木材、整车等国家指定进口口岸资质，水果、冰鲜等口岸资质上报至国家质检总局待批，港口货种结构进一步优化。在海关特殊监管区域建设方面，全省首家综合保税区落户曹妃甸，2017年，京唐港保税物流中心（B型）通过验收，围绕海关特殊监管区域，全市共建设7座保税仓库、9个出口示范基地。唐山三女河机场开通11条航线，通达国内15个城市，2017年空港旅客吞吐量、完成货邮行分别增长114.4%和81.3%。

【港产联动发展体系形成】 2017年，唐山港围绕释放口岸功能、延伸产业链条，推动临港新兴产业集群式发展。全年接卸LNG403万吨，向北京输气55.5亿立方米，占其全部用量34.5%，在保障首都供暖同时，也为后续发展天然气交易、气化冷能冷链物流等产业提供支撑。全年进口原油1422万吨，中化旭阳炼化一体化项目取得环保部审查意见，进入总体规划报批、项目用海审批阶段。进口铁矿石2.5亿吨，支撑全市钢铁产业发展。进口焦煤235.2万吨，为全市煤化工产业发展提供原料。进口木材突破100万立方米，与中国林业集团合作在曹妃甸建设木材产业加工园区，成为中国北方木材加工贸易重要基地。整车进口口岸获批后，加快引入汽车贸易、金融服务等业态，后续申报平行汽车进口试点，引进汽车改装、维保等配套产业。通过招商引资，港口金融、航运物流、港口贸易、信息服务等新兴服务业逐步向临港地区集聚。

【集疏大港向贸易大港升级】 2017年，唐山港拓展港口交割功能，打造大宗商品交易平台，港口贸易初具雏形，全省首批进口整车自加拿大温哥华港运抵京唐港区。全市跨境电子商务首单业务于12月在曹妃甸综合保税区通关，曹妃甸港区完成矿石保税混配加工350万吨，与中国五矿共同打造的亿吨级矿石交易混配中心进入实质运行阶段，同时引进煤炭交易中心、木材交易中心、进口汽车交易中心、跨境电子商务交易中心等新型贸易平台，与郑州商品交易所合作在京唐港区设立北方沿海港口首家甲醇交割库。

【贸易便利化水平提升】 2017年，唐山市借助入选国家构建开放型经济新体制综合试点契机，争取上级支持，创新监管模式，提升通关效率，降低企业成本。重点推进京津冀通关一体化、加工贸易核销管理模式改革等事项。唐山港进口货物通关时间为5.27小时（天津港15.2小时、青岛港17.26小时、宁波港19.5小时），出口货物通关时间为0.39小时（天津港0.84小时、青岛港0.57小时、宁波港0.76小时），无纸化通关率96.5%，主要货种实现零成本通关，通关效率和服务水平居全国同类港口先进水平。

【新建泊位开放】 2017年，唐山港新建泊位多，市发改委口岸处靠前服务，指导业主做好现场查验配套设施建设，确保泊位建成即可实现对外开放。4月28日，曹妃甸港区2个集装箱泊位开放；10月12日，曹妃甸综合保税区码头2个多用途泊位通过省开放验收，投入使用。到2017年底，唐山港共建成对外开放泊位68个，其中京唐港区对外开放泊位35个，曹妃甸港区对外开放泊位33个。5月19日，京唐港B型保税物流中心项目通过国家验收，申报特殊商品指定口岸资质，获批木材、粮食、肉牛等指定进口口岸资质及京唐港区集装箱货物过境转关承运资质。5月28日，唐山港整车进口口岸资质获得国家批复。12月8日，曹妃甸港区肉类指定进口口岸获得批复。曹妃甸港区水果、冰鲜等口岸资质申报工作年内启动。

（刘化冰）

【唐山港成为全国第四大港口】 2017年6月，交通运输部公布中国规模以上各港口生产数据，前20大港口中，唐山港货物吞吐量比上年增12.2%，达2.82亿吨，超过广州港及天津港，成为中国第四大港口，且是前10大港口中增速最快港口。上半年全国规模以上港口完成货物吞吐量62.47亿吨，比上年增长7.5%，呈现回稳向好趋势。宁波舟山港实现货物吞吐量超5亿吨，继续位居中国第一大港口。上海港位居中国第二大港口，排名第三的是苏州港，唐山港京唐港区、曹妃甸港区作为全国年轻港口，货物吞吐量保持增长态势，成为具有发展潜力大港。

【曹妃甸港乌兰察布内陆港揭牌】 2017年9月8日，唐山市与内蒙古乌兰察布市在乌兰察布（集宁）七苏木中欧班列枢纽物流基地举行曹妃甸港乌兰察布内陆港揭牌仪式。副市长李钦峰、乌兰察布市副市长于海宇等出席仪式，并为内陆港揭牌。此举是曹妃甸港继包头、二连浩特内陆港之后在内蒙古地区设立的又一内陆港，曹妃甸港、乌兰察布市两地陆港联运合作局面就此打开，使两地具备“钟摆式”物流运输模式。曹妃甸港与国内南方主要港口及澳大利亚、巴西等国家和地区建立稳定航线，每年大量矿石、煤炭、钢材等货物在此集散。乌兰察布市是西北地区重要物流枢纽城市，也是中蒙俄经济走廊核心区。随着蒙冀铁路开通，曹妃甸港成为内蒙古及周边地区和中国西北地区新的出海口。

【全省首个汽车整车进口口岸获批】 2017年，国务院正式批准唐山港为汽车整车进口口岸。这是河北省首个汽车整车进口口岸，也是汽车整车进口口岸首次布局河北。唐山港汽车整车进口口岸获批，改写河北进口汽车必须从天津、上海、广州等外地口岸通关历史，汽车整车可从唐山港口岸直接进口，汽车经销商实现就近办理通关手续，减去不必要运费、转运费、滞箱费等费用，降低汽车购置和经营成本。消费者从订车到拿车的时间至少缩短三分之一。

【唐山—日本关东、关西集装箱航线开通】 2017年11月16日，唐山—日本关东、关西集装箱航线全面开通，“仁建唐山”集装箱班轮同日首航。唐山港集团按照专业化、深水化、集装箱化、园区化、生态化发展方向，建设集装箱港口、物流港口、金融港口、数字港口、低碳港口，唐山—潍坊—日本关东（东京、横滨、名古屋）航线、唐山—潍坊—日本关西（大阪、神户）集装箱航线开通，优化唐山港航运体系，提高服务东北亚客户能力。该港区陆续开通内外贸集装箱班轮航线31条，环渤海支线通达盘锦、锦州、大连、黄骅、天津、潍坊、龙口、威海等口岸。东部沿海干线开通虎门、福建、温州、宁波、江阴、南京等口岸。2011年开通直达韩国釜山外贸线。2015年与天津港合作，开通京唐—天津外贸内支线，形成“一环多干”内贸及外贸集装箱运输体系。

【唐山在宁夏开通首个内陆港】 2017年11月30日，唐山市人民政府与石嘴山市人民政府在石嘴山市举办唐山·曹妃甸港石嘴山内陆港揭牌仪式，曹妃甸港在宁夏设立首个内陆港。副市长孙虎、石嘴山市副市长杨志国等出席揭牌仪式。石嘴山内陆港是曹妃甸港在西北地区继包头、二连浩特、乌兰察布之后设立的第4个内陆港，也是唐山市港口在西部地区设立的第9个内陆港。曹妃甸港集团股份有限公司作为港区内综合实力最强港口企业，推进“西北（腹地）战略”，依托蒙冀、临哈铁路将港口触角深入到西北地区乃至蒙古国、俄罗斯及中亚、欧洲，为内陆地区开辟出海通道。

【唐山港乌海内陆港揭牌暨集装箱列车开通】 2017年12月1日，唐山港（乌海）内陆港揭牌暨唐山港集装箱列车开通仪式在内蒙古乌海市乌达工业园区举行。乌海市市长高世宏、副市长林涛，唐山市副市长孙虎等为内陆港揭牌。

（鲍　雯）

海　关

·唐山海关·

【唐山海关概况】 2017年，唐山海关秉持“创新、进取、求实、问效”工作理念，推动全面从严治党，严格监管当好首都“护城河”，深化改革，服务地方发展，完成年度各项任务，全年税收入库104.79亿元，比上年增长37.14%；进出口贸易总值716.58亿元，比上年增长18.54%。年内，唐山海关被评为唐山市文明单位、文明口岸先进单位，被评为河北省2016年度文明单位、2016年唐山世界园艺博览会先进单位、唐山市政务信息工作优胜单位、唐山市档案工作先进集体、保密工作评价优秀单位，在唐山市市委管理领导班子和领导干部综合考评中获评优秀领导班子，关长许凤仪获评优秀领导干部。推进税费电子支付，持续加大“自报自缴”改革推进力度，扩大“汇总征税”应用范围，关领导带队开展税政调研，帮扶企业，密切与国库信息沟通，防止商业银行滞压税款。

【海关通关作业制度改革】 2017年，唐山海关全面推进全国海关通关一体化改革，7月3日，唐山海关首票全国通关一体化进口报关单放行。推进国际贸易“单一窗口”建设，3月17日，河北省首票国际贸易“单一窗口”报关单在唐山申报放行。完善关检合作“三个一”（一次申报、一次查验、一次放行），与唐山进出境检验检疫局、河北进出境检验检疫局京唐港办事处分别签订《关检合作“三个一”联系配合办法》，“一次申报”率100%。推广自动进口许可证无纸化和担保无纸化。

【无烟煤直接退运监管】 2017年，唐山海关建立不合格煤直接退运台账，加强现场巡查和视频监控，确保货物在港期间不流失；综合运用运输工具动态管理系统、舱单管理系统、海综平台，结合监管场所作业系统和船讯网核实退运船货流向，确保有效退运出境，形成退运监管闭合链条。全年共监管退运2.91万吨自朝鲜进口汞含量超标无烟煤。

【海关监管把关职责履行】 2017年，唐山海关打击“洋垃圾”走私，加强实际监管，把好首都政治关口。督促辖区海关监管作业场所健全环保、消防、安监等运营资质，巩固海关监管作业场所治理成果。落实国家“三去一降一补”任务，加大对煤炭、钢铁等重点商品进出口监管和监控力度。成立关警联合机动队强化口岸监管，提高精准打击能力。

【打私高压态势保持】 2017年，唐山海关集中精力开展“国门利剑2017”联合专项行动、打击废物走私“蓝天”专项行动，树立打私“一盘棋”意识，重点关注非设关地走私风险，加强与打私办、公安、海事、海警、边防等部门配合。加大京唐港区码头监管力度，定期开展巡查，发展特情耳目，重点打击接卸污油水等上下伙食物料作业中存在的正在进行时违法犯罪活动。

【海关服务地方经济发展】 2017年，唐山海关落实“去繁就简”要求，压缩通关时间三分之一。率先在关区内实施创新加工贸易核销管理模式改革，助力唐山推进开放型经济新体制综合试点试验。对接企业开展协调及咨询，唐山港京唐港区保税物流中心（B型）于2017年12月14日获得总署验收批复。落实对查验没有问题外贸企业免除吊装、移位、仓储等费用政策，取消所有行政性收费，并取消全部海关事业单位及所属经济实体经营服务性收费项目。开展集装箱进出口环节合规成本通关时间专项治理行动，向市政府提议以京唐港和曹妃甸作为整体申请整车进口口岸，2017年5月获批，12月19日，唐山整车口岸通过河北省验收组正式验收。服务中俄蒙经济走廊建设，推动过境业务，促进唐山融入“一带一路”建设，唐山有2家企业开展韩国—京唐港—蒙古过境集装箱业务。服务口岸开放，支持京唐港新增“京唐—日本关东、关西”集装箱航线，拉动唐山京唐港集装箱运输业务发展。京唐港区报关点成为地方招商引资前沿阵地，每年为唐山市进出口企业累计节约往返里程100万千米，节约用时2万小时。

唐山海关关警联合机动队在京唐港一线巡查。　赵延宗 摄

【企业外贸环境优化】 2017年，唐山海关落实守信联合激励、失信联合惩戒制度，推进企业高级认证和“经认证的经营者”（AEO）企业认证工作。建立海关企业协调员制度，密切与企业日常沟通，听取和反映企业诉求。利用业务一线窗口向企业推介“互联网+海关”一体化网上办事平台，从申请条件、作业流程等方面给予企业明确指引，使企业一目了然，办事标准更加统一。支持唐山市重大技术装备、关键零部件、工艺优化、节能环保等紧缺技术、资源、产品进口，全年减免税款4581.22万元。加强政策研究和外贸统计数据分析，就跨境电商、汽车整车进口口岸等专题撰写政策研究和建议，定期向市委、市政府提供外贸统计分析、重点商品和行业进出口分析。

（赵延宗）

·石家庄海关驻曹妃甸港区办事处·

【海关曹妃甸办事处概况】 石家庄海关驻曹妃甸港区办事处2009年5月经海关总署批准筹建，2012年2月22日正式开关运作。2017年，在编关员78人，其中党员56人，占比72%，下设监管一科、监管二科、通关技术科、稽查科、综合业务科、监控指挥中心、查验科、综保区监管科、综保区备案科9个业务科室和办公室、人事政工科、财务装备科3个行政科室。辖区覆盖曹妃甸区全境（包括曹妃甸工业区、曹妃甸新城、南堡经济开发区、曹妃甸综合保税区等），内有监管外贸泊位35个、堆场类监管场所19个、监管仓库2个、保税仓库5个、免税店1家。2017年完成税收入库163.78亿元（含船舶吨税），监管货运量1.52亿吨、进出境船舶2920艘次、进出境人员6万余人次。年内，办事处员工褚玉霞被选树为省直机关“百名好支书”。办事处被评为“唐山市年度文明单位”。8月2日，办事处与曹妃甸海事局等口岸查验单位签订《曹妃甸港区国际航行船舶联合登临检查工作机制》，成立口岸查验单位联合登临协调领导小组。12月19日，唐山港曹妃甸港区整车进口口岸通过河北省政府验收。

【首票通关一体化进口报关单受理】 2017年7月3日，石家庄海关驻曹妃甸港区办事处受理首票全国通关一体化进口报关单。某企业申报进口一票货运量4.5万吨，货值234.16万美元的铁矿粉，这是全国海关通关一体化正式启动后，曹妃甸办事处办理首票进口业务，标志着曹妃甸口岸正式迈进“全通”时代。

【首次进口乌拉圭原木查验】 2017年，石家庄海关驻曹妃甸港区办事处首次查验进口乌拉圭湿地松、火炬松原木。9月8日，完成所有湿地松、火炬松原木查验工作，货值236.51万美元。湿地松、火炬松在曹妃甸属于首次进口木种，完成查验后截取木材样本留存，为以后此类木材查验提供参照。

【首票跨境电子商务通关】 2017年12月18日，石家庄海关驻曹妃甸港区办事处助力唐山首票跨境电子商务业务通关，某公司进口葡萄酒以跨境电子商务网购保税模式在曹妃甸综合保税区通关出区，跨境电子商务这一新型贸易业态正式落地唐山。该票货物自法国海运进境，经天津新港海关通过全国通关一体化模式由企业自行运输至曹妃甸综合保税区备货、分拣、配送。

【担保放行无纸化实现】 2017年，石家庄海关驻曹妃甸港区办事处推动通关作业无纸化改革，打通关企双向无纸化联系通道，对内实现作业无纸化运行，进行担保放行无纸化宣传，召开无纸化担保操作推介会，于12月19日首次实现担保放行无纸化。

（刘　宏）

出入境检验检疫

·唐山出入境检验检疫局·

【唐山检验检疫局概况】 2017年，唐山出入境检验检疫局完成出入境货物检验检疫1.34万批次，货值40076万美元，其中出境1.31万批，货值33391万美元；入境331批，货值6686万美元。受理出入境货物报检1.30万批次，其中无纸化报检1.18万批次，占总业务量90.31%。出具各种证单证书4495份，签发各类产地证书1.37万份，FOB（船上交货价）总值 15.9亿美元。年内，在全局掀起学习贯彻党的十九大精神热潮，制定学习计划和方案，开设《十九大精神》学习专栏，利用“唐检之家”微信群、“唐山玉镜台”公众号、LED屏等信息化平台报道党的十九大精神，解读大会提出的重大理念观点、重大方针政策、重大工作部署，邀请十九大代表郑百芹宣讲十九大精神，立足新起点，找准突破点，将各项工作与十九大精神对标，把学习宣传贯彻落实党的十九大精神与推进检验检疫重点工作结合起来，加强绩效目标管理，提高行政运行效率。

【检验检疫法治质检建设】 2017年，唐山出入境检验检疫局以法治制度建设为核心，推行行政执法公示制度、执法全过程记录制度、重大执法决定法制审核制度“三项制度”，促进严格规范公正文明执法，建立公开透明执法工作机制，落实到11项监管工作中。推进“两个清单”（权力清单和责任清单）制度实施，建立权责分明的行政执法制度，解决实施中遇到问题，优化检验检疫行政权力实施程序，拓展行政权力行使方式，提高行政行为公开透明度。完成“严格依法行政、规范施检”自查，开展依法行政风险排查与专项整治，厘清行政权力边界，规范行政权力运行，杜绝随意执法，确保检验检疫工作合法有效。加强执法能力建设和法制队伍建设，开展执法人员和执法证清理工作，确保执法主体合法性。通过落实领导干部学法制度，提升法治思维和用法治方式解决问题能力，支持和鼓励青年干部参加国家司法考试，为法治质检建设提供人才保障。开展“法制月月讲”和领导干部上讲台讲法活动，建立常态化法制培训制度，开展法律知识竞赛，制作法治微视频并在总局评比中获三等奖。

【检验检疫把关水平提升】 2017年，唐山出入境检验检疫局推进出口产品质量安全示范区升级，在建成8家省级出口产品质量安全示范区基础上，分别与遵化市政府、滦南县政府签订合作备忘录，建成遵化食品和滦南农具2个国家级出口食品农产品质量安全示范区，为地方产品提档升级奠定基础。推动辖区重点商品质量提升，对辖区108家出口食品农产品企业按“一企一策、一品一案、一事一议”原则制定质量解决方案，系统检查滦县伊利乳业有限责任公司食品有限公司质量安全管理体系，指出存在问题并督促整改，帮助企业迎接印尼官方现场审核，帮助唐山美客多食品股份有限公司和河北栗源食品有限公司通过美国FDA检查。结合日常监管和现场检查，加强对进出口企业政策、技术、管理、品牌等方面指导，引导企业恪守质量主体责任，增强企业质量安全意识、品牌意识和产品质量保证能力，提高质量管理水平和产品质量安全。确定河北栗源有限公司等6家名优企业为重点培育对象，加大品牌建设力度，发挥检验检疫部门优势，在通关速度、费用减免、国外风险信息传递、国际贸易壁垒应对、质量管理指导等方面给予支持，为企业创造优势条件，推动名优企业名优产品开展国际合作，实现由产品输出向品牌输出转变。

【“三同”产品展销活动】 2017年，唐山出入境检验检疫局推动出口食品备案企业进驻“三同”（“同线同标同质”，出口企业内外销产品在同一生产线、按相同标准生产，从而达到相同质量水平）公共信息服务平台建设，与唐山市食品药品监督管理局共同承办由河北出入境检验

“河北省‘三同’产品成果展暨迎新春‘三同’产品进万家”活动在唐山启动。　潘　静　摄

检疫局、河北省食品药品监督管理局和唐山市政府联合主办的“河北省‘三同’产品成果展暨迎新春‘三同’产品进万家”活动，活动在唐山振华诚成百货有限公司举办，唐山、承德、张家口、保定、邢台、秦皇岛等地市28家“三同”出口食品企业160余种商品参加展销。提高消费者对“三同”工程认知，让更多消费者知道在家门口就能买到国际上同等质量的好产品，满足消费者对高品质产品的需求，使“三同”理念深入人心，使“三同”产品走进千家万户。

【帮扶辖区企业发展壮大】 2017年，唐山出入境检验检疫局协助辖区企业发展业务，为帮助燕山特产核桃扩大销路，深入一线调研，了解企业贸易意向，组织专业人员指导企业备案注册，现场培训检验检疫法规要求，研究市场对干坚果类的检疫要求，进行风险评估分析，编写检验检疫作业指导书，10月24日，经检验检疫合格，迁西县货值3.36万元7.42吨核桃时隔21年后再次销往中国台湾地区。助力滦南中红三融畜禽有限公司扩展国外市场，与有相关出口业务的山东检验检疫局取得联系，了解相关国家要求和证书具体格式，掌握第一手资料，帮助企业升级改造车间，增加备案养殖场，指导企业加强自检自控，助力企业打开新的国际市场，全年实现出口中东国家鸡产品68批2063.9吨，货值312.3万美元。先后5次派技术专家到滦县悦丰牧业有限公司，从隔离场周围环境要求、隔离场场区规划和布局、隔离场基本设施建设以及各项管理制度建立等方面予以指导，在2个月内帮助企业把废弃多年养殖场改造成符合要求隔离场，并通过质检总局专家组审核，取得进境牛隔离场资质。

【检验检疫技术优势发挥】 2017年，唐山出入境检验检疫局成为国内首家CSA集团授权陶瓷检测（APD）实验室，为唐山卫生陶瓷出口北美提供本地检测、本地受理认证业务等一条龙式本地化服务。综合技术服务中心被认定为“唐山市中小企业公共服务示范平台”，通过减免检测费用、优化服务方式等措施精准对接中小企业需求。9月19日，“唐山市环境保护与消费品安全重点实验室”正式获批，纳入市级管理序列。开展科普工作，被河北省科学技术协会命名为“河北省全民科学素质教育基地”，成为河北检验检疫系统唯一一家获此称号单位。全国知识产权宣传周活动期间，围绕“创新创造改变生活　知识产权竞争未来”主题为进出口企业举办外贸政策与知识产权知识讲座，普及相关检验检疫法律法规，解读知识产权政策和举措。分别举办以“科技强国　创新圆梦”和“国门生物安全从娃娃抓起”的主题实验室开放日活动，与京唐港办事处、曹妃甸办事处联合开展科技周“国门安全科普校园行”活动，把国门安全知识送进华北理工大学校园，全年接待小学生、大学生及各行业代表参观500余人次。

【外来有害生物联控联防】 2017年，唐山出入境检验检疫局加入唐山市外来有害生物联防联控领导小组，安排监测点34个，发现检疫性有害生物，并按照程序上报唐山市政府和河北检验检疫局。结合“绿蕾3”专项行动，加强与邮政、国安部门合作，加入唐山市综治委，截获违法邮寄进境种子2批次9个品种，共计589.73克。针对H7N9疫情多次召开专题会议，深入出口企业和备案养殖场排查，组织重大疫情应急演练2次，指导出口企业和备案养殖场建立应对预案。使用“进境活动物检疫采样系统”，完成3994头澳大利亚奶牛隔离检疫任务，检出国家规定二类传染病例9例，其中赤羽病5例、副结核1例、病毒性腹泻3例，阳性病例检出率0.23%，全部按照规定要求进行无害化处理。

【敏感商品监管】 2017年，唐山出入境检验检疫局执行持证上岗、双人上岗制度，开展进出口危险化学品检验监管以及危险货物包装使用鉴定，验证进出口危险化学品企业营业执照、排污许可证、安全生产许可证等相关资质。落实质检总局《关于2017年出口商品质量提升暨打假维权工作安排的通知》精神，按照《河北检验检疫局出口双边协议国家装运前检验工作规范（试行）》要求，履行双边检验合作协议，强化监管输非产品生产企业，定期监督抽查企业生产加工、包装作业等环节，提升企业质量控制能力，对重点指标加大监装抽检比例和力度，结合市场价格和成本核算评估企业申报产品价格，实行全过程监装，核查货物，加施封识，拍照记录，保证质量。年内完成输非产品检验业务156批，货值2602.60万美元，检出不合格输非产品9批，货值41.06万美元。开展打击洋垃圾违法行动，落实质检总局《关于落实联合开展严厉打击垃圾违法专项行动有关工作要求的通知》，结合辖区实际研究制定专项行动方案，开展辖区进口固废国内收货人年度监管调查活动，核查企业进口数据、流向原始凭证、进口废物原料交付利用加工情况。强化宣贯法规政策，提升企业自律意识和环保安全意识，督促其按照环控标准要求从事进口固废经营及加工利用活动。

【检验检疫业务模式改革】 2017年，唐山出入境检验检疫局参加并推进“三互”（口岸管理相关部门信息互换、监管互认、执法互助）大通关建设，在全国第一批上线中国电子检验检疫主干系统，实现全部检验检疫业务通过E-CIQ申报和受理，提升申报效率。落实企业端“单一窗口”申报，通过“单一窗口”申报货物批次达95%以上，使企业申报享受到零成本优惠政策。制定检验检疫业务流程时限标准，压缩流程时限一半以上。推行无纸化报检、无纸化通关等便利通关措施，全年无纸通关1.11万批，为外贸企业节约通关成本110万元，节约通关时间13.28万小时。

【技术贸易壁垒风险应对】 2017年，唐山出入境检验检疫局下发《关于加强技术性贸易措施工作的通知》，成立工作领导小组，确定具体工作内容，开展技术性贸易措施问卷调查，调查辖区内23家企业，产品包括陶瓷制品、化工产品、钢材等。通过质检总局风险预警日报、出口食品化妆品信息通报核查管理系统，进出口食品安全局风险预警、通告、公告、TBT/SPS专栏，以及企业反馈信息等渠道，收集整理国内外预警信息和技术性贸易措施动态，作为企业监管参考内容研究分析，并通过QQ群和微信群及时共享给相关生产企业，让企业随时了解国外法规、标准及预警最新信息，尽早应对技术性贸易壁垒，规避风险。

【检验检疫干部队伍建设】 2017年，唐山出入境检验检疫局提升选人用人科学化、规范化和制度化水平，根据岗位需求和干部结构变化及时调整干部队伍，激发干部队伍活力。完成人事档案清理核查以及干部管理系统信息化，规范干部管理。完成在职干部养老保险省本级参保和退休干部养老金省社保集中发放工作，机关事业养老保险平稳转轨。加强教育培训，组织局内业务培训30余次，涵盖业务工作各个方面，全面提升职工业务能力。年内2项实用新型专利获得授权，发表科技论文4篇，科研立项1项。

（潘　静）

·检验检疫曹妃甸办事处·

【检验检疫曹妃甸办事处概况】 2017年，河北检验检疫局曹妃甸办事处检验检疫出入境货物2651批1.66亿吨，货值168.02亿美元，批次、重量和货值比上年分别增加13.34%、6.27%和39.70%。检出不合格产品718批，货值23.43亿美元，批次不合格率和金额不合格率分别为28.32%和13.96%，检出不合格批次比上年增加17.90%，检出不合格货值比上年减少35.61%。年内，累计检疫出入境船舶1151船次2024艘次，船次和艘次比上年分别减少28.11%和13.65%。检疫出境人员2.05万人次、入境人员2.17万人次，出境人员和入境人员比上年分别减少24.07%和24.13%。对入出境船舶实施卫生处理25船次，对1010次供船食品、饮用水开展卫生监督。

【办事处领导及机构调整】 2017年11月10日，经中共河北出入境检验检疫局党组研究决定：于培文任河北出入境检验检疫局曹妃甸办事处主任、党组书记，免去宋福河北出入境检验检疫局曹妃甸办事处主任、党组书记职务。12月15日，经中共河北出入境检验检疫局党组研究决定：张振贵任河北出入境检验检疫局曹妃甸办事处副主任、党组成员，免去丁骥河北出入境检验检疫局曹妃甸办事处副主任、党组成员职务。根据2017年8月9日《河北检验检疫局关于分支机构政工纪检科更名的通知》（冀检人〔2017〕78号），河北出入境检验检疫局曹妃甸办事处政工纪检科更名为河北出入境检验检疫局曹妃甸办事处政工科。

【监管水平提升】 2017年，检验检疫曹妃甸办事处落实“智慧口岸”建设要求，实施“鉴定执法全过程记录”，探索应用无人机等新型查验设备，开发衡重监督管理软件，实现监管严密、服务便利和履职科学。落实《进口煤炭管理办法》等文件要求，加强进口煤炭安全环卫项目检验监管，对2批不合格进口煤炭作退运处理。以“口岸天平行动”为抓手，加强鉴定工作风险防控，上报成功索赔案例92批次，挽回潜在经济损失2844.3万美元。立足质量宏观管理，强化质量共治，重视与地方政府、企业、监管部门沟通协作，组织开展“质量月”“3·15”“实验室开放日”“科技专家企业行”等主题活动。帮扶2家水产加工企业通过HACCP认证，成功上线“三同”平台。

【安全防线牢筑】 2017年，检验检疫曹妃甸办事处研发运行“河北海港口岸卫生检疫监督管理系统”，实现口岸船舶卫生检疫、卫生监督全过程无纸化。完成2次曹妃甸口岸国际航行船舶联合登临检查，成功处置2起船员死亡事件和1起船员发热事件，有效实施5例医疗救助，妥善处置1名输入性疟疾患者。口岸动植物检验检疫规范化建设通过省局预验收，年内截获有害生物93批103种383种次，其中检疫性有害生物57批14种116种次，实现4种有害生物全国首次截获。开展“强化监管严厉打击洋垃圾专项行动”，成功处置2批申报铁精矿实为禁止固废案件，涉及金额23.3万美元。

【检验检疫服务地方发展】 2017年，检验检疫曹妃甸办事处推进审单放行，压缩业务时限，提高通关效率，实现通关便利与监管效能同步提升。围绕党和国家重大决策部署，发挥职能和技术优势，服务生态环境治理和区域经济转型发展。供暖期间接卸液化天然气23批191.53万吨，货值7.43亿美元。完成船用燃料油检测313批次，检出污染物超标燃料油29批次。支持曹妃甸进口原木检疫处理区技术改造项目通过总局验收，帮扶25批华北理工大学教学设备实现快速通关，助力唐山首批保税备货模式跨境电商商品通关入市，推动辖区跨境电商业务发展。拓展完善口岸功能，助推河北首个汽车整车进口口岸通过验收，指导曹妃甸港进口肉类指定口岸建设方案获批筹建，服务综保区通用

检验检疫曹妃甸办事处网络直播检验检疫登轮查验执法过程。

齐　超　摄

码头 2 个泊位实现对外开放。

【检验检疫基础管理】 2017 年，检验检疫曹妃甸办事处深化“法治质检”建设，成立政策与法律研究会，开展“法治微讲堂”评比大赛和 WTO 能力提升学习活动，建立“两个清单”动态调整制度，年内完成 2 起行政处罚。深化“科技质检”建设，实验室通过 CNAS 和 CMA 二合一监督扩项评审，新增燃料油、铜精矿等检测项目 48 项；参与 1 项国际标准，主持完成 2 项国家标准，起草 1 项 SN 标准，发表 2 篇核心论文；参加国际国内能力验证22次，均为“满意”结果。深化“和谐质检”建设，完成质检书屋、党员活动室、文化走廊、档案室和机要室规划建设；筹办新春送对联、羽毛球比赛、健步走等文体活动，年内获批国家质检总局“2016 年质检职工书屋试点”，承办“检验检疫登轮查验执法过程”网络直播。

（张琳娜）

边　检

·唐山边防检查站·

【唐山边检站概况】 2017 年，唐山边防检查站（简称唐山边检站）贯彻上级党委决策部署，秉承“目标引领、制度设计、氛围营造、攻坚克难”总思路，坚持稳中求进总基调，实现“两个稳定”总目标，推进“五大工程”（铸魂育人工程、党建引领工程、维稳创安工程、安全基础工程、综合保障工程）建设。全年验放出入境（港）船舶 2257 艘次，人员 4.67 万人次，保障出入境数据信息安全准确。开展锚地调研和突击检查 21 次、夜间净港行动 15 次，查处外籍船员非法居留案 1 起 4 人次，查获非法携带政治性有害音视频出入境案件 17 起 21 人次，收缴视频 61 部、图片 1379 张、文档资料 32 份、外来教种宣传册 13 本。在公安部督办“7·20”跨国走私贩毒案中发挥职能作用，挖掘情报线索，涉案船舶在唐山口岸停靠期间，协助专案组及时掌握船舶动态，为全案侦办提供支持。

【铸魂育人工程】 2017 年，唐山边检站组织官兵学习“八一勋章”获得者印春荣、第五届“十大边防卫士”李伟达事迹材料，营造“见贤思齐、崇尚英雄、争当先锋”氛围。把思想政治建设摆在部队各项建设首位，用好现实、网络两个阵地，观看《强军》《不忘初心、继续前进》和《巡视利剑》等政论专题片，引导官兵提升政治站位。购置并发放《习主席国防和军队建设重要论述读本》《习近平谈治国理政》《习近平论强军兴军》等书籍 210 余本，满足官兵理论学习需求。开展官兵思想状况摸底，发放调查问卷 120 余份，形成《官兵思想状况调查分析报告》，消除思想隐患。通过开展足球友谊赛、向官兵家属寄送《慰问信》、召开第八届警体运动会、开展心理拓展训练、走访慰问困难官兵等活动，帮助官兵缓解压力，解决官兵实际困难。全年慰问住院官兵 3 次，帮困救济官兵 2 人次，慰问困难官兵 10 余人次，帮助解决 4 名干部子女入学入托问题，解决随军家属和转业干部落户问题，提升官兵归属感和满意度。

【党建引领工程】 2017 年，唐山边检站新一届站党委班子成立后，以自身建设为牵引，促成新任职党委委员角色身份转换，在短时间内形成战斗力。以党建为引领、以人民为中心、以安全为底线，形成“党委议抓中心，委员分片驻点，基层党支部靠前指挥，党小组衔接一线执勤点”组织领导体系，为深化改革、维稳安保、队伍稳定等提供组织保证。与口岸联检单位开展合作共建，强化联建、联系、联动“三联”机制，打造“京唐港党建联合体”。深化执勤业务一科、二科党支部与唐山港集团专业煤炭码头公司、神华销售集团京唐港办事处、太原铁路局等 15 家地方企事业单位党支部联创联建，定期开展参观见学、双向民主评议和“党员先锋岗”评选，借助“8·19”中国边检服务品牌宣传推介活动，扩大“美丽国门、效率唐山、法治口岸”服务品牌影响力，形成以京唐港口岸为圆心，各共建单位党组织为圆弧的“党建同心圆”。梳理本级权力运行监控机制建设“五个清单”（党委主体责任清单、纪委监督责任清单、权力清单、风险清单、防控清单），细化各部门权力 66 项，制定风险防控环节 114 类，做到用权不越权、统权不揽权，在重大问题、重大事项、重大经费开支决策上，按程序、按原则办事，提升党委决策能力。建立完善“就德才论干部、以公认选干部、凭实绩用干部”的选人用人机制，为基层干部搭建发展平台，激发干部队伍活力。

【维稳创安工程】 2017 年，唐山边检站完善口岸立体化防控体系，为执勤一线购置 2 台大疆高清智能数字无人机，无死角管控口岸，依托4G图传设备和无线数字通讯网络，将指挥体系末梢延伸至现场移动执勤车、前方指挥员，建成“站指挥中心——勤务指挥室——执勤分队指挥员”三级指挥体系，确保部队应急“处突”反应灵敏、信息畅通、规范高效。提高口岸维稳整体能力，情报先行，织密情报力量工作网、专家力量关系网、反恐力量情报网和社会治安动态网，加强与唐山市国家安全局、唐山海事局、唐山海关和唐山市公安局反恐怖工作支队等单位在信息共享、口岸管控、案件办理等方面交流合作，召开联席工作会议8次，签订合作机制协议8份。成立并实体运行核查中心，围绕“预报预检、数据分析、前台查验、后台核查、案件追查”等重点环节和“人证对照、证件鉴别、资料录入”三道底线，严密核查出入境人员身份信息，确保“不落一人、不错一环”。围绕口岸反恐“防回流、防渗透”工作，强化一线执勤人员和“五人快反小组”实战技能训练，定期结合口岸冲闯关、执勤现场发现涉爆危险品、查获暴恐音视频和查处涉恐人员等各类警情设定处置预案，经常性组织演练，强化查缉堵截能力。便民惠商，围绕唐山经济规划战略部署，在对外开放中主动为企业提供政策支持和配套设施建设意见，全年开展各类宣传活动8次，发放各类宣传单3000余份，解决服务对象问题80余个，征求意见建议30多条，开启“绿色通道”救助伤病船员5人，救助因船舱漏水等锚地受困船舶10余艘，化解外轮劳资纠纷1起，协助追讨欠薪1150美元，收锦旗8面，连续6年被河北省人民政府口岸办公室表彰为“共建文明口岸先进单位”。

【安全基础工程】 2017年，唐山边检站定期对官兵开展铁规禁令教育，坚守法律底线、坚守纪律底线、坚守伦理道德底线。严格考勤登记制度，强化日常及值班备勤官兵在岗在位，杜绝迟到早退现象。管控部队个别人员，指定帮扶责任人，明确帮扶措施促成转化。按照“平时练体能、战前练技能、岗位练专业、全员练素质”原则，党委成员与所有官兵全员练兵，提高军事体能素质，每日练、每周考、每月讲评。完成部局、总队实战教官团（唐山片）巡回教学保障工作。邀请地方专家进行“科学组训、安全施训”专题辅导授课，提高组训科学性、实效性，确保军事训练安全。落实机关基层一日生活制度，规范官兵日常言行举止，在季节性换装等时机组织警容风纪检查16次，提升部队正规化水平。突出“人、车、枪、酒、密、章、网”等重点环节及敏感节点督察，强化一周一次“现场督察、专项督察、交叉督察”，确保警令政令畅通，工作落实到位。

【综合保障工程】 2017年，唐山边检站以服务基层为主线，强化现代后勤建设，实现综合保障可持续发展，达到“与发展并进、与任务并行、与需求并轨”总目标。争取地方关心支持，落实经费补助相关事宜，增强部队可持续发展后劲。规范完善各项财务制度，开展常态化财务大清查和资金安全专项检查，加强对经费收支管理，严格执行经费审批权限，杜绝超预算办事、超标准花钱、超财力建设等问题发生。推进暖兵惠警工程，以改善官兵工作生活条件为落脚点，动用约30%经费实施“暖兵心、惠基层、办实事”工程。投入43万元购置一线执勤用车3辆、车辆举升机1台，投入31万元购置装备柜、装备箱及单警装备，投入8.4万元更换营区草坪，投入25万元更新跑步机、台球桌、综合训练器等文体器材，投入40余万元改造旧公寓房，投入3万元为官兵购置办公室绿植、饮水机，改善官兵生活和办公环境。开辟就医、住院绿色通道9次，赴基层一线巡诊9次，为基层官兵发放急救药箱，发放感冒用药、胃肠用药等各类药品310余盒。完善定点配送食材机制，打造“自助型、营养型、标准型、卫生型”四型合一伙食保障新模式，提升伙食保障管理水平。

（王东宇）

唐山边防检查站官兵在港口巡逻。 王东宇 摄

·曹妃甸边防检查站·

【曹妃甸边检站概况】 2017年是曹妃甸边检站筑基求进之年，全体官兵在总队党委领导下，贯彻落实总队二届五次会议精神，把握“稳中求进”总基调，紧盯“两个稳定”总目标，以十九大边防安保为主线，坚持问题导向和归零意识，筑牢根基、创新驱动、铸魂育人、提质增效，实现五大能力提升，取得五个方面突破，各项建设取得新进展，班子队伍树立新形象，官兵拧成一股绳，工作形成一盘棋，完成年初既定工作任务。全年检查出入境船舶1601艘次，检查船员3.38万人次。

【曹妃甸边检站思想政治建设】 2017年，曹妃甸边检站抓团结提升战斗力。6月份党委班子调整后，通过主动介绍情况、工作理念沟通等措施形成合力，完成中央预算投资的曹妃甸水运口岸查验配套设施建设项目、信息化改造升级项目，争取政府拨付108型巡逻艇及码头专项建设资金。抓学习提升创造力。采取学文件、看视频、谈体会、写心得等形式，组织集体学习10次，个人累计学习70余课时，提升决策水平。抓制度落实提升执行力。调整规范党委议事规则，明确议事流程，定期召开党委会研究部队中心工作和大项任务，先后4次召开党委务虚会，科学研判部队发展形势，确保部队建设方向准确、措施科学、部署合理。落实党委成员基层建设联系点和下基层当兵制度，年内党委成员集中下基层调研12次，开展巡回宣讲授课4次，蹲点帮扶累计49天，指导基层高标准落实暑期安保、十九大安保、安全大检查等20余项重点工作。

【曹妃甸边检站正规化建设】 2017年，曹妃甸边检站聚焦打赢，抓管理促规范，提升部队实战能力，提高正规化建设水平。稳住大方向，落实“教育管理提升年”要求，多次组织专题会议研究部署，明确思想政治教育、部队管理管控、边检业务工作、实战指挥和信息化应用5项重点，统一官兵思想，落实一日生活制度，制定出台《“八小时以外”管理规定》《早操考勤管理规定》，重新修订完善《士兵请休假管理规定》，重点加强机关干部作息、官兵离营住宿等管理，制作发放《出入营门登记卡》，增加勤务督导值班岗位，与官兵逐一签订《从严治警“九条铁规”遵规守纪承诺书》，完善制度规范。将督察工作纳入党委重要议事日程，采取普查与抽查相结合、明察与暗访相结合、集中督察和突击检查相结合的形式，全年开展督察42次，发现并整改问题100余处。同时，定期对计算机、手机、移动存储介质等全面清查，对官兵社交软件实时跟踪，夯实安全底线。

【曹妃甸边检站军事训练】 2017年，曹妃甸边检站结合实战需要，科学制定《2017年度军事训练计划》和《岗位技能练兵暨实战化训练方案》，把基础体能、实弹射击、应急处置、实战技能等课目作为必训内容，突出“科学性”。建立“每天一练，每周一测，每月一考”长效机制，班子成员、党员干部带头参训、带头达标，年内共开展军事考核6次，会操2次，训练200余课时，在总队半年军事考核中，达标率位列全省第一。抽调5名训练骨干组成站实战教官团，围绕基础体能、警务实战等科目开展巡回施训7次，参训人数300余人次，提升官兵专业素质和实战技能。从实战出发，安装营门报警器，精简“处突”流程，完善暑期预案及应急处置“十案四图”，全年开展应急拉动30余次，演训突出“实战性”。以迎暑期百日大练兵为契机，推行“大培训下的小授课、小练兵”模式，区分军事、业务、政工、后勤4类9项练兵内容，细化40项练兵举措，指挥中心在总队组织的6次月考中取得4次第一，连续两年在总队条令竞赛中获得第二名，练兵突出“实效性”。

【曹妃甸边检站信息化建设】 2017年，曹妃甸边检站推进3个基层科队勤务指挥室建设，完成视频会议系统搭建和调试，组织视频监控联网会战，将所辖12个码头、4个营区172路视频信号全部接入指挥中心，并纳入总队视频监控平台，达到接入率100%要求。重新修订《信息化装备管理规定》，组织开展信息化装备核查，全面启动视频会议显示系统、勤务指挥车、备用电源三大板块改造升级工程，建成两座数字基站并配发135部数字对讲机，实现曹妃甸口岸数字通信网络全覆盖，信息化建设应用水平实现新跨越。

【边检社会治理能力提高】 2017年，曹妃甸边检站打造立体化边境防控体系，创新勤务组织模式，在原油码头率先落实特定类型码头“企业自管、边检巡查”，在通用码头推行警企联合执勤的勤务模式，提高勤务组织效率。建设实战型勤务指挥体系，依托二级指挥中心，建成集指挥调度、数据分析、决策部署、勤务监督、业务考评等功能于一体的扁平化、高效型海港勤务指挥平台，实现对一线动态信息实时监管。

【曹妃甸边检站后勤保障效能】 2017年，曹妃甸边检站结合部队建设实际，合理编制年度经费预算，为部队遂行重大任务提供保障。改善官兵工作生活环境，将营区6000多平方米绿化带纳入地方园林部门统一保养、管理，监护一中队营区扩建和机关接待室改造年内启动。落实被装领发“一人一卡一袋”要求，全面完成被装发放****件（套），准确率100%；优化饮食结构，落实“1126”“6211”饮食保障模式，提升官兵伙食质量。突出抓好卫勤保障建设，组织***名官兵健康体检，开展各类卫生知识讲座9次、医疗卫生巡诊12次，根据季节变换，及时配发2万余元的各类药品，做到“小病不出营门，大病及时诊治”。强化后勤人才梯次培养，选派财务人员配合总队工作组开展审计监督、财务清查，提高后勤队伍专业素质。举办司务长、报账员、炊事员、驾驶员等各类后勤专业技能培训，参训人员30余人次，提升后勤队伍履职尽责能力。

（武　岳）

海　事

·唐山海事局·

【唐山海事局概况】 2017年，唐山海事局围绕“转型升级年”要求，聚焦主业，真抓实干，完成各项工作任务。全年安全监管商船1.66万艘次，比上年增长6.6%。保障吞吐量2.9亿吨，比上年增长7%，其中集装箱货物吞吐量200.5万标箱，比上年增长33.2%。组织搜救行动12次，救助遇险人员22人次，搜救成功率100%。开展海上巡航127艘次，巡航里程4887海里。财政性资金总支出2370.2万元，综合预算执行率100%。港口建设费上缴11.79亿元，比上年增长2.79%。

【海事执法】 2017年，唐山海事局完成春运等各项安全监管任务，开展航运公司安全管理专项整治、船舶排放控制区专项检查等专项治理活动，排查水上交通安全隐患，联合地方政府打击违法行为，全年组织联合执法2次，定期巡查9次。制定《唐山海事局国际航行船舶联合登轮检查工作机制实施方案》，建立并实施船舶所有权登记、国籍登记和配员证书核发“三合一”制度，以及船舶抵押权注销和重新登记“双同步”制度，提高船舶登记效率，实施“分台监控、分区监管、分类标识”三分监管法和船舶恶劣天气防抗管理闭环管理机制。提升服务保障能力，制定并实施《唐山港京唐港区深水航道工程海事监管方案》，完成重点涉水工程保障任务，采取周末领导带班巡视、及时发布恶劣天气预警、实施严格安全检查、指导旅游公司开展应急演练等方式保障唐山国际旅游岛船艇安全营运。

【**智慧海事建设**】2017 年，唐山市海事局新立工作室“VTS 船舶智能提醒系统”获邀在国际海事组织航标分委会展示，受到与会 50 多国代表赞誉，该系统年内在河北海事局、广西海事局全面安装运行；研发并上线运行船舶交通管理辅助系统，提升 VTS 值班无纸化、高效化、信息化水平，设计开发“电子巡航助手”软件，实现 VTS 电子巡航自动轮巡、一键轮巡、轮巡提醒等功能，实施桌面虚拟化项目。

【**法治海事建设**】2017 年，唐山市海事局印发《唐山海事局法治宣传教育第七个五年规划实施方案》，召开执法风险与执法边界研讨会，梳理并明确职责边界。开展“日练周考”活动，在交通运输部海事局法律知识考试中平均分 99.54 分，在 4 个分支机构中排名第一，承办并完成《河北省防治船舶污染水域管理办法》（1 号令）文稿修订工作。完成基层执法机构改革，调整部分科级领导干部岗位，开展主任科员及以下非领导职务公务员岗位轮换。完成《语音交互技术在 VTS 预警系统的应用》论文撰写并向国际航标协会第 19 届大会提交，开展唐山港京唐港区船舶进出港效率课题研究并通过专家评审，承接交通运输部海事局“船舶证书整合简化”、河北局“一带一路经济发展国际海事合作研究”课题，印发《唐山海事局关于鼓励职工创新创造的意见》。

【**海上救援**】2017 年，唐山市海事局修订《唐山港京唐港区海上搜救应急预案》，探索引入无人飞行器、专业及商业救助直升机等高科技手段，海上搜救应急反应能力全方位升级。年内成功处置“冀乐渔 02271”“冀乐渔 02630”“明鑫 18”等船舶险情。完成搜救指挥系统改造工程项目。率先完成《唐山市京唐港区船舶污染事故应急预案》修订工作，提升辖区船舶污染事故应急反应能力。

【**旅游船只“体检”**】2017 年，唐山海事局京唐港海事处对下水营运旅游船艇实施安全检查，加强现场巡视，实现辖区无缝隙且持续监管，对不符合营运条件旅游船艇下达停航通知书。提醒观光游客不乘坐没有手续、存在安全隐患的“黑船”出海，不要随便乱扔垃圾，从自身做起保护海洋环境。6 月中旬后，执法监督员陆续登船，排查旅游船只应急逃生通道、救生筏、救生圈、救生衣、消防水带等存在安全隐患，彻底予以排除。对船舶国籍证书、船舶最低配员证书、船舶乘客定额证书等实施重点检查，确保旅游船艇营运前安全检查率 100%，监管旅游船艇 1100 余艘次。

（丁瑞凯）

·曹妃甸海事局·

【**曹妃甸海事局概况**】2017 年 4 月 27 日，曹妃甸海事局举行揭牌仪式，唐山市市长丁绣峰、河北海事局局长翟久刚共同为曹妃甸海事局揭牌。年内，曹妃甸海事局安全监管运输船舶 3.47 万艘次，保障 3.06 亿吨货物安全运输，比上年增长 16.35%；征缴港口建设费 13.56 亿元，比上年增长 11%。组织搜救行动 13 次，成功救助船舶 12 艘，救助人员 137 人，搜救成功率 97.9%。全年辖区无一般及以上等级事故发生，未发生负有海事监管责任事故，实现交通运输船舶零死亡、零沉船目标。按照环渤海水域船舶到港排放控制区实施方案，曹妃甸海事局全年实施船舶燃油质量监督检查 647 次，抽检油样 225 次，查处燃油质量不符合案件 7 起。

【**唐山与河北海事局签署战略合作协议**】2017 年 4 月 27 日，唐山市政府与河北海事局签署战略合作协议暨曹妃甸海事局揭牌活动在曹妃甸区举行。市委副书记、市长丁绣峰，河北海事局党组书记、局长翟久刚出席活动并致辞。市委常委、曹妃甸区委书记孙贵石主持签约活动。副市长曹全民，河北海事局党组副书记、纪检组长朱玉峰，市政府机关党组书记张文明出席相关活动。曹全民、朱玉峰分别代表双方在合作协议上签字。此次合作协议签订，是河北海事局首次与地方政府签署确定长期战略合作关系，是实施“一带一路”和“京津冀协同发展”国家战略的具体举措，顺应唐山市经济新趋势。市政府将与河北海事局在打造良好海上交通环境、推进港航重点项目建设、提升海上应急能力、弘扬航海文化、强化资源支持保障 5 个方面开展战略合作，建立顺畅、高效联络渠道和工作机制。河北海事局、曹妃甸区、市直有关部门及有关企业负责人参加相关活动。

【**首次查获外籍货轮违规行为**】2017 年 1 月 1 日起，环渤海水域船舶排放控制区正式实施，曹妃甸海事部门对靠港船舶防止空气污染证书、燃油供应单证和合格燃油使用等内容重点监督检查，并加强供油作业现场管理。3 月 14 日，执法人员发现巴拿马籍散货船“OCEAN COMMANDER”轮在靠港前后没有进行过换油操作，进一步检查并抽取正在使用油样送检，发现不符合相关规定，当即责令该轮立即转换使用符合标准的低硫燃油，并做好相关记录，随即对该轮立案调查。实施船舶排放控制区，有助于控制船舶对大气污染，改善港口城市环境空气质量，促进京津冀环渤海地区绿色发展。

【**首本船员服务簿签发**】2017 年 6 月 2 日，曹妃甸海事局签发曹妃甸地区首本船员服务簿，改变办理船员服务簿都要到秦皇岛局面，结束曹妃甸地区没有注册船员历史。曹妃甸海事局专门开辟船员办证“绿色通道”，实行优先受理、优先审批，缩短证书办理时间，证书办结效率比国家规定提高 70% 以上。曹妃甸海事局秉承“三零一促”服务理念，即办理零接触、签发零延误、沟通零障碍、促进船员体面工作，通过推行船员业务远程无纸化办理模式、提供证书邮寄服务、开通电话咨询业务、公布船员投诉渠道等服务，助力曹妃甸地区船员事业发展。

（杨德进）

银行监管与服务

4月27日，河北银行唐山分行组织全行党员干部和重要岗位员工100余人在唐山监狱开展案防警示教育活动。 张志军 摄

【银监概况】 2017年，唐山市金融机构本外币各项存款余额8820.09亿元，较年初增加490.99亿元，比上年少增329.99亿元。住户存款余额5295.78亿元，占全市增加存款比重77.68%。非金融企业存款余额2312.04亿元，较年初下降7.79亿元，比上年多降392.69亿元。非银行业金融机构存款余额93.98亿元，较年初下降30.91亿元，比上年多降23.59亿元，主要为异地同业代客理财业务下降。全市金融机构本外币各项贷款余额5247.31亿元，比年初增加244.60亿元。住户贷款增加，其中个人住房贷款增加124.12亿元。非金融企业贷款增量下降，非金融企业及机关团体贷款余额4348.00亿元，较年初增加56.00亿元，比上年少增80.45亿元，其中票据融资本年下降70.40亿元。住户贷款余额887.77亿元，比上年增加126.69亿元，占全市各项贷款增加额73.06%。银行投向市辖区贷款余额3863亿元，比年初增加171亿元，其中曹妃甸区贷款增加122亿元，占市辖区增加贷款额71.34%。全市银行机构本外币实现利润78.15亿元，比上年增长17.79%。年内，人行唐山支行外汇管理科被总局评为“2014～2016年度打击非法买卖外汇先进集体”。

【金融服务地方经济发展】 2017年，中国人民银行唐山市中心支行配合中国人民银行营业管理部、天津分行、石家庄中心支行开展金融支持唐山（曹妃甸）协同发展调研，三地人民银行与唐山市政府签订《金融支持唐山（曹妃甸）协同发展构建开放经济新体制金融合作备忘录》，实现京津冀三地人民银行联动，协助银行和企业发行全国首单京津冀协同发展债务融资工具。编制第18批《唐山市金融企业贷款投向参考指导目录》，向银行推介优势企业和重点项目。配合政府做好产融合作试点工作，与唐山市工信局共同编写《唐山市国家产融合作试点城市实施方案（2017～2019年）》，将产融合作重点项目清单和重点企业清单传达给金融机构，促进银企对接。开拓金融市场，协助全市5家企业发行短期融资券、中期票据、定向工具98亿元，解决重点企业资金不足问题，降低企业融资成本。全年辖区内办理外债登记13笔，金额2.41亿美元，帮助企业解决融资困难。

【金融风险防控调控】 2017年，中国人民银行唐山市中心支行督导检查金融机构8家，督促其整改发现问题，并核查整改效果。推进存款保险工作，执行重大事项报告制度，实施重大事项约谈和风险提示。提高开业管理工作效率，全年受理并办结辖区金融机构加入金融管理与服务系统申请14份，金融机构满意度100%。传导稳健货币政策，实施定向降准政策和差别化存款准备金率政策，下调存款准备金率，下调率分别为唐山银行1.5个百分点、唐山农商行0.5个百分点、曹妃甸农商行1.5个百分点、遵化农行2个百分点。增加信贷可用资金，发挥再贴现作用，制发《唐山市中心支行资金业务审批管理办法》，成立资金业务审批委员会，首次开展集中审批，增加金融机构流动性，全年累计发放再贴现资金29.76亿元。加强信贷调控，评估小微和涉农信贷政策执行情况效果，约谈信贷政策执行不力机构负责人，增强评估效果。开展合格审慎评估，发挥自律机制作用，规范利率定价行为，对不符合规定存款产品发送风险提示。

【外汇管理】 2017年，中国人民银行唐山市中心支行将多项经常性外汇管理权下放至辖区8个县（市、区）支局，减少企业"脚底成本"，便利县域涉外企业业务办理。创新监管机制，与滨海中心支行协调解决唐山企业异地关联业务非现场信息核查，提高工作时效性。深化跨国公司外汇资金集中运营管理改革，培育试点企业，提高金融机构工作人员对外汇管理政策掌握和应用能力。推动全口径跨境融资宏观审慎管理改革，建立"事前窗口指导、银行和企业自律、外汇局事中事后核查"三位一体管理模式，提高管理效果。修订《唐山市中心支局关于大额购付汇监测及异常购付汇约谈工作规范》，用制度规范购付汇监测约谈，与辖内19家银行及26家重点企业签订《外汇业务合规经营责任书》，提高银行及企业外汇管理责任意识。实行本外币一体化协同监管，跨境人民币业务与外币监管实现一体化管理。

【金融服务】 2017年，中国人民银行唐山市中心支行创新推广金融统计产品，建立唐山市"绿色信贷"业务统计监测分析制度。加强"数"文化建设，组织县域银行机构开展"数"文化业务技能竞赛及能力展示，将"数"文化活动向基层延伸。对14家义务主体进行反洗钱现场检查，整改存在问题，综合运用非现场监管手段，对全辖10家义务机构开展反洗钱现场风险评估，提出整改措施，制定实施《唐山市金融机构创新服务项目和产品报备制度》，强化对高风险客户、高风险领域洗钱风险识别和防控。推动跨省异地经营企业税款电子缴库工作，在唐山市曹妃甸区实现跨省异地企业经营税款电子缴库方式零突破，并与唐山市国税局、地税局联合发文在辖区内推广，6月21日，国税电子退库、更正、免抵调库业务电子化项目获"河北省人民银行系统2016年度优秀技术创新奖"。加强征信宣传，开展"创建诚信示范区，携手逐梦京津冀"征信专题宣传活动，促进辖内中小企业和信用体系建设，提高个人信用意识。加强基金调拨管理，落实小面额现金备付主办银行和主办网点制度，满足社会和公众需求；收缴假币，打击假币犯罪，维护金融市场秩序。开展全市整治非法买卖银行信息专项行动，遏制和打击非法买卖银行卡信息违法犯罪行为。建设全国集中银行账户管理系统，提高账户管理水平。做好金融机构信息编码管理工作，全年辖区增加金融网点66家，变更网点463家，撤销网点41家。落实金融IC卡相关政策，推动金融IC卡产业健康发展。

（朝鲁孟）

银行机构

·农业发展银行·

【农发行概况】 2017年，中国农业发展银行唐山分行（简称农发行）发放各类贷款11.69亿元，其中粮油购销储贷款1.71亿元、中长期项目贷款9.43亿元、商业性贷款0.54亿元，各项贷款余额93.74亿元。企事业单位存款日均余额41.37亿元，实现国际业务结算量2048万美元，实现中间业务收入22.08万元，实现利润1.39亿元。年内，保持"无不良贷款行"称号。

【农发行信贷业务】 2017年，农发行支持粮油收储，完成四级粮油储备轮换，做好小麦最低保护价收购工作。每月召开一次县级支行行长参加调度会，每周通报一次重点工作进度，开办《百日攻坚专刊》，总结经验做法。与迁安市签署战略合作协议，加快项目营销储备，带动优化各县（市、区）发展环境。与市住建局联合召开全市棚改政策对接会，宣讲政策，深化合作意识。市、县两级行成立项目推进小组，对营销培育成熟项目倒排工期，挂图作战，直至获得审批。设立行长奖励基金，专项奖励项目推进小组工作人员和存款营销业绩突出个人。

【农发行风险防控】 2017年，农发行坚持依法合规经营理念，关注政策变化和监管动态，规范业务经营行为。完善风险防控体系，创新风险管理工具，加强各类风险综合管控。建立风险管理制度，推行全层级、全员、全流程风险管理，整合各类风险信息，加强各类风险信息预测、预判和风险处置能力。排查风险，控制不良贷款。加强印章、保密、公文等管理，防范用印及失窃密风险。制定声誉风险应急预案，开展管理营销、贷款使用、夏秋粮收购、新闻宣传等专项业务，防范声誉风险。

【农发行基础管理】 2017年，农发行强化财务收支管理，加大贷款利息监测和表外欠息清收力度，加大扭亏增盈帮扶力度。开展"信贷队伍建设年"活动，学习落实信贷全

农发行组织"精细严实 我们在行动"演讲比赛。 曹明辉 摄

流程标准化操作手册，推进信贷工作规范化，奠定信贷管理基础。组织法律合规培训班及合规知识竞赛，运用“制度领读”“法律大讲堂”等平台，强化制度规定学习，深化全员合规意识。制定《唐山分行检查及检查发现问题整改规程》，规范各项检查，整改检查发现问题，制定问题整改台账，明确整改时限、措施和责任人。年内，被河北省银监局评为“银行业金融机构案防合规文化建设先进单位”，被唐山市银监分局评为“无案件单位”，被唐山市人民银行评为“反洗钱工作A级单位”。

【农发行企业文化建设】 2017年，农发行发挥工团职能作用，推进企业文化及“职工之家”建设。推进行务公开制度，关系业务发展和职工利益事项均按规定公示，做到办法公开、程序公开、结果公开，增强管理透明度。指导辖区内各基层工会开展建家活动，开展业务培训和技能比武，举办“精细严实，我们在行动”演讲比赛、金农发行杯劳动竞赛、财会技能大比武、党的十九大及合规知识竞赛等活动，年内获省分行劳动竞赛团体一等奖和合唱比赛团体二等奖、唐山市金融系统反洗钱大赛二等奖，高朕获总行劳动竞赛第四名，范玮华获总行演讲比赛第三名，宋仕君被总行授予“优秀职工之友”称号，机关工会被总行授予“模范职工之家”称号。

（李凤翔）

·工商银行·

【工行概况】 2017年，工商银行唐山分行（简称工行）实现拨备前利润15.2亿元，净利润9.23亿元，中间业务收入4.6亿元。人民币全部存款时点余额820.34亿元，较年初增加42.69亿元；外币全部存款时点余额3.86亿美元，较年初增加3.23亿美元；本外币全部存款增量63.42亿元，居同业首位。不良贷款率0.8%，较年初下降1.84个百分点。人民币各项贷款余额535.04亿元，其中个人贷款余额155.89亿元，较年初增加41.87亿元。

【工行服务区域经济】 2017年，工商银行唐山分行投放京津冀协同发展相关项目贷款23.88亿元，加强对唐山地区战略和实体经济重点领域金融支持，对接曹妃甸、京唐港、乐亭等沿海重点项目以及高速公路、港口、铁路、电力等重大基础设施项目领域。支持小微企业发展，破解小微企业融资难题，截至年底，小微企业贷款余额153.59亿元，较上年末增加15.89亿元。推动普惠金融工作开展，发挥自身技术和平台优势，与各类企业平台实现互联互通，“融e购”平台B2B（企业与企业之间通过网络，进行数据信息交换、传递，开展交易活动商业模式）非金融交易额34.66亿元，B2C（企业对消费者的电子商务形式）非金融交易额10.27亿元，助力实体企业在电商服务领域发展。全年个人住房贷款余额141.37亿元，较年初增加40.68亿元，余额同业占比32.34%，增量同业占比43.97%，均居同业首位，为1.39万户居民家庭提供购房资金支持。发展国际业务，全年跨境人民币结算量19.28亿元，居同业首位。拓展票据市场，累计办理票据贴现95亿元，连续10年保持同行业首位。

【工行风险防控】 2017年，工商银行唐山分行发挥滚动排查、大户分析、风险缓释、押品重评、预警核查机制作用，加大潜在风险和“剪刀差”压降力度，化解潜在风险贷款4.39亿元，年末法人贷款“剪刀差”为零，提高质量稳控和风险有序释放统筹能力。组织内控合规宣讲、案例巡展、标杆支行建设活动，开展“一季一讨论、讨论一整年”内控案防大讨论，实施“十大重点领域和关键环节”风险专项治理，推进合规文化建设，增强全员合规意识，全行未发生可控一类及十大违规风险事件。全年防范外部欺诈风险事件21起，丰南河头支行截堵电信诈骗事迹在中央电视台宣传报道。研究制定信访及各类突发事件应急预案，做好敏感时期重点人员稳控，维护大局安全稳定。

【工行营业网点建设】 2017年，工商银行唐山分行完成网点总量优化5家、布局优化2家、标准化装修8家，建设轻型化网点4个、创新型网点1个。开展“喜迎十九大服务护航”活动，推进“温馨大堂”工程，消除厅堂服务空白，鼓励网点创造性开展各种厅堂活动，打造服务亮点。凤凰支行营业室、西山支行营业室获“2017年银协千佳网点、明星网点、标杆网点”称号，迁安支行营业室获“2017年工总行和银协五星级网点”称号。开展“待客经验日日累 服务问题天天答”活动，收到小经验1610条、最优解答方案1288个，提升服务质量。

工行玉田支行员工开展“学习雷锋、奉献社会、WORD工行在行动”活动。志愿者利用工余时间向人们宣传防止电信诈骗小常识、非法集资危害、假币辨识方法等。　李志强 摄

【工行志愿者服务】 2017年3月10日，工商银行唐山分行组织开展“学习雷锋 奉献社会 WORD工行在行动”学雷锋活动，20名青年志愿者代表在世园会开展擦拭出入口闸机、售票厅，清理景区垃圾和杂物等志愿活动。9月，在唐山学院开展金融知识进课堂主题宣讲会两次，满足学生群体金融需求，帮助学生群体培养金融意识、诚信意识、风险意识、维权意识，提升学生群体金融素养，推进金融知识进课堂、进课程。10月27日，开展“金秋十月丹桂送福”爱心日活动，组织慰问团队一行20余人赴唐山常记功臣养老院为老革命军人送牛奶、水果等慰问品，并进行文艺演出。

（龙云飞）

农行唐山复兴路支行引进唐山市首台智能迎宾机器人，用于大堂迎宾引导、客户接待、宣传讲解。 韩 旭 摄

·农业银行·

【农行概况】 2017年，农业银行唐山分行（简称农行）各项存款余额1283.4亿元，各项贷款618.8亿元；中间业务收入4.73亿元，拨备前利润20.9亿元。实现个人存款时点增量、各项存款日均增量、对公存款日均增量、个人存款日均增量4项指标同业第一。年内，获全省系统综合业务技术比赛一等奖，在信贷管理知识竞赛、对公业务知识竞赛中获二等奖，被评为“2012～2017年度企业文化建设优秀单位”。

【农行信贷投放】 2017年，农业银行唐山分行服务重点项目，投放曹妃甸港集团、唐曹铁路、迁曹高速、河北建投海上风电等重点项目44.4亿元。加大基础设施建设、棚户区改造、优质商品房开发等项目支持力度，营销唐山唐曹铁路、中国葛洲坝股份丰南PPP（政府和社会资本合作）项目、华电国际曹妃甸20万千瓦海上风电等项目，实现重点项目储备13户187亿元。建立普惠金融服务机构，推进辖内“小微企业金融服务示范支行”建设。与政策性担保体系合作，年内准入京唐港、迁安2家政策性担保公司，总量达7家，合作总额度8.3亿元。强化银税互动，上线“税银通”产品，依据纳税额准确定位经营业绩优良小微企业，优先提供支持和服务。年末，全行小微企业贷款客户数516户，比上年增加9户；贷款余额49.88亿元，贷款增速高于全行各项贷款平均增速11.98个百分点。全年个人贷款余额136.9亿元，比年初增加25.57亿元，占比22%，比年初提升4个百分点。推进一、二手房贷款，推广“农民安家贷”产品，满足农民进城购房金融需求。发展消费贷款，推广房抵贷、住房余值贷、卡分期等业务。

【农行服务县域经济】 2017年，农业银行唐山分行支持县域经济，对接当地经济特色和支柱产业，为遵化沙河水环境综合治理PPP项目授信10.8亿元，实现水利贷款零突破；与北京大北农科技集团达成成立大北农猪业产业基金意向，投资总规模23亿元；与市供销合作总社、市农村产权交易公司、市供销农民专业合作社联合社签署3项战略合作协议，在深化融资服务、渠道共建、资金管理、理财服务4个领域形成合作共识；对接市、县供销社企业融资需求，为市盐业总公司投放贷款1000万元。推进“互联网+”服务“三农”模式，发展“金穗快农贷”网络融资模式，为农户发放纯线上信用贷款，实现农户融资实时化、便捷化、智能化，破解农村“融资难”。发展“惠农e商”，破解农村“买卖难”，全年增加电商平台“惠农通”服务点商户1468个，商超类服务点上线率100%。召开“惠农通”服务点订货会32次，通过电商平台实现交易5160笔，总值3511万元。改善农村支付环境，“惠农通”服务点有效率81.9%，行政村覆盖率56.42%，较上年提升15个百分点，增加星级服务点254个。全年增发有效惠农卡2.47万张，累计发放54万张。

【农行电商客户增加】 2017年，农业银行唐山分行推进对公、零售、信贷、管理等转型，优化客户、业务、产品结构，培育效益增长点。开展“服务质量强化年”活动，细化服务体验，为网点制作无线网络台卡、“准妈妈”胸牌等，为全辖网点上线柜员辅助营销系统，实现针对性推送金融产品。加大掌银客户渗透率，全年掌上银行活跃客户净增1.47万户。加大公共事业、民生缴费、学校医院等直联商户营销力度，完成迁安支行“金穗惠农通”、玉田支行“生产链”和“商圈”示范样板打造，截至年底，全市电子商务客户净增3658户。

【农行风险管理】 2017年，农业银行唐山分行强化信用风险管控，压降不良贷款，截至年底，不良贷款余额较年初下降25.77亿元，不良贷款率较年初下降3.92个百分点。加强重点环节和重点领域风险管控，提高风险把控能力，开展合规文化建设，推进合规文化长效机制建设。开展风险专项治理，全年排查风险点150个。加强科技运营，组织研发和试点运行“箱包智能化管理系统”“押品智能化管理系统”，推广“安全巡查控制系统”“智能身份识别系统”，启用“车辆智能管理系统”，提升保卫水平。年内，农行被评为“全省银行业安全保卫先进单位”，获唐山市2017年度银行业金融机构安全评估第一名。

（韩 旭）

·中国银行·

【中行概况】 2017年，中国银行唐山分行（简称中行）两项核心存款663.49亿元，贷款总额300.69亿元，位列河北省中行系统首位，截至2017年末，全行资产、负债规模为714.33亿元、709.53亿元，较年初分别增长1.78%、2.40%。其中，人民币时点余额238.35亿元，剔除协议存款因素，较年初增加12.45亿元，日均余额245.22亿元，剔除协议存款因素，比上年增长8.84亿元；储蓄存款方面时点余额425.14亿元，较年初时点增加19.81亿元，排名全省第一位，日均余额427.08亿元，较年初增加26.8亿元，排名全省第2位；人民币各项贷款余额409.78亿元，余额市场占比17.15%，较年初增加25.69亿元，新增四行排名第一位。全年实现净收入16.88亿元；实现拔备前利润11.71亿元；实现净利润1.64亿元；实现非息收入3.33亿元，其中公司金融板块实现非息收入2.2亿元，全省排名第一位；个人业务板块实现非息收入1.43亿元，全省排名第三位，贸易金融、公司金融、财富私行、个人信贷四大产品线非息收入均全省排名首位。获评“全国文明单位”“全国金融系统企业文化建设先进单位”“总行级模范职工之家”等称号，被唐山市委、市政府评为“文明单位”。

【中行业务发展】 2017年，中国银行唐山分行叙做全国首笔10亿元“代销模式”PPN（银行间债券市场非金融企业债务融资工具）非公开定向债发债业务，借助非标理财叙做全省首笔租金收益权业务，为辖内重点客户叙做5.1亿元理财质押开立银承业务。总、省、分、支四级联动，为多个工程项目开立保函，助力企业发展。全年贸易融资发生额、保函业务量、国际结算量等重点指标均进入全省前列，其中票据贴现量55.3亿元，全省排名第一，省辖贡献度22.8%，实现逆增长。

【中行授信】 2017年，中国银行唐山分行围绕《战略协议》约定扩大授信规模，在京津冀协同发展、港口物流、交通基建、民生消费、制造业升级等领域投放一批优质授信项目。在授信结构上，通过表内贷款转表外理财等举措，压降钢铁、水泥等产能过剩行业授信；通过信贷资产证券化等举措，压降低收益授信。截至年底，全行公司贷款余额突破300亿元，较年初增长11.02亿元。

中行唐山分行在北京大学举办唐山市领导干部金融创新及发展研修班。

中行办提供

【中行合规管理】 2017年，中国银行唐山分行细化各层面贷后管理职能，强化对宏观调控行业、敏感行业、重点客户贷后检查，跟踪授信企业、借款人、保证人和抵押担保变化情况，提升风险预警能力。授信风险防范上，强化授信政策引导，落实押品准入规定，规范重点环节审核，确保资产安全。不良清收上，运用还本免息、依法诉讼、抵债资产转让等手段加大清收力度，完成省行下达表内清收化解任务。内控管理上，深入安保防范，落实各级管理者在岗值班、重大事项报告、安全隐患排查等制度，加强对营业网点、ATM机、金库等重点部位防范，确保全行安全无事故。

（崔陶然）

·建设银行·

【建行概况】 2017年，中国建设银行股份有限公司唐山分行（简称建行）一般性存款日均余额1019.75亿元，比年初增加65.26亿元；各项贷款余额687.01亿元；实现中间业务净收入6.35亿元；实现账面利润19.66亿元。在全省系统内，机构业务、投行、电子银行业务、母子公司联动多项排名第一。被唐山市银监局评为“无案件机构”。在市人行对辖区100多家机构考核中，连续4年获“反洗钱工作考核A类行”称号，被总行授予“反洗钱先进集体”称号。在当地人行对25家综合型银行金融管理政策评价中，排名第一位。年内，通过全国文明单位复查。

【建行主营业务】 2017年，中国建设银行唐山分行拓展投行业务，在重点领域、重大项目上形成与信贷业务优势互补、合作共赢局面。支持地方基础设施领域融资，得到各级政府认可，带动各区域存款、开户、结算、造价等业务协同发展。加快国际业务发展，打造具有市场竞争力国际业务品牌。发展小企业业务，小企业贷款增加数量居系统第一，“普惠金融”贷款增加5.24亿元（调整前）。非存款类金融资产方面，成为全省建行系统首家私行客户资产规模超百亿二级分行。

【建行创新管理】 2017年，中国建设银行唐山分行制定《产品创新管理实施细则》《产品创新管理和奖励方案》等文件，完善创新机制，设立专项费用于重点激励产品创意和创意成果转化，调动全行参与创新积极性。开展“旺季营销”等活动，开创“零售业务批发化”模式。办理全国首笔国企改革创新私募基金，“过剩产能企业主综合服务方案”被总行选为私人客户重点服务方案并在全国推广，扩大机关事业单位养老保险账户、银医银校通业务覆盖面，在全省率先上线“党费云”、燃气代缴费系统，依托“善融商务”办理“智慧港口E服务”被评为总行2017年产品创新项目，“慧兜圈百城万店”活动多项指标居全国二级分行首位。12月9日，与住建局联合上线唐山市住房租赁监管服务平台和唐山市公共租赁住房管理平台，成为全国首批同时上线住房租赁系统两个平台的城市行。

【建行价值创造】 2017年，中国建设银行唐山分行合理安排贷款增加结构，向资本占用少、回报高领域倾斜，提高贷款创收能力。加大重大优质项目投放力度，压缩去产能行业贷款和民营钢铁贸易融资业务，发展个人贷款业务，开展个贷流程再造，提升经办效率。对非贴贷款投放进行价值创造能力测算审核，降低无效、低效资本占用，实现综合收益为正的投放效益目标，用高经济增加值产品置换低经济增加值业务，提升价值创造能力。年内，分行经济资本占用比例较年初下降0.03个百分点。提升定价管理水平，全年新发放人民币各项贷款加权利率较年初提升0.24个百分点。人民币一般性存款付息率较年初下降0.18个百分点，保持同业最低。加强投入产出管理，制定《大额资金投入项目支出管理指导意见》，对网点建设、业务发展延伸项目等大额资金投入项目加以规范，提高投入产出效率。

【建行风险防控】 2017年，中国建设银行唐山分行构建立体防控格局，建立多层级、跨部门主体责任体系，细化党委会研究风险事项议事程序，建立党委成员包行制度，明确分行党委成员对全辖信贷资产质量和信贷风险客户化解处置包干负责。制定《唐山分行信贷资产质量与风险客户管理考核方案》，增强制度刚性约束。民营客户增加授信原则，获上级行肯定并在全省系统推广。制定《中国建设银行唐山分行内控合规管理长效机制建设方案》，探索形成各项工作机制，确保各项业务健康发展。制定《2017年信贷业务检查工作方案》，实现风险隐患早发现、早控制、早化解。开展“三线”（高压线、底线、红线）合规教育、“合规建行、知行合一”活动和“学条规、知禁令”考试等活动，组织不同层次人员赴唐山监狱进行现场警示教育。开展屡查屡犯专项治理和“三清查”（清查员工及近亲属与大客户大额资金往来、参与民间高息借贷、违规经商办企业）活动，强化印章和保密管理，确保全年无案件、无重大违规违纪事件、无群体性突发事件发生。

（王奔丹）

·交通银行·

【交行概况】 2017年，交通银行唐山分行（简称交行）本外币资产总额343.39亿元，较年初增长26.13亿元，增幅8.24%。本外币各项存款余额319.7亿元，较年初增长18.78亿元，增幅6.24%。个人资产规模（AUM）余额205.25亿元，较年初增长23.9亿元，增幅13.18%。实现非利息净收入1.71亿元，实现经营利润5.30亿元。继续处于交行一类A等分行序列，全省绩效考核体系中，排名位居各辖行第二名；全省综合考评中，分行10个条线排名第一名，5个条线排名第二名。加强重点领域、重点行业限额管控，指令性减退加固名单客户实现授信敞口压降绝对额10.17亿元。发展行业全融资授信余额较年初增加7.79亿元，占比提升3.42个百分点。不良贷款余额0.55亿元，较年初减少3.51亿元，占比0.24%，较上年下降1.53个百分点。

【交行服务水平提升】 2017年，交通银行唐山分行本外币各项贷款日均余额227.99亿元。完善小微企业金融服务，提升普惠金融服务能力，达成监管口径“三个不低于”（小微贷款户数、贷款余额、小微企业申贷率不低于年初）指标，小微贷款余额较年初增加3.5亿元。支持涉农、惠农项目发展，实现农村气代煤改造项目等大额涉农贷款投放。年内，票据贴现发生额在河北省交行居第一位，为中小微企业融资提供支撑。提升规范化服务水平，服务规范考核连续4年全省第一名。北新道支行获“2017年中国银行业文明规范服务五星级营业网点”和交行“优秀网点”称号，丰润支行被评为“2017年度河北省银行业文明规范服务示范单位优秀创建单位”。

【交行内控管理】 2017年，交通银行唐山分行贯彻执行金融法律法规及本行内控制度，依法从业，合规经营，内控审计评级继续保持“B+”。在法律合规、征信管理、反洗钱、诉讼等日常管理规范中加强制度建设，取得成效。

【交行网点建设】 2017年，交通银行唐山分行推进网点升级转型，推广智能机具试点运行，打造智能化厅堂，推动电子化设备在全行应用。年内曹妃甸支行迁址。自助设备正常服务率保持稳定。打造降本增效网点模式，实现网点面积压降2.12平方千米。

（郭耀国）

·唐山银行·

【唐山银行概况】 唐山银行（原唐山市商业银行）成立于1998年6月，在唐山市原有27家城市信用社基础上组建而成，是具有独立法人资格国有控股地方性银行，下设决策规划管理部、业务发展部、纪委监察部、风险管理部、金融市场部等部门，下辖经营网点60家，在职正式员工929名。2017年，唐山银行监管评级晋升为3级B，获“年度最佳产品创新中小银行”“年度最具创新力中小银行”“年度最具竞争力中小银行”“2016年河北省服务名牌”“2016年度中国银行业理财机构最佳收益奖”“2016年度最佳网点智能化城商行”“2017中国商业银行竞争力排名——资产规模2000亿元～3000亿元城市商业银行竞争力评价第四名”等称号和奖项。截至年底，全行资产规模2139.93亿元，较年初增加108.64亿元，增幅5.35%。各项授信资产（含信托）余额1411.50

唐山银行新华支行员工帮助客户撤销8年前沉睡账户。　　唐　航　摄

亿元，较年初增加96.82亿元，增幅7.36%。各项存款总额1341.23亿元，较年初增加12.08亿元，增幅0.91%，其中储蓄存款519.43亿元，增加45.48亿元，增幅9.60%。全年实现总收入105.05亿元，比上年增加17.22亿元，增幅19.60%。利润总额18.7亿元，比上年增加0.04亿元，增幅0.23%。缴纳各项税金6.81亿元。净利润15.33亿元，比上年增加0.72亿元，增幅4.93%。涉及“资本充足、信用风险、营利性、流动性、杠杆情况”5类28项非现场监管指标全部达标。不良贷款率0.05%。全年实现安全稳健运营，无事故、无案件、无重大风险。

【唐山银行产品和服务创新】 2017年，唐山银行有4个系列24款产品，个人产品有10个系列320余款。强化客户分级分类管理，推出教师节活动、生日月、高净值客户等专属理财项目，提升客户满意度及客户黏性，呈现“金融超市”理念。开展各类主题宣传活动，涵盖医疗健康、子女教育、品质生活等，融合互联网思维和经营理念，发展联盟商户1.3万家，实现资源共享，为客户提供让利优惠服务，激活市场消费，提升品牌形象。

【智能银行体系建设】 2017年，唐山银行推进科技系统和智能银行体系建设。启动新一代核心系统改造升级项目，实施非现场审计三期开发工作，完成CRM、ECIF客户管理系统上线及升级优化和行政印章管理系统上线，实现收单平台、电子汇票系统、基金销售系统、电子验印和影像管理系统开发与上线。系统优化升级59次，涉及各类需求309个，满足各类业务产品和管理系统优化需求。

【唐山银行服务网点改造】 2017年，唐山银行对全辖网点实施分级分类，形成综合支行、社区支行、智能支行差异化管理体系，提升网点形象和精细化管理水平。截至年底，唐山银行网点覆盖全市，部分县（市、区）实现2支行（综合支行和社区支行）高低搭配，提升服务县域经济能力。推广智能服务设备，促进客户服务自助化、线上化，截至年底，全行推广使用存单机、自助查询机、快柜等各类自助设备1100余台，主要业务操作实现全流程系统化运行，自助渠道业务办理率85%，业务办理时间平均缩短至10分钟以内。全行网点ATM、CRS机280余台，全部实现动态密码锁升级，防范人工加钞操作风险，减少人员配置，提升设备运营效率。

【唐山银行员工管理】 2017年，唐山银行推进全行标准化建设，制定进度目标，完成个人结算业务、公司业务、金融市场业务、授信业务4个业务模块操作流程图绘制、风险点控制提示及风控模型建设，标准化项目建设固化业务流程与风险管理规范，提升管理与风控水平。组织全行人员参加上岗资格考试，涉及经营机构员工19类资格证书、机关人员21类资格证书、支行副行长及以上干部4类资格证书，考试成绩纳入绩效考核，提升全行人员专业素质技能水平。

【唐山银行风险管理】 2017年，唐山银行完成“三违反”（违反金融法律、监管规则、内部规章）“市场乱象”“三套利”（监管套利、空转套利、关联套利）“四不当”（不当创新、交易、激励、收费）等专项检查整治，通过自查与“上查下”相结合方式，锁定内控薄弱环节，缓释风险。完成历史档案清理和同业内部资金账户清查销户工作，消除案件风险隐患。组合推进现场和非现场操作风险检查，通过自助机具业务、理财业务、信贷资产质量分类、房地产贷款、银行卡与电子银行、集中采购、国际业务、账户管理、对账业务、科技研发管理等专项审计，发现并整改存在问题，提升管理水平。

（李　巍）

·省联社唐山审计中心·

【省联社概况】 2017年，省联社唐山审计中心（简称省联社）辖内有8家县级行社，其中县级联社5家、县级农商行3家（滦州、玉田、曹妃甸），其中直属营业部8个、基层行社182个、信用分社103个、储蓄所8个，在职员工2823人。截至年底，唐山农信全市资产总额1265.2亿元，负债总额1175.9亿元，所有者权益89.2亿元。全市各项存款余额1089.18亿元，各项贷款余额701.97亿元，实现考核利润16.72亿元，实现中间业务收入2.57亿元。全市新资本充足率13.22%。拨备覆盖率206.6%，全市8家县级行社达到150%以上；拨贷比5.11%，全市8家县级行社均达2.5%以上。全市重点领域环节实施全方位监督检查，开展“飞行检查”“精确打击”行动。连续10年实现“零”案件、“零”事故。

【省联社改制组建】 2017年4月18日，玉田农商银行挂牌营业。10月26日，滦州农商银行挂牌营业。12月18日，滦南联社收到河北银监局筹建批复，开展注册验资。12月18日，迁安联社向省银监局上报筹建申请材料等待审核意见。乐亭、遵化、迁西3家联社年内启动改制工作。

【省联社创新发展】 2017年，省联社唐山审计中心开展“信通卡”营销拓展业务，提高IC卡替代率、自助机具活跃率、电子银行及手机银行交易量等，现代金融服务完善。借助省联社数据平台搭建、“农信e购”聚合支付、二代核心系统上线等契机，整合线上线下服务，开发具有本地特色存贷款及理财产品、中间业务等新产品。开展文明优质服务创建活动，推行“周四工装日”“戴党徽亮身份”、各类户外拓展等活动，开展各类培训，创建劳动关系和谐企业。

（王东伟）

·农商行·

【农商行概况】 唐山农商银行于2013年10月23日挂牌开业，是河北省首家市级农商银行，也是全省规模最大农商银行。截至2017年底，全行下辖9家一级支行、83家二级支行、83家分理处、4家储蓄所，共179家分支机构，从业人员1912人。资产总额662.6亿元，比开业之初增加272.3亿元（其中各项贷款余额350.8亿元，增加130.9亿元）；负债总额609.9亿元，增加246.8元（其中各项存款余额499.4亿元，增加169.2亿元）；所有者权益52.7亿元，增加25.5亿元。取得全国银行间债券市场交易资格、中国银行间市场交易商协会会员资格，成为河北省10家、河北农信系统首批4家自律机制基础成员之一，凤凰系列理财产品被农信银提名为“优秀产品”，在全省农信系统首家发行二级资本债，获“中国债券市场优秀发行机构”“中债金联系统特别贡献奖”“中国服务县域经济领军银行”称号，2017年，在全国1200余家农商银行中规模跃居前50位，被授予2017年全国银行业理财信息登记工作“优秀农村金融机构”“2017年度中国服务小微企业十佳农商行和银行卡业务创新最佳中小银行”等奖项，连续4年实现“零”案件、“零”事故。

【农村信用工程】 2017年，唐山农商银行实施“双基”（基层党组织、基层信用社）共建农村信用工程，与市、区、乡镇各级政府联合成立基层工作小组67个，建立村级金融支农服务站1132个，开展信用户、信用村、信用乡镇评定活动，建立农户档案1.78万户，建档农户比例59.71%；评级农户1.78万户，授信农户5611户，涉农贷款和小微企业实现“三个不低于”（不低于贷款增速、贷款户数、申贷获得率）。建立个人类5个系列23个产品个贷类产品体系和企业类5个系列30个产品公司类信贷产品体系，满足实体经济信贷资金需求。加强与担保、保险类中介机构合作，与唐山市路北区金融中心管理委员会共同出资成立唐山市路北区中小微企业信用保证基金，与唐山融资担保有限公司、中国人民财产保险唐山分公司、太平财产保险唐山中心支公司签订《小微企业“政银保”合作贷款协议》，解决贷款担保难、融资难等问题。

【农商银行改革创新】 2017年，唐山农商银行完成迁安、玉田、滦南、乐亭4家域外支行筹建，组织成立小贷中心，接入国库集中支付电子化系统，上线运行资金清算系统、票据资产管理系统（2.0版）和网点信息发布系统。开发“同业存单”“凤凰车易贷”等业务，开办股权质押、投资绿色金融债、投资资产证券化业务和手机银行“随e汇”业务、收银通业务，开通高速ETC、国库集中电子化支付等中间业务。

（凌振东）

证券期货

【证券业概况】 2017年，唐山市上市挂牌企业128家，其中境内上市10家，境外（港交所）上市1家，全国中小企业股份转让系统（新三板）挂牌40家，石交所挂牌77家。按省统计口径，年内增加上市挂牌企业24家，其中沪深主板上市惠达卫浴、三孚股份2家企业，位列全省第一；“新三板”挂牌贺祥机电、天和环保、恒隆港务、万杰机械、亚捷科技、美客多、洁城能源、明和科技、东唐电气和瑞兆激光10家企业，位列全省第二；石交所挂牌谷川食品、搜唐科技等12家企业；年内上市挂牌企业增加直接融资149.75亿元，其中股权融资51.75亿元，比上年增长208.59%，助力实体经济发展。

【证券期货机构】 2017年，唐山市辖区内有财达、广州、东莞、广发、国泰君安、中信、民生、银泰、长城、申万宏源、方正、中银国际、西南、中信建设、国盛、中泰、长江、安信、华林、西藏东方财富20个证券公司38家分支机构，包括1家省级证券分公司（东莞证券）、37个证券营业部，其中安信、华林、西藏东方财富3家为年内新增。从业人员602人，开设资金86.89万户，比上年增长15.04%，完成A股和封闭式基金交易量4581.36亿元，比上年下降19.51%，月末保证金余额28.46亿元，比上年增长37.59%，证券托管市值508.98亿元，比上年增长2.18%。恒银、民生、方正中期、中辉、中钢、银河、中财、一德、财达9家期货公司分支机构，其中财达期货为年内新增。从业人员87人，为投资者开户1.06万户，比上年增长11.56%，年内累计代理成交量1822万手，比上年下降10.29%，代理交易额8731.90亿元，比上年增长23.12%。

【上市企业】 2017年，按省统计口径，唐山市增加上市企业2家，分别为惠达卫浴和三孚股份。唐山惠达卫浴股份有限公司始建于1982年，总资产13亿元，职工1万余人，17条天然气隧道窑生产线，年产“惠达”牌卫生陶瓷900多万件，产品形成中高档200余个品种，是全国建筑卫生陶瓷行业首家获“中国驰名商标”“中国名牌”“国家免检产品”3项国家级称号企业。3月3日，在上海证券交易所主板上市，股票名称为惠达卫浴，股票代码603385，首发募集资金9.43亿元。唐山三孚硅业股份有限公司位于唐山市曹妃甸区南堡工业区，成立于2006年10月，公司注册资金1.5亿元，占地16.47公顷，员工600余人，主营业务制造销售三氯氢硅、四氯化硅、氢氧化钾、光纤级四氯化硅、硫酸钾，为沪市A股上市企业，是国内规模较大三氯氢硅生产企业之一。6月28日，登陆上交所主板，股票简称三孚股份，股票代码603938，为唐山市第6家沪市A股上市公司，首发募集资金3.62亿元。

（张 润）

小额贷款

【小额贷款概况】 2017年，唐山市有小额贷款公司43家，注册资本23.4亿元，从业人员500余人，贷款余额17.16亿元，其中涉农贷款余额3.34亿元、小微企业及个体工商户贷款余额11.7亿元、其他贷款1.8亿元，全年累放贷款1734笔，贷款户数657户，为全市“三农”项目及小微企业发展提供资金支持。

【风险防控】 2017年，唐山市金融办加强对小额贷款公司监管力度，实行月报、季报、年统制度，定期现场检查，确保小额贷款公司合规经营。市、县两级监管部门定期召开工作座谈会，了解掌握小额贷款公司经营情况，帮助小贷公司解决困难和问题，全年未发生违法违规和影响社会稳定现象。年内，市政府制发《关于进一步调整全市小额贷款公司设立审批及变更工作指导意见》，细化和规范发起设立小额贷款公司具体条件、申报流程等，简化小额贷款公司工商注册登记事项申请变更审批程序，提高审批效率。推动小额贷款公司在石家庄股权交易所挂牌，年内，3家公司在石家庄股权交易所挂牌，1家公司完成挂牌前筹备工作。

（郭 强）

保 险

【保险概况】 2017年，唐山市有保险公司法人机构1家，市级保险公司57家，其中财产保险公司27家，人身保险公司30家，共有县级及以下分支机构582家。全市保险业实现原保险保费收入232.57亿元，比上年增长7.44%。其中，财产险业务保费收入62.25亿元，比上年增长4.05%；人身险业务保费收入170.32亿元，比上年增长8.73%。截至年底，唐山市保险公司总资产517.43亿元，比年初增加40.54亿元。唐山保险业承担风险保障金额6.17万亿元；寿险责任准备金余额515.26亿元，比上年增长12.23%；长期健康险责任准备金余额27.26亿元，比上年增长20.28%。保险业赔款与给付支出83.97亿元，比上年增长0.16%。

【保险脱贫战略】 2017年，唐山保险业承办城乡居民大病保险及城镇职工大额补充医疗保险业务，提升服务质量，开展涉农保险扶贫，解

2017唐山市财产险公司原保费收入与市场份额情况

表14

公司名称	保费收入（万元）	同比增长	市场份额	增减幅度
人保财险唐山市分公司	239812.58	-2.09%	37.05%	-1.94%
平安财险唐山中心支公司	128489.41	19.12%	19.85%	2.68%
中华联合唐山中心支公司	35779.76	-0.64%	5.53%	-0.20%
太保财险唐山中心支公司	34985.83	18.52%	5.41%	0.71%
阳光财险唐山中心支公司	31143.04	26.09%	4.81%	0.88%
太平财险唐山中心支公司	23429.97	38.12%	3.62%	0.92%
大地财险唐山中心支公司	20659.01	11.05%	3.19%	0.23%
国寿财险唐山中心支公司	19551.63	6.16%	3.02%	0.09%
燕赵财险唐山中心支公司	18878.67	-50.47%	2.92%	-3.15%
中银财险唐山中心支公司	16854.17	1.29%	2.60%	-0.05%
国任财险唐山中心支公司	12384.75	-9.21%	1.91%	-0.26%
安盛天平唐山中心支公司	12134.74	-12.72%	1.87%	-0.34%
安邦财险唐山中心支公司	8581.23	192.77%	1.33%	0.86%
华安财险唐山中心支公司	7786.93	-1.63%	1.20%	-0.06%
英大财险唐山中心支公司	7696.83	-21.61%	1.19%	-0.37%
紫金财险唐山中心支公司	5799.63	-8.51%	0.90%	-0.11%
华农财险唐山中心支公司	5691.01	-19.15%	0.88%	-0.24%
天安财险唐山中心支公司	4031.19	-4.35%	0.62%	-0.05%
永诚财险唐山中心支公司	2890.29	-7.07%	0.45%	-0.05%
富德财险唐山中心支公司	2413.63	—	0.37%	0.37%
泰山财险唐山中心支公司	1829.87	662.07%	0.28%	0.24%
华泰财险唐山中心支公司	1621.97	57.36%	0.25%	0.09%
永安财险唐山中心支公司	1530.69	-15.33%	0.24%	-0.05%
渤海财险唐山中心支公司	1343.92	41.90%	0.21%	0.06%
亚太财险唐山中心支公司	1310.60	-25.92%	0.20%	-0.08%
都邦财险唐山中心支公司	567.38	-67.68%	0.09%	-0.19%
合计	647198.72	3.02%	100.00%	0.00%

2017唐山市人身保险公司原保费收入与市场份额情况

表15

公司名称	保费收入（万元）	同比增长	市场份额	增减幅度
中国人寿唐山分公司	437031.25	15.90%	26.04%	1.50%
平安人寿唐山中心支公司	149208.74	37.36%	8.89%	1.82%
太保寿险唐山中心支公司	132152.48	27.70%	7.87%	1.13%
安邦人寿唐山中心支公司	124427.80	-18.43%	7.41%	-2.52%
人保寿险唐山市分公司	92645.63	14.02%	5.52%	0.23%
天安人寿唐山中心支公司	82292.84	4.19%	4.90%	-0.24%
国华人寿唐山中心支公司	76449.00	38.69%	4.55%	0.96%
泰康人寿唐山中心支公司	72145.22	25.18%	4.30%	0.55%
建信人寿唐山中心支公司	61082.93	-5.25%	3.64%	-0.56%
富德生命人寿唐山中心支公司	60036.47	-33.13%	3.58%	-2.26%
太平人寿唐山中心支公司	59779.69	32.81%	3.56%	0.63%
新华人寿唐山中心支公司	46760.29	-2.44%	2.79%	-0.33%
幸福人寿唐山中心支公司	39316.16	212.70%	2.34%	1.52%
华夏人寿唐山中心支公司	38427.39	-36.29%	2.29%	-1.64%
民生人寿唐山中心支公司	34726.50	-48.19%	2.07%	-2.29%
农银人寿唐山中心支公司	33161.83	13.48%	1.98%	0.08%
合众人寿唐山中心支公司	22541.01	274.32%	1.34%	0.95%
工银安盛唐山中心支公司	21454.61	-25.24%	1.28%	-0.59%
中信保诚唐山中心支公司	16776.88	157.28%	1.00%	0.58%
长城人寿唐山中心支公司	13237.76	10.50%	0.79%	0.01%
中英人寿唐山中心支公司	13088.13	36.68%	0.78%	0.16%
阳光人寿唐山中心支公司	10750.58	12.05%	0.64%	0.02%
信泰人寿唐山中心支公司	10364.40	-27.90%	0.62%	-0.32%
人保健康唐山中心支公司	9475.17	20.16%	0.56%	0.05%
百年人寿唐山中心支公司	6289.53	196.88%	0.37%	0.23%
光大永明唐山中心支公司	5359.51	56.74%	0.32%	0.10%
英大人寿唐山中心支公司	5108.23	—	0.30%	0.30%
平安养老唐山中心支公司	2630.79	24.45%	0.16%	0.02%
国寿存续	1495.92	-51.87%	0.09%	-0.11%
吉祥人寿唐山中心支公司	292.93	—	0.02%	0.02%
和谐健康唐山中心支公司	0.00	—	0.00%	0.00%
华泰人寿唐山中心支公司	0.00	—	0.00%	0.00%
合计	1678509.67	9.25%	100.00%	0.02%

决“因灾致贫、返贫”问题。年内，唐山保险业承担农业保险风险保障金额60.18亿元，承保小麦、玉米、棉花、林木等种植业面积35.28万公顷，承保能繁母猪、奶牛等牲畜379.20万头，累计赔款支出1.40亿元，受益农户23.99万户次，减少农业生产意外损失。农房保险试点增加丰南、遵化、乐亭、曹妃甸4个，为61万农户提供191亿元风险保障，累计支付赔款175万元，受益1711户。创建保险扶贫长效机制，“政银保”合作农业贷款项目放款3824万元，贷款企业27家，包括22家农业公司、3家农民专业合作社、2家种养大户等新型农业经营主体，涉及水产、蔬菜、粮油、畜牧养殖等多类“三农”产业。推动涉农特色产品，其中水产养殖业气象指数保险为农民增收提供保障。

【保险服务实体经济】 2017年，平安集团为唐山地区引入投资35.9亿元，用于二环路改造、南湖世园会等项目，截至年底，存量余额56亿元。泰康集团通过投资持有唐山市企业发行债券5.64亿元。全市保险公司缴纳及代收代缴税费9.12亿元，其中保险公司代收代缴车船税4.40亿元。吸纳大学毕业生、社会失业人员、农村富余劳动力在保险业就业，提供就业机会，带动汽车修理、楼宇经济等关联产业发展，为全市提供就业岗位7.54万个。

【保险服务社会治理体系】 2017年，唐山市118家医疗机构投保医疗责任保险，赔付资金2489万元，缓和医患矛盾、维护社会稳定。全市自2012年起开展治安保险，经过6年发展，累计为102万户居民提供158.68亿元风险保障。自2015年开始启动环境污染责任保险，截至年底，实现保费收入1500余万元，提供保障21.38亿元，为强化环境风险管理、减少污染事故纠纷、保护生态安全发挥作用。年内，食品安全责任保险在唐山市部分县区教育机构和医疗机构实现统保，为市区及13个县（市、区）537个学校（托幼机构）、医疗机构食堂和食品企业提供9.46亿元食品安全责任险保障。

（马晓霞）

铁　路

【唐山站概况】 北京铁路局唐山站（简称唐山站）设行政管理机构8个：综合科、劳动人事科、计划财务科、安全技术科（含职教）、客运业务科（含统计）、房建综合管理科、综治环治办、施工管理室；党群机构1个：党群办公室；多元经营部门2个：商服公司、旅行社；管辖高铁中间站3个：滨海站、滨海北站、滦河站；管辖车间4个：客运车间、运转车间、信息化车间、房建车间。2017年，职工总数671人，其中路工551人（干部127人、工人424人），劳务派遣120人；党员254人，团员147人；中级、初级专业技术职务人员分别为20人和58人，高级技师2人、工人技师27人，高、中、初级技工分别为101人、237人和1人。年内，发送旅客841万人，超计划1%；运输收入累计9.34亿元，超计划0.5%，其中客票进款9.01亿元，其他收入3274万元；多经总收入1117万元。截至年底，车站实现连续安全生产1595天。年内，唐山站被评为“2017年春运宣传工作先进单位”“安全生产先进单位”“2017年度治安综合治理、安全环境建设先进单位”，获“2017年度集团公司车务系统安全生产标准化站段”称号。唐山站滨海北站被评为“2017年度集团公司车务系统安全生产标准化车站（车间）”。唐山站团委被评为“2017年春运立功竞赛先进集体”。客运车间被评为“集团公司‘十三五’企业文化建设示范车间”“2017年度建功立业先进集体（车间）”。高铁凤凰服务组被评为“2017年度建功立业先进集体（班组）”“北京铁路局‘工人先锋号’集体”。

【唐山站管辖及运营】 唐山站位于唐山市主干道新华道西端，车站等级为一等站，业务性质为客运站，同时办理客运高速、普速、高铁快运业务。车站站房设东、西两侧，采用上进下出原理，规模为12站台16线，其中东侧高速场5台7线、西侧普速场7台9线，东、西两侧设高架桥，地下预留地铁框构。工程总体投资14.6亿元，其中唐山市政府投资5.2亿元，总建筑面积5.93万平方米。售票厅面积1121.8平方米，候车室面积1.09万平方米，商业面积5542.4平方米。2017年，唐山站日均接发普速场旅客列车63.5对，其中始发3列，终到3列；日均接发高速场旅客列车38对，其中始发1列，终到1列。年内，发送旅客728万人。

【唐山站其他站房管辖及运营】 滨海站位于天津市滨海新区，工程总体投资14.2亿元，总建筑面积8万平方米，其中售票厅面积3304平方米，候车室面积1.74万平方米。按“城际”与“高速”共设14站台18线，2017年，开通高速场7台9线，为天津铁路4个主客运枢纽之一，承担滨海新区津秦高铁客流运输和环渤海城际铁路滨海新区至黄骅段城际铁路客流始发终到任务。年内，累计发送旅客53万人，日均发送1452人，比上年减少2.5万人，减幅4.7%。滨海北站位于天津市滨海新区汉沽管理区，工程总体投资0.63亿元，总建筑面积2998平方米，其中售票厅面积113平方米，候车室面积855.34平方米。2017年，累计发送旅客16.9万人，日均发送463人，比上年减少2.5万人，减幅12.9%。滦河站位于唐山市滦县和迁安市交界处，车站站房由南、北两部分组成，分别位于线路两侧，北面面对迁安市，南面面对滦县。工程总体投资1.02亿元，总建筑面积4997平方米，其中售票厅面积223.72平方米，候车室面积1310.08平方米。2017年，累计发送旅客43.1万人，日均发送1181人，比上年增加14.6万人，增幅51.2%。

【唐山站职工获奖】 2017年，唐山站客运车间“高铁凤凰”服务组客运值班员刘洋获北京铁路局“十大杰出青年”称号，同时被评为2017年度客运服务明星。客运员刘福海获2017年度“最美京铁人”道德模范提名奖。唐山站铁路售票员林思瑶在从业人数3000人以下集团公司级一类技术比武中获高铁站售票组第二名。唐山站客运员张金舞蹈表演《镜中人》在全局职工“才艺之星”新秀大赛中获二等奖。唐山站汪新峰、刘洋、蒋阳、李树野、申鹏研发的党建APP获第三届融媒体创新设计大赛二等奖。孙占军、张威、张雨、王巍、赵上、赵宇获“2017年度建功立业先进生产（工作）者”称号。

（马　净）

【唐山南站概况】 唐山南站是由1881年11月（清光绪七年）始建唐胥铁路唐山站逐渐演变而来，2013年8月19日由原唐山站正式更名成立，为中国铁路北京局一等直属站，以接发列车作业为主，具有区段解编功能和少量客运业务。唐山南站行政机构设办公室、党群工作办公室、安全科、技术科、运输和统计科、劳动人事科、计划财务科、职工教育科、信息技术科、综治环治办公室、经营开发科。辅助生产机构设安全监控和生产调度室。下设唐山南运转车间、唐山东运转车间、唐山东商检车间、贾庵子站、芦台站、汉沽站、胥各庄站。有班组65个，其中含12个按班组管理的四等站。2017年，全站干部职工1350人，其中干部179人（含二线2人、大学生14人），工人1171人，党员563人，团员140人。年内，完成运输收入4.65亿元，其中货运收入4.29亿元，客运收入1064万元，旅客发送量21.5万人，发送货物量674.1万吨，日均装车305.5车，日均卸车1160.2车，静载重每车60.4吨，中时5.0小时，停时20.7小时，部属现在车日均完成2581.6车，日均办理车1.3万车。截至年底，唐山南站实现连续安全生产8209天。

【唐山南站设施建设】 2017年，唐山南站配属调车机9台，其中专用调车机7台、区域调车机2台，全部为DF7型内燃机车。唐山东站III场设YT-2CE型停车器36台、TDW-901型减速顶2210台，贾庵子站配备列尾装置10台，唐山南运转车间调车场安装GD-I及GD-II型股道表示器10组。年内，部属运输计划指标现在车每日2600车、中时5.7小时、停时21.9小时。办理客运业务车站1个，为芦台站，年客运量23万人，日均630人；与货运业务相关车站12个，为唐山南站、汉沽站、贾庵子站、胥各庄站、芦台站、开平站、杨家口站、洼里站、崔马庄站、白庄站、付庄站、南堡站，唐山西站，年货运发送量600万吨，日均1.64万吨。

【唐山南站管辖车站】 2017年，唐山南站管辖22个车站，与唐山车务段、承德车务段、大秦车务段、塘沽站、唐山站5个单位线路相接，地跨唐山及天津芦汉地区，主要分布在津山线、七滦线、唐遵线、唐呼线、南堡线上，其中一等站 2个（唐山东站、唐山南站）、三等站4个（汉沽站、贾庵子站、胥各庄站、芦台站）、四等站16个（茶淀站、田庄站、七道桥站、丰南站、杨家口站、开平站、洼里站、崔马庄站、白庄站、付庄站、南堡站、团瓢庄站、丰润西站、唐山西站、丰南南站、唐海站）。辖区内营业线里程353.72千米。

（白　冰）

【唐山车务段概况】 2017年，唐山车务段设行政管理机构10个：办公室、劳动人事科、计划财务科、职工教育科、安全科、技术科、运输和统计科、经营开发科、综治环治办公室、施工管理室。党群机构1个:党群工作办公室，包括党委组织、党委宣传、工会、团委等部门职能。非运输部门2个：多经公司、集经公司。管辖中间站33个，分布在京哈、津山2条干线，七滦、卑水、唐遵3条支线。其中一等站1个、二等站4个、三等站6个、四等站22个。线路所1个：郝庄线路所。管辖车间3个：信息化车间、唐山客运乘务车间、唐山北运转乘务车间。年内，获“总公司级安全生产标准化车务段”“集团公司级‘三型’领导班子”“‘十三五’企业文化建设优秀单位”等称号。

【唐山车务段设备管辖】 唐山车务段由原唐山车务段、古冶站、丰润车务段3个单位经2004年11月、2006年3月两次整合而成。2009年12月，唐南公寓撤销，人员和资产划归唐山车务段管理。2013年4月管界调整，将管辖范围内的13个车站划归唐山南站管理。2013年5月，将唐山车务段货运相关业务、以及非运输企业中直接从事货运相关业务人员划入唐山货运中心。2017年，唐山车务段管辖京哈线27千米+200米～214千米+877米，津山线285千米+575米～321千米+428米，七滦线37千米+575米～62千米+655米，唐遵线9千米+280米～71千米+982米，卑水线0千米+000米～15千米+648米。运输营业里程371.38千米。担负57032/57031次（唐山—天津）、57034/57033次（龙家营—唐山）、57036次(柳村北—唐山北）/57035次（玉田县—柳村北）、57082/57081/57084/57083/57086/57085/57088/57087次（古冶—贾庵子)/57098/57097次（贾庵子—唐山）4对列车乘务工作。

（王云霞）

【唐港铁路概况】 唐港铁路有限责任公司是在原唐山滦港铁路有限责任公司基础上，通过“增资扩股、变更登记”方式组建的合资铁路公司，由太原铁路局、唐山港口实业集团公司、国投交通公司、唐山曹妃甸实业港务有限公司、大唐国际发电股份有限公司、河北建设交通有限责任公司、华润电力（唐山曹妃甸）有限公司7家企业出资组建，2005年8月19日挂牌成立，注册资本23.42亿元，设运营车站11个，线路营业里程232千米，正线延展里程467千米，主营煤炭、焦炭、钢材、矿粉等货物。2017年，唐港铁路公司组织安全生产大检查、“安康杯”竞赛、安全隐患大排查大整治等安全生产活动，实现十创安全年。全年新制定3项管理办法和1项应急预案。建立安全专项检查整治常态化机制，对道口设备、防冻清偏、人身安全等安全关键环节根据季节性安全特点强化监督检查，突出现场风险隐患排查整治。吸引大秦线煤炭经由公司管内运输，年到达煤炭1.84亿吨，比上年增加3249万吨。适应货运市场发展趋势和需求结构变化，全年完成发运量667万吨（不含集装箱），比上年增长38万吨。加强运输协调力度，协调交口交车，减少车辆保留时间，优化管内接卸条件。与港口对接，开发管内集装箱运输潜力，年内，完成发运量31万吨，比上年增长17万吨。

（徐嘉慧）

【地方铁路概况】 2017年，唐山市铁路工程完成投资38.22亿元，其中唐曹铁路23亿元，水曹铁路10.9亿元，京唐铁路4.32亿元。市铁路办协调市直有关部门、相关县区政府和业主单位，围绕开通运营的津秦客专、张唐铁路、唐山客车线等工程遗留问题拉条挂账、逐条销账。其中，津秦客运专线公司将征地差价补偿费和新增社保费补缴到位，唐山客车线敏感区内新增两栋住宅征拆年内展开。

【地方铁路在建项目】 唐曹铁路是

铁路投资体制改革先行试点项目。主要承担经曹妃甸港区供应市域西、中部地区钢铁企业上水矿石和下水钢铁产品运输，兼顾曹妃甸工业区产业布局所需材料和产品运输，特别是承担中心城区至曹妃甸工业区、曹妃甸新城客运服务功能，与建成的唐山客车线、张唐铁路工程共同承担曹妃甸联通北京及承德、张家口等地客运服务功能。截至2017年底，工程全线单线贯通，累计完成投资60.43亿元，占工程建设设计总投资81%。水曹铁路全线贯穿唐山迁安市、滦县、古冶区、滦南县、曹妃甸5县（市、区），主要承担曹妃甸港区上水进口铁矿石和全市中东部重点企业钢材等产品下水和矿区矿建材料运输，是区域综合交通运输设施建设重要组成部分。截至年底，龚庄大桥、跨滦古公路大桥、跨205国道特大桥、跨长大公路特大桥等控制性工程完成桩基施工461根、承台5个，在建涵洞23座，路基工程累计完成土方填筑18.8万平方米，项目累计完成投资19.3亿元，占工程建设设计总投资16.8%。

【地方新建铁路线路】 京唐铁路是唐山承接北京产业转移和非首都功能疏解、促进京津唐协同发展支撑项目，项目线路起自北京城市副中心站，经北京市通州区、河北省廊坊市、天津市宝坻区、河北省唐山市，终至既有天津至秦皇岛高速铁路唐山站，线路全长148.7千米，唐山市境内线路正线45.7千米，另新建与津秦客专联络线18.37千米（左、右线分别为9.03千米、9.34千米）。2017年11月20日举行首开桩仪式，截至年底，完成京唐铁路唐山段涉及路北、高新、丰润、玉田4个县区勘界、清登工作，完成投资4.82亿元。

【铁路建设路地合作】 2017年，地方铁路与国家铁路局、中铁总公司及北京铁路局、太原铁路局协调对接，采取“一事一议”方式，研究对接项目实施中具体优惠政策和支持措施，与北京铁路局建立定期协商交流机制。年内，唐山市“铁路源头游”旅游线路开通，遵化团瓢庄铁路物流园区完成前期规划论证、市场调查、《企业运输意向书》签订、预可研编制、土地调规等工作，市郊通勤列车（唐山南站—古冶）准备工作启动。

（王　飞）

公　路

【公路概况】 2017年，唐山市公路通车里程1.82万千米，密度每百平方千米135.3千米。其中，高速公路11条段，总里程640千米，高速公路密度每百平方千米4.75千米；全市一般干线公路通车里程1377千米，所有县（市、区）均有二级或以上公路连接；全市农村公路通车总里程1.62万千米，农村公路网络与干线公路网络连接紧密、通行顺畅。3月28日，唐曹公路正式运营收费。11月9日，滨海公路东段姜各庄收费站正式运营收费。11月20日，南湖高速口正式开通，唐廊高速南湖互通区改造工程按时完工。12月28日，迁曹高速一期工程建成，迁曹高速二期、京秦高速二期、唐廊高速唐山段3条高速项目年内在建。

【公路养护】 2017年，唐山市交通局开展大中修养护项目18项，总长265.45千米，其中大修工程3项、中修工程8项、预防性养护7项；实施安保、灾防项目9项14个标段，服务区1项；实施桥梁维修加固工程15项，总长1258.023延米。年内京哈高速榛子镇出口改造提升工程完工，205国道大修补助标准从每千米220万元提高到345万元，为全省首例。

【“四好农村路”建设】 2017年，唐山市实际建设改造农村公路538千米，投资3.5亿元，完成里程占任务目标134.5%。全市18个县(市、区)分别设立18所县级管养机构、54个县道道班，193个乡镇设193个养护所，县、乡级农村公路管养机构设置率100%。完成农村公路养护大修30.19千米，中修罩面51.4千米，挖补64.83万平方米，施划标线820千米，设置标志3007块，补植路树11万株。3月份，乐亭县、遵化市、迁安市被省财政厅、交通厅正式命名省级“四好农村路”示范县。8月，交通部在全国各省选拔基础上组织专家遴选，迁安市获全国“四好农村路”示范县称号，代表省出席交通部表彰命名大会。

【路域环境整治】 2017年，唐山市交通局开展垃圾集中清理及路域环境综合整治，按照路基标准化要求，重点开展垃圾清理、路面病害处理及路基标准化整治，确保路面、路基达到整洁、美观。全市排查出国省干线、高速公路两侧违法建设3003处，公路沿线“拆违拆临”2432处，清理广告塔527座。拆除非法临时建筑物、私搭乱建等设施356处，挖除平交道口74处，拆除违法非公路标志3426块，清理摆摊设点、堆放物品等3701项，整治严重污染公路车辆4111辆，规范沙场、石场、煤场等装载源头160处，禁止超载超限车辆7232辆，清理整顿加水洗车点293处，清理边沟、桥下等垃圾1.06万立方米。

【超限超载车辆治理】 2017年，唐山市交通局检测疑似超限超载车辆57.4万辆，确认超限超载车辆1.05万辆，卸载货物32.3万吨，出动执法人员13.55万人次。8月，市直管越河、果园2个超限检测站正式挂牌运行。检查全市17个运管站源头治超工作，抽查105家货运源头企业，重点督导生产、经营易飘洒货物货源单位，劝返超载车辆1300多辆次，劝返扬撒车辆530多辆次。开展责任倒查，倒查路政部门抄告违法车辆6886辆，吊销车辆营运证116个，处罚道路运输企业42家，处罚源头企业35家。根据省厅下发红色预警道路运输企业名单，停业处罚迁安鑫达钢铁运输公司、迁安九江钢铁运输公司、迁西三屯营运输队、庞大集团运输公司，下发限期整改通知，现场约谈和教育培训4家企业负责人和司机，全年约谈源头运输企业负责人120人次。

【通行费征收】 2017年，唐山市收费公路征收通行费15.94亿元，占年计划107.37%。其中，市直管收费公路征收10.26亿元，占年计划108.69%；各县（市、区）征收5.68亿元，占年计划105.07%。推进高速ETC车道建设，全市ETC车道总数58条，使用普及率和车道覆盖率提高，承唐高速实现支付宝扫码支付。

截至年底，唐港高速养护质量指数MQI值为94.1，承唐高速养护质量指数MQI值为94.7，一般收费公路养护质量指数MQI值均在80以上。

【**道路运输**】2017年，唐山市有营运性货车16.3万辆，主要从事专业钢铁运输、通用型零散货物运输、整车运输以及陶瓷运输等经营活动。道路客运企业5家，客运班线738条，客运车辆1494辆；包车（旅游）客运企业14家，客运包车535辆；县内公交企业16家，县内公交线路183条，县内公交车1058辆。全市三级以上客运站15家。全市出租车公司48家，有出租车7451辆。其中，市中心区出租车公司16家，出租车3506辆；各县（市、区）出租车公司32家，出租车3945辆。市中心区有公交车2015辆，公交线路139条2128.2千米，公交场站16座，其中公交停车场12座、首末站4座。

【**货运市场监管**】2017年，唐山市交通局检查企业316家次，对存在问题5家危货运输企业下发限期整改通知书并停业整顿。开展危险品运输车辆检查，检查危险货物运输车辆1689辆，一次合格率88%，整改合格率98%，374辆危货车退出运输市场。车辆运行动态监管，全市6.8万辆营运货车安装北斗卫星定位系统，上线率98%。危货运输押运员从业监管，年内组织8期押运人员从业资格考试，1248人参考，935人取得从业资格证。道路货运行业维稳，排查1260家道路运输企业，组织座谈2.19万人次，收集汇总日报表912份、重点人员情况日报384份，上报市政府专报49期，上报省厅日报98份。全市道路货运行业整体状况正常，未发生越级上访现象。全市完成道路货运周转量1049亿吨公里，增幅位居全省第三位。

【**无车承运人试点工程**】2017年，河北省交通厅确定唐山市胡子物流有限公司、唐山公路港物流有限公司为无车承运人试点企业，按照要求将运输平台与省平台对接，开展货源、车源双向组织工作。年内，唐山公路港物流有限公司与20余家企业签订货物总包协议，签约车辆1500辆，完成67.5万吨物资运输。唐山市胡子物流有限公司签约货源单位339家，签约车辆946辆，完成64.1万吨物资运输，引领带动全市货运发展。

【**客运市场监管**】2017年，唐山市交通局开展客运市场安全生产检查10次，全市客运企业、汽车客运站检查率100%；开展安全集中约谈5次，约谈企业和相关客管站负责人46人次；督导汽车客运站实名制售票执行情况，每日抽查客运车辆15辆以上，联合汽车东站、汽车西站开展3次拉网式安全检查，检查营运车辆1.1万余辆次。开展市场稽查30次，检查客运车辆4500余辆，依法查处违规客运车辆96辆。与市公安局、市旅游局等部门开展联合执法专项整治行动5次，检查客运车辆90余部，查扣涉嫌违规经营客车4部。全国文明城复检期间，集中治理站外揽客、喊站拉客以及非法营运车辆，出动执法人员546人次，检查客运车辆500余辆、出租车130余辆，制止喊站、三轮车乱停乱放等违规行为150余次。加强重点营运客车联网联控管理，重点营运客车入网率96.73%，其中班线客车入网率95.76%、客运包车入网率97.82%，落实客运企业动态监控主体责任。推进城乡客运一体化，全市农村客运线路公交化改造班线109条，公交化运行率43.1%；完成农村客运班线公交一体化改造乡镇79个，占全市乡镇总数42%；完成县城20千米范围内农村客运线路公交化运行班线85条，全市县城20千米范围内农村客运运行率54.5%。迁安市纳入全省公共交通建设示范城市评选范围。全市14个等级汽车客运站实现京津冀联网售票，与全省130个汽车客运站全部实现业务数据联网和部省数据对接，其中118个汽车客运站实现联网售票。春运期间安全运送旅客316.2万人次，被交通运输部等5部门联合授予“2017年春运‘情满旅途’活动先进集体”称号。加强重点营运客车联网联控管理，核对清理全省重点营运车辆联网联控平台中全市营运客车，重点营运客车入网率96.73%，其中班线客车入网率95.76%，客运包车入网率97.82%。引导企业改进车型结构，购买使用新能源客车，全市增加客运包车87辆，比上年增长19.5%，其中使用新能源客车23辆，占增加客运包车26.4%。

3月28日，唐曹公路正式通车运行。　赵　亮　摄

【**出租车市场治理**】2017年，唐山市交通局治理出租车市场，组织全市出租汽车开展“美丽河北　最美出租汽车司机”推选展示活动，出租司机周文生获“最美出租司机”称号，田瑞宏等10名出租司机获“优秀司机”称号，北奥、丰通2家出租公司获“先进企业”称号。组织各出租公司开展免费接送高考生等社会公益活动，涌现出出租司机好人好事78件。开展联合执法，结合火车站管委会、公安交警、城管等部门，以市区主干道、火车站、汽车站等区域为重点，加大巡查治理力度，全年查扣非法营运“黑出租”16辆，拆除“小红灯”243个，查处违规出租汽车1170辆，停运出租车612天，

培训违规出租司机408人次，查扣对讲机231部。推进市中心区城市客运行业节能减排，全年更新双燃料洁净能源出租车104辆，鼓励淘汰不能改装柴油出租车，全年报废柴油出租车42辆。增加出租车顶灯LED屏创城宣传标语发布数量，换制公益灯箱1000个、出租车后风挡公益广告1000个。

（王　雨）

水　运

【水运概况】 2017年，唐山港形成曹妃甸港区、京唐港区、丰南港区“一港三区”发展格局，截至年底，建成岸线32.82千米，各类生产性泊位126个，其中万吨级以上泊位111个，年设计通过能力110万标箱5.48亿吨。年内，唐山港完成货物吞吐量5.73亿吨，比上年增长10.12%，位居全国港口第四位，占全省港口吞吐量52.57%，居全省第一位；完成集装箱吞吐量253万标箱，比上年增长30.72%，增速位居全国规模以上港口第一位，占全省集装箱吞吐量67.6%，居全省第一位。截至2017年底，唐山市有水运企业21家，其中省际水路运输企业13家（普通货物运输企业12家，运输船舶42艘，总运力95万载重吨；普通货物拖带企业1家，拖轮8艘，总功率2.9万千瓦）；省内水运企业8家（普通货物运输企业3家，拖带企业1家，客运企业4家，营运的客运、旅游运输船舶29艘1288客位）；船舶管理企业6家（管理船舶25艘）；内外贸代理企业256家。2017年，全市完成货运量1640万吨、货运周转量246亿吨公里，分别比上年增长25%和14%。新开通运输航线7条，累计开通航线180条，总运力居全省首位。

【港口建设】 2017年，唐山港完成投资46.5亿元，京唐港区三港池通用泊位改造一期工程开工，曹妃甸港区通用散货泊位三期工程完工并投入试运行，京唐港区第三港池工作船泊位工程、曹妃甸港区联想控股通用件杂货泊位二期工程竣工验收。与天津港集团合资组建津唐国际集装箱码头有限公司正式成立。鄂尔多斯、乌兰察布、乌鲁木齐内陆港挂牌运营，京唐港区直达日本关东等外贸集装箱航线开通，累计开通航线180条。唐山港集团“东部沿海—京津冀—西北”通道集装箱海铁公多式联运项目投入运营，完成运输量8.5万标箱；曹妃甸港集团股份有限公司获批国家第二批多式联运示范工程。首次争取港口集疏运铁路项目资金11.3亿元，居全国第一位；将集装箱补贴政策延长到2019年，争取集装箱补贴资金5150万元，占全省补贴总额73.57%。

【危险货物监管】 2017年，唐山港完成曹妃甸和京唐港两个港区现场监管作业52次；召开港口企业安全生产例会8次，开展安全生产专项大检查12次，各类巡查抽查42次，企业互查9次，排查隐患20处，下达整改通知书8份。市交通运管部门对所辖内河水域开展安全检查10次，检查、检验船舶140艘次；在遵化市、迁西县、滦县水库安装12处高清视频监控系统，实现市、县两级内河船舶停泊航行区域远程监控。

【唐山港集团概况】 唐山港集团2010年7月在上海主板上市，累计募集资金60.1亿元，拥有全资及控股子公司31家、参股企业13家。2017年，全港货物吞吐量完成2.9亿吨，比上年增长7.2%，居河北省“三港四区”第1位，全国第9位；集装箱运量突破200万标箱，比上年增长33.5%，占河北省“三港四区”总量54%。实现营业收入76.12亿元，比上年增长16.61%；利润总额18.34亿元，比上年增长11.23%；净利润14.63亿元，比上年增长11.33%。京唐港区26号～27号集装箱泊位工程、液化码头罐区二期工程通过竣工验收投入使用。三港池集装箱改造一期工程按期完工，新增集装箱通过能力96万标箱。年内在建煤炭储运堆场、23号～25号多用途泊位、四港池通散泊位、四港池25万吨级航道等项目。公司年内获“全国五一劳动奖状”“全国交通百强企业”“全国电煤运输先进单位”“全国最具成长性企业”“全国文明诚信示范单位”“全国模范劳动关系和谐企业”“全国模范职工之家”“全国青年文明号”“全国绿色港口示范企业”“全国交通运输节能减排示范企业”“全国实施卓越绩效模式先进企业”“国家科技进步二等奖”“河北省政府质量奖”“河北省文明单位”“振兴唐山先进单位”等称号。

【唐山港开放发展】 2017年，唐山港集团开通连接山西、内蒙古、新疆地区海铁联运班列15条，建成6个内陆港，开通中蒙国际集装箱直达班列，对接中欧班列，构建辐射“三北”、联通中亚、通往欧洲的海铁联运体系；开通内外贸航线33条，其中外贸航线4条，形成以直达东南沿海主要港口为基础、以日韩及欧美航线为拓展的海向运输格局；与天津港集团合资组建津唐国际集装箱码头有限公司（唐山港集团占股60%，天津港集团占股40%），实现两

多艘货轮靠泊唐山港京唐港区集装箱码头同时装卸货。　杨世尧　摄

港集装箱软硬件资源共建共享。京唐港区保税物流中心（B型）项目通过验收，提升唐山港含金量和外贸便利化水平。唐山港整车进口口岸资质获国务院正式批准，成为河北省第一个汽车整车进口口岸，填补河北省这一领域空白。设立北方港口首个甲醇交割仓库，具备甲醇、铁矿石、焦煤、动力煤、焦炭5个货种期货交割资质，成为国内期货交割品种最齐全港口。

【唐山港科技创新】 2017年，唐山港集团获国家专利20项、软件著作权4项，科技创新领域全年获900余万元财政资金支持，“港口企业危险货物智能化安全管理示范工程”入选国家智慧港口示范工程，“车辆智能作业一体化管理系统”入选国家节能减排示范项目，“桥式抓斗卸船机动态称重方法”“港通天下”平台分别获中国港口协会技术发明二等奖、科技进步三等奖，“高线装卸优化项目”获河北省技术创新成果奖，网上业务大厅被评为市级“双创”示范平台。

【港区环境保护】 2017年，唐山港集团投入环保资金4000万元，24个绿色港口重点支撑项目完工，4套高压、15套低压岸电设备完成安装调试，成功对接供电。按照环保部要求，京唐港区自8月15日起停止煤炭汽运集港，9月30日起停止煤炭汽运疏港。万吨吞吐量综合能耗2.8吨标准煤，较绿色港口能耗目标降低7%。公司连续两年获“全国交通运输节能减排示范企业”称号。

（王　雨　侯玉梅）

空　运

【空运概况】 唐山三女河机场是河北正式运营的第四个客运机场，2010年7月正式通航。机场距市中心约20千米，占地41.73公顷，飞行等级为4C，支线机场，适航机型主要为B737、A320，跑道长2700米、宽50米，候机楼6218平米，能够同时保障航班数6个。2017年，唐山机场实现收入2.27亿元，完成年度预算135.94%；总成本2.26亿万元，完成年度预算135.77%；实现利润94.72万元，完成年度预算190.44%；考核利润完成279.52万元，完成年度预算133.27%。唐山机场连续3年在河北辖区民航企事业单位考核中获第一名，被评定为最安全支线机场。年内，邀请迁西县贫困小学师生代表进机场参观，为学校捐赠价值3000元图书。唐山机场20余名员工赴大城山公园开展“共绘凤凰新园，我们在行动”绿色环保公益活动，推进城市文明建设，树立企业形象。机场停机坪扩建工程8月20日开工，12月25日主体完工。

【旅客吞吐量突破50万人次】 2017年12月23日16时10分，桂林航空GT1083次航班落地，下机旅客刘志英成为唐山三女河机场第50万名乘客，收到机场相关部门赠送的礼品。唐山三女河机场是河北省内重要支线机场，民用机场吞吐量是衡量一个城市乃至地区经济社会发展程度、文明程度、开放程度和活跃程度的重要标志。年内，三女河机场共保障航班起降5221架次，完成旅客吞吐量50.2万人次，完成货邮行3716.3吨，比上年分别增长78.9%、114.1%和81.3%，发展速度居河北省运输机场前列。

【机场航空业务发展】 2017年，唐山机场执飞航空公司9家，执飞航线11条，通达城市15座，包括“唐山—上海”“长沙—唐山—大连”“武汉—唐山—长春”“西安—唐山—哈尔滨”“成都—唐山—哈尔滨”“重庆—唐山—大连”“三亚—唐山—长春”“哈尔滨—唐山—厦门”“海口—唐山—长春”“海口—唐山—沈阳”“唐山—三明—广州”，形成覆盖东北、华北、西北、西南、华南、华东等网络布局。全年完成旅客吞吐量51.9万人次，比上年增长115.4%；完成货邮行3876吨，比上年增长82%，客运吞吐量实现“翻一番”目标。年内，组织召开“安庆旅游产品推介会”“唐山机场2017年航线新闻推介会”“唐山机场2017～2018年冬春季航线暨旅游产品推介会”，助推航空市场发展。

【机场货运业务】 2017年，唐山机场分别与海航货运、东航货运合作，开展以西安为中心辐射西北，以大连为中心辐射东北，以浦东为中心辐射华南货物固定中转模式，实现机场货运通达全国各主要城市业务模式，全年运输各类货物1200吨，比上年增长45%。

【机场通航项目】 2017年，唐山机场与集团内海航飞翔航空俱乐部建立战略合作关系，开发本地旅游资源，带动临空产业发展，催生新消费领域。与集团内金鹿公务航空地面服务有限公司建立战略合作关系，成立以唐山机场为固定运营基地唐山FBO（地面固定基地运营商），提供航空服务体验，打造唐山机场服务品牌，与中一太客商务航空有限公司签订公务机保障协议，年度增收60万余元，比上年收入提高207.92%。

（王　雨　王海滨）

唐山三女河机场第50万位乘客收到机场赠送的纪念礼。　王海滨 摄

邮政·通信

YouZheng · TongXin

邮　政

·唐山邮政管理局·

【邮政管理局概况】 2017年，唐山市邮政业务收入累计完成15.39亿元，比上年增长27.80%；邮政业务总量累计完成18.23亿元，比上年增长35.79%。快递业务量累计完成8990.06万件，比上年增长38.59%；快递业务收入累计完成7.95亿元，比上年增长46.57%。年内开展邮政普遍服务、扫黄打非、机要通信、纪特邮票等专项监督检查，全年出动821人次，检查营业场所1035处次，立案8起，下发责令整改通知书18份。推动《邮政普遍服务》标准落地实施。集中组织学习培训，通过新旧标准对比，掌握修订后新要求和新标准；督促邮政企业开展自纠自查，按照新标准完善工作流程，提高服务水平；根据省局统一安排，会同秦皇岛局开展新标准达标情况联合检查，实地检查4个县（市、区）16个邮政局所，走访村委会24个。3月，制发《唐山市邮政服务监管联席会议制度》，5月，召开“2017年度邮政服务监管联席会议”，将2017年确定为“唐山市普遍服务精细化管理推进年”，探讨邮政普遍服务工作中存在的相关问题，并就推动邮快合作、交邮合作、农村电商发展等问题交换意见。组织开展党报党刊见报率摸底调查活动，经调查，全市实现《人民日报》当日见报率100%；强化对监督员精准管理，累计开展监督活动396次，监督网点132个，反馈报告379份，走访消费者331人，3名监督员获评“全省2016年度优秀监督员”；完成2017年邮政普遍服务及邮政机要通信基础设施建设行业审查等工作。

【市场监管强化】 2017年，唐山市邮政管理局组织开展系列专项执法检查，加强快递企业执法检查力度，定期开展安全监管、服务质量、“平安寄递”“放心消费”等专项整治行动，与市公安、国安等部门联合执法12次，保障寄递渠道安全稳定。全年执法检查快递企业568家次，立案153起，保障行业健康持续发展。

唐山局联合市人社局举办全市快递业务员技能大赛。　邮政管理局提供

【快递入区工程】 2017年，唐山供销合作社与唐山圆通公司合作建立社区末端投递网点，唐山供销合作社提供营业场地，唐山圆通公司提供快递服务，作为市政府一项便民服务工程，全市年内设立14家合作网点。河北易代路快递公司4月起联合百世、韵达、圆通等5家快递公司尝试建立社区联合派送点，为客户提供更加便捷高效服务。年内设立2个联合派送站点，每个站点日均派件量700件，单人单日派件量突破300件，解决传统投递模式下派送难问题。

【快递企业“三化建设”】 2017年4月，唐山市邮政管理局组织召开唐山市快递行业“三化建设”（营业场所标准化、分拨中心规范化、作业流程制度化）工作部署会议，对各品牌快递企业进行相应任务分解并限定时间节点。6～7月，成立专项督导组，密集督导一线站点“三化”建设情况，引导企业改进服务流程，改善作业环境，提高服务质量和行业形象。年内建成标准化网点124个，网点标准化率40.13%，完成省局“三化”建设任务。

【实名收寄制度落实】 2017年4月27日，唐山市邮政管理局召开实名寄递系统推广应用操作培训会，对寄递企业从业人员开展业务技能培训，明确时间表，规划路线图，并建立唐山市实名制寄递系统操作推广应用微信群，传达相关要求、通报开展情况。5月份后，联合市公安局、国安局开展专项执法检查8次，对优速、快捷、全峰、宅急送等多家系统推广不力快递企业现场督导、立案查处、集中约谈整改。中通、百世、顺丰、韵达、圆通等品牌快递企业实名率接近100%，总体实名率在90%以上，实名收寄系统推广稳中向好。

【寄递详情单销毁】 2017年，唐山市邮政管理局贯彻落实《寄递服务用户个人信息安全管理规定》，防止寄递详情单个人信息泄露，保护用户合法权益，按照省局工作部署，3月14日，在市保密载体销毁中心开展快递寄递详情单集中销毁专项行动，邀请唐山市消协、新闻媒体、社会监督员和用户代表对行动进行社会监督。申通、圆通、中通、顺丰、韵达等23家品牌快递企业参加活动，共销毁过期面单177万份，总重4033千克。

【快递服务制造业】 2017年，唐山遵化市通过快递渠道销售本地企业所产宠物笼32万件，销售额8000万元，玉田通过快递渠道寄递本地企业生产水桶40万件、宠物笼160万件、雨衣240万件，销售额2亿元，实现制造业与快递业“双赢”。

【快递申诉处理】 2017年，唐山市邮政管理局强化服务职能，确保申诉处理正确率100%。截至年底，全市处理“12305”消费者申诉7652起、市民公共服务热线“12345”投诉712起，为消费者挽回经济损失13.1万元，维护消费者合法权益。

【行业发展环境优化】 2017年，唐山市邮政管理局宣传贯彻《唐山市邮政条例》，组织开展专项培训会议，印制条例学习读本2000册，对全市邮政、快递企业负责人及相关管理人员进行普法培训，详细讲解《条例》中邮政普遍服务、快递服务、市场监管、法律责任等内容，增强企业学法、知法、懂法、守法意识，为行业发展提供法律保障。推进行业规划与地方规划深度融合，年内市政府将邮政业发展“十三五”规划纳入全市国民经济和社会发展总体规划，列入市级专项规划编制目录。3月24日，以市政府名义在全市范围内印发，明确各相关部门职责，为邮政业发展提供政策支持，唐山是全省唯一以市政府名义印发专项规划编制目录的地市。

【邮政职业技能大赛】 2017年4月28日，唐山市邮政管理局联合市人社局举办2017年全市邮政行业职业技能大赛，唐山达意科技有限公司张琛、邮政速递物流有限公司孙志伟、品骏物流有限公司王振华分别获前三名，申通快递公司、邮政速递物流有限公司、顺丰速运有限公司3家单位获“2017年唐山市邮政行业职业技能大赛优秀组织奖”称号；7月20～21日，承办2017年中国技能大赛——河北省邮政行业职业技能大赛，全省11个地市33名选手参加，唐山顺丰公司于振飏、承德顺丰公司孙波、邢台顺丰公司高宪军分别获比赛前三名，并代表河北省参加全国邮政行业职业技能竞赛决赛，孙波获全国二等奖，高宪军和于振飏分别获全国三等奖。

【邮政企业文化】 2017年，唐山市邮政管理局组织元旦春节期间走访慰问活动，走访企业15家，慰问员工80人；联合市快递行业协会为丰南区横沽小学捐赠足球、篮球、书本等价值5000余元文体用品，助力当地教育事业发展；按照省局和市委宣传部安排，启动2017年“美丽河北·最美唐山快递员（邮递员）”推选展示活动，通过企业推荐、事迹评审、集中投票三个阶段，评选出10名“最美快递员（邮递员）”作为候选对象上报，展示邮政行业从业者精神风貌，传递行业正能量。

（蒋雪梅）

·唐山邮政分公司·

【邮政分公司概况】 2017年，唐山邮政分公司累计实现业务收入7.17亿元，列全省第三位，完成省分公司计划100.29%，比上年增长8.02%，高于全省平均增幅0.65个百分点。建设路支局和红星楼支局分别被授予“河北省工人先锋号”“河北省五一巾帼标兵岗”称号，市分公司工会被授予模范职工之家称号，邮区中心局内部处理工会小组被授予模范职工小家称号。乐亭县姜各庄支局获评“全国青年文明号”“河北省青年文明号”，营业局团支部被授予“河北省五四红旗团支部”称号，唐山邮政青年志愿者协会被授予“唐山市优秀青年志愿服务组织”称号，市分公司被评为省级文明单位。

【邮政基础能力建设】 2017年，唐山邮政分公司与迁西县政府签订战略合作协议。在助力“三农”工作、农村电商、文化旅游产业3个方面达成合作意向，签署《农村电商项目合作协议》《迁西旅游市场开发合作协议》。与市邮管局建立邮政服务监管联席会议制度，推动邮快合作、交邮合作、农村电商发展等工作，全市服务营业场所业务开办率100%，同时加载报刊订阅、特快专递、集邮、分销配送和电子商务等业务。加强通讯服务质量考核，全年投诉处理率100%、投诉回复率100%。网点功能建设持续推进，全年投资681万元，装修改造10个网点，翻建1个网点；投资126万元租赁批销仓储和“三合一”场地7处；购置CRS22台、投递用电动三轮车119辆，提升服务能力。各项通信质量指标全部达标，未发生资金案件和重大安全责任事故。机要通信实现41年质量全红。

【邮政企业精细管理】 2017年，唐山市邮政分公司推进零基预算管理，强化成本费用管控标杆体系，促进财务管理更加精细、科学。规范业务发展费发放渠道，集中管理各项业务发展费；加强企业欠费清理，严控欠费率，欠费结构保持合理水平；加强滞销库存清理，滞销库存下降220万元。以“全口径+业务外包”核定用工总量，调整优化用工结构；科学编制人工成本预算，将人工成本与企业发展关键指标动态配置；强化人才培养，组建青年人才库，启动青年人才轮岗实践等重点人才建设项目。加强金融资金和消防安全检查，实现“第十个零案件年”。加强合同、基层营销费用、欠费等审计，防范经营和资金风险。

【职工参与企业管理】 2017年，唐山邮政分公司收集经济技术创新成果5项、合理化建议11条。组织全市员工参加集团“金点子”活动，全员动员率、活跃率达90%，全年落实14条职工代表提案。7个县分公司职代会被评为“河北省星级职代会”，9个县分公司获河北省AAA级劳动关系和谐企业。全局投入资金278万元，巩固小家建设成果；慰问困难职工、劳动模范 59 人，走访农村支局 11 个，发放慰问金和慰问品 12.62 万元。

（李 莉）

中国移动

【移动概况】 2017 年，中国移动通信集团河北有限公司唐山分公司（简称唐山移动）发展 4G 客户累计 300 余万户；基础网络承载能力增强，4G 基站数量 1 万余个。落实“宽带中国”战略，开展宽带提速活动，跟进农村宽带建设营销，针对低接入小区开展专项提升活动，引入“IPTV”“和目”“智能固话”等产品，完成所有自办厅体验营销布置，开展“体验营销”活动，加大“和彩印”“和留言”“和游戏”“咪咕动漫”等业务推广。落实分层分级管理和首席客户代表制度，提升政企客户服务感知。优化社会渠道布局，建立“市、县、乡镇营销部”三级服务支撑体系，利用外呼、电子渠道等方式协同促进业务服务发展，方便客户业务办理。开展优质号码大型促销活动，客户可通过兑换积分和直接承诺首月最低消费等方式参与，回馈新老客户。加强实名制监管，存量客户实名率 100%。推动服务互联网化转型，拓展 WEB 门户网站、手机营业厅 APP、“唐山移动”微信服务号等互联网服务渠道，丰富和优化互联网服务功能。中国移动爱“心”行动走进唐山，在全市范围内开展为期 5 天的儿童先心病免费筛查救助活动，为 162 名儿童提供医疗团队专家免费筛查诊断，并资助 42 名符合手术要求患儿提供全额免费手术和康复治疗。

【移动信息化】 2017 年，唐山移动与政府、企事业单位合作，推动各行各业信息化水平提升。成立移动专线重保小组，构筑“铁三角”支撑服务体系，确保专线安全。与燃气集团等单位合作，助力唐山 50 个村庄近 3 万户村民实现燃气取暖、做饭，推动城乡“煤改气”信息化进程。利用“会议助理”业务协助唐山市委宣传部完成中央、省新闻媒体组织的“创建文明城市河北行”主题采访（唐山站）活动。加快校园信息化服务互联网转型，整合校园信息化服务资源，带动“和校园”APP 应用推广，优化用户反馈渠道，提升客户感知。投资农村通信基础设施建设，加快网络信息与农业深度融合，推进农村物联网等新技术应用，推广智能灌溉等高科技项目，助农提效增收；增加电子商务在农村覆盖面，解决农业信息滞后、农民信息不灵等问题，增强农副产品市场竞争力，助力农民增收。

【移动提速降费】 2017 年，唐山移动加快 4G 和宽带网络建设，提升全民信息化生活体验，下调流量资费水平，推出不限量资费、流量日租卡、定向流量包等降费措施；9 月 1 日，全面取消国内手机长途和漫游通话费，下调国际长途直拨资费，下调“一带一路”沿线国家和地区漫游资费，惠及数百万客户。

【基础设施维护】 2017 年，唐山移动实施包片管理，采用多频次巡检与系统监控相结合方式，加强网络故障管控，确保基础配套设施稳定。研发“和粉”APP，在全省首开宽带品质提升大会战，推行宽带故障“当日修”活动，在全省试点首推宽带装机“慢必赔”服务，提升宽带服务品质，宽带装机效率提升 31.14%。选定曹妃甸新区作为全省首批 FDD 试点地区，同带宽下速率提升 2～4 倍，覆盖范围扩大 45%，为客户提供良好网络体验。聚焦高铁、高速、高校，精准规划选址，缩短建设开通时长，提升重点场景网络感知。历时 3 个月开通津秦高铁柳辛庄隧道 4G 网络，成为首个开通 4G 网络高铁隧道。完成千兆宽带试点小区内全覆盖，开启唐山移动宽带千兆时代。

（刘丽杰）

唐山移动网络抢险人员正在开展应急通信演练。 中国移动提供

中国联通

【联通概况】 唐山市中国联通唐山分公司（简称唐山联通）是唐山市范围内固网业务和移动网业务发展均衡的全业务通信运营企业，国家指定为党、政、军提供通信服务的基础通信运营商，同时承担社会普遍服务义务。2017 年，唐山联通有 23 个部门（中心）、14 个县级经营团队、207 个基层营销单元，员工总数 1959 人。2017 年公司主营业务收入累计完成 14.54 亿元，实现利润 5284 万元。公司各类电话客户、宽带客户总量 359 万户。蝉联第五届全国文明单位。年内，唐山联通按照集团公司统一部署，开创国有企业混改新治理、新模式，推进划小承包、瘦身健体等各项混改落地工作，全体干部员工理解并接受企业改革，推进业务发展、网络建设、客户服务等各项工作。

【联通网络保障】 2017 年，唐山联通网络运行平稳，完成 14 次重大活动通信保障，履行企业责任和社会责任。装移机一日通率、修机及时率保持在 99% 以上，障碍平均历时从年初 6.5 个小时降至 3 个小时以下。开展无线精品网创建，消除网络盲点，4G 人口覆盖率 98%。通过 BBU 集中放置搬迁、光缆成环等措施，IPRAN 网络成环率从 18.23% 提升至

69.75%。针对宽带网群障问题开展OLT设备超长超频脱网专项整治，指标提升至全省第四名。

【全球首款农田智慧监测仪试商用】 2017年5月4日，全球首款农田智慧监测仪在唐山丰润区试商用。监测仪实时采集农田温湿度、光照、土壤墒情等关键指标，为农业自动化控制提供支撑。内置农田墒情传感器基于NB-IOT技术，具有功耗低、网络配置简单等特点，内置电池寿命可达10年，免除物联网产品需要经常充电，网络配置复杂难题。仪器内置流量卡，能够在未开通NB网络区域通过现有2G、3G、4G网络进行数据传送，为物联网硬件厂商提供采集传输方案以及优惠成本运营组合服务。

【通信诈骗防范】 2017年，唐山联通严格实名制用户管理，在核心设备上从国际端口和省级端口主动识别并设置各种拦截手段截断虚假主叫，配合公安部门定位查找电信诈骗嫌疑人，从移动核心网络入手，查找并发现伪基站异常信号，定位无线电信号具体地点。

（杨建宝）

中国电信

【电信概况】 中国电信唐山分公司（简称唐山电信）是中国电信在河北省唐山市设立的分支机构，成立于2003年。2017年，市区及绝大多数县城LTE覆盖率均99%以上，县城以下有效覆盖比例97%，完成对5626个行政村覆盖，其中5141个达到优良水平。宽带布线280万户，其中城区覆盖率95%，农村覆盖率80%。光宽带用户100%，是唐山最大光宽带运营商。

【电信服务优化】 2017年，唐山电信线下建设自营网点63个，合作网点1500余个，同时建立15个售后服务网点，服务触点遍及唐山市县各个区域。线上通过网络营业厅提供服务，成立VIP客户保障中心，为党政机关、企事业单位提供综合服务。市区和县城全面推行宽带办理“当日装，当日修，慢必赔”服务承诺，通过翼支付实现用户缴纳

2017年4月7日，千兆发布会现场。　　韩福禄 摄

电费、煤气费、购火车票、移动固话宽带充值、互联网金融等业务受理足不出户，开通中石油、中石化等95个加油网点优惠服务，翼支付线下合作商户遍布城区和乡镇2000余家。在省通信管理局客户满意度测评中，连续多年获同城第一。

【电信助力智慧唐山】 2017年，唐山电信启动LTE800M工程建设，用以承载VoLTE业务和窄带物联网（NB-IOT）业务，汇集集团下属翼支付公司、集成公司及8个研发基地、4个研究院、6家云数据中心等自有资源和移动网、物联网等合作伙伴资源，运用云计算、物联网、大数据等信息通信技术，为唐山各级政府机关、企事业单位提供移动互联网、互联网金融、全球云等一揽子解决方案，实施“智慧政府、智慧民生、智慧产业”服务项目，覆盖上万户党政机关用户和数千家企业用户。

（韩福禄）

网络监管

【网络监管概况】 2017年，唐山市公安机关推进网上综合防控体系建设，提升信息监控、舆情导控、侦察打击和防范控制能力，成功侦破市内首起网络侵犯公民信息案件、首起非法控制计算机信息系统案，多警协作侦破玉田“5·12”特大网络贩卖枪支弹药案、部督“李杰、王丽平”特大网络贩枪案、省内首起跨国走私贩毒案、“2016·9·1”贩卖毒品案、马军制毒案等一批省、部督重点疑难案件。年内，查破各类涉网案件771起，抓获违法犯罪嫌疑人408名、网上逃犯215名。

【网络专项整治】 2017年，唐山市公安局开展“净网行动”“打击整治黑客攻击破坏和网络侵犯公民个人信息犯罪”等专项行动，打击网上贩枪贩毒、网络电话诈骗、网络色情、赌博、制贩假户口及身份证等违法犯罪活动。完善网络安全组织建设，落实“非营”上网服务场所技术防范措施。深化重要信息系统和重点网站安全执法检查，综合运用网安技术手段，提取固定电子证据，封堵涉枪、涉爆、涉危、涉毒、涉赌、诈骗、销赃、色情网络服务器运行设备和虚拟空间落户渠道。

【网络围栏建设】 2017年，唐山市公安局加强网上信息巡查处置，全年清理、过滤、处置有害信息4500余条，使用网上执法账号在百度贴吧、新浪微博、腾讯微博、微信等阵地进行互联网公开执法，集中开展网吧整治、基础运营商检查、政府网站和重点网站漏洞扫描、重要信息系统和重点网站执法检查，推进非经营性上网场所安全管控。强力推进公共WiFi上网单位场所安全保护技术措施，建设完成WiFi上网单位场所8310个。加强网上舆情监测和舆论导控，提升特殊时期安全防范能力，完成全国“两会”“一带一路”“党的十九大”等重要节点网络安全保卫工作。

（赵　红）

旅游
LvYou

综 述

【旅游概况】 2017年，唐山市旅游业推动全域旅游提升增速、城市工业游提档增量、海岛湿地游提质增效，打造“知名旅游目的地城市”。全年全市119个旅游项目完成投入79.37亿元，比上年增长36.75%。构建旅游产业大格局，全域统筹、连片打造旅游景区，提升旅游业效益。全市有旅行社总社178家，分社34家，服务网点963家；有星级酒店47家，其中五星级2家、四星级11家；培育乡村旅游示范点88家、星级农家乡村酒店137家。全年接待游客5602.96万人次，比上年增长25.07%；实现旅游总收入587.31亿元，比上年增长34.11%。

【工业旅游】 2017年，唐山市开发和利用中国铁路零公里起点、水泥工业遗存、陶瓷文化资源等工业旅游景点，在中国工业旅游产业发展联合大会中树立起工业旅游“领军”形象。唐山将工业旅游纳入旅游目的地营销大战略，通过唐山旅游文化节、“五百+”系列推广、第21届中国北方旅游交易会，传播工业旅游品牌，吸引政企考察团、学生参观团等各旅游团队和散客自由行到唐山旅游。

【乡村旅游】 2017年，唐山市旅游局推进乡村旅游提档升级和转型，促进农村经济发展，改善乡村风貌。市委、市政府制发《关于创新乡村旅游扶贫机制的实施意见》，同时组织编制《唐山市休闲农业与乡村旅游发展规划（2016～2026年）》，现代农业、“美丽乡村”建设、脱贫攻坚、山区综合开发、乡村旅游“五位一体”综合发展，评出18家乡村旅游示范点和40家星级农家乡村酒店，年内增加乡村旅游村17个，激发乡村旅游发展热情。鼓励乡村旅游示范点创建A级景区，山缘生态庄园、妈祖文化旅游区等5家乡村旅游示范点创建AAA级景区，全年投入资金950万元，提高软硬件建设水平，推动示范点提档升级。推动基础设施建设，将乡村旅游与建设“美丽乡村”有机结合，推进农家乐旅游厕所、交通导引系统、停车场等设施建设，满足游客需求，全市新建、改扩建农家乐厕所90座。

【红色旅游】 2017年，唐山市旅游局贯彻落实《2016～2020年全国红色旅游发展规划纲要》，在首届唐山市旅游发展大会、中国工业旅游产业发展联合大会等重大活动和在京津等地举办的旅游推介会上，发布“英雄城市游”主题线路，重点推介李大钊故居及纪念馆、开滦国家矿山公园等红色经典景区。推动红色景区参加厕所革命，加强环境整治，整体打造李大钊故居及纪念馆景区和所在村庄环境，提升景观和服务质量，在“玩儿转唐山——唐山最美”2017大型旅游评选活动中，开滦国家矿山公园、李大钊纪念馆及故居景区获评“十大最美景区”。大型河北红色旅游宣传片《红色故乡》在唐山市拍摄3集（第2集、第10集和第28集），全方位、多角度介绍唐山市红色景区内容。

【唐山市首届旅游发展大会】 2017年8月22～24日，在迁安、迁西、遵化三地举办。大会期间推出8项内容，包括餐叙会、旅游推介会、“夜迁安”考察、重点项目观摩、“汤遵化”体验、旅游专家论坛等。大会前后，全国100余家主流媒体对大会系统报道，全国转载媒体200多家，覆盖人群超过1亿人。开幕式当日相关网络刊发新闻200余条，微信发布50余条，转发5000余条，微信辐射超过30万人。在大会中，树立“京东长城山水旅游度假区”品牌，展示英雄城市、大美唐山旅游形象。会议期间，迁安滨河生态旅游休闲综合体、中国（迁西）国家长城公园开发、遵化碧桂园航空农业生态城等8个项目签约，计划总投资596亿元，为唐山旅游产业发展奠定坚实基础。

【中国工业旅游产业发展联合大会】 2017年10月26～28日在唐山召开，北京、天津、上海、重庆、湖北等13个省（市、自治区），南京、南昌、青岛、宁波等39个重点城市，首钢集团、海尔集团、开滦集团、海澜集团等26家工业旅游企业和51家旅游相关机构代表、业界专家等300余人参会。国家旅游局、中国旅游协会、工业和信息化部工业文化发展中心相关负责人出席大会。大会期间，45家成员单位联合发起成立中国工业旅游产业发展联合体，搭建起国内首个工业旅游合作交流载体和平台。唐山市旅游局被推选为秘书长单位，联合体发布《唐山宣言》，同时组织开幕式、主题论坛、文艺演出、项目观摩等活动。大会得到中央电视台、新华网、人民网、中国网等40余家主流媒体关注，网络关联搜索7万余条。

10月27日，中国工业旅游产业发展联合大会开幕式在唐山举行，同时成立中国工业旅游产业发展联合体。 吕光宇 摄

【唐山市旅行社协会成立】 2017年11月15日，唐山市旅行社协会成立，成立大会上，通过《协会章程》（草案）和《会费管理办法》（草案），产生协会领导机构。唐山市有旅行社总社178家，其中出境社20家，另有分社、服务网点近千家，存在总体“小、弱、散、多”等问题，借鉴旅游发达城市合作促进发展实现共赢先进经验，唐山市成立旅行社协会。协会成立后，围绕全市旅游工作重点，发挥职能作用，承担优化发展环境、加速转型升级、提升行业素质责任。

行业管理与服务

【行业管理与服务概况】 2017年，唐山市旅游局落实《唐山市人民政府办公厅关于建立唐山市旅游市场综合监管联席会议制度的通知》，强化市场秩序监管，加大旅游投诉受理和案件查处力度。年内，连续开展“春季行动”“暑期整顿”和“秋冬会战”，根据游客投诉、价格监控、舆情监测等线索，开展旅游市场整治。重点检查旅行社超范围经营、不与游客签订旅游合同或签订虚假合同、“不合理低价游”等行为，出动执法检查人员726人次，检查旅游企业205家，查处违法违规行为9家，处理投诉187起。

【旅游安全管理】 2017年，唐山市树立“没有安全就没有旅游”思想，坚持“安全第一，预防为主，综合治理”总方针，开展旅游安全监管，全年出动执法人员350人次，检查旅游企业180家，没有发生旅游安全事故。成立唐山市旅游行业安全生产工作领导小组，制订并落实安全生产“党政同责、一岗双责”制度。制订《2017年度旅游行业安全生产指南》《唐山市旅游行业2017年度安全工作要点》等文件，制订安全生产检查表、安全生产风险管控方案。修订旅游应急预案，并做好各相关部门预案之间衔接。专门召开县（市、区）旅游安全工作会议，与各县（市、区）旅游局签订《2017年度安全生产目标管理责任书》。聘请市消防支队专家为星级饭店和景区培训消防知识，组织旅行社集中观看安全生产警示教育宣传片，组织全市星级饭店、A级景区开展紧急疏散和灭火演练，参加市安委办组织的安全生产知识竞赛活动和安全生产有奖征文等活动，通过“安全生产月”“安全生产日”等活动开展旅游安全宣传。组织汛期、暑期安全生产大检查、消防安全大检查、交通道路安全集中整治、打非治违、隐患排查、安全生产月、冬季安全生产大检查等项活动，发布强降雨通知28个，统计九寨沟地震、巴厘岛火山爆发期间本地在灾区人数，并第一时间上报。

【旅行社管理】 2017年，唐山市旅游局加强旅行社管理，向办理审批和备案手续企业负责人宣传诚信经营常识，引导旅游企业依法诚信经营。组织旅游企业学习《中华人民共和国旅游法》《旅行社条例》等法律法规，增强旅游企业守法、规范经营意识，并开展旅行社“诚信经营公开承诺”活动。唐山航空国际旅行社和唐山天行健国际旅行社入选全国668家公开承诺诚信经营“红名单”，成为唐山市旅游行业诚信经营标杆。督导检查投诉多、不诚信旅游企业，向其宣传相关法律知识，提高诚信经营意识。11月，组建成立唐山市旅行社协会，加强行业自律，形成诚信经营氛围。

【导游员管理】 2017年，唐山市旅游局推进电子导游证换发工作，全市1118人换发电子导游证（女性961人、男性157人），其中初级导游员1110人、中级导游员7人、高级导游员1人，初中学历3人、高中学历109人、中专及职高学历109人、大专学历559人、本科学历314人、硕士学历24人。开展导游培训，加强导游队伍建设，3月参加全省导游大赛，开滦国家矿山公园王晓莹获全省第5名成绩，并入选全国旅游英才计划。抽调20名地接导游集中培训，服务唐山旅游发展大会和中国工业旅游产业发展联合大会，展示唐山导游形象。

【文明旅游】 2017年，唐山市旅游局推进文明旅游，提升旅游目的地形象，组织开展争创“工人先锋号”劳动竞赛、“擦亮窗口·光耀文明”主题实践和“提质提效、文明服务”创建竞赛等活动，在6次文明城市创建专题会议和星级饭店文明城创建现场观摩会基础上，抽调人员组成文明城督导组，拉网式督导检查旅游业内单位，提升旅游业文明旅游、文明服务水平，为唐山市蝉联“全国文明城市”作出贡献。唐山假日国际旅行社、唐山天行健国际旅行社、滦南蓝海大酒店获2016年度河北省服务名牌。

旅游推广

【旅游推广概况】 2017年，唐山市旅游局立足京津冀客源市场，拓展东北、中原等中远程地区市场，实施“整合营销”。在央视《朝闻天下》栏目投放时长15秒的唐山旅游形象广告，完成唐山旅游形象主题口号征集活动。赴北京、天津、郑州等地召开唐山旅游推介会，组织京津冀旅游达人亲子游唐山活动，完成2017年中国旅游日河北分会场暨“精彩唐山·相聚三岛”唐山旅游系列活动，成立唐山旅游电商运营中心，加强与互联网媒体合作。与众信旅游集团、腾邦旅游集团等企业达成战略合作意向，加快全国“唐山旅游营销窗口”布局，招徕四方游客；举办“玩儿转唐山——唐山最美”2017大型旅游评选活动，经过景区展示、大众投票和专家评审3个环节，评选出“十大最美景区”“十大淳美乡村旅游点”和“十大恬美农家乡村酒店”，微信平台访问量达92万人次。公交总公司开通游1路、游2路、游3路、19路（游5路）、40路（游6路）、63路（游7路）唐山公交旅游专线，并为全车包装设计，总配车数量71辆。

【旅游节庆活动】 2017年，唐山市旅游局推出“珍珠项链营销工程”，完成2017年中国旅游日河北分会场暨“精彩唐山·相聚三岛”唐山旅游系列活动，包括月岛狂欢、京津冀自驾游房车嘉年华以及露营文化节、夏季音乐节、丰南运河唐人街金湖大厨龙虾节、清东陵万众祈福法会等40多个宣传活动，启动“中原游客体验新唐山”系列活动。会同商务局举办2017食尚唐山·首届美食唐山联盟南湖站活动，10天累计客流30余万人次。

【唐山旅游惠民一卡通发行】 2017年11月23日，唐山旅游惠民一卡通发行仪式在唐山恒丰酒店举行。旅游一卡通由唐山市旅游局监制，北京天聚时旅游文化产业有限公司发行，为2017年市委、市政府为群众办好10件实事中一项惠民工程，旨在促进旅游资源整合、旅游产业融合发展、培育以景区为核心的旅游生态圈，打造全域旅游格局，实现旅游资源共享，利益共取，效益倍增目标。唐山市常住居民、在唐山就读大中专学生，可凭居民身份证和学生证在唐山市旅游咨询服务中心、宝中旅游·唐山市假日国际旅行社有限公司、唐山华夏国际旅行社股份有限公司、唐山春秋国际旅行社有限公司等旅行社部分门店购买。一卡通涵盖乐亭、迁西、迁安、遵化、丰南、丰润、曹妃甸、玉田8个地区，囊括唐山国际旅游岛（月岛、菩提岛）、滦州古城、景忠山、青山关、青龙山、万佛园等首批27个主要景区。128元一张，以自然年为单位，实名制购买，游客持“一卡通”可在有效期内不限次数游玩一卡通旅游景区。

【2017唐山旅游商品创意设计大赛】 2017年12月22日，2017唐山旅游商品创意设计大赛颁奖典礼暨文化创意设计论坛举行。此次大赛由唐山市人民政府主办，市旅游局、市文广新局、市教育局、市文产办、唐山文旅集团承办。大赛以弘扬唐山历史文化、彰显唐山地域特色为主题，以打造唐山特色旅游商品品牌为宗旨，共征集参赛作品1000余件。大赛评审程序分为初评和终评两个阶段，评选出一等奖3个、二等奖5个、三等奖10个。杨帆设计的“唐山系列文创产品”、邱麒设计的“乐食”等作品获一等奖，Maks设计的“冀东三支花——木棉笔镇纸系列”、农海琪设计的“冀东三支花随手礼餐具设计”等作品获二等奖，赵人正设计的“青龙山雾禅”、李昌龙设计的“皮影书签”、王业兴设计的“世纪·唐山”等作品获三等奖。

景区景点

【景区景点概况】 2017年，唐山市有A级景区37家，其中AAAAA级1家、AAAA级13家。年内，编制完成《唐山城市工业旅游发展策划》，厘清城市工业游发展思路，确定以“一带一环、八大景区、旅游公共服务设施配套”为主要内容的争创全国“工业旅游城市”发展之路。打造一批核心工业旅游景点，盘活中国铁路零公里起点等资源，拓展全国工业旅游创新单位——开滦国家矿山公园功能，新建中国铁路源头博物馆等项目。实施启新1889文化创意产业园新业态项目，完成启新老东门复建、雕塑群、0号机车复制和老电厂展馆改造等工程。规划建设中国（唐山）工业博物馆，新建中国·唐山陶瓷博物馆，启动中国铁路源头游，串联起多个工业旅游景区。打造唐山国际旅游岛、曹妃甸湿地2个旅游聚集区，加快建设乐亭碧海浴场、滦河口等旅游产品节点，以“两点一线”开发推进海岛湿地游升级。建设唐山国际旅游岛祥云岛温泉度假酒店及四季海水浴场、月岛澜湾小镇等18个景区项目，推进宏博现代农业观光园、祥云湖度假村等乡村旅游项目，形成海岛、海滨、海上相结合的海洋旅游体系。曹妃甸多玛乐园年内试运行，亿丰马尔仕庄园、喜来登酒店，宝丰艺术家小镇等4个项目进入办理土地利用手续阶段，湿地研学特色小镇项目完成初步规划设计方案。完成龙岛沙滩20万平方米修复工程，推进妈祖文化旅游区AAA级景区创建工程。乐亭实施滦河口渔乐园二期项目、独幽城休闲农业及文化旅游项目、丞起温泉水世界提升项目，完善境内旅游产品结构。加快北部长城山水旅游区项目建设，迁安、迁西、遵化共同开发以长城为背景的中唐·天元谷、龙井关、古温泉旅游度假区等12类24个重点旅游项目，配套实施一批基础设施、服务保障、环境提升项目，完成投资25亿元，初步支撑起“一带引领”（长城山野休闲带）、“四区联动”（皇家文化体验区、乡村休闲度假区、山地生态运动区、城市休闲娱乐区）全域旅游格局。

【旅游区（点）提升与基础设施建设】 2017年，唐山市旅游局提升旅游产业综合品质，南湖争创AAAAA级景区通过河北省旅游发展委员会景观质量评审，创建国家生态旅游示范区申请上报国家旅游局和环保部。唐山国际旅游岛全面完成省级旅游度假区创建任务，等待省旅游委验收。《唐山市休闲农业和乡村旅游规划》编制进入尾声，京东长城山水旅游度假区7条旅游干线道路动工或竣工，8条乡村旅游道路完成改造。山缘生态庄园等5家乡村旅游示范点创建A级景区在建。唐山旅游商品展示展销中心开业，推进2017唐山旅游商品创意设计大赛进程，全国近百家媒体宣传报道，征集作品500余件。全市全年累计增加、改扩建停车场50个，改造统一标准景区游客中心25座，建设、改造旅游厕所、农家乐厕所123座，增加、更换旅游标识标牌34块，均完成省下达任务。

【开滦国家矿山公园入选“国家工业遗产旅游基地”】 在2017年11月28日召开的第二届全国工业旅游创新大会上，国家旅游局命名表彰十大“国家工业遗产旅游基地”，开滦国家矿山公园成为河北省唯一当选景区。开滦国家矿山公园集工业遗迹保护、煤炭文化科普、工业文明展示、探秘互动体验于一体，是国家AAAA级旅游景区和中国近代工业博物馆群落，先后获评首批全国资源型城市重点旅游区、全国科普教育基地、全国旅游系统先进集体等，2016年获评首届“国家工业旅游创新单位”。园区由矿业文化博览区、“国保”遗址观光区、时尚文化休闲区三大板块组成，包括开滦博物馆主馆、井下探秘游、蒸汽机车观光园、中国第一家矿1878、电力纪元1906、中国铁路源头博物馆等一系列展馆和景区。收展中国迄今存世最早股票、开平矿权骗占案英国法庭记录、1880年英制铁轨、百年羊皮蒙面大账本等藏品上万件，其中有48件一级文物、72件二级文物、326件三级文物、。

（侯贤明）

清东陵保护区

【清东陵概况】 唐山清东陵保护区位于遵化市西北部燕山南麓长城脚下，地处京津冀三省市交界处，下辖清东陵文管处，内设综合办公室、财政局、规划建设局、招商与旅游开发局、综合执法局、综合执法大队等机构，托管遵化市马兰峪、东陵、汤泉3个乡镇64个行政村，总面积180平方千米，总人口6万人。2017年，清东陵保护区提高文物安全系数和保护水平，得到河北省委书记赵克志和国家、省文物主管部门肯定。全年，清东陵保护区累计接待游客103.89万人次，比上年增长23.14%，其中清东陵景区接待游客55.89万人次，比上年增长28.89%，实现门票和观光车收入3421万元，比上年增长20.8%。年内，清东陵景区被美团大众点评网景区优选组委会评为“2016中国最具影响力景区”，被河北省旅游发展委员会评选为中国旅游榜河北分榜“2016年游客最喜爱的旅游目的地”“乐行京津冀”2016年度最受喜爱的旅游地、首届河北“不得不”游的十大风景名胜。在杭州天台举办的2016中国旅游总评榜颁奖典礼上，清东陵景区获得2016年度中国景区旅游人气奖。在同程旅游主办的“新全域新征程——全球化、智能化、产业化”2017全球旅游目的地峰会暨合作伙伴年度大会中，清东陵获“2017同程旅游——十大新媒体营销先锋奖”。

【清东陵保护管理办法修订】 2017年，清东陵保护区管委会完成《清东陵保护管理办法（修订）》。9月6日，经唐山市第十五届人民代表大会常务委员会第六次会议通过，12月1日，经河北省第十二届人民代表大会常务委员会第三十三次会议批准，12月27日，由唐山市人大常委会主办，唐山市人大常委会法工委、唐山市人民政府法制办、唐山市文广新局、唐山清东陵保护区管委会承办的《清东陵保护管理办法（修订）》实施新闻发布会在唐山市人大机关二楼会议厅举行。新《办法》较修订前责任更加明确，要求更加具体，处罚力度更大。

【清东陵规划编制】 2017年，清东陵保护区管委会继续按照“多规合一、全域覆盖、节点突出”要求，编制完善保护区相关规划。文保方面完成《清东陵文物保护规划（大纲）》编制，11月23日，通过遵化市规委会审核，《清东陵文物规划》正式文本编制启动。旅游方面聘请深圳麟德旅游规划顾问有限公司编订完成《清东陵核心景区旅游总体规划》。

【清东陵文物保护】 2017年，清东陵保护区为提高文物保护水平，实施人防、技防、犬防与群防群治相结合的“四防”安保模式，确保文物安全。为防止警卫人员懈怠，实施管委会班子成员每天在岗带班抽查、夜间中层干部突击检查、保卫科对全部警卫点普查、巡逻特警在重点时间段重点巡查四级督查巡查机制，使警卫始终处于临战状态。技防方面，完成孝陵、孝东陵、孝陵主神道、裕陵、裕妃园寝安防工程及景陵、景妃园寝、景陵皇贵妃园寝、裕陵、裕妃园寝防雷工程。文物本体修缮方面，景陵圣德神功碑亭修复和裕陵本体维修两项工程均完成总工程量90%以上。

【清东陵项目建设】 2017年，清东陵谋划神道保护道路工程，全长18千米，计划总投资6426万元。工程设计方案和文物影响评估报告报送省文物局审核，清东陵安全消防指挥中心一级监控平台项目完成工程方案设计，并聘请有关专家对工程论证。清东陵文物保护展示用房项目2000平方米，其中包括文物库房和文物展示用房，为其配置安防、消防设施设备，购买和安装文物专用橱柜和展柜，投资2200万元，由省财政全额出资，保障项目建设。

【清东陵旅游开发】 2017年，清东陵保护区在景区重点路口、大型停车场设置5组门禁系统管控车辆出入，在售票大厅建立刷卡支付、微信支付系统，新建景观墙1000延长米，提升旅游沿线统一性和整洁性，并谋划西游客服务分中心、中转站停车场改造和便民路网建设。在裕陵和慈禧陵分别推出“震撼的遗珍乾隆宫廷珍宝展”和“翰墨留香慈禧文物展”，在具服殿推出“清东陵文物保护史展”，在石牌坊至大碑楼段推出建筑奇景——清东陵第一景观，在孝陵大碑楼推出“清代皇家建筑知识体验展”，在孝陵编排清代祭祀大典再现三百年前祭祀祈福场景，在慈禧陵神厨库组建清东陵书院，经营清代历史文化类书籍、音像制品和旅游纪念品。与周边汤泉宫、凤凰岭、兴隆山等景区达成联合门票和广告互相宣传合作协议，并陆续推向市场。

【清东陵获“中国景区旅游人气奖”】 2017年，清东陵景区在2016年度中国旅游总评榜颁奖典礼上获“2016年度中国景区旅游人气奖”。中国旅游总评榜组委会始建于2007年，奖项发布以公众评价为主要权重，被称为中国旅游“奥斯卡”奖。几年来，清东陵保护区管委会相继制发《服务质量提升实施方案》等一系列制度，全方位精细化管理景区；推出“清东陵第一景观”“震撼遗珍”等一批让游客体验清代皇家建筑、历史、礼仪、饮食等文化系列活动，组织开展“千人一日游东陵”、徒步大会等宣传推介活动，并利用网站、微博、微信等渠道全方位推介景区。同时，提升景区生态环境，栽植各类树种

8月22～23日，参加2017首届唐山旅发大会的参会人员在遵化清东陵景区参观。 闫 军 摄

25万余株，拆除私搭乱建违章建筑41处，营造清新怡人的景区环境，提升游客对景区的了解和认可。

【清东陵第六届徒步大会】 2017年11月26日，由清东陵保护区管理委员会、遵化市委宣传部主办，遵化旅游局协办，唐山清东陵旅游实业开发有限公司、河北狼群体育文化有限公司合作举办。大会主题为"用脚步丈量历史，用行动保护文物"，秉承人文、历史和体育、休闲相结合理念，以徒步为主，新增骑行运动内容，体现"全民全运、全运惠民"的国家全民健身目标。本次徒步大会有京、津、冀、辽、蒙、晋等多个省市和部分国外徒步爱好者1万多人参加，提升清东陵景区的影响力和知名度。

（李松涛）

唐山国际旅游岛

【旅游岛概况】 2017年，唐山国际旅游岛党工委、管委会以"四个干"抓落实机制统筹推进各项重点工作，领导分包、定期调度和督导检查，全年新建项目24项，续建项目42项，完工项目18项，完成投资6.75亿元。开工建设中南集团旅游岛陆域温泉特色小镇核心景区、北京中天达卡丁车俱乐部项目——月岛澜湾运动休闲体验中心、爱尔兰秀兰集团北欧风情园等重点产业项目，推进大唐小镇（民俗特色餐饮）、进口商品直销中心、寰渤海温泉海域欢乐谷综合体等签约项目，相继完工并投入使用菩提岛佛光阁、佛文化交流中心、88栋禅房以及陆域旅游专用线一标段、潮河公园等一批基础设施和景区建设项目。实施"环境提升工程"和"市场培育工程"，推进国家旅游度假区及菩提岛国家AAAAA级景区创建工作，先后组织承办2017年中国旅游日河北分会场暨"精彩唐山·相聚三岛"唐山旅游系列活动、"一带一路杯"国际沙滩足球邀请赛和"欢赢杯"中国足协中国—拉丁美洲沙滩足球锦标赛等系列主题活动，游客接待量实现新增长，全年菩提岛、月岛和金沙滩等核心景区游客接待量达56万人次，比上年增长100%，旅游发展公司实现旅游经营收入8063万元，比上年增长87%。全区实现地区生产总值27.82亿元，比上年增长7%；第一、三产业增加值25.18亿元，比上年增长7%；完成固定资产投资120亿元，比上年增长23%；实现全部财政收入7.25亿元，其中一般预算收入1.02亿元、政府性基金收入2.74亿元。

【旅游岛招商引资】 2017年，唐山国际旅游岛坚持全员招商、精准招商，先后赴上海、深圳、香港等地组织招商活动，与上海赛伯乐集团、深圳正威集团、深圳宝能集团、广州碧桂园集团等知名企业接触和洽谈，并达成部分合作意向。举办2017年春季招商推介会暨重点项目签约仪式等活动，全年共签约重点产业项目14个，总投资额406.7亿元。

【旅游岛"美丽乡村"建设】 2017年，唐山国际旅游岛加强农村环境综合治理，以改善村容村貌、生活垃圾处理、污水处理、村庄绿化为重点，推进和改善农村环境综合整治行动，并在政策实施、宣传引导、硬件建设、资金保障等方面全方位安排和部署。同时，创新"旅游+农村"发展模式，引导农民开办农家乐、渔家乐、乡村游等项目，发展生态观光、休闲度假、体验渔业等旅游业态，带动更多农民投身旅游发展。开发乡村旅游试点，其中碱铺海湾渔村被评为市级乡村旅游示范点，6家农家院被评为3星级农家乡村酒店，祥云湖度假村被评为4星级农家乡村酒店。

【旅游岛现代农业园区建设】 2017年，唐山国际旅游岛加大扶持唐山海洋牧场现代农业园区项目力度，发挥龙头企业示范带动作用，取得良好生态效益、经济效益和社会效益。建设海洋牧场，改善和保护海洋生态环境，维护岛体稳定，带动渔民转产增收，促进特色旅游产业发展，被誉为"海上塞罕坝"。新华社等多家权威媒体采访报道该建设模式，10月份，唐山海洋牧场生态基地被国家农业部认定为"全国精品休闲渔业示范基地（休闲渔业主题公园）"，唐山市仅此一家。

【中国旅游日河北分会场暨"精彩唐山·相聚三岛"唐山旅游系列活动】 2017年5月19日在唐山国际旅游岛三贝明珠码头广场举行启动仪式。活动现场举办非物质文化遗产展演、万国风情嘉年华、广场舞大赛、春季摄影展、大型歌舞表演等活动。河北省旅游委、北京门头沟区旅游委、北京门头沟区潭柘寺戒台寺管理委员会、蒙古国大使馆和柬埔寨王国旅游代表处代表参加活动，各县（市、区）景区及旅行社负责人，社会各界人士千余人参加启动仪式。5月19～31日，陆续启动11项主题活动，包括中国旅游日主题活动、非物质文化遗产展演展销及特色旅游商品展销、爱群游"5·20"月岛狂欢节、中南公司万国风情嘉年华、"中南杯"唐山市广场舞邀请赛、"爱在旅游岛"百对新人公益集体婚礼、旅游岛春季摄影大赛作品展、《济公办学》话剧演出、海岛最美瑜伽表演、菩提禅韵·以茶聚缘等。

（刘曼杰）

科学技术

KeXueJiShu

综　述

【科技概况】 2017 年，唐山市科技局贯彻落实全国、全省科技创新大会精神，推动全市科技创新事业发展。完善科技服务体系，“双创”服务平台实现全覆盖，科技服务业服务创新主体发展模式得到省、市领导肯定。创新主体快速增长，科技型中小企业增速 46.9%，高新技术企业增速 38.1%。唐山市获省科技奖总数连续五年位居全省设区市之首，市科技局连续获评市级文明单位、依法行政考核先进单位等称号。

【科技服务载体建设】 2017 年，唐山市完善科技中心服务功能，引进北京富卓电力工程技术有限公司等服务机构 3 家、创客团队 12 家入驻，增加注册小微企业 11 家，举办项目对接等活动 26 场次，服务企业 1500 多家次，截至年底，共入驻各类科技服务机构 16 家，新兴技术产业项目企业（团队）64 家，带动 500 多人创业就业。加强众创空间（孵化器）建设，新百工众创空间、互联网 E 创空间晋级国家级众创空间，唐山卓梦等 4 家科技企业孵化器、唐山志达等 5 家众创空间分别晋级省级序列，截至年底，全市有科技企业孵化器（众创空间）56 个，其中国家级科技企业孵化器 1 个、国家级众创空间 11 个，省级科技企业孵化器 15 个、省级众创空间 2 个，孵化总面积 60 余万平方米，在孵企业和创客团队 1450 家。

【科技创新主体培育】 2017 年，唐山市科技局培育科技型企业，制发《唐山市科技型中小企业倍增计划（2017 ～ 2020）》，确定初创期企业数量扩张、成长期企业规模壮大、小巨人企业快速崛起、企业上市培育四大工程，建立后备企业培育数据库，组织县区及专业服务机构开展“一对一”“点对点”帮扶，年内增加科技型中小企业 1863 家，累计 5835 家；增加科技小巨人企业 70 家，累计 364 家；增加高新技术企业 80 家，累计 290 家。引进高端智力人才，组织建设省级院士工作站 4 家，总数 26 家，进站院士 49 名。加大对科技创新团队支持培育力度，增加科技创新团队 22 个（其中省级团队 1 个、市级团队 21 个），累计培育创新团队 69 家、创新人才 100 余名。培育科技研发平台，增加市级以上科技研发平台 27 个，其中省级工程技术研究中心 3 个、产业技术研究院 1 个。截至年底，全市有市级以上科技研发平台（工程技术研究中心、重点实验室、产业技术研究院）233 个，其中省级工程技术研究中心 33 个、重点实验室 7 个、产业技术研究院 3 个。

【科技成果对外合作协同创新】 2017 年，唐山市科技局加快科技成果转移转化，促进科技与经济和产业、企业与高校和科研院所深度融合。加强科技主题招商，围绕“京津孵化、唐山产业化”，坚持“走出去”“引进来”相结合，引进北京华夏力鸿商品检测中心、绿色杀虫剂生产基地和研发中心等科技招商项目 103 项。推动京津冀科技协同创新，研究制订《2017 年唐山市推进京津冀科技协同创新工作要点》，依托京津冀钢铁联盟（迁安）协同创新研究院，落地转化蜂窝式电极除尘除雾器等科技成果 7 项，建立特种钢材精炼技术等研究中心 3 个。加强科技成果转移转化载体建设，发挥中科院唐山高新技术研究与转化中心的桥梁纽带作用，促成中科院 10 个项目与本地企业签约，院企达成合作意向 6 项，解决技术难题 10 项。持续推进华北理工大学等 2 家技术转移中心和 3 家技术合同认定登记机构建设，对技术交易给予后补助支持，全市技术合同交易总额超过 60 亿元。

【科技参与国家创新型城市建设】 2017 年初，唐山市国家创新型试点城市建设完成任务指标，提请上级验收评估。5 月，通过河北省科技厅和发改委组织的评估，并被推荐参加国家发改委和科技部评估。6 月，根据《河北省科学技术厅关于印发〈建设创新型县（市、区）工作指引〉的通知》（冀科区〔2017〕10 号），玉田县成为河北省第一批创新型县（市、区）试点。8 月，根据《河北省科学技术厅关于公布第二批河北省创新型县（市、区）试点名单的通知》（冀科区〔2017〕13 号），迁安市、迁西县成为河北省第二批创新型县（市、区）试点。

科技管理

【科技管理概况】 2017 年，唐山市科技局争取省科技资金 4901.54 万元。全市全社会年研发投入 68.7 亿元，R&D 经费支出占 GDP 的 1.08%。制发《唐山市科技型中小企业倍增计划（2017 ～ 2020）》《唐山市众创空间（科技企业孵化器）认定与扶持实施细则》《唐山市鼓励引进“双创”示范品牌机构实施细则》《唐山市支持创业创新大赛实施方案》等7项政策措施，为促进大众创业、万众创新进程提供政策支撑。4月29日，市科技局、财政局、统计局联合制发《唐山市小微企业研发经费投入补助实施细则（试行）》，通过奖励性后补助方式全面支持企业开展研发创新活动，对建有市级以上研发机构的规模以上小微工业企业，研发经费内部支出高于上一年度且研发经费内部支出与主营业务收入之比达到1.2%以上的，给予奖励性后补助资金10万元。在此基础上，研发经费内部支出达到2000万元的，增加奖励性后补助资金5万元；研发经费内部支出比上一年度增长15%以上的，增加奖励性后补助资金5万元。10月12日，唐山市科技局、财政局、统计局制发《关于组织申报唐山市2016年度规模以上大中型企业研发经费投入补助资金的通知》，落实《唐山市支持企业科技创新促进科技成果转化十条措施》，对大中型企业给予研发经费投入补助政策支持。全年支持企业40家，资金530万元。其中，小微企业24家，支持资金305万元；大中型企业16家，支持资金225万元。

【院士智力引进】 2017年，唐山市科技局组织院士行活动，推进“产学研”相结合的技术创新，先后邀请陈予恕、徐滨士、李鹤林、雷清泉、赵法箴、曹福亮等10余位中国科学院院士在唐山开展院士考察、咨询及学术报告等活动54场次，开展20项重点项目研究，建科技创新平台14个，代培高端人才20人，获得知识产权83项，争取国家、省财政经费2026万元，实现产值1.97亿元。

【应用基础研究计划实施】 2017年，唐山市科技局以增强自主创新能力、助推经济转型发展为目标，组织实施全市应用基础研究计划，在钢铁冶金、绿色建筑、计算科学、医疗卫生等领域打造“唐山市工业废气高效脱硫脱硝基础创新团队”等10支基础创新团队，组织开展“低温高效NH3-SCR脱硝催化剂制备和低温脱硝机理”等20余项应用基础研究子课题。全市获得省自然科学基金委员会批准立项54项，争取到省级财政专项经费452万元。

【科技成果】 2017年5月25日，河北省委、河北省政府在石家庄召开河北省科学技术奖励大会，唐山市获省科学技术奖42项，其中科技进步奖39项、技术发明奖2项、国际科技合作奖1项，获奖总数连续5年位居全省设区市之首。本次获奖成果涉及高端制造、新材料、电子信息、新能源、民生等多个领域，在实际应用中取得经济效益、生态效益和社会效益。（见表16）

唐山市2017年获得河北省科学技术奖项目

表16

序号	项目名称	完成单位	获奖等级
1	宽厚板连铸坯重压下关键工艺与装备技术的开发及应用	唐山钢铁集团有限责任公司、东北大学、唐山中厚板材有限公司、中冶京诚工程技术有限公司	一等奖
2	灌区水资源智能测控与管理系统	唐山现代工控技术有限公司、华北理工大学	二等奖
3	钢铁企业废渣/余热利用技术研发及应用示范	华北理工大学、河钢集团有限公司、河钢集团唐钢公司、河钢集团宣钢公司	二等奖
4	低成本海水淡化集成优化技术	首钢京唐钢铁联合有限责任公司、北京首钢国际工程技术有限公司、华东理工大学	二等奖
5	矿用皮带机沿线巡检机器人	中信重工开诚智能装备有限公司	二等奖
6	100%低地板现代有轨电车研制	中车唐山机车车辆有限公司	二等奖
7	莫代尔纤维	唐山三友集团兴达化纤有限公司、河北省纤维素纤维工程技术研究中心	二等奖
8	新型动力包车下集成式电传动内燃动车组	中车唐山机车车辆有限公司	二等奖
9	南堡滩海低品位储量效益开发关键技术及工业化应用	中国石油天然气股份有限公司冀东油田分公司	二等奖
10	低渗油藏测井评价新技术及在南堡凹陷规模应用	中国石油天然气股份有限公司冀东油田分公司、中国石油大学（华东）	二等奖
11	冷轧薄规格高强汽车板稳定生产及质量控制集成技术的开发与应用	首钢京唐钢铁联合有限责任公司	二等奖
12	组织移植治疗四肢组织缺损与功能重建的解剖研究与临床应用	唐山市第二医院、河北省儿童医院	二等奖
13	Mfn2、CBP 等肿瘤标志物在乳腺癌、肝癌等肿瘤诊疗中的应用	唐山市人民医院、华北理工大学	二等奖
14	活血法治疗食管癌、胃癌和脑肿瘤的分子机制	华北理工大学	二等奖
15	复杂油藏开发中新型化学品的研发与应用	唐山冀油瑞丰化工有限公司	三等奖
16	车用甲醇清洁燃料技术开发与示范应用	开滦能源化工股份有限公司	三等奖
17	中国标准化25T型客车研制	中车唐山机车车辆有限公司	三等奖
18	血液安全保障控制管理软件研发及产业化	唐山启奥科技股份有限公司、唐山开用网络信息服务有限公司	三等奖
19	利用副产芒硝净化浓海水关键技术研发与应用	唐山三友化工股份有限公司	三等奖
20	有机硅高沸物转化利用技术开发及应用	唐山三友硅业有限责任公司	三等奖
21	无溶剂液体膨胀橡胶	唐山学院、唐山市东方石油化工厂、天津新技术产业园区北洋新技术工程有限公司	三等奖
22	质量式智能型喷油泵试验台量油装置的研制	唐山学院、唐山百川智能机器有限公司	三等奖
23	装配式钢筋混凝土结构连接、耗能及抗火关键技术	华北理工大学、鹏达建设集团有限公司	三等奖
24	煤泥水处理用大型高效机械搅拌式浮选机	中煤科工集团唐山研究院有限公司	三等奖
25	U型钢支架承载能力评定与强化支护技术	华北理工大学、唐山学院、开滦（集团）有限责任公司东欢坨矿业分公司	三等奖

续表16

序号	项目名称	完成单位	获奖等级
26	优质冶金锯片用65Mn热轧带钢生产关键技术	华北理工大学、唐山国丰钢铁有限公司	三等奖
27	产毒黄曲霉精准鉴别及生物控制关键技术	唐山市畜牧水产品质量监测中心、国家粮食局科学研究院、河北金土生物科技股份有限公司	三等奖
28	秸秆饲料收获装备关键技术研发与应用	唐山鑫万达实业股份有限公司、河北科技师范学院	三等奖
29	重症急性胰腺炎及肠系膜静脉血栓诊治关键技术开发与应用	华北理工大学、唐山市工人医院、遵化市人民医院	三等奖
30	口腔颌面部肿瘤临床病理及分子发病机制	华北理工大学、河北省人民医院、北京大学口腔医学院	三等奖
31	智能仓储机器人装备关键技术	华北理工大学、唐山昌硕电器有限公司	三等奖
32	脑卒中认知功能障碍的系列康复护理技术的开发与应用	华北理工大学	三等奖
33	新辅助化疗在晚期卵巢癌治疗中的作用及相关分子机制研究	唐山工人医院	三等奖
34	2型糖尿病认知损伤发病机制与早期筛查及防治的相关研究	唐山工人医院、河北医科大学	三等奖
35	睡眠呼吸暂停综合征脑损伤机制及临床应用	华北理工大学	三等奖
36	脂肪基质细胞源性神经元的生理功能与分化中死亡信号转导通路研究	开滦总医院	三等奖
37	脑创伤后认知功能障碍相关分子学机制的研究	唐山工人医院	三等奖
38	渤海水域溢油应急处置技术研究与应用	中国石油天然气股份有限公司冀东油田分公司	三等奖
39	石人沟铁矿露天采坑安全治理与深部矿体开采协同研究	河钢集团矿业公司、华北理工大学	三等奖
40	特种机器人装置及产业化	陆文涛(中信重工开诚智能装备有限公司)	三等奖
41	低碳Al镇静汽车用钢退火生产技术集成与应用创新	夏明生、齐建群、李桂兰、韩冰、刘丽萍、谷田(河钢股份有限公司唐山分公司)	三等奖
42	意大利艾迪（MOH'D JUMA EID）	中车唐山机车车辆有限公司	国际科技合作 奖

专　利

【专利概况】 2017年，唐山市科技局申请专利6712项，比上年增长19.45%；授权专利3677项，比上年增长12.04%；每万人发明专利拥有量3.28件，比上年增长32.8%。实现专利权质押贷款2.2亿元。评选2017年唐山市专利奖23项，其中一等奖3项、二等奖8项、三等奖12项，并择优推荐12个专利报省评奖。

【专利管理】 2017年，唐山市科技局制发《唐山市小微企业知识产权扶持政策实施细则》，明确对企业获得国内及国外授权发明专利每项奖励资金1万元，首项授权发明专利奖励资金2万元。首次提出专利权质押贷款补贴细则，对通过专利权质押成功融资企业，按银行同期贷款利率50%予以贴息。首次提出对专利服务机构奖补政策，对年度服务小微企业数量达到50家、培训小微企业人员不低于200人次、消除零专利企业10家、代理小微企业专利数量年递增15%的服务机构，给予奖励性后补助资金10万元，全年落实奖补资金900.96万元。

【专利宣传】 2017年4月22日，为促进京津冀地区知识产权法律服务领域业务合作，河北省律师协会知识产权专业委员会、唐山市知识产权局、唐山市律师协会联合举办“知识产权法律业务实务论坛暨唐山市知识产权高级人才培训班”，全市48家企业及京津冀律师近百人参会。4月26日，为推进企业专利权质押贷款和专利保险工作，唐山市知识产权局在唐山科技中心召开知识产权金融培训对接会，7家企业与银行达成初步合作意向。10月18～19日，唐山市知识产权局联合华北理工大学河北省知识产权培训基地分别在唐山市区和曹妃甸生态城举办专利代理人、专利工程师、专利律师职业分析讲座，唐山市企事业单位技术人员及在校大学生共300余人参加。

【专利运用】 2017年，唐山市实施企业专利战略推进工程，防范知识产权风险，提高项目产业化决策水平和创新效率，开展重大经济活动知识产权评议试点工作，河北华发教育科技股份有限公司申报省重大经济活动知识产权评议项目，获得扶持资金10万元。继续推进《企业知识产权管理规范》国家标准（GB/T29490-2013）贯标工作，唐山亚捷机械有限公司等6家企业列入2017年省贯标企业并通过验收，中车唐山机车车辆有限公司等12家企业列入省局2018年知识产权贯标认证企业，3家服务机构列入省2018年贯标认证服务机构。支持公共服务平台建设，依托唐山技术市场与环渤海知识产权市场，搭建线上线下服务平台，促进专利转化与运用，开展成果对接、银企对接、人才培训等活动10余次，年度累计发布专利等供求信息1万条。

科技活动

【“双创”促转型】 2017年，唐山市科技局开展“创新创业促转型唐山在行动”主题活动，开展创业辅导、技术对接等活动1378场次，协调解决成果转化、融资对接等问题1841项。4月18日，河北省科技厅、财政厅制发通知，批准唐山市入选河北省大学生创新创业试点市，给予支持资金465万元，唐山市全年组织实施大学生创新创业项目66项。遴选29家科技创新券服务机构力促

"双创"，4月29日，唐山市科技局、财政局联合制订《唐山市小微企业科技创新券实施细则》，以普惠性政策支持小微科技企业和创新团队开展创新活动，每个小微科技企业和创新团队每年最多可申领科技创新券2万元，主要用于与服务机构开展测试检测、合作研发、委托开发、研发设计、购买技术方案等创新相关活动。

【科技招商】 2017年12月5日，唐山市科技局举办以"科技创新·协同发展"为主题的"第四届京津冀协同创新共同体高峰论坛暨曹妃甸科技发展创新驱动说明会"，组织举办"四个精准"（精准筛选科技成果、精准识别企业需求、精准组织对接活动、精准提供持续支持）系列科技成果集中推送活动，通过项目路演方式，向100家企业推送10项新技术成果，发布科技成果项目51项，其中3个项目分别与各企业现场签约。12月27日，举办"京津冀科技成果对接活动"，中科院金属研究所、中科院天津工业生物技术研究所、中科院沈阳自动化研究所等科研院所、高等院校的22位专家教授参加，围绕冶金环保、人工智能、新材料等领域，以项目路演方式推送发布产业技术成果60项，其中成功签约项目3个，分别与7家企业达成合作意向项目12个。唐山市各县（市、区）科技管理人员和科技企业负责人等200多人参加对接活动。

【科技交流】 2017年6月8～10日，唐山市科技局组织9家企业参加第二十届中国北京国际科技产业博览会，全市参展项目3个，达成合作意向15项，现场发放项目资料468份。9月17日，举办第二十届唐山中国陶瓷博览会人才技术交流大会，组织300多家企业与京津等地专家教授洽谈交流科技成果，达成合作意向61项，14个项目现场签约。11月27～29日，组织50多家企业参加2017中国（北京）跨国技术转移大会，参展技术成果6项，对接达成一批项目合作意向。

【科技合作】 2017年，开滦（集团）有限责任公司获批为河北省国际科技合作示范基地，截至年底，唐山市有国家国际科技合作基地3个、省级国际科技合作示范基地9个。河北津西钢铁集团承担的国家国际科技合作计划项目"热轧钢板桩生产工艺技术联合研发"通过科技部技术验收，唐山东方华盛优耐高科股份有限公司承担的"三金属双液双硬度复合破碎机锤头联合研发"项目列入省国际科技创新合作重点专项计划。京津冀钢铁联盟（迁安）协同创新研究院建立发动机排放控制技术、典型气体净化与资源化技术、特种钢精炼技术3个技术研发中心，建设钢铁行业节能减排与冶金新工艺中试试验基地、京津冀钢铁行业分析检测及技术服务2个公共服务平台，引进北京科技大学、北京工业大学等多个技术创新团队，依托钢铁联盟成员单位创新资源优势，开展技术成果对接和现场考察指导等科技活动30余次，7项技术成果落户迁安市钢铁企业。玉田县诚远印刷包装机械有限公司依托天津市诚远印刷机械有限公司、北京印刷学院、河北科技大学等高校院所，创建河北省印刷机械产业技术研究院。

【科技惠农】 2017年5月16日，"河北丰润区省级农业科技园区""河北路北区省级农业科技园区"2个省级农业科技园区获批建设，截至年底，全市有省级农业科技园区11个。11月24日，"北方食用菌产业星创天地""美客多农业星创天地"2个国家级星创天地获批备案，截至年底，累计备案国家级星创天地8个。7月21日，"遵化市尚禾源星创天地""遵化市美客多星创天地"等 4个省级星创天地获批备案，截至年底，累计备案省级星创天地13个，累计备案省级农业科技小巨人企业19家。

【科技活动周】 2017年5月22日，唐山市科技局与市委宣传部、市科协联合主办2017年度全市科技活动周宣传活动在玉田县北购广场举行，市科普工作联席会议各单位通过展出科普知识展板、发放科普资料、宣讲科技创新政策、普及科技知识、专家坐诊等多种形式开展活动。同时，市级各科普基地对外开放，组织展示教育活动。在本年度科技活动周期间，唐山市科技系统组织重点集中宣传活动15场次，全市举办各类科技培训讲座、科普知识宣讲60余场，受益群众25万余人次。开展各类科普活动或科技场馆开放活动70余次，发放科技资料2万余册、明白纸2万余份。

（刘晓荣）

防震减灾

【防震减灾概况】 2017年，唐山市地震局以落实习近平视察唐山讲话精神一周年为契机，以筹建"中国•唐山防震减灾示范中心"为核心，强化全市防灾减灾救灾综合能力建设。12月26日，中国地震局党组书记、局长郑国光在唐围绕贯彻落实习近平在纪念唐山大地震40年视察唐山时讲话精神和关于防灾减灾救灾系列论述，调研全社会抵御自然灾害综合防范能力提升情况，听取市委副书记、市长丁绣峰汇报。年内，唐山市地震局被中国地震局评为"2017年度全国地市级防震减灾工作综合考核先进单位"，迁西县地震局和滦县地震局被中国地震局评为"全国县级防震减灾工作综合考核先进单位"，3人被授予"全国市县防震减灾工作人员考核先进工作者"称号。

【地震局更名防震减灾局】 2017年11月，河北省机构编制委员会办公室制发《关于唐山市地震局更名为唐山市防震减灾局的通知》（冀机编字〔2017〕197号）。12月29日，唐山市编制委员会办公室制发《关于唐山市地震局更名为唐山市防震减灾局并调整主要职责内设机构和人员编制的通知》（唐机编字〔2017〕37号）。唐山市防震减灾局成立暨揭牌仪式于2018年1月6日举行，市政府副市长梁振江出席活动并为"唐山市防震减灾局"揭牌。

【"中国·唐山防震减灾示范中心"建设】 2017年，"中国·唐山防震减灾示范中心"建设纳入《唐山市防震减灾"十三五"规划》，示范中心建设得到中国地震局、河北省地震局支持，相关局领导多次听取项目建设工作汇报。省委常委、唐山市委书记焦彦龙，市委副书记、市长丁绣峰协调调度，将示范中心项

12月26日，中国地震局党组书记、局长郑国光在唐山妇幼医院参观减隔震技术应用情况。 曲玉良 摄

目列入2018年唐山市民生实事工程，并安排预算资金100万元作为前期启动资金。

【防震减灾法制建设】 2017年，唐山市地震局落实“双随机一公开”事中事后监管工作机制，市场主体名录库、执法检查人员名录库按照动态管理原则更新，研究制订2017年度“双随机一公开”监管工作计划，先后对丰南区唐山布衣堂生态养老家园项目、开平区前屈村平改项目、路南区南湖金地住宅小区A-03地块项目随机抽查监管，并将抽查结果在“中国唐山”网站公示。推进行政执法“三项制度”（唐山市地震局行政执法公示实施办法、唐山市地震局行政执法全过程记录实施办法、唐山市地震局重大执法决定法制审核实施办法）改革试点，建立行政执法公示具体办法、地震执法记录仪管理办法、重大行政执法法制审核流程等20项配套制度，完成29项行政执法文书样本编制。依据中央和省市关于深化审批制度改革要求，明确将抗震设防要求确定许可事项由市中心区代管下放到相应县区，对路北、路南、芦台、汉沽、高新5个区承接单位人员开展业务培训，并于8月5日完成代管县区地震审批事项下放工作。

【地震监测预报】 2017年，唐山市地震局重点推进地震监测空白县（市、区）监测设施建设，确定遵化综合地震台建设场地和初步方案，协调开滦集团所属赵各庄矿、林西矿、马家沟矿、唐山矿地震台站转型发展关系，推进迁西潘家口水库监测设施建设。加强前兆台网、测震台网、强震台网、烈度速报与预警台网维护维修，全年维修32次。加强观测数据日常管理，建立日常数据报送和接收管理办法。年内，唐山市地震局完成市县震情会商制度改革方案，开好各级会商会，组织业务人员赴红山、邯郸中心台等先进台站学习考察，提高业务能力和水平。年内，落实地震异常3次，3月24日渤海3.9级地震和7月4日乐亭2.5级地震均采取有效应急措施，并做出震后趋势快速判定意见。完成《数字化水震波频谱特性及定位研究》，推进新课题《唐山井水位短临异常统计分析研究》管理。

【地震灾害防御】 2017年4月，唐山市地震局与市住建局联合起草制发《唐山市高烈度区采用减隔震技术的实施意见》，鼓励在全市抗震设防烈度8度（含8度）以上地震高烈度区新建三层以上（含三层）学校、医院、幼儿园中特殊设防类、重点设防类建筑，全部采用减隔震技术。协调唐山市体育中心、丰南中医院、路北区碧桂园幼儿园、滦县松树营小学、滦县柏店子小学在设计施工中采用减隔震技术。配合相关部门加快曹妃甸大化工项目2000万吨炼化一体化项目落地。应用活断层探测科技成果指导路北东部产业园区、路南区维曼花纸厂改扩建及唐山市新体育中心等项目建设。年初，联合市住建局在迁西、迁安、遵化、曹妃甸、滦县等10个县（市、区）培训农村民居抗震建筑工匠3000人次，编制发放《建筑抗震施工专项培训手册》和《农村自建房抗震知识挂图》上千套，同时结合“美丽乡村”驻村工作，将挂图和手册发放到92个市级和210个县级驻村工作组。全面启动农村建筑工匠培训教材出版前期编辑，年内完成教材编制提纲起草及专家意见征集修改。完成理工大学地震遗址钢结构加固维护维修。

【地震应急救援】 2017年，唐山市地震局制订《唐山市地震局2017年重点危险区专项地震应急预案》《唐山市地震局党的第十九次全国代表大会期间地震应急预案》。2月份，会同各县（市、区）政府和市直相关单位在全市范围内开展地震应急自查及整改完善工作，并将有关情况汇总整理形成书面报告，上报河北省地震局。唐山市地震应急虚拟仿真演练中心投入使用，为唐山市、县两级地震应急管理部门提供常态化体验式教学培训场地。10月13日，市防震减灾领导小组成员单位、县（市、区）地震主管部门负责人、市地震局领导班子全体成员、河北省地震局唐山中心台30人参加以唐山市某区发生7.0级强烈地震为背景的首次桌面仿真演练。规范全市地震应急避难场所建设布局，完善功能设施，5月，将唐山学院西校区、体育公园、会展广场等8个单位纳入2017年度国标Ⅲ类以上地震应急避难场所建设规划，完成迁安市辖区内两个国标Ⅲ类应急避难场所配套设施升级改造，达到Ⅱ类应急避难场所标准。市民政局制发相关避难场所应急疏散预案，教育、住建、园林等部门维护所辖范围避难场所设施设备。

【防震减灾科普宣传】 2017年，唐山市地震局开展“六进”（进机关、进学校、进企业、进社区、进农村、进家庭）和重点时段防震减灾宣传教育活动。建立防震减灾宣传长效机制，编制年度防震减灾宣传方案。拓展宣传渠道，创新宣传载体，抓好“3·1”《唐山市防震减灾条例》颁布实施日、“5·12”防灾减灾日、“7·28”唐山防震减灾宣传周等特殊时段宣传。发挥抗震纪念馆和地震遗址纪念公园爱国主义教育示范基地作用。在市电视台新闻综合频道开辟专栏，每月播出2期专题宣传节目。在《唐山晚报》《唐山广播电视报》开辟专栏，开展“防震减灾知识答答看”活动，并在市区198个社区制作防震减灾科普宣传栏，推动科普宣传辐射面向基层和百姓延伸。

【全市新建成应急避难场所27处】 2017年，唐山市地震局推进重大防灾减灾工程建设，提高综合防灾减灾救灾能力，建成应急避难场所27处，其中Ⅱ类应急避难场所6处，Ⅲ类应急避难场所21处，主要分布在市中心区和各县（市、区）城区，建设面积350万平方米，可紧急安置150万人。截至年底，全市符合国家标准地震应急避难场所33处，其中Ⅱ类应急避难场所8处、Ⅲ类应急避难场所25处，建设面积600万平方米，可紧急安置避险群众300万人。另外，提升全市地震监测预警能力的“中国·唐山防震减灾示范中心”项目、区域防震减灾观测分中心建设项目、数字化实时传输地震前兆台网扩建工程、测震台网、强震台网、烈度速报与预警台网完善工程年内在建，提升全市抗震设防综合能力的农村民居整体抗震能力提升项目、防震减灾新技术推广应用项目取得阶段性进展，提升全市地震应急救援综合能力市县地震应急指挥系统应急响应与信息服务能力建设项目、地震现场应急保障能力建设项目年内启动，唐山地震遗址纪念公园和唐山抗震纪念馆2个防震减灾宣传基地改造提升项目完成展览全面调整。

（冉　芃）

气　象

【气象概况】 2017年，唐山市气象局完善气象灾害综合防御体系，全市两要素区域观测站完成升级改造52%以上。市、县局完成2017年公共气象服务白皮书（修订）发布工作。提升气象服务水平，全年发布决策服务材料10类288期，准确预报出1月19日强降雪、2月22日大雪、4～5月春旱等天气过程，成功应对“6·19”大雨、“6·21～6·23”“8·3”暴雨强天气过程以及7月份持续性高温过程。为春运、森林防火以及高考、市档案馆搬迁、唐山国际马拉松赛等关键期和市内重大活动提供气象服务，发布农业气象信息5类74期。针对交通、能源、海洋等不同行业特殊需求，发布专项服务材料62期、微信558条、短信50余万条，每日有87万个定制用户接收天气预报预警信息。年内，发表气象学术论文22篇，立项科研项目9个，通过省局验收项目3个，“东方虾养殖气象和水文要素预报预警服务技术应用推广”项目获市农业科学技术推广二等奖。完成“三农”及山洪地质灾害防治工程建设项目可研报告及实施方案编写任务。改革防雷体制，与市住建局、交通局、环保局等9部门联合转发省气象局、省住建局《关于优化建设工程防雷许可的通知》。与住建等部门接洽，厘清相关建设工程防雷许可整合及后续工作衔接。制订“五类人才”（领军人才、骨干人才、高技能人才、青年英才、管理人才）选拔方案，在全市范围内开展“五类人才”选拔，有1人入选“河北省三三三人才工程”。3个县局获评市级文明单位，4个县局获评市级文明建设先进单位，唐山市局连续5届获评河北省文明单位。在百姓故事会演讲比赛中，唐山市气象局杨慧玲获全市第一名。

【综合气象观测系统建设】 2017年，唐山市气象局新建降水现象仪11个、风廓线雷达1部、称重式降水观测仪6个、微波辐射计1个、6要素自动气象站43个（升级36个、新建7个）、4要素自动气象站30个（升级24个、新建6个）、2要素自动气象站3个。全市建成国家级地面气象观测站11个、高空气象观测站1个、农业气象观测站3个、酸雨气象观测站3个、国家级无人站3个、大型海洋气象浮标站1个、国家二级辐射观测站1个，其中国家级地面气象观测站全部安装新型自动气象站，实现两套自动气象站同步运行工作模式。

【气象为农服务】 2017年，唐山市气象局“直通式”为农服务平台覆盖全市。丰润局在山缘农场建设7要素及5层地温观测系统，为园区种植作物提供科学依据；玉田局开展包尖白菜全生育期系列气象服务，受到用户好评；遵化局在亚太草莓园开展针对特色草莓的气象服务，服务覆盖辖区内新型农业经营主体用户300余户，为草莓丰收提供保障。唐山市“直通式”和“世园会观赏植物”两个气象服务系统以及迁西薰衣草庄园“直通式”气象服务科技成果实现业务服务应用转化，其中唐山市“直通式”和“世园会观赏植物”两个气象服务系统取得软件著作权。滨海农业气象分中心挂牌，建立水产养殖气象服务系统等特色为农服务平台。

【人工增雨】 2017年，唐山市气象局人影指挥中心实施增雨增雪、山火监测、秋收秋种等服务，飞机增雨作业25架次，飞行75小时，燃烧烟条324根；地面火箭（高炮）增雨（防雹）作业202点次，发射火箭弹720枚、炮弹449发。为4月22日卢龙山火扑灭、8月25～26日全运会气象保障作出贡献。

【农业气象指数保险】 2017年，唐山市气象局开展农业气象指数保险工作，在迁西县开展板栗干旱气象指数保险试点，参加投保农户300余户，承保面积1866.67公顷，保费总额86万元，保障金额1400余万元，此项工作在唐山市直机关工委献计献策活动中获得“金点子”三等奖。年初，开展水稻寡照气象保险指数研发工作，并通过专家组技术论证。

【气象灾害防御能力建设】 2017年，唐山市落实乡镇气象协理员229名、气象信息员6060名，与水利、国土等9个部门签署信息共享合作协议。气象灾害防御指挥部与防汛（抗旱）指挥部联合，共同防御暴雨灾害，制发《唐山市灾害性天气预警信号制作发布实施细则》，调整预警信号发布标准和范围，规范全市预警及信号制作发布业务。市、县政府修订《气象灾害应急预案》、制发《气象防灾减灾绩效管理工作方案》、召开气象灾害防御督导工作会议。曹妃甸被推荐参加全国标准化现代农业气象服务县（市）评比，曹妃甸四农场和遵化东陵乡被推荐参加全国标准化气象灾害防御乡(镇)评比。

（杨　颖）

教育

JiaoYu

综　述

【教育均衡发展】 2017年，唐山市拥有各级各类学校（含幼儿园）2753所，在校生129.4万人。其中，小学1129所，在校生50.9万人；普通中学333所，在校生35.6万人；幼儿园1217所，在园（班）幼儿22.5万人；中等职业学校47所，在校生7.5万人；普通高校10所，在校生12.4万人；成人高校1所，在校生2.0万人；特殊教育学校13所，在校生1130人。拥有教职员工10.4万人，其中专任教师8.4万人。全市小学入学率100%，在校生巩固率100%；初中入学率100%；高中阶段教育毛入学率93.6%；学前三年入园率93.5%；高等教育毛入学率42.8%。

【各级领导在唐调研】 2017年9月26日，全国人大常委会副委员长、中华职业教育社理事长陈昌智视察唐山工业职业技术学院，考察学院校史馆、学校共建企业——拓又达科技集团公司和曹妃甸合心机器人系统集成有限公司、与中车集团唐车公司共建的动车组技术实训区、省级院士工作站——快速制造中心等实训基地，听取唐山工业职业技术学院办学历程、专业设置、工匠人才培养和实习实训基地建设、引企入校、集团化办学等情况汇报。11月10日，全国政协教科文卫委员会副主任、教育部原副部长、教育部关心下一代工作委员会主任李卫红在唐山市第一幼儿园视察，查看园所办学设施和园本教研活动，对唐山市学前教育发展给予肯定，并就未来发展提出希望。7月4日，教育部副部长孙尧在唐山市丰南职教中心调研职业教育发展，参观丰南职教中心综合实训中心、自动化综合实验室、汽车维修教室、机电实训车间、ERP沙盘实训室、美容美发实训室等，听取相关汇报，对唐山市重视职业教育、提高人才培养质量做法给予肯定，并就职业教育发展提出具体指导意见。6月2日，河北省副省长徐建培在唐山市考察教育发展，重点在曹妃甸实地考察华北理工大学、唐山工业职业技术学院和北京曹妃甸国际职教城，听取学校情况介绍，就学校发展提出明确要求。

【“三名”工程】 2017年，唐山市教育局培育名师、名校长、名校团队，以“三名”工程为引领，提升校长教师队伍整体水平，打造名校（园）。“名师”工程，完成国家“万人计划”中小学名师和省级名师工作室主持人遴选推荐，1人入选国家“万人计划”中小学名师（全国197人入选），10人入选省名师工作室主持人，并在全省会议上作经验介绍；完成“名师”初评、复评，27位“名师”留任，评选出新任市级“名师”26名，全市中小学幼儿园“名师”191名；组织“名师”讲学团“点餐式”送教下乡活动，送课109节次，做专题报告109场次，受益教师3万多人；开展“名师引领中小学教师阅读行动”，组织4次8场现场培训，5000多名教师参加。“名校长”工程，根据《唐山市中小学名校长评选办法（试行）》，评选第二批市级中小学“名校长”39名。依托东北师范大学开办唐山市中小学“名校长”培训班；按照省教育厅《关于选派优秀中小学校长赴京培训的通知》要求，选派2批8人赴京参加培训。“名校”工程，按照《市级名校（园）创建评选实施意见》，组织开展市级第三批“名校”评选，制发通知，明确推荐名额、评选程序、时间节点。发挥名校（园）标杆、样板作用，在县域内主动帮扶同类型相对薄弱学校，开展各项帮扶活动。

【2017年河北省教育装备展示会】 2017年4月8～9日，由河北省教育装备行业协会主办，省教育装备

4月8日，河北省教育装备展示会在唐山市召开。　　教育局提供

中心和唐山市教育局联合承办的河北省教育装备展示会在唐山市南湖国际会展中心举行。本届展会重点展示各级各类教育所需教学仪器装备、教育信息化产品、器材图书、学校后勤设备等产品。期间举办首届河北省中小学创客竞赛（唐山赛区）、首届河北省学生装评选及新产品、新技术发布会等。本届展会参展商150多家、展位800多个、参展面积1.68万平方米。会议期间，北京市教育技术设备中心、天津市普通教育技术装备管理中心和河北省教育技术装备管理中心共同签署“京津冀基础教育装备协同发展战略框架协议”。

【全省学前教育推进会】 2017年6月27日，全省学前教育推进会在唐山市召开，会议总结全省学前教育三年行动计划实施取得的成绩，部署实施第三期学前教育行动计划。市委副书记、市长丁绣峰看望与会人员，市政府副市长曹全民出席会议并致辞。会上，唐山市教育局、丰南区政府、石家庄市教育局、张家口市教育局领导分别作典型发言。全省各设区市教育局及分管处室负责人及幼儿园代表参加会议。唐山市各县（市、区）教育局负责人及省级示范园园长等列席会议。

【国际职业技术教育大会】 2017年7月4日，国际职业技术教育大会在唐山市举行。国务院副总理刘延东致信大会。联合国教科文组织第38届大会主席斯坦利·希玛塔，教育部副部长孙尧，省政府副省长徐建培，市委副书记、市长丁绣峰出席开幕式并致辞。会议期间，唐山市2所院校与5个国家相关部门机构达成师资培训、专业建设合作意向，3所院校与多个国内院校和企业签署合作办学协议。（详见本卷《年度聚焦》篇）

【2017职业教育与城市发展高层对话会】 2017年9月26日，由中华职业教育社与唐山市委、市政府联合主办的“2017职业教育与城市发展高层对话会”在唐山市召开。全国人大常委会副委员长、中华职业教育社理事长陈昌智出席会议并发表主旨讲话。省委常委、市委书记焦彦龙致欢迎辞。28个省（区、市）职教战线和企业代表220余人参加会议。《中国政协报》以整版篇幅报道职业教育“唐山经验”。（详见本卷《年度聚焦》篇）

【2017年中国学前教育峰会】 2017年11月10～12日，由中国教育装备行业协会和唐山市政府主办的中国学前教育峰会暨中国学前教育用品博览会在唐山市南湖国际会展中心举行。全国政协教科文卫委员会副主任、教育部原副部长、教育部关心下一代工作委员会主任李卫红出席会议并作主旨演讲，省教育厅副厅长李胜利出席会议，副市长曹全民出席开幕式并致辞，市委副书记、市长丁绣峰看望与会人员。会上，刘焱、刘华蓉、朱和平等国内外权威幼教专家、学者作专题讲座，围绕国际学前教育现状、幼儿成长规律、幼儿园管理等内容专题研讨，集中分享经验、成果。组织与会人员参观唐山市第一幼儿园和丰南区第一幼儿园。全国各省市和唐山市教育装备部门负责人、幼儿园园长以及国内知名企业参展商等6000余人参加会议。

基础教育

【学前教育】 2017年，唐山市教育局科学谋划并合理编制2017～2020年第三期学前教育行动计划。全年利用中央、省专项资金5007万元，建设、改扩建幼儿园45所，为期6年的第一、第二期学前教育三年行动计划结束，累计利用中央、省专项资金5.2亿元，市、县配套资金2.5亿元，建设、改扩建农村幼儿园866所，增设农村小学附设园591所，惠及幼儿15万人。扩大优质资源，增加农村示范园10所、城市一类园5所，98%的乡镇中心园达到农村示范园标准。5月，市教育局在全国第三期学前教育行动计划部署会上作为唯一一个设区市教育局作典型发言。6月，河北省学前教育推进会在唐山市召开，推广“唐山经验”。

【义务教育】 2017年，唐山市政府将“改造农村薄弱学校49所”列入政府重点工作任务，全年投入1.03亿元。深化义务教育招生管理，制发通知明确招生原则、管理职责，对片内生认定、入学给出指导性意见。制订唐山市消除义务教育学校大班额专项规划，杜绝增加56人以上大班额，计划到2018年底大班额比例控制在5%以内，到2020年全面消除大班额。保障弱势群体子女受教育权利，根据河北省居住证制度新政策及居住证申领程序变化，完成3000余名进城务工人员随迁子女中考资格审查。建立覆盖各级各类教育资助体系，3.68万名农民工子女实现入学无障碍，3600多名农村留守儿童得到关怀照顾，残疾儿童、家庭经济困难学生依法享受教育公平权利。指导丰润区、迁安市完成国家义务教育质量监测，完成省政府教育督导室委托的对宽城满

11月10日，唐山市举办中国学前教育峰会暨中国学前教育用品博览会。
教育局提供

族自治县国家义务教育质量监测巡视任务，完成对全市各县级政府教育工作督导评估，授予路北、开平等8个县（市、区）“2016年度教育工作先进县（市、区）”称号。年内，市人大常委会执法检查路北、丰南、迁安等8个县（市、区）《中华人民共和国义务教育法》《河北省实施〈中华人民共和国义务教育法〉办法》实施情况。

【普通高中教育】 2017年，唐山市教育局制订招生计划，按照生均校舍建筑面积不低于8平方米（不含生活用房）、生师比不高于13∶1、班容量不超过56人标准制订招生计划，招生4.2万人。加强中考及普通高中招生管理，制发《关于2017年初中毕业与升学考试和高中阶段学校招生工作的意见》，按照不低于80%分配比例完成市区10所省级示范性高中招生指标分配。规范公办学校参与民办学校办学行为，召开专题调度会，组织各县（市、区）教育局负责人和市直校长开展学习，提出明确要求，确定整改时限。聚焦社会关注高考质量提升问题，抓好备考，组织高中3个年级第一学期期末考试和高一第二学期期末考试，规范学校办学行为和教师教学行为，科学评价教学效果，促进教学和管理改进。

【特殊教育】 2017年，唐山市教育局研究拟定唐山市“第二期特殊教育提升计划”，明确发展目标、主要任务和重点项目。丰南国家特殊教育改革实验区建设取得阶段性成果，形成“以特教学校为龙头、以随班就读为主体、以资源教室为支撑、以送教上门为补充”的特殊教育体系。年内，开展以“陪伴”为主题的特殊教育庆祝活动。

高等教育

【高等教育发展】 2017年，唐山市教育局按照市委、市政府要求，制订《统筹推进一流大学和一流学科建设意见的实施意见》《关于深化高等教育领域简政放权放管结合优化服务改革的实施意见》，核定唐山市高校“十三五”末办学规模，制订修改并推进《高校搬迁后腾出校区综合利用方案》实施。西南交大实现回唐办学，西南交大唐山研究生院10月挂牌，首批硕士、博士研究生入学就读65名，当月28日举行揭牌仪式暨2017年新生入学典礼，副市长曹全民出席活动并致辞，与西南交通大学党委常委、副校长朱健梅共同为研究生院揭牌。唐山工职院联合中华职教社举办中华职业大学取得实质性进展，北京中医药大学东方学院在唐办学进入谈判环节。

【本土高校升级提质】 2017年，唐山市教育局围绕服务国际化沿海强市建设，提升高校办学层次和办学水平，利用华北理工大学腾出校区，盘活市直院校资源布局，唐山职业技术学院整体搬迁至华北理工大学冀唐学院，腾出校区面积32.67公顷，实现发展空间翻一番目标。唐山师范学院、唐山学院被确定为硕士学位授予立项建设单位，其中唐山师范学院在全省19家新增硕士授予单位专家评审中名列第二。唐山学院通过国家本科教学质量审核评估，更名工作通过省专家组审核，唐山市高等教育实现提质升级。

【曹妃甸职业技术学院挂牌招生】 2017年，唐山市曹妃甸职业技术学院建成并挂牌招生，填补唐山市民办高校空白。2月27日，省教育厅党组副书记、副厅长韩俊兰带队考察评估北京曹妃甸国际职教城申办高职高专院校曹妃甸职业技术学院，听取有关申办汇报，现场考察学院办学条件，查阅档案资料，对完善申办材料等提出具体意见和建议，市委常委、市政府党组副书记崔晗出席考察评估活动并致辞。4月20日，省教育厅在曹妃甸职业技术学院开展专业设置调研，并组织专题研讨。7月，曹妃甸职业技术学院成立并挂牌招生，设立机电工程系、护理与健康系、信息工程系、公共管理系及公共课部5个教学系（部），招生431人。

职业教育和继续教育

【职业教育办学水平提升】 2017年，唐山市教育局实施职业学校专业调整工程，取消招生数量少、学生就业困难、与经济社会发展联系不紧密专业，4所学校撤销专业4个，增加专业6个，增加专业暑假开始招生。全市省级骨干专业增加到41个，特色专业增加到7个，占全省总数13%。推进中等职业学校帮扶工程，7所国家级示范校对口帮扶薄弱校7所，在2017年河北省教育厅召开的中等职业学校对口帮扶工作会议上，迁安市职教中心、古冶区职教中心分别代表帮扶学校和被帮扶学校做典型发言。组织教师、学生参加国家级、省级技能大赛，教师获得国家级大赛一等奖9个、省级大赛一等奖32个；学生获得国家级大赛一等奖2个、二等奖15个，省级一等奖14个、二等奖55个。3月，唐山职业技术学院与北京邮电大学继续教育学院举行合作签约仪式，按照协议，北京邮电大学继续教育学院在唐山职业技术学院建立北京邮电大学“互联网+”人才培养基地。7月，丰南区职教中心、曹妃甸区职教中心分别与北京劲松职业高中、北京求实职业学校、北京电气工程学校签署合作办学协议，重点在招生就业、专业建设、师资培养等方面开展合作，实现优势互补、共享共赢。截至年底，唐山市有15所中等职业学校与京津29所职业院校、51个企业签订合作协议。

【职业教育质量提升工程】 2017年，唐山市15所中职学校被确定为省级中等职业教育质量提升工程（120工程）项目校，争取省支持资金3750万元，市教育局与人社局、财政局共同组织评价2016年度“120工程”项目学校，细化2017年建设任务书，部署全年建设工作，工程推进情况在全省测评中名列第一。在全省绩效评价中，唐山市职教中心由名牌校二挡晋升为名牌校一档，迁西职教中心、曹妃甸职教中心、唐山第一职业中专分别位列名牌校一、二、三挡A档次。在全省2017年“120工程”项目学校校长、各市职成处处长培训班上，唐山市介绍质量提升工程经验。

【唐山职教考察团赴外访问】 2017年8月7～16日，唐山市职业教育考察团应柬埔寨、新加坡、印度合作机构和院校邀请赴3国访问，并签署一系列合作协议。出访期间，唐山工业职业技术学院与柬埔寨金利华投资公司签署共建柬埔寨鲁班教育培训中心协议、与印度阿拉嘎帕大学签署合作协议、与印度中国工商会签署合作框架协议、与柬埔寨金边皇家大学就在唐山共建“一带一路”研究中心达成意向，并与印度帕萨拉卡教育集团就学生交流、教师培训、航空服务等专业合作达成意向。考察团成员与新加坡工艺教育局副总裁黎国珠等座谈交流，拜访中国驻柬埔寨大使馆、中国国际广播电台驻金边制作中心、柬埔寨中国河北总商会、中柬经贸发展联合会、柬埔寨教育部普通教育司和职业教育局负责人，实地考察新加坡工艺教育局（ITE）工教缩影室、卓越设计中心、航空航天中心和机械工程实训中心，印度孟买 THAKUR 教育集团理工学院等。

【职业教育和继续教育展示周及宣传月活动】 2017 年 5 月 11 日，唐山市 2017 年职业教育和继续教育展示周及宣传月活动启动仪式在唐山第一职业中专举行，市教育局长、党组书记刘绍辉出席启动仪式并讲话，市教育局副局长李连斌主持启动仪式。路北区政府主要领导，各县（市、区）教育局局长、职业院校校长，唐山一职专师生及学生家长代表、企业代表等参加启动仪式并参观展示活动。本届展示周及宣传月活动以“共筑职教梦，喜迎十九大”为主题，截至 6 月 7 日，全市各县（市、区）相继举办展示宣传活动。

【继续教育与成人教育】 2017 年，唐山市教育局完成社区教育培训 31.5 万人次、企业职工和农村劳动力实用技术培训 51 万人次。在 2017 年河北省全民终身学习活动周开幕式上，省教育厅推广唐山做法。丰润区通过河北省职业教育与成人教育示范县（区）验收，全市农村职业教育与成人教育示范县总数 5 个，其中国家级示范县 3 个、省级示范县 2 个，占全省总数六分之一（全省共 29 个，其中国家级 16 个、省级 13 个）。

素质教育

【德育活动开展】 2017 年，唐山市教育局制发《唐山市教育局深入推进社会主义核心价值观“进教材、进课堂、进学生头脑”实施方案》，与“中国梦”宣传教育活动结合实施。组织省、市开展三好学生、优秀学生干部和先进班集体评选，评出省级三好学生 563 名、省级优秀学生干部 158 名、省级先进班集体 78 个。命名表彰“十佳少年”“十佳中学生”和“优秀少年”“优秀中学生”86 名。加强未成年人思想道德建设。开展“少年传承中华传统美德”系列教育活动和研学旅行、家乡文化进校园活动，引导中小学生了解中华民族文明历史和优秀传统文化。贯彻落实新版《中学生守则》《小学生守则》，开展寻访红色足迹活动，实施养成教育和爱国主义教育。加强德育队伍建设，面向全市中小学校征集 1300 余名《德育网》和《班主任周刊》通讯员，选派 21 名中小学德育副校长、德育主任参加 2017 年全省中小学德育工作者培训班。

【体育艺术素质培养】 2017 年，唐山市教育局督促各中小学开齐上好音、体、美课程，与市体育局联合举办首届全市小学生篮球训练营活动，与市体育局、市足协联合举办 2017 年唐山市首届小学生“足协杯”足球联赛，举办全市中小学生乒乓球比赛、2017 年唐山市中学生田径运动会。研究制订《关于加快发展青少年校园足球的实施意见》，组织 54 所中小学校申报全国第三批校园足球特色学校。市委宣传部、市文明办、市教育局、市财政局共同组织唐山市文明校园创建暨戏曲文化进校园活动，唐山师院、唐山一中等 10 所学校被授予戏曲文化进校园首批示范学校。

【中小学劳动实践基地建设】 2017 年，唐山市教育局新建扩建劳动实践基地 5 公顷，中小学劳动实践基地普及率 87.2%。全年增加绿化面积 24 万平方米，校园绿化覆盖率 27.9%。《中国青年报》以《唐山：环保节约之风吹绿校园》为题，专题报道唐山市创建节约型生态校园典型做法。农村义务教育学校以劳动实践基地为平台，实施一系列校本课程和综合实践活动，为实施素质教育创造条件。

【语言文字规范化管理】 2017 年，唐山市教育局在中小学普及普通话教育，抓大中专院校普通话教学，开展中小学语言文字规范化示范校创建和评选，全年组织普通话测试 44 场 1.2 万人。完成迁安市语言文字督导评估试点并通过省语言文字督导评估。按省语言工作委员会办安排，完成雄安新区（容城方言）“国家语言资源保护工程”并通过国家语言工作委员验收，完成《唐山话》专题片制作。组织开展河北省第二届师生规范汉字书写大赛暨全市教育系统第十届朗诵艺术大赛和规范汉字书写大赛。3 月，省召开语言文字工作会议，唐山市教育局被评为语言文字示范校创建优秀组织单位。

【《中小学德育工作指南》培训】 2017 年 12 月 13 ～ 14 日，唐山市教育局组织2017年全市学校观摩暨《中小学德育工作指南》培训活动，先后观摩滦南县信息化、路南区体育艺术和芦台开发区、汉沽管理区基础教育，观摩中小学、幼儿园 12 所。13 日，副市长曹全民赴滦南县参加全市基础教育观摩拉练活动，对滦南县教育信息化建设等方面工作给予肯定，并要求各学校围绕幼有所育、学有所教、发挥优势、突出特色提升教育教学水平，办人民满意的教育。观摩活动结束后，在南湖会展中心召开全市学校观摩暨《中小学德育工作指南》培训会议，邀请省教育科学研究所研究员王彦怀解读教育部《中小学德育工作指南》，汇报唐山市培育和践行社会主义核心价值观小学读本《做事与做人》编写情况。市教育局党组书记、局长刘绍辉出席会议并讲话，市教育局副局长周燕来主持会议，各县（市、区）教育局负责人及中小学校长代表 110 人参加。

教师队伍建设

【师德建设】 2017 年，唐山市教育局制发《关于进一步加强师德师风建设工作的意见》，组织 2017 年“双百”教师、“十佳”教师评选表彰。9 月 8 日，市委副书记、市长丁绣峰到路北区韩城镇第二中心小学和路

9月8日，市委副书记、市长丁绣峰在教师节前夕慰问农村学校教师。
教育局提供

南区稻地中学看望慰问农村一线教师，赠送图书及慰问品，并向全市教师和教育工作者致以节日祝贺和问候。同日，唐山市召开2017年庆祝教师节大会，表彰2017年唐山市“十佳”教师、中小学名师和第二批中小学名校长。市委副书记丁荣进、副市长曹全民出席会议并讲话，市委常委、宣传部长杨洁主持会议并宣读获2017年唐山市“十佳”教师、中小学名师、名校长称号人员名单，市人大副主任魏文忠，市政协副主席李长春等出席会议并为“十佳”教师、中小学名师、名校长代表颁奖。年内，组织开展河北省“师德论坛”征文活动，市教育局获省教育厅颁发的优秀组织奖。与唐山劳动日报社联合举办“做教师真好”征文活动，收到作品1200多篇，其中40篇优秀作品刊发在《唐山劳动日报》上，42篇优秀作品刊发在市教育局双月刊《唐山教育》上，教师节前夕，召开“做教师真好”恳谈会，80位作者探讨教师职业幸福，为全市师德建设提供一线资料。

【教师培养与培训】 2017年，唐山市教育局以提高质量和效益为核心，加大培训力度，提高教师实际从教能力。围绕“科研兴教”主题，持续在全市教师中开展“学练赛提”主题活动，组织5.15万名中小学幼儿园教师完成河北省全员远程培训。完成2016年“国培”“省培”项目，培训人数超过2万人次。争办2017年“国培”“省培”项目，8个县区合计申请“国培”项目80个，3个县区申请“省培”项目6个，受益教师1.9万多人。完成师范生顶岗实习和农村教师脱职培训“双赢”工程，1358名唐山师范毕业生在全市农村中小学校走上实习岗位，同时组织被顶替农村教师参加县区脱职培训。评选出第六批市级骨干教师898名，遴选出987名教师为第七批市级骨干教师培养对象。在全市教育系统组织“美丽河北·最美教师”推荐活动，向省上报推荐人选4名。出版中小学教师读书成果专著《书香正浓——百位教师谈阅读》。完成9084人教师资格认定和1.69万人教师资格面试。拓宽教师来源渠道，5600名大学生或研究生参加教师资格认定。

【中小学校长培养与培训】 2017年，唐山市教育局在全市范围遴选市级第三批中小学骨干校长培养对象68名，向省推荐第五批中小学骨干校长27名。制发《唐山市中小学校长市级培训计划《2016～2020年》，规划未来5年中小学校长培训。按照省教育厅《关于实施2017年度“河北省困难地区农村校长素养提升工程”的通知》要求，推荐3名中小学校长参加学习。推荐124人参加河北省中小学校长任职培训、提高培训、赴京学习培训。

【校长教师交流和乡村教师支持计划】 2017年，唐山市教育局按照全省统一要求和唐山市制发《关于推进义务教育学校校长教师交流工作的实施意见》《乡村教师支持计划（2016～2020年）实施方案》要求，通过召开调度会议、深入基层检查、评优评先政策倾斜等多种形式，加大对校长教师交流和乡村教师支持计划推进力度，年内，全市交流校长461人、教师3206人；招聘教师2172人，其中90%补充到乡村中小学；15个县（市、区）为符合条件乡村教师落实补贴，补贴资金1067万元；有4个县投入资金3396万元，建设乡村教师周转宿舍416套；有8个县（市、区）落实乡村教师体检制度，投入资金412万元，惠及教师1.15万人。

教育保障

【教育保障概况】 2017年，唐山市教育经费总投入135.11亿元，比上年增长4.52%；公共财政教育经费112亿元，比上年增长3.27%；教育事业费105.99亿元，比上年增长3.75%；公共财政教育支出增长高于财政经常性收入增长3.6个百分点。城乡义务教育经费保障机制落实到位，足额安排农村中小学公用经费4.79亿元。资助家庭经济困难学生，春季为72.3万名义务教育阶段农村学生和城市低保特困家庭学生免费提供教科书，免费金额3442.5万元；落实补助贫困寄宿生生活费1880.5万元，资助农村贫困寄宿生2.39万人，资助面24%；落实普通高中助学金2977万元，惠及学生2.49万人，占在校生21.2%，超过省定标准1.2个百分点；落实中职助学金517万元，惠及学生4940人；拨付各县（市、区）直中职院校免学费补助资金1183万元，惠及学生1.15万人；落实市属普通高校国家助学金1636.8万元，惠及学生1.09万人，占在校生总数21%；落实学前教育资助资金403万元，惠及幼儿1.24万人。

【教育装备和教育信息化建设】 2017年，唐山市教育局实施教育现代化推进工程，确定义务教育学校建设项目13个、普通高中项目2个，全部获国家发改委审批通过并下达《教育现代化推进工程2017年中央预算内投资计划》，获得中央预算内投资4268万元。实施智慧教育工程，召开全市智慧教育现场观摩会，制发《关于推进智慧教育工程的实施意见》，组织实施中小学微课资源建设活动，完成小学数学各年级下册教学内容微课资源建设，制作微课1300余节。全市标准化实验室达标率比上年提高2个百分点，特色实验室普及率比上年提高10个百分点，教学仪器配备达标率比上年增长2个百分点，农村中小学"班班通"工程普及率比上年增长5个百分点。网络接入带宽50M以上学校比率比上年增加40个百分点，58所学校实现校园无线网络全覆盖；配备多媒体设备教学班比率比上年增加8个百分点。11个县（市、区）建有资源公共服务系统，89所学校应用云阅卷系统。开展信息技术与学科融合课活动，推进新技术、新媒体在课堂中应用。

【学校安全管理】 2017年，唐山市教育局强化校园安全管理责任制，与县（市、区）教育局、市直学校签订安全综治卫生工作目标管理责任状。建设学校安全风险分级管控和隐患排查治理双重预防控制机制，完成隐患排查治理网格责任划分2593所，唐山学校安全"双控"机制建设经验做法在全省学校安全稳定工作会议上推广。健全完善中小学校舍安全保障长效机制，改造中小学校舍20万平方米，摸排检查全市中小学幼儿园校舍安全情况。开展学校安全大排查、危险化学品安全综合治理、暑期汛期学校安全督导检查、电气火灾事故综合治理等专项行动。强化师生安全教育培训，组织开展"中小学安全教育日""防灾减灾日""安全生产月"等主题教育活动，丰富教育内容，强化教育效果。强化校园应急管理和疏散演练，全年开展应急演练活动1200余场次。规范食品安全管理和培养营养健康生活习惯，完善各项卫生防控保障措施。市教育局连续10年被评为全市安全生产目标管理优秀单位，连续4年被评为全省学校安全稳定工作先进单位。

【教育行风整顿】 2017年，唐山市教育局从权力运行最易出现问题风险点入手，重新摸底、分析机关和市直院校重要职权134项，为精准监督执纪奠定基础。制发《关于加强市直学校限额标准以下采购监督工作的实施办法（试行）》，实质性审查12所院校54件报备事项。年内，进行集体约谈42人，批评教育10人，谈话函询3人，党政纪处分35人。市直各院校处理干部教师285人，其中警告处分6人、诫勉谈话15人、通报33人、批评教育231人。对市直院校学习贯彻党的十九大精神、落实主体责任等情况开展集中监督检查，发现问题116项，下达检查建议书18份。

【学校后勤管理】 2017年，唐山市教育局推动各级各类学校加强食堂和超市规范管理，探索优质餐饮企业经营学校食堂、品牌连锁超市进校园改革试点。结合省环保督察，摸清市直院校食堂油烟回收装置及污水处理装置配备情况。安排部署学生装管理，协助省教育厅组织首届"最美学生装"大赛。开展饮水设备进校园和空气净化设备进校园试点，7家企业为10所学校捐赠饮水设备和空气净化设备44台套，价值60多万元，受益师生6100名。举办校园新风净化系统、饮水设备标准培训会暨健康校园校长论坛，聘请中国建筑科学研究院和中国疾病预防控制中心专家作专题讲座。推进节约型校园建设，推广太阳能利用、废旧物品回收利用及节能、节水器具等，市直院校实施节能改造17万平方米，更换节能器具7800件。

【招生考试】 2017年，唐山市教育局改造建成网络高清考点16个、考场1045个，建设经验得到上级肯定，转发全省各市学习借鉴。全年组织各类考试21次，涉及考生36万余人，其中高考4.4万人、初中毕业与升学考试6.1万人、普通高中学业水平考试19.9万人（参加76.3万科次考试）、成人高考2.4万人、高等教育自学考试3635人（报考9313科次）、全国硕士研究生统一入学考试1.3万人、全国大学英语四六级考试8.1万人、全国计算机等级考试2.2万人。组织市区中考体育、理化实验操作、信息技术考试以及全市文化课考试网上评卷等。

（骆礼鹏）

重点院校

·华北理工大学·

【华北理工概况】 华北理工大学是一所以工、医为主，理、经、管、文、法、艺等多学科协调发展，具有留学生教育、研究生教育、本科教育、继续教育等省属重点骨干大学、省重点建设大学，为河北省人民政府与国家安全生产监督管理总局、河北省人民政府与国家国防科技工业局共建高校。学校前身为河北联合大学，于2010年5月经教育部批准，由原河北理工大学和华北煤炭医学院联合组建而成。2016年8月，曹妃甸区新校园启用，学校规划占地面积300公顷，总建筑面积103.6万平方米。学校有本科专业92个、博士后科研流动站1个、博士学位授权一级学科3个、硕士学位授权一级学科19个、专业学位授权类别9个，有国家级特色专业10个、国家部委和省确定重点学科18个、国家部委和省级重点实验室12个、省级协同创新中心3个、市级重点实验室33个，建有国家安全生产监督管理总局矿山医疗救护中心培训基地、河北省创伤研究所、河北省城乡统筹及一体化发展研究基地，中科院唐山科学发展研究院、唐山市城乡一体化发展研究中心、唐山市院士工作站等机构依托学校建设。在职专业技术人员4000多人（包括专任教师2200余人），其中具有博士学位教师600多人，具有教授、副教授等高级职称教师1000余人，双聘院士、国家"千人计划"人才、"新世纪百千万人才工程"国家级人选、国务院特殊津贴专家、河北省高端人才、燕赵学者、省管专家等优秀人才100余人。学校在钢铁行业节能减排、高品质钢生产技术、职业卫生与安全、金属矿产资源高效开采与利用、生物分子组学、工业机器人研发等领域具有国际先进水平。1月，理学院教授陈学斌入选"2016中国大数据创新百人榜单"并获中国大数据学术创新奖。2月，文法学院教师赵永存获得"最美消费维权人物"提名奖，为河北省唯一获奖者。11月，1984级临床医学专业校友陆林当选中国科学院院士，是学校校友中当选院士第一人。11

月，轻工学院在腾讯网主办“回响中国”教育典礼上，获“2017年度综合实力独立学院”称号。

【华北理工招生就业】 2017年，华北理工大学本专科招生计划8516人，比上年增加300人。89个本科录取专业在河北省实现本科一批次录取，部分专业在外省上升为本科一批次录取，全国范围内，学校本科专业一批次录取率80%。河北省本一文史类投档线超省控线16分，本一理工类投档线超省控线23分。艺术类生源省份增加黑龙江省，保持艺术类生源在9个省份录取。举办“首届高校高中对接峰会”，保持与生源高中联系。按照“全年关注、全员参与、全程指导”原则，以“广联络、畅渠道、稳增长”为要求强化就业，完成2017届毕业生就业工作目标和任务，本科毕业生就业率96.22%，比上年提高0.23%；迁安学院专科毕业生就业率98.64%，比上年提高0.18%，实现本、专科就业率双增长、双丰收。

【华北理工学生管理】 2017年，华北理工大学在《中国高校创新人才培养暨学科竞赛评估结果》（2012～2016年）本科组Top300榜单中位列第136位，累计参与省级以上学科竞赛600余项，各级大学生创新创业训练计划项目立项368项，参与学生数2万余人次，获批省级创新创业教育改革示范高校。在河北省“挑战杯”竞赛中获奖25项，获优秀组织奖。组织参加中国（河北）青年创新创业大赛、河北省青年APP大赛、全国高校商业精英挑战赛、全国大学生创业实训营培训等创新创业教育比赛并获奖励。装修改造“大学生创新创业科技孵化园”，可容纳入驻孵化项目50～100个，并建立一站式创业指导服务体系。加强辅导员管理，编印《辅导员工作日志》《辅导员工作读本》，加大辅导员培训和外出交流力度，构建“6+1”辅导员工作方法体系。加强奖助学金管理，年内，评选出获得国家奖学金43人、国家励志奖学金897人、国家助学金1.05万人，发放金额2404.10万元。

【华北理工科研成果】 2017年，华北理工大学制发《科研经费分配及使用实施细则（试行）》等文件，构建科研管理政策体系。年内申报省级科技创新和服务平台9个，“河北省现代冶金技术重点实验室”“河北省矿业开发与安全技术实验室”和“河北省地震工程研究中心”3个省级重点实验室通过评估，其他省级平台运转正常，年内获得河北省平台建设经费500万元。申报唐山市科技平台3个，唐山市科技平台通过验收5个，截至年底，以学校为依托的唐山市科技平台有38个。年内，国家自然科学基金项目立项23项，经费合计1184万元；国家社科基金一般项目1项，经费20万元；增加国家重点研发计划项目子课题4项，总经费411万元；教育部人文社科项目立项3项，经费24万元；省自然基金项目立项48项，经费538万元；省科技厅项目立项3项，经费75万元；省社科基金项目立项31项，经费20万元；各类市厅级项目立项266项。年内，获河北省科技奖14项，其中二等奖4项、三等奖10项；获唐山市科技奖21项，其中一等奖7项、二等奖9项、三等奖5项；签订技术合同102项，合同总额1600余万元，到账金额1105万元（税后）。年内，授权发明专利106 件，位居全省第二。“骨折微创复位固定核心技术体系的创建与临床应用”获得2016年度国家技术发明二等奖。

【华北理工班子调整】 2017年9月13日，河北省委组织部副部长、省委高校工委副书记赵月霞在华北理工大学宣布河北省委关于学校主要领导调整的决定，省委决定：任命刘晓平为华北理工大学党委委员、常委、书记；任命朱立光为华北理工大学党委副书记，提名任华北理工大学校长。校党委副书记朱勇主持会议，校领导班子成员、中层领导干部及正高级专业技术职务人员参加会议。

【华北理工国际交流与合作】 2017年，华北理工大学制订《推进共建“一带一路”教育行动工作方案》和《落实〈关于做好新时期教育对外开放工作的实施意见〉规划》，加大对孔子学院建设投入，选派2名教师、2名研究生志愿者在孔子学院任教。与佩奇大学和匈牙利国家针灸协会联合举办“一带一路”中医国际会议，举办首届孔子学院夏令营、第八届中—匈医学论坛和首届中—德科技论坛，“匈牙利研究中心”通过评审成为首批教育部备案的国别研究中心，增加英国哈德斯菲尔德大学等6所国外友好合作院校，中德合作办学项目首批赴德24名留学生毕业，第二批24名学生赴德国留学。派出38名学生赴国外攻读学位、参加学分互认和夏令营项目。邀请英国林肯大学等国际知名大学4名教授、博士在校长期或短期任教，截至年底，在校授课国外专家37人。软引进美国瑞金斯大学、佐治亚大学等海外高端专家人才4名。15人获得国家留学基金委和河北省人社厅资助出国研修、访学公派出国留学机会。

【华北理工教学建设】 2017年，华北理工大学录取全日制硕士研究生998人，比上年增加30%。学校修订制发《师德师风建设实施方案》等15个文件，系统加强教风学风、青年教师培训、学生素养提升、教学改革、实践教学等方面工作。梳理规范服务师生工作流程54个，强化管理服务能力。召开本科教学工作审核评估启动会，制订《本科教学审核评估工作实施方案》，开展审核评估专门培训会2场，构建基于大数据专业评价指标体系，引进教学基本状态数据库及评估系统，增强审核评估数据化、信息化、规范化管理，为2018年本科教学审核评估打下基础。完成网络教学平台课程资源核心课程建设761门，学生利用网络教学资源学习6万余人次，混合式教学助推网络教学资源建设进程，提升教学效果。完成基本教学硬件及特色教学设施建设，加强管理和使用，达到国内一流水平。继续加强留学生教育，严格录取标准，年内录取留学生57名，9名留学生毕业并获得学位，在校留学生累计获得省级、市级等各类奖励30余人次。继续深化成教网络化教育教学改革，推进网络平台和课程资源建设。完善和深化网络导学平台各项功能，实现校内外各站点以“面授为主、网络导学为辅”的成人教育网络化全覆盖模式。

【华北理工人才队伍建设】 2017

年，华北理工大学加大引进人才力度，制发《诚聘海内外高层次人才》公告，科学划分引进人才层次和待遇。年内，柔性引进院士、“长江学者”、国内外知名教授等高级专家7人，引进教育部“新世纪优秀人才支持计划”入选者2人、海内外博士研究生等高层次人才46人，推荐“长江学者”“百千万人才工程”国家级人选等高级人才和团队50余人次，首次开通职称评审“绿色通道”，筹备酝酿职称评审改革方案、专业技术岗位分级聘用方案、校内分配制度改革方案等一系列人事改革蓝本。教师培训和名师打造取得成绩，年内，获国家级教学名师1名、省级教学名师2名、省级以上各种荣誉称号教师20余名，获各级各类教学授课比赛奖教师100余人次，开展各类培训活动717场次8000余人次，教师参加各类进修培养90余人次，增强教师教学发展中心辐射交流示范引领作用。

【华北理工八大提升工程】 2017年11月，华北理工大学实施人才培养质量、学科建设、人才队伍建设、科技创新、管理创新、国际合作、大学文化和惠民爱生提升工程（简称“八大提升工程”），成立“八大提升工程”领导小组，制订《华北理工大学“八大提升工程”实施纲要》，责成各个工作小组制订“八大提升工程”实施方案，围绕“建设国内知名大学”目标，以问题为导向，从解决当前制约学校发展重大问题入手，从落实教书育人根本任务出发，深化综合改革、统筹规划、系统设计，构建学校内涵发展框架体系，提高各项工作针对性和时效性，统筹结构、规模、质量、效益协调发展，提升学校办学实力、服务能力、管理水平和人才培养质量。

（李鹤飞）

·唐山工业职业技术学院·

【工职院概况】 唐山工业职业技术学院（简称工职院）新校园坐落于曹妃甸新城，由唐山市政府投资16亿元建设，占地109.6公顷，一期建筑面积33.8万平方米，二期18万平方米建筑在建。学院是唐山市政府直属普通高等专科学校，是优秀国家示范性（骨干）高等职业院校、国家优质高职院校建设单位，与河北省唐山市技师学院（国家高技能人才培养基地建设单位）实行一体化管理，培养具有大专学历、高级职业资格的高素质技术技能人才，托管唐山市职业教育中心是国家中职改革发展示范校。学院设有自动化工程、机械工程、汽车工程、管理工程、建筑化工、信息工程、艺术设计、学前教育8个系，面向装备制造业和现代服务业开设专业46个。中央财政支持国家重点建设专业7个，拥有国家职业教育实训基地4个、国家行业培训中心6个，建有院士工作站及3个省级应用技术研发平台。学院面向全国招生，高、中职在校生1.5万人，成人教育与继续教育在籍生4000人。有专任教师423名，其中具备海外留学经历59人，博士7名，硕士277名。薄向东在第七届全国数控大赛河北赛区选拔赛中获得第一名，常燕臣获首届京津冀职工技能大赛第一名，董诗绘被授予全国机械行业职业院校优秀指导教师称号。获省“五一劳动奖章”1人，入选河北省“三三三人才工程”教师2人。学院获全国“深化创新创业教育改革示范高校”“全国深化创新创业教育改革特色典型经验高校”“全国黄炎培职业教育先进学校”“全国数字化校园实验校”“全国国防教育特色校”“河北省国际教育交流先进集体”等称号。

【工职院招生就业】 2017年，唐山工业职业技术学院录取学生3301人，比上年增长8%，学生报到率超过95%，考生最高录取分数理工类410分、文史类436分，超过省内二本录取分数线。2017届毕业生2524人，就业2498人，就业率98.96%。“双证”获取率95.2%，用人单位满意度连续三年100%。毕业生中，首钢京唐公司录用学生235名，中车唐车公司录用学生50名，唐山三友集团录用学生168名，华电曹妃甸重工录用学生65名，中外合作班35名毕业生赴中冶集团海外项目顶岗实习。毕业生双选会有200家企业参加，比上年增长50%，世界500强企业增加10家。

【工职院学生管理】 2017年，唐山工业职业技术学院研究和探索学生教育、管理和服务三结合工作模式，成立“一站式”学生事务服务中心。组织万名学生参加大型校园文化节、阳光体育运动月、科技月、艺术节，实现校园文体活动育人目标。创办学生社团105个，参与人数7596人，占全院学生总数76.2%。将国防教育融入教育教学过程中，完成2017年征兵任务，学院被评为河北省征兵工作先进集体、全国国防教育示范校。组织师生参加国家、省、市各类大赛43项，其中在5月22日全国职业院校技能大赛（国家一级技能大赛）“工业机器人技术应用”赛项中获团体三等奖，在8月18日第12届全国青少年教育机器人奥林匹克竞赛中获团体一等奖。年内，获省级奖158项，获市级奖52项。学院辅导员在河北省辅导员技能大赛中获团体一等奖，4人获河北省德育先进工作者称号，8人获唐山市德育先进工作者称号。

【工职院科研成果】 2017年，唐山工业职业技术学院院士工作站完成“唐山市精密增材制造工程技术研究中心”立项，博士后实验室确定以曹妃甸生态研究作为主要研发方向，建成曹妃甸滨海软土工程研究中心、电动汽车技术研究中心和生物工程生态实验室。申报各类课题146项，立项35项，设立院内科研资金30万元。获各级研究奖项40项，其中获河北省教学成果奖二等奖3项、三等奖1项，获中国职业技术教育学会课题一等奖1项、三等奖1项，获河北省社科成果三等奖1项。申报专利6项，其中教师温欣获国家发明专利，教授杨成刚发明专利“便携性液压检测仪”进入学院科技企业孵化器孵化。

【工职院国际交流】 2017年，唐山工业职业技术学院制订《学院国际交流“十三五”规划》，加大引智工作力度，促进专业发展，邀请21名外籍专家和教师在院讲学指导。学院与爱尔兰都柏林理工大学（DIT）开展机电一体化专业合作办学项目，10名外籍专业教师在院教学，1名DIT学生获得全国职业院校技能大赛高职组“工业机器人技术应用”团体三等奖，3名学生获首届全国“互联网+”创新创业大赛暨河北省决

4月28日，国家优质高职院校建设推进会在唐山工职院召开。 刘东林 摄

赛二等奖（高职组第一），3名毕业生赴DIT本硕连读。与美国柯克伍德社区学院共建建筑工程技术专业及远程教育中心，美方选派2名教师为建筑专业《建造实验》《Revit》课程授课两周，并与该系教师交流。加强境外学习，全年选派7名教师赴境外培训，提升师资队伍水平。开展学生对外交流，爱尔兰、新加坡等国家26名学生在院交流学习，全年接待爱尔兰、柬埔寨、意大利院校和机构代表19批次408人在院参观访问，商讨合作交流事宜。

【工职院社会服务和继续教育】 2017年，唐山工业职业技术学院依托学院优势教育资源，为唐山三友集团、盾石机械有限公司、曹妃甸海事局、唐山湾国际旅游岛等11家企业员工进行技术技能培训和高端研修培训，2万多人次参加，承办培训服务26项。年内，继续教育学院录取各类人员671人，函授和网络教育专本科在籍学生2554人，比上年增加150人。2017届毕业生专接本报名158人，本科录取36人。接受唐山市2017年度成人高等教育年检、重庆大学网络教育检查等相关检查，唐山学习中心获北师大优秀学习中心称号，学院函授站获评河北工业大学成人高等教育先进单位，获唐山市成人高等教育先进集体、“家庭教育实验项目示范校”称号。

【工职院国家优质校建设】 2017年11月9日，工职院接受河北省教育厅国家优质高职院校建设诊断指导专家组指导国家优质校建设，在河北省公布验收结果中排名第四，全省市属院校排名第一，6个骨干专业获得3个A、3个B，在省内120多个骨干专业评比中名列前茅。对标“中国特色、国际水准”开放办学，深化内涵，形成跨国跨界集团化办学、与爱尔兰DIT合作模式、现代学徒制、专业教育与创新创业教育有机融合4个方面特色，多个项目在河北省教育厅国家创新发展行动计划中期考核中排名全省前列。12月17日，河北省委常委、唐山市委书记王浩在学院曹妃甸新校园调研指导。市委副书记、市长丁绣峰，市委常委、秘书长付振波等陪同调研。

（魏　静）

·唐山学院·

【唐山学院概况】 2017年，唐山学院占地55.48公顷，校舍建筑面积29.7万平方米，教学科研仪器设备总值1.59亿元，图书123.8万册。教职工总数1398人，其中专任教师944人，具有硕士及以上学位教师比例73.83%，具有高级专业技术职务教师比例42.69%。设有教学机构20个、党政管理机构14个、教学辅助机构7个，开设本科专业45个，涵盖工学、经济学、管理学、文学、法学、艺术学6个门类。各类在校生2.15万人，其中普通全日制本、专科学生1.7万人，成教学生4530人。完成年度学院组织的教师教学比赛，获奖教师57名。年内，获省级学校思想政治教育先进工作者称号1人、获市级优秀教师称号2人、获“十佳教师”称号1人，入选河北省“三三三人才工程”第二层次人选1人、第三层次人选3人。河北省首家大学生合唱基地落户唐山学院。

【唐山学院招生就业与学生管理】 2017年，唐山学院录取新生5150人。河北生源中，本科二批平均录取分数文史类、理工类分别超河北省建档线90分和119分，会计学专业实现河北省本科一批次录取。截至年底，2017届3363名毕业生就业3265人，就业率97.09%。年内，修订完善《唐山学院学生违纪处分规定》《学生校内申诉处理规定》《唐山学院奖学金评定办法》《唐山学院学生奖励办法》等管理制度，发放评优评先奖金107.36万元，发放勤工助学补贴50万元，发放特困补贴13.6万元。举办“第三届心理运动会”和“第十二届心理健康节”活动，开展心理健康讲座8场，开展团体辅导12次。参军入伍学生92人。开展“唐山学院2017年辅导员培训暨辅导员论坛”和辅导员职业技能大赛、“2017年暑期“大家访”活动，学院连续4年被评为“河北省高校辅导员暑期‘大家访’活动先进单位”。

【唐山学院科研成果与社会服务】 2017年，唐山学院获科研立项109项，其中国家级课题2项、省部级课题29项、市（厅）级课题78项、横向课题38项，获得科研平台建设经费1000万元、纵向科研经费73.9万元、横向科研经费328.82万元。获河北省科技进步三等奖2项，唐山市科技进步奖一等奖1项、二等奖1项。教师发表论文171篇，其中收录学术论文39篇，核心期刊论文65篇，CSSCI、CSCD收录论文67篇。推进与西南交通大学联合共建的三大检索（SCI科学引文索引、EI工程索引、ISTP科技会议录索引）系统可信性自动验证国家地方联合工程实验室唐山研究中心建设。建立唐山市石墨烯应用技术公共服务平台，为唐山市石墨烯产业提供服务。唐山市微纳米材料制备及应用重点实验室通过验收，纳入市级管理序列科技研发平台。机电一体化、精细化工、结构与振动工程3个唐山市重点实验室获批唐山市科技服务机构。学报开办《李大钊与中共党史研究》《唐山经济社会与文化》两个栏目刊发论文43篇，其中《李大钊与中共党史研究》刊文35篇。举办“纪念李大钊就义90周年暨李大钊学术研讨会”。

4月27～29日，唐山学院举办纪念李大钊就义90周年暨李大钊学术研讨会。
杨　杰　摄

【唐山学院国际交流与合作】 2017年，唐山学院加强与美国科罗拉多州立大学普韦布洛分校、美国德克萨斯州立大学阿灵顿分校、英国哈德斯菲尔德大学等6所国外高校联系，与美国凯尼休斯学院、美国新泽西城市大学、英国北安普顿大学3所院校签订合作备忘录与合作办学协议，继续实施与匈牙利政府互换奖学金项目和韩国韩博大学交换生项目。
（张艳凤）

·唐山师范学院·

【唐师院概况】 2017年，唐山师范学院（简称唐师院）占地69.13公顷，建筑面积37.2万平方米。教学科研仪器设备总值1亿多元，图书馆纸制藏书117万册，电子藏书110余万册，数据库20个。多媒体教室、微格教室、语音室178个，实现多媒体设备集中远程控制和信号网络传输，专业实验室171个。设有系(院)15个，本专科专业97个，有教职工987人，其中正高级职称教师110名，博士研究生学位75人，外籍教师2人，博士研究生、硕士生导师95人，享受国务院特殊津贴3人，河北省政府特殊津贴专家、河北省突出贡献专家、河北省教学名师、河北省“三三三人才工程”一二层次人选等省级专家21人，国家级学会常务理事3人，特聘“两院”院士5人。有省级精品课8门、省重点发展学科4个、省品牌特色专业2个、省级实验示范中心3个、省级本科教育创新高地1个、省哲学社会科学研究基地1个、省级院士工作站1个、河北省教育学会学校文化研究分会1个、市重点实验室（中心）6个、河北省滦河文化研究中心1个、河北省初中教师教育研究中心1个、河北省高等学校应用技术研发中心1个、河北省高等学校人文社会科学重点研究教育基地1个，新增中国红色文化研究会中国特色社会主义理论体系冀东研究中心、河北省中国特色社会主义理论体系研究基地。有全日制本、专科学生1.74万人。被教育部评为“国防教育特色校”。首次当选河北省高校学报研究会常务理事单位。

【唐师院招生就业】 2017年，唐山师范学院汉语言文学专业获批为河北省普通本科第一批次录取专业，年内招生120人，一次性投档满额录取，新生报到率100%。年内，招生计划5660人，其中本科3550人、专接本870人、专科1240人，实际录取新生5654人，其中本科3550人、专接本888人、专科1216人，新生报到5503人，其中本科报到3483人、专接本873人、专科1147人，总报到率97.3%。开展校园中小型专场招聘活动185场，联系用人单位726家，举办宣讲会105场，提供就业岗位3500余个，推荐2600余名学生就业。增加就业实习实训基地15个，举办SYB大学生创业培训班3期，为毕业生办理就业失业登记证4600个，帮助310名毕业生申请求职补贴60.2万元。2017届毕业生就业率92%，比上年增长1个百分点。

【唐师院学生管理】 2017年，唐山师范学院突出教育、管理、服务“三位一体”理念，重点抓大学生思想政治教育，引导大学生自我管理、自我成长、自我成才。推进心理健康教育“四个一”（完成授课计划，做好教师队伍专家化“一个提升”；完善辅导结构，致力心理中心硬件设施“一个改善”；构建干预系统，推动医师和学校“一个结合”；创新社团活动，发挥心理健康教育特色系院活动“一个特色”）工程建设，为学生解决心理问题提供专业援助。发放学校临时困难补助35.31万元，资助265人次。帮助1003名学生申请生源地助学贷款592.91万元，259名新生通过“绿色通道”办理入学手续。获河北省第四届辅导员职业技能大赛集体二等奖，获河北省高校辅导员工作精品项目二等奖1项、三等奖1项，获评2017年河北省“暑期大家访”先进集体。学校宿舍管理连续3年获2017“河北省高校学生公寓管理服务工作先进单位”称号。举办大型就业双选会4场、中小型专场招聘活动185场，推荐2600余名学生就业。增加就业实习实训基地15个。举办SYB大学生创业培训班3期。2017届毕业生就业率92%，比上年增长1个百分点。获“学创杯”2017全国大学生创业综合模拟大赛全国总决赛一等奖。毕业生高士杰入选“2016年全国大学生创业英雄100强”。在第十五届“挑战杯”全国大学生课外学术科技作品竞赛河北省挑战赛中获得一等奖4项、二等奖4项、三等奖11项，“柠檬网栈科技有限公司”项目获得2017年大学生微创业行动全国铜奖，“调研河北”社会调查活动中首次获特等奖。

【唐师院科研与教学成果】 2017年，唐山师范学院获河北省技术发明三等奖1项，获河北省社会科学基金项目优秀成果二等奖1项、三等奖3项，获唐山市科技进步一等奖1项、二等奖2项、三等奖1项；获得发明专利7项、实用新型专利31项，专利转让3项，转让费5万元；发表论文200余篇，出版著作23部。年内，组织申报校外各级各类科研项目178项，获批94项，到账科研经费91.4万元，其中国家社科基金项目2项、全国高校古籍整理研究会项目1项、国家语委项目1项、全国教育科学规划项目1项、省教育科学规划项目3项、省艺术科学规划项目2项。校外科研项目结项56项，其中国家自然科学基金项目、教育部人文社科青年基金项目各结项1项。建成省级科研平台5个、市重点实验室7个、市级创新团队2个、市中小企业技术创新公共服务示范机构1个。针对教育部本科教学工作审核评估指标要求，开展院系自评预评估审核。获河北省教学成果奖7项，高等教育教学改革研究立项项目和新工科研究与实践项目7项，教学改革与研究项目获得立项28项，校教改项目完成预期成果17项。入选河北省高等学校本科教学指导委员会教师22位。获“河北省语言文字工作示范校”称号。完成“国培计划（2016）”送教下乡和置换脱产项目后续培训，获批“国培计划（2017）”示范项目学前教育骨干教师培训项目和中西部培训者研修、骨干教师培训和送培到县子项目3个。全年参加国家级教师培训3320人。

【唐师院国际交流与合作】 2017年，唐山师范学院健全国际交流相关工作机制，明确工作职责，配备相关工作人员，推荐国家留学基金委公派留学项目出国访学1人，推荐公派留学地方合作项目子项目——专业课教师教学法项目出国访学2人。邀请克罗地亚前副总理、前驻华大使司马安到校与师生交流。聘请美籍外教1名、日籍外教1名，年内筹备引进德语外教1名。外派汉语教师志愿者20人。

【《谍·栈》入选全国大学生戏剧节】 2017年6月24日，2017金刺猬大学生戏剧节剧目初评会在北京举行，唐师院中文系心侣剧社原创话剧《谍•栈》和中国传媒大学、四川大学、中央民族大学、北京青年政治学院、中国戏曲学院等院校15部剧作入选本届大学生戏剧节展演剧目，是继2005年、2009年、2014年之后第四次入选，是本届大学生戏剧节河北省唯一入围剧目。

【省社会主义理论体系研究基地成立】 2017年7月31日，根据河北省委宣传部《关于河北省中国特色社会主义理论体系研究基地的建设管理办法（试行）》（冀宣文〔2013〕90号）文件精神，批准唐山师范学院成立河北省中国特色社会主义理论体系唐山师范学院研究基地，基地负责人为院党委书记、享受国务院特殊津贴专家王英。基地旨在推进中国特色社会主义理论体系学习研究，加强理论阵地建设和管理，整合相关研究团队，提升学校对中国特色社会主义理论体系整体研究水平。

（袁森林）

·唐山职业技术学院·

【唐职院概况】 唐山职业技术学院（简称唐职院）具有66年办学历史，是河北省综合性专科层次高等职业院校，为国家优质高职院校立项建设单位、全国国防教育特色学校、河北省示范性高等职业院校、河北省职业教育先进单位、河北省招生工作先进单位、河北省就业工作先进单位、河北省思想政治教育先进集体、唐山市文明单位、唐山市职业教育先进单位。教职工779人，其中专任教师518人、“双师”型教师324人，教授67人、副教授240人，硕士及以上学位青年教师303人。有省级优秀教学团队1个，享受国务院特殊津贴专家1人，河北省教学名师1人，市级教学名师6人，入选河北省“三三三人才工程”第二层次人选1人、第三层次人选12人。全日制在校生1.22万人，成人学历教育在校生461人。设有临床医学系、口腔系、护理系、财经系、管理系、信息工程系、旅游系、机电工程系、农林工程系9个系，基础部、基础医学部、社会科学部、公共外语部、体育部5个教学部和继续教育学院，开办专业49个，涵盖医疗卫生、财经商贸、公共管理与服务、旅游、装备制造、电子信息、农林牧渔等13个专业大类。国家提升专业服务产业发展能力项目2个、省示范专业4个、省级骨干专业4个、立项建设国家骨干专业4个，中央财政重点支持实训基地2个、省高校应用技术研发中心1个，建成国家级、省级精品课和精品资源共享课25门，牵头唐山市现代服务业和现代农业2个职教集团，与唐山军分区共建华北地区首个专业技术兵储备基地。唐职院与华北理工大学资产交接，原冀唐学院整体移交唐山职院作为新校区办学使用，启动唐山职院搬迁整合，10月10日，2017级新生4600余名学生在新校区开学入驻。

【唐职院招生就业】 2017年，唐山职业技术学院加强中高职衔接和校企合作招生，落实招生工作分包责任制，加大招生工作力度，年内招收录取4400余人，连续2年刷新学院招生数量纪录。举办唐山职业技术学院创新创业专项资金项目评审、唐山职业技术学院大学生“互联网+”创新创业大赛、第三届暑期创业实践体验汇报暨创意大赛等创新创业活动，选拔学生参加唐山市首届大学生“互联网+”双创特训营，与唐山市人社局人才交流中心联合成立“唐山职业技术学院创新创业工作站”，增加“起跑线众创空间”“宝升昌”“佳澜”“创客天下”等商家为学院创新创业校外实践基地，引入“唐山市青创科技发展有限公司”设立“青创公益创业基金”，组织参加河北省“互联网+”创新创业大赛获“优秀组织奖”，组织参加唐山市青年创业创新大赛获“突出贡献奖”。年内，毕业学生2431人，组织各类毕业生招聘会52场，就业2384人，就业率98.03%，其中签约1663人，签约率68.38%。

【唐职院学生教育与管理】 2017年，唐山职业技术学院召开学院思想政治工作会议，制发并实施学院党委《关于加强和改进新形势下大学生思想政治工作的实施意见》，强化校园文化建设，校园文化建设成果获评2017年河北省高校校园文化建设优秀成果二等奖。定期开展入学教育、生命教育、离校教育、专题研讨、参观考察等学生教育活动，建立心理咨询值班制度，举办“‘5•25’心理健康月”系列活动。开展2017国防教育与征兵宣传进校园活动，完成征兵156人，被国家教育部认定为“全国国防教育特色学校”，承办唐山市2017年大学生士兵携笔从戎先进事迹报告会。开办2017年青年马克思主义者培训班、2017年志愿者培训班、学生干部培训班等，参与学生1万余人次；举办诗词大会、读书会、诗歌赛等学生社团活动50余项，累计参加学生1.25万人次。组织学生参加2017年全国职业院校技能大赛获团体三等奖，参加第十五届“日进杯”全国口腔技能大赛获二等奖3项，参加“园冶杯”大学生国际竞赛获荣誉奖，参加第二届“踏瑞杯”全国高职高专人力资源管理技能大赛获总决赛二等奖，参加全国农业职业技能大赛获园林景观设计三等奖，参加第二届中国高校葡萄酒人才未来之星大赛获三等奖1项、优秀奖1项，参加2017年“挑战杯”河北省大学生课外学术科技作品竞赛获二等奖5个、三等奖2个。年内，组织学生参加各类技能大赛，获国家级奖项9项、省级以上奖项49项。3名教师获得2017年暑期“大家访”活动省级先进个人称号，3名教师获2017年河北省第四届高校辅导员职业技能大赛决赛团体一等奖。

【唐职院科研成果与社会服务】 2017年，唐山职业技术学院科研立项60项，其中省级课题9项、市级课题51项，获省级科研奖励6项，纵向科研经费到款107.48万元。依托京津冀协同发展燕山果业试验站协同创新中心，开展村庄规划设计培训、农民技术培训、企业员工技术培训累计1500余人次，进农户500户次。开展眼镜验光员、定配工、维修电工、焊工、推拿按摩等工种职业技能鉴定服务148人次。参加2017年第二十七届全国图书交易博览会唐山会场暨第9届河北省书博会、唐山国际马拉松、中国工业旅游产业联盟大会志愿服务活动，96名学生被评为唐山市优秀志愿者。“敬老爱老”“幸福接力行动”“以书为友，志愿同行”3个项目获唐山市优秀青年志愿服务项目，学院青年志愿者大队获评唐山市优秀青年志愿服务集体。

【唐职院交流合作】 2017年，唐山职业技术学院创新“产教融合、校企合作”特色办学模式，与医院、企业和兄弟院校深化合作关系，构建立体化人才培养体系。与北京朝阳中西医综合急救中心、中航国铁教育集团、北京通用航空有限公司等重点医院和优秀企业建立合作关系，有校外实习实训基地321个。与遵化市职教中心、迁安市职教中心、丰南区职教中心建立中高职衔接人才培养通道，与衡水铁路电气化学校、石家庄铁路中等专业学校和唐山劳动技师学院建立战略合作关系，与北京高校邦科技有限公司合作搭建学生在线学习平台，与北京通用航空公司、河北锦航船务有限公司、武汉美斯坦福信息技术有限公司等行业龙头企业共建订单班11个、现代学徒制试点班4个，与青岛海尔智能家电科技有限公司协议共建“海尔智能家居体验厅”“海尔智能家居展示厅”“海尔智能家居系统教学实训室”，与北京邮电大学继续教育学院协议建立北京邮电大学“互联网+”人才培养基地唐山职业技术学院运营中心。加入中德职业教育联盟、悉尼协议院校联盟，与马来西亚城市大学协议开展合作办学项目。

7月6日，唐山职业技术学院与马来西亚城市理工大学签约合作办学。

刘 薇 摄

【唐职院专业建设】 2017年，唐山职业技术学院围绕区域发展需要和市场变化推进专业建设和专业调整，制订实施《唐山职业技术学院“十三五”时期专业建设规划（2016～2020年）》，以现代服务业为主体，以先进装备制造业和现代农业为两翼的专业群建设格局成型。撤销物业管理、工业过程自动化技术、办公自动化、汽车营销与服务、农业经济管理、环境工程技术、证券投资与管理、药品经营与管理、广告设计与制作、装潢艺术设计10个专业，增加工业机器人技术、新能源汽车技术、国际邮轮乘务管理、航空服务、助产、视觉传播设计与制作、web前端开发、数字媒体艺术设计、宠物医学9个专业，护理、会计、园林技术、计算机网络技术专业被评为河北省骨干专业。

【唐职院优质校创建】 2017年，唐山职业技术学院围绕创建国家优质专科高职院校目标继续深化相关项目建设，承担《高等职业教育创新发展行动计划（2015～2018年）》10个项目38项任务，通过省教育厅组织的河北省创新发展行动计划中期绩效评价专家组验收，其中“唐秦片区水果产业综合试验推广站”落户唐职院，学院入选河北省农业产业技术体系创新团队；主持参与的“京津冀协同发展燕山果业试验站协同创新中心”建成并运营，承担国家级项目“梨省力高效栽培模式及其配套技术推广”，参加国家级项目“河北省迁西县花乡果巷田园综合体项目”，参加省级重点项目“世界梨园建设与‘四化’栽培模式示范”，承担“桃新品种秋妃的中试与示范”“燕山地区现代果业展览馆”“基于种子库调查的矿山植被恢复研究”“暖温带片麻岩地区林下经济植物种类的研究与示范”“特色食用花卉引进与深加工技术研究”“唐山地区槭树资源调查收集及景观应用评价”等省级项目。

（袁 巍）

文化

WenHua

综　述

【唐山十大文化产业项目命名】 2017年11月28日，在唐山市文化产业发展工作交流推进会上，命名唐山市十大文化产业项目，同时命名文化产业示范园区、文化产业示范街区、文化创意产业孵化基地和文化主题酒店。此次命名按照有关规定，在县（市、区）审核推荐基础上，经唐山市文化体制改革和文化产业发展领导小组研究决定。唐山市十大文化产业项目：中唐·天元谷民俗文化旅游综合体（迁安市），曹妃甸大学城文化创意主题街区（曹妃甸区），唐山工业博物馆主题广场（南湖管委会），唐山世艺新型印刷包装产业基地（丰南区），实宝来游乐设备生产加工项目（乐亭县），仁润图书及包装印刷项目（丰润区），洒河漂流项目（迁西县），锦程美术教育总部项目（路南区），唐山金土地娱乐中心项目（开平区），唐山陶瓷博物馆（路北区）。唐山市文化产业示范园区：通达文化创意产业园（丰南区），莲花岛文化创意园区（迁安市），启新1889文化创意产业园区（路北区），滦河文化产业园区（滦县），满族皇家文化特色村镇（遵化市）。唐山市文化产业示范街区：天幕·唐人街（路北区），恋恋文艺小镇（曹妃甸区）。唐山市文化创意产业孵化基地：宝升昌全球创客孵化中心（路南区），河北金卓颐高电子商务产业园（遵化市），新百工众创空间（高新区），佳佳文化创客服务展示中心（曹妃甸区），冀东文创汇（高新区）。唐山市文化主题酒店：繁花音乐酒馆、满庭芳酒店、新华大酒店、荣园文化主题酒店、亚朵轻居、爱丽森商务酒店、乐丫生态文化主题酒店、穷棒子文化博览园、通源国际大酒店、聿舍瓷文化酒店。

【公共文化服务体系建设】 2017年，唐山市文广新局研究制订《唐山市构建现代公共文化服务体系2017年重点工作任务“四个干”运行图》，将《关于加快构建现代公共服务体系的实施意见》分解成7方面63项任务指标，明确市各成员单位和各县（市、区）政府责任。7月，市委宣传部和市文广新局组成联合督察组，赴迁西县、丰润区、玉田县、路南区、丰南区、曹妃甸区、古冶区、开平区、滦县等部分县（区）实地督查，针对发现问题与相关部门交流反馈，提出工作建议和指导意见，根据实地督察和单位自查情况，综合评价各县（市、区）相关工作，并按要求划分相应档次。8月，以市委深改办名义印发《现代公共文化服务体系建设落实情况的督察通报》。10月，制发通知部署各县（市、区）上报公共文化基础数据，摸底调研《唐山市基本公共文化服务实施标准（2016～2020年）》2017年度落实情况，并以此为基数建立台账。12月，唐山市参加文化部、财政部组织的第四批国家公共文化服务体系示范区创建资格评审会，唐山市公共文化服务获中部地区第二名成绩。年内推荐丰南区、迁安市参评省级公共文化服务体系示范区，经过审核、评定等程序，丰南、迁安入选首批10个省级公共文化服务体系示范区创建名单。年内，迁安市“公共文化资源共建共享”项目被文化部列为第三批创建国家公共文化服务体系示范项目，迁安市文化馆老年大学被文化部确定为全国文化系统11所老年大学规范化建设第二批试点单位之一。

【“扫黄打非”行动】 2017年，唐山市以文广新局为主，组织开展“净网”“秋风”“清源”“护苗”和打击侵权盗版5个专项行动，全年出动执法人员1万余人次，落实群众举报24件，检查出版物经营单位6000余家次、印刷复制单位7000余家次，查缴各类非法出版物1.21万余件，其中图书5000余册、音像制品4000余盘、报刊3000余份、电子出版物50张，删除各类网络有害信息3000余条，取缔无证经营摊点90余家。

【播出秩序规范化】 2017年，唐山市加强广播电视播出、传输日常监管，制发《监管事项转办（交办）通知单》7份，查处播出及传输机构违规行为3件次。查处唐山广播电视台擅自设立“少儿科教”电视频道行为，唐山广播电视台于8月26日停播，河北广电网络集团唐山有限公司同时停止传送少儿科教电视频道。组织开展“两节”“两会”期间广播电视播出秩序治理、党的十九大前夕广播电视播出情况专项检查、医疗养生类节目和广告管理专项整治、党的十九大前后广播电视及互联网视听节目播出和传输秩序专项整治等5次专项行动。市文广新局配合唐山市公安局刑警支队与无线电管理局等部门查处“黑广播”，打击违法犯罪行为，将3个涉嫌非法频率通报市公安部门，全市打掉“黑广播”犯罪窝点36个，查扣作案工具音频发射器37台，抓获并刑事拘留犯罪嫌疑人1人，规范全市广播电视播出秩序。

【文化行政审批】 2017年，唐山市文广新局按照《河北省新闻出版广电局关于调整省市县三级新闻出版广电部分行政许可事项的通知》要求，增加行政许可事项1项（有线广播电视传输覆盖网工程建设及验收审核），审核转报事项2项（关于“乡镇设立广播电视站和机关、部队、团体、企业事业单位设立有线广播电视站审批”的审核转报，对新闻出版广电总局负责的广播电台、电视台设立、终止审批的初审）。年内，受理和办结各类审批事项39件，其中办理一次性内部资料性出版物委印许可13件、印刷经营许可18件、审核转报事项4件、省委托事项2件。所有事项均按规定时间和程序办结，无超时办理和群众投诉事件，群众满意率100%。完成全市印刷企业、出版物发行单位年度核验，全市有1044家文化企业参加年检，其中包括印刷企业509家、出版物发行单位535家，淘汰违规和不符合资质条件企业23家，暂缓年检企业32家。

【文化市场执法对口交流】 2017年，唐山市按照文化部《2017～2020中西部文化市场综合执法能力提升行动计划》及《河北省与安徽省文化市场综合执法对口交流协作方案》，与安徽省宿州市开展文化市场执法对口交流活动。9月，宿州市文广新局及执法队4人与唐山市文化市场综合执法大队相关执法人员赴清东陵联合检查文物安全工作。

【网络文化执法】 2017年10月31日，文化部重大案件集中办案暨第十五批网络文化执法以案施训活动在唐山市举办。文化部、江苏省、四川省、青海省和河北省文化厅、保定市、承德市、秦皇岛市及唐山市20名执法人员组成联合办案组，集中办理唐山市网络文化市场案件。该案由文化部交办，省文化厅牵头，市文化市场综合执法大队具体承办。联合办案组分析案情，细化办理环节，制订总体方案，完成相关案件办理。

【文艺演出活动】 2017年，唐山大剧院组织各类演出120余场，观演人数8万余人次，平均上座率73%，其中自营演出95场、租场演出30场、公益演出3场。年内，大剧院组织市民参观日5次、艺术实践课2次、戏剧分享会2次、钢琴比赛2次、探访大剧院观摩彩排5次、夏令营1次。唐山大舞台年内在燕山影剧院举办，活动分为精品剧目演出、群众原创作品演出、京津交流演出3个内容。全年组织评剧、京剧、唐剧、歌舞、相声、皮影等各种演出78场，惠及城乡群众7万余人次。

2017唐山新年音乐会现场。 唐文宣 摄

【文化大讲堂】 2017年，唐山市文化大讲堂分为3部分，在燕山影剧院举办专家讲座，在市图书馆举办唐图讲堂，在市博物馆举办文化沙龙，旅欧男中音歌唱家刘嵩虎及北京大学教授、博士生导师岳庆平等知名学者相继登上“文化大讲堂”专家讲座，邀请唐山市学者、作家主讲“唐图讲堂”，邀请文物专家、学者与文化爱好者在市博物馆开展“文化沙龙”活动。年内，举办各类讲座40期，参听人数1.5万余人次。

【文化交流】 2017年，唐山演艺集团组织各剧团赴北京、辽宁、吉林等地各城市交流演出35场。唐山博物馆引进安徽省淮北市博物馆《岁月有痕——证券展》、安徽省黄山市中国徽州文化博物馆《四宝渊薮——徽州文房四宝精品展》、上海历史博物馆《东风西渐展——上海历史博物馆馆藏欧洲瓷器展》等地精品展览。唐山博物馆《唐山皮影展》赴安徽省黄山市中国徽州文化博物馆、安徽省淮北市博物馆、江苏省连云港市博物馆巡展，提高唐山历史文化认知度。

【传统文化进校园】 2017年，唐山博物馆发挥社会教育职能，与14所大中专院校以及中小学签署馆校共建协议，组织传统文化进校园活动21次，打造公众教育第二课堂。文广新局组织市评剧团、京剧团、皮影团在唐山一中、唐山市外国语学校、唐山师范学院、路北实验小学、唐山第四幼儿园等学校和幼儿园开展“戏曲进校园”活动，由艺术家亲授戏曲“唱、念、做、打”基本功，演出评剧、京剧等经典折子戏200余场。

（马佳杰）

演艺事业

【第二届中国评剧板胡琴票大赛】 2017年3月30日～4月2日，由唐山市评剧发展促进会、唐山市文广新局、唐山市丰南区文广新局、唐山市评剧板胡协会主办“唐山市农商银行杯”第二届中国评剧板胡琴票大赛在唐山丰南大剧院举行，北京、天津、内蒙古、河北以及东北三省68名选手报名参加。参赛选手年龄在25～65岁之间，多数来自全国各地民营剧团、民间剧团、戏曲院校以及少数专业转岗板胡琴师。大赛历时6天，经复赛、决赛评出全国琴票三强、琴票十强和优秀琴票14名。大赛由中国评剧院、天津评剧院、沈阳评剧院、唐山评剧板胡协会5名国家一级演奏家组成大赛评委组。多名各地评剧演员在比赛现场为选手助演、助唱。5名评委和评剧代表人物在颁奖晚会上表演。

【唐剧《桃李梅》在长春演出】 2017年6月14日，唐山市演艺集团唐剧团应邀参加由吉林省中外文化交流中心承办国家艺术基金2016年度传播交流推广资助项目“花开桃李梅——十地方戏曲剧种《桃李梅》同城汇演”。唐山市演员唱功受到长春戏迷肯定。

【皮影团参加全国展演】 2017年6月1～5日，为弘扬与发展皮影艺术，扩大唐山皮影在国内外影响力，促进艺术交流，唐山市皮影团携皮影戏《双山情》赴四川南充参加第二届国际木偶演出周，获“优秀剧目奖”。11月10～15日，市皮影团携皮影戏《劈山救母》赴福建省晋江市参加由文化部、福建省人民政府共同主办全国曲艺、木偶剧、皮影戏优秀剧（节）目展演。

【《小英雄雨来》参加全国会演】 2017年7月，唐山市丰润区评剧团携评剧《小英雄雨来》代表河北省参加由中宣部、文化部主办全国基层院团戏曲会演。文化部党组成员、文物局局长刘玉珠，文化部艺术司副司长吕育忠，文化厅党组书记王离湘等领导观看演出。

【《百姓医生》在全国获奖】 2017年，第15届中国人口文化奖舞台艺术类评选活动在京揭晓，由唐山市青年编剧侯建江创作、迁安市艺术团排练演出的大型现代评剧《百姓医生》获舞台艺术类二等奖。中国人口文化奖由国家计划生育委员会、广播电影电视部、中国文学艺术界联合会、中国作家协会和中国人口文化促进会联合主办，被中共中央宣传部批准为常设性全国综合类文艺奖项。本届评选活动收到全国各单位报送参评作品328件。《百姓医生》是河北省唯一获奖剧目。

【“拥抱未来”文艺演出】 2017年10月26日，中国工业旅游产业发展联合大会“拥抱未来”文艺演出在唐山大剧院举行，播放视频短片《历史的选择》，演出舞蹈《一盏矿灯》《风雨道钉》，“唐山南湖女子组合”演唱《茉莉花+欢乐颂》，交响演唱《凤凰神韵》及歌伴舞《女儿瓷》《英雄的城市英雄的人民》。整台演出运用歌曲、舞蹈、戏曲等多种艺术表现形式，并融入“唐山元素”，向与会嘉宾展现唐山近代工业发展历史。

（马佳杰）

文学艺术创作

【文学艺术创作概况】 2017年，唐山市文联在文学、摄影、书法、舞蹈等方面取得多项成果。文学类，孙守廷长篇纪实文学《血脉——赴川抗震救灾手记》、王立新报告文学《大海上的钢城》、李焱长篇小说《平安扣》获河北省精神文明“五个一工程奖”。音乐类，董林庆作曲歌曲《中华好家风》、刘亦敏作曲歌曲《燕赵恋歌》获河北省精神文明“五个一工程奖”。摄影类，在第26届全国摄影艺术展览中，刘晓冬拍摄多媒体作品《守望》获评委会推荐佳作奖（相当于金奖），孙晓明拍摄《校园外的诱惑》获纪录类优秀奖；在河北省第23届摄影艺术展览中，唐山市有8组专题作品揽获金奖、银奖、铜奖，市摄影家协会获“优秀组织工作奖”；在中国文联和中国摄影家协会举办“与时代同行，全国摄影艺术展览60年精品回顾展”上，唐山市摄影家成贵民作为唯一代表讲话，并接受中央媒体采访。书法类，王晓民、刘天东、李义、孙健等10人在河北省首届农民书法展中入展，孟令作在全国第四届职工书法展入展。美术类：刘亚安、周丽云、宋田田（2幅）3人4幅作品入选建军90周年全国美展，郭亚梅、高杰、胡玉环父子作品入选第九届全国体育美展，刘畅《特懋克节日之候场》获国家艺术基金2017年度艺术人才培养资助，邓天平作品《凉山人》入选全球500幅水墨大展。戏剧类，青年编剧侯建江创作、迁安市艺术团排练演出的大型现代评剧《百姓医生》获第15届中国人口文化奖舞台艺术类二等奖（河北唯一获奖剧目），郭子涵、徐艺桐获中国戏剧家协会主办“第21届中国少儿戏曲小梅花奖金奖”。舞蹈类：唐山舞蹈《守·夺》《超级小玛丽》《微笑》《最帅的逆行》分获“河北省小小舞蹈家比赛暨第九届小荷风采展演”幼儿组原创舞蹈第一名、第二名，少儿组原创舞蹈第一名、第二名；刘锦依独舞《月光下的凤尾竹》获全国青少年才艺大赛总决赛少年A组个人金奖。曲艺类，张剑英获创建“中国曲艺之乡”全国优秀基层曲艺工作者称号，乐亭大鼓《大老田的烦心事》获中国曲协第四届全国曲艺新人新作展演活动创作、表演三等奖，刘玉平的鼓词《仁义胡同》获河北省“歌唱祖国•礼赞英雄”曲艺征文评选一等奖，张旭武专著《乐亭大鼓说唱艺术》在河北省第五届非物质文化遗产保护理论成果评比中获全省一等奖，苗兴忠被评为第一届河北省工美行业雕塑专业艺术大师称号。国际标准舞类，刘泽远、

7月5日，国际职业技术教育大会“匠心筑梦”文艺晚会现场。

唐文宣 摄

王悦萌获“第四届CEFA国际标准舞全国锦标赛”业余8岁以下组第一名，入选国家少年队。文艺评论类，成贵民《创意=多路思维+无限想象》论文获第九届河北省文艺评论奖大赛二等奖。民间文艺类，蒋风山剪纸作品《丝绸之路万古流芳》入选昆明“一带一路”全国剪纸展。年内，唐山市获省以上奖励人数和奖项70余个。唐山市艺术研究所李蓓创作歌曲《我的家我的国》获由中国大众音乐协会主办的2017“群文杯”第六届大型原创词曲征集活动“中国原创音乐贡献奖”；崔志勋创作《唐山的你》《想你》《盛世邢襄》等多首歌曲参加邢台市文艺活动或在唐山音乐广播中播出。

【《东沙岛风云》成为省扶持项目】 2017年，唐山市艺术研究所张铁营整理创作新编历史剧《东沙岛风云》、小戏《这个保姆不能走》、小品《拆违不拆心》《喊一声爸爸》，在《唐山文化》上发表新编古代戏《告帝堂》《止园风云》和散文《马泰先生二三事》，其中《东沙岛风云》入选由河北省文化厅主办“2017年度河北省青年剧作家优秀原创舞台剧剧本征集活动”扶持项目。

【演艺剧目创作】 2017年，唐山市演艺集团为筹备第11届中国评剧艺术节演出剧目，邀请专家为集团量身创作剧本《小于成龙》。唐山市演艺集团评剧团《喊一声妈妈》获第12届河北省“五个一工程”奖，迁安市艺术团现代评剧《百姓医生》参加河北省卫计委“两学一做”先进典型、纪念建党96周年活动展演。市演艺集团京剧团复排京剧《望江亭》《玉堂春》《赤桑镇》《扈家庄》，皮影团复排皮影《沉香救母》。市艺术学校原创作品《皮影·俏娃娃》在第13届全国中等职业学校“文明风采”竞赛活动中获舞台作品类二等奖、优秀组织奖和优秀指导教师奖，编创冀东地秧歌舞蹈《兄弟姐妹跑大场》。

（张　蕊　马佳杰）

【《地震重建论稿》出版】 2017年4月，唐山大地震亲历者、重建参与者、重建史研究者程才实所著16万字《地震重建论稿》由天津大学出版社出版。有关专家认为，这是国内第一部宏观研究地震重建个人著作。《地震重建论稿》由作者精选20篇研究文章组成，围绕地震重建中天人关系这一宏阔的主题，以旧唐山震毁与新唐山崛起、其他国家和地区重建经验与教训、物质重建与精神重建并重为序结构全书，所有篇章均曾在专业报刊发表。

【唐山文学院、文联系统期刊联盟成立】 2017年10月11日，唐山文学院、唐山市文联系统期刊联盟揭牌仪式在唐山南湖铂尔曼大酒店举行，第九期中国·唐山作家写作营同日开营。唐山文学院、唐山市文联系统期刊联盟揭牌后，宣读《唐山市文联系统期刊联盟公约》。唐山文学院曾是省内最早成立市级文学院，此次由唐山市文联恢复成立。由《唐山文学》杂志社发起成立的唐山市文联系统期刊联盟创始成员单位13家，分别为：唐山市文联《唐山文学》、丰南区文联《芦笛》、乐亭县文联《潮音》、遵化市文联《四季风》、迁西县文联《栗花》、迁安市文联《燕山》、丰润区文联《还乡河畔》、滦县文联《滦河文艺》（报纸）、滦南县文联《古城文苑》（报纸）、开滦文联《矿工老哥》、唐山市作家协会凤凰诗群《凤凰诗刊》、唐山市音乐家协会《词作家》、唐山市诗词学会《唐山诗词》。

（鲍　雯）

群众文化

【“两节”期间群众文化活动】 2017年元旦、春节期间，唐山市各级文化部门开展“‘我们的节日’‘我们的中国梦’——文化进万家”“深入生活、扎根人民”等主题实践活动，推出一系列基层群众喜闻乐见和方便参与文化活动，营造节日氛围，全市组织大规模群众文化活动200项1300余场次，10万余人次参与演出。其中，俏夕阳舞蹈队应邀赴央视三套《综艺盛典》参加“善行天下”首届百姓公益春晚节目录制，滦南县乐亭大鼓《美丽的河北新唐山》参加2017年京津冀春节联欢会，丰南区在组织第十二届青年歌手电视大奖赛活动中，通过丰南在线微信公众平台全程直播，最高在线人数1.7万余人。

【群众文化系列活动】 2017年，在传统节日和重要节庆日期间，唐山市文广新局开展系列文化慰问活动，组织文艺工作者、文化志愿者在机关、社区、企业、军营、学校、农村慰问演出。市群艺馆举办“走进社区——中华经典诗词端午朗诵会”“走进截瘫疗养院——红色经典诗词联谊会”“大爱唐山·我们的节日——七夕”慰问演出，市图书馆举办“包粽子、迎端午”群众活动，路北区组织庆国庆中秋民族音乐会，乐亭县举办“梦想正起航”庆祝新中国成立68周年专场文艺演出、欢乐过中秋秧歌表演等活动，将艺术和文化送到农村、社区、工厂、学校。

【唐山城市民谣歌曲大赛】 2017年6月～10月，唐山市委宣传部、唐山广播电视台、唐山市文联联合举办“唐山城市民谣歌曲大赛”，为更好诠释唐山这座城市独特气质和人文情怀，珍藏城市美好情感和记忆旋律，让更多人了解唐山、热爱唐山。大赛征集参赛者音乐作品107首，其中制作完成符合播出要求作品14首。大赛组委会邀请唐山籍在国内有影响力专家为评委，对符合条件参赛作品评定，最终评选出获奖作品，在11月召开唐山市文化产业发展工作交流推进会上通报评选结果。特等奖《那座叫唐山的城》，一等奖《我家在唐山》，二等奖《那年》《唐山记忆》，三等奖《凤凰山》《唐山唐山》《唐山的你》，突出贡献奖《心恋唐山》《文子》，优秀奖《唐城》《爱城》《不愿再走》《念唐山》《唐山路北》。

【第七届“文化唐山·戏迷演出月”活动】 2017年1月9日～2月15日，唐山市文广新局组织第七届“文化唐山·戏迷演出月”活动，全市20个业余戏曲团队参加，参演人数900余人，为群众演出京剧、评剧18场，活跃唐山市节日期间文化氛围，为戏迷票友搭建相互学习交流平台，累计观众人数8000余人次。

【千名文化志愿者走基层】 2017年，唐山市群艺馆开展“千名文化志愿者走基层”品牌活动，以重大节日、纪念日为时间节点，组织文化志愿者开展“春节送温暖”“正月十五闹元宵文艺演出”“缅怀革命先烈 追忆革命历史”等演出活动，文化志愿者参加赴革命老区潘家峪村慰问演出、端午节诗词朗诵会、中秋节慰问演出、国庆节文艺演出、重阳节文艺演出等25场，参与人数900余人，惠及群众4000余人。

【娃娃评剧专场演出】 2017年1月22日，唐山市群艺馆举办“金鸡报晓 戏娃迎春”娃娃评剧专场演出，弘扬中华民族传统文化，传承非物质文化遗产。小演员表演剧目全部为传统剧目，演员中年龄最小为4岁，最大12岁，参演人数21人，表演评剧曲目15个，丰富春节期间少儿文化生活。

【全民艺术普及】 2017年，唐山市群众艺术馆发挥新场馆作用，开展交谊舞培训班、拉丁舞培训班、青少年播音主持知识普及班、成人朗诵主持兴趣班、基础乐理培训班、京剧基础培训班11期，培训群众文艺爱好者2293人。开展日常和下基层辅导103次，辅导人数4000余人次。市群众艺术馆新馆“零门槛”免费开放，舞蹈团、合唱团、军乐团、话剧团、器乐合奏团、评剧团、京剧团等30支团队1000余人长期参加活动，每周活动50次。

【群众原创文艺作品创作】 2017年，唐山群众艺术馆组织文艺工作者和群众文艺爱好者以“迎接党的十九大”和“促进文明城市创建”为主题，聚焦唐山市优秀文化资源，立足弘扬民族精神和时代精神，创作一批音乐、舞蹈、曲艺和戏剧类作品，推荐42件优秀作品参加全市评比。

（马佳杰）

影视·微电影

【影视·微电影概况】 2017年，唐山市电影公司订购影片184部，在全市所有行政村组织电影公益放映6.70万场，累计观影人数678.6万余人次。同时，组织电影进社区、进文化广场、进军营、进学校、进工地及福利机构惠民活动，共放映1144场次，全年观影200万人次。7月31日，唐山市“迎接党的十九大·共圆小康中国梦”公益电影主题放映活动在遵化市人民公园启动，挑选一批思想性、艺术性、观赏性较强的国产影片投放农村市场，发挥电影思想教育宣传作用。活动从7月持续到11月，期间每天组织227个放映队同时在19个县（市、区）和开发区5049个行政村巡回放映，全年累计放映5万余场次。9～10月，唐山市文广新局为营造廉政为公、勤政为民社会风尚，增强廉政文化感染力、渗透力和影响力，举办廉政电影走基层放映活动，把廉政电影送进机关、广场、企业、社区，丰富群众廉政知识，共放映廉政电影200余场次。

【《朝天高歌》在百老汇电影节获奖】 2017年10月，由唐山籍导演王军编剧、导演的电影《朝天高歌》在美国百老汇电影节上获最佳导演奖提名，为国内导演界唯一获此称号导演。电影《朝天高歌》讲述一个女孩和其男朋友合伙买卖肾脏，最终女孩良心发现的故事。王军1971年5月出生于唐山，2002年考入中央戏剧学院导演系，2008年进入西安电影集团艺术创作中心导演工作室（原西安电影制片厂），为河北摄影家协会会员，国际青年艺术联盟导演艺术委员会委员，河北经贸大学、河北科技大学客座教授。2016年执导电影《糯米的苹果》获“第十三届圣地亚哥国际儿童电影节最高奖项评委会特别大奖——最佳长篇奖”，执导电影《一次花开》获中美电影节“优秀影片奖”，曾执导《爱情合约》《接班女婿》《平安是福》等影视作品。

【《不如跳舞》在唐开机】 2017年4月12日，院线大电影《不如跳舞》在唐山香格里拉大酒店举行开机仪式暨新闻发布会。出品人苏芷沂、制片人大星、导演杨丰亿以及剧中主演陈楚天、杜先等出席开机仪式，本部影片大部分场景在唐山市取景拍摄。电影讲述一个年轻人依靠自己舞技追梦故事。

【《公证人》三部曲在唐开机】 2017年6月，反映公证人员高尚情操和敬业精神的系列电影《公证人》三部曲——《公证人之真假遗嘱》《公证人之太子剑》《公证人之深度危机》在唐山丰南区开机。影片由河北电影制片厂、省新闻图片社有限公司、省公证协会联合出品，省委宣传部、省新闻出版广电局、省司法厅、河北影视集团有限公司、河北演艺集团有限公司、河北南河北柳文化传媒有限公司、河北欢乐小鸟影视传媒有限公司联合摄制，王更新、信文静担任制片，陈奏鸣任导演，郭子圣担任编剧，沈文俊、杨阳、王双宝、秦宇主演。

【防震减灾主题放映】 2017年7月20日，唐山市文广新局为纪念唐山抗震胜利41周年，普及“防震减灾”知识，启动“唐山市千场电影暨防震减灾科普宣传走基层活动”，以公益电影放映为文化平台，每场电影放映前播放防震减灾宣传片，在社区、广场、农村、工地、学校及福利机构等基层单位放映1000场次，观影人数15万余人次。

【电影惠民放映】 2017年，唐山市文广新局推出广场消夏电影夜特色放映活动，在会展广场、南湖广场、燕京花园广场等地举办“消夏电影夜”，每晚放映一部优秀故事片，共放映电影300场次。精准放映，关爱弱势群体，在市截瘫疗养院、常记共产主义大院等福利机构开展电影送温暖活动，送电影进工地，丰富农民工业余文化生活。开展电影双拥公益放映活动，在曹妃甸边检站、北京军区驻唐某通讯营、驻唐武警部队慰问演出，推出“八·一”专题——“铭记光辉历史 开创强军伟业——庆祝中国人民解放军建军90周年”主题公益电影放映活动，营造爱党爱国拥军氛围。为加强未成年人思想道德建设，开展爱国主义电影进校园活动。

【影院监管】 2017年，唐山市文广新局组织全市影院负责人学习《国家新闻出版广电总局关于对首批326家违法影院处罚通知》文件精神，汲取外地违规影院教训，警示唐山市影院合法合规经营。组织专人核查新建影院申请资料，严把影院合法放映质量关口。组织开展全市电影放映员技能竞赛，提高放映员业务水平。组织开展全市电影市场经营专项整治巡查活动，重点查处“偷漏瞒报票房收入，不规范使用票务系统，偷瞒、截留票房收入”“虚假排场、注水票房”“放映质量差，银幕亮度、画面清晰度、放映还音特性技术指标不达标”“侵权放映、侵权盗录”等违法行为。

【农村院线公司重组】 2017年，唐山市文广新局针对原农村电影放映公司存在问题，多次召集各县（市、区）文广新局和电影公司座谈讨论，多次征求省新闻出版广电局意见，制订《重新组建农村院线公司的意见》。根据上级有关文件精神，在唐山市益众数字电影院线公司基础上，以唐山市电影公司国有控股为龙头，各县（市、区）电影公司自愿参股，重新组建“唐山市益众农村数字电影院线有限公司”，完成审批手续、注册变更工作。

（马佳杰）

图书·出版

【公共图书馆评估定级】 2017年4月，唐山市文广新局制发《关于组织参加第六次全国县级以上公共图书馆评估定级工作的通知》，明确评估时间和评估程序。5月10～13日，市文广新局评估小组20人参加省文化厅在沧州召开评估定级培训及工作部署会议，系统学习评估标准和评估办法。5月24日，召开全市评估定级工作动员大会。7月，制订《唐山市第六次县级公共图书馆评估定级工作方案》，经网上初评、实地复评，确定唐山市县级公共图书馆分值及排名，申报国家一级馆4个、二级馆2个、三级馆3个。全市建成图书馆分馆63个，初步实现总分馆图书资源共建共享、通借通还。迁安市图书馆6月份被省文化厅确定为全省公共图书馆总分馆制建设试点单位。

【第27届全国图书交易博览会】 2017年6月1～3日，第27届全国图书博览交易会唐山会场暨第九届河北省书博会在唐山南湖国际会展中心举办，全国86家出版单位和7个省、市、自治区代表团参加。展出图书5万余种，观众3万余人次，销售图书5万余册，销售额150余万元，在全社会形成“爱读书、读好书、善读书”读书氛围。

6月2日，第27届全国图书交易博览会上举行联盟三剑客暨“阳刚少年书系”读者见面签售会。 刘洪超 摄

【第11届唐山市读书节】 2017年4月18～23日，围绕世界读书日，唐山市图书馆以“点燃读书热情 点亮阅读人生”为主题，举办为期7天的第11届唐山市读书节，向市民发出《全民阅读倡议书》，倡导全民共读，共建和谐唐山。“阅读伴我成长”主题有奖征文活动收到读者文章156篇，评选出一等奖18篇、二等奖28篇、三等奖110篇。

【“读书圆梦·万人采书”活动】 2017年，唐山市图书馆提升图书入藏针对性，举办“读书圆梦·万人采书”活动，开通现场荐书、邮箱荐书、网站荐书、微信荐书4种渠道。年内，收到推荐书目5000余条，采购上架图书4000余种1万余册。

【燕赵少年读书系列活动】 2017年5月24日，由唐山市文广新局和唐山市教育局主办“冀读经典 阅成习惯”第十四届燕赵少年读书系列活动启动仪式在唐山九中举行。启动仪式上，燕京小学、友谊中学、新华西道小学、第九中学学生们分别表演经典诵读节目，唐山市图书馆向各县（市、区）图书馆赠送荐读图书。燕赵少年读书系列活动有“‘书之蕴’—— 321经典名著主题荐读”“‘书之思’——给作家写封信”“‘行以持’——321阅读习惯养成挑战赛”“‘书之趣’——经典名著故事竞猜和书香燕赵拼图”等特色读书活动5部分内容。活动历时4个多月，在各单位、各中小学校组织及参与下，2000名学生参加此次活动，征集作品300余份。

【图书馆数字平台建设】 2017年，唐山市图书馆建设微信公众平台内容，打造《唐图活动•一周早报》《唐图数据·一周账单》《唐图荐书·周周共读》《唐图影院•佳片不断》《唐图讲堂·微信课题》等品牌栏目，形成“每日更新、固定栏目定期推送、非固定栏目灵活掌握”推送模式，在读者活动方面建立“活动前广泛报名、活动后及时总结、活动中有价值的内容予以刊载”系统性宣传模式。年内，微信公众号关注人数3.32万人，全年推送图文消息528条，总图文点击量10.51万人次。在中国新闻出版传媒集团、中国全民阅读媒体联盟举办第二届“大众喜爱的50个阅读微信公众号”投票环节中，唐山图书馆位列全国图书馆行业第二，成功入选。为让市民了解数字资源内容，增强利用信息资源检索信息意识，举办3场数字资源读者培训，在微信公众号中开设《唐图讲堂•微信课堂》栏目，向读者介绍手机移动图书馆、歌德电子书等数字资源，解答读者在使用过程中遇到问题。年内，中国知网2017年使用总次数75.60万次，下载次数5.34万次，手机移动图书馆总点击量765.51万人次，电子图书下载7.72万余册。

【侵权盗版及非法出版物集中销毁】 2017年4月21日，唐山市文广新局开展侵权盗版及非法出版物集中销毁活动，现场销毁2016年下半年收缴各类盗版音像制品、盗版教材教辅读物及非法书报刊等3万余件。

（马佳杰）

文物与文化遗产

【全市文物工作会议】 2017年5月，唐山市政府召开全市文物工作会议。全市各县（市、区）开发区、管理区主管负责人、文物部门主要负责人，市直相关部门分管负责人和市直文博单位主要负责人90余人参加。会议安排部署全市文物保护和文化文物单位文化创意产品开发工作。会后，市政府与各县（市、区）政府及开发区、管理区管委会签订文物安全保护责任书。

【文物安全隐患排查】 2017年，唐山市文广新局组织开展全市国有可移动文物安全隐患排查整治专项行动，排查全市国有文物收藏单位和国有可移动文物，整治全市各级各类文物、文博单位安全状况，国家文物局、省文物局督察组在唐山市净觉寺、唐山博物馆、清东陵等单位实地督察。联合市消防支队检查迁西景忠山碧霞元君祠、丰润潘家峪惨案纪念馆等处消防安全状况。在玉田净觉寺和王氏宗祠、滦南潘家戴庄惨案纪念馆和成兆才纪念馆、乐亭李大钊纪念馆和李大钊故居等文物保护单位实施安全巡查，整改遵化汤泉遗址、李大钊纪念馆、唐山博物馆、清东陵等单位安全隐患问题。

【上级文保资金争取】 2017年，唐山市文广新局指导各县（市、区）文物部门上报文物保护项目计划书22项，争取文物保护资金3004万元，其中争取省级文物保护资金80万元，为迁安市、迁西县、遵化市境内长城制作保护标志。加强文物保护资金绩效管理，组织项目单位编制省级文物保护资金项目绩效报告。省文物局文物保护资金和文物保护工程检查组年内在清东陵检查文物保护工程进展情况和资金使用情况。

【文物调查和发掘】 2017年，唐山市文广新局配合国家基本建设项目，开展考古调查和文物抢救性保护。在京秦高速公路（大安镇至平安城镇段）4处古遗址考古发掘，完成勘探面积1.10万平方米，发掘面积817平方米，发现6座墓葬、2座汉代房址等遗迹，出土器物10余件。完成京唐城际铁路沿线范围内考古调查，发现辽金元时期古遗址、墓葬6处。在丰南区、南堡等工业区供水工程开展考古调查，完成赤曹公路滦县段考古调查。配合河北省文物研究所在高速公路遵化至秦皇岛段、中俄东天然气管道工程沿线进行考古调查，发现商周、战国、辽金等时期遗址12处。清理迁安阜安大路海绵工程中发现古墓葬4座，出土陶罐4件，铜钱币200余枚，银簪、铜簪、耳环等各1件。完成遵化国电电力项目占地范围内考古调查勘探。

【文物科研及文物资料整理】 2017年，唐山市文广新局完成迁西擦崖子长城砖窑群“AY01”和“BY02”窑考古发掘，明确明代长城砖窑的建筑结构、烧制过程和每窑烧成数量，丰富长城研究资料，为后期对长城保护提供基础。完成迁西县太平寨镇南刘古庄村北北朝时期长城烽火台遗址考古发掘，了解烽火台建筑形式及用途等，将唐山市长城相关遗存时代向前推至北朝时期，填补唐山地区早期长城研究空白。调查勘探丰润区还乡河东岸周边，抢救性清理金元时期石板墓葬12座。联合辽宁大学历史文化学院全面踏查唐山市境内滦河流域商周时期古遗址，局部解剖性勘查调查重点区域滦县孙薛营夷齐庙旧址部分区域，发现商、战国、汉、明、清等不同时代夯土遗迹和房址，其中商代夯土和房址发现意义重大，为寻找商周时期孤竹国提供资料，年内完成126处商周时期遗址地表踏查和夷齐庙旧址的勘查。

【文物征集】 2017年，唐山博物馆征集藏品1952件，接受捐赠文献资料821件，主要包括唐剧创始人之一韩溪捐赠著述手稿780件、民国时期开滦大象砖460块、民国时期开滦耐火砖260块、清代民国鼓词85件。为唐山工业博物馆征集开滦、启新等厂矿票据、瓷器等文物或实物1000余件。

【文化和自然遗产日活动】 2017年6月10日，是中国第1个“文化和自然遗产日”，为宣传展示唐山市非遗保护成果，宣传传统工艺振兴基本理念，唐山市文广新局6月1～3日在南湖会展中心举办非遗宣传展示系列活动，展出皮影、泥塑、剪纸、制陶、铸剑、蒙鼓等26个具有唐山本土特色非遗项目与产品，传承人现场展示技艺。6月2日，唐山市首批非物质文化遗产传承示范基地和生产性保护示范基地举行颁牌仪式，命名唐山市艺术学校（评剧、唐山皮影戏、

在京秦高速公路施工地考古发掘中，发现战国时期浅地穴式单室和内外双室房屋，其中内外双室房屋属唐山地区首次发现， 郎志远 摄

乐亭大鼓、冀东地秧歌）等16家“唐山市首批非物质文化遗产传承示范基地”，玉田县鸿源酒业有限公司（玉田老酒酿造技艺）等7家“唐山市首批非物质文化遗产生产性保护示范基地”，现场向市民宣传并发放《河北省非物质文化遗产条例》，营造非物质文化遗产保护氛围。

【非遗名录项目增加】 2017年，唐山市文广新局组织开展第四批市级非物质文化遗产代表性项目名录评审命名。经专家委员会评议、评审委员会审核、网上公示，确定第四批市级非遗名录推荐项目24个，6月，由市政府正式公布。组织开展第五批省级非遗项目代表性传承人申报，经各县（市、区）申报，市专家委员会评审，向省文化厅推荐12名市级代表性传承人参评，4人入选。3月，省政府公布第六批省级非遗名录项目，唐山市迁西皮影戏、迁西忍字口背杆、乐亭泥人制作技艺、迁安抬杆4个项目入选。

【非遗保护资金】 2017年，唐山市文广新局部署和组织唐山市国家级非遗项目保护单位编制保护规划，指导申报2017年度国家级非遗保护专项资金，把握经费使用方向及开支范围，重点支持濒危项目，鼓励代表性传承人开展授徒传艺、教学、交流等传习活动。经逐级审核，唐山皮影戏、唐山花吹、乐亭大鼓3个国家级非遗项目共获批国家补助资金120万元。

【第十届河北省民俗节】 2017年6月9日，唐山市文广新局组织唐山市孟各庄蒙鼓技艺、孙氏银器制作技艺、蜜麻糖制作技艺、刘美烧鸡手工制作技艺、乐亭泥人技艺、乐亭虾油制作技艺、铁画、黄氏布浮雕和曜变天目釉瓷同类异晶体的传承与创新等10个非物质文化遗产项目参加在廊坊举办的第十届河北省民俗文化节。

（马佳杰）

京津冀文化协同发展

【京津冀文化协同发展概况】 2017年，唐山市与北京、天津及省内各地加强文化交流，共同举办各类活动。2月28日，“京津冀公共文化服务示范走廊发展联盟”工作会议在秦皇岛召开，唐山市文广新局作交流发言，介绍唐山市开展京津冀文化交流活动经验和2017年工作亮点。6月，唐山市文广新局参加“发展联盟”秦皇岛总结会议及京津冀文化发展成果展，推荐“南湖女子组合”参加京津冀文艺精品荟萃演出。9月24～27日，参加“发展联盟”北京东城区工作会议，推荐唐山皮影戏和乐亭泥人2个项目参加“京津冀非遗展•走进王府井”活动。9月，“北辰杯”京津冀暨环渤海地区青年歌手大赛在北辰工人俱乐部举行，唐山市群艺馆组织3名选手参加比赛，分获美声组二等奖、流行组三等奖、民族组三等奖。年内，唐山市图书馆引入河北省图书馆“京津冀公共图书馆展览巡展”，包括北京城市生活百年回顾图文展、中国古代藏书家与藏书楼图片展和“我爱阅读”摄影优秀作品图片展，累计6万人次参观。

【首届京津冀优秀鼓曲展演】 2017年11月2日，为纪念靳文然诞辰105周年，河北省曲协、唐山市文广新局、滦南县政府联合举办“河北省第二届乐亭大鼓书会暨首届京津冀优秀鼓曲展演”活动。京津冀乐亭大鼓演员、爱好者150余人参加开幕式，乐亭大鼓、京东大鼓、西河大鼓代表性传承人及乐亭大鼓演员表演。除主会场外，设立扒齿港镇扒齿港村、姚王庄镇曹杨碾村、宋道口镇宋道口村、倴城镇靳营村以及文体活动中心5个分会场，组织演员下乡展演，方便农村群众观看演出。

【滦南县与津南区文化馆合作】 2017年10月11日，滦南县文广新局与天津市津南区文体局签署“津南区文化馆和滦南县文化馆文化合作框架协议”，双方就文化艺术演出、教育、培训、非遗保护等多方面内容开展交流合作。签约仪式后，两地文艺工作者在津南区双港镇举办“喜迎十九大，会聚津冀情”文化交流演出。

【协同发展文化小使者赴京交流】 2017年1月14～15日，唐山市曹妃甸区关心下一代工作委员会、区推进协同发展办公室、区教育体育局等单位主办“京冀少儿手拉手 协同发展心连心——曹妃甸区协同发展文化小使者赴京交流”活动在北京市举行。32名“文化小使者”代表曹妃甸区儿童在西城区非物质文化遗产保护中心参观学习北京悠久历史知识，实践和体验鼻烟壶、脸谱、面人儿等北京特色文化。在书香学府与北京师生一起参与甲骨文书法、茶道等课程体验，并同台进行文艺交流演出。

【京津冀书画作品交流笔会】 2017年3月21日，“曹妃甸之春”京津冀书画作品交流笔会——冀书画家专场在滨海画院举办。刘晓川、侯志明等6名书画家与曹妃甸区书画爱好者用围绕“曹妃甸之春”主题，创作作品50余幅。

【京津冀诗人七夕诗歌朗诵大会】 2017年8月28日，唐山市曹妃甸区委宣传部、曹妃甸区文明办等单位联盟主办“中国•曹妃甸首届京津冀诗人七夕诗歌朗诵大会”，京津冀诗歌联盟6名诗人和多名本土诗歌爱好者表演诗作或朗诵经典诗文。朗诵会中穿插中国古典乐曲、古筝、歌舞等文艺节目。

【曹妃甸首届戏剧节】 2017年6月27日～9月12日，唐山市曹妃甸区委宣传部、曹妃甸区文广新局、曹妃甸区总工会等单位主办，曹妃甸工业区文化艺术中心树剧场承办2017年第八届“北京•南锣鼓巷戏剧节”曹妃甸分会场暨曹妃甸首届戏剧节，首场演出在“树剧场”上演。戏剧节以话剧为主，推出6部中话剧，同时举办“全民K歌赛”“走进曹妃甸——传承文化•戏中有你”等系列演出。

【京津冀经典评剧巡演】 2017年3月24～27日，遵化市文广新局举办，京津冀三地相关部门联合承办“京津冀一体化经典评剧巡演暨遵化市廉政文化进社区、进农村宣传活动”，在遵化市北关人民广场文化馆门前举办开幕式。巡演期间演出8个经典剧目，并邀北京、天津、河北评剧表演艺术家参加演出。

（马佳杰）

新闻事业

XinWenShiYe

唐山劳动日报社

【唐山劳动日报社概况】 2017年，唐山劳动日报社增强意识形态领域主导权和话语权，引导主流舆论，突出主题宣传、新闻策划、外宣工作亮点，提高报纸传播力、影响力和公信力。整合微信平台，成立新媒体中心，推进融合发展。整合经营平台，理顺和统一广告管理体制，形成创收合力。全年出版发行《唐山劳动日报》297期、《唐山晚报》294期。年内，《唐山劳动日报》获"河北新闻奖"一等奖2篇、二等奖2篇、三等奖3篇；《唐山晚报》获"河北新闻奖"一等奖1篇、二等奖1篇、三等奖1篇。11月，唐山劳动日报社组建小记者活动中心。

【报社主题报道】 2017年，唐山劳动日报社所属"两报一网"（《唐山劳动日报》《唐山晚报》、环渤海新闻网）发挥主流媒体作用，提升新闻宣传水平。以党的十九大、纪念唐山抗震41周年、市党代会等为重点，策划相关报道活动。以日报纪念唐山抗震41周年《唐山答卷》特刊、晚报旅发大会特刊等为代表，推进大型主题策划。围绕中心、突出主题，发挥言论和评论旗帜引领作用，推出《书写再创辉煌的"唐山答卷"》《把"四个意识"落实在岗位上落实在行动上》《树立"四个意识"迅速兴起热潮》《切实在学懂弄通做实上下功夫》《始终沿着正确的方向砥砺前行》《新时代 新唐山 新篇章 新辉煌》《不忘初心续写新篇章 牢记使命再创新辉煌》等多篇评论，把握政策走向，反映主流声音。

【报社对外宣传】 2017年，唐山劳动日报社构建以日报外宣部记者为主体"两报一网"参与大外宣格局，调动记者采写外宣稿件积极性。年内，《"三个努力建成"引领唐山加快经济转型升级》《河北唐山：一座城市半城绿》《河北唐山：绿色转型实现新突破》《破解大型场馆一次使用长期闲置魔咒——世园会展馆闭幕不闭园助力城市转型》《唐山，文明看得见》等稿件在新华社刊发通稿或在《人民日报》《光明日报》《经济日报》重要版面刊发。全年完成外宣分数644分，为历年最高。

11月25日，小记者与唐山鸿宴饭庄烹饪大师品中华名小吃、百年名菜，体味非物质文化遗产魅力。 郑 勇 摄

【报社媒体融合】 2017年，唐山劳动日报社组建新媒体中心，整合APP产品"掌上唐山"，与《唐山劳动日报》微信、《唐山晚报》微信、环渤海新闻网微信等组成微信矩阵，发力新媒体建设。年内，晚报多条微信点击量10余万次，累计阅读数2000万次。7月28日，推出《今天，我们向这座英雄的城市致敬》单条微信，日点击量50余万次。10月30日，推出《今年11月1日至明年3月31日工作日唐山每天禁行两个尾号机动车》单条微信，一天点击量突破50万次。推出H5作品《循着总书记的声音 点亮这座英雄之城》，受到群众好评。

【《唐山答卷》特刊】 2017年7月28日，唐山劳动日报社报道唐山各行各业落实习近平总书记重要指示精神情况，发挥党报作为唐山市主流媒体的作用，彰显政治意识、大局意识、核心意识、看齐意识，推出《唐山答卷》特刊，特刊以评论、通讯、人物访谈、消息、图片体裁形式推出多篇重要报道，以创意、内容、设计等新意，打造报社新闻

策划和宣传报道精品。

【小记者主题实践活动】 2017年，为贯彻落实习近平总书记关于“全社会都要了解少年儿童、尊重少年儿童、关心少年儿童、服务少年儿童，为少年儿童提供良好社会环境”指示精神，引导少年儿童从小学习做人，从小学习立志，从小学习创造。12月15日，唐山劳动日报社举办2017～2018年度小记者主题实践活动，引领小记者们接触社会，参与社会实践，开阔视野、增长见识、丰富阅历，提高观察能力、交际能力、表达水平。活动现场，市文明办、市教育局、唐山劳动日报社负责人分别向唐山市保利大剧院管理有限公司、市公安交通警察支队、开平区开平镇丰山村3家“唐山劳动日报社小记者实践基地”授牌，小记者团队通过实践活动基地，获得社会实践机会。报社依托《唐山晚报》、环渤海新闻网、唐山劳动日报社新媒体中心融媒体平台，全方位为小记者主题实践活动提供展示平台。《唐山晚报》将刊登“小记者在行动”“成长加油站”“成长计步器”“我是小记者”“小荷出水”“未来之星”等内容。

（刘鸣烈）

广播电视

【广播电视概况】 2017年，唐山广播电视台表彰5个党支部、5个党务工作者和34名优秀共产党员。在全市事业单位中率先完成车辆改革，公务用车由81辆减少到25辆，全部喷涂标识，安装GPS定位，其余车辆分期分批拍卖，截至年底，拍卖出车辆15辆。策划《砥砺奋进的5年》《学习宣传贯彻党的十九大》《十九大时光》《唐山答卷》等特刊，以及第27届全国书博会系列报道、2017首届唐山旅游发展大会、“温暖十二月”、《项目建设进行时》《喜迎十九大——我的家我的梦》等16场主题宣传，创办50余个新闻专栏，发稿1.2万余篇。台属各宣传单位利用微信公众号社会影响力，引导公众参政议政、建言献策，开设《不文明现象曝光台》《人人参与文明城市创建》《大气污染防治攻坚战》等20余个专栏，播出稿件3000余条次。

【广播电视大型活动】 2017年，唐山广播电视台承担“首届市长特别奖”颁奖仪式、“中国梦·唐山篇章——我为英雄城市添光彩‘讲好赶考故事’暨365百姓故事汇”“讲文明树新风——我为城市添光彩主题活动启动仪式”“砥砺奋进——英雄唐山”歌咏比赛、“信仰的力量——唐山大地震中的廉洁模范”首发式等20余项大型活动策划组织和录制，其中《直播50分》栏目策划大型公益相亲活动，每场活动参与人数600～800人。

【广播电视对外宣传】 2017年，唐山广播电视台制定外宣奖励办法，组织新闻综合频道、新闻综合广播记者采写外宣稿件，在中央媒体展现唐山市亮点工作。指定专人全天候与央视、新华社编辑对接，推送本台录制适合上级媒体播发稿件。通过与央视河北站合作，联合录制典型报道，围绕央视选题策划，寻找与之对接题材。通过与河北台外宣部联系，由省台向中央台推送稿件。截至年底，在新华社播发各类稿件52篇，在中央电视台播发各类稿件138篇。广播外宣针对中央台《全国新闻联播》《新闻和报纸摘要》《央广新闻》等重点栏目，推送重要稿件65篇，扩大唐山影响力，树立新唐山形象。

【广播电视设备完善】 2017年，唐山广播电视台改造升级部分设备，完成4个广播频率和电视第二演播室升级改造，全年播出实现零事故，在全省保持领先地位。唐山广播电视台自筹资金600万元，购置10千瓦调频全固态立体声广播发射机、视频播出服务器、节目制作专用电脑、上载设备和广告管理设备等100余台套，同时利用中央无线数字电视覆盖项目，发展地面数字电视用户，探索“公益项目、市场运作、政府服务”新路子。启动中央调频广播数字化改造项目，为广播数字化传输积累经验。

（刘顺利）

有线电视

·河北广电网络集团唐山有限公司·

【省广电唐山公司概况】 2017年，河北广电网络集团唐山有限公司（简称省广电唐山公司）按照“一体两翼”经营发展战略，制订《前半年强基固本、后半年转型升级，以二次整转的决心和气魄强力推动智能机顶盒市场应用》。年内，坚持正确舆论导向和正面宣传，创新宣传服务方式，拓宽宣传渠道，履行党媒政网使命，提升文化服务水平，落实安播保障职责，各项工作赢得地方党

8月27日，唐山市“首届市长特别奖”颁奖仪式。 闻英嫔 摄

委政府认可。双向网改、整转发放等工作得到各级政府、单位支持。为VPN专网、集团客户开发、政府采购等提供网络服务，与243个酒店、单位建立合作关系，为市内60个新增医保点位提供网络支持。

【机构优化与管理】2017年，河北广电网络集团唐山有限公司优化机构和人力资源，合并职能部门职责，选拔任用懂业务、能干事、想干事人作为各项工作负责人，按职责核定岗位，将职能部门员工充实到创收一线，增强沟通与协作，简化办事程序，提高整体效率。为服务用户和创收，公司细化网格管理，将营维片区从4个细分到8个，创新工作方法，提高办事效率，优化业务办理环节，提高用户满意度。

【安全传输及网络改造】2017年，河北广电网络集团唐山有限公司保证安全传输，搭建环网监控平台，实现市内环网光缆预警。针对市内机房电源配电柜老化实际情况，重新招标购买新型一体化配电柜，提升机房用电安全。同时，明确内部职责，加强出口流量和带宽质量监控，扩容市、县出口带宽，保证改造后网络高效使用。完成春节联欢晚会、一带一路高峰论坛、党的十九大召开期间安全播出任务。监管施工质量，全年完成229个小区网络用户双向改造，完成209个行政村双向网改，为中小城市铺设光缆216千米。

【省广电唐山公司惠民服务】2017年，河北广电网络集团唐山有限公司提升服务水平，以用户为中心，谋划、制定服务措施，推进有线电视机顶盒二次整体转换。采取“交节目费赠送智能机顶盒和宽带”惠民政策，面向全市发放4K（4096×2160的像素分辨率）智能机顶盒。开通唐山广电网络“微商城”公众号，方便用户线上缴费，提前掌握广电各种优惠活动及各种业务办理程序。全体干部、员工利用节假日组成服务小组，在各小区开展业务及政策讲解，发放机顶盒，工作人员现场为群众答疑解惑、维修维护安装，方便用户就近解决使用方面问题。

（贺丽霞）

·河北广电网络集团唐山县网管理办公室·

【唐山县网管办概况】2017年，河北广电网络集团公司唐山市县级网络公司管理办公室（简称唐山县网管办）负责理顺省、市、县三级网络公司工作关系，管理唐山地区所属14家县级分公司，发挥管理、指导、协调和服务职能。组织所属各县级公司就经营管理、业务发展、党建工作、企业文化建设等方面创新发展思路、提升服务品质、顺势快速转型。开展有利于业务发展的网络技术、市场营销、人事管理、品牌服务、财务管理、信息报送等培训。

【县网管办网络覆盖扩大】2017年，唐山县网管办按照河北广电网络集团公司年度工作会议精神，推进县级公司双向网络改造，扩大网络覆盖面，申请专项资金用于县级公司开展“县——乡——村工程”、宽带乡村和中小城市建设项目，实现广电网络多功能业务发展，提升网络承载能力。

【县网管办增值业务拓展】2017年，唐山县网管办在保基础用户基础上，发展雪亮工程、智慧城市、安防监控、公共无线网、数据专网等多功能业务。迁安分公司“美丽乡村”建设一期项目年内开工，搭建阳光政务平台，在五重安乡示范实施。曹妃甸平安乡镇项目，与5个农场签订“智慧农业”物联网视频采集系统网络传输、设备使用及维护协议。遵化市“智慧农业”专网项目，6个企业工程整体搭建进入验收阶段。玉田公司依托当地政府推进智慧化基础设施服务体系建设，智慧农业项目、智慧旅游项目、视频广播互联互通工程、天网工程、纪委监控工程和对讲工程等项目签订合作协议，并在当地推广物联网技术。各县级公司落实集团公司党委《关于组织收看“党的十九大电视专区”的通知》文件精神，遵化市、丰润区、开平区、玉田县等9个县级公司分别与当地组织、宣传部门联合制发《关于组织收看“党的十九大电视专区”》文件，并与各级党委和基层党组织建立长期稳定合作关系。

【县网管办常态化营销】2017年，唐山县网管办稳固发展有线数字电视、宽带基本业务，结合河北广电网络集团公司“电视一家亲”及“百日攻坚”活动开展，号召所属县级公司加强4K智能机顶盒整转，成立整转小组，制订合理套餐，推进地推（地面推广人员）营销常态化，确保4K高清智能机顶盒市场保有率和多功能业务发展。

（赵素芳）

其他媒体

·《开滦日报》·

【《开滦日报》概况】《开滦日报》是中共开滦（集团）有限责任公司委员会机关报，承担开滦集团新闻宣传职能。2017年，开滦日报社编制为“七部二室”（总编室、记者一部、记者二部、专题部、专刊部、副刊部、审读室、通联发行部、广告部）。年内，《开滦日报》围绕开滦集团党政工作中心，贯彻落实开滦集团党委要求，把握宣传重点，创新报道方式方法。全年《开滦日报》出版报纸244期，19篇新闻作品在中国报业协会党报分会、中国企业报协会、河北省新闻工作者协会、河北省企业报协会评奖中获奖，其中一等奖5篇、二等奖9篇、三等奖5篇。全年报纸刊登广告未出现错误，员工未出现违纪违规问题。9月30日，开滦日报社举办“读书·益智”百科知识擂台赛，拓展新闻工作者知识领域，提高报社办报质量。

【《开滦日报》重点报道】2017年，《开滦日报》突出宣传党的十九大精神，刊发党的十九大相关文件及报道，推出学习宣传贯彻党的十九大精神系列专栏。突出宣传开滦集团第二次党代会精神，刊发会议消息，撰写评论，全文刊发党代会报告。宣传开滦集团“安全生产”“经营管理”“党的建设”“和谐企业建设”等方面内容，报道重要会议和重大活动组织情况，为开滦集团转型发展发挥舆论主阵地作用。加强新闻宣传策划，创新宣传形式，组织系列报道，开辟多种形式专版专栏，运用大版面、多视角，配发评论、图表分析解读等形式增强新闻报道视觉冲击力。年内推出《弘扬

9月30日，开滦日报社举办"读书·益智"百科知识擂台赛。

崔　奕　摄

工匠精神铸就开滦品质》《开滦集团推进民生建设》《　为企业转型升级积蓄技术力量》《开滦集团绿色发展》《开滦集团深度挖掘文化资源大力发展旅游产业》等系列报道9组38篇，开辟《扭亏脱困在基层》《科技创新在基层》《开滦先锋》《集团公司优秀班队长风采录》等各类专栏26个，采写刊发重点稿件860余篇。《提质降本增效在最基层》专栏做到期期有稿件。《党建在线》《群团之声》每周推出1期。刊发开滦矿工先进事迹，开办《风采·同心共筑开滦梦》《爱开滦、爱矿山——劳务派遣工风采》《最美党员》《最美员工》专栏。《开滦日报》一版以《安全矿山行》专栏为阵地，二版以"关键词：安全"为主题，全年刊发反映安全生产稿件504篇。

【《开滦周末》特色周刊打造】《开滦日报》副刊《开滦周末》为周刊，每周四出版。2017年，《开滦周末》出版49期，其中《聚焦》《作品》《人文》《万象》等栏目以弘扬唐山开滦工业文化为主，内容强调故事性、知识性及史实性，鼓励作者创作开滦及唐山地区文史类文章和文化新闻、摄影、评论等各种生活题材文章。一版《聚焦》在内容策划上，组织采写开滦文化方面系列特稿，有《相关链接》《收藏·历史》《唐山历史》《开滦往事》等栏目。二版《作品》发表唐山本地含开滦内部作家文艺稿件，打造精品文学作品。三版《人文》以唐山风俗、开滦历史、记忆收藏类为主。四版《万象》设《发现唐山之美》《发现开滦之美》《拍生活》《新视野》《好东西》《趣闻》等栏目。

（郑国双）

·《燕赵都市报（冀东版）》·

【冀东版概况】 2017年，《燕赵都市报（冀东版）》（简称冀东版）保持正面引导舆论，强化"民生立报"理念，通过建设新媒体"矩阵"，形成"一报、两微、多端"融媒体架构，打造融媒体平台。截至年底，融媒体平台新闻报道表现形式多样化，拓宽传播渠道，服务唐山、秦皇岛经济社会发展。继续策划并组织"我是小小银行家""母亲节帮妈妈做道菜""世界读书日"小记者读书会活动，以及走进唐山特警训练营、走进唐山市消防大队、"我是小小消防员比赛"、学医疗急救、参观日报印刷厂、"魔法气球嗨翻天""自来水是怎么来的知识讲座"等，推进冀东版品牌"小记者"活动，开展"男左女右联谊"活动，扩大冀东版影响力。

【冀东版重大报道】 2017年，冀东版在时政新闻报道方面持续关注唐秦两地市政建设、民生发展等内容。推出迁安海绵城市建设系列专题报道，以文字、图片、视频多种手段展现迁安城市风采和城市建设发展。记者走进遵化市、玉田县、滦南县、曹妃甸区、迁安市、路南区等重点县（市、区），以"走县区看项目"报道形式，展现县区风貌，并给各县（市、区）带来经济效益和社会效益。年内，策划和报道"玩转唐山——唐山最美"旅游评选活动，分县（市、区）报道唐山旅游景区、乡村旅游点、乡村酒店，并通过网友投票评选十大景区、旅游点和酒店，投票达到数十万份。"大美秦皇岛——暑期乐游汇"活动走进秦皇岛野生动物园、沙雕公园、昌黎黄金海岸等景区，梳理和报道秦皇岛景区。策划报道"寻美兴隆山"活动，通过七剑上兴隆山、探寻古历史等报道，利用摄影、直播、报道形式，宣传报道兴隆山。报道共享单车进入唐山、共享汽车问题、唐山街头"僵尸车"问题、关注"3·15"消费者维权故事等热点问题和话题，推出《新360行代言人》《出彩90后》等专栏。救助类报道《优质香蕉梨滞销愁坏遵化果农》《上万斤苹果愁坏单亲妈妈》，解决香蕉、苹果、梨滞销问题；《关注自闭症学校》报道，组织爱心志愿者赴自闭症学校慰问。

【冀东版正能量新闻报道】 2017年，冀东版挖掘唐秦两地正能量事迹和人物，包括秦皇岛见义勇为男护士、秦皇岛设立爱心墙、唐山聋哑女子大火中救邻居、迁西县村民救助被困游客、迁西县刘福全获全国道德模范称号等正能量报道，并利用新浪微博、今日头条、百度百家、一点资讯等新媒体平台发布，弘扬社会正气和时代精神。"感动唐山"年度人物评选进入第四年，冀东版官方微信投票平台总点击量350.3万次，微信投票数215万票。2017"感动唐山"年度十大人物揭晓，张杰、武铁友、张建伟等10人入选。

（文向辉）

·《唐山人才就业周刊》·

【《唐山人才就业周刊》概况】《唐山人才就业周刊》由唐山市人力资源和社会保障局主办，其前身是1995年创办《中国唐山企业家报》，2011年1月改版为《唐山人才就业周刊》（简称就业周刊）。内容包括政策解读，发布国家、省、市有关人力资源和社会保障方面新政策及解读；政策信息，提供全市公务员招考、事业单位人员招录、社保医保、人才就业、劳动监察、就业培训、人事代理等政策信息咨询服务；人社资讯，为2万家用人单位发布就业岗位24万个，发布高校毕业生、中高级经营管理人员、海外高级人才、社区“4050”（年龄女40岁以上，男50岁以上，本人有就业愿望，但因自身就业条件较差，技能单一等原因，难以在劳动力市场竞争就业劳动者）人员、农民工等就业创业信息3万余条；新闻报道，刊发全国最新人才就业方面热点新闻，全市人社系统工作动态，县（市、区）采风及企业形象展示。2017年，设有《政策资讯》《社保之窗》《劳动监察天地》《医保视点》《劳动政策》《职考快讯》《创业社区》《才市安排》《职场茶座》等10余个栏目，增设《劳动监察》《案例维权》《小窗口大服务》《人才需求目录》《学院动态》等栏目。围绕京津冀人才一体化，开设“京津冀人才需求动态”“京津冀信息”等专版，推出《全省人社信息速览》《县区亮点》等内容，创新、完善报纸信息服务平台作用。就业周刊周五出版发行，全年50期，每期四开十六版，期发行量5万份，覆盖唐山市政府机关、各企事业单位、高校、中等院校、市内主要社区、155个基层服务保障平台、市人力资源和社会保障服务中心各经办窗口及市人才市场、市人力资源市场组织招聘活动现场。全年采编信息稿件700余篇（图片新闻137条）；刊登招聘单位7000余家次，招聘岗位7万余个，发布个人求职信息6000余条；刊登各类企业形象广告80余条；推送《就业周刊》微信订阅号信息324期，关注用户7000余人。

【就业周刊社会服务】 2017年，《唐山人才就业周刊》坚持“关注民生、聚焦就业、服务人才”办报宗旨，发挥舆论导向和公共服务作用，报道唐山市人社工作，解读人社政策，指导人才就业创业，发布招聘求职信息，在政府、企业、各类人才之间搭建就业、创业及开发人力资源桥梁，打造人社服务绿色信息通道。为服务重点项目建设和非公企业发展提供人才智力保障，实现社会效益和人才效益互利共赢。

【就业周刊重点报道】 2017年，《唐山人才就业周刊》结合唐山市全局和中心工作重点，刊发《2017年唐山市毕业生就业市场》《华北理工大学2017届春季校园招聘会、秋季双选会》《第20届唐山中国陶博会人才技术交流大会》特刊，推出“《唐山人才就业周刊》300期”“市人社服务中心办事指南”“唐山市青年创业创新大赛”“喜迎十九大砥砺奋进的五年”等人社重点工作专题报道。发挥《就业周刊》微信公众平台作用，编设《人社资讯》《招聘信息》《求职推荐》《职场茶座》《企业推广》等8个板块内容，与关注用户留言互动，解答相关咨询，提升舆论宣传辐射面。

（郑纪涛）

·环渤海新闻网·

【环网概况】 2017年，环渤海新闻网（简称环网）登载稿件9万条，制作网络专题19个。年内，环渤海新闻网重点报道中国共产党第十九次全国代表大会、“治国理政进行时”“砥砺奋进的五年”“一带一路”战略、香港回归20周年、中国强军战略等新闻事件，制作《中国共产党第十九次全国代表大会》《习近平带领我们强军》《网络安全宣传周》《网络中国节》等新闻专题。宣传报道中国共产党第十九次全国代表大会，被河北省互联网信息办公室评为“十九大期间网络新闻宣传工作先进单位”。制作《弘扬塞罕坝精神绿色发展看河北》《2017河北省“两会”》《第十届中国—拉美企业家高峰会》等专题。围绕唐山市委、市政府中心工作，发挥网络媒体优势，制作《唐山答卷·逐梦2017》《喜迎党的十九大》《文明让城市更美好》等新闻专题。

【《唐山答卷·逐梦2017》制作】 2017年，环渤海新闻网以“回眸习近平总书记在唐山视察一周年”为新闻切入点，以习近平总书记“出题”，唐山“答卷”为立意，策划制作新闻专题《唐山答卷·逐梦2017》，内容记述唐山经济社会发展所取得新成就。该专题在“7·28”地震纪念日前推出，通过百余篇稿件、视频、图片等多种表现形式吸引网友点击阅读，一个月内专题访问量30余万人次。

【环网网络举报】 2017年，环渤海新闻网履行网站主体责任，开展互联网违法和不良信息举报工作，在网站首页开设网络不良信息举报APP下载入口和儿童色情信息举报专区，公布举报电话和举报邮箱，畅通举报渠道，及时处理各类举报问题，维护网络正气，被评为“2017年河北省互联网违法和不良信息举报工作先进单位”。

（张　凌）

·唐山人才网·

【人才网概况】 唐山人才网于2001年6月正式运营上线，由唐山市人社局自主研制开发，是河北省首家专业化人才网站。网站服务器采用国家主干线机房托管方式，配备有高性能网络防火墙，为求职者和招聘单位搭建交流平台。截至2017年年底，网站首页最高日访问量突破2.5万人次，总访问量5500万人次，累计单位会员6800家，储备个人简历58.4万份。年内，提供有效招聘职位2.4万余个。

【人才网便民服务】 2017年，唐山人才网微信公众号关注人数8万人，服务企业1500余家，发布求职简历7000个，全年推送各类招聘求职信息2万余条。网站建立“24小时客服热线”，听取群众对网站服务意见、建议、要求，并答复和解决问题，满足用户需求，全年在线咨询5.8万余次，服务满意度100%。

【人才网网络招聘活动】 2017年，唐山人才网举办毕业生就业网络招聘活动15场次，发布就业岗位3.2万个。9月15日～10月15日，唐山人才网联合北京人才网、北方（天津）人才网、河北人才网、哈尔滨人才网、大连人才网、沧州人才网、威海人才网、烟台人才热线、曹妃甸人力资源网10家网站举办“第十一届环渤海人才网络招聘大会”，提供招聘岗位1.8万个，2200余人达成就业意向，企业在10家网站查询搜索人才，实现“一网登陆，十网查询”。

（吴志强）

卫生
WeiSheng

综　述

【医疗卫生基本情况】 2017年，唐山市医疗卫生机构总数9093个，其中医院173个，比上年增加1个；基层医疗卫生机构8863个（包括社区卫生服务中心、站151个，乡镇卫生院189个，诊所和医务室2095个，村卫生室6416个，门诊部12个），比上年减少14个；专业公共卫生机构54个（包括疾病预防控制中心16个、卫生计生监督机构14个、妇幼保健机构19个、专科疾病防治院1个、急救中心1个、采供血机构2个、计生服务机构1个）；其他机构3个，比上年减少1个。全市医疗卫生机构床位4.34万张，比上年增加1371张。全市公立医院床位2.78万张，占医院总数83%，比上年减少216张。民营医院床位5657张，占医院总数17%，比上年增加851张。全市每千人口医疗卫生床位5.94张，比上年增加0.21张。全市卫生人员总数6.52万人，比上年减少83人。卫生技术人员4.75万人，比上年增加495人，其中执业（含助理）医师2万人、注册护士1.97万人、药师1947人、技师（士）2026人、其他3780人。截至年底，全市拥有大型医用设备264台，其中CT149台、核磁（MDI）51台、大型血管造影机（DSA）42台、直线加速器（LA）13台、ECT9台。

【京津冀医疗卫生协同发展】 2017年，唐山市卫生计生委推动全市各级医疗机构与北京建立紧密型协作关系和长效合作机制，全市二、三级医院与京津医院签署技术项目合作协议45个，开展合作项目56个。全市三级医院和各县（市、区）医院实现与解放军总医院、北京天坛医院等医院远程医疗会诊服务。市人民医院、市协和医院、市中医医院等与北京医学会、北京大学口腔医院、北京中医药大学第三附属医院等建立专科医疗联盟。推进北京安贞医院曹妃甸合作医院建设，完成心血管疾病介入诊疗手术220人次。推动北京友谊医院曹妃甸合作医院开诊运营，完成北京友谊医院曹妃甸合作医院与首钢基金PPP（政府和社会资本合作）合作协议文本。推进北京妇产医院曹妃甸妇产中心建设、曹妃甸区医院与北京安贞医院远程信息化诊疗平台建设。

【省医学会病理学分会学组成立大会】 2017年7月22日，河北省医学会病理学分会教学与教改学组和头颈学组成立大会暨京津冀协同发展学会和学科建设座谈会在唐山市举行。全国23家医疗机构病理学专家交流津冀协同发展、病理学科建设等问题。会上成立河北省医学会病理学分会教学与教改学组和河北省医学会病理学分会头颈学组，选举唐山市协和医院教授刘宏侠担任头颈学组组长，唐山市协和医院成为河北省头颈病理学组组长挂靠单位，协和医院副院长张广增当选为学组顾问。

【“六姐妹”护理组成为新闻人物】 2017年1月，由中共河北省委宣传部和《河北日报》报业集团主办的“2016年（第十三届）河北十大新闻、年度十大新闻人物评选”揭晓，唐山“六姐妹”护理组获“2016年河北年度十大新闻人物”称号。唐山市第五医院精神科“六姐妹”护理组组建于1984年，截至年底，历经三代。“六姐妹”护理组曾被省委宣传部授予“学雷锋活动示范点”、最美河北人之“最美健康卫士”，被市委宣传部授予唐山市“最美追梦人”。

【医务人员心理健康服务基地成立】 2017年10月24日，唐山市医务人员心理健康服务基地挂牌成立。该基地是河北省首家面向各级医疗单位“开展心理咨询、实施干预管理、传播心理健康知识、进行心理危机事件应急处理”的综合服务平台。基地设有接待室、个案咨询室、沙盘治疗室、团体咨询室、心理体检室，以“维护医务人员心理健康，促进卫生事业和谐发展”为核心理念，依托市第五医院、开滦精神卫生中心等心理医疗机构在心理疾病救治方面专业优势，对系统内人员开展心理健康评估和心理训练等心理健康服务。

【居民健康卡服务中心成立】 2017年7月1日，唐山市居民健康卡服务中心挂牌成立。国家卫生计生委信息中心主任孟群、唐山市卫生计生委主任李建新为服务中心揭牌。中国银行唐山分行副行长李志明、中软智通总经理赵铁民及一兰投资集团相关负责人等出席仪式。该中心由唐山市卫生计生委主导，中国银行唐山分行、中软智通公司及通联支付公司共同参与建设，位于唐山市路北区建设路100号。中心整合“12320”医疗咨询、健康卡金融业务办理、计划免疫服务、微信服务平台、健康卡商城、健康卡项目运维及推进、便民缴费等功能，为唐山市居民提供基于健康卡功能一站式服务。

医药卫生体制改革

【公立医院改革】 2017年，唐山市被确定为全国15家公立医院综合改革示范城市之一。搭建唐山市医用耗材招采平台，全市二级以上公立医院全部加入唐山市药采联盟，中标结果比2017年最低采购价平均下降17.6%～36.7%。推行公立医院编制备案制改革，改变医务人员多种身份、不同待遇问题，落实同工同酬同待遇。开展市直公立医院人事薪酬制度改革试点工作，通过业务骨干年薪、项目薪酬工资、“以奖代补”等补偿机制，激发医务人员工作热情。全市公立医院运行实现“五降三升”，即药占比32.43%，比上年下降4.41个百分点；百元医疗收入消耗卫生材料27.79元，比上年下降1.12元；医疗总收入增幅9.01%，比上年下降0.65个百分点；门急诊患者次均费用降幅0.95%，比上年下降1.56个百分点；住院患者次均费用增幅3.42%，比上年下降1.21个百分点；医疗服务收入占比24.40%，比上年上升2.36个百分点；基层诊疗人次占比增幅4.47%，比上年上升2.13个百分点；县域内就诊率90.12%，比上年上升3.58个百分点。

【医联体建设】 2017年，唐山市卫生计生委组建唐山工人医院、开滦总医院、唐山市人民医院、华北理工大学附属医院、唐山市中医医院5个医疗集团，形成服务管理机制。在滦南县、滦县等县区推行县域医疗共同体，基层开展医联体建设主要模式试点，建成医疗共同体6个。唐山市妇幼保健院、唐山市第二医院、唐山市协和医院3个三级医院分别建立3个专科联盟，47个医疗机构或医疗专科成为联盟单位。全市建成医疗联合体（城市开展医联体建设主要模式）信息化平台29个，实现医疗联合体内部患者病历信息共享、影像资料实时传输及专家面对面网络会诊，试点区域内居民在本居住地即可享受高水平医疗服务。唐山市医疗联合体经验在全省推广。

【多元化办医】 2017年，唐山市政府制发扶持政策，引导、鼓励和服务社会办医。全市100张床位以上民营医疗机构从5家增加到9家，社会办医疗机构床位增加1800张。创新社会办医形式，加快引入社会资本参与公立医院改革，通过PPP（政府和社会资本合作）合作共建唐山市中心医院、股份制改造唐钢医院、华北理工大学附属医院托管运营唐山南湖医院等多种模式，形成良性竞争、共同发展的现代办医格局。引入建立第三方检验中心，为扩大社会办医提供支撑，建成全省首家独立第三方医学检验机构，签约服务基层医疗机构90余家，开展各项临床检验1.2万人次。年内，有15个省市派考察团在唐山市参观考察学习。

【医疗医保医药联动】 2017年，唐山市通过组建药采联盟、搭建第三方平台，建立新型药品、耗材供应链金融服务模式。年内完成八大类医用耗材集中招标采购，中标结果低于全年最低采购价平均价。完善临床路径管理和按病种收费机制，为开展按病种付费方式改革奠定基础。全市开展临床路径管理二级以上医院29家，实施临床路径管理病种数217个，病例入组率50.6%。全市102个病种实行按病种收费。深化收付费方式改革，在国家卫计委指导下开展C-DRG（全国按疾病诊断相关分组收付费规范）收付费改革试点工作。

疾病预防控制

【疾病预防控制概况】 2017年，唐山市卫生计生委制发《唐山市人感染H7N9流感应急预案（试行）》，指导和规范全市H7N9流感应急处置工作，指定唐山市传染病医院、唐山工人医院、唐山市人民医院、华北理工大学附属医院、开滦总医院、唐山市妇幼保健院为市级H7N9医疗救治定点收治医院。截至年底，唐山市未出现感染H7N9流感病例。开展艾滋病、结核病等重点传染病防治，关注、防治手足口病、流行性出血热等季节性、突发性传染疾病，推开结核病管理模式，全年唐山市没有传染病疫情发生。唐山市高发流行性出血热和布病疫情得到遏制，流行性出血热全年报告127例，比上年减少140例；布病147例，比上年减少368例。

【传染病监测年报】 2017年，唐山市新涂阳病人登记385例，复治涂阳病人登记69例，涂阴病人登记1469例。全市高血压和糖尿病管理人数分别为7.08万人和25.22万人，管理率分别为89.46%和91.7%，规范管理率分别为82.45%和81.19%。年内，累计接种各类疫苗193.58万针次，BCG（卡介疫苗）疫苗接种率99%以上、OPV（脊髓灰质炎）疫苗接种率93%以上，其他疫苗接种率95%以上。全市报告传染病21种2.57万例，其中肝炎、肺结核占报告总数38.1%。报告发病率为每10万人327.52例，报告发病数居前5位的是肝炎7539例、其他感染性腹泻6204例、手足口病6284例、肺结核2252例、梅毒1046例。传染病报告死亡数居前的是肺结核5例、手足口1例。

【慢病管理】 2017年，唐山市卫生系统报告慢病死亡数2.44万例，死亡率6.1‰，超过国家6‰估算死亡率要求，其中迁安市报告死亡率7.9‰、迁西县报告死亡率7.5‰、开平区报告死亡率6.3‰。开展基本公共卫生项目慢病管理，规范心脑血管事件报告，全市报告心脑血管病例数为1.03万例，报告率为每10万人132.6例。全年依托卫生宣传日（世界高血压日、肿瘤防治周、精神卫生日等）开展宣传教育，普及健康生活核心知识，提升居民健康管理意识。5月，组织开展唐山市参加全国“万步有约”职业人群健走大赛，号召职业人群参与科学健走运动，构建适合职业人群长效慢病综合防控机制。市疾控中心督导各县（市、区）监测项目，检查迁安市脑卒中高危人群筛查、开平区心脑血管疾病高危人群筛查、丰润区开展叶酸项目等，促进全市慢病监测工作落实。

【生活饮用水与环境监测】 2017年，唐山市卫生计生委按照市人大调研后要求，在原监测14个县（市、区）基础上，增加海港经济开发区、芦台经济开发区和汉沽管理区水质监测，实现水质监测全覆盖，按时完成数据审核和上报。按照河北省卫计委要求，按季度公示城市饮用水水质监测结果。监测唐山市空气污染对人群健康影响，开展空气中PM2.5采样及成分分析，累计采集样品192个，将分析结果上报省疾病预防控制中心。

【地方病防治】 2017年，唐山市居民户食用盐监测碘盐覆盖率86.17%、合格碘盐食用率73.00%。开展碘营养水平监测，抽样检查8～10岁儿童甲状腺和孕妇尿碘各1000份，儿童和孕妇碘营养水平处于碘适宜状态。完成全市水氟含量调查和儿童氟斑牙调查，全市调查14个县（市、区）216个乡，采集水样1127份，水氟小于1.2毫克1056份（占93.70%），水氟大于1.2毫克71份（占6.29%），合格率 93.70%。调查芦台等4个开发区8个乡，采集水样66份，水氟小于1.2毫克64份（占97.00%），水氟大于1.2毫克2份（占3.0%），合格率97.00%。调查11个县（市、区）513个氟病村儿童8409人，异常人数707人，患病率8.40%，低于30%，达到控制标准。

【健康促进项目开展】 2017年9月，唐山市卫生计生委开展“三减三健，迈向健康”全民健康生活方式行动第二阶段活动，号召全市人民减盐、减油、减糖，保持健康口腔、健康体重、健康骨骼，普及健康生活核心知识，提升居民健康管理与促进意识，增进人民群众健康素养水平。10月中旬，举办全市大学生艾滋病防治知识辩论赛，6所高校参与，围绕“性教育列入中学生教材利弊”“大学生体检是否应该增设艾滋病抗体检测项目”“面对感染如何处理”“艾滋病离大学校园远近”“艾滋病患者怀孕是否应该生育”“大学校园是否应该摆放自动售套机”“预防艾滋病是洁身自好，还是人性自由”等话题开展辩论，增进青年学生对艾滋病了解与认识，增加青年学生参与艾滋病防治主动性和积极性。

卫生执法监管

【卫生执法监管概况】 2017年，唐山市累计出动卫生执法车辆1.5万余辆次、执法人员1700余人次，发放宣传单5万余份、宣传册2万余本。全市有行政处罚案件224件，其中简易程序案件37件、一般程序案件187件，累计罚款126.25万元。落实国家卫生监督抽检，卫生计生行政处罚系统使用率100%，日常监督信息报告率95%以上；开展创建全国文明城市专项整治活动，公共场所卫生管理监督检查覆盖率100%。加强监督机制对接，与北京市石景山区、天津市津南区对接，建立人才交流培养、联合应急演练、卫生执法、统一信息平台等合作机制。

【医疗服务市场秩序规范】 2017年，唐山市卫生计生委开展打击非法行医、非法医疗广告“两无城市创建”活动和“非法胎儿性别鉴定、非法终止妊娠”综合治理，在打击非法医疗美容“亮剑”活动中，发挥部门协调联动机制，全市累计打掉非法医疗美容“黑窝点”10个，扣押非法物品19台件，罚没款7.6万元。监督检查采供血机构和医疗机构临床用血，严禁未经批准，私自跨地区、跨区域采集脐带血。全市医疗机构、采供血机构综合整治覆盖率100%，群众举报投诉处理率100%。

【医疗废弃物监督检查】 2017年，唐山市卫生计生委贯彻落实省环保厅、公安厅和省卫生计生委制发《关于开展打击涉危险废物违法犯罪专项行动的通知》（冀环〔2017〕22号）文件精神，抽调人员，明确职责分工，制订工作方案，开展督导检查专项行动。年内，查处涉医疗废物违法违规行为医疗机构44家，其中整改22家、警告15家、警告并罚款7家，罚款4万元。截至年底，全市有医疗废弃物处置中心2家，日处理能力31.2吨，达到省要求保障日处理能力要求。

【卫生专项治理】 2017年，唐山市卫生监督部门对全市487家集中式供水、二次供水和农村学校供水单位及819台现制现售饮水机开展专项监督检查，生活饮用水监督覆盖率96.8%，建档率100%。对全市1513所中小学、19所高校开展拉网式监督检查，重点对辖区学校内影响学生健康的学习、生活、劳动、环境、饮用水等方面卫生和传染病防治工作实行日常性监督，监督覆盖率100%。监督检查全市范围内各级各类医疗机构、各级疾病预防控制中心放射诊疗工作，建档率100%，防范放射诊疗时放射事故等突发事件发生，确保医患身体健康和生命安全。

基层卫生与妇幼保健

【基层卫生服务体系建设】 2017年，唐山市有180所乡镇卫生院、136所社区卫生服务机构和4560所集体产权卫生室。年内，争取国家和地方财政支持，改扩建乡镇卫生院，新建集体产权卫生室，购置必备设备，为全市60%集体产权村卫生室配备“健康一体机”4107台套。利用社区协会、学会等各方力量，安排基本公共卫生培训、重点学科专业培训600余人次。推进“建设群众满意乡镇卫生院”和“全国优质示范社区卫生服务中心”创建，唐山市创建经验得到省卫计委肯定，并在全国创建工作会中作为交流材料提交，迁安市建昌营中心卫生院代表河北省通过“全国百佳卫生院”初核。截至年底，唐山市有国家级群众满意卫生院39所、省级群众满意卫生院81所。

【家庭医生签约】 2017年，唐山市卫生计生委制发《唐山市推进家庭医生签约服务的实施意见》和《唐山市家庭医生签约服务管理办法（试行）》，明确工作目标，细化签约流程，制订基本规范，通过电视、电台、手机APP、宣传材料、广告媒体宣传等多种形式开展家庭医生签约服务宣传，传播以签约服务促进健康管理理念，增进家庭医生团队社会美誉度，提高居民签约积极性。全市组建签约服务团队1285个，常住人口签约覆盖率32.03%，重点人群签约率63%，贫困人口、计划生育特殊家庭签约率100%。

【唐氏综合征筛查】 2017年，唐山市卫生计生委实施免费唐氏综合征筛查项目，与市财政局、市妇女儿童工委办公室联合制发《唐山市免费唐氏筛查工作实施方案》，7月1

日起在全市启动。截至年底，为4.15万名孕产妇进行产前筛查，适龄人群筛查率90%以上。

【母婴健康管理】 2017年，唐山市卫生计生委实施增补叶酸预防神经管缺陷、农村孕产妇住院分娩补助、艾滋病梅毒乙肝母婴阻断等妇幼重大项目。截至年底，全市为4.93万名孕妇免费补服叶酸，为2.70万名农村产妇发放住院分娩补助（7月起停止补助），为4.72万名育龄夫妇进行孕前优生健康检查，孕产妇艾滋病、梅毒、乙肝检测人数总计15.32万人次，分别为1.77万名农村妇女免费检查宫颈癌，为2019名农村妇女检查乳腺癌，检测率99.99%。

【母婴安全】 2017年，唐山市确定华北理工附属医院、唐山工人医院、开滦总医院、唐山市妇幼保健院为市级危重孕产妇救治中心，市妇幼保健院为市级危重新生儿救治中心。各县（市、区）分别确定至少1个医疗机构为县级危重孕产妇和新生儿急救中心，各急救中心按照方案要求，完善转诊流程，开通急救绿色通道，服务危重孕产妇和新生儿救治。在全市形成分级负责、上下联动、应对有序、运转高效的危重孕产妇、新生儿急救和转会诊网络。10月底～11月初，市卫生计生委选派市级急救中心专家，在各县（市、区）危重孕产妇和危重新生儿救治中心进行急救模拟演练，对各中心存在问题给予现场指导，提高急救效率。

卫生应急

【卫生应急概况】 2017年，唐山市卫生计生委建立健全卫生应急保障体系和食品安全风险监测机制，承办“河北省重大自然灾害（洪涝地震）卫生应急实战演练”和“河北省省级队伍突发急性传染病防控应急演练”，完成各类重大活动医疗保障任务10余次。处置公共卫生事件和社会安全事件9起，伤病人员均得到妥善安置，保障社会和谐稳定。

【食品安全风险监测】 2017年，唐山市卫生计生委制订并组织实施《2017年唐山市卫生计生委食品安全风险监测方案》。食品微生物及其致病因子监测任务完成115.6%，食品化学污染物监测完成100%，包括蔬菜、水果、肉及肉制品、豆类、茶叶、饮料、食用植物油、蛋及蛋制品、蜂蜜、包装材料等13种，网络上报240份1991个条目数据，其中判断结果合格216份，不合格样品9份，并向相关部门反馈信息，全市38家食源性疾病监测哨点医院报告食源性疾病病例信息2050份，分离出沙门氏菌2株、诺如病毒和志贺氏菌各1株。处置曹妃甸区、乐亭县、滦县3起食源性疾病暴发事件。

医政管理与医教科研

【医院质量管理】 2017年，唐山市卫生计生委完善质量管理考评体系，全面控制医疗质量。全市29家二级以上医院实施临床路径管理，217个病种8.33万例病历进入临床路径管理。截至年底，全市三级综合医院不少于15个专业150个病种开展临床路径管理，三级专科医院不少于30个病种开展临床路径管理，全市所有二级以上公立医院实现纳入临床路径管理病例数达到出院病例数30%以上。血液管理采取现场检查方式客观评价临床用血医疗机构53家，保障用血安全。唐山市连续7次被评为“全国无偿献血先进城市”。

【限制类临床医疗技术管理】 2017年，唐山市有51家医疗机构39项限制类临床医疗技术向省卫生计生委申报备案材料。市卫生计生委按照限制类临床医疗技术卫生行政部门事中、事后监管原则，开展医疗质量安全督导检查。年内，全市未发生因实施限制类临床医疗技术造成医疗事故和医疗纠纷。

【医疗服务管理】 2017年，唐山市卫生计生委开展“质量效益、创优服务”、改善医疗服务行动计划和优质护理服务评价活动，截至年底，三级医院门诊预约率40%，复诊预约率60%，口腔、产前检查复诊预约率80%，提高群众满意度和就医受益感。三级综合医院优质护理示范病房开展率100%，三级专科医院及县区公立医院开展优质护理示范病房率均达50%以上。

【平安医院建设】 2017年，唐山市完善“保、赔、调、防”四位一体医疗纠纷第三方调解机制，并在全省范围内推广，国家综治办带队实地调研走访，此机制受到国家综治办肯定。上半年，全市三级医疗机构投保续保率87%，二级医疗机构投保率77%，同时有57家一级以下医疗机构（含农村诊所）投保，开发一级以下医疗机构投保，截至年底，4个县（市、区）3家医疗机构参保公众责任险。全市98%纠纷患者选择第三方调解途径，调解成功率95%以上。5月，唐山市医调委被司法部评为“全国模范人民调解委员会”，6月，被省综治办评为“全省社会矛盾纠纷优秀调解委员会”。

【卫生人才培养】 2017年，唐山市卫生计生委开展卫生适宜技术进基层、全科医师转岗、全科医学师资、基层大专学历教育等各类培训项目，全市3000余名基层医务人员受益。加强学科梯队建设，强化后备学科带头人培养，全年全市有9人入选北大医学部中青年骨干医师研修班。在全省2017年重点学科评审中，唐山市有17个学科入榜，其中工人医院8个，开滦医院6个，人民医院、二院、妇幼保健院各1个，在河北省各地市中名列第一。

【科研项目管理】 2017年，唐山市卫生计生委利用网上直报审批方式，强化前置审批职能，唐山市科研项目审批通过率由上年75%提升到90%。年内，全市获省卫生计生委审批指令项目10项、指导项目215项，获资助资金5万元。在项目评奖中，唐山市卫生计生系统获省科技厅评选三等奖8项，获省卫计委评选一等奖38项、二等奖68项、三等奖8项。

【卫生计生委新闻宣传】 2017年，唐山市卫生计生委加强与媒体沟通联络，与媒体建立互动关系，对重大任务部署、重要活动组织、重大措施出台、社会关注热点和难点问题组织媒体宣传报道。9月12～14日，省主流媒体记者团12人在唐山市各大市直医院、乡镇卫生院及社区服务中心围绕医改工作采访，发表一批展示唐山市医改成绩、群众得实惠宣传报道。联合市委宣传部开展“唐山最美医生”推选展示活动，刘立新等10名医生被授予“唐山最美医生”称号。唐山市推选滦县人民医院急救中心主任张树全被省委宣传部、省卫生计生委命名为“河北最美医生”。

中医药管理

【中医医院规范化管理】 2017年2月，唐山市政府制发《唐山市贯彻落实〈中医药发展战略规划纲要（2016～2030年）〉实施方案》，市卫生计生委会同市财政局、市人社局、市教育局和市食药监局联合制发《唐山市基层中医药服务能力提升工程“十三五”行动方案》。全市二级中医医院全部通过省中医药管理局检查评估验收。唐山市卫生计生委按照“十三五”规划要求，在全市开展“两堂一馆”建设，即在所有中医医院建设“名医堂”，在乡镇卫生院、社区卫生服务中心和二级以上综合医院建设“国医堂”，在村卫生室和社区卫生服务站建设“国医馆”，并制发“国医馆”建设标准。年内，建设“国医堂”20个。

【中医药宣传普及】 2017年，唐山市卫生计生委组织开展中医药文化科普巡讲活动，指导各县（市、区）中医医院与乡镇卫生院联合开展以“中医健康你我他”“中医中药健康行”“中医中药走基层”“糖尿病知识大讲堂”“健康大讲堂活动月”等活动，各单位制作展板和宣传板报800多块，发放宣传材料8.5万余份，受益群众11万余人。迁安市中医医院和玉田县中医院被省卫生计生委推荐申报为国家级中医药文化宣传教育基地。

【中医药人才培养】 2017年，唐山市卫生计生委鼓励、支持各级中医医院借助京津名老中医药专家资源，建立京津名老中医药专家工作室分站。市中医医院“刘玉洁名中医传承工作室”和“杨宝元名中医传承工作室”通过省中医药管理局验收，在迁安市中医医院设立北京中医药“薪火传承3+3工程”——郭志强名中医传承工作站分站。丰润区中医医院于晓东传承工作室、滦县中医医院刘锡民传承工作室获批为全国基层名老中医药专家传承工作室建设单位。确定第四批全国中医临床优秀人才4人，确定省中医临床优秀人才8人。获批国家级继续教育项目8项、市级继续教育项目126项，获省中医药学会科学技术奖53项，其中一等奖7项、二等奖31项、三等奖15项。

爱国卫生

【爱国卫生月活动】 2017年，唐山市爱卫办按照省爱卫办《关于开展全国第29个爱国卫生月活动的通知》要求，结合唐山市全国文明城市复审，在唐山市城乡开展重点整治居民小区、城乡接合部、城中村、背街小巷、建筑工地、绿化带、集贸市场等地卫生死角春季爱国卫生活动。在4月“爱卫月”期间，全市累计印发控烟宣传资料7.5万份，改厕宣传资料3万份，其他健康宣传资料36万份，唐山市区及各县（市、区）投放鼠药119.23吨、毒饵盒6550个、灭蟑药2164千克，预防和减少病媒生物传播疾病发生和蔓延，降低“四害”密度。

【农村改厕】 2017年，唐山市爱卫办对全市304个省级重点村实施农村无害化卫生厕所改造，精品村无害化卫生厕所覆盖率100%，达标村覆盖率80%以上。市爱卫办会同市美丽乡村建设领导小组办公室、市财政局、市住建局、市妇联制发《2017年唐山市美丽乡村建设农村改厕实施方案》，要求各地围绕“农民受益、农民满意”核心目标，坚持“建（建设施工）、管（管理维护）、用（粪液利用）”并举，在总结2016年成功做法和经验基础上，重点在“规范建设、提高质量、科学管理、深化服务”上下功夫，全年完成无害化厕所改造5000座。

【省健康城镇建设试点座谈会在唐召开】 2017年5月18～19日，河北省健康城镇建设试点暨京津冀健康城镇建设工作座谈会在唐山迁安市召开。全国爱卫办、河北省卫计委、北京市卫计委（爱卫办）、天津市爱卫办、唐山市卫计委（爱卫办）及首都社会经济发展研究所、天津财经大学等单位负责人、专家参加座谈会。此次会议旨在交流学习京津冀推进健康城镇建设经验和做法，推动建立京津冀爱国卫生交流合作机制，推进三地健康城市、健康村镇建设。北京市卫计委委员刘泽军介绍京津冀健康城市联盟进展情况，并宣读《迁安共识》。京津冀三地卫生计生委、爱国卫生及城市建设领域专家就健康城市建设达成共识，共同签署京津冀建设健康城市联盟框架协议。

人口计生

【人口计生概况】 2017年，唐山市出生9.15万人，人口出生率12.44‰，比上年升高1.52个千分点，自然增长率6.52‰，符合政策生育率97.39%，比上年升高0.8个百分点。改革完善生育服务制度，推行承诺代办、网上办理、一站式服务等便民措施，全年全市办理一孩生育登记2.9万例、二孩生育登记4.2万例。

【计生惠民】 2017年，唐山市卫生计生委为5898人发放独生子女父母退休3000元一次性奖励1766.9万元，为15.7万人发放奖扶金1.5亿元，为9941人发放特扶金6053.4万元，兑现人数、兑现金额在全省保持前列。发放救助金1454.1万元，救助计生特殊家庭1500户。落实“亲情关爱　精准帮扶”相关政策，拓宽计生特殊家庭医疗服务“绿色通道”，完善养老服务政策，将符合条件计生特殊家庭优先纳入特困人员供养范围。

【医养结合】 2017年，唐山市卫生计生委制订《唐山市推进医疗卫生与养老服务相结合的实施意见》，推进健康养老工程，形成涵盖老年病医院、康复医院和综合医院老年病科等在内多层次健康养老服务体系，满足老年人医疗服务需求。截至年底，全市有82家医疗机构与养老机构实现签约服务，建立康复医院8家、老年病医院1家，19家二级以上综合医院开设老年病科。全市医疗机构为老年人提供就医便利服务，开设绿色通道比例92.38%。

【流动人口服务管理】 2017年，唐山市以“关注流动人口健康，人人参与共建共享”为主题，开展“动车组”启动等活动。为加强对特殊流动人口群体服务，唐山市专门投入资金75万元，用于流动育龄妇女“两癌”检查、结核病筛查及留守流入儿童口腔初级预防，受益流动人口1万人。9月，唐山市被确定为国家新增流动人口服务均等化试点城市，并明确丰南区为流动人口服务均等化示范县区。

（王义岩）

重点医疗机构

·唐山工人医院·

【工人医院概况】 唐山工人医院占地面积9.33公顷，建筑面积13万平方米，医院编制床位2000张，实际开放床位2143张，年门诊量106.8万人次，年住院病人5.9万人次。2017年，医院集团业务总收入20.85亿元，其中本部16.36亿元。医院临床医技科室90个，职工3559人，其中高级职称652人，是一所集医疗、教学、科研、预防、保健、社区卫生服务于一体的大型综合性三级甲等医院，是河北医科大学唐山临床医学院、河北联合大学附属唐山工人医院、承德医学院教学医院。医院有省临床重点专科13个，重点建设专科8个，重点培育专科5个，省、市级医学重点学科27个。医院集团三级网络包括本部工人医院，二级医院11家（心血管病医院、脑科医院、烧伤整形医院、唐山铁路中心医院、康复医院、第八医院、第九医院、迁安燕山医院、丰南区医院、迁西康力医院、曹妃甸区工人医院），一级医疗机构23个（社区卫生服务站7个、服务中心2个、门诊部1个及医药商场等）。医院获“全国卫生系统先进单位”“全国首批百姓放心示范医院”“全国医院文化建设先进单位”“全国模范职工之家”“全国医院管理年活动先进单位”等称号，医院心内科获“全国五一劳动奖状”。医院被确定为全科医生临床培养基地、卫生部脑卒中筛查与防治基地、国家卫计委冠脉介入培训基地、国家卫计委脑卒中筛查与防治基地、国家住院医师规范化培训基地、美国心脏学院教育基地、美国心脏学会专业示范中心、国家药物临床试验机构、卫生部药物临床试验基地、河北省烧伤研究所和河北省颅脑损伤研究所。

【工人医院科技成果】 2017年，唐山工人医院获批各级各类医疗科技项目45项，其中省科技支撑指令性计划2项，省科技厅国际合作项目1项，省级外专局项目1项，省重点医学研究课题34项，省中医院管理局项目4项、合作课题3项。组织科研成果鉴定项目23项，其中唐山市科技进步奖申报8项、河北省科技进步奖申报3项、河北省医学科技奖励申报11项、河北省中医药管理局申报1项。获得省、市各级各类科技进步奖33项，其中获得省科技进步三等奖1项，市一等奖9项、二等奖19项、三等奖4项，市科技进步一等奖1项、二等奖3项，三等奖3项，河北省医学科技奖一等奖8项、二等奖14项、三等奖1项，河北省中医药管理局二等奖2项。在正式核心期刊发表论文196篇，SCI（国外论文检索库）收录期刊发表文章23篇。心内科成为“全国心内介入培训基地”，美国心脏学院ACC教育基地。

【与中日友好医院签署合作协议】 2017年9月28日，在石家庄召开的2017年京津冀医疗卫生协同发展论坛上，唐山工人医院与中日友好医院签署合作框架协议，为期3年，内容包括医院管理、学科建设、人才培养、医疗服务等方面。期间，中日友好医院支持工人医院开展新技术、新业务，实现优质资源共享，开展各类学术交流和科研合作，加强高层次人才培养和干部队伍建设，并通过远程医学平台或选派专家开展疑难病例会诊、危重症抢救、手术指导等。

【首例静脉血管桥PCI术完成】 2017年8月29日，唐山工人医院心内一科主任纪征完成唐山市首例（在远端保护装置保护下）冠脉搭桥术后静脉桥血管PCI治疗，填补唐山市医疗技术空白。静脉桥血管病变是指移植静脉桥血管（SVG）由于显著粥样硬化导致管腔狭窄超过50%引起供血范围心肌缺血，SVG病变属于高危病变，针对SVG的PCI治疗风险大，无复流概率高，一旦发生无复流，多种补救措施难以奏效，故强调预防为主，远端保护装置则是有效预防措施。

【迁安人民医院加入医联体】 2017年11月10日，唐山市工人医院与迁安市人民医院签订《区域医疗联合体成员单位合作协议》，迁安人民医院正式加入唐山市工人医院医联体。唐山工人医院通过医联体建设，帮助基层医院提高技术水平，促使医疗资源下沉，实现与基层医院共赢。协议签署后，双方就医联体和医共体建设、分级诊疗、对口帮扶、学科建设、学术研究、人才培养等

9月28日，唐山工人医院与中日友好医院签署合作协议。

唐振中 摄

问题达成共识，明确规定双方合作目标、范围及彼此之间权利和义务，形成相对稳定、紧密衔接的医联体。

（王　淼）

·唐山市人民医院·

【人民医院概况】 唐山市人民医院始建于1943年，是唐山市最早的公立医院，以肿瘤治疗为特色，集医疗、教学、科研、预防、保健、社区卫生服务于一体，为大型三级甲等综合医院、华北理工大学附属人民医院及李嘉诚基金会唐山市人民医院宁养院。2017年，医院占地面积8.02公顷，建筑面积6.92万平方米，编制床位1040张，开放床位1380张，年门诊量42.76万人次，年住院病人5.10万人次。职工2215人，卫生专业技术人员1825人，其中348人具有高级专业技术职称，硕士研究生导师35名。设有临床科室55个、医技科室15个。有医学中心11个（唐山市肿瘤诊疗中心、唐山市肿瘤会诊中心、中美唐山国际肿瘤会诊中心、肿瘤放射治疗中心、乳腺疾病防治中心、法医鉴定中心、唐山市体检中心、中医骨伤康复中心、卒中中心、眩晕治疗康复中心、胃食管反流病诊疗中心），省级重点学科1个，省级重点培育专科2个，省级重点实验室1个，市级重点学科2个，市级肿瘤研究所1个，承担多项国家自然基金项目及省级重点课题。11月18日，国家心脑血管病联盟成立，唐山市人民医院首批入选“国家心脑血管病联盟成员单位”。12月8日，人民医院卒中中心通过国家卫生计生委脑卒中防治工作委员会专家评审，被确定为高级卒中中心。开展经会阴前列腺饱和穿刺活检术，填补唐山市医疗技术空白。申报“DUSP23在心脏重构中的作用及其分子机制研究”获国家自然科学基金委员会青年科学基金项目资助，资助经费20万元。推进集团化建设，搭建起互联互通云平台，得到国家、省、市领导和相关单位认可。年内，被评为“全国百姓放心示范医院”。

【人民医院科研成果与对外交流】 2017年，唐山市人民医院有15个科研项目已完成结题、验收，获成果15项。获批各级立项38项，其中主持国家自然科学基金青年基金项目1项、河北省科技计划项目1项、河北省医学科研重点课题指导计划项目34项、河北医学适用技术跟踪项目1项、河北省中医药类科研课题计划项目1项。有获奖科研项目14个，其中《Mfn2、CBP 等肿瘤标志物在乳腺癌、肝癌等肿瘤诊疗中的应用》获河北省科技进步二等奖。年内，发表论文193篇，其中被SCI收录论文20篇，发表在中文核心期刊18篇、科技核心期刊116篇。获批继续医学教育项目38项，其中国家级4项，省、市级34项。

7月7～9日，唐山市人民医院开展党员教育活动。　殷晨曦　摄

【人民医院医疗集团建设】 2017年，唐山市人民医院推进集团化建设，组建涵盖64家医疗单位的资源共享、合作共赢医疗联合体，覆盖人口700万人。利用信息化手段与各医疗单位搭建起互联互通云平台，包括远程诊断服务平台、分级诊疗协作平台、双向转诊协作平台、远程会诊云平台、其他辅助远程云平台，构建“三级医院、二级医院、一级医院、乡医”四级诊疗新体系，让患者在本地就能享受到三级医院医疗服务。成立患者转诊服务中心、集团质控中心，建立集团内各种培训平台，截至年底，完成各类培训200余场次，2万余人参加。

【首例腹腔镜无切口结肠癌根治术】 2017年3月，唐山市人民医院完成首例腹腔镜无切口乙状结肠癌根治术，整场手术在全腹腔镜下操作，手术历经3个多小时，术后患者恢复良好。腹腔镜无切口结直肠癌根治术只在患者腹部打5个小操作孔，整个大肠肿瘤切除及吻合手术过程均在腹腔镜下腹腔内完成，切除标本经肛门取出，避免术中通过小剖腹术取出标本及因剖腹术引发术后并发症。该术式具有创伤小、疼痛轻、术后恢复快、体表美观等优点。

【家庭医生签约示范社区】 2017年5月19日，唐山市人民医院社区卫生服务中心在文北街道文西社区中心举行家庭医生签约仪式，建起全市第一个“家庭医生签约示范区”。此次家庭医生签约，实现人民医院与文北西社区医疗资源共享，使慢性病患者在社区内体验签约服务，促进全民健康，形成政府、医疗机构、患者共赢局面。

【唐山市眩晕诊疗康复中心成立】 2017年7月，河北省卫计委批准唐山市人民医院成立唐山市眩晕诊疗康复中心，是河北省首家眩晕诊疗康复中心，集眩晕疾病诊断、治疗、眩晕康复于一体，配备有眩晕检查诊疗设备，拥有专业化诊疗团队，建立眩晕绿色通道，急诊眩晕患者10分钟内可得到专业医师诊治。年内，市人民医院与中国医药教育协会眩晕专业委员会进行远程合作，并被授予“眩晕中心建设单位”称号。

【唐山市健康管理协会成立】 2017年10月25日，唐山市人民医院牵头成立唐山市健康管理协会，涵盖25家成员单位，有603名会员。唐山市健康管理协会致力于为唐山市百姓提供更加完善的大健康管理服务，医院与中金慈云健康科技有限公司联合探索“健康管理联合体”模式，为700多万唐山居民提供健康管理服务。

【第三届全国肿瘤姑息治疗与人文关怀大会】 2017年11月17～18日，由中国医疗保健国际交流促进会肿瘤姑息治疗与人文关怀分会主办，唐山市人民医院医疗集团、唐山市肿瘤医院、唐山市抗癌协会承办的第三届肿瘤姑息治疗与人文关怀学术大会暨中国医疗保健国际交流促进会肿瘤姑息治疗与人文关怀分会（CAHPC）学术会议在唐山市召开。中国医疗保健国际交流促进会肿瘤姑息治疗与人文关怀分会主任委员、教授刘巍，唐山市副市长曹全民，市政协副主席、市人民医院院长胡万宁，以及全国肿瘤治疗领域、姑息领域顶级专家及学者500余人参加会议。大会以“科学人文，融合创新”为主题，设立主会场1个，特色分会场8个。医学专家共同探讨肿瘤姑息治疗与人文关怀领域的科学发展与进步、国际学术科研发展趋势等热点问题，关注肿瘤患者心理问题。

（王春静）

·开滦总医院·

【开滦总医院概况】 开滦总医院是集医、教、研、防为一体的大型医疗集团，建于1892年（清光绪十八年），隶属于开滦（集团）有限责任公司。1993年，经省卫生厅审核批准为河北省首批三级甲等医院，2016年通过“三甲”复审，是河北省“三甲”评审评价中心成立后第一家通过复审医院。有所属医院11所，其中三级甲等医院1所、二级甲等医院5所、一级医院3所、专科医院2所，有社区保健站（社区服务中心)25个、矿区保健站21个。开滦总医院本部设置科室45个，其中临床科室33个、医技科室12个、专科门诊54个、机关职能部门14个。2017年，开滦总医院本部占地面积6.83公顷，建筑面积6.88万平方米，资产总额3.92亿元。医院编制床位920张，实际开放床位1006张。在册员工1483人，在岗1448人,其中卫生技术人员1226人，副高级以上技术职称333人，医学博士后、博士、硕士322人，硕士研究生导师58人。任国家级杂志编委10人，在国家、省、市专业学会兼任主任委员、副主任委员、常委、委员等职务80余人，享受国务院特殊津贴5人，对河北省有突出贡献的中青年专家1人，入选河北省“三三三人才”及唐山市专业技术和卫生系统拔尖人才86人次。年内，开滦总医院团委获评省国资委“五四红旗团委”，医院获“河北省级文明单位”“全国医院后勤保障与建设先进单位”等称号。开滦总医院在全市公立医院综合考核中，以92.5分总成绩位居三级综合医院第一名。医院为华北理工大学附属医院、中国人民解放军预备役炮兵72师医院，设有国家安全生产监督管理总局矿山医疗救护中心开滦分中心、河北省中西医肝胆病研究所、唐山市120急救分中心等医疗救护及医疗研究机构，承担河北省境内矿山医疗救护任务。

【开滦总医院科技成果】 2017年，开滦总医院获中国煤炭工业协会、省煤炭工业协会管理创新成果奖5项，中国煤炭工业协会科技进步二等奖1项、三等奖1项，省科技进步三等奖1项，省卫计委医学科技进步一等奖4项、二等奖4项、三等奖2项，市科技进步二等奖3项。国内核心期刊发表医学、护理论文90篇，SCI收录论文53篇，获国家癌症中心2012～2017年度城市癌症早诊早治项目最佳随访奖。开滦总医院林西医院获省医药卫生科技成果奖2项，内科获评开滦总医院科技创新团队。开滦总医院精神病院在国内医学杂志发表学术论文12篇，获评开滦总医院科技创新团队。开滦唐家庄医院在国内医学杂志发表学术论文10篇。融入京津冀协同发展行列，开滦总医院呼吸内科参与由中日友好医院总负责的国家“十三五”攻关课题“重大慢性非传染性疾病防控研究”等协作课题3项，总医院成为京津冀三地102家医疗机构试点互认17项医学影像检查资料共享单位，风湿免疫科加入中国风湿病专科医联体联盟，心血管内科加入国家心血管中心高血压病专科医联体，耳鼻喉头颈外科加入全国耳鼻喉头颈外科联盟。开滦总医院本部开展新技术、新业务28项，多项处于国家、省、市领先水平，其中神经内科通过国家卫计委专家组现场评审，成为国家高级卒中中心单位。

【开滦总医院学科建设】 2017年，开滦总医院心血管内科、神经内科、呼吸内科、医学检验科为河北省重点学科，风湿免疫科、心血管内科、神经内科、重症医学科为河北省临床重点专科。心血管内科、肝胆外科、风湿免疫科、重症医学科、呼吸内科、神经外科、医学影像科、内分泌科为唐山市重点学科，普通外科、急诊科、医学检验科、妇产科、肿瘤科为唐山市重点发展学科，心血管内科、神经内科、肝胆外科、重症医学科被评为“唐山市名科”。开滦总医院精神病院精神卫生专业为河北省重点发展学科、唐山市重点学科，开滦总医院林西医院心血管内科为唐山市重点发展学科。开滦总医院所属河北省神经生物机能重点实验室和唐山市神经病学实验室通过年度审核验收。在河北省确定62个全科基层实践基地中，开滦总医院康复医院有3个社区服务中心被确立为“河北省全科基层实践基地”。

【开滦总医院医联体建设】 2017年，以开滦总医院为主体的唐山开滦总医院医联体正式成立，与专科三甲医院市妇幼保健院、市第二医院签署“医疗技术合作协议”，与迁西县人民医院、滦南县医院、乐亭县医院等12家综合二级医院签订“区域战略合作协议”，与遵化市、开平区、曹妃甸区、滦县、迁安市、古冶区27家乡镇卫生院签订“医疗技术扶持协议”，与民营企业颐享健康管理医院、华北妇产医院、唐山中山医院、唐山厚德医院签订“技术指导协议”，与路北区、路南区20余家民营社区卫生服务中心（站）签订技术指导协议。开展“一对一”专科帮扶、首席家庭医生指导服务、免费接纳医护人员进修、搭建远程会诊平台等服务，提升合作单位技术水平，实现医疗资源优势互补、信息互通。开滦总医院系统内部完成远程医疗网络建设，年内投入使用。

（倪建军）

·唐山市第二医院·

【第二医院概况】 唐山市第二医院始建于1957年12月，是以骨科为重点的现代化医院，集医、教、研、康复于一体，为大型三级医院。总建筑面积5.3万平方米，编制床位1060张，2017年，门急诊诊治病人25.4万人，收治住院病人2.2万人，实施手术2.49万例。全院总人数1259人，其中卫生专业技术人员1186人，高级职称229人，硕士研究生导师38人。医院设有24个临床科室及1所分院。拥有美敦力手术导航系统、东芝和飞利浦全身彩超、西门子全身彩超、索诺声和西门子便携式彩超等大型先进医疗设备。拥有省级医学重点学科1个、省级医学临床重点专科(骨科)1个、市级医学重点学科6个。设有国家级住院医师规范化培训基地（与华北理工大学附属医院协同）、河北省创伤骨科中心、河北省工伤康复定点医院、唐山市创伤外科研究所、唐山市足踝外科研究所、唐山市足底反射治疗中心以及唐山市交通伤救治中心。年内，被评为“河北省文明单位”“河北省卫生单位”“河北省三星级文明服务单位”、全省卫生系统创先争优暨“修医德、强医能、铸医魂”先进集体、“唐山市模范和谐单位”“唐山市创建全国文明城市先进单位”“唐山市先进基层党组织”“唐山市文明单位”“唐山市和谐医院”“振兴唐山先进单位”“唐山市诚信医院示范单位”“唐山市物价信用AA级单位”“白求恩杯竞赛优胜单位”和“河北省五四红旗团委”。

【二院科研成果】 2017年，唐山市第二医院医务人员在核心期刊发表论文146篇，其中SCI论文9篇，囊括省、市医学重点（发展）学科，推动医院学术进步与学科发展。年内，获各级科技奖励15项，其中河北省科技进步二等奖1项，唐山市科学技术进步二等奖1项、三等奖1项，河北医学科技一等奖3项、二等奖8项，河北中医药科技三等奖1项。出版著作3部。

【二院学术交流】 2017年7月1日，唐山市第二医院承办2017年华夏骨科足踝外科学组专科教育活动（唐山站），京津冀及邻近省市骨科医疗卫生人员300余人参加，北京积水潭医院教授黄雷、滕星副，北京积水潭医院博士杨胜松、李莹，天津医院教授舒衡生，解放军总医院第一附属医院教授吴克俭，唐山市第二医院副院长李力更等10余位肢体重建领域专家共同就肢体重建热点、难点问题进行专题讲座与讨论。5月12日，组织开展第三期贝奥路微创治疗股骨头坏死学习班（国家级继教项目），京津冀地区以及二院骨科医务人员参加，西京医院国内知名骨肿瘤专业教授王臻专题演讲“血管化在股骨头坏死治疗的新策略”，全国植入物和矫形器械标准化技术委员会副主任卢建熙讲授“股骨头坏死治疗的新策略”。讲座后，卢建熙现场手术直播保髋治疗，为骨科医务人员展示手术步骤，术后讲解手术原理和手术过程中需要注意事项，并对患者术后介绍随访情况。

12月7日，市二院承办“肿瘤整形显微外科穿支皮瓣临床解剖高级研修班”。

金 涛 摄

【首例微创神经根性颈椎病手术】 2017年12月11日，唐山市第二医院脊柱三科主任陈先与北京市中关村医院主任医师王文合作，历经2小时，完成唐山市首例经皮微创椎间孔镜下应用Key-Hole技术（“钥匙孔”技术）治疗神经根性颈椎病手术取得成功，此项技术达到国内领先水平。经皮微创椎间孔镜技术治疗脊柱疾病常应用于腰椎间盘突出症、腰椎管狭窄症治疗，用于治疗神经根性颈椎病是脊柱内镜技术应用在颈椎领域治疗上技术突破。

【新术式糖尿病足治疗】 2017年，唐山市第二医院手一科、下肢血管病科主任王斌率先在省内运用“胫骨横向骨搬移术+血管搭桥手术”或单独“胫骨横向搬移术”为12名单纯或复杂糖尿病足患者进行手术，通过对第一例患者和其他病例12个月跟踪复查，临床疗效明显，所有病例全部治愈免于截肢，受到患者及家属好评。新术式糖尿病足治疗方法操作简单、创伤小、住院时间短、技术治疗费用低、效果明显。

（吴 雪）

·唐山市中医医院·

【中医医院概况】 唐山市中医医院始建于1972年，隶属于唐山市卫生计生委，是一所集医疗、教学、科研、预防、保健为一体三级甲等中医医院。是河北联合大学附属医院、北京中医药大学东方学院附属医院，张家口医学院、承德医学院、唐山职业技术学院教学医院。2017年，编制床位600张，开放床位760张，有临床科室29个、医技科室13个、社区服务站3个，年收治住院病人1.3万人次,年门诊量30余万人次。职工1127人，其中正高级职称人员85人、副高级职称人员147人、中级职称人员307人，博士生2人、研究生58人。有国家中医药管理局“十五”重点专科（专病）项目建设单位1个（心血管科），国家卫生部、财务部全国临床重点专科和国家中医药管理局“十一五”重点专科1个（肛肠科），国家中医药管理局“十二五”重点专科建设项目1个（肾病科），河北省重点专科1个（脑病科），市重点中医专科5个（内分泌科、脾胃病科、肺病科、骨伤科、脉管科）。医院配有全数字化岛津胃肠机等医疗设备。

【中医医院科研成果】 2017年，唐山市中医医院申报各类科研立项29项，结题10项。全年各归口部门获奖课题22项，其中获河北省中医药学会一等奖7项、二等奖10项、三等奖5项。对有拨款指令性课题单独建账管理，记录经费支出情况，确保科研经费合理使用。参与其他科研机构、科研单位合作课题，全年参研课题10项。鼓励国家级、省级重点专科、名老中医工作室申报省部级科研项目，撰写专业论文，并给予政策性支持。

【中医医院名医堂开诊】 2017年5月8日，唐山市中医医院名医堂正式开诊。名医堂出诊专家均为获国家、省、市级名医称号名中医以及取得主任中医师职称满10年及以上中医。该院对专家应诊人数实行定额控制，按规定门诊工作量挂号，确保就医诊疗质量。名医堂集中知名名中医开诊，方便群众寻医问药，让患者享受优质诊疗服务。

【“健康丝绸之路”高级别研讨会】 2017年8月18日，唐山市中医医院在北京国际会议中心召开“一带一路”暨“健康丝绸之路”高级别研讨会，国务院副总理刘延东出席会议并发表主旨演讲。唐山市卫生计生委主任李斌主持会议，国际卫生组织总干事、博士谭德赛发言。会上，唐山市中医医院院长陆庆革与老挝友谊医院院长萨依代表双方交换合作文本，在传染病防治、肝病诊治、中医诊疗、肝肾脏移植、肿瘤等各方面开展交流与合作，双方医院建立合作办公室，配置远程医疗设施，用于双方病例会诊和临床学术交流，双方互派医护人员学习、考察、交流，临床科研成果双方共同所有，并联合发表学术文章。

（郑　举）

8月18日，中医医院在北京国际会议中心召开“一带一路”暨“健康丝绸之路”高级别研讨会。 史爱华 摄

·唐山市妇幼保健院·

【妇幼保健院概况】 唐山市妇幼保健院始建于1983年，是联合国儿童基金会资助华北地区市级妇幼保健院，负责全市妇幼保健、医疗救治、科研培训、计划生育技术指导、健康教育和信息管理。为华北理工大学、唐山市职业技术学院非隶属附属医院。2017年，全院占地面积2.5万平方米，总建筑面积4.1万平方米。职工1710人，其中博士7人、硕士268人，272人具有高级技术职称。有床位700张。全年门诊工作量151.45万人次，住院量5.96万人次，手术量1.32万例，危重症抢救量1.04万例。全院资产总值13.11亿元，拥有1.5T磁共振成像系统、GE数字化血管造影机、德国西门子螺旋CT机等大型医疗设备。妇产科为省级重点学科，儿科为省重点专科，新生儿科、小儿外科、生殖遗传科、妇科、产科、超声医学科6个科室为市级重点学科，小儿呼吸急救科、小儿血液科、小儿耳鼻喉科和产内科4个科室为市级重点发展学科。年底，唐山市妇幼保健院南湖新院区开业接诊，新院占地面积5.88公顷，建筑面积14.76万平方米，设置床位1200张，年门诊接诊能力260万人次，住院接待能力7万人次，项目总投资10.00亿元。

【妇幼保健院科研成果与学术交流】 2017年，唐山市妇幼保健院开展省卫计委科研立项19项，省科技厅指令计划项目1项、指导计划2项，省卫生厅科研立项52项、批准51项。获河北医学科技奖一等奖4项、二等奖4项，发表学术论文169篇、论著10部、SCI论文8篇。承办国际医疗公益“无痛分娩中国行”唐山站活动及“中国妇幼保健协会微创分会全国巡讲唐山站”“河北省市县级妇幼保健院院长管理培训班”“河北省医院协会医疗质量管理专业委员会及病案管理专业委员会2017年度全委会”等大型学术活动 6次，千余名国内妇产专业医师参加。

【国家儿童早期发展示范基地创建】 2017年，唐山市妇幼保健院投入3万平方米业务用房及2000余万元资金，创建国家级儿童早期发展示范基地，对儿童营养、卫生、教育、环境和保护等方面开展科学综合干预，发挥儿童潜能，使儿童体格、心理、认知、情感和社会适应性达到健康状态。经过半年准备与建设，妇幼保健院通过国家卫计委评审、复审答辩、现场复核等多个环节评审，国家级儿童早期发展示范基地创建成功。截至年底，全国有50家国家级儿童早期发展示范基地。

【妇幼保健院医联体合作】 2017年，唐山妇幼保健院与北京大学第一医院建立母胎医学医疗联合体，与北京大学人民医院建立医疗联合体，加入中国生殖医学创新联盟，与迁西县、玉田县等12家县级妇幼保健院成立唐山市妇幼保健医疗联合体，与开滦总医院建立医疗技术合作关系。成立唐山市生殖医学专科联盟。通过技术下沉和优势互补，整合资源，提升诊疗水平。

【中国屈正基金会赞助】 2017年，唐山市妇幼保健院与中国屈正爱心基金会建立赞助合作关系，免费医疗救助唐山市贫困先天心脏病患儿。保健院成为唐山市首个与该基金会合作医疗机构。年内，市妇幼保健院免费救助先天心脏病患儿6名。

（郭　蕊）

·唐山市协和医院·

【协和医院概况】 2017年，唐山市协和医院建筑面积3万余平方米，开放床位600张，开设临床和医技科室33个、专病专科门诊36个。全年门诊挂号39万人次，住院2.04万人次，床位使用率98.72%，急救物品完好率100%，出院病人问卷调查满意度99.8%。全院在岗人数978人，其中高级职称技术人员200人、中级职称技术人员298人。有省级重点发展学科唐山市耳鼻咽喉疾病诊治中心及唐山市口腔医院、唐山市腔镜中心、皮肤性病防治中心、病理检验暨培训中心、中医周围血管病5个市级重点和发展学科，设有唐山市睡眠呼吸疾病（鼾症）诊治中心、唐山市临床听力检测及康复中心、唐山市劳动能力鉴定中心、唐山市头颈疾病病理研究基地。有磁共振、螺旋CT等医疗设备300余（台）套。与国内20余家知名医疗单位保持医疗技术协作关系。建有2个大型远程会诊中心，其中“心医国际远程会诊中心”与北京武警总医院、阜外医院以及省直医院等18家医院达成远程会诊联络。北京同仁眼科研究所远程会诊中心与北京同仁医院通过眼科技术平台和眼科专家资源优势，采用先进技术治疗近视、远视、散光等。与北大口腔医院、北京友谊医院签署合作协议，建立转诊绿色通道，开展远程会诊，提高疾病诊断水平，方便患者在唐山享受专家会诊服务。年内，协和医院被吸纳为全国耳鼻咽喉头颈外科联盟单位，推动唐山市耳鼻喉疾病诊断向规范化、标准化方向发展。医院实施科学化管理，开展人性化服务，承担市内各县（市、区）及秦皇岛、承德地区转入疑难杂病会诊与治疗任务。年内，获“市级文明单位”“市诚信服务十佳单位”“省三星级文明窗口单位”等称号。

【协和医院科研成果与学术交流】 2017年，唐山市协和医院申报省卫计委立项8项，获河北省科技进步奖三等奖1项，河北省医学科技奖一等奖5项、二等奖5项、三等奖3项，年内发表核心期刊论文47篇。医院组织继续教育培训，其中省级继续教育项目6项、市级继续教育项目9项。选送医疗人员在上级医院进修8人，攻读硕士研究生2人，攻读在职博士生1人。全年组织下乡义诊36次，派出医护人员292人次，受益群众5400余人。5月，完成国家级口腔类别考试基地自评及申报，并于6月完成唐山市口腔类别技能考试考务组织，完成唐山市、秦皇岛市1269名考生监考任务及协调管理考官280人次。10月27日，以协和医院为主体单位，唐山市各县（市、区）21家二级医院为成员联盟单位，成立“唐山市协和医院耳鼻咽喉——头颈外科专科医疗联盟”。12月，协和医院被吸纳为“全国耳鼻咽喉头颈外科联盟”单位。

【与北京友谊医院签订合作协议】 2017年2月18日，唐山市协和医院与北京友谊医院签署技术合作项目对接协议，建立战略合作关系。双方在耳鼻咽喉科重点学科建设、双向转诊以及医疗技术、教学培训、人才培养、远程会诊等多方面实现合作。搭建技术合作、学术交流平台，加强医疗卫生人才队伍建设，提高医务人员诊疗水平，缓解唐山市患者看病难等问题。

【省级继续教育项目主办】 2017年9月9～10日，唐山市协和医院口腔医院主办省级继续教育项目“颞下颌关节病的临床诊断及规范化治疗”学术会议在唐山举行，邀请北京大学口腔医院及省内相关专业领域8名口腔专家授课交流，唐山市及周边地区相关口腔专业口腔医师180余人参加会议。

【协和医院加入全国耳鼻咽喉头颈外科联盟】 2017年12月，由首都医科大学附属北京同仁医院牵头，全国31个省、市、自治区488家医疗机构共同参与组建“全国耳鼻咽喉头颈外科联盟”在北京市成立，唐山市协和医院被吸纳为该联盟单位之一。唐山市协和医院耳鼻咽喉头颈外科作为唐山地区耳鼻喉专业领域领先学科加入“全国耳鼻咽喉头颈外科联盟”，旨在加强与该领域特色专科对接，加强学科建设，推动唐山市耳鼻喉疾病诊断规范化、标准化。

（黄　鹤）

2月18日，协和医院与北京友谊医院签署技术合作项目对接协议。

刘永新　摄

体育

TiYu

群众体育

【**群众体育概况**】2017年，唐山市体育局通过推进组织网络、设施网络、服务网络“三大网络”，组织网络中人群（行业）体育协会、单项体育协会、体育协管员队伍“三条线”建设，形成政府主导、部门协同、全民参与、社会运作的群众体育发展格局。截至年底，全市有市县两级人群（行业）体育协会346个，单项体育协会306个，农村行政村、城市社区体育协管员5000余人，各级社会体育指导员1.2万人，年内带动全市开展各类全民健身活动1500场次以上。唐山市体育局获“全国群众体育先进单位”称号（四年一评）。

【**全民健身设施网络建设**】2017年，唐山市体育局完成市委、市政府交办的实事工程任务，在市中心区建设公共运动场5个，全市建设、更新健身路径300套，南湖核心区域建设和改造自行车、跑步等健身步道12千米，为市中心区群众锻炼健身提供便捷条件。全市完成“美丽乡村”农民体育健身建设工程305个、运动休闲特色小镇3个、体育公园5个。

【**健身服务**】2017年，唐山市体育局举办各项目二级指导员培训班4期，培训社会体育指导员500人；举办“美丽乡村”二级指导员培训班2期，培训320人；举办足球项目二级指导员培训班1期，培训各县（市、区）校园足球布点校二级社会体育指导员120人；举办冰雪项目二级指导员培训班1期，培训60人。指导各县区培训三级社会体育指导员1000人，为全市性大型赛事活动招募志愿者2000人次。开展国民体质建设工作，全年免费为2万名群众测定体质。

【**全民健身活动**】2017年，唐山市体育局组织开展“健康河北·欢乐冰雪”2016～2017雪季系列活动暨唐山市冰雪活动启动仪式、河北省第二届冰雪季之“我爱唐山我爱冰雪”启动仪式、京津冀户外运动冰雪挑战赛、2017世界雪日唐山市第四届“玉龙湾”滑雪节等冰雪活动15项。举办第42届幼儿运动会，承办2017年河北省老年人健身秧歌交流活动、“8·8”全民健身活动大展演、市领导干部乒乓球比赛等活动10项。迁安市举办国际万人徒步大会、国际山地越野马拉松赛、京津冀航空模型飞行大会，丰南区举办“战·太极”功夫王争霸赛、国际标准舞全国公开赛，迁西县举办京津冀户外挑战赛，遵化市举办清东陵万人徒步大会。

【**全民健身科学指导大讲堂**】2017年，唐山市体育局组织举办全民健身科学指导大讲堂，邀请北京体育大学教授、北京小汤山医院有关专家在唐为200余名社会体育指导员授课，提升社会体育指导员科学健身指导能力，带动更多群众注重日常科学健身。

【**河北省首届冰球联赛**】2017年5月21～24日，2017河北省首届冰球联赛在唐山勒泰城欧悦真冰场举行。全省有6支冰球队参加唐山赛区和石家庄赛区比赛。此次比赛，石家庄欧悦保龙队夺得第一名，唐山欧悦山鹰队、承德热河队分获第二名、第三名。

【**第二届京津冀徒步大会**】2017年7月8日，唐山市举办第二届京津冀徒步大会，本次活动由市体育局主办，市徒步运动协会承办，唐山及北京、天津4000名徒步运动爱好者参加。大会活动主题为“相约美丽南湖，助力体博盛会”。参与者从唐山南湖国际会展中心东广场出发，进入南湖公园，徒步路程分5千米和15千米徒步路线，供徒步爱好者选择参加。

【**全国自行车公开赛暨省绿色骑行嘉年华**】2017年9月9日，“美丽南湖·活力唐山”第二届“捷安特杯”唐山全国自行车公开赛暨河北省全民健身绿色骑行嘉年华在南湖公园举办。此次比赛有北京、天津及省内石家庄、廊坊、邢台、保定、秦皇岛等地1200余名骑行爱好者参加，争夺本届公开赛5个项目冠军奖杯。本次竞赛项目有公路车和山地车两大项，其中公路车项目分为男子中年组、青年组20千米绕圈赛；山地车项目分为男子中年组、青年组15千米绕圈赛和女子山地车20千米绕圈赛。石家庄李昕、天津李维、北京叶振超获得男子公路青年组前3名，唐山张建丰、天津杨长城、北京张锦军获男子公路中年组前3名，石家庄李昕、保定王禾、北京叶振超获得男子山地青年组前3名，天津杨长城、唐山刘洪申、唐山张庆松获得男子山地中年组前3名，石家庄董艳霞、北京张冉、唐山王辉获得女子山地组前3名。

【**唐山市第二届健身操（舞）比赛**】2017年9月20日，由唐山市体育局主办，唐山“瑞跑体育”承办的唐山市第二届健身操（舞）比赛在市体育公园举行。全市各县（市、区）24支代表队400余名市民参加，迁西潘蓄之花舞蹈队、丰润群星舞蹈队、高新区我心飞扬舞蹈队获得本届比赛一等奖。

【首届“斐洛杯”力量举公开赛】 2017年9月23日，由唐山健身健美运动协会主办的首届“斐洛杯”力量举公开赛在银泰城举行，全市有50余名选手参与。比赛设卧推、深蹲、硬拉3个项目，分为男子75公斤以下级、男子75～90公斤级、男子90公斤以上级3个级别，选手周竟存获总冠军，总成绩610公斤。

【第十六届“开诚杯”全国乒乓球大奖赛】 2017年10月2～3日在中信重工开诚智能装备有限公司智能综合馆举办。此次比赛由唐山市体育局、市体育总会、市乒乓球运动协会主办，唐山中信重工开诚智能装备有限公司承办。天津、辽宁、河北等全国300多支代表队1000多名运动员报名参加，其中年龄最大65岁，最小18岁。天津三商食品队、唐山中信开诚一队、黄石明佳代表队分获男子50岁以上组前三名，唐山中信开诚队、秦皇岛奇石教育一队、日本片山建筑代表队分获男子50岁以下组前三名，秦皇岛奇石教育一队、唐山中信开诚队、唐山盛东专卖二队分获女子组前三名。奖励冠军奖金3万元。

【国内首次单人单帆环中国海域探险】 2017年10月22日～11月22日，唐山市航海探险者杨建新驾驶“唐山号”帆船，完成中国首次单人单帆环中国海域探险。“唐山号”帆船自10月22日10时从唐山国际旅游岛祥云湾码头起航，途经渤海海峡、黄海、舟山海域、东海、台湾海域、南海、琼州海域、北部湾，最后到达海南省陵水县富力湾码头，航程总计2500海里，历时32天。

竞技体育

【竞技体育概况】 2017年，唐山市体育局抓体教结合、市县结合、体社结合“三个结合”，动员教育系统、县区政府以及民间组织发展竞技力量，构建以市体校为龙头，县（市、区）业余体校为支撑，体育传统校、特色校和社会体育俱乐部为基础的后备人才培养体系。在第十三届全运会上，唐山5名运动员在3个项目上夺得金牌5枚，8名运动员在6个项目上夺得铜牌8枚，创造唐山运动员在全运会历史上最好成绩。在2017年河北省年度青少年锦标赛上，唐山选手获得金牌106枚、银牌87枚、铜牌105枚。结合教育部门，举办篮球、排球等项目比赛50余场。截至年底，全市拥有市级业余体校1所、县区业余体校15所；拥有省市级体育传统校96所、体育特色校200所。唐山市体校、迁安体校被国家体育总局命名为新周期“国家重点高水平体育后备人才基地”和“国家高水平体育后备人才基地”。

【《关于推进唐山市足球改革发展的实施意见》制发】 2017年，唐山市政府制发《关于推进唐山市足球改革发展的实施意见》，建立市政府层面的足球改革发展工作机制，优化全市足球改革发展政策环境。截至年底，唐山市有足球特色学校127所，其中国家级校园足球特色学校104所；拥有社会足球队106支。全年开展青少年足球赛事活动600余场次、成人业余足球赛事240场次，参加足球运动人口2万人以上。

【“一带一路杯”（唐山）国际沙足邀请赛】 2017年5月11～13日，“一带一路杯”（唐山）国际沙足邀请赛在唐山湾国际旅游岛举办，捷克、智利、匈牙利、中国4国沙滩足球国家队在唐参赛。此次比赛，匈牙利队获得冠军，中国队获得亚军，捷克队和智利队分获第三名和第四名。

【全国公路自行车锦标赛暨青年锦标赛】 2017年6月24～28日，全国公路自行车锦标赛暨青年锦标赛在市区南湖赛道和迁西环栗香湖赛道举行。这一国家级A类赛事有全国24个省（市）自治区、香港特别行政区、澳门特别行政区代表队400名运动员参赛，1万余名爱好者观赛，国内50余家新闻媒体报道赛事，并带动全市自行车运动普及和发展。

【河北省青少年男子甲组足球锦标赛】 2017年7月23日，由河北省体育局足球运动管理中心、省足球协会主办，唐山市体育局承办，市足球协会、市圣冠足球俱乐部协办的“世达杯”河北省青少年男子甲组足球锦标赛在唐山师范学院学院路校区和十一中足球场同时开赛。本次比赛有全省11个地市260余名运动员、教练员参加，是河北省青少年赛事中规格最高、规模最大、参赛人数最多、赛程最长的足球比赛。唐山代表队在这次比赛中获得第三名。

【中国中学生跆拳道联赛总决赛】 2017年7月23日，“迁安杯”中国中学生跆拳道联赛总决赛在迁安市奥体中心开赛。本项赛事是全国中学生跆拳道项目最高级别比赛，由中国中学生体育协会主办，迁安市人民政府、唐山九江体育中心承办。本次总决赛有全国各省、自治区、直辖市的111支代表队800多名运动员参赛。比赛设品势、竞技、跆拳道舞3个项目，设高水平组、普通组、中专组3个类别10个组别，每个组别分设10个公斤级。在总决赛中，高水平高中组各级别进入前12名的男女队员有资格参加2017年全国青年跆拳道锦标赛乙组赛事。比赛采用国家体育总局审定的《WTF竞技竞赛规则》及《WTF品势竞赛规则》。竞技比赛采用个人对抗赛，实行单败淘汰赛制，品势比赛各项目均采取积分制。

【中超球队在唐山成立青少年足球培训基地】 2017年7月29日，河北省足球协会、河北华夏幸福足球俱乐部“幸福+”青少年足球培训基地在唐山市足球协会、唐山市圣冠足球俱乐部揭牌，标志中超球队华夏幸福青少年足球培训基地落户唐山。双方重点培养7～12岁少年球员，寻找提升唐山足球、河北足球乃至中国足球整体实力的足球人才。未来10年内，双方采用资源共享方式，共同搭建国内一流足球青训体系，提升唐山市青少年足球整体水平。

【京津冀辽击剑冠军赛】 2017年8月12日，京津冀辽击剑冠军赛在唐山举办，北京、天津、河北、辽宁等地300名选手参加。此次比赛按

10月29日，唐山市举办2017唐山国际马拉松赛。　　董　钧　摄

年龄分为16个组别，包括佩剑、重剑2项，分团体赛和个人赛，采用循环淘汰赛制。唐山傲国击剑俱乐部获个人及团体金牌6枚、银牌4枚、铜牌10枚。

【第二届中拉沙滩足球锦标赛】 2017年8月18～20日，第二届中拉沙滩足球锦标赛在唐山国际旅游岛举办，乌拉圭、墨西哥、秘鲁、中国4个沙滩足球国家队参赛，经过三天六场比赛，乌拉圭、墨西哥分获冠军和亚军，秘鲁、中国分别名列第三、第四名。

【唐山市运动员在全运会获得好成绩】 2017年，在天津市举办的第十三届全运会上，唐山5名运动员在3个项目上夺得金牌5枚，8名运动员在6个项目上夺得铜牌8枚，创造唐山运动员在全运会历史上最好成绩。在迁安九江拳击俱乐部与省体育局联办的拳击项目中，唐山运动员夺得金牌2枚、铜牌2枚。

【第二届唐山国际马拉松赛】 2017年10月29日，首次由“半马”升级为“全马”的唐山国际马拉松赛开跑，赛道穿越市中心区新华道、建设路和南湖核心区域，沿途展现唐山市人文历史、城市风光，提升赛事规模和级别档次，有国际国内1万余名马拉松爱好者报名参赛，赛事组织、赛道设计得到参加者好评，唐山国际马拉松赛成为宣传唐山的一张“名片”。

体育产业

【体育产业概况】 2017年，唐山市有游泳馆（池）63家、滑雪场7个、滑冰场3个、健身休闲场所745家、体育培训与教育机构90家、体育中介服务企业7家、体育用品销售企业（商户）2031家、体育用品制造企业11家、体育相关服务机构25家。全年体育彩票销售11.8亿元，全市体育产业总规模68亿元，增加值22亿元，占GDP比重0.35%。

【冰雪产业发展】 2017年，唐山市拥有玉龙湾体育休闲旅游度假区、弯道山滑雪场、绿洲冰雪大世界、滦州·研山滑雪场、龙山滑雪场、亚泰滑雪场、郭丹丹冰雪嘉年华7个雪上项目，勒泰欧悦真冰场、“冰世界”真冰场、乐雪冰雪体育运动场3个冰上项目。唐山市年均参加冰雪活动人数30余万人次，带动全市冰雪消费、冰雪旅游收入2000万元，安置冰雪产业从业人员500人。唐山市业余冰球队——唐山山鹰业余冰球队主要由唐山市业余冰球爱好者组成，5月，在河北冰球联赛上获得亚军。

【第二届中国（唐山）体育健身休闲产业博览会】 2017年7月7～10日，第二届唐山体博会在南湖国际会展中心举行，会中组织大型赛事3项、体验活动5项、外国国家日推广活动2项、高峰论坛2场、项目对接洽谈会3场，有20多个国家和地区300多家企业参加展会，展出1200余款商品，参观人数4.3万人，现场销售额3500余万元，签订合作意向26份，金额1.2亿元。

【京津冀体育产业协同发展高峰论坛】 2017年7月8日，由河北省体育局、北京市体育局、天津市体育局、唐山市人民政府共同主办的京津冀体育产业协同发展高峰论坛和京津冀体育产业资源交易平台签约仪式在南湖会展酒店举行。论坛的主题是务实合作、协同发展。围绕雄安新区建设中京津冀体育产业协同发展、打造京津冀健身休闲产业聚集区、培育京津冀高端赛事聚集区、建设京津冀体育装备制造聚集区4个方面内容，研讨京津冀体育产业协同发展大计。

【全国山地户外产业高峰论坛】 2017年7月9日，全国山地户外产业高峰论坛在唐山南湖国际会展中心举办，全国230多名户外组织机构代表、体育及旅游等相关单位代表、与会旅游界及户外界经理人、各景区经营者、户外行业组织者与从业者参加会议。全国山地户外产业高峰论坛连续两年在“唐山体博会”期间举办，得到唐山市政府和相关单位重视。本次论坛邀请国际、国内山地户外产业领域具有权威性的专家学者、企业家、俱乐部负责人等，围绕山地产业规划、体旅融合、行业协同发展、户外行业创新领域发展、商业高海拔攀登等热点话题演讲和对话，达到服务地方经济、服务参会代表目的，并将论坛打造成为集聚“政产学研”、网罗前沿科技创新成果的风向标和信息库。

【高危体育项目监管】 2017年，唐山市体育局落实国家和省市关于安全生产工作部署安排，严把高危项目审批关，安全检查全市游泳场馆、滑雪场2次，发现问题及时纠正，保障体育参与者、爱好者生命安全。

社会办体育

【社会办体育概况】 2017年，唐山市体育局通过深化改革、创新思路，发挥单项体育协会桥梁纽带作用，探索实践“345”（“3”指群众体育、竞技体育和体育产业三项体育工作主要任务，“4”是通过吸纳“有钱人”“有权人”“热心人”“明白人”四种人完善、健全、组建各类体育协会领导机构，“5”是将各类体育协会工作职责明确为抓活动、抓普及、抓提高、抓后备、抓效益）社会办体育，推进体育协会组织改革新路子，打造助推唐山市体育事业、体育产业发展的体育人才队伍。截至年底，全市拥有市级单项体育协会43个，联系民间体育俱乐部、“草根”体育社团400个，县级单项体育协会263个。年内，市县两级协会开展各类全民健身活动1000余项次，吸收社会资本投入2000余万元。

【体育各协会活动组织】 2017年7月29日，唐山市马拉松运动协会举办唐山“7·28”环南湖半程马拉松赛，市拳击运动协会和九江体育中心承办全国女子拳击锦标赛、全国跆拳道冠军赛、全国青年7人制橄榄球冠军赛、全国少年柔道锦标赛等多项国家级赛事，市乒乓球运动协会承办中国乒乓球协会会员联赛、举办“开诚杯”全国乒乓球大奖赛，市自行车运动协会承办第二届唐山全国公路自行车比赛，市足球运动协会承办中国城市足球联赛唐山汇贤足球俱乐部主场比赛。

【唐山市健身健美运动协会成立】 2017年7月15日，唐山市健身健美运动协会成立，李龙当选为协会主席，首批加入会员60余名。该协会成立后，组织开展健身健美比赛多次，在普及体育锻炼基础上，提高唐山市健身健美运动整体水平。

【唐山市登山户外运动协会换届】 2017年9月28日，唐山市登山户外运动协会举行换届大会，王刚连任第二届协会主席。截至年底，该协会有会员110余人，旗下有户外俱乐部100多家，年户外运动人数30万人次以上。

体育交流

【体育交流概况】 2017年，唐山市体育局以建立唐山市与乌拉圭足球合作交流机制为重点，开展国际国内体育交流活动，推动体育扩大开放。全年面向22个国家和地区开展100余项次交流活动，为唐山建设国际化沿海强市注入体育元素。

【唐山市代表团访问乌拉圭】 2017年11月30日～12月1日，唐山市政府负责人率团出席乌拉圭承办的中拉企业家峰会期间，与乌拉圭体育国务秘书费尔南多·卡塞雷斯座谈交流，就双方开展交流合作达成共识，并见证《乌拉圭体育国务秘书处与欢赢体育足球合作专项协议》签署。

【唐山武术运动员在香港获金奖】 2017年9月20～24日，遵化市姚馥春内家拳法研究会作为河北北部城市唯一一支参赛代表队，由会长张劲芳带队受邀参加“盛世中国梦——2017香港回归祖国20周年庆典演出大赛”并获得金奖。本次活动由中国民间体育文化交流促进会、香港岭南太极总会、中国中老年文化艺术交流协会、香港南区武术总会、盛世中国梦组委会共同主办，有80支队伍1600名选手同台竞技，切磋交流。姚式太极拳传承100多年历史，是唐山市级非物质文化遗产，6月，被河北省农业厅、河北省体育局和河北省农民体育协会3家单位联合评定为“河北省‘美丽乡村’特色体育品牌项目”。

【女子拳击队参加国际赛事】 在2017年塞尔维亚“国家杯”国际女子拳击A级赛上，迁安九江拳击队派出5名队员参赛，其中禹立赛、张婕、司海娟分别获得比赛第一名、第二名和第三名。此次参赛国家包括中国、俄罗斯、英国、印度、希腊、德国、法国、克罗地亚等19个国家150余名运动员，分别参加少年组、青年组和成年组3个组别的比赛。

附1：2017唐山十大体育新闻

1、唐山市举办“一带一路杯”（唐山）国际沙滩足球邀请赛。

2、唐山市举办第二届中国一拉丁美洲沙滩足球锦标赛。

3、唐山市举办第二届唐山国际马拉松赛。

4、唐山市举办第二届中国（唐山）体育健身休闲产业博览会。

5、唐山市承办全国公路自行车锦标赛暨青年锦标赛。

6、唐山市运动员获全运会历史上最好成绩。

7、唐山市制发《关于推进唐山市足球改革发展的实施意见》。

8、市体校、迁安体校分别获“国家重点高水平体育后备人才基地（2017～2020年）”和“国家高水平体育后备人才基地（2017～2020年）”称号。

9、唐山市体育赛事经济快速发展。

10、唐山市百伦斯帆船帆板运动俱乐部经理、航海探险者杨建新完成中国首次单人单帆环中国海域探险。

附2：2017年唐山十佳运动员名单

1. 裴丽洁，女，17岁，滦南县胡各庄人，唐山市体校运动员，在2017年全运会上获自行车女子游跑两项冠军，在2017年全国自行车锦标赛上获游跑两项冠军。

2. 张楠，女，18岁，路南区人，唐山市体校运动员，在2017年全运会上获跳水女子团体冠军。

3. 徐静涛，男，29岁，路北区人，唐山市体校运动员，在2017年全运会上获男子排球成年组冠军。

4. 赵祎辰，男，26岁，路北区人，唐山市体校运动员，在2017年全运会上获男子排球成年组冠军。

5. 唐川航，男，22岁，路北区人，唐山市体校运动员，在2017年全运会上获男子排球成年组冠军。

6. 史雅卓，女，21岁，滦县人，唐山市体校运动员，在2017年全运会上获拳击女子60公斤级第三名，在2017年全国U19—22锦标赛上获60公斤级冠军。

7. 张喜亮，男，24岁，开平区人，开平区体校运动员，在2017年全运会上获男子举重105公斤级第三名。

8. 孟楠，女，20岁，开平区人，唐山市体校运动员，在2017年全运会上获赛艇女子四人双桨第三名。

9. 申鹏，男，32岁，路北区人，唐山市体校运动员，在2017年全运会上获群众比赛象棋专业男子个人组比赛第三名。

10. 曹梓涵，女，16岁，滦南县人，唐山市体校运动员，在2017年中国跆拳道公开赛暨东京奥运会积分赛上获49公斤级第三名，在2017年全国冠军赛上获49公斤级第三名，在2017年全国青年锦标赛上获49公斤级冠军。

（朱志成）

社会·民生

SheHui · MinSheng

居民收入与消费水平

【居民收入与消费水平概况】 2017年，唐山市全体居民人均可支配收入2.78万元，比上年增长2252元，增长8.8%。总量在全省11个设区市中第一，比全国平均水平高1812元，比全省平均水平高6302元，比河北省第二位的廊坊市收入高448元。唐山市城镇居民人均消费性支出2.28万元，比上年增加1744元，增长8.3%，比城镇居民可支配收入增速快0.3%。农村居民人均消费性支出1.19万元，比上年增加946元，增长8.6%，比农村居民可支配收入增速快0.6%。

【居民人均可支配收入】 2017年，唐山市城镇居民人均可支配收入3.64万元，比上年增长2690元，增长8.0%。总量居全省11个设区市第二位，比全国平均水平高19元，比全省平均水平高5867元，与居全省第一位的廊坊市差1059元。农村居民人均可支配收入1.62万元，比上年增长1206元，增长8.0%。总量在全省11个设区市中居第一位，比全国平均水平高2797元，比全省平均水平高3348元，比河北省第二位的廊坊市高742元。

【发展型和享受型消费支出增长】 2017年，唐山市城镇居民消费支出构成中发展型和享受型消费支出所占比重47.4%，比上年上涨2.6%（发展型和享受型消费是人们为寻求更好、更高发展而产生的消费需求，包括生活用品及服务消费、交通通信消费、教育文化娱乐消费、医疗保健消费、其他用品和服务消费）。从唐山市城镇居民发展型和享受型消费构成看，生活用品和服务支出1772元，比上年增长20.8%；医疗保健支出2137元，增长19.6%；教育文化娱乐支出2575元，增长19.2%；交通通信支出3768元，增长6.9%；其他用品和服务支出542元，增长13.9%。

【农村教育文化娱乐支出增长】 2017年，从唐山市农村居民消费构成看，增长幅度最快是教育文化娱乐支出1130元，比上年增长17.2%，其后依次为居住支出2577元，增长16.6%；衣着支出824元，增长10.0%；生活用品和服务支出749元，增长7.5%；交通通信支出2419元，增长6.7%；食品烟酒支出2985元，增长3.8%；医疗保健支出1044元，增长3.0%；其他用品和服务支出210元，下降2.4%。从对消费增长贡献率看，居住支出增加367元，对消费支出增长贡献率38.8%，拉动消费支出增长3.3%；教育文化娱乐支出增加166元，对消费支出增长贡献率17.5%，拉动消费支出增长1.5%；交通通信支出增加152元，对消费支出增长贡献率16.1%，拉动消费支出增长1.4%。这3项支出成为拉动农村居民消费支出增长的三大主动力。

（郑渌元　张　剑）

劳动就业与人事管理

【劳动就业与人事管理概况】 2017年，唐山市城镇新增就业15.9万人，完成省达计划9.75万人的163.2%。企业养老保险覆盖196.69万人，完成省达计划195.94万人的100.4%。企业职工养老保险基金征缴109.5亿元，完成省达计划103.5亿元的105.8%。全年累计支付养老保险待遇174.8亿元，按时足额发放率100%。城镇登记失业率2.83%，低于省控指标1.67%。机关事业养老保险新制度参保登记26.7万人，完成省达计划23.3万人的115%。失业保险覆盖86.2万人，完成省达计划84.36万人的102.2%。工伤保险覆盖110万人，完成省达计划109.7万人的100.3%。生育保险覆盖107.2万人，完成省达计划102万人的105.1%。医疗保险覆盖702万人，完成省达计划692万人的101.5%。城乡居民养老保险覆盖334.9万人，完成省达计划334.41万人的100.2%。失业保险基金征缴4.62亿元，完成省达计划4.05亿元的114.1%。工伤保险基金征缴8.3亿元，完成省达计划6.5亿元的127.7%。生育保险基金征缴2.43亿元，完成省达计划2.39亿元的101.7%。职工医保基金征缴60.48亿元，完成省达计划58.67亿元的103%。

【就业创业】 2017年，唐山市人社局落实就业扶助政策，制定就业创业补助资金管理实施办法。全年争取中央、省就业专项资金2.5亿元，调剂使用失业保险基金5.98亿元，确保扶持政策落实。实施“六个一批”（转岗安置一批、内部退养一批、鼓励优势企业吸纳一批、支持创业一批、自主择业一批、公益岗位兜底一批）做好去产能职工安置，10家企业锁定分流9210人，9月底前安置到位。推进大学生等群体就业，开展“就业援助月”“春风行动”“高校毕业生就业市场”等

2月24日，滦南县首场“春风行动”招聘会，北京、天津及唐山96家用工单位提供就业岗位4700多个，吸引求职者3000多人，2141人达成就业意向。
李庆军 摄

专项活动，通过现场交流、网上交流和平面媒体交流，开展就业创业信息推送服务。全年失业人员再就业4.8万人，完成计划的163.2%；就业困难人员再就业1.6万人，完成计划的149.3%；农村劳动力向非农产业转移7.8万人，完成计划的150.7%；离校未就业高校毕业生就业率96.17%，完成计划的130%。创业带动就业，开展大学生创业汇、创业培训讲师大赛、青年创新创业大赛等活动，在规范加强原有2家众创空间、41家创业孵化基地管理服务基础上，新建基地6家，在孵创业项目2482个，发放担保贷款1.3亿元，带动就业1.5万人。

【人才支撑战略】 2017年，唐山市人社局抓人才支撑，助推转方式调结构。强化激励导向，设立并开展首届市长特别奖评选表彰活动，重奖11名人才（或人才团队），激发示范引领效应。强化引进培养，编制发布紧缺人才需求目录，全年引进研究生887名（博士52名）、海外高层次人才11名，引进外国专家206人，培训企业经营管理人才1264人，培养“金蓝领”1209人，新增高技能人才2.23万人。强化平台建设，新建特邀院士工作站2家，累计达27家；河北唐山职业技能公共实训中心建成运营，高技能人才实训能力提升；陶博会人才技术交流大会暨沿海经济隆起带高级人才洽谈会举办，14个高新技术项目签约，119名研究生、858名紧缺专业本科生洽谈成功。强化职称改革，档案、建材、机电、电子专业实行考评结合，中级职称申报资格审查权限下放，2所市本科院校、1家市属大型企业开展自主评审；向省推荐申报高职2046人，中职评审通过3220人。

【人事管理】 2017年，唐山市人社局加强公务员管理，建立市政府部门科级干部“四个干”干事档案，凭业绩确定进退留转，新招录县区和乡镇公务员376人。加强事业单位人事管理，抓全市事业单位统一招聘和高层次人才选聘分级分类考试，公开招聘5285人（县区4384人，市直统一招聘361人、选聘540人）。推动公立医院人员编制管理试点，市直13家公立医院7429人纳入事业单位人事管理体系。加强军转干部管理，推行安置政策、安置办法、考试考核成绩、安置计划、安置结果“五公开”，安置148名军转干部、28名随军随调家属，纳入解困范围的3356名企业军转干部总体稳定。加强人事考试管理，推进标准化考场、考点和考试基地建设，完善管理制度，完成5.3万人次职考、3.8万人次公务员及事业单位招考、0.7万人次工考、2.5万人次职业技能鉴定和3.8万人次委托招聘考试任务。

【人才领域对接京津】 2017年，唐山市人社局融入对接京津协同发展战略，提升互利共享水平。深化人才领域合作，设立并依托驻中关村引才引智工作站，推出“智能人才技术项目对接会”“2018年北京地区毕业研究生双向选择招聘会”等活动，组织11名清华大学博士生在唐山市重点企业挂职，举办博士后科技服务基层河北唐山行活动。落实京津冀家庭服务业发展协议，通过劳务派遣输出输送家政服务人员715名。建设人才共享平台，京冀（曹妃甸）服务中心挂牌成立，为首钢京唐钢铁等在唐企业提供服务。深化医疗保险合作，实现3家京津医院就医直接转诊，840家京津医院直接结算，累计结算2052人次，支付5665万元，其中统筹基金支付2631万元。

（吴俊勋）

社会保障

【社会保障概况】 2017年，唐山市人社局抓扩面征缴，确保社保基金运行。落实企业职工养老保险省级统筹制度改革，制发《实施办法》，在全省率先完成基金上解；通过压实县（市、区）政府主体责任，严格核基核人，强化清缴欠费和实地督导，每月通报，推动扩面征缴提质增效，基金征缴超省达计划6亿元，比上年增长10%。推进机关事业养老保险制度改革，完成编制管理规范单位参保登记，全市经办机构全部启动新制度核心业务，归集职业年金2.97亿元。联合商业保险公司开展工伤认定联合调查，完善24小时报备制度，开发全市调度指挥系统，工伤事故现场调查率45.6%，为试点前的3倍，重点案件现场调查率100%，提升工伤认定精准度，全省工伤保险工作座谈会在唐山召开。推进全民参保登记，与公安、民政、教育、财政、卫计、司法等部门建立协作机制，比对49.04万人，入户调查26.87万人，完成率100%。推出惠民举措，城乡居民基础养老金每月人均119元，企业、机关事业养老金月人均分别调增149.95元、162.71元，失业保险金调至每月970～1090元，城乡居民医保制度平稳过渡。推出跨省异地就医直接结算、职工补充保险和居民大病保险出院即报、扩大医保个人账户使用范围等 10 项惠民措施，实施阶段性降低生育保险费率和医保“单基数”，降低企业成本 5.59 亿元。

【工资分配】 2017 年，唐山市人社局规范工资收入分配，深化企业收入分配制度改革，加强企业工资调控，制发国有企业负责人薪酬制度改革实施办法；促进中低收入职工工资合理增长，落实最低工资标准和工资集体协商制度。完善机关事业工资制度，落实省政策，调整建立机关事业单位精神文明奖、目标绩效考核奖、物业补贴、通讯补贴与平安唐山补贴，提高机关事业单位工作人员和离退休人员待遇水平。调整员额内法官、检察官基本工资结构。推进公立医院薪酬制度改革试点，主城区 16 家医院按新办法实施分配。推进开发区人事薪酬制度改革，实行聘任制和绩效工资制。

【劳动关系构建】 2017 年，唐山市人社局抓权益维护，构建和谐劳动关系。加强劳动社会保障监察，及时交办案件，定期对单要账，开展专项检查，为 2.79 万人解决拖欠工资 3.15 亿元。完成市本级仲裁院标准化建设，推动组建乡街调解组织 207 个，注重服务能力提升与作用发挥，全市累计立案 2952 件，按期结案率 93.65%，调解率 67.05%。成立专班推动落实军队退役人员人社政策，为符合政策的 2166 人办理补缴养老保险手续，1416 人办理补缴医疗保险手续，公益岗位安置6903 人。

【社保基层组织建设】 2017 年 1 月 23 日，唐山市市民中心投入使用，将原分散在 7 个地点的 11 家窗口单位集中，实现“一站式”受理，截至年底接待 78 万人次，办理业务 120 万笔。围绕打通服务群众“最后一公里”，建成全市233 个乡镇(街道)标准化劳动就业社会保障服务所，提前一年完成省达任务。围绕信息化建设提档升级，企业养老、医疗、生育、工伤、失业保险数据与省实现同步，启动“互联网 + 人社”提升建设工作，发放社保卡621.5万张，普及率 80%，村卫生室实现社保卡划卡结算。围绕完成省达计划，将全部指标分解到县（市、区），建立每月通报和实地督导制度。

（吴俊勋）

唐山师范学院精准扶贫工作组成员将5万元现金送到承德围场上三合义村困难村民手中。 吴立勇 摄

扶贫开发

【扶贫开发概况】 2017 年，唐山市扶贫办审核审批各县（市、区）上报的 85 个扶贫项目立项申请，组织专业人员对上报验收申请的相对贫困村进行验收。加强扶贫领域督导检查，联合检察机关开展精准预防扶贫开发领域职务犯罪活动，对各帮扶单位和各县（市、区）扶贫领导小组执行《唐山市扶贫资金管理办法》情况重点检查，确保扶贫工程项目按程序要求实施。开展农村贫困人口建档立卡“回头看”工作，按要求在规定时间节点完成全市农村贫困人口精准识别和信息录入。

【农村贫困人口建档立卡】 2017 年，唐山市制发全市《农村贫困人口建档立卡工作方案》，8 月下旬，在全市开展农村贫困人口建档立卡工作。健全组织机构，调整市、县两级扶贫领导小组，落实“双组长制”，市扶贫领导小组成员单位增加到 45 个。加强工作力量，市扶贫领导小组常务副组长、市委副书记丁荣进，副组长、市委常委、组织部长陈学民，副组长、市政府副市长黄三平负责农村贫困人口建档立卡工作。组建工作专班，实行集中办公，推进工作开展。市委副书记、市长丁绣峰主持召开全市建档立卡工作调度会，全面部署建档立卡工作。市委副书记丁荣进、副市长黄三平等多次召开调度会，协调解决工作推进中出现的问题。唐山市按要求在规定时间节点完成全市 18 个县（市、区）198 个乡镇 5423 个村 490.3 万农村人口的精准识别，录入建档立卡信息系统贫困户 4547 户 1.02 万人，落实帮扶责任人 4216 人，在全省第三方评估中名列前茅。

【扶贫领域专项整治行动】 2017 年，唐山市扶贫办贯彻落实习近平总书记对张家口扶贫领域突出问题作出的重要指示精神，按照省委、省政府部署和市委、市政府要求，在全市开展扶贫领域专项整治行动。制发《关于开展扶贫领域专项整治行动方案》，将 96 个相对贫困村扶贫工作纳入专项整治范围，并对贫困人口建档立卡工作全面“回头看”。自查自纠扶贫资金拨付、使用和管理，摸清监管漏洞，完善监管机制，查找存在问题，落实整改措施。

（韩精精）

社会救助

【城乡低保】 2017 年，唐山市城镇低保标准为每人每月 550 元，农村低保标准为每人每年 3912 元，人均补差标准分列全省第一位。全年发放保障金 3250 万元，保障 8.02 万户 11.79 万人。推进低保申请家庭信息核查比对机制建设。推动各县（市、区）落实《唐山市申请最低生活保障家庭银行存款等金融资产信息查询操作办法》，与市住房和城乡建设局、市住房公积金管理中心联合制发《关于做好社会救助家庭住房公积金、住房保障、住房买卖等信息核对工作的通知》，规定核对内容、核对方式。

【低保户核查清理】 2017年，唐山市民政局开展农村低保政策不落实问题专项清理行动，启动“过筛子”式核查机制，推进清理工作向全方位拓展。协调相关部门参与信息比对，精准核查、精准认定。制定《农村低保政策不落实问题专项清理工作方案》，成立唐山市农村低保政策不落实问题专项清理工作领导小组，市、县两级设立举报电话和邮箱向社会公开。专项清理行动共清理城乡低保 3803 户 6926 人，新纳入城乡低保 280 户 698 人。

【特困救助】 2017年，唐山市农村“五保”对象2.10万人，城市特困人员439人。全市敬老院75所，床位1.07万张，在院供养5261人。制发《关于调整我市特困人员救助供养标准》，调整特困供养人员基本生活标准，首次明确照料护理标准。农村集中、分散供养特困人员基本生活标准分别达唐山市农村低保标准的1.6倍、1.4倍，分别为6259元、5476元；城市特困人员基本生活标准达城市低保标准的1.5倍，为9240元。部分或完全丧失生活自理能力的特困人员照料护理标准分别达唐山市最低工资标准的10%～15%。

【医疗救助和临时救助】 2017年，唐山市民政局督促各县（市、区）落实医疗救助政策，全年全市困难群众医疗救助支出6517万元，救助2.2万人次。加强临时救助，2017年1月起在全市推广滦南县国家级“救急难”综合试点工作经验，确保让突遭不测、因病因灾陷入生存困境的居民得到救助。全年全市发放临时救助金2100万元，救助2.98万户次。

【寻亲救助】 2017年，唐山市各救助管理机构按照《民政部公安部关于加强生活无着流浪乞讨人员身份查询和照料安置工作的意见》要求，对没有户籍信息的救助对象，入站后24小时内通过媒体发布寻亲公告，发布率100%。报请公安机关为救助对象100%采集DNA，公安机关免费采集DNA100%。全年通过救助站网站、微信、今日头条以及中国寻人协查网等公众平台为13名长期滞留救助对象找到亲属，唐山市救助管理站被省民政厅授予“河北省救助管理机构互联网寻亲先进单位”。

【救助管理站“开放日”活动】 2017年6月19日，是第五个全国救助机构开放日，唐山市社会各界30余人走进市救助管理站，零距离观摩站内救助设施，了解救助管理工作开展情况。爱心人士先后参观成年人救助区、未成年人保护区、图书室、电脑音乐室、手工绘画室、心理疏导室等20多个功能活动室。

（韩精精）

社会福利事业

【社会福利事业概况】 2017年，唐山市938名孤儿得到妥善供养，发放基本生活保障资金690万元。残疾人补贴惠及10万多名残疾人，发放补贴4600多万元。开展“寒门学子进校园”等17项慈善活动，支出7890万元，使1.08万名贫困群众、学生得到关爱和救助。全年福利彩票销售3.6亿元，筹集公益金3900多万元，全部用于社会公益事业。

【农村留守儿童和困境儿童关爱】 2017年，唐山市加强农村留守儿童关爱保护工作的组织领导和统筹协调，建立农村留守儿童关爱保护工作联席会议制度。制发《唐山市人民政府关于加强困境儿童保障工作的实施意见》（唐政发〔2017〕15号），完善监护、生活、教育、医疗、康复、服务和安全保护等保障制度，符合困难群众基本生活及医疗保障范围的，全部给予保障。唐山市民政局联合市公安局等8部门开展农村留守儿童“合力监护、相伴成长”关爱保护专项行动，全市6166个村（居）建立儿童福利督导员制度，覆盖率100%，1394名留守儿童全部录入全国农村儿童信息管理系统，100%落实监护责任。

【“福彩献真情 爱心助学子”活动】 2017年，唐山市举办第十六届“福彩献真情 爱心助学子”活动，资助唐山市低保家庭、高考分数线达本科一批录取分数线以上（不包含艺术类、体育类和军队院校及师范类等不收取学费的学生）大学新生104名，每人获资助金5000元，共发放资助金52万元。

【“爱心收养家庭”首次公开征寻】 2017年，唐山市综合福利院为早日

路北区团委开展爱心助学义卖活动。 马洁 张玉全 摄

使孤残儿童回归家庭，助其健康成长，首次向社会公开征寻“爱心收养家庭”，并通过初步筛选、专家评估、面试、现场打分等程序挑选。年内全市有百余个家庭申报，经过严格筛选后，选中其中条件最好家庭，将一名打拐解救儿童送养。

（韩精精）

社会行政事务

【基层政权建设】2017年，唐山市民政局推进农村社区建设试点工作。检查验收2016年11个省级农村社区建设试点村和24个市级农村社区建设试点村，确定2017年农村社区建设试点村77个。完成村委会改居委会试点，指导全市“村改居”试点按照村委会改为居委会工作流程开展工作，并在路南区太平庄召开现场会，推广路南区经验做法。截至6月底，全市14个试点村完成“村改居”工作。创建省级示范性儿童之家，制发《关于开展儿童之家建设工作的实施方案》，确定工作任务、建设标准、实施步骤和示范点创建标准，全年全市50个城乡社区省级示范性儿童之家按照有牌子、有场地、有设施、有制度、有队伍、有活动的“六有”建设标准完成规范化创建。

【民间组织管理】2017年，唐山市民政局完成全市行业协会商会脱钩改革。坚持市、县两级工作同时开展、步调同步进行、任务同时完成，组织全市行业协会商会与行政机关脱钩，在机构、职能、资产财务、人员、党建外事等5方面实现“五脱钩五规范”。截至8月底，市级97家、县级191家行业协会商会同步完成脱钩。按照“一问责八清理”专项行动部署，开展政会不分清理、社会团体小金库清理、行业协会商会涉企收费清理。开展市属社会组织年检与评估，检查市属322家社会团体、153家民非单位，督促整改160多家社会组织。组织10家社会组织参与评估。

【殡葬管理】2017年，唐山市火化遗体9039具，社会火化率全省领先。以“文明，绿色，低碳”为主题展开清明节文明祭扫活动，清明期间接待祭扫家属5.6万余人次。完善服务项目，拓宽服务领域，完善守灵业务流程及守灵间室内布置，推广单尸冷藏业务，满足市民殡葬服务需求。2017年4月24～28日，在天津滨海新区举行第二十次海葬，398位逝者魂归大海，611名随行家属及媒体记者参加仪式。唐山市成为河北省举办海葬次数最多、参与人数最多城市。

【殡葬管理处成为全国标准化示范单位】唐山市殡葬管理处2014年引进ISO 9001质量管理体系，被民政部确立为民政标准化建设试点单位之一，通过ISO 9001 2008质量管理体系认证。2017年2月，经河北省民政厅推荐、专家评审、民政部审核，通过两年试点周期，正式被确定为第二批全国民政标准化示范单位。

（韩精精）

民族宗教

【民族宗教概况】2017年，唐山市民宗局推进民族团结进步创建、少数民族特色村寨建设、民族乡村帮扶、宗教教职人员教育培训、宗教思想建设、宗教领域突出问题攻坚、民族宗教领域“促和谐、保稳定”和干部能力素质提升等“八个专项行动”。指导全市200余所中小学开展主题班会、征文、书法、摄影展等校园文化活动，举办“中华民族一家亲、同心共筑中国梦”主题升旗仪式。各中小学利用校园网、微校园、微博、微信等新媒体，开展以“我爱我的祖国”“民族团结共圆中国梦”“让民族之花永远绽放”等为主题的网络教育、交流活动6000余次。市民宗局指导社区、机关利用宣传栏、宣传册、条幅、微信及举办座谈会、组织文体活动、开展民族体育项目比赛等形式，开展民族团结进步创建活动。市民宗局2017年继续被国家民委和省民宗厅分别授予“信息工作优秀集体”称号。

【“民族团结月”活动】2017年9月，唐山市第二十二个“民族团结月”暨全省第八个民族团结进步宣传月活动期间，唐山电视台在新闻综合频道黄金时段播出市民宗局制作的2个民族团结进步公益广告片，滚动播发民族团结进步宣传口号；《唐山劳动日报》刊登《大力提升民族团结进步创建工作水平为增强中华民族凝聚力作出新贡献》民族团结专版；市交警指挥中心连续一个月在全市千余块交通电子显示屏24小时滚动播放“中华民族一家亲，同心共筑中国梦”等民族团结进步宣传口号。整个团结月期间，全市制作民族团结橱窗200余块，悬挂标语100多条，发放传单2万余份，播发宣传口号2000余次，举办文艺演出近百场，利用微博、微信等新媒体开展网络教育、交流活动万余次，受教育人数达百万人次以上。

【环京津少数民族特色村镇建设】2017年，唐山市民宗局制发《关于加强环京津少数民族特色村镇建设工作的实施意见》，主要领导带队到清东陵片区调研督导，指导试点村利用打造全域旅游机会和“美丽乡村”建设活动，争取支持项目落实，分片区调度实施惠民工程，举办发展乡村旅游助力特色村镇建设培训班。5月5日，全省少数民族特色村寨命名暨推进会召开，唐山市作典型发言，遵化市马兰峪镇官房满族村被授牌为第二批“中国少数民族特色村寨 ”。

【民族乡村经济建设】2017年，唐山市民宗局召开全市民族工作协调委员会全体会议，市政府领导出席会议并就帮扶民族乡村经济社会发展提出要求。制发《2017年度帮扶少数民族和民族乡村经济社会发展工作实施方案》，明确31个委员单位2017年帮扶任务88项，涉及资金2300万元。制发《关于进一步加强帮扶少数民族和民族乡村经济社会发展工作机制建设的意见》，实现工作常态化、制度化、精细化要求。协调各委员单位与民族乡村对接，确保各委员单位承诺的事项及资金及时到位。

【城市民族团结】2017年，唐山市民宗局建立与少数民族流动人口输出地协作互动机制，邀请宁夏、青海等地5个县市到唐山市开展交流互访活动。在全市筛选19个重点社区建立民族工作“四个干”工作台账。举办社区干部业务培训班，专题辅导城市民族工作相关政策及服务管理过程中存在的倾向性问题。建立城市民族工作微信群，发挥正面宣传、舆论引导作用。成立少数民族法律援助中心，指导各社区成立少数民族司法援助站。开展民族团结教育活动，全年京津冀民族团结进步创建互观互学活动在唐山市举办，参加人员对唐山市城市民族工作开展情况予以高度评价。

【清真食品市场监管】 2017年，唐山市民宗局围绕节假日和重要时间节点开展清真食品大检查，曹妃甸区民族工作部门加强大学城各高校清真食堂、清真灶管理。检查全市清真食品市场，规范清真食品管理，防范清真泛化问题。召开清真食品市场服务管理工作业务培训会议，对全市清真食品生产、销售企业负责人进行清真食品知识培训。执行《河北省清真食品管理条例》，依法处置多起违规销售、加工清真食品行为，净化清真食品市场秩序。在清真食品管理中推进“双随机一公开”监管，对清真食品生产经营企业随机抽查，网上公开抽查结果。

【宗教事务管理】 2017年，唐山市民宗局细化《关于宗教教职人员教育培训专项行动方案》《关于推进学习型宗教团体建设的实施意见》。召开全市宗教团体联席会议，以会代训教育培训全市性宗教团体秘书长以上人员及宗教教职骨干。召开全市性宗教团体建设部署会，集中学习《习近平治国理政》相关篇目。举办5期全市性宗教团体负责人及宗教教职人员骨干培训班，举办全市宗教界学习贯彻新修订的《宗教事务条例》座谈会，举办全市学习贯彻新修订《宗教事务条例》培训班。各县(市、区)民宗部门举办培训、专题学习30余次，指导宗教团体内部培训90多人次，组织38名宗教界人士参加省厅培训班5期。

【宗教活动场所管理】 2017年，唐山市民宗局推动宗教活动场所规范化建设，分类施策试点宗教活动场所，要求每个场所有特点、有重点、有亮点。指导承担试点工作的9个场所确定年度工作任务，逐个建立工作台账。按照台账督导检查，研究解决整改措施。聘请唐山市博物馆馆长指导9个试点场所宗教文化展室布置。举办唐山市宗教活动场所档案管理工作培训班，与市档案局制发《关于印发〈唐山市宗教团体和宗教活动场所档案管理办法〉（暂行）的通知》。拨付资金改善部分重点宗教活动场所环境。

【宗教中国化主题教育】 2017年，唐山市民宗局开展“坚持中国宗教中国化方向大家谈”活动。指导各县（市、区）组织本地教职人员围绕“坚持中国宗教中国化方向”主题研讨交流；指导全市性宗教团体开展“践行中国化，喜迎十九大”摄影活动；组织全市宗教教职人员开展“坚持中国宗教中国化方向”征文活动，撰写文章100余篇，其中3篇在省厅会议上发言交流。组织市级宗教团体负责人及秘书长赴大渡河、渣滓洞等4地开展“凝心行、爱祖国”活动。指导市级五大宗教团体联合向全市宗教教职人员发出《唐山市宗教界规范宗教教职人员日常行为规范倡议书》，制作“唐山市宗教教职人员日常行为规范”宣传框。开展和谐寺观教堂创建和命名活动。

【宗教领域维稳】 2017年，唐山市民宗局调查摸底全市佛教、道教教职人员基本情况，建立台账。清查乱建佛教、道教活动场所行为，封存处理2座佛教露天造像。加强与公安、安全等部门协调配合，处理各类非法宗教活动。加强节期及宗教敏感期等时间节点维稳。在全市民族宗教领域开展“促和谐、保稳定”专项行动。

（郑翠玉）

老龄事业

【养老服务提升】 2017年，唐山市民政局开展养老院服务质量建设专项行动，全市231家养老机构录入全国养老院业务管理系统。集中培训160多名养老机构负责人，通过政府购买服务，培训132名社会办养老院护理人员职业技能，均取得初级资格证书。在路北区、路南区、高新区5个街道推进政府购买居家养老服务试点。全年新增10家较大规模医养结合型养老机构，社会办养老机构入住率60.7%，从业人员4000多人。

【为老助老活动】 2017年，唐山市民政局开展“爱心护理工程”项目建设，为玉田县琬馨老年公寓等7家老年公寓申请上级补助资金150万元，推荐丰润区国能老年公寓、唐山天享老年公寓申报全国“爱心护理工程”项目建设基地，推荐开平区颐坤园老年公寓申报全国“爱心护理工程”项目示范基地。举办“敬老月”活动启动仪式，在开滦体育馆举行老年人才艺风采大赛。慰

10月28日，志愿者为丰润区新军屯敬老院送上慰问品，陪老人们聊天、包饺子。 朱大勇 摄

问全市256位百岁老人，为每位老人送慰问金500元。落实老年人优待政策，实现70岁以上老年人免费乘坐市内公交车。推动“孝行唐山、爱在手腕”为主题的“红手环”公益行动，为全市60岁以上老年人免费发放“红手环”2.8万余枚。

【高龄老人生活补贴】 2017年，唐山市14个县（市、区）及各开发区（管理区）全部建立高龄老人生活补贴制度，12个县（市、区）实现补贴发放全覆盖。迁安、丰南、开平、滦县、曹妃甸、路北、迁西、丰润8个县（市、区）及汉沽管理区、海港开发区、芦台开发区政策补贴范围和标准达到或超过市政府文件要求补贴标准。全年为15.2万高龄老人发放生活补贴9000多万元。

【助老健康御险】 2017年，唐山市市、县两级老龄办与当地中国人寿保险公司合作，加强社会宣传，倡导政府、社会力量为困难和高龄老人投保，鼓励老年人及其子女主动参保，扩大老年人参保覆盖面。全年全市组织29.5万老年人参保，1821位老年人得到赔付610万元，工作保持全省领先。

【唐山市老人之家成立】 2017年1月23日，唐山市老人之家举行揭牌仪式，唐山市老人之家由市农村健康科普协会组织成立，是市文明办、市老干部局、市老龄办和市农村健康科普协会联合开展的“关爱空巢老人，关爱农民工父母”送文化、送健康活动成果。唐山市老人之家对全市3000多个失独家庭永久免费开放，老年人不仅可以在老人之家欣赏评剧、皮影戏、乐亭大鼓等演出，也可以自己登台表演，帮助老年人结识到更多朋友，一起交流感情、加强互助，给唐山市老年人尤其是失独老人、空巢老人提供健康、文明的休闲娱乐场所。

（韩精精）

老区建设

【老区建设概况】 2017年，唐山市有老区村3441个，其中纳入财政资金帮扶范围的重点帮扶村298个，耕地3.30万公顷，人口29.88万人。老区重点帮扶村农民人均可支配收入1.48万元，比上年增长7.8%。老区重点帮扶村获各类资金投入1.20亿元，其中市、县两级财政专项帮扶资金2528.96万元。实施以改善老区生产生活条件和促进农民增收致富为主的基础设施建设项目315个，全部按期完工并发挥效益。市老促会年内组织两次工作调研，深入100多个重点帮扶村和项目建设现场，全面了解老区村发展现状，指导老区帮扶工作，协调有关部门帮助解决突出问题。

【重点帮扶村民生改善】 2017年，唐山市为老区重点帮扶村打井648眼，其中岩石井23眼；新修水渠39.9千米，治理河道63.9千米，修建引水上山管道22千米，铺设田间输水管道250.2千米，建蓄水池125个，旱田改水浇地949.87公顷；新增变压器120台套，电力增容1.16万千伏安，架设高压线路40.5千米、低压线路154.6千米；修通村路95千米、田间路609千米，硬化村街道路167.9千米。发展老区重点帮扶村致富产业，种植各类优质高产果树67.8万株，建设各类蔬菜大棚1.82万个，占地2600公顷，猪、牛、鸡存栏分别达33.5万头、3.8万头、268万羽，从事加工、运输、服务等非农产业农民6.5万人。对老区困难群体精准帮扶，为141个缺资金、缺技术但有一定劳动能力困难农户提供周转金或生产资料，指定有关部门技术人员包户帮扶，实现当年脱贫。

【老区建设会议】 2017年5月31日，唐山市老区建设工作暨市老促会四届四次理事会议召开，市委副书记丁荣进出席会议并讲话。市老促会会长钟清杰作工作报告，丰润区、市委组织部等6个单位交流老区帮扶工作经验。10月16日，唐山市老促会召开五届一次理事会议，市委副书记丁荣进出席会议并讲话，钟清杰会长代表四届理事会作工作报告。市委常委、组织部长陈学民宣读新一届理事会人选建议名单，会议选举安树彦为唐山市老促会第五届理事会会长，秦少清、张羽、王金凯为副会长，选举理事44名。

【老区重点帮扶村调整】 2017年12月，唐山市老促会落实《老区重点帮扶村动态管理办法》，按照精准帮扶原则，集中财力、物力，重点解决“革命战争年代牺牲大、贡献大，目前困难大”的老区村面临问题。将完成帮扶任务的97个重点帮扶村调整为重点联系村，经乡镇推荐、县（市、区）老促会审核，市老促会批准，新调入相对困难村98个。全市累计纳入重点帮扶范围老区村516个，占老区村总数15%，其中进入帮扶阶段老区村299个。

【丰南区开展科技帮扶】 2017年，唐山市丰南区老促会将科技帮扶作为促进老区农业增效、农民增收重点，结合区农牧局、科协等有关部门，为30个老区重点帮扶村试验、示范、推广粮、菜、棉花等新品种46个，种植面积700公顷，推广小麦测土配方施肥、水稻高产栽培和病虫害综合防治等新技术8项，培树大新庄镇杜林村甜瓜、钱营镇后打弓村后打蔬菜、王兰庄镇毕武庄村建国养殖和么家庄村天大鸽业养殖4个科普示范基地，每年为农民增收450多万元。

【滦南县责任部门帮扶】 2017年，唐山市滦南县县直有关部门贯彻落实唐办字〔2010〕151号文件和县委老区工作会议精神，按照政策上优惠、安排项目上优先、服务上优质的要求，制定具体帮扶计划，累计为老区重点帮扶村29个项目投入资金1486.5万元，其中交通、农业等部门用于村庄道路和田间道路建设资金656.6万元，国土局用于农田整理项目资金295.9万元。

【乐亭县精准帮扶】 2017年，唐山市乐亭县老促会在老区精准帮扶工作中突出“严”字，选准帮扶对象，突出“准”字，选定帮扶项目，突出“实”字，跟进帮扶措施。筛选9户困难家庭作为精准帮扶对象，建立贫困档案，依据各户实际情况，确定帮扶脱贫具体项目。与县老科协配合，开展科技进老区活动，请专家现场技术指导，搞好全程跟踪技术服务。投入60万元作为帮扶周转金，帮助建设温室果菜大棚12个、肉鸡养殖棚室2个，新打机井2眼，硬化棚区道路3.1千米。

（朱　平）

开发区建设 新城建设

KaiFaQuJianShe XinChengJianShe

海港经济开发区

【海港区概况】 2017年，海港经济开发区（简称海港区）实现主营业务收入1820亿元，比上年增长10%；地区生产总值140.34亿元，比上年增长9.3%；规模以上工业企业增加值53.03亿元，比上年增长14.1%；全社会固定资产投资199.24亿元，比上年增长12.4%；实际利用外资1026万美元，比上年增长28.7%;一般公共预算收入10.4亿元，比上年增长7.52%；外贸进出口总额2.42亿美元，比上年增长409.2%；出口创汇1.04亿美元，比上年增长440.1%。

【海港区招商引资】 2017年，海港区实施“走出去”与“请进来”相结合招商战略，洽谈项目369个，涉及总投资1801亿元，投资120亿元的中科院大连化物所洁净能源化工产业示范基地、投资100亿元的中铁建业科技产业园、投资20亿元的安通多式联运智能物流园等65个项目年内签约，涉及总金额940.51亿元。其中，签约京津产业转移项目16个，涉及总投资近百亿元。

【海港区项目建设】 2017年，海港区建立重点项目建设微信群，通报存在问题，第一时间协调解决，确保项目推进。对中科院大连化物所洁净能源化工产业示范基地、中铁建业科技产业园、铁路物流园、仁建集团专用集装箱制造等签约项目，明确责任部门、责任人，时间节点落实到月、周、日，加快项目落地开工。全年实施重点产业项目67个，涉及总投资257.64亿元。其中，续建项目23个，涉及总投资50.93亿元；新开项目44个，涉及总投资206.71亿元。投资3亿元的中东欧产品保税仓储配送基地、投资2.5亿元的嘉海粮油粮食仓储物流、投资2.07亿元的唐山英良石材仓储加工等16个项目年内完工。

【海港区港口建设】 2017年，海港区港口年吞吐量突破2.9亿吨，比上年增长7.2%；集装箱突破200万标箱，连续6年保持30%以上增长。25万吨级航道、东南防波堤等基础设施项目年内在建，港口结构布局优化。实施绿色港口建设工程，通过交通部“创建绿色港口主题性项目”验收。重点发展集装箱运输业务，加密内外贸航线布设，开通“唐山—日本关东”集装箱班轮航线，航线总数达33条，设立集装箱物流网点30余个，货种结构优化，辐射区域扩大。保税物流中心（B型）正式运营，整车进口口岸通过验收。推动港产联动、港城融合，制定整车进口补贴政策，推进汽车平行进口试点申报，长久物流与毛豆新车网合作，通过开通的中欧班列进口沃尔沃整车。

【海港区改革创新】 2017年，海港区行政审批局挂牌成立，集中实施126项行政许可事项及其他类事项。“放管服”改革改善营商环境，新登记企业373家、个体工商户786家，市场主体增速位居全市第一。推进人事薪酬制度改革，制定《人事薪酬制度改革总体方案》等6项具体方案，待市委、市政府批准后实施。在物流产业聚集区管委会率先实行竞聘上岗制，激发干部职工干事创业热情。实施创新驱动战略，培育高新技术企业和科技型中小企业，全年增加科技型中小企业35家。破解发展瓶颈，成立专门工作组专题研究“僵尸”企业和闲置低效用地，保证项目发展。

【海港区城乡面貌】 2017年，海港开发区开展“一区三边”违法建设集中整治，拆除违法建筑2.44万平

海港区“绿色港口”建设一角。 海港区提供

方米，完成省、市下达年度整治任务。打造“美丽乡村”，建立城乡垃圾一体化处理市场机制，垃圾分类处理，科学解决农村垃圾出口问题。完成新海二村、北聂庄村等6个省级重点村建设，实施“美化、绿化、亮化、净化”工程，村容村貌焕然一新。落实河长制，辖区内14条河流环境治理效果明显。推进大气污染治理，开展“利剑斩污”“散乱污”企业整治等4个专项行动，督促中润煤化工、通宝焦化等重点企业加强挥发性有机污染物治理，淘汰燃煤锅炉，实施清洁能源置换，解决粉尘和异味2个问题，空气质量好转。

10月26日，高新区通州产业园启动暨入驻企业签约活动举行。

高开区提供

【海港区社会建设】 2017年，海港区完善教育基础设施，第四小学建成投入使用，引入民间资本兴建幼儿园，解决适龄儿童“入学难”“入托难”问题。提高教育教学质量，海港高中一本上线率84.5%、二本上线率100%，海港二中一本上线率17.69%、二本上线率95.92%。深化医疗卫生体制改革，健全完善乡镇卫生院管理体制和运行机制，提高医疗服务水平。开展“颂歌献给党”建党96周年红歌会等大型文体活动，承办全国城市足球联赛，丰富城乡居民文化生活。为农村贫困人口建档立卡，完善扶贫台账，落实结对帮扶人员责任，对建档立卡的94户151人确定扶贫脱贫措施，确保精准扶贫。

（赵海洋）

高新技术产业开发区

【高新区概况】 2017年，唐山高新技术产业开发区（简称高新区）地区生产总值136亿元，比上年增长7%，其中第一产业增加值3.13亿元，增长2.2%；第二产业增加值90.1亿元，增长6.3%；第三产业增加值43.1亿元，增长8.9%。完成营业总收入663亿元，比上年增长10.5%；高新技术产业产值130.6亿元，比上年增长12.4%；财政收入27.4亿元，比上年增长4.6%，其中一般公共预算收入9.7亿元，增长10.6%；完成固定资产投资97亿元，比上年增长10%；实际利用外资1.07亿美元，比上年增长5.8%。

【高新区项目建设】 2017年，高新区新开工项目20个，总投资94亿元；竣工项目16个，总投资33亿元；重点推进项目85个，总投资416亿元。总投资10亿元的开诚特种机器人产业基地、总投资10亿元的联东U谷产业园二期、总投资3.6亿元的亚特重工铝罐式集装箱及专用半挂车等新上项目开工建设，总投资2亿元的汇中与华为合作智能超声测流仪表产业园、总投资4亿元的开元特种焊接机器人及其系统、总投资1.5亿元的信发多点触控电视屏生产基地等10个重点战略性新兴产业项目具备开工条件。高新区“两化”（信息化和工业化）融合基地建设初具规模，博朗、元升、达意、能效、百善等项目主体完工，汇丰海仓储机器人、德万立选煤选矿高端装备等7个项目前期手续在办。中信重工开诚矿用机器人工程实验室工程、纬一路二期工程、龙泽北路工程3个项目通过市、省、国家发改委审核，获中央预算内支持资金2522万元，为全省唯一获支持区域。

【高新区科技建设】 2017年，高新区出台《高新技术企业培育发展暂行办法》《支持科技创新平台建设发展暂行办法》等一系列扶持政策，83个项目列入市以上各类科技计划，其中盾石磁能参与国家“863计划”基于分布式能源的智能微电网关键技术研究与集成示范项目通过科技部验收。全年新认定高新技术企业20家，累计67家；新认定科技型中小企业130家，累计680家；新认定科技“小巨人”企业5家，累计27家，总量均位居全市第一，高新技术企业一年新增数相当于前5年总和。全区有市级以上孵化器4个，占全市五分之一，其中国家级1个；市级以上众创空间7个，占全市二分之一，其中国家级5个。

【京唐智慧港开发】 2017年，高新区京唐智慧港规划设计6.3平方千米核心区和周边20平方千米可用面积，为高新区拓展发展空间。北京路、通州道、经十八路建成通车，形成“两纵一横”路网框架，释放出133.33公顷开发建设区域，为项目摆放创造必要条件。

【机器人专业孵化器建成】 2017年，高新区与百川集团合作建设河北省第一家机器人专业孵化器，孵化面积30万平方米，截至年底，入驻14家企业和团队。高新区及百川集团分别被确定为全省首批区域类和企业类“双创”示范基地，为全市唯一。全国焊接机器人知名品牌创建示范区通过国家质检总局验收，成为全国首个以机器人命名的知名品牌创建示范区。

【高新区文化建设】 2017年，《高新区全力打造新产业新动能聚集地》《“唐山，是我们创业的福地！”》《实现特种机器人行业“私人定制”》《京唐铁路唐山段开工》《唐山高新区通州产业园签约》等74篇稿件在新华社、《人民日报》、中央电视台和《河北日报》等省级以上媒体刊播，与《唐山晚报》共同开办《唐山创客》专版，开设《创新创业看高新》专栏，宣传高新区“双创”环境和做法成效。在世纪龙庭D区免费开放公共文化基础设施场所，投入10万元建市图书馆分馆，投入17万元为新建社区及配套相对落后农村购置健身器材50余套。开展“书之蕴”“书之思”“书之趣”系列读书活动、“粽情端午”高新区文化志愿者下基层文艺演出、“共筑文明城 舞动高新情”广场舞展演等活动，文化惠民慰问演出5场，受益群众3000余人次。培树书法培训基地2处，建设优秀农家书屋4处。开展公益电影巡演放映500余场次。“錾刻艺术与创意设计人才培养项目”入选国家艺术基金中唯一立项艺术人才培养项目，争取到国家奖励基金15万元。

【高新区社会建设】 2016年，高新区养老、失业、工伤保险新增参保人数分别为2613人、1440人、1040人，完成城乡低保提标，新城子和李各庄两村符合条件村民全面参保。全年增加就业1300人，城镇登记失业率2.95%。创设与高新区特色产业相对应的机器人区本课程，在各小学全面铺开。龙富小学艺术体操社团获2017中国学生艺术体操锦标赛小学队组冠军。推进以居家为基础、社区为依托、机构为补充、医养相结合的多层次养老服务模式，医养结合智慧养老项目首佳养老中心工程一期主体完工，仁德医疗养老健康中心正常运转。投入2000余万元综合整治老旧社区环境，拆除违章建筑，治理乱围乱种现象，完善小区道路、停车场、健身公园等配套设施，解决出行难、停车难、休闲难等问题。

【高新区生态文明建设】 2017年，高新区开展“散乱污”企业整治、扬尘治理等专项行动，推进“气代煤”改造工程，累计整治取缔“散乱污”企业13家，安装壁挂炉2.66万户，建设“美丽乡村”2个。开展城市环境整治，完成卫国路、龙泽路、北安道等道路工程，开展“一区三边”专项整治行动，拆除违章建筑17.3万平方米，增加绿地367万平方米，绿地率38.9%，环卫保洁和绿化养护工作位居全市第一。

（贾维维）

汉沽管理区

【汉沽区概况】 汉沽管理区前身汉沽农场始建于1951年，2003年3月由河北省农垦局移交唐山市管辖，成立唐山市汉沽管理区。2017年，地区生产总值32.2亿元，比上年增长10.2%；一般公共预算收入1.73亿元，比上年增长15.7%；固定资产投资36.6亿元，比上年增长70.8%；规模以上工业增加值10.5亿元，比上年增长13%；进出口总额4017万美元，比上年增长37.3%。

【汉沽区项目建设与招商引资】 2017年，汉沽管理区续建、在建及新开工项目116个，总投资220亿元。开展“重点建设项目开工落地突击月活动”，50个项目集中开工。可爱多儿童家具、宅本木业、盛林装饰纸等33个项目完工投产，在全市重点项目集中开工和重点项目观摩活动中，取得2次开发区组第一名。年内，与北京、天津相关区建立区域产业对接合作机制，赴湖南、江苏、广东等地开展小团组定向招商80余次，接待客商考察340余次，组织承接北京非首都功能转移系列活动、唐山会展业投资说明会等集中签约活动7次，汉德智汇园、韵禾原乡小镇等159个项目签约，协议总投资近300亿元。简化审批程序，缩短审批时间，开通项目审批“绿色通道”，对审批、核准、备案项目做好前期准备工作。北方商用厨具科技园等8个项目获批省市重点，新增美国邦基、世程干粉砂浆、交通运输服务公司等规模以上企业6家，增加各类市场主体380户，申报完成科技型中小企业32家、科技小巨人企业2家。家具生产研发销售、商用厨具、新型建材、现代农业等8个产业集群累计聚集项目118个，总投资290亿元，金联路桥、玉晟鑫石油钻井平台配件等30个项目具备生产条件或投产运营。《现代农业示范园区建设总体规划》编制完成，获批省级现代农业园区，三元婴幼儿配方奶粉、正邦种养加循环农业生态园项目一期、六和饲料搬迁新建等9个农业产业化项目主体完工或建成投产，完成投资4.26亿元。强化与京津地区之间合作交流机制，细化协同发展示范区框架协议内容。支持天津市宁河区实施滨玉路改建工程，加快滨海公路汉沽段、下穿津山铁路道口建设及宁河区公交线路延伸入区进度。探索建立区域产业对接合作机制，加强信息交流，找准在装备制造、绿色环保建材、农产品加工、轨道交通零部件、商贸物流以及相关配套产业对接点，促进互利共赢。

【汉沽区园区建设】 2017年，汉沽管理区完成园区基础设施建设投资3.8亿元，家具园幸福环路、安宁道、惠民路、安康道、开放道东延5条道路建成通车，兴业北道开工建设，汉南铁路下穿道口、供水泵站、临津产业园35千伏变电站等工程完工投入使用，平整园区土地220公顷，园区污水处理、通信、供热、生活服务等公共配套设施同步建设。整

金联路桥公司位于汉沽管理区，生产高质量桥梁支座产品。 刘洪超 摄

合园区服务机构和人员，明确职能分工，项目服务效率和质量提升。执行环保法律法规、产业政策和行业准入条件，环评审批项目47个，企业污染物达标排放。

【**汉沽区城乡建设**】2017年，汉沽管理区棚户区改造一期工程完成搬迁入住，棚户区改造二期以及正通学院里、柏林雅墅等房地产开发项目在建，时代广场及人防工程、社区卫生服务中心、水电应急指挥中心等市政工程主体竣工，瑞凤公园、农垦博物馆等公共场馆启动建设。路北片区环境综合整治工程实施，完成“一横三纵”主干道及背街小巷道路建设20余千米，美化、亮化、净化等工程同步实施。推进环卫网格化管理，加大巡查力度，开展“一区三边”违法建设整治行动，拆除违法建筑1.44万平方米。汉丰和临津产业园以及农业总公司环卫工作移交北控环卫公司，实现区内固体废物“减量化、无害化、资源化”处理，机械化清扫覆盖率70%。投资721万元完成省级重点村马庄村及干渠路沿线“美丽乡村”景观带建设。

【**汉沽区生态环境建设**】2017年，汉沽管理区实施环卫市场化服务模式，拓展垃圾处理社会化服务范围。制定《禁养区专项整治工作方案》《三区划定方案》，完成15家养殖场资产清点评估以及4家养殖场搬迁；开展大气污染防治，制定《推进大气污染综合治理意见》和13个专项实施方案、《2017～2018秋冬季大气污染综合治理攻坚行动方案》，排查整治散乱污企业12家，实现“两断三清”（断水、断电、清原料、清设备、清场地）；完成河北北方热力公司主城区燃煤锅炉烟气提标治理工程，实现实时联网监控。河道水系治理工程启动实施，蓟运河、还乡河分洪道综合治理项目完成总体规划、地上物征补、备土工程及初步设计。推行“土地深松+秸秆打包”外运发电，控制秸秆焚烧现象。加大道路绿化和小区、单位庭院绿化力度，全年增加植树造林面积5.67公顷。

【**汉沽区社会民生**】2017年，汉沽管理区10件惠民实事全部按计划实施，对民承诺落实到位。投资110万元完成一幼等7所学校配套设施建设，一小综合楼、二幼教学楼及附属工程具备开工条件，获市级义务教育均衡发展先进区称号。医药食品卫生服务体系健全，食品药品领域综合监管覆盖率100%。推进“大众创业、万众创新”，建成基层公共就业服务平台2家、市级充分就业创业示范区2个，环渤海家具产业园被认定为市级小微创业创新示范基地。城乡低保、农村“五保”等社会救助体系完善，救助水平提升。农村改革推进，集体土地确权颁证进度全市第一。主城区公共区域无线网络建设完成并免费开放。打击各类刑事犯罪，强化社会治安巡防管控，消除各领域安全生产隐患，社会局面保持稳定。

【**汉沽区综合改革**】2017年，汉沽管理区成立开发区改革领导小组，编制《河北唐山汉沽经济开发区推进体制机制改革总体方案》，组织相关部门赴沧州中捷开发区、沧州南大港开发区、唐山海港开发区等地参观学习。管理区投融资平台建设任务完成，机构编制改革、人事和薪酬制度改革、行政审批制度改革年内推进。制发《汉沽管理区关于进一步推进农垦改革发展的实施方案》，组建成立唐山汉沽农垦发展有限公司、唐山汉沽运河旅游开发有限公司、唐山市汉沽管理区农业发展有限公司，组建区域性现代农业企业集团，国有土地确权颁证工作完成省达目标任务；全市首家完成农村集体土地确权颁证任务并通过验收。

【**汉沽区党建**】2017年，汉沽管理区制定中心组学习专题及学习要点8期，向全区各党委党组发放，组织区中心组学习9次。组织全区125名科级干部谋划干事事项300项，全部建立干事档案。围绕政治敏锐性不强、动力不足不想为，工作标准不高、担当不足不愿为，政策落实不到位、患得患失不敢为等问题开展专项监督检查6次，对检查中发现秸秆焚烧、村务监管不力、违反工作纪律等问题涉及的9名责任人追责，批评教育6人，诫勉谈话3人。制发《汉沽管理区“一问责八清理”专项行动实施方案》《汉沽管理区基层“微腐败”专项整治实施方案》《汉沽管理区“一问责八清理”专项行动暨基层“微腐败”专项整治领导小组及其办公室主要职责和组成人员名单》等文件，设立并公开举报箱、举报电话、举报电子邮箱、举报邮政信箱“四位一体”举报平台。清理问题368个，问责党组织6个、党员领导干部1人，追责198人次，党内严重警告2人。紧盯重要时间节点开展明察暗访12次，发现问题并通报2起，问责党组织3个，批评教育4人，全年谈话函询4人、批评教育23人次、诫勉谈话8人。

（高克军）

芦台经济开发区

【**芦台区概况**】2017年，芦台经济开发区（简称芦台区）实现地区生产总值52.39亿元，比上年增长11.3%，其中规模以上工业增加值36.65亿元，增长13.6%；公共财政预算收入1.56亿元，比上年增长7.24%；固定资产投资30.1亿元，比上年增长30.9%；出口创汇2.22亿美元，比上年增长40.5%。第四季度全市重点项目观摩拉练中，全区项目综合测评在B组8个县（市、区）中名列第一。

【**芦台区招商引资与项目建设**】2017年，芦台区新开工亿元以上产业项目23个，总投资89.7亿元，京泰办公家具、爱依瑞斯软体家具等4个项目列入河北省重点项目，82个区级重点项目推行“周沟通、旬督导、月调度”工作机制，协调解决问题，优化投资环境。全年新签约亿元以上项目20个，总投资115.7亿元；储备项目46个，总投资312.7亿元。增加各类市场主体403户，其中在册企业611家，增加91家，规模以上工业企业57家。制定企业管理规范，开展工业企业技术改造提升、现场管理7S提标和厂容厂貌整治行动，提高自行车零部件、采暖散热器、钢木休闲家具等传统产业生产企业管理水平。自行车和散热器产业集群列入唐山市“十大产业集群”，明和科技成为全区首家“新三版”上市企业，远大洪雨防水材料公司成为河北省建材行业唯一入选工业和信息化部第二批绿色工厂名单企业。全区有公共服务示范平台2个，省级企业技术中心2家，质量效益型先进企业2家。科技型中小企业增加23个，总数85家。增加专利79个，其中发明专利7个。拥有全国驰名商标1件、省著名商标25件、市知名商标15件、省名牌和优质产品24件。盘活闲置资源，引进北京当代嘉业食品机械等4个项目，盘活闲置土地28.33公顷。

【芦台区城市建设】 2017年，芦台区启动城市建设总体规划修编，聘请市规划建筑设计研究院编制《芦台经济开发区总体规划（2017～2030）》，新版规划城乡建设用地总面积47.78平方千米。新建、改建12条道路及雨水、污水管网设施，完成造林绿化93.33公顷。开展亮化工程，城区增设路灯264盏，园区增设路灯271盏。与中石化绿源公司合作利用地热实施4.2万平方米供热工程，完成西部特色产业园区集中供水工程。以政府购买服务形式实施垃圾集中清运处理，解决垃圾处理难题，拆除违建1.60万平方米，拆除率100%，实现零上访、零投诉。谋划总投资超百亿元、占地近133.33公顷盛世大道西侧城市综合体项目，首期开发年内进场。

【芦台区农村建设】 2017年，芦台区加强农业产业化龙头企业培育，依托北粮农业、腾龙养殖、旺地农业等龙头企业，推动农业产业化经营发展，实现销售收入4.98亿元，带动农户1.79万户。农民专业合作社51家，其中国家级、省级、市级示范社各1家。中国农业大学北粮“教学实习基地”正式揭牌，动物医学院200名本科学生分4批入驻实习。水稻种植面积4800公顷，亩产量725千克。农垦国有土地使用权确权登记工作完成地籍调查60%，农村土地承包经营权确权登记完成。完善承包合同，建立数据库录入和土地承包信息管理系统。完成投资1000万元地下水超采综合治理地表水灌溉工程，实施总投资1404万元海北镇中型灌区节水配套工程。改善镇村环境面貌，加大镇村基础设施投入，投资388.75万元完成于辛村、西董村省级“美丽乡村”建设。农村居民人均可支配收入1.68万元，比上年增长9%。

【芦台区社会民生】 2017年，芦台区梳理政策法规，组织党员干部入户包人交心讲政策，使停滞近两年涉及509户棚户区改造二期工程重新启动。扩大便民服务范围，完成职工医保省内异地就医直接结算。年内解决天通美域和澳林新城小区“办证难”问题，发放不动产权证书1240本。推进精准扶贫、精准脱贫，完成农村贫困人口建档立卡任务。举办新春文艺联欢会暨首届“最美芦台人”颁奖典礼，集聚建设芦台正能量。实施文化惠民工程，开展文化卫生科技“三下乡”、彩色周末、书画展览等活动。统筹管理生产安全和食品药品安全，全年没有发生一起重特大安全生产事故和食品药品安全事故。区实验小学教师郭文芳在“第十五届全国小学信息技术与教学融合优质课”大赛中获一等奖。

芦台城区道路美化亮化。 高宇航 摄

【对接京津发展】 2017年，芦台区推进与京津融合发展，与宁河区结合，双方在编制《芦台经济开发区总体规划（2015～2030年）》《宁河区总体规划（2015～2030年）》中，初步规划48.7平方千米作为共建区域。实施产业对接，主动承接京津产业转移项目，区内京津项目75个，总投资219.27亿元，其中天津项目26个，总投资94.49亿元；北京项目49个，总投资124.78亿元。全区在谈项目136个，计划总投资540.7亿元，其中北京项目85个，天津地区项目39个。重点推进合作意向项目45个，计划总投资225.9亿元，合作方均为行业龙头企业或行业会长、副会长单位。年内举办3次集中签约仪式，签约亿元以上京津项目10个，涉及总投资38亿元，打造装配式建筑、印刷包装等新兴产业集群，实现汽车零部件等产业突破，引进富力地产集团大型城市综合体开发项目。实施农业高新区建设，与宁河合作共建农业高新区（为天津市、农业部共建项目），其中涉及芦台区19平方千米，打造京津冀跨区域农业科创协同发展示范平台。实施基础设施对接，提高承载保障能力，宁河南水北调管网在芦台预留出口，日供水量1.5万立方米；宁河供电局对芦台在调低电价基础上，3月10日实行峰谷平电价；205国道安全交通设施建成。

【芦台区党建】 2017年，芦台区开展“庆祝建党96周年”“我到基层讲党课”等活动，开展党的十九大精神宣讲33场次，理论中心组学习14次，主持召开全区领导干部警示教育大会2次，分期举办学习贯彻党的十九大精神主题培训班。开展基层党组织建设提升年行动，下拨党费31万元，完善基层组织活动场所设施建设，转化4个软弱涣散基层党组织。强化村干部绩效考核，完善农村离任“两委”正职生活补贴办法。成立非公经济和社会组织综合党委，全区规模以上非公企业党组织组建率92.6%。制定完善《开发区党工委、管委会工作规则》《“三重一大”“四不一末”决策制度实施办法》等系列文件，建立健全重大事项集体研究制度。严格财务制度，制定完善《财政性资金管理暂行办法》《预算指标管理办法》。推进“一问责八清理”专项行动暨基层“微腐败”专项整治，清查“一问责八清理”问题325件、“微腐败”问题41件，全部整改完成。

（李 媛）

南湖生态城

【南湖生态城概况】 南湖生态城位于唐山市中心区南部，总体规划面积105平方千米，建成区总面积38平方千米，其中核心风景区30平方千米，城市开发区8平方千米。南湖旅游风景区以不占一分耕地的独特优势获2016年世界园艺博览会举办权，使唐山成为首个举办世园会的地级城市，也是第一次利用采煤沉降区举办世园会。2017年，生态城管委会按照“闭会不闭园”原则，谋划后世园发展，植物风情馆作为河北首个大型热带植物馆转型为热带植物认知基地、教学基地，低碳生活馆成为宣传低碳生活理念科普教育基地，综合展示中心（城市主题馆）成为城市规划馆和市民综合服务中心。利用会址及场馆，先后举办“首届来南湖过大年春节灯会”“首届华北风筝风车节”“南湖乐杜鹃国际电子音乐节”、中国（唐山）国际汽车工业博览会等30多场大型展览、展会，游客接待量突破200万人。全年完成固定资产投资6.7亿元。新华联国花园一期封顶，仁恒湖滨城一期交付使用，万科南湖春晓三期完工，万科红郡三期进入内外装修阶段，凤城天鹅湖交付使用。

【后世园运营管理】 2017年，南湖管委会制定《南湖景区服务标准与培训方案》，培训司乘、保洁、安保等一线工作人员，制定相关岗位标准和细则，实现景区管理与服务水平“双提升”。南湖风景区于6月通过ISO 9001、ISO 14001质量管理体系认证，在全市率先推行社会监督员制度，组织招募由人大代表、政协委员及各行各业劳动者20人为社会监督员，定期组织召开座谈会，监督员对景区明察暗访，及时查找问题，督促整改落实，并对景区运营管理与发展提出合理化建议，助推景区管理和服务水平提档升级。探索后世园运营管理体系建设，优化管理机制，景区划分为16个网格单元，将景区环境、设备设施、景观质量、服务水平等纳入统一标准和管理体系，实行网格化管理，实现景区管理规范化与科学化。

【生态城特色经营】 2017年，南湖管委会盘活服务区、场馆等存量资产，使世园会资源永续利用。国内园与唐山民俗博物馆合作，形成集展示交流、教育培训、互动体验等功能为一体的唐山民俗文化园，9月底投入运营；低碳馆与路南区检察院合作，打造集科普培训、研学教育、娱乐体验为一体的青少年教育基地，年内组织施工招标；服务区和门区引入永和豆浆项目，5月正式经营；访客中心和商务中心酒店与锦江国际达成合作意向，年内组织内装设计、装修招标、运营筹备等；南湖会展中心举办联合国职教大会、全国书博会、中国工业旅游产业发展联合大会等20余场会展活动，带动配套餐饮、住宿收入。重新启动运营PPP项目招标，引入中展集团参与经营管理，打造研学、拓展基地，谋划恐龙乐园、户外拓展等项目。

【南湖重点项目建设】 2017年，南湖创建国家AAAAA级景区完成景观质量报告、宣传片、创建细案等申报资料，报送省旅游委评审，报送国家旅游局备案；国家生态旅游示范区创建通过省旅游委、省环保厅评审和公示，并报送国家旅游局和环保部审批；完成游客中心等基础设施建设，等待国家级专家现场检查；唐山新体育中心项目完成选址论证、立项、招标阶段工作，体育场馆和集中商业地块土地摘牌、土地出让合同签订；南湖中央商务区项目土地补偿到位，项目用地涉及风景名胜区范围详规报省厅审批；健身步道项目9月底完工，分为环湖景观道路绿色骑行和唐胥路以南湖区绿道2个工程，新建自行车道6.3千米、慢跑道10千米，新建塑胶跑道7.4千米；工业博物馆项目完成6000平方米场馆改造、装修布展、运营筹备和招商，9月16日完工投入试运营，年内接待游客5万余人；中国机车铁路源头游项目完成站房建设、接待讲解、运行调度等任务，工业旅游大会期间稳定有序运营。工业博物馆、铁路源头游项目建成运营，成为全市首届工业旅游联合大会亮点。南湖金地项目G组团作为自主开发房地产项目，8月正式复工建设，11月初取得预售许可手续，12月底完成主体工程40%。唐山饮食博物馆位于文化广场南湖会展中心项目内，总建筑面积1.5万平方米，规划为文物展示区、互动体验区、经营区3个区域，年内确定总体方案，引入招商策划运营公司，积累20多家意向商户。

（于 倩）

修葺一新的南湖青龙泽观荷木栈道重新对游人开放。 董 钧 摄

县（市、区）

Xian(Shi Qu)

迁安市

【迁安市概况】 2017年，迁安市总面积1227平方千米，总户数23.1万户，总人口77.04万人，其中男性人口39.7万人，女性人口37.3万人，性别比106.7%。全年出生8639人，性别比105.75%，人口出生率17.31‰；死亡4342人，死亡率5.79‰，人口自然增长率11.52‰。全市辖12个镇、7个乡、1个城区街道。全年全市地区生产总值1047.1亿元，比上年增长5.5%。其中，第一产业增加值42.5亿元，比上年下降1.1%；第二产业增加值654.2亿元，比上年增长4.2%；第三产业增加值350.4亿元，比上年增长8.5%。按常住人口计算，全市人均地区生产总值13.5万元，约合2.1万美元。全部财政收入92.6亿元，比上年增长47.1%；公共财政预算收入40.5亿元，比上年增长11.7%。公共财政预算支出58.84亿元，比上年下降1.9%；政府性基金预算支出13.94亿元，比上年下降76.2%。全年实现社会消费品零售总额273.05亿元，比上年增长10.5%。全社会固定资产投资714.81亿元，比上年增长9.3%；城镇居民人均可支配收入3.73万元，比上年增长7.8%；农村居民人均可支配收入2.15万元，比上年增长7.7%。年末金融机构人民币各项存款余额742.4亿元，比年初增加26.4亿元，其中城乡居民储蓄存款余额530.1亿元，比年初增加28.4亿元；各项贷款余额445.2亿元，比年初减少3.5亿元。存款贷款比60%，比年初下降2.4个百分点。全市空气质量优良天数增加20天，达到237天，空气质量综合排名位居唐山市第二位。

【迁安市政治建设】 2017年，迁安市完成市乡领导班子换届，完善考评办法，开展股级干部交流轮岗。开展"一问责八清理"、治理基层"微腐败"专项行动，坚持正确选人用人导向，做到"三看"（看实绩、看潜绩、看担当）"三到"（到基层、到一线、到现场）"三破"（破潜规则、破隐形台阶、破论资排辈），打造干部队伍，强化从严执纪和案件查处，累计查处各类案件271件，党纪政纪处分321人。迁安市政府自觉接受市人大法律监督、工作监督和市政协民主监督，累计承办人大代表建议和政协提案230件，按时办结率100%。

【迁安市经济建设】 2017年，迁安市三次产业结构比调整到4.0∶62.5∶33.5。截至年底，全市农业产业化龙头企业90家，其中省级龙头企业2家、市级龙头企业16家，农业产业化率76.33%，比上年提高0.13个百分点。全市拥有省级现代农业园区1个、市级现代农业园区5个。全市农林牧渔业总产值73.0亿元，比上年下降0.2%，其中种植业产值33.1亿元，比上年下降4.6%；牧业产值35.9亿元，比上年增长3.9%。粮食总产量20.8万吨，比上年增长0.2%；蔬菜总产量86.3万吨，比上年下降3.4%；生猪出栏74.5万头，比上年下降0.1%；家禽出栏743.5万只，比上年增长1.2%；肉类总产量8.6万吨，比上年下降1%。全市工业总产值1866.4亿元，增加值684.7亿元，按可比价计算比上年增长4.7%。规模以上工业总产值1786.9亿元，增加值659.3亿元，比上年增长4.8%；主营业收入1751.8亿元，比上年增长34.3%；利税114.86亿元，比上年增长46.3%；实现利润243.3亿元，比上年增长38.1%；规模以上企业167家，比上年下降2.9%。装备制造业增加值41.8亿元，比上年增长29.4%，是迁安市增长最快产业。迁安市跻身国家新型工业化示范基地，获评省创新型试点市，高新区创建"省食品制药产业知名品牌示范区"，位列全国中小城市创新创业百强第28位。增加科技型中小企业154家、科技小巨人企业5家、高新技术企业8家，新兴产业迈向科技型、集群化。服务业增加值增速8.5%，高于二产增速4.3个百分点，年内举办旅发大会、万人徒步大会、冰雪嘉年华等系列活动，"中唐·天元谷"列入国家优选旅游项目库，"不夜水城、滦河左岸"项目引领全域旅游，旅游业收入增长27%，获评"体育+旅游"示范市。

【迁安市城乡建设】 2017年，迁安市投入10.6亿元实施104个重点项目，完善城市服务功能，促进产城人文融合发展，入选第五届全国文明城市。截至年底，城市建成区面积44平方千米，建成区人口27万人。建成区道路总长315.7千米，道路面积率14.2%，建成区绿地率40.35%，绿化覆盖率41.21%，建成区集中供热面积1405万平方米，供水普及率、自来水水质合格率、燃气普及率、生活垃圾无害化处理率和生活污水集中处理率保持100%，管道天然气普及率54%，道路机械化清扫率70%。年末主城区运营公交车辆

在首届河北"不得不"旅游精品发布推介会上，迁安市大崔庄镇白羊峪村入选"河北不得不访的十大美丽乡村"。 李晓玲 摄

74辆，运营线路10条，全市城镇化率56.68%，比上年提高1.02个百分点。"美丽乡村"建设年内打造刘新庄等11个精品村，万宝沟村获评"全国农村环境卫生整治示范村"，白羊峪获评河北省"不得不访的十大美丽乡村"，山叶口—德艺—桃源农庄入选京津冀十大休闲农业线路，亚滦湾获评"全国休闲农业与乡村旅游四星级园区"。迁安市获"全国'美丽乡村'建设示范市"、全国首批"四好农村路"示范县（市）称号。

【迁安市社会建设】 2017年，迁安市增加社会保险参保8725人次，社会保障持卡人数40.3万人；城镇低保和农村低保标准分别提高到每年6600元和3912元，累计发放城乡低保保障金4364.9万元，发放特困供养人员供养金1100.4万元；开展助学、助老、助医活动，累计发放善款143.4万元；为123户340名农村贫困人口建档立卡，实现精准扶贫。全年城镇增加就业7140人，城镇登记失业率3.78%，农村劳动力转移就业5700人，实现再就业1545人。六实小扩建主体完工，七实小、八实小项目年内在建，成功创建国家级职成教育示范县。构建全民健康服务体系，落实二孩政策，增加国家级"群众满意的乡镇卫生院"6所、"国家级百佳乡镇卫生院"1所，获评省公立医院综合改革示范县、全国计划生育优质服务单位、全国妇幼健康优质服务示范县。年内获第三批国家公共文化服务体系示范项目和省公共文化服务示范区创建资格，先后承办里约奥运会拳击项目亚洲和大洋洲资格赛、全国公路自行车冠军赛总决赛、全国体育传统项目学校田径联赛、国际长城万人徒步大会等重大赛事。开展信访积案化解专项行动，实行各级干部接访包案工作制。

【迁安市生态文明建设】 2017年，迁安市实施重点企业余压余热利用等节能减排项目，改造燃煤锅炉120台，应用洁净型炉具2.2万套，化解炼铁产能376万吨、炼钢产能275万吨，万元生产总值综合能耗下降，主要污染物排放削减，年内实施污染治理工程126项。继续实施大气污染防治攻坚行动，PM2.5平均浓度为每立方米57微克，低于北京1微克，低于京津冀地区7微克，低于唐山9微克。空气二级以上天数比上年增加51天，重污染及以上天数比上年减少36天。矿山生态环境恢复治理加快实施，完成地貌修复114.67公顷，生态修复102公顷。绿化迁安行动成效显著，增加营造林3533.33公顷，森林覆盖率43.8%。全市落实河长制，改善河流生态，滦河青龙河口段防洪治理等工程完工，治理水土流失面积24平方千米。天蓝、地绿、水净、山青成为迁安新名片。

【国家级妇幼健康优质服务示范县（市）】 2017年3月14日，省卫生计生委召开全省2017年妇幼健康工作会议，公布包括迁安市在内6个国家级妇幼健康优质服务示范县市区。从2014年起，国家卫生计生委在全国实施妇幼健康优质服务示范工程，通过引导、示范和推广，提升妇幼健康服务水平。迁安市高度重视妇幼健康服务，加大卫生事业投入力度，支持妇幼卫生事业发展，强化组织领导、健全工作机制、落实各项保障措施，巩固提升妇幼保健工作管理水平，促进迁安市妇幼卫生事业发展。

【全运会拳击女子资格赛举办】 2017年3月，第十三届全国运动会拳击项目女子组第一次资格赛暨2017年"迁安杯"全国女子拳击锦标赛在迁安九江体育中心举办，全国各省、自治区、直辖市，各行业体协、解放军、北京体育大学等38个参赛代表队214名国内顶级女拳手参赛。此次比赛设48千克、51千克、54千克、57千克、60千克、64千克、69千克、75千克、81千克、+81千克10个级别，其中全运会参赛级别为51千克、60千克、75千克。比赛为期7天，3月23日进行半决赛，3月24日进行决赛和颁奖。九江体育中心代表河北省出战，派出奥运会亚军尹军花、青奥会冠军常园、世锦赛冠军苑美庆参赛。此次比赛由国家体育总局拳击跆拳道运动管理中心、中国拳击协会主办，河北省体育局承办，迁安市人民政府协办。

【全省首家乡镇级村务监督指导中心成立】 2017年4月，迁安市五重安乡成立河北省首家乡镇级村务监督指导中心。村务监督指导中心负责组织村务监督工作调查研究，监督"村务监督积分管理系统"实施，落实按月考评和结果通报制度，协助处理村"两委"与村务监督委员会关系，帮助解决村务监督委员会在工作中遇到问题，贯彻落实上级有关村务监督委员会建设的法律法规及各项政策意见，负责本乡村务监督相关文件起草修订以及其他日常性工作。建成之后全面推行“按事计分、以分定酬”的“村务监督积分管理系统”，通过8项45个履职要点，调动村监会工作履职能力，做到积分考核与“评先评优”相结合、与报酬待遇相挂钩，实现村务监督工作从“无事监督”向“有事监督”转变、从“无形监督”向“有形监督”转变、从“无为监督”向“有为监督”转变。2017年，村监会上报村务监督以及社情民意事项700余个，实现对村级事务全覆盖，发村务监督月积分通报9期，6个村关于道路修建方面社情民意被五重安乡纳入2018年为民办实事项目。

【全球首套焦炉煤气制乙醇项目投产】 2017年7月2日，由唐山中溶科技股份有限公司研发的全球首套焦炉煤气制乙醇项目在迁安投产运行，标志着国内煤制乙醇新型技术完全实现产业化，每年节约粮食90万吨。中溶科技是一家专注于非粮乙醇及其下游产品研发、生产、销售的国家级高新技术企业。项目一期年产10万吨无水乙醇生产线一次投料成功，无水乙醇质量合格率99.98%。焦炉煤气制乙醇比粮食法生产乙醇平均节约成本20%以上，项目全部达产后可实现年产值25亿元，年利税4.5亿元，变废为宝，保护环境，解决与民争粮问题，副产品天然气还可为社会提供清洁能源。

【全国首批“四好农村路”示范县（市）】 2017年，迁安市在河北省率先实现镇乡通二级公路、村村通沥青（水泥）路和公交城乡全覆盖，全市公路通车里程3275千米，公路密度每百平方千米272千米，8月，在全国“四好农村路”养护现场会上被交通运输部授予“四好农村路”全国示范县（市）称号。迁安市投资107万元建立智能型交通综合指挥平台，实现道路、车辆动态监督管理。围绕构建城乡“15分钟经济圈”，在河北省实现农村公共客运服务全覆盖，城乡道路客运一体化水平达AAAAA级，具备条件建制村实现100%通客车。投入11.7亿元硬化全市534个农村主干街道，投资1.42亿元实施128千米村村通工程，投入3亿多元规划建设总长138千米4条生态绿道，沿线打造特色观光园、采摘园、景区景点，培育“绿道金瓜”品牌。全年接待游客277万人次，实现旅游收入26.67亿元。

【全国首家政企联办国家级综合体育训练基地】 2017年8月，迁安市唐山九江体育中心被国家体育总局命名为“国家唐山九江体育训练基地”，成为全国首家政企联办国家级综合体育训练基地，也是河北省唯一国家级综合体育训练基地。九江体育中心由民营企业迁安市九江线材有限责任公司与迁安市政府合作建设，由企业自主经营、自主管理，总投资14亿元，由体育场、综合馆、拳击（游泳）馆、五星级酒店和演艺中心5个单项工程组成。曾举办2016年里约奥运会拳击项目亚大区资格赛，承办拳击、摔跤等国内大型体育赛事30余次，承接拳击、跆拳道、橄榄球、摔跤、乒乓球等国家队转训任务，接待朝鲜、俄罗斯、澳大利亚等30多个国家400多人次访问交流。

【迁鹤3D曲面玻璃项目投产】 2017年11月，迁安市迁鹤3D曲面玻璃项目第一期2条图案化生产线投入生产，完成投资7500万元。该公司拥有世界先进水平自动化激光曝光设备、喷涂线和清洗显影设备，净化设施在国内同行业唯一达到百级洁净程度，智能3D曲面玻璃符合3C产品设计需求，可广泛应用到军用和民用高端产品领域，具有轻薄、防眩目、耐刮伤、耐候性佳等特点。该项目投产创造“四个全国第一”：第一个将半导体集成电路制造工艺运用在3D曲面玻璃盖板制造上，第一个将“负性光刻胶”替代油墨用在3D曲面玻璃盖板制造上，第一个将激光曝光技术用在3D曲面玻璃盖板制造上，第一个一次性生产3D曲面玻璃优良品率超过95%。

【迁安获评全国文明城市】 2017年11月，在中央文明办公布的第五届全国文明城市名单和复查确认继续保留荣誉称号的往届全国文明城市名单中，迁安市榜上有名，获评全国文明城市，是河北省首批获该称号县级城市。迁安市另获中国宜居城市、世界健康城市、国家卫生城市、国家园林城市、中国经济最具竞争力城市等称号。

【全国质量强市示范城市】 2017年11月，河北省迁安市等3个城市获批创建“全国质量强市示范城市”，全国质量强市示范城市由国家质检总局主办，旨在贯彻落实国务院颁布《质量发展纲要（2011～2020年）》关于“广泛开展质量强省（区、市）活动”和实施“地区间质量对比提升”要求，全面提高质量管理水平，推动建设质量强国。“全国质量强市示范城市”创建成功后，可享受国家对骨干企业知名品牌建设、检验检测公共服务平台建设、标准制修订、标准化试点示范项目、名优企业产品保护及进出口检验检疫通关等方面政策扶持。

（张明远）

遵化市

【遵化市概况】 2017年，遵化市总面积1521平方千米，辖13个乡、12个镇、2个街道办事处，648个行政村、39个居委会。总户数22.69万户，总人口75.54万人，全年出生1.11万人，死亡1.43万人，人口自然增长率负4.3‰。全市地区生产总值568.4亿元，比上年增长5.7%，其中第一产业增加值43.3亿元，比上年增长2.5%；第二产业增加值284.8亿元，比上年增长5.3%；第三产业增加值240.3亿元，比上年增长6.7%。全年人均地区生产总值7.33万元，比上年增长5.1%。三次产业结构为7.6∶50.1∶42.3。规模以上工业增加值232.1亿元，比上年增长7.1%。民营经济增加值503.4亿元，比上年增长6.0%。粮食总产量26.3万吨，比上年增长2.3%；油料总产量4.9万吨，比上年增长2.1%；蔬菜总产量84.4万吨，比上年增长0.5%；肉类总产量7.6万吨，比上年增长2.6%；禽蛋产量2.9万吨，比上年增长6.0%；奶类产量1.4万吨，比上年增长4.6%；干鲜果品总产量27.1万吨，比上年增长0.9%。全部财政收入24.76亿元，比上年增长50.2%，其中一般公共预算收入12.36亿元，增长23.1%，增速位居唐山14个县（市、区）第二名。全社会固定资产投资完成330.7

亿元，比上年增长8.7%。社会消费品零售总额232.0亿元，比上年增长10.2%。城镇居民可支配收入3.56万元，比上年增长8.1%，农民人均可支配收入1.54万元，比上年增长8.2%。金融系统各项存款年末余额444.9亿元，比上年增长8.8%；各项贷款余额211.4亿元，比上年增长10.2%。

【遵化市政治建设】 2017年，遵化市委落实主体责任，完成市、乡两级换届。推行“推优比选”干部选任模式，组织“推优比选”5次，推荐优秀干部101人，提拔重用51人；建立“推优晒绩”考评体系，激发各级干部干事创业热情，经验做法被《中国组织人事报》《中国改革报》整版刊发。做强“手机电视台”“葵花朵朵”“阳光频道”等新媒体平台，“葵花朵朵”位居河北省政务新媒体排行榜前列，经验做法在中宣部《党建》专题报道。全年80余次登上《人民日报》、新华社、中央电视台等权威媒体，对外树立遵化形象。推进纪检、监察体制改革，开展一问责八清理和基层“微腐败”专项整治、“议作风·面对面”电视问政、扶贫领域专项治理等活动，强化巡察利剑震慑作用，巩固发展“两个责任”共同发力、上下联手监督执纪问责工作模式，执纪审查工作位居唐山第一。信访举报工作在全省纪检监察系统工作会议上作为唯一县级单位发言，清底数、清问题、清隐患“三清”工作模式在全省推广。遵化市政府推进“两学一做”学习教育常态化制度化，修订《市政府工作规则》，完善议事规则和决策程序，实行政府工作台账式管理、绩效化考核，推动政务工作高效运行。执行市人大及其常委会决议、决定，自觉接受各方面监督，251件市级以上人大代表建议和政协委员提案全部按时办复。

【遵化市经济建设】 2017年，遵化市开展“重大项目落地开工年”活动，亿恒实业建筑构件等72个新项目开工建设，艾尔包装易拉盖及涂布生产线等68个项目竣工投产，增加规模以上工业企业32家、规模以上服务业企业13家。保障京秦高速二期等3项国家重点工程实施。主动对接京津、融入京津，在开放中谋求共赢，与中粮、保利、中信、远大等大型央企、国企、民企合作项目49个，金融街古温泉旅游度假区、碧桂园航天农业生态城、中景信般若湖旅游度假区等51个新项目签约，其中投资超百亿元项目4个。港陆建龙焦化整合搬迁项目获省工信厅核准、发改委备案，200万吨冷轧、1450热轧生产线改造升级项目开工，惠通精密汽车配件等20个装备制造产业项目竣工投产或开工建设。孔圣堂药业等65家企业实现复产或转型发展，省和唐山市转型升级现场会在遵化市召开。零点镁基锂离子电池、润峰光伏发电等18个项目竣工投产，众邦光伏硅晶片等27个项目在建，新兴产业增加值增长26.7%，高于地区生产总值增速21个百分点。年内编制完成《全域旅游发展总体规划》，美丽南山健康小镇等19个项目推进，碧桂园航天农业生态城旅游专线等10条道路竣工通车，承办唐山市首届旅游发展大会，在河北省创建国家全域旅游示范省动员大会上发言，全年接待游客人数、旅游综合收入均增长30%。完成经济开发区扩区，形成城西工业园、城东工业园、金山工业园、龙山工业园“一区四园”总体布局，完成园区“四项改革”（机构编制管理改革、人事和薪酬制度改革、行政审批制度改革、投融资平台建设），园区主营业务收入、税收分别增长33.4%和35.3%。实施科技兴市战略，培育高新技术企业6家、科技型中小企业151家、唐山市级以上工程技术研究中心3家。推进“大众创业、万众创新”，实施“双创”项目32个，建成唐山市级众创空间6个。落实商事登记制度，增加市场主体5318户，比上年增长17.3%。

【遵化市社会建设】 2017年，遵化市改善民生、推动共建共享，提高百姓福祉，10件为民实事工程全部完成。实施名师、名校、名校长评选活动，创建唐山市级名校9所，高考二本上线率74%，在唐山各县（市、区）中名列前茅。公立医院改革推进，分级诊疗制度全面推行，群众就医条件持续改善，人民医院在县级医院综合竞争力排名位列全省第一位、全国第58位。《清东陵保护管理办法（修订）》获批实施，裕陵系列安防等5项文物保护工程完工。遵化年内跻身第一届河北省“文明城市”，获评全国法治县（市）创建活动先进单位、省级双拥模范城。何家峪村、山里各庄村获评全国文明村，安监局获评全国安全生产监管监察先进单位。

【遵化市城乡建设】 2017年，遵化市启动城乡总体规划修编，编制城市规划区各类专项规划和详细规划20项。文化南路、南三环东路、愚公北路翻修工程竣工通车，打通府前西街、文北大街、海沙大街3条断头路，建南大街开工建设。人民

遵化市尚禾源生态观光园在何家峪村头建起音乐喷泉，引来众多村民观赏。
刘满仓 摄

广场改造提升、港陆低品位工业余热供暖等12项市政工程完工，主城区公共区域实现WiFi全覆盖，停建6年的消防南站建成投入使用。完成承唐高速遵化东出入口、北二环路等8项道路及节点绿化工程，增加城区绿化面积20万平方米，人民公园被评为“河北省四星级公园”。办理房产证2.7万户、不动产权证1.4万户，碧桂园遵府等6个城市开发项目实施，金卓颐高创业小镇作为河北省唯一入选项目列入全国“智慧特色小城镇试点培育计划”。拆除违法建筑54.6万平方米，获评省级先进单位。数字化城管平台投入使用，开启城市精细化管理新局面。创建省级现代农业园区1个、唐山市级现代农业园区3个，发展食用菌2000万棒、特色果蔬基地1866.67公顷、规模养殖场7个。遵美味果蔬深加工等13个农业产业化项目竣工投产，增加唐山市级龙头企业11家，美客多集团在“新三板”挂牌，实现遵化市企业上市零突破，创建全省唯一一家食品类国家级出口食品农产品质量安全示范区。完成32个省级“美丽乡村”重点村创建任务，官房村、北下营村、朱山庄村获评省级“美丽乡村”。被评为“四好农村路”省级示范县（市）。培育省级股份合作制经济组织示范社9家，获评省级农村股份合作制经济发展示范县（市）。供销社综合改革持续深化，遵化市供销社跻身全国百强县级社。

【遵化市生态文明建设】 2017年，遵化市制定出台大气污染综合治理“1+15”工作方案，开展整治“散乱污”企业等7个专项行动，完成环保督察交办问题322个，治理钢铁、焦化、挥发性有机物行业领域污染源163个，取缔“散乱污”企业213家，淘汰燃煤锅炉1351台，硬化T型路口343个，推广清洁供暖450万平方米。88家铁选矿取得整改提标资格，未列入提标范围企业拆除工作稳步推进。完成27个空气质量监测站建设，依规引入北京首创博桑环境科技股份有限公司，实施精准治霾“六步工作法”（形势研判、指令发布、任务落实、响应回复、现场核查、考核追责），增强大气污染防治实效性。推行“河长制”，完成上关湖封闭工程，清理邱庄水库及沙河养鱼网箱1.2万个，区域主要河流水质全部达到标准要求。开展造林绿化行动，增加造林绿化面积3466.67公顷，森林覆盖率61.7%。

【全国百佳国地税合作县级示范区】 2017年1月，经国家税务总局审核，确定遵化市为“全国百佳国税地税合作县级示范区”。遵化市国税、地税两局把握深化改革总体要求，推进国地税合作，成立国税、地税联合办税服务厅，合理设置10个“一机双系统、一窗通办”办税窗口，优化区域配置，开设“云办税厅”和24小时自助办税区，方便纳税人无时差办税；联合制定《涉税信息数据采集一览表》，将各自相关数据放到“360云盘”存储，由双方合作办公室专人负责保密管理、周期性公布，双方累计传递信息210余万条。实施双方税务登记、注销、变更动态更新、互助提醒、联合清算，重点解决外埠纳税人漏登、本地纳税人漏管、核定征收税费差距大、纳税人状态不一致、个体建账不规范等问题，提高征管质量，堵塞征管漏洞，实现重点纳税人重点行业国地税联查全覆盖。

【省级农村股份合作制经济发展示范县（市）】 2017年3月，河北省农工办公布2016年河北省农村股份合作制经济发展示范县名单，遵化市榜上有名，成为唐山市2016年度唯一获此称号县（市）。年内制发《加快发展农民专业合作经济组织的实施意见》，对农村股份合作制经济发展在用地、金融等政策上提供保障。创办《遵化合作经济资讯》，宣传股份合作知识、股份合作理念，提高农民对发展股份合作认知度，全市发展各类农村专业合作经济组织350家，其中股份制合作经济组织75家，涉及种植养殖、荒山开发、资金互助等各个行业，各类合作组织覆盖全市所有行政村，辐射带动农户10万户，助农增收3亿元。

【官房村入选中国少数民族特色村寨】 2017年3月，国家民族事务委员会公布第二批中国少数民族特色村寨名录，遵化市马兰峪镇官房满族村成为唐山地区唯一入选村寨。官房村位于距遵化市西北25千米长城脚下，始建于明朝，有居民97户397人，均为满族，大部分为历代守关、守陵官兵后裔，保持满族风俗习惯。坚持特色村寨建设与旅游资源开发结合、产业发展与文化传承并行、民俗文化保护开发与自然景观协调一致发展理念，累计投资560多万元，改造村内公共基础设施，完成古围墙、门楼、影壁、照壁维修加固工程，建成特色农家院、采摘园10余处及民间收藏品展示馆1家，先后被评为省级历史文化名村、省级少数民族特色村寨、省级特色文化生态文明村。

【《廉政口袋书》编印下发】 2017年6月，遵化市纪律检查委员会采用“漫画+文字”形式，以中央相继颁布实施《中国共产党廉洁自律准则》《中国共产党纪律处分条例》《中国共产党问责条例》《中国共产党党内监督条例》等系列党纪党规为主要内容，编印《漫画图解党纪党规——遵化市廉政口袋书》，下发到全市每名党员干部手中。该书体积小、容量大，图文并茂地诠释党纪党规，让党员干部一看就明白，营造“随身有册子、心中有尺子”氛围，成为党员干部随身携带的廉政指南。

（鞠　枫）

迁西县

【迁西县概况】 2017年，迁西县总面积1439平方千米，辖17个乡镇、1个街道办事处，417个行政村、10个居民委员会。年末总户数11.61万户，比上年增加782户，增长0.68%。年末总人口41.10万人，比上年增加4043人，人口自然增长率3.2‰。年内出生人口5108人，比上年增长16.6%，人口出生率12.5‰；死亡人口3786人，增长50.1%，人口死亡率9.2‰。耕地面积1.79万公顷，比上年下降0.06%。地区生产总值483.87亿元，比上年增长5.0%。规模以上工业企业增加值290.67亿元，比上年增长7.1%。第一产业增加值22.55亿元，下降5.3%，第二产业增加值313.11亿元、第三产业增加值148.21亿元，分别增长6.2%、4.6%。人均地区生产总值11.70万元，三次产业增加值构成为4.7∶64.7∶30.6。单位GDP能耗每万元标准煤1.32吨，比上年下降4.02%。民营经济增加值433.9亿元，占地区生产总值89.67%。发电量13.53亿千瓦时，比上年增长3.5%。粮食总产量7.12万吨，下降0.4%。棉花总产量326吨，比上年增长0.3%。水产品产量1.87万吨，比上年下降60.7%。肉产量2.54万吨，比上年增长3.0%。禽蛋产量1.02万吨，比上年增长3.2%。干鲜果品产量11.9万吨，比上年增长1.4%。蔬菜总产量11.9万吨，比上年增长3.1%。县级一般公共预算收入12.39亿元，比上年增长17.8%。其中，税收收入完成9.90亿元（国税6.44亿元、地税3.46亿元），增长37.9%；非税收入完成2.49亿元，下降25.4%。一般公共预算支出完成28.28亿元，下降11.9%。政府性基金预算收入完成3.49亿元，其中县级政府性基金收入2.78亿元，增长55.6%；上级补助收入7060万元（含新增专项债券6900万元）。政府性基金支出3.02亿元，增长41.7%。社保基金收入8.21亿元，社保基金支出6.91亿元。进出口总额4.46亿美元，比上年增长13.9%，其中出口总额0.57亿美元，下降59.5%。社会消费品零售总额118.4亿元，增长10.3%。城镇居民人均可支配性收入3.62万元，增长7.7%；农村居民人均可支配性收入1.59万元，增长7.7%；住户存款余额217.1亿元，增长6.0%。全社会固定资产投资完成291.1亿元，增长9.6%。

【迁西县重点项目建设】 2017年，迁西县累计实施3000万元以上重点项目127个，完成投资147.6亿元。花乡果巷田园综合体项目成为全国10个国家级试点之一，为河北唯一入选项目。国家板栗公园获批建设，是全国唯一林木专类板栗公园。津西集团投资15亿元实施超大H型钢和钢板桩项目，产品填补国内Z型、U型钢板桩和超大H型钢市场空白。金信集团投资16亿元实施新能源基地项目实现全产业链发展，瑞兆激光获批河北省机电设备再制造产业技术研究院在“新三板”上市，河北景田投资11亿元饮用水项目9条生产线全部建成投产，同达致成模具一期、中核光电一期等36个项目投产达效。整理土地145.47公顷，争取建设用地指标57.39公顷，保障重点项目用地需求。组建9个驻点招商小组开展定点招商、上门招商，举办3次项目集中签约活动，与荣盛康旅、东方园林、北京联绿等知名企业取得实质性合作，北京福润达绝缘新材料、高顺京津产业转移基地等11个项目引进落地，栗香湖体育休闲康养小镇、大凤凰山景区综合开发等40个项目签约。实际利用外资2.05亿美元，位列全市第一。推动土地树木征占，用22天时间完成北京福润达绝缘新材料项目15.47公顷地树征占任务，创造“福润达效率”。编制河北迁西经济开发区园区总体控制性详规完成，规划面积增至40.54平方千米。中东区污水处理厂投入使用，中区第二电源工程推进，园区机构编制等4项改革完成，入园企业106家，实现主营业务收入950亿元、税收8.5亿元。

【迁西县产业转型】 2017年，迁西县提前完成津西130万吨钢铁异地去产能任务。引导企业技术改革，实施技改项目31项，完成投资49.3亿元。津西集团研发高附加值钢，高端型钢产品比例75%，百项技术指标18项位居全国第一、50项进入全国前十，位列中国企业500强第205位；中兴矿业实施超纯高品质铁精粉项目，铁精粉纯度由66%提高到70.5%以上。实施“产业倍增”工程，新能源、新材料、高端装备制造等新兴产业规模壮大，增加规模以上工业企业9家，规模以上高新技术产业增加值增长67.7%。增加高新技术企业3家、科技小巨人企业14家、科技型中小企业91家，万人发明专利拥有量增长45.3%，研发投入强度2.52%，迁西县被确定为省创新型试点县、全省首批工业转型升级试点示范县。梨花坡富贵牡丹园、五海猕猴桃庄园等项目年内推进，花乡果巷农业园区被评为省级现代农业园区。迁西板栗复合栽培系统入选国家重要农业文化遗产名录，迁西县被认定为迁西板栗中国特色农产品优势区，获批建设迁西板栗河北省知名品牌示范区；迁西栗蘑被评为国家地理标志产品、全国十佳食用菌地标品牌。增加省级龙头企业3家、市级龙头企业4家、市级合作社12家，农业产业化率70.5%。承办唐山市首届旅发大会，完善旅游规划体系，《全域旅游总体规划》《栗香湖控制性规划》等11项专项规划编制完成；建设凤凰山旅游连接线、碾唐线风景道提升、旅游厕所等项目，提升旅游基础设施水平；景忠山、凤凰山、龙井关长城漂流等景区提升工程年内推进，栗香湖畔房车露营地被评为全省十大旅游公共服务项目；实施乡村旅游标准化工程，雨花谷、归巢部落等4个景点被评为市级乡村旅游示范点；举办全国公路自行车锦标赛、京津冀户外运动挑战赛等赛事活动；全年接待游客406万人次，比上年增长19.2%，实现旅游综合收入20.6亿元，比上年增长21%。商贸流通业加快发展，冀通山货市场二期、唐百迁西店、洒河桥集贸市场二期等项目在建，发展以小微电商为主体电子商务，全年增加规模以上服务业企业5家、市场主体3000家。

【迁西县城乡建设】 2017年，迁西县规划展览馆、青少年活动中心投入使用；天然气进城入户工程结束，3个月内为6000个家庭接通燃气；集中供热并网范围扩大，解决美达公寓、四村新民居等老旧小区供热问题；分类化解房地产遗留问题，16个省督办项目全部办结，办理不动产登记证5319份；拆除违法建筑5万平方米。北岸回迁房扫尾、游客集散中心广场等城建项目和金桥国际二期、宏大城等房地产开发项目年内在建。投资800多万元推进“双城同创”，改观城市环境，提升精细化管理水平。开展农村道路硬化、村庄绿化等12个专项行动，推进28个省级重点村建设，大沟村被评为省级美丽休闲乡村，小黑汀、大河山等6个村被评为省级美丽渔村，龙井关、白沟等15个村达到省级精品村标准。推进供销社综合改革，启动资金互助，实施风险抵押金制度，累计为栗农提供贷款2400万元。农村土地承包经营权确权登记工作完成任务总量88%，农村产权交易中心正式运营。

【迁西县生态文明建设】 2017年，

迁西县潘大库区网箱养鱼清理任务完成，解决库区水质恶化问题，推进后续水质治理，增殖放流滤食性鱼苗360万尾，库区水质由地表水劣五类恢复至三类以上。推行“河长制”，洒河、长河等主要河流水质达到地表水二级标准。出台大气污染综合治理“1+14”实施方案，整改销号督办问题265个，取缔燃煤锅炉379台，治理“散乱污”企业162家，投资3.8亿元改造提升305家企业环保设施。空气优良天数比上年增加19天，PM2.5平均浓度由每立方米103微克下降到57微克，改善率44.5%，位列全市第1位、全省第31位，没有出现重污染一级响应天气。实施“三北”造林等绿化工程，全年造林2980公顷，开展公益林保护行动控制毁林行为。

【迁西县社会建设】 2017年，迁西县将一般公共预算支出70%以上投入到民生领域和社会事业发展上。第五小学投入使用，缓解城区小学“大班额”问题，农村教师周转宿舍、刘古庄小学等项目在建，通过省政府教育综合督导评估。洒河桥卫生院改扩建项目基本完工，县级公立医院和基层医药卫生体制改革深化，推行药品“零差率”销售，全年为群众节省医药费用2603万元，完成城乡居民医保并轨，累计报销各类医疗费用3.4亿元。人口计生和公共卫生服务优化，出生人口质量提升。加强重点群体就业培训和创业帮扶，累计增加就业5600人，城镇登记失业率控制在3.3%以内。招录事业编制工作人员402名，启动编外聘用人员待遇调整和职称评聘工作，非编人员历史诉求得到解决。提高社会保障水平，保障困难群体基本生活，发放救助救济资金7160万元。推进精准扶贫，为187户491名贫困人口建档立卡。加强文物保护，青山关、潘家口段长城修缮工程年内推进。“栗乡之夜”文艺展演和道德模范评选表彰成为迁西知名文化品牌，兴城镇被评为全国文明村镇，马家沟村被评为全国文明村。餐饮服务行业安全保障、中小学校舍建设等7项惠民实事工程完成，乡村路桥改造提升、新水源地建设、群众文化生活及设施建设提升3项部分完成。

2017年全国公路自行车锦标赛在迁西县举办。　杨文进 摄

【全国青年公路自行车锦标赛】 2017年6月26日，由国家体育总局自行车击剑管理中心、河北省体育局、唐山市人民政府主办，河北省体育局自行车运动管理中心、唐山市体育局、迁西县人民政府承办的“向旺安梨汁杯”2017年全国公路自行车锦标赛暨全国青年公路自行车锦标赛在迁西县开赛，为期3天，全国20个省、市、区300名选手参赛。赛道起点为彩虹桥，沿大黑汀水库山间公路环绕骑行，至彩虹桥终点结束，绕圈赛道64.3千米，单圈赛道69.1千米。香港队陈易明获青年男子组冠军，天津队王瑞东、内蒙古队李帅朋分获青年男子组二、三名；吉林队康乔获青年女子组冠军，云南队马倩瑶、河北队荣颖分获二、三名。中央电视台、《中国体育报》《光明日报》、新华社、人民网等多家媒体对大赛报道。

【迁西县入选中国十佳宜居县城】 2017年6月，迁西县入选中国十佳宜居县城，为河北省唯一获此称号县。排行榜前十位分别是：浙江德清县、山东蓬莱市、江苏泗阳县、河南商城县、云南玉龙县、河北迁西县、四川金堂县、吉林和龙县、黑龙江绥芬河市、湖南绥宁县。迁西县生态环境良好，自然景观优美，全县拥有8.93万公顷森林，境内有潘家口、大黑汀等大中型水库84座，森林覆盖率63%，曾两次入选“全国百佳深呼吸小城”，先后获全国造林绿化模范县、全国林业科技示范县、国家级园林县城、省级文明县城、全省宜居城市环境建设金奖、国家级生态示范区、全国休闲农业与乡村旅游示范县等多项称号。

【迁西“花乡果巷”被誉为国家样本】 2017年7月，第一批10个国家田园综合体试点项目确定，河北迁西县东莲花院乡“花乡果巷”田园综合体项目入选，成为河北省唯一国家级田园综合体试点项目。“花乡果巷”田园综合体总投资15.67亿元，规划面积4620公顷，涵盖西山、徐庄子、西花院、东花院、东城峪等12个行政村，集现代农业、休闲旅游、田园社区为一体，特色小镇和乡村综合发展，为全省乃至全国探索出可复制、可借鉴、可推广的田园综合体创建迁西模式。

（路文东）

滦 县

【滦县概况】 2017年，滦县总面积1027.22平方千米，辖10个镇、4个街道办事处，504个行政村、26个居委会，总人口57.24万人；地区生产总值530.33亿元，比上年增长7.0%，第一、二、三产业增加值分别为46.74亿元、327.73亿元、155.86亿元，比上年分别增长4.8%、6.5%、8.7%；规模以上工业增加值313.7亿元，比上年增长7.2%。全县固定资产投资398.5亿元，比上年增长10.8%；一般公共预算收入17.2亿元，比上年增长10.5%；一般公共预算支出32.1亿元，比上年增长1.7%；社会消费品零售总额167.8亿元，比上年增长10.7%；城镇居民人均可支配收入3.70万元，比上年增长8.5%；农村居民人均可支配收入1.60万元，比上年增长8.5%。全年实际利用外资5916万美元，比上年增长16%；全县进出口总额1.29亿美元，比上年降低28.6%，其中出口总额0.67亿美元，增长22.4%。金融机构各项存款余额329.8亿元，比年初增长26.7%，金融机构各项贷款余额157.8亿元，比年初增长20.8%。滦县位列“2017年度中国最具投资潜力中小城市百强县市”第63位、“2017年度中国中小城市创新创业（双创）百强县市”第91位，均比上年度前进1个位次。

【滦县经济建设】 2017年，滦县被评为全省“农产品质量安全示范县”，建成高标准农田9200公顷，改善灌溉面积1333.33公顷，机械化综合作业率88%，全县粮食总产量26.5万吨；实施鸡冠山田园综合体、天善生物质循环利用等农业重点项目23个，河北农业大学教学科研生产三结合基地、河北科技师范学院产学研基地落户滦县；完成省级“粮改饲”、农作物秸秆综合利用试点任务；奶牛养殖业提质发展，军英牧场被评为“国家级畜禽养殖标准化示范场”，滦县奶牛养殖产业联合体被河北省农业产业化工作领导小组认定为“首批省级示范农业产业化联合体”；市级以上农业产业化龙头企业52家，市级以上农民专业合作组织17家。滦县经济开发区扩区1.92平方千米，总面积25.36平方千米，香河建丰木业40万立方米颗粒板等16个项目签约落地，累计入驻企业150家。累计实施东海特钢200万吨热轧卷板等重点项目36个，东海钢铁集团公司被工信部评为“两化融合”管理体系贯标试点企业。既有企业持续扩大在滦投资，冀东泰坦科技充电桩项目扩建完工，叮叮物流平台初具规模，伊利安慕希常温酸奶生产线竣工投产，全年增加省级名优产品8件。中铁盾构机北方生产基地等10个装备制造项目竣工投产，宝乐智能科技等8家企业晋级国家级高新技术企业，滦县装备制造产业集群被认定为“河北省中小企业示范产业集群”。实施唐钢美锦铁路物流园、砾烁鸿宝物流园等项目；银行业金融机构年末存款余额329.8亿元、贷款余额157.8亿元，比上年分别增加28.8亿元和19.7亿元，引进沧州银行设立分支机构；企业上市实现突破，唐山东唐电气股份有限公司登陆“新三板”。

【滦县政治建设】 2017年，滦县各级领导干部和基层义务宣讲员作专题宣讲报告700余场次，推进“两学一做”学习教育常态化制度化，落实党内政治生活各项制度，修订完善《县委常委会议事决策规则》，县委决策科学化、民主化水平提高。落实党管意识形态工作责任制，把握工作主动权。完成县、镇两级领导班子换届，促进农村“小微权力”在阳光下运行。开展“一问责八清理”专项行动和基层“微腐败”专项整治，综合运用“第三方”“大数据”等监督机制，整治为官不为、懒政怠政等行为。查处违纪违法案件，深入落实监察体制改革，开展巡察，营造良好政治生态。落实领导包案化解、带头接访制度，开展“化解信访积案百日攻坚”“无访村（居）”创建活动，做好军队退役人员公益岗安置等工作。抓社会综合治理，实现综治中心、综治视联网、综治信息化乡镇全覆盖“三个全市第一”，被确定为“综治中心建设省级示范县”。开展军地双拥共建活动，获省级“双拥模范县”称号。

滦县庄户村农民在大棚内管理立体种植草莓。　　牟　宇　摄

【滦县城乡建设】 2017年，滦县赤曹国道（滦县段）、迁曹高速（滦县段）、唐秦高速（滦县段）前期工作推进，路网规划基本确立。实施滦州路北延、古城西路南延工程，修建古城安置房二期周边道路，改造原解放路部分路段。维修省道平青大线、迁曹线部分路段，新建、改建乡村公路32千米。实施城建重点项目28个，总投资2.76亿元新污水处理厂投入运行，实现新城、老城、响嘡街道、经济开发区南区等多个区域污水集中处理；总投资4.2亿元钢铁企业余热供暖工程并网运行，替代城区燃煤供热240万平方米；团结里等4个老旧小区1195户居民实现燃气入户，示范推广“气代煤”1403户、“电代煤”100户。城市规划展览馆主体建成，增加园林绿化面积54.7公顷、绿廊绿道累计20千米，滦州路4.8千米架空输电线路入地改造，成立城市管理综合执法局，“数字城管”平台全年受理案件4.35万件，结案率92%。创建“第一届省级文明县城”，获评“全省洁净城市试点县”，再获“省级人居环境进步奖”。开展“一区三边”违法建设集中整治，拆违面积25万平方米。实施改造提升和帮扶项目299个，改造民居15万平方米，硬化村街道路88万平方米，改造无害化厕所1870座，安装太阳能路灯1840盏，增加村庄绿化47万平方米，新建和改造农村电网96千米，30个省级“美丽乡村”重点村全部完成创建任务，县级文明村总量和占比均居全省首位，滦城街道花果庄村、古马镇曹北店子村获“第五届全国文明村镇”称号。

【滦县文化建设】 2017年，滦县加强公共文化基础设施建设，开展“三下乡”活动，送图书1万册、电影6048场、文艺演出300场。文化旅游业拓展升级，水云乡商贸综合体、滦河大酒店等产业配套项目主体完工，文峰塔景区开发建设实施，一批“连锁店”“老字号”和青年创业者进驻滦州古城景区，教场村、花果庄村、南平庄村等民俗村活跃乡村旅游市场，全县A级景区接待游客424万人次。滦县被评为“河北省全域旅游示范区创建单位”，滦州古城小镇入选全省“不得不访的十大特色小镇”。

【滦县社会民生建设】 2017年，滦县改造提升农村中小学、幼儿园31所，坚持“退一补一”机制，公开招聘教师300名，完成1所中学、2所小学、3所幼儿园初设方案，启动职业技术教育中心改造、教师进修学校搬迁、新城幼儿园搬迁、第二实验小学再建等工程，第六中学迁至横渠实验中学成立高中部。滦县被评为“全国义务教育发展基本均衡县”“全省教育工作先进县”，滦县第三实验小学获评“全国文明校园”。城乡居民社会保险基本实现全覆盖，征缴基本养老基金4.12亿元、基本医疗保险基金2.27亿元，为1.5万名企事业单位离退休人员及遗属发放各项待遇5.89亿元，支付城镇职工、城乡居民各项医疗保险待遇3.23亿元。增加城镇就业9100人，转移农村劳动力1.13万人。全县895户2016名扶贫对象全部落实“一对一”脱贫机制。集中供养特困人员基本生活标准提高到每年6260元，分散供养特困人员基本生活标准提高到每年5480元。巩固拓展医药卫生体制改革阶段性成果，率先在全市开展县域医疗服务共同体试点工作，统筹推进分级诊疗、家庭医生签约服务等重点任务。助康中医养老健康产业园主体竣工。完成小马庄镇中心卫生院迁建、甄庄医院翻建等工程，滦州镇中心卫生院被评为“国家级群众满意的乡镇卫生院”。推进防震减灾群测群防网络体系建设，被评为2017年度“全国防震减灾工作综合考核先进县”。

【滦县生态文明建设】 2017年，滦县制定实施大气污染综合治理“1+14”工作方案，开展秋冬季大气污染综合治理攻坚行动，落实重污染天气应急响应、错峰生产、错峰运输等措施，深化散煤、焦化、钢铁、矿山、道路车辆、建筑工地、露天焚烧等专项整治，列入整治名单“散乱污”企业、燃煤锅炉全部治理到位。全年工业技改投资完成178.2亿元，占工业总投资65.9%，完成钢铁去产能任务，化解炼钢产能173万吨、炼铁产能151万吨。持续治理滦河、沙河、管河、龙湾河等重点河流，完成陡河水库封闭工程，完成兴远铁矿、杏山铁矿、远途矿山西侧环境恢复治理工程，增加造林面积2360公顷，雾霾天气明显减少，重污染天数比上年下降31%。

（焦会中　刘　滨）

乐亭县

【乐亭县概况】 2017年，乐亭县辖10个镇、3个乡、1个街道办事处，473个行政村、12个社区居委会。总面积1308平方千米，耕地面积6.76万公顷（不含唐山海港经济开发区、唐山湾国际旅游岛）。总人口42.66万人（户籍人口），人口自然增长率负9.3‰。全年实现地区生产总值384.66亿元，比上年增长7.5%，增速全市（14个县市区）排名第二；第一产业增加值95.04亿元，增长4.1%；第二产业增加值129.57亿元，增长6.5%；第三产业增加值160.04亿元，增长10.2%，增速全市第三。全社会固定资产投资262.67亿元，比上年增长17.5%，其中固定资产投资248.87亿元，增长18.5%，增速全市排名第一。一般公共预算收入13.71亿元，比上年增长16.3%；社会消费品零售总额147.19亿元，比上年增长10.8%；规模以上工业增加值97.12亿元，比上年增长8%；实际利用外资1.82亿美元，比上年增长103.1%；进出口总额2.96亿美元，比上年下降15.7%；城乡居民人均可支配收入分别达到3.41万元和1.61万元，比上年分别增长8.6%和8.8%。全县金融机构各项存款余额337.86亿元，比上年增长9.2%。作为全省唯一县区在河北省投资和项目建设推进工作会议上发言，入选全国农产品质量安全县，获全国社会治安综合治理最高奖“长安杯”，被确定为全市唯一“全国平安农机示范县”，被确定为“河北省‘四好农村路’创建示范县”。12月13日，第一届河北省文明城市、文明城区、文明县城名单公布，乐亭县获“河北省文明县城”称号。

【乐亭县项目建设】 2017年，河北钢铁集团乐亭临港基地等13个项目开工建设，北京燕化永乐生物科技股份有限公司年产2.8万吨新型环保型农药复配制剂项目、唐山凯源实业有限公司镍铁合金生产及深加工一期项目、唐山中厚板材有限公司3号高炉试生产，北京环卫集团环卫装备生产基地等项目具备投产条件。全县实施千万元以上重点项目132个，涉及总投资531.77亿元，其中亿元以上项目80个，申报省重点项目3个、市重点项目23个，申报数量居全市首位。在全市重点项目观摩测评中，年度总成绩排名第一。县级干部带头招商，县直部门、乡镇（街道）与北京市朝阳区、大兴区等地点对点招商，在北京市、天津市、上海市和江浙等地派驻9个招商小组52名专业招商干部，划片分区招商，与中国开发区协会等20余家产业联盟、协会及北京一轻控股有限责任公司等200多家企业建立对接联系，在全国各地举办投资环境说明会10场。全县储备项目219个，签约54个，其中京津项目35个，年内洽谈项目165个。借助“中国—拉美国际博览会”“中国拉美商贸峰会”等平台，推介“中国（乐亭）拉美产业园”，13个项目入驻。

【乐亭县园区发展】 2017年，河北乐亭经济开发区管理机构、投融资平台建设、人事薪酬及行政审批制度改革推进，管理体制机制完善。创业园220千伏变电站建成，北京华阳新能源投资有限公司河北乐亭区域能源中心项目、东区路网等重点基础工程实施。投产企业60家，在建55家，完成固定资产投资157亿元，比上年增长37.1%；主营业务收入566亿元，比上年增长48.1%；税收11亿元，比上年增长69.2%，跻身全市A类开发区行列。城区工业聚集区与河北乐亭经济开发区互动互补发展，道路、天然气管网等基础工程推进，在建项目2个，签约项目8个，洽谈项目19个，入驻企业49家；完成固定资产投资23.22亿元，比上年增长35.5%；主营业务收入10.58亿元，比上年增长32.58%；税收5819.09万元，比上年增长157.5%。

【乐亭县工业经济】 2017年，中国航天科技集团公司第九研究院704所航天电子传感与信息技术综合试验基地等战略新兴产业项目相继落户乐亭县。乐亭加强与京津等地高端院校和科研院所对接合作，促进成果转化，44家规模以上工业企业建立研发机构，占总数60%以上；申报认定科技型中小企业98家、高新技术企业2家。完成技改项目29个，工业技改投资130亿元，比上年增长29.7%；13家"问题企业"实现"扭僵化活"。年内，新登记市场主体6736户，增加规模以上工业企业34家、规模以上服务业企业22家。截至年底，全县实现工业总产值431.09亿元，比上年增长29.8%，其中规模以上工业产值388.94亿元，增长33.2%。工业投资158.67亿元，比上年增长18.8%。规模以上工业企业用电量21.47千瓦时，比上年增长4.27%。推进大气污染综合防治，完成市达钢铁产能压减、工业源达标治理、32家企业挥发性有机物治理、燃煤锅炉整治、73家"散乱污"企业改造提升，国家和省巡查督察组交办问题全部整改到位。年度环境空气质量综合指数排名全市第三。清理改造纳污坑塘20个，水污染治理和土壤污染防治取得实效。推进全域绿化攻坚，造林面积1666.67公顷，森林覆盖率28.2%。

【乐亭县农业农村经济】 2017年，乐亭县建成高标准直供京津蔬菜基地1333.33公顷、全国果菜绿色防控基地2个、无公害农产品基地15个，农产品抽检合格率98.5%以上，认证无公害农产品21个、绿色食品26个，申报河北名牌产品9个，通过"省级农产品质量安全县"验收；"乐亭设施桃"以44.95亿元品牌价值入选"全国区域品牌价值百强榜"，位居全省农业区域品牌价值榜首。实施千万元以上农业产业化项目19个，规模以上农业深加工企业31家，增加市级龙头企业2家、专业合作社5家、示范家庭农场4个，合作社总数989家，规模居全市之首。北京燕化永乐新型环保农药制剂项目入选全市农业产业化"十大优秀项目"。建成高标准农田面积1.1万公顷，耕地占补平衡200公顷。农业产业化经营率76.3%。农村土地规模流转率61.9%，完成全国供销社综合改革试点县任务。全县粮食总产量26.5万吨，比上年增长0.3%；蔬菜总产量273.96万吨，比上年增长2.7%；果品总产量55.08万吨，比上年增长0.4%；肉、蛋、奶总产量分别为3.71万吨、1.28万吨、5.06万吨，分别增长4.8%、下降13.2%、下降11.6%；水产品总产量13.7万吨，比上年下降0.5%。

【乐亭县第三产业】 2017年，乐亭县汇乐城商贸综合体项目开工建设，推进滦河口生态旅游区医疗养生度假中心、唐山市德龙钢铁有限公司工业旅游等项目，全年接待游客429万人，旅游创收41亿元。高标准通过"国家级电子商务进农村综合示范项目"验收，"农村淘宝"等电商平台良性运营。完成服务业增加值160.04亿元，比上年增长10.2%；民营经济增加值338.97亿元，比上年增长7.6%。

【乐亭县城乡建设】 2017年，乐亭县振兴路维修、大钊路罩面等工程完工，宝丰街东延工程进场施工，启动发展大道、腾飞西街等10余条道路勘察设计，棚户区搬迁改造年内推进，完成发展大道区域拆迁任务。县城集中供热改造、重点街区雨污分流改造和城南集贸市场、新北新路批发市场搬迁完成，新水厂建设推进，城市公共空间优化。"一区三边"违法建设集中整治、违法占用耕地实现全部清零，被评为全省整治"一区三边"违法建设先进县。年内，获"省级文明县城"称号，通过"河北省人居环境奖"验收，发展大道（金融大街—茂源街段）获评"河北省园林式街道"，水悦华庭居住小区获评"河北省园林式居住小区"。阎各庄镇被列为全省重点培育特色小城镇，3个省级精品村全部通过省级初验，30个省级重点村实施建设项目299个，261个村实现市场化保洁。改造农村危旧平房430户，实施1258户气代煤改造，建设农村公路201.67千米。

【乐亭县社会事业】 2017年，乐亭县实施学校改扩建项目，建成一日整托幼儿园25所。高标准通过省教育督导评估，被确定为"全国农村艺术教育试验县"，乐亭县乐亭镇韩坨村、毛庄镇何官营村、乐亭县第三实验小学被中央文明委分别授予"第五届全国文明村镇""第一届全国文明校园"称号。在全省率先建成基层医疗卫生、公共卫生信息化2个平台，被确定为全市首批"健康素养促进试点县"。落实计生政策，被授予全国首批、全省唯一"国家级计生基层群众自治示范县"。建立乐亭大鼓、皮影非物质文化遗产传承基地，启动李大钊干部学院建设，乐亭英才馆正式开放。《乐亭年鉴》获全国奖。县图书馆通过"国家一级馆"省级复验，建成6个乡镇分馆。承办河北省青少年羽毛球冠军赛。

环境优美的乐亭县城区一景（水韵名居）。 刘江涛 摄

以总分第一成绩通过“省级双拥模范县”验收，实现“六连创”。开展“打黑除恶”、打击“盗抢骗”“黄赌毒”等专项行动，全县社会治安大局稳定，连续3次被评为“全国平安建设先进县”，获全国最高奖“长安杯”。

【钢铁产业基地入选省示范基地】 2017年1月6日，河北省工业和信息化厅官网公示《第七批河北省新型工业化产业示范基地名单》，河北乐亭经济开发区钢铁产业基地入选。乐亭经济开发区调整钢铁品种结构，发展钢铁深加工和耗钢产业，推进面向高精尖产业钢铁深加工，建立突出节能环保钢铁产业准入标准，重点引进高强度轿车用钢、电力用钢等关键钢材品种，打造精品钢铁产业。推进配套建设，累计投入50亿元用于水、电、路、讯、绿化等基础设施建设，建成“五纵四横”市政道路30多千米，供电能力提升，水厂、污水处理厂正式运营，人工煤气、天然气具备输气能力，中心渔港工程、LNG码头工程、园区铁路工程、滨海小镇工程等在建。

【全国农产品质量安全县】 2017年3月13日，农业部印发《关于认定第二批国家农产品质量安全县（市）创建试点单位的通知》，乐亭县名列其中。此次创建活动，全国推荐204个质量安全县和11个质量安全市为创建试点单位，县级试点中唐山市仅乐亭县入选。乐亭构筑农产品质量安全防线，先后培育“雷刚”牌鲜桃、“乐亭”牌甜瓜等7个河北名牌产品，其中“乐亭”牌甜瓜被国家质监总局批准为地理标志保护产品。加强农业投入品监管，规范农资经营市场，打击生产、销售和使用假冒伪劣农资违法行为，从源头确保农产品质量安全，全年完成农产品检验检测5621份，合格率98%以上。

【泥人制作技艺列入省非物质文化遗产名录】 2017年3月27日，河北省政府公布第六批省级非物质文化遗产名录，乐亭泥人制作技艺收录其中。乐亭泥人制作技艺始于明末清初，题材丰富，制作技艺精湛。乐亭县拥有非物质文化遗产项目国家级3项、省级4项、市级6项，非物质文化遗产传承人国家级3人、省级5人、市级11人，河北省非物质文化遗产传承示范基地1个，生产性保护示范基地1个。

【河北省“四好农村路”创建示范县】 2017年4月11日，河北省交通运输厅、河北省财政厅联合印发《关于通报表扬2016年“四好农村路”示范县的通知》，乐亭县位列其中。乐亭县设计建设线路230条，全长390.9千米，桥梁拆除重建10座，建安保工程50千米，工程总投资4亿多元，申请省农发行贷款3.1亿元。13个乡镇成立农村公路养护管理所，与280余名养护人员签订养护承包合同，实行定期和不定期抽查考核，按实际成绩兑现养护报酬。全县累计投资300余万元，在县道乐新公路、汀李公路、西曾公路设置护坡护栏，9处农村公路沿线学校车辆密集路段设置减速带，在急弯陡坡、临水临坑、班车通行线等重点路段加强排查管护，排查整治安全隐患188处49.8千米，设置安全警示标志278块。

【音乐教师张剑英获国家级称号】 2017年4月26日，在中国曲艺之乡（名城）工作推进会议上，乐亭县第一实验小学音乐教师张剑英获“中国曲艺之乡优秀基层曲艺工作者”称号，全国有54人获评。张剑英是中国曲艺家协会会员、河北省音乐家协会会员、乐亭县戏曲曲艺协会副主席、乐亭县非物质文化遗产（乐亭大鼓）传承人。带领学生参加各种演出、比赛100余场次，并多次获奖，本人多次获优秀辅导教师奖及园丁奖。编写校本教材《乐亭大鼓》在全校学生中教授，教材获唐山市校本课程评比二等奖，河北省首届优秀校本课程评比二等奖，作为校本课程教材典范印发全县使用，并被收入《理想在校本课程中放飞》一书，教研课题“乐亭大鼓进课堂的实践与研究”被列为唐山市教育科研“十二五”规划重点研究课题，同时纳为国家级课题“区域性推进校本课程的发展”子课题。

【北方首个海上风电示范项目开工】 2017年5月，总投资58亿元的国内北方首个海上风电示范项目——河北乐亭菩提岛海上风电场300兆瓦示范项目主体工程开工建设。项目位于唐山港京唐港区与曹妃甸港区之间乐亭县海域，场区面积68.2平方千米，水深10米～27米，场区中心距离岸线18千米，由河北建投海上风电有限公司投资建设。项目装机总容量300兆瓦，选用75台4兆瓦海上风电机组，叶轮直径130米，采用海底电缆接入陆上电网。

【马各庄村获评省民俗文化名村】 2017年5月，乐亭县庞各庄乡马各庄村被评为河北省第三届民俗文化名村，为唐山市唯一。马各庄村位于乐亭县城西部庞各庄乡政府所在地，建于明朝永乐年间，祖先由山西省洪洞县迁移至此。全村387户1319人，耕地面积158.87公顷。2015年建立民俗展馆，其面积200余平方米，收集农耕民俗类展品300余件，主要陈列二十世纪五十年代到八十年代乐亭县农村劳动工具、生活用品、文化用品及各种有价值藏品，另有二十世纪六十年代前书籍、布票、钱币等展品100余种。

【《乐亭年鉴》入选全国地方志优秀成果】 2017年8月，经全国地方志优秀成果（年鉴类）终审委员会审核，《乐亭年鉴（2015）》位列第四届全国地方志优秀成果（年鉴类）三等年鉴第一名。此前，被河北省地方志编纂委员会办公室、河北省年鉴学会评为河北省地方志优秀成果（年鉴类）县级优秀年鉴。《乐亭年鉴（2015）》由乐亭县人民政府主持、县地方志（年鉴）编纂委员会承编的第一部地方综合性年鉴，全书82.1万字，载有乐亭县政区图及彩色照片47幅，大16开本。设30个栏目，栏目下设分目、条目，条目为基本记述单元，全面系统地记述2014年全县政治、经济、文化、社会等各方面的情况。

【全国社会治安综合治理最高奖】 2017年9月19～20日，乐亭县在全国社会治安综合治理表彰大会上被评为“2013～2016全国平安建设先进县”，同时被授予全国社会治安综合治理最高奖“长安杯”。乐亭县通过整合基层社会服务管理资源，建成社会治理县级综治中心，组织公安、司法、法院、检察等13家矛盾纠纷主责部门入驻，搭建起基层综合服务管理平台，民间矛盾纠纷调解率保持在95%以上，调解成功率90%以上。全县14个乡镇（街道）、485个行政村（居）划分649个网格，综治信息化系统、综治视频联网系统、“雪亮工程”系统分别接入综治中心，综治基础信息数据全面录入，实现互联互通。

（史洪峰　张自勇　赵　延）

玉田县

【玉田县概况】 2017年，玉田县辖16个镇、4个乡、1个街道办事处，23个居委会、750个行政村，总人口70.30万人，人口自然增长率负1.92‰。年内，完成地区生产总值420.1亿元，比上年增长4.8%，其中第一产业77.8亿元，增长1.9%；第二产业204.6亿元，增长3.7%；第三产业137.8亿元，增长8.0%。粮食总产量49.49万吨，比上年增长0.6%；棉花总产量319吨，比上年下降70.5%；油料总产量2969吨，比上年下降34.2%。财政收入18.12亿元，比上年增长11.2%；财政支出 28.6亿元，比上年增长0.3%；实现社会消费品零售总额155.4亿元，比上年增长10.3%；进出口总额1.9亿美元，其中出口总额1.60亿美元，比上年下降15.7%；固定资产投资263.1亿元，比上年增长3.7%;实际利用外资1824万美元。城镇居民人均可支配收入3.34万元，比上年增长7.6%，年末城乡居民存款余额367.81亿元，比上年增加36.37亿元。县级工业园区面积11.5平方千米，进园企业266个。每万元GDP能耗0.8115吨标准煤，比上年下降6.1%，二氧化硫减排220吨，比上年消减6.77%；化学需氧量减排量62吨，比上年消减2.19%。年内开展夜查行动30余次，结合公安部门对59名环境违法人员予以行政拘留，向工信、电力等部门移送案件73件，576家违法企业采取强制断电措施，12家典型违法案件公开曝光；查处到位违法案件187件，收缴罚款906.46万元。全年细颗粒物浓度比上年下降6.9%。

【玉田县政治建设】 2017年，中共玉田县委在玉田电视台和玉田县广播电台开设《喜迎十九大成就展播》《数字看变化》专栏，展播全县5年间各项事业成果。先后召开中共玉田县委理论学习中心组会议、全县领导干部会议、中共玉田县委十二届二次全会学习十九大精神，下发《中共玉田县委关于认真学习宣传贯彻党的十九大精神的通知》等文件，辑印《党的十九大精神学习指导手册》等辅导材料，制定学习宣传、宣讲工作方案。举办4期乡科级干部学习研讨班，开展县乡村专题辅导培训25场，成立3个宣讲团、37个宣讲小分队，开展“接地气”式宣讲800余场，送十九大精神进机关、进农村、进社区、进企业、进学校。开展“讴歌新时代”基层巡演、“不忘初心、牢记使命”广场文艺展演等30余场系列主题群众文化活动，在玉田电视台、玉田县广播电台和“玉田风景线”“玉田党建”等微信平台开设专栏，推动党的十九大精神落到实处。制发《关于建立容错免责机制支持干部干事创业的实施办法》《玉田县重大决策部署贯彻落实情况约谈办法》《关于严格会议审批加强会议管理的规定》等文件，营造学习氛围。全年调整干部11批次545人，其中提拔正科级干部55人，提拔副科级干部121人，由乡科级非领导职务转任领导职务16人，平职交流249人，免职104人。建立年初谋事、每周晒绩、每月通报、每季评议、年终考核整套机制，推动工作落实。加强村级组织阵地建设和后进村治理转化，新建和修缮活动场所89个，转化后进基层党组织116个，建成党建精品村100个。推进非公经济和社会组织党组织建设，全县非公企业和社会组织党组织覆盖率94.2%。制定党风廉政建设主体责任清单，与各乡镇党委、县直单位党委（党组）分级签订《党风廉政建设责任状》《承诺书》。成立县委巡察工作领导小组及其办公室和5个正科级巡察组，对7个单位开展专项巡察和常规巡察，发现问题线索32个。查处“四风”问题53件，党纪政纪处分19人，组织处理31人。开展“一问责八清理”专项行动，清理问题线索1574件，给予组织处理和党纪政纪处分933人次。加大基层“微腐败”专项整治力度，发现问题线索1486件，给予组织处理和党纪政纪处分1571人次。推进纪检监察体制改革，支持纪委查办案件，全年查处违法违纪案件134件，党纪政纪处分147人，保持惩治腐败高压态势。

【玉田县项目建设】 2017年，玉田县举办“首届中华老字号发展大会”等招商推介活动11场次，引进投资180亿元荣盛高铁新城、投资100亿元恒大桃花源小镇等亿元以上项目38个，总投资406亿元；装配式住宅产业园、新型建材产业园等特色园中园完成主营业务收入310亿元，比上年增长47.6%。农产品加工园建成三期路网、管网及污水处理厂，引进中央厨房和农产品精深加工项目9个，北京同仁堂中药制剂、科力华食品等项目建成试产，王致和食品生产基地项目被评为“全市十大优秀农业产业化项目”。投资2.4亿元改建18千米遵宝线工程年内主体竣工通车，京秦高速北线全线开工，京唐城际铁路地方性工作推进，鸦鸿桥至唐山空港城快速路工程列入全市重点交通项目。全年在建千万元以上项目138个，其中新开工亿元以上项目40个，新竣工亿元以上项目30个。在4次全市项目观摩中，玉田县位居A类9个县（市、区）综合第四名。

【玉田县产业转型升级】 2017年，玉田县总投入110亿元技改项目完成，中顺纸业一期二线、顺发造纸三期等扩产项目投产，昌泰纸业、天致药业、建邦实业等企业复产，先后盘活停产、破产企业41家，盘活闲置土地144公顷，杭萧钢构入选国家首批“装配式建筑产业基地”，全年新入统规模以上企业30家，增加数量位居全市前列。增加高新技术企业16家、科技型中小企业157家，居全市各县区首位（高新区除外）；申报省级科技项目11项、专利195项，万人发明专利拥有量比上年增长67%；增加省级科技创新研发平台5个，全省首家节水灌溉产业研究院、省科学院成果转化示范基地落户玉田县，晶玉科技获“创客中国”总决赛三等奖，被评为“国家技术创新示范企业”；玉田县被列为全省首批创新型试点县，作为全省唯一县域科技创新工作典型上报科技部，省长许勤、副省长徐建培对玉田县科技创新工作给予肯定，并批示在全省推广。年内，增加各类市场主体6817家，总数3.37万家；“建支”商标被河北省第十一届品牌节评为“河北名片”，增加“德润农”中国驰名商标1件，玉田县驰名、著名商标数量居全市首位；志达众创空间被认定为省级众创空间。培育上市后备企业20家，万杰印机在“新三板”挂牌，润农节水在主板上市申请获证监会审核受理，全县上市企业10家。现代服务业快速发展，聚民惠智慧物流平台和玉田大数据及服务外包项目投入运营，新入统规模以上服务业企业8家、限额以上服务业企业9家，服务业增加值比上年增长8%。

【玉田县现代农业发展】 2017年，玉田县加强农业“三区一试点”（国家现代农业示范区、全国农村改革试验区、国家农业科技园区和国家现代农业示范区改革与建设试点）建设，全县粮食总产量位居全市首位，蔬菜总产量295万吨，生猪出栏110万头，连续11年被农业部确定为全国生猪调出大县；“玉田甲鱼”被认定为国家农产品地理标志，“玉田包尖白菜”获“第二届河北省十佳农产品区域公共品牌”称号，玉田县成为全市唯一“进入农业现代化基本实现阶段示范区”。农业经营主体壮大，新发展农民专业合作社213家、家庭农场20家、种养大户21户，增加市级农业产业化龙头企业6家，全县农业产业化经营率73.9%。农田基础设施完善，争取资金近2亿元，实施千亿斤粮食田间工程等项目40个，到位资金、项目数量均居全市首位；新发展高效节水灌溉面积461.4公顷，完成高标准农田建设866.67公顷、农机深松作业1.33万公顷。依托智慧农业物联网平台，新建标准型村级信息服务站100个，全县700家农民专业合作社和种养大户信息实现远程监控和操作；全年引进新品种180个、新机具126台、新技术10项，主要农作物综合机械化水平95.5%，居全市首位。改革农村金融体制，大商村镇银行挂牌营业，农村产权交易中心完成全市第一笔产权交易鉴证业务；兴玉担保公司累计提供涉农担保贷款2.03亿元，农民专业合作社信用合作试点累计投放互助金2.16亿元；农村土地承包经营权确权颁证完成率86%；农业水权确权颁证完成15.5万户，农业水价综合改革完成3600公顷，位居全市前列；水资源税改革进展顺利，玉田县被推荐参评国家水资源管理先进单位。

【玉田县生态文明建设】 2017年，玉田县完善城区基础设施，硬化背街小巷4万平方米，兴玉北路打通、无终街东西路段翻修工程进场施工，绿廊绿道和街头游园建设进度加快；投资1100万元完善城区热力设施，增加集中供热25万平方米；完成18个区域水源切改，增加集中供水4000户；完成1200户燃气管网铺装，8个村807户气代煤改造户正常供暖。开展“一区三边”违法建设集中整治行动，拆除违法建筑39.5万平方米；开展“县城环境容貌整治提升年”行动，统筹推进18个重点区域治理，清理垃圾山58个，安装路灯390盏，施划停车泊位8000多个，处理违章5.7万起。建设特色小镇和“美丽乡村”，农福缘乡村旅游养生小镇入选《2017年全国优选旅游项目名录》，并被确定为河北省重点培育旅游特色小镇；启动27个省级“美丽乡村”创建项目，完成农村道路硬化38.6千米。成立生态环境保护委员会，设立玉田县人民政府环保督查办，建立环境保护工作机制，秋冬季空气质量改善率35.8%，重污染天数比上年下降54.5%。落实河长制，推进双城河、还乡河水污染防治，关停畜禽禁养区养殖场52家，被确定为国家畜禽粪污资源化利用重点县。打击矿山盗采行为，实施矿山恢复治理，完成列入省专项行动5家矿山治理任务，实施造林绿化1600公顷。

【玉田县社会建设】 2017年，玉田县完成7所薄弱校改造及育才小学扩建、凤凰三期幼儿园消防改造工程，高考一本上线854人，综合成绩再居全市首位。县医院迁建工程办理前期手续，县中医医院与中国肺癌防治联盟合作建立肺结节诊治分中心，基本药物采购使用制度完善，通过省级卫生城复审验收。新建农村文化广场14个，开展文化下乡活动130场，开展旅游节庆活动，实现旅游综合收入12亿元。社会保障体系完善，为343户875名农村贫困人口建档立卡，落实帮扶责任和措施，为困难群众发放各类保障金、救助金6207万元。落实涉军政策，加大军队退役人员就业帮扶力度，开发公益岗位2100个，帮助1216名退役军人上岗就业。开展食品药品、特种设备安全专项整治行动，加强治安、消防、交通、金融等领域综合治理，提高突发事件应急处置能力，巩固社会稳定。

【玉田县被列入河北省创新型县试点】 2017年7月7日，河北省科技厅印发《建设创新型县（市、区）工作指引》的通知，玉田县被列入河北省创新型县（市、区）试点，全省7个县（市、区）入选，玉田是唯一入选县。玉田县实施“创新驱动”发展战略，增强科技创新驱动力，多次获“全国科技进步考核先进县”“全省科技管理工作先进县”等称号。截至年底，全县高新技术企业39家，科技型中小企业324家，省级科技创新研发平台24家，16家企业主持或参与制定22项国家和行业标准，高新技术企业增加值占规模以上工业企业增加值比重20%。

（董连全）

滦南县

【滦南县概况】 2017年，滦南县辖16个镇、589个行政村，1个街道办事处、19个居委会，全县总人口57.14万人，人口自然增长率负5.66‰。总面积1483平方千米，耕地面积7.2万公顷。全县有1个省级经济开发区（2017年1月26日将2个省级开发区合并），建成区面积7平方千米，进园企业70家。全县完成地区生产总值363.9亿元，比上年比增长6.5%；完成固定资产投资291.5亿元，比上年增长11.1%；实现公共财政预算收入11.01亿元，增长7.8%；完成规模以上工业企业增加值61.6亿元、增长7.1%；实现社会消费品零售总额198.4亿元，增长10.6%；城镇居民和农村居民人均可支配收入分别达到3.46万元、1.39万元，比上年分别增长

7.6%和8.7%，连续入选中国最具投资潜力特色魅力示范县200强。出口贸易总额3.94亿美元，比上年下降34.9%；在岗职工平均工资5.35万元，比上年增长3.9%；城镇低保标准提高到每人每月550元，农村低保标准提高到每人每年3912元，城乡居民养老保险参保率99.9%；全县粮食总产量45.9万吨，比上年增长0.7%；棉花总产量959吨，比上年增长0.7%；油料总产量6.3万吨，比上年增长0.6%；蔬菜总产量229.6万吨。肉类总产量13.4万吨，比上年增长3.2%；禽蛋产量4.4万吨，增长4.3%；牛奶产量51.8万吨；水产品产量8.3万吨，下降2.2%。

【滦南县经济建设】 2017年，滦南县实施农业产业化项目65个，全县农业产业化经营率68.5%；渔业现代农业园区成为全市首家省级农业园，增加市级农业园区2家、农业产业化重点龙头企业12家、农民专业合作示范社12家；2个农产品品种获国家绿色食品认证，姚王庄镇“青河沿”牌蔬菜以19.85亿元品牌价值入选全国区域品牌价值百强榜，成为“国家级出口食品农产品质量安全示范县”。滦南经济开发区形成嘴东产业园、城西产业园、宋道口钢锹产业园“一区三园”格局，滦南（北京）大健康国际产业园公共服务平台及中小企业科技孵化园等18个项目开工，园区主营业务收入、税收比上年分别增长60%和25%。全年实施重点产业项目218个，总投资555.6亿元，其中新开工项目137个，盛奥松高端板材等91个项目竣工投产。实施鑫旭环保装备制造等亿元以上项目88个、万浦热电2×25兆瓦背压机组等5亿元以上项目3个、滨阁装备制造产业园等10亿元以上项目11个，投资20.5亿元玖龙纸业高档包装纸项目开工建设。全年实施先进装备制造业项目、战略新兴产业项目、现代服务业项目、高新技术产业项目52个，计划总投资140.9亿元。

【滦南县政治建设】 2017年，滦南县开展解放思想大讨论，召开“树立工作高标准、干出发展新业绩”专题民主生活会，政风行风好转。开展军队退役人员“一助一”帮扶。开展“积案清零、新案随清”活动，进京访、赴省访、到市访数量比上年分别下降43.7%、55.1%和62.9%。全县安全生产形势持续稳定，获评全国平安渔业示范县；解决群众关心问题，累计拆除违法建筑35.14万平方米。城乡管理体系规范，解决20余项房地产领域历史遗留问题。参加2016年度省级文明单位评选，县检察院、地税局、供电公司获评省级文明单位，滦南县第一中学获评省级文明校园，宋道口镇获评省级文明镇，宋道口镇张狼窝村、新庄子村、王家庄子村获评省级文明村，西城胡同获评省级文明社区。宋道口镇、李营村通过全国文明镇村复检，并参加第五届全国文明镇村评选，宋道口镇王家庄子村获评“全国第五届文明村”。

【滦南县文化建设】 2017年，滦南县投资125.62万元为全县17个综合文化站统一购置文体设施，镇（街道）综合文化站建设全部达到国家二级站标准；投资38.9万元建成滦南县移动图书馆，获评国家二级馆；争取上级资金200万元高标准完成潘家戴庄惨案纪念馆展览提升项目，提升全国爱国主义教育基地整体功能；成兆才纪念馆、绳各庄评剧团获批全市首批非物质文化遗产传承示范基地，“三枝花”进校园活动2次被《人民日报》刊载；举办“京津冀”评剧票友大赛、河北省乐亭大鼓书会暨“京津冀”优秀鼓曲展演、环北河自行车赛等活动。新一中、职中年内在建，15所中小学校园建设工程陆续完工，教育装备现代化及应用水平走在全省前列，职业教育集团正式成立，高标准通过省政府教育工作督导评估；县妇幼保健院、扒齿港镇卫生院投入使用，倴城等5所基层卫生院获评国家级群众满意乡镇卫生院；组建县域医共体，成为省级首批、全市唯一县域医共体试点县，获评“河北省计生基层群众自治示范县”；成立滦南县户外运动协会和羽毛球运动协会，全县单项体育运动协会达28个，年内争取到省全民健身中心奖励资金100万元。

【滦南县社会建设】 2017年，滦南县实施重点城建项目30个，总投资34.64亿元，棚户区改造项目完成2个片区534户8.28万平方米改造任务，城区公共区域免费WiFi全覆盖，国家园林县城通过复验，成功创建国家级卫生县城、河北省文明县城，获“河北省人居环境进步奖”。“美丽乡村”建设总投资3.06亿元，农村公路改造项目竣工426千米，年内通车；总投资3亿元“户户通”工程年内在建，实现硬化街道150万平方米；“气化滦南”工程正式启动，施行“气代煤”改造；采用“政府主导+市场化运作+全民参与”模式，在全市率先推行农村专业化保洁、垃圾处理市场化运营；高标准完成32个省级重点村建设。全年用于民生和社会事业支出金额占全部预算83.34%。年内，城镇增加就业1.15万人，安置公益性岗位1220个，落实高校毕业生见习岗位178个，城镇登记失业率控制在3.5%以内，农村劳动力转移就业1.35万人。企业和机关事业单位退休人员养老金同步增长，城乡居民基础养老金由每人每月85元提高到95元；完成农村贫困人口建档立卡，全面实施“一对一”分包救助。县光荣院、截瘫疗养院和5所中心敬老院改造提升项目完工，烈士陵园落成投入使用。

【滦南县生态文明建设】 2017年，滦南县开展水和土壤污染防治，落实河长制，溯河、青龙河等重点流域以及北河水体水质监测稳定达标；县污水处理厂排放标准由一级B提升为一级A，嘴东污水处理厂竣工并具备运行条件；土壤环境调查任务完成，被国家确定为土壤防治推进县。与世界自然基金会、保尔森基金会签订《南堡湿地保护合作备忘录》，加强湿地保护；实施绿廊绿道、绿化修复、农田林网及沙地治理和环企、沿海、城区绿化工程，增加造林面积1586.67公顷，绿化村庄65个，全县林木覆盖率30.8%，获评“河北省林业工作先进集体”。实施减煤、治企、控车、抑尘、增绿攻坚战，完成取缔“地条钢”、燃煤锅炉整治任务，整治“散乱污”企业，治理水泥、焦化、钢铁等行业14项重点工程，环保督查问题整改销号按期完成，全年PM2.5平均浓度每立方米64微克，比上年下降18.99%，重污染天气比上年下降50%。

【滦南县无线网络全覆盖】 2017年，滦南县城区确定建设节点324个，城市公共WiFi完成行政服务场所、车站、公园、广场、文体中心、医疗机构、繁华商业中心、宾馆酒店等地全覆盖。通过市民提供数据，全面掌握辖区内人民生活、健康、教育、出行等各种数据，为政府制定规划和决策提供依据。

【滦南供销社入选全国百强供销社】 2017年，中华全国供销合作总社公布2016年度全国供销合作总社百强县级社名单，滦南县供销社入选，位列第84位。滦南县供销社推进组织体系创新，开展“基层组织建设提升年”活动，实现思想“观念提升、建设水平提升、经济实力提升、服务水平提升、管理水平提升”五提升。

【全国平安渔业示范县】 2017年，农业部和国家安全监管总局开展“全国平安渔业示范县”创建活动，滦南县政府探索渔业安全管理新思路、新方法，落实海洋渔业安全监管，细化管理措施，建立县、镇、村、船“四级联动”安全管理责任体系，保障渔民生命财产安全，促进全县渔业发展。整合报纸、网络、电视、微信公众号等传播资源，设立违规渔船“警示榜”和安全宣传栏，每到汛期和伏休等重点时段，县渔业部门到渔民家中开展渔船安全生产宣讲活动，提高安全生产意识。实施“全员培训工程”，人员培训率100%。年内，滦南县获“2016～2107年度全国平安渔业示范县”称号，全省仅此一家。

（贾志勇　李俊利）

曹妃甸区

【曹妃甸区概况】 2017年，唐山市曹妃甸区陆域面积1612.71平方千米，海域面积958.8平方千米，自然海岸线长44.57千米，规划港口海岸线长度102.06千米。耕地面积314.02平方千米，基本农田保护面积225.88平方千米。辖曹妃甸新城、曹妃甸工业区、南堡开发区、3个建制镇（唐海、柳赞、滨海），1个街道办事处（中山路）、10个谷物农场、2个大型海水养殖场，28个居民委员会、15个村民委员会，区政府驻地唐海镇垦丰大街23号。截至年底，全区户籍总人口21.16万人，比上年增加891人，自然增长率6.94‰，其中城镇人口8.5万人。年内，全区出生人口2517人，政策生育率99.17%，人口出生率12.38‰；死亡人口1106人，死亡率5.44‰。全年完成地区生产总值440.9亿元，比上年增长7.7%，其中第一产业增加值27.61亿元，第二产业增加值270.52亿元，第三产业增加值142.77亿元；全社会固定资产投资891.8亿元；全部财政收入110.6亿元，比上年增长9.3%；增加金融机构5家，上市企业2家；社会消费品零售总额77.3亿元；城镇居民人均可支配收入3.60万元，比上年增长8.8%，人均消费支出1.99万元，城镇居民人均住房建筑面积38.55平方米；农村居民人均可支配收入1.76万元，比上年增长8.6%，人均消费支出1.20万元，农村居民人均住房面积34.84平方米。全年粮食总产量22.55万吨（包括小麦总产量649吨、玉米总产量8900吨），油料总产量338吨，蔬菜及食用菌总产量8.8吨，水果总产量1.35万吨，肉类总产量3.04万吨，禽蛋总产量7131吨，奶类总产量1683吨，水产品总产量14.14万吨。位列全国中小城市最具投资潜力百强区第41位、创新创业百强区第81位和综合实力百强区第88位。

【曹妃甸区经济建设】 2017年，唐山市曹妃甸区城建重工新能源汽车、东邦门业等58个项目竣工投产，总投资121.2亿元；首钢二期、华润二期等190个重点产业项目在建；中冶瑞木新材料、北京金隅机电装备产业园、中石油LNG接收站调峰工程、欧奔拓福装配式住宅等104个项目落地开工，总投资351.3亿元；科学编制产业集群规划12个，建立招商信息搜集、发布、跟进机制，领导在外招商1100余次，对接央企、国企、知名民企190余家，总投资3131亿元的五矿混配交易中心、前进钢铁深加工等392个项目签约；帮助首钢京唐、镍铁合金等20家企业解决产能、资金等问题，推动企业走出困境；石化基地规划环评获国家批复，中化旭阳项目获省级核准，全年增加规模以上工业企业18家、服务业企业22家，规模以上工业和服务业增加值分别比上年增长7.9%和10.3%。城市建设签约落地恒大御海天下、富力海时代等一批知名项目，加快建设首堂·创业家、中鹰·黑森林等项目，提升曹妃甸新城品位；举办首届城市产业招商推介会，现场签约项目19个，总投资258亿元；举办首届妈祖女神开海节、首届半程马拉松比赛等活动，累计接待游客150万人次，成为省内首个与北京开展区域旅游合作的县区；20个省挂账督办房地产遗留问题“清零”，清理拆除违法建设32万平方米，被命名为首届省级文明城区。港口泊位增加9个，累计建成运营泊位92个，唐曹铁路主体完工，增加乌兰察布、石嘴山2个内陆港；全年港口货物吞吐量3.1亿吨，比上年增长16.8%，集装箱吞吐量52.2万标箱，比上年增长21.5%，引进港口贸易企业67家，实现贸易额152亿元；综合保税区整车进口口岸通过省商务厅组织的专家组验收，正式获批肉类口岸资质，开放验收1号、2号通用泊位，开通天津外贸支线，跨境电商开展第一单业务，曹妃甸成为中国（河北）自贸区3个申报主体之一；全年完成进出口总值11.3亿美元，比上年增长21%，实际利用外资1.6亿美元，比上年增长5%。

【曹妃甸区政治建设】 2017年，唐山市曹妃甸区“放管服”改革实现“二十三证合一”，全年增加市场主体5681家。成立曹妃甸港口规划建设委员会和港区管委会，实现港区统一规划、统一管理、统一开发。组建曹妃甸国控集团并列入市级融资平台；组建金融发展集团、农业发展集团，完成曹发展集团改革重组。增加科技型中小企业124家、科技小巨人企业24家、高新技术企业7家，中关村高新技术成果转化基地、科技创新中心建成投入使用。全年办理人大代表建议109件、政协委员提案85件，按时办复率100%。

【曹妃甸区文化建设】 2017年，唐山市曹妃甸区有普通中学和小学33所，在校生2.15万人，专任教师1909人，高考成绩再创新高。有幼儿园35所，在园儿童7875人，幼儿老师596人。全区小学生入学率、毕业升学率均为100%。曹妃甸职业技术学院正式开学。唐山工职学院新校园有在校生9018人，教师647人，学院设立30多个专业与曹妃甸区发展对接，职业教育毕业就业率98%。华北理工大学在校师生3.3万人。举办“善行曹妃甸”主题实践、“七彩曹妃甸”文化活动110余场次，受益群众万余人次；在中央、省级主流媒体发稿排名全市首位。

【曹妃甸区社会建设】 2017年，唐山市曹妃甸区投资7.6亿元推进为民实事工程10项，长28.4千米集中供热长输管线工程投入使用，拆除城区燃煤锅炉90%以上；完成区级公立医院改革，心血管介入诊疗中心、危重新生儿救治中心建成投入使用，曹妃甸被国家卫计委命名为全国计划生育优质服务先进单位；全年增加城镇就业8857人，城镇登记失业率2.3%;化解信访积案34件，重要节点进京信访为零，获“全国信访系统先进集体”称号。

【曹妃甸区生态文明建设】 2017年，唐山市曹妃甸区落实环保“1+15”专项方案，实施秋冬季大气污染综合治理，推进工业企业错峰生产、错峰运输，治理“散乱污”企业217家，取缔燃煤锅炉86台，完成市达主要污染物削减任务。全区PM2.5平均浓度为每立方米52微克，比上年下降10.3%；达标天数211天，比上年增加22天，空气质量综合指数位居全市首位；全区6个常规监测断面均符合水体功能要求，城区饮用水源及场镇集中式地下水饮用水源达标。

【曹妃甸区现代农业发展】 2017年，唐山市曹妃甸区全年实施农业产业化重点项目25个，增加市级以上现代农业园区5家、重点龙头企业22家，农业产业化经营率72.5%。曹妃甸对虾、曹妃甸河豚获“2017最受消费者喜爱的中国农产品区域公用品牌”，柏各庄大米获批“国家地理标志保护产品”，全区“三品”（无公害农产品、绿色食品、有机农产品）认定面积1.78万公顷，兴海水产、德润海源食品等4家企业通过ISO 9000认证。推进“美丽乡村”建设，投资6400万元打造特色村2个、省级重点村10个，建成重点片区1个，完成10个村改造提升任务，排查整治农村基础设施隐患1.8万处。

【曹妃甸区对接京津协同发展】 2017年，唐山市曹妃甸区京冀示范区管委会正式运行，完善先行启动区配套设施。与北京挂职干部组建7个混编招商组，实现北京招商全覆盖，全年承接京津项目99个，总投资1308亿元，其中北京金隅·曹妃甸协同发展示范产业园、中石油LNG接收站应急调峰保障工程等27个重点项目开工，东邦门业等29个项目完工或投产。成立京冀（曹妃甸）人力资源和社会保障服务中心，两地社保业务实现曹妃甸一站办理，北京工美高级技工学校曹妃甸分校签约落户。对接天津，与滨海新区签订能源、装备制造、高新技术产业、金融、农业、港口物流6个方面合作协议，滨唐（曹妃甸）协同发展示范产业园正式挂牌，7个项目签约落地。

2月7日，唐山市与天津市滨海新区举行落实京津冀协同发展战略合作签约仪式。 曹 宣 摄

【首部野生鸟类专著出版】 2017年，曹妃甸区政协编著曹妃甸区第一部野生鸟类专著《曹妃甸湿地观鸟》由新华出版社出版发行。该书由国际鸟类委员会委员、中国鸟类协会副理事长、北京师范大学博士生导师张正旺作序，全书包括观鸟趣谈、咏鸟诗话、野鸟掠影3个部分，收录鸟类爱好者观鸟过程中有趣故事、鸟类生态习性介绍，以及鸟类历史传说和诗话佳作，配以鸟类照片，图文并茂，具有很高阅读和收藏价值。书中收录鸟类照片600幅，均由鸟类爱好者拍摄。曹妃甸既有洼地、苇塘、沼泽、滩涂等天然湿地，又有水稻田、水产池塘、水库、沟渠等人工湿地，成为东亚至大洋洲候鸟迁徙路线上重要驿站，也是部分鸟类的越冬地。经监测记录和跟踪拍摄，曹妃甸野生鸟类有334种，其中国家一级保护鸟类9种、国家二级保护鸟类43种。

（曹滦生）

路北区

【路北区概况】 2017年，唐山市路北区地域面积157.65平方千米，辖2个管委会、1个镇、1个乡、11个街道，71个行政村（果园乡28个、韩城镇43个）、169个社区居委会。户籍人口66万余人（城镇人口60.58万人），常住人口90万人以上，全区人口出生率11.12‰。地区生产总值164.2亿元，比上年增长6.3%，其中第一产业增加值7.02亿元，第二产业增加值24.86亿元，第三产业增加值132.35亿元。固定资产投资337.6亿元，比上年增长3.3%。全年实现地方公共财政预算收入42.1亿元，比上年增长6.1%，其中税收收入34.92亿元；地方公共财政预算支出31.68亿元，比上年下降15.0%。实现社会消费品零售总额264.69亿元，比上年增长10.5%。农作物播种面积8286公顷，比上年下降0.84%，其中粮食播种面积3088公顷、蔬菜播种面积4517公顷、花卉种植面积13公顷。粮食产量1.78万吨，比上年下降0.42%，其中玉米产量1.44万吨，比上年下降0.56%，小麦产量3412吨，比上年增长0.18%；蔬菜产量30.85万吨，比上年下降0.9%；水果总产量4941吨。全年实现农林牧渔业增加值7.03亿元，比上年增长0.3%，其中农业增加值6.48亿元，增长0.3%；林业增加值46万元，下降36.9%；畜牧业增加值5434万元，增长0.6%。农林牧渔业从业人员2.71万人，比上年减少239人。

【路北区经济建设】 2017年，投资30亿元的航天国轩（唐山）一期锂离子动力电池项目在唐山市路北区韩城新兴制造园区开工投产，首批订单超过20亿元。年内，落户金融机构5家，累计71家，金融企业保有量居全市之首，金融业大口径税收占比16.8%，金融中心二期投入使用，下沉式广场、三期工程完工，入驻总部或区域性分支机构19家。为331家企业提供融资和担保9.8亿元，2支风投基金完成投资1.1亿元，9家企业上市融资，亚捷机械登陆“新三板”。普洛斯物流园一期建成启用，京东商城入驻，打造出全国最大“前店后仓”模式线下体验中心。医药物流园6家入园企业营业收入50亿元，国药乐仁堂占全市医药市场份额40%以上，美康医药与京东联手建设物流云仓，成为京东布局全国医药物流市场14个重要节点之一。唐钢微尔云计算数据中心千台机柜、海量存储设备面向客户提供数据平台服务，包括苹果、腾讯等科技企业在内7家企业签约进驻，京津冀大数据产业协会与路北区达成战略合作协议，共建唐山（工业）大数据产业园，填补唐山市该领域空白。增加农村电商服务站59个，注册市场主体中信息传输软件业占比最高，“互联网+”模式加快融入路北经济体系。晋升规模以上工业企业4家，规模以上工业增加值9.5亿元，比上年增长16.9%，增速连续4年全市第一。增强既有企业科技创新意识，加大转型投入，全区技改投资增长25.3%，增加认定高新技术企业8家，规模以上高新技术产业增加值占规模以上工业增加值22%，为全市平均水平3倍。现代休闲农业园区获批省级农业科技园区，绿洲旅游观光园被评为河北省五星级休闲农业园，天善循环生态农业运营模式为城郊型农业发展探索出新路径，小天使葡萄研究所开创河北省农民开办研究所先河。

【路北区政治建设】 2017年，唐山市路北区开展行政执法三项制度（行政执法公示、执法全过程记录、重大执法决定法制审核）试点，制发重大决策合法性审查程序规定，制订加强综合行政执法协作配合意见和责任追究办法，设立执法公示网上专栏，坚持事前事后公开执法内容。接受人大法律监督和政协民主监督，支持、配合人大代表和政协委员履行职责、行使权利，办理人大代表建议99件、政协委员提案107件，按时办复率100%，满意率97%。落实从严治党要求，开展“一问责八清理”，惩治“微腐败”，查处政府系统违法违纪案件20起，整改懒政怠政、失职渎职行为2000余件，问责不作为、慢作为问题357件。深化公车改革，集中清理拍卖封存公务用车137辆。加强财政评审和审计监督，审减节约资金1.9亿元。

【路北区文化建设】 2017年，唐山市路北区唐城101小学、市图书馆金港静园分馆等5个项目投入使用，文体活动中心完成增容改造，韩城镇卫生院由华北理工大学附属医院委托运营管理，完善服务载体，布局趋于均衡。提高素质教育水平，光明实验小学入围全国首批、河北首个创客教育实验校，唐山市第一职业中专被教育部评为现代学徒制试点校，中考一中上线人数、上线率蝉联全市第一，龙东、河北路街道获全国“社区教育示范街道”称号。围绕庆祝建军90周年、学习十九大精神等主题，举办名家书画作品展、全民健身赛、文艺演出等300余场，被评为全国“群众体育先进单位”，翔云道被评为全市唯一一个省级“十佳书香街道”。为4.5万名65周岁以上老人实施免费体检，健康档案建档率90%，高血压、糖尿病规范管理率均为90%。区属公立医疗机构完成综合改革，药品实现省级平台统一采购，加成全部取消。运用现代展陈技术讲述唐山陶瓷历史的陶瓷博物馆竣工落成，作为分会场承办中国工业旅游产业联盟大会，被评为全市十大文化产业项目。爱琴海、勒泰城、振华诚成三大综合体成为城市旅游消费目的地，营业收入10.9亿元，勒泰城打造华北地区最大天幕步行街，为传统商贸业提档升级注入新动力。

【路北区社会建设】 2017年，唐山市路北区投向社会事业、生活配套设施建设资金23.1亿元，占总支出73.1%，城乡居民人均可支配收入分别为3.92万元和1.89万元。开展“五星社区”创建活动，以祥富里社区为试点启动“三级平台”（区、乡镇（街道）、村（社区）三级便民服务体系）建设，在全市率先将网上审批延伸至社区，域内村居实现法律服务全覆盖。完成社区居委会“两委”换届，增加金域蓝湾等社区居委会12个。推进“三供一业”（供水、供电、供热（供气），物业管理）移交，接管开滦集团所属16个居民小区。组织第五届道德模范评选、首届文明家庭评选，路北区获省“和谐社区建设示范城区”称号，1个街道、3个社区分别被评为省示范街道和示范社区。开展高校毕业生、就业困难人员、退役军人等群体创业就业辅导，认定充分就业社区11个，城镇增加就业1.2万人，城镇居民登记失业率控制在3.6%。为生活困难群体发放各类保障资金2607万元，3362户住房困难家庭搬入保障房，东新村甲乙丙区323户危旧房居民迁入新居。城乡养老保险覆盖率99.5%，为失能、半失能老人购买居家养老服务，乔屯街道入选全国“智慧养老示范街道”，福明养老中心获全国“敬老文明号”称号。创建“放心肉菜超市”，打造餐饮示范街4条160家示范店。筛查安全生产、消防安全隐患，整改问题2572处，火灾发生起数比上年下降46.2%。完善立体化防控体系，严防群众身边“盗抢骗”等刑事犯罪，打击非法吸储等涉众型经济犯罪，破获案件46起，为群众挽回经济损失1.6亿元。加大劳动监察和案件处理力度，为劳动者追讨工资押金2100多万元。落实退伍士兵安置政策，解决历史遗留问题，发放自谋职业金和退役安置费1940万元、各类优抚资金6110万元。全年化解信访积案162起，调处矛盾纠纷792件。在全市率先采取“三先三后”（先证后税、先证后费、先证后责）方式，为主动筹资企业提供担保，先办证、缓交费，打通制约瓶颈项目26个，办理居民不动产证2.7万套。运用法律手段维护群众利益，完成3个区域改造项目征收扫尾，对2个问题项目启动司法重组程序，促成4个停滞项目复工，全年出让土地68.33公顷，4个城市综合体项目开工建设。乔屯街道城子庄、大理街道铁路楼、缸窑街道荣华平房等5个区域改造项目竣工分房，回迁过渡居民2139户，总体回迁率65%。推动韩城采煤沉降村庄搬迁工程，首批安置房竣工交付，启动4个村2700多户避险村民分房工作。祥和里等3个小区完成既有建筑节能改造。开展土地征收，保障城市建设、产业发展用地需求，全年征地118.6公顷，唐廊高速征地收尾，完成京唐城际铁路压面征收，打通朝阳道、长虹道、西山道等断头路6条，邱柳线维修工程主体通车。维护保养站前路、文化路等主次道路27条，改造修缮70个居民小区破损路面，累计养护面积24.5万平方米。围绕公共通道沿线、景观休憩节点，建设装配式公厕10座，修缮改造60座，全部加装无障碍通道。

【路北区生态文明建设】 2017年，唐山市路北区推进气代煤改造工程，由区领导牵头，区直部门分包，驻村超额完成上级下达任务。韩城镇低压余热供暖改造二期工程投入使用，接入供暖管网居民户6407户，累计供热面积227万平方米。围绕中心城区和高铁、高速、国道沿线“一区三边”违法建设、社区“五乱”（乱堆乱放、乱围乱种、私搭乱建、乱贴乱画、乱摆摊点）等问题，联合执法部门拆违治乱，清理乱围乱种7.7万处，清理集装箱、僵尸车1628个，整治阳台外扩5万余处，拆除违建42.3万平方米，通过国土部土地督察整改验收。开展店外经营、自发市场、流动摊群治理，整改取缔商贩6000人次，治理小广告、杂草丛生等问题8万处，清理背街小巷废墟300处、垃圾3200吨。统筹推进农村区域“两改一清一拆”（改造城中村和永久保留村、改造危旧住宅和旧厂矿，清理垃圾杂物和残垣断壁，拆违章建筑），清理残垣断壁440余处、庭院1万户。开展居民小区环境提档行动，栽植树木1万株、花卉6万株，违建拆除区域恢复绿化13万平方米。补植、绿化朝阳道等道路30余条，完成造林126.67公顷，城区绿化覆盖率40.2%。更换工地围挡3150块，安装公益广告700余块，规范主干道沿线店招牌门匾1800块，打造景观街道。制订大气污染综合治理方案，抽调专门力量组建6个专业工作组，脱岗巡控治污，保障各项整改任务落到实处。投资300万元新建环保网格化管理指挥中心，整合空气质量监测、数字化城市管理、天网工程、污染源监控等6个平台，实现无缝隙监测环境污染。清退散煤经营户17家，拆除改造锅炉70台套，境内燃煤锅炉全部清零，配备洁净型煤7000吨，保证群众冬季取暖，降低污染物排放。管控挥发性有机物，对标整改排放企业146家，33家加油站完成油品升级，加装油气回收装置。为500余家餐饮单位免费安装油烟在线监测设备，对油烟净化设施定期清洗提供补贴，提升餐饮业油烟管控水平。加大违法排污惩治力度，开展污染企业拉网式排查，现场查封烧烤店9家，依法追责企业负责人15名，罚款48.6万元。依法取缔排污工业企业14家，聘请专家及第三方检测机构对标达标，整改问题企业157家，在册工业企业全部实现达标排放。启动河长制管理，调查摸底青龙河、潴龙河污染源，实施水源地综合整治工程，建立一镇一乡饮用水环境基础信息采集系统，加油站完成防渗改造12家，关停水源地范围内涉污企业2家。

【路北区（深圳）招商推介会】
2017年11月22日，唐山市路北区在深圳市举办“唐山市路北区（深圳）招商推介会”，签约跨境电商产业链、智慧物流园、彩生活物业服务管理等10个产业项目，项目计划总投资30亿元，涵盖智慧物流、电子商务、智慧教育、物业服务等多个产业，其中跨境电商产业链项目在跨境电商产业链物流及支付等环节开展政企合作新模式，带动路北区相关产业聚集调整。路北区政府与香港贸促会、深圳天津商会、深圳河北商会、深圳唐山商会4家商会分别签订委托招商协议。

【现代服务业（上海）招商推介会】
2017年11月5～6日，唐山市路北区在上海虹桥世界中心举办“唐山市路北区（上海）现代服务业招商推介会”，会上签约项目12个，合同利用资金45亿元，涵盖房地产、金融、物业服务等多个产业，其中新城·吾悦广场城市综合体项目计划投资40亿元，占地13.33公顷，规划建设集时尚购物中心、精品商业街区及住宅于一体的城市综合体。路北区政府与江苏省河北商会、浙江省河北商会、上海河北唐山商会签订委托招商协议。唐山市副市长曹全民、河北省政府驻上海办事处主任高宏伟、唐山市路北区四大班子主要领导及上海各界企业家代表130多人参加推介会。

【中国·唐山陶瓷博物馆开馆】
2017年9月21日，唐山市首家以陶瓷为主题的专业博物馆——中国·唐山陶瓷博物馆开馆，市委副书记、市长丁绣峰，市委常委、宣传部长杨洁，市政府党组成员崔晗以及市直相关单位负责人出席开馆仪式。博物馆位于路北区缸窑街道陶瓷文化创意产业园区内，占地1.33公顷，建筑面积7169平方米，总投资1.2亿元，是2017年唐山市十大实事工程之一，是省重点项目——唐山陶瓷文化小镇亮点项目，集陶瓷精品展示、学术研究、文化传播和知识教育于一体的公益性公共服务平台，铭记唐山陶瓷历史，传承陶瓷工艺，弘扬陶瓷文化，其中投资500万元窑神庙项目正式对外开放，从多角度展现唐山陶瓷生产的历史场景。

【京东·唐山“前店后仓”项目启动】 2017年8月19日，全国首个“前店后仓”模式线下体验中心——京东·唐山“前店后仓”项目启动，在路北现代物流园区内普洛斯物流园举行启动仪式。体验中心面积1000平方米，包含体验区、销售区两大功能区，京东集团将高科技电子商务和智能化物流体系落地唐山，实现电商渠道下沉，为市民提供优质快捷购物体验，引领唐山现代电子商务及物流业向多功能、信息化、高层次发展。唐山市副市长曹全民、

9月21日，唐山市首家以陶瓷为主题的专业博物馆——中国·唐山陶瓷博物馆开馆。 喻昕园 摄

京东集团副总裁傅兵在仪式上致辞。

【航天国轩（唐山）锂电池有限公司揭牌】 2017年6月14日，航天国轩（唐山）锂电池有限公司在唐山市路北区揭牌。公司注册资本2亿元，由航天万源国际（集团）有限公司与合肥国轩高科动力能源有限公司共同成立，开发建设航天国轩（唐山）年产10亿安培小时动力电池项目。唐山市副市长、党组成员梁振江，国轩高科动力能源董事长李缜，中国航天万源董事长韩树旺以及路北区有关领导参加活动。

（吴 铮）

路南区

【路南区概况】 2017年，唐山市路南区总面积117.4平方千米，辖1个省级物流园区、1个镇、1个乡、9个街道办事处，84个居民委员会、56个村委会，总人口26.52万人。全年完成地区生产总值133.8亿元，比上年增长6.7%，其中第一产业增加值3.1亿元，比上年下降24%；第二产业增加值27.2亿元，比上年增长12.3%；第三产业增加值103.6亿元，比上年增长6.7%。粮食总产量1.7万吨。全部财政收入48.3亿元，比上年增长12.6%。公共财政预算收入20.9亿元，比上年增长7.1%；公共财政预算支出17.7亿元，比上年增长10.1%。社会消费品零售总额169.0亿元，比上年增长10.7%。全社会固定资产投资完成107.8亿元，比上年下降18.1%。实现规模以上工业企业增加值19.3亿元，比上年增长6.6%。直接利用外资5062美元，比上年增长151.7%。进出口总额完成1.39亿美元，比上年下降55.9 %，其中出口总额完成1.37亿美元，比上年下降 56.1%。城镇居民人均可支配收入3.90万元，比上年增长8.4%，农村居民人均可支配收入1.64万元，比上年增长8.3%。

【路南区经济建设】 2017年，唐山市路南区承接北京产业转移，中建五局、北京华星等17家中字头、京字头投资者布局，计划总投资151亿元，开工建设项目33个，竣工投入使用项目26个，通过项目建设增加规模以上企业5家。城南经济开发区获批为2017年全省唯一一家省级经济开发区，在全市三大重点工程中率先开工建设，建设面积23.22平方千米。引入荣盛集团战略合作，采取PPP开发模式（将部分政府责任以特许经营权方式转移给社会主体或企业，政府与社会主体建立起“利益共享、风险共担、全程合作”共同体关系，政府财政负担减轻，社会主体投资风险减小）启动总投资138亿元的基础配套工程，年内完成女织寨乡檀庄村、稻地镇尚德村、稻地镇景庄子村1150户征收搬迁，盘活发展用地200公顷。引入港华分布式天然气新能源、河工大智能机器人制造产业园等项目7个，签约总投资82亿元；对接中国中铁未来动力城、万科翡翠观唐、中国保利集团总部基地等39个项目列入市重点建设计划，锦绣贵州等4个项目申请列为省级重点前期项目。引入财达证券、中科深海、人保财险等优质企业227家，楼宇综合入驻率由50%增长到70.2%，打造千万（税收）楼宇5座，金融保险、商务服务、信息研发等业态财税贡献率24.4%。巩固现代商贸强区地位，一站式家装品牌天地和装饰装修品牌企业旗舰店投入运营，东疆进口商品直营中心建成全市规模最大的进口化妆品直销中心，北京建国饭店主体完工。增加国家级高新技术企业6家、科技型中小企业105家，引入技术人才166人，纳入省、市科技计划项目26个，科技工作综合排名居全市第三。完成工业技改投资14.1亿元，比上年增长50%，神州机械获评国家级“专利战略实施优秀企业”，金土生物“农业废弃资源肥料化”项目填补国内技术空白，获全国农村“双创”项目大赛金奖。增加国家级众创空间1家、省级众创空间2家、市级工程技术研究中心2个，培育孵化大数据、智能穿戴等新型企业144家，9家企业获省级“专精特新”“公共示范平台”等称号，北京首钢基金创业公社·唐山创新小镇落户文化创意产业园。通过小微企业“双创”示范督导评定，成绩位列全市第一，万人市场主体拥有量1326户，增加注册商标426件，2项指标均居全市首位。

【路南区政治建设】 2017年，唐山市路南区坚持党要管党、从严治党，持续提升党建工作科学化水平，引导党员干部树牢“四个意识”（政治意识、大局意识、核心意识、看齐意识）、坚定“四个自信”（中国特色社会主义道路自信、理论自信、制度自信、文化自信）、做到“四个服从”（党员个人服从党的组织、少数服从多数、下级组织服从上级组织、全党各个组织和全体党员服从党的全国代表大会和中央委员会）。坚持学做结合，围绕“四讲四有”（讲政治、有信念，讲规矩、有纪律，讲道德、有品行，讲奉献、有作为）合格党员标准，开展“做合格党员、当时代先锋”主题实践活动，组织各领域党员强化责任担当、奋力干事创业，争做“惠民服务”“致富领富”“模范履职”“立德育人”“岗位创新”五大先锋，推动重点工作开展。组织各级党组织和党员干部学习十九大精神，县级领导干部以上率下，学习十九大报告和党章等内容，带头下基层宣讲十九大精神，各级党组织和党员干部通过实践学、宣讲学、交流学等方式，推进十九大精神进企业、进农村、进机关、进校园、进社区、进网站。126名宣讲团成员在征收搬迁等重点工作一线开展宣讲活动，鼓舞士气、凝聚力量。建立3个重点工作领导小组和“十条战线”工作推进机制，一级带一级干、一级干给一级看。落实党员领导干部“双重组织生活”制度，四套班子党员干部在基层支部参加、指导专题组织生活会，帮助解决实际问题。依托“项目化”工作机制，围绕全区六大基层党建重点课题，制订年度党建示范点创建提升工作方案，组织指导各乡镇、街道对接课题制订重点项目立项书，推进基层服务型党组织创建，打造“智慧田园”“城市中央·绚丽桥梁”“‘红纽带’城市党建综合体”“和你在一起”等党建品牌项目，扩大典型示范效应。对后进基层党组织整顿转化，倒排确定9个后进村党组织和8个后进社区党组织为年度整顿重点，建立工作台账，采取区乡两级领导分包、选派“第一书记”、工作队驻村帮扶等措施，上下联动，集中开展整顿转化工作。全区非公企业党组织覆盖率93.98%，社会组织党组织覆盖率93.57%，党建指导员覆盖率100%，功能性党组织全部转化正式党组织，提高发展党员质量，全年发展党员160名。结合纪念建党96周年，开展我到基层讲党课等活动。健全完善党内关爱机制，集中走访慰问新中国成立前老党员6名、生活困难党员258名、生活困难村（社区）干部16名。落实党风廉政建设“两个责任”（党委负主体责任、纪委负监督责任），成立区委巡察办并完成两轮政治巡察，发现问题线索2180件，问责党组织95个、领导干部38人，纪律处分18人。全年立案59件63人，党纪政纪处分54人，移送司法机关2人。

【路南区文化建设】 2017年，唐山市路南区在全市率先推出旅游联票，接待游客400万人次，比上年增长29.9%；中陶博览中心获中国建筑卫生陶瓷协会命名授牌，承办第二十届唐山中国陶瓷博览会；锦程美术教育总部列入市级十大文化产业项目，宝升昌全球创客孵化中心获评市级文化创意产业孵化基地；组织文艺团队参加“凝聚善美、共筑家园”京津冀市民新春联欢会、“传承文化·戏中有你”曹妃甸专场演出，让京津冀市民感受到路南文化独特魅力。组织相关单位参加“中南杯”唐山市广场健身操（舞）大赛第二届健身操（舞）大赛、2017年全国百城千村健身气功交流展示活动（唐山站）暨唐山市站点联赛、第二届中国（唐山）国际体育健身休闲产业博览会开幕式等活动，获优胜奖2个、优秀奖3个、优秀组织奖2个；开展“路南区第十六届群众文化艺术节”“我们的节日”和“全民健身”等特色品牌系列文体活动，丰富群众生活，全年举办各类文体活动58场，受益群众5万余人；举办“不忘初心、砥砺前行——让党的十九大精神在基层落地生根”演出，首次采用网络直播形式将十九大精神送到千家万户；组织2017年全国公路自行车锦标赛暨青年锦标赛、唐山国际马拉松赛、“迎元旦”健康长跑、“我要上全运”“彩色周末”体育健身项目展演、“大红灯笼高高挂、趣味灯谜暖万家”元宵节猜灯谜文化活动等各类演出、展演、展示会活动100场次，参与群众10万余人。开展全民阅读活动，提升群众阅读水平，在省级全民阅读活动评比中，全区24个家庭获评“书香家庭”，文西社区获“书香社区”称号。区文化馆、体育健身设施免费开放，创办“路南文化”微信公众号，扩大路南区域文化社会公众影响；开展“2017年首届全民艺术免费普及”培训活动，开设辅导课程66课时，受益群众300余人；成立“扫黄打非”领导小组，实行执法成员单位与社区双线巡视值班制度，加强易中电子城、赵庄早市等重点区域督查，确保文化市场安全稳定；承办“河北省盗版侵权集中销毁宣传活动”，现场销毁收缴非法音像制品500余张，提高文化市场经营者守法意识；督导检查全区25家单位使用正版软件。全年开展出版印刷行业、歌舞娱乐场所、网吧整治和“扫黄打非”等专项行动13次，出动1200余人，检查各类商户500余家，收缴盗版图书600余册、盗版音像制品2400余盘、淫秽色情光盘150余盘。

9月29日，路南区学院南路街道办事处举办第十届社区文化艺术节。
徐曼 摄

【路南区社会建设】 2017年，唐山市路南区推行“六个一”（一张笑脸相迎、一把椅子让座、一杯热茶招待、一句问候暖心、一颗诚心帮人、一声再见相送）工作模式，21个省级台账项目（省级台账记账和督导的项目）销号，破解南新道、复兴路拓宽安置难题。筹集资金2.34亿元推动定福三期、东成世嘉等项目复工，保障回迁安置，完成三胶楼等区域回迁，全区7.5万名涉迁群众安置率98.5%。金岸世铭小区探索出“一线办证工作法”，累计办理不动产权证1.35万套，相关经验经中央综治办在全国推广。拆除违建41.14万平方米，实现“零上访”，唐山市集中整治“一区三边”违法建设现场观摩活动在路南区召开，区获评省级先进区。完成占全市90%以上铁路机车源头游周边景观提升改造任务，治理面积2.7万平方米，为首届中国工业旅游产业发展联合大会召开提供保障。整改卫片执法违规用地26处，实现违法占用耕地现象清零。注销南新道南侧危旧房区域2245宗住宅、52宗非住宅土地使用权证，腾出土地65.33公顷，为南湖文旅中央商务区建设扫清障碍。增加就业人员1.24万人，城镇登记失业率控制在3.0%以内。城镇和农村居民最低生活保障标准分别提高到月均605元和年人均4308元，发放低保金1221万元。为西越河村289名村民办理城镇职工养老保险，企业职工养老保险扩面2261人，为5419名老年人办理“助老健康御险”。为692户农村低保家庭发放取暖补贴，完成65户农村贫困人口建档立卡和结对帮扶。基础教育保持全市领先地位，唐山一中录取率居全市之首，增加市级名师4名，数量居全市第一，投资925万元为2所学校建设塑胶操场。南厂小学等4所学校与京津名校签约，城区学校签约率81.8%。新华西道小学获评“全国文明校园”，胜利路小学等3所学校获评“第一批全国青少年校园篮球特色学校”，第五中学等3所学校获评市级国防教育示范校。笼式门球场和足球场建成投入使用，维修更换健身器材485件。投资170万元改善社区卫生服务站硬件设施。稻地镇胡庄社区被评为全国综合减灾示范社区。4万户居民享受到家庭医生服务，惠民道社区卫生服务中心被推荐为全市唯一的国家级优质卫生服务示范社区。

【路南区生态文明建设】 2017年，唐山市路南区推进“气代煤”改造，全区52个村（社区）2.35万户群众安装壁挂炉，半数群众实现燃气取暖；制订大气污染防治方案，督导施治餐饮油烟、工地扬尘等重点问题，通过国家督导组七轮次验收。增加绿化、园林面积34公顷，城镇人均公园绿地面积37平方米，位居全市第一。通过国家、河北省两级文明城创建验收，为唐山市蝉联全国文明城市三连冠作出贡献，路南区被评为省级文明城区，学院南路街道办事处等7个单位被评为省级文明单位，未成年人思想道德建设被树为全市标杆，尚智社区入选第一批省级社区文化家园。增加唐胥路等3条“以克论净”试点道路和卫国路等4条保洁作业样板示范路，完成吉祥路等10条道路维修工程。拆除和规范各类广告牌匾139块，集中整治文化南北街、胜利路、小山服装大厦周边区域，清除主次干道两侧流动商贩。实现全区规模以上企业零耗煤，超额完成市达限额指标，先后4次集中开展散煤专项整治行动，取缔祥和浴池、博宇浴池、唐山市国防训练基地等处燃煤锅炉7台和荷花坑市场南口馒头炉1台，原有7家散煤经营企业全部取缔或转行；深化城市精细化管理，杜绝秸秆垃圾焚烧，禁放烟花爆竹，控制油烟排放；推进环境保护信息化进程，建立常规监控和自动监控相结合环境监管体系，整治全区23家“散乱污”企业，完成率100%；淘汰燃煤锅炉31台（含市达10台），完成治理68家挥发性有机物（有挥发性气味饭店、汽车修理厂、印刷、印染等企业）任务。环保部督查交办问题96项，销号率100%，对各类交办问题开展“回头看”，确保问题全部得到处理。全区立案处罚29起，处罚66.73万元，与公安联合执法10余次，侦办环境污染案件1起、拘留环境违法人员1人。

【23个社区成立微型消防站】 2017年11月3日，路南社区微型消防站器材发放暨社区微型消防站成立仪式在唐山市消防支队胜利路中队举行，现场为23个社区发放19类1840件消防器材装备。年初，路南区为23个老旧社区投资120余万元建设社区微型消防站，并将其列为对市民承诺的惠民实事工程之一。社区微型消防站成立后，各社区组织人员熟悉装备，掌握装备使用方法。消防大队定期组织“微型消防站”工作人员开展消防设施操作、灭火救援、处置突发事件等方面业务培训，组织辖区微型消防站开展联防联勤实战演练，提高各微型站在应急处置、联勤联动、联合作战、疏散人员、控消火灾、抢救物资等方面协同配合，提升整体防御火灾、扑救初期火灾能力。在日常防火控火宣传中，微型消防站开展常态化日常消防巡查、消防安全提醒和宣传培训，提高居民社区和重点单位防火自救能力，及时消除火灾隐患，遏制火灾发生。

【路南旅游联票首发】 2017年6月19日，唐山路南旅游联票面向全市发行。首发旅游联票含区内开滦国家矿山公园、唐山抗震纪念馆、地震遗址公园、唐山世园会会址、天鹅湖动物园、大大小小梦想城、南湖公园、红楼梦荣宁小镇8个景区、景点，游客购买联票即可游览。工业游路线包括开滦国家矿山公园—唐山抗震纪念馆—地震遗址公园—唐山世园会会址，亲子游线路“天鹅湖动物园—大大小小梦想城—南湖公园—红楼梦荣宁小镇”。形成以开滦国家矿山公园为龙头、冀东文艺为纽带、南湖世园会址为支点的旅游战略布局。

【路南区“反腐倡廉”新平台打造】 2017年，唐山市路南区纪委官方微信公众号“中共唐山市路南区纪律检查委员会”正式上线运行。市民网友只需通过添加关注，便可了解全国范围内廉政资讯，可随时举报身边违纪腐败人或事。公众号开通“四风”举报一键通，提供监督举报途径，方便群众随时上传照片、视频、文字，反映身边“四风”和“微腐败”问题。

【全省首家虚拟产业园区打造】 2017年8月29日，在首届京津冀服务外包协同发展论坛——“楼宇经济与虚拟产业园区”分论坛上，路南区楼宇经济与虚拟产业园区被定为“河北省服务外包产业虚拟园区”，路南区楼宇经济与虚拟产业园区服务管理平台正式启动。北京惠买大数据呼叫服务中心、沧州“恒天易开”

新能源共享汽车运营、清华启迪科技园、河北鸿鹄岭教育科技有限公司4个项目在启动仪式上签约入驻园区。

（张增和）

丰南区

【丰南区概况】 2017年，唐山市丰南区总面积1288.4平方千米。全区辖12个镇、3个乡、1个街道办事处、1个经济开发区，444个村民委员会、41个居民委员会。总人口53.5万人，其中城镇人口19.9万人，乡村人口33.6万人。人口自然增长率3.5‰。地区生产总值670亿元，比上年增长6.5%，其中第一、二、三产业增加值分别为48亿元、395亿元和227亿元，比上年分别增长1.5%、6.3%和8%；一般公共预算收入39.7亿元，比上年增长26.1%；固定资产投资339.7亿元，比上年增长6.5%；社会消费品零售总额211.9亿元，比上年增长10.6%；城乡居民人均可支配性收入分别为3.68万元和1.57万元，比上年均增长7%；出口创汇7亿美元，实际利用外资1.9亿美元，分别比上年增长5%和12.8%，总量均居全市第一位。

【丰南区经济建设】 2017年，唐山市丰南区经济运行稳中向好，农业方面：区财政投入资金3000万元用于农业结构调整重点项目建设，实施重点水利工程4项，更新农用机井16眼，发展节水灌溉1287公顷，改善灌溉1373公顷；实施投资30亿元的通威“渔光一体”、投资15亿元的新希望六和生猪产业化、投资1.7亿元的天津利民调料等农业产业化项目21个；创建省、市级现代农业园区各1个，增加新型农业经营主体62家，“三品一标”（无公害农产品、绿色食品、有机农产品和农产品地理标志）农产品50个，农业产业化经营率73%，综合机械化水平86%。全区粮食总产量25.1万吨，蔬菜总产量170万吨，肉、蛋、奶总产量15.1万吨，水产品总量7.4万吨，完成农林牧渔总产值79.3亿元，比上年增长2.2%。工业方面：实施惠达卫浴技改等传统产业升级项目178个，科瑞特活性染料等新兴产业项目11个，“梦牌”瓷业安眠工厂等“两化”（信息化和工业化）融合项目8个，技术改造投资235.3亿元，比上年增长44.9%；装备制造业增加值139.6亿元，比上年增长22.9%；高新技术产业增加值13.2亿元，比上年增长8%；规模以上工业总产值1805亿元，比上年增长17.2%；增加值373.1亿元，比上年增长6.5%；工业利润74.7亿元，比上年增长86.3%。三产服务业：实施城市经济项目31个，计划总投资182.2亿元。华北地区首个大型室内主题公园建成运营，唐津运河景区入选唐山市“十大最美景区”，紫雁庄园被评为河北省五星级休闲农业园，田琳妈妈亲子生态园、爱丽缘家庭农场被评为唐山市乡村旅游示范点；增加规模以上服务业企业22家、限额以上贸易企业7家；完成服务业增加值227亿元，比上年增长8%。项目建设方面：实施投资千万元以上在建项目153个，其中续建项目68个，新开工项目85个，计划总投资850.6亿元，累计完成投资335.6亿元，年内完成投资257.1亿元；完成项目59个，完成投资49.8亿元，在唐山市重点项目观摩总评比中位居全市第二名；全年列入河北省及唐山市重点项目19个，计划总投资693.2亿元，完成投资123亿元；纵横钢铁项目和丰南港区起步工程开工，分别完成投资130亿元和1.7亿元。临港经济园完成基础建设投资11.8亿元，化工产业区占地480公顷，达到项目入驻条件。“一区三园”（丰南经济开发区，临港经济园、高新技术产业园、小集经济园）实施亿元以上产业项目33个，财政收入、固定资产投资分别占全区45.2%和64%。制发《丰南区项目帮办工作实施意见》等一系列文件，修订完善招商引资扶持奖励政策，抓住北京非首都功能疏解机会招项目、引项目，对到丰南投资兴业企业家在用地、固定资产投资、项目审批等方面给予奖励和支持，全年签约项目96个，计划总投资310.3亿元，引进市外资金156.9亿元。

【丰南区政治建设】 2017年，唐山市丰南区四大班子实现换届。加强领导班子和干部队伍建设，精准科学选人用人，严把干部选任环节，全年调整干部5批次375人次（包括乡镇换届），其中提职142人，交流转任177人次，免职56人；规范干部管理，经区人大任免政府组成人员38人、法院审判委员会委员7人、检察院检察委员会委员10人、人民陪审员54人，落实《区股级干部管理办法》，调整有关单位党组成员和党群系统股级干部79人；提升干部能力及素质，培训干部469人次，组织赴苏州、上海、京津和延安等地专题培训4期，完成上级调训15期次，调训县级领导37人次、科级干部13人次，组织全区31名县级干部和641名科级干部学习《中国共产党党内政治生活若干准则》《中国共产党党内监督条例》，并集中闭卷考试，检验学习成果。推进“两学一做”学习教育常态化、制度化，制发《关于推进“两学一做”学习教育常态化制度化实施方案》等文件，选派“两学一做”指导员驻单位、驻村指导，组建9个督导组实施常态化明察暗访。2月全区1037个党支部召开专题组织生活会，民主评议党员3.3万余名，3月全区各级党委（党组）召开领导班子民主生活会，9月29日召开区党政领导班子“树立工作高标准、干出发展新业绩”专题民主生活会，省委常委、市委书记焦彦龙参加并对民主生活会点评；召开乡科级领导班子专题民主生活会，区党政领导参加并指导，区委派出11个督导组监督把关，确保生活会开出成效。基层党组织建设，31名县级领导干部分包72个后进村（每人分包2～3个后进村），选派216名机关干部驻村帮扶转化，调整撤换不胜任村党支部书记2人，化解矛盾隐患59个，实施实事工程395个；推进农村党组织书记“星级”管理，建设党建示范区、示范点46个，组织优秀村党支部书记参加省级示范培训班，4名村（社区）书记入选省委命名“千名好支书”；摸底排查6480家非公企业和71家社会组织党建工作，采取村企联建、村社联建、企企联建、靠挂组建等方式，组建非公企业联合党支部39个，覆盖非公企业275家，对未建立党组织的非公企业选派党建指导员指导帮扶，全区非公企业设立党员责任区、示范岗1630个。正风肃纪，惩治腐败，区纪检监察机关立案审查案件209

件，结案207件，给予党纪政纪处分252人，其中乡科级干部28人，涉嫌犯罪被移送司法机关处理6人，点名道姓通报曝光典型案件8批55人次；基层“微腐败”专项整治发现问题线索1278件，查实1181件，整改1181件，涉及人数1154人，其中组织处理155人，纪律处分96人，移送司法机关3人，其他处理900人。推进司法改革，重新建立审判团队，落实审判权运行新机制，招聘法官助理50名，按照1名法官2名助理2名书记员模式，组建27个审判团队，取消院长、庭长审批控权机制，由法官与合议庭独立行使审判权，独立承担司法责任；组建刑事、民事、行政3个审判咨询委员会，为法官独立办事提供咨询服务；区人大完善法官、检察官履职评议，采取随机抽取方法确定评议对象，通过旁听庭审、座谈、查阅卷宗、回访当事人及律师等方式对评议对象深入了解，评议结果抄送区委，并反馈区法院、检察院，其工作经验被《河北人大通讯》刊载。

【丰南区文化建设】 2017年，唐山市丰南区被确定为首批河北省公共文化服务体系示范创建单位，制发《唐山市丰南区创建首批省级公共文化服务体系示范区建设规划》，召开示范区创建工作动员大会，铺开“示范区”创建工作。投入692万元推进数字文化馆和图书馆总分馆制建设，先期项目投入333万元，完成15个乡镇文化活动站和乡镇文化馆、图书馆分馆选址实地踏查评估。为金都、河头里、水景花苑等3个生活小区安装健身路径，为街道所属小区更换健身器材321件，维修更换煤河公园、惠丰湖全民健身户外活动基地健身器材，村级实现综合文化服务中心和文化广场全覆盖，完成29个“美丽乡村”农民体育健身工程和钱营镇省级农村体育精品工程建设。发挥公共文化机构服务功能，实施培训下乡，送图书下乡，送文化下乡，送电影下乡“四下乡”。全区文化志愿者360余人，各类体育队伍430支，社会体育指导员853人，全民健身志愿者110人，体育协管员465人，单项体育协会15个，年内组织“群星璀璨耀丰南”城乡群众新春文艺展演等大型文化活动16场，举办“中国劲酒杯”2017年唐山市丰南区新春环湖跑活动等大型体育活动14场。文艺作品《平凡英雄》在河北省“歌唱祖国礼赞英雄”歌曲征集活动中入选优秀作品，《那座叫唐山的城》在唐山首届民谣歌曲大赛中获特等奖，区老年体协代表队在中华舞蹈健身（香港）国际艺术节竞赛中获二等奖和最佳组织奖，区长跑协会代表队在黄河口（东营）国际马拉松赛、秦皇岛国际马拉松暨全国马拉松锦标赛、全国“城俱杯”登山赛等比赛中均取得优秀成绩。净化文化市场，检查网吧266家次，当场整改5家；检查娱乐场所121家次，删除违禁歌曲52首，当场整改7家，取缔电子游艺场所2家；检查印刷、出版、发行经营单位215家次，收缴非法出版物180册，收缴盗版光盘248张，驱逐非法游商3家；完成3个乡镇“扫黄打非”进基层试点工作，全区乡镇“扫黄打非”基本情况录入信息平台，并通过省市验收。

【丰南区社会建设】 2017年，唐山市丰南区投入资金11.2亿元，落实教师各项福利待遇、义务教育经费和经济困难家庭学生资助政策，支持中小学教学设备更新购置、校舍维修、校园绿化和乡镇校车安全运行。统筹推进城乡义务教育一体化发展，学前教育被评为“全国首批学前教育实验区”，义务教育对边远农村学校实施资金倾斜，职业教育实现学校与企业无缝对接，职教中心通过国家六部委“全国首批职业教育示范区”验收，办学经验向全国推广。社会保障扩面提质，为492户634名城镇低保对象发放城镇低保金421.07万元，为8102户1.03万名农村低保对象发放农村低保金3433.71万元，向5029名困难残疾人员发放生活困难补贴415.39万元，困难群众“一站式”医疗救助比例由60%提高到70%，即时结算发放医疗救助金437.64万元救助2869人，为受自然灾害群众及临时困难群众发放救助金247万元，为1.15万名老人发放高龄津贴903.14万元，特困供养人员集中供养率96%。养老保险参保职工增加7338人，城镇职工养老保险人数15万余人；城乡居民养老保险和医疗保险参保率分别为99.97%和100%。年内增加城镇就业1.01万人，促进再就业2237人，农村劳动力转移就业6143人，应届高校毕业生就业率91.7%，城镇登记失业率3.5%。完成区医院整体搬迁，推行分级诊疗，依法实施全面二胎政策，全区符合政策生育率98.2%。推动社会管理创新，打击各类违法犯罪活动，建设社会治安科学防范体系，被确定为省级综治中心建设示范县区，全年发生刑事案件1121起，比上年下降16.2%，破现案720起，抓获犯罪嫌疑人351人，其中逃犯218人；检察院受理审查逮捕案件157件209人，批准逮捕129件171人，受理审查起诉270件355人，提起公诉261件299人；法院受理刑事案件413件519人，审结刑事案件373件443人，判处10年以上有期徒刑8人，3年以上10年以下有期徒刑31人。全区发生信访总量973批次4238人次，比上年分别下降15%和13%，发生进京访8人次，比上年下降52%，信访事项办理及时受理率、按期答复率和群众满意率分别为100%、100%和98.4%。排查民间矛盾纠纷3767件，各级调解组织调解民间矛盾纠纷3717件，成功率98.7%。评选出文明家庭10个、文明家庭提名奖获得者10个、十佳孝老敬亲好儿媳10名、最美老兵10名、最美军嫂10名、道德模范9名、道德模范提名奖获得者6名，分别受到表彰和嘉奖。

【丰南区生态文明建设】 2017年，丰南区投资1.1亿元完成工程项目311个，建成“美丽乡村”重点村42个，其中省级重点村29个、区级重点村13个，创建率48%；清理杂物20.8万立方米，清理残垣断壁181处，清理庭院2056个；完成45个村农村街道“户户通”工程，修筑水泥路面17万平方米，铺设油路面5.2万平方米；清理违法建筑43.6万平方米；实施市政道路、园林绿化、污水处理、旧小区改造重点工程项目35项。率先在全市完成钢铁去产能任务，压减炼铁产能188万吨、炼钢产能204万吨，投资14.8亿元实施治污工程165项，钢铁、焦化、铸造等重点行业企业均达到国家和省特别排放限值要求，非法经营砂石料场清理取缔到位，淘汰整治燃煤锅炉61台，推广洁净型煤5000吨，气代煤改造4个村1416户，关停取缔“散乱污”企业199家，整治改造5家，整改销号环保督查问题363件。造林2220公顷，森林覆盖率18.74%，投资20万元在黑沿子镇毕家圈营造白鹭、夜鹭栖息地1处；PM2.5平均浓度下降13.25%，重污染天数减少10天，空气质量改善率全市第四；落实“河长制”，实施水污染治理措施28项，地表水、饮用水水质稳定达标；开展土壤污染治理七大行动，控制土壤环境恶化趋势，全年处罚环境违法案件144件，缴纳罚款1115.4万元，移送公安机关1件，按日连续处罚1件，查封扣押3件，依法依规打击和震慑环境违法行为。

10月13日，2017唐山·丰南经贸洽谈会暨重点项目签约仪式举行。
李福正 摄

【国家督查组淘汰落后产能督查】 2017年1月7日，国家工信部副部长徐乐江带国家钢铁煤炭行业淘汰落后产能专项督查组在丰南区督查，督查组在唐山国丰钢铁有限公司北区炼钢车间和唐山贝氏体钢铁（集团）有限公司600立方米高炉拆除现场督查设备拆除。徐乐江详细询问国丰钢铁有限公司北厂、贝氏体钢铁（集团）有限公司工人后续安置及土地规划使用等情况。

【新型职业农民培育创新工程】 2017年6月2日，唐山市丰南区举行新型职业农民培育创新工程启动仪式，此次新型职业农民培育创新工程历时3年，至2020年结束。按照新型农业经营主体和新型职业农民“两新”并行、“两新”融合、一体化发展要求，培训全区50周岁以下专业大户、家庭农场负责人、农民合作社带头人、农业企业骨干、农机大户、动物防疫员、乡村干部和返乡涉农创业者，计划培养总人数1万人，其中50%以上具有中专以上学历，30%以上达到中级职业资格水平。全区建成农民田间学校15个，实现全区各乡镇全覆盖。

【2017唐山·丰南经贸洽谈会】 10月13日，2017唐山·丰南经贸洽谈会暨重点项目签约仪式在国丰维景国际大酒店举行，邀请中国涂料工业协会、全国工商联五金机电联合会、中国石化联合会、中国工业气体工业协会等100余家知名协会及大型央企、国企、上市公司负责人160多人参加，唐山市副市长曹全民出席会议，丰南经济开发区、各乡镇、胥各庄街道、区直有关部门主要负责人参加会议。会上，50个签约项目分10组分别签约。

【气代煤改造工程】 2017年，唐山市丰南区实施气代煤（即以气采暖替代燃煤采暖，用清洁能源替代散煤燃烧）改造工程建设，解决冬季采暖期大气污染问题。在实施过程中，对不宜采取集中供热等清洁取暖方式的农村地区，按照“宜管则管、宜罐则罐”原则，推进气代煤工程建设。10月初，由唐山翔科燃气有限公司进驻丰南镇魏家庄村、大庄子村、东板桥村、大岔河村4个试点村，经过2个月施工，于11月底完成1416户改造任务。对实施气代煤改造农户给予4项优惠政策：按燃气设备购置安装投资70%补贴，每户最高补贴金额不超过2700元；给予建设村内入户管线每户4000元投资补助（通过公开招标确定最终补贴价格）；给予采暖用气每立方米1元气价补贴，每户每年最高补贴气量1200立方米，补贴政策及标准暂定3年；气代煤用户不执行阶梯气价。

（董振荣）

丰润区

【丰润区概况】 2017年，唐山市丰润区辖17个镇、3个乡、480个行政村及村民委员会，3个街道、47个社区居委会，总面积1154.16平方千米。总户数23.63万户，总人口82.0万人，其中城镇人口34.10万人。推进项目建设，调整产业结构，统筹城乡发展，提高民生福祉，改善生态环境，经济社会保持平稳运行。全年完成地区生产总值741.4亿元，比上年增长5.1%；固定资产投资231.4亿元，比上年增长10%；公共财政收入50.3亿元，实际利用外资9326万美元，出口创汇6.3亿美元，居全市第二位；城镇居民人均可支配收入3.70万元，农民人均可支配收入1.55万元，比上年增长7.9%和7.8%。综合实力位居“全国市辖区百强”第63位。

【丰润区经济建设】 2017年，唐山市丰润区谋划建设千万元以上项目249个，高速动车组检修能力提升等竣工项目91个，中钢智能物流等在建项目84个，天津银龙轨道板等对接京津签约落地项目9个，德帮再生资源利用等“凤还巢”回乡落户项目5个，总投资722.3亿元。推进龙运牧业项目，实施民营企业“双登”计划，增加规模以上工业企业31家，规模以上服务企业12家，市场主体7799家。经济开发区被列入第四批国家级产业集群区域品牌试点。实施重点项目54个，基础设施投入11.8亿元。实现主营业务收入945亿元，固定资产投资98.4亿元，税收29.9亿元。丰润区粮食总产量36.14万吨（小麦总产量12.31万吨，玉米总产量23.56万吨），油料3.9万吨，棉花115吨，蔬菜及食用菌总产量111.1万吨，水果总产量9.42万吨，肉类总产量8.32万吨，禽蛋总产量6.03万吨，奶类总产量11.75万吨，水产品总产量1.05万吨。全年完成农、林、牧、渔业总产值84.54亿元，其中农业总产值40.00亿元、林业总产值0.59亿元、牧业总产值40.18亿元、渔业总产值1.10亿元，农、林、牧、渔服务业总产值2.67亿元，比上年增长2.08%。

【丰润区政治建设】 2017年，唐山市丰润区政府接受各方面监督，规范行政行为，加强政府自身建设，制发《落实监督执纪“四种形态”暂行办法》，制订《党风廉政建设主体责任清单》，实施主体责任纪实留痕管理。开展“一问责八清理”专项行动，清理问题1496件，问责追责1180人，党纪政纪处分60人。加强常委会、机关制度及党风廉政建设和惩防体系建设，抵制“四风”，改善干部作风。落实省委巡视组和省市督查组整改反馈意见，推动中央和省市决策部署落地见效。召开区委常委会议22次，其中三届区委常委会议8次、四届区委常委会议14次。建立人大代表之家24个，代表联络站50个，实现全区全覆盖，并全部投入使用。自觉接受区人大法律监督、区政协民主监督和社会各界监督，受理群众热线3.2万件，办理人大代表建议40件、政协委员提案141件。深化“放管服”改革，取消行政权力事项22项，下放管理层级事项17项，审批要件精简律26.6%。围绕“树立工作高标准、干出发展新业绩”主题，引导政府各级干部明标定责、履职尽责，转作风、提效能、优环境，营造风清气正、干事创业的政治环境。

【丰润区文化建设】 2017年，唐山市丰润区书店开展“心中有爱，新华传情”献爱心活动，向第二幼儿园捐赠图书100册，向白官屯镇中心幼儿园捐赠图书290册。丰润区图书馆增设丰润区二幼图书室、华龙佳苑社区图书室、住建局图书室，服务点数量7个，流通借阅1万册次。创建丰润区图书馆网站，开通丰润图书馆公众号，截至年底，网站发布图文信息100余条，有1000余人关注公众号，总点击率超1万次。王官营镇社区教育中心、新军屯镇社区教育中心、沙流河镇社区教育村民学校3个校舍维修改造工程竣工，194名教师招聘上岗，丰润区被命名为“河北省社区教育实验区”。举办首届桃花文化节，京东龙泉谷、山缘生态庄园完成AAA景区初评，全年接待游客50多万人次。2017年度教师节暨师德主题报告会首次实现网络直播，8000多人次通过“智慧丰润”手机台实时观看，做到场内场外同步收看。

丰润区新军屯镇郑八庄村农民翟顺来用无人机喷洒农药，省水省药，减少对人体伤害。 朱大勇 摄

【丰润区社会建设】 2017年，唐山市丰润区坚持公共财政普惠民生，为群众办实事50件。城镇低保标准由每人每月500元提高到605元，农村低保标准由每人每年3550元提高到4308元。落实养老保险、医疗保险提标政策，城乡居民养老保险、城乡居民医疗保险参保率分别为98%、99.5%，发放各类救助、补助资金分别为2.39亿元、3.02亿元。年内，参加养老保险企业1099家，企业参保人数12.08万人，完成市达指标（12.02万人）100.50%。失业保险参保人数3.81万人，完成市达指标（3.45万人）110.57%。落实城乡保障制度，报销医疗保险4.3亿元，发放低保和高龄老人生活补贴4783万元，完成190户384人贫困人口“建档立卡”。人民医院立体停车车库交付使用，药品零差率销售让利3700多万元。

【丰润区生态文明建设】 2017年，唐山市丰润区综合整治社区环境，28个省级“美丽乡村”总投资3987万元。推进总投资12亿元26个城建PPP项目，端明路、人民路桥、东山桥、化工桥竣工通车，区博物馆完成设计方案。改造农村危房400户，分配入住存量保障性住房206套，完成棚户区改造建设安置房1282套。截至年底，完成造林绿化2400公顷，任务完成量占全年造林绿化任务107%，森林覆盖率提高1.1%。全区公益林参保面积4676.87公顷，占全区公益林总面积98.9%。年内造林1318.30公顷，封山育林518.59公顷，森林覆盖率36.94%，比上年增加1.27%。集中开展“拆违拆漏、绿美亮净”和“一区三边”专项整治，拆除违法建筑2.58万处88.5万平方米，拆除比例居全市首位。被评为首届河北省文明城区。

【中药育苗基地落户】 2017年9月12日，华北最大中药育苗基地落户丰润区王官营镇田各庄村丰润禾盛源生态农业科技开发有限公司，总种植面积153.33公顷。王官营镇位于丰润区北部，土壤适合根茎类作物生长。田各庄村转业军人冯永林退伍后从村民手中流转土地，用于新品种中药种苗适应性驯化及当地野生中药材品种改良和家养驯化，联合各科研团体与国内知名药业建立长期合作关系，并与清华大学、中国农业大学农学院、中科院植保所、中国中医科学院中药资源中心、沈阳药科大学中药学院、菏泽半夏研究所等科研院校团体建立中药材科研基地。

【大气污染综合治理先进区】2017年12月30日，河北省大气污染防治工作领导小组通报2017年度大气污染综合治理考核结果，丰润区入围大气污染综合治理优秀县（市、区），全年达标天数149天，重度污染天数21天，空气质量综合指数8.51，比上年达标天数增加6天，重度污染天数减少15天，空气质量综合指数下降6.4%。6项污染浓度中细颗粒物(PM2.5)下降19.2%，可吸入颗粒物(PM10)和二氧化硫比上年均下降2.3%，其他3项污染物与上年持平，全年细颗粒物(PM2.5)浓度降至每立方米64.2微克。

【张立东登"中国好人"榜】2017年2月7日，中央文明办发布2017年1月"中国好人榜"，丰润区爱心人士张立东榜上有名。张立东是丰润区七树庄村民，通过发展生猪养殖成为当地致富能手，20多年累计捐款捐物50余万元，资助云南、西藏、内蒙古等地贫困学生200多名。连续5年为村里60岁以上老人每人发放慰问金200元，给村里15户贫困户每人500元。曾被评为河北省扶残助残先进个人、丰润区第三届道德模范。春节期间，张立东走访慰问3位道德模范和身边好人，送爱心款和慰问品，价值5000余元。

（王翠香）

古冶区

【古冶区概况】2017年，唐山市古冶区辖3个乡、2个镇、5个街道办事处，122 个行政村、80个社区。总面积248.38平方千米，总人口33.80万人，人口自然增长率0.7‰。生产总值214.85亿元，比上年增长5.7%，其中第一、二、三产业分别为13.88亿元、134.37亿元和66.6亿元，分别比上年增长3.0%、6.2%和5.2%。固定资产投资205.6亿元，比上年增长1.1%。规模以上工业增加值119.43亿元。全年实现社会消费品零售总额140.33亿元，比上年增长10.1%。在岗职工年人均工资5.88万元，比上年增长15.3%。城镇居民人均可支配收入和农村居民人均可支配收入分别为3.47万元、1.58万元，分别比上年增长8.0%和7.7%。财政收入24.08亿元，比上年增长16.8%，区级公共财政预算收入和财政支出分别为12.33亿元和19.82亿元，分别比上年增长13.8%和5.1%。粮食总产量2.64万吨（其中小麦产量4505吨、玉米产量1.76万吨），油料总产量5777吨，棉花产量1吨，蔬菜及食用菌总产量38.72万吨，水果总产量3.03万吨，肉类总产量1.74万吨，禽蛋、牛奶和水产品产量分别为1.48万吨、4.89万吨和8884吨，农、林、牧、渔业总产值22.42亿元。GDP能耗、主要污染物化学需氧量和二氧化硫排放总量分别下降5.42%、3%和6%。规模以上单位工业增加值综合能耗比上年下降5.63%。城市环境空气质量二级及优于二级天数为173天。

【古冶区经济建设】2017年，唐山市古冶区对接产业项目145个，签约落地亿元以上项目16个，区内第一个大型商贸综合体——特产大世界开工建设。加快传统产业转型，化解焦化产能120万吨，实施技改项目38项，完成投资118亿元。开工重点项目99个，完成投资99.4亿元，其中技改投资占54%。完成主营业务收入550亿元，比上年增长36.3%，跻身省级A类园区。增加特钢产品52个，精品钢产量占比提高4个百分点。鹤兴废料综合利用、厚成环保建材等项目落地，为建设循环产业基地打下基础。战略性新兴产业增加值比上年增长46.2%，高新技术产业增加值比上年增长54.4%。

【古冶区政治建设】2017年，唐山市古冶区加强管党治党，把抓好党建作为主责主业，推动从严治党向纵深发展。推进"两学一做"学习教育常态化、制度化，举办培训14场次，培训党员干部1300余人次。开展全区基层党建大拉练活动，转化后进基层党组织29个，创建党建示范点44个。推进监察体制改革，开展"一问责八清理"专项行动和基层"微腐败"专项整治，查处群众身边不正之风和腐败问题，提醒、函询、诫勉、批评教育党员干部276人，立案查处100人，打造风清气正政治生态品牌。人大代表建议、政协委员提案办复率、满意率均为100%。

【古冶区文化建设】2017年，唐山市古冶区开展文化艺术节、迷你马拉松等文化活动310场次，在《人民日报》等国家级媒体刊发新闻稿件5篇。组织举办古冶区第七届群众文化艺术节开幕式暨"金山之夜幸福古冶美起来"消夏晚会系列活动，首次通过微信平台网络直播，在线观看人数230余万人，现场观看群众13.5万人次。举办全国性体育赛事——2017年第11届中韩武道跆拳道友谊大赛暨第四届WTEF跆拳道总决赛、2017年第二届世界武术泰斗大赛，全国各地48支代表队820余名运动员参加。滦妹舞蹈队在"中港杯"全国广场舞邀请赛上获一等奖，夕阳红舞蹈队在京津冀广场舞邀请赛上获金奖，聚兴京评社在唐山市"厚德仁杯"第二届文艺大赛上获一等奖，秋之恋舞蹈队在庆祝香港回归祖国20周年庆典演出暨全国中老年舞蹈艺术总决赛上获金奖。组织举办第一个"文化和自然遗产日"非遗宣传摄影展，申报的"二郎拳"项目成为市级非遗项目，开滦总医院林西医院英式建筑旧址成为区级文物保护单位。组织开展"清风"行动、安全生产大检查、"扫黄打非"专项行动、安全生产检查等专项检查行动10余次，出动综合执法队人员2296人次、车辆574车次，检查文化经营单位574家次，依法查处违法违规行为20家次，警告23家次，停业整顿4家次，行政处罚5家次，收缴非法音像制品206张、非法出版物221册，取缔地摊游商11家次，树立文化市场标杆店、示范点7家次。

【古冶区社会建设】2017年，唐山市古冶区完成为民办实事工程10件。深化医药卫生体制改革，王辇庄乡卫生院被评为"国家级群众满意卫生院"。优先发展教育事业，中考、高考再创佳绩。增加城镇就业6555人，转移农村劳动力1400人，公开招聘事业编制人员666人。发放低保金3028万元、失业保险金376万元，派驻保障性住房707套，发放不动产证8350个，慈善救助1500余人，爱心超市发放救助物品6740件。完成农村贫困人口"建档立卡"及5个精准扶贫村对口帮扶。开展凤城百日攻坚行动，刑事发案率下降8.9%。增加企业研发中心4家、高新技术企业4家、小巨人企业3家、科技型中小企业96家、市级众创空间1家。年内，增加企业524家，比上年增长27.3%；增加个体工商户2588家，比上年增长19%。争取专项资金2.6亿元，整理土地126.67公顷。启动金山新城二期开发建设，完成拆迁558户，腾空土地34.67公顷。谋划推进京哈高速古冶支线建设，投资1240万元修建农村公路8.5千米，投资990万元恢复停运23年的古冶火车站。拆除违法建设20万平方米。

【古冶区生态文明建设】 2017年，唐山市首家大气污染防治“天眼”指挥中心在古冶区建成运行，全区投资1.1亿元实施减排项目7个，整治散乱污企业151家，治理采石场32家，拆除散料堆场37家，淘汰燃煤锅炉36台，关停畜禽养殖场296家，立案处罚环境违法行为255件，罚款751万元，处理35人。完成造林1200公顷。推进生态修复，整理工矿废弃土地126.67公顷。全年二级以上天数增加4天，重污染天气比上年减少21天，空气质量综合指数排名位列全市第13位、全省第144位，退出全省后20位。PM2.5平均浓度下降10.34%，位列全市第8位、全省第87位。完成市达农村土地确权，8个村创建成省级“美丽乡村”，推进农业综合开发工程，规划总面积800公顷。完成全市文明城市创建任务，以全省第二、全市第一的成绩获评首届“河北省文明城区”。

【古冶爱心超市启动】 2017年，唐山市唯一纯社会化、公益性爱心捐赠帮扶平台——古冶爱心超市启动，200个困难家庭成为古冶爱心超市首批救助对象，每个家庭均获得200元爱心卡。爱心超市建筑面积400平方米，设有衣物、家电、粮油等12类货品，服务对象主要为区内生活最贫困、急需帮扶救助的弱势群体。区内贫困家庭向所在村（居）提出申请，由乡镇（街）复核，最后由古冶区民政局审核确定，困难群体通过爱心卡、服务卡等在超市领取所需物品及服务。爱心超市是唐山市唯一不需要政府补贴、不需要群众自己负担费用的爱心捐赠帮扶平台。按照爱心超市管理制度，爱心超市随时接受社会爱心人士捐赠，并将受捐善款交由区民政局保管，善款以爱心卡及服务卡形式发放到辖区困难家庭，捐赠情况在网上公示，确保超市健康运行。年内，接收环保、民政、残联、妇联、古冶区政府等40多家单位700多人捐赠1万多件物品，各类服务4项，总价值40多万元。

【全国“群众满意的乡镇卫生院”】 2017年，唐山市古冶区王辇庄乡中心卫生院在区政府扶持下，完善服务设施，改善医疗环境，集医疗、预防、保健为一体，服务全乡35个村3万余农民。先行减免特困、贫困农民医药费用，开设便民食堂，为手术患者及贫困农民提供免费营养餐；24小时救护车免费接送住院患者，免费发放惠民医疗卡；为已婚妇女免费做妇科病普查等。在国家卫计委2016年建设群众满意的乡镇卫生院活动中，经过逐级审核、现场抽查、公示等程序，王辇庄乡中心卫生院获全国“群众满意的乡镇卫生院”称号。

【超精细电路板项目投产】 2017年，超精细挠性电子线路板（FPCB）及刚柔结合板项目在古冶区投入生产，该项目是古冶区引进的高新技术产业项目，坐落于古冶经济开发区，总投资10亿元，占地面积26.67公顷，分三期建设，一期工程建成并生产出20微米厚单面挠性电子线路板和40微米厚双面挠性电子线路板，年生产能力18万平方米。全面投产后，成为国内建设规模最大、项目投资最多、技术标准最高、销售范围最广的电子行业生产基地，填补国内生产超精细电子线路板空白。项目利用关停的高耗能、高污染耐火砖厂厂房改建而成，被列为河北省重点建设项目，并持有河北省相关部门颁发的重点项目“绿色通道通行记录卡”，成为古冶区产业转型升级典范。

【“天眼”“天网”监测污染】 2017年，唐山市古冶区投资800万元，在唐山市率先建立3D可视性雷达监控系统，创建唐山市第一家大气污染防治“天眼”监控指挥中心，依托3D可视化激光雷达大数据管理系统，“天眼”监控指挥中心整合境内省控站点、市网格化微型站、区大气监测微型站、区移动监测平台等监测系统104个数据站点，连接年内增加的重点涉气企业、采石场、煤场、建筑工地、主要运输道路扬尘视频监控系统，重点企业VOCs在线监测报警，餐饮油烟在线监测等10余个模块，实现连点成线、织线覆面，组建成高低搭配、地空一体，点站结合、三级互动，立体化、可视化、数据化的污染监控“天网”。“天眼”监控指挥中心利用现代化科技手段，对境内污染企业、污染点源24小时监控，并将有关数据实时传送到互联网上，实现污染防范全天候、无死角。居民可以通过登录网站、安装手机APP等方式，了解掌握空气指数、污染数值等信息，随时监督环境指数，并随时举报空气指数“超标”“异常”污染企业。

【中国古冶特产大世界项目签约】 2017年5月8日，唐山市古冶区举行中国古冶特产大世界项目签约仪式。项目由中铁五洲鑫达贸易有限公司兴建，占地面积53.33公顷，建筑面积65万平方米，计划投资32亿元。此项目分两期建设，主要包括：水上乐园及景观、特产商业街、特色美食街、民俗文化街、产品加工包装区、智能仓储物流区、电子商务区、宾馆、商住公寓等建设设施，以特色美食、特色鉴赏、特色穿戴等地方文化体验为主线，与江南风格建筑、商业旅游等多元素相融合，打造汇聚世界风情吃穿住行的AAAA级景区。

（郝洪武）

开平区

【开平区概况】 2017年，唐山市开平区总面积257.4平方千米，户籍人口25.25万人，其中城镇人口13.6万人。辖6个镇、5个街道，134个行政村、41个社区。年内，完成地区生产总值140.2亿元，比上年增长5.4%，其中第一产业增加值4.5亿元、第二产业增加值72.6亿元、第三产业增加值63.1亿元，三次产业结构比为3.2:51.8:45.0。人均地区生产总值5.09万元，固定资产完成投资168.3亿元，比上年增长6.5%。规模以上工业增加值完成63.7亿元，比上年增长6.5%。农林牧渔业总产值8.3亿元。粮食总产量3.09万吨（小麦总产量3926吨、玉米总产量2.6万吨），油料产量7829吨，棉花产量2.02吨，蔬菜及食用菌总产量4.16万吨，水果总产量1482吨，肉类总产量9100吨，禽蛋类总产量3100吨，奶类总产量1.34万吨，水产品总产量914吨。社会消费品零售总额93.4亿元。全区实现城镇居民人均可支配收入3.39万元，比上年增长8.3%；农村居民人均可支配收入1.56万元，比上年增长8.1%。全年实际利用外资9479万美元，比上年增长15.8%。

6月24日，唐山神鹰科技有限公司与红星美凯龙合作建设红星美凯龙唐山通源广场在开平区开业。 刘洪超 摄

【开平区经济建设】 2017年，唐山市开平区高新技术产业开发区入园企业218家，实现主营业务收入340亿元，比上年增长25.6%；完成固定产业投资79亿元，比上年增长25%；税收5.2亿元，比上年增长25.9%，新型装备制造业、钢铁精深加工业占据主导地位。以科技创新为引领，全区完成工业技改投资87.6亿元，比上年增长26.9%，增加规模以上工业企业7家，实施智能电子等6个技术创新项目和德厚机器人等7个“两化”融合项目。现代商贸物流园区入园企业113家、商户2350户，全年实现主营业务收入146亿元，比上年增长21.7%，汽车、五金、花卉专业市场形成规模，谋划实施服务业项目46项，增加规模以上服务业企业5家。4家企业通过物流标准化试点验收，东华五金机电集散中心被国家五金机电行业协会命名“全国第一家重点支持市场和样板市场”。红星美凯龙、林肯汽车4s店等6个项目建成运营，欧信汽车、宝坤大厦等项目在建。建设都市现代农业园区，总体规划编制完成并通过专家论证，园区规划面积4306.67公顷，年内建成面积1566.67公顷，累计完成投资7.8亿元，建成市级现代农业园区3家、县级现代农业园区2家，谋划农业重点项目7项，累计投资2.1亿元。开工建设果蔬精深加工和冷链物流园区。实施千万元以上项目148个，其中亿元以上项目95个、10亿元以上项目25个，东华五金机电集散中心和中进国际汽车城等10个项目被列为省、市重点项目。实施汇鲜嘉冷链物流、旭宇金坤中药饮片等82个新兴产业项目，完成投资101亿元，以现代商贸物流、生物制药、新型装备制造为代表的一批新兴产业成为经济发展支撑产业。提速项目建设进度，投资17.6亿元唐钢高强度汽车板二期和投资2.4亿元龙贺源再生资源利用等15个项目竣工投产，龙奥机械制造和汽车文化产业园等20个项目开工，大唐国际北郊热电和中远物流等38个项目续建，其中大唐国际北郊热电项目主体完工。项目建设在全市年度项目观摩综合测评B组9个单位中排名第三。

【开平区政治建设】 2017年，唐山市开平区坚持党要管党、从严治党方针，履行从严管党治党政治责任和主体责任。全区开展党的十九大精神系列学习260次，撰写心得体会4500余篇；开展主题党日等系列活动，组织党课967场；开展十九大精神宣讲340场次，举办各级轮训培训班6期。开展“美丽河北·最美唐山·善美开平”主题宣传等活动，东新苑社区被选树为第一批省级社区文化家园。区委理论学习中心组被评为全省先进县级党委（党组）理论学习中心组，以“树立工作高标准，干出发展新业绩”为主题召开民主生活会和组织生活会1372次，民主评议党员完成率100%。开展基层党建标准提升年活动，23个后进基层党组织100%实现转化，创建13个党建示范点，打造出东城绿庭第一社区“点亮微心愿·圆梦在社区”、双桥村“党旗映水乡”等一批基层党建品牌。非公企业和社会组织党组织覆盖率分别为93.6%和91.5%。落实党风廉政建设主体责任和监督责任，组建区监察委员会，成立区委巡察机构，完成2轮6个区直单位常规巡察。整改“一问责八清理”问题1198件、“微腐败”问题1349件，整改完成率100%。加大执纪和惩治腐败力度，全年立案70件84人，给予党纪政纪处分85人。全年调整干部5批280人，其中提拔104人、平调119人、免职48人、其他9人，27名年轻干部通过“推优比选”充实到基层重点岗位。

【开平区社会建设】 2017年，唐山市开平区推进贫困人口建档立卡“回头看”工作，准确识别农村贫困人口132户303人，落实结对帮扶措施，制订脱贫计划精准扶贫。全区城镇增加就业人员7487人，城镇登记失业率3.35%，“零就业”家庭动态归零。全区城镇职工基本养老保险覆盖面5.26万人，城乡居民社会养老保险参保8.21万人，失业保险参保2.12万人，工伤保险参保2.56万人，超额完成养老险扩面任务。低保复核取消938人、增加275人，累计发放低保金2807万元。实施各类救助765.24万元，受益群众8206人。

【开平区文化建设】 2017年，唐山市开平区树立教育品牌，教育信息化走在全国前列，承办“视像中国”第十届远程教育年会和唐山智慧教育观摩展示会，获评唐山市“教育工作先进区”称号。开平医院就诊人数比上年增长9.8%，实现社区免费提供基础公共卫生服务，人均公共卫生经费补助比上年提高11%。全年组织文化、科技、卫生“三下乡”活动25批次，开展“彩色周末”等群众性文体活动192场，完善农村（社区）文化设施，落实文化共享工程，受益群众10万余人次。

【开平生态文明建设】 2017年，唐山市开平区开展“散乱污”企业专项治理行动，清理整治企业245家，建筑施工工地全部完成达标治理，取缔燃煤锅炉23台。通过综合施治，全年PM2.5浓度比上年下降18.3%，改善率居全市第三；空气质量改善率比上年下降18.2%，改善率居全市第一；重污染天数减少27天，改善率居全市第一，被省大气办授予2017年度大气污染综合治理先进县区称号。推进陡河水库封闭围挡工程，完成开平段23.5千米围挡任务，拆除库区违章建筑151处，关停保护区内违规项目9个。承办唐山创建国家森林城市启动仪式，完成水源地汇水区绿化面积733.33公顷，提升库区综合管理水平，保障市民饮用水安全。整治列入全省治理范围的东风煤矿等7家矿山，关停取缔非煤矿山34家，改善周边整体环境10余平方千米。

【开平区城建项目】 2017年，唐山市开平区投资26亿元，实施城建重点项目23个。市二环路工程涉及开平区4个镇17个行政村，拆除建筑11万平方米，拆坟600余座，迁拆塔基55个，保障开平段18.15千米施工。投资4212万元龙华东道开平段建设工程竣工，投资3000万元新开路实现局部通车，投资1.2亿元老道口下穿桥完工，辅路通车。完成东城路雨水管网改造等6项城区防汛工程，解决城市积水内涝问题。新野上郡、东越河平改项目回迁居民1240户，东城绿庭第一社区被评为“第五届全国文明单位”，拆除违建42.5万平方米、广告塔90座。10个城区节点绿化工程完工，增加绿地41.5公顷，更新、完善城区亮化设施523处、环卫设施254处，运用市场化手段引入北京环卫集团，对北外环、新老205国道实施高标准、专业化、全天候保洁。以郑庄子镇贾庄子村等7个省级“美丽乡村”为建设重点，投资1742.8万元，完成饮水安全、道路硬化、厕所改建等项目62项。开展农村环境卫生专项整治和“清洁城乡攻坚月”行动，清理建筑及生活垃圾16万吨，4座污水处理站投入运营。

【4个产业转型项目落地】 2017年，唐山市开平区4个转型落地项目。汽车行业大众创业中心项目总投资2500万元，占地1.4公顷，建设汽车展厅1000平方米、维修车间1500平方米，从事线上、线下汽车交易与维修、配件物流、软件开发、创业咨询等汽车后市场服务。德龙集团工业品电子商务项目投资5000万元，办公场地1000平方米，仓库8000平方米，从事工业品备品备件、五金工具等商品网上批发零售业务。爱工电器（唐山）有限公司项目总投资2.42亿日元，从事太阳能发电设备结构件及相关产品开发、制造及服务，年产结构件200万个，年销售额8000万元以上。唐山汇鲜嘉食品有限公司特殊膳食用食品项目计划总投资10亿元，规划占地面积13.33公顷，利用唐山市博鳌煤业厂房、土地建设冷链配送运营管理中心项目，直接、间接提供就业岗位2500个以上。

【开平区“放管服”改革】 2017年11月25日，唐山市开平区行政审批局揭牌运行，164项行政审批事项划转至行政审批局，包括区发改局、教育局等14个部门和单位行政许可事项123项，区工信局等12个部门和单位具有审批性质其他行政权力事项33项，安监局等4个部门和单位承担初审转报类事项8项。全年承接国务院和省、市取消下放行政审批事项9批，对应取消297项，衔接下放76项。办理各类审批事项1.51万件，按时办结率100%。通过政府门户网站公布行政权力事项1947项、部门主要职责967项、行政许可中介服务事项28项，282项行政许可及公共服务事项全部纳入网上审批系统。为31个重点项目实施“保姆式”代办审批手续。

【陡河水库水源地一级保护】 2017年，唐山市开平区保护陡河水库水源地生态环境，组织库区栗园镇和双桥二镇开展保护区坑塘清理专项行动及陡河水库围挡工程，涉及9个村200户居民，清理养殖面积583.93公顷，回填坑塘270个，拆除各类障碍物151处。推进陡河水库封闭围挡工程，年内率先完成开平段23.5千米任务，关停保护区内违规项目9个。

【开平区创新创业服务】 2017年，唐山市开平区强化创业创新服务，全区小微企业4557户，比上年增加851户；从业人员2.95万人，比上年增加5607人；营业收入158亿元，小微企业技术合同成交额9600万元，拥有专利455项，注册商标210个。省级科技型中小企业362家，比上年增加132家；科技型小巨人企业14家；高新技术企业21家，比上年增加6家。收到创新创业专项资金750.3万元，下拨245.6万元，待发154.7万元，350万元拨付开平区政府用于支持产业集群发展。年内，增加注册专利11项，筹建省级院士工作站2家、省级企业技术中心1家、博士后科研工作站1家、市级工程技术研究中心8家，谋划各类“双创”平台12个，其中国家级众创空间1家、省级科技孵化器1家、市级众创空间2家、市级科技创新示范基地2家、商贸企业聚集区1个、微型企业孵化园1个、河北省中小企业创业辅导基地1家、河北省中小企业公共服务平台1个、唐山市创业创新公共服务平台2个。

【现代商贸物流园区初具规模】 2017年，唐山市开平区现代商贸物流园区规划占地面积1000公顷，谋划建设总部基地1个、专业化特色市场10个。截至年底，建成区面积200公顷，入园企业113家，入驻商户2350户，累计实现销售收入500亿元，税收7.5亿元，限额以上批发及零售企业20家，解决就业5000余人。部分业态初具雏形，形成汽车、农产品、钢铁、花卉、五金机电5个市场。

（王震中 赵 霄）

人物

RenWu

2017年全国五一劳动奖章

张 军

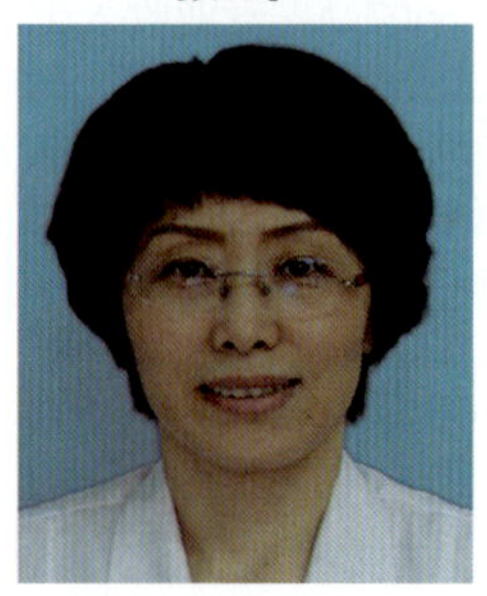

女，1968年6月出生，硕士，主任中医师，唐山市中医医院内分泌一科主任，兼任华北理工大学中医学硕士研究生导师。第一批“河北省优秀中医临床人才”，第二批“全国优秀中医临床人才”，获“全国优秀中医临床人才研修项目优秀学员”等称号。以第一作者或通讯作者在省级以上核心期刊发表论文30余篇，参编著作8部，其中2部任主编，4部任副主编。以第一主研人主持完成科研项目分获河北省中医药学会科技进步奖一、二等奖。作为第一主研人承担河北省重大科技支撑项目1项、河北省中医药管理局指令性科研项目2项。被选为“河北省三三三人才工程”第三层次人选，唐山市管优秀专家。被评为“河北省白求恩式医药卫生工作者”“唐山市名医”。2016年，获“河北省五一劳动奖章”。负责“全国名老中医刘玉洁工作室”建设任务，坚持糖尿病公益讲座及中医知识传播普及，受众人群8000余人次。

张凤东

男，1979年2月出生，汉族，河北省遵化市铁厂镇佟庄村人，1995年12月进入唐山市施尔得肉制品有限公司工作，任施尔得肉制品有限公司研发中心主任。2012年取得熟肉制品加工技师资格证书。作为主要负责人，主持编写企业标准3项，研究开发数十种新产品，主持编写公司30多个产品SOP操作规范。作为主研人，完成科技部下达“休闲肉制品天然防腐关键技术中试与示范”项目研究开发工作，成果达到国内领先水平。作为项目负责人，完成唐山市科技局下达“生物农业特色新产品开发”项目研究，成果达到国内领先水平。作为主研人员完成“特色农产品精深加工技术开发”“低温休闲肉制品技术中试与示范”“绿色休闲肉制品系列新产品开发”“低温休闲肉制品新产品开发”等项目研究，推动肉制品行业发展。2016年，获“河北省五一劳动奖章”，2017年，被选为唐山市人大工人代表。

杨万林

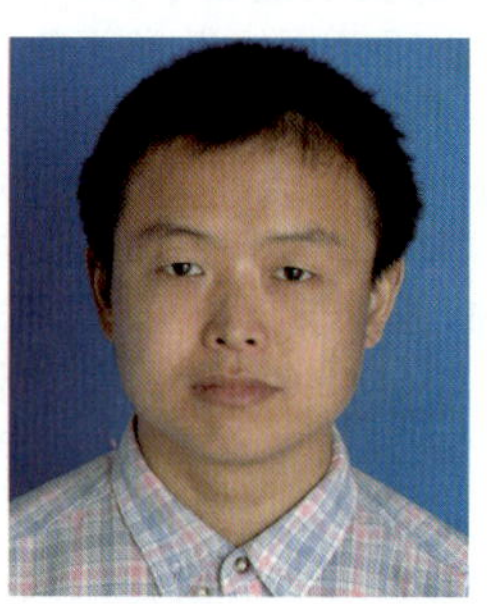

男，汉族，1971年出生，中共党员。唐山市翔云自动化机械厂工程师，2014年获“河北省劳动模范”称号，多次获唐山市和河北省科学技术进步奖，多次被评为“先进工作者”，多次获“优秀共产党员”称号。带领唐山市翔云自动化机械厂被河北省科技厅命名为河北省高新技术企业，主持开发“XY系列高效复合式熟料细碎机”和“BHYW-8型回转式水泥包装机”被命名为河北省高新技术产品，主持开发“1000-140t/h石灰石破碎机”“工业用1000-1400t/h锤式破碎机”填补国内空白，获河北省科技进步二等奖（获奖编号：20030720；颁发单位：河北省科技厅），工业用大型堆料机和取料机获唐山市技术创新优秀项目一等奖，熟料冷却机系统改造项目获得河北省科技进步三等奖。参与设计“BHYW-8型回转式水泥包装机”出口孟加拉、法国、印度尼西亚、越南等多个国家。在《水泥》刊物上发表《TCS3250组合式高效选粉机分配器的改进方法》《缓冲仓用作称重仓在包装工艺上的应用》等论文。

张 健

男，汉族，1971年10月出生，中专学历，中共党员，中车唐山机车

车辆有限公司调试厂轨道车辆电工高级技师，河北省突出贡献技师、“河北省三三三优秀人才”，集团公司专家、金蓝领，全国技术能手。智能型高铁技术人才，先后担任首列CRH3高速动车和国家“863”计划重点项目高速综合检测动车组调试负责人，实现“百万公里运营零事故”，解决30多项关键技术难题，其中“CRH3系列动车组列调工序增加模拟机车拖拽及主风管供风工艺”“CRH3系列动车组制动距离测量”填补动车试验空白。撰写60余篇具有较高技术含量论文和故障分析报告，其中6篇论文选录为培养部位工程师的理论授课教材，30余篇被列为CRH3动车组售后服务人员培训教材。通过导师带徒，培养一批高速动车组调试和售后服务专家，培养系统工程师2人、部位工程师12人、高级技师5人，242人晋升高级工。先后获“北车劳动奖章”“唐山市创新能手”“唐山市劳动模范”“河北省能工巧匠”“河北省劳动模范”等多项称号。

（孟 晖）

2017年中国好人榜

张立东

男，1969年3月出生，中共党员，丰润区七树庄镇七树庄村村民，入选2017年1月份“助人为乐”类“中国好人榜”。张立东20多年帮老助残、捐资助学，作为一名普通农民，捐出50多万元帮助需要帮助的人。1994年向母校七树庄小学捐款3000元，“六一”儿童节为儿童捐赠学习用品，冬季为儿童捐赠羽绒服。爱心足迹遍布云南、西藏、内蒙古等地，资助贫困学生200多名。连续5年为村里60岁以上老人每人发放慰问金200元，给15户贫困户每人500元。1999年、2000年、2001年被评为“丰润县学雷锋标兵”，1999年，获丰润县首届“十大杰出青年”提名奖，2002年，被评为“丰润县劳动模范”，被丰润区残联多次授予“爱心人士”称号，2008年，被评为“唐山市星火带头人”，2014年，被评为“河北省扶残助残先进个人”，是唐山市唯一一名入选者。

佟立华

女，93岁，丰润区人，入选2月份“孝老爱亲”类“中国好人榜”。1944年10月，佟立华丈夫吉志常和公爹吉魁在杨家铺突围战中为保护八路军干部而相继牺牲。在战争年代，面对刚刚生下1天的女儿和年仅1岁的小叔子，佟立华用有限的乳汁先喂饱年幼小叔，女儿却因吃不饱奶只活100天。百天之内连失3名亲人，佟立华独自支撑起战后家庭，替牺牲的丈夫赡养母亲，抚养小叔长大成人，供其读书、盖房并娶妻生子。小叔吉志安说：“没有嫂子就没有我的今天，她虽没有生我，却用乳汁养育了我，给了我母爱，为我牺牲了一辈子的幸福。今生今世我都报答不完嫂子的恩情，她是我永远敬爱的嫂娘。”70多年来，佟立华以实际行动告慰烈士，演绎一段孝老爱亲的大爱故事，被评为丰润区第三届道德模范。

赵久丰

男，1982年出生，2008年参加工作，从警9年，唐山市丰润区公安分局刑警大队林荫路中队民警。入选2017年8月“敬业奉献”类“中国好人榜”。参与破案1100余起，抓获犯罪嫌疑人350余人。赵久丰紧盯盗窃、抢劫、诈骗等涉及群众切身利益的多发性侵财案件，不惧险阻挺身而出，曾冒雪蹲守3个昼夜，破获60余起飞车抢劫案。在查处一起砸车盗窃巨款案件时，创造出零口供定罪经典案例。2015年3月，为侦破一桩非法拘禁致人死亡案件，赵久丰连日奋战到精力、体力透支，但在得知嫌疑人逃到云南昆明后，连夜和同事一起奔赴昆明，将嫌疑人抓捕归案，赵久丰劳累过度导致晕厥。为不耽误案件查处，他身背氧气袋一路押解犯人返回丰润。连续多次被记功授奖，先后获市局嘉奖一次，立区政府个人三等功4次，获全市刑侦系统“优秀侦查员”称号。2016年8月，赵久丰被丰润区文明委授予“丰润区第三届道德模范”称号，2017年7月登上“河北好人榜”。

朱艳敏

女，48岁，丰润区丰润镇披霞山小学教师，1989年参加工作。入选2017年10月“敬业奉献”类“中国好人榜”。朱艳敏在丰润镇披霞山小学担任语文、数学双科教学和班主任工作，以校为家，免费为学生补课，不让一名学生掉队，所带班级在丰润镇小学毕业考试中成绩一直名列前茅。2013年9月，朱艳敏患上阑尾炎和多发性卵巢囊肿，为不耽误学生上课，靠吃止痛药坚持上班，直到阑尾化脓破裂才进行手术。病后朱艳敏身体十分虚弱，为不耽误学生学业，提前回到教学岗位。由于缺乏休息，刀口恢复缓慢，只能靠着讲台讲课，站着批改作业。为减少上厕所次数，不麻烦他人，不在学校喝一口水，被誉为“铁人教师”。2014年，朱艳敏事迹被写入《披霞山村史》。2016年8月，朱艳敏被评为丰润区“第三届道德模范”，2017年入选6月份“河北好人榜”。

（高文龙）

逝世人物

曹振刚

唐山市人大常委会原主任、党组书记。因病医治无效，于2017年1月1日凌晨1时在唐山市中医医院逝世，享年89岁。

曹振刚，男，1927年10月出生于河北省安国县，1940年10月在安国县西北马高小读书时参加革命并加入中国共产党。先后任安国县委组织部和宣传部干事、冀中第九地委政策研究室研究员、定县地委办公室秘书等职。新中国成立后，先后任定县地委机要科科长，唐山华新纺织厂党委办公室主任、党委副书记、党委书记，唐山市计划经济委员会副主任，启新水泥厂党委书记，河北省委“四清”工作团运输分团团长、政委，四川省渡口水泥厂和江油水泥厂党委书记，四川省渡口日报社总编，四川省建材工业局副局长、党组副书记，河北省建材工业局副局长兼冀东水泥厂党委书记，中共唐山市委副书记、书记，河北省劳动人事厅厅长、党组书记，唐山市人大常委会主任、党组书记。1993年12月离休。

（孙庆武）

权威媒体看唐山

QuanWeiMeiTiKanTangShan

唐山 文明看得见

史自强

今年5月初，在河北唐山市路北区某家早点摊附近，一位老人忽然晕倒。紧急情况下，一名穿着黑色T恤衫的女士上前为老人查看病情，随即进行心肺复苏。20分钟后，赶来的急救车将老人送往医院。事后，有人将黑衣女士跪地救人的视频传到网上，获得了很多网友的转发和点赞。“她大约40来岁，身高一米六五左右。”摆早点摊的王女士目睹了整个过程，“看到老人晕倒就上前抢救，不怕事儿，也没留名，她真是‘活雷锋’。”

在唐山，像这位黑衣女士一样愿意伸出援手的热心人如今越来越多。近年来，唐山市注重以道德模范推动文明城市创建，让文明之花绽放在城市的每个角落。

1990年冬天，唐山市民张启柱在风雪中奔波4个小时，将一名迷路的孩子送回家，开启了唐山“月评学雷锋十佳事迹”活动的篇章。27年来，唐山市坚持“月评学雷锋十佳事迹”，如今已经评选出3300多件好人好事：唐山十七中雷锋班17年爱心接力照顾残疾老人、“最美的哥”黄琪百万元现金还失主、“烤鸭哥”张永利16楼托举救女童……在唐山，他们的精神不断涤荡着这座城市的心灵。

“我们评选的目的，就是要让这些群众看得见、摸得着、学得到的凡人善举产生带动力量，起到润物细无声的作用。”唐山市文明办调研处处长唐华说。

在唐山迁安市，残疾农民喻长富拾荒抚养弃婴的故事感动了千千万万的市民。如今，喻长富的故事正在走进社区、乡村，通过道德讲堂的形式，让无私奉献的美德得以弘扬。目前，唐山的道德讲堂已发展到3000多个，举办活动3万余场，累计受教育市民超过500万人次。

2016年4月，唐山世界园艺博览会盛大开幕，一条“好人足迹”甬路引发关注。路上遍布唐山历年入选的“月评学雷锋十佳”者等道德模范和身边好人事迹。此后，唐山相继修建了多条好人足迹甬路，更多的市民可以在闲暇散步时，阅读助人故事，接受好人精神的洗礼和润泽。

唐山还以道德模范为原型，组织文联、群众艺术馆等单位创作了相声、小品、大鼓等一大批文艺精品巡演，演绎好人故事，倡导文明之风。

在承唐高速公路唐山机场收费站，志愿者们自发组成了服务乘客“彩虹班”，热心解决旅客的各种出行难题。在迁安市兴安大街西段，爱心商家组成了春风服务队，时常开展爱心活动；两年多来，已有132家爱心商户捐款近25万元，帮助273名贫困学生圆梦校园。

如今，唐山已在河北省率先实现了遍及城乡基层的学雷锋志愿服务体系，注册志愿者人数达45.8万人。据介绍，邻里守望“十个一”等志愿服务活动还获得“全国最佳志愿服务项目”和河北省“十大优秀志愿服务品牌”。

（原载2017年 6月12日《人民日报》）

转变发展方式 调整经济结构 推进供给侧结构性改革

唐山 变中积蓄新动能

徐运平 杨 柳

一年前的7月，习近平总书记视察唐山时提出了“三个走在前列”——“争取在转变发展方式、调整经济结构、推进供给侧结构性改革等方面走在前列，使这座英雄城市再创辉煌。”为唐山转型升级描绘了清晰的路线图。

“如果说‘三个努力建成’（努力把唐山建成东北亚地区经济合作窗口城市、环渤海地区新型工业化基地、首都经济圈重要支点），是唐山过河的任务，那么‘三个走在前列’，就是过河的桥和船。”河北省委常委、唐山市委书记焦彦龙说。

一年来，按照这张路线图，唐山在“三个走在前列”之路上砥砺前行——由要素投入增长型向创新驱动转变、由资源依赖型发展向沿海开放带动转变，唐山新的经济发展版图日渐明朗。今年一季度，唐山实现地区生产总值1547.1亿元，同比增长6.8%。1至5月，全市固定资产投资1590.9亿元，同比增长5.1%；一般公共预算收入162.9亿元，同比增长7.6%。

唐山，这座英雄城市，正在奋力书写转型升级崭新答卷。

两个转变

向沿海开放
以创新驱动经济发展

今年5月6日，来自巴西的“北京海”号40万吨级大型船舶乘风破浪，泊靠在唐山曹妃甸港。“这是能驶进渤海湾最大的船舶之一，曹妃甸港区常年不冻不淤，巨轮进港靠泊已成常态。”曹妃甸港矿石码头股份有限公司调度指挥部部长刘健说。

受益于京津冀协同发展和“一带一路”倡议的政策红利，越来越多的投资者来到曹妃甸。目前，曹妃甸已签约北京项目14个，总投资745亿元。北京曹妃甸国际职教城计划在曹妃甸投资380亿元开展职业教育，北京景山学校曹妃甸分校，北京安贞医院、妇产医院曹妃甸合作医院等已陆续开学、开诊。

另一个沿海经济的热点区域——海港经济开发区也发展得如火如荼。一季度，海港区实现地区生产总值28.97亿元，同比增长9.6%。

唐山还努力推动经济发展由要素投入增长型向创新驱动型转变，陆续出台了深化科技体制改革建设创新型唐山、鼓励“双创”的实施意见及支持企业科技创新促进科技成果转化等一系列政策。

在唐山高新区龙华道上，一排排LED灯形成新颖美观的风景。唐山达创科技有限公司董事长任毅恒与其团队发明了电磁振动叶片式散热装置。“公司从接洽到落地仅用了20天。不到半年，在这片创业热土上，我们的创业成果就落地生根。”任毅恒说。

在创新政策激励下，唐山各类市场主体由2014年的30.2万户增长到2016年的42.4万户，规模以上科技型中小企业达3972家。

一去六增

去除过剩产能　壮大实体经济

偏重的经济结构曾让“唐老大”不堪重负，转型升级迟迟找不到突破口。结构调整、转型升级如何破题？唐山将调整经济结构细化为“一去六增”：去产能，增新兴产业、临港产业、城市经济、传统产业活力、园区经济、现代农业。

今年6月，唐山开展“化解钢铁行业过剩产能”集中行动，共封停4家企业的3座转炉、4座高炉。至此，唐山今年已化解炼钢产能467万吨、炼铁产能381万吨。

去除过剩产能，腾出发展空间，唐山做大做强实体经济有了新动力。

今年4月5日，唐山“惠达卫浴”在上海证券交易所挂牌上市；5月27日，唐山中信重工开诚智能装备有限公司，启动特种机器人国家级研发中心及产业化基地项目，达产后可年产特种机器人1.5万台；6月15日，总投资150亿元的滦南（北京）大健康产业园集中签约，同仁堂等24家北京保健品企业在唐山落户。

今年1至5月，唐山高新技术产业投资和战略性新兴产业投资分别增长20.3%和7.6%，均快于投资平均增速，尤其是战略性新兴产业投资768.6亿元，对投资增长的贡献率达到57.3%。

与此同时，装备制造业逐步成为唐山拉动工业经济增长的“领头羊”。2016年唐山装备制造业实现增加值609.18亿元，拉动规模以上工业经济增长1.5个百分点，高于钢铁行业0.9个百分点。唐山的临港产业、城市经济、园区经济、现代农业步入良性发展轨道。

发力改革

优化产业结构　补齐发展短板

唐山推进改革的思路愈加明晰——改革的核心，就是调优结构；改革的手段，更多要靠市场。

唐山津西钢铁将主攻方向放在科技含量更高的型钢产品，高附加值产品比例已达60%，型钢产品出口量连续六年位居全国第一。

从钢铁行业跨界到生物领域的唐山英诺特生物技术有限公司，已拥有北京、长春2个研发中心，并同20多个国家和地区签订了长期战略合作伙伴协议。

一季度的三次产业比重为5.8∶59.2∶35.0；第三产业对经济增长的贡献率超过第一、第二产业之和，达到50.4%……唐山产业结构正在实现由“重”向“轻”的历史性转变。

在以改革推进结构优化的同时，唐山还在努力补齐生态治理、公共服务等方面的短板。

唐山南湖，因采煤塌陷一度垃圾遍地、蚊蝇横飞。经过多年治理，如今水清林茂、风景怡人，2016年更成功举办了世界园艺博览会。在优化服务的同时，唐山亦着力推进权力清单、责任清单制度建设，行政权力由4227项削减到1767项，精简比例达到58.19%。

一手抓结构优化，提升企业活力；一手抓行政效率，补齐发展短板。在这轮供给侧结构性改革中，唐山的发展环境进一步优化，正在蓄积更加强劲的发展新动能。

（原载2017年7月24日《人民日报》）

唐山今冬7万农户用天然气烧饭取暖

白明山　李俊义

2017年冬季取暖季开始的前一天，河北唐山市路南区女织寨乡郑家庄村村民郑东军按下燃气灶的开关按钮，蓝色火苗在灶间燃起，新安装好的暖气也慢慢升温，郑东军心里也充满了暖意。

据唐山市政府有关部门负责人介绍，唐山今年冬天有7万多农户用上天然气供暖，彻底告别烧煤取暖、做饭的传统方式。据统计，整个采暖期，每个烧煤用户需燃烧散煤2吨，唐山今冬将取缔14万吨散煤燃烧。

今年初，唐山市政府制定了《唐山市大气污染综合治理专项实施方案》，将农村散煤专项治理作为首要任务来抓。为了减轻农民负担，唐山市给予气代煤改造用户采暖用气补贴，农民连续三年可以领取气代煤采暖气价补贴。气代煤改造用户家中使用的不锈钢波纹管、燃气报警器、自闭阀等燃气安全设施，均由市燃气集团免费提供。

（新华社石家庄11月15日电）

曹妃甸成非首都功能疏解最大承载地

李如意　张笑非　王育民

唐山市曹妃甸区最新资料显示，截至2016年12月底，曹妃甸累计开工京津项目65个，总投资1766.1亿元。其中，北京项目54个，总投资1730.84亿元。一批投资在5亿元以上、科技含量较高项目相继开工建设……曹妃甸现已成为北京产业转移和非首都功能疏解的最大承载地。

供气供水保京城

冬季的北京气温每降低1℃，全市供暖用气量就要上升200万立方米。2015年，北京就已成为全球第三大天然气消费城市。2016年，北京确定了“海上应急储备+现货”的船货组合保供方案：冬季采购10船LNG，液化折合天然气9亿立方米。接卸LNG，曹妃甸无疑成为北京最便捷的“桥头堡”。

2016年11月28日，第一艘满载着-162 液化天然气的“科瓦多”号轮船靠泊在曹妃甸LNG接收站专用码头。液化天然气变换成气体形态后，经外输管道输往北京……

此外，曹妃甸海水淡化项目已经实现了从“冀”到“京”、从产业到民生的密切联系。目前首钢京唐海水淡化一期项目每日可淡化海水5万吨，能够满足首钢京唐生产用水；二期项目2018年年底投用，日处理海水能力将达15万立方米。届时，北京也将喝上曹妃甸的水！

伴随着京津冀协同发展战略的实施，一大批央企、京企纷至沓来，仅2016年，曹妃甸就签约京津项目82个，总投资1011亿元，全年开工京津项目42个，总投资1440亿元。

医疗教育利民生

曹妃甸属新兴沿海城市，医疗与教育资源相对匮乏。在与北京的卫生协同发展中，曹妃甸与北京安贞医院、友谊医院、妇产医院签署了“两地医疗水平同级化”合作协议。2016年，三家医院相继挂牌开诊……

院长挂帅，专家坐诊。北京安贞医院魏永祥院长说：“京曹两院要通过合作，让这里的群众真正享受到京津冀医疗卫生系统协同发展的红利。”享受到了北京专家坐诊的福利，来自曹妃甸十农场的一名肾结石患者说：“不用长途坐车，在家门口就有北京专家给看病，方便！”

与医疗同样受到关注的，还有教育。2016年9月1日，北京景山学校在曹妃甸唐山湾生态城创建的分校——北京景山学校曹妃甸分校小学一年级、高中一年级顺利开学，分校教学工作由北京景山学校全面托管，小学、初中教材、教学方法与总校同质化。知名教育专家、分校校长范禄燕介绍：“分校按照本校的教学和管理方式，与本校实现课堂同步，共享北京优质教育资源。”

干部交流促协同

互派干部、两地任职，全新的机制激发示范区的内在活力。2016年4月，京冀协同发展示范区管理机构获正式批复，示范区管委会组建；11月23日，北京选派到示范区的13名干部全部到位。

去年12月7日，到岗仅仅两周时间，北京选派干部便立即有针对性地赴中关村、北汽福田等地（企业）开展产业对接工作，并对曹妃甸进行调研，就曹妃甸现阶段的发展情况、存在问题以及未来发展方向进行深入分析与探讨……

京冀每年互派百名干部双向挂职，规模大、级别高、层次全，工作机制实行原单位职务保留、新单位担任实职，选派干部“两地任职、两地说话”，少了推诿扯皮，多了勠力同心。

（原载2017年4月20日《北京日报》）

唐山世园会闭幕后，“小唐园”志愿服务不落幕——

“小唐园”成唐山青年志愿服务新品牌

樊江涛　施　疑

近日，团唐山市委启动青年志愿者特别行动——包括为农民工子女、留守儿童提供亲情陪伴、心理抚慰的“青春陪伴”，对空巢老人、残疾青少年等特殊群体提供生活照料、家务代办的“青春便民”，义务植树、认养绿地的“青春环保”等六项活动再发力。而这次青年志愿者特别行动的主题则是——“志青春·小唐园在你身边”。

“‘小唐园’一直在身边！”对唐山市民而言，青年志愿者“小唐园”的身影早已成为这座城市的亮丽风景。

2016年4月29日，唐山世园会开幕，“小唐园”们正式上岗。而在此之前，负责世园会志愿者工作的团唐山市委面向社会公开招募志愿者，经过报名、审查、测试、面试等环节，选拔出3543名志愿者，围绕国情省情市情、涉外常识、服务礼仪、沟通技巧、团队合作及世园会相关知识等内容，通过发放读本、专家讲座、观看视频等形式开展了培训。

世园会志愿服务工作平凡琐碎，引导坐轮椅的游客走专用通道，解答游客各种问询，在主要展馆宣传讲解，维持游客排队秩序，帮助游客寻找走失的亲属……说起自己的志愿者经历，“小唐园”们都说：“我们做的就是普通的志愿

12月，共青团唐山市委启动“学习贯彻十九大·小唐园在行动”青年志愿者集中活动月。唐山职业技术学院青年志愿者与丰南特殊教育学校学生共“画”党旗、国旗。 胡俊巍 摄

服务工作。”然而，把普通的工作坚持做好，就是不普通。

唐山职业技术学院大学生志愿者刘晓文参与的是7月17日至8月5日的服务季，三伏天里，园区里经常有游客热得受不了。“一个阿姨热得走不动了，我赶紧跑到志愿服务岗亭取了两瓶水，扶她坐下补水休息，过了20多分钟，阿姨恢复了体力继续游园。”

“她们是晒过来的，我们是冻过来的。”唐山师范学院大学生志愿者李银晓的服务季在10月，北方的初秋，早晚已有寒意。有一天下大雨，五位穿着一次性雨衣的游客跑到国际园志愿者岗亭下避雨，李银晓把他们请进岗亭，为他们补给热水，让游客非常感动。

绿衣衫、小黄帽，2016唐山世界园艺博览会171天会期期间，3543名青年志愿者累计服务5.61万人次，总服务时长近50.48万小时，赢得了宾朋和游客的一致好评，被唐山市民亲切地称为“小唐园”。

除了世园会，去年唐山还举办了第三次中国-中东欧国家地方领导人会议、第19届陶博会、第25届金鸡百花电影节、第10届中国-拉美企业家高峰会、唐山国际半程马拉松赛等大型活动，累计调派青年志愿者6.44万人次。

“小唐园”们热情细致的服务、无私的奉献得到了来宾们的高度评价。乌拉圭总统塔瓦雷·巴斯克斯对志愿者的专业服务表示赞扬并与“小唐园”合影；捷克摩西州州长诺瓦克先生称赞志愿者“very beautiful”；立陶宛驻华大使玛丘利奥妮婕女士表示感受到了“小唐园”的热情和智慧。

2016年10月，唐山世园会闭幕了，但“小唐园”的志愿服务却并没落幕。回到学校、回到工作岗位的“小唐园”在环保、助残、医疗、科普等志愿者服务中一如既往。

在唐山百货大楼、万达广场等客流量较大的公交站点，青年志愿者帮乘客抱孩子、提行李，搀扶老人上下车；在市截瘫疗养院，青年志愿者在病室里陪患者聊天、收拾屋子；在金诚社区，青年医疗志愿者为居民义诊义治……

“我本是一张白纸，被别人写了东西，成为一本书，能让更多的人阅读提高。”“小唐园”李银晓这样形容志愿服务的传承与弘扬。

说起她所在的唐山师范学院的学生社团，与交警部门合作到中小学开展交通安全讲座，这位大学生志愿者告诉记者，这起初是一位学姐个人的志愿服务行动，后来吸引了十几位志愿者参与。“她担心随着自己毕业，这项志愿服务不能继续，就组建了社团，现在已有60多人。”李银晓和同学们定期到中小学、幼儿园，通过文艺汇演、做小交警韵律操等形式，向孩子们教授交通安全知识。

“我希望能带动身边更多人加入志愿者队伍，成为一名‘小唐园’。”李雯月作为唐山职业技术学院青年志愿者大队总负责人，抱着这样的初衷不断“招兵买马”。

据统计，唐山如今已有45.8万注册志愿者，志愿者队伍涵盖了公务员、青年、学生、老年、农民、党员等20多个社会领域，邻里守望“十个一”等志愿服务活动还曾获得“全国最佳志愿服务项目”和河北省“十大优秀志愿服务品牌”。记者从团唐山市委了解到，世园会后“小唐园”在提供优质、高效、文明、贴心的志愿服务的同时，也打造了唐山青年志愿服务的新品牌。

（原载2017年5月10日《中国青年报》）

昔日垃圾山 今日生态园
唐山南湖变迁背后的绿色追求

刘 畅

夜幕降临，一轮明月映照在湖面上，湖边是茂密的树林和开阔的绿地，很多人在岸边散步。湖边上的小路上，鲜花盛开，绿草如茵。“我在这附近住了很多年，亲眼看到了巨大的变化。”一位年过六旬的老人看着眼前的景色说。

老人说，这里以前不叫“南湖”，而是堆满了煤渣和垃圾。附近的公交站分别叫“东窑”“瓷厂”“钢厂”“矿风井”，这足以印证附近重工业的发达。最重要的是，经历了唐山大地震之后，经历百年风雨的采煤区变成了更加明显的沉降区，到处是采煤过后的塌陷景象。当地人索性将这里变成垃圾堆放处，各种生活垃圾、建筑垃圾堆成了高达50米的垃圾山，空气中

飘散着令人窒息的腐臭味，路过的人无不掩鼻躲避。

多年来，唐山市的人们提到这里都皱紧眉头，经过的时候都绕着走，很长一段时间，这个地方成了令唐山人避之不及的“弃地”。

而家在附近棚户区的人们颇不甘心，毕竟这里距离市区不过两公里左右，这块唐山城市边上的“伤疤”何时能愈合呢？

20世纪90年代后期，这里开始发生改变，煤渣开始清运，粉尘煤灰减少的同时，废弃地上开始种上树木。真正的变化来自2008年，当时，经过国内外设计机构的设计、论证，一场庞大的改造工程在这块昔日的“城市伤疤”上展开。

2008年3月1日，开始了“扩湖”“引水”，并对垃圾山封闭绿化。经过大手笔的改造，出现了树林、花海、道路，更重要的是，仅14个月之后，由16平方公里绿地环绕的11.5平方公里的水域出现在人们面前——这里成了“南湖城市中央生态公园”，并于2009年5月1日正式对外开放。

一年零两个月的时间，采煤沉降区的积水变成了风光旖旎的南湖，很多媒体由此感叹“变废为宝”“化腐朽为神奇”。从那时起，唐山人就经常流连、沉浸在如诗如画的环境里：臭味扑鼻的垃圾山变成了风景秀美的“凤凰台”，湖光山色，美不胜收。大大小小的湖泊，分别有“桃花潭”“龙泉湾”等充满诗意的名字，还有水面环绕的岛屿，分别叫“云凤岛”“香茗岛”等。人们漫步在120多个景点里，感受着“大南湖”的神奇魅力。这里成了唐山市民出游的好去处，不管是白天还是晚上，休闲、健身的人们与这里的山水融合在一起，成为唐山最美丽、最动人的风景。

然而，人们忘不了，为了这一片风景，这里曾关闭煤矿、搬迁工厂，在昔日的煤渣弃地上建成了市民广场。2012年11月，附近的棚户区数以万计的居民，搬出震后危旧平房，圆了安居梦。拆迁腾出的建设用地，成为“南湖生态城”的重要部分。

唐山人没有忘记历史，这是一座“因煤而建”的城市，诞生过中国近代工业史上数个“第一”——第一座机械化采煤矿井、第一条标准轨距铁路、第一台蒸汽机车等等。就在南湖生态风景区，建于1959年的唐山机车车辆厂铸钢车间厂房，在1976年大地震中受到破坏，如今，这里成为唐山地震遗址纪念公园的景观。人们在这里也感受到厚重的历史文化。

2016年4月29日至10月16日，世界园艺博览会在唐山南湖举行，这是首次利用采煤沉降地、不占用一分耕地举办的世界园艺博览会，成为世园会历史上展示从工业文明走向生态文明的“唐山样板”。

2009年10月，这里被授予首批“全国生态文化示范基地”称号，2010年4月，又被评为国家AAAA级景区。

借助世园会的效应和南湖的品质，唐山市在南湖周边新建了唐山大剧院、图书馆、城市规划展馆、工人文化宫、群艺馆、南湖国际会展中心等设施，南湖由此成了唐山人心中的新地标和城市新名片。

“这里以前是生活垃圾山，那里曾是建筑垃圾山，前边那一片，是煤灰煤渣的遗弃地。”一名工作人员向人们讲述着今昔巨大的变迁，流露出难以掩饰的自豪。

（原载2017年8月14日《中国青年报》）

河北唐山：绿色转型实现新突破

雷汉发 常云亮

如今，每逢节假日，唐山有很多市民选择在家门口度假：在南湖景区，市民欣赏美丽的自然风光，观看戏曲、皮影、快板、评书、乐亭大鼓等文艺表演，领略诗经吟诵、汉舞表演、汉服展等中国古典文化的韵味，感受中国传统节日的魅力。今年端午节假期短短3天内，唐山接待游客126.8万人次，实现旅游总收入11.99亿元，同比分别增长21.5%、23%。

南湖热闹的旅游场景，是唐山经济转型发展的一个缩影。唐山市统计局负责人告诉记者，今年一季度，唐山第一产业增加值89.3亿元，增长3.0%；第二产业增加值915.6亿元，增长5.4%；第三产业增加值542.1亿元，增长9.4%，令人欣喜。

放大世园会成果

2016年7月28日，习近平总书记在唐山视察时称赞唐山世园会是“一个很好的作品”，要求善始善终办好世园会。

以惠民服务为抓手，唐山积极统筹使用园区内的展馆、场地，让更多市民共享世园会资源。世园会闭幕后，园区从展园模式直接进入向公众开放模式，园区里的展园、展馆和设施均得到了充分利用，从展会功能迅速向服务功能转换。

建筑面积5.8万平方米的世园会综合展示中心，腾出2万平方米改做唐山城市规划展览馆；其余3.8万平方米场地设施被改造成唐山市民服务中心，并于今年1月开始提供服务。这个集行政审批、阳光政务、便民服务为一体的综合性一站式政务服务平台，已经有42个部门（单位）进驻，涉及200多个审批及服务事项。唐山市政府秘书长、南湖生态城建设指挥部总指挥张文明告诉记者，这个被市民誉为“推开一扇门，办成百家事”的平台至今已接待服务对象超过百万人次。

此外，作为河北省首个大型热带植物馆——世园会植物风情馆被启用为唐山市青少年热带植物认知和科普教育基地；低碳生活馆成为展示低碳生活理念的科普教育基地和世园会建设历程展馆。

放大世园会成果，借势实现城市转型，是一个大课题。唐山市城市管理局局长冀桂梅介绍说，世园会闭幕以后，唐山不断推进城市绿化，市本级投资4000万元，完成复兴路、唐柏路、南湖大道等10条城市道路绿化提升工程，凤凰山公园、大城山公园、大钊公园、云天广场等一大批园林景观群不断提档升级。老百姓切身体会到“一座城半城绿”的生态园林格调。

唐山还积极推动数字化园林管

理系统建设，充分利用现代科技手段，对城区各类绿地进行统计、分析和监控，园林绿化管护工作达到了专业化、规范化、精细化的标准。

产业转型增活力

不久前，中信重工开诚智能装备有限公司特种机器人国家级研发中心及产业化基地项目在唐山市高新区正式启动。公司董事长许开诚告诉记者，项目将形成年产特种机器人1.5万台的制造能力，成为国内最大的特种机器人研发生产基地。2016年公司创造了1600台订单的销售业绩，占全国市场份额超过90%。

唐山市神州机械有限公司则是瞄准了行业空白，针对我国动力煤零入选率的实际研制开发的复合式干选装备，一经推出即得到广大煤炭企业的积极响应，国内同类产品市场占有率始终保持95%以上，使我国动力煤入选率由零迅速提高到45%以上，为降低燃煤污染作出较大贡献。

唐山统计部门披露了这样一组数字：今年一季度，唐山装备制造业累计完成工业增加值156.96亿元，同比增长12.7%，高于全市平均增速6.5个百分点，高于同期4.4个百分点。对工业增加值的贡献率为43.7%，稳居第一位。这些数据表明，唐山经济结构发生了喜人变化。

过度依赖钢铁产业，曾经是唐山产业结构的特点。经过近年的持续调整，唐山产业结构悄然变化，特别是装备制造业已经替代钢铁产业，成为拉动工业生产的“领头羊”。今年一季度，唐山计算机、通信和其他电子设备制造业，金属制品业和仪器仪表制造业增速分别达到69.3%、26.5%和25.8%，远高于其他行业。改装汽车、建筑工程用机械、水泥专用设备等装备产品实现快速增长，同比增长均超过1倍。

到2016年底，唐山已化解炼钢产能3140万吨、炼铁产能1873万吨，分别占全省化解总量的52%和37%，钢铁企业由2012年的58家减少到去年底的44家。

唐山还积极培育发展新动能，打好“沿海”“京津”两张牌，推动要素投入增长型向创新驱动转变、资源依赖型发展向沿海开放拉动转变，推动城市由钢铁大市向装备制造、高新技术和现代服务业发展大市转变。

开发建设与生态保护双赢

唐山是一座典型的资源型城市，在推进经济转型过程中，积极探索多种环境修复模式，为资源型城市转型发展提供了宝贵的经验。“十二五”以来，唐山共新增绿地面积135万亩以上，使全市森林覆盖率达到36.6%。

迁西县是唐山的一个山区县，该县一方面以废弃矿山、尾矿库综合修复为重点，全面改善矿区生态环境；另一方面以库区网箱养鱼清理为抓手，搞好水源地保护性开发，将环库区打造成靓丽景区。同时，全面实施“生态+”战略，将生态与农业、旅游、文化等有机结合起来，拓宽产业链。到目前，该县全域森林覆盖率达到63%。

河钢集团矿业公司围绕剥离岩土的综合利用做传统矿山转型变身的大文章，通过构筑循环生态，走出经济效益、社会效益和生态效益并行的发展之路。该公司将来自矿山的剥离岩土通过铁路运往曹妃甸，截至目前累计运输剥离岩土1.98亿吨，造地5.6万亩，潜在综合效益10多亿元。

司家营矿区是目前我国少有的特大型整装矿体。但矿山整个开采运营过程中需要处理的剥离岩土量达到17亿吨。如此数量的矿山剥离岩土，建设相应的排土场，至少需要占用2万亩土地，还需要搬迁4500多户村民。河钢集团矿业公司打破传统矿山必须建设排土场和尾矿库的发展模式，通过剥离岩土填海造地、尾矿库易址采煤塌陷坑和水资源循环综合利用等方式，成功走出了一条矿山开发建设与生态保护的双赢路线。

生态转型也为企业带来了可观的效益。唐山开滦集团全面进行生产工艺设计和再造，先后形成了瓦斯燃烧利用、矿井水——净化利用、矸石综合利用以及恢复土地等多个生态开采产业链。

（原载2017年6月23日《经济日报》头版头条）

河北唐山：一座城市半城绿

耿建扩 施 疑

自去年4月29日唐山世界园艺博览会开幕以来，唐山市充分发挥世园会生态效应，不断提升绿化水平，改善生态环境，形成了以“三山两湖”为基本框架，24座城市主题公园、168块街头绿地星罗棋布，植物资源全面覆盖的“一座城市半城绿”的生态园林格局。

工矿废地大片披绿

唐山世园会期间，映入游客眼帘的，处处是花的海洋、绿的世界。惊喜和赞叹之余，游客们并不知晓，很多美景是由采煤下沉受损弃置地改造而来的。

开滦唐山矿采沉区，通过表土转换、化学改良、施加有机物质等措施改善土壤条件后，收集植物3000余种，成为集观赏、科普、生态、经济、文化、科研六大功能为一体的互动式植物园。开滦唐家庄矿采沉区，采用多种生态复绿手段恢复生态，建成了总面积47.6公顷的金山生态公园。唐山嘉顺煤矿采沉区改造兴建了陶瓷公园，尽显唐山北方瓷都的文化魅力和唐山人民化腐朽为神奇的精神力量。

截至目前，唐山采煤下沉受损弃置地生态与景观修复率达到96.56%，修复过程中共植树125万余株，生态复绿面积1131公顷。

在化解钢铁、水泥行业过剩产能进程中，钢铁厂拆除高炉后的闲置地，搬迁的水泥厂旧址，都用于景观绿化。河北钢铁集团唐钢公司将50万平方米拆除区域全部绿化，目前厂区绿化覆盖率近50%，成为碧水绿洲伴高炉的景观型生态工厂。

此外，采洗煤过程中排放的煤矸石形成的23座矸石山，火力发电排放的粉煤灰形成的10个排灰坑，甚至多座生活垃圾长年堆积形成的垃圾山，唐山都实施了综合治理和造林工程，使工矿废地变废为宝，大片披绿。

公共空间见缝插绿

位于唐山市中心区西北部的晨曦园，原本是一片简易绿地，周围有多个居民小区，去年7月完成改造升级后，不仅有四季可赏的绿化景观，还设置了座椅、棋牌桌、景观亭、健身步道等休憩、健身设施，更遵循“海绵城市”设计理念，硬化面高于绿地面，下雨时利用植物吸水、渗水、净水。

从2016年起，唐山每年新建10个公园广场项目，到“十三五”末，城市公共空间总量将增长30%。“以公园广场为载体，唐山全方位构建布局合理、主题鲜明、功能完善的城市公共空间格局，充分满足市民户外活动、公众参与、应急避险等多种需求。”唐山市城市管理局局长、党组书记冀桂梅介绍。

然而随着城市发展规模不断扩张，用地越来越有限，面对这一矛盾，唐山市委、市政府选择牺牲商业开发价值来建设城市公共空间。

使用了32年的唐山体育中心场馆设施拆除改造时，这一黄金地段被多家地产公司看中，而唐山市委、市政府决定实施体育公园项目建设，拓展城市公共空间，让市民在城市经济发展中受益。仅用35天，一座集运动休闲、生态健身、应急避险等功能于一体的综合性、群众性、公益性场所唐山体育公园就建成了，为城市中心轴线再添一处亮丽景观。“原来周末才有时间去凤凰山公园锻炼身体，现在出家门过了马路就到这儿了，每天早上都可以锻炼。”家住体育公园西侧健康楼社区的“上班族”李建忠说，这个公园让周边居民受益匪浅。

不仅如此，主干道的中央分车带，老旧小区拆违拆迁腾出的零星地块，都被见缝插针地植树种花。2016年，唐山累计植树107.48万株，除了世园会园区的3万株，其余百万余株分布在全市的各出入口、主干道、工业厂区、单位庭院、居住区，城市建成区绿化覆盖率达到41.7%。

6000个“天眼”护绿

唐山世园会期间，除了花香四溢的园区，整洁的街道绿化、随处可见的公园绿地，颠覆了外地游客对唐山工业城市的灰色印象。世园会闭幕后，最高级别的绿化管护措施被沿用下来。“城市绿化三分建、七分管，我们在增加园林绿化‘量’的同时，更注重精细管护，保证绿化的‘质’。”唐山市城管局副调研员孙淑丽介绍。

绿化管护工作，及时是硬道理。唐山城管利用公安系统安设的6000个摄像头，对环境卫生、园林绿化、市容市貌、城市秩序等进行监控，发现问题马上处置。黄土裸露随发现随补植，保证园林景观美观；绿地垃圾随产随清，保持干净整洁；园林设施破损及时修缮，维护园林形象。“2016年共受理城市管理案件22.2万件，结案率95.68%，大大提高了管理效率和质量。”唐山市城管局副调研员张祚建介绍。

唐山市公安、园林等多部门还联合开展整治市中心区毁绿、破绿攻坚行动，针对破墙开店、铺装硬化、违法砍伐等行为造成的绿地损毁情况联合执法，保护城市绿化成果。

城市是景区，处处是景点，人在城中走，如同画中游。唐山世园会已经闭幕，世园之美却定格于每个唐山人的心中。通过方方面面的努力让生态之美从盛会贯穿到日常，秉承这一信念，唐山由工业型城市向生态型城市的转型之路走得更加坚实。

（原载2017年7月13日《光明日报》）

二十三岁志愿者车祸去世，四年后公益小伙伴依旧——

青春相伴“向日葵”

樊江涛　陈　健　施　疑

去年11月17日，唐山向日葵公益联盟官博发了一篇纪念“向日葵”创始人朱紫薇的长帖《四季盛放的美丽向日葵》。再过一天，就是喜爱向日葵的她27岁的生日。网名为“唐山向日葵公益联盟candy”的网友转发帖子并留言：“想她了……”

1989年出生的朱紫薇，生命永远定格在23岁。

2012年7月，朱紫薇通过互联网创建了“唐山向日葵公益联盟”。

2013年4月28日，朱紫薇和志愿者一同乘车到唐山市丰南区为志愿活动“踩点”，回来时突遇大雨，不幸遭遇车祸昏迷。10天后，她的生命戛然而止……

4年过去了，“向日葵”依然是唐山最活跃的志愿者队伍之一。

“她留下的都是美好”

刘威至今还记得2013年4月28日，那天他和朱紫薇通过微信讨论公益活动开展的细节。

刘威还嘱咐正在为活动“踩点”的朱紫薇路上注意安全，但一直没收到回复。

朱紫薇的母亲国淑芹记得，那天女儿出门前换上了一件崭新的红色运动衫，跟她打了个招呼就走了。女儿出门前，还在朋友圈发了张自拍照——亮丽的运动衫配上灿烂的微笑。紫薇在自拍照旁俏皮地写道：“早上好，福利一张！”至今，紫薇名为“加油向日葵”的微信朋友圈还停留在那一天。

国淑芹觉得，女儿是个不折不扣的阳光女孩。朱紫薇爱“美”，喜欢摄影的她总能把自己拍得“美美的”；会“玩”，组织乐队担任主唱，滑板台球样样拿手，双肩包拉杆箱旅游说走就走；做事“投入”，女儿坐在床上、抱着笔记本电脑为组织公益活动挑灯夜战的画面至今还在国淑芹的脑海中挥之不去……

2012年7月，朱紫薇创建了“唐山向日葵公益社团”，后更名为“唐山向日葵公益联盟”。最多时，在唐山有700多个伙伴参与“向日葵”组织的公益活动。

在公益小伙伴夏妍的眼中，皮肤微黑、笑容阳光的紫薇总有一种强大的能量，用公益将80后、90后甚至70后“网聚”在一起，“她留下的都是美好”。

直到紫薇去世后，国淑芹才第一次意识到女儿志同道合的朋友真不少！

每年女儿生日前后，国淑芹都会到唐山巍山公墓扫墓，她总能在女儿的墓前看到大束鲜花和生日蛋糕……

去年国淑芹思念女儿而去秦皇岛散心，突然接到一个陌生电话，电话那头一个女孩问她：阿姨，您是薇薇的妈妈吗？您来北戴河了？我要请您吃海鲜……

“当时，我真体会到了什么是‘有的人死了，他还活着’。”那一刻，国淑芹在心里对女儿说：薇薇，你去世3年了，你的朋友们没有忘记你！

女儿去世后，她时常懊恼一件事——紫薇曾想去支教，被她拦了下来。“孩子想做的事没让她去做！”她不禁感到难过：要不是自己身体不好，女儿没完成的心愿要一件件帮她实现。

在唐山向日葵公益联盟官博上，一段段文字、一张张照片记录了朱紫薇离开后“向日葵”走过的公益之路：给陌生人送上一个“爱的抱抱”、志愿服务“抗震老兵回家”、设计“快闪”宣传环保、南湖边定期捡拾垃圾、为孤寡老人理发……

4年来，“向日葵”数百名志愿者正用自己的力量帮助紫薇弥补遗憾。夏妍说，向日葵的花语正是“无言的爱”。

“向日葵”的选择

70后公益伙伴常宾发现，每次公益活动后能否吃上盒饭，要看成员“悠悠”是否参加。“悠悠”家里开餐馆，只要她参与活动，就会热心地为公益小伙伴准备午饭。

在常宾看来，这算是“向日葵”唯一的“福利”。没有商业赞助的“向日葵”组织活动时不会提供瓶装水，甚至一些必不可少的物料——比如捡拾垃圾的夹子和一次性手套，向路人推介宣传的展板都是由活动的组织者自掏腰包购置的。

夏妍告诉记者，公益活动中是否引入商业赞助，在他们内部也曾有过讨论。“引入商业赞助或许可以做更多的事。”夏妍说，“但这（商业化）并不是‘向日葵’成立的初衷。”

他们是这个城市里再普通不过的青年。在铁路工作的刘威向记者表示：“我们也上有老下有小，面临买房、买车的压力，关键看你作怎样的选择。”

国淑芹告诉记者，紫薇大学毕业后换了好几份工作，做过导购员、广告公司和房地产公司文案——目的是找一份周末不用加班的工作。当国淑芹向女儿表达不满时，紫薇对她解释说：“妈妈，做这样的工作我才有时间参与公益活动啊。”

网名叫“福天”的张立武擅长摄影，他既是“向日葵”的志愿者，也是为“向日葵”拍摄各种影像资料的“御用”摄影师。小伙伴知道，“福天”摄影技术过硬，接一个兼职工作，一上午就能轻松挣到千元左右。

周末本来是摄影师兼职工作机会最多的时候，但只要“向日葵”有活动，大家总能看到“福天”乐呵呵地抱着相机出现。他说：“公益第一，兼职第二。”

在常宾看来，如果“向日葵”也算是一个“圈子”的话，它最大的特点就是单纯。“通过互联网，大家就是为了做公益这个单纯的目的聚在一起。”他们中有公务员、大学生、商人、打工者……“平时彼此之间以网名相称，也没人刻意打听彼此的情况。”

这个公益平台几乎“零门槛”，全凭自愿——总有新血液融入，也会有老面孔不再出现。每当有人难以协调工作、生活和公益的关系，或是离开唐山，因而选择退出时，大家也报以宽容。常宾认为，如果几年下来，每次活动都是完全相同的人参加，“那也是一种悲哀”。

改变世界 改变自己

在这里，年轻的小伙伴改变世界的同时，也改变着自己。

从铭泽2013年偶然参与“向日葵”公益活动后，向当时活动的组织者刘威述说自己工作生活的困惑，这位昔日的老战友当即笑着表示：我来拯救你！

1989年出生的丛铭泽，当时在冀东油田井下作业公司从事井下作业。这份工作远离城市，再加上“睡醒了就上班”的生活节奏，5年下来这个年轻人感觉自己快要变成一台机器：“心里总是空落落的，越来越找不到自己。”

刘威“拯救”丛铭泽的方式就是拉他一起做公益。丛铭泽第一次参与活动，就被“向日葵”的氛围所吸引。“这里的每个人都很阳光，朝气蓬勃。”为了参与活动，这个年轻的井下工人经常下了夜班坐上出租车赶到市区。“一点也不觉得困倦。”在他看来，“向日葵”给他带来了难得的精神享受。

经过几年公益之路，就像刘威说的那样，丛铭泽成功被“拯救”了。这个曾经“站在高处讲话都脸红”的青年，如今已成为“向日葵”最积极的组织策划者。

在参加活动中，丛铭泽还结识了同为“向日葵”成员的唐山市第二医院的护士高美佳。他们通过一次次公益活动相识相恋。去年4月，两人举办了以向日葵为主题的婚礼。

刘威记得，紫薇去世后，由于QQ号码突然被盗，一直通过QQ群联系的几百名小伙伴一下子就失散了。当时在他看来，这可谓是“向日葵”面临的最大危机之一。

令他意外的是，新账号注册没多久，这些散布在几百万人口的城市中的小伙伴，一个个又“顽强”地找到了新的“根据地”。

回忆在“向日葵”走过的日子，夏妍在自己的微博中写道：“那些年我们一起的时光现在想来那么美好，简单快乐地做我们，无所图也不求回报，每一天都充满阳光……”

（原载2017年7月12日《中国青年报》）

英雄之城谱新篇

——习近平总书记视察唐山一周年回访

王小勇 汤润清

2016年7月28日，唐山抗震救灾和新唐山建设40年之际，习近平总书记到唐山视察，为这座浴火重生的城市增添了砥砺前行的力量。

在唐山地震遗址纪念公园，总书记向唐山大地震罹难同胞和在抗震救灾中捐躯的英雄敬献花篮，他说“这次来唐山，主要是看一看这座英雄的城市，看一看这里英雄的人民”；在唐山市截瘫疗养院，他亲切看望截瘫伤员，殷切叮嘱“全面建成小康社会，残疾人一个也不能少”；在唐山市规划展览馆，他参观唐山抗震40周年成就展，提出“努力把唐山发展得更好、建设得更美”的希望；在路北区祥富里社区，他了解社区基层党建和便民服务工作情况，要求畅通“党和政府联系、服务群众的‘最后一公里’”。

时光荏苒，一年过去，沿着去年总书记在唐山的足迹，记者进行了回访。所到之处，所见所闻，我们看到的是凤凰新城日新月异的发展画卷，听到的是唐山人民发自肺腑的深情话语，感受到的是这片热土上涌动着的不负总书记嘱托、加快发展的奋进激情。

变中积蓄新动能

7月的唐山世园会园区，湖光山色，风景如画。去年10月世园会圆满闭幕后，唐山市坚持闭幕不闭园，打造“永不落幕的世园会”，让这里依然游人如织。

唐山市规划展览馆就位于唐山世园会核心区域。去年总书记来这里参观时，肯定了唐山市这种把规划展览馆同世园会主题展馆共用的做法。

由南门拾级而上，来到展览馆三楼，这里如今是唐山抢抓京津冀协同发展机遇、加快实现“三个努力建成”专题展区。

展区第一块展板上，“习近平总书记的殷切期望”醒目清晰、催人奋进——

2010年习近平曾到唐山考察，对唐山提出了“三个努力建成”目标，即努力建成东北亚地区经济合作窗口城市、环渤海地区新型工业化基地、首都经济圈重要支点。

2016年7月28日，习近平总书记视察唐山时，要求唐山加快实现“三个努力建成”，争取在转变发展方式、调整经济结构、推进供给侧结构性改革等方面走在前列，鼓励这座英雄城市再创辉煌。

“今年初，我们对展陈进行了更新调整，对2016年度各项数据进行了细化和更新。”唐山市规划展览馆馆长李锦峰介绍，“每一次展陈内容的更新，都令人振奋；而展馆数据的不断刷新，更是印证着唐山发展的坚实脚步。”

今年上半年，唐山市地区生产总值3336亿元，同比增长6.8%；全部财政收入373.7亿元，同比增长16.6%；实际利用外资9.6亿美元，同比增长48.0%；城镇居民人均可支配收入18418元，农村居民人均可支配收入8466元，均增长7.0%。主要指标创近年来最好水平。

“争取在转变发展方式、调整经济结构、推进供给侧结构性改革等方面走在前列，是唐山实现‘三个努力建成’目标的路径和抓手。”唐山市委副书记、市长丁绣峰表示，过去的一年里，唐山发展方式由要素投入增长型向创新驱动转变、由资源依赖型发展向沿海开放带动转变，新的经济发展版图日渐明朗；以“一去六增”为内容的经济结构调整，让唐山实体经济显现了蓬勃向上的活力；驰而不息地推进供给侧结构性改革，更为唐山这座传统资源型城市营造了广阔的发展空间。

转型升级，是这座城市发展中的强音。

6月29日，唐山举行化解钢铁行业过剩产能集中行动，共封停4家企业的3座转炉、4座高炉，化解炼钢产能198万吨、炼铁产能251万吨。今年上半年唐山已化解炼钢产能467万吨，炼铁产能381万吨，完成省下达年度任务的53.8%。

旧的去，新的来，新动能纷纷闪亮登场。

沿海开放带动战略的实施，让唐山沿海经济这块蛋糕越做越大。一季度，由曹妃甸、海港开发区、芦台、汉沽组成的唐山沿海增长极，地区生产总值达到134.2亿元，同比增长8.7%，远高于全市6.8%的增速。

唐山乐亭菩提岛300兆瓦海上风电场工程年内进入风机安装阶段，风电场位于京唐港与曹妃甸港之间乐亭县海域。 樊倩 摄

今年1至5月，唐山高新技术产业投资和战略性新兴产业投资分别增长20.3%和7.6%，均快于投资平均增速，尤其是战略性新兴产业投资768.6亿元，对投资增长的贡献率达到57.3%。5月27日，作为中国最早研制特种机器人企业之一的中信重工开诚智能装备有限公司，正式启动了特种机器人国家级研发中心及产业化基地项目。项目达产后可年产特种机器人1.5万台，将成为国内最大的特种机器人研发生产基地。

抓住京津冀协同发展的重大历史机遇，积极打造京津产业转移承接平台，唐山强化顶层设计，探索建立了“机制协同、产业协同、公共服务同城化”的产业对接新机制，在服务京津中加快发展自己。目前，在唐山与北京共同投资建设规划面积100平方公里的京冀（曹妃甸）协同发展示范区中，开工亿元以上项目31个，完成投资85.9亿元；津冀（芦汉）协同发展示范区与天津对接机制正逐步完善。

全面小康，一个也不能少

临近“7·28”，来唐山地震遗址纪念公园祭奠、瞻仰的人多了起来。

丰南区财政局机关干部戴春芳的父亲、母亲、妹妹都在唐山大地震中罹难，如今，逝去亲人的名字被补刻在纪念墙第四组背面第2列中。

“我在新闻中看到总书记在纪念墙前向唐山大地震罹难同胞和在抗震救灾中捐躯的英雄敬献花篮之后，还关切地询问‘24万人的名字都刻上去了吗，有没有遗漏的’时，泪水瞬间就模糊了双眼。”戴春芳说，总书记的民本情怀让唐山人倍感温暖。

去年8月1日，戴春芳找到唐山地震遗址纪念公园管理处主任郑湘军的手机号码，试着发出了一条写有父母和妹妹名字的短信，希望可以补刻。郑湘军当天就把这条信息转给具体负责补刻的工作人员。

“去年7·28过后的一段时间里，我每天都会接到这样的信息或电话，管理处服务中心的两部电话更是成了热线。”郑湘军告诉记者，一年来，管理处本着方便群众的原则，简化了姓名补刻、改错的相关手续，在保证数据真实性、可靠性的前提下，只要求补刻、勘误的申请人提供居委会、村委会、派出所、社区服务中心等任意一项证明即可办理。“我们在今年清明节前夕和7·28前夕安排了两次集中补刻、勘误，目前已补刻罹难者姓名610人，勘误216人。”

“总书记在唐山视察时，把防灾减灾救灾工作提升到‘衡量执政党领导力、检验政府执行力、评判国家动员力、体现民族凝聚力一个重要方面’的高度。”去年，在地震遗址纪念公园给总书记讲解有关情况的唐山市地震局局长郭彦徽说，作为一名防灾减灾工作者，自己深感使命的神圣和责任的重大。

一年来，唐山市和全省同步，牢记总书记重要指示，把提升防灾减灾救灾能力，保障人民生命财产安全作为民生大计来抓，做到组织建设规范化、备灾物资网格化、方案建设体系化、教育演练常态化、救灾建设实时化、防灾设施覆盖化。全市着力推进重大防灾减灾工程建设，全面提高综合防灾减灾救灾能力。目前全市共建设应急避难场所27处，可紧急安置避难人员约150万人。近日，《唐山市关于推进防灾减灾救灾体制机制改革全面提升综合减灾能力的实施意见》出台，全市防灾减灾救灾相关工作制度化、规范化、现代化水平将进一步提高。

“时光流逝，忘不了的是恩深似海；日月更迭，铭记于心的是涅槃的渊源……”

在唐山市截瘫疗养院，见到杨玉芳、高志宏夫妇时，他们正在朗诵自己创作的诗歌《见了你们格外亲》。下个月，他们将带着这首诗登上第五届“夏青杯”朗诵大赛唐山赛区决赛的舞台。

“去年7月28日，我们曾为总书记朗诵过这首诗，还把我写的两本书送给了总书记。”回忆起一年前的幸福时刻，杨玉芳依然很激动。他告诉记者，这一年来，自己出书、写剧本、朗诵、唱歌，生活丰富多彩。“总书记鼓励我们说，肢体健全的人可以活出精彩人生，肢体残疾同样可以活出精彩人生。我们做到了！”

“2020年全面建成小康社会，残疾人一个也不能少。”总书记在唐山市截瘫疗养院说过的这句话，疗养院院长杨震生深深地记在了心里，他说，作为民政工作者，总书记的嘱托也正是自己的使命。一年来，疗养院的全体工作人员把伤残人当亲人，为截瘫伤员办实事、解难事，提供周到细致的服务。

唐山市民政局局长韦远东告诉记者，为改善截瘫病人的疗养康复条件，同时解决困难群众及优抚人员的养老问题，目前，集截瘫疗养康复、老年病治疗、精神病福利院、流浪乞讨救助、社会养老服务于一体的唐山市民政事业服务中心即将开工建设。

畅通联系服务群众“最后一公里”

三季有花，四季有绿，环境优美的路北区祥富里社区坐落于唐山市区西北部。

“这里是震后建设的第一批安居工程小区，取名祥富里，寓意祥和富裕。”社区党支部书记陈林静告诉记者，一年前，总书记来社区视察，自己就曾这样向总书记介绍过祥富里。

走进社区服务中心，左手第一间屋门前挂的牌匾上写着“倾诉园”几个字。仔细看，牌匾上还有细化介绍，其中包括市民客厅、娘家话语室、人民调解委员会、群众工作室、365党员工作室等。

记者注意到，“365党员工作室”几个字字体和字号都与其他不同。

“这个项目是今年新增的。”陈林静介绍说，落实总书记视察时“让社区广大党员在服务群众中充分发挥作用、展示良好形象”的指示精神，去年9月，社区增设了“党员代理服务”项目，为行动不便或工作忙碌的社区居民代办各种事项，确保365天值班服务，“365党员工作室”应运而生。

居民刘宝荣对“党员代理服务”赞不绝口。去年“十一”，刘宝荣年过八旬的母亲突然在家病逝，办理丧事需要开具死亡证明，当时正值放假期间，联系相关医院、单位很不方便。六神无主的她拨通了“党员代理服务”的值班电话。

“值班党员第一时间赶到我家，一边安慰我，一边帮我找到了社区医院的值班大夫，确认母亲因病离世后开具了死亡证明。”刘宝荣说，这在外人看来也许不是什么大事，但对于亡者家属来说真是帮了大忙。

与“倾诉园”一墙之隔的“为民阁”，是社区便民服务大厅。记者看到，窗口工作人员都在埋头工作，紧张而忙碌。

陈林静告诉记者，目前，作为路北区的试点单位，社区正在先行一步为启动“互联网+政务服务”服务模式做前期准备。届时，社区将同区网上审评中心实现联网，42项为民服务事项全部实现网上运行，让社区群众“小事不出社区、大事不出街道”，真正实现畅通联系服务群众的“最后一公里”。

“我是党员，向我看齐。”如今，在祥富里社区，每一名社区党员的家门口，都挂出了这样一块红彤彤的牌子。“只有亮明身份，才能时刻严格要求自己，才能更好地接受群众监督。”老党员董秋来说，“我快70岁了，‘向我看齐’这四个字时时提醒我，只要群众需要，该管的事情必须管，该说的话必须说，该吃的亏必须吃。”

一名党员一点红，基层社区“党旗红”。在祥富里等先进社区党组织的带动下，如今，唐山市的社区党员服务活动已遍地开花。全市578个社区整合社区资源，推行网格化管理，将人、事、物等要素全部纳入网格，实现了党的组织和工作全覆盖……

“唐山一年来的发展实践，既是我们牢记嘱托、向总书记交出的答卷，也是在省委、省政府的坚强领导下，落实总书记对河北提出的‘四个加快’‘六个扎实’的要求，坚定走加快转型、绿色发展、跨越提升发展新路的生动体现。”省委常委、唐山市委书记焦彦龙说，按照总书记为唐山擘画的发展蓝图，树牢“四个意识”，坚定落实新发展理念，就一定能让这座创造过世界奇迹的英雄城市，谱写出新的辉煌篇章！

（原载2017年7月28日《河北日报》）

今年前10月实现产值26.2亿元

河北唐山发力机器人领域

宋美倩　常云亮

“加装了我们自主研发的焊缝跟踪系统后，这台工业机器人就相当于有了眼睛，可以主动识别、智能化跟踪，动作更加精准。”12月15日，在河北省唐山高新区，英莱科技有限公司副总经理赵治军向《经济日报》记者介绍该公司研发的新产品。

唐山高新区管委会主任庞秋原说，唐山高新区机器人产业不断发展壮大，是坚持创新的结果。近5年来，该区机器人产业年均增幅超过20%；今年前10个月，实现产值26.2亿元，成为全国最大的机器人产业基地。

为了增强创新能力，唐山高新区培育和引进了一批尖端人才，集聚了一大批行业领军人才；建立了2家工业机器人和矿用机器人博士后工作站。截至目前，唐山机器人企业共拥有发明专利48项、实用新型专利236项、软件著作权227项，并参与制定了11项行业标准。

一批机器人企业脱颖而出。英莱科技是国内唯一一家与国际机器人“四大家族”签订通讯保密协议的企业，其焊缝识别技术处于国际领先水平。开诚是国内唯一取得认证且实现批量化生产的防爆消防特种机器人研发制造企业，在国内率先研制出矿用抢险探测机器人。唐山松下制造出国内首台多功能六轴工业机器人，技术水平国际领先。开元参与研制了海上钻井平台装备制造智能焊接车间项目，项目主要性能达到国际领先水平。

目前，唐山高新区以工业机器人、特种应用领域服务机器人、传感器三大领域为发展重点，逐步形成了以开诚、开元两大领军企业为核心，集研发、生产、销售、服务为一体的机器人产业基地，产品涉及抢险探测、消防、焊接、激光切割、激光视觉跟踪、陶瓷喷釉和轨道交通设备检修等领域。

开诚特种机器人远销俄罗斯、澳大利亚等国家，生产效益连年翻番。目前，该公司已在江苏、江西等地谋划建设八大特种机器人生产基地，并推动白俄罗斯生产基地建设。开元中厚板焊接机器人在工程机械行业市场占有率超过50%；开元特焊公司与美国阿龙索等世界一流企业开展了特种焊接机器人技术合作，产品广泛应用于核电、航空航天等领域。

（原载2017年12月21日《经济日报》）

唐山市生产的消防机器人在生产线上组装。　杨世尧 摄

报道唐山新闻要目

BaoDaoTangShanXinWenYaoMu

省级以上报刊报道唐山新闻存目

【《人民日报》】

1 月 12 日	19 版	群众为何叫好
1 月 26 日	19 版	传统文化如何浸润校园
1 月 24 日	6 版	河北迁安市中医院医生韩文宝，身患重病仍坚守岗位 ——一心救病人 不想留遗憾
2 月 22 日	头版	跳出“一亩三分地”瞄准“一基地三区”（京津冀协同发展调研行）
3 月 24 日	7 版	努力在京津冀协同发展中发挥示范作用（人民要论）
4 月 28 日	内参	唐山世园会展馆“闭幕不闭园”助力城市转型
5 月 18 日	9 版图片	坐在船头听党课
6 月 1 日	9 版	第二十七届全国图书交易博览会开幕
6 月 12 日	6 版	唐山文明看得见
6 月 29 日	23 版	全国公路自行车锦标赛开赛
7 月 4 日	12 版	国际职业技术大会举行
7 月 24 日	6 版	唐山变中积蓄新动能
8 月 9 日	14 版	“世园会效应”持续发酵　唐山发展“新引擎”
8 月 9 日	13 版	装备制造业迈上中高端
8 月 9 日	12 版	绿水青山 拱卫京畿保蓝天（绿色）
9 月 20 日	21 版	河北唐山：网上立案 让当事人足不出户
11 月 13 日	19 版	五矿打造曹妃甸国际矿石交易中心
11 月 17 日	19 版	曹妃甸打造京津冀协同发展旅游合作示范区
11 月 18 日	2 版	中央文明委复查确认继续保留荣誉称号的全国文明城市
12 月 9 日	9 版	治理散煤污染，思路要广一点
12 月 22 日	14 版	北京外迁企业结伴涌向曹妃甸

【《光明日报》】

1 月 1 日	2 版	努力奋斗才能梦想成真
1 月 2 日	2 版	“撸起袖子加油干”推进京津冀协同发展
2 月 5 日	4 版	唐山图书馆旧址变身 24 小时街区自助图书馆
3 月 24 日	5 版	中国瓷器再出海，难题如何解
5 月 8 日	7 版	城市文明须有群众基础——河北省创建文明城市侧记
5 月 20 日	4 版	河北加大清东陵保护力度
5 月 25 日	头版	脱贫路上的幸福歌
6 月 1 日	头版	第 27 届全国图书交易博览会开幕
6 月 2 日	9 版	“少儿图书展”成书博会唐山会场最大亮点
7 月 13 日	4 版	河北唐山：一座城市半城绿
8 月 21 日	11 版	唐山抗震精神的历史启示和时代价值
9 月 9 日	2 版	河北唐山港曹妃甸港区今年 1 至 8 月货物吞吐量突破 2 亿吨
11 月 18 日	7 版	第五届全国文明城市、文明村镇、文明单位和第一届全国文明校园名单

11 月 18 日	10 版	第五届全国未成年人思想道德建设工作先进城市和第四届先进单位、先进工作者名单
12 月 18 日	5 版	弘扬抗震精神 唐山再创辉煌
12 月 25 日	4 版头条	河北唐山：奉献的身影无处不在

【《经济日报》】

1 月 3 日	14 版	河北唐山："绿色港口"建设提速
2 月 1 日	2 版	曹妃甸：释放协同发展带动效应
2 月 16 日	头版头条	装备制造业坐上河北经济"头把交椅"
2 月 16 日	11 版	滨海新区深化与唐山合作
2 月 17 日	8 版	装备制造成唐山钢铁业转型抓手
2 月 20 日	头版头条	疏解承接新布局 产业优化惠三地
2 月 22 日	头版	公共服务通有无 居民受惠便捷多
3 月 8 日	6 版	这一年，供给侧改革发力足
3 月 21 日	11 版	天津滨海新区与河北曹妃甸区深化合作
6 月 1 日	6 版	第 27 届全国图书交易博览会开幕
6 月 23 日	头版头条	河北唐山：绿色转型实现新突破
9 月 26 日	12 版	曹妃甸：打造京津冀协同发展旅游合作示范区
11 月 10 日	14 版	河北唐山"放管服"助力企业转型
11 月 15 日	13 版	唐山：拓展城市绿色空间
11 月 18 日	5 版	第五届全国文明城市、文明村镇、文明单位和第一届全国文明校园名单
11 月 20 日	7 版	CRH3A 型动车组将亮相西成高铁
11 月 22 日	16 版	"三个走在前列"的示范区和"三个努力建成"的排头兵
12 月 5 日	6 版图片	唐山市把科技创新当成区域经济健康发展的动力源泉
12 月 19 日	14 版	河北唐山：对企业按排放绩效分类管理
12 月 19 日	12 版	河北玉田打造中华老字号基地
12 月 21 日	7 版	河北唐山发力机器人领域
12 月 25 日	头版	河北迁安变身"活力靓城"

【《工人日报》】

7 月 26 日	2 版	唐山高新区成立职工慢病防治基地
8 月 7 日	4 版	采煤沉降地变身风景区
8 月 19 日	头版	河北唐山工业用除霾原料生产基地建成投产
9 月 14 日	头版	唐山有家水泥工业博物馆
11 月 20 日	头版	年轻人"逐梦"曹妃甸
12 月 7 日	头版	农民工有了服务中心

【《法制日报》】

1 月 25 日	8 版	河北唐山破获涉案 400 亿元地下钱庄案
11 月 27 日	8 版	26 年跨京冀巡回审判之路

【《农民日报》】

7 月 4 日	2 版	唐山 1500 个村庄旧貌换新颜
7 月 17 日	2 版	遵化：好风光带来好日子
7 月 18 日	3 版	唐山办理首笔农村产权抵押贷款
8 月 18 日	7 版	古村讲述新故事——河北省迁安市安新庄村美丽乡村建设纪实

【《中国青年报》】

2 月 20 日	头版	京津冀将实现基础教育跨区域合作办学
5 月 10 日	3 版	唐山世园会闭幕后，"小唐园"志愿服务不落幕 ——"小唐园"成唐山青年志愿服务新品牌
8 月 14 日	头版	唐山南湖变迁背后的绿色追求
8 月 14 日	头版	重新认识一个新唐山
10 月 10 日	头版	"我们的变化就是中国的变化"

12 月 25 日	7 版	团唐山丰南区委创办 10 家“红领巾爱心超市”像经营商品一样“经营”爱心

【《科技日报》】

7 月 14 日	头版	实现特种机器人行业“私人定制”

【《河北日报》】（只收录头版头条）

1 月 5 日	抓铁有痕促转型
2 月 15 日	唐山加快推进“三个走在前列”
3 月 19 日	天津滨海新区与曹妃甸区签署深化区域合作协议
4 月 24 日	唐山“后世园”效应持续发力
5 月 6 日	唐山：坚决打赢去产能硬仗
6 月 19 日	唐山港成为我省首个汽车整车进口口岸
7 月 5 日	国际职业技术教育大会在唐山市召开
7 月 17 日	迁西花香果巷田园综合体项目被推荐为国家试点
7 月 28 日	英雄之城谱新篇
9 月 18 日	昔日“工业疮疤”今朝“城市绿肺”
9 月 22 日	“飞地”如何变宝地
9 月 27 日	唐山：为民创建铸就文明城
10 月 23 日	创新是引领发展的第一动力
11 月 27 日	奋力谱写建设新时代新唐山的新篇章
12 月 10 日	确保新时代新唐山建设取得新成绩

新华社及音像媒体报道唐山新闻存目

【新华社】

1 月 6 日	通稿	（京津冀在行动）河北唐山今年实施 200 多个京津合作项目
1 月 9 日	信息	河北唐山 2017 年将实施 200 多个京津合作项目
1 月 24 日	摄影	（社会）河北唐山：安全记心间 平安过春节
1 月 25 日	通稿	（经济）河北唐山：亿元财政资金奖补钢铁行业去产能
1 月 25 日	新媒	河北唐山亿元财政资金奖补钢铁行业去产能
1 月 27 日	电视通稿	（“家”的声音）卖板栗的叫卖声让我想家
1 月 28 日	电视通稿	（新春走基层）乐亭皮影传承人：难忘昔日新春皮影演出盛况 倾心传承期盼地方艺术常青
1 月 28 日	电视通稿	（新春走基层）唐山：社区关爱地震截瘫夫妇　包饺子做年菜喜迎新春
4 月 1 日	电视通稿	（清明节）唐山民众祭扫地震遇难同胞
4 月 3 日	摄影	（社会）河北唐山：地震墙前寄哀思
4 月 15 日	摄影	（社会）河北唐山：退休老人荒山植绿
4 月 15 日	通稿	（新华简讯）河北唐山对接京津教育 签约项目已达 141 个
4 月 17 日	电视通稿	河北迁西：春光明媚梨花香
4 月 20 日	对外	（行走中国）迁安突围：“中国钢城”的转型之路
4 月 22 日	体育	河北迁安山地越野马拉松在长城绿道开跑
5 月 8 日	通稿	河北迁安创建全国文明城市见闻：“300 米可见绿、500 米可入园”
5 月 12 日	信息	我国北方首个海上风电示范项目在唐山乐亭开工
5 月 15 日	通稿	中国经济简讯：中车 40 辆地铁列车交付土耳其伊兹密尔
5 月 16 日	新华网	（经济）河北唐山：从钢铁大市向装备制造大市转变
5 月 25 日	摄影	（环境）唐山南湖：昔日“工业疮疤”变身“城市绿肺”
6 月 1 日	通稿	（文化·时讯）第 27 届全国图书交易博览会唐山会场暨第 9 届河北省书博会开幕
7 月 7 日	图片通稿	唐山港京唐港区上半年吞吐量创历史新高
7 月 12 日	图片通稿	河北唐山：“入伏”送清凉 关爱环卫工
7 月 26 日	图片通稿	城建重工（唐山曹妃甸）新能源汽车下线
7 月 27 日	图片通稿	河北唐山：春盐丰收货满仓
8 月 1 日	通稿	中国（乐亭）拉美产业园加紧“筑巢引凤”
8 月 3 日	摄影	（经济）曹妃甸“绿色”火电工程加紧建设
8 月 6 日	摄影	（环境）河北唐山：采煤沉降地变身风景区

8月9日	摄影	（经济）唐山港京唐港区集装箱吞吐量突破100万箱
8月30日	摄影	（社会）巨型“3D稻田画”亮相曹妃甸
9月9日	通稿	（科技）我国目前最先进的时速250公里等级动车组下线
9月11日	新媒	河北玉田鸦鸿桥——一个500年商贸集市的薪火相传
9月13日	摄影	（经济）河北唐山港修建防风网抑尘
9月16日	摄影	（经济）第二十届唐山中国陶瓷博览会开幕
9月18日	通稿	（喜迎十九大·京津冀在行动）鸦鸿桥人家——三代人见证守护京东小镇商贸繁华
9月21日	摄影	（经济）河北滦县：借力协同发展 打造京津“菜篮”
9月23日	摄影	（社会）河北唐山：雷锋精神纪念馆弘扬社会正能量
9月23日	摄影	（经济）河北唐山：煤炭企业变身“环保卫士”
9月24日	摄影	（体育）全民健身——第二届中国迁安国际长城万人徒步大会举行
9月19日	电视通稿	（京津冀协同发展）鸦鸿桥人家：见证500年京东大集再逢新机遇
10月12日	摄影	（环境）河北唐山：乐享南湖秋色
10月26日	摄影	（社会）河北唐山：水稻种植专业合作社助农增收
10月27日	摄影	（社会）河北唐山：昔日高耗能耐火砖厂变身高精细电子公司
10月27日	摄影	（科技）氢燃料电池有轨电车全球首次商业运营
10月28日	摄影	（文化）河北迁安举办“轩辕黄帝文化周”活动
10月28日	摄影	（经济）河北唐山：打造工业旅游名片 推动工业城市转型发展
11月11日	摄影	（经济）曹妃甸口岸实现40万吨船舶停靠常态化
11月12日	摄影	（经济）河北丰润大力推广环保节能型装配式住宅建筑
11月15日	通稿	（环境）河北唐山：今冬7万农户用天然气烧饭取暖
11月15日	摄影	（环境）河北滦县：推进废弃矿山治理
11月16日	摄影	（经济）CRH3A型动车组即将亮相西成高铁
12月2日	摄影	（社会）河北唐山成立志愿服务组织孵化基地
12月7日	摄影	（社会）河北滦南：“碳纤维+光伏”采暖进校园
12月23日	新媒	（新华视界）唐山麻糖留香400年
12月30日	通稿	（经济）北京首条磁浮S1线开通：唐山造磁浮列车“贴地飞行”

【中央人民广播电台】

1月14日	央广新闻	曹妃甸推出承载首都高校疏解“大礼包”向北京高校无偿提供土地
4月2日	央广新闻	连线：清明假期，唐山采取多项措施应对重污染天气来袭
5月5日	全国新闻联播	中车唐山公司获美国费城大订单 合同总价约11亿元
5月6日	央广新闻	连线：中车唐山公司获美国费城大订单 合同总价约11亿元
6月14日	央广新闻	北京首条“唐山造”中低速磁浮列车上线调试有望年内试运营
6月19日	新闻和报纸摘要	【提要】同仁堂等24家北京保健品企业生产基地迁往河北唐山
10月27日	央广新闻	连线：中车唐山研制世界首列商用型氢燃料混合动力100%低地板现代有轨电车，在唐山举办的中国工业旅游产业发展联合大会上首次投入商业载客运营。
11月16日	央广新闻	CRH5A型动车组即将亮相西成高铁

【中央电视台】

1月26日	新闻联播	大采购 巧装扮 欢欢乐乐迎新年
		河北唐山南湖点亮万盏彩灯，照亮节日夜空
2月10日	新闻联播	韩文宝：“陀螺式”的“换肝医生”
4月2日	朝闻天下	【河北唐山 清明时节·文明祭扫】鲜花卡片寄托哀思
4月18日	第一时间	河北唐山：阳春三月 风筝飞满天
4月25日	中国新闻	中国国际山地越野马拉松在河北迁安举行
7月24日	中国新闻	【夏季马拉松 激情开跑】河北唐山国际旅游岛举办半程国际马拉松
10月27日	经济信息联播	中国工业旅游产业发展联合大会今天在唐山召开
11月12日	24小时	河北唐山 打掉候鸟催肥窝点解救候鸟三万只
12月3日	新闻直播间	记者探访为西成高铁“量身定制”的“黄金眼”
12月6日	24小时	河北唐山 志愿服务组织孵化基地成立
12月21日	经济信息联播	河北唐山：高端装备制造业成经济增长新引擎

（付海滨）

附录

FuLu

名　录

【2017年全国五一劳动奖状】
河北瑞兆激光再制造技术有限公司

【2017年全国工人先锋号】
唐山鑫丰集团丰南区热力有限公司西城区锅炉房
唐山百川智能机器有限公司研发1组

【2017年全国公安系统英雄模范立功集体】
唐山市公安局丰南区公安局
唐山市公安局玉田县公安局刑事侦查大队
唐山市公安局交警支队特勤大队

【2017年全国百强县级供销社】
滦南县供销社
遵化市供销社

【2017年全国农民合作社示范社】
玉田县集强农民专业合作社联合社
乐亭县万事达果蔬专业合作社
乐亭县德强果蔬专业合作社
滦县余庆养殖专业合作社

【2017年全国基层供销社标杆社】
唐山市迁西县喜峰口供销合作社
唐山市玉田县彩亭桥镇供销合作社
唐山市玉田县陈家铺乡供销合作社
唐山市遵化市马兰峪镇供销合作社
唐山市遵化市新店子镇供销合作社

【2017年河北省五一劳动奖状】
唐山建设投资有限责任公司
唐山市地方税务局
唐山市国家税务局
唐山港集团股份有限公司
迁安市龙兴经济发展有限公司
唐山市金石超硬材料有限公司
唐山百川智能机器有限公司

【2017年河北省工人先锋号】
开滦集团矿业工程有限责任公司印度江基拉项目部
河钢集团唐钢公司范兰涛创新工作室
中国二十二冶集团有限公司装配式住宅产业分公司预制构件生产车间
国网冀北电力有限公司唐山供电公司电力调度控制中心自动化运维班
大唐国际发电股份有限公司陡河发电厂燃料管理部
中铁十八局集团第二工程有限公司郑阜铁路项目部
中国邮政集团公司唐山市分公司建设路邮政支局
国投中煤同煤京唐港口有限公司创新之家工作室
河北大唐国际丰润热电有限责任公司发电部
河北大唐国际唐山热电有限责任公司设备工程部自动化室
唐山国亮特殊耐火材料有限公司研发中心
河北津西钢铁集团股份有限公司H型钢一厂
唐山万里香食品有限公司维修安保组
唐山市德龙钢铁有限公司炼铁车间
唐山万通发动机检修有限公司柴油机车间
河北天柱钢铁集团有限公司带钢车间
唐山津丰泓泵业有限公司机加工车间
河北美客多食品集团有限公司长城种禽孵化车间
唐山金帝达机电有限公司模具开发部
唐山市热力总公司自控研发中心
中共唐山市纪律检查委员会案件监督管理室
唐山市政府办公厅唐山市行政审批管理办公室

【2017年河北省三八红旗集体】
玉田县国家税务局办税服务厅
路南区惠民街道办事处
唐山市国家税务局人事教育处
唐山市古冶区市场监督管理局

【2017年唐山市新认定驰名商标】
2017年，唐山市新认定全国驰名商标1个。（见表17）

【2017年唐山市新注册地理标志产品】 2017年，唐山市新注册地理标志产品5个，（见表18）

2017年度唐山市新认定驰名商标表

表17

序号	商标注册证号	县级	商标	注册人／所有人（认定时）	类别	商品／服务	认定时间
1	10544076	玉田县	德润农	河北润农节水科技股份有限公司	19	非金属管	2017年4月26日

2017年唐山市新注册地理标志产品汇总表

表18

序号	县区	商标	注册人	类别	商品/服务	注册号	注册日期
1	曹妃甸区	曹妃甸大米	唐山市曹妃甸区农林畜牧水产技术推广站	30	米	14599071	2017年2月21日
2	曹妃甸区	曹妃甸胭脂稻	唐山市曹妃甸区农林畜牧水产技术推广站	30	米	14599073	2017年3月28日
3	丰润区	丰润生姜	唐山市丰润区生姜行业协会	31	新鲜生姜	17926608	2017年2月21日
4	遵化市	遵化香菇	遵化香菇产业协会	29	香菇（干制）	19159281	2017年3月28日
5	遵化市	遵化香菇	遵化香菇产业协会	31	新鲜香菇	19159282	2017年3月28日

【2017 年唐山新增绿色食品】

乐亭万事达生态农业发展有限公司：桃

唐山绿昕农业开发有限公司：黄瓜、番茄、辣椒、茄子、菜豆、花椰菜、甜椒、西葫芦、设施桃、薄皮甜瓜

唐山市丰南区舒氏家庭农场：葡萄、番茄

唐山市丰南区大齐各庄镇雪丰果树种植专业合作社：油桃、毛桃

唐山市丰南区立国家庭农场：葡萄、油桃、毛桃

唐山弘亚农业开发有限公司：西红柿、草莓

芦台经济开发区永兴种植专业合作社：长粒清香米

【2017 年唐山无公害产品产地】

唐山绿野农林种养殖有限公司（乐亭县）：黄瓜

乐亭县小捞果菜专业合作社：辣椒

乐亭县佳音果蔬专业合作社：

乐亭县金畅果蔬专业合作社：辣椒、韭菜、芹菜、薄皮甜瓜、菜豆、黄瓜、茄子、番茄

乐亭县绍东果树专业合作社：大白菜

乐亭县乐相果菜专业合作社：大白菜

乐亭县富民果蔬专业合作社：甜椒

乐亭县小三果蔬专业合作社：桃

乐亭县益农蔬菜专业合作社：黄瓜、番茄、厚皮甜瓜、辣椒、韭菜

乐亭县振江果菜专业合作社：番茄

乐亭县兄弟果蔬专业合作社：

乐亭县晓晨果蔬专业合作社：

乐亭县雷刚果树专业合作社：

唐山老米沟农业发展有限公司：苹果

河北省国营柏各庄农场第六农场：芹菜

国营柏各庄农场第十农场：西红柿

国营柏各庄农场第九农场：

唐山市曹妃甸区创新农业生态有限公司：

曹妃甸区昊田蔬菜合作社：番茄、葡萄

曹妃甸区绿农水稻合作社：大米

国营柏各庄农场第六农场：西红柿

唐山市双利农业开发股份有限公司（遵化）：草莓、黄瓜

唐山尚禾源农业开发有限公司（遵化）：黄瓜、番茄

遵化市绿康蒜黄种植园：蒜黄

遵化市山坡香果蔬专业合作社：黄瓜

唐山市丰南区黄各庄镇贵东蔬菜产销专业合作社：

唐山市丰南区宝信辣椒产销专业合作社：

唐山市丰南区丰南镇经济发展公司：

唐山市丰南区润泽果蔬农民专业合作社：小麦、玉米

唐山市丰南区大新庄绿野农业综合服务站：

唐山市丰南区顺达蔬菜专业合作社：大白菜

唐山市丰润区成林蔬菜农民专业合作社：

唐山市丰润区利忠种植农民专业合作社：

唐山市丰润区美丽三野农作物种植农民专业合作社：

唐山市丰润区鼎鑫农资农民专业合作社：

唐山三野食品有限公司：

唐山市丰润区民强果蔬种植农民专业合作社：

滦南县酷薯薯业合作社：

滦南县井丰葱类种植专业合作社：甘蓝、番茄、葱

滦南县琛依蔬菜种植专业合作社：

滦南县绍峰蔬菜种植专业合作社：甜瓜、韭菜

滦南县芳香甜瓜种植专业合作社：大白菜

滦南县贵富果菜种植专业合作社：

滦南县农鑫蔬菜种植专业合作社：

滦南县天诺蔬菜种植专业合作社：番茄、芹菜

滦南县坨里镇农技服务中心：甘蓝、辣椒

滦南县绿源蔬菜专业合作社：苦苣、叶用莴苣、莴笋

滦南县兆新果菜种植专业合作社：

滦南县鑫隆果菜批发中心：

玉田县富民农民专业合作社：

玉田县富乐农民专业合作社：

玉田县沃绿达农民种植销售专业合作社：大白菜

玉田县绿丰蔬菜种植农民专业合作社：黄瓜

玉田县聚民专业合作社：大白菜

玉田县玉鑫蔬菜产销专业合作社：马铃薯、大白菜

玉田县富达农民专业合作社：胡萝卜

玉田县农福缘农民专业合作社：芹菜、番茄、大白菜、黄瓜、草莓
玉田县集强农民专业合作社：小麦
汉沽管理区惠农玉米种植农民专业合作社：玉米
唐山市古冶区科兴有机蔬菜农民专业合作社：番茄、黄瓜、菜豆
滦县燕滦果蔬专业合作社：苹果
郎红棚菜专业合作社（滦县）：紫心萝卜、白菜、茄子、菜豆、黄瓜、番茄
唐山鼎晨食品有限公司：荠菜、甜玉米
唐山市曹妃甸区金水湾果蔬种植有限公司：葡萄
唐山市曹妃甸区龙河华景莲藕种植有限公司：莲藕
滦县军英牧场：生鲜牛乳
滦县宝福现代农牧有限公司：生猪
滦县顺合畜牧有限公司：生鲜牛乳
迁西县颐园家禽养殖有限公司：鲜鸡蛋
玉田县荣己养猪场：生猪
玉田县祥岭养殖场：生猪
玉田县富源养殖有限公司：生猪
玉田县少忠生猪养殖场：生猪
唐山荣程蔬菜种植有限公司：生猪
贾宝辉（河北省玉田县生猪养殖场）：生猪
郝永新（河北省玉田县生猪养殖场）：生猪
玉田县丽超养猪场：生猪
玉田县杨俊奎生猪养殖场：生猪
玉田县曹文汉养猪场：生猪
玉田县张洪俊生猪养殖场：生猪
玉田县智开养猪场：生猪
玉田县仇淑英生猪养殖场：生猪
玉田县宏发养猪场：生猪
遵化市绿野肉鸡养殖专业合作社：肉鸡
遵化市桃花峪生态养殖园：生猪
遵化市大汤河肉鸡养殖基地：肉鸡
遵化市陈庄子曙光肉鸡养殖专业合作社：肉鸡
唐山市丰润区京丰诚信乳业有限公司：生鲜牛乳
芦台经济开发区双龙生态农业发展有限公司：生猪
唐山市丰南区建国养殖有限公司：生猪
唐山市曹妃甸区荣盛养殖场：鲜鸡蛋
唐山东方原种猪场：生猪
迁安市扣庄乡绿叶养猪场：生猪
遵化市马兰峪燕升养殖场：鲜鸡蛋
遵化市天时生猪养殖专业合作社：生猪
唐山市开平区八里庄银生养殖场：鲜鸡蛋
唐山市开平区双诚生态畜牧农民合作社：肉羊
滦南蓝天奶牛养殖有限公司：生鲜牛乳
唐山蓝海船务集团蓝海畜牧养殖有限公司：生猪
迁西县龙顺柴鸡养殖专业合作社：鲜鸡蛋
唐山市新辉养殖有限公司：生猪
唐山市丰南区惠福园生态养殖有限公司：鲜鸡蛋
滦县吉祥牧场：生猪
唐山市汉沽管理区农鑫养猪场：生猪
唐山市古冶区南范英友牧场：生鲜牛乳
玉田县郭家桥乡京玉养殖场：生猪
玉田县牧富种猪繁育有限公司：生猪
玉田县东诚种猪场：生猪
玉田县春梅养殖场：生猪
遵化市长城种禽有限公司：肉种鸡
唐山市曹妃甸区鑫诚养殖场：鲜鸡蛋
滦县畜牧人养殖有限公司：活鸡
河北美客多食品集团有限公司：鸡肉
河北美客多食品集团有限公司：活鸡
唐山市汉沽管理区金朝养猪场：生猪
滦南县鑫华畜禽养殖专业合作社：生猪
滦南县宏源畜牧养殖有限公司：生鲜牛乳
玉田县广源养殖场：生猪
玉田县桂荣养猪场：生猪
唐山市开平区史翠英养猪场：生猪
唐山水清木华实业有限公司：鲜鸡蛋
唐山市丰润区昌盛养殖农民专业合作社：鲜鸡蛋
迁安市任贵养猪场：生猪
唐山市新基源种猪有限公司：生猪
唐山市丰南区正达畜牧养殖场：生猪
唐山市国富润兴奶业有限公司：肉牛
唐山市古冶区犇鑫奶牛养殖农民专业合作社：生鲜牛乳
芦台经济开发区天成奶牛场：生鲜牛乳
唐山市腾龙畜禽养殖有限公司：生猪
唐山市腾龙畜禽养殖有限公司：活鸡
唐山市佳汇畜禽养殖有限公司佳乐养猪场：生猪
唐山市丰南区国富润兴奶业有限公司：生鲜牛乳
芦台经济开发区聚旺养猪专业合作社：生猪
北粮农业股份有限公司：鲜鸡蛋
唐山汉沽兴业奶牛养殖有限公司：鲜牛乳
唐山市汉沽管理区金朝养猪场：生猪
唐山市丰润区绿源养殖场：鲜鸡蛋
滦南县聚宝养牛专业合作社：活牛
曹妃甸区一农场荣元蛋鸡场：鲜鸡蛋
唐山市曹妃甸区京翔养殖有限公司：鲜鸡蛋
曹妃甸区八农场浩鑫养殖场：鲜鸡蛋
曹妃甸万凯丰畜牧养殖场：生猪
玉田义和园生态农业有限公司：生猪
玉田县顺发养殖场：生猪
玉田县鸦鸿桥镇兴盛养殖场：生猪
玉田县鸦鸿桥镇海荣养猪场：生猪
玉田县祥岭养殖场：生猪
玉田县虹桥镇定府村宏达养猪场：生猪
玉田县齐峰联合养殖场：鲜鸡蛋
唐山市丰南区正达畜牧养殖场：生猪
唐山市丰南区鼎晨畜牧养殖专业合作社：生猪
唐山市丰南区康乐畜牧养殖农民专业合作社：生猪
唐山市丰南区洋洋果蔬种植养殖有限公司：鲜鸭蛋
唐山市燚康牧业开发有限公司：肉牛
遵化市福聚养殖场：生猪
迁西县颐园家禽养殖有限公司：鲜鸡蛋
迁安市朱向华养鸡专业合作社：肉鸡
玉田县东诚种猪场：生猪
玉田县郭家桥乡京玉养殖场：生猪
玉田县牧富种猪繁育有限公司：生猪
遵化市长城种禽有限公司：种鸡蛋
遵化市绿野肉鸡养殖专业合作社：肉鸡
遵化市陈庄子曙光肉鸡养殖专业合作社：肉鸡
遵化市德泰禽业有限公司：肉鸡
唐山市余庆集发禽业有限公司：鲜鸡蛋
滦县鸿明畜牧有限公司：生猪
滦南县方陈生猪养殖专业合作社：生猪
唐山市丰南区尖子沽泓璎畜禽养殖专业合作社：鲜鸡蛋
唐山市丰南区大新庄镇周军养殖场：肉牛
唐山市丰南区惠福园生态养殖有限公司：鲜鸡蛋
唐山市古冶区晨昇有限公司：肉羊
芦台经济开发区金岭畜禽养殖场：

生猪
唐山市新辉养殖有限公司：生猪
唐山市曹妃甸港源生猪养殖有限公司：生猪
曹妃甸区八农场鑫正养殖场：鲜鸡蛋
曹妃甸区八农场洪彦养殖场：鲜鸡蛋
唐山市汉沽管理区通朔养殖场：肉鸡
唐山市汉沽管理区宝成肉鸡养殖有限公司：肉鸡
芦台经济开发区双龙农业发展有限公司：生猪
滦县吉祥牧场：生猪
唐山市曹妃甸区荣盛养殖场：鲜鸡蛋
唐山市大友养殖有限公司：生猪
唐山市曹妃甸区鑫诚养殖场：鲜鸡蛋
河北美客多食品集团股份有限公司：肉鸡
迁西县龙顺柴鸡养殖专业合作社：鲜鸡蛋
唐山市曹妃甸区第七农场：对虾、蛤、河蟹、淡水鱼
唐山市曹妃甸区丰英水产养殖有限公司：中国对虾、海参
唐山曹妃甸惠通水产科技有限公司：中国对虾、海参牙鲆
唐山市希忠水产有限公司：中国对虾、海参
唐山市曹妃甸区瑞达水产养殖专业合作社：中国对虾、梭子蟹、海参
唐山市曹妃甸区盛茹水产养殖专业合作社：中国对虾
唐山市曹妃甸区维卓水产养殖有限公司：中国对虾、牙鲆
唐山市曹妃甸区祥盛水产养殖场：中国对虾、梭子蟹、牙鲆
滦南县兴海水产养殖专业合作社：鲤鱼、鲢鱼
唐山市曹妃甸十里海养殖场：中国对虾、日本对虾
唐山市曹妃甸区第四农场：南美白对虾、鲤鱼
乐亭县兴乐水产养殖专业合作社：海湾扇贝
唐山海都水产食品有限公司：杂色蛤、对虾
唐山滦丰养殖有限公司：半南美白对虾
唐山市丰南区金旺水产良种场：南美白对虾、毛蚶
唐山市丰南区丰越泥鳅养殖有限公司：泥鳅
唐山欢乐渔谷旅游文化有限公司：鲤鱼
曹妃甸区三农场海龙水产养殖场：中国对虾
曹妃甸区三农场金海水产养殖场：中国对虾
唐山市曹妃甸区欣澳水产养殖有限公司：半滑舌鳎、大菱鲆、牙鲆
河北鼎立养殖有限公司：中华鳖
玉田县双龙甲鱼养殖有限公司：中华鳖
玉田县大安镇富友甲鱼养殖场：中华鳖
滦县老龙湾鱼种场：鲢、鳙、鲤、草
滦县天润水产生态养殖园：鲢、鳙、鲤、鲫
乐亭县丰汇海水养殖有限公司：海参
乐亭铭泰水产养殖有限公司：海参
乐亭县海华水产养殖有限公司：日本对虾、海参
乐亭县向光海水养殖场：海参、日本对虾、中国对虾、南美白对虾
唐山曹妃甸区益发农业生态园有限公司：南美白对虾、中国对虾
唐山市曹妃甸区凤梧农业生态园有限公司：南美白对虾
唐山鑫海湖绿色农业生态园有限公司：鲤鱼、花鲢、梭鱼、草鱼
唐山市曹妃甸区落潮湾湖生态园有限公司：鲤鱼、鳙鱼
唐山市曹妃甸区兴洲水产养殖有限公司：南美白对虾、海参、中国对虾
唐山市曹妃甸区兴海水产品养殖有限公司：南美白对虾、海参、中国对虾
唐山曹妃甸区源泽水产养殖有限公司：南美白对虾、日本对虾
唐山市丰南区勃生水产专业合作社：草鱼、鲫鱼
唐山市丰南区汇成特种水产养殖场：罗非鱼、加州鲈鱼
唐山市丰南区挚丰水产养殖场：南美白对虾
唐山市丰南区福盛育苗场：南美白对虾
唐山市丰南区盛宏水产养殖专业合作社：草鱼、鲢鱼
玉田县大安镇碧源甲鱼养殖场：中华鳖
玉田县鑫龙养殖专业合作社：中华鳖
玉田县营霖养殖农民专业合作社：鲤鱼、草鱼
玉田县汇东农民专业合作社：鲤鱼、草鱼
遵化市洪利畜禽养殖专业合作社：河蟹、鲤鱼、草鱼、鳙鱼、鲢鱼、鲫鱼
唐山海港大清河鑫鸿海水养殖场：南美白对虾、中国对虾、海参、半滑舌鳎
乐亭县马头营龙翔水产品养殖场：半滑舌鳎、大菱鲆
唐山普林海珍养殖有限公司：漠斑牙鲆、舌鳎、对虾
唐山市曹妃甸区会达水产养殖有限公司：中国对虾、海参、牙鲆、半滑舌鳎
唐山市丰南区忠海育苗场：南美白对虾

【唐山市十大文化产业项目】

中唐·天元谷民俗文化旅游综合体（迁安市）
曹妃甸大学城文化创意主题街区（曹妃甸区）
唐山工业博物馆主题广场（南湖管委会）
唐山世艺新型印刷包装产业基地（丰南区）
实宝来游乐设备生产加工项目（乐亭县）
仁润图书及包装印刷项目（丰润区）
洒河漂流项目（迁西县）
锦程美术教育总部项目（路南区）
唐山金土地娱乐中心项目（开平区）
唐山陶瓷博物馆（路北区）

【唐山市文化产业示范园区】

通达文化创意产业园（丰南区）
莲花岛文化创意园区（迁安市）
启新 1889 文化创意产业园区（路北区）
滦河文化产业园区（滦县）
满族皇家文化特色村镇（遵化市）

【唐山市文化产业示范街区】

天幕·唐人街（路北区）
恋恋文艺小镇（曹妃甸区）

【唐山市文化创意产业孵化基地】

宝升昌全球创客孵化中心（路南区）
河北金卓颐高电子商务产业园（遵化市）
新百工众创空间（高新区）
佳佳文化创客服务展示中心（曹妃甸区）
冀东文创汇（高新区）

【唐山市文化主题酒店】

繁花音乐酒馆
满庭芳酒店
新华大酒店
荣园文化主题酒店

亚朵轻居
爱丽森商务酒店
乐丫生态文化主题酒店
穷棒子文化博览园
通源国际大酒店
聿舍瓷文化酒店

【维修行业五星级服务示范店】
滦县天天汽车维修服务有限公司
遵化市海日顺商贸有限公司
唐山市伟业电子衡器有限公司
唐山市汇丰实业集团有限公司

【维修行业四星级服务示范店】
滦县古城剑达腾飞高较汽车修理厂
滦县雄峰汽车修理厂
遵化市鼎盛之家家具城
迁安市华铃汽车销售服务有限公司
唐山佳源环境工程有限公司
唐山征途汽车销售服务有限公司
唐山天众科技有限公司
遵化市北二环西路翔宇通信器材经营部

【维修行业三星级服务示范店】
迁安市迁安镇联鑫顺通讯商店
迁安市迁安镇运良汽车修理部
迁安市建昌营镇广进小电器商店
玉田县玉田镇武老二家电维修部
玉田县玉田镇无终西街众帮汽车快修社区服务站
唐山市春秋眼镜有限公司
遵化市环宇飞扬商贸有限公司
遵化市星港汽车维修厂
滦县宏新电脑有限公司
滦南县奔城宏达通讯部
滦南县中原通讯手机商场
滦南县城中城通讯和平路店
唐山市路南陆宝汽车维修服务部
唐山市路南顶固家居建材商行
唐山市路南新华汽车美容装饰商行
唐山市路南蓝邦建材商店
唐山市车博仕商贸有限
唐山市丰南区丰南镇盛帝家俬城公司
唐山中进捷旺汽车销售服务有限公司
河北六联通信科技有限公司
唐山市路北区荣荣五金交电经销处
唐山市科隆家电销售有限公司
唐山长城门业有限公司
唐山市丰润区长城交电经营部

名 单

【2017 年全国五一劳动奖章】
杨万林
张凤东
张 健
张 军

【2017 年唐山市入选中国好人榜】
张立东
佟立华
赵久丰
朱艳敏

【2017 年全国优秀人民警察】
张国昉 唐山市公安局路北分局大里派出所所长
周 伟 唐山市公安局滦南县公安局刑事侦查大队案件审核中队中队长
金卫忠 唐山市公安局古冶分局党委委员、副局长
董旭军 唐山市公安局丰南区公安局大新庄派出所所长
苗宏伟 唐山市公安局高新技术产业园区分局副局长兼刑侦大队大队长

【2017 年全国农村青年致富带头人】
郭常春
孙守顺
李 松

【2017 年河北省五一劳动奖章】
刘国庆 男 开滦能源化工股份有限公司吕家坨矿业分公司工人
韩一杰 男 河钢集团唐钢公司班组长
李百川 男 唐山三友集团兴达化纤有限公司安全管理部部长、监事
张建忠 男 冀东油田井下作业公司队长
李东波 男 中车唐山机车车辆公司产品研发中心中层助理
梁凤敏 女 国网冀北电力有限公司唐山供电公司副班长
于立伟 男 河北津西钢铁股份有限公司员工
马 超 男 唐山三友化工股份有限公司纯碱分公司叉车工
蒙海斌 男 河北栗源食品有限公司水环境检验工
张晓建 男 唐山万浦热电有限公司高压焊工
孟 英 男 唐山建华实业集团有限公司董事长
王 丽 女 唐山鑫丰集团丰南区热力有限公司工程师
洪金祥 男 唐山市南湖生态城管理委员会（筹建）建设开发综合服务中心主任
张 璇 女 唐山市路北区市场监督管理局办公室副主任
杨秀兰 女 唐山市工人医院护理部主任
王海斌 男 唐山市丰润区东实验小学教师

【2017 年河北省三八红旗手】
高玉双 迁安市杨店子镇高引铺村党支部书记兼迁安市盛龙商贸有限责任公司董事长
孙连凤 唐山市迁西县新庄子乡党委书记
于海英 乐亭县李大钊纪念馆副馆长
董淑艳 唐山市丰南区黄各庄镇党委副书记、镇长
耿丽君 唐山市滦南县医院副院长
何 颖 河北兴隆起重设备有限公司总经理
贾延军 唐山市路北区妇幼保健院院长
岳春阳 遵化市妇联主席
于桂芬 唐山市开平区委组织部区委组员办副主任、组织科科长

【2017 年河北省三八红旗手标兵】
许金玲 唐山奥盛通科技有限公司董事长

【唐山市首届“市长特别奖”】
侯志刚团队 中车唐山机车车辆有限公司
许开成 中信重工开诚智能装备有限公司董事长
王彦庆 惠达卫浴股份有限公司总经理
刘文彦 冀东发展集团有限责任公司董事长
么志义团队 唐山三友集团有限公司
任毅恒团队 唐山达创科技有限公司
甘中达团队 燕赵财产保险股份有限公司
马书根团队 唐山新禾智能科技有限公司
杨淑杰 唐山百川智能机器有限公司总裁
曹 炬 唐山航天万源科技有限公司副董事长
李宏宇等 京冀曹妃甸协同发展示

范区管委会 13 名北京挂职干部

【唐山市首届“市长特别奖”提名奖】

么向华团队　唐山银行股份有限公司
尹军花　迁安市九江拳击俱乐部运动员
蒋　超　河北华发教育科技股份有限公司董事长
叶金保　英诺特（唐山）生物技术有限公司董事长
代淑梅　中溶科技股份有限公司董事长
杨福占　唐山晶玉科技有限公司董事长
韩宏升　河北瑞兆激光再制造技术有限公司总经理
黄居彬　唐山境界实业有限公司董事长
杜保辉团队　自媒体“唐山那些事儿”微信公众号

【2017 年度唐山市公安局个人一等功】

毕登义　唐山市公安局党委副书记
马爱军　唐山市公安局交警支队支队长
曹连舫　唐山市公安局警务保障处党支部书记、副调研员
高宏坤　唐山市公安局指挥部副主任
刘瑞寅　唐山市公安局科技信息化处处长

【2017 年度唐山市仲裁员特殊贡献奖】

刘振东　彭立松　赵富力　祝瑞英

【2017 年唐山市优秀首席仲裁员】

黄建文　冀小山　陶运和　王大明
王恩民　杨洪宝　于有志　张树亮
赵国来　郑国平

【2017 年度唐山市仲裁员显著进步奖】

薄立岩　陈书云　郭　涛　侯剑锋
蔺和刚　钱　勇　王　斌　杨　华
杨文领　张宝良　张　浩

【2017 年唐山市优秀仲裁员】

郭宝琴　郝秀娟　侯春来　蒋占金
李会珍　李同庆　刘光耀　彭　强
苏　胜　唐凤芝　邢淑英　闫　静
杨士兴　杨泽斌　于幼禾　张东文
张冬云　张　伟　祝明钊

【2017 年唐山市十佳教师】

刘兆琪　唐山工业职业技术学院教师
王晓全　丰南区职业技术教育中心教师
张　敬　唐山市第一中学教师
唐立平　唐山市第二中学教师
夏常玉　遵化市第一中学教师
阚玉焕　滦县茨榆坨镇茨榆坨中学教师
高东友　丰润区火石营镇黄昏峪小学教师
刘术超　玉田县郭家桥乡胡秀庄中心小学校长
赵二丽　乐亭县第三实验小学教师
吴妍荣　路北区第十二幼儿园教师

【2017 年唐山市十佳少年】

刘婧妤　唐山市雷锋小学少先队副大队长
熊朔炎　路北区实验小学五一班班长
冯光朴　古冶区赵各庄第三小学四一班班长
宋佳蔚　丰润区第二实验小学六三班班长
聂择桐　丰南区大齐学校六三班班长
王　涵　玉田县大安镇石河中心小学少先队大队长
何佳凝　遵化市第二实验小学六二班班长
陈晨雪郁　滦县第四实验小学少先队大队长
杜　健　滦南县第二实验小学六一班班长
李俊呈　唐山师范学院附属小学五二中队中队委

【2017 年唐山市十佳中学生】

王郑泽　唐山市友谊中学八七班班长
于泽坤　唐山市第十二中学八七班团支部书记
李卓蓉　唐山市第四十九中学七 12 班班长
户　航　丰润区泉河头镇中学九二班班长
吴雨晴　玉田县第三中学七五班班长
蒋欣玲　遵化市第一中学高三 32 班
刘佳宁　迁西县第一中学高二二班副班长
张卓轩　迁安市第一中学学生会主席
吕依珂　乐亭县新戴河初级中学九 11 班班长
魏　曈　唐山市第一中学高二 13 班学习委员

【唐山市第二批中小学（幼儿园）名校长】

陈福广　玉田县第二中学
牛丽茹　唐山市第九中学
刘艳丽　滦南县特殊教育学校
何海波　迁安市扣庄初级中学
刘向东　唐山市第四十六中学
姚庆田　唐山市金桥中学
李世春　乐亭县第三初级中学
王会国　迁安市第三初级中学
张玉莲　丰南区第一实验小学
张　超　路北区西山路小学
周雅会　丰润区迎宾路小学
刘革新　南堡实验中学小学部
王友志　遵化市第三实验小学
陈　斌　路南区胜利路小学
张　军　唐山市荆各庄小学
谷淑园　迁西县实验小学
冯素英　古冶区实验小学
何术军　遵化市第四实验小学
刘晓更　路北区兴盛丽景小学
孙士尊　丰南区小集镇小集中心小学
纪瑞谦　唐山市唐马路小学
杨春锋　迁安市第四实验小学
马丽霞　迁安市杨各庄镇明德小学
赵秀娟　开平区第一实验小学
刘国余　遵化市第一实验小学
徐晓清　路北区世嘉实验小学
靳凤玲　滦南县第三实验小学
廉文山　迁安市第二实验小学
王玉媛　滦南县柏各庄镇中心小学
刘红丽　滦南县第二实验小学
张秀杰　滦县第四实验小学
王小玲　路北区荣华道小学
刘秀红　唐山市第四幼儿园
高建民　唐山市第二幼儿园
张　健　玉田县第一幼儿园
王丽华　迁安市光彩幼儿园
谢志清　唐山市第五幼儿园
赵海珍　迁安市直属机关幼儿园
王学文　开平区第二幼儿园

【2017 年唐山市中小学名师】

李艳华　唐山一中
高永利　曹妃甸区第一中学
董玉华　河北唐山外国语学校
于满慧　迁西县第一中学
王金芳　河北唐山外国语学校
张玲玲　唐山一中
陈文成　开滦二中
李子春　唐山二中
张淑伟　河北唐山外国语学校
刘轶杰　乐亭第一中学
王月峰　迁安市第一中学
饶伟英　路北区韩城镇中学
张海青　唐山第十二中学
高秀娟　路南区友谊中学
王志伟　路南区友谊中学

王轶丹　河北唐山外国语学校
孟　丹　路南区新华西道小学
戚晓丽　古冶区实验小学
顾　青　乐亭第二小学
吕金颖　丰润区迎宾路小学
王淑文　滦县第三实验小学
李秋丽　开平区教育局
季颖红　路南区胜利路小学
吴洪涛　唐山市第四幼儿园
苏秋华　乐亭县第三幼儿园
裴爱玲　唐山市特殊教育学校

【2017 年唐山市优秀教师】

师德标兵（99 名）

王丽娜　赵　爽　曹　蕾　郭万青
刘艳娟　王志国　陈　靖　王赤炎
罗　伟　刘艳春　孙丽萍　董　慧
娄　远　赵广强　冯　昭　马玉青
张金文　刘　跃　程化军　张春丽
彭李梅　陈国晖　张秀峰　刘晓荣
孙　颖　唐洁书　刘晓玉　何　倩
张晓丽　刘艳萍　孟　静　刘立凤
张　敏　罗丽红　戚　军　赵凤丽
冯杏荣　李宗辉　庞立民　翟惠娟
郭向红　李英春　刘丽娜　王晓颖
梁　艳　陈文芳　林晓波　姚爱敏
田东玲　刘桂红　郑伟玲　张树宝
汪秀芹　刘天凤　孙振国　王玉萍
刘晓菊　毕艳菊　李　霞　王新国
马立娇　张双林　顾立中　魏秋菊
李文强　苏秋华　韩秀梅　许冬梅
赵焕超　孙妍妍　李　辉　王志美
韩兴军　何易洁　刘秀娟　张春蕾
田海丰　张晓丽　张秀莲　曹　阳
金春权　孙宇欣　王贺举　张立永
张福利　刘品华　焦　旺　范玉波
郭秀芬　蔡朝雨　付建民　张宝新
梁小海　王　玉　崔建飞　段绍玉
贺晓旋　陈昊文　常淑君

优秀班主任（97 名）

龚雨含　许亚平　韩毅华　石凤良
韩继锋　张文秋　商　思　吴庆亮
胡雅丽　李秀春　刘春泳　张丽杨
方向前　么少云　陈潇潇　刘赵英
陈　军　魏凤莉　谢艳华　付学莹
陈金英　王贵荣　刘红艳　田跃君
李　瑶　汤丽君　马丽荣　张小妹
杨志洁　杨金荣　朱兴猛　刘春瑜
崔素英　马春秀　兰文洁　房学桂
肖　慧　高海英　李晓娟　李丽红
乔建晶　李宝东　冯艳红　张晓玲
赵宏英　王会芝　杜学鹏　刘明远
王会荣　宋广茹　马红利　张爱军
邹丽娜　王汝英　裴振辉　纽丹丹
安树凤　姜玲玲　梁　月　裴艳静
王春辉　刘江虹　孟　萌　李翠清
姜俊艳　王学军　邢玉国　褚雁翎
田淑艳　张海艳　刘春秀　郑芙蓉
刘　颖　王臣生　郑翠华　梁永新
付　丽　靳晓敏　徐继红　牛淑静
马红侠　石连城　乔　静　冯金茹
李庆山　邹红娟　王志军　刘　杰
郎立敏　田海军　郭会山　蔡春双
田　霞　赵　伟　王艳红　高彦光

【2017 年唐山市优秀少年】

齐宇轩　孙新航　刘宇航　郭慧妍
于新然　马艺菲　宋雅淇　孙尔然
静鹏宇　郝伟烁　温　博　刘佳宜
叶晨光　裴一诺　郑皓予　毕钰茹
石　玥　付子祎　郑雨欣　张心慧
宋思佳　吴熙媛　陈　诺　邢红旭
钟景琦　王玥璎　刘宇轩　冯浩然
陈　楠　王丽颖

【2017 年唐山市优秀中学生】

郝奕炫　郑若彤　张春晖　高家旺
王伟欢　张雨馨　裴梦雪　吴　玥
冯湘凌　王乙乔　张伯建　凌铠烽
张　鹏　历莞晴　李恺奕　张乐欢
王青玉　郑伯钰　张茜梓　王梓凡
闫宇晴　邢一晨　李梓琪　王子钊
郝奕轩　宋英琦　宋梓宇　韩　卓
赵梦瑶　张泽琛　张思琦　宋宣萱
郑雨薇　钟　琦　胡　杨　闫　蕊

【唐山市十佳母亲】

王秀敏　遵化市西下营乡兰村村民
魏建芳　迁安市扣庄乡西晒甲山村村民
贠晓红　迁西县新庄子乡中学教师
张伟芹　滦南县倴城镇霍泡村村民
刘冬艳　乐亭县第三初级中学教师
杨洪敏　丰南区大齐各庄镇大长春村村民
李长梅　丰润区公园道小学教师
高翠兰　路北区张兴楼社区居民
刘素梅　古冶区西新楼第二社区居民
王建华　唐山市工人医院内科系统科护士长

【唐山市十佳家庭档案】

开平区　马占甲
滦南县　杨久海
路北区　杨学益
迁安市　沈　杰
丰润区　张瑞谦
路南区　刘孝南
迁西县　赵晓伟
古冶区　刘长英
滦　县　卢艳来
丰南区　张保华

【唐山市优秀家庭档案】

玉田县　江增林
曹妃甸区　韩　娜
路南区　夏国玲
滦　县　刘　章

【唐山市“最美军嫂”】

孟如明
叶海贤
董大伟
李　华
杨　鸽
毕桂榕
赵彦霞
王雪颖
刘艳杰
杨海玲

【唐山市最美退伍兵】

韩宏升
韩守君
刘建凯
李　民
马义清
徐利鑫
李志刚
王青海
李宏伟
喻庆山

【唐山市情系国防好家庭】

韩守君　河北省遵化市
刘克清　河北省迁安市
王俊美　河北省迁安市
刘艳杰　河北省正定市
王亚革　河北省唐山市
王从保　河北省乐亭县
梁海河　河北省滦县
李怀喜　河北省滦县
杨海玲　河北省滦南县
赵静美　河北省滦南县
张铁成　河北省唐山市
邸树春　河北省唐山市
孙秀云　河北省唐山市
艾　斌　河北省唐山市丰润
李　亮　河北省唐山市开平
王海超　河北省滦县
张志明　保定市高阳县
田庆宝　河北省唐山市
李学文　陕西省铜川县

地方性法规·统计资料

DiFangXingFaGui · TongJiZiLiao

地方性法规

《唐山市城市绿化管理条例（修订）》

（2016年8月22日唐山市第十四届人民代表大会常务委员会第二十七次会议通过，经2016年12月2日河北省第十二届人民代表大会常务委员会第二十四次会议批准，于2016年12月15日公布，自2017年3月1日起施行。）

第一章　总　则

第一条　为了加强城市绿化建设和管理，改善和保护生态环境，建设宜居城市，促进生态文明建设，根据有关法律、法规，结合本市实际，制定本条例。

第二条　本条例适用于本市城市规划区和县城（县级市）规划区、建制镇规划区内绿化的规划与建设、管理与保护和监督与检查。

第三条　市人民政府城市绿化行政主管部门负责本市城市绿化工作。

县（市）区人民政府城市绿化行政主管部门负责本辖区内城市绿化工作。

建制镇人民政府在上级城市绿化行政主管部门的指导下，负责本辖区内的绿化工作。

发展改革、财政、城乡规划、国土资源、住房城乡建设、林业、交通运输、水务等部门按照职责分工做好城市绿化工作。

第四条　城市绿化应当坚持生态优先、因地制宜、科学规划、建管并重的原则，实现生态效益、社会效益、经济效益相统一，建设海绵型城市绿地，促进自然生态与人居环境可持续发展。

第五条　市、县（市）区人民政府应当把城市绿化纳入国民经济和社会发展计划，安排专项资金用于城市绿化。

城市绿化行政主管部门应当加强城市园林绿化科学研究和先进技术推广，维护城市生物多样性，推进生态文明建设。

第六条　市、县（市）区人民政府应当加强绿化法律法规、科学知识的宣传，组织开展全民义务植树活动和群众性绿化工作。

单位和个人应当按照有关规定履行植树和其他绿化义务。

鼓励单位和个人以捐资、劳务等形式认种认养城市绿地，鼓励居民参与居住区绿化。

第七条　市、县（市）区人民政府对在城市绿化工作中成绩显著的单位和个人给予表彰和奖励。

第二章　规划与建设

第八条　市、县（市）、曹妃甸区城市绿化行政主管部门、城乡规划行政主管部门根据城市总体规划编制城市绿地系统规划，经本级人民政府批准后，由城市绿化行政主管部门组织实施。

第九条　城乡规划行政主管部门、城市绿化行政主管部门根据控制性详细规划、城市绿地系统规划，确定各类城市绿地的绿线，并向社会公布，接受公众监督。

城市绿线不得任意调整。因城市公共基础设施建设需要调整的，应当按照原审批程序批准。

第十条　城乡规划行政主管部门应当根据有关规定，遵循管道、线路、交通安全的原则和树木正常生长的自然规律，统筹科学规划，城市绿化建设应当与地上地下各种设施管线保持规定的安全距离。

第十一条　城市新建街道的两侧一般不得建实体围墙。原有城市街道两侧的实体围墙，应当逐步改造为透景围墙，做到庭院绿化与街道绿化融为一体。

第十二条　建设项目应当按照城市绿地设计规范，规划、建设海绵型城市绿地。建设项目绿地面积占建设项目用地总面积的比例，应当符合下列标准：

（一）新建居住区、单位不低于百分之三十，旧城改造区域内的居住区、单位不低于百分之二十五。其中，居住区用于应急避险功能的公园绿地面积，不得低于用地总面积的百分之十；

（二）新建教育科研机构、医疗卫生机构、体育场馆、污水处理厂、公共文化场所等公共设施绿地面积不低于百分之三十五；

（三）道路红线宽度五十米以上的，不低于百分之二十五；道路红线宽度四十米以上五十米以下的，不低于百分之二十；道路红线宽度四十米以下的，不低于百分之十五；

（四）新建商业中心、交通枢纽、仓储等不低于百分之二十；

（五）因新建有大气污染等生产工艺要求特殊的、

需要一定比例绿地的工业企业和铁路两侧防护绿地按有关规定执行；

（六）其他建设项目最低比例，由城市绿化行政主管部门另行规定。

第十三条　建设预留地自征用或者受让之日起六个月内不能建设的，由权属单位负责临时绿化。法律、法规另有规定的，从其规定。

在城市规划区内，凡应当绿化而没有绿化的裸露空地，由所在地人民政府城市绿化行政主管部门明确责任，限期绿化。

第十四条　工程建设项目配套的绿地面积因特定条件限制达不到规定标准的，建设单位或者产权单位应当按原审批程序及等值原则（含土地价值）报批后在指定区域内异地补建。建设单位或者产权单位不能自行建设的，应当委托具有相应资质的园林绿化企业进行建设。

第十五条　建设项目绿化工程应当符合城市绿地系统规划，坚持乡土植物优先，本地乔木树种占乔木树种总量的百分之八十以上，适当引种优良新品种。每百平方米绿地应当栽植乔木两株以上、灌木五株以上，常绿树种数量占树木总量的百分之三十以上。

第十六条　城市绿道绿廊应当与城市水系、山体绿化、道路建设、公园绿地、风景廊道、生态修复、绿化隔离带等统一规划建设，形成设施完备的绿道慢行系统。

新建、改建、扩建工程建设项目适宜采取屋顶绿化的，鼓励实施屋顶绿化。

围栏、墙体以及高架道路、轨道交通等市政公用设施适宜采取垂直绿化的，应当实施垂直绿化。

露天停车场地面应当符合林荫停车场标准，保证树木必要的立地条件与生长空间。

第十七条　城市绿化工程的设计和施工，应当由具有相应资质的设计和施工单位承担，并按照国家有关规定实行公开招投标。

第十八条　城市新建、扩建、改建工程项目的建设投资，必须包括配套的绿化建设投资。绿化工程应当与主体工程统一规划，统一设计，同步完成。

确因季节原因不能与主体工程同时完成的，应当在主体工程竣工后一年内完成，经城市绿化行政主管部门验收合格后交付使用。

第三章　管理与保护

第十九条　城市树木所有权按照下列规定确认：

（一）园林、林业、水务、公路、铁路等单位在规定用地范围内种植和管理的树木，分别归该单位所有；

（二）国家机关、社会团体、部队、企业、事业单位在规定用地范围内种植和管理的树木，分别归该单位所有；

（三）居住区内的树木，使用财政资金投资种植和管理的归人民政府所有，由居民共同投资种植和管理的归该小区内居民共有；

（四）单位自管公房区域内种植和管理的树木归房屋产权单位所有；

（五）城市居民在自有产权庭院内种植的树木归个人所有。

第二十条　任何单位或者个人不得擅自砍伐或者移植树木。确需砍伐或者移植的，经城市绿化行政主管部门按照规定程序批准后方可进行。

第二十一条　砍伐或者移植树木的，必须按照砍伐一株补栽三株的规定，提出补栽计划或者移植后的养护措施，保证成活三年，由城市绿化行政主管部门监督实施。没有能力补栽树木的单位或者个人，由城市绿化行政主管部门委托有资质的单位代为补栽，所需费用由责任人承担。

经批准砍伐或者移植树木的，申请单位应当向树木权属单位或者个人支付树木补偿费。

第二十二条　城市树木影响管线安全使用时，管线管理单位应当向城市绿化行政主管部门提出申请，经批准后，由树木的养护管理单位按照兼顾树木的正常生长和管线安全使用的原则，限期修剪、处理，所需费用由申请单位承担。

因自然灾害等突发事件致使树木危及管线、建筑物或者其他设施的安全使用时，有关部门可先行修剪、扶正或者砍伐，并在五个工作日内向当地人民政府城市绿化行政主管部门报告。

第二十三条　符合下列情形的树木，经城市绿化行政主管部门鉴定，树木的养护管理单位或者个人应当按照鉴定通知书要求及时砍伐、更新：

（一）发生严重病虫害，已无法挽救或者自然枯死的；

（二）严重倾斜，阻碍交通或者危及人身、建筑物和其他设施安全的；

（三）经鉴定需要砍伐、更新的其他情形。

第二十四条　任何单位或者个人不得擅自占用城市绿地。确需临时占用的，按照绿地管理权限审批后办理临时用地手续。

经批准临时占用的城市绿地，应当按期归还，恢复原貌。不能按期归还的，按照原批准程序重新办理临时用地手续。

第二十五条　禁止下列破坏城市绿化的行为：

（一）在公园、广场等公共绿地设置广告牌匾或者建造其他建筑物、构筑物；

（二）毁损园林绿化设施；

（三）在绿地内摆摊设点、停车、堆放物品；

（四）在树木上设置广告牌、标语牌或者牵拉绳索、架设线缆；

（五）在树冠下设置影响树木正常生长的摊点；

（六）就树盖房，以树承重或者围圈树木；

（七）擅自修剪树木；

（八）攀折树木，拴、钉、刻、划树木，剥刮树皮；

（九）穿行绿篱，践踏草坪，采摘花草、果实；

（十）在绿地内倾倒污水、废弃物；

（十一）在绿地内挖沙、取土、采石、筑坟；

（十二）机动车擅自驶入城市公园、广场；

（十三）其他损坏城市绿化及设施的行为。

第二十六条　古树名木由所在地人民政府城市绿化行政主管部门建立档案，设置保护标志，划定保护范围，所需经费由财政部门予以保障。

古树名木保护范围内不得新建、改建、扩建建筑物、构筑物，城市道路建设不得影响古树名木的保护管理。

禁止砍伐或者擅自移植古树名木，因特殊原因确需移植的，按照规定程序批准后方可移植。

第二十七条　城市绿地的养护管理按照下列规定执行：

（一）使用财政性资金建设的城市绿地，由城市绿化行政主管部门或者其委托的单位负责养护管理；

（二）单位附属绿地及其管界内的防护绿地，由该单位负责养护管理；

（三）生产绿地由其经营单位负责养护管理；

（四）已实行物业管理的居住区的附属绿地，由业主委员会或者其委托的物业服务企业按照约定实施养护管理。未实行物业管理的居住区的附属绿地，由其所在地的镇人民政府、街道办事处负责养护管理；

（五）养护管理责任不清或者有争议的绿地、树木，由所在地县（市）区人民政府确定养护管理单位；

（六）其他类型绿地由权属单位负责。

市城市绿化行政主管部门应当制定城市绿地养护技术规范，并报市人民政府批准公布后施行。城市绿地养护管理单位应当按照养护技术规范实施养护管理，并制定减灾避险应急预案，遇大风、暴雨、严寒等灾害性天气时，应当对树木采取安全防范措施。

第二十八条　城市绿化行政主管部门应当做好城市绿地植物病虫害的监测、预报和防治工作，建立有害生物预警、预防控制体系，推广无公害防治，防止环境污染，保证生态安全。

第四章　监督与检查

第二十九条　市、县（市）区人民政府应当加强对城市绿地系统规划、城市绿线划定以及实施情况的监督检查。

城市绿化行政主管部门应当加强对城市绿化工作的监督检查，建立与相关部门的工作协调机制，对违反城市绿化管理规定的行为，及时制止并查处。

第三十条　城市绿化行政主管部门应当设立投诉和举报途径并向社会公布，自接到投诉举报之日起十个工作日内对投诉举报事项依法办理，并将办理情况反馈投诉举报人。

任何单位或者个人有权对破坏城市绿化及绿化设施的行为进行投诉和举报。

第三十一条　城市绿化行政主管部门应当加强城市绿化资源调查、监测监控，建立城市绿化相关信用考核体系，完善城市绿化管理信息系统，依法公布绿化建设、养护和管理的相关信息。

第三十二条　城市绿地的养护管理单位应当对责任区内违反本条例的行为及时予以制止，并向城市绿化行政主管部门报告，保护城市绿地不受侵害。

第三十三条　城市绿化行政主管部门在监督检查中有权采取下列措施：

（一）要求有关单位或者个人提供与处理事项有关的文件、资料；

（二）要求有关单位或者个人就处理事项涉及的问题做出解释和说明；

（三）根据需要进入现场进行勘测；

（四）责令有关单位或者个人停止实施违法行为；

（五）法律、法规规定的其他措施。

第五章　法律责任

第三十四条　单位或者个人违反本条例有关规定的，由县级以上人民政府城市绿化行政主管部门予以处罚。

建制镇规划区内的单位或者个人，违反本条例有关规定的，由建制镇人民政府予以处罚。

第三十五条　违反本条例第十三条规定的，责令其限期完成绿化任务；逾期未完成的，由城市绿化行政主管部门组织绿化，所需绿化工程费用由责任单位承担，并处每平方米二十元以上三十元以下罚款。

第三十六条　违反本条例第十五条规定的，责令限期改正；逾期仍然达不到规定标准的，处每百平方米一千元以上三千元以下罚款。

第三十七条　违反本条例第十七条规定的，责令限期改正；城市绿化工程设计委托不具有相应资质的单位设计的，对项目建设单位处该绿化工程设计费百分之五以上百分之十以下罚款；城市绿化工程施工委托不具有相应资质的单位施工的，对项目建设单位处该绿化工程承包价款百分之五以上百分之十以下罚款。

第三十八条　违反本条例第十八条规定的，责令限期完成；逾期未完成的，由城市绿化行政主管部门组织绿化，所需绿化工程费用由责任单位承担，并处所需绿化工程费用两倍的罚款。

第三十九条　违反本条例第二十条规定的，责令其按照砍伐树木株数的三倍补种，并处被砍伐树木价值五倍以上十倍以下罚款；擅自移植的，处每株树木价值的两倍以上五倍以下罚款。

第四十条　违反本条例第二十四条规定，擅自占用城市绿地或者临时占用城市绿地不按时退还的，责令限期退还，恢复原貌，并按照省条例的规定处以罚款。

第四十一条　违反本条例第二十五条第一项规定的，责令限期拆除，恢复原貌，可处以二千元以上五千元以下罚款；逾期不拆除的，由城市绿化行政主管部门组织拆除，所需费用由责任人承担，并处以五千元以上一万元以下罚款。

违反本条例第二十五条第二项至第十三项规定的，责令改正；造成损失的，承担赔偿责任；情节轻微的，处以警告；情节较重的，按照下列规定处以罚款：

（一）违反第二项规定的，处五百元以上一千元以下罚款；

（二）违反第三项、第四项规定的，处二百元以上五百元以下罚款；

（三）违反第五项至第十三项规定的，处一百元以上一千元以下罚款。

第四十二条　违反本条例第二十六条规定的，擅自砍伐或者移植古树名木的，责令赔偿损失，并处以五千元以上一万元以下罚款；涉嫌犯罪的，依法移送司法机关处理。

第四十三条　各级人民政府城市绿化行政主管部门的工作人员，玩忽职守、滥用职权、贪污受贿、徇私舞弊，情节轻微的，由其所在单位或者上级主管机关给予行政处分；涉嫌犯罪的，依法移送司法机关处理。

第六章 附 则

第四十四条 本条例自2017年3月1日起施行。2000年8月4日公布施行的《唐山市城市绿化管理条例》同时废止。

《清东陵保护管理办法（修订）》

（2017年9月6日唐山市第十五届人民代表大会常务委员会第六次会议通过，经2017年12月1日河北省第十二届人民代表大会常务委员会第三十三次会议批准，于2017年12月4日公布，自2018年1月1日起施行。）

第一条 为加强清东陵的保护和管理，根据《中华人民共和国文物保护法》等有关法律、法规和《保护世界文化和自然遗产公约》，结合清东陵文物保护管理实际，制定本办法。

第二条 清东陵的保护和管理，贯彻保护为主、抢救第一、合理利用、加强管理的方针，正确处理文物保护与经济建设、社会发展的关系，确保世界文化遗产的真实性和完整性。

第三条 进入清东陵陵区范围的任何单位和个人都有保护文物的义务，均应当遵守本办法。

第四条 清东陵陵区的范围：东以风水墙地基走向向东延伸五十米为界；南以烟墩山、象山、天台山分水线为界；西以黄花山分水线为界；北以昌瑞山分水线为界。

清东陵陵区分为保护范围和建设控制地带。

保护范围是指实施重点保护的各陵寝建筑物、构筑物、文物古迹遗址边沿向外延伸一定距离的区域，含各陵所属的宝山、砂山、案山、朝山、靠山等每个独立的山体及山体外坡脚向外延伸一定距离的区域。具体边界依据清东陵文物保护规划标定。

建设控制地带是对建设项目加以限制的保护范围以外的陵区。具体边界依据清东陵文物保护规划标定。

第五条 任何单位或者个人不得损毁或者擅自移动保护范围和建设控制地带内设立的界桩及标志牌。

第六条 清东陵陵区内下列文物以及与陵寝相关的环境要素，应当重点保护管理：

（一）陵寝、墓葬（定陵、定陵妃园寝、普祥峪定东陵、普陀峪定东陵、裕陵、裕陵妃园寝、孝陵、孝东陵、景陵、景陵妃园寝、景陵皇贵妃园寝、惠陵、惠陵妃园寝、昭西陵、端悯固伦公主园寝、道光陵遗址）及所属的建筑物、构筑物；

（二）与陵寝相关的实物、文献资料；

（三）古树名木以及风景林木；

（四）陵寝所属的宝山、砂山、案山、朝山、靠山及其自然生态环境；

（五）陵区范围内的地下文物；

（六）其他依法应当保护的遗址、人文遗迹。

第七条 唐山清东陵保护区管理委员会负责清东陵保护的监督管理工作。

财政、公安、文物保护、城乡规划、国土资源、城市管理、环境保护、交通运输、旅游、林业等有关部门按照各自职责做好清东陵的保护管理工作。

第八条 唐山清东陵保护区管理委员会负责组织编制清东陵文物保护规划，经市人民政府初审，省人民政府文物行政主管部门审核，报国务院文物行政部门批准后由省人民政府公布实施。

清东陵文物保护规划应当纳入国民经济和社会发展规划及城乡总体规划、土地利用总体规划、林地保护利用规划，实行统一管理。

清东陵文物保护规划不得擅自改变，确需改变的，报原批准机关批准。

第九条 县级以上人民政府应当将清东陵文物保护事业所需经费列入本级财政预算。

清东陵的保护、管理和维修专项资金应当专款专用，不得挪作他用。

第十条 有下列事迹的单位或者个人，由各级人民政府及其文物行政主管部门或者唐山清东陵保护区管理委员会给予表彰奖励：

（一）长期从事清东陵文物保护工作成绩突出的；

（二）在清东陵文物和科学保护技术的研究、应用中成绩突出的；

（三）对损毁、破坏、盗窃文物或者破坏环境风貌等违法犯罪行为进行举报、劝阻、制止的；

（四）在自然灾害和突发事件中抢救保护清东陵文物有功的；

（五）将清东陵文物捐献给国家，或者在清东陵文物回归国家的过程中成绩突出的。

第十一条 清东陵文物管理机构应当建立遗产监测保护体系，并就保护与管理工作加强国际交流与合作。

第十二条 文物藏品的保护与管理应当遵循安全、科学、规范的原则，并遵守以下规定：

（一）建立档案、分类分级管理；

（二）采取可靠的安全措施和必要的技术手段；

（三）文物藏品的调拨、交换、借用、修复、复制、拓印等应当依法批准后进行。

第十三条 清东陵文物管理机构应当做好文物建筑的防火、防盗、防雷、防腐、防潮、防水、防蛀、防破坏等保护管理和文物建筑的保养维修工作。

文物古建筑的维护应当遵循不改变文物原状的原则，依法设计、施工，确保工程质量。

第十四条 清东陵陵区内的国有土地使用权、集体土地所有权，由有批准权的人民政府依法确认。

第十五条 陵区的环境按照下列规定进行保护管理：

（一）未经批准，禁止在保护范围内进行工程建设；

（二）未经批准，禁止在保护范围内使用无人机或其他飞行器低空飞行；

（三）禁止在保护范围内打井挖渠、挖砂取土、埋坟立碑、放牧捕猎、经营性养殖，不得在古建筑物内外、海墁、神道、桥梁上下、古树名木和风景林木周围堆放砂土、柴草、粮食、垃圾及其他杂物；

（四）禁止在保护范围内私自设立营业摊点、流动摊点，违规设置牌匾；

（五）禁止在保护范围内生产、经营、存放危及文物安全的易燃、易爆和腐蚀性物品，禁止使用明火、燃放烟花爆竹等行为；

（六）禁止在保护范围内吸烟、焚烧秸秆、燃纸烧香等行为；

（七）禁止在森林防火期内携带火种进入、攀爬各陵所属的宝山、砂山、案山、朝山、靠山等独立的山体；

（八）禁止在建设控制地带内修建危及文物安全的设施；需要进行新建、改建、扩建的建筑物、构筑物、道路管线和其他工程建设的，不得破坏清东陵环境风貌，其立项和设计方案应当符合城乡总体规划并经唐山清东陵保护区管理委员会同意，按照法定程序报有关部门批准后实施；

（九）禁止在陵区内销售、燃放孔明灯等易引起火灾的可燃物品；

（十）未经批准，禁止在陵区内进行爆破、挖掘、采矿及其他破坏地形地貌、植被的行为；构成清东陵环境要素的宝山、砂山、案山、朝山、靠山不分权属，不得破坏其地形地貌；

（十一）禁止在陵区内建设污染环境及破坏生态的项目；

（十二）陵区内各种风景林木和古树名木，应当依法保护管理；严禁砍伐，严禁以种植商品林(包括经济林、用材林)名义侵占、毁坏生态林；对危害文物本体安全的林木，经林业部门批准后及时砍伐；

（十三）禁止在陵区内文物古迹及保护设施、保护标志、古树名木和风景林木上涂污、刻画、攀爬、翻越等行为；

（十四）进入陵区内的车辆禁止碾轧陵寝海墁、神道、桥梁及泊岸；唐山清东陵保护区管理委员会可在陵区内道路依法设置必要的限宽、限高设施和限重标志，在必要路段实施封闭管理，在特定时间限行车辆；

(十五)禁止其他危及文物本体安全的行为。

第十六条　违反本办法的，按照下列规定予以处理：

（一）违反第十五条第一项或者第八项规定的，由唐山清东陵保护区管理委员会会同相关执法部门依法予以制止，责令停工、限期拆除、恢复原貌，并可依照《中华人民共和国文物保护法》、《中华人民共和国城乡规划法》等有关法律、法规的规定予以处罚；

（二）违反第十五条第二项规定的，由唐山清东陵保护区管理委员会责令其停止飞行，可处以一千元以上三千元以下的罚款；

（三）违反第十五条第三项规定的，由唐山清东陵保护区管理委员会会同当地人民政府、相关部门责令其停止违法行为，恢复原状，对文物和文物环境造成影响或者损失的，依法予以处罚；不予恢复或者不能恢复原状的，处以三百元以上一千元以下的罚款；情节严重的，处以一千元以上三千元以下的罚款；

（四）违反第十五条第四项规定的，由唐山清东陵保护区管理委员会会同市场监督管理机关责令改正，予以警告，可以处五十元以上一百元以下的罚款；情节严重的，处以五百元以上一千元以下的罚款；

（五）违反第十五条第五项规定的，由公安机关、唐山清东陵保护区管理委员会责令其停止违法行为，依照《中华人民共和国治安管理处罚法》等法律、法规的规定予以处罚；涉嫌犯罪的，移送司法机关处理；

（六）违反第十五条第六项规定的，由唐山清东陵保护区管理委员会予以制止，可以处一百元以上二百元以下的罚款；

（七）违反第十五条第七项规定的，由唐山清东陵保护区管理委员会会同公安机关和林业行政部门依照有关法律、法规的规定予以处罚；

（八）违反第十五条第九项规定的，由唐山清东陵保护区管理委员会会同市场监督管理机关和公安机关依法处理；

（九）违反第十五条第十项规定进行爆破、挖掘、采矿等破坏地形地貌等行为的，由唐山清东陵保护区管理委员会会同公安机关或者国土资源行政部门依法予以制止，责令恢复原状，造成损失的，依法赔偿损失，并依照《中华人民共和国文物保护法》等有关法律、法规的规定予以处罚；其中，破坏宝山、砂山、案山、朝山、靠山的，视同破坏其所在陵寝的文物；

（十）违反第十五条第十项规定从事毁林拓荒、破坏植被等行为的，或者违反第十二项规定砍伐风景林木、古树名木的，或者以种植商品林(包括经济林、用材林)名义侵占、毁坏生态林的，由唐山清东陵保护区管理委员会会同林业行政部门依法予以制止，依照《中华人民共和国森林法》等有关法律、法规的规定予以处罚；造成风景林木、古树名木损毁、死亡的，经有资质的评估机构评估后，依法赔偿损失；涉嫌犯罪的，移送司法机关处理；

（十一）违反第十五条第十一项规定的，由唐山清东陵保护区管理委员会会同环境保护行政部门责令限期改正，对已有的污染文物及其环境的设施未在规定的期限内完成治理的，由环境保护行政部门依照有关法律、法规的规定予以处罚；

（十二）违反第五条或者第十五条第十三项规定的，由唐山清东陵保护区管理委员会或者公安机关予以制止，给予批评教育或者警告；造成损失的，责令恢复原状或者赔偿损失，可以处一百元以上二百元以下的罚款；情节较重的，处以二百元以上五百元以下的罚款；

（十三）违反第十五条第十四项规定的，由唐山清东陵保护区管理委员会责令其立即驶离，给予批评教育；对不听劝阻并扰乱公共秩序的，由公安机关依法处罚。

第十七条　妨碍清东陵保护管理人员、人民政府及有关部门工作人员依法执行公务、严重干扰清东陵保护管理工作的，由公安机关依照《中华人民共和国治安管理处罚法》的规定予以处罚；涉嫌犯罪的，移送司法机关处理。

第十八条　行政执法人员和从事文物保护管理及相关工作的工作人员有下列行为之一的，由其所在单位、同级监察部门或者上级主管部门依法给予行政处分，情节严重的，依法开除公职；涉嫌犯罪的，移送司法机关处理：

（一）不按照规定条件和程序办理审批事项的；

（二）造成清东陵陵区布局、环境、历史风貌等严重破坏的；

（三）造成文物损毁或者流失的；

（四）对执行职务中发现的问题或者接到的举报，不依法处理或者相互推诿的；

（五）贪污、挪用专项资金的；

（六）玩忽职守、滥用职权、徇私舞弊等其他行为。

第十九条 本办法自2018年1月1日起施行。2012年1月1日起施行的《清东陵保护管理办法》同时废止。

废止《唐山市暂住人口管理条例》

（2017年9月6日唐山市第十五届人民代表大会常务委员会第六次会议通过，经2017年12月1日河北省第十二届人民代表大会常务委员会第三十三次会议批准，于2017年12月4日公布施行。）

政府规章

唐山市燃气管理办法

（2017年6月21日唐山市人民政府15届3次常务会议通过，2017年8月1日起施行。）

第一章 总 则

第一条 为了加强燃气管理，规范燃气经营和使用行为，保障公民生命、财产安全和公共安全，维护燃气用户和经营企业的合法权益，根据《城镇燃气管理条例》《河北省燃气管理办法》等有关法律、法规、规章，结合本市实际，制定本办法。

第二条 本市行政区域内燃气的规划建设与应急保障、经营使用与器具管理、安全与设施保护、监督检查等活动，适用本办法。

天然气、液化石油气的生产和进口，人工煤气的生产，城市门站以外的天然气管道输送，燃气作为工业生产原料，沼气、秸秆气的生产和使用，不适用本办法。

第三条 市燃气行政主管部门负责全市的燃气监督管理工作。

县（市、区）燃气行政主管部门负责本行政区域内的燃气监督管理工作。

发展和改革、公安、城乡规划、国土资源、安全生产、环境保护、交通运输、城市管理、市场监管（工商、质监）等有关部门，按照各自职责，做好燃气管理的相关工作。

第四条 县级以上人民政府应当加强对燃气工作的领导，并将燃气事业的发展纳入国民经济和社会发展规划，普及燃气，推广使用天然气等清洁能源，鼓励社会资金投资建设燃气设施。

燃气行政主管部门应当支持燃气科学技术研究，推广使用安全、节能、高效、环保的燃气新技术、新工艺和新产品。

燃气经营企业应当守法经营，诚实守信，保障供应，规范服务，严格自律，提升从业人员素质，提高安全和服务水平。

第五条 县级以上人民政府及有关部门应当建立健全燃气安全监督管理制度，宣传普及燃气法律、法规、规章和安全知识。广播电视、报刊等新闻媒体对于燃气安全有宣传教育的义务，对于燃气安全方面的公益性广告应当免费播放或者刊登，提高全民的燃气安全意识。

第二章 规划建设与应急保障

第六条 市燃气行政主管部门应当会同有关部门，依据国民经济和社会发展规划、土地利用总体规划、城乡规划、能源规划，编制全市的燃气发展规划，经市人民政府批准后组织实施。

县（市、区）燃气行政主管部门负责编制本级燃气发展规划，经本级人民政府批准后组织实施，并报市燃气行政主管部门备案。

燃气发展规划涉及空间布局和用地需求的，由城乡规划行政主管部门纳入城乡总体规划和控制性详细规划。

第七条 新建、改建、扩建燃气设施建设项目，应当符合燃气发展规划，有关部门在审批项目时应当征求市、县（市、区）燃气行政主管部门意见，燃气行政主管部门应当在十个工作日内出具意见书。

第八条 燃气设施建设工程的勘察、设计、施工、监理，应当由具有相应资质的单位承担，严格按照行业标准和技术规范实施。

燃气设施建设工程应当履行建设工程规划许可、施工许可、质量监督、安全监督等基本建设程序。工程竣工后，建设单位应当依法组织竣工验收，并自竣工验收合格之日起十五日内，将竣工验收情况报市级燃气行政主管部门备案。

第九条 在已批准的管道燃气企业特许经营区域内，除特许经营企业外，任何单位和个人不得建设服务本特许经营区域的供气、储气设施，已建成的停止使用。

第十条 经批准的燃气工程施工安装，任何单位和个人不得阻挠。

经批准的居民住宅区燃气管道工程，施工单位应当在施工前告知住宅小区管理单位并办理相关手续，相关住户不得以任何理由阻挠管道通过。工程结束后，施工单位应当对建筑物、道路、绿地等的损坏部分恢复原状。

第十一条 县级以上人民政府应当建立健全燃气应急储备制度，组织编制燃气供应应急预案，确定燃气应急储备的布局、总量、启用要求等，提高燃气应急保障能力。

燃气经营企业应当完善燃气供应应急措施，根据需要建设应急气源储备设施，确保燃气应急资源储备所需的数量、质量和设施的安全运行。

第三章 经营使用与器具管理

第十二条 燃气经营活动实行经营许可制度。

燃气企业取得经营许可证后，按照批准的经营范围、经营类别、期限和规模等从事燃气经营活动。

第十三条 从事瓶装液化石油气经营的，经营许可由县（市、区）燃气行政主管部门批准。

液化天然气加气站、压缩天然气加气子站，经营许可由市燃气行政主管部门批准。

管道燃气经营企业、从事液化天然气经营的、压缩天然气加气母站，经营许可由省住房和城乡建设主管部门批准。取得燃气经营许可证后应当到市、县（市、区）燃气行政主管部门登记。

第十四条　向县级以上人民政府燃气行政主管部门申请燃气经营许可的，应当提交以下材料：

（一）燃气经营许可申请书；

（二）工商营业执照；

（三）企业资本结构说明；

（四）企业的主要负责人、安全生产管理人员的身份证、职务、职称、安全技能考核合格证书以及运行、维护和抢修人员的身份证、专业培训并考核合格的证书；

（五）固定的经营场所（包括办公场所、经营和服务站点等）的产权证明或租赁协议；

（六）燃气工程项目规划、施工许可等批准文件、工程竣工验收报告及备案文件和特种设备、建设工程消防验收意见、防雷检测报告等资料；

（七）气源证明，燃气气质检测报告，与气源供应企业签订的供用气合同书或供用气意向书；

（八）具备相应资质的安全评价机构出具的安全现状评价报告；

（九）企业安全生产管理制度，安全技术岗位操作规程，事故应急抢险预案和抢险车辆及设备名录，企业服务规范及经营方案材料等。

第十五条　燃气经营许可有效期为五年。有效期满后，燃气经营企业继续从事燃气经营活动的，应当在许可有效期满30日前向原核发部门提出换证申请，经审查合格后换领新证。

第十六条　管道燃气居民用户，其灶前阀门前的燃气设施由燃气经营企业负责维护、更新；其灶前阀门和灶前阀门与燃气燃烧器具连接管线、燃气燃烧器具等由用户负责维护、更新，燃气经营企业应当提供免费服务。

管道燃气非居民用户，其燃气设施的维护、更新，由燃气经营企业与用户协商确定。

燃气用户和物业服务企业应当配合燃气经营企业对燃气设施维护、更新以及安全检查等。

第十七条　管道燃气居民用户燃气燃烧器具与燃气管道宜采用硬连接。当采用软管连接时，连接长度不应超过2米，宜采用不锈钢波纹软管；采用非金属软管连接，使用年限不超过两年，不得穿越墙、顶棚、地面、窗和门。

第十八条　燃气经营企业不得有下列行为：

（一）未取得燃气经营许可擅自从事燃气经营活动；

（二）倒卖、抵押、出租、出借、转让、涂改燃气经营许可证；

（三）向未取得燃气经营许可证的单位或者个人提供用于经营的燃气；

（四）在燃气工程建设费以外收取开口费、增容费、纳网费等额外费用；

（五）未履行必要告知义务擅自停止供气、调整供气量，或者未经审批擅自停业或者歇业；

（六）管道燃气企业拒绝向其燃气管网覆盖范围内符合用气条件的单位或者个人供气；

（七）向不具备安全使用条件的用户供气；

（八）聘用未经专业培训，未取得《燃气行业职业技能岗位证书》的人员从事加气、运行、维护和抢修作业；

（九）法律、法规、规章和国家标准、行业标准禁止的其他行为。

第十九条　液化石油气经营企业应当建立气瓶管理体系，对气瓶充装、配送全过程进行管理，记录充装、储存、配送及用户等相关信息，并不得有下列行为：

（一）为不合格、超过检验期限、未抽取真空的初次使用的钢瓶充装燃气；

（二）改变钢瓶规定的充装介质；

（三）违规排放液化石油气或者倾倒残液；

（四）向非企业自有钢瓶充装燃气；

（五）委托未取得危化品运输资质的车辆运输钢瓶。

第二十条　从事燃气燃烧器具安装维修的企业，应当取得燃气燃烧器具安装维修企业资质。

燃气燃烧器具安装维修企业资质由市燃气行政主管部门批准。

第二十一条　燃气燃烧器具安装维修企业，不得有下列行为：

（一）未取得燃气燃烧器具安装维修企业资质从事安装维修活动；

（二）聘用未经专业培训，未取得《燃气行业职业技能岗位证书》的人员从事燃气燃烧器具安装维修作业；

（三）限定用户购买本企业生产的或者其指定的燃气燃烧器具和相关产品；

（四）安装不符合标准的燃气燃烧器具；

（五）法律、法规、规章和国家标准、行业标准禁止的其他行为。

第二十二条　燃气用户及相关单位和个人不得有下列行为：

（一）损坏燃气设施；

（二）擅自改装、迁移或者拆除燃气设施；

（三）非居民用户以应急燃气设施作为主气源供应设施使用；

（四）违规充装液化石油气或者倾倒液化石油气残液，涂改瓶体标记，损坏瓶体及附件；

（五）在不具备安全条件的场所存放和使用燃气；

（六）危及公共安全的其他用气行为。

第二十三条　管道燃气用户需扩大用气范围，改变燃气用途，或者过户、安装、改装、拆迁固定的燃气设施的，应当到管道燃气经营企业办理相关手续，并按国家有关工程建设标准实施作业。所需费用由用户承担。

第四章　燃气安全与设施保护

第二十四条　燃气管道设施的保护范围为：

（一）低压管道的管壁外缘两侧0.7米范围内的区域；

（二）中压管道的管壁外缘两侧1.5米范围内的区域；

（三）次高压管道的管壁外缘两侧2米范围内的区域；

（四）高压管道的管壁外缘两侧5米范围内的区域。

第二十五条　在燃气管道设施保护范围内，禁止从事下列危及燃气设施安全的活动：

（一）建设占压地下燃气管线的建筑物、构筑物或者其他设施；

（二）进行爆破、取土等作业或者动用明火；

（三）倾倒、排放腐蚀性物质；

（四）放置易燃易爆危险物品或者种植深根植物；

（五）堆放大宗物品；

（六）其他危及燃气设施安全的活动。

第二十六条　任何单位和个人不得侵占、毁损、擅自拆除或者移动燃气设施，不得毁损、覆盖、涂改、擅自拆除或者移动燃气设施安全警示标志。

第二十七条　建设工程施工不得影响燃气设施安全。

建设单位在施工前，应当查明施工区域内地下燃气管道设施情况。燃气经营企业以及有关部门和单位应当及时提供准确的相关资料。

第二十八条　燃气经营企业应当制定入户安全检查计划，并遵守下列规定：

（一）提前告知用户，安全检查人员持证上岗、规范服务；

（二）对非居民用户每年检查不得少于一次，对居民用户每二年检查不得少于一次；

（三）组织安全用气宣传，对用户安全用气给予技术指导；

（四）做好安全检查记录，发现用户有违反安全用气规定或者存在安全隐患的，书面告知用户整改，并为用户整改提供帮助；

（五）因用户原因无法进行安全检查的，应当做好记录，并以书面形式告知用户另行约定安全检查时间；

（六）建立安全检查档案，实行动态管理。对存在安全隐患书面告知用户整改而用户拒绝整改，或者拒不配合安全检查的，由用户承担相应责任。

第二十九条　发现用户存在下列重大安全隐患、严重威胁公共安全且不能及时整改到位的，燃气经营企业应当采取停气措施：

（一）燃气设施泄漏的；

（二）使用国家明令淘汰的燃气燃烧器具；

（三）在装有燃气管道设施、设备等设施场所居住的；

（四）在地下、半地下或者密闭空间内使用燃气设施未安装泄漏报警、强制排风、紧急切断装置的；

（五）法律、法规和规章规定的其他情形。

第三十条　燃气经营企业应当加强安全防范管理，储配站、门站、气化站、液化气站、加气站、燃气高压调压站等场所应当安装使用视频监控系统。鼓励燃气居民用户安装使用燃气泄漏报警、切断装置。

第三十一条　任何单位和个人发现燃气安全事故或者燃气安全事故隐患等情况，应当立即告知燃气经营企业，或者向燃气行政主管部门、公安机关等有关部门和单位报告。

任何单位和个人应当配合燃气经营企业或者有关部门消除安全隐患。

第三十二条　燃气行政主管部门会同安全生产、公安、市场监管（工商、质监）、交通运输、城市管理、环境保护等相关部门建立燃气安全预警联动机制，制定本行政区域的燃气事故应急预案，负责应急预案的组织实施。

第三十三条　抢险抢修人员在处理燃气事故紧急情况时，对影响抢险抢修的有关设施在最大限度地减少损失的情况下可以拆除，并通知有关单位，因此造成的损失，由事故责任单位或者事故责任人负责赔偿。

第五章　监督检查

第三十四条　燃气行政主管部门履行下列职责：

（一）按照规定编制燃气发展规划并组织实施；

（二）依职责负责燃气工程项目建设相关管理工作；

（三）负责组织本区域内燃气设施隐患排查整治工作；

（四）负责对燃气经营企业的监督检查；

（五）负责做好本区域内安全应用燃气的宣传工作；

（六）法律、法规、规章规定的其他职责。

第三十五条　安全生产监督管理部门负责燃气安全生产工作的综合监督管理，指导协调、监督检查、巡查考核有关部门履行燃气安全生产监督管理职责。

公安机关负责燃气经营和使用场所的消防监督检查、燃气汽车登记以及燃气道路运输安全管理，依法查处为非法经营企业提供场所、非法改装使用燃气汽车、破坏燃气设施、盗用燃气等危害公共安全的行为。

市场监管（工商、质监）部门负责燃气市场经营秩序的监督管理，依法查处无照经营、假冒伪劣等违法经营行为，燃气特种设备、供气质量和计量、气瓶等压力容器的监督管理。

交通运输部门负责道路、水路危险品（燃气）运输企业的行业监督管理。

城市管理部门、乡镇人民政府负责依法查处燃气管道上的违法建设行为。

第三十六条　燃气经营企业应当每月对本单位的安全生产状况进行检查，并记录检查情况。对本单位存在的安全隐患，应当采取措施予以消除。

因外部原因造成的安全隐患不能及时消除或者难以消除的，燃气经营企业应当采取必要的安全措施，并及时向所在地燃气行政主管部门和安全生产监督行政主管部门报告。

第三十七条　燃气行政主管部门应当对燃气的工程建设、经营服务、安全使用、设施保护等进行监督检查，监督检查时可依法采取下列措施：

（一）查阅复制有关文件和资料；

（二）询问相关人员，制作笔录；

（三）进入现场检查，拍摄、留存影像资料；

（四）责令排除安全隐患和改正违法行为；

（五）依法采取的其他措施。

第三十八条　燃气行政主管部门应当建立举报和投诉制度，公开举报电话、信箱或者电子邮箱，受理有关燃气安全、服务质量的举报和投诉，并及时予以处理。

第六章 法律责任

第三十九条 违反本办法第九条规定的，由县级以上燃气行政主管部门责令停止违法行为，并处一万元以上三万元以下罚款。

第四十条 违反本办法第十八条第一项规定的，由县级以上燃气行政主管部门责令停止违法行为，并处五万元以上五十万元以下罚款；有违法所得的，没收违法所得；涉嫌犯罪的，依法移送司法机关。

违反本办法第十八条第二项至第八项规定的，由县级以上燃气行政主管部门责令停止违法行为，并处五万元以上十万元以下罚款；有违法所得的，没收违法所得；涉嫌犯罪的，依法移送司法机关。

第四十一条 违反本办法第十九条规定的，由县级以上燃气行政主管部门责令限期改正，并处一万元以上三万元以下罚款；造成损失的，依法承担赔偿责任。

第四十二条 违反本办法第二十一条规定的，由县级以上燃气行政主管部门责令停止违法行为，并处一万元以上三万元以下罚款。

第四十三条 违反本办法第二十二条规定的，由县级以上燃气行政主管部门责令停止违法行为，并处一千元以上五千元以下罚款；情节严重的可以处五千元以上三万元以下罚款；造成损失的，依法承担赔偿责任。

第四十四条 违反本办法第二十五条规定的，由县级以上燃气行政主管部门责令停止违法行为，限期恢复原状或者采取其他补救措施，对单位处五万元以上十万元以下罚款，对个人处五千元以上五万元以下罚款；造成损失的，依法承担赔偿责任；涉嫌犯罪的，依法移送司法机关。

第四十五条 违反本办法第二十六条规定，侵占、毁损、擅自拆除或者移动燃气设施的，由县级以上燃气行政主管部门责令限期改正，恢复原状或者采取其他补救措施，对单位处五万元以上十万元以下罚款，对个人处五千元以上五万元以下罚款；造成损失的，依法承担赔偿责任；构成犯罪的，依法追究刑事责任。

毁损、覆盖、涂改、擅自拆除或者移动燃气设施安全警示标志的，由县级以上燃气行政主管部门责令限期改正，恢复原状，并处五千元以下罚款。

第四十六条 燃气行政主管部门工作人员违反本办法，有下列情形之一的，由人事或者监察部门给予行政处分；涉嫌犯罪的，依法移送司法机关：

（一）不按照规定实施行政许可的；

（二）不按照规定履行监督检查职能的；

（三）发现违法行为或者接到对违法行为的举报不及时查处，或者包庇、纵容违法行为的；

（四）其他玩忽职守、滥用职权、徇私舞弊的行为。

第七章 附 则

第四十七条 本办法自2017年8月1日起施行。

关于废止《唐山市政府投资建设项目审计监督办法》的决定

（2017年8月9日市政府15届4次常务会议审议通过，现予公布，自公布之日起施行。）

为维护法制统一，依法推进简政放权，市政府决定对《唐山市政府投资建设项目审计监督办法》（唐山市人民政府令〔2008〕1号）予以废止。

关于废止部分政府规章的决定

（2017年11月8日市政府15届7次常务会议讨论通过，现予公布，自公布之日起施行。）

为维护法制统一，依法推进简政放权，市政府决定废止下列政府规章：

一、唐山市城市维护建设资金管理办法（试行）（政府令1号）

二、唐山市殡葬管理办法（政府令13号）

三、唐山市市本级行政事业性收费票款分离暂行办法(唐政办函〔1999〕163号)

四、唐山市科学技术奖励办法（政府令〔2004〕6号）

五、唐山市财政性投资基本建设工程项目资金监督管理规定（政府令〔2005〕2号）

六、唐山市政府采购管理实施办法（政府令〔2005〕3号）

七、唐山市调味品生产销售管理实施办法（政府令〔2006〕1号）

本决定自公布之日起施行。

统计资料

唐山市2017年国民经济和社会发展统计公报

2017年，是唐山发展进程中不寻常的一年，全市上下以迎接十九大、贯彻十九大精神为主线，全面落实习近平总书记对唐山工作的重要指示和省委对唐山发展的目标要求，全力推进供给侧结构性改革，经济发展呈现稳中向好、稳中提质新格局，步入加速转型升级、迈向高质量发展的良性轨道，民生事业持续进步，经济社会保持平稳健康发展，为率先全面建成高质量小康社会和现代化沿海强市奠定了坚实的基础。

一、综合

初步核算，全年地区生产总值7106.1亿元，比上年增长6.5%。其中，第一产业增加值600.7亿元，增长2.2%；第二产业增加值4081.4亿元，增长4.2%；第三产业增加值2424.0亿元，增长10.9%。三次产业增加值结构为8.5:57.4:34.1。按常住人口计算，全年人均地区生产总值90290元（按年平均汇率折合13373美元），增长5.8%。沿海增长极、中心城市、县域经济三大经济板块地区生产总值分别为665.9亿元、2641.9亿元、3798.3亿元，分别增长8.4%、6.8%、5.9%。

全年民营经济增加值4885.9亿元，比上年增长7.1%，占地区生产总值的比重为68.8%，比上年提高0.2个百分点。

图1：2013-2017年地区生产总值及其增长速度

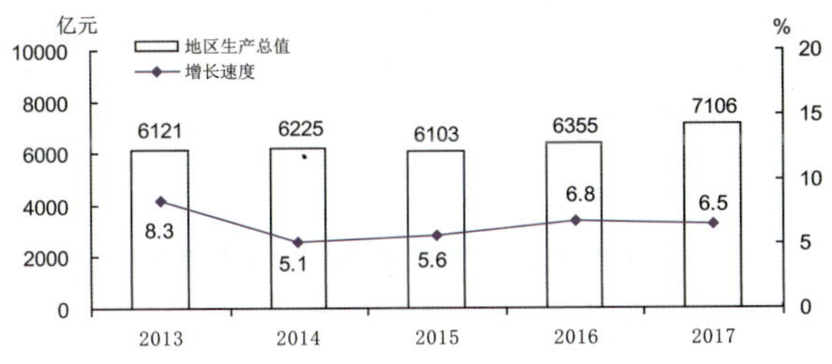

图2：2013-2017年城镇新增就业人数

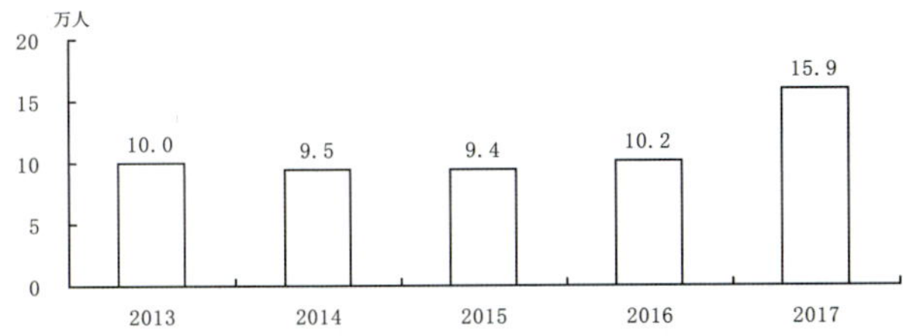

全年城镇新增就业15.9万人，城镇失业人员实现再就业4.8万人，农村劳动力向非农产业转移7.8万人。年末城镇登记失业率为2.83%。

图4：2013-2017年一般公共预算收入及其增长速度

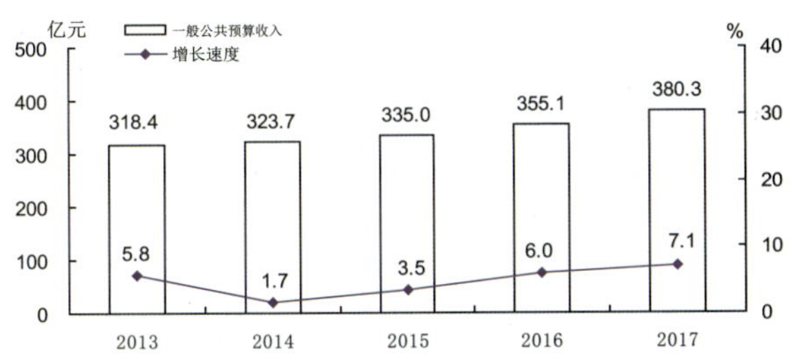

全年城市居民消费价格比上年上涨1.6%。分类别看，衣着上涨1.2%，居住上涨0.8%，生活用品及服务上涨1.5%，教育文化和娱乐上涨0.9%，医疗保健上涨5.0%，其他用品和服务上涨37.5%，食品烟酒价格下降1.0%，交通和通信下降0.5%。城市商品零售价格上涨1.1%。工业生产者出厂价格上涨26.0%，其中，生产资料价格上涨27.3%，生活资料价格上涨0.6%。

图3：2013-2017年城市居民消费价格涨跌幅度

全年全部财政收入733.0亿元，比上年增长20.6%，其中一般公共预算收入380.3亿元，增长7.1%。一般公共预算支出662.6亿元，增长3.1%。其中，教育支出增长14.6%，社会保障和就业支出增长2.3%，节能环保支出增长11.6%。沿海增长极、中心城市、县域经济三大经济板块一般公共预算收入分别为81.8亿元、181.1亿元和117.4亿元，分别增长1.8%、6.1%和12.9%。

全年国税税收收入447.5亿元，比上年增长52.5%。地税税收收入183.1亿元，下降8.7%。

二、农业

全年粮食播种面积47.5万公顷，比上年下降0.7%。粮食产量311.2万吨，比上年增长1.9%。其中，夏收粮食75.3万吨，秋收粮食235.9万吨。粮食亩产436.5公斤，增长2.6%。棉花播种面积1.4万公顷，产量1.7万吨，下降16.1%。油料播种面积8.1万公顷，产量33.5万吨，增长4.3%。蔬菜播种面积18.9万公顷，产量1475.0万吨，增长0.6%，其中设施蔬菜（含食用菌）产量559.5万吨，增长0.9%。

图5：2013-2017年粮食产量及其增长速度

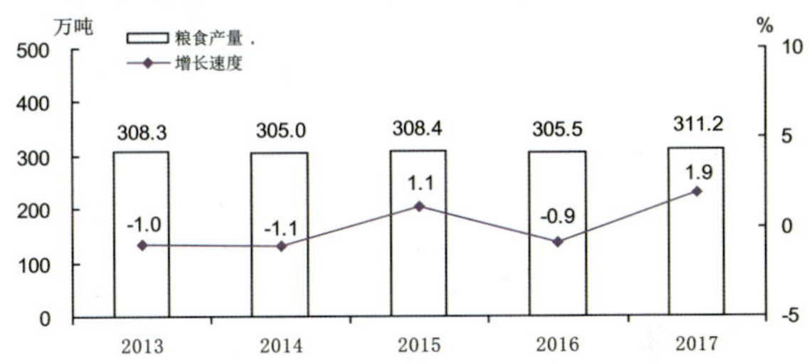

全年干鲜果产量257.3万吨（含果用瓜），比上年下降4.4%，其中板栗产量9.7万吨，增长5.4%。中草药材种植面积1667公顷，比上年增长2.2%。全年人工造林2.1万公顷，森林覆盖率37.2%，比上年提高0.6个百分点。

全年肉类产量77.5万吨，比上年增长2.3%。其中，猪肉产量53.0万吨，增长2.8%；牛肉产量8.5万吨，增长0.1%；羊肉产量1.8万吨，增长1.3%。禽蛋产量37.7万吨，下降1.0%。牛奶产量162.6万吨，下降4.4%。

全年水产品产量54.0万吨，比上年下降6.9%。其中，养殖水产品产量42.4万吨，下降6.8%；捕捞水产品产量11.6万吨，下降7.2%。

年末农业产业化龙头企业187家，比上年增加20家。农业产业化经营率69.4%，比上年提高1.0个百分点。新型农业经营主体单位9064户，比上年增加552户。

三、工业和建筑业

全年全部工业增加值3772.6亿元，比上年增长4.5%，其中规模以上工业增加值3518.9亿元，增长4.7%。

图6：2013-2017年规模以上工业增加值及其增长速度

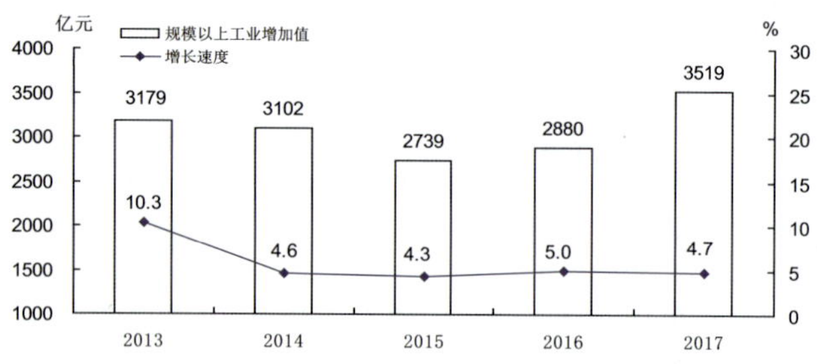

在规模以上工业中，国有控股企业增加值增长0.4%，股份制企业增长7.1%，外商及港澳台商投资企业下降1.4%，私营企业增长9.4%。钢铁行业增加值增长0.5%，装备制造业增长16.3%，能源行业增长1.6%，建材行业增长17.6%，化工行业下降3.3%。装备制造业增加值678.9亿元，占规模以上工业的比重为19.3%。战略性新兴产业增加值414.9亿元，增长19.8%，占规模以上工业的比重为11.8%。高新技术产业增加值265.0亿元，增长17.2%，占规模以上工业的比重为7.5%。

表1：2017年主要工业产品产量及其增长速度

产品名称	单位	产量	比上年增长%
原油	万吨	136	0.7
天然气	万立方米	37943	-20.6
发电量	亿千瓦时	531	8.3
焦炭	万吨	1959	-6.3
纯碱	万吨	345	-1.0
水泥	万吨	2443	-19.8
卫生陶瓷	万件	2352	-4.9
生铁	万吨	8919	1.8
粗钢	万吨	9120	4.6
钢材	万吨	11926	5.1
矿山专用设备	万吨	104	17.6
城市轨道车辆	辆	746	757.5
锂离子电池	万只	2445	184.5
电子元件	万只	50563	53.2
动车组	辆	432	432
工业机器人	套	2074	2665.3

全年规模以上工业主营业务收入完成12472.6亿元，比上年增长23.5%。实现利润707.7亿元，增长70.7%。其中，装备制造业利润73.0亿元，增长9.9%；能源行业亏损10.6亿元，同比减亏1.3亿元；化工行业利润51.9亿元，增长153.3%，钢铁行业利润355.0亿元，增长211.3%；建材行业利润16.4亿元，增长30.6%。

年末规模以上工业企业1540家，其中年内新建投产企业119家。全年压减炼铁产能576万吨、炼钢产能993万吨。

全年全社会建筑业增加值310.1亿元，比上年增长1.0%。

图7：2013-2017年建筑业增加值及其增长速度

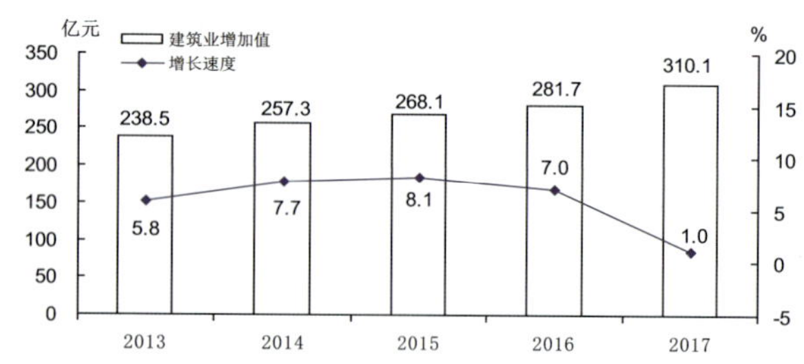

四、固定资产投资

全年全社会固定资产投资5365.3亿元，比上年增长6.5%，其中固定资产投资（不含农户）5305.4亿元，增长6.6%。沿海增长极投资1277.6亿元，增长5.9%；中心城市投资1502.3亿元，增长2.0%；县域经济投资2525.5亿元，增长10.0%。

图8：2013-2017年全社会固定资产投资及其增长速度

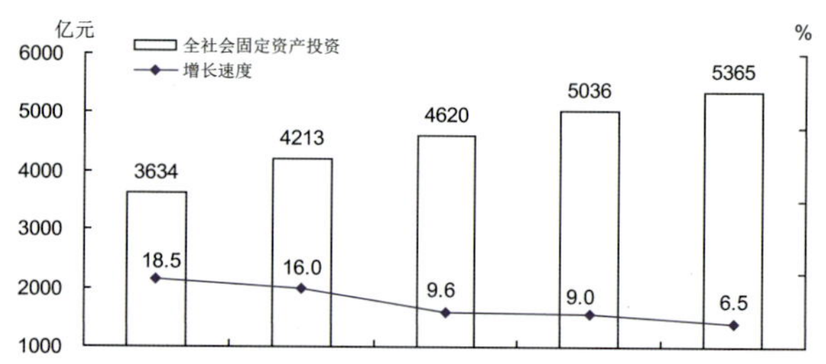

在固定资产投资中，第一产业投资291.6亿元，增长4.6%；第二产业投资2914.4亿元，增长12.7%；第三产业投资2099.4亿元，下降0.5%。工业投资2922.9亿元，增长12.1%，其中工业技术改造投资1866.9亿元，增长12.7%，占工业投资的63.9%。高新技术产业投资690.3亿元，增长20.0%；装备制造业投资904.4亿元，增长16.1%；城市基础设施投资1341.0亿元，增长8.6%。民间投资4210.9亿元，增长14.1%，其中私营企业投资增长27.8%。

全年固定资产投资施工项目3688个，其中本年新开工项目2850个，比上年增长26.6%。在施工项目中，总投资亿元以上项目1521个，完成投资4132.8亿元，分别增长34.0%和11.3%，其中本年新开工项目1007个，完成投资2554.4亿元，分别增长45.7%和22.2%。

全年房地产开发投资357.7亿元，比上年下降22.1%。其中，商品住宅投资272.5亿元，下降15.4%；办公楼投资13.2亿元，增长17.5%。

表2：2017年分行业固定资产投资及其增长速度

单位：亿元

行　业	投资额	比上年增长%
总　计	5305.4	6.6
农、林、牧、渔业	300.5	3.7
采矿业	191.2	-8.2
制造业	2474.2	17.8
电力、热力、燃气及水生产和供应业	257.5	-13.6
建筑业	1.7	50.9
批发和零售业	157.8	1.3
交通运输、仓储和邮政业	450.3	-15.1
住宿和餐饮业	38.0	-27.5
信息传输、软件和信息技术服务业	30.1	135.6
金融业	5.4	74.6
房地产业	417.8	-18.8
租赁和商务服务业	80.8	9.8
科学研究和技术服务业	65.4	18.9
水利、环境和公共设施管理业	642.6	39.6
居民服务、修理和其他服务业	17.4	1.0
教育	43.2	-49.4
卫生和社会工作	38.1	-11.6
文化、体育和娱乐业	83.1	48.2
公共管理、社会保障和社会组织	10.2	-44.0

五、国内贸易

全年社会消费品零售总额2617.2亿元，比上年增长10.4%。按经营地统计，城镇消费品零售额2145.3亿元，增长10.2%；乡村消费品零售额471.9亿元，增长11.0%。分行业统计，批发业零售额418.4亿元，增长11.0%；零售业零售额1997.2亿元，增长9.9%；住宿业零售额18.3亿元，增长12.0%；餐饮业零售额183.3亿元，增长13.6%。

图9：2013-2017年社会消费品零售总额及其增长速度

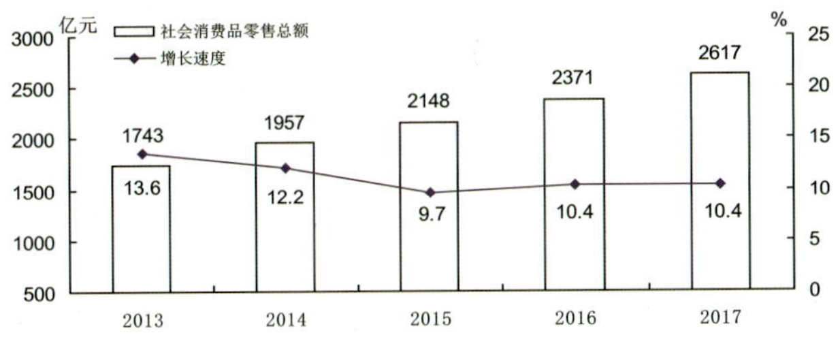

年末限额以上批发和零售企业535家，比上年末增加79家。在限额以上企业商品零售额中，粮油食品类下降2.1%，服装鞋帽纺织品类下降5.4%，日用品类下降10.1%，家用电器和音像器材类下降0.7%，家具类下降12.1%，金银珠宝类增长13.5%，汽车类增长9.1%，中西药类增长11.0%，石油及制品类增长19.0%。

六、对外开放

全年进出口总额673.7亿元，比上年下降4.7%。其中，出口额371.7亿元，下降20.4%；进口额302.0亿元，增长25.8%。

图10：2013-2017年进出口总额

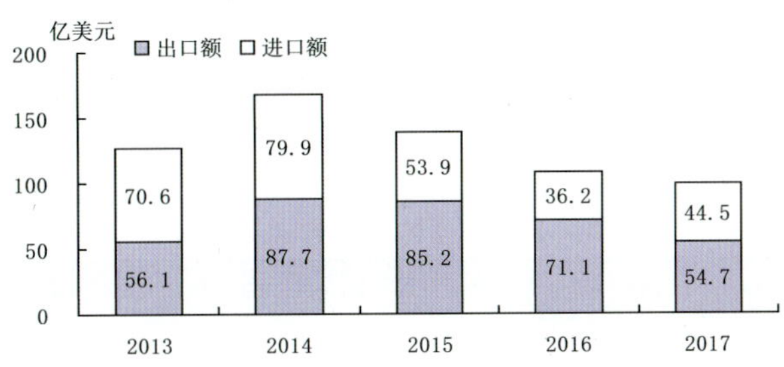

在出口额中，钢材产品出口26.5亿美元，下降44.6%；机电产品出口9.7亿美元，增长29.6%；陶瓷产品出口5.6亿美元，增长3.1%；农产品出口0.9亿美元，增长6.9%。对亚洲出口下降36.9%，对北美洲出口增长21.4%，对欧洲出口增长0.1%。在进口额中，铁矿砂进口31.7亿美元，增长17.4%；煤炭进口5.3亿美元，增长108.4%；机电产品进口2.5亿美元，下降3.7%。

全年实际利用外资16.1亿美元，比上年增长8.3%，其中外商直接投资15.8亿美元，增长10.0%。在外商直接投资中，第一产业下降53.3%，第二产业增长1.9%，第三产业增长54.9%。全年新批准外商投资合同33项，合同外资额3.7亿美元，下降22.6%。年末实有三资企业402家，其中已投产企业180家。

图11：2013-2017年实际利用外资及其增长速度

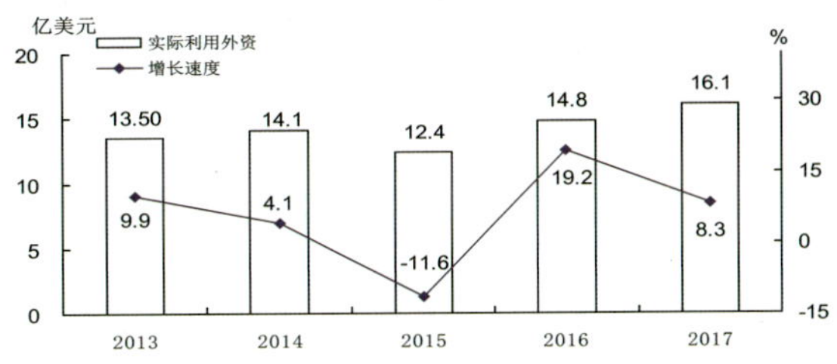

全年对外承包工程业务完成营业额4.9亿美元，比上年增长35.2%。境外投资中方实际投资额4.2亿美元，增长5.0%。

全年引进省外资金1058亿元，增加34亿元。

七、交通、邮电和旅游

年末公路通车里程1.8万公里，其中高速公路640公里。唐曹公路改建工程通车。农村公路通车里程1.6

万公里，全年改造农村公路538公里。迁曹高速一期工程实现通车，南湖高速口正式开通。

全年公路货物运输量4.1亿吨，比上年增长6.1%；货物运输周转量1049.1亿吨公里，增长8.5%。公路旅客运输量2887.0万人次，增长6.5%；旅客运输周转量25.8亿人公里，增长5.0%。全市拥有客运班线738条，班线客车1499辆，全年新增新型节能环保客车71辆。

年末民用汽车保有量185.0万辆（包括三轮汽车和低速货车1.8万辆），比上年末增长7.5%，其中私人汽车保有量173.0万辆，增长7.5%。民用轿车保有量115.4万辆，增长9.2%，其中私人轿车111.8万辆，增长9.4%。

全年唐山港货物吞吐量5.7亿吨，比上年增长10.1%；集装箱吞吐量253.0万标箱，增长30.7%。三女河机场旅客吞吐量51.9万人次，增长115.4%；货（邮）行吞吐量3876吨，增长82.0%；已开通航线16条，通达21个城市。

表3：2017年各种运输方式运输量

指 标	单 位	绝对数	比上年增长%
公路货物运输量	万吨	41000	6.1
公路货物运输周转量	亿吨/公里	1049.1	8.5
公路旅客运输量	万人次	2887.0	6.5
公路旅客运输周转量	亿人/公里	25.8	5.0
港口货物吞吐量	万吨	57320	10.1
其中：曹妃甸港	万吨	28271	13.3
京唐港	万吨	29048	7.2
其中：集装箱	万标/箱	253.0	30.7
其中：钢铁	万吨	5691	8.5
煤炭	万吨	17738	23.8
矿石	万吨	24748	1.9
民航旅客吞吐量	万人/次	51.9	115.4
民航货（邮）吞吐量	吨	3876	82.0

全年邮电业务总收入70.5亿元，比上年增长5.7%。其中，邮政业务收入15.4亿元（含快递业务收入），增长27.8%；电信业务收入55.1亿元，增长0.9%。年末移动电话用户953.7万户，比上年末减少1.6万户；互联网宽带接入用户193.5万户，增加25.2万户。年末全市许可备案的快递企业及其分支机构320家，完成快递业务量（收件量）8990.1万件，增长38.6%，实现业务收入8.0亿元，增长46.6%。

图12：2013-2017年年末互联网宽带、移动电话用户数

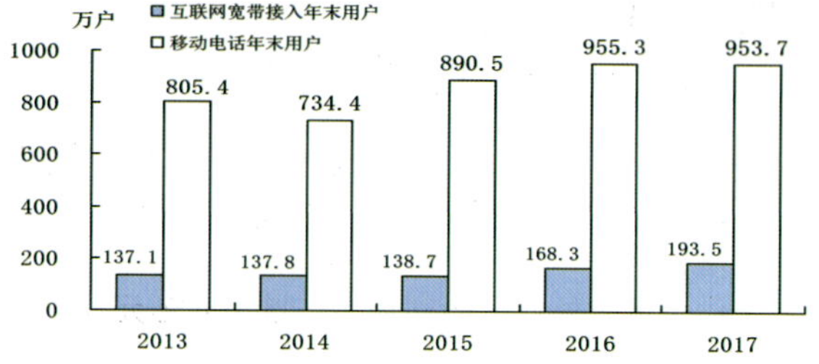

全年接待国内外游客5603.0万人次，比上年增长25.1%，旅游总收入587.3亿元，增长34.1%。其中，接待国际游客11.7万人次，增长8.6%，旅游外汇收入6698.9万美元，增长53.9%；接待国内游客5591.3万人次，增长25.1%，国内旅游收入582.8亿元，增长34.0%。成功举办唐山市首届旅游发展大会，中国工业旅游产业发展联合大会。

八、金融

年末拥有各类金融机构137家（不含小贷公司）。其中，银行业金融机构43家（含财务公司1家），证券机构20家，期货机构9家，保险机构58家（法人机构1家，市级分（支）公司57家），其他金融机构7家（融资租赁公司6家，资产管理公司1家）。年末拥有小额贷款公司43家。

年末金融机构人民币各项存款余额8748.4亿元，比年初增加468.5亿元，其中住户存款余额5276.1亿元，比年初增加382.8亿元。金融机构人民币各项贷款余额5212.9亿元，比年初增加237.9亿元。

图13：2013-2017年年末住户人民币存款余额

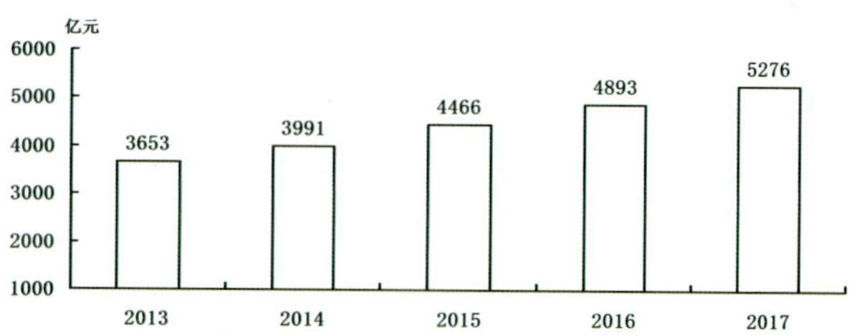

年末拥有上市挂牌公司128家（含境内沪深两市10家，境外主板上市1家，“新三板”40家，区域股权市场77家），新增24家（含境内沪深两市2家，“新三板”10家，石家庄股权交易所12家）。全年直接融资149.8亿元，其中，各类债券融资98.0亿元，股权融资51.8亿元。

全年保险业实现原保险保费收入232.6亿元，比上年增长7.4%。其中，财产险业务保费收入62.25亿元，人身险业务保费收入170.32亿元。保险业赔款与给付支出84.0亿元，增长0.2%。其中，财产险赔款与给付支出34.8亿元，人身险赔款与给付支出49.2亿元。

九、城市建设与管理

年末城市道路总长度1841.8公里，人均城市道路面积16.56平方米。市区集中供热面积5903万平方米，新增236万平方米。天然气管线总里程2022公里，增加375公里，扩供用户1.22万户。城市日供水能力111.8万立方米。年末城市排水管道2594.8公里，城市污水处理厂日处理能力89.5万立方米，污水集中处理率达到97.6%，城市生活垃圾无害化处理率达到100%。年末建成区绿化覆盖面积10156.0公顷，绿化覆盖率40.79%；建成区绿地面积9345.0公顷，建成区绿地率37.53%；城市公园绿地面积3150.5公顷，人均公园绿地面积15.91平方米。

年末主城区公交运营车辆2130部，其中新能源和清洁能源公交车1943部；公交运营线路141条，新增3条。年末运营载客出租车7451辆。

年内完成银河路上跨京哈铁路桥改造工程，学院路、岳各庄110KV变电站出线隧道主体完工，首条地下综合管廊工程开工建设。

十、教育、科技、文化和体育

年末拥有普通高等学校10所，在校生12.3万人，其中研究生2994人；本年新招生3.6万人，其中研究生1083人。中等职业学校在校生5.9万人，增长13.7%。普通中学在校生35.6万人，增长5.1%。小学在校生50.9万人，增长0.5%。幼儿园在园幼儿22.5万人，下降1.1%。九年义务教育巩固率97.89%，高中阶段教育毛入学率93.9%。发放各类困难学生生活费、助学金、奖学金2.1亿元，惠及各类学生10.9万人。西南交大唐山研究生院正式挂牌，曹妃甸职业技术学院挂牌招生，唐山师范学院、唐山学院被确定为硕士学位授予立项建设单位。

表4：2017年各类教育基本情况

单位：万人

指 标	招生数		在校生数		毕业生数	
	2014年	比上年增长%	2014年	比上年增长%	2014年	比上年增长%
总 计	33.4	-7.3	129.4	2.3	29.9	-6.8
其中：普通高等学校	3.6	-1.0	12.3	6.4	3.1	-3.7
中等职业学校	2.3	13.0	5.9	13.7	1.5	1.4
普通中学	8.9	-24.5	35.6	5.1	7.5	-32.2
小学	9.2	9.5	50.9	0.5	8.9	15.8

注：中等职业学校不包含技校。

年末拥有市级以上工程技术研究中心179家，其中省级以上33家；市级以上重点实验室46家，其中省级7家；市级以上产业技术研究院8家，其中省级3家。省级院士工作站26家，进站院士49名。省大型科研仪器设备资源开放共享服务平台入网仪器设备512台套。

年末拥有国家级高新区1个，省级高新区2个，国家级农业科技园区1个，省级农业科技园区10个。高新技术企业290家；国家级科技企业孵化器1家，省级15家；国家级众创空间11家，省级2家。

全年申请专利6712项，比上年增长19.5%；授权专利3677项，增长12.0%。截止年底，有效专利1.44万件，有效发明专利2590件，每万人口发明专利拥有量3.28件。技术合同成交总额50.3亿元。全年组织开展重大、重点科技项目36项，其中省级项目24项。取得科学技术奖励122项，其中省级42项。

年末拥有艺术表演团体9个，影剧院39个，文化馆、群艺馆15个，博物馆、纪念馆18个，公共图书馆13个。有线广播电视入户率100%。公开出版报纸、期刊19种。不可移动文物点1300余处，可移动文物1.4万余件，世界文化遗产1处，市级以上文物保护单位95处。成功举办第27届全国图书博览交易会唐山会场暨第9届河北省书博会。

年末拥有体育场地799个，体育馆153座，标准游泳池(馆)26个，公共健身器材8742套，人均体育场地面积1.93平方米。全年获得全国冠军5个，省年度比赛夺得金牌105枚。成功举办“一带一路杯”（唐山）国际沙滩足球邀请赛、第二届中拉沙滩足球锦标赛、第二届唐山国际马拉松赛、第二届中国（唐山）国际体育健身休闲产业博览会、全国公路自行车锦标赛等一系列国际国内大型赛事活动。

十一、卫生、社会保障和公共服务

年末全市拥有各类卫生机构9093个。其中，医院173个，乡镇卫生院189个，社区卫生机构151个，农村卫生室6416个。全市卫生机构拥有床位4.3万张。其中，医院3.4万张，乡镇卫生院0.7万张。每千人口医疗卫生机构床位数5.90张。卫生技术人员4.7万人。其中，执业（助理）医师2.0万人，注册护士2.0万人。每千人口执业（助理）医师2.53人。全年门诊量3836.84万人次，医院次均门诊费用243.9元，比上年下降0.1%。

年末全市城镇职工基本养老保险覆盖人数196.7万人，比上年末增加6.8万人。其中，参保职工141.6万人，参保离退休人员55.1万人。城乡居民养老保险覆盖人数334.9万人，增加0.7万人，其中农村居民参保人数326.3万人。城乡基本医疗保险覆盖人数702.0万人。其中，城镇职工参保159.6万人，居民参保542.5万人。失业保险覆盖人数86.2万人，增加3.5万人。工伤保险覆盖人数110.0万人，其中参加工伤保险的农民工37.7万人。生育保险覆盖人数107.2万人。

全年发放城乡最低生活保障金4.4亿元，保障居民11.8万人，其中，城市居民2.2万人，农民9.6万人。城市低保标准每人每月550元，农村低保标准每人每年3912元。

年末全市拥有敬老院75家，床位10800张。民办养老机构141家，拥有养老床位14901张。居家养老服务中心（站）459个，居委会覆盖率66%；农村互助幸福院5152个，村委会覆盖率95%。社会救助站11家。儿童福利机构集中养育孤儿和社会散居孤儿每月基本生活费分别为1150元和700元。

十二、人口和人民生活

年末全市常住人口789.7万人，比上年末增加5.3万人，其中城镇人口486.8万人，增加13.0万人。常住人口城镇化率61.64%，比上年提高1.23个百分点。

图15：2013-2017年常住人口及城镇化率

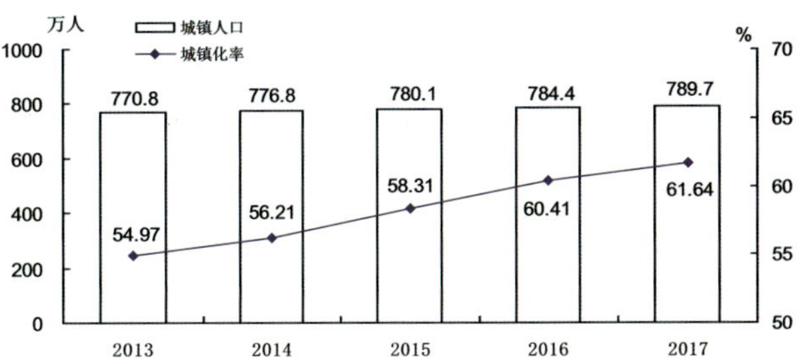

全年登记结婚44588对，离婚21431对。

全年全市居民人均可支配收入27786元，比上年增长8.8%。按常住地分，城镇居民人均可支配收入36415元，比上年增长8.0%；农村居民人均可支配收入16229元，比上年增长8.0%。居民人均消费支出18132元，增长9.1%。按常住地分，城镇居民人均消费支出22758元，增长8.3%；农村居民人均消费支出11938元，增长8.6%。

图16：2013-2017年农村居民人均可支配收入及其增长速度

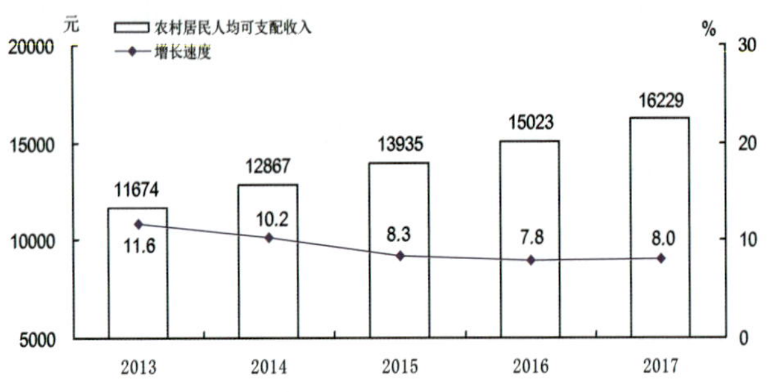

图17：2013-2017年城镇居民人均可支配收入及其增长速度

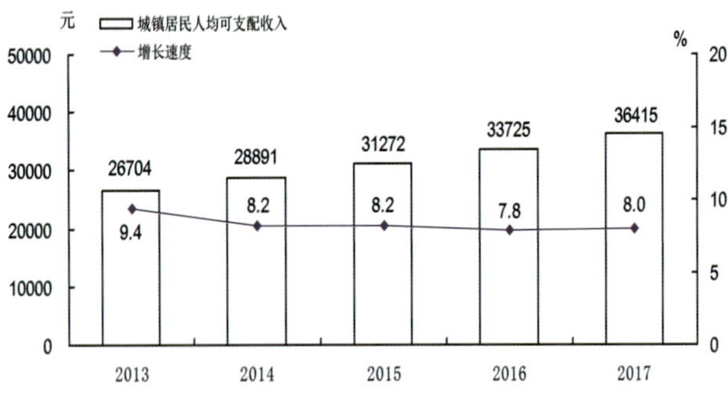

十三、环境保护和安全生产

全年能源消费总量8221.15万吨标准煤，比上年增长0.71%。规模以上工业煤炭消费量7336.4万吨，比上年减少232.2万吨。万元生产总值能耗1.1850吨标准煤，下降5.43%；万元工业增加值能耗下降4.35%。

全年环境空气质量二级及优于二级天数205天，比上年增加5天；重度污染以上天数30天，减少7天；细颗粒物（PM2.5）浓度年均值下降10.8%，可吸入颗粒物（PM10）浓度年均值下降6.3%。化学需氧量、氨氮、二氧化硫、氮氧化物排放总量分别为14.33万吨、1.1429万吨、20.01万吨和23.06万吨，化学需氧量和氨氮2017年较2015年分别减少4.6%和5%，二氧化硫和氮氧化物2017年较2016年分别减少8%和13.2%。

全年共发生各类安全生产事故587起，死亡274人。亿元生产总值安全生产事故死亡人数0.039人，煤矿百万吨死亡人数0.16人，道路交通事故万车死亡人数1.37人。

注释：

[1]本公报2017年数据为快报统计数据。

[2]部分数据由于四舍五入，存在分项合计与总计不等的情况。

[3]公报中地区生产总值、人均地区生产总值、各产业增加值绝对量按当年价格计算，增长速度按可比价格计算。

[4]万元生产总值能耗按2015年不变价格计算。

[5]五大主导行业分别为：钢铁行业、能源行业、化工行业、建材行业、装备制造业。

[6]装备制造业包括金属制品业，通用设备制造业，专用设备制造业，汽车制造业，铁路、船舶、航空航天和其他运输设备制造业，电气机械和器材制造业，计算机、通信和其他电子设备制造业，仪器仪表制造业，金属制品、机械和设备修理业。

[7]工业战略性新兴产业包括节能环保产业，新一代信息技术产业，生物产业，高端装备制造产业，新能源产业，新材料产业，新能源汽车产业等七大产业中的工业相关行业。

[8] 三大经济板块：沿海增长极包括曹妃甸区、海港开发区、唐山湾国际旅游岛、芦台开发区和汉沽管理区；中心城市包括市本级、丰南区、丰润区、路南区、路北区、古冶区、开平区和高新开发区；县域经济包括迁安市、遵化市、滦县、滦南县、乐亭县、迁西县和玉田县。

[9]房地产业投资除房地产开发投资外，还包括建设单位自建房屋以及物业管理、中介服务和其他房地产投资。

[10]全市居民收入名义增速快于分城乡居民收入增速的原因是：在城镇化过程中，一部分在农村收入较高的人口进入城镇地区，但在城镇属于较低收入人群，他们的迁移对城乡居民收入均有拉低作用。但无论在城镇还是农村，其收入增长效应都会体现在全体居民收入增长中。

资料来源：本公报中城镇新增就业、登记失业率、社会保障等数据来自唐山市人力资源和社会保障局；人工造林、森林覆盖率等数据来自唐山市林业局；压减炼铁、炼钢产能等数据来自唐山市发展和改革委员会；进出口等数据来自唐山市商务局；公路通车里程、公路运输总量、公路运输周转量、港口、航空等数据来自唐山市交通运输局；邮政业务收入、快递业务收入等数据来自唐山市邮政管理局；旅游数据来自唐山市旅游局；财政数据来自唐山市财政局；国税系统税收收入数据来自唐山市国家税务局；地税系统税收收入数据来自唐山市地方税务局；货币金融数据来自中国人民银行唐山市中心支行；金融机构、保险等数据来自唐山市金融证券办公室；供热面积、燃气等数据来自唐山市住房和城乡建设局；人均城市道路面积、日供水能力、公交车辆、人均公园绿地面积、污水处理率等数据来自唐山市城市管理局；环境监测数据来自唐山市环境保护局；科技数据来自唐山市科学技术局；教育数据来自唐山市教育局；表演艺术团体、图书馆等数据来自唐山市文化广播电视新闻出版局；体育数据来自唐山市体育局；卫生数据来自唐山市卫生和计划生育委员会；低保、社会福利等数据来自唐山市民政局；汽车保有量、户籍人口等数据来自唐山市公安局；安全生产数据来自唐山市安全生产监督管理局；其他数据均来自唐山市统计局和国家统计局唐山调查队。

说明：

一、本类目含主题索引、插图、表3个分目。

二、主题索引按主题词首字汉语拼音字母顺序排列，第一字相同，按第二字音序排列，依此类推。

三、篇目、分目用黑体红字标明，子目用楷体字标明，条目用宋体字标明。标引词后的数字表示内容所在页码，字母a、b、c分别表示从左至右第一、二、三栏。各篇目只标示页码。

四、“大事记”“报道唐山新闻要目”“地方性法规·统计资料”内容不做索引。“特载”“权威媒体看唐山”内容只标示页码。

五、插图、表按前后顺序排列，只标示页码。

主题索引

E

F

P

Q

R

T

W

Z

插　图

表

唐山市行政区划图
北京市
承
德
市
八家乡
大杖子乡
化皮溜子乡
宽城满族自治县
板城镇
大字淘门乡
苇子沟乡
汤道河镇
大石柱子乡
河坎子乡
老大杖子乡
亮甲台乡
东黄花川乡
大石岭乡
土门子乡
马圈子镇
峪耳崖镇
东大地乡
罗镇
狼石沟乡
蘑菇峪乡
碾子峪乡
平安壁镇
北水泉乡
大水泉乡
兴隆镇
安子岭乡
老虎沟水库
三道河乡
南天门满族乡
半壁山镇
蓝旗营乡
罗文峪长城
汉儿庄乡
滦阳镇
洒河桥镇
上营乡
八道河乡
青龙满族自治区
水胡洞水库
大巫岚乡
秦
朱杖子乡
双山子镇
平方子乡
娄杖子乡
铧尖乡
茨榆山乡
安子岭乡
孤山子乡
挂兰峪镇
侯家寨乡
八卦岭满族乡
苏家洼镇
般若院水库
小厂乡
三屯营镇
迁
西
大黑汀水库
渔户寨乡
金厂峪镇
太平寨镇
凉水河乡
肖营子镇
三拨子乡
七道河乡
隔河头乡
草碾乡
皇
官场乡
桃林口水库
西下营满族乡
西三里乡
遵化市
（遵化镇）
建明镇
汤泉满族乡
兴旺寨乡
马兰峪镇
堡子店镇
西留村乡
崔家庄乡
东陵满族乡
石门镇
遵
化
市
沙
河
东旧寨镇
白庙子乡
旧城乡
东荒峪镇
五重安乡
大崔庄镇
罗家屯镇
尹庄乡
建昌营镇
刘家营乡
杨各庄镇
迁西县
（兴城镇）
房官营水库
新集镇
马兰庄镇
阎家店乡
上庄乡
扣庄乡
孙各庄满族乡
穿芳峪乡
马伸桥镇
出头岭镇
平安城镇
东新庄镇
团瓢庄乡
新店子镇
铁厂镇
新庄子乡
县
迁
蔡园镇
安
迁安市
市
夏官营镇
潘庄镇
燕河营镇
大新寨镇
台营镇
于桥水库
五百户镇
西龙虎峪镇
刘备寨乡
娘娘庄乡
邱庄水库
党峪镇
东莲花院乡
大五里乡
杨店（迁安镇）子办事处
印庄乡
陈官屯乡
洋河水库
剐山镇
孤树镇
唐白头镇
郭家屯乡
林头屯乡
玉田县
（玉田镇）
亮甲店镇
彩亭桥镇
大安镇
林西镇
虹桥镇
杨家套乡
林南仓镇
郭家桥乡
散水头镇
陈家铺乡
鸦鸿桥镇
杨家板桥镇
玉
田
地北头镇
杨官林镇
沙流河镇
左家坞镇
火石营镇
泉河头镇
丰
王官营镇
姜家营乡
刘家营乡
杨柳庄镇
木厂口镇
赵店子镇
野鸡坨镇
彭店子乡
岛
茶棚乡
榆关镇
双望镇
抚宁镇
卢龙县
下寨乡
太平庄乡
沙河驿镇
七树庄镇
丰润区
（丰润镇）
榛子镇
王店子镇
油榨镇
银城铺乡
白官屯镇
滦
九百户镇
东安各庄镇
刘田各庄镇
留守营镇
蛤泊乡
两山乡
石各庄镇
任各庄镇
常庄乡
栗园镇
皇家店乡
古
雷庄镇
滦县
石门镇
木井乡
十里铺乡
安山镇
昌黎县

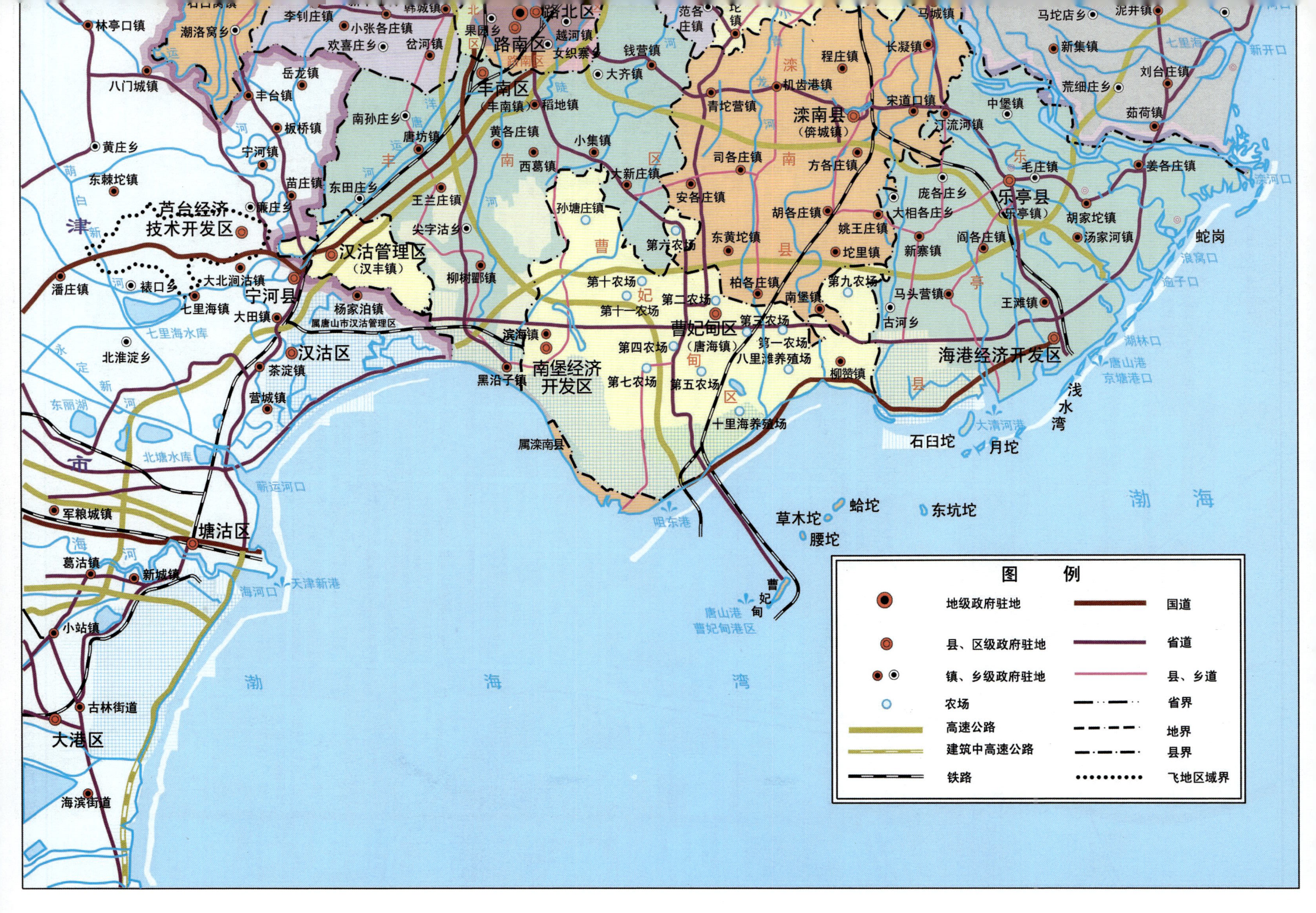
图例
地级政府驻地
县、区级政府驻地
镇、乡级政府驻地
农场
高速公路
建筑中高速公路
铁路
国道
省道
县、乡道
省界
地界
县界
飞地区域界
渤海
渤海湾
浅水湾
曹妃甸区
（唐海镇）
海港经济开发区
乐亭县
（乐亭镇）
滦南县
（倴城镇）
丰南区
（丰南镇）
路南区
路北区
汉沽管理区
（汉丰镇）
芦台经济技术开发区
宁河县
汉沽区
塘沽区
大港区
南堡经济开发区
唐山港
曹妃甸港区
京唐港区
石臼坨
月坨
东坑坨
蛤坨
草木坨
腰坨
咀东港
天津新港
七里海水库
北塘水库
东丽湖
杨家泊镇
滨海镇
黑沿子镇
柳赞镇
王滩镇
汤家河镇
胡家坨镇
姜各庄镇
毛庄镇
庞各庄乡
大相各庄乡
新寨镇
马头营镇
阎各庄镇
古河乡
宋道口镇
长凝镇
程庄镇
机场港镇
方各庄镇
胡各庄镇
姚王庄镇
坨里镇
柏各庄镇
南堡镇
东黄坨镇
司各庄镇
青坨营镇
安各庄镇
大新庄镇
小集镇
西葛镇
黄各庄镇
稻地镇
钱营镇
大齐镇
女织寨乡
越河镇
唐坊镇
南孙庄乡
东田庄乡
王兰庄镇
尖字沽乡
柳树酄镇
岳龙镇
丰台镇
板桥镇
宁河镇
苗庄镇
廉庄乡
潘庄镇
七里海镇
大北涧沽镇
大田镇
茶淀镇
营城镇
北淮淀乡
黄庄乡
东棘坨镇
八门城镇
林亭口镇
军粮城镇
新城镇
葛沽镇
小站镇
古林街道
海滨街道
第一农场
第二农场
第三农场
第四农场
第五农场
第六农场
第七农场
第九农场
第十农场
第十一农场
八里滩养殖场
十里海养殖场
孙塘庄镇
中堡镇
荒细庄乡
刘台庄镇
茹荷镇
新集镇
马坨店乡
泥井镇
蛇岗
新开口
浪窝口
湖林口
蓟运河口
海河口

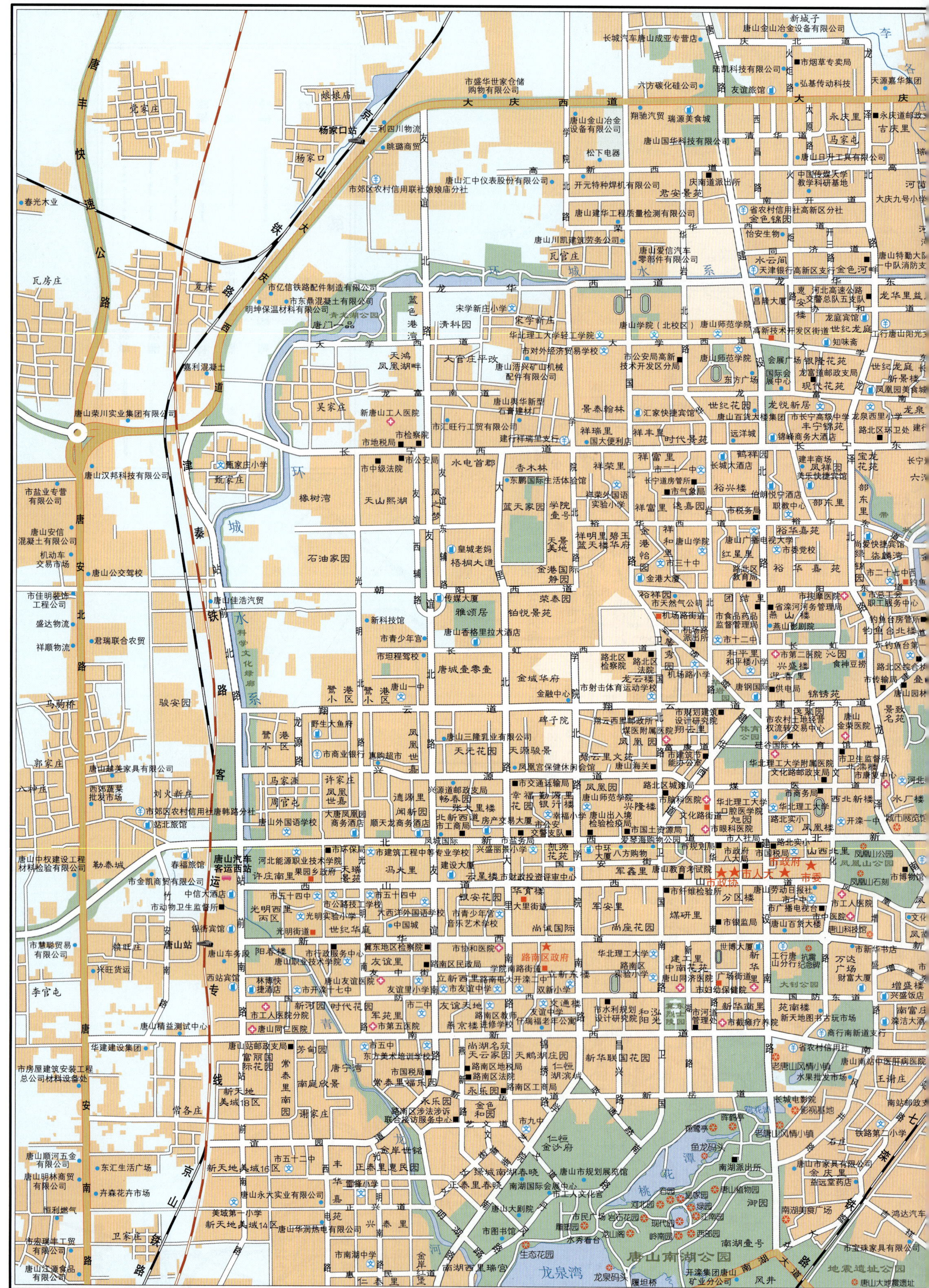

审图号：冀S（2017）37号

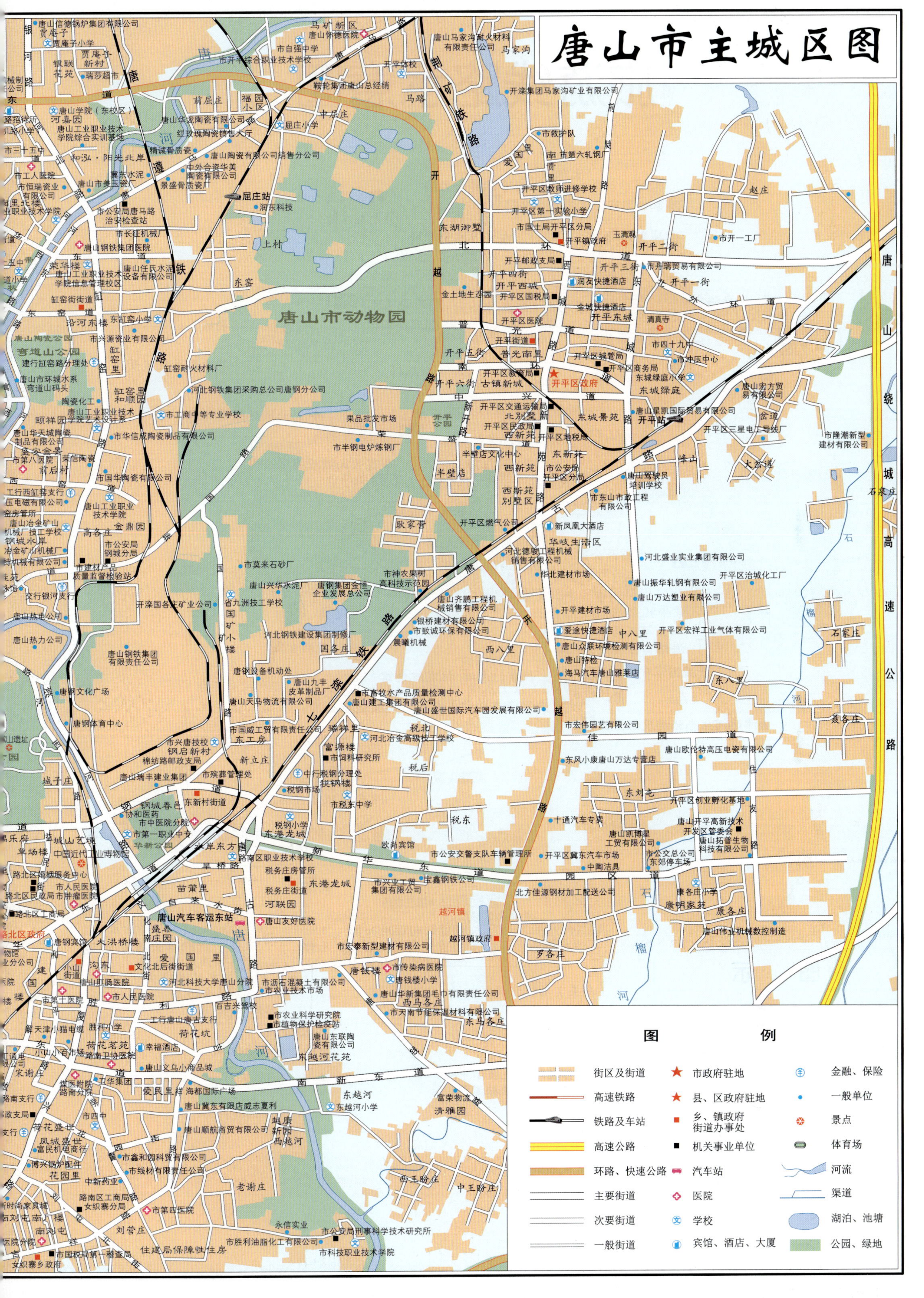
唐山市主城区图
唐山市动物园
开平区政府
路北区政府
越河镇
越河镇政府
唐山汽车客运东站
屈庄站
开平站
唐山绕城高速公路
唐山东环城路
新华东道
南新东道
长宁道
唐山学院（东校区）
唐山陶瓷公园
弯道山公园
唐钢体育中心
唐钢文化广场
开平镇政府
开平区医院
开平区国税局
开平区教育局
开平区公安分局
开平区民政局
开平区交通运输局
古镇新城
开平区第一实验小学
东城绿庭
东城景苑
唐山钢铁集团有限责任公司
唐山市环城水系弯道山码头
马家沟
赵庄
石家庄
东八里
西八里
中八里
庞各庄
东刘屯
罗各庄
康各庄
税东
税西
税北
税后
凤凰新城
唐山市动物园
图例
街区及街道
高速铁路
铁路及车站
高速公路
环路、快速公路
主要街道
次要街道
一般街道
市政府驻地
县、区政府驻地
乡、镇政府
街道办事处
机关事业单位
汽车站
医院
学校
宾馆、酒店、大厦
金融、保险
一般单位
景点
体育场
河流
渠道
湖泊、池塘
公园、绿地

旅游线路示意图

太阳峪
喜峰雄关大刀园
潘家口国家级风景名胜区
青山关长城
青山口村
长城狩猎场
古大洋地壳遗址
迁
禅林寺
鹫峰山
栗香湖
汤泉温泉
般若院水库
迁西景忠山省级森林公园
西坡草庐
红峪山庄
上关湖
尚禾源
五虎山
白羊峪长城
万佛园
蓝猫饮品集团
裕大村
遵化
果源食品有限公司
大黑汀水库
滦水湾
白羊峪村
清东陵
遵
迁西
新店村
徐流口九龙泉风景区
黄花山
沙石峪
西
迁
丰润腰带山省级森林公园
灵山
弘业地毯集团有限公司
化
卧龙山
潘家峪惨案纪念馆
黄台湖
迁安
潘家峪村
贯头山酒业有限公司
聚仙谷
山叶口
丰
安
成山万亩林
玉田
卧龙山庄
燕东生态观光园
滦
玉
净觉寺
曹雪芹公园
丰润区
清明上河图泥塑园
滦
润
河
丰润天宫寺
青龙山
陡河水库
京沈高速
蒙牛乳业(唐山)有限责任公司
滦县
田
三女河机场
古冶区
海格雷骨质瓷公司
县
滦州古城
唐山市
开平区
开滦国家矿山公园
抗震纪念碑 抗震纪念馆
大城山公园 凤凰山公园 弯道山公园
科技馆
南湖城市中央生态公园(地震遗址公园)
唐津运河生态旅游度假景区
滦
滦
滦南
丰
唐港高速
蒙牛乳业(滦南)有限责任公司
乐
河
赵蔡庄村
姜各庄森林公园
唐津高速
李大钊纪念馆
乐亭
李大钊故居
第八农场
南
祥瑞生态园
大黑坨村
芦
台
汉沽
南
沿海高速
亭
曹
第九农场
曹妃甸区
第二农场
曹妃甸湿地
八里滩养殖场
南
堡
海港开发区
曹妃甸湿地公园
捞鱼尖村
祥云湾海滨温泉
唐曹高速
妃
曹妃湖
曹妃甸湿地公园俱乐部
大清河口
浅水湾浴场
渤海国际会议中心
菩提岛
三岛旅游码头
甸
金沙岛
（鸟类）省级自然保护区
十里海养殖场
月(坨)岛
区
龙岛
唐山湾国际旅游岛
可持续发展展示中心
曹妃甸工业旅游区
图 示
国家A级景区
世界文化遗产
文物古迹
红色旅游爱国主义教育基地
高尔夫
全国工业旅游示范点
地质公园
乡村旅游
温泉
其他旅游景点
区、县行政中心
机场
农场
盐田
高速公路
湖泊
主要公路
铁路
长城